LDB
fácil

Dados Internacionais de Catalogação na Publicação (CIP)
(Câmara Brasileira do Livro, SP, Brasil)

Carneiro, Moaci Alves
    LDB fácil : leitura crítico-compreensiva, artigo a artigo / Moaci Alves Carneiro. 25. ed. revista, atualizada. – Petrópolis, RJ : Vozes, 2023.

    Bibliografia
    ISBN 978-85-326-1966-2

    1. Educação – Leis e legislação – Brasil I. Título.

98-0243   CDD-370.2681

Índices para catálogo sistemático:
1. Brasil : Leis : Educação   370.2681
2. Lei de Diretrizes e Bases da Educação Nacional : Brasil   370.2681

MOACI ALVES CARNEIRO

LDB
fácil

LEITURA
CRÍTICO-COMPREENSIVA,
ARTIGO A ARTIGO

Cristianne Maria Barbosa Carneiro
• Revisora nas áreas de Direito Constitucional e Hermenêutica Jurídica

EDITORA VOZES

Petrópolis

© 1997, 2015, 2018, 2023, Editora Vozes Ltda.
Rua Frei Luís, 100
25689-900 Petrópolis, RJ
www.vozes.com.br
Brasil

Todos os direitos reservados. Nenhuma parte desta obra poderá ser reproduzida ou transmitida por qualquer forma e/ou quaisquer meios (eletrônico ou mecânico, incluindo fotocópia e gravação) ou arquivada em qualquer sistema ou banco de dados sem permissão escrita da editora.

CONSELHO EDITORIAL

Diretor
Volney J. Berkenbrock

Editores
Aline dos Santos Carneiro
Edrian Josué Pasini
Marilac Loraine Oleniki
Welder Lancieri Marchini

Conselheiros
Elói Dionísio Piva
Francisco Morás
Gilberto Gonçalves Garcia
Ludovico Garmus
Teobaldo Heidemann

Secretário executivo
Leonardo A.R.T. dos Santos

Editoração: Maria da Conceição B. de Sousa
Diagramação: Sheilandre Desenv. Gráfico
Revisão gráfica: Nilton Braz da Rocha / Nivaldo S. Menezes
Capa: Lilian Queiroz / 2 estúdio gráfico
Revisão: Cecilia Voronoff
ceciliantunes@yahoo.com.br

ISBN 978-85-326-1966-2

Este livro foi composto e impresso pela Editora Vozes Ltda.

Quase uma dedicatória...

Para os que sonham,
Pois, sem esperança, a vida não existe...

Para os que olham o horizonte,
Pois, sem futuro, não há aprendizagem...

Para os que acreditam,
Pois, sem fé, não há construção...

Para os que semeiam,
Pois, sem plantação, nada vai brotar...

Para os que trabalham,
Pois só se descansa depois da criação...

Para os que lutam por uma escola-cidadã
Pois, sem educação, fica distante o amanhã...

Para os despossuídos e plebeus,
Pois, sem eles, como entender a riqueza de Deus?

Prof. Moaci Alves Carneiro

Abreviaturas e siglas

Abmes	– Associação de Mantenedoras de Estabelecimentos de Ensino Superior
Abong	– Associação Brasileira de Organizações Não Governamentais
Adct	– Ato das Disposições Constitucionais Transitórias
AEC	– Associação Brasileira de Educação Corporativa
Anfop	– Associação Nacional de Formação de Professores
Anped	– Associação Nacional de Pós-Graduação em Educação
Anup	– Associação Nacional de Universidades Particulares
Apae	– Associação de Pais e Amigos dos Excepcionais
APM	– Associação de Pais e Mestres
AVA	– Ambiente Virtual de Aprendizagem
Bacen	– Banco Central
BNCC	– Base Nacional Comum Curricular
Capes	– Coordenação de Aperfeiçoamento de Pessoal de Nível Superior
CAQi	– Custo Aluno/Qualidade inicial
CBO	– Classificação Brasileira de Ocupações
CEB	– Câmara de Educação Básica (do CNE)
CEE	– Conselho Estadual de Educação
CEFETs	– Centros Federais de Educação Tecnológica
Certific	– Rede Nacional de Certificação Profissional e Formação Inicial e Continuada
CES	– Câmara de Educação Superior (do CNE)
CF	– Constituição Federal
CNE	– Conselho Nacional de Educação
CNI	– Confederação Nacional da Indústria
CNJ	– Conselho Nacional da Juventude
CNPq	– Conselho Nacional de Desenvolvimento Científico e Tecnológico
Cnte	– Confederação Nacional dos Trabalhadores em Educação

Conac	– Catálogo Nacional de Cursos Técnicos de Nível Médio
Conad	– Conselho Nacional dos Direitos da Pessoa Portadora de Deficiência
Conap	– Comissão Nacional de Acompanhamento e Controle Social (do Prouni)
Daes	– Diretoria de Avaliação da Educação Superior
DCN	– Diretrizes Curriculares Nacionais
Dcnem	– Diretrizes Curriculares Nacionais do Ensino Médio
DF	– Distrito Federal
DHAA	– Direito Humano à Alimentação Adequada
DOAs	– Direitos e Objetivos da Aprendizagem
DPI	– Desenvolvimento da Primeira Infância (Programa)
DR/BNCC	– Documento de Referência da Base Nacional Comum Curricular
DRU	– Desvinculação de Receita da União
EAD	– Educação a Distância
EAN	– Educação Alimentar e Nutricional
EC	– Emenda Constitucional
EF	– Ensino Fundamental
EFAs	– Escolas Famílias Agrícolas
EI	– Educação Infantil
EJA	– Educação de Jovens e Adultos
EM	– Ensino Médio
Enade	– Exame Nacional de Desempenho dos Estudantes
Enem	– Exame Nacional do Ensino Médio
EPT	– Educação Profissional e Tecnológica
EPTNM	– Educação Profissional Técnica de Nível Médio
ER	– Ensino Religioso
FAO	– Organização das Nações Unidas para a Agricultura e Alimentação
FEF	– Fundo de Estabilização Fiscal (DRU)
Fenapae	– Federação Nacional das APAEs
FGV	– Fundação Getúlio Vargas
Fies	– Fundo de Financiamento ao Estudante do Ensino Superior
Finep	– Financiadora de Estudos e Projetos
FNDCT	– Fundo Nacional de Desenvolvimento Científico e Tecnológico
Fnde	– Fundo Nacional de Desenvolvimento da Educação
FPE	– Fundo de Participação dos Estados e do Distrito Federal
FPM	– Fundo de Participação dos Municípios
FSE	– Fundo Social de Emergência

Fundeb	– Fundo de Manutenção e Desenvolvimento da Educação Básica e de Valorização dos Profissionais da Educação
Fundef	– Fundo de Manutenção e Desenvolvimento do Ensino Fundamental e de Valorização dos Profissionais do Magistério
Funadesp	– Fundação Nacional de Desenvolvimento de Ensino Superior Particular
GPS	– Global Positioning System (Sistema de Posicionamento Global)
IBC	– Instituto Benjamin Constant
IBGE	– Instituto Brasileiro de Geografia e Estatística
Icms	– Imposto sobre Circulação de Mercadorias e Prestação de Serviços
Ideb	– Índice de Desenvolvimento da Educação Básica
IDH	– Índice de Desenvolvimento Humano (ONU)
IES	– Instituição de Ensino Superior
Ifes	– Instituições Federais de Ensino Superior
Ifet	– Instituto Federal da Educação, Ciência e Tecnologia
Inep	– Instituto Nacional de Estudos Pedagógicos
Ines	– Instituto Nacional de Educação de Surdos
Inmetro	– Instituto Nacional de Metrologia, Normalização e Qualidade Industrial
Inpi	– Instituto Nacional de Propriedade Industrial
IOH	– Índice de Oportunidades Humanas (Banco Mundial)
Ipea	– Instituto de Pesquisa Econômica Aplicada
IPI	– Imposto sobre Produtos Industrializados (Fundeb)
IPTU	– Imposto Predial e Territorial Urbano (Fundeb)
IPVA	– Imposto sobre Propriedade de Veículos Automotores (Fundeb)
IQA	– Índice de Qualidade Acadêmica (Fundeb)
IQC	– Indicadores de Qualidade Conceitual
IR	– Imposto de Renda (Fundeb)
Itbi	– Imposto sobre a Transmissão de Bens Imóveis (Fundeb)
ITCM	– Imposto de Transmissão "Causa Mortis" (Fundeb)
ITR	– Imposto sobre Propriedade Territorial Rural (Fundeb)
LC	– Lei Complementar
LDB	– Lei de Diretrizes e Bases da Educação Nacional
Libras	– Língua Brasileira de Sinais
MBA	– Master in Business Administration
MCT	– Ministério da Ciência e Tecnologia
MDE	– Manutenção e Desenvolvimento da Educação

Mdic	– Ministério do Desenvolvimento, Indústria e Comércio
MEC	– Ministério da Educação
MDH	– Ministério dos Direitos Humanos
MDHC	– Ministério dos Direitos Humanos e da Cidadania
MMFDH	– Ministério da Mulher, da Família e dos Direitos Humanos
MIR	– Ministério da Igualdade Racial
MOB	– Movimentos dos Atingidos de Barragem
Mooc	– Massive Open Online Course
MP	– Medida Provisória
MPI	– Ministério dos Povos Indígenas da Amazônia Brasileira
Mpog	– Ministério do Planejamento, Orçamento e Gestão
MS	– Ministério da Saúde
MST	– Movimento dos Trabalhadores Sem Terra
MTE	– Ministério do Trabalho e Emprego
MUNIC	– Pesquisas de Informações Básicas Municipais
OAB	– Ordem dos Advogados do Brasil
Ocde	– Organização para a Cooperação do Desenvolvimento Econômico
OIT	– Organização Internacional do Trabalho
OMS	– Organização Mundial da Saúde
ONDH	– Ouvidoria Nacional de Direitos Humanos
ONG	– Organização Não Governamental
ONU	– Organização das Nações Unidas
P&D	– Pesquisa e Desenvolvimento
PAC	– Programa de Aceleração do Crescimento
Paise	– Projeto de Assistência Integral à Saúde Escolar
PAR	– Plano de Ações Articuladas
PCN	– Parâmetros Curriculares Nacionais
Pcnem	– Parâmetros Curriculares Nacionais do Ensino Médio
PDE	– Plano de Desenvolvimento da Educação
PDI	– Plano de Desenvolvimento Institucional
PEA	– População Economicamente Ativa
PEC	– Proposta de Emenda Constitucional
PECIM	Programa Nacional das Escolas Cívico-Militares
PETI	Programa Escola em Tempo Integral
Pirls	– Progress in International Reading Literacy Study
Pnae	– Programa Nacional de Alimentação Escolar

Pnate	– Programa Nacional de Transporte Escolar
PNBE	– Programa Nacional de Biblioteca da Escola
PNE	– Plano Nacional de Educação
PNLD	– Programa Nacional do Livro Didático
PNLDEM	– Programa Nacional do Livro Didático do Ensino Médio
PNSE	– Programa Nacional de Saúde Escolar
PPI	– Projeto Pedagógico Institucional
PPP	– Programa Político-Pedagógico
ProBNCC	– Programa de Apoio à Implementação da Base Nacional Comum Curricular
Profic	– Programa de Formação Inicial e Continuada para Professores da Educação Básica (Capes)
Prouni	– Programa Universidade para Todos
Rcnei	– Referenciais Curriculares Nacionais para a Educação Indígena
Reuni	– Programa de Apoio a Planos de Reestruturação e Expansão das Universidades Federais
Saeb	– Sistema de Avaliação da Educação Básica
SAN	– Segurança Alimentar e Nutricional
Sebrae	– Serviço Brasileiro de Apoio às Micro e Pequenas Empresas
Seed	– Secretaria de Educação a Distância
Seesp	– Secretaria de Educação Especial
Semtec	– Secretaria de Ensino Médio e Educação Tecnológica
Senac	– Serviço Nacional de Aprendizagem Comercial
Senai	– Serviço Nacional de Aprendizagem Industrial
Senar	– Serviço Nacional de Aprendizagem Rural
Senat	– Serviço Nacional de Aprendizagem de Transporte
SESAN	– Secretaria Nacional de Segurança Alimentar e Nutricional
Sesc	– Serviço Social do Comércio
Sesi	– Serviço Social da Indústria
Sesu	– Secretaria de Educação Superior
Setec	– Secretaria de Educação Profissional e Tecnológica
Sinaes	– Sistema Nacional de Avaliação da Educação Superior
Sistec	– Sistema Nacional de Informações de Educação Profissional e Tecnológica
SNAS	– Secretaria Nacional de Assistência Social
SNI	– Serviço Nacional de Inovação
SPE	– Projeto Saúde e Prevenção na Escola

STF	– Supremo Tribunal Federal
STN	– Secretaria do Tesouro Nacional (Fundeb)
TCU	– Tribunal de Contas da União
TICs	– Tecnologia de Informação e Comunicação
Timms	– Trends in International Mathematics and Science Study
UAB	– Universidade Aberta do Brasil
UF	– Unidade Federada
UnB	– Universidade de Brasília
Undime	– União Nacional dos Dirigentes Municipais de Educação
Unesco	– Organização das Nações Unidas para a Educação, Ciência e Cultura
Unila	– Universidade Federal da Integração Latino-americana
UNILAB	– Universidade Federal Luso-Afro-Brasileira
USP	– Universidade de São Paulo

Temas essenciais, inovadores, polêmicos e emergenciais tratados sob o ponto de vista legal-pedagógico no LDB fácil

	Tema: Enfoque Legal e localização	Localização
1	• O sentido multifocal de educação	Art. 1º, § 1º e 2º
2	• Pedagogia da alternância	Art. 1º, § 1º e art. 81
3	• Proposta Pedagógica e Projeto Pedagógico	Art. 3º, inc. II
4	• Consideração à diversidade étnico-racial	Art. 3º, inc. XII
5	• Garantia do direito à educação e à aprendizagem ao longo da vida	Art. 3º, inc. XIII
6	• Respeito à diversidade humana, linguística, cultural e identitária das pessoas surdas, surdo-cegas e com deficiência auditiva	Art. 3º, inc. XIV
7	• Ensino Domiciliar: *Homeschooling*	Art. 4º, inc. I e art. 6º
8	• Componentes provisionais de padrões mínimos de qualidade de ensino e indispensáveis ao processo de aprendizagem	Art. 4º, inc. IX
9	• Alfabetização plena e capacitação gradual para a leitura ao longo da educação básica	Art. 4º, inc. XI + art. 22, § único
10	• Educação Digital	Art. 4º, inc. XII
11	• Relações entre ensino e aprendizagem digital	Art. 4º, § único
12	• Diversidade humana e aspectos identitários das pessoas surdas, surdo-cegas e com deficiência auditiva: oferta educacional obrigatória e condicionalidades	Arts. 4º, inc. XIV, 60-A, 60-B, 78, 78-A e 79-C
13	• Pedagogia Hospitalar: regime hospitalar ou domiciliar	Art. 4º-A
14	• Competência do Poder Público e crime de responsabilidade	Art. 5º, § 1º ao 5º e inc. I, II e III
15	• Direitos do aluno no exercício da liberdade religiosa	Art. 7º-A, incs. I, II e § 1º, 2º e 3º

16	• Ensino Militar e Programa Nacional das Escolas Cívico-Militares	Art. 7º-A, § 4º e art. 83
17	• Educação Infantil e a creche como escola	Art. 29, 30 e 89 (art. 4º, VI)
18	• Aluno com necessidades educacionais especiais: quem é?	Art. 4º, inc. III + art. 58, 59-A, 60, 60-A, 60-B e § único
19	• Acesso aos níveis mais elevados do ensino, da pesquisa e da criação artística, SEGUNDO A CAPACIDADE DE CADA UM	Art. 4º, inc. V
20	• Ensino noturno e diurno: mesmo padrão de qualidade, respeitadas as respectivas especificidades	Art. 4º, inc. VI e art. 34, § 1º
21	• Ensino Regular	Art. 4º, inc. X
22	• Regime de colaboração	Art. 8º
23	• Sistemas de ensino	Art. 8º, 9º, 10º e 11
24	• Estudos de recuperação e aprendizagem significativa	Art. 12, inc. V + art. 12, inc. IV
25	• As incumbências das escolas no COMBATE a TODAS AS FORMAS de violência, inclusive *bullying* e agressão às crianças, adolescentes, mulheres, idosos, populações negras, moradores de rua etc.	Art. 12, inc. V + art. 24, inc. V
26	• Deveres da escola em relação ao Conselho Tutelar	Art. 12, inc. VIII
27	• Deveres da escola em relação à cultura de paz	Art. 12, inc. X
28	• Deveres da escola na promoção de ambiente escolar seguro	Art. 12, inc. XI
29	• Abrangência do Sistema Federal de Ensino	Art. 16
30	• Instituições privadas de ensino	Art. 19, inc. II
31	• Instituições comunitárias de ensino	Art. 19, inc. III
32	• Instituições de ensino confessionais	Art. 19, § 1º
33	• Instituições filantrópicas	Art. 19, § 2º
34	• Objetivos **precípuos** da Educação Básica	Art. 22, § único
35	• Formatos variados de organização da Educação Básica	Art. 23
36	• Formas de organização da Educação Básica com foco **só** no Fundamental e no Médio	Art. 24
37	• Currículo: Base Nacional Comum e parte diversificada	Art. 26
38	• Inclusão de temas contemporâneos no currículo	Art. 26, § 9º
39	• Inclusão de educação alimentar e nutricional no currículo como tema transversal	Art. 26, § 9º-A
40	• Escola do campo: condições para fechamento	Art. 28
41	• Objetivo precípuo do ensino fundamental obrigatório: sob que condições?	Art. 32
42	• Formação Básica e Formação Comum	Art. 32
39	• Temas Transversais	Art. 32, inc. III
40	• Adoencimento docente: Síndrome de *Burnout*	Art. 32, § 1º e 2º
41	• Ensino religioso: legalidade e condicionalidades	Art. 33
42	• Ensino Fundamental em tempo integral + Programa Escola em Tempo Integral	Art. 34, § 2º

43	• Ensino Fundamental: tempo mínimo da jornada escolar em SALA DE AULA	Art. 34
44	• Base Nacional Comum Curricular/BNCC e aprendizagens essenciais	Art. 35-A
45	• Padrões de desempenho esperados para o Ensino Médio	Art. 35, § 6º e 7º
46	• Orientação dos alunos no processo de escolha das áreas de conhecimento/atuação profissional	Art. 36, § 12
47	• Preparação do aluno para o mundo do trabalho/habilitação profissional	Art. 36-A, § único
48	• EPT e Tecnológica: aproveitamento de estudos e de carga horária	Art. 36-B, § 3º, inc. I e II
49	• Projeto pedagógico unificado	Art. 36-C, inc. I e II, a, b e c
50	• Eixos Tecnológicos da EPT	Art. 39, § 1º
51	• Educação Profissional articulada com o ensino regular	Art. 40
52	• Reconhecimento e certificação de saberes adquiridos no ambiente de trabalho	Art. 41
53	• EPT: Novo formato de organização	Art. 42-A
54	• Aspectos da avaliação da qualidade da oferta da EPT e Tecnológica	Art. 42-B
55	• Cursos Sequenciais (Educação Superior)	Art. 44, inc. I
56	• Programas de Extensão e Responsabilidade Social: Distinção necessária	Art. 44, inc. IV
57	• Educação corporativa • MBA aberto. MBA **in company** • Organização da educação superior e instituições de Ensino Superior • Processos de fusão no campo do Ensino Superior privado • Universidades com focos sociocomunitários relevantes • Universidades com focos socioculturais relevantes • Universidades comunitárias • Universidades corporativas • Universidades temáticas	Art. 45
58	• Início da oferta de educação especial e sua extensão	Art. 53 e 54
59	• Autonomia das universidades	Art. 58, § 3º
60	• Garantia, aos surdos oralizados, de acesso às tecnologias assistivas	Art. 60-A, § 3º
61	• Profissionais da educação, trabalhadores da educação e PROFESSORES: fronteiras e ambiguidades	Art. 61, 62 e 62-B
62	• Currículos dos cursos de formação docente - Extensão de prazo para implantação das DCN (BNCC)	Art. 62, § 8º
63	• Formação continuada e processo formativo autogerenciado	Art. 67, inc. II
64	• Experiência docente como pré-requisito para o exercício profissional de magistério	Art. 67, § 1º
65	• Recursos destinados à educação e formas de aplicação	Art. 68, 69 e 70
66	• Educação Intercultural e acesso das populações indígenas à Educação Básica e Educação Superior	Art. 78, inc. I e II + art. 79, § 1º, 2º e 3º

67	• Educação Superior: atendimento aos estudantes surdos, surdo-cegos, com deficiência auditiva sinalizantes, mudos com altas habilidades ou super dotados ou com outras deficiências associadas	Art. 79-C, § 3º
68	• Educação a Distância (EaD): faces e formas	Art. 80
Legislação decorrente da LDB, no formato REGULAMENTO (Resolução/CNE) apontadas pela relevância		
1	• DCN para a Formação de Professores da EPTNM – Formação	Resolução CNE/CP, nº 1, de 06/05/2022
2	• Normas sobre Computação na Educação Básica – Complemento à BNCC	Resolução CNE/CEB, nº 1, de 04/10/2022
3	• Alteração do art. 27 da Resolução nº 2/2019, que define as DCN para a Formação Inicial de Professores para a Educação Básica e instituí a BNCC para a Formação Inicial de Professores da Educação Básica (BNCC – Formação)	Resolução CNE/CP, nº 2, de 30/08/2022
4	• Alteração do art. 11 da Resolução nº 7/2017, que estabelece normas para o funcionamento de cursos de pós-graduação *stricto sensu*	Resolução CNE/CES, nº 4, de 16/11/2022

Dispositivos recentes incluídos ou repercutidos na LDB: anos de referência: 2021/2022/2023

❖ DA EDUCAÇÃO BILÍNGUE DE SURDOS:

Incluído pela Lei nº 14.191, de 2021.

➢ CAPÍTULO V-A

● Art. 60, 60-A e 60-B

❖ DA EDUCAÇÃO ESCOLAR BILÍNGUE E INTERCULTURAL DAS PESSOAS (alunos(as) surdos(as) no horizonte do desenvolvimento de suas identidades):

Incluído pela Lei nº 14.191, de 2021.

➢ Art. 3º Inc. XIV, Art. 60-A, § 1º, 2º e 3º

➢ Art. 60-B, § único, Art. 78-A, Inc. I e II

➢ Art. 79-C, § 1º e 2º e Inc. I, II, III, IV, e § 3º

❖ INSUMOS AGREGADOS À DEFINIÇÃO DE PADRÕES MÍNIMOS DE QUALIDADE DE ENSINO:

Incluído pela Lei nº 14.333, de 2022.

➢ Art. 4º, Inc. IX.

❖ ALFABETIZAÇÃO PLENA E CAPACITAÇÃO GRADUAL PARA LEITURA AO LONGO DA EDUCAÇÃO BÁSICA:

Incluído pela Lei nº 14.407, de 2022.

➢ Art. 4º, Inc. XII.

❖ EDUCAÇÃO DIGITAL / LETRAMENTO DIGITAL NO CONTEXTO SO-CIOCOGNITIVO E SOCIOPEDAGÓGICO:

Incluído pela Lei nº 14.533, de 2023.

> ➤ Art. 4º, Inc. XII.

❖ PRECONDIÇÕES VIABILIZADORAS DAS RELAÇÕES ENTRE ENSINO E APRENDIZAGEM DIGITAL E OBJETIVOS DECORRENTES:

Incluído pela Lei nº 14.533, de 2023.

> ➤ Art. 4º, § único.

❖ INSTITUIÇÃO DO PROGRAMA ESCOLA EM TEMPO INTEGRAL:

Incluído pela Lei nº 14.640, de 2023.

> ➤ Art. 3º, § único, inc. II.

❖ FACES E FORMAS DOS CONSELHOS ESCOLARES, ATRIBUIÇÃO DE ESTADOS, MUNICÍPIOS E DO FÓRUM DOS CONSELHOS ESCOLARES: NORMAS DA GESTÃO DEMOCRÁTICA DO ENSINO PÚBLICO NA EDU-CAÇÃO BÁSICA:

Incluído pela Lei nº 14.644, de 2023.

> ➤ Art. 14, inc. I e II, § 1º, inc. I, II, III, IV, e V, §2º, inc. I, II e III e § 3º, inc. I e II.

❖ EDUCAÇÃO PROFISSIONAL E TECNOLÓGICA NO CONTEXTO DA ARTICULAÇÃO COM O ENSINO MÉDIO E COM PROGRAMAS DE APRENDIZAGEM PROFISSIONAL:

Incluído pela Lei nº 14.645, de 2023.

> ➤ Art. 36-B, § 1º, 2º e 3º.

Sumário

Abreviaturas e siglas, 7

Temas essenciais, inovadores, polêmicos e emergenciais tratados sob o ponto de vista legal-pedagógico no LDB fácil, 13

Dispositivos recentes incluídos na LDB: anos de referência: 2021/2022/2023, 17

Prefácio, 21

Nota do autor a esta edição, 23

Introdução, 25

Breve história das Leis de Diretrizes e Bases da Educação Nacional, 29

Organização do ensino nas disposições normativas das diversas Leis de Diretrizes e Bases da Educação Nacional, 45

Quadro comparativo da estrutura básica das leis 5.692/1971 e 9.394/1996, 47

Lei 9.394/1996, 49

Para aprender, 961

Índice cronológico da legislação recente consultada, 963

Referências, 969

Prefácio

Em seus 29 anos de vigência, a LDB tem sofrido mudanças substanciais. Marcantes as reformulações textuais, sobretudo, neste último decênio. As alterações tem sido mais significativas, por força da execução do PNE, da implementação da BNCC, dos achados nas estatísticas educacionais e, no momento presente, das reprogramações do novo governo.

A educação escolar faz parte da tela mental, visual, social e econômica de todos os setores da sociedade nacional. TODOS percebem suas irradiações para o desenvolvimento e progresso de TODOS. Nesta perspectiva, a atualização contínua da legislação do ensino é imperiosa e, igualmente, o são a evolução dos conceitos e as bases estatísticas. À luz desta percepção, há de se compreender, agora e sempre, que a Lei de Diretrizes e Bases da Educação Nacional (LDB) é, ao mesmo tempo, GPS e bússola da educação escolar. A começar da marcação do território conceitual (Título I). Daí, alarga as fronteiras para alinhar um horizonte amplo de componentes que envolve: princípios e fins da educação (Título II), campo do direito à educação e do dever de educar (Título III), formas de organização da educação nacional e definição de incumbências em nível de União, estados, DF, municípios, escolas e docentes (Título IV), composição, fins e objetivos dos níveis escolares (Título V), definição do perfil dos profissionais da educação (Título VI), formas de financiamento (Título VII) e, por fim, um conjunto de disposições gerais (Título VIII) e transitórias (Título IX) que enfeixa o sistema legal vigente na educação brasileira. Este entranhado complexo, que constitui a resposta do Estado brasileiro às demandas da sociedade nacional por educação escolar, é o objeto da abordagem, análise e elucidações do texto do Prof. Moaci Alves Carneiro, *LDB fácil*. O foco é ambicioso e necessário. Trata-se de trabalhar os enunciados legais, postos, às vezes, em sombras e indefinições; outras vezes, em perspectiva de unidades harmônicas e congruentes, que recebem, segundo postulado da Teoria Geral do Direito, o nome sugestivo e instigante de *sistemas*. Mas o autor vai além do enfoque hermenêutico da LDB e agrega abundante legislação conexa, enriquecida por documentação complementar e estatística, inclusive internacional, atualizada e de apoio argumentativo, além de uma invocação permanente à literatura especializada de cunho temático para fundamentar a argumentação interpretativa utilizada. Assim, consegue reconstituir uma espécie de *mapa da educação nacional*, com uma lúcida e objetiva visão integrada da ordem vigente na matéria. Com este direcionamento, ressalta, com extremo zelo intelectual e pedagógico, o enlace Constituição Federal, Lei de Diretrizes e Bases da Educação (LDB), Plano Nacional de Educação (PNE), Base Nacional Comum Curricular/BNCC e seus desdobramentos normativos e complementares, em cujos bojos se hospeda, em sua essência, o tecido normativo educacional brasileiro e cujas definições legais se impõem à totalidade dos sistemas de ensino.

Estamos diante de um texto interpretativo sim, mas, igualmente, crítico e construtivo que se vai desenrolando pelas searas da abrangência conceitual, material, formal, de atualização do discurso legal e, até mesmo, de ajustamentos terminológicos, construindo escalas de matizamento compreensivo, assim que todos os interessados em educação – e não são poucos porque se trata de temática ligada a muitíssimos segmentos – encontrem, no *LDB fácil*, uma leitura clara, compacta, segura e esclarecedora. Desafiadora tarefa, porquanto sabemos que a legislação educacional do país apresenta-se sob o quadro morfológico de uma rede extensa de disposições heterogêneas, descontínuas e até mesmo, em certo sentido, dúbias, quando não conflitantes.

O traço de união entre estes conjuntos de ordenamentos normativos da educação brasileira é impositivo no campo do estudo da legislação do ensino, como precondição para o alcance adequado dos diversos níveis de constatação e de compreensão do sistema legal e normativo estabelecido e da evolução do processo contínuo de reorganização da educação nacional, em decorrência das emergências das demandas da sociedade.

Em síntese, o texto atualizado da obra *LDB fácil* (versão 2023), do Prof. Moaci Carneiro, reapresenta-se aditado por um corpo de abordagens criativas e articuladas, por isto que pretende ser, também, fonte de cognição e, não apenas, explicações congeladas da Lei de Diretrizes e Bases da Educação Nacional (LDB).

Brasília, outubro de 2023.
Profa. Maria do Socorro Santos Uchoa Carneiro
Consultora de organismos nacionais e internacionais
para a área de educação, escola e sociedade

Nota do autor a esta edição

A nova edição do *LDB fácil* (2023) oferece uma extensão e aguda atualização, envolvendo: legislação, referenciada até outubro de 2023, contexto do novo governo, estatísticas referenciadas ao Censo Escolar/2022, Base Nacional Comum Curricular/BNCC em seus alinhamentos e interfaces com a LDB, bloco de resoluções do Conselho Nacional de Educação/CNE, exaradas em 2022, e, ainda, espelhos pontuais dos vários ciclos de monitoramento das Metas do PNE em vigor, ou seja, uma verdadeira radiografia técnico-legal das múltiplas paisagens de organização da educação escolar no País. Organização que necessariamente adote os princípios da educação inclusiva e, a partir dela, desenvolva e opere as aprendizagens essenciais (BNCC), buscando expressar a igualdade educacional e formatar o planejamento com foco na equidade. A este conjunto de circunstâncias conceitual-normativas, junte-se o apelo reiterado de professores de todo o país e de instituições de formação docente no sentido de que o texto ultrapasse a hermenêutica legal, presa, muitas vezes, à razão abstrata, e incorpore visões concretas e, quanto possível, contextualizadas do fazer educativo! Também, que não seja um mero registro dos programas do governo. A ideia-matriz é buscar-se maior visibilidade dentro das conformidades legais. Isto, evidentemente, sem perder de vista a necessidade da crítica ao estabelecido, sempre que encorpado em deformação da lei. Para tanto, as informações estatísticas foram também atualizadas. Elas que são, de certa forma, uma radiografia da sociedade. Esta, por sua vez, é dinâmica e vive em estado de transição. Por isso, seus códigos não podem ser contidos nem imutáveis. Com enorme adequação, já se disse que "[...] o traço saliente da produção legal em todos os campos e, também, na educação, tem as cores vivas da urgência, da abundância e da diversidade" (MEC-CFE, 1983: XXI).

O esforço empreendido resultou em estudo interpretativo germinador, ultrapassando o casulo da mera compreensão técnica do que a lei prescreve e desvelando ecossistemas educativos com forte potencial sociopedagógico e, por isso, capazes de funcionar como elementos de propulsão escolar e como empuxos de articulação pedagógica.

Qualquer que seja o seu olhar sobre esta obra, caro leitor, convém não perder de vista o essencial: a LDB é uma norma diretora para a União, os estados, o Distrito Federal, os municípios, as universidades e a própria sociedade organizarem seus sistemas de ensino, colocarem as escolas em funcionamento e, sobretudo, darem uma resposta atualizada, objetiva e adequada às demandas plurais da coletividade, por educação de qualidade, no amplo domínio da realidade social e política do país.

Esta nova edição do livro *LDB fácil* se apresenta, assim, rica em paisagens mentais e em cenários de fecundação pedagógica. Talvez, por isso, seja conveniente relembrar a lição do maior de todos os pedagogos: *a lei mata, o espírito vivifica*. Passo esta edição atualizada do *LDB fácil*, possuído do mesmo sentimento com que cuido do texto desde a primeira edição e que expresso sob a inspiração de Jorge Luis BORGES (1899-1986): *Somente podemos dar o que já é do outro. Neste livro, caro(a) professor(a), estão as coisas que sempre foram suas*.

Brasília, outubro de 2023.
Prof.-Dr. Moaci Alves Carneiro

Introdução

A Lei de Diretrizes e Bases da Educação Nacional (LDB) (Lei 9.394/1996) é o fio condutor do ordenamento jurídico nacional na área da educação escolar (art. 1º, § 1º). Assim, mudanças introduzidas nela precisam ser consideradas e assimiladas adequadamente. É o que acaba de ocorrer com a introdução, pela Lei 13.145/2017, de aproximadamente 51 alterações no corpo normativo da LDB, com repercussão direta de três níveis, a saber: a) acréscimos; b) subtrações; e c) mudança total ou parcial na formulação pontual dos ordenamentos da educação básica e, sobretudo, do Ensino Médio. Ciclo de mudanças intensificado no contexto do atual governo (2023). Aqui, cabe lembrar que as palavras e os enunciados revestem conceitos e valores.

Cada vez que ocorrem mudanças na Lei da Educação, mesmo que em escalas diferenciadas, surge, também, um ambiente de intranquilidade para todos aqueles – educadores e instituições educacionais – que lidam com a problemática da educação e do ensino. Além do que, a própria sociedade nacional questiona-se quanto à real funcionalidade do "novo" cânone legal. No fundo, os questionamentos se orientam pelo desconforto que toda mudança traz. Não apenas porque, sob o ponto de vista das externalidades, busca-se um ordenamento diferente, uma reorganização, mas também, e, sobretudo, porque se está inaugurando uma nova rota para a operacionalização de valores na prática escolar. Ou seja, implanta-se um processo de substituição de "convicções" sobre novas bases axiológicas.

As mudanças nas organizações regidas por normas explícitas, como é o caso das que ocorrem nos sistemas de ensino, supõem uma transição entre um e outro regime. Elas não podem operar-se abruptamente. Embora o novo texto legal passe a viger imediatamente, o ritmo de mudanças vai-se encorpando por aproximações: aos alunos que já estão na escola, assegura-se o direito adquirido de permanecer como estão; dos novos alunos exige-se obediência às novas conformidades legais. A concomitância das duas situações faz esmaecer os pontos de resistência, ao mesmo tempo em que se vão ampliando os espaços de adesão aos novos esquemas normativos e valorativos. Como já se disse, em toda mudança, há um período de descontaminação.

Como professor da área de gestão da educação, participei de difícil travessia no contexto dos anos 1971/1972, quando do surgimento da Lei 5.692. Movido por esta experiência e comovido pelas dificuldades enfrentadas, à época, por tantos educadores, há duas décadas, tomei a decisão de produzir esta leitura crítico-compreensiva da LDB, artigo a artigo, calçando as reflexões com estatísticas e conceitos elucidativos do texto legal nascente. O trabalho está plantado sobre a seguinte estrutura: i) Uma visão diacrônica da educação nas Constituições Brasileiras; ii) Uma breve história das leis básicas da educação nacional; iii) O texto da LDB comentado, artigo a artigo; iv) A atualização das mudanças na LDB e v) O índice cronológico da legislação consultada.

A Lei 9.394, de 1996 resultou de um parto difícil. Os interesses envolvidos no palco das discussões eram fortes, contraditórios e, não raro, inconciliáveis. Do projeto inicial do Deputado Octávio Elísio em 1988, ao substitutivo apresentado posteriormente e, afinal aprovado em 1996, passaram oito longos anos que funcionaram como cenários fecundos de despistes de interesses. O texto, por fim, promulgado teve o grande mérito de, abdicando das discussões improdutivas, apresentar uma moldura de organização educacional dentro de um escopo de autonomia possível. A LDB, é claro, não vai resolver todos os problemas da educação brasileira. Não sendo uma panaceia, tem limitações conceituais (confunde, às vezes, educação com ensino) e estratégicas (compete à União a ação hegemônica de coordenar a política nacional de educação (art. 9º, inc. I), aos estados e ao DF a responsabilidade de **elaborar** e **executar** políticas) e planos educacionais (art. 10, inc. III) etc. Possui, no entanto, um acervo enorme de virtudes legais, distribuído num visível feixe de eixos estruturantes.

Os grandes eixos da Lei 9.394/1996 estão identificados pelas seguintes definições relevantes: i) Conceito abrangente de educação; ii) Vinculação da educação com o mundo do trabalho e com as diferentes práticas sociais; iii) Padrões mínimos de qualidade do ensino; iv) Pluralidade de formas de acesso aos diversos níveis de ensino, como forma de ensejar o cumprimento da obrigatoriedade de ensino; v) Avaliação da qualidade do ensino pelo Poder Público; vi) Definição das responsabilidades da União, dos estados, dos municípios, das escolas e dos docentes; vii) Configuração dos sistemas federal, estaduais e municipais do ensino; viii) Mapa conceitual preciso da educação escolar e da educação básica; ix) Requisito de relação adequada entre o número de alunos e o professor, a carga horária e as condições materiais da escola; x) Construção da identidade do Ensino Médio; xi) Resgate da natureza e da finalidade da educação profissional; xii) Precisão conceitual para os elementos de despesa no âmbito da manutenção e do desenvolvimento do ensino; xiii) Fortalecimento das fontes e dos canais de financiamento da educação, incluída a fixação dos prazos de repasses de recursos para estados e municípios; xiv) Reconfiguração de toda a base curricular tanto da educação básica como um todo, como do Ensino Médio em particular. Nesse caso, ganha relevância a educação tecnológica básica; xv) Contornos e alunado das modalidades educativas; xvi) Funções e tipificações da educação superior; xvii) Tipologias e formação dos profissionais da educação; e, por fim, xviii) Rotas para transição dos regimes legais.

Para desocultar os grandes eixos da LDB convém não distanciar, do horizonte de análise, a função do Estado, de provedor de qualidade de vida da população e de provedor da equidade. Nesta perspectiva, o aparelho estatal define políticas e elege estratégias para a operacionalizá-las. Dentre as políticas sociais básicas e permanentes está a educação. O provimento de serviços educacionais põe-se, desta forma, não apenas como resposta às postulações de uma cidadania fundamental, mas também como pré-requisito de eficácia social. No primeiro caso, emerge, como direito humano fundamental, a generalização do acesso, indiferenciado, às oportunidades do desenvolvimento intelectual (educação) e de sociabilidade. No segundo caso, requer-se a alocação de recursos adequados para "plasmar" competências e habilidades apropriadas à reconquista de padrões razoáveis de desenvolvimento, propiciadores de resultados socialmente relevantes. Sob esta ótica, a vigência e a execução plena da Lei da Educação é fundamental à medida que se consiga, a partir do seu conhecimento, um patamar mínimo de consenso social, um grau satisfatório de agregação de suportes políticos, uma sistemática de articulações institucionais producentes e, ainda, instrumentos adequados de controle de etapas e de resultados. Nesta perspectiva, tanto o novo **Plano Nacional de Educação** (PNE) com vigência a partir do próximo ano, como o **Plano Nacional de Pós-Graduação**, projetado para o período 2021-2030 e, ainda, fundamental não esquecer(!), a BNCC implementada, deverão contribuir fortemente para a observância da LDB, uma vez que ambos os textos trabalham com metas, estratégias e mecanismos formais de acompanhamento e monitoramento.

Para a adoção do "renovado" regime legal, porém, é necessário não se desconsiderar que, por mais bem formulada e estruturada que seja a LDB, preexistem condições intrínsecas e extrínsecas ao sistema educativo, enquanto realidade desigual sob o ponto de vista organizacional e, enquanto realidade complexa, sob o ponto de vista político. As condições intrínsecas decorrem da existência de grupos com interesses diferenciados no interior do sistema educativo, com percepções e alternativas diversas no tocante à compreensão das funções sociais dos sistemas de ensino, dos seus objetivos e dos seus beneficiários. As condições extrínsecas vinculam-se às funções díspares que os sistemas de ensino passaram a assumir em decorrência de padrões distintos de demanda social.

A leitura da Lei 9.394/1996 deve principiar, assim, pelas várias leituras da realidade. Sim, porque a lei é uma só, mas o país é múltiplo. Cada diretriz normativa refinalizada em linha de ação política deverá, portanto, visualizar o foco de conflitos e de contradições. Basta olhar a deslinearidade da expansão e da desigualdade de oferta do parque escolar nacional, para inferir a existência de graves desequilíbrios e de conflitivas superposições na repartição de responsabilidades entre os diferentes níveis de governo e entre os segmentos público e privado. Esta problemática não é menos aguda quando se buscam enxergar as formas de participação da categoria dos professores, da burocracia escolar, dos pais de alunos, da representação política e das organizações da sociedade civil, seja no gerenciamento das redes, seja na gestão da unidade escolar. A constatação vai desde uma inteira desarticulação até um total esquartejamento na distribuição de encargos. A luta é pela busca da convergência!

Quem é o responsável pela escola? A quem a escola pertence? Para quem a escola existe? Para quem a escola deverá continuar a existir? O que é o básico da educação na educação básica? E a educação superior... como e para quem?

A Lei de Diretrizes e Bases da Educação não vai responder, definitivamente, a estas questões. No entanto, sem ela, as respostas ficarão mais difíceis. Com efeito, a mudança de padrões educacionais supõe a reestruturação dos marcos legais, institucionais e políticos do gerenciamento dos sistemas de ensino, da gestão da escola, de uma ampla capilaridade para disseminação de conceitos e de metodologias e, relevantemente, de um ágil e eficiente sistema de *accountability*.

Com a LDB enriquecida pela adição de novos enfoques e prolongada em seu vigor normativo por novas políticas de governo, renasce a esperança da superação da cultura das ações educativas concorrentes e divergentes, inaugurando-se um novo desenho de medidas de natureza estrutural inafastáveis, envolvendo gestão e financiamento da educação, reestruturação curricular, formação do professor, atualização dos conteúdos, inovação metodológica, ensino presencial e a distância como processos intercomplementares e, por fim, encorpamento de sistemas de ensino dinamicamente articulados. Tudo isto supõe relações intergovernamentais robustas, definidoras de um novo padrão de responsabilidades na formulação e implementação de políticas para a educação.

A leitura adequada da LDB poderá nos ajudar a responder por que a escola está, sempre, na sociedade, embora a sociedade nem sempre esteja na escola.

Breve história das Leis de Diretrizes e Bases da Educação Nacional

1 Sob a inspiração da Constituição

As disposições normativas do país no campo educacional são heterogêneas e nem sempre harmônicas e congruentes. Assim, explicitar o sistema legal vigente na educação escolar, buscando por ordem e conformidade no conjunto de suas variadas prescrições, é o grande objetivo do *LDB fácil*. O campo de abordagem é a própria Lei 9.394/1996 nos seus múltiplos desdobramentos. Porém, tudo começa com a Constituição Federal, *lei fundamental que rege a organização político-jurídica de um país* (DINIZ, 2010: 148) e, por extensão, *organização dos poderes públicos com foco no processo de racionalização e planificação do Estado* (p. 148). À luz deste cenário conceitual, é impositiva a necessidade de viajar sobre o texto da LDB, fazendo-se um esforço introdutório de visão diacrônica no campo constitucional, fonte e seara do universo dos aspectos garantísticos do princípio da legalidade. A produção normativa daí decorrente, sob nenhuma alegação, pode sofrer qualquer mutilação nem apequenamento, mesmo em contextos como o brasileiro em que, de quando em vez, se verificam escalas de desequilíbrio nas atividades prestacionais do Estado, em face do nítido predomínio que se constata do Poder Executivo.

A Lei da Educação deve trazer certeza e ordem de um lado e, de outro, deve ser mediadora entre as imposições da estabilidade e as exigências da evolução social. Mas deve, sobretudo, ser um roteiro seguro de conceitos, caminhos, condutas e resoluções sob a inspiração da Constituição Federal.

2 As constituições brasileiras e a educação

A dimensão teleológica da atividade estatal foi se aperfeiçoando ao longo da história, até o estágio de compreensão atual segundo o qual o escopo do

Estado é o interesse coletivo. Para atingi-lo, o Estado Moderno, enquanto sistema político, pressupõe uma ordem de valores sobre a qual repousam as instituições. Esta ordem é encorpada na Constituição, verdadeira bússola da vida privada e da vida pública e garantia de liberdade dos cidadãos. Nas formas democráticas de governo, a Constituição é o fundamento do direito à medida que, de seu cumprimento, deriva o exercício da autoridade legítima e consentida. Não menos importante é compreender que, ao institucionalizar a soberania popular, o texto constitucional traduz o estado da cultura política da nação. E, no universo da cultura, *o centro está em toda parte*, como lembra o Prof. Miguel Reale.

No que concerne especificamente à educação, as constituições brasileiras foram incorporando, ao longo do tempo, conquistas tênues dentro de um ritmo historicamente lasso, como, de resto, foi todo o processo brasileiro de aproximação entre direitos políticos e direitos sociais. No fundo, estivemos, sempre, distanciados da cidadania como categoria estratégica de construção do cotidiano[1]. Na verdade, somente a partir de 1948, com a Carta de Direitos da Organização das Nações Unidas (ONU), é que grande parte de países como o Brasil se deu conta de que todos serão iguais perante a lei, de fato, à medida que todos tiverem direito ao conjunto de indicadores de competência social, com destaque para a liberdade, a dignidade humana, o trabalho, a moradia, a saúde, a educação, a livre-expressão, a segurança, a uma vida digna, enfim.

No caso da Educação, as conquistas são desiguais de país a país. No preâmbulo da Declaração Mundial sobre Educação para Todos (1990), este registro está feito. E o Brasil, que tem presença na composição do cenário das nações com expressivos índices de desigualdades e de distorções educacionais do mundo, não foge à regra.

A inclusão da educação escolar como direito fundamental de todo cidadão contribuiu para sinalizar a perspectiva da construção de uma escola de padrão básico, vazada em um modelo organizacional de objetivos convergentes, logo estruturado à luz de marcos normativos comuns. A trajetória, no entanto, até se chegar a este estágio, foi lenta e polêmica, como se pode verificar de uma visão síntese das várias constituições brasileiras.

A primeira constituição do país data de 1824. De então até agora, o Brasil teve oito constituições, a saber: a de 1824, a de 1891, a de 1934, a de

---

1. Cotidiano deve ser entendido aqui como vida cotidiana, ou seja, como um nível de realidade social, na acepção de Lefebvre. Para um melhor entendimento deste conceito, cf. LEFEBVRE, H. *La vida cotidiana en el mundo moderno*. Madri: Alianza, 1968.

1937, a de 1946, a de 1967, a de 1969 e a de 1988. Destas, apenas as de 1891, 1934, 1946 e 1988 foram votadas por representantes populares com delegação constituinte. A última destas constituições, a de 1988, contou com uma robusta participação da comunidade nacional, mediante a mobilização de amplos segmentos da sociedade civil. Culminância deste movimento cívico, foram os atos públicos que cimentaram a criação do Plenário Nacional Pró-Participação Nacional Popular na Constituinte. Neste cenário, a defesa da escola pública e de uma educação de qualidade ganhou relevância ímpar no conjunto da sociedade brasileira, como se verá mais adiante.

A Constituição Imperial de 1824 incorporou a iniciativa de implantação de colégios e universidades ao conjunto de direitos civis e políticos, além de fixar a gratuidade do Ensino Primário. O processo gerencial do ensino ficou resguardado ao âmbito da Coroa e, quatro anos mais tarde, com a instalação das câmaras municipais, foi-lhes cometida a tarefa de inspeção das escolas primárias. Em 1834, a declaração do Ato Adicional criou as Assembleias Legislativas Provinciais, cabendo-lhes a atribuição de legislar sobre instrução pública. No entanto, o formato assumido pelo Ensino Superior, de conteúdo generalizado e humanístico, terminou por repercutir no próprio Ensino Secundário. De fato, ao excluir, da competência das assembleias legislativas provinciais, as faculdades de Medicina, de Direito e as academias, abria-se uma brecha para a coexistência de uma dualidade de sistemas, advinda de uma concomitância de poderes (provincial e central), no tocante ao Ensino Primário e Secundário. E não poderia ser diferente, até porque estabeleceu-se um mecanismo natural de direcionamento do currículo pré-universitário. De um lado, porque o Ensino Secundário visava à preparação dos alunos para o Ensino Superior; portanto, tinha uma orientação curricular propedêutica e, de outro, porque os candidatos às faculdades superiores eram examinados nos próprios cursos em que faziam o Secundário. Tanto mais grave: a maioria das escolas secundárias abrigava-se em mãos de particulares, o que por si só representava uma elitização da escola, dado que somente famílias de posse poderiam custear os estudos de seus filhos. O que parecia na Constituição Imperial uma incursão descentralizadora no formato organizacional do ensino representava, na verdade, um despiste legal, uma vez que os avanços aparentes dos dispositivos constitucionais eram contidos por uma mística organizacional cimentada no princípio da ação hegemônica da Igreja e da Família sobre a Educação[2].

---

2. A escola que se queria buscava manter a tradição da educação aristocrática, totalmente voltada para os frequentadores da corte e, portanto, para os destinatários do Ensino Superior, em detrimento dos demais níveis de ensino.

A Constituição Republicana de 1891[3] trouxe mudanças significativas na educação. Ao Congresso Nacional foi atribuída a prerrogativa legal exclusiva de legislar sobre Ensino Superior. Ainda, poderia criar escolas secundárias e superiores nos estados, além de responder pela instrução secundária do DF. Quanto aos estados, cabia-lhes legislar sobre os ensinos Primário e Secundário, implantar e manter escolas primárias, secundárias e superiores. Nestes dois últimos casos, o Governo Federal poderia, igualmente, atuar.

A Constituição de 1934 inovou ao atribuir à União a tarefa absoluta de fixar as diretrizes e bases da educação nacional. Criou, também, o Conselho Nacional de Educação, e os estados e o DF ganharam autonomia para organizar seus sistemas de ensino e, ainda, instalar Conselhos Estaduais de Educação com idênticas funções das do Conselho Nacional, evidentemente, no âmbito de suas respectivas jurisdições. A União recebeu a tarefa institucional de elaborar o Plano Nacional de Educação, com dois eixos fundamentais: a organização do ensino nos diferentes níveis e áreas especializadas e a realização de ação supletiva junto aos estados, seja subsidiando com estudos e avaliações técnicas, seja aportando recursos financeiros complementares. Três outras conquistas foram incorporadas ao texto constitucional: Ensino Primário gratuito para todos, desde que oferecido em escola pública, inclusive para alunos adultos, percentual de 10%, por parte da União e dos municípios, e de 20% por parte dos estados e do DF, da renda resultante de impostos, objetivando ações de manutenção e desenvolvimento do ensino[4]. Dos recursos federais, 20% deveriam destinar-se ao ensino na zona rural. Por fim, estabelecia-se, pela primeira vez, a obrigatoriedade de auxiliar alunos carentes, pelo mecanismo da concessão de bolsas de estudo. Estas diferentes conquistas abraçadas pela Constituição de 1934 devem ser percebidas na moldura das metamorfoses por que o país passava. Todo o período da Primeira República exibiu um índice de urbanização e industrialização bastante baixo. Daí, poder-se dizer que, até o final da década de 1920, a economia não fazia, praticamente, nenhuma exigência à escola. Como assinala Octavio Ianni, é depois da Primeira Guerra Mundial – e em escala crescente a seguir – que os setores médios e proletários urbanos e rurais começam a contar mais abertamente como categoria política[5]. De fato, na estrutura oligárquica de predominância

---

3. Primeira Constituição Republicana, que instituiu o sistema federativo de governo.

4. Aqui surge, pela primeira vez, esta expressão, embora com contornos conceituais imprecisos, ensejando que, ao longo de décadas, seriam aplicados recursos do Ensino Primário em ações que nada tinham a ver com sua manutenção e desenvolvimento. Somente **no atual governo** este ralo de desvio de dinheiro do Ensino Fundamental foi corrigido.

5. IANNI, O. *O colapso do populismo no Brasil*. 2 ed. Rio de Janeiro: Civilização Brasileira, 1971, p. 13.

rural, os requerimentos de instrução não eram sentidos. É a partir de 1930[6], com a intensificação do capitalismo industrial, que se inaugura um quadro de novas exigências educacionais por parte de camadas da população cada vez mais amplas[7].

A Constituição de 1946, traduzindo o clima de afirmação democrática que invadiu o mundo no ambiente do pós-guerra, possuía um eixo teleológico representado por um conjunto de valores transcendentais que tinham, na liberdade, na defesa da dignidade humana e na solidariedade internacional, os dormentes de sustentação. Proclamava a educação como um direito de todos plasmado em princípios interligados, tais como:

- Compulsoriedade do Ensino Primário para todos e sua gratuidade nas escolas públicas.

- Gratuidade do ensino oficial nos níveis ulteriores, para alunos carentes.

- Obrigatoriedade de oferta de Ensino Primário gratuito por parte de empresas com mais de cem empregados e, ainda, exigência às empresas industriais e comerciais de assegurarem aprendizagem aos trabalhadores menores.

- Ingresso no magistério através de concurso de provas e títulos.

- Fornecimento de recursos por parte do Estado para que o direito universal de acesso à escola primária fosse assegurado, buscando-se, desta forma, a equidade social.

- Responsabilidade educativa compartilhada pela família e pela escola, podendo haver oferta pública e privada em todos os níveis de ensino.

- Oferta obrigatória de ensino religioso, embora fosse de matrícula facultativa para os alunos.

Pode-se afirmar que a Carta de 1946 preceituou uma organização equilibrada do sistema educacional brasileiro, mediante um formato administrativo e pedagógico descentralizado, sem que a União abdicasse da responsabilidade de apresentar as linhas mestras de organização da educação nacional.

---

6. De 1930 a 1945, o país foi governado por Getúlio Vargas. Foram 15 anos de instabilidade política, culminando com a ditadura de 1937 a 1945. Mas foi nesse período que o Estado assumiu mais ativamente a tarefa de dínamo do desenvolvimento, firmando as bases para a implantação de uma indústria pesada. Estavam, assim, asseguradas as condições para o ingresso do país na Era da Civilização Urbano-industrial.

7. O adensamento demográfico e a diversificação ocupacional geraram a expansão da demanda de ensino. Para uma melhor compreensão desse fato, cf. FILHO, L.M.B. "Redução da taxa de analfabetismo no Brasil de 1900 a 1960". *Revista Brasileira de Estudos Pedagógicos*, 100, p. 265.

Nela, há muito das ideias e do espírito do Manifesto dos Pioneiros da Educação Nova, de 1932. Foi a partir desta percepção que o Ministro da Educação de então, Clemente Mariani, oficializou comissão de educadores para propor uma reforma geral da educação nacional. Aqui, a origem da Lei 4.024/1961, Lei de Diretrizes e Bases da Educação Nacional, nossa primeira LDB, somente aprovada pelo Congresso Nacional depois de uma longa gestação de onze anos. Com a Constituição de 1946, o Ministério da Educação e Cultura passava a exercer as atribuições de Poder Público Federal em matéria de Educação.

A Constituição de 1967, pautada sob inspiração da ideologia da segurança nacional, abriu amplos espaços de apoio ao fortalecimento do ensino particular. Para ele, eram direcionados recursos públicos desapeados de qualquer critério. A ampliação da obrigatoriedade do Ensino Fundamental de 7 a 14 anos, aparentemente uma grande conquista, conflitava com outro preceito, que permitia o trabalho de crianças com 12 anos. Nisto, contrastava com a Carta de 1946 que estabelecia os 14 anos como a idade mínima para o trabalho de menores. Também, a ideia de gratuidade do ensino esbarrava na prescrição constitucional da criação de um sistema de bolsas de estudo reembolsáveis. Por fim, retirava-se a obrigatoriedade de percentuais do orçamento destinados à manutenção e desenvolvimento do ensino.

A Emenda Constitucional 1/1969 preservou, basicamente, todos os ângulos restritivos da Carta anterior. Recursos orçamentários vinculados ao ensino ficaram adstritos aos municípios que se obrigavam a aplicar, pelo menos, 20% da receita tributária no Ensino Primário. O lado mais obscurantista desta emenda foi o relativo às atividades docentes. A escola passou a ser palco de vigilância permanente dos agentes políticos do Estado. Nesse período, editaram-se vários Atos Institucionais que eram acionados, com muita frequência, contra a liberdade docente.

A Constituição de 1988 significou a reconquista da cidadania sem medo. Nela, a Educação ganhou lugar de altíssima relevância. O país inteiro despertou para esta causa comum. As emendas populares calçaram a ideia da educação como direito de todos (direito social) e, portanto, deveria ser universal, gratuita, democrática, comunitária e de elevado padrão de qualidade. Em síntese, transformadora da realidade. Para tanto, agora, sob a forma de ensino, deverá pautar-se por um conjunto de princípios e de regras fundamentais, abordados adiante, na análise do art. 3[o8]. Por outro lado, as universidades passaram a gozar de autonomia didático-científica, administrativa e de gestão financeira e patrimonial, e a obedecer ao princípio de indissociabilidade

---

8. Art. 206, 207 e 208 da Constituição Federal.

entre ensino, pesquisa e extensão. Enfim, o dever do Estado com a educação passou a ser efetivado mediante a garantia de:

I – Ensino Fundamental, obrigatório e gratuito, inclusive para os que a ele não tiveram acesso na idade própria;

II – progressiva extensão da obrigatoriedade e gratuidade ao Ensino Médio;

III – atendimento educacional especializado aos portadores de deficiência, preferencialmente na rede regular de ensino;

IV – atendimento em creche e pré-escola às crianças de 0 a 6 anos de idade;

V – acesso aos níveis mais elevados do ensino, da pesquisa e da criação artística, segundo a capacidade de cada um;

VI – oferta de ensino noturno regular, adequado às condições do educando;

VII – atendimento ao educando, no Ensino Fundamental, através de programas suplementares de material didático-escolar, transporte, alimentação e assistência à saúde.

3 O substrato das várias leis de diretrizes e bases da educação

Os termos diretrizes e bases como conceitos integrados não surgiram na educação brasileira, de forma refletida, ou seja, em decorrência de uma filosofia da educação que, nutrida por uma crítica pedagógica coerente, desaguasse numa postura de confrontação à visão fragmentária de compreensão de educação, de sistema educacional e de seus desdobramentos. São conceitos que se vão encorpando. Na verdade, estas noções (palavras), primeiro, surgiram separadas em contexto fraseológico fluido. Eram despossuídas, portanto, do dinamismo de que se revestiriam quando, na Constituição do Estado Novo (1946), reaparecem em posição contígua. De fato, o retorno à normalidade democrática, calçado pelo espírito liberal e democrático dos enunciados da nova ordem constitucional, reencontrava a necessidade de organização de um sistema educacional descentralizado administrativa e pedagogicamente, sem que isto representasse uma rendição do papel da União quanto à proposição dos grandes lineamentos através dos quais a educação nacional deveria organizar-se (art. 5º, inc. XV, alínea d, e art. 170 e 171). Mas, até se chegar a este entendimento, fez-se um longo trajeto, como vamos passar a examinar.

A Constituição de 1934 cometeu à União, com exclusividade, a atribuição de traçar as diretrizes da educação nacional (art. 5º, inc. XIV). Três anos mais tarde, a Constituição do Estado Novo (1937) reforçou a ideia das diretrizes, pela adição do conceito de bases. Assim, surgiram, pela primeira vez, no texto constitucional brasileiro, estas duas noções complementares, embora postas em espaços distintos. Dizia o art. 15, inc. IX, que, à União, incumbia "fixar as bases e determinar os quadros da educação nacional, traçando as diretrizes a que deve obedecer a formação física, intelectual e moral da infância e da juventude". Cinco anos depois, o Ministro da Educação sinalizou, na mesma direção, através das chamadas "Leis orgânicas do ensino", começando com a promulgação da Lei Orgânica do Ensino Industrial, através do Decreto-lei 4.073, de 30/01/1942. Ao longo desse mesmo ano e do ano seguinte, foram postos em execução o Decreto-lei 4.048, de 22/01/1942, criando o Serviço Nacional de Aprendizagem Industrial, o Decreto-lei 4.244, de 09/04/1942, fixando a Lei Orgânica do Ensino Secundário, e o Decreto-lei 6.141, de 28/12/1943, estabelecendo a Lei Orgânica do Ensino Comercial. Mais tarde, já com o país redemocratizado, surgem as leis orgânicas do Ensino Agrícola (Decreto-lei 9.613, de 20/08/1946), do Ensino Primário (Decreto-lei 8.529, de 02/01/1946) e do Ensino Normal (Decreto-lei 8.530, de 02/01/1946). Três observações, aqui, são inescapáveis: i) É nesse cenário legiferante que surgem o Senai (Serviço Nacional de Aprendizagem Industrial) (1942) e o Senac (Serviço Nacional de Aprendizagem Comercial) (1946); ii) A Lei Orgânica do Ensino Primário vem posterior à Lei Orgânica do Ensino Profissional. Ou seja, estávamos dispostos, legal e realmente, a manter um sistema produtivo com operários de baixo nível de escolaridade; iii) A Lei Orgânica do Ensino Secundário precede, em quatro anos, a promulgação da Lei Orgânica do Ensino Primário. Ambas, por seu turno, são posteriores à Lei Orgânica do Ensino Industrial.

Com a introdução dos conceitos de diretrizes e bases no bojo da norma constitucional de natureza educacional, embora estivessem os termos postos de maneira não contígua, prenunciava-se, ainda tenuemente, a necessidade de buscar um princípio orientador para a educação nacional. Tanto é assim que, passados quatro anos, a Constituição do Brasil redemocratizado (1946) resgatava a significação interdependente dos dois conceitos, juntando-os no art. 5°, inc. XV, alínea a, que identificava, na União, a competência para legislar "sobre diretrizes e bases da educação nacional". Sob o ponto de vista denotativo, bases são fundamentos, vigas de sustentação, elementos estruturantes de um corpo. Diretrizes denotam o conceito de alinhamento e, no caso, de normas de procedimento. Aplicados os conceitos à norma educativa, infere-se que as bases remetam à função substantiva da educação organizada. Compõem-se, portanto, de princípios, estrutura axiológica, dimensões teleológicas e contorno de direitos. A este conjunto, podemos chamar de funções substantivas. As diretrizes, por outro lado, invocam a dimensão adjetiva da educação organizada. Encorpam-se, por conseguinte, em modalidades de organização, ordenamento da oferta, sistemas de conferência de resultados e procedimentos para a articulação **inter** e **intrassistemas**. As bases detêm um conteúdo de concepção política, as diretrizes, um conteúdo de formulação objetiva.

> A primeira Lei de Diretrizes e Bases da Educação Nacional, a Lei 4.024, de 20/12/1961, teve uma gestão lassa e penosa. Entre a chegada do texto à Câmara Federal, outubro de 1948, e o início dos debates sobre o texto, maio de 1957, decorreram oito anos e meio. Daí, até a aprovação, em 20/12/1961, mais quatro anos e sete meses! Ou seja, entre o encaminhamento, as discussões e a aprovação do texto, passaram-se treze anos. O texto original foi sucedido pelo substitutivo Lacerda e este, em decorrência de um grande esforço na busca de uma posição conciliatória, pelo substitutivo da Câmara. O eixo das discussões era o da defesa da presença da iniciativa privada nas atividades de ensino. A pressão das escolas particulares terminou por transformar o debate partidário em um debate de fundo fortemente ideológico, galvanizado pela competente oratória de Carlos Lacerda, que, como ninguém, conhecia o poder da palavra.

O texto aprovado em 1961 oferecia, pela primeira vez na história da educação brasileira, um arcabouço onde se podiam divisar, com relativa clareza, as diretrizes e bases da educação nacional. Os grandes eixos falavam: i) Dos fins da Educação; ii) Do direito à Educação; iii) Da liberdade de ensino; iv) Da administração do ensino; v) Dos sistemas de ensino; vi) Da Educação de Grau Primário; vii) Da assistência social escolar; viii) Dos recursos para a Educação. Como se pode inferir, definia-se, afinal, um lineamento estruturado para a educação do país.

A Lei 4.024/1961 conseguiu flexibilizar a estrutura do ensino, possibilitando o acesso ao Ensino Superior, independentemente do tipo de curso que o aluno tivesse feito anteriormente. Por outro lado, a flexibilização se dava, também, em nível da migração interna do aluno que, através do mecanismo de aproveitamento de estudos, poderia, a partir de então, migrar de um ramo para outro de ensino, sem ter de recomeçar como se nada houvera antes.

> A segunda Lei de Diretrizes e Bases, a Lei 5.692/1971, oficialmente denominada de Lei da Reforma do Ensino de 1º e 2º graus, teve, também, um processo de gestação lento, embora impermeável a debates e à participação da sociedade civil, em função do contexto político em que foi gestada: período de governo discricionário com as liberdades civis estranguladas. O processo foi, portanto, atípico. O quadro de asfixia política empurrava as universidades para uma situação de confrontação com o poder estabelecido.

Assim, a reforma da educação começava pelo Ensino Superior. Ou seja, a reforma universitária se antecipava à reforma dos demais níveis de ensino. Nascia, desta forma, a Lei 5.540 em 1968 e, somente três anos mais tarde, editava-se a Lei 5.692/1971, voltada, especificamente, para os níveis de ensino anteriores ao Ensino Superior. Deste modo, surgiam duas legislações sucedâneas à Lei 4.024/1961, a nossa primeira LDB.

O trajeto da lei da reforma universitária começou pela constituição de um grupo de trabalho, instituído por decreto, para realizar estudos que possibilitassem "a eficiência, modernização e flexibilidade administrativa" das universidades. Em outubro de 1968, chegava ao Congresso a Mensagem 36, acompanhada do Projeto de Lei 32, voltada para estabelecer "normas de organização e funcionamento do Ensino Superior e sua articulação com a escola média..." Com o Congresso totalmente engessado em sua ação, o texto era aprovado em 28 de novembro de 1968, sob a forma da Lei 5.540/1968. Por ela, extinguia-se a cátedra, a estrutura de universidade passava a ser prioritária como forma de organização do Ensino Superior, o ensino, a pesquisa e a extensão assumiam a natureza privada, via instituições isoladas, e o instituto da autonomia não conseguia se afirmar, encalhado pelas injunções de natureza financeira.

Seguindo o espírito que presidiu a reforma universitária, em maio de 1970, criava-se, também, um grupo de trabalho para cuidar da "atualização e expansão do ensino fundamental e do colegial". Dois meses depois, estava pronto o Relatório do Grupo, que o encaminhou ao ministro da Educação. Apreciado pelo Conselho Federal de Educação e, a seguir, pelos Conselhos Estaduais de Educação, o texto, com alterações, retornou ao ministro da Educação que o remeteu ao presidente para encaminhamento ao Congresso Nacional. Ali o texto recebeu 362 emendas de cuja apreciação originou-se o substitutivo do relator, submetido à apreciação da Comissão Mista de quem recebeu aprovação em 20 de julho de 1971. Uma semana depois, o Congresso Nacional aprovava o substitutivo, encaminhado, de imediato, para a sanção do Presidente da República. Assim, um ano e três meses depois da criação do Grupo de Trabalho, era sancionada a nova Lei da Reforma do Ensino de 1º e 2º graus, Lei 5.692, de 11/08/1971.

> A terceira LDB, Lei 9.394/1996, resultou de uma gestação legislativa complicada. Enraizada em vários governos, marcados por fortes contradições ideológicas, sua tramitação foi longa, conflitiva, intensa, detalhista e ambientada em contextos de correlações de forças ora emancipatórias, ora paralisantes. Seu início deu-se em 1988. Na verdade, o anteprojeto foi depositado na Comissão

de Educação em novembro desse ano, antecedendo, portanto, a promulgação da *Constituição-cidadã*. Daí até sua versão final – assumiu a forma de lei em 1996 – passaram-se oito longos anos, aprovada que foi pelo Congresso Nacional, sancionada pelo Presidente da República em 20/12/1996 e publicada no *Diário Oficial da União*, em 23/12/1996.

A discussão e tramitação da Lei 9.394/1996 no Congresso Nacional prolongou-se por três governos (Sarney, Collor e FHC), passou por vários relatorias, teve vários substitutivos, ziguezagueou da Câmara para o Senado e vice-versa em ritmo de fluxo legislativo variado, submetida a movimentações burocráticas e de técnica legislativa que traduziam, com esforços ora explícitos, ora camuflados, um percurso tortuoso de conflitos ideológicos e de interesses contraditórios. Os espaços decisórios do Congresso estavam balizados por concepções díspares dos atores políticos com capacidade de controlar o posicionamento do coletivo congressual em torno do ponto nevrálgico da matéria em discussão: as relações Estado, sociedade e educação. No fundo, predominava uma visão agudamente desigual dos mecanismos de controle social, a partir dos espaços de governo e das escalas de comando dos protagonistas e atores do palco educacional, sobretudo, daqueles posicionados na ponta do sistema: a escola. Aqui, se realiza a educação INTENCIONADA e era preciso refazê-la DISTENSIONADA! Por todas estas razões, a multiplicação de substitutivos, pareceristas e relatores anunciava-se inevitável, como forma de desaguar divergências, expressas ou despistadas, de concepções, objetivos, focos, interesses e hegemonias políticas.

No contexto de alternativas possíveis, há de se reconhecer que o tempo ensinou o que ainda não se aprendera com o tempo: a estratégia das *conciliações abertas*, na feliz expressão do sociólogo e deputado federal Florestan Fernandes. Assim, o estuário das negociações foi alargado e alongado, culminando com o alinhamento de entendimentos pontuais dentro de marcos possíveis, entre o colégio de líderes, grupo de representantes do governo e o atuante e vigilante Fórum Nacional em Defesa da Escola Pública na LDB. Deste amálgama de convergências e negociações possíveis, resultou a aprovação, na Câmara dos Deputados, do Projeto de Lei 1.258-C/1988. Mas... isto era, apenas, o começo! O futuro revelaria que havia, ainda, um longo percurso a ser realizado, com vários substitutivos e relatorias, audiências públicas, emendas de parlamentares e do próprio autor. Com o alongamento do tempo e dos debates e a lenta digestão congressual da matéria, ficaria claro que as questões de fundo, marcantes e polêmicas nas diversas etapas de tramitação, poderiam ser, assim, sintetizadas em blocos:

> BLOCO UM

• O direito à educação e o dever de educar.

• Definição de educação e respectivos fins, princípios, níveis escolares e focos.

• Segmento público e privado na oferta de educação.

• Formas de organização da educação escolar e, sobretudo, da educação básica.

• Níveis e distribuição de responsabilidades entre União, estados, DF e municípios.

• Financiamento da educação.

• Funcionalidades e limites do ensino privado.

• Formação de professores e extensão do conceito de *trabalhadores da educação* para todos os "atores escolares".

• Gestão democrática da escola.

> BLOCO DOIS

• Educação escolar: compreensão, organização e oferta.

• Diretrizes e Parâmetros Curriculares para a educação básica.

• Componentes estruturantes da universidade, funções e sistemas de articulação.

• Modalidades de articulação entre os vários níveis de ensino.

• Estrutura e funcionamento dos sistemas de ensino.

• Saberes formais e não formais dentro dos currículos em operação.

• Educação escolar para a diversidade e manejos de políticas educacionais para a inclusão social.

• Organização das modalidades de ensino, com destaque para a Educação de Jovens e Adultos, Educação Especial, Educação Profissional e Educação Indígena.

> BLOCO TRÊS

• Oferta de educação escolar e regime de colaboração.

• Formas de organização, estrutura e funcionamento de todos os níveis e modalidades de ensino.

- "Refaces" da educação superior, novas tipologias de curso e indissociabilidade das funções de ensino, pesquisa e extensão.
- Educação profissional e mercado de trabalho.
- Reestruturação do esquema de cursos de formação de professores.
- Reposicionamento do Estado em relação à Rede Federal de Instituições de Ensino Técnico.
- Criação de universidades especializadas por campo de saber.
- Credenciamento de instituições de Educação a Distância.
- Sistema Nacional de Avaliação.

Aqui, convém destacar dois aspectos prevalecentes ao longo dos debates sobre a nova LDB, quais sejam:

1) As questões temáticas e cruciais de cada bloco continuavam presentes no bloco seguinte, variando, apenas, a gradação e a força de contágio de acordo com cada momento. Significa dizer que atravessavam os debates ao longo do tempo.

2) Todo o inventário de pontos com condicionalidades para a evolução do encaminhamento legislativo estava preso a cinco eixos, a saber:

- a) Horizonte público x privado.
- b) Democratização do ensino.
- c) Financiamento da educação
- d) Inclusão social e diversidade.
- e) Organização e oferta do ensino público.

Estes eixos garantiam, nos debates, a permanência de um sistema de demandas agregadas e de alinhamento cada vez mais alongado de pontos, embora com intensidade variável.

A etapa derradeira de tramitação da Lei 9.394/1996 estende-se pelo período 1994-1996. Dois anos antes, em 1994, ocorrem mudanças políticas e de conceito de gestão pública na vida do país. A eleição de um **novo** presidente e a instalação do **novo** governo inauguram uma **nova** e ampla tela política com novas paisagens do conceito de Estado e de suas responsabilidades prestacionais com reflexos diretos e imediatos no campo educacional. O documento do **novo** direcionamento era prático, curto, direto e estava ali: "Planejamento Político-Estratégico 1995/1998" (MEC, mai./1995). Fixavam-se, aí, **novas** marcações de natureza conceitual e operacional para a educação. O rumo estava definido sob a circunscrição de quatro necessidades impositivas, imediatas e reveladas, como se pode ver:

A – "Rever e simplificar o arcabouço legal, normativo e regulamentar para estimular (e não tolher) a ação dos agentes públicos e privados na promoção da qualidade do ensino".

B – "Aprovar uma **nova** Lei de Diretrizes e Bases que possibilite a diversificação institucional: **novos** cursos, novos programas, novas modalidades".

C – "Retirar da Constituição dispositivos que engessam a gestão do sistema educacional".

D – "Instituir um **novo** Conselho Nacional de Educação, mais ágil e menos burocrático, modificar regulamentações para garantir maior autonomia à escola [...] e transferir a ênfase dos controles formais e burocráticos para a avaliação de resultados".

É precisamente em decorrência deste **novo** horizonte de posicionamento do Governo Federal, que se definem três estratégias para realizar a chamada, naquele momento, de "operação de urgência política para reorientar os rumos da educação nacional". Foram elas:

1) Impedir a aprovação, pelo Senado, do Substitutivo Cid Saboia, que aguardava aprovação na mesa da Câmara ALTA.

2) Impedir, ainda, o retorno do projeto aprovado na Câmara dos Deputados.

3) Impedir, por fim, de fazer retornar o projeto A LEI DA EDUCAÇÃO, do Senador Darcy Ribeiro, gestado no governo Collor, com participação e acompanhamento do MEC.

Com a utilização de estratégia regimental, sai vitoriosa a alternativa de abandono (eliminação) do Projeto e Substitutivo anteriores. Daí, origina-se a decisão de envio à Câmara, na categoria de *Projeto único*, do Substitutivo do Senador Darcy Ribeiro, depois de aprovado pelo Senado. Foram quatro Pareceres (o quarto saiu em 03/05/1995). Sob consulta de um grupo de senadores ao Ministro da Educação, decidiu-se pela exclusão do Parecer de rejeição do PLC 101/1993 e a apresentação de Substitutivo, com a votação das duas decisões pelo Plenário.

O Parecer Darcy Ribeiro (n. 307/1995) segue para o Plenário, agrega 57 emendas ao PLC 101/1993, retorna às Comissões de Educação e de Constituição, Justiça e Cidadania e, o senador é indicado mais uma vez relator. Com a incorporação de algumas Emendas e algumas versões sequenciais de Pareceres, o texto é aprovado no Plenário do Senado Federal em 08/02/1996, retornando, em sucessivo, à Câmara dos Deputados. Ali, o Substitutivo originário do Senado recebe outro relator, incorpora emendas e é, afinal, aprovado sem vetos, assumindo a forma da Lei 9.394/1996. Deste longo processo legislativo, que serviu de chão para a elaboração do texto da atual LDB, impõem-se **quatro** constatações, a saber:

I – A educação é um campo estratégico de lutas políticas entre forças da permanência e forças da mudança. Para as primeiras, a educação é um "produto", para as segundas, um "processo".

II – O ambiente político que hospedou as longas, detalhadas, conflitivas e contraditórias agendas de debate político, no âmbito do processo de elaboração da atual LDB, foi marcado por esforços continuados de *desqualificar* o Fórum Nacional em Defesa da Escola Pública na LDB e, ainda, de elidir o esforço do Bloco Parlamentar em Defesa da Educação Pública, formado e consolidado ao longo da Constituinte.

III – A inversão dos mecanismos de controle político, com a prevalência da vontade *onipotente* do Executivo sobre o Legislativo, deslocou os focos relacionais entre educação, Estado, sociedade, economia e cultura.

IV – A mobilização da sociedade civil organizada constitui empuxe fundamental para remover tentativas de descaminhos do Estado e de desvios do Poder Político. No caso em tela, os veementes protestos de entidades e atores do campo educacional, as manifestações dirigidas ao Parlamento Nacional e ao MEC, os encontros locais, regionais, e nacionais – com destaque para o I Congresso Nacional em Defesa da Escola Pública (jul.--ago./1996, em Belo Horizonte, reunindo mais de cinco mil participantes) e, ainda, o trabalho incansável e vigilante do FÓRUM junto ao Congresso Nacional, com o apoio da imprensa, foram fatores decisivos para assegurar o caminho de avanços desejados. Pode-se dizer que este conjunto de forças e iniciativas de mobilização política contribuiu significativamente para conter o alargamento de deformações no texto em curso legislativo e, assim, para desenhar um campo normativo-educacional mais consentâneo com a realidade democrática do país.

A Lei 9.394/1996 (LDB) traz avanços como é o caso da concepção operativa de educação básica e da flexibilização da forma de o Estado organizar e oferecer educação superior. Traz, também, omissões como é o caso da não inclusão do Fórum Nacional em Defesa da Escola Pública, como instância de interface nas relações Estado, sociedade e educação. Omissão, aliás, que seria corrigida pela Lei 13.005/2014, que institui o Plano Nacional de Educação (cf. art. 5º, inc. IV) e em cujo art. 5, inc. IV, está posicionado o FÓRUM como uma das instâncias responsáveis pelo monitoramento e avaliação periódica de cumprimento das metas do PNE.

A inteligência e compreensão construtivas dos processos sociais apontam que as contradições e resistências hospedadas no processo de elaboração da LDB não podem ficar restritos à condição de fatos históricos congelados no tempo e despossuídos de visões valorativas. Pelo contrário, devem ser percebidos como radiografias vivas dos antagonismos da sociedade brasileira e, sobretudo, como expressões de significações do passado e de matéria-prima para ressignificações do futuro, dentro de uma visão reinterpretada de novas possibilidades do Brasil como sociedade democrática.

Gestada no tempo, como todas as leis, a Lei 9.394/1996 é insuficiente exatamente porque sofre o impacto dos limites históricos e políticos. Por isto mesmo, para ser elaborada, precisou de negociações, acordos e consensos por via das *conciliações abertas*. O nosso grande e permanente desafio é redescobrir, continuamente, as formas e as rotas de potencializar sua materialização. Nisto, reside sua viabilidade política e social e seu poder de germinação.

Organização do ensino nas disposições normativas das diversas Leis de Diretrizes e Bases da Educação Nacional

Lei 4.024/1961	Duração	Lei 5.692/1971	Duração	Lei 9.394/1996	Duração
Ensino Primário	4 anos	• Ensino de Primeiro Grau	8 anos	• **Educação Básica**	> 17 anos
Ciclo Ginasial do Ensino Médio	4 anos	• Ensino de Segundo Grau	3 a 4 anos	– Educação Infantil:	> 5 anos, sendo:
Ciclo Colegial do Ensino Médio	3 anos			> Creche	• 3 anos
				> Pré-escola	• 2 anos
				– Ensino Fundamental	> 9 anos
Ensino Superior	variável	• Ensino Superior	variável	– Ensino Médio	> 3 anos (no mínimo)
				• **Educação superior**	> variável

Obs.	Obs.	Obs.
a) A passagem do Primário para o Ginasial era feita através de uma prova de acesso: o Exame de Admissão. b) Os ciclos Ginasial e Colegial eram divididos em Ramos de Ensino, a saber: Secundário, Comercial, Industrial, Agrícola, Normal e outros. O industrial dividido em básico (4 anos) e de mestria (2 anos). Havia, ainda, os cursos artesanais, de duração curta e variável, e os de aprendizagem.	a) Com a junção dos antigos Primário e Ginasial, desapareceu o Exame de Admissão. b) A duração normal do 2º Grau era de 3 anos. Ultrapassava, no entanto, este limite quando se tratava de Curso Profissionalizante. c) O Ensino de 1º e 2º Grau tinha uma carga horária mínima anual de 720 horas e o ano letivo de duração mínima de 180 dias.	a) Os níveis macroestruturantes da educação escolar (art. 1º, § 1º) passam a ser dois: Educação Básica e educação superior. b) São modalidades de educação: Educação de Jovens e Adultos (art. 37); Educação Especial (art. 58); Educação Bilíngue de Surdos (art. 60-A); Educação Profissional e Tecnológica (art. 39); Educação Básica do Campo (art.28 e Parecer CNE/CEB nº 7/2010); Educação Escolar Indígena (art. 78); Educação a Distância (art. 80); e Educação Escolar Quilombola (art. 38, XII e art. 26,26-A e Parecer CNE/CEB nº 7/2010). c) O Ensino Fundamental e o Ensino Médio passam a ter carga horária mínima anual de 800 horas. No Ensino Médio, deverá ser ampliada progressivamente para 1.400 horas, devendo os sistemas de ensino oferecer, no prazo máximo de 5 anos, pelo menos mil horas anuais, a partir de 2 de março de 2017 (nova redação dada ao art. 24, § 1º da LDB, pela Lei 13.415/2017, Lei da Reforma do Ensino Médio). Aqui, as mudanças se estendem também à reestruturação das áreas e à adoção da BNCC com direitos e objetivos da aprendizagem e desenvolvimento (art. 35-A).

Quadro comparativo da estrutura básica das leis 5.692/1971 e 9.394/1996

Lei 5.692/1971

Capítulo I – Do Ensino de 1º e 2º graus
Capítulo II – Do Ensino de 1º grau
Capítulo III – Do Ensino de 2º grau
Capítulo IV – Do Ensino Supletivo
Capítulo V – Dos professores e especialistas
Capítulo VI – Do financiamento
Capítulo VII – Das disposições gerais
Capítulo VIII – Das disposições transitórias

Lei 9.394/1996

Título I – Da educação
Título II – Dos Princípios e Fins Da Educação Nacional
Título III – Do Direito à Educação e do Dever de Educar
Título IV – Da Organização da Educação Nacional
Título V – Dos Níveis e das Modalidades de Educação e Ensino
    Capítulo I – Da Composição dos Níveis Escolares
    Capítulo II – Da Educação Básica
      Seção I – Das Disposições Gerais
      Seção II – Da Educação Infantil
      Seção III – Do Ensino Fundamental
      Seção IV – Do Ensino Médio
      Seção IV-A – Da Educação Profissional Técnica de Nível Médio
      Seção V – Da Educação de Jovens e Adultos
    Capítulo III – Da Educação Profissional e Tecnológica
    Capítulo IV – Da Educação Superior
    Capítulo V – Da Educação Especial
    Capítulo V-A – Da Educação Bilíngue de Surdos
Título VI – Dos Profissionais da Educação
Título VII – Dos Recursos Financeiros
Título VIII – Das Disposições Gerais
Título IX – Das Disposições Transitórias

Lei 9.394/1996

O PRESIDENTE DA REPÚBLICA

Faço saber que o Congresso Nacional decreta e eu sanciono a seguinte Lei:

TÍTULO I
DA EDUCAÇÃO

Art. 1º – A educação abrange os processos formativos que se desenvolvem na vida familiar, na convivência humana, no trabalho, nas instituições de ensino e pesquisa, nos movimentos sociais e organizações da sociedade civil e nas manifestações culturais.

§ 1º – Esta lei disciplina a educação escolar, que se desenvolve, predominantemente, por meio do ensino, em instituições próprias.

§ 2º – A educação escolar deverá vincular-se ao mundo do trabalho e à prática social.

Art. 1º – A leitura deste artigo deve ser feita articuladamente com a do Art. 205 da Constituição Federal (CF).

O termo educação tem sentido abrangente. Fala-se em educação escolar, educação básica, educação superior, educação de jovens e adultos, educação profissional, educação especial/inclusiva, educação rural, educação ambiental, educação a distância, educação religiosa, educação física, educação cidadã, educação quilombola, educação tecnológica, educação financeira, educação para o trânsito, educação sexual etc. Nesta lei, o termo aparece com significações potencializadas, todas elas desdobramentos da educação escolar, portanto, referidas a faixas etárias específicas e a contextos de aprendizagem demarcados. Vale lembrar que, na legislação anterior, educação era sinônimo de ensino. Seja de ensino regular, seja de ensino supletivo. Portanto, referia-se sempre, à educação formal. Embora a lei estatuísse que poderia ser dada no lar e na escola, de fato, o processo educativo verdadeiramente "certificado" pelos cânones legais era aquele encorpado por via da educação formal, na escola.

O artigo em apreço representa uma ruptura de dimensão axiológica na medida em que elastece a carga semântica da educação, imputando-lhe um atributo de ação institucional e coletiva para construir identidades nas mais diferentes ambiências humanas: na família, no trabalho, na escola, nas organizações sociais, nas associações, nos sindicatos etc. Em qualquer destes espaços, há um processo formativo, ou seja, um chão de aprendizagem sobre o qual se forma a cidadania. Trata-se, por conseguinte, de uma prática humana eivada de equipamentos de subjetividade e de ações intencionalizadas que focam a construção histórica e coletiva da humanidade.

Educação é mais do que conhecimento. Este compacta-se, muitas vezes, em uma dimensão *formal, instrumental e metodológica* (DEMO, 1996: 16), enquanto aquela, comprometida com a qualidade não apenas formal, mas também política da cidadania, busca a formação do sujeito histórico com identidade madura, qualificada social e criticamente e participativa politicamente. Convém, porém, compreender que, hoje, estes dois conceitos caminham necessariamente juntos, até porque a escola é o espaço da educação de sujeitos que vivem na *sociedade do conhecimento* e na *sociedade em rede*. Nesta perspectiva, não se pode restringir a função da educação a ensino, senão ampliá-la para um campo potencializador e emancipador de compreensão que envolve ações e processos complexos como: desenvolver, formar, qualificar, aprender a aprender, aprender a pensar, aprender a intervir e aprender a mudar. Estes processos são, na verdade, ações humanamente qualificadoras e indutoras de comunicação, assim, explicitadas na formulação da pedagogia freireana: "A educação, qualquer que seja o nível em que se dê, se fará tão mais verdadeira quanto mais estimule o desenvolvimento desta necessidade radical dos seres humanos, a de sua expressividade"[9]. A educação sistematizada, sob a forma de ensino regular, percorre uma esteira de finalidades e de funções convergentes. Em qualquer lugar e em qualquer situação, porém, educar para a cidadania, além de ser um processo vinculado a esse feixe de finalidades, é um princípio de organização e funcionamento da escola no tempo do calendário e no tempo das faixas etárias dos alunos. Os marcos legais que embasam a BNCC e os respectivos fundamentos pedagógicos levam em conta estas dimensões finalísticas, axiológicas e operativas da educação escolar.

§ 1º – A Lei 9.394 disciplina uma tipologia específica de educação, a educação escolar, desenvolvida, predominantemente, porém, não exclusivamente, em instituições específicas chamadas de instituições de ensino (creches, escolas, colégios, institutos, faculdades, centros universitários, universidades

---

9. FREIRE, P. *Ação cultural para a liberdade*. Rio de Janeiro: Paz e Terra, 1982, p. 2.

etc.). Mesmo delimitado em lei o campo semântico da educação escolar, é oportuno observar que, tanto no *caput* do artigo quanto neste primeiro parágrafo, o legislador usa o mesmo verbo: *desenvolver-se*. Termo que, por sua vez, aparece ao lado da palavra *pesquisa*, na expressão *instituições de ensino e pesquisa*. Na verdade, pesquisa e desenvolvimento são conceitos interdependentes. Este reforço semântico não pode ser confundido com mera repetição, senão como uma preocupação do legislador em focar um horizonte pedagógico a ser efetivamente buscado pela escola. Aqui, não se pensa em treinamento, *em educação bancária* (Freire), nem se pretende produzir clones. A atividade da educação escolar é de desenvolvimento humano, ou seja, de potencialização de capacidades em quatro perspectivas claras e convergentes: realização pessoal, qualidade de vida, participação política e inclusão planetária. Como ensina Bordenave, "[...] evidentemente, o tipo de educação que pode fomentar estes tipos de aprendizagem não pode ser a educação tradicional, quer consista na transmissão pura e simples de conteúdos, quer na moldagem do comportamento humano com base em comportamentos preestabelecidos"[10]. A educação escolar tem seu lugar-comum nas instituições de ensino. Porém, a lei envolve a noção mais elástica de espaços de aprendizagem. Retira, assim, a ideia de escola enquanto delimitação espacial e prevê a possibilidade de se trabalhar com formas alternativas de aprendizagem, desencarnadas, portanto, da geografia da escola. Ideia, agora, reforçada, com a Lei da Reforma do Ensino Médio ao referir-se a outros espaços de aprendizagem (Lei 13.415/2017). Ideia, aliás, fincada nas diretrizes da Base Nacional Comum Curricular, em processo de implementação e cujo pano de fundo está assim emoldurado: "Ao adotar este enfoque, a BNCC indica que as decisões pedagógicas devem estar orientadas para o desenvolvimento de competências. Por meio da indicação clara do que os alunos devem "saber" (considerando a constituição de conhecimentos, habilidades, atitudes e valores) e, sobretudo, do que devem "saber fazer" (considerando a mobilização desses conhecimentos, habilidades, atitudes e valores para resolver demandas complexas da vida cotidiana, do pleno exercício da cidadania e do mundo do trabalho)...". Neste horizonte legal, esta possibilidade é relevante sob o ponto de vista social. Seja porque oportuniza o crescente envolvimento de pessoas e instituições no processo educativo, seja porque, no Brasil, confunde-se escola com prédio escolar. Este equívoco tem origem multicausal. Uma das razões, certamente, são as matrizes culturais excludentes que, ao lado de políticas públicas e de opções pedagógicas resistentes

---

10. BORDENAVE, J.E.D. *O que é participação*. São Paulo: Brasiliense, 1985, p. 73 [Col. Primeiros Passos].

ao princípio constitucional de igualdade de direitos, hierarquizam os saberes, desvalorizando o saber não formal. Brandão (1989: 22) chama a atenção pare este aspecto: "Tudo o que é importante para a comunidade, e existe como algum tipo de saber, existe, também, como algum modo de ensinar"[11].

A possibilidade de uma educação escolar que não se dá *exclusivamente em instituições educativas* com funcionamento padrão, regular, tradicional e presencial, está conectada, sob o ponto de vista legal, ao art. 81 da LDB e, sob o ponto de vista educativo, à ideia de **pedagogia da alternância**, cuja relevância crescente exige um pouco mais de compreensão da sociedade, dos responsáveis por políticas públicas e dos educadores[12]. A alternância é uma metodologia pedagógica específica com origem no campo, na França. Deixando de lado seus aspectos históricos, pode-se dizer que a Pedagogia da Alternância tem suas referências teóricas em quatro fontes distintas, a saber: a) Proposta pedagógica de Celéstin Freinet[13]. Para este autor, o trabalho escolar deve estar inteiramente ligado à vida e ao contexto histórico-social dos alunos. Por isso, não é razoável separar aprendizagem da sala de aula e aprendizagem da vida concreta dos alunos. Este entendimento está na base das Escolas Famílias Agrícolas; b) Três pensadores ofereceram contribuições teóricas posteriores à metodologia da Pedagogia da Alternância. Foram eles: i) Piaget[14] com sua epistemologia construtivista. Aqui, a compreensão é que o aprendente constrói seu conhecimento em interação íntima com seu ambiente. A alternância utiliza a formula "praticar e compreender", desdobrada na compreensão: "Praticar quer dizer ação, a experiência que temos das coisas, e compreender significa a explicação, a teorização, a conceitualização e a abstração que se

---

11. BRANDÃO, C.R. *O que é educação*. 25. ed. São Paulo: Brasiliense, 1989, p. 22 [Col. Primeiros Passos].

12. O percurso histórico das *Maisons Familiales Rurales* ou Casas Familiares Rurais Francesas e da Pedagogia da Alternância assenta seus primeiros passos na década de 1930. Para Nosela (1977: 18), o horizonte era "[...] a ideia de uma Escola realmente para o meio e do meio rural; uma Escola que rompesse radicalmente com o modelo urbano, não nascida de um estudo teórico nem de uma tese pedagógica, nem de um levantamento sociológico".

13. O pedagogo francês Celéstin Freinet (1896-1966) foi um grande inovador da pedagogia com o seu método natural cujos fundamentos são: a comunidade e a vida como chãos de aprendizagem. O tempo livre é tempo "escolar" no sentido de que as crianças devem desenhar e escrever livremente, sendo necessário, apenas, que tenham vontade de se expressar. O trabalho de Freinet, de início, promoveu dupla reação: de um lado, seus críticos o censuravam por entender que sua proposta de educação era desprovida de disciplina e produzia anarquia; de outro, conquistou muitos admiradores, inclusive Piaget, que o considerava um educador genial. A força de sua pedagogia permanece até hoje, inspirando escolas pelo mundo inteiro.

14. PIAGET, J. *Seis estudos de psicologia* – Teoria da Epistemologia Genética. Rio de Janeiro: Forense, 1989.

pode extrair da prática ou que dela pode resultar" (GIMONET, 1999: 45); ii) Morin com a ideia de pensamento complexo. Para ele, a complexidade ocorre "[...] quando elementos diferentes são inseparáveis constitutivos do todo (como o econômico, o político, o sociológico, o psicológico, o afetivo, o mitológico) e há um tecido interdependente, interativo e inter-retro-ativo entre o objeto de conhecimento e seu contexto. Por isso, a complexidade é a união entre a unidade a multiplicidade"[15]. Em decorrência, a educação deve promover o que o autor chama de "inteligência geral" capaz de se referir ao contexto que é multidimensional e complexo; iii) Freire[16] com a ideia de ação--reflexão-ação, nutrientes da práxis. Este movimento de pensar a prática e ela retornar constitui um quefazer voltado para a transformação da "verdade em que se acham os oprimidos". Pode-se afirmar que a Pedagogia da Alternância e a Pedagogia do Oprimido captam a educação como um processo de construção cultural, embora a primeira foque a competência profissional e a segunda a competência política. Hoje, estas dimensões evoluíram sob o ponto de vista da compreensão e já não se separam, porque trabalha-se com a ideia de educação/escola unitária, de Gramsci[17], que busca a formação integral do indivíduo. Em síntese, a Pedagogia da Alternância sustenta-se na ideia-matriz de saber social cuja substância é "[...] a educação básica como direito ao saber, direito ao conhecimento, direito à cultura produzida socialmente"[18]. No Brasil, a Pedagogia de Alternância, praticada em espaços escolares não convencionais, tem-se ampliado com grande alento comunitário através do Movimento dos Trabalhadores Sem Terra (MST), do Movimento dos Atingidos de Barragem (MAB), do Movimento das Organizações Comunitárias da Bahia (MOC) e das Escolas Famílias Agrícolas (EFAs). A par destas iniciativas, há de se reconhecer a importante contribuição da Comissão Pastoral da Terra (CPT), na apropriação desta pedagogia, de universidades, de organizações sociais diversas e de instituições públicas comprometidas com rotas de construção "[...] de uma educação potencialmente libertadora, pautada na relação intrínseca entre

---

15. MORIN, E. *Os sete saberes necessários à educação do futuro*. São Paulo: Unesco/Cortez, 1999, p. 38.

16. FREIRE, P. *Pedagogia do oprimido*. 17. ed. Rio de Janeiro: Paz e Terra, 1987.

17. O teórico político italiano Antônio Gramsci (1891-1936) realizou alentados estudos nas áreas de análise da cultura e liderança política. Com uma contribuição intelectual marcante pela originalidade das ideias, Gramsci cunhou e trabalhou o conceito de "hegemonia cultural" como forma de manutenção do Estado, em uma sociedade de estrutura capitalista e de desigualdades consentidas.

18. ARROYO, M.G. "A educação básica e o movimento social do campo." In: ARROYO, M.G.; CALDART, R.S. & MOLINA, M.C. (orgs.); *Por uma educação no campo*. Petrópolis: Vozes, 2004, p. 71.

teoria e prática, entre o conhecimento e o trabalho, entre a escola, a família e a comunidade" (OLIVEIRA, 2007: 14).

A Pedagogia da Alternância desenvolveu recursos metodológicos e didáticos próprios com o objetivo de disponibilizar, ao aluno, instrumentos de condição da aprendizagem em seu contexto indutor de cidadania. Este contexto tem, nas sessões escola e família/comunidade, momentos de contemplação pedagógica (inserções impregnantes de aprendizagem ativa). Tais recursos metodológicos são: i) Plano de estudo; ii) Caderno da Realidade; iii) Visitas às Famílias; iv) Viagem de Estudo; v) Serão (Recurso didático que consiste em encontros à noite para reforçar a aprendizagem. Consta de debates sobre temas de interesse dos alunos). Para não se cometer o equívoco de pensar que esta pedagogia é restrita ao desenvolvimento educacional no campo, cabe destacar que, no Brasil inteiro, há iniciativas de empresas, associações e igrejas e, também, de grupos autônomos que trabalham a Pedagogia da Alternância em programas de alfabetização, de educação de jovens e adultos, de educação para o trabalho e mesmo de educação superior. A ideia das universidades corporativas pertence ao mundo da educação/formação alternativa. Infelizmente, o descaso do Estado brasileiro com a educação oferecida fora da escola é tamanha, que não há estatísticas oficiais sobre este esforço da sociedade. É preciso compreender que a pedagogia da alternância não é uma educação **à margem, mas uma educação sem margens, como é a criatividade**.

Por todas estas razões, fica claro que a LDB disciplina a educação escolar que se desenvolve, *predominantemente*, por meio do ensino, em *instituições próprias*, mas não *exclusivamente nelas*. Nesse contexto multimodal, a BNCC afirma, de maneira explicita, o seu compromisso com a educação integral, o que implica romper com a visão reducionista de só valorizar a dimensão intelectual.

§ 2º – A educação aqui referida atrai quatro conceitos estruturantes do novo mapa de referência da escola, enquanto palco principal do processo educativo:

    a) Prática social: Atividade socialmente produzida e, ao mesmo tempo, produtora de existência social. Significa, também, soma de processos históricos determinados pelas ações humanas.

    b) Mundo do trabalho: Ambiente de construção de sobrevivência, mas também de transformação social.

    c) Movimentos sociais: Esforços organizados de construção de espaços alternativos de organização coletiva com vistas à emancipação das coletividades.

d) Manifestações culturais: Expressões da cultura enquanto conceito antropológico. Reporta o mundo em processo contínuo de recriação por homens e mulheres, através de intervenções intérminas sobre a natureza, ou seja, através do seu trabalho. Neste sentido, não há cultura superior a outra, há, isto sim, culturas diferentes.

Estes quatro conceitos se resumem a dois: cidadania ativa e trabalho humano, binômio de sustentação de toda a programação da educação escolar.

Para os educadores, é essencial distinguir mundo do trabalho de mercado de trabalho. O primeiro é o campo por excelência da realização humana e da construção coletiva da cidadania com qualidade de vida. O segundo é lugar da empregabilidade, dos postos fixos de ocupação e, portanto, da profissionalidade. Embora diferentes, estes conceitos se completam em uma visão unificadora de desenvolvimento e formação. Nesse sentido, a educação escolar é a grande porta para a mobilização plena do sujeito. Ao assegurar a entrada deste sujeito na vida intelectual, por via de um processo sistematizado de aprendizagem, ele abre os caminhos de todos e de cada um para uma relação criativa com o saber produzido pelo ser humano trabalhador. Ora, se é verdade que o sujeito aprendente apropria-se de uma parte do patrimônio cultural humano, é também verdade que a conexão entre sujeito e saber – entre educação escolar e vida – se dá pelo trabalho. Por isso, pode-se dizer, em um certo sentido, que o primeiro princípio do saber é o trabalho, fonte de prática social.

Para concluir o percurso interpretado do art. 1º da LDB e assentar os **delineamentos da educação escolar**, com a identificação do contingente de alunos regulares nela matriculados, na atualidade (2023), vamos apresentar as diversos dobras numéricas deste universo, criando, assim, um pano de fundo de referência necessária ao longo do estudo da Lei de Diretrizes e Bases da Educação Nacional/LDB. Estamos diante de um cenário de quantidades que impressionam. Vejamos...

Modalidade	Matrículas
Educação Básica	47.382.074
Educação Superior	8.986.554
Número de Escolas	**Quantidade**
Educação Básica	178,3 mil
Educação Superior	2.574

Fonte: Inep/Censo Escolar 2022.

TÍTULO II
DOS PRINCÍPIOS E FINS DA EDUCAÇÃO NACIONAL

Art. 2º – A educação, dever da família e do Estado, inspirada nos princípios de liberdade e nos ideais de solidariedade humana, tem por finalidade o pleno desenvolvimento do educando, seu preparo para o exercício da cidadania e sua qualificação para o trabalho.

Art. 2º – Este Título II da LDB, aberto com o art. 2º, encimado pelo trinômio PRINCÍPIOS, IDEIAS e FINS da Educação, é uma espécie de grande moldura de toda a legislação do ensino, portanto, um dispositivo-corpo que agrega toda a musculatura da legislação educacional, garantindo-lhe direcionamento, consistência e congruência, na busca por **equidade na educação**, "tendo como foco principal a **igualdade** e a unidade nacional," como prescrito na doutrina pedagógica da BNCC. O título anterior (Título I) trata de definir educação, ou seja, não apenas declarar o que é, mas também desocultar sua natureza interna e explicitar as formas externas de sua configuração. Como diz Feracine (1959: 22), *a definição apresenta o estatuto entitativo de uma realidade.* O título em apreço (Título II) trata dos princípios e fins da educação. O termo princípio tem a mesma raiz de principal e de primeiro. Portanto, refere-se a algo que tem procedência. Tomás de Aquino define princípio como "[...] *aquilo de onde alguma coisa procede; tudo que, de alguma maneira, opera como ponto de procedência para outra coisa, dizemos ser princípio*"[19]. No caso em tela, princípios da educação são os elementos que precedem as formas de a educação se organizar. São a substância e os componentes essenciais que dão estrutura, através de correlações, ao fundamento ontológico da educação. portanto, os princípios estão hospedados nas propriedades transcendentais do ser/objeto, da educação. Os fins da educação, por outro lado, são alinhamentos para orientar a organização e o funcionamento dos sistemas educativos, tendo em vista o cidadão que a escola se propõe a formar. Nesse sentido, os fins têm relevância social, importância pedagógica e prioridade didática à medida que sinalizam as políticas de educação para os vários sistemas (LDB, art. 9º, 10 e 11) e os balizamentos para

---

19. A expressão em latim é: Principium... id a quo aliquid procedit. TOMÁS DE AQUINO (*Santo*), teólogo italiano (* Castelo de Roccasecca, 1225 / † Fossanova, 1274. Dominicano, mestre de teologia (1256) ensinou principalmente em Paris. O essencial de seu ensinamento encontra-se na *Suma teológica* (1266-1273), que se desenvolve em torno do tema central de uma harmonia entre a fé e a razão. O tomismo tornou-se um modelo para o pensamento cristão. Doutor da Igreja.

assegurar o adequado detalhamento da proposta pedagógica da escola (LDB, art. 12, inc. I). Os fins convergem para o currículo e este para aqueles. A importância do art. 2º da LDB é tamanha que sua leitura deve ser precedida da leitura dos seguintes dispositivos constitucionais, em decorrência do nível de conexão: 6º, 7º, XXV; 23, V; 30, VI, 150, VI, c; 205, 208, 212, 214; 225, VI; 227, III, 229, 242; ADCT, 53, IV, 60 (EC 14/1996), 61 e 62.

A Constituição brasileira considera a família como base da sociedade (art. 226) e, para efeito de proteção do Estado, define família como: i) A união estável entre o homem e a mulher; ii) Comunidade formada por qualquer dos pais e seus descendentes (art. 226, § 4º). Em concepção genérica, trata-se de instituição social básica. Oportuno lembrar que o art. 226, § 1º, da CF, prevê celebração de casamento civil, ou de conversão de união estável em casamento, entre pessoas do mesmo sexo. Por sua vez, o Estado moderno, na concepção weberiana e tornada *communis opinio*, segundo Bobbio (1992: 69), define-se a partir de dois elementos construtivos: um aparato administrativo com a função de prover a prestação de serviços e o monopólio legítimo da força. É precisamente na esfera prestacional que a educação aparece como dever do Estado. Porém, é igualmente Bobbio (1922: 25) que chama a atenção para o fato de que o grande desafio aos direitos fundamentais consiste em protegê-los, ou seja, "[...] o modo mais seguro para garanti-los, para impedir que, apesar de solenes declarações, eles sejam continuamente violados". Na educação das crianças e jovens, família e Estado compartilham responsabilidades e obrigações. No caso da educação, a ação concreta do Estado está desdobrada em uma ampla gama de obrigações irrenunciáveis, tidas como competências do Estado brasileiro e face ao não cumprimento das quais cabem mecanismos de acionabilidade jurídica, ou seja, de responsabilização criminal.

A responsabilidade da família e do Estado com a educação é um entendimento universal, transformado em normal legal, tamanha a importância que o mundo civilizado a ela atribui. A nossa Constituição inclui, igualmente, esta prescrição, que é desdobrada em um vasto campo da legislação infraconstitucional. Portanto, a LDB apenas ratifica e explicita os focos desta responsabilidade. Por que tanta ênfase nela? No caso do **dever** da família, vale ressituar os dois grupos de fatores diretamente responsáveis pelo desenvolvimento do indivíduo. Em primeiro lugar, os fatores de hereditariedade e adaptação biológica. Sua importância é simplesmente fundamental para assegurar a evolução do sistema nervoso e o desenvolvimento do conjunto dos mecanismos psíquicos elementares. Em segundo lugar, os fatores de transmissão ou de interações sociais (valores, hábitos, tipos aceitos de relacionamentos, sistemas e códigos de representação social etc.). Estes fatores, como assegura Piaget (1973: 35)[20], ganham relevância crescente na formação do comportamento humano e do desempenho das capacidades intelectivas da criança desde o seu nascimento e se estendem ao longo do seu desenvolvimento. Piaget insiste no papel decisivo da educação em família e da convivência familiar para assegurar o desenvolvimento pleno e saudável das funções mentais da criança e para a aquisição cumulativa dos conhecimentos de que ela vai precisar para o resto da vida e, ainda, do feixe de valores morais que correspondem a estas funções em exercício, até a adaptação à vida social. E arremata: "A criança depende [...] de uma contribuição exterior, a exigir um certo meio social de formação em todos os níveis". Dizem os psicólogos e confirmam, na prática, professores e psicopedagogos, que não há desenvolvimento equilibrado e saudável de criança sem a família. A escola contribui para a socialização crescente da criança, porém, é na família que ela encontra todos os insumos necessários (autoestima, afetividade, confiança, motivações intrínsecas, quadro de emoções saudáveis, aceitação, autonomia, intencionalidade, decisão, maturidade, respeito, elementos de reciprocidade etc.) para adubar este processo de socialização e de socioafetividade, chão e base de sustentação para o desenvolvimento da aprendizagem. O dever da família refere-se não somente à obrigação legal de os pais assegurarem educação aos filhos, mas também ao direito prioritário de que os pais são detentores do direito de escolher o tipo de educação que desejam para seus filhos e de exercer este direito. Aqui, uma observação oportuna, feita

---

20. O psicólogo e filósofo suíço Jean Piaget (1896-1980) deu uma grande contribuição às áreas de neurologia, psicologia e pedagogia. Para aperfeiçoar testes de QI, Piaget dedicou-se a pesquisas sobre as fases do amadurecimento da inteligência na criança. Em 1923, publicou seu primeiro livro com o sugestivo título *A linguagem e o pensamento da criança*. Em 1956, criou o Centro Internacional de Epistemologia Genética, na Faculdade de Ciências de Genebra. Ali, ele demonstrou que as aptidões para o raciocínio evoluem segundo estágios sucessivos ao longo do desenvolvimento físico da criança. Em assim sendo, essas aptidões têm raízes, também, em estruturas genéticas. Isto contrariava a fórmula comportamentalista estímulo/resposta que desconsiderava a representação do que está na mente, que identifica o estímulo e permite a resposta. Piaget identificou quatro estágios do desenvolvimento da capacidade de raciocínio do indivíduo. O inicial, chamado de sensório-motor, corresponde aos dois primeiros anos de vida. A inteligência empírica, exploratória e não verbal conduz a aprendizagem por caminhos experimentais. A criança examina e experimenta os objetos ao seu alcance e, desta forma, vai somando conhecimentos. O segundo estágio, chamado de pré-operacional, estende-se dos dois aos sete anos. Nesta fase, os objetos de percepção se fazem representar por palavras. O terceiro, que vai dos sete aos doze anos, é o palco das primeiras operações lógicas. O indivíduo passa a distinguir objetos conforme suas semelhanças ou diferenças e os classifica. O quarto estágio, que parte dos doze até a idade adulta, é o tempo pleno das operações lógicas próprias do raciocínio. Estes estágios têm caráter integrativo. Importa dizer que há uma articulação de dependência entre o nível anterior e o nível seguinte e entre todos os níveis. (Cf. comentários adiante sobre o pleno desenvolvimento do educando.)

por Maliska (2001: 159): "Quanto ao gênero, os pais possuem a faculdade de optar; quando à educação, não possuem margem de discricionariedade, devem exercer o direito de educar". Ou seja, o dever da família, no campo da educação dos filhos, é um *dever jurídico* sustentado por prescrição constitucional, lastreada esta pelo nível da responsabilidade dos *deveres fundamentais*, conceituados por Canotilho[21] como *aqueles deveres fundamentais diretamente exigíveis para cujo cumprimento não é necessária a mediação legislativa.*

Para atender a este dever legal de forma adequada, o Estado brasileiro deve tomar as seguintes providências no campo da educação: a) Responder, plenamente, ao campo conceitual-indicativo dos deveres, balizado pelo art. 208 da CF; b) Corresponder, inteiramente, ao campo organizacional-operativo dos deveres, balizados pelos art. 208, 209, 210, 211, 212, 213 e 214 da CF. O conjunto destes dispositivos tem desdobramento especificamente na LDB (Lei 9.394/1996), no Estatuto da Criança e do Adolescente, capítulo IV (Do direito à Educação...) (Lei 8.069/1990) e na Lei Brasileira de Inclusão (LBI) (Lei 13.146/2015), no Plano Nacional de Educação/PNE (Lei nº 13.0005/2014) e, ainda, no corpo de diretrizes dos dois documentos normativos-orientadores da Base Nacional Comum Curricular/BNCC (Educação Básica). Estes deveres, formas de viabilização do direito fundamental à educação, impõem, ao Estado, na exata responsabilidade de promover o bem de todos (CF, art. 3º, IV), a obrigação legal de disponibilizar os serviços educacionais correspondentes ao atendimento das necessidades básicas de educação da população. Nesse particular, é importante esclarecer que o direito genérico à educação – esta como categoria dos direitos sociais, de acordo com o art. 6º da CF – guarda diferença com o direito subjetivo público à educação. O grau de juridicidade entre ambos é diferente à medida que "o direito subjetivo público ao Ensino Fundamental" – o que o torna dever do Estado – "é munido de ação protetória" (SIFUENTES, 2001: 54); portanto, objeto de individualização do seu titular que, *"como interessado imediato na prestação, é que se torna titular do poder de exigir"* (FAGUNDES, 1984: 146, nota 3). Por esta razão é que o art. 208 e o inc. I, da CF, dispõem que "[...] o dever do Estado com a educação será efetivado mediante a garantia de educação básica obrigatória e gratuita dos 4 (quatro) aos 17 (dezessete) anos de idade, assegurada inclusive sua oferta gratuita para todos os que a ela não tiveram acesso na idade própria". A ausência desta atividade prestacional por parte do Estado importa responsabilidade da autoridade competente (CF, art. 208, § 2º).

---

21. CANOTILHO, J.J.G. *Constituição dirigente e vinculação do legislador* – Contribuição para a compreensão das normas constitucionais programáticas. Coimbra: Coimbra Ed., 1994, p. 159.

Dever da família e do Estado: estamos diante de uma circunstância de obrigatoriedade. Porém, como é sabido, a obrigatoriedade não é exclusiva do direito. A marca essencial do direito é a sua coercibilidade. Por isso, se diz que a norma jurídica impõe simultaneamente um dever que lhe cabe, e, em decorrência de uma imposição legal, o cumprimento pode ser realizado pela força da lei. As fontes do direito à Educação são conquistas da humanidade consagradas em estatutos universais como a Declaração Americana dos Direitos e Deveres do Homem (mar./1948), a Declaração Universal dos Direitos Humanos (dez./1948), várias Declarações e Pactos Internacionais, praticamente todas as constituições nacionais e a atual Constituição brasileira.

A finalidade da Educação é de tríplice natureza:

a) *O pleno desenvolvimento do educando* – Significa que a educação, como processo intencional, deve contribuir para que o organismo psicológico do aprendiz se desenvolva numa trajetória harmoniosa e progressiva. É o *nível cognitivo* em evolução, voltando-se para a assimilação de certos conhecimentos e de certas operações mentais. A primeira etapa da trajetória corresponde às aprendizagens desenvolvidas na fase inicial da evolução da criança. Aqui, as aprendizagens estimulam a formação de hábitos sensório-motores. A segunda etapa corresponde à formação consciente de estruturas, ao entendimento de propriedade e de relações fundamentais do mundo real. Aqui, adquirem-se formas de fazer e de aplicar conhecimentos adquiridos. No nível cognitivo, as pessoas desenvolvem a aprendizagem na relação direta com o seu mundo e, também, no uso do vocabulário, à medida que as palavras são portadoras de sentido. São elas condição essencial de aprendizagem, uma vez que constituem a base dos conceitos com os quais nós pensamos.

b) *Preparo para o exercício da cidadania* – O conceito de cidadania centra-se na condição básica de ser cidadão, isto é, titular de direitos e de deveres a partir de uma condição universal – porque *assegurada* na Carta de Direitos da Organização das Nações Unidas – e de uma condição particular – porque vazada em cláusula pétrea da Constituição Federal: *todos são iguais perante a lei*. Mas tal entendimento vai além, sob o resguardo do próprio texto constitucional, ao discriminar os chamados direitos sociais, a saber: educação, saúde, trabalho, lazer, segurança, previdência social, proteção à maternidade e à infância e assistência aos desamparados e alimentação. Estes direitos são tidos, na atualidade e universalmente, como indicadores de competência social. A educação escolar é parte deles e, ao mesmo tempo, manancial para seu exercício.

A cidadania, hoje, não se reduz ao âmbito da ação do Estado, mas se dilata nas diferentes formas de pressão da sociedade civil para responder às particularidades de grupos e de pessoas.

c) *Qualificação para o trabalho* – A relação educação-trabalho deve ser entendida como a necessidade de fazer do trabalho socialmente produtivo um elemento gerador de dinâmica escolar. O estudante é estimulado, pelo conjunto de agentes e elementos da escola e da sala de aula, tais como: professores, disciplinas, laboratórios, bibliotecas, visitas e viagens programadas, projeto pedagógico renovado, materiais instrucionais e processos de acompanhamento e de avaliação, a inserir o aprendizado nas formas de produtividade. Como ensina Manacorda (1977), a educação deve ser concebida como um processo onde ciência e trabalho coincidem. Assim, o objetivo essencial da educação científica é a omnilateralidade[22] do homem, visto que é no trabalho que ele se realiza. Expressão criadora e transformadora, o trabalho é o chão firme das chances de liberdade para o ser humano. Aprender, portanto, é conhecer e aprender a fazer. Segundo Ruber (1977), a liberação das potencialidades humanas é a condição prévia da educação. Este alicerce de todo o processo de realização individual e coletiva não pode permanecer divorciado da educação. A escola e os sistemas de ensino precisam entrar no mundo do trabalho e introduzi-lo como categoria de inspiração do currículo se, de fato, pretendem resgatar a sala de aula como um ambiente funcional para a sociedade tecnológica em metamorfose profunda.

Por fim, no caso do dever do Estado, convém lembrar que a educação é um direito fundamental e, portanto, precondição para a preparação e para o exercício de uma cidadania ativa e participativa. Não é por acaso, assim, que a CF determina o direito universal (direito de todos) à educação, sendo, por isso, dever do Estado e da família... (art. 205). Ao Estado, cabe garantir o total acesso à prestação dos serviços da espécie (serviços educacionais) a todos os cidadãos. Aos pais ou responsáveis, por outro lado, omissos ou ausentes à educação básica dos seus filhos, o Código Penal estabelece pena de detenção de 15 dias a um mês ou multa a quem "deixar, sem justa causa, de prover instrução primária de filhos em idade escolar". O Estatuto da Criança e do Adolescente, por sua vez, no art. 53, declara que "a criança e o

---

22. Na perspectiva marxiana, omnilateralidade é um conceito de relevante importância para a reflexão em torno da problemática da educação. Reporta-se a uma formação humana em oposição à formação unilateral produzida pelo trabalho alienado, pela divisão social do trabalho, pela coisificação dos processos humanos e pelas relações burguesas que se articulam.

adolescente têm direito à escola pública e gratuita *próxima* de casa". Portanto, não se trata de uma concessão, mas de um princípio de coercibilidade.

Art. 3º – O ensino será ministrado com base nos seguintes princípios:

I – igualdade de condições para o acesso e permanência na escola;

II – liberdade de aprender, ensinar, pesquisar e divulgar a cultura, o pensamento, a arte e o saber;

III – pluralismo de ideias e de concepções pedagógicas;

IV – respeito à liberdade e apreço à tolerância;

V – coexistência de instituições públicas e privadas de ensino;

VI – gratuidade do ensino público em estabelecimentos oficiais;

VII – valorização do profissional da educação escolar;

VIII – gestão democrática do ensino público, na forma desta lei e da legislação dos sistemas de ensino;

IX – garantia de padrão de qualidade;

X – valorização da experiência extraescolar;

XI – vinculação entre a educação escolar, o trabalho e as práticas sociais;

XII – consideração com a diversidade étnico-racial. (Inciso acrescido pela Lei 12.796, de 04/04/2013)

XIII – garantia do direito à educação e à aprendizagem ao longo da vida. (Incluído pela Lei nº 13.632, de 2018)

XIV – respeito à diversidade humana, linguística, cultural e identitária das pessoas surdas, surdo-cegas e com deficiência auditiva. (Incluído pela Lei nº 14,191, de 2021).

Art. 3º – No artigo anterior, vimos a face etimológica e semântica do termo **princípio**. Vejamos, agora, sua compreensão jurídica, como forma de melhor aplicá-lo à Lei Educacional.

Os princípios são mandamentos de otimização que "ordenam que algo seja realizado na maior medida possível dentro das possibilidades jurídicas e fáticas existentes" (LENZA, 2012: 148). Caracterizam-se por uma calibragem na forma de satisfação, ou seja, os princípios podem ser satisfeitos em escalas e graus variados, enquanto as normas são regras, contendo *determinações que são sempre satisfeitas ou não satisfeitas* (p. 148). Os princípios contêm a energia jurídica para irradiação da norma e, como ressalta Canotilho (2009: 206), "A força normativa da constituição traduz-se na vinculação, como direito superior, de todos os órgãos e titulares dos poderes públicos". Os princípios do art. 3º constam do art. 206 da CF. Por isso, este artigo deve ser lido em articulação com o citado dispositivo constitucional que, através da EC 19/1998 e EC 53/2006, incorporou, como princípios, ainda, o seguinte:

CF – art. 206:

O ensino será ministrado com base nos seguintes princípios:

[...]

V – Valorização dos profissionais da educação escolar, garantidos na forma da lei, planos de carreira, com ingresso exclusivamente por concurso público de provas e títulos aos das redes públicas.

[...]

VIII – piso salarial profissional nacional para os profissionais da educação escolar públicas, nos termos da lei federal.

Bem mais recentemente, foram incorporados, ao texto da LDB, art. 3º, os princípios XIII e XIV. De fato, trata-se de aditamentos principiológicos fundamentais para o ensino do país.

Com esta observação inicial, passemos à análise dos vários componentes do art. 3º, agora, com acréscimo da inc. XII, em decorrência da Lei 12.796/2013.

Como visto, estes princípios constituem matéria constitucional (art. 206) e, como tal, assumem a forma de ordenamentos jurídicos universais quanto à sua aplicação ao ensino ministrado nas escolas brasileiras. Considerando que a educação é ***direito de todos e dever do Estado*** nos termos do art. 205 da Constituição Federal, é impositivo que, quando oferecida sob a forma de ensino sistematizado, esteja norteada por princípios básicos que calçam o mundo dos valores e o chão das significações da organização escolar e dos ritos educativos. Ademais, se todos são iguais perante a lei, o ensino oferecido deve ser igual na intenção específica de cada disciplina e na investigação problematizadora da sala de aula. Os princípios, portanto, deverão ser entendidos como elementos recorrentes do diálogo pedagógico e da prática de ensino, de tal maneira que o ser, o valer e o refletir sejam vividos como elementos integradores de "situacionalidades" da sala de aula, de cada curso, de cada escola, de cada projeto pedagógico e de cada sistema de ensino, enfim.

> I – A igualdade de condições para o acesso e permanência na escola vai além de se proclamar que a educação é direito de todos. É imperativo revelar como este direito pode ser exercido a partir da oferta escolar. Esta preocupação implica definir, objetivamente, parâmetros de qualidade para a educação à luz de três critérios de qualificação da escola, a saber:

a) Critério da Inclusão: Trabalhar com uma organização escolar permeável a uma educação para a integração na diversidade. A realidade plural dos alunos deve encontrar, na sala de aula, o espaço adequado para a aprendizagem da convivência entre diferentes. Este é o melhor entendimento do conceito de equidade contido na Constituição Federal: **todos são iguais perante a lei**. Uma escola com qualidade social e funcional deve ser sensível às especificidades das populações. A criança de classe social favorecida economicamente não tem problema de permanecer na escola. O problema existe com as crianças de periferias urbanas, de ambientes rurais, populações submetidas a condições de extrema pobreza, populações negra, indígena e itinerante, além dos evadidos e excluídos do sistema escolar. Como garantir a permanência de todos estes desfavorecidos socialmente, de modo que lhes seja assegurado um desenvolvimento pessoal à luz do **critério** da satisfação das necessidades básicas de aprendizagem? O critério da inclusão é o alicerce da ideia de uma só escola para todos, inclusive para aqueles alunos com algum tipo de limitação organofuncional ou com dificuldades de aprendizagem.

O critério da inclusão, como consagração do princípio da igualdade, pressupõe uma escola comum, espaço aberto para a introdução de todos os alunos no mundo social, cultural e científico. Se o mundo é de todos, a escola não pode ser de alguns! A Lei Brasileira da Inclusão (LBI/2015) desdobra esta compreensão:

> *Art. 28 Incumbe ao poder público assegurar, criar, desenvolver, implementar, incentivar, acompanhar e avaliar:*
>
> *I – sistema educacional inclusivo em todos os níveis e modalidades, bem como o aprendizado ao longo de toda a vida.*

b) Critério da Pertinência dos Conteúdos e das Metodologias: Contextualizar os programas escolares a fim de que sejam instrumentos para a formação geral de uma cidadania moderna e participativa. Este critério busca afastar o modelo reprodutivista de escola e trabalhar concepção e organização escolares à luz de um conceito dinâmico de qualidade de ensino, entranhado, simultaneamente, em seis atores que devem agir de forma convergente. São eles: família, professor, aluno, escola, contexto imediato e sociedade. Estes atores, quando juntos, funcionam como forças indutoras do projeto pedagógico.

c) Critério da Avaliação Formativa: Diversificar a avaliação para que ela seja um processo impulsionador da aprendizagem e potencializador das capacidades dos alunos.

Nesta perspectiva, a centralidade da avaliação é o aluno e, não, o conteúdo de cada disciplina. Conta não o que ele aprendeu, mas como está aprendendo, avançando e de que forma limitações e potencialidades são trabalhadas dentro de espaços elásticos de uma pedagogia diferenciada.

Os altíssimos níveis de evasão e abandono escolar no Brasil, em todas as etapas de ensino, revelam a baixa inoperância destes critérios qualificadores da escola. A Lei 13.005/2014, do Plano Nacional de Educação, vai em cima desta questão, ao definir, no art. 2º, inc. III, como um dos princípios do PNE, *a superação das desigualdades educacionais, com ênfase na promoção da cidadania e na erradicação de todas as formas de discriminação*. Nesta mesma direção, aponta o conteúdo prescritivo-norteador da Base Nacional Comum Curricular/BNCC. Vejamos o registro nos termos originais:

*Diante desse quadro, as decisões curriculares e didático-pedagógicas das Secretarias de Educação, o planejamento do trabalho anual das instituições escolares e as rotinas e os eventos do cotidiano escolar devem levar em consideração a necessidade de superação dessas desigualdades. Para isso, os sistemas e redes de ensino e as instituições escolares devem se planejar com um claro foco na **equidade**, que pressupõe reconhecer que as necessidades dos estudantes são diferentes.*

*Nesse processo, a BNCC desempenha papel fundamental, pois explicita as aprendizagens essenciais que todos os estudantes devem desenvolver e expressa, portanto, a **igualdade** educacional sobre a qual as singularidades devem ser consideradas e atendidas. Essa igualdade deve valer também para as oportunidades de ingresso e permanência em uma escola de Educação Básica, sem o que o direito de aprender não se concretiza.*

> **II** – Este inciso está presente de forma explícita e irradiadora, já no art. 2º da LDB, na conformação de ensino como *educação escolar* (art. 1º, § 1º). Ali, a educação posiciona-se como dever da família e do Estado e se inspira nos princípios de *liberdade* [grifo nosso] e nos ideais de solidariedade humana... Ainda, desdobra-se no art. 15 desta lei, que confere graus de **autonomia pedagógica** [...] às escolas, sendo esta uma das obrigações dos sistemas de ensino. Autonomia que tem, na Proposta Pedagógica da escola (art. 12, inc. I e art. 13, inc. I), sua expressão máxima.

A escola é estruturada nos níveis pedagógico, administrativo e financeiro. No campo pedagógico, a liberdade de aprender e de ensinar constitui o elemento propulsor da dinâmica escolar. É precisamente ele que possibilita a construção de um projeto pedagógico escolar emancipador da energia e dos sonhos de quantos trabalham, vivem e estudam na escola. A liberdade de aprender, ensinar, pesquisar e divulgar a cultura, o pensamento, a arte e o saber é, além de norma constitucional inviolável, princípio fecundador do processo de aprendizagem com autonomia. A verdadeira escola ou a escola não autoritária tem como missão precípua formar para a autonomia. Nesse sentido, o diálogo é a sua linguagem própria.

Na escola, o conhecimento se explicita no currículo, que não existe para prender o aluno, mas para desprendê-lo em suas potencialidades e oferecer vias múltiplas, assim que possa evoluir, encontrar-se e desenvolver-se como identidade. Para isto, é necessário um contexto escolar capaz de amalgamar educação, cultura, ambiente familiar, convívio social, trabalho, arte e vida cotidiana, por via de espaços de liberdade criadora seja na escola (instituição), seja na sala de aula (laboratório). A pré-condição deste processo é disponibilizar formas flexíveis de construção do dinamismo da aprendizagem. Aqui se misturam, interrelacionam, integram e se completam as dimensões pessoal, intersubjetiva, organizacional, pedagógica e sociocultural. Tudo isto requer espaços de germinação da **Proposta Pedagógica** (Art. 12, inc. I e Art. 13, inc. I) da escola, assim denominada em fase de elaboração e transformada, em fase de execução, em **Projeto Pedagógico**. Este deve constituir a plataforma das rotas cotidianas e das múltiplas atividades da escola (aulas, projetos específicos, programações internas eventuais, agendas externas especiais e abordagens programadas de temáticas originárias de contextos sociais emergentes). O Projeto Pedagógico é a totalidade da escola. Diz respeito ao que fazer, ao quando fazer, ao como fazer e ao como avaliar o que foi feito. Assim, por exemplo, a inclusão ou não, nos Planos de Trabalho (Art. 12, inc. IV e Art. 13, inc. II), sempre vinculados à Proposta Pedagógica, de temas circunstanciais como Ideologia de Gênero, Escola Sem Partido e outros, requer decisão em contexto de articulação escola, família e representantes das comunidades escolar e local em conselhos escolares. Esta é a base da legalidade e da legitimidade de tudo que possa constituir o Projeto Pedagógico Escolar. A dimensão organizacional compreende as estruturas de poder, os espaços de decisão e, ainda, os níveis de participação. Ganha força, nesta ambiência, o papel das representações dos atores escolares. A dimensão pedagógica permeia todo o conjunto de situações de aprendizagem em que ocorre o encontro professor-aluno-conhecimento. Como destaca **de André** (2005: 43), "[...] nessas situações estão envolvidos os objetivos e conteúdos do ensino, as atividades e o material didático, a linguagem e outros meios de comunicação entre professor e alunos e as formas de avaliar o ensino e a aprendizagem".

A aplicação do princípio da liberdade de aprender, ensinar, pesquisar e divulgar a cultura, o pensamento, a arte e o saber, no caso da educação escolar, supõe processos contínuos de interação, envolvendo componentes afetivos, cognitivos, éticos, morais, políticos, sociais, familiares, convivenciais, lúdicos etc., com a mediação do professor. Este roteiro de sinalizações estende-se, valorativamente, sobre a vida concreta dos alunos, com uma interlocução construtiva pelos caminhos da diversidade humana. Caminhos que, passando pela dimensão sociocultural, são fecundados pelo contexto histórico e pela esteira de concepções e valores marcantes **da** e **na** sociedade.

Para o professor, compreender esta dimensão libertária do princípio de ensinar/aprender, requer que ele assuma as palavras do dramaturgo, crítico e escritor irlandês, Bernard Shaw (1856-1950), "Não sou um professor; apenas um companheiro de viagem a quem você perguntou o caminho. Eu apontei, adiante- adiante... de você e de mim mesmo".

O princípio aqui analisado (liberdade de...) tem vinculação direta com art. 15 da LDB que prevê **progressivos graus de autonomia pedagógica e administrativa das escolas** sem que isto implique em independência dos sistemas de ensino a que se vinculam. Na verdade, os balizamentos desta liberdade e desta autonomia, no âmbito de cada escola, se reposicionam continuamente a partir das finalidades da educação básica (art. 22), das finalidades e objetivos dos níveis de ensino (art. 29, 32 e 35), das rotas operativas das diretrizes curriculares exaradas pelo Conselho Nacional de Educação e seus desdobramentos pelos Conselhos Estaduais (parte diversificada do currículo) e, por fim, do assentado no Projeto Pedagógico da escola. Como se depreende, a liberdade de ensinar/aprender guarda dependências legais e normativas.

> **III** – O pluralismo de ideias e de concepções pedagógicas significa que o espaço escolar e o ensino nele ministrado devem ser dinamizados a partir do conceito de heterogeneidade cultural. Mais do que isto: a partir do eixo igualdade/diversidade. O ponto essencial do trabalho do professor, ao preparar suas aulas, reside em como articular o itinerário educativo da sala de aula com a pluralidade cultural e ideológica dos alunos. Ao professor e à escola cabe contribuir para desatar as capacidades intelectuais do aluno, porém, jamais para induzir este aluno a pensar como ele (professor) pensa. Se a escola não caminhar nesse horizonte, o ensino será, apenas, um processo de impostura.

O pluralismo de ideias, hoje, marca fortemente a própria forma como a sociedade se conduz em termos de organização. Mudam as esferas de poder em todos os planos (comunitário, regional, estatal, nacional, continental e planetário) e, ao mesmo tempo, vão-se estabelecendo redes de interdependência.

Na sociedade em geral, redefinem-se conceitos como família, trabalho, educação, direitos do menor, do trabalhador, da mulher e, na sociedade civil, surgem novos modelos de organização, enquanto os modelos tradicionais vão sendo ressignificados, tais como igreja, partido, sindicato, clube de serviço etc. A própria forma de organização da família sofre transformações sociais. As organizações não governamentais (ONGs) se multiplicam e o acesso à informação generalizada produz sistemas descentralizados de dinâmica vivencial e de tomada de decisões. Aparecem novas éticas e novos controles políticos e jurídicos. O lugar de trabalho é cada vez mais todo lugar. A população muda inteiramente o seu perfil graças à engenharia social recriada. O conhecimento passa a ser o ponto focal da "sociedade da informação" que é, de fato, a sociedade da aprendizagem continuada. Todo este quadro de mutações amplia, cada dia, o campo do pluralismo das ideias e, em decorrência, exige, da escola, um destravamento organizacional para poder operar, correspondentemente, com o pluralismo de concepções pedagógicas. Nesse horizonte, não há lugar para "grade curricular", conceito substituído na LDB por espaços curriculares marcados por uma conexão robusta entre educação, sociedade e diversidade cultural. Aqui, as correntes pedagógicas dialogam e se entrecruzam, formando um enredamento capaz de dar sustentação às pluralidades sociais, às incertezas e angústias do tempo presente e a uma formação que busca, ao mesmo tempo, a unidade na diversidade. Esta, aliás, é a ideia-síntese da **teoria da complexidade, de Edgar Morin**, de compreensão tão fundamental para a educação: *para compreender seja o que for na vida, na sociedade, no indivíduo, há que recorrer ao jogo complexo das causalidades internas e externas*. Como assinala Braslavsky (2001: 28), "[...] a múltipla identidade cultural assemelha-se a um acordeon: deve-se abri-lo e fechá-lo, sucessivamente, para que ele possa tocar uma frase musical como melodia".

Na verdade, as concepções e os métodos pedagógicos não chegam à escola por acaso. Resultam de decisões conscientes de uma larga gama de atores. "São o resultado de atos deliberados de seleção e ênfase efetuados na liberdade de manobra de toda pessoa" (DANIEL, 2002: 24). Cabe à educação escolar abrir os caminhos da sensibilidade humana para operacionalizar a ideia de aprender a viver juntos e de uma "educação para todos". Este horizonte é amplo como território social e múltiplo como espaço sociopedagógico. Envolve a prevalência dos direitos humanos no processo de aprender em sociedade, porém, mais fortemente, no sistema formal de ensino via escola. Aqui, passa pelo eixo currículo escolar e cultural com ênfase na necessidade do reconhecimento das "marcas da diferença" no ensino escolar e de sua valorização no processo pedagógico, excluindo-se, a qualquer preço, a tendência a uma abordagem predatória comum no dia a dia e, como consequência de tudo isto, valorizar o **trato** e a construção do ***retrato*** da "educação como exercício de diversidade". A moldura destas ideias é a educação intercultural e a tela, o princípio da igualdade de direitos e o apreço à tolerância como passamos a ver na análise do inciso seguinte (inc. IV).

> **IV** – Os inc. II, III e IV se interpenetram. O respeito à liberdade e o apreço à tolerância são manifestações avançadas da evolução civilizatória e democrática. O multiculturalismo vai sendo reconhecido à medida que se fortalecem o reconhecimento e o respeito aos direitos civis das minorias. O ensino torna-se, assim, um veículo privilegiado de aprofundamento de uma pedagogia dos direitos humanos (BEST, 1191: 390) e caminho para a aprendizagem de uma convivência democrática tranquila entre as pessoas. O tema da liberdade retorna como princípio de organização do espaço escolar, agora, no sentido do reconhecimento e do respeito à diversidade. Moreira e Candau (2013: 161) destacam que *"A escola sempre teve dificuldade em lidar com a pluralidade e a diferença. Tende a silenciá-las e neutralizá-las. Sente-se mais confortável com a homogeneização e a padronização. No entanto, abrir espaços para a diversidade, a diferença e para o cruzamento de culturas constitui o grande desafio que está chamada a enfrentar".*

A educação para a cidadania passa necessariamente pelo eixo respeito à liberdade e apreço à tolerância. A escola é o lugar próprio da sociedade para o desenvolvimento da aprendizagem formal, da solidariedade e dos direitos e deveres que ligam as pessoas entre si. Em tempos de globalização, torna-se ainda mais imperativa a educação para os valores humanos. A família planetária precisa construir processos educacionais e deles dispor para um tipo de desenvolvimento humano capaz de encontrar um equilíbrio dinâmico entre as diferenças e as similitudes. Isto, porém, somente será possível com uma postura decorrente de formação educacional que permite a cada um o direito de escolher entre diferentes alternativas, *sem ter de recear uma opção imposta pela força* (UNESCO, 2002). Respeitar a liberdade e ter apreço pela tolerância requerem abrir a sensibilidade à diferença e à heterogeneidade cultural. Uma educação assestada para a valorização de identidades múltiplas no campo do ensino regular é a resposta ao princípio ora enfocado. A inserção das diferenças na educação escolar é uma forma indutora de criação de mecanismos para uma sociedade igualitária. Por isso, o Programa Nacional de Direitos Humanos (PNDH-3) (Decreto 7.037/2009) ressalta que, "na educação básica, a ênfase do PNDH-3 é possibilitar, desde a infância, a formação de sujeitos de direito [...]. A troca de experiências de crianças de diferentes raças e etnias, imigrantes, com deficiência física ou mental, fortalece, desde cedo, sentimento de convivência pacífica". E arremata: "No Programa, essa concepção se traduz em propostas de mudanças curriculares, incluindo a educação transversal e permanente nos temas ligados aos Direitos Humanos e, mais especificamente, o estudo da temática de gênero e orientação sexual, das culturas indígena e afro-brasileira entre as disciplinas dos ensinos Fundamental e Médio". Evidentemente, os princípios ora analisados aplicam-se a todo o ensino formal, institucionalizado e, portanto, também, ao Ensino Superior. Modalidades diferentes e emergentes de conteúdos e de disciplinas, linhas de pesquisa, áreas de estudo concentradas e conteúdos transversais incluídos nos projetos acadêmicos dos diferentes cursos de graduação e pós-graduação são algumas rotas sugeridas pelo Programa Nacional de Direitos Humanos como resposta das escolas ao princípio de respeito à liberdade e apreço à tolerância.

Contrariamente ao que vem ocorrendo fora dela, a escola continua sendo um lugar de arrogância calculada e de tolerância rejeitada. A observação de Veiga Neto (2003: 110) é mais do que oportuna e pertinente a tal respeito: *"Sentimos que a escola está em crise porque percebemos que ela está cada vez mais desenraizada da sociedade .[...] A educação escolarizada funcionou como uma imensa maquinaria encarregada de fabricar o jeito moderno. [...] Mas o mundo mudou e continua mudando rapidamente sem que a escola esteja acompanhando tais mudanças".* Tolerância tem a ver com respeito à identidade do outro. Na verdade, o outro sou eu visto pelo outro. Nesta perspectiva, acena a seguinte reflexão:

Não há dúvida de que a escola é o espaço por excelência para a aprendizagem e o vivenciamento dos valores característicos da humanidade, para o conhecimento e a disseminação dos direitos fundamentais da pessoa humana e, muito mais, "[...] para o reconhecimento do outro, a aceitação da diversidade de perspectivas e de projetos, tanto individuais como de grupos, o cultivo da tolerância, da convivência frutífera com as diferenças, as contrariedades, as complementaridades, a associação necessária entre direitos e deveres, entre o exercício de poderes e a assunção de responsabilidades, a aprendizagem do exercício da autoridade sem a perda da ternura" (MACHADO, 2000: 43).

A cidadania democrática está na base de uma **educação para a cidadania** e, nas entranhas desta educação, planta-se o dever de **aprender a tolerância** como um dos valores essenciais no complexo campo da educação e do mundo globalizado. É sempre conveniente insistir, no ambiente do trabalho educacional (escolas, salas de aula e espaços de planejamento e execução curricular), que o sentido focal de tolerância está no reconhecimento do outro. Como cada um, o outro ocupa um espaço, **tem direitos e deveres, mas é essencialmente diferente de mim**. Dessa forma, o reconhecimento tem implicações no modo individual de ser e na forma pessoal de agir. Além de compreender o outro, é imperativo respeitá-lo como diferente, não dissolvê-lo em minhas percepções limitadas, situá-lo em cenários pessoais inclusivos, buscar posicionar-me em disponibilidade para dialogar com Ele, mesmo que usemos linguagens diferentes. Eu preciso romper meus limites para não impor limites ao outro. A compreensão deste inciso articula-se com a do art. 32, inc. IV, que assenta um dos objetivos de formação básica do cidadão.

Por fim, é importante perceber as interconexões existentes entre os incisos II, III e IV, o conteúdo do art.32, inc. IV e, ainda, o que dispõe a BNCC, no BLOCO DE COMPETÊNCIAS GERAIS DA EDUCAÇÃO BÁSICA. Observe atentamente o núcleo semântico da 9ª COMPETÊNCIA:

(...)

9 – Exercitar a empatia, o diálogo, a resolução de conflitos e a cooperação, fazendo-se respeitar e promovendo o respeito ao outro e aos direitos humanos, com acolhimento e valorização da diversidade de indivíduos e de grupos sociais, seus saberes, identidades, culturais e potencialidades, sem preconceitos de qualquer natureza.

Em outro passo, prossegue a BNCC:

Essa orientação induziu à concepção do conhecimento curricular contextualizado pela realidade local, social e individual da escola e do seu aluno, que foi o norte das diretrizes curriculares traçadas pelo Conselho Nacional da Educação (CNE) ao longo da década de 1990, bem como de sua revisão nos anos 2000.

Em 2010, o CNE promulgou novas DCN, ampliando e organizando o conceito de contextualização como "a inclusão, a valorização das diferenças e o atendimento à pluralidade e à diversidade cultural resgatando e respeitando as várias manifestações de cada comunidade", conforme destaca o Parecer CNE/CEB nº 7/2010.

Em 2014, a Lei nº 13.005/2014 promulgou o Plano Nacional de Educação (PNE), que reitera a necessidade de estabelecer e implantar, mediante pactuação interfederativa (União, Estados, Distrito Federal e Municipal), diretrizes pedagógicas para a educação básica e a base nacional comum dos currículos, com direitos e objetivos de aprendizagem e desenvolvimento dos(as) alunos(as) para cada ano do Ensino Fundamental e Médio, respeitando as diversidades regional, estadual e local (Brasil, 2014). Percebe-se claramente que, por uma questão de coerência, o legislador mantém uma confluência de ideias norteadoras de conceitos operacionais e de respeito socioantropológico às formulações prescritivas da LDB, do PNE, da BNCC e da DCN, em respeito à unidade da diversidade.

> **V** – A coexistência de instituições públicas e privadas de ensino responde não apenas a exigências de uma sociedade pluralista, um dos fundamentos da República, mas também a dispositivos constitucionais que cometem, ao Estado e à iniciativa privada, a corresponsabilidade de ministração de ensino. E mais: tal coexistência não apenas é necessária sob a forma de complementaridade de ações, como é saudável no horizonte da construção de uma

sociedade pluralista. No caso do Brasil, esta possibilidade é, além de legal, essencial à sociedade nacional, uma vez que o Estado não dispõe de recursos financeiros suficientes para atender ao tamanho da demanda por serviços educacionais em todos os níveis.

Neste sentido, é importante conhecer o número de crianças e jovens FORA DA ESCOLA-BRASIL-2019.

0 a 1 ano 4.417.282	2 e 3 anos 2.182.701	0 a 3 anos 6.599.982	4 e 5 anos 316.453
6 a 14 anos 158.888		15 a 17 anos 481.884	

Fonte: IBGE/Pnad Contínua Educação. Elaboração: Todos Pela Educação.

Vale, ainda, registar que as matrículas, na educação superior privada, ultrapassam os 2/3. Os números exatos são:

Rede pública: 23%	Rede Privada: 77%
2.076.661	26.907.893

Fonte: MEC/Inep – Censo da Educação Superior, 2021.

Olhando a questão sob o ponto de vista estritamente legal, cabem duas considerações fundamentais. A primeira é que não há como se ver aqui qualquer tipo de confrontação entre interesse público e privado "[...] na medida em que sempre que o cidadão for atendido, toda a sociedade será beneficiada" (RANIERI, 2000: 133). A segunda é que mesmo instituições de ensino com atuação na esfera privada exercem tarefa de natureza pública porque é da essência da atividade educacional. A lei é extremamente cuidadosa nesse campo. Tanto é assim que a LDB define claramente o que são instituições públicas de ensino e instituições privadas, e, ainda, estabelece a sua localização no âmbito dos sistemas de ensino (art. 16, 17, 18 e 19). O público e o privado no ensino, como constituintes do inc. V encorpados na forma de um dos princípios de ministração do ensino, são conceitos em harmonia com o princípio II (liberdade de aprender, ensinar, pesquisar e divulgar a cultura, o pensamento, a arte e o saber) e, também, estão em sintonia com o princípio III (pluralismo de ideias e concepções pedagógicas). O conjunto destes princípios envolve-se no conteúdo do art. 205 da Constituição Federal. No caso do princípio do inc. III, o texto constitucional ainda acrescenta *a coexistência de instituições públicas e privadas*. Vale destacar que a repetição do texto constitucional pela LDB reflete "expressões do valor que o sistema constitucional confere à educação" (RANIERI, 2000: 131). Em síntese, o princípio V, do art. 3º da LDB, com fundamento na CF, confirma que a atividade educacional, estruturada e organizada sob a forma de educação escolar (LDB, art. 1º, § 1º), é função pública, porém, não privativa do Estado (cf. art. 205 e 206, III).

> **VI** – A gratuidade do ensino público em estabelecimentos oficiais é uma questão de grande alcance social. O contribuinte paga a escola quando paga seus impostos. O princípio da gratuidade do ensino decorre, assim, das responsabilidades públicas deste ente dinossáurico que se chama Estado. Cada vez que ele cobra por um serviço que é essencial e universal, como é o caso da educação básica, está praticando a bitributação o que é constitucionalmente vedado. Este princípio é mecanismo indutor de viabilização dos níveis de aprofundamento da constituição de uma sociedade democrática e igualitária. Com a gratuidade, o Estado busca atenuar as desigualdades sociais e, ao mesmo tempo, contribuir para o que se convencionou chamar de igualdade de oportunidades. Na sociedade capitalista, a gratuidade do ensino público em todos os níveis é circunstância relevante porque abre possibilidades para a formação e o aperfeiçoamento das diferentes camadas sociais da coletividade, assegurando-se, assim, a rota para a materialização do primeiro dos princípios deste art. 3º, qual seja "igualdade de acesso e permanência", fundado no art. 206, I, da CF.

A determinação política de universalização da educação básica (LDB, art. 4º, I), com uma escolarização de alto padrão de qualidade (LDB, art. 3º, IX) recebe, do Estado brasileiro, uma atenção especial em relação aos meios financeiros para assegurar a realização de tal desiderato. Esta a origem da existência de recursos vinculados à educação (CF, art. 212 e LDB, art. 69). Os cuidados vão desde a identificação da origem dos recursos (Fundeb), até as formas de sua aplicação através do conceito de Manutenção e Desenvolvimento do Ensino (LDB, art. 70). Ainda, para uma ação equilibrada dos vários níveis de administração pública no âmbito da educação, a CF (art. 211, § 1º) e a LDB (art. 9º, III) estabelecem a ocorrência de ação supletiva e redistributiva por parte da União em favor dos estados, do DF e dos municípios, com a existência de conselhos para o controle político e social da aplicação dos recursos (Decreto 6.253/2007, art. 10).

O *caput* do art. 3º discrimina princípios gerais para ministração do ensino em todos os níveis, ou seja, trata-se de princípios aplicáveis à educação privada e à educação pública, à educação básica e à educação superior. Tal esclarecimento torna-se necessário diante de tantas oscilações de interpretação das leis da educação. Parece oportuno destacar que este princípio ora analisado, vem evoluindo restritivamente em nível de compreensão jurídica por parte do Poder Judiciário. Em abril de 2017, o Supremo Tribunal Federal (STF) deu provimento ao Recurso Extraordinário (RE) 597.854, com repercussão geral reconhecida, ao decidir que "a garantia constitucional da gratuidade de ensino não obsta a cobrança, por universidades públicas, de mensalidades em cursos de especialização". Por outro lado, já de algum tempo, transita, no Congresso Nacional, Projeto de Lei com a proposta de cobrança de mensalidades nas universidades públicas, pelos alunos que comprovadamente podem pagar. Todas estas inciativas representam uma ameaça concreta ao princípio ora analisado, de **gratuidade do ensino público em estabelecimentos oficiais**, ao mesmo tempo em que dão lugar à iniciação de processos de gradualidade de privatização do ensino público.

> VII – O princípio da valorização do profissional da educação escolar tem constituído elemento central no processo de reforma da educação em todo o mundo. No Brasil ainda marcamos passo nesse particular. A proletarização da atividade profissional do professor é um processo agudo e ainda muito longe de ser removido e resolvido. A Emenda Constitucional (EC) 53/2006 deu uma nova formulação a este princípio, conforme indicado nos comentários de abertura deste art. 3º. Na verdade, a exigência de planos de carreira e a obrigatoriedade de ingresso exclusivamente por concurso público de provas e títulos são condições estratégicas no campo da valorização profissional do professor. Estas condições encontram-se sob ameaça com a incorporação aos quadros do magistério dos "profissionais com notório saber" (Lei 13.415/2017, art. 61, § 4º). Ver comentários no art. 61, inc. IV. A Lei 13.005/2014, que estabelece o Plano Nacional de Educação (PNE), reforça, intensiva e extensivamente, o princípio da valorização do profissional da educação escolar. Nesse sentido, vale apontar o relevo especialíssimo das seguintes METAS:

Meta 15

• *Garantir, em regime de colaboração entre a União, os estados, o DF e os municípios, no prazo de 1 (um) ano de vigência deste PNE, política nacional de formação dos profissionais da educação de que tratam os inc. I, II e III do* caput *do art. 61 da Lei 9.394, de 2012/1996, assegurando que todos os professores e as professoras da educação básica possuam formação específica de nível superior, obtida em curso de licenciatura na área de conhecimento em que atuam.*

Meta 16

• *Formar, em nível de pós-graduação, 50% (cinquenta por cento) dos professores da educação básica, até o último ano de vigência deste PNE, e garantir a todos(as) os(as) profissionais da educação básica formação continuada em sua área de atuação, considerando as necessidades, demandas e contextualizações dos sistemas de ensino.*

Meta 17

• *Valorizar os(as) profissionais do magistério das redes públicas de educação básica, de forma a equiparar seu rendimento médio ao dos(as) demais profissionais com escolaridade equivalente, até o final do sexto ano de vigência deste PNE.*

Meta 18

• *Assegurar, no prazo de 2 (dois) anos, a existência de planos de carreira para os(as) profissionais da educação básica e superior pública de todos os sistemas de ensino e, para o plano de carreira dos(as) profissionais da educação básica pública, tomar como referência o piso salarial nacional profissional, definido em lei federal, nos termos do inc. VIII do art. 206 da Constituição Federal.*

No Brasil, nada fragiliza mais os sistemas de ensino e debilita mais as escolas do que os chamados professores temporários[23], solução engenhosa dos gestores públicos inescrupulosos para contratar professores improvisados, agredindo o que diz a lei. Em São Paulo, 58% dos professores de 1ª à 4ª séries do Ensino Fundamental eram docentes temporários em 2008. Entre a 5ª série e o Ensino Médio, o índice era de 43%. Em Minas Gerais, o percentual chegava a 53,5% e, em Mato Grosso, a 48,8%, para citar apenas três exemplos desta tragédia nacional que, atualmente (2023) vai-se reduzindo em todo o país. Uma solução emergencial é o sistema de ensino criar uma lei que permita que o docente efetivo e concursado dobre sua carga horária, a exemplo do que fez a rede pública de ensino de Belo Horizonte, há duas décadas. O grave é que os professores temporários ingressam, muitas vezes, em atividades de magistério sem qualquer avaliação. Portanto, de costas para o princípio legal de garantia da qualidade de ensino. Os poderes públicos, no entanto, indiferentes à obrigação legal de trabalharem com planejamento e com senso de previsibilidade, insistem na contratação de professores temporários, sob o olhar complacente dos órgãos de fiscalização. Este ambiente de tolerância não fiscalizadora e de

---

23. São professores contratados em caráter emergencial para preencher ausência de professores do quadro regular. A contratação deve ser por tempo limitado, embora quase sempre a norma seja descumprida. Imagine-se estivessem tomadas de médicos temporários, engenheiros temporários, advogados temporários, etc.

irresponsabilidade pública tem duas consequências diretas. A primeira é o uso político-partidário do campo profissional do magistério como cabide de emprego. A segunda é a desfiguração do professor como profissional à medida que sua formação perde relevância social e política e ele – o professor –, em consequência, à medida que decai em *status*, vai-se desprofissionalizando. Os dispositivos da CF, da LDB e do PNE foram solenemente ignorados em 2017, com a aprovação da Lei 13.415/2017, da Reforma do Ensino Médio, alterando a própria LDB (art. 36) e criando a possibilidade de **profissionais com notório saber** atuarem como professores nas áreas de formação do ensino técnico profissional sem se submeterem a concurso. Para tanto, será necessário, o simples reconhecimento dos sistemas de ensino. Uma afronta à carreira do magistério como regulamentada até então e como veremos mais adiante na apreciação do art. 36. Ou seja, estamos diante de uma abertura sem limite para facilitar interesses políticos inescrupulosos!! Por que será que profissionais com não formação para o magistério querem ser professores, porém, resistem a fazer concurso para acessar o ofício docente, embora desejem também nele ingressar?

Uma política de valorização do magistério passa necessariamente por uma carreira definida, com base em readequação da formação dos salários e das condições de trabalho na escola. Estes três níveis de exigência contribuirão para reaproximar, em uma perspectiva epistemológica, hermenêutica, pedagógica, profissional e política, o professor do educador, na perspectiva proposta por Mendes[24]: "O educador contém modalidades diversas, especialmente a de professor. O educador não tem uma tarefa profissional: as suas funções básicas estão ligadas intrinsecamente entre o agir, acionando fins, valores e objetivos e o fazer, modificando o homem concreto, que não tem de refazer as coisas como substâncias externas apenas, mas tem de refazer as coisas e as circunstâncias apropriadas pela práxis no sujeito [...]. O professor tem uma profissão: um saber fazer (ensino e pesquisa), correlato à produção, distribuição e consumo, igualmente ao conteúdo e à forma ou ao método no plano material e simbólico e um agir implícito e secundário, em diferentes áreas de conhecimento".

De qualquer sorte, o princípio da valorização do profissional da educação coloca-se adequadamente no corpo do feixe de princípios que condicionam a ministração do ensino no país, seja porque sinaliza condicionalidades para o exercício profissional no campo do magistério, seja porque impõe, à sociedade

---

24. MENDES, D.T. *Subsídios para a concepção do educador*. Rio de Janeiro: [mimeo.].

brasileira, rever o papel da educação na construção do cidadão que pretende para o país. A valorização do profissional da educação escolar é tema recorrente em todas as discussões sobre a educação, porém, de limitado alcance sob o ponto de vista de sua operacionalidade. Como se trata de questão de dimensão político-transcendental, cabe à sociedade brasileira exigir que os representantes políticos criem os marcos normativos e os mecanismos para a concretização deste princípio. Questões como carreira do magistério, piso salarial profissional, formação, política de capacitação, concurso para ingresso na carreira e mecanismos de atualização permanente são fulcrais no âmbito da valorização do profissional da educação. Nada disso, porém, ganhará expressão enquanto a sociedade não disser o que deseja de sua escola e, em decorrência, que tipo de professor deseja formar para trabalhar nesta escola. Enfim, sem bons salários, não há boa escola nem há bom ensino e, com certeza, haverá subeducação, conceito que pertence ao mundo do faz de conta e da pedagogia da ilusão!

Os estados e o DF têm de investir, no mínimo, 25% de todas as transferências e impostos em manutenção e desenvolvimento do ensino. O mesmo ocorre com os municípios. Estes contam, ainda, com impostos arrecadados a partir da legislação própria, como é o caso do IPTU, do ISS e do ITBI (Imposto sobre Transmissão de Bens Imóveis). A União deve aplicar em educação, pelo menos, 18% do que arrecada. Estes recursos são constantemente ameaçados pelo que Monlevade (1997: 83) chama de "demônios que cercam as verbas da educação", a saber: sonegação, isenções e desvios. Isto sem esquecer a ânsia devoradora do Ministério da Fazenda que nunca aceitou pacificamente a ideia de recursos vinculados à educação.

A desvalorização do professor, concretizada por uma carreira docente frouxa e por salários aviltantes, é diretamente responsável pelo quadro de carência de pessoal qualificado nas escolas. Hoje, somente para as escolas de 5ª à 8ª séries e Ensino Médio, o Brasil precisa contratar cerca de duzentos mil professores habilitados sob o ponto de vista da formação. As áreas de Ciências, Física, Química, Matemática, Biologia e disciplinas profissionalizantes estão esvaziadas de professores qualificados. A área de Física está com a situação mais dramática. São necessários cinquenta mil professores qualificados para as salas de aula de Física. Para responder, de alguma forma, a esta dramática situação, o MEC criou um programa especial de alunos bolsistas que desejem cursar a universidade nestas áreas, fazendo um percurso formativo regular em alguma das licenciaturas correspondentes.

> VIII – A gestão democrática do ensino público tem sido um dos desafios desde sempre. O horizonte deste conceito de gestão é o da construção da cidadania que inclui: autonomia, participação, construção compartilhada dos níveis de decisão e posicionamento crítico em contraponto à ideia de subalternidade. Este é o valor que nos faz construir a escola-cidadã que nada tem a ver com um modelo burocrático, tradicional, tecnicista e excludente que, em muitos casos, prevalece. Na gestão democrática, a ideologia da burocracia, que tem como eixo a hierarquia autoritária, é substituída pela "construção da hegemonia da vontade comum", pela composição de um projeto político-pedagógico que a caracteriza e singulariza, na sua execução, acompanhamento e avaliação por todos os participantes. Nesse caso, a eleição de diretores representa, apenas, um dos aspectos deste tipo de gestão, sem esgotar o processo de democratização e de participação gestionárias. A formulação coletiva deste modelo de gestão advém em parte da definição de uma filosofia pedagógica referenciada à realidade social ampla, passando pelo entorno da escola, até adentrar o contexto imediato. São cenários articulados para esta tarefa de definição do projeto político-pedagógico. Os atores/profissionais da educação precisam ter competência técnico-legal, política e humana, condição que vai assegurar uma adequada percepção da realidade concreta. Somente assim poderão trabalhar sempre, no palco da gestão negociada e compartilhada. Mas é preciso ultrapassar as medidas convencionais da gestão escolar. Gestão democrática apenas existe com gestor democrático. No passado, a gestão da escola era centrada no diretor. Hoje, a escola é um espaço institucional de gestão compartilhada. Por isso, exige-se um profissional de gestão que tenha como traço de referência marcante ser um professor com perfil docente reconhecido e, além disso, que saiba agrupar e articular, de forma lúcida, criativa e funcional, os verbos que caracterizam a gramática da gestão escolar pedagogicamente construtiva e comunitariamente significativa. O **diretor deverá saber**:

1) Liderar > Mais do que conduzir pessoas, é necessário gostar de lidar com elas.

2) Dialogar > Mais do que falar, é necessário ouvir com atenção e paciência.

3) Propor > Mais do que transmitir, é necessário criar formas de **fazer convergir** ideias, **ideais e intencionalidades**.

4) Planejar > Mais do que sequenciar ações, é necessário desocultar consequências possíveis.

5) Coordenar > Mais do que ordenar, é necessário buscar consensos e convergências.

6) Articular > Mais do que impor comando, é necessário propor parcerias.

7) Delegar > Mais do que descentralizar a gestão, é necessário potencializar e valorizar os espaços de decisão.

8) Captar > Mais do que controlar as situações do dia a dia, é necessário fazer uma leitura adequada do contexto e dos atores com suas representações sociais e projetos de vida.

9) Envolver > Mais do que multiplicar os assistentes, assessores e colaboradores da burocracia administrativa, é necessário motivar as pessoas, valorizando suas formas de participação.

10) Distribuir > Mais do que repassar tarefas, é necessário recriar rotas possíveis na direção da construção de uma inteligência coletiva.

11) Ressignificar > Mais do que substituir os trajetos individuais, é necessário atualizar os projetos institucionais.

12) Avaliar > Mais do que julgar condutas, no exercício do arbítrio do poder, é necessário estimular a visão da totalidade, sob a iluminação dos princípios e fins da educação, nos termos do Título II, art. 2º e 3º desta LDB.

Em síntese, o princípio da gestão democrática do ensino público, na forma desta lei e da legislação dos sistemas de ensino, aponta para a necessidade de **gerir** e **gestar** a educação escolar dentro de critérios e procedimentos de **concertação**, em que os aspectos instrumentais e regulamentares da organização escolar cedem lugar à prevalência dos fins e valores da educação e das condições históricas e socioculturais dos educadores e dos educandos. A comunidade escolar, neste caso, deixa de ser campo de aplicação da tendência cartorial e normativista dos "administradores e gerentes", para ser um *continuum* de espaços, circunstâncias, situações e ambientes indutores da aprendizagem e "de pleno desenvolvimento do educando" (art. 2º), marcado por processos dialéticos do projeto humano. Este horizonte descarta a filosofia mecanicista, fortemente influente na tecnocracia brasileira (MENDES, 2000: 64). Isto não significa que se advoga a gestão escolar democrática pela desorientação institucional e pelos descaminhos do cotidiano e das rotinas. Educação não rima com improvisação e somente será educação *escolar* se marcada por intencionalidades, finalidades e processos de avaliação formativa na moldura de uma pedagogia institucional. Assim, convém ratificar que a gestão educacional e a gestão escolar se orientam pelo princípio da gestão democrática direta nos termos da Constituição (art. 206, inc. VI) e da LDB. Para a concretização deste tipo de gestão é necessário, evidentemente, de um lado, atender os princípios e delineamentos que respaldam este processo de gestão e, de outro, compor, ativar e valorizar os colegiados escolares com previsão negociada com este objetivo. Como destaca Lück (2013: 142), "[...] é fundamental que sejam adotados [...] instrumentos que estruturem, organizem e sistematizem a participação colegiada [...] de pessoas, e respectivos resultados. Sem esses instrumentos para dar foco a discussão e análise, o que terá são atividades de muita discussão e pouco resultado, tal como é comumente verificado no trabalho educacional, cujas reuniões marcadas por um conjunto de aspectos que revelam a dispersão de foco, as opiniões baseadas em prejulgamentos e até mesmo em agenda oculta, a falta de clareza e objetivos". Por isso, a escola precisa contar com professores e profissionais bem formados e não conformados, orientados pelo aceno de uma criticidade construtiva e pedagogicamente consistente. A gestão educacional adequadamente focada centraliza suas ações na permanente reconstrução e atualização do projeto pedagógico escolar, valorizando mais as formas do como fazer e não tão somente as formas do que fazer e de seus resultados. O fazer educacional é sobretudo processo e não apenas produto! A não compreensão deste enfoque produzirá sujeitos-docentes com variações e, muitas vezes, com desconformidades de conduta, levando-se a constatar que "suas atitudes e comportamentos não são iguais, podendo ir desde uma alta preocupação com seu trabalho, um desejo constante de atualização, uma elevada responsabilidade etc. até a passividade, a rotina e a aplicação da lei do menor esforço mais absolutas" (ENGUITA, 1991: 59).

A gestão democrática do ensino público é fundamental para a ultrapassagem de práticas sociais alicerçadas na exclusão, na discriminação e na apartação social. Práticas que inviabilizam a construção histórico-social dos sujeitos. Neste sentido, a ingerência político-partidária na gestão escolar é antidemocrática e deformadora dos interesses educacionais. Aqui, a gestão democrática da escola pública deve estar calçada na ampla participação de professores, alunos, pais, funcionários e comunidade nas decisões escolares. Neste caso, o(a) diretor(a) usa sua liderança, competência técnica e humana para o bom relacionamento interpessoal, "elemento fundamental na elaboração do processo de cogestão dentro da escola e com a comunidade".

O Plano Nacional de Educação (PNE), fixado na Lei 13.005/2014, destaca a relevância da gestão democrática do ensino público, na forma da LDB e *da legislação dos sistemas de ensino* [grifo nosso], impondo obrigações nesse sentido, como se pode constatar:

Art. 9º – Os estados, o DF e os municípios deverão aprovar leis específicas para os seus sistemas de ensino, disciplinando a gestão democrática da educação pública nos respectivos âmbitos de atuação, no prazo de 2 (dois) anos contado da publicação desta Lei, adequando, quando for o caso, a legislação local já adotada com esta finalidade.

Se a escola é **para** todos, a escola é **de todos** e, portanto, seu processo de gestão será, necessariamente, um processo de cogestão. Nesse campo, a escolha de dirigentes (diretores e coordenadores) por processo eleitoral direto é importante, porém, insuficiente. É necessário o estabelecimento de precondições definidoras do perfil exigido pela comunidade escolar para o seus dirigentes, a começar por uma formação sólida, por uma qualificação adequada e uma capacidade criativa de coordenar as atividades da escola. Nela, "a apropriação do saber será sempre uma construção coletiva, o que torna relevante a atuação do Conselho de Classe e de outros colegiados no processo educacional, mesmo em se tratando de escola de Ensino Médio, em face da faixa etária dos alunos". Vejamos como este aspecto vem sendo tratado nas escolas brasileiras:

Ensino Médio
Proporção de escolas de Ensino Médio por tipo de órgão colegiado em funcionamento, segundo a rede de ensino – Brasil 2022

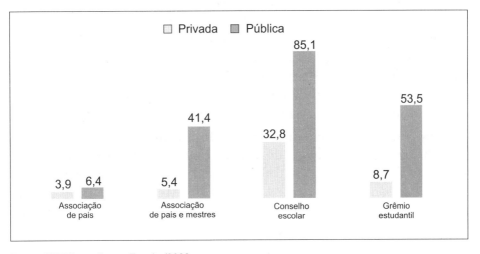

Fonte: MEC/Inep, Censo Escolar/2022

> **IX** – A educação é um serviço público, portanto, uma atividade operacional do Estado sem exclusão de quem quer que seja. Para tanto, a CF determina cinco princípios básicos a serem observados na administração direta e indireta (CF, art. 37), de cumprimento obrigatório por qualquer dos níveis de esfera da gestão pública. São eles: Legalidade, Impessoalidade, Moralidade, Publicidade e Eficiência. Estes princípios deverão ser observados, igualmente, no campo da educação. Portanto, a rede escolar submete-se a eles como rotas inafastáveis de conduta. Há, no entanto, exigências substantivas adicionais, a serem observadas pelos sistemas de ensino e suas respectivas escolas.

De fato, a garantia do padrão de qualidade está cimentada no eixo equidade/diversidade que não pode ser visto como critério abstrato de oferta de ensino. Urge desocultar os parâmetros concretos de um ensino de qualidade. O começo do começo é a visualização dos fundamentos éticos deste ensino. Fundamentos que vão além dos conceitos de eficácia e de eficiência administrativas. Cabe, aqui, ressituar a questão das demandas sociais em face do saber escolar formal. Professores bem qualificados e bem pagos, escolas adequadamente equipadas e salas de aula bem organizadas são precondições importantes para a garantia de um padrão de qualidade institucional. Porém, é no currículo, na eleição das disciplinas, na integração dos conteúdos, na formulação dos objetivos de cada programa e na forma de construção da aprendizagem no cotidiano da sala de aula que se reflete, de fato, o chamado padrão de qualidade cujo direcionamento está no projeto pedagógico e no currículo em ação. Mas, o currículo somente motiva, criativamente, quando há materiais pedagógicos à disposição de professores e de alunos e, ainda, quando o uso deste material é feito mediante uma prática pedagógica avaliada permanentemente. E esta prática deve ser fonte de uma formação permanente em serviço. O currículo foca os conteúdos e esta prática pedagógica avaliada foca o aluno nas suas diferenças individuais e, portanto, nas suas apropriações diferenciadas de trabalhar e de assimilar cada disciplina, sob o enfoque da interdisciplinaridade e da contextualização.

Cada sistema de ensino deve normatizar os requisitos que, no conjunto, formam o quadro de referência do padrão de qualidade de suas escolas. Estas, através do projeto pedagógico, definem a gradação dos compromissos com *a qualidade formal e com a qualidade política* (DEMO, 1996: 81). A maneira de realizar estes compromissos condiciona a construção das linhas de conexão adequada entre educação e ensino.

Com direitos e deveres no cotidiano das respectivas agendas, professores e alunos, lastreados pelo projeto pedagógico, laboram coparticipadamente a abordagem e assimilação dos conteúdos, teorizando as práticas e produzindo inovações. Todo este processo caminha vazado em estímulo à criatividade e à autonomia e, ainda, referenciado à vinculação da aprendizagem com os fins da educação, conforme definidos no art. 2º da LDB. e, no caso específico da Educação Básica, com as DEZ COMPETÊNCIAS DA BASE NACIONAL COMUM CURRICULAR/BNNC. VOCÊ AS CONHECE?

Na aprendizagem, interferem fatores externos à escola e, também, fatores internos. Estes são de responsabilidade direta da *organização* escolar e atuar sobre eles é dever institucional. Para tanto, à escola cabe equipar-se adequadamente. Os estabelecimentos de ensino não são fábricas para produzir autômatos, para montar robôs nem para reproduzir seres iguais. Na escola, aprende-se a desenvolver qualidade, porém, não se usa controle de qualidade, como se faz com os produtos industriais. Em outras palavras, a escola-*showroom*, a escola-vitrine, a escola-loja e a escola-butique são excrescências residentes à margem do conceito contido no princípio de *garantia do padrão de qualidade*, no campo da ministração do ensino. Os parâmetros aqui não são os da construção de modelos humanos estandardizados, mas os de alargamento intencional e institucional da construção de identidades diferenciadas, através de atores qualificados, de instrumentos adequados e de espaços institucionais apropriados, a serviço da potencialização do desenvolvimento humano. Em educação escolar (art. 1º, § 1º), qualidade são procedimentos, processos e contextos **apropriados** que se somam em torno do ser em potência, da identidade em construção.

Pode-se dizer que *a garantia do padrão de qualidade* supõe a precedência do respeito à situação concreta do aluno. Esta precondição resultará no aumento da autoconfiança e, em consequência, na garantia do interesse ascendente na aquisição e reconstrução do conhecimento. Os insumos necessários à aprendizagem, conteúdos contextualizados e trabalhados sob a orientação de professores qualificados e, ainda, uma modulação didática com sensibilidade à diversidade dos sujeitos aprendentes, tudo isto articulado e integrado, constitui o chão da garantia do padrão de qualidade e do desempenho qualitativo do aluno. O padrão de qualidade como institucionalidade instalada na educação básica passa necessariamente pela observância rigorosa da Base Nacional Comum Curricular (BNCC) e pela implantação e cumprimento dos direitos e objetivos da aprendizagem, como previstos no Plano Nacional de Educação (PNE) e em vias de definição normativa pelo CNE.

> **X** – A valorização da experiência extraescolar é princípio conectado ao art. 1º da LDB – e dele decorrente – que apresenta, como palco da educação, processos formativos amplos, desenvolvidos em diferentes espaços sociais. Aqui, está uma das desafiadoras questões do ensino brasileiro. A nossa tradição escolar, radicalmente formal e formalizante, tem impedido o desenvolvimento de uma cultura pedagógica que valorize o patrimônio de conhecimentos que o aluno construiu e constrói fora do espaço da sala de aula. No fundo, esta dificuldade traduz a relevância absoluta que se dá à qualidade formal do conhecimento. O saber sistematizado encorpa um tipo de hegemonia que beneficia estratos restritos da sociedade, em detrimento da coletividade ampla. Os próprios professores recebem uma formação que lhes dificulta o desenvolvimento da capacidade para construir interseções de saberes no bojo das disciplinas

que ministram. É notório que o extraescolar representa um canal importante para abrir espaços de articulação escola/comunidade, pela possibilidade de construir um conteúdo de ensino capaz de "satisfazer as necessidades básicas de aprendizagem".

O extraescolar penetra as entranhas do cotidiano e com ele se identifica. Nelas, há saberes não escolares, mas indutores, em grande parte das identidades que somos. Este cotidiano é o próprio tecido do extraescolar que nos tem guiado na leitura do mundo. O ***escolar*** chegou depois. Por isso, é muito importante identificar pontos de cruzamentos entre os dois, como forma de desocultar e compreender "[...] a vertigem do mundo, onde diferentes lógicas operam diferentes saberes, onde nossas perguntas precisam ser refeitas, onde nossas respostas não servem a todos os sujeitos, a todos os *espaços-tempos*" (SERPA, 2011: 43). O extraescolar é o contexto e o cotidiano postos e propostos como material didático-pedagógico para a fecundação da aprendizagem, na linha do que dispõe a Resolução CNE/CEB 4/2010, ao centrar *as formas de organização curricular*, como podemos ver:

Art. 13 – O currículo, assumindo como referência os princípios educacionais garantidos à educação, [...], configura-se como o conjunto de valores e práticas que proporcionam a produção, a socialização de significados no espaço social e contribuem intensamente para a construção de identidades socioculturais dos educandos.

§ 1º – O currículo deve difundir os valores fundamentais do interesse social, dos direitos e deveres dos cidadãos, do respeito ao bem comum e à ordem democrática, considerando as condições de escolaridade dos estudantes em cada estabelecimento, a orientação para o trabalho, a promoção de práticas educativas formais e não formais.

§ 2º – A organização da proposta curricular, deve-se assegurar o entendimento de currículo como experiências escolares que desdobram em torno do conhecimento, permeadas pelas relações sociais, articulando vivências e saberes dos estudantes com os conhecimentos historicamente acumulados e contribuindo para construir a identidade dos educandos.

§ 3º – A organização do percurso formativo, aberto e contextualizado, deve ser construída em função das peculiaridades do meio e das características, interesses e necessidades dos estudantes, incluindo não só os componentes curriculares centrais obrigatórios, previstos na legislação e nas formas educacionais, mas outros, também, de modo flexível e variável, conforme cada projeto escolar, e assegurando:

I – concepção e organização do espaço curricular e físico que se imbriquem e alarguem, incluindo espaços, ambiente e equipamentos que não apenas as salas de aula da escola, mas, igualmente, os espaços de outras escolas e os socioculturais e esportivo-recreativos do entorno, da cidade e mesma região;

II – ampliação e diversificação dos tempos e espaços curriculares que pressuponham profissionais da educação dispostos a inventar e construir a escola de qualidade social, com responsabilidade compartilhada com as demais autoridades que respondem pela gestão dos órgãos do poder público, na busca de parcerias possíveis e necessárias, até porque educar é responsabilidade da família, do Estado e da sociedade;

III – escolha da abordagem didático-pedagógica disciplinar, pluridisciplinar, interdisciplinar ou transdisciplinar pela escola, que oriente o projeto político-pedagógico e resulte de pacto estabelecido entre os profissionais da escola, conselhos escolares e comunidade, subsidiando a organização da matriz curricular, a definição de eixos temáticos e a constituição de redes de aprendizagem;

Convém destacar, que o extraescolar não é a subeducação. Pelo contrário, o extraescolar é o trabalho, a convivência, o lazer, a família, o amor, a festa, a igreja, o esporte em suas modalidades, a vida, enfim. Portanto, valorizar o extraescolar é atribuir valor educativo ao cotidiano humano. Isto porque "[...] o homem participa na vida cotidiana com todos os aspectos de sua individualidade, de sua personalidade" (HELLER, 1972: 17). Para a LDB, há extraescolar, porém, não há extracurricular. Tudo concorre para a formação do aluno e, portanto, integra o currículo escolar enquanto referência obrigatória de rota e potencialização da aprendizagem. Seja como insumo de contexto, seja como insumo interdisciplinar. O extraescolar é o território balizador da aprendizagem significativa. É por ele que se garante a relação escola, conhecimento, currículo e sociedade. Estamos, por conseguinte, diante de um princípio vivificador e fecundador da educação escolar como processo de transformação.

> **XI** – Pode-se dizer que a vinculação entre a educação escolar, o trabalho e as práticas sociais tem, no currículo escolar, seu estuário próprio de concretização. Esta relação significa o próprio desenho da formação básica na linha da pedagogia contemporânea do "aprender a aprender". Sem isto, não se pode falar em qualidade educativa nem em ensino de qualidade. Nesta perspectiva, há de se alentar uma urgente transformação da pedagogia pouco afeita à ideia de atribuir, ao ensino, uma dimensão produtiva. A própria expressão ensino-aprendizagem transmite a ideia de ensino como processo passivo, marcado por uma formulação burocrática inercial. Longe desta visão, o texto legal preconiza um ensino ativo e enriquecido pelo dinamismo interno do trabalho e fecundado pelas vibrações transformadoras das práticas sociais. Para tanto, é necessário substituir a ideia de grade curricular pela ideia de currículo ativo. O uso dos métodos pedagógicos precisa, igualmente, ser reorientado, uma vez

que eles não existem para "aprisionar" os conhecimentos, as disciplinas, senão para realçar os processos das articulações do que se está aprendendo. Na sociedade contemporânea a relação aprendizagem e trabalho significa aprendizagem **com**, **para** e **pelo** trabalho. E este processo requer o uso de metodologias criativas e progressivas. Mesmo porque, como posiciona Araújo (1991:28) "procurar algo contido nos processos metodológicos significa também investigar as finalidades sociais da educação". E arremata, citando Vasconcelos (1988:10): "Isso quer dizer que uma metodologia de fazer educação implica e decorre de uma certa forma, de uma metodologia de conhecer educação e tudo o que se acha a ela implicado".

Já foram definidas, anteriormente, educação escolar e práticas sociais. Resta esclarecer o conceito de trabalho como princípio de organização do ensino. Na verdade, o trabalho é o elemento fundante da vida social. Tudo na vida, individual e coletiva, se organiza em torno dele. É, por isso, o contexto natural **da** e **para** a aprendizagem. Como elemento de irradiação das atividades humanas, o **trabalho** produz cultura, desenvolve saberes, cristaliza valores, potencializa a inteligência humana e o convívio. Por esta razão, a sua vinculação com a **educação** e as **práticas sociais** é direta. Estes três elementos constituem o chão, os fundamentos de sustentação, a referência para a existência de uma escola ativa e de um ensino transformador e evolutivo. Esta compreensão está gestada nos próprios fins da educação: pleno desenvolvimento do educando, seu preparo para o exercício da cidadania e sua **qualificação para o trabalho** (LDB, art. 2º). Qualificação que não se reduz a uma qualificação técnica, mas se estende a uma compreensão do trabalho como fonte de vida e de transformação da vida.

A conexão educação, trabalho e práticas sociais mais do que aproximação necessária é vínculo criativo que conduz a escola a não se julgar separada da comunidade, ausente da vida e, ao mesmo tempo, que compromete a sala de aula com as transformações sociais e o currículo com a necessidade de ativar-se e atualizar-se permanentemente como veículo de conhecimentos formais e como canal propiciador de acionamento de saberes informais. Estamos diante, na verdade, de uma educação de todos processada em uma educação escolar **para** todos. O trabalho e as práticas sociais são fontes de fecundação do currículo e do projeto pedagógico. No caso da escola, a conexão **educação escolar, trabalho e práticas sociais** torna-se imperativa em dupla direção. De um lado, porque o trabalho enseja utilizar diferentes fontes de informação e recursos tecnológicos para adquirir e construir conhecimentos. De outro, "*porque o trabalho é o espaço para o uso de diferentes linguagens – verbal, matemática, gráfica, plástica e corporal – como meio para produzir, expressar e comunicar ideias, construir expressões culturais e delas usufruir e, ainda, atender a diferentes intenções e situações de comunicação*". A Resolução CNE/CEB 4/2010, já referida em outro local destes comentários à LDB, destaca a orientação para o trabalho como um dos valores fundamentais a ser centralizado na organização curricular.

> **XII** – O princípio da **consideração com a diversidade** étnico-racial vincula-se à Constituição Federal, fonte e alicerce do Estado Democrático de Direito e de organização da cidadania responsável. É nela e por ela que se enraízam os direitos e os deveres de todos, *sem preconceitos de origem, raça, sexo, cor, idade e quaisquer outras formas de discriminação* (CF, art. 3º, inc. IV). É importante registrar que este inc. XII, do art. 3º, somente foi incluído à LDB, em 2013. Portanto, 17 anos depois da promulgação da Lei 9.394/1996. Esta inclusão representou uma conquista importante dos movimentos intensos e extensos da população negra do país e das populações indígenas, uma vez que as leis 10.639/2003 e 11.645/2008, que tornaram obrigatório o ensino de História e Cultura Afro-brasileira e Indígena em todas as escolas brasileiras, via currículo regular, continuavam ignoradas pelos sistemas de ensino. Isto sem esquecer que, nesse período, fora criada, pelo Governo Federal, a Secretaria Especial dos Direitos Humanos da Presidência da República e a Secretaria de Educação Continuada, Alfabetização, Diversidade e Inclusão (Secadi). No foco da perspectiva constitucional, a escola, como instituição social, tem a responsabilidade especialíssima de contribuir para a construção de uma sociedade livre, justa e solidária e para a erradicação da pobreza, da marginalização e das desigualdades sociais. Isto supõe investir na educação *inclusiva*, em que todos tenham direito de acesso e permanência na escola, com êxito, ao longo de todo o processo de escolarização. Como sabemos, o Brasil é um amálgama de culturas. Resulta de uma convergência de diversidades humanas. Índios, negros, europeus, asiáticos, árabes etc. estão na base e na evolução histórica da nacionalidade. Este processo, na verdade, é interminável. O mundo e seus habitantes sempre estiveram em movimento. Com a globalização, as tranças migratórias tendem a crescer. O Brasil, em tempos recentes, tem recebido levas significativas de imigrantes, seja de países latino-americanos, seja de países em longos períodos de guerra. Daí, resulta uma mistura de raças e um amálgama de culturas que mais do que uma reunião de povos é uma **refundação** da experiência humana.

O importante é compreender que esta rica diversidade humana precisa estar plantada na convicção de que todas são iguais em dignidade e em direitos e que a dignidade é um dos fundamentos da República Federativa do Brasil. Isso implica respeitar as diferenças individuais e em valorizar a diversidade étnico-racial, detentora e geradora de diversidade cultural que é, na verdade, um processo que nunca se encerra. Trata-se de uma fonte e expressão da riqueza humana. Temos que reconhecer que a cultura africana e a cultura indígena, como fontes e impulsos da formação do país, continuam generalizadamente pouco visíveis. Colocar, no calendário, o dia da consciência negra e o dia do índio é muito pouco. O que o legislador pretende é reconvocar a educação escolar (LDB, art. 1º, § 1º), para desocultar a luta dos cidadãos negros escravizados e dos povos indígenas "desterrados" e recolocar sua enorme contribuição na formação e no desenvolvimento do país. É nesta perspectiva, que a Lei 13.005/2014, que aprova o Plano Nacional de Educação (PNE), inclui entre as suas diretrizes:

Art. 2º

[...]

III – superação das desigualdades educacionais com ênfase na promoção da cidadania e na erradicação de todas as formas de discriminação;

[...]

X – promoção dos princípios do respeito aos direitos humanos, à diversidade à sustentabilidade socioambiental.

O cidadão negro e o índio precisam ser incluídos, com respeito e dignidade, na história plena do país. O papel da escola e do currículo escolar, nesse sentido, é insubstituível e decisivo à medida que, dentre outros enfoques de qualificação para a cidadania, *"inclui diversos aspectos da história e da cultura que caracterizam a formação da população brasileira, a partir desses dois grupos étnicos, tais como o estudo da história da África e dos africanos, a luta dos negros e dos povos indígenas no Brasil, a cultura negra e indígena brasileira e o negro e o índio na formação da sociedade nacional, resgatando as suas contribuições nas áreas social, econômica e política, pertinentes à História do Brasil"* (Leis 10.639/2003 e 11.645/2008).

É marcadamente no horizonte da desobstrução das vias conceituais, conteudísticas, epistemológicas, interdisciplinares, metodológicas e didáticas da Temática da História Afro-brasileira e Indígena, nas salas de aula do Ensino Fundamental e do Ensino Médio, que cada professor vai poder alargar os espaços curriculares das escolas brasileira para uma apropriação **reconceituada** da História e da Cultura Afro-brasileira e Indígena, reposicionando o cidadão negro e o índio como protagonistas inafastáveis do processo de construção e de desenvolvimento da sociedade brasileira.

A diversidade humana questiona a relação de ordem e hierarquia. Este é um ponto fundamental para não confundir diferença com desigualdade.

É fato que a escola brasileira tende a perpetuar, na sala de aula, valores e formas de conduta excludentes. Com isto, contribui, muitas vezes, para o aprofundamento de práticas discriminatórias, ampliando os processos de inferiorização da personalidade dos sujeitos com marcas sociais da diferença. A educação escolar não pode patrocinar o apagamento da diversidade humana. Por isto, *a consideração à diversidade étnico-racial*, como um dos princípios de ministração do ensino, impõe, entre outros, o dever de o Estado brasileiro **adotar** políticas educacionais que valorizem as diversidades humanas e socioculturais, e os sistemas de ensino e as escolas operem currículos, metodologias e materiais didáticos adequados às realidades dos povos e comunidades tradicionais. Este imperativo inclui, necessariamente, a Educação das Relações Étnico-raciais e do Ensino da História e Cultura Africana, Afro-brasileira e Indígena. Tal exigência encontra-se consignada, de forma clara e peremptória, na nossa Constituição-cidadã (art. 3º, IV e art. 5º), no Estatuto da Igualdade Racial (Lei 12.288/2010), no art. 26-A da LDB e na Diretriz 10 (garantia de igualdade na diversidade) do Eixo Orientador III (universalizar direitos em um contexto de desigualdades) do Programa Nacional de Direitos Humanos (PNDH-3), constante do Decreto 7.037/2009 e na Lei 13.005/2014, que aprova o Plano Nacional de Educação (PNE). A escola não pode fingir que ignora que o racismo é uma chaga de nossa sociedade. Seu compromisso é com o enfrentamento desta questão desafiadora. A recente criação pelo Governo Federal (2023) dos Ministérios da Igualdade Racial e dos Povos Indígenas é um grande impulso no sentido de uma reversão do *statu quo*. Como observou Darcy Ribeiro, *a mais terrível de nossas heranças é esta de levar conosco a cicatriz de torturador impressa na alma e pronta a explodir na brutalidade racista e classista.*

Aqui, convém lembrar a necessária articulação a ser feita entre este art. 3º, inc. XII da LDB, o art. 2º, inc. X da Lei 13.005/2014 (PNE) e o art. 2º da citada Lei 12.288/2010, que estabelece: "É dever do Estado e da sociedade garantir a igualdade de oportunidades, reconhecendo a todo cidadão brasileiro, independentemente da etnia ou da cor da pele, o direito à participação na comunidade, especialmente nas atividades políticas, econômicas, empresariais, educacionais, culturais e esportivas, defendendo sua dignidade e seus valores religiosos e culturais". Como sabemos, a educação escolar é intencionalizada pelo eixo-ação: **ensinar / aprender / avaliar / certificar**. Este, por sua vez, estriba-se em conteúdos (currículo), metodologias e formas de avaliação. É precisamente nesse amálgama resultante de processos e de procedimentos que a LDB convoca abordagens e práticas indutoras comprometidas com a valorização da diversidade étnico-racial. A ideia do legislador é desbloquear esta temática de circuitos escolares eventuais, episódicos, enfeixados em datas históricas e, portanto, descolados da realidade cotidiana. Pelo contrário, como anotam as *Orientações e Ações para Educação das Relações Étnico-raciais*, a construção de novos paradigmas educacionais e o vigor dos movimentos sociais emancipatórios exigem que a escola e a sala de aula tratem a questão racial como conteúdo interdisciplinar e multidisciplinar, presente em todas as atividades e propostas de trabalho, abordando a temática de forma concreta e valorativa , na perspectiva *de semeadura de outras soluções* (BOAVENTURA de S. Santos, 2005).

Por fim, o princípio explícito da *consideração com a diversidade étnico-racial* como condicionalidade ou fio condutor da oferta de ensino nas escolas brasileiras envolve dois aspectos adicionais. O primeiro tem a ver com **inclusão** como conceito jurídico-constitucional, socioantropológico e econômico-cultural, o que supõe o fortalecimento dos princípios da democracia e dos Direitos Humanos nos sistemas de educação básica, nas instituições de Ensino Superior e nas instituições formadoras, como prevê a Diretriz 19, do Eixo Orientador V: Educação e Cultura em Direitos Humanos do Programa Nacional de Direitos Humanos (PNDH) (Decreto 7.037/2009). O segundo aspecto a destacar é o da perspectiva multicultural na escola. Como observa Candau (2007: 105), "o multiculturalismo como horizonte de trabalho docente não é um "adendo" ao currículo: deve, ao contrário, impregnar estratégias, conteúdos e práticas normalmente trabalhadas em aula pelo professor..." Na verdade, a educação intercultural ou a educação para a diversidade está igualmente respaldada no art. 215 da Constituição Federal ao estabelecer que "o Estado garantirá a todos o pleno exercício dos direitos culturais e acesso às fontes da cultura nacional, e apoiará e incentivará a valorização e a difusão das manifestações culturais" (EC 48/2000).

A Unesco, dando desdobramento à Conferência Mundial contra Racismo, Discriminação Racial, Xenofobia, Intolerância Correlata, realizada em Durban, África do Sul, em 2001, formulou a Declaração Universal sobre Diversidade Cultural. Aprovada por unanimidade em Paris, em novembro de 2001, diz o texto de forma peremptória:

Declaração Universal sobre Diversidade Cultural / Unesco

Declaração

Reconhecemos que os povos de origem africana *têm sido secularmente vítimas de racismo, discriminação racial, escravidão e negação histórica de muitos de seus direitos, e afirmamos que eles devem ser tratados com justiça e respeito por sua dignidade e não devem sofrer discriminação de nenhum tipo. Reconhecimento deve, portanto, ser dado aos seus direitos.*

Reconhecemos que os povos de origem indígena têm sido, durante séculos, vítimas de discriminação e afirmamos que eles são livres e iguais em dignidade e direitos e não devem sofrer qualquer tipo de discriminação baseada particularmente em sua origem e identidade indígena; enfatizamos a necessidade de tomar medidas constantemente para superar a persistência do racismo, da discriminação racial, da xenofobia, e da intolerância correlata que os afetam.

No contexto político atual do País, a criação do Ministério da Igualdade Racial e dos Povos Indígenas, como anteriormente assinalado, representa uma convocação da sociedade, de suas instituições e, sobretudo, da escola, para o desenvolvimento de estratégias de combate ao racismo no ambiente escolar e na sociedade.

> XIII – A aprendizagem ao longo da vida como garantia do direito à educação ganha relevância especial no contexto da sociedade do conhecimento. Este é uma fonte de potencialidades e de possibilidades, razão por que a pedagogia do **aprender a aprender** se impregna de um apelo tão forte. Na verdade, o pleno desenvolvimento humano, uma das finalidades da educação, é um processo de fluxo contínuo, ou seja, não se trata de um estágio existencial circunscrito a um momento especial. Ao contrário, percorre todo o percurso da vida do indivíduo que, para se beneficiar da qualidade de vida e dos frutos do seu trabalho, precisa aprender continuamente, inclusive porque a aprendizagem é uma dimensão inerente à condição humana. O sociólogo francês Henri DEROCHE destaca esta dimensão em seu DIÁLOGO ENTRE OS VIVOS (les Editions Ouvrières 1976: 63): "Homem, como te chamas? – Meu nome é APRENDER!".

Este XIII princípio do art. 3º, da LDB, nos remete aos quatro pilares da educação, dentre os quais a UNESCO posiciona o pilar do **aprender a aprender**. Significa que o desenvolvimento de novas competências e a aquisição de novas habilidades decorrem da garantia do direito à educação e à aprendizagem ao longo da vida. O nome deste processo é **educação permanente**, ideia solenemente posta no Relatório do CLUBE DE ROMA, em 1976, e também posicionada como "o desafio da humanidade", no Relatório para a Unesco, da Comissão Internacional sobre Educação para o século XXI, consagrado no título *EDUCAÇÃO: Um tesouro a descobrir, como destaque para o capítulo 4, cujo conteúdo refere-se a "Os quatro pilares da educação: I) Aprender a aprender; II) Aprender a fazer; III) Aprender a viver juntos e, ainda; IV) Aprender a ser.*

A escola deve estar preparada para conduzir o aluno a pôr em prática os conhecimentos aprendidos e, também, para direcionar o ensino também ao tempo futuro. Uma formação escolar assentada em um currículo "grávido" de conhecimentos congelados é uma deformação. Na perspectiva de saberes em projeção vale relembrar o olhar em Ernest BLOCK[25], ao observar que convivemos com uma suposta "quantidade de futuro" que, segundo ele, "os homens, assim como o mundo, carregam dentro de si". Ou, ainda, com a extrema fluidez contemporânea, valendo-nos da visão de Muniz SODRÉ[26] (inserir nota), que dando desdobramento à ideia de "dar à luz (...) algo que já se oferece como sintonia temporal (...), à maneira de Martin HEIDEGGER, com a hipótese de que a história pode ser combinada, para além da mutação acelerada dos estágios produtivos, como uma transmissão de mensagens, um diálogo entre gerações em que cada palavra numa mensagem implica uma resposta a um apelo já feito, mas sem que nenhuma resposta jamais capte o vigor do apelo. Neste diálogo, um não dito ou um não pensado enquanto margem de possibilidade é sempre um futuro. Para ser histórica, resposta tem de ser uma transformação da pergunta, mas o que movimenta a mudança é o não respondido". Aqui, convém lembrar, a sintonia temporal de Machado de Assis com esta revigorante temática: "O presente que se ignora vale o futuro" (em *A cartomante*).

Estas reflexões remetem a cada professor(a) e cada educador(a) em geral a posicionar a seguinte questão: com que "sementes de futuro" ou "com que direcionamentos de futuro eu estou preparando meus alunos"? De fato, a educação pós-moderna caminha sobre os trilhos da flexibilidade e da evolução. Edgar MORIN[27] nos ajuda a compreender este horizonte. Diz ele: "Uma concepção como essa (...) nos envida a um grande e difícil esforço: Aquele de fazer comunicar-se entre si nosso passado, nosso presente e nosso futuro, de modo que eles se transformem em fundamentos de uma cadeira geradora de conhecimentos mais lúcidos sobre as projeções suficientemente incertas do futuro. Para tanto, temos um instrumento de ligação, que é o conhecimento dos princípios daquilo que faz migrar do passado ao presente e do presente ao futuro, ou seja, possuímos os princípios que permitem imaginar a evolução da história".

---

25. Ernest BLOCK, historiador (1886-1944), um dos fundadores da Escola dos *Annales*.

26. Para ampliar a visão da educação como potência, e, assim melhor compreender estas possibilidades, ver SODRÉ Muniz, Reinventando a Educação. Diversidade, descolonização e redes, Petrópolis, Vozes, 2012.

27. MORIN, Edgar, Para onde vai o mundo?, Petrópolis, RJ, Vozes, 2010:15.

Na sociopedagogia se diz: "Viver é aprender". Nesta perspectiva, a escola e a educação escolar ganham exponencial relevância. Sabe por quê? Certamente porque a questão do ensino na Educação Básica não se reduz a construir **sequências cognitivas**, mas a preparar os(as) alunos(as) para missão vital e vivencial de produzir consequências cognitivas. Não por acaso, dentre as diretrizes da BNCC, posicionam-se "parâmetros pedagógicos" com sinalizações aos sistemas de ensino e às redes de escolas para que cuidem de rotas seguras, objetivando evitar rupturas no processo de aprendizagem e, não menos importante, para que, no ambiente escolar, se estimule a cultura do enraizamento de percursos contínuos de aprendizagem.

Pela relevância do conteúdo – que posiciona praticamente dois grandes vetores da LDB –, convém destacar que este art. 3º, centralizado nos princípios de ministração do ensino, deve ser entendido de forma articulada com o artigo anterior, focado nos fins da educação nacional. Na verdade, são conceitos que se interpenetram e compreensão de níveis operacionais que se integram e se complementam.

Este corpo de princípios deve estar presente em todas as situações da educação escolar como obrigação prestacional do Estado e como direito de cidadania. Ainda, a conjugação destes princípios vai assegurar, na perspectiva da equidade, o respeito à igualdade (o comum) e à diferenciação (o diverso). Como ensina documento da Unesco (2007: 13), *é obrigação dos sistemas de ensino assegurar a equidade em uma tripla dimensão: no acesso, nos processos e nos resultados. A educação deve tratar de forma diferenciada o que é desigual na origem para se chegar a resultados de aprendizagem equiparáveis e não reproduzir as desigualdades presentes na sociedade.*

Convém ressaltar, ainda, que o conteúdo deste inc. XII, além de ser uma derivação de ordenamentos da Constituição Federal, é, igualmente, desdobramento de vários Tratados e Convenções Internacionais, compromissos assumidos e subscritos pelo Brasil. E, como sabemos, nesse caso, guardam paridade normativa com os Tratados Comuns, e com as Leis Ordinárias editadas pelo Estado, segundo decisão do STF. Nesse sentido, preleciona Mazzuoli (2009: 334-335), "Quando um Estado assume um compromisso internacional, quem se compromete juridicamente é toda a nação, toda a comunidade que integra o Estado, aí compreendidas sua população, suas instituições e suas autoridades".

Estes princípios irradiam luminosidade epistemológica e sociopedagógica para todo o corpo das DEZ COMPETÊNCIAS GERAIS DA BASE NACIONAL COMUM CURRICULAR/BNCC, anteriormente referidas, irmanam-se eles, também, com os princípios éticos políticos e estéticos preconizados nas DCN. Vale referenciar, outrossim, que "*as Dez Competências Gerais se interrelacionam e perpassam todos os componentes curriculares ao longo da Educação Básica, sobrepondo-se e interligando-se na construção de conhecimentos e habilidades e na formação de atitudes e valores, nos termos da LDB (BNCC)*".

A ideia da aprendizagem ao longo da vida, como princípio de ministração do ensino, tem um amplo lastro de estuário sociopedagógico na esteira da educação permanente, conceito com inúmeras dobras focais nas décadas de 90 e 2000. Neste contexto, ganha também expressão uma segunda ideia, qual seja, a de "uma só escola para todos". Evidentemente, não se trata de um código publicitário das Nações Unidas. Pelo contrário. Era o clímax do entendimento de que a educação é componente nuclear dos direitos humanos à medida que comprometida com a *formação humana integral e com a construção de uma sociedade justa, democrática e inclusiva* (Brasil, SDH/PR, 2013) (MEC-BNCC, 2018).

> **XIV** – O último deste rol de princípios resguarda o respeito à diversidade humana, com três dobras, incidentes sobre quatro grupos de pessoas: de um lado, as dimensões linguística, cultural e identitária e, de outro, postas estas dimensões na situação de vida das pessoas surdas, mudas, cegas e com deficiências auditiva. Cabe, de partida, um comentário de teor socioeducativo-cultural de envergadura ampla, com dois patamares:

1. A diversidade humana é um tema-eixo do campo dos valores universais, território de uma ética universal. E mais: A diversidade humana vincula-se ao tema do desenvolvimento que, para o PNUD/Banco Mundial, refere-se ao processo de ampliação de opções oferecidas a um povo. Esta noção avalia o desenvolvimento com base em uma ampla gama de critérios que vão da liberdade política, econômica e social às oportunidades individuais – de saúde; –de educação; –de produção; –de criatividade; – de dignidade pessoal e – de respeito aos direitos humanos. Todo este conteúdo está hospedado em relatório da Comissão Mundial de Cultura e Desenvolvimento, sob o título inspirador: NOSSA DIVERSIDADE CRIADORA (Unesco, 1997).

2. O aspecto da **diversidade linguística** reporta-se ao fato de que os alunos aqui referenciados têm direito ao acesso à **Educação Bilíngue** de surdos, oferecida em **Língua Brasileira de Sinais (LIBRAS),** como 1ª língua, e, em **Português Escrito**, como 2ª língua. Nesta perspectiva, a educação escolar lhes deve ser disponibilizada:

➢ Em escolas bilíngues de surdos;

➢ Em classes bilíngues de surdos;

➢ Em escolas comuns, ou ainda,

➢ Em polos de educação de surdos.

Isto esclarecido, vamos retomar princípio de ministração do ensino (art. 3ª, da LDB), a ela acrescida pela Lei nº 14.191/2001. Ou seja, um dispositivo bastante recente. Já sabemos a quem ele se destina. Estamos em um contexto coerente de educação especial (LDB, art. 58), ou, no cursor do politicamente correto, da educação inclusiva, uma vez que a ideia é de inserir estas pessoas preferencialmente na rede regular de ensino.

A diversidade cultural e identitária das pessoas surdas, surdo-cegas e com deficiência auditiva tem uma referência bifronte. De um lado, incide sobre a realidade do modo de ser destas pessoas, com seus traços pessoais e especificidades, *"que resultam em formas de comunicação que substituem ou suplementem as funções da fala"* (GLENNEN, 1997). De outro lado, o objeto da comunicação alternativa e ampliada é possibilitar uma maior interação do indivíduo ao meio social, considerando que *"a comunicação é a essência da vida humana* (American Speech-language-Hearing Association). Ainda, a comunicação, atrelada à linguagem, põe a identidade do indivíduo à mostra e expõe o seu padrão e contorno cultural.

Por fim, é oportuno destacar que existe uma variedade identitária entre os surdos. Os chamados surdos sinalizados usam só a língua de sinais oficial dos país. Ou seja, no caso do Brasil, usam apenas a LIBRAS – Língua Brasileira de Sinais.

Os **surdos oralizados** falam também a língua oficial do país. Há, ainda, os **surdos bilíngues:** dominam as duas línguas. Usam a língua de sinais oficial e se comunicam e/ou escrevem a língua oficial do país.

O dispositivo legal ora enfocado ressalta, no direcionamento e nas implicações do eixo indivíduo-identidade para fins das práticas pedagógicas a serem adotadas em sala de aula, "que as necessidades educativas especiais estão relacionadas às características do indivíduo e ao contexto em que a vida deste se desenvolve (...). Portanto, *"para desenvolver certas capacidades e habilidades em cada aluno, a escola deve operar com base na situação pessoal, nas referências culturais concretas e nos diversos processos e ritmos de aprendizagem"* (León GUERRERO, 2012: 45).

Este novo dispositivo incorporado ao feixe de princípios de ministração do ensino **alarga** o conceito operativo de **inclusão, amplia** a aplicação concreta de igualdade de direitos no campo da educação escolar e **desfronteira** o alcance de preparação para a cidadania de identidades historicamente postas à margem da convivência social. Estes três aspectos – alargar, ampliar e res-fronteirar – reaparecem replicados em dois objetivos de outro dispositivo da LDB, precisamente o art. 78-A, que imprime relevância a três objetivos de alto alcance identitário. Quais são estes objetivos? Ei-los: – art. 78-A, inciso I: Proporcionar aos surdos:

> A recuperação de suas memorias históricas;

> A reafirmação de suas identidades, e especificidades e, ainda,

> A valorização de suas línguas e cultura.

• Art. 78-A. Inciso II – garantir aos surdos o acesso às informações e conhecimentos técnicos e científicos da sociedade nacional e demais so-ciedades surdas e não surdas. (Incluído pela Lei nº 14.191, de 2021).

Posicionar o respeito à diversidade humana, linguística, cultural e identitária das pessoas surdas, surdo-cegos e com deficiência auditiva como princípio para a ministração do ensino é reconvocar as metodologias e as práticas pedagógicas para, maximizando o seu acionamento, "a partir de bases psicopedagógicas ade-quadas, produzir níveis elevados de desenvolvimento humano, aprendizagem, relacionamentos e socialização da pessoa" (Lou ROYO, 2012: 112).

TÍTULO III
DO DIREITO À EDUCAÇÃO E DO DEVER DE EDUCAR

Art. 4º – O dever do Estado com educação escolar pública será efetivado mediante a garantia de:

I – educação básica obrigatória e gratuita dos 4 aos 17 anos de idade, organizada da seguinte forma: (Inciso com redação pela Lei 12.796, de 04/04/2013):

a) Pré-escola (Alínea acrescida pela Lei 12.796, de 04/04/2013);

b) Ensino Fundamental (Id.);

c) Ensino Médio (Id.);

II – Educação Infantil gratuita às crianças de até 5 anos de idade (Inciso com redação dada pela Lei 12.796, de 04/04/2013);

III – atendimento educacional especializado gratuito aos educandos com deficiência, transtornos globais do desenvolvimento e altas habilidades ou superdotação, transversal a todos os níveis, etapas e modalidades, prefe-rencialmente na rede regular de ensino (Id.);

IV – acesso público e gratuito aos ensinos Fundamental e Médio para todos os que não os concluíram na idade própria (Id.);

V – acesso aos níveis mais elevados do ensino, da pesquisa e da criação artística, segundo a capacidade de cada um;

VI – oferta de ensino noturno regular, adequado às condições do educando;

VII – oferta de educação escolar regular para jovens e adultos, com características e modalidades adequadas às suas necessidades e disponibilidades, garantindo-se aos que forem trabalhadores as condições de acesso e permanência na escola;

VIII – atendimento ao educando, em todas as etapas da educação básica, por meio de programas suplementares de material didático-escolar, transporte, alimentação e assistência à saúde (Inciso com redação dada pela Lei 12.796, de 04/04/2013);

IX – padrões mínimos de qualidade de ensino, definidos como a variedade e quantidade mínimas, por aluno, de insumos indispensáveis ao desenvolvimento do processo de ensino-aprendizagem;

X – vaga na escola pública de Educação Infantil ou de Ensino Fundamental mais próxima de sua residência a toda criança a partir do dia em que completar 4 anos de idade.

XI – alfabetização plena e capacitação gradual para a leitura ao longo da educação básica como requisitos indispensáveis para a efetivação dos direitos e objetivos de aprendizagem e para o desenvolvimento dos indivíduos. (Incluído pela Lei nº 14.407, de 2022).

XII – educação digital, com a garantia de conectividade de todas as instituições públicas de educação básica e superior à internet em alta velocidade, adequada para o uso pedagógico, com o desenvolvimento de competências voltadas ao letramento digital de jovens e adultos, criação de conteúdos digitais, comunicação e colaboração, segurança e resolução de problemas. (Incluído pela Lei nº 14.533, de 2023)

Parágrafo único. Para efeitos do disposto no inciso XII do caput deste artigo, as relações entre o ensino e a aprendizagem digital deverão prever técnicas, ferramentas e recursos digitais que fortaleçam os papéis de docência e aprendizagem do professor e do aluno e que criem espaços coletivos de mútuo desenvolvimento. (Incluído pela Lei nº 14.533, de 2023)

Art. 4º – Este art. 4º da LDB constitui-se em uma espécie de sequência de dispositivos-máster como canal de irradiação do **direito à educação e do dever de educar**. Em um e outro caso, estão envolvidos os campos dos direitos subjetivos individuais e, não menos significativo de "decisões valorativas, de natureza jurídico-objetiva, da Constituição" (MALISKA, 2001:99). Ao lado disto, dispositivos com foco direto e detalhado no amplo lastro de viabilização escolar da educação digital, realçando as relações entre o ensino e a aprendizagem digital e mais, como fortalecimento dos papeis de docência e aprendizagem do professor e do aluno, ensejando a criação de espaços coletivos de mútuo desenvolvimento. Um avanço no campo de melhoria da qualidade das escolas, como veremos! Na verdade, se o ensino não se aprimorar, a qualidade das escolas não melhora. Na educação, ou os fins e meios estão próximos ou a qualidade do ensino está distante.

As mudanças introduzidas neste art. 4º da LDB, por via da Lei 12.796/2013, dão maior abrangência ao campo de aplicação do direito do cidadão brasileiro aos três níveis de oferta pública de educação básica obrigatória e gratuita: a Educação Infantil no segmento da pré-escola, o Ensino Fundamental e o Ensino Médio. Por oportuno, convém esclarecer que, com a EC 53/2006, a educação infantil, em creche e pré-escola, para atendimento às crianças de até 5(cinco) anos de idade passou a integrar o conceito legal de EDUCAÇÃO BÁSICA OBRIGATÓRIA e GRATUITA. Portanto, ingressou no território do DEVER do ESTADO com a educação, a quem cabe garantir sua oferta, ou seja, a oferta também de creches. (CF, art. 208, inc. IV). Em termos atuais, vale relembrar que este artigo 4 incorporou mais de uma dezena de mudanças, ao longo do tempo e, ainda, foi acrescido, ao texto legal, o artigo 4-A. Em todos os casos, aditando-se dimensões relevantes para o desenvolvimento humano e para a convivência social, como passamos a ver. Destaque-se, neste sentido, a nova redação do inciso IX e a inclusão do inciso XI com foco nos padrões mínimos de qualidade e, não menos importante, na ALFABETIZAÇÃO PLENA. Não há como negar: a lei da educação faz a cidadania avançar, com a inserção de conteúdo constitucional, sob o influxo da Emenda Constitucional 59/2009. A partir de agora, os pais têm o dever de matricular as crianças na Educação Infantil desde os 4 anos, direcionando-as para a pré-escola. . Anteriormente, esta obrigação apresentava-se somente a partir dos 6 anos, sendo o Ensino Fundamental a única etapa de oferta escolar obrigatória no Brasil. O passo à frente que acabamos de dar vem acompanhado de uma defasagem de mais de meio século em relação a países da América do Norte, Europa Central, Escandinávia e de algumas nações da Ásia.

Três esclarecimentos se impõem de partida para que este artigo resguarde a relevância constitucional de que está claramente revestido. A organização do Estado como sociedade político-jurídica compreende um universo de serviços básicos gerais. Tais serviços se distribuem em esferas de competência, nos termos do art. 18 da Constituição Federal, com partição obrigatória e compartilhamento também obrigatório entre União, estados, DF e municípios. Nesta ampla seara de correponsabilidades de poderes e de atribuições, o Estado Federado – este é o caso da República Federativa do Brasil – opera dentro de um processo de intercomplementaridade de políticas públicas, com forte envergadura de ações no campo dos direitos sociais, entre os quais está a educação (CF, art. 6º). O segundo diz respeito à necessidade de distinguir direitos e garantias. Para Rui Barbosa, há, no texto constitucional, "disposições meramente declaratórias, que são as que imprimem existência legal aos direitos reconhecidos, e as disposições assecuratórias, que são as que, em defesa dos direitos, limitam o poder", sendo que "aquelas instituem os direitos; estas, as garantias" (*Atos inconstitucionais*. 2ª ed. Campinas: Russel, 2004: 157). O terceiro esclarecimento se concentra no nível conceitual e operacional do termo **dever**, integrante da expressão **dever do Estado**. Dever não é, nesse caso, uma mera obrigação nem uma simples intenção política. Trata-se, na verdade, de um ordenamento inelutável, ao qual o Estado é submisso, independentemente de sua vontade e de suas opções políticas. Importa dizer que, em não o fazendo, estará sujeito a enquadramento na dimensão de justiciabilidade, em decorrência do não cumprimento de responsabilidade impositiva. Idêntico entendimento é extensivo às responsabilidades da família cujo encargo intransferível consta do art. 205 da CF (A educação, direito de todos e **dever** [grifo nosso] do Estado e da família...). De fato, o dever da família e do Estado vinculam-se, direta e consequentemente, à ideia da educação como direito fundamental. Postos estes esclarecimentos, vamos examinar, agora, as dobras legais do conceito da educação básica pública e das formas de sua organização.

Na lei educacional, a educação básica é um conceito preciso, com contornos definidos e com função social estratégica, como veremos mais adiante, na exegese do art. 22 e seguintes desta LDB. De pronto, porém, convém atentar para as dimensões conceituais e operativas hospedadas nos art. 5º e 6º da Resolução 4/2010, do Conselho Nacional de Educação (CNE):

Art. 5º A educação básica é direito universal e alicerce indispensável para o exercício da cidadania em plenitude, da qual depende a possibilidade de conquistar todos os demais direitos, definidos na Constituição Federal, no Estatuto da Criança e do Adolescente (ECA), na legislação ordinária e nas demais disposições que consagram as prerrogativas do cidadão.

Art. 6º Na educação básica, é necessário considerar as dimensões do educar e do cuidar, em sua inseparabilidade, buscando recuperar, para a função social desse nível da educação, a sua centralidade, que é o educando, pessoa em formação na sua essência humana.

> I – A nova redação deste art. 4º inclui a pré-escola na oferta pública obrigatória da educação básica, equiparando-a, em termos de prestação obrigacional do Estado, ao Ensino Fundamental e ao Ensino Médio. O que significa, na prática, esta mudança? As repercussões incidem diretamente no campo das corresponsabilidades dos encargos educacionais públicos (governos federal, distrital, estaduais e municipais), além de determinar formas extensivas de organizar a gestão escolar.

De partida, cabe destacar três tipos de efeitos imediatos, cobrindo os níveis conceitual, durativo e organofuncional.

Na dimensão conceitual, há um elastecimento da compreensão de educação básica obrigatória e gratuita no âmbito das responsabilidades do Estado e, portanto, no que tange à oferta compulsória nas redes públicas. Nesse sentido, o Brasil se introduz, com mais de meio século de atraso em relação aos países paradigmáticos em educação, no universo compreensivo de uma educação básica que não pode ser um compacto de rotas sombreadas da memória do antigo Ensino Primário (Lei 4.024/1961), do segmentado ensino de 1º Grau (Lei 5.692/1971) nem do Ensino Fundamental de 8 anos congelado no tempo. Esta correção conceitual e legal é essencial sob o ponto de vista da abordagem dos conhecimentos e habilidades necessários para o fortalecimento da cidadania no contexto pós-moderno e para o reposicionamento da sociedade brasileira em face dos grandes desafios internos e planetários. Já não se trata de uma educação escolar básica que só ensina a Ler, Escrever e Contar e a usar tecnologias avançadas, mas ocupada e preocupada, também, com uma ética planetária. Ela é básica precisamente porque oferece a cada aluno-indivíduo as condições de aprendizagem para que se transforme em aluno-cidadão, sustentado por um *ethos* traduzido em conhecimentos, competências, habilidades, cuidado, sentimento de solidariedade, compaixão e respeito às diferenças, à diversidade, à sustentabilidade e, portanto, comprometido com sua comunidade, sua cidade, seu Estado, seu país, com a própria vida e com a vida na Terra! Assim concebida, esta educação básica reconceituada amplia seu escopo, antecipando seu início e ampliando seu ciclo de oferta pública obrigatória, como passaremos a ver.

Na dimensão durativa, a educação básica alonga-se dos 4 aos 17 anos. Esta determinação legal aproxima o Brasil da maioria dos países do mundo desenvolvido, embora ali, há muito, a oferta de creches já seja também uma medida universalizada. O alongamento temporal de oferta da educação básica obrigatória de caráter público deverá reduzir o analfabetismo em suas quatro manifestações mais dramáticas: o analfabetismo absoluto (5,8% em 2020); embora, na zona rural este índice triplique: 15,1%; o analfabetismo funcional (5,8% em 2020); embora, na zona rural este índice triplique: 15,1%; o analfabetismo técnico (só 19,1% dos brasileiros de até 17 anos recebem educação profissional. No Japão, na Finlândia, na Áustria e Alemanha, o índice varia de 70 a 76% da população) e o analfabetismo tecnológico, com o altíssimo índice de trabalhadores desqualificados para acompanhar a revolução que a indústria 5.0 vem causando.

Na dimensão organofuncional, as duas dimensões anteriores geram necessidade de os sistemas de ensino e as escolas trabalharem com novas formas de organização, a fim de que possam atender às funcionalidades legais decorrentes de regimes inovadores e flexíveis de articulação nas sequências de aprendizagem/BNCC, com focos cognitivos distribuídos em contextos de tensão pedagógica em que se entrecruzam elementos reguladores do projeto pedagógico escolar e elementos emancipatórios da criança, do pré-adolescente e do adolescente como sujeitos de direito. A lógica da organização escolar não pode servir de força-motriz para a produção de vozes silenciadas. A convergência destas três dimensões vai repotencializar as fontes de conexão entre autonomia intelectual, capacidade crítica do aluno, criatividade, sensibilidade à inovação e à diversidade, e visão integrada das humanidades, das ciências e das artes, na circularidade intercomplementar das finalidades da educação básica, definidas no art. 22 desta LDB, conforme veremos adiante.

A ideia do legislador não é apenas incorporar novos sujeitos à educação básica, senão qualificar a educação infantil, evitando deslizamentos conceituais e operacionais que tem como base a tendência crônica do Estado brasileiro de confundir assistência social com educação. A inclusão do pré-escolar como etapa inicial de oferta pública escolar obrigatória redimensiona o dever do Estado no campo de prestação dos serviços educacionais formais referenciados à educação básica. Com a extensão da obrigatoriedade da educação básica dos 4 aos 17 anos, a ser cumprida até 2016, pelo menos na perspectiva do Plano Nacional de Educação (PNE), Lei 13.005/2014 (o que não ocorreu até o início de 2023!), a pré-escola tem, enfim, reconhecida sua relevância e o imperativo de sua organização no sistema escolar brasileiro. Fase determinante para todo o processo de aprendizagem futura, a pré-escola passa a ser balizada por parâmetros legais que exigem frequência mínima, projeto pedagógico, carga-horária mínima anual, calendário letivo definido e sistema de avaliação compatível com este nível de aprendizagem escolar no enquadramento formal das finalidades da educação básica. Dessa forma, a LDB recentraliza a

Educação Infantil em um dos seus componentes estruturantes (a pré-escola) e retoma a trajetória retificadora da dívida histórica do Estado brasileiro para com a infância escolarizável. Ressurge o estatuto dos direitos e obrigações de aprendizagem na educação infantil.

Por oportuno, convém ressaltar que, na LDB, é imperioso compreender que a educação básica não é um agregado de blocos temporais de estudo, estanques e sequenciais. Pelo contrário! Ao definir as finalidades da educação básica (art. 22) e balizar as formas de organização externa (art. 23) e de organização interna (art. 24), o legislador impõe a compreensão de educação básica como um articulado de níveis que se interpenetram e se completam. Este processo supõe um esquema organizativo com base não em pré-requisitos, mas, sim, em um sequenciamento de tempos contínuos de aprendizagem. Ou seja, os três níveis de constituição legal da educação básica são, na verdade, *entrepartes articuladas* que devem funcionar de forma integrada e totalizadora. Daí, a relevância da interdisciplinaridade e da contextualização em todo o processo da educação básica. A integração dos conhecimentos cria condições positivas para uma aprendizagem motivadora pelas interconexões que estabelece entre os múltiplos campos de conhecimento, presentes nas disciplinas curriculares.

Em síntese, a Educação Infantil, o Ensino Fundamental e o Ensino Médio compõem a educação básica obrigatória na moldura da oferta da educação escolar pública. Não apenas porque se completam no alinhamento de 14 anos de estudos básicos, mas, sobretudo, porque garantem o desenvolvimento, a assimilação, a integração e a acumulação de conhecimentos na perspectiva das finalidades e objetivos fixados para cada um destes níveis de ensino. O horizonte é o das dimensões intercomplementares da totalidade da aprendizagem básica, distribuída em segmentos temporais conforme o contido nos ordenamentos legais desta LDB e distribuídos nos art. 22, 29, 32 e 35, como veremos adiante. Este conceito de integração e de entrepartes articuladas ganha maior consistência com a introdução da ideia da Base Nacional Comum Curricular (BNCC), referenciada aos diferentes níveis de ensino (LDB, art. 26), com desdobramentos sobre os direitos e objetivos da aprendizagem.

Outrossim, vale registrar que este art. 4º está sob o título (Título III) que trata do **direito à educação e do dever de educar**. Direito para todos os brasileiros e estrangeiros residentes no país (CF, art. 5º) cujas situações pessoais correspondam às definições legais alcançadas pela legislação educacional pertinente. Dever no sentido da intransferibilidade das responsabilidades públicas do Estado, a quem cabe "promover o bem de todos" (CF, art. 3º, inc. IV).

Educar, no âmbito da legislação brasileira, é um processo de corresponsabilidade entre família, Estado e sociedade (CF, art. 205) e passa necessariamente pela educação escolar. Por isso, todos têm direito de ir à escola e o Estado tem o dever de atender a este direito. Como destaca Digiácomo[28], "o que a lei quer é a matrícula no ensino formal". Não observar o dever da matrícula escolar dos filhos é uma violação dos direitos da criança e do adolescente. Os filhos não são meros objetos de propriedade dos pais. São sujeitos de direito[29]. Por esta razão, antes de comentar os vários aspectos, alguns com angulações complexas, deste art. 4º, cabe esclarecer, nos termos atuais da legislação educacional brasileira, o cunho de restrições da prática do chamado **ensino domiciliar**, apesar de decisão do STF, declarando que esta possibilidade está de acordo com a aplicação do princípio da legalidade. Comenta-se que o dever do Estado com a educação básica obrigatória e gratuita (CF, art. 208, I e EC 14/1996), conflita com à ideia de **ensino domiciliar**, internacionalmente denominado de *homeschooling*. Por este sistema, objeto de polêmica onde sua prática é legalmente reconhecida[30], a família substitui a escola no processo de escolarização dos filhos. Importa, portanto, em as crianças aprenderem diretamente com os pais ou com pessoas por eles indicadas. No caso de países onde existe controle de órgãos do Estado sobre as atividades de *homeschooling*, a instância responsável entrega, ao Ministério correspondente, um relatório sobre o desenvolvimento escolar (psicopedagógico) de cada criança. Ao término de um ciclo, ela é submetida à avaliação formal. Esse tema será retomado na análise e apreciação do art. 6º.

Passemos, então, à análise do corpo do art. 4º e dos seus dez incisos, conjunto que funciona como verdadeiro lastro para o entendimento dos deveres do Estado brasileiro no campo da oferta da educação escolar obrigatória, pública e gratuita.

A leitura deste artigo deve ser feita em articulação com a nova redação do art. 208 da Constituição Federal, assim formulado:

---

28. M. Digiácomo, coordenador do Centro de Apoio Operacional das Promotorias da Criança e do Adolescente do Paraná.

29. Para saber mais sobre este assunto, cf. HARTT, V. "Direito ou desvio – Dossiê". *Educação*, ano 12, n. 134, mai./2008, p. 32. São Paulo: Segmento.

30. No México, Canadá e Portugal, o ensino domiciliar tem amparo legal. Nos Estados Unidos, há variações de Estado para Estado. Na Califórnia, p. ex., a justiça decidiu restringir o *homeschooling* a famílias cujos pais têm formação específica em educação. No Brasil, em 2001, o Superior Tribunal de Justiça, apreciando o mérito de um mandado de segurança, denegou o pedido a uma família de Goiás, ao direito de ensinar em casa aos três filhos mais velhos, à época, com 9, 8 e 6 anos de idade. De fato, o que a lei brasileira determina é a matrícula das crianças na educação escolar formal. Tanto é assim que o Código Penal, em seu art. 246, prevê pena aos pais ou responsáveis que, por descaso ou qualquer motivo voluntário, praticarem abandono intelectual dos filhos.

Art. 208,. – O dever do Estado com a educação será efetivado mediante a garantia de: (EC 14/1996, EC 53/2006 e EC 59/2009)

I – educação básica obrigatória e gratuita dos 4 (quatro) aos 17 (dezessete) anos de idade, assegurada inclusive sua oferta gratuita para todos os que a ela não tiveram acesso na idade própria.

Complementarmente, convém ler os art. 60 e 77 desta LDB para verificar sob que condições o dever do Estado pode ser viabilizado através das instituições privadas de ensino.

> I, a – A pré-escola integra a Educação Infantil, primeira etapa da educação básica (LDB, art. 29). A Educação Infantil, por sua vez, tem como finalidade o desenvolvimento integral da criança de até 5 anos de idade, com foco em quatro dimensões:

A – desenvolvimento físico

B – desenvolvimento psicológico

C – desenvolvimento intelectual e

D – desenvolvimento social

Este conjunto de aspectos é complementar à ação da família e da comunidade e se integra à formação humana da criança, contribuindo para a constituição de sua subjetividade e de sua autoestima. Como etapa da educação básica obrigatória e gratuita, a pré-escola, destinada a alunos de 4 e 5 anos de idade, carrega uma denominação imprópria, embora consagrada no uso e na legislação. Sobretudo, agora, quando marca o ponto de partida da escolaridade obrigatória como oferta pública de ensino, não haveria como se falar em PRÉ-ESCOLA. O que se vai fazer ali passa a ser pautado por critérios de organização, funcionamento e avaliação da **educação escolar regular**. Para tanto, basta examinar o que estabelece art. 31 da LDB. Então, na verdade, a pré-escola é ESCOLA!

Feita esta ressalva, pode-se dizer que a legislação brasileira reserva, à pré-escola, a responsabilidade do desenvolvimento do processo de alfabetização da criança, além de uma programação escolar que trabalha com outros alinhamentos temáticos, como: imersão no universo da linguagem, entranhamento no mundo da palavra, identificação da linguagem dos números e das grandezas, contato com os símbolos e penetração em seu significado, e, ainda, "o reconhecimento do entorno social e cuidados ambientais e das próprias experiências que envolvem o corpo e as emoções das crianças e suas descobertas", como anota Antunes (2012: 45). Há de se reconhecer que todo este processo é complexo sob o ponto de vista pedagógico e exigente sob o ponto de vista de organização da própria aprendizagem. De fato, não é fácil responder às questões seguintes: a) Qual o momento apropriado para ensinar a criança a ler e a escrever? e b) Como a criança aprende a ler e a escrever?

Durante muito tempo, a função da pré-escola esteve voltada para a preparação do ingresso da criança no Ensino Fundamental. Nas salas de aula, os professores desenvolviam uma metodologia de trabalho de teor preparatório. O foco era, quase sempre, buscar suprir carências de natureza vária, quando não, corrigir *déficits* motores e de cunho linguístico, cultural e de percepção. Isto sem esquecer que, na década de 1970, a Educação Infantil era organizada e oferecida em ambientes praticamente só de cuidados e recreação. Na década seguinte, anos de 1980, ganha grande força, nos círculos educacionais, a abordagem psicolinguística, tendo como sustentação teórica a epistemologia genética piagetiana, a partir das incursões narrativas de Emília Ferreiro e Ana Teberoski, sobre os processos de aquisição da linguagem escrita. O avanço está na forma como estas autoras expõem aspectos da relação das crianças com a linguagem escrita, desconsiderados até então. Pode-se dizer que a psicogênese foi uma nova fronteira importante no caminho da valorização das produções infantis no campo da escrita. Firmava-se a compreensão de que escrever é mais uma forma de representar coisas, ideias, sentimentos e relações, da mesma forma que é pular, colorir, desenhar, recortar e brincar. Como destaca Soares (1998: 24) "[...] a criança que ainda não se alfabetizou, mas já folheia livros, finge lê-los, brinca de escrever, ouve histórias que lhe são lidas, está rodeada de material escrito e percebe seu uso na função, essa criança[...] não aprendeu a ler e escrever, mas já penetrou no mundo do letramento, já é de certa forma, letrada."

De forma simplificada, pode-se dizer que o letramento é um processo deflagrado nas interações iniciais da criança com a cultura letrada. Mas, não para aí. "Prolonga-se ao longo da vida, em modulações diferenciadas, de acordo com as esferas sociais de circulação de cada um e, também, de suas necessidades de comunicação. Nesta perspectiva, alfabetização e letramento são conceitos diversos, mas associados." Soares (1998) põe a questão nos seguintes termos: "alfabetização é a ação de ensinar/aprender a ler e escrever, enquanto letramento é a condição de quem não apenas sabe ler e escrever, mas cultiva (dedica-se à atividade de leitura e escrita) e exerce (responde às demandas sociais de leitura e escrita) as práticas sociais que usam a escrita (apud CORSINO, 2011: 248)." Pode-se concluir que a alfabetização está embutida no processo de letramento. Portanto, a pré-escola é o lastro de inserção inicial simultânea da criança em ambos os processos.

Este crescimento, no entanto, ainda está distante da linha final de universalização da pré-escola. A cobertura chegou a 91,5% em 2022 das crianças de 4 e 5 anos, ficando fora da escola aproximadamente 316.453 crianças entre 4 e 5 anos de idade (Inep/Censo Escolar – 2022). A Lei 13.005/2014, que institui o Plano Nacional de Educação (PNE), inclui a META de *universalizar, até 2016, a Educação Infantil na pré-escola para as crianças de 4 e 5 anos...* Em 2017, mais de meio milhão de crianças de 4 e 5 anos continuavam sem pré-escola. Como anota Amaral Gomes (2017: 22), *o desafio de universalizar a pré-escola para cerca de 600 mil crianças (número de 2014) relaciona-se com a construção de novos equipamentos escolares e, especialmente, com a incorporação dos segmentos mais vulneráveis. Aqui, é importante analisar o perfil da população excluída da escola. Os 10% da população nacional de 4 e 5 anos que ainda não conseguem ter acesso ao direito à educação têm forte representação entre aqueles que vivem nas zonas rurais – incluindo indígenas e quilombolas – e entre os 25% mais pobres, seguramente muitos com domicílio nas periferias dos grandes centros urbanos*[31].

A responsabilidade pela oferta de Educação Infantil, consoante previsão legal (LDB, art.11, inc. V), é dos municípios. Os gráficos abaixo oferecem uma visão radiográfica desta oferta por dependência administrativa, por etapas de ensino, por quantidade de matrículas e por região:

Distribuição das escolas de educação infantil (creches e pré-escolas) segundo a dependência administrativa – Brasil – 2022.			
	Creches	Pré-escolas	
Privada conveniada	86,7	13,2	Exclusiva de educação infantil
Privada não conveniada	25,2	74,6	Educação infantil e anos iniciais do Ensino Fundamental
Municipal	37,1	62,4	Educação infantil sem anos iniciais do Ensino Fundamental

Fonte: MEC/Inep/Censo Escolar – 2022.

O número de crianças fora da escola ainda é desafiador, como podemos ver (2022):

0 a 1 ano	2 a 3 anos	0 a 3 anos	4 e 5 anos
4.417.282	2.182.701	6.599.982	316.453

Fonte: MEC/Inep/Censo Escolar – 2022.

---

31. Para saber mais, cf. AMARAL GOMES, A.V. "Educação Infantil no PNE 2014-2024: acesso, equidade e qualidade". In: AMARAL GOMES, A.V. (org.). Plano Nacional de Educação: olhares sobre o andamento das metas. Brasília: CDI/Ed. Câmara: Brasília, 2017, p. 47-50).

Educação Infantil
Matrículas por etapa de ensino – 2022

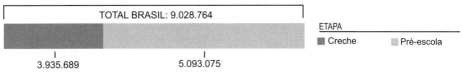

Fonte: MEC/Inep/Censo Escolar -2022

As matrículas de crianças em idade de creche e pré-escola vem passando por um processo de expansão, embora o crescimento no segmento pré-escolar seja maior, como vamos ver. Na verdade, a situação ideal seria um alinhamento equiparado entre uma e outra forma de atendimento. Vejamos este descompasso:

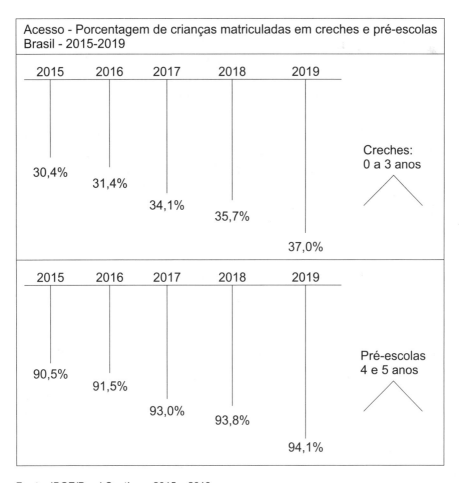

Fonte: IBGE/Pnad Contínua, 2015 a 2019

O quadro que segue mostra que ainda há muitas crianças sem creche no Brasil:

Educação Infantil Porcentagem de matrículas por região e por etapa de ensino - 2019		- Creches > 0 a 3 anos - Pré-escola > 4 e 5 anos
Região	**Creche**	**Pré-Escola**
Brasil	37,0%	94,1%
Centro-Oeste	29,7%	89,6%
Nordeste	33,0%	96,7%
Norte	18,7%	88,2%
Sudeste	43,9%	95,2%
Sul	44,0%	93,5%

Fonte: IBGE/Pnad-MEC/Inep – Observatório do PNE – Todos Pela Educação.

> I, b – Etapa intermediária da educação básica, o Ensino Fundamental possui significação ímpar no itinerário de escolarização do jovem brasileiro. Seja pelo seus objetivos, como veremos na apreciação do art. 32 da LDB, seja porque funciona como uma espécie de dobradiça entre a Educação Infantil e o Ensino Médio. Ainda, tem alta significação como prolongamento e verticalização daquilo que a criança vivenciou, como aprendizagem, na Educação Infantil e desenvolveu como núcleo de interesses pessoais no quadro de suas sensibilidades, e por fim, como processo de quatro grandes focos da educação escolar, a saber:

a) Desenvolvimento da capacidade de aprender.

b) Aprofundamento do processo de alfabetização;

c) Compreensão do ambiente natural, social, cultural, educacional, econômico e político, além de passos de aproximação crescente com o ambiente das tecnologias, das artes, da cultura e dos valores em que se fundamenta a sociedade;

d) Fortalecimento dos vínculos de família, dos laços de solidariedade humana e de respeito recíproco em que se assenta a vida social (Resolução CNE/CEB, 4/2010).

Com duração de 9 (nove) anos, o Ensino Fundamental obrigatório e gratuito, é organizado e posto em funcionamento em duas fases: a dos 5 (cinco) anos iniciais e a dos 4 (quatro) anos finais. Vale destacar que esta segmentação tem função apenas de busca de melhor adequação de gestão, planejamento, financiamento, seleção e inserção de metodologias, e" de perspectiva pedagógica em que vida escolar e currículo são assumidos e trabalhados em dimensões de tempo mais flexíveis". Enfim, a melhoria e as condições de tempo de duração legal do Ensino Fundamental, leva a escola a receber alunos ainda com acentuada diferença de idade, sendo necessário, assim, produzir rotas de aprendizagem e ações pedagógicas correspondentes às diferentes necessidades e focos de interesse dos estudantes. Tudo isto tem repercussão direta nas formas de ensinar, aprender, avaliar e aferir a eficiência, eficácia e efetividade do trabalho escolar com foco e abrangência no plano desenvolvimento do aluno presente e do cidadão futuro.

O Ensino Fundamental apresenta uma matrícula de 28 milhões de alunos. Destes, um pouco mais de 15 milhões estão nos anos iniciais e um pouco mais de 12 milhões, nos anos finais. Vejamos estes números sob forma percentual:

Ensino Fundamental Porcentagem de crianças e jovens de 6 a 14 anos matriculados no Ensino Fundamental por região - 2022	
Região	Ensino Fundamental
Brasil	98,0%
Centro-Oeste	97,5%
Nordeste	97,8%
Norte	97,4%
Sudeste	98,5%
Sul	97,6%

Fonte: IBGE/Pnad-MEC/Inep – Observatório do PNE. Todos Pela Educação.

Cinco informações são, sem dúvida, importantes para uma melhor compreensão e visão da oferta de Ensino Fundamental. São elas:

1) O Ensino Fundamental de 9 anos praticamente alcançou a universalização: 98%. A meta do PNE é de, pelo menos, 95%;

2) A porcentagem de jovens de 16 anos, concluintes do Ensino Fundamental, é de apenas 82%. A meta do PNE é de, pelo menos, 95%;

3) Entre os jovens pretos, este percentual caí para 77,5%;

4) Esta diferença revela a falta de EQUIDADE na educação do País. Diz a BNCC: "A equidade supõe a igualdade de oportunidades para ingressar, permanecer e aprender na escola, por meio do estabelecimento de um patamar de aprendizagem e desenvolvimento a que todos tem direito".

5) O processo de consolidação do Ensino Fundamental de 9 anos ainda requer uma especial atenção: em muitas redes escolares, o 9º ano tem sido usado como mero preparatório de acesso ao Ensino Médio..., caracterizando-se uma nítida deformação pedagógica no horizonte do desenvolvimento humano do alunado.

Vamos ver, agora, a situação do Ensino Fundamental, com foco na TAXA LÍQUIDA DE MATRÍCULA:

Brasil		98,0%	
Região Norte	97,4%	Região Sudeste	98,5
Acre	98,0%	Espírito Santo	98,1
Amapá	97,8%	Minas Gerais	98,8
Amazonas	97,2	Rio de Janeiro	96,9
Pará	97,3	São Paulo	98,9
Rondônia	98,2	Região Sul	97,6
Roraima	94,1	Paraná	97,5
Tocantins	98,0	Rio Grande do Sul	97,6
Região Nordeste	97,8%	Santa Catarina	97,8
Alagoas	96,3	Região Centro-Oeste	97,5
Bahia	98,2	Distrito Federal	96,9
Ceará	98,3	Goiás	97,5
Maranhão	96,5	Mato Grosso	97,4
Paraíba	97,8	Mato Grosso do Sul	98,5
Pernambuco	98,4		
Piauí	98,1		
Rio Grande do Norte	98,9		
Sergipe	96,4		

Fonte: IBGE/Pnad.

A revelação de uma taxa líquida de 98,0% de matrícula pode dar a impressão de que o Ensino Fundamental está universalizado no Brasil, no tocante à cobertura escolar de crianças de 6 a 14 anos. No entanto, é preocupante e inaceitável o fato de cerca de 158.888 crianças (2020) nesta faixa etária estarem fora da escola.

Uma visão extensiva da matrícula no Ensino Fundamental por etapas de ensino (anos iniciais/anos finais) e por região, com foco só na área pública e, nesse caso, incluindo recursos disponíveis, revela, ainda, desigualdades e insuficiências. A falta de equipamentos de infraestrutura e recursos tecnológicos como bibliotecas, salas de leitura, acesso à internet, laboratórios, acesso de alunos com deficiência e quadras de esporte mostram um país ainda com desigualdades e insuficiências de oferta de Ensino Fundamental. Como explicar e justificar tamanho descaso em um país que é a nona economia do mundo, produz aviões, automóveis, domina a tecnologia de exploração de gás/petróleo em águas profundas, é um dos maiores produtores mundiais de matérias-primas e de alimentos proteicos, posiciona-se em 24º lugar no mundo, no campo de robotização industrial e é o 13º colocado no *ranking* dos países de maior produtividade científica do mundo, mas não consegue imprimir plena qualidade às escolas de Ensino Fundamental?! Os números e percentuais abaixo produzem inquietação, sobretudo considerando o total de crianças e jovens de 6 a 14 anos fora da escola, que chega ao patamar de 158.888, de acordo com dados do MEC/Inep/Censo Escolar – 2022.

Na escola, o princípio da educação requer a existência dos chamados "Recursos Essenciais de Apoio Total/REATO" que, em geral, limitados, são na verdade, os meios viabilizadores – para que a qualidade da educação possa florescer continuadamente. Vejamos o que nos diz o Censo Escolar (2022) sobre isto:

Ensino Fundamental
Estabelecimentos da rede pública segundo os recursos disponíveis na escola – Brasil, 2022 (em %)

Recurso disponível	
Biblioteca e/ou sala de leitura	43,7
Só biblioteca	26,1
Só sala de leitura	12,5
Sala de leitura e Biblioteca	5,0
Acesso à internet	48,8
Laboratório de informática	49,5
Dependências e vias adequadas a alunos com deficiência ou mobilidade reduzida	20,4
Quadra de esportes	32,5
Laboratório de ciências	8,1
Água filtrada	80,2
Banheiro dentro do prédio	80,0
Abastecimento de água	
Rede pública	54,4
Poço artesiano	17,6
Cacimba/cisterna/poço	13,7
Outros	8,2
Inexistente	7,5
Esgoto sanitário	
Rede pública	29,5
Fossa	60,6
Inexistente	8,2
Acesso à energia elétrica	93,2

Fonte: MEC/Inep/Deed – Microdados, Censo Escolar 2022.
Nota: O mesmo estabelecimento pode possuir mais de um tipo de abastecimento de água ou esgoto sanitário.

Não menos grave é a situação dos baixos percentuais de concluintes do Ensino Fundamental. Embora esta dramática questão venha evoluindo positivamente em escala de aproximadamente dois pontos percentuais ao ano, o ritmo é preocupante e insuficiente para reverter, a curto prazo, este dado assombroso: somente 73,7% dos jovens de 16 anos concluíram o Ensino Fundamental em 2014. Em 2020, chegamos a 82,4%. Tem havido crescimento, porém, insuficiente para o cumprimento da meta do PNE: 95%, em 2024. Este indicador é um dado assombroso de avaliação do Sistema Educacional: está ele adequado ao progresso escolar dos alunos que, oriundos da pré-escola, se matriculam no 1º ano do Ensino Fundamental?! As estatísticas comprovam que não, como podemos ver:

Ensino Fundamental
Jovens de 16 anos que concluíram o Ensino Fundamental – Brasil e Regiões – 2012-2016-2020 (em %)

Região	2012	2016	2020
Brasil	**68,6**	**75,0**	**82,4**
Norte	54,0	64,9	71,7
Nordeste	56,1	65,3	76,1
Sudeste	79,1	83,1	88,9
Sul	74,4	79,2	84,1
Centro-Oeste	75,4	78,2	87,8

Fonte: IBGE/Pnad.

É de se esperar que a integração legal obrigatória da pré-escola à estrutura da educação básica venha repercutir positivamente, ao longo do tempo, na contenção da evasão e no desempenho dos alunos no Ensino Fundamental, com reflexos igualmente positivos no fluxo escolar, com redução das taxas de abandono e evasão. A literatura especializada e as pesquisas realizadas em diferentes partes do mundo revelam que crianças que passaram pela Educação Infantil de forma regular tiveram sistematicamente um bom desempenho acadêmico ao longo da vida escolar, incluída a experiência de aprendizagem futura na universidade.

> I, c – Com a mudança intensa e extensa introduzida neste art. 4 da LDB, pela Lei 12.796/2013, o Ensino Médio ganha uma nova posição na forma de oferta: passa a compor, como oferta obrigatória universal e gratuita, a educação básica. Vale lembrar que, anteriormente, embora parte integrante da educação básica, o Ensino Médio tinha uma previsão de oferta gradual através de um regime de gratuidade. Inicialmente, a CF e a LDB atribuíram ao Estado, entre seus deveres, a **progressiva extensão da obrigatoriedade e gratuidade** ao Ensino Médio. Tratava-se de uma obrigação fluida, de pouca força impositiva e, em decorrência, de lenta e limitada aplicação, sobretudo, em um contexto como o brasileiro marcado pela lassidão histórica do Estado no campo prestacional dos serviços de educação obrigatória. Em 2009, a ideia de progressividade de oferta de Ensino Médio público e gratuito foi substituída pela de universalização, com redação dada pela Lei 12.061/2009. Por outro lado, com a Lei da Reforma do Ensino Médio de 2017 (Lei 13.415/2017), este nível de ensino, como veremos na análise e interpretação dos artigos da LDB (a partir do 24) alterados pela suprarreferida lei, mudou em suas formas de organização curricular, em sua flexibilidade de duração e em seus enfoques estruturantes, metodológicos e finalísticos, privilegiando a formação técnica e profissional.

A universalização do Ensino Médio gratuito, encorpada então em lei, tem tríplice alcance: **social**, porque eleva o padrão de escolaridade do cidadão brasileiro, aprimorando os níveis de compreensão política da cidadania em geral; **cultural**, porque ressitua as pessoas no contexto das diversas linguagens atuais, ampliando as chances de multiplicar os espaços dialógicos e interacionistas e, por fim, **econômico**, porque qualifica o trabalhador, ensejando uma relação profissional mais adequada com as transformações produtivas atuais e com a **tecnociência**.

Assim, a universalização do Ensino Médio gratuito é medida essencial para assegurar educação básica gratuita a todos. Vejamos a situação da população com Ensino Médio em alguns países de diferentes regiões do mundo:

População com Ensino Médio: Idade de 25 anos ou mais - em % (2023)

Alemanha	96,7	Itália	82,3
Hungria	96,6	Hong-Kong	77,4
Rússia	95,0	Malásia	77,1
Canadá	92,0	Chile	76,5
Japão	90,0	Grécia	67,5
Estados Unidos	89,0	Argentina	62,4
Israel	88,8	Portugal	62,2
Coréia do Sul	88,0	Espanha	59,0
Áustria	86,0	Uruguai	53,4
Suécia	83,0	Índia	48,7
Inglaterra	82,9	Indonésia	47,3
Dinamarca	82,0	Tailândia	44,3
Noruega	82,0	Brasil	43,0
França	82,5	México	36,0

Fonte: https://www.oecdbetterlifeindex.org/pt/

A mudança imposta pela Lei 12.061/2009 representava um passo significativo porque absolutizava o dever do Estado na oferta deste nível de ensino, porém, ao mesmo tempo, continuava insuficiente porque não localizava os contornos da obrigatoriedade imposta. Agora, com a alteração deste dispositivo da LDB, via Lei 12.796/2013, desaparece toda e qualquer dúvida: o dever do Estado com a educação escolar pública será efetivado mediante a garantia de educação básica obrigatória e gratuita, tendo o Ensino Médio como a conclusão deste ciclo de estudos. Este dispositivo legal é duplamente necessário e de enorme alcance social. De um lado, porque o Estado deixa de ser permissivo com a cidadania menor, representada, de partida, pela exclusão da educação escolar básica de grandes contingentes populacionais como acontecia. Estabelece-se uma política concreta de inclusão de altíssimo alcance social. De outro lado, porque o Estado assume obrigatoriamente uma política pública que vai evitar curto-circuito na cidadania e apagão de mão de obra na linha da produção social. Como sobejamente sabido, a educação básica é uma importante ferramenta de geração de renda, de seleção para o mercado de trabalho e de formação de uma classe média mais ampla pela melhoria salarial. Em decorrência, quando ela não é assegurada a todos, as desigualdades educacionais tendem a se transformar, inexoravelmente, em desigualdades sociais de renda. Esta consideração se torna cada vez mais verdadeira na chamada sociedade do conhecimento, exigente sempre mais em termos de competências, habilidades e qualificação profissional. Estas condições se tornam difíceis sem uma sólida educação geral.

A organização e oferta do Ensino Médio, orientadas por princípios e finalidades pautados pelo art. 35 da LDB, sofreram mudanças substantivas com a promulgação da Lei 13.415/2017, que trata focalmente da reforma do currículo do Ensino Médio, como veremos mais adiante. Em consequência, a Resolução CNE/CEB 4/2010, que define Diretrizes Curriculares Nacionais Gerais para a Educação Básica, e sua coirmã, resolução CNE/CEB 2/2012, que define Diretrizes Curriculares Nacionais para o Ensino Médio, deverão, em breve, passar por atualizações consentâneas com os novos ordenamentos do Ensino Médio. Decorrência imperativa, também, da homologação, ao longo do ano de 2018, da Base Nacional Comum Curricular/BNCC do Ensino Médio. Em síntese e à guisa de reconfirmação, o Ensino Médio vai mudando a estrutura de áreas e a organização curricular obrigatória a partir de 2020, embora preserve as seguintes finalidades-foco:

a) A consolidação e o aprofundamento dos conhecimentos assimilados no Ensino Fundamental.

b) A preparação básica para a cidadania e o trabalho.

c) O desenvolvimento do aluno como pessoa humana.

d) A formação ética e estética do aluno associada ao desenvolvimento da autonomia intelectual e do pensamento crítico.

e) A compreensão dos fundamentos científicos e tecnológicos da produção contemporânea.

f) A aquisição de competências e habilidades para continuar aprendendo ao longo da vida.

Este feixe de finalidades transforma o Ensino Médio em uma etapa escolar indutora de abertura para a vida adulta e para o mundo do trabalho e, como ponto de culminância da educação básica, potencializa o processo de internalização de vivenciamento dos princípios-pilares do conhecimento, na feliz formulação de documento da Unesco (1998): aprender a conhecer, aprender a viver juntos, aprender a fazer, aprender a ser. Estes caminhos da aprendizagem interagem, são interdependentes e se alicerçam em uma concepção de totalidade dialética do sujeito, a exemplo do que ocorre com as finalidades da educação (art. 2º), da educação básica (art. 22) e do Ensino Médio (art. 35). Finalidades que, para terem preservadas, em cada caso, as suas dimensões axiológicas, devem estar sempre articuladas com "as características e modalidades adequadas às necessidades e disponibilidades do aluno, garantindo-se aos que forem trabalhadores as condições de acesso e permanência via escola" (LDB, art. 4, inc. VII).

Na organização da oferta de ensino no âmbito da educação básica gratuita obrigatória, a Constituição Federal prescreve:

Art. 211, § 2º

Os municípios atuarão prioritariamente no Ensino Fundamental e na educação infantil.

Art. 211, § 3º

Os estados e o DF atuarão prioritariamente nos ensinos Fundamental e Médio.

A LDB, dando desdobramento a este mandamento constitucional, atribui, aos estados, a oferta, **com prioridade**, de Ensino Médio. Os gráficos que seguem, mostram como este nível de ensino vem sendo disponibilizado à sociedade pelo Estado brasileiro, ainda de forma limitada:

Porcentagem de jovens de 15 a 17 anos matriculados no Ensino Médio - 2020	Porcentagem de jovens de 19 anos que concluíram o Ensino Médio - 2020	Número de jovens de 15 a 17 anos FORA DA ESCOLA - 2020
75,4	64,4	
Em 2020, 41,2% dos jovens de 19 anos, de famílias com renda baixa, não concluiram o Ensino Médio.		481.884

Fonte: IBGE/Pnad – Todos Pela Educação.

Porcentagem de jovens de 15 a 17 anos matriculados no Ensino Médio, à luz de desigualdades sob três dimensões analisados: raça/cor, renda e localidade	Raça/cor	Renda	Localidade
	Brancos 81,4	Mais ricos 93,7	Urbano 77,5
	Pardos 71,8	Mais pobres 70,5	Rural 65,1
	Pretos 70,8		

Fonte: IBGE/Pnad – Todos Pela Educação.

Sob o ponto de vista da disponibilização dos "Recursos Essenciais de Apoio Total/REATO" (qualidade), como está a estrutura dos meios de nossas escolas de Ensino Médio? Vejamos em dois momentos: dados de infraestrutura física e tecnológico (2018) e dados de infraestrutura só de apoio tecnológico (2022):

Ensino Médio
Estabelecimentos da rede pública segundo os recursos disponíveis na escola – Brasil – 2014 (em %)

Recurso disponível		
Abastecimento de água		
	Rede Pública	88,9
	Poço artesiano	13,0
	Cacimba/cisterna/poço	3,8
	Outros	1,5
	Inexistente	0,4
Acesso à energia elétrica		99,9
Acesso à internet		93,8
Água filtrada		89,2
Banheiro dentro do prédio		97,4
Biblioteca e/ou sala de leitura		
	Só biblioteca	55,2
	Só sala de leitura	21,0
	Sala de leitura e biblioteca	11,5

Dependências e vias adequadas a alunos com deficiência ou mobilidade reduzida		40,3
Esgoto sanitário		
	Rede pública	59,3
	Fossa	44,2
	Inexistente	0,7
Laboratório de ciências		44,6
Laboratório de informática		90,7
Quadra de esportes		76,3

Fonte: MEC/Inep/Deed – Microdados, Censo Escolar 2018.
Nota: O mesmo estabelecimento pode possuir mais de um tipo de abastecimento de água ou esgoto sanitário.

Vejamos, agora, a situação só dos recursos tecnológicos disponíveis:

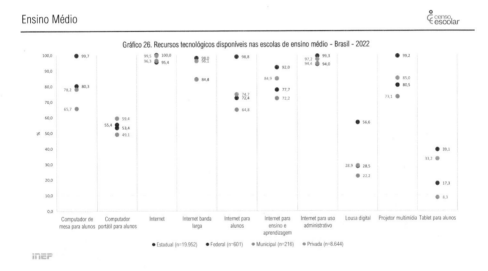

Fonte: Inep/Censo Escolar 2022

Por fim, vamos ver, em alinhamento sequencial, a evolução das matrículas do Ensino Médio por dependência administrativa, com as respectivas e valiosas observações do Censo Escolar MEC/Inep – 2018 – 2022, por unidades da federação e, ainda, a evolução da proporção de alunos em tempo integral, relativa ao mesmo período.

Ensino Médio

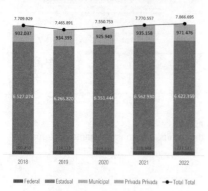

Gráfico 22. Evolução das matrículas no ensino médio por dependência administrativa - Brasil 2018-2022

- **92,2%** da população de 15 a 17 anos[1] frequentam escola (esse percentual aumenta para 95,0% quando se considera no numerador os alunos de 15 a 17 anos que já concluíram o ensino médio e não estão na educação superior);

- Foram registradas 7,9 milhões de matrículas no ensino médio em 2022, aumentando 1,2% no último ano. Esse crescimento estabelece uma tendência de aumento nas matrículas observada desde 2019 (aumento de 5,4%);

- **81,9%** dos alunos do ensino médio estudam no turno diurno;

- **1,4 milhão (18,1%)** de alunos estudam no período noturno;

- **94,8%** dos alunos frequentam escolas urbanas;

- A rede privada, que possui cerca de **971,5 mil alunos**, tem uma participação de **12,3%** na matrícula de ensino médio;

- Com **6,6 milhões** de alunos, a rede estadual tem uma participação de **84,2%** no total de matrículas e concentra **87,7%** dos alunos da rede pública. A rede federal tem uma participação substancial o ensino médio, 232 mil alunos ou 3% do total;

- **43,8%** das escolas de ensino médio atendem mais de 500 alunos.

Fonte: Inep/Censo Escolar 2018-2022

[1] Fonte IBGE; Pesquisa Nacional por Amostra do Domicílios Contínua 2022 (segundo trimestre)

Ensino Médio

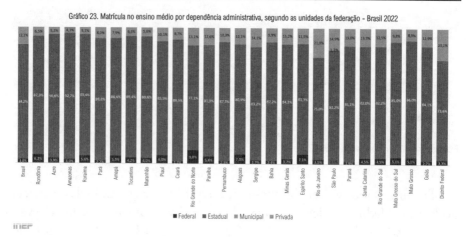

Gráfico 23. Matrícula no ensino médio por dependência administrativa, segundo as unidades da federação - Brasil 2022

Fonte: Inep/Censo Escolar 2022

Ensino Médio

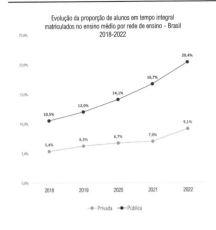

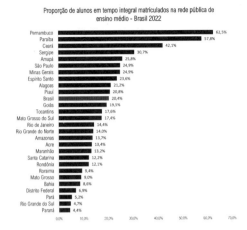

Fonte: Inep/Censo Escolar 2022

O que diz o Plano Nacional de Educação/PNE 2014-2024 sobre a universalização do Ensino Médio?

O Plano Nacional de Educação (PNE) prevê, na Meta 3, a universalização do Ensino Médio, até 2016, para toda a população de 15 a 17 anos e, ainda, a elevação, até o final do período de vigência do PNE, da taxa líquida de matrículas para 85%. Em 2017, não fomos além de 70,1%. Ambas as metas são de difícil alcance se considerarmos que:

1. O grande nível deste desafio recai sobre a elevada evasão escolar com efeitos diretos na geração de renda.

2. Há diferenças significativas na frequência à escola dos jovens de 15 a 17 anos, segundo sua raça/cor e renda familiar. Havia em 2020, 481.884 jovens nessa faixa etária fora da escola.

3. 18,9% dos jovens na faixa etária de Ensino Médio estavam, ainda, cursando o Ensino Fundamental (Fonte: IBGE/Pnad Contínua).

Vejamos, agora, a situação da taxa líquida de matrícula do Ensino Médio em 2020, por Região e por Estado:

Ensino Médio
Taxa líquida de matrícula – 2020 (em %)
Por unidades da Federação e regiões metropolitanas

Brasil		98,0%	
Região Norte	75,4	Região Sudeste	82,7
Acre	66,7	Espírito Santo	68,0
Amapá	75,3	Minas Gerais	79,6
Amazonas	49,1	Rio de Janeiro	79,4
Pará	68,8	São Paulo	87,0
Rondônia	71,6	Região Sul	78,7
Roraima	66,2	Paraná	84,8
Tocantins	69,8	Rio Grande do Sul	70,6
Região Nordeste	67,7	Santa Catarina	81,6
Alagoas	62,3	Região Centro-Oeste	78,5
Bahia	58,6	Distrito Federal	77,2
Ceará	82,3	Goiás	80,9
Maranhão	71,0	Mato Grosso	81,9
Paraíba	65,5	Mato Grosso do Sul	
Pernambuco	66,8		
Piauí	70,3		
Rio Grande do Norte	75,7		
Sergipe	52,2		

Fonte: IBGE/Pnad Contínua
Nota: As estimativas levam em consideração a idade em anos completos em 31 de março, ou idade escolar.

Os percentuais de taxas líquidas aqui apontados revelam que há uma imensa malha de jovens adolescentes fora do Ensino Médio. Onde estão eles?! Certamente, não estão onde deveriam estar! Deveriam estar em escolas de Ensino Médio, sobretudo, de TEMPO INTEGRAL. Mas... não é bem assim como podemos ver.

O conjunto destes números e estatísticas comprovam que a democratização do acesso à escola obrigatória não está resolvida em nenhuma das etapas da educação básica. Considerando as desigualdades inter-regionais e intrarregionais de níveis de escolaridade identificados no seu conjunto como desigualdades internas dos patamares educacionais da população, é inevitável "o impacto dessas defasagens na inserção no mercado de trabalho e na geração de renda. Menor escolaridade implica menores salários e menos expectativa de progresso profissional..." (Todos pela Educação – Anuário Brasileiro da Educação Básica, 2013: 9). Há incontáveis estudos e pesquisas (nacionais e internacionais), comprovando a relação direta entre nível de escolaridade, qualidade do emprego e tamanho da renda e das possibilidades de acesso ao mercado de trabalho formal. O impacto das variáveis educacionais sobre as variáveis pessoais, profissionais e econômicas é forte, direto e, quase sempre, definitivo, sobretudo, no campo das probabilidades de multiplicar os fatores de geração de renda.

Os dados que seguem revelam a repercussão dos níveis de escolaridade na evolução salarial:

A-1. Pesquisa do Sistema Cooperativo FIRJAN/SESI/Pnud mostra que, "se a taxa de conclusão do Ensino Médio entre os jovens mais vulneráveis estivesse em 84%, haveria uma economia de R$ 111 bilhões por ano, nos cofres públicos. Sem Ensino Médio, o jovem tem dificuldade de se posicionar no mercado de trabalho, de conseguir emprego formal". Empregado, recebe salário entre 20% e 25% a menos.

A-2. Este cenário agrava o abismo imenso da falta de qualificação adequada para uma colocação melhor e positivamente evolutiva no mercado de trabalho.

A-3. Sem Educação Básica completa e sem a qualificação exigida pelo mercado de trabalho, os jovens de 16 anos em diante estão condenados à vala comum do desemprego e a salários degradantes sob o ponto de vista socioeconômico.

O cenário referido à situação do jovem brasileiro em idade de Ensino Médio é gravíssimo quando se constata a situação da evasão escolar ocorrente: "apenas 6 em cada 10 brasileiros nascidos em 1988 completaram Ensino Médio **até os 24 anos**" (FIRJAN/SESI/Pnud). Vejamos este cenário comparativo abaixo:

Conclusão Do Ensino Médio da população até 24 anos

Brasil	60,3%	Colômbia	75,2%
México	67,8%	Portugal	89,7%
Costa Rica	74,9%	Chile	93,4%

Fonte: FIRJAN/SESI/Pnud – 2023.

Vejamos, agora, a valorização salarial com a elevação da escolaridade:

Valor médio de salários (em R$)		
Nível de escolaridade	**Salário**	**Observação**
Ensino Fundamental	1.500,00	a) Pós-doutorado + Produção científica + Experiência comprovada: acréscimo de 35%.
Ensino Médio	2.100,00	b) A partir da graduação, 15% de ganho em caso de promoção.
Ensino Superior	4.700,00	
Pós-Graduação *lato sensu* • Especialização • MBA	7.600,00	c) No caso de postos de trabalho em nível de diretoria e gerência, o MBA, o mestrado ou o doutorado, associados a experiência profissional bem-sucedida, fazem diferença sob o ponto de vista de postos de trabalho/salário.
Pós-graduação *stricto sensu* • Mestrado	9.900,00	d) Mudar de cargo dentro da empresa pode significar aumento de salário.
• Doutorado	14.000,00	Há profissões em que os salários estão sempre defasados, como é o caso da profissão docente.

Fonte: Encontro de Laboratórios de Cidadania e Educação (Enlace). Brasília, 2022.

O país precisa com urgência corrigir a visão equivocada, alimentada ao longo de nossa história educacional e exarcebada com a implantação do "Enem-vestibular", de que o Ensino Médio é um preparatório para o acesso à universidade. Na organização do nosso sistema de ensino, esta possibilidade de acesso é apenas uma consequência prevista em lei. A posição legal do Ensino Médio é fechar o ciclo de estudos da educação básica. Consequentemente, funcionar como etapa de culminância daquela formação que possibilita a todo brasileiro ser um cidadão contemporâneo do século XXI e, portanto, protagonista atuante no circuito planetário da sociedade do conhecimento, em tempo de Pós-modernidade.

Para a criação de contextos sistêmicos de conformidade legal na educação básica, substituindo-se as vulnerabilidades crônicas dos sistemas de ensino do conjunto do país por ações e políticas **concertadas** que potencializem e articulem estratégias e multipliquem resultados, é necessário que a União, os estados, o DF e os municípios operem, dentro de uma visão de responsabilidade compartilhada, o regime de colaboração previsto na CF (art. 211), na LDB (art. 8º) e no PNE (art. 7º). Nesta perspectiva, é irrenunciável trabalhar com políticas robustas e inclusivas. E mais do que isto: com foco nas desigualdades regionais, considerando sempre renda e raça. Do contrário, "[...] as médias globais não crescem apenas porque o sistema tende a se aproximar onde é mais simples e rápido avançar", como destaca o Anuário Brasileiro da Educação Básica, do Todos Pela Educação. Por outro lado e não menos importante, é adotar uma política de metas para o enfrentamento do desafio histórico da defasagem idade/série, para a redução da evasão, da repetência e do abandono, chagas incuráveis até hoje de nossa escola de educação básica, em todos os níveis.

A política de metas por etapa de ensino incidirá, de forma corretiva, no próprio fluxo escolar e na elevação da linha média de anos de estudo da população. Trata-se de uma medida de estoque educacional atingida por certa população como anota o Ipea (2012: 29), " a média de anos de estudo de uma população é um dos indicadores utilizados internacionalmente para verificar a situação educacional de determinado lugar". Em outras palavras, níveis elevados de média escolaridade dos cidadãos de um país indicam boas taxas de fluxo escolar e de eficiência do sistema de ensino.

Com a nova versão deste art. 4, alínea c, da LDB, fica o Ensino Médio incluído e entranhado no rol dos deveres do Estado, no campo da educação escolar obrigatória, pública e gratuita. A população brasileira de 4 aos 17 anos passa a ser detentora de direitos educacionais universalmente ampliados. No caso do Ensino Médio, redimensiona-se o seu escopo como nível de escolaridade compulsória, com alargamento das possibilidades de os jovens brasileiros, sobretudo os oriundos de populações com menor poder aquisitivo, poderem contar com contextos de aprendizagem e vivências que vão favorecer o seu aprimoramento como identidades em processo de formação e de construção de valores. Um ótimo caminho para uma cidadania produtiva e responsável! Esta é a razão por que as Diretrizes Curriculares Nacionais Gerais para a Educação Básica (Resolução 4, CEB-CNE/2010), ao definirem as Formas para a Organização Curricular, prescrevem, no art. 13, § 1º: *O currículo deve difundir os valores fundamentais do interesse social, dos direitos e deveres dos cidadãos, do respeito ao bem comum e à ordem democrática, considerando as condições de escolaridade dos estudantes de cada estabelecimento,* **a orientação para o trabalho** *[grifo nosso], a promoção de práticas educativas formais e não formais.*

> **II** – Uma primeira observação necessária diz respeito ao aspecto da idade de atendimento: *criança de 0 a 5 anos.* Este registro tem a ver com a oferta do Ensino Fundamental aos 6 anos e com a ampliação da sua duração para 9 anos (Lei 11.114/2005). Ou seja, a Educação Infantil, em consequência, retrocede um ano, como passaremos a ver. Com a redução do tempo da Educação Infantil, o tempo próprio para o atendimento gratuito em creches e pré-escolas vai de 0 a 5 anos de idade.

As creches e pré-escolas são estruturas de organização da 1ª etapa da educação básica, como se vê no art. 29 desta lei. Historicamente, o Poder Público Federal tem sido arredio no sentido de um apoio direto à chamada Educação Infantil. Para ela, se destinam todas as crianças de 0 a 5 anos. A alegação é sempre a mesma: não se trata de nível de educação constituinte de responsabilidade obrigatória do Estado. Já não é mais assim! A Constituição Federal, no art. 208, inc. IV, inseriu a educação infantil, nos níveis de creche e pré-escola, no circuito da educação básica obrigatória e gratuita, de acordo com redação alterada pela EC 53/2006. Este encargo tem sido assumido por estados, municípios e pela própria sociedade. Três fatores têm contribuído para isso: os movimentos de emancipação feminina, a presença cada vez mais aguda das mulheres no mercado de trabalho e os próprios avanços da ciência, das pesquisas e as descobertas da neurociência, indicando que "os primeiros anos de vida da criança são de fundamental importância à medida que proporcionam a base para o resto da vida, como adolescentes e como adultos". A Unesco vai mais diretamente ao foco desta questão, colocando-nos, a todos, em estado de alerta: "[...] do ponto de vista do desenvolvimento intelectual, as pesquisas mais recentes indicam que, em relação ao grau de inteligência geral possuído aos 17 anos, cerca de 50% do acervo intelectual acumulado, já estão fixados aos 4 anos, enquanto os 30% seguintes são adquiridos entre os 4 e os 8 anos. A maior parte do tempo passado na escola entre os 8 e 17 anos é, portanto, dedicado à aquisição dos 20% restantes, o que sugere que a atual distribuição dos recursos pelos diferentes níveis de escolaridade merece ser revista" (DIRUZEIDE, H. "Antes dos 6 anos". In: *Correio da Unesco*, 6 (7), jul./1976, p. 6).

Convém destacar que, embora a LDB, na nova formulação do art. 4º, imponha a obrigatoriedade e a gratuidade de oferta pública de educação básica dos 4 aos 17 anos, portanto, a partir do segmento da pré-escola, a Constituição Federal, como já dito, dispõe tal obrigatoriedade também, no tocante à oferta de creche. Trata-se, por conseguinte, igualmente, de conteúdo imperativo-coercitivo. Esta dupla abordagem formulativa tem ensejado a preocupação de que a oferta de creches poderá sofrer, durante algum tempo, um processo de arrefecimento em decorrência da imperatividade legal (LDB) da oferta de Educação Infantil na forma de pré-escola. Há quem pense que a fiscalização e o acompanhamento dos órgãos competentes (Ministério Público, Tribunais de Conta, Conselhos Tutelares etc.) estarão centrados no foco da determinação legal. Tal preocupação parece procedente. Há de se reconhecer, sem dúvida, que estamos diante de um contexto de determinação e aplicação legal altamente positivo. De fato, a lei educacional inova e avança socialmente ao ressituar a Educação Infantil em novo patamar de coercitividade jurídica.

Pode-se dizer que a Educação Infantil é não só a etapa primeira da Educação Básica, mas também, a chave para a abertura do palco da educação regular e da aprendizagem sistematizada. Sua oferta é de responsabilidade prioritária dos municípios, como determina o art. 211, § 2º, da Constituição Federal. Sua estrutura envolve dois segmentos do processo educacional regular inicial: a creche para crianças de zero a três anos e onze meses e a pré-escola para crianças de quatro a cinco anos. Estas etapas correspondem aos diferentes estágios da base de desenvolvimento humano integral da criança, englobando os aspectos físico, afetivo, psicológico, intelectual e social, numa linha de complementaridade com as ações da família e da comunidade.

A Educação Infantil cobre o binômio "cuidar/educar". Este eixo psico-sócio-pedagógico corresponde aos DIREITOS DE APRENDIZAGEM E DESENVOLVIMENTO NA EDUCAÇÃO INFANTIL. Direitos hospedados na BNCC e assim discriminados: 1- Conviver; 2- Brincar; 3- Participar; 4- Explorar; 5- Expressar; 6- Conhecer-se, tudo isto com intencionalidades educativas. Estes dois processos estão ligados aos direitos das crianças resguardados em lei, já a partir da Constituição Federal e de estatutos legais internacionais dos quais o Brasil é signatário. Em decorrência, a educação das crianças, considerada por longo tempo, como *amparo e assistência*, assumiu a dimensão legal de direito do cidadão e dever do Estado. Com a Constituição-cidadã de 1988, é **trans**formada a concepção de creche e pré-escola. Passam a ser instituições educativas e não instituições de assistência social. Duas consequências imediatas: a saída da creche do âmbito da assistência social e sua inserção no âmbito da educação, "explicitando-se sua função eminentemente educativa, *da qual é parte intrínseca da função do cuidar*" (LEITE FILHO & NUNES, 2013: 72) e, ainda, a articulação/integração pedagogicamente relevante entre creche e pré-escola.

Vários estudos e pesquisas de instituições nacionais e internacionais (universidades, Unicef, Unesco, ONU e várias iniciativas do Banco Mundial a partir do ano de 2000), indicam que "[...] o desenvolvimento cerebral da criança pequena afeta sua vida inteira, sua saúde física e mental, sua capacidade para aprender, seu comportamento durante a infância e toda sua vida adulta produtiva". Daí porque é fundamental ao Estado e à sociedade ocupar-se e preocupar-se com o Desenvolvimento da Primeira Infância (DPI). É nesse momento que são estabelecidos os padrões de comportamento, competência e aprendizagem do indivíduo. A BNCC posiciona-se atenta a este aspecto, como se pode constatar:

"Essa concepção de criança como ser que observa, questiona, levanta hipóteses, conclui, faz julgamentos e assimila valores, que constrói conhecimentos e se apropria do conhecimento sistematizado por meio de ação e nas interações com o mundo físico e social, não deve resultar no confinamento dessas aprendizagens a um processo de desenvolvimento natural ou espontâneo. Ao contrário, reitera a importância e necessidade de imprimir intencionalidade educativa às práticas pedagógicas na Educação Infantil, tanto na creche quanto na pré-escola" (2018).

A universalização da pré-escola avança. Em 2018, as matrículas eram de 3.9 milhões. Em 2022, ultrapassaram os 4 milhões na rede pública. No total, o atendimento escolar adequado à pré-escola (4 e 5 anos) foi de 91,5%, **lembrando** que 21,2% dos alunos da pré-escola frequentavam a rede privada. A matrícula total em 2022 foi de 5.093.075, de acordo com o Inep/Censo Escolar 2018-2022. No campo das creches, a evolução é bem mais lenta. Na faixa etária adequada à creche (até 3 anos de idade), o atendimento escolar foi de 36,1% em 2022, tendo redução durante a pandemia, lembrando que 99,8% dos alunos das creches públicas estão matriculados em escolas municipais. Veja a distribuição percentual das matrículas por região.

Educação Infantil
Porcentagem de crianças de 0 a 3 anos que frequentam creche por região – 2020

Brasil		37,0%	
Região Norte	18,7	Região Sudeste	43,9
Região Nordeste	33,0	Região Sul	44,0
Região Centro-Oeste	29,7		

Fonte: MEC/Inep, Censo Escolar – 2022.

Educação Infantil
Porcentagem de crianças de 0 a 3 anos que frequentam pré-escola por região – 2020

Brasil		94,1%	
Região Norte	88,2	Região Sudeste	95,2
Região Nordeste	96,7	Região Sul	93,5
Região Centro-Oeste	89,6		

Fonte: MEC/Inep, Censo Escolar – 2022.

A variação de matrículas nas duas etapas da Educação Infantil é muito expressiva, fato que reflete descompasso no fluxo escolar, circunstância diretamente responsável pela distorção idade/série na continuidade do percurso escolar.

A Educação Infantil alarga continuamente as evidências de como o ambiente social "penetra sobre a pele", afetando a saúde, o comportamento e a aprendizagem do indivíduo ao longo da vida. Para que isto ocorra, é necessário que haja condições sócio-psico-sociais adequada. Isto envolve volume de atendimento (quantidade de matrículas) e heterogeneidade das condições do atendimento (dobras da qualidade). Neste último aspecto, são pouco conhecidas as dimensões de gestão, infraestrutura, formação docente e dos profissionais de apoio e, ainda, remuneração e sistemas de avaliação.

Educação Infantil
Matrículas por etapa de ensino e área administrativa – 2016

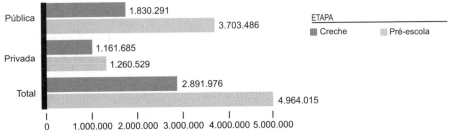

Fonte: MEC/Inep/Deed.

A dificuldade de calcular o número preciso de matrícula das crianças de 0 a 3 anos na rede de creches reside no fato de que a oferta de vagas em creches públicas é feita a partir de demandas. Ora, não sendo esta oferta de caráter imediatamente obrigatório, como já anteriormente esclarecido, o cálculo de demanda não é preciso, diferentemente do que ocorre com a Pré-escola, o Ensino Fundamental e o Ensino Médio. Trabalha-se, portanto, com estimativa de *déficit* de vagas. O Relatório do 2º Ciclo de Monitoramento das Metas do PNE-2018, disponibilizou a **estimativa** do número de crianças de 0 a 3 anos atendidas em creche/escola. Em 2016, a cobertura foi de 32% das crianças, o equivalente a 3,4 milhões do atendimento. Em 2018, havia 1,9 milhão de crianças de 0 a 3 anos precisando chegar às creches no Brasil. A linha das desigualdades na Educação Infantil torna-se quase injuriosa quando se analisam os números pelos critérios de renda familiar, cor, raça, regiões e, ainda, pela localização da população na geografia das grandes áreas metropolitanas.

A gravidade do problema da ausência de estatísticas precisas sobre a situação da demanda de Educação Infantil no segmento creche deverá ser mitigada com a implementação do Plano Nacional de Educação (PNE), cuja Meta 1 inclui estratégias da maior relevância nesse campo, como se pode ver:

Estratégias:

1.1) definir, em regime de colaboração entre a União, os estados, o DF e os municípios, metas de expansão das respectivas redes públicas de Educação Infantil segundo padrão nacional de qualidade, considerando as peculiaridades locais;

[...]

1.3) realizar, periodicamente, em regime de colaboração, levantamento da demanda por creche para a população de até 3 (três) anos, como forma de planejar a oferta e verificar o atendimento da demanda manifesta;

1.4) estabelecer, no primeiro ano de vigência do PNE, normas, procedimentos e prazos para definição de mecanismos de consulta pública da demanda das famílias por creches;

1.5) manter e ampliar, em regime de colaboração e respeitadas as normas de acessibilidade, programa nacional de construção e reestruturação de escolas, bem como de aquisição de equipamentos, visando à expansão e à melhoria da rede física de escolas públicas de educação infantil;

1.6) implantar, até o segundo ano de vigência deste PNE, avaliação da educação infantil, a ser realizada a cada 2 (dois) anos, com base em parâmetros nacionais de qualidade, a fim de aferir a infraestrutura física, o quadro de pessoal, as condições de gestão, os recursos pedagógicos, a situação de acessibilidade, entre outros indicadores relevantes.

O atendimento público gratuito na Educação Infantil ganhou novo fôlego com a implantação do Fundeb. Este apoio financeiro repõe a educação escolar brasileira em convergência com a tendência mundial. Os países da Europa Ocidental, por exemplo, cuidam, com especial atenção, desta questão. Nos Estados Unidos e no Canadá, há pesquisas recentes indicativas da alta repercussão da Educação Infantil sobre o restante da educação escolar e da formação integral do estudante. Muitos estados americanos incorporaram, nos últimos anos, esta responsabilidade aos seus estatutos de encargos públicos. A previsão de recursos específicos para o atendimento desta oferta de educação se torna estratégica em sociedades como a brasileira, marcada por enormes desigualdades sociais, conforme revelam estudos detalhados do Relatório sobre Desenvolvimento Humano no Brasil (IDH, 2015). Nossos indicadores educacionais negativos contribuem fortemente para jogar o país na incômoda 85ª posição na classificação do IDH em universo de 185 países. Esta é uma das razões fortes para nos ser atribuído um Índice de Desenvolvimento Humano (IDH) de 0,744. Neste indicador estão à nossa frente: Argentina, com IDH 0,808; Uruguai, com IDH 0,792; e México, com 0,756. Nossas vulnerabilidades educacionais começam precisamente na Educação Infantil. Alicerce da educação básica, ela é o primeiro e o mais decisivo passo para o enfrentamento das desigualdades do sistema educacional brasileiro e, igualmente, para eliminar o sistema fecundador de desigualdades.

> III – De partida, convém esclarecer o que é aluno com necessidades educacionais especiais.

A qualquer momento da escolaridade, qualquer aluno pode apresentar dificuldades de aprendizagem. É próprio do processo de aprender, portanto, expor o aluno a barreiras e níveis maiores ou menores de dificuldade. Os professores, em geral, sabem como desenhar estratégias de ultrapassagem dessas limitações. Há dificuldades e limitações, porém, que requerem meios e apoios mais especializados para que o aluno possa acessar regularmente o currículo. Quando isso acontece, estamos diante de um aluno especial e a escola tem o dever de atender, adequadamente, suas necessidades educacionais especiais. Este dever do Estado, dos sistemas de ensino e da rede escolar decorre dos imperativos constitucionais de igualdade, liberdade e respeito à dignidade humana (cf. art. 1º, 2º e 5º). Tudo isso forjando e emoldurando o quadro dos direitos humanos que, como destaca Bobbio (1992: 5), "emergem gradualmente das lutas que o homem trava por sua própria emancipação e das transformações que decorrem das condições de vida que estas lutas produzem". Ademais, "[...] a lei é um instrumento regulador da vida social que necessita tratar equitativamente todos os cidadãos" (BANDEIRA DE MELLO, 2004: 10). O tratamento isonômico dirige-se à universalidade dos sujeitos, porém, acode-lhe a compreensão aristotélica de que a igualdade consiste em tratar igualmente os iguais e desigualmente os desiguais. O direito ao atendimento educacional especializado põe-se exatamente dentro desta moldura.

Sob o ponto de vista socioeducativo, esta compreensão é redimensionada com a Lei Brasileira de Inclusão (Lei 13.146/2015), em cujo capítulo IV – Do direito à educação – assim expressa:

Art. 27 – A educação constitui direito da pessoa com deficiência, assegurados sistema educacional inclusivo em todos os níveis e aprendizado ao longo de toda a vida, de forma a alcançar o máximo desenvolvimento possível de seus talentos e habilidades físicas, sensoriais, intelectuais e sociais, segundo suas características, interesses e necessidades de aprendizagem.

O atendimento educacional especializado se operacionaliza através das seguintes conformidades organizacionais dos sistemas de ensino: i) Matrícula dos alunos preferencialmente nas escolas regulares e nas classes comuns; ii) Professores devidamente capacitados e especializados; iii) Flexibilizações e adaptações curriculares com foco no significado prático e instrumental dos conteúdos essenciais; iv) Metodologias de ensino e recursos didáticos diferenciados; v) Processos de avaliação adequados ao desenvolvimento dos alunos que apresentam necessidades educacionais especiais; vi) Projeto pedagógico permeável à diferença e à diversidade; vii) Serviços de apoio pedagógico especializado para complementação ou suplementação curricular, utilizando equipamentos e materiais específicos; e viii) Rede de apoio interinstitucional que envolva equipes multidisciplinares a serem acionadas sempre que necessário para o sucesso do aluno em seu processo de aprendizagem. Convém, aqui, lembrar que o atendimento educacional especializado deve ser disponibilizado, muitas vezes, em horários distintos ao das aulas regulares. Ainda, a programação do atendimento varia de acordo com o tipo de deficiência. Por exemplo, alunos com deficiência auditiva terão atendimento com o uso da Língua Brasileira de Sinais (Libras) no momento mesmo da aula. Atendimento no tempo das aulas regulares deve ser dado, também, aos alunos com deficiência visual, deficiência física e alunos outros em situação de deficiência na escola, sempre de acordo com decisão do Colegiado Escolar.

A expressão *preferencialmente na rede regular de ensino* conduz à ideia de educação inclusiva, postulado consagrado na Declaração Mundial de Educação para Todos, firmado em Jomtien, Tailândia, em 1990, na Declaração de Salamanca (Conferência Mundial sobre Necessidades Educacionais Especiais: Acesso e Qualidade), em 1994 e na Convenção Interamericana para a Eliminação de Todas as Formas de Discriminação Contra a Pessoa Portadora de Deficiência, em 2001. O Brasil é signatário de todos estes compromissos internacionais e, portanto, convocado e obrigado ao seu cumprimento.

O fundamento da educação inclusiva é que todas as crianças, "sempre que possível" (SALAMANCA), devem aprender juntas, independentemente de suas dificuldades e diferenças. A inclusão educativa é um movimento da sociedade planetária, com quatro décadas de história, enraizada no respeito intransigente aos direitos humanos. Ao assumir a educação inclusiva como paradigma de ação do Estado na área educacional, o Brasil optou por parâmetros de conduta para os sistemas de ensino com implicações conceituais e operativas, tais como:

• Aprender é uma ação humana em cuja centralidade está o aluno;

• Adaptar o conteúdo escolar é ação do próprio aluno no âmbito do processo de autorregulação;

• Modular a assimilação dos conhecimentos é processo dependente das limitações e possibilidades do aluno;

• Reconhecer e valorizar as diferenças é o primeiro passo para a escola comum recriar suas práticas pedagógicas;

• Trabalhar com uma gama variada de atividades é o grande desafio do professor da educação especial;

• Aferir programas no campo da aprendizagem e, não, conferir quantidade de conteúdos programáticos aprendidos, são formas adequadas de proceder a avaliação dos alunos com deficiência.

Os alunos com necessidades educacionais específicas, antes de serem alunos da educação especial, são alunos da escola e, como lembra Facíon (2005: 56), a escola é que deve se adequar à recepção de todos os alunos e não os alunos à escola.

O quadro de necessidades educacionais especiais tem dupla configuração, a saber:

a) Necessidades Educacionais Especiais vistas no quadro de conceitos-referência mais comuns: Deficiência Auditiva, Deficiência Física, Deficiência Mental, Deficiência Visual, Condutas Típicas, Deficiência Múltipla, Síndrome de Down, Autismo, Déficit de Atenção/Hiperatividade, Transtornos de Personalidade, Dificuldades de Aprendizagem, Altas Habilidades/Superdotação, Transtornos do Pensamento e da Linguagem etc.

b) Necessidades Educacionais Especiais vistas no quadro de ocorrências nem sempre consideradas no âmbito escolar: alunos com transtornos afetivos, alunos com baixo conceito, alunos provenientes de minorias culturais, alunos soropositivos, alunos alcoólatras, alunos com dependência química, alunos menores em liberdade assistida, alunos internos do sistema de educação para menores, alunos com visão monocular, alunos oriundos de família com pobreza aguda, alunos albergados, alunos que vivem nas ruas, alunos com atraso no desenvolvimento neurológico, alunos com dificuldade de aprendizagem e de socialização, alunos vítimas de privação cultural intensa, alunos que foram abusados sexualmente, alunos sem pais, alunos de pais prisioneiros etc.

Esta breve tipificação dos sujeitos da educação especial mostra que estamos diante de um campo vasto de possibilidades, exatamente do tamanho das possibilidades e limitações humanas.

A LDB centra sua atenção, em termos de atendimento educacional especializado, em três grupos de educandos:

> Os alunos com deficiência;

> Os alunos com transtornos globais do desenvolvimento;

> Os alunos com altas habilidades.

Este universo de alunos referenciados em lei em decorrência da maior incidência na sociedade apresenta necessidades educacionais especiais. O que isto significa e por que isto ocorre? Nos termos das Diretrizes Nacionais para a Educação Especial na Educação Básica (Seesp/MEC, 2001), eles demonstram:

A – "Dificuldades acentuadas de aprendizagem ou limitações no processo de desenvolvimento que dificultam o acompanhamento das atividades curriculares, compreendidas em dois grupos:

a) Aquelas não vinculadas a uma causa orgânica específica;

b) Aquelas relacionadas a condições, disfunções, limitações ou deficiências.

B – Dificuldades de comunicação e sinalização diferenciadas dos demais alunos, demandando adaptações de acesso ao currículo, com utilização de linguagem e códigos aplicáveis;

C – Altas habilidades/superdotação, expressas pela grande facilidade de aprendizagem que os leve a dominar rapidamente os conceitos, os procedimentos e as atitudes e que, por terem condições de aprofundar e enriquecer esses conteúdos, devem receber desafios suplementares em classe comum, em sala de recursos ou em outros espaços definidos pelos sistemas de ensino, inclusive para concluir, em menor tempo, a série ou etapa escolar".

Este nível de compreensão é ressituado e reforçado por normas posteriores que tratam da questão da educação especial na perspectiva da organização da escola e do currículo escolar em todos os níveis de ensino como veremos a seguir.

É de todo necessário que gestores, professores, grupos multidisciplinares de apoio (médico, psicólogo, psicopedagogo, assistente social etc.), familiares e a própria sociedade entendam que o atendimento educacional especializado não é um processo nem um regime especial de aprendizagem conformado em uma espécie de "apartheid" escolar. As Diretrizes Curriculares Nacionais Gerais para a Educação Básica, contidas, na Resolução CEB-CNE 04/2010, Seção II, que tratam da educação especial e as normativas do PNE são taxativas, claras e diretas no sentido da inclusão de **todos** os alunos na escola regular e nas salas de aula comuns, como passamos a ver.

Seção II
Educação especial

Art. 29 – A educação especial, como modalidade transversal a todos os níveis, etapas e modalidades de ensino, é parte integrante da educação regular, devendo ser prevista no projeto político-pedagógico da unidade escolar.

§ 1º – Os sistemas de ensino devem matricular os estudantes com deficiência, transtornos globais do desenvolvimento e altas habilidades/superdotação nas classes comuns do ensino regular e no Atendimento Educacional Especializado (AEE), complementar ou suplementar à escolarização, ofertado em salas de recursos multifuncionais ou em centros e AEE da rede pública ou de instituições comunitárias, confessionais ou filantrópicas sem fins lucrativos.

§ 2º – Os sistemas e as escolas devem criar condições para que o professor da classe comum possa explorar as potencialidades de todos os estudantes, adotando uma pedagogia dialógica, interativa, interdisciplinar e inclusiva e, na interface, o professor do AEE deve identificar habilidades e necessidades dos estudantes, organizar e orientar sobre os serviços e recursos pedagógicos e de acessibilidade para a participação e aprendizagem dos estudantes.

§ 3º – Na organização desta modalidade, os sistemas de ensino devem observar as seguintes orientações fundamentais:

I – o pleno acesso e a efetiva participação dos estudantes no ensino regular;

II – a oferta do atendimento educacional especializado;

III – a formação de professores para o AEE e para o desenvolvimento de práticas educacionais inclusivas;

IV – a participação da comunidade escolar;

V – a acessibilidade arquitetônica, nas comunicações e informações, nos mobiliários e equipamentos e nos transportes;

VI – a articulação das políticas públicas intersetoriais.

As estatísticas sobre educação especial têm melhorado bastante no Brasil. Primeiro, já existem estatísticas! Segundo, tem havido por parte do Ministério da Educação uma preocupação nítida quanto à formulação de um planejamento adequado para o setor, a partir de políticas claras e descentralizadas. Os quadros que seguem oferecem ampla visibilidade sobre a condição da educação especial/inclusiva no Brasil. Para uma visão radiográfica da modalidade de educação em apreço, os números são oferecidos por nível de ensino (Educação Infantil, Ensino Fundamental e Ensino Médio), por dependência administrativa, focando, neste caso, as matrículas em classes comuns, em classes especiais e/ou em classes exclusivas.

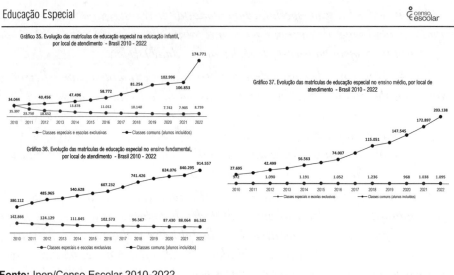

Fonte: Inep/Censo Escolar 2010-2022

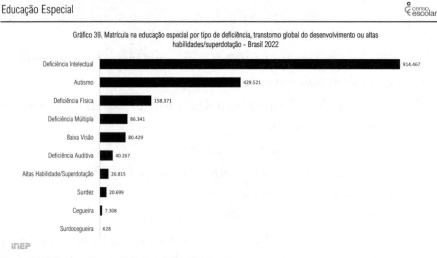

Fonte: MEC/Inep – Censo Escolar -2012-2022.

Educação Especial

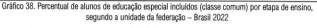

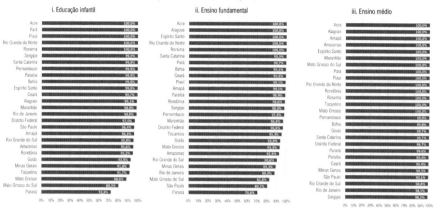

Gráfico 38. Percentual de alunos de educação especial incluídos (classe comum) por etapa de ensino, segundo a unidade da federação – Brasil 2022

Fonte: Inep/Censo Escolar 2010-2022

As crianças e jovens de 4 a 17 anos com deficiência mental/intelectual, ainda, não tem merecido uma atenção adequada da escola. No que se pese haver aumentado bastante a presença destes alunos nas salas de aula. Há de se reconhecer apenas um leve avanço em sua evolução cognitiva. Na verdade, há duas questões a considerar:

1) Uma formação docente, seja inicial, seja continuada, LACUNAL neste campo, resultando em "práticas pedagógicas na Educação Especial que não contribuem para ativar a capacidade de significar o mundo e a inserção cultural do deficiente mental" (PADILHA, 2001) e;

2) Uma situação limitativa na área das políticas públicas de educação que "...não são claras ao se referirem à integração do aluno com deficiência mental no ensino regular" (MANTOAN, 1977:117)[32].

Estas duas questões estão vinculadas diretamente à oportuníssima observação de Mittler, em sua obra de referência *Educação Inclusiva. Contextos Sociais/2003*(Prefácio): "Nunca é demais lembrar que a inclusão não se restringe à inserção de alunos com deficiências e/ou necessidades especiais nas escolas regulares. Uma das condições necessárias para que essas instituições sejam realmente inclusivas, ou seja, de todos e para todos, é a flexibilização dos critérios de admissão e de permanência nos ambientes escolares".

---

32. Vale lembrar que a Secretaria de Educação Especial – SEESP/MEC já teve um Programa de Capacitação de Recursos Humanos do Ensino Fundamental – DEFICIÊNCIA MENTAL, na década de 90. Para saber mais, ver: MEC-SEESP, Série Atualidades Pedagógicas, vol. 3, Brasília, 1997.

Por fim, cabe destacar que este bloco de informações, com números e percentuais, nos remontam a destacar, mais uma vez, a razão de o eixo EQUIDADE-IGUALDADE ser determinante na Base Nacional Comum Curricular/BNCC, como registrado: "A equidade supõe a igualdade de oportunidades para ingressar, permanecer e aprender na escola, por meio do estabelecimento de um patamar de aprendizagem e desenvolvimento a que TODOS tem direito(...), a ser alcançado por **todos os alunos da Educação Básica**" (MEC/SEB, BNCC, 2018).

Em síntese, é necessário compreender que atendimento educacional especializado é o decorrente de processos de educação especial. Mas adiante, no art. 58, vamos ver que a LDB define esta modalidade educativa como aquela oferecida preferencialmente na rede regular de ensino para alunos com necessidades especiais; ou seja, com necessidades de aprendizagem que requerem serviços de apoio e recursos didático-pedagógicos especializados que favorecem a aprendizagem através do acesso adequado ao currículo. O progresso escolar desses alunos, portanto, supõe uma avaliação pedagógica cuidadosa, objetivando identificar dificuldades que condicionam o processo educativo, acompanhamento do desenvolvimento da aprendizagem com foco em atitudes pró-ativas no conjunto de práticas pedagógicas inclusivas.

A educação inclusiva tem como energia indutora o princípio de uma só escola para todos a partir da ideia de que **todos são iguais perante a lei**. Dessa forma, a escola regular ou escola comum e o atendimento educacional especializado operam concomitante e articuladamente. Somente assim as construções de rotas de socialização constituem um estuário único de formas de desenvolver aprendizagem, sempre a partir do reconhecimento e da valorização das diferenças. A diversidade de atividades haverá de estimular vias de adaptação ao conteúdo escolar em que o próprio aluno **realiza** e vai conferindo sua emancipação intelectual. Tal emancipação não se dá na conformidade impositiva das exigências acadêmicas encorpadas no plano de aula tradicional, mas à luz de parâmetros psicopedagógicos que não caminham necessariamente de forma linear, sequencial e mecânica. Nesta perspectiva, o PNE 2014-2024 abriga, na Meta 2, Estratégia 2.6, a obrigação de o Estado desenvolver tecnologias pedagógicas que combinem, de maneira articulada, a organização do tempo e das atividades didáticas entre a escola e o ambiente comunitário, **considerando as especificidades da educação especial** [grifo nosso]. Em idêntica direção, a Lei 13.146/2015 (Lei Brasileira de Inclusão (LBI)), com vigência a partir de janeiro de 2016, determina em seu art. 28, inc. II, que "*incumbe ao poder público assegurar [...] o aprimoramento dos sistemas educacionais, visando a garantir condições de acesso, permanência, participação* *e aprendizagem por meio da oferta de serviços e de recursos de acessibilidade que eliminem as barreiras e promovam a inclusão plena*".

O dever do Estado, nesse caso, decorre da obrigatoriedade de dispensar tratamento igualitário a todas as pessoas que estudam, independentemente das circunstâncias pessoais. Para tanto, o Estado deve disponibilizar todos os meios e recursos para que as pessoas com deficiência possam acompanhar e complementar a educação escolar. Trata-se do direito de todos os alunos com algum tipo de limitação. Tal complementação pode ser feita, quando necessário, fora da rede regular de ensino através de ações de atendimento que correspondam ao tipo de deficiência identificada.

No bojo da concepção inclusiva, compromisso e responsabilidade do Estado democrático de direito, a escola receberá o apoio necessário para recriar suas práticas pedagógicas, como forma de reconhecer e valorizar as diferenças dos alunos.

Em síntese, o atendimento educacional especializado constitui simplesmente o respeito do Estado ao direito de todos à educação. A partir de 2008, é marcante a tendência de crescimento da matrícula de alunos com deficiência nas classes comuns. De acordo com dados da Dired/Inep, em 2017, do total de 827.243 alunos dessa população, 751.909 (90,9%) estavam matriculados em classes comuns do ensino regular e/ou na EJA (Ver art. 58 e art. 59).

> **IV** – O acesso público e gratuito aos ensinos Fundamental e Médio para todos os que não os concluíram na idade própria, dispositivo legal aqui introduzido pela Lei 12.796/2013, tem vinculação direta com o princípio da isonomia de tratamento pelo Estado, consagrado no Título II (Dos Direitos e Garantias Fundamentais), Capítulo I (Dos Direitos e Deveres Individuais e Coletivos), art. 5º, da Constituição Federal: *todos são iguais perante a lei, **sem** distinção de qualquer natureza, garantindo-se aos brasileiros [...] à inviolabilidade do direito [...] à igualdade...*

A isonomia *é a igualdade de todos perante a lei, encorpando-se sob a forma de tratamento igual aos iguais e desigual aos desiguais* (DINIZ, 2010: 342). Ora, se a educação é direito de todos e dever do Estado e a educação básica, sob a forma de educação escolar pública, é obrigatória e gratuita, dos 4 aos 17 anos, sua não oferta no tempo próprio, por qualquer que tenha sido a razão, não desobriga o Estado de disponibilizar sua oferta a qualquer tempo. Ou seja, o acesso à educação escolar como um direito mesmo de aplicação tardia tem a ver com a dimensão da eficácia jurídica da lei. Esta é a gênese da previsão legal ora considerada.

A demanda escolar da parte daqueles que não conseguiram frequentar os ensinos Fundamental e Médio na idade regular vem diminuindo ao longo dos últimos anos. A regularização do fluxo escolar e a implementação de políticas de inclusão social da parte do governo federal, com contaminação positiva nos governos estaduais e municipais, respondem por esta mudança, como apontam números que apresentamos a seguir:

Matrículas/números de matrículas na EJA – Brasil - 2022		
Nível Fundamental	Nível Médio	Total Brasil
1.691.821	1.082.607	2.774.428

Fonte: MEC/Inep - Censo Escolar – 2022.

O Gráfico abaixo trás números diferentes dos do gráfico anterior. É que são números de 2021. Como se pode constatar, a EJA sofreu queda na matrícula entre 2021 e 2022.

Matrículas na EJA integradas à Educação Profissional, por região e Brasil - 2021		
	EJA	Integradas à Educação Profissional
Brasil	6.002.749	54.238
Região Norte	326.370	2.265
Região Nordeste	1.240.330	40.670
Região Sudeste	938.887	4.979
Região Sul	308.085	3.406
Região Centro-Oeste	189.977	2.918

Fonte: MEC/Inep/DEED– 2021.

É muito relevante a oferta de EJA integrada à Educação Profissional. Nisto, ela se diferencia das etapas regulares de Educação Básica, à medida que, além dos conteúdos específicos da educação geral/da formação comum, deve operar conteúdos profissionalizantes direcionados ao desenvolvimento de competências e habilidades, indicação clara, nos termos da BNCC, "do que os alunos devem saber, e, sobretudo, do que devem saber fazer como resultado da aprendizagem" (Brasil, 2018: 16). Aqui, vamos lembrar que os alunos da EJA são jovens e adultos sujeitos de direitos e conhecimentos e, ao mesmo tempo, "passageiros do trabalho", como os identifica o lúcido educador, professor Miguel G. ARROYO (2017: 43). Em decorrência, buscam "uma oportunidade de renda qualificada" (Todos Pela Educação, ABEB, 2021).

O declínio aponta um lado preocupante, como passaremos a ver.

Em 2020, o Brasil tinha uma matrícula na Educação de Jovens e Adultos, portanto, de pessoas fora da faixa etária de escolaridade regular, de 3.002.428

alunos, estando 1.750.169 no Ensino Fundamental e 1.252.580 no Ensino Médio. Estes números representam, ainda, um acesso muito limitado a estes dois níveis de ensino, se considerarmos que há, no Brasil, uma imensa população de pessoas com mais de 18 anos que não frequentam escola e que não cursaram nem o Ensino Fundamental completo nem o Ensino Médio.Retornando ao núcleo do inciso analisado, cabe destacar que o atendimento escolar tardio para aqueles que não puderam realizar estudos **regulares** no âmbito do itinerário escolar **regular**, está previsto na seção V, art. 37, da LDB, em segmento encimado pelo título *Da Educação de Jovens e Adultos*. A formulação é a seguinte:

A educação de jovens e adultos será destinada àqueles que não tiveram acesso ou continuidade de estudos nos ensinos Fundamental e Médio na idade própria.

O Ensino Fundamental receberá aqueles alunos maiores de 15 anos e o Ensino Médio, os maiores de 18 anos (LDB, art. 38, § 1º, inc. I e II).

Por quase uma década, a Educação de Jovens e Adultos teve uma expansão de matrículas significativa. Nos últimos anos, porém, desacelerou. No momento, apresenta-se estável, com viés de declínio. As matrículas, em 2014, chegaram a um pouco mais de 3,5 milhões. Em 2020, esse número declinou para 3 milhões e este processo acelerou nos dois anos seguintes com a pandemia. A maior concentração de matrículas está na Região Nordeste (939,9 mil).

Talvez alguém se pergunte: Por que a EJA é tão importante? O Brasil possui um histórico de largos estratos da população com a Educação Básica inconclusa. Esta circunstância é uma fonte de reprodução crônica e desafiadora de desigualdades sociais. Consequência: é fundamental evidenciar que 52,1 milhões de brasileiros tem Ensino Fundamental inconcluso e 19,2 milhões Ensino Médio, com o objetivo de reinventar às políticas públicas. Os cenários de impulsão da EJA estão direcionados para um contingente de jovens de 15 a 19 anos, muitos dos quais em idade ainda de Ensino Médio regular. O PNE sinaliza a rota de expansão da EJA integrada à educação profissional, tanto no Fundamental como no Ensino Médio. Alternativa, aliás, mais atraente aos jovens que associam estudo à ampliação das possibilidades de inserção no mercado de trabalho. Este direcionamento está em sintonia com a Meta 10 do PNE que propõe *oferecer, no mínimo, 25% das matrículas de Educação de Jovens e Adultos na forma integrada à Educação Profissional, nos ensinos Fundamental e Médio.*

Na sociedade atual – sociedade do conhecimento – não há um único registro no mundo de país que haja atingido alto grau de desenvolvimento sem que sua população igualmente não haja resolvido os códigos básicos da cultura letrada através da aquisição do conhecimento sistematizado e da certificação deste conhecimento via educação básica. A ativação da cidadania e a qualificação tecnológica para o trabalho requerem esta condição essencial. Gracindo (1995: 1) sintetiza esta percepção, assim:

> Na medida em que não há democracia sem cidadãos ativos, não há cidadão ativo sem consciência política, não há consciência política sem uma visão crítica de si, do outro, da natureza, das relações entre estes e, finalmente, não se chega a essa concretização sem informações que sustentem e orientem estas posições. Nesse encadeamento de ideias, a construção de conhecimentos e o desenvolvimento da postura crítica advinda deles necessitam de um processo mínimo de educação, resguardado no Ensino Fundamental.

Por outro lado, o Conselho de Desenvolvimento Econômico e Social (Cdes), através do seu Observatório da Equidade, desenvolveu um interessante estudo sobre os efeitos do funcionamento do Sistema Tributário Nacional, com ponderação dos indicadores educacionais no processo de desenvolvimento do país e identificou como macroproblema nacional "[...] o nível de escolaridade da população brasileira que é baixo e desigual". Depois de destacar o crescimento tímido da média de anos de estudos da população brasileira, arremata com registros pontuais críticos:

> a persistência de elevado contingente de analfabetos; acesso restrito à Educação Infantil de qualidade, sobretudo por crianças de 0 a 3 anos; níveis de desempenho e conclusão do Ensino Fundamental, com acesso limitado para alunos com deficiência; níveis insuficientes de acesso, permanência, desempenho e conclusão do Ensino Médio; acesso restrito e desigual ao Ensino Superior; insuficiência da oferta de qualidade e desarticulação dos subsistemas de educação técnica de formação profissional continuada (CDES, 2009a: 7).

Esta situação – baixo nível de escolaridade da população – persiste. Em 2012, a escolaridade média, da população de 18 a 29 anos, era de 9, 8 anos. Em 2020, passou para 11,8. Vale lembrar a META do PNE (2024): alcançar, no mínimo, 12 anos de estudos. Destaque-se, ainda, que a escolaridade entre as populações do campo, das grandes áreas metropolitanas (suburbanas e, também, dos mais pobres, é de 3 anos a menos – 8,8 anos!). Este dado comprova, como anota o **Anuário Brasileiro da Educação Básica 2021/Todos Pela Educação/Ed. Moderna**, "De Olho na Equidade: O sistema escolar brasileiro reproduz diversas desigualdades sociais. É importante evidenciá-los para que as políticas públicas sejam colocadas em prática de forma mais equitativa. Por isso, é essencial a análise de alguns recortes: por região, localidades, renda e raça/cor".

O dever do Estado com a educação escolar pública requer a garantia de acesso público e gratuito aos ensinos Fundamental e Médio para todos os que não os concluíram na idade própria, precisamente porque a educação básica potencializa, multiplica e diversifica os contextos de cidadania responsável, produtiva e emancipada e, ao mesmo tempo, serve de base para um tratamento isonômico a todos à medida que aproxima as pessoas no contexto das precondições para o trabalho e para a construção social.

> **V** – O legislador inaugura este inc. V, do art. 4º, repetindo o termo *acesso*, já usado no inciso anterior. Estamos claramente diante da preocupação com o enfoque **democrático** da educação escolar. Uma educação para todos, em observância ao art. 3º, inc. I, da LDB, que hospeda, como princípio inaugural da ministração do ensino, a prescrição da "igualdade de condições para *acesso* [grifo nosso] e permanência na escola". Por outro lado, como a educação básica tem, entre suas finalidades, assegurar ao educando a formação comum indispensável para progredir no trabalho e em *estudos posteriores* [grifo nosso], é necessário aproximar o dispositivo ora analisado do art. 43 da LDB, que hospeda as finalidades da educação superior, sobretudo o conteúdo enquadrado nos inc. III, IV e VII, a serem abordados oportunamente. Importa dizer que o legislador ressitua aqui a intencionalidade legal em dar realce e contornos claros a necessária, continuada e dinâmica interlocução entre educação básica e educação superior, patamares estruturantes da educação escolar, nos termos do art. 21 desta lei. Ou seja, o dever do Estado com a educação escolar pública estende-se ao acesso aos níveis mais elevados do ensino, da pesquisa e da criação artística. Portanto, a educação básica e a educação superior, sob a forma de níveis de conhecimento que se agregam, articulam e interpenetram no processo de desenvolvimento de sujeitos sociais emancipados. Fora desta concepção, a formulação deste inc. V – *acesso... segundo a capacidade de cada um* – é uma espécie de violência simbólica (BOURDIEU & PASSERON, 1975: 41) que, ocultando que a ciência e o conhecimento têm de estar ligados à cidadania em construção permanente e à realidade plural da vida e do mundo, despista a exclusão social entranhada. Mais do que isto, inviabiliza a possibilidade de "semear outras soluções", na feliz expressão de Sousa Santos (2005: 52) e, por isso, este autor questionou a alternativa única do conhecimento **único e do reconhecimento único**. No fundo, a formulação deste inciso com ressalva

final de significação dúbia, parece mais um lapso do legislador teleguiado por um inconsciente cultural sintonizado historicamente com a realidade cruel de uma educação não universalmente inclusiva. Tal manifestação de atos falhos na legislação não são incomuns. Na verdade, são cunhas que funcionam como "mecanismos de recomposição da classe dominante", como anota Saviani (2009: 9-10). Vários documentos de organismos internacionais como a Unesco chama a atenção para a necessidade e urgência de correção desta visão distorcida. O fragmento que segue sinaliza nesta direção corretiva:

> Todos podem aprender. Por isso, a garantia do direito à não discriminação trará como resultados a eliminação das diferentes práticas que limitam não só o acordo à educação, mas também a continuidade dos estudos e o pleno desenvolvimento e aprendizagem. A seleção e a exclusão de alunos são práticas recorrentes nos sistemas educacionais. Uma educação será de qualidade se oferecer os recursos e apoio de que cada um necessita para estar em igualdade de condições para aproveitar as oportunidades de aprendizagem e exercer o direito à educação (UNESCO, 2007: 13).

Assegurar o pleno exercício do direito a uma educação de qualidade para todos requer, portanto, garantir o direito à igualdade de oportunidades, ou seja, proporcionar mais a quem de mais necessite e dar a cada um a ajuda e os recursos de que precisa para que esteja em igualdade de condições de aproveitar as oportunidades educacionais. Não basta oferecer oportunidades, é preciso gerar as condições para que estas sejam aproveitadas por qualquer pessoa, de modo que possam participar, aprender e desenvolver-se plenamente (BLANCO, 2006). Esse aspecto é de vital importância, porque dentro de certos enfoques se considera que a única obrigação dos sistemas de ensino é igualar as oportunidades e, a partir daí, que tudo fique nas mãos dos alunos, quer dizer dos "méritos" e "esforços" que realizam. Entretanto, cabe perguntar se isso é real e justo em sistemas de ensino tão fragmentados e desiguais como os da América Latina e do Caribe, da África e, em vários casos, da Ásia. Considerar os méritos como elemento da equidade de ensino é problemático, até mesmo na educação básica. O desenvolvimento e a aprendizagem são de natureza interativa e dependem não só das capacidades do indivíduo, mas também das características dos ambientes onde se desenvolve e aprende, do contrário, os estudantes de locais desfavoráveis, mesmo dispondo de capacidades e realizando esforços, sempre estariam em situação de desvantagem se não lhes oferecem recursos e apoios adicionais (UNESCO/OREALC, 2007: 41). Evidentemente, o legislador, ao fazer a ressalva *segundo a capacidade de cada um*, busca destacar a educação como um articulado de processos formativos (art. 1º), na esteira do pleno desenvolvimento do educando (art. 2º) e no horizonte do preparo para o exercício da cidadania (art. 2º). A questão é que o termo *capacidade* tem um campo semântico ambíguo. Já na sua origem latina, *capacitas*, tanto pode significar *volume que um recipiente pode conter* como pode igualmente significar *poder mental de compreensão*. Esta bivalência do termo, atribuiu-lhe, na língua portuguesa, um sentido amplo, de fronteiras semânticas conexas como: talento, inteligência, competência, aptidão, estado ou condição de quem é capaz de... A transposição para a área da educação e de uma **só escola para todos** (JOMTIEN, 1990), como dever do Estado, precisa ser operada com cuidado republicano e com delicadeza cidadã. Piaget (1988), Vygotsky (2009a), Bakhtin (1988) e Paulo Freire (1982a), cada um ao seu modo, deixaram claro que **todos são capazes de aprender e de avançar na aprendizagem escolar**. Portanto, acesso aos níveis mais elevados de escolaridade e conhecimento *segundo a capacidade de cada um* é adotar ressalva que se opõe aos avanços da neurociência que, longe de enxergarem a inteligência, como uma característica inata, veem-na como um feixe de características adquiridas. Nesse sentido, o fator ambiental é mais influente do que o fator genético. Na verdade, hoje, "a maioria dos neurocientistas vê no cérebro um híbrido em que as linhas gerais do desenvolvimento do cérebro estão sob o controle genético, enquanto que o trabalho de refinamento compete à interação do cérebro e meio ambiente" (RATEY, 2002: 26). Ou seja, há conexões diretas entre funções cerebrais e sociabilidade. As implicações daí decorrentes são múltiplas. Uma delas é que a função da escola é essencialmente ensinar caminhos para *aprender inteligência* (PIAZZI, 2007: 11). Por isso, ao ser trabalhada como uma espécie de malha funcional, a educação escolar ajuda a potencializar a atividade cerebral, e, portanto, a ampliar a inteligência. Importa dizer que a capacidade cognitiva não é algo limitado, comprimido, sem conexões internas. Pelo contrário, "o cérebro é geneticamente composto de módulos prontos para o acesso". O desenvolvimento é um processo contínuo e interminável, enraizado em um vasto campo de relações inteligência-meio.

Como um sistema complexo, a escola vai, desta forma, possibilitar, à criança, dialogar com cenários próprios à estimulação da capacidade de aprender. Atribuir o direito de acesso a níveis mais elevados de ensino, da pesquisa e da criação artística, simplesmente [...] *à capacidade de cada um*, é admitir que alguns chegam mais longe nos estudos porque são mais inteligentes e, portanto, mais bem-dotados. Esta é a visão neoliberal da educação. Visão excludente, negacionista e agressora do princípio do respeito à dignidade humana (CF, art. 1º, III), e do reconhecimento das potencialidades humanas: todos são iguais, dignos e capazes. Admitir a alguns superioridade de talento e de QI, ideia de alguma forma embutida na ressalva *segundo a capacidade de cada um*, ameaça este princípio. Por outro lado, vai de encontro, também, e, como já dito, a estudos recentes no campo das descobertas científicas que afirmam que o cérebro gera percepções pela interação simultânea de conceitos inteiros e de imagens inteiras. Ou seja, "em vez de usar a lógica predicativa de um *microchip*, o cérebro é um processador analógico, o que significa, essencialmente, que ele funciona por analogia e metáfora. Relaciona conceitos complexos uns com os outros e procura estabelecer as semelhanças, diferenças ou tipos de ligações entre eles" (RATEY, 2002: 13).

No fundo, significa dizer que a capacidade[33] de cada um é ilimitada, mas depende das condições disponibilizadas pelo contexto, para evoluir e se exponencializar. Os pobres não são pobres porque têm capacidades limitadas, mas porque lhes faltam os meios e as condições objetivas para progredirem em todos os campos. É por isso que a ONU, através de diversas agências multilaterais (Banco Mundial, Unesco etc.), afirma que *desenvolvimento é uma questão de oportunidade*, e, não, da capacidade de cada um, de uma inteligência inata[34].

Existe, na sociedade do conhecimento, uma relação, com grande visão de convergência, entre *bloco social e relação com o saber*, como aponta Pierre Levy

---

33. Robert Sterneberg (1985: 42) criou a Teoria da Inteligência Triárquica com três características, a saber: a) Inteligência contextual: ocupa-se do contexto sociocultural no qual se vive; b) Inteligência experimental: ocupa-se em explicar como a experiência passada influencia as formas de se lidar com uma tarefa; c) Inteligência componencial: ocupa-se do conhecimento dos meios cognitivos através dos quais o comportamento inteligente opera. Também a *Teoria das inteligências múltiplas*, de Howard Gardner, da Universidade de Harvard, nos Estados Unidos, é contributiva para se compreender que não há inteligências limitadas, mas inteligências variadas, diferenciadas. Em sua visão, podemos identificar nove tipos de inteligência, a saber: 1) Linguística ou verbal; 2) Lógico-matemática; 3) Especial; 4) Musical ou sonora; 5) Cinestésico-corportal; 6) Intrapessoal; 7) Interpessoal; 8) Ecológica ou naturalista; 9) Existencial. Outrossim, Daniel Goleman desenvolveu o conceito de *inteligência emocional* para significar um conjunto de traços e de aptidões que ajudam as pessoas a lidarem com seus próprios sentimentos e com os sentimentos dos outros. Inclui autocontrole, persistência, aprimoramento e motivação. Acrescenta este engenhoso psicólogo três pontos importantes: a) "A aptidão emocional é uma multicapacidade que determina até onde podemos usar bem quaisquer outras aptidões, incluindo o intelecto bruto"; b) "O repertório humano de aptidões vai muito além da estreita faixa de aptidões com palavras e números em que se concentram as escolas tradicionais"; c) "As lições emocionais que aprendemos na infância, na família e na escola modelam os conceitos emocionais".

34. O inatismo parte da suposição de que a mente humana possui propriedades funcionais determinadas geneticamente. A implicação desta circunstância é que a capacidade de pensar não está condicionada a qualquer influência decorrente da experiência humana. O oposto desta ideia é o interacionismo que enxerga, no convívio social, uma parte de desenvolvimento do pensamento.

(2000: 26). Este filósofo e notável professor do Departamento de Hypermédia da Universidade Paris-VIII diz que "em nossas interações com as coisas, desenvolvemos competências por meio de nossas relações com os signos e com a informação adquirimos conhecimentos. Em relação com os outros, mediante iniciação e transmissão, fazemos viver o saber. Competência, conhecimento e saber (que podem dizer respeito aos mesmos objetos) são três modos complementares do negócio cognitivo, e se transformam constantemente uns nos outros. Toda atividade, todo ato de comunicação, toda relação humana implica o aprendizado pelas competências e conhecimentos que envolve e, em um percurso de vida que pode alimentar um circuito de troca, alimentar uma sociabilidade do saber".

O dever do Estado com a educação escolar pública, garantido mediante acesso aos níveis mais elevados de ensino, requer que o Poder Público assegure todas as condições de qualificação da escola, entendida esta qualificação como "a capacidade de a escola otimizar, de forma simultânea, a aprendizagem dos alunos e da comunidade escolar" (MURILO & REPISO, 2007: 30) e, ainda, os talentos pessoais, entendidos como "o nível especial de capacidade pessoal de cada aluno" (MURILO & REPISO, 2007: 78). A *capacidade individual de cada um não evolui* se a educação básica obrigatória – **dever do Estado** – não for induzida pela mediação de professores bem qualificados e instrumentalizados institucionalmente, e deixar de trabalhar o pensamento criativo, o que supõe, como ensinam Cropley (1997), Alencar (2000c) e Fleith (2001), escola e professor que:

- Encorajam o aluno a aprender de forma independente;
- Motivam o aluno a dominar o conhecimento factual, de tal sorte que tenham uma base sólida para propor novas ideias;
- Encorajam o pensamento flexível do aluno;
- Consideram as intervenções e sugestões dos alunos;
- Disponibilizam uma gama extensa de material, a serem trabalhados sob diferentes condições;
- Ajudam o aluno a aprender com o insucesso, a frustração e o fracasso eventual;
- Estimulam o aluno a tentar cada vez mais experimentar a solução incomum;
- Promovem a autoavaliação pelos próprios alunos, abrindo espaço para a valorização dos aspectos pessoais, motivacionais, emocionais, sociais e criativos (ALENCAR & FLEITH, 2003: 137).

Por oportuno, cabe, ainda, destacar que o dever do Estado com a educação escolar, no tocante ao acesso aos níveis mais elevados do ensino, tem, no **Prouni**, um exemplo edificante, senão vejamos. O Programa Universidade para Todos (**Prouni**), desde seu lançamento em 2005, já contribuiu para a formação superior de mais de 400 mil profissionais. O Prouni estabelece que as IES beneficiárias de isenções fiscais concedam bolsas de estudo na proporção dos alunos pagantes por curso e turno. Há dois tipos de bolsa: integral ou parcial de 50% e 25%. Os beneficiários são selecionados através do resultado do Enem e deverão ser egressos de escolas públicas com renda familiar *per capita* de até um salário mínimo e meio para bolsa integral e de até três salários mínimos para bolsa parcial de 50%. O Prouni contribui engenhosamente para o cumprimento das obrigações do Estado brasileiro no campo da educação superior, quais sejam:

- expansão da oferta;
- garantia de qualidade;
- promoção da inclusão social pela educação;
- ordenação territorial, uma vez que está presente nas mais remotas regiões do país;
- estímulo ao desenvolvimento econômico e social.

O MEC assim concebe o Prouni como política pública:

1. Oferta de bolsas de estudo, integrais (100%) e parciais (50%), em instituições de Educação Superior não gratuitas.

2. Para concorrer às bolsas integrais, o estudante deve comprovar renda familiar bruta mensal, por pessoa, de até 1,5 salário mínimo. Para as bolsas parciais, a renda familiar bruta mensal deve ser de até 3 salário mínimos por pessoa. O candidato também precisa ter feito a edição mais recente do Enem e ter alcançado, no mínimo, 450 pontos de média das notas. Além disso, o estudante não pode ter tirado zero na redação ou ter participado do Enem na condição de treineiro.

Para participar do Prouni é preciso, ainda, atender a pelo menos uma das seguintes condições: ter cursado o Ensino Médio completo em escola da rede pública ou em escola da rede privada, desde que na condição de bolsista integral da respectiva instituição. Esta condição é válida tanto para quem cursou todo o ensino médio em escola privada, como para quem teve apenas uma parte dos estudos realizados em escola privada, sendo a outra parte em escola pública. As demais condições são: ser pessoa com deficiência: ser professor da rede pública de ensino, no efetivo exercício do magistério da educação básica e integrar o quadro de pessoal permanente de instituição pública. Para quem comprovar ser professor da rede pública não é aplicado o limite de renda exigido aos demais candidatos.

3. Público alvo: estudante de baixa renda sem diploma de Ensino Superior, a menos que deseje cursar uma LICENCIATURA.

4. Critérios predefinidos para a seleção, incluindo: a) Ranqueamento de notas; b) Módulo de cálculo de bolsas por IES/Curso/Turno; c) Ranqueamento da lista de espera; d) Módulo de verificação da regularidade fiscal das IES participantes do programa.

5. Prioridade para a participação de professores da Educação Básica, em atenção à META 15 do PNE.

Em 2023, ao todo, são 19.584 cursos com bolsas do Prouni, em 1.085 instituições privadas de Ensino Superior. Os estados com os maiores números de bolsas ofertadas são: São Paulo, Minas Gerais, Paraná, Rio Grande do Sul, Bahia, Goiás, Pernambuco e Rio de Janeiro – Vejamos a oferta por UF dividida por tipo de bolsa:

UF	Bolsas Integrais	Bolsas Parciais	Total	UF	Bolsas Integrais	Bolsas Parciais	Total
SP	45.307	16.884	62.191	ES	3.338	2.372	5.710
MG	19.069	8.887	27.959	MS	4.067	968	5.035
PR	10.636	8.183	18.819	PB	2.259	1.298	3.557
RS	12.056	5.806	17.862	AM	2.546	721	3.267
BA	10.225	6.964	17.189	RO	2.066	1.168	3.234
GO	6.264	10.087	16.351	PI	1.451	1.181	2.632
PE	7.867	5.953	13.820	AL	1.638	636	2.274
RJ	10.268	1.793	12.061	TO	1.544	480	2.024
MA	3.939	5.847	9.786	SE	695	954	1.649
PA	7.358	1.701	9.059	AC	652	454	1.106
CE	5.555	1.299	6.854	AP	961	124	1.085
DF	3.520	2.919	6.439	RR	555	127	682
MT	5.191	898	6.089	TOTAL	181.036	91.965	273.001

Fonte: MEC -Programa Universidade para Todos (Prouni)[35].

Se considerarmos o conjunto Prouni, Fies e, ainda, financiamentos não reembolsáveis, nesse caso oferecidos pela própria IES, no formato de bolsas

---

35. Para saber mais, ver: https://www.gov.br/mec/pt-br/acesso-a-informacao/

para a graduação, concluiremos que a ressalva deste inc. V (...*segundo a capacidade de cada um*) merece reparo e é objetivamente contraditada quando há políticas públicas de inclusão social, consistentes e duradouras. Não é por acaso que o governo vai estudar a política de apoio financeiro a alunos de limitado poder econômico, via Fies, sob a forma de bolsas de mestrado e doutorado de IES privadas. Como sabemos, o Fundo de Financiamento Estudantil (Fies) é uma iniciativa do Governo Federal para financiar estudos de alunos matriculados em IES privadas e que obtenham avaliação positiva nos processos enquadrados nas normas pertinentes. Atende a demandas de bolsas de acordo com o perfil socioeconômico do aluno e o financiamento é quitado após a formatura, em prazo legalmente predefinido. Em 2017, o orçamento do Fies foi de R$ 21 bilhões. O Fies não opera com o número predeterminado de vagas, mas, sim, com limite financeiro. Em 2023 o Fies vai passar por significativos redirecionamentos:

Painel atual do FIES:

- ➢ Responsabilidade de gerenciamento: Comitê Gestor do Fundo de Financiamento Estudantil (FIES);
- ➢ Vagas disponibilizadas pelo FIES, em 2022:
  - 1º semestre: 66.555 vagas (60%)
  - 2º semestre: 44.370 vagas (40%)
  - Total: 110.925 vagas.
- ➢ Aporte de recursos: R$ 500 milhões de reais;
- ➢ Inscrições: Duas vagas por ano, antes do início semestral das aulas;
- ➢ Acaso/Inscrições: Estudantes que fizeram o Exame Nacional do Ensino Médio (Enem), "desde que tenham obtido média mínima de 450 pontos nas provas do exame, além de nota superior a zero, na redação" (MEC/Portal).
- ➢ Indicadores de resultados: Oferta-ano de Bolsas:
  - 2016 – 329.180
  - 2017 – 691.105
  - 2018 – 1.112.080
  - 2019 – 1.526.048
  - 2020 – 1.946.365
  - 2021 – 2.244.024
  - 2022 – 2.717.360

> VI – Letivo e letividade vem do latim *legere* (ler). São termos que dizem respeito ao tempo de aulas, ao dia, ao mês e ao ano de atividades escolares. Ao tempo de estudo e de vivência de aprendizagem formal, sistematizada e institucionalizada. Em consequência, o eixo da letividade na organização do ensino e no funcionamento da *escola regular* define-se pela carga horária anual mínima de 800 horas e pelo período mínimo anual de 200 dias de efetivo trabalho escolar, excluído o tempo reservado aos exames finais, quando houver (art. 24). No caso do Ensino Médio, esta carga horária deverá ser ampliada de forma progressiva, em decorrência de mudanças do art. 24, inc. I da LDB, introduzida pela Lei 13.415/2017, conforme veremos mais adiante. No caso específico do Ensino Fundamental, vale lembrar que a jornada escolar *regular* incluirá pelo menos 4 horas de trabalho efetivo em sala de aula, sendo progressivamente ampliado o período de permanência na escola, conforme prescreve o art. 34 da LDB. Nesse horizonte, o art.12 da Resolução CNE/CEB 04/2010 estabelece:

Cabe aos sistemas educacionais, em geral, definir o programa de escolas de tempo parcial diurno (matutino ou vespertino), tempo parcial noturno, e tempo integral (turno e contraturno ou turno único com jornada escolar de 7 horas, no mínimo, durante todo o período letivo), tendo em vista a amplitude do papel socioeducativo atribuído ao conjunto orgânico da Educação Básica, o que requer outra organização e gestão do trabalho pedagógico.

Pelo eixo da letividade, a educação escolar regular tem a oferta assim estruturada:

➢ Creche: três anos de duração. Destina-se a crianças de 0 a 3 anos.

➢ Pré-escola: dois anos de duração. Destina-se a crianças de 4 e 5 anos.

➢ Ensino Fundamental: nove anos de duração. Destina-se a alunos de 6 a 14 anos.

➢ Ensino Médio: mínimo de três anos de duração. Destina-se a alunos de 15 a 17 anos.

Estas marcações temporais prendem-se ao imperativo de a educação escolar – na oferta da educação básica regular – sintonizar "os tempos mentais socioemocionais, culturais e identitários dos alunos com a formação correspondente à idade própria do percurso escolar" (Resolução CNE/CEB, 04/2010, art. 20). Quando as etapas e fases de aprendizagem circulam fora da previsão de idades regulares, assumem configuração diversa, de ensino não regular, voltada para o perfil de alunos fora das faixas etárias, como é o caso, entre outros, de estudantes com atraso de matrícula e/ou no percurso escolar, de jovens e adultos sem escolarização ou com esta incompleta. Para estas e outras situações, há previsão na LDB (art. 24, inc. V, alínea b e art. 37 e 38), e, como desdobramento, na Resolução CNE/CEB 04/2010, art. 21, par. único).

A aplicação do conceito de letividade ao âmbito da educação básica obrigatória e gratuita, como oferta pública de caráter compulsório, incide na pré-escola, porém, não na creche. É que o trabalho educacional, nesse caso, hospeda-se em outros parâmetros e busca outras ressignificações incorporadas ao processo **cuidar/educar**. O próprio trabalho do professor objetiva o desenvolvimento das crianças como pessoas – e, não, propriamente, como alunos – "[...] nas suas múltiplas capacidades, e, não, apenas a transmissão de conhecimentos" (AZEVEDO, 2013: 93). Aqui, a noção de tempo escolar é essencialmente um articulado de processos e de procedimentos horários, de conformidade não letiva, mas voltada para o desenvolvimento físico e funcionamento cognitivo e emocional da criança. Como destaca estudo-documento do Banco Mundial (2011: 12),

> Cada vez mais pesquisas demonstram que as capacidades cognitivas são fortemente afetadas tanto pela qualidade do ambiente, pela qualidade de estimulação precoce e pelas oportunidades de aprendizagem a que as crianças estão expostas [...]. O desenvolvimento socioemocional e o desenvolvimento físico das crianças são fortemente influenciados pelos seus primeiros ambientes.

Nas creches, a noção de letividade não é de **ano escolar**, mas de tempo não calendarizado, centrado no desenvolvimento cognitivo e emocional da criança. Ou seja, nas creches, a noção de letividade não é referida propriamente a tempo do calendário escolar, mas rigorosamente a tempo e ritmo do desenvolvimento da criança no âmbito físico, cognitivo e emocional. Como determina a Resolução CNE/CEB 4/2010, em seu art. 20, "o respeito aos educandos e a seus tempos mentais, socioemocionais, culturais e identitários é um princípio orientador de toda a ação educativa..." Ou seja, embora a Educação Infantil integre o conceito de educação básica, no segmento creche, ela possui especificidades que escapam do tempo do relógio, refogem do horário escolar e se enquadram em um **tempo ainda atemporal** (CASTELLS, vol. I: 468). É verdade que a experiência humana de viver se desenrola em um lugar e em um tempo, mas é igualmente verdade que a criança de 0 a 3 anos, está ainda buscando seu lugar e seu tempo, na construção da moldura do estado de ser.

As considerações de BARBOSA[36], de alta pertinência teórico-conceitual neste campo, agregam esclarecimentos que elevam a compreensão psico-socio-pedagógica da dimensão CRECHE:

---

36. BARBOSA Eliza Maria, "Ensinar ou aprender? Uma caracterização das práticas educativas realizadas junto às crianças de 3 anos" *in* ARCE, Alessandra e JACOMELI, Maria Regina Martins (orgs), Educação Infantil *versus* Educação Escolar? Entre a (des)escolarização e a precarização do trabalho pedagógico nas salas de aula, ...

Para nós, as teses para subsidiar modelos e práticas em educação infantil não devem partir de metas gerais como o desenvolvimento da criança ou suas necessidades e seus interesses particulares, mas de uma compreensão efetiva dos bens simbólicos e cognitivos que efetivamente permitem às crianças uma compreensão ideal da realidade. Tal compreensão altera significativamente suas possibilidades de acesso a níveis mais elevados de desenvolvimento social e psicológico, e isso implica ensinar às crianças um repertório de conhecimentos cujos sentidos sirvam de base para suas aquisições cognitivas e fundamentos para suas atividades intelectuais (...) percebemos que a tendência psicológica de inspiração pragmática se tornou imperativa para a defesa dos métodos ativos e para a disseminação de uma compreensão frequente entre os educadores de que a melhor educação é aquela que se realiza pelas ações autorreguladas das crianças de onde derivam todo os saberes culturais. Acreditamos que é do conjunto dessas ideias bem como da citação a seguir que um número significativo de educadores e teóricos parte para defender que a função primordial da educação infantil é desenvolver o pensamento, não devendo as práticas pedagógicas ocuparem-se de atividades de ensino, nem mesmo promoverem com as crianças situações formais de aprendizagem. Afirma PIAGET:

> *Se se deseja, como necessariamente se faz a cada vez mais, sentir formar indivíduos capazes de criar e de trazer progresso à sociedade do amanhã, é claro que uma educação ativa verdadeira é superior a uma educação consistente apenas em moldar os assuntos do querer já estabelecido e os do saber pelas verdades simplesmente aceitas. Mas mesmo caso se tenha por objetivo formar espíritos conformistas prontos a trilhar os caminhos já traçados das verdades adquiridas o problema implica em determinar se a transmissão das verdades estabelecidas terá mais êxito mediante procedimento de simples repetição ou mediante uma assimilação mais ativa* (PIAGET, 2003, p34).

Portanto, *rompida a simetria com o ensino regular para crianças e adolescentes* (Resolução CNE/CEB 04/2010, art. 28, § 2º, inc. I), busca-se o critério da flexibilidade do atendimento educacional obrigatório, através da modalidade da educação básica definida legalmente como Educação de Jovens e Adultos (EJA) (art. 37), de modo a permitir "percursos individualizados e conteúdos significativos para o aluno nas faixas etárias referidas".

A aprendizagem, segundo eixo do conceito de ensino regular, diz respeito ao trinômio *cuidar/educar/ensinar*, conceitos e processos de uma mesma área semântica, articulados e desdobrados e "cuja inseparabilidade busca recuperar, para a função social da educação básica, a sua centralidade, que é o educando, pessoa em formação na essência humana" (Resolução CNE/CEB 04/2010, art. 06). Trata-se de um componente, sob a forma de processo e de procedimentos, interiorizado nas entranhas do ensinar/aprender, que se desenvolve, predominantemente, por meio do ensino regular (LDB, art. 22, 29, 32 e 35), e envolve o currículo, o Projeto Pedagógico, as áreas de ensino, os eixos temáticos, as redes de aprendizagem, os objetos de aprendizagem[37], a avaliação, o Regimento Escolar e os princípios da igualdade e da dignidade humana.

Antes de prosseguir, convém destacar, que nos inc. VI e VII junta-se, ao atributo **regular**, uma circunstância tipificadora. No primeiro caso, o legislador diz: "[...] ensino noturno **regular**, *adequado às condições do educando"*. No segundo caso, consigna: "[...] educação escolar **regular** para jovens e adultos, *com características e modalidades adequadas às suas necessidades e disponibilidades* [...]". É precisamente esta circunstância tipificadora que acrescenta, ao **regular**, o que a hermenêutica jurídica chama de *ideia germinal*, ou seja, um elemento apositivo que, sem alterar a essência do conceito de origem, acrescenta-lhe uma particularidade com o consequente enriquecimento semântico que, no caso, é a possibilidade de organização escolar **própria**. Portanto, ao distinguir a oferta de ensino regular com o atributo *noturno*, a lei quer chamar a atenção para, de um lado, a obrigação do Estado e, de outro, para a necessidade do cumprimento deste dever, considerando as especificidades do aluno que procura a educação escolar pública à noite. Quais são as condições deste aluno? Trata-se de um trabalhador que mora, normalmente, na periferia, usa transporte público de horário irregular e, por isso, chega quase sempre atrasado e sai antes do que seria o término normal das aulas. Ignora que a saída mais cedo do trabalho para poder estudar é prevista em lei, ou seja, pode ser negociada. Pior: quase sempre, a escola proíbe este aluno de entrar quando chega fora de hora (Sobre o atributo regular, cf. tb. X). A oferta de ensino regular noturno constitui um dos grandes desafios da educação brasileira. De fato, o que ocorre é que as escolas brasileiras apresentam dois níveis distintos de condição de funcionamento de suas escolas: um para o dia com facilidades maiores e outro, para a noite, sob condições de funcionamento bem mais precárias. Este fato, aliás, reflete a visão elitista de uma educação que primeiro prepara os que não trabalham e, depois, os outros! São dois cidadãos(!): o estudante

---

37. Os objetos de aprendizagem são qualquer recurso digital que possa ser reutilizado para o suporte ao ensino (WILEY, 2000: 3). Criados em qualquer mídia ou formato, incluindo imagens, animações e *applets*, documentos VRML, arquivos de texto/hipertexto, dentre outros, o importante é que o "recurso" tenha um propósito educacional predefinido, um elemento que estimule a reflexão do aluno (BETTO & MARTINS, 2004).

que, mais tarde, será trabalhador, e o trabalhador, eventual estudante, ou seja, o estudante profissional e o profissional estudante!

É muito importante registrar a matrícula expressiva dos alunos do Ensino Médio noturno. Vejamos o gráfico abaixo:

Matrículas no Ensino Médio, por turno – 2022

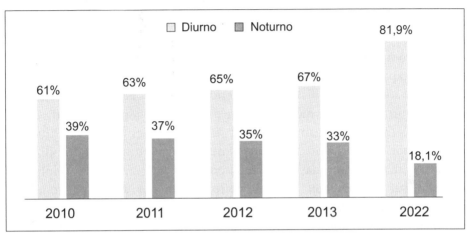

Fonte: Inep/Censo Escolar – 2010-2022.

Por este gráfico, 1,4 milhão de alunos do ensino médio estudam no período noturno.

Alguns dados do Instituto Ayrton Sena 2015 sobre o Ensino Médio noturno chamam a atenção, como se pode constatar:
- Idade média dos alunos: 18,8%.
- Idade média dos alunos do 3º ano: 20,1%.
- Abandono escolar no Ensino Médio diurno: 4,7%.
- Abandono escolar no Ensino Médio noturno: 14,5%.
- Alunos das Redes Públicas, que são 33% da matrícula, estão dois ou três anos atrasados em relação à idade correta para a série ensinada.
- De acordo com o Censo Escolar 2022, a rede estadual participa com 84,2% no total de matrículas; são 6,6 milhões de alunos.

Embora os alunos da noite sejam, em sua maioria, adultos, a formulação dos conteúdos e as metodologias de ensino são normalmente indiferenciadas para o dia e para a noite e os professores, também, não são qualificados para um trabalho docente "adequado às condições do educando". Este fato é gravíssimo e responde, certamente, pelo desestímulo, pela deserção de alunos e pelo baixo rendimento da aprendizagem das classes noturnas. Sobretudo em nível de Ensino Médio público, cuja matrícula é expressiva à noite e no qual se constata uma nítida deteriorização dos indicadores de eficiência (repetência, evasão e promoção). É lamentável que a Lei da Reforma do Ensino Médio só faça menção ao ensino noturno no âmbito da oferta de EJA, desconsiderando jovens em idade de Ensino Médio que estudam à noite. Aqui, embora se verifique, nos últimos anos, uma evolução do número de diplomados, o que se deu, na verdade, foi uma evolução positiva das matrículas, mais do que a melhoria de eficiência do sistema.

Está comprovado que, para quem trabalha o dia inteiro, o rendimento em termos de aprendizagem à noite, depois das 20 horas e depois de mais de 2 ou 3 horas de aula, é baixo. Fica comprometido. Daí por que o grande desafio da escola noturna é adequar metodologias e práticas pedagógicas às condições do educando. Tarefa extremamente difícil pelas condições pessoais de trabalho do professor e pelos limitados recursos de apoio ao ensino disponibilizados. Assim, o encurtamento das horas-aula, por si só, exigiria uma multiplicação de meios para assegurar, ao aluno da noite, pelo menos, as mesmas condições proporcionadas aos alunos de curso diurno. O que não acontece. O aluno do noturno tem, normalmente, um ano de defasagem dos conteúdos em relação aos alunos da mesma série do diurno. A evasão e a reprovação chegam a duas vezes as taxas do diurno: 9,6% e 19,2% respectivamente.

Para a escola pública responder adequadamente ao perfil do aluno da noite, deverá pensar em trabalhar com metodologias ativas, diferenciadas e capazes de envolver o aluno, o que passa por providências como: a) Dar uma qualificação específica continuada aos professores; b) Montar salas-ambiente; c) Abrir laboratórios para os alunos trabalharem com pedagogia de projetos; d) Contratar animadores culturais que possam auxiliar os professores; e) Criar infraestrutura de apoio ao bem-estar pessoal dos alunos, disponibilizando meios como: parque aquático, alimentação, quadras, biblioteca, laboratórios, salas de audiovisual, salas de arte e cultural, miniteatros, exibição de filmes nacionais (de preferência!) e, ainda, a programação contínua de aulas dialogadas em que os alunos possam falar de suas vidas, de seu trabalho, de seu dia a dia. A escola pública regular noturna, tal qual funciona hoje, é um instrumento de desqualificação da aprendizagem e, em decorrência, uma instituição de reprodução das desigualdades sociais. Os alunos da noite não precisam de uma escola **do dia**, mas de um ensino trabalhado com ambientação e metodologias correspondentes ao seu perfil de trabalhadores estudantes do noturno!

É forçoso reconhecer que, há muito tempo, o ensino noturno travou. Ou seja, ampliam-se as matrículas e multiplicam-se os problemas. Se considerarmos que, no Ensino Médio público, das áreas populares densamente habitadas, mais de 60% das matrículas concentram-se no horário noturno, a questão assume dimensões dramáticas. Com um aluno do perfil inteiramente diferente do aluno que estuda pela manhã ou à tarde, o ensino noturno tem ainda o agravante do tamanho das turmas. Aqui, urge mudar inteiramente as atuais condições de funcionamento das escolas e da organização das salas de aulas, com estrita observação do art. 25 da LDB. É imperativo atuar sobre fatores como: condições socioeconômicas e culturais deste aluno e concepção pró-ativa de ensino, com atividades múltiplas e horário flexível. O primeiro grande passo nesta direção será mudar o regime de matrículas. Em lugar de trabalhar com o regime seriado inflexível, a escola deve implementar um regime de matrículas por disciplina, adotar o sistema de módulos e o regime de crédito, e, adicionalmente, um regime de tutoria e, ainda, o Estado deveria proporcionar um sistema de Bolsas de Estudo, sob a forma de fomento cultural. O aluno do ensino regular noturno carrega consigo privações culturais crônicas.

Alguns números do ensino regular noturno ajudam a ampliar a visibilidade sobre esta questão, inclusive comparativamente (Jornal *O Globo*, de 24/11/2013):

- Distribuição dos alunos por ocupação:
  - Turno diurno: **22% trabalham**
     68% não trabalham
     10% não responderam
  - Turno noturno: **57% trabalham**
     29% não trabalham
     14% não responderam

Estes números são um painel de grande valor analítico, se considerarmos que o Ensino Médio fecha o ciclo de escolaridade básica obrigatória. Vale lembrar também que aqueles alunos do noturno que não trabalham (29%) não têm emprego fixo, mas tem ocupação!

O ensino noturno, de qualquer nível, mas sobretudo aquele correspondente à terceira etapa da Educação Básica (o Ensino Médio), requer que os(as) professores(as) assimilem e assumam coordenadas sociopedagógicas que os(as) leve a trabalharem com *OUTRAS PEDAGOGIAS*, na feliz expressão de ARROYO (Vozes, 2012). Tais pedagogias são rotas de emancipação não associadas "a um padrão de classificação de culturas". Contribuem também para que os(as) professores(as) se **AUTOFORMEM** e, contrariamente, não se **CONFORMEM**!

> VII – O mandamento legal de oferta de educação escolar regular para jovens e adultos tem como pressuposto que se trata de atividade prestacional do Estado no campo da educação alcançar aqueles que se situam na faixa etária superior à considerada própria no nível de conclusão do Ensino Fundamental e do Ensino Médio. Depreende-se daí que cabe aos sistemas de ensino, aqui, sobretudo, aos estados e municípios, planejar, programar e disponibilizar cursos gratuitos aos jovens e aos adultos. Como o público-alvo põe-se em faixa etária diferenciada e, portanto, é detentora de um perfil diferenciado, com focalização já no mundo do trabalho, a escola deverá levar em conta os chamados interesses internalizados dos alunos, suas condições familiares, de vida e de trabalho e, ainda, o horizonte de aspirações que cabe manifestar. A programação escolar de respostas às demandas dos alunos deve-se encorpar em cursos e atividades integradas e complementares, assim que os princípios da flexibilidade e da diversidade sejam as formas de energia a dar dinamismo à matriz curricular. Em nenhum segmento do itinerário de formação no âmbito da educação escolar, a relação educação e trabalho assume tanta relevância. Como frisa a Unesco (2007: 13), "a relevância responde ao quê e ao para quê da educação se concentra no lastro das aprendizagens significativas que devem compor o foco de interesse das pessoas para que possam exercer uma cidadania ativa, produtiva e socialmente contributiva".

Nesse passo, o dever do Estado ganha relevância especial. A Educação de Jovens e Adultos (EJA) é modalidade educativa com expressão de matrículas estável, porém, não desprezível. Convém, também, aclarar que as obrigações da escola, nesse âmbito, não podem e não devem ser restritas aos conteúdos curriculares programáticos. Aqui, mais do que em qualquer outra situação de realidade de sala de aula, os princípios pedagógicos da identidade, diversidade e autonomia, da interdisciplinaridade e da contextualização são elementos de empuxo para estimular a mobilização, a ressignificação e a reconstrução do conhecimento e a criação de ressitualidades cognitivas. Portanto, não se trata tão somente de atender a uma população que não teve, à sua disposição, escola na idade própria. Aqui, não há como deixar de dar centralidade às questões da cultura e do conhecimento postos **para** o aluno sem que não seja, também, **do** aluno. Assim, garantir escola para jovens e adultos significa, de partida, construir espaços de aprendizagem fora da perspectiva tradicional de uma escola que percebe o processo ensino/aprendizagem como mera transmissão de conhecimentos. "O que significa – como aponta Lopes (1999: 63) – a seleção cultural dos conteúdos não problematizada, mascarando-se seus aspectos conflituosos. Mesmo porque a sociedade é analisada dentro de uma ótica funcionalista [...]".

A escola de jovens e adultos há de compreender que os alunos que frequentam suas salas de aula são trabalhadores formais e informais, fato que os torna pessoas que constroem cultura, pois "[...] é a partir do trabalho que se formará a cultura. É o processo e não a aquisição do objeto final que interessa" (BOSI, 1987: 40). O trabalhador chega à sala de aula com um patrimônio de saberes, mesmo que construídos à luz de outras racionalidades que não as de natureza curricular, científica e sistêmica. Comparados aos saberes escolares, os do trabalhador são construídos com diferenciação epistemológica e, certamente, com distinções axiológicas. De qualquer sorte, o dever do Estado, nesse caso, deve começar pela compreensão de que os saberes escolares não são os únicos saberes válidos. Assentados estes pressupostos, fica mais fácil compreender que a oferta de educação regular para jovens e adultos pelo texto legal deverá ser realizada mediante uma pluralidade de formas apropriadas a este tipo de aluno, não apenas no sentido de suas características biopsíquicas, mas também no sentido das necessidades objetivas do trabalhador. Deve-se, portanto, oferecer uma educação acessível ao seu perfil em dupla direção: no sentido de chegar à escola e no sentido de permanecer na escola. Para a colimação deste duplo objetivo há necessidade de escolas bem equipadas e de professores adequadamente preparados, sobretudo com sólida formação na área de psicopedagogia do adulto. De fato, a escola pública brasileira está malpreparada para oferecer atendimento educacional dentro de um quadro de observância às *diferenças individuais*, da criança e do adolescente, e totalmente despreparada para fazer o mesmo em relação ao adulto. Nesse sentido, o direito à educação efetiva é uma utopia ainda distante. As Diretrizes Curriculares Nacionais da Educação de Jovens e Adultos destacam a função reparadora da EJA e, ainda, a sua função de suprimento. Ou seja, além de a EJA representar o passaporte de entrada no circuito dos direitos civis pela restauração de um direito negado no tempo próprio, representa, igualmente, a oportunidade de o cidadão aportar à educação escolar para se ressituar no contexto do progresso humano, o que supõe compreender que "a alfabetização concebida como um conhecimento básico, necessário a todos, num mundo em transformação, é um direito humano fundamental. Em toda sociedade, a alfabetização é uma habilidade primordial em si mesma e um dos pilares para o desenvolvimento de outras habilidades, além de ser um requisito básico para a educação continuada durante a vida" (Declaração de Hamburgo, 1997). Convém acrescentar que o Brasil é signatário desta Declaração. O conceito de alfabetização é abrangente e se refere ao conjunto de instrumentos intelectuais – que vão dos conhecimentos às suas formas e finalidades – adquiridos ao longo da educação básica tendo em vista assegurar, ao aluno, "uma formação comum indispensável para o exercício da cidadania e fornecer-lhe meios para progredir no trabalho e em estudos posteriores" (LDB, art. 22).

Uma educação com características e modalidades adequadas às necessidades e disponibilidades do aluno implica uma organização curricular que leve em conta a melhoria da condição de sua qualidade de vida e implica também uma organização do tempo escolar que considere as condições objetivas da vida de trabalho e de estudante, o que supõe conteúdos curriculares e metodológicos apropriados às suas reais motivações e interesses. Estes dois aspectos rebatem diretamente em duas áreas distintas de constituição da educação escolar: o **conteúdo** entendido como os conhecimentos e as **habilidades** que a preparação para a cidadania exige e, por isso, a escola deve desenvolver os métodos, **entendidos** como o feixe de estratégias educacionais e de ensino voltadas para alcançar tal desenvolvimento. Em um e outro caso, o dever do Estado com relação à EJA tem muito que avançar, uma vez que a escola brasileira continua esclerosada nos processos de organização desta modalidade de educação. De fato, o que ocorre é que os trabalhadores têm de se enquadrar à escola, e não esta se adequar às necessidades básicas de aprendizagem dos trabalhadores. Esta é a razão por que há uma alta rotatividade de alunos nos programas da EJA, com um longo tempo de duração, para o aluno trabalhador concluir os estudos. Ou seja, a demanda crescente no passado e estável hoje não se encorpa em permanência, pois é decrescente. Urge inverter essa tendência assim que se amplie a oferta de educação escolar regular para jovens e adultos, garantindo-se, aos que forem trabalhadores, as condições de acesso e permanência na escola, e, ainda, de aprendizagem com qualidade social. Para tanto, o aluno trabalhador precisa ver respeitadas suas características próprias, correspondentes:

❖ A sua condição de desenvolvimento humano;

❖ Aos níveis do seu desenvolvimento socioemocional;

❖ As especificidades de suas atividades profissionais e ocupacionais como:

▪ Regime de trabalho;

▪ Condições de trabalho;

- Distância da moradia/trabalho/escola;
- Situação da moradia

❖ Às suas expectativas e necessidades como trabalhador e cidadão produtivo.

Neste amplo estuário de perfil do trabalhador, portanto, de suas características pessoais, a programação escolar deve estas enraizada na esteira das **pedagogias da vida socioprodutiva** e **das pedagogias do cotidiano**. Neste contexto de compreensão, cabe certamente o ensinamento de ARROYO (2017: 178): "Toda atividade produtiva é atividade cultural".

> VIII – A alteração introduzida neste inciso pela Lei 12.796/2013 repete o que está no art. 208, inc. VII da Constituição Federal. Mais do que alteração de redação, trata-se de mudança de natureza substantiva. De fato, alarga a esfera de atendimento obrigatório do Estado, ao educando, passando a cobrir todas as etapas de educação básica e não só o Ensino Fundamental, como anteriormente. A lei fala em *programas suplementares* de material didático-escolar, transporte, alimentação e assistência à saúde. O atributo **suplementar** é mais do que um acréscimo ou um mero aditamento. Trata-se, na verdade, de compensação a situações de deficiência, de carência material e de privação de **meios** viabilizadores de se alcançarem plenamente os fins da educação e de se criarem as condições de um adequado processo de aprendizagem via ensino regular. Quais são estes fins e quais são estes processos? São aqueles encorpados no art. 22 da LDB e que deságuam em respostas estatais no que tange às formas de atendimento às necessidades básicas de aprendizagem, dentro da responsabilidade pública e do compromisso republicano de garantir *uma só escola para todos* (JOMTIEN, 1990). Em conexão compreensiva com este alinhamento hermenêutico, vale reconvocar a perspectiva de que a dimensão teleológica da educação básica está insculpida no art. 3º da Constituição-cidadá. Esta, ao definir os objetivos fundamentais da República Federativa do Brasil, crava, entre outros: inc. III – Erradicar a pobreza e a marginalização e reduzir os desequilíbrios sociais; e inc. IV – Promover o bem de todos, sem preconceitos de origem, raça, cor, idade e quaisquer outras formas de discriminação. Por outro lado, o direito à igualdade (CF, art. 5º) pressupõe tratamento isonômico já de início, por parte do Estado. Ademais, os programas suplementares referenciados aqui voltam-se para o campo dos direitos sociais (CF, art. 6º). Ou seja, estamos na seara das atividades prestacionais obrigatórias do Estado brasileiro. Em síntese e dentro de uma visão compacta e juridicamente articulada, a base legal de natureza constitucional, com desdobramentos na LDB e legislação complementar, para a garantia dos Programas Suplementares ora enfocados, é a seguinte, de acordo com o site do MEC/FNDE:

A – Constituição Federal

Art. 208

VII – atendimento ao educando da educação básica (2007) através de programas suplementares de material didático-escolar, transporte, alimentação e assistência à saúde.

Art. 211

"A União, os estados, o DF e os municípios organizarão em **regime de colaboração** *seus sistemas de ensino.*

B – Municípios – Prioridade Ensino Fundamental e Educação Infantil *(CF, art. 211, § 2º).*

Estados e DF – prioridade Ensino Fundamental e Ensino Médio *(CF, art. 211, § 3º).*

União – Programas Suplementares *(CF, art. 208, inc. VII e 212, § 4º).*

C – A Lei 9.394 – LDB *de 20/12/1996, com acréscimo da* **Lei 10.709**, *de 31/07/2003.*

Art. 10 – Os estados incumbir-se-ão de:

VII – **assumir o transporte escolar dos alunos da rede estadual.**

Art. 11 – Os municípios incumbir-se-ão de:

VI – **assumir o transporte escolar dos alunos da rede municipal.**

D – PNTE – Convênios – 1995/2013.

Lei 10.880 – Pnate – Transferência Direta – 2004

Objetivo de garantir o acesso à educação aos alunos da educação básica pública, residentes em área rural e que utilizam o transporte escolar.

Uma visão dos Programas Suplementares disponibilizados atualmente pode nos oferecer um melhor entendimento da forma como o Estado brasileiro vem atendendo a esta tarefa obrigacional. O site do FNDE/MEC apresenta o seguinte painel de programas em 2014:

A Resolução 42/2012 dispõe sobre o Programa Nacional do Livro Didático (PNLD) para a educação básica. O chamado Programa do Livro é assim descrito pelo FNDE/MEC:

> O que é?
>
> Os Programas do Livro compreendem as ações de dois programas: o Programa Nacional do Livro Didático (PNLD) e o Programa Nacional Biblioteca da Escola (PNBE), por meio dos quais o governo federal provê as escolas de educação básica pública com obras didáticas, pedagógicas e literárias, bem como com outros materiais de apoio à prática educativa, de forma sistemática, regular e gratuita.
>
> A quem se destina?
>
> As ações dos programas de material didático destinam-se aos alunos e professores das escolas de educação básica pública, incluindo estudantes de educação de jovens e adultos.
>
> Como acessar?
>
> Todas as escolas cadastradas no Censo Escolar são beneficiadas com o PNBE. Para participar no PNLD, os dirigentes das redes de ensino municipais, estadual, distrital e das escolas federais encaminham termo de adesão, manifestando seu interesse em receber os materiais do programa e comprometendo-se a executar as ações do programa conforme a legislação.

No campo do material didático-escolar, o Programa Nacional do Livro Didático (PNLD), voltado para escolas de Ensino Fundamental e de Ensino Médio cobre áreas, como: livros didáticos, acervos de obras literárias, obras complementares e dicionários. Os livros didáticos são avaliados pelo MEC que elabora o Guia do Livro Didático, onde estão as resenhas das obras aprovadas. O Guia é disponibilizado às escolas pelo Fundo Nacional de Desenvolvimento da Educação (FNDE). De acordo com o órgão, as informações básicas do Programa Nacional do Livro-didático são as seguintes:

O PNLD é executado em ciclos trienais alternados. Assim, a cada ano, o FNDE adquire e distribui livros para todos os alunos de determinada etapa de ensino e repõe e complementa os livros reutilizáveis para outras etapas. São reutilizáveis os seguintes componentes: Matemática, Língua Portuguesa, História, Geografia, Ciências, Física, Química e Biologia. Os consumíveis são: Alfabetização Matemática, Letramento e Alfabetização, Inglês, Espanhol, Filosofia e Sociologia. Um edital especifica todos os critérios para inscrição das obras. Os títulos inscritos pelas editoras são avaliados pelo MEC, que elabora o Guia do Livro Didático, composto das resenhas de cada obra aprovada, que é disponibilizado às escolas participantes pelo FNDE. Cada escola escolhe democraticamente, dentre os livros constantes no referido Guia, aqueles que deseja utilizar, levando em consideração seu planejamento pedagógico. Para garantir o atendimento a todos os alunos, são distribuídas também versões acessíveis (Áudio, Braille e MecDaisy) dos livros aprovados e escolhidos no âmbito do PNLD. O MecDaisy é uma ferramenta tecnológica que permite a produção de livros em formato digital acessível. Possibilita a geração de livros digitais falados e sua reprodução em áudio, gravado ou sintetizado, apresenta facilidade de navegação pelo texto, permitindo a reprodução sincronizada de trechos selecionados, o recuo e o avanço de parágrafos e a busca de seções ou capítulos.

PNLD EJA
O Programa Nacional do Livro Didático para a Educação de Jovens e Adultos (PNLD EJA) distribui livros didáticos para os jovens e adultos das entidades parceiras do Programa Brasil Alfabetizado (PBA) e das redes de ensino da educação básica.

PNLD CAMPO
A partir de 2013, os alunos do 1º ao 5º anos do Ensino Fundamental que estudam em escolas públicas consideradas rurais, passaram a receber um material didático específico. As obras do PNLD Campo compreendem a Alfabetização Matemática, Letramento e Alfabetização, Língua Portuguesa, Matemática, Ciências,

História e Geografia. O diferencial consiste na possibilidade das Coleções em formatos diferentes (multisseriada e seriada) de modo a diversificar a oferta de projetos pedagógicos aos professores. Além disso, essas Coleções irão considerar as especificidades do seu contexto social, cultural, ambiental, político e econômico. A escolha e a distribuição das Coleções, que serão consumíveis, será trienal e integral. Haverá ainda complementação anual para cobertura das matrículas adicionais.

PNLD OBRAS COMPLEMENTARES

As obras complementares, distribuídas no âmbito do PNLD, compõem acervos direcionados às turmas de alunos de 1º ao 3º anos do Ensino Fundamental, com o objetivo de incrementar a aprendizagem no ciclo de alfabetização.

PNLD ALFABETIZAÇÃO NA IDADE CERTA

O Ministério da Educação instituiu por meio da Portaria 867, de 04/07/2012, o Pacto Nacional pela Alfabetização na Idade Certa (Paic), de forma a garantir a alfabetização das crianças em Língua Portuguesa e em Matemática até, no máximo, os 8 anos de idade, no final do 3º ano do Ensino Fundamental. Dentre as ações do Pacto estão compreendidas as aquisições de materiais didáticos, literatura e tecnologias educacionais, entre outros.

TERMO DE ADESÃO

Em 2011, foram estabelecidos novos procedimentos no âmbito do PNLD. De acordo com esse regulamento, são atendidas apenas as escolas federais e as redes de ensino que tenham aderido formalmente ao Programa, mediante assinatura de termo específico disponibilizado.

Vista a base legal e normativa dos *Programas Suplementares*, sob a inspiração do art. 208, inc. VII, da Constituição Federal, com a definição e descrição dos programas em funcionamento via FNDE/MEC, passamos a considerar os aspectos de conteúdo jurídico-social e as dimensões de conteúdo sociopedagógico de cada um destes programas. No seu conjunto, devem ser vistos como mecanismos de política pública voltados para o enfrentamento das desigualdades sociais e, portanto, da exclusão de cidadania. Nesse horizonte inaceitável, a adoção pelo Estado de políticas e Programas Suplementares de apoio à criança e às famílias pobres significa conter e retrair "um modelo de desenvolvimento que exacerba as diferenças econômicas, políticas e culturais entre os grupos sociais". Nesta direção inibidora e estrategicamente revertedora de injustiças sociais, são postos os *Programas Suplementares* sobre os quais passamos a falar, pela sua significação de sustentação às precondições dos alunos a uma aprendizagem adequada e ao desenvolvimento do processo de emancipação social dos sujeitos envolvidos (famílias e alunos).

Forçoso é reconhecer que há fatores que atuam fora do palco da sala de aula e que repercutem diretamente sobre as condições de aprendizagem do aluno. Estes fatores têm sua etiologia em um modelo de desenvolvimento socioeconômico que favorece, historicamente, a concentração de renda e, em consequência, nutre, multiplicadamente, bolsões de pobreza.

Em decorrência destes fatores exógenos à escola, o dever de educar e o direito à educação implicam, no âmbito da educação básica de responsabilidade pública, a oferta de programas de apoio escolar, tais como: **material didático, alimentação, transporte** e **programas de saúde**. Nesse caso, o Poder Público pode só, parcialmente, incluir estes gastos nos 25% constitucionais destinados à manutenção e desenvolvimento do ensino, respeitando o que a lei define como tal. O que ultrapassar o conceito legal deverá ter custos cobertos com recursos outros do orçamento, nos termos do art. 212, § 4º, da Constituição Federal.

Como já dito anteriormente, a Constituição Federal tem 1.627 dispositivos, muitos deles contendo políticas públicas. Este é o caso do art. 208, VII, segundo o qual "o dever do Estado com a educação será efetivado mediante a garantia de (EC 14/1996, EC 53/2006 e EC 59/2009): atendimento ao educando, em todas as etapas da educação básica, por meio de programas suplementares de material didático escolar, transporte, alimentação e assistência à saúde". Ou seja, o inciso que passamos a comentar reproduz, simplesmente, o dispositivo constitucional aludido.

• Disponibilizar material didático, sobretudo livros, para as escolas é precondição para se trabalhar, de forma objetiva, o conceito de ensino de qualidade. Isto porque nem as famílias têm condições de incluir os livros escolares em sua cesta básica nem o aluno desenvolveu hábito de leitura e, em consequência, tem internalizada a cultura do livro como ponto de apoio para fecundar a aprendizagem. Nesse campo, a escola deverá fazer quase tudo.

O Brasil possui, desde 1985, o Programa Nacional do Livro Didático (PNLD). Para o MEC, o programa objetiva oferecer, a alunos e professores da educação básica, em caráter universal e gratuito, livros didáticos de boa qualidade[38]. Segundo a Secretaria de Educação Básica, "o objetivo é aprofundar as práticas de letramento e, também, no nível de conhecimento das crianças. A implantação do Ensino Fundamental de nove anos – e a entrada das crianças de 6 anos nesta etapa – demandaram uma reorganização do PNLD. Com isso, além dos livros didáticos e dos livros de ficção, enviados pelo Programa Nacional de Biblioteca da Escola (PNBE), as escolas receberão material complementar que vai auxiliar no processo de alfabetização e letramento".

• O transporte escolar, ao lado da aquisição de material didático-escolar e outros, constitui item a ser considerado como de manutenção e desenvolvimento do ensino[39]. Importa dizer que o Estado pode incluí-lo no conjunto dos investimentos financeiros, sob a forma de despesas legais, para que a escola possa atingir seus objetivos básicos (LDB, art. 70, VIII). Na verdade, a disponibilização de transporte escolar para alunos do ensino público obrigatório compõe o quadro da base de princípios para ministração do ensino, dentre os quais está "a igualdade de condições para o acesso e permanência na escola" (LDB, art. 3º, I). Por esta razão, o Plano de Desenvolvimento da Escola (PDE), instrumento do governo federal para a equalização de oportunidades educacionais inclui, em seus 40 tipos de ações previstas, o apoio a estados e municípios no campo do transporte escolar. O princípio básico para caracterizar o dever do Estado nesta área é que, independentemente de onde a criança nasceu e vive, ela tem direito de estudar e este direito deve ser assegurado, viabilizado e executado com qualidade e respeito ao direito da criança como cidadão e como cidadã.

No Brasil, cerca de 65% dos municípios tem problemas com transporte escolar. As crianças são transportadas em carros velhos, sem qualquer conforto e segurança. Para enfrentar esta situação, o MEC criou o programa **Caminho da Escola**, que tem como objetivo "assegurar transporte de qualidade e com segurança a estudantes de áreas rurais". Nesse sentido, os veículos devem ser padronizados, obedecendo a parâmetros do **Inmetro**. Os recursos para este programa são oriundos do Banco Nacional de Desenvolvimento Econômico e Social (BNDES). Este programa contempla, igualmente, a possibilidade da

---

38. O processo de aquisição dos livros começa com três anos de antecedência. O primeiro ano é o do lançamento do edital de inscrições das obras. O segundo ano é reservado para a avaliação e elaboração do guia do livro didático. No terceiro ano, faz-se a escolha, a compra e a distribuição dos livros. Finalizando o guia, é imediatamente disponibilizado na página eletrônica do FNDE e remetido, sob forma impressa, às escolas públicas cadastradas via Censo Escolar.

39. A Lei 11.947/2009, em seu art. 2º, dá nova redação aos art. 2º e 5º da Lei 10.880/2004, estendendo os benefícios do transporte escolar aos alunos da educação básica pública, residentes em área rural, por meio de assistência financeira suplementar.

aquisição de barcos e embarcações para o transporte de populações ribeirinhas, sobretudo na região amazônica.

Hoje, felizmente, há uma compreensão mais elástica e adequada sobre a necessidade e urgência de se diversificarem as estratégias de inclusão frente à diversidade social e cultural do país. De fato, o processo de exclusão tem diferentes dimensões; uma delas, certamente, é a que consiste em deixar fora da escola os que, além de residirem distante dela, são economicamente desfavorecidos. Há diversos estudos (SCHARER, 2000; ROSSI, 2003; SANTINI, 2007) que indicam a ampliação das dificuldades de aprendizagem de alunos que têm de percorrer grandes distâncias para chegar à escola. Como o equilíbrio entre o físico e o mental é condição essencial de germinação da aprendizagem, os estudos e pesquisas referidos revelam que o estresse físico com origem em longas caminhadas diárias por parte do aluno tem repercussão direta sobre o acesso, a permanência e o rendimento escolar. Estes estudos concluem que muitas crianças das camadas populares têm perda da motivação e da disposição de aprender em face do desconforto que antecede a chegada à escola. Por isso, o Poder Público tem o dever de investir no conjunto de meios que contribuam diretamente para evitar a *estafa do aluno*. Isto vai desde a integração socioafetiva ao transporte escolar. São estes cuidados que garantem o desenvolvimento harmônico e integral da criança.

- Na área de atendimento ao aluno através do programa suplementar de transporte escolar, o MEC executa dois programas de reconhecido alcance socioeducacional e escolar: o Caminho da Escola, já citado anteriormente, e o Programa Nacional de Apoio ao Transporte Escolar (Pnate). Cada um deles possui um foco específico e, portanto, características próprias.

O Programa Caminho da Escola, instituído pela Resolução 03/2007, consiste em concessão de linha de crédito pelo Banco Nacional de Desenvolvimento Econômico e Social (BNDES), com o objetivo de ensejar a aquisição de ônibus, miniônibus, micro-ônibus e embarcações (sobretudo, para a região amazônica, como assinalado acima).

O Programa Nacional de Apoio ao Transporte Escolar (Pnate), instituído pela Lei 10.880/2004, objetiva garantir acesso e permanência nas escolas de alunos residentes em áreas rurais. Inicialmente, o atendimento era voltado só para alunos do Ensino Fundamental. A partir de 2009, a Medida Provisória 455, posteriormente transformada na Lei 11.947/2009, deu maior abrangência ao Pnate, ampliando seu alcance a toda a educação básica. Significa, na prática, que o atendimento e o benefício foram estendidos a alunos da Educação Infantil, do Ensino Fundamental e do Ensino Médio das áreas rurais.

A especificidade do Pnate reside na transferência automática de *recursos financeiros*, sem necessidade de convênio ou de outro instrumento normativo congênere, para custear uso e manutenção de transporte escolar. Inclui serviços mecânicos, combustível, reposição de peças e, ainda, o pagamento de serviços contratados junto a terceiros para o transporte escolar. Transferidos diretamente aos estados, DF e municípios, os valores são disponibilizados em nove parcelas anuais, com o montante calculado pela matrícula de alunos transportados da zona rural e informados no Censo Escolar do ano anterior. O valor é um *per capita*/ano (varia entre R$ 120,73 e R$ 172,24 atualmente) definido pela dimensão da área rural do município, a população residente do campo e, ainda, a posição do município na linha de pobreza. Em 2016, os alunos beneficiados pelo Pnate eram 4.547.690 (quatro milhões quinhentos e quarenta e sete mil seiscentos e noventa).

• O atendimento do aluno brasileiro no campo alimentar é amplo e consolidado na linha do tempo. Na verdade, o Programa Nacional de Alimentação Escolar (Pnae) foi implantado em 1955. Desde então, tem contribuído para "o desenvolvimento, a aprendizagem, o rendimento escolar dos estudantes e a formação de hábitos alimentares saudáveis por meio da oferta da alimentação escolar e de ações de educação alimentar e nutricional" (FNDE, 2014). Com ampla envergadura nacional e social, o Pnae atende a alunos da educação básica em geral (Educação Infantil, Ensino Fundamental, Ensino Médio e Educação de Jovens e Adultos (EJA)) matriculados em escolas públicas, filantrópicas e em entidades comunitárias; neste caso, conveniadas com o poder público por meio de transferência de recursos financeiros. O Pnae atende, atualmente, 43 milhões de alunos da educação básica e do segmento de jovens a adultos. Seu orçamento para 2014 é de R$ 3,5 bilhões, com uma particularidade em sua aplicação: pela Lei 11.947/2009, 30% desse valor (ou seja, 1,05 bilhão), devem ser direcionados na compra direta de produtos da **agricultura familiar**. Objetivo: "estimular o desenvolvimento econômico e sustentável das comunidades" (Fnde).

O valor aluno/dia letivo é repassado diretamente a estados e municípios pela União, tendo como base o Censo Escolar do ano anterior e com variação de acordo com a etapa e modalidade de ensino. Hoje, são atendidos alunos de creches, pré-escolas, escolas indígenas e quilombolas, Ensino Fundamental, Ensino Médio e Educação de Jovens e Adultos, ensino integral e alunos do atendimento educacional especializado (no contraturno). Um dos mais importantes programas universais de oferta de educação alimentar e nutricional – no âmbito escolar regular – o Pnae é acompanhado e fiscalizado pela sociedade, por meios dos Conselhos de Alimentação Escolar (CAE), pelo FNDE, pelo Tribunal de Contas da União (TCU), pelos Tribunais de Conta dos estados e dos municípios (onde houver), pela Controladoria Geral da União (CGU) e pelo Ministério Público.

• O Programa Nacional de Alimentação Escolar, popularmente conhecido como Programa da Merenda Escolar[40], atrai as famílias e as crianças para a **escola, fortalece a vivência do trinômio cuidar/educar/ensinar** e reduz a evasão escolar.

Garantir o dever de alimentação e assistência à saúde, em um contexto social de tantas e tamanhas desigualdades como no Brasil, constitui uma responsabilidade elementar do Estado, segundo a compreensão de que ele (Estado) não pode *operar dentro de uma única escala* (SANTOS, 2005/2006). É o nível de necessidade concreta que deve regular a ação social do Estado cujo balizamento essencial é o respeito à vida e à dignidade da pessoa humana (CF, art. 1º e 5º). Estes fundamentos levaram à universalização do Programa Nacional de Alimentação Escolar (Pnae). O FNDE fica responsável para atender a suplementação dos recursos, transferidos em 10 parcelas para uma conta da específica. A aplicação é feita sob o acompanhamento do Conselho de Alimentação Escolar (CAE), que não apenas atesta o fornecimento, mas também chancela a documentação comprobatória das compras feitas. A ideia é que a alimentação escolar, como direito humano, tenha uma dieta adequada e nutritiva. Esta preocupação tem relação direta com questões de saúde dos alunos, uma vez que "incutir hábitos saudáveis nas crianças é formar adultos saudáveis" (PNAE/FNDE). Por outro lado, está comprovado que alimentação adequada contribui para o aprendizado e desempenho na escola e bem-estar da criança em seu meio familiar e social. Considerado um dos mais importantes programas de alimentação escolar do mundo, o Pnae tem merecido atenção de órgãos como o FAO e diferentes blocos de países da América Latina e da África.

• A assistência à saúde é o último dos programas suplementares indicados neste inc. VIII, como integrante do *dever do Estado com a educação escolar pública* no campo do atendimento ao educando, em todas as etapas da educação básica. O Programa Saúde na Escola (PSE), instituído pelo Decreto 6.286/2007, tem como objetivo "contribuir para formação integral dos estudantes por meio de ações de *promoção, prevenção e atenção à saúde*,

---

40. O art. 1º da Lei 11.947/2009 define como merenda escolar (alimentação escolar) todo alimento oferecido no ambiente escolar, independentemente de sua origem, durante o período letivo.

com vistas ao enfrentamento das vulnerabilidades que comprometem o pleno desenvolvimento de crianças e jovens da rede pública de ensino" (MEC, Programa Saúde nas Escolas, 2014). Está voltado para estudantes da Educação Básica, gestores e profissionais de educação e saúde e comunidade escolar. Seu desenvolvimento é viabilizado por uma agenda de ações integradas: MEC/Ministério da Saúde/estados/municípios/comunidade/escola. O PSE é constituído por cinco componentes, a saber:

a) Avaliação das condições de saúde das crianças, adolescentes e jovens que estão na escola pública;

b) Promoção da saúde e de atividades de prevenção;

c) Educação permanente e capacitação dos profissionais da educação e da saúde e de jovens;

d) Monitoramento e avaliação da saúde dos estudantes;

e) Monitoramento e avaliação do programa.

O PSE trabalha com a concepção de educação integral. É um conceito amplo que abrange a proteção, a atenção e o pleno desenvolvimento da comunidade escolar. Nesta perspectiva, envolvem-se diretamente as Equipes Municipais de Saúde da Família. Daí, porque o Projeto Municipal é o passo decisivo para a implementação do PSE. Através dele, delimitam-se os territórios de responsabilidade e se define o conjunto de escolas que integram cada território, com informações sobre: a) Diagnóstico Situacional com questões referentes a determinantes sociais, cenário epidemiológico e níveis e modalidades de ensino das escolas vinculadas às equipes da Estratégia Saúde da Família (ESF). Daí, surge a Agenda de Educação e Saúde que é, na verdade, "uma estratégia fundamental de implementação das ações compartilhadas nos territórios municipais. São escolhidos "recortes" do território, integrando escolas e unidades de saúde, a fim de gerar uma articulação das práticas". Na área de saúde escolar, as políticas e ações do Estado brasileiro começaram a quase três décadas. Inicialmente, o foco era mais de assistência do que de educação para a saúde propriamente e estava muito centrado em alunos do Ensino Fundamental. Para ser mais preciso, pode-se dizer que, na área de assistência à saúde, o Brasil possui programas para as escolas públicas desde 1984, inicialmente através do Programa Nacional de Saúde das Escolas (PNSE), vinculado à antiga Fundação de Assistência ao Estudante (FAE). Na época, a ideia era promover a saúde de alunos das escolas do Ensino Fundamental da rede pública por meio do desenvolvimento de ações educativas, preventivas e criativas nas áreas de saúde, com ênfase em odontologia e oftalmologia. Ou seja, era mais limitada. Com a Constituição Federal de 1988, ficou estabelecido que é atribuição do

Estado garantir o atendimento à saúde do educando por meio de Programa Suplementar de Saúde do Escolar. Em 1995 foi criado o Projeto de Assistência Integral à Saúde Escolar (Paise), como desdobramento do PNSE. Entre 2003 e 2004, o MEC decidiu concentrar as ações do PNSE em campanhas nacionais, com foco em quatro ações: i) Reprodução e distribuição de material didático-pedagógico às escolas públicas; ii) Triagem de acuidade visual; iii) Consulta oftalmológica; iv) Aquisição e distribuição de óculos aos alunos. Estas ações têm-se expandido significativamente e agregado outras áreas de cobertura.

De acordo com dados da Organização Mundial da Saúde (OMS), 10% dos alunos da 1ª série do ensino público fundamental apresentam deficiências visuais que exigem medidas corretivas. Por outro lado, os problemas de saúde em geral têm repercussão direta no processo de ensino-aprendizagem. Os problemas mais comuns são de ordem auditiva, visual e odontológica. Mas também de saneamento básico e de doenças sexualmente transmissíveis. Nestes dois últimos campos, as ações são articuladas, envolvendo Ministério da Educação (MEC) e Ministério da Saúde (MS). No caso do saneamento básico, a ideia consiste em envolver, amplamente, a sociedade e suas instituições – incluída a rede escolar – para um crescente nível de conscientização em torno dos princípios fundamentais do saneamento básico, com o desenvolvimento de uma postura cidadã em torno de questões como reciclagem de lixo, abastecimento de água, esgotamento sanitário, limpeza urbana, manejo de resíduos sólidos, de lixo hospitalar, de águas pluviais, condições adequadas de habitação, de combate à pobreza, de proteção ambiental e adoção de mecanismos comunitários que contribuam para a melhoria da qualidade de vida e das condições ambientais e de saúde pública[41].

• Por fim, cabe lembrar que saúde e sexualidade integram o quadro dos Temas Transversais destacados na Resolução CNE/CEB 7/2010, que fixa *diretrizes Curriculares Nacionais para o Ensino Fundamental de 9 (nove) anos*, como podemos ver:

Art. 16 – Os componentes curriculares e as áreas de conhecimento devem articular em seus conteúdos, a partir das possibilidades abertas pelos seus referenciais, a abordagem de temas abrangentes e contemporâneos que afetam a vida humana em escala global, regional e local, bem como na esfera individual. Temas como **saúde**, **sexualidade** *e gênero, vida familiar e social, assim como os direitos das*

---

41. Para saber mais sobre este assunto, cf. Lei 11.443, de 05/01/2007, que estabelece diretrizes nacionais para o saneamento básico.

crianças e adolescentes, de acordo com o Estatuto da Criança e do Adolescente (Lei 8.069/1990), preservação do meio ambiente, nos termos da política nacional de educação ambiental (Lei 9.795/1999), educação para o consumo, educação fiscal, trabalho, ciência e tecnologia, e diversidade cultural devem permear o desenvolvimento dos conteúdos da base nacional comum e da parte diversificada do currículo.

À guisa de relembrança, vale reconvocar aqui o registro do Conselho Nacional de Educação a respeito da inclusão de temas vitais e sociais, como estes, ao currículo, neste mesmo texto normativo:

Art. 16

[...]

§ 2º – A transversalidade constitui uma das maneiras de trabalhar os componentes curriculares, as áreas de conhecimento e os temas sociais em uma perspectiva integrada, conforme as Diretrizes Curriculares Nacionais Gerais para a Educação Básica (Parecer CNE/CEB 7/2010 e Resolução CNE/CEB 4/2010).

Estes temas devem impregnar todo o processo de formação da educação básica e, ainda, receber atenção pedagógica nas diversas áreas do conhecimento. Não se trata, portanto, de o Estado brasileiro, através da escola, oferecer informações apenas sobre estes assuntos, senão de garantir meios para a produção de formas de intervenção no interior do espaço escolar, fazendo com que o indivíduo *torne a si mesmo como o objeto de cuidados, alterando comportamentos.*

No caso da assistência à saúde propriamente dita, o MEC e o MS, em parceria com a Unesco e a Unicef, definiram diretrizes norteadoras do projeto "Saúde e Prevenção nas Escolas (SPE)". No documento, a escola é tratada "como espaço para a articulação das políticas voltadas para adolescentes e jovens, mediante a participação dos sujeitos desse processo: estudantes, famílias, profissionais de educação e da saúde". Busca-se a implantação do Projeto Saúde e Prevenção nas escolas nos níveis federal, estadual e municipal, tendo como objetivo central "a promoção da saúde sexual e da saúde reprodutiva, visando reduzir a vulnerabilidade de adolescente e jovens às doenças sexualmente transmissíveis (DST), à infecção pelo HIV, a Aids e à gravidez não planejada por meio do desenvolvimento articulado de ações no âmbito das escolas e das unidades básicas de saúde". Nesta mesma perspectiva e em sintonia com os objetivos de Desenvolvimento do Milênio assumidos pelo Brasil com a ONU, em 2000, o governo brasileiro assinou o **pacto nacional: um mundo para a criança e o adolescente do semiárido**, em junho de 2004. O pacto é um processo de ampla mobilização da sociedade e de ações articuladas, a partir da definição de metas a serem alcançadas como meios de i) Promover o direito à vida de forma saudável e sustentável; ii) Garantir o acesso à educação de qualidade e a padrões elevados de saúde; iii) Proteger as crianças e adolescentes contra maus-tratos, exploração e violência; iv) Combater a Aids e a infecção por HIV.

No entendimento do Grupo Gestor Federal (MEC/MS/Unesco/Unicef), "elementos da saúde e da educação estão presentes durante todo o desenvolvimento humano de maneira muito expressiva e são importantes no desenvolvimento biopsicossocial e na formação de sujeitos sociais e políticos. As ações setoriais nesse campo têm mútuas repercussões e, ainda, sendo a construção de políticas públicas integradas, é condição indispensável para atualizar e renovar, de forma permanente, os significados fundamentais da educação e da saúde". Esta iniciativa é fundamental dentro do quadro das responsabilidades do Estado brasileiro, considerando que 62% dos adolescentes e jovens entre 10 e 24 anos estão matriculados nos vários sistemas de ensino do país.

As escolas públicas desempenham papel fundamental no caminho da garantia do direito à educação, máxime para os mais desfavorecidos. Por isto, é essencial que não apenas estejam bem equipadas, mas que seus alunos contem com programas suplementares "[...] orientados no sentido de compensar "o custo de oportunidades" (UNESCO/OREALC, 2007: 12). Como anota esta mesma agência, ao tratar da qualidade da educação **para todos** a partir do enfoque nos direitos humanos, na perspectiva da *equidade*, é preciso equilibrar os princípios de igualdade (o comum) e diferenciação (o diverso). É uma obrigação dos sistemas educacionais assegurar a equidade em uma tripla dimensão: no acesso, nos processos e nos resultados. A educação deve tratar de forma diferenciada o que é desigual na origem para se chegar a resultados de aprendizagem equiparáveis e não reproduzir as desigualdades presentes na sociedade.

> **IX** – Este inciso IX passou por nova redação, com formulação inscrita na Lei nº 14.333, de 2022. A questão dos padrões mínimos de qualidade de ensino deve ser focada na moldura da educação escolar desenvolvida em *instituições próprias*, como referido no art. 1º § 1º da LDB. Somente nesta dimensão é que se pode falar em qualidade do ensino, conceito fundante de uma escola em que se cruzam elementos funcionais que compõem a totalidade do Projeto Pedagógico Escolar. As unidades, os componentes e os espaços das instalações físicas se integram e articulam dinamicamente nos diversos níveis, áreas e dimensões institucionais, de tal sorte que a infraestrutura física, a matriz curricular e os processos pedagógicos constituem a dinâmica integradora das diversas esferas e estruturas internas no horizonte da formação do aluno. Estabelecem-se, desta forma, linhas básicas de adequação que, de fato, expressam diretrizes harmoniosas e convergentes de ação no interior do processo ensinar/aprender.

Nos últimos tempos, a televisão brasileira tem exibido cenários estarrecedores de escolas de diferentes unidades da Federação, com infraestrutura comprometida e ambientes totalmente degradados: paredes e telhados ameaçando ruir, piso esburacado, em alguns casos, salas de aula tomadas de água, crianças em dupla ocupando uma única carteira e falta de material didático, merenda escolar, transporte escolar e programas de saúde e instalações sanitárias. Estas cenas de abandono são encontradas por toda parte: da capital do país, passando pelos estados mais ricos da Federação e estendendo-se às regiões mais pobres. É que o dinheiro da educação é manco(!), tem dificuldade de chegar à escola e, sobretudo, de chegar a sala de aula. E, como se sabe, qualidade no serviço público só existe quando, antes, existe vontade política. E esta, quando o assunto é padrão de qualidade na educação, continua em baixa na **bolsa de valores**!!

Os aspectos materiais definem, apenas, o chão das precondições para favorecimento de uma atmosfera correspondente ao que a lei chama de *padrões mínimos de qualidade de ensino*... A Unesco fala em equidade nos recursos, na qualidade dos processos educacionais e nos resultados da aprendizagem como sinalizadores de qualidade do ensino. Sem isso, não haverá equidade, condição essencial de uma educação de qualidade. Portanto, padrões mínimos de qualidade de ensino supõem a existência de meios funcionais que ensejem equidade de acesso e igualdade de condições para que os alunos realizem o processo de apropriação do conhecimento com sucesso. É nesta perspectiva que a Unesco/Orealc (2007: 45) enfatiza, tanto em relação ao Brasil, como em relação aos demais países da América Latina e Caribe, que "Dentro da perspectiva da equidade, é preciso equilibrar os princípios de igualdade (o comum) e de diferenciação (o diverso). É um dever dos sistemas educacionais que todos os alunos desenvolvam as mesmas competências que lhes permitam a participação e atuação na sociedade e o desenvolvimento do projeto de vida, mas também há de se oferecer a oportunidade de incorporar outras aprendizagens que sejam relevantes em função dos diferentes contextos e culturas dos vários talentos, interesses e motivações de cada pessoa. Para que isso seja possível, é necessário apoiar as escolas e os docentes por meio de formação, orientação, materiais pedagógicos e recursos de apoio. A região experimentou grandes avanços da igualdade no acesso, mas tem que dar um salto para a igualdade na qualidade da oferta de ensino e nos resultados de aprendizagem, ou seja, que nenhum estudante aprenda menos por sua procedência social, cultural, condições pessoais ou lugar onde reside".

A questão dos padrões mínimos de qualidade de ensino deve ser interpretada como a existência das precondições para que a escola possa desempenhar, plenamente, a função de ensinar. Tais precondições dizem respeito aos aspectos da organização escolar e pedagógica. Ou seja, envolve o núcleo de gestão e o núcleo pedagógico. Os insumos são de base *material* (estrutura física e acervo de equipamentos), de base *gerencial* (tipo de gestão e modalidades de flexibilização do planejamento), de base *instrumental* (material instrucional e metodologias), e de base *finalística* (missão da escola, perspectiva dos cursos, função das disciplinas, cultura de avaliação, Regimento Escolar e Projeto Pedagógico). Todos estes indicadores de qualidade mínima deverão estar referidos ao tamanho da escola, à sua matrícula, aos turnos de funcionamento e às condições de otimização de uso dos espaços e do tempo escolares. Evidentemente que, além destas precondições, há de se prever recurso financeiro mínimo para as necessidades de manutenção da escola. O Ministério da Educação vem repassando recursos diretamente aos estabelecimentos de ensino para atender a este tipo de necessidade. Os recursos, no entanto, têm levado em conta só a matrícula escolar e não as suas condições gerais, muitas vezes, totalmente precarizadas pelo próprio uso ao longo do período em que antecedeu a nova política de repasse adotada pelo MEC. De qualquer sorte, a diretriz do MEC representa um avanço nos mecanismos de repasse de recursos. A medida fortalece a escola como unidade de gestão pedagógica, estimula a organização política da comunidade escolar ao lhe entregar recursos públicos para cujo uso exige-se prestação de contas e, ainda, desvencilha a escola da teia das relações políticas baseadas no fisiologismo e no compadrio.

Sobretudo na zona rural e nas periferias dos grandes centros urbanos, onde as desigualdades sociais se apresentam de forma mais aguda, a garantia de padrões mínimos de qualidade de ensino parece ainda muito distante. Basta lembrar escolas como a do Loteamento das Gaivotas II, no Parque Cocaia, Bairro do Grajaú, extremo sul da capital paulista, com um dos mais baixos Índices de Desenvolvimento Humano (IDH) do país, mostrada pela televisão e que ficou conhecida como a *escola do latão*. O comentário de um dos seus professores é inquestionável: "[...] O governo diz que está todo mundo na escola, né? Tudo maquiado. Os alunos constam como matriculados e eles fazem a estatística em cima disso, mas eu tenho controle de presença e te garanto que a maioria só se matricula e nunca aparece aqui. Os professores não param aqui, o rodízio é intenso. No ano passado [sic], de 70 professores, sobraram quatro no fim do ano"[42]. No DF, em fevereiro de 2013, a imprensa local

---

42. Para saber mais sobre esta escola, cf. "Uma noite em escola de lata". *Educação*, ano 10, n. 110, jun./2006, p. 46. São Paulo: Segmento. Informações da Prefeitura da Cidade de São Paulo, de outubro de 2008, deram conta de que, a partir do meio do ano de 2009, as escolas de latão não mais existiriam.

constatou a existência ainda de escolas com infraestrutura tão precária que as paredes e divisórias eram de madeirite velha e totalmente desgastada. Estas situações (SP e DF) se repetem pelo Brasil afora. No Nordeste são agressivamente comuns! A situação aqui descrita não é isolada. A exclusão escolar decorre de um país que insiste em não remover a exclusão social. De acordo com a Campanha Nacional pela Qualidade da Educação, o governo federal deveria aplicar R$ 19 bilhões só no Ensino Fundamental para assegurar a oferta de uma educação de qualidade. Este cálculo trabalhou com o parâmetro Custo-Aluno-Qualidade (CAQ). Este valor correspondia, em junho de 2006, a 1% do PIB e, com ele, estaria assegurado um valor de R$ 1.760,00 por aluno, patamar que aproximaria o Brasil do Chile, o país que mais investe em educação na América Latina. O CAQ inclui elementos como: materiais didáticos, equipamentos, salários, formação continuada dos professores e manutenção da infraestrutura escolar. Sobre o custo-aluno, em comparação internacional, ver gráfico que ilustra a análise do art. 55.

Para se ter uma ideia mais precisa da distância que nos separa dos custos da educação de qualidade, basta considerar que, nesta mesma época dos estudos referidos (jun./2006), o Fundef custeava um valor básico de R$ 628,00 por aluno das primeiras séries do Ensino Fundamental. Como já dito, o Estado brasileiro investe anualmente por aluno 1/3 da média dos países da OCDE. Talvez, não por acaso, o 10º Encontro Nacional do Fórum Brasil de Educação, que se realizou em julho de 2008, tratou das dimensões da exclusão social no Brasil. Na verdade, são os padrões mínimos de qualidade que garantem a qualificação concreta da escola para ensinar. Funcionam como meios para a criação de melhores condições de aprendizagem. Condições que repercutem diretamente nos processos de ensino/aprendizagem na sala de aula e no processo de formação adequada para a cidadania nos termos do art. 2º desta lei.

Por fim, o texto legal ora analisado faz uma relação direta entre variedade (qualidade diversificada) e quantidade **mínimas** dos insumos indispensáveis para assegurar o desenvolvimento da aprendizagem. Aqui, o legislador está preocupado com a racionalidade e a funcionalidade dos meios e recursos de apoio pedagógico necessários para a produção de um processo de aprendizagem escolar de cada aluno, com êxito. O que significa mais do que **passar**, ser aprovado. Para além da aprovação nos exames e de obtenção de média final para ingresso na série seguinte, significa, nos termos do art. 25 da LDB, que as autoridades responsáveis, portanto, o Estado ali representado, devem garantir relação adequada entre o número de alunos e o professor, a carga horária e as condições materiais da escola, tendo em vista, *o pleno desenvolvimento do educando, seu preparo para o exercício da cidadania e sua qualificação para o trabalho* (art. 3º).

> X – De partida, é inevitável reconhecer a dimensão prática desta determinação legal. Envolvimento da família com o projeto pedagógico escolar, contato permanente dos pais ou responsáveis com os gestores e professores e, não menos importante, facilitação, na sala de aula, do trabalho pedagógico associado a temas cingidos ao cotidiano do aluno. Trazer o contexto para as práticas pedagógicas constitui forma de valorizar o cotidiano do aluno e, ao mesmo tempo, de facilitar o processo de ressignificação do vivido e aprendido. O caminho da sala de aula é o da cultura inclusiva e da participação irradiadora, o que requer a abertura das escolas para a comunidade. Tudo isto sem esquecer que a proximidade geográfica da residência do aluno com sua escola há de reduzir fortemente a ausência às aulas com repercussão direta na correção dos índices de evasão e abandono escolar e na consistência da aprendizagem. A geografia da sala de aula deve estar vinculada à geografia do cotidiano do aluno, portanto, ao seu contexto familiar, vivencial e social.

A compreensão inteira deste inc. X requer uma conexão de leitura com o art. 12, inc. VI e art. 13, inc. VI, nos quais o legislador posiciona o imperativo legal do relacionamento **escola, professores, família e comunidade**. O componente da proximidade geográfica facilita este relacionamento e, mais do que isto, aprofunda, na criança e no aluno, o sentimento de pertença e de sujeito social e cultural *ambientado.*

Com a introdução da Educação Infantil, no seu segundo segmento constituinte – a pré-escola – na estrutura da educação básica pública de oferta obrigatória (art. 4º, inc. I), a vaga para matrícula da criança a partir de quatro anos passa a ser direito inalienável, classificado como *direito público subjetivo* e, em decorrência, com imputação de responsabilidade administrativa de caráter punitivo da autoridade pública que não o atender ou, ainda, o fizer através de oferta irregular (CF, art. 208. § 1º e 2º), como passaremos a ver na análise do próximo artigo.

O dever do Estado precisa ser explicitado em soluções concretas decorrentes de políticas públicas resolutivas. Este é o caso de disponibilizar escola e vaga nas proximidades da residência do aluno. Esta solução está em harmonia com o princípio contido no art. 3º, inc. I, desta LDB, que prescreve como um dos princípios de ministração do ensino "a igualdade de condições para o acesso e permanência na escola". Convém anotar, igualmente, que tanto este princípio aqui relembrado, como a priorização da matrícula pelo critério sociogeográfico da residência do aluno/escola tem a ver com o dever do Estado de "atendimento prioritário à escolaridade obrigatória" (LDB, art. 9º, inc. III).

Comum (mas, não legal!), a existência de contingentes expressivos de alunos que precisam deslocar-se diariamente, usando transportes precários e improvisados, para suas escolas. As consequências são conhecidas de todos: fadiga física acumulada e baixo rendimento de aprendizagem.

Nas sociedades desenvolvidas, a política educacional envolve, também, o critério do zoneamento escolar. Com isso, evita-se a concentração de escolas e de alunos em um mesmo território e, ainda, fica assegurada, de forma adequada, a relação população em faixa etária de escolaridade compulsória e oferta de vagas. Ainda, facilitam-se as relações escola, família e comunidade. Esta preocupação presente em todos os países do mundo desenvolvido (aproximação residência/escola) vai além do aspecto de "facilitar a vida" da família. Na verdade, proximidade e contiguidade geográficas são condicionalidades para consolidação dos *espaços de relação*. O tempo, em sua dimensão sociológica, resulta de uma interação da realidade social e do espaço. Os *espaços de relação*, desta forma, ganham enorme importância pedagógica, com repercussão direta no processo de aprender como um processo de conforto pessoal. Tais espaços são tecidos por relações humanas impregnadas de elementos de conteúdo pessoal e familiar-comunitário, que circulam o chão de interesses convergentes. É nesta direção que a escola e a família devem compor realidade geográfica e a realidade social, estabelecendo-se um vínculo de "olhares" e de forças indutoras que se fortalecem no nexo dos elementos que integram a realidade geoeducacional. Assegurar vaga na escola pública mais próxima da residência da criança significa que o Estado valoriza o contexto como um laboratório social de criação de relações inafastáveis com um forte potencial de vinculações de resultados na aprendizagem escolar. Bakhtin (1992: 278) nos ajuda a alcançar a profundidade e extensão do contexto próximo ao dizer que "[...] tudo o que me diz respeito, a começar por meu nome, e que penetra em minha consciência, vem-me do mundo exterior, da boca dos outros (da mãe etc.), e me é dado com a entonação e com tom emotivo dos valores deles". O território comum, das vivências, é uma fonte de aprendizagem e de criação e seleção de conhecimentos. Ele se apresenta como a parte do enredo do nosso destino. Estudar perto da escola é levar a vida para dentro da escola e trazer a escola para dentro da vida. Não há melhor forma de se viabilizar uma pedagogia do cotidiano.

Por fim, a fixação do ponto de partida para a oferta (4 anos) é muito importante para assegurar o fluxo escolar regular, lembrando que a criança, dois anos depois, deverá, necessariamente, ingressar no Ensino Fundamental cuja durabilidade passou a ser de nove anos, nos termos na nova redação do art. 32, da LDB. A Educação Infantil cobre todo o percurso de preparação da criança que vai de 0 (zero) a 5 (cinco) anos. No entanto, para efeito de organização e planejamento, a lei impõe esta segmentação: de 0 (zero) a 3 (três) anos: creche e de 4 (quatro) e 5 (cinco) anos: pré-escola. Assim, no caso em análise, a Lei procura estabelecer um nexo de fluxo pedagógico sequencial entre os dois anos finais da Educação Infantil e o início do Ensino Fundamental, visando a estabelecer as articulações espaçotemporais entre níveis de ensino que se sucedem. Articulações que são, necessariamente, construtivistas e psicopedagógicas. De fato, a Educação Infantil condiciona todo o sequenciamento da aprendizagem da criança. Não estamos, portanto, diante da mera marcação de idade, mas de um projeto de vida.

Pela relevância deste art. 4º, não há como concluir sua análise sem um registro adicional. Pela primeira vez aparece o atributo **regular** no corpo da lei. Vejamos as expressões marcantes:

- Inc. III do art. 4º: ...rede **regular** de ensino.
- Inc VI do art. 4º: ...ensino noturno **regular**.
- Inc VII do art. 4º: ...educação **escolar**.

Em vários outros dispositivos da LDB, e, também, da CF, nesse caso, no capítulo dedicado à educação, o termo **regular** marca presença. Por quê? Exatamente porque o direito à educação e o dever de educar devem ser operacionalizados prioritariamente no campo da oferta do **ensino regular obrigatório**.

Nas duas últimas versões da LDB, a expressão **ensino regular** tinha como contraposição o ensino supletivo. Na atual LDB, ela assumi maior abrangência, enriquecida que foi por dimensões pedagógicas criativas, inovadoras e alternativas. Na verdade, todo ensino balizado por parâmetros da LDB, portanto, com currículo, carga horária, proposta pedagógica e sistema de avaliação legalmente estruturados e, ainda, operados sob a mediação de professores adequadamente capacitados, atuando em escolas devidamente autorizadas, é ensino regular. No entanto, a lei é mais extrapolante. Ao destacar os elementos estruturantes da **educação escolar regular** aqui apontados, enseja, também, a oferta de ensino com **organização escolar própria** para atender ao perfil de demandas específicas.

Vejamos, na CF e na LDB, algumas ocorrências do termo **regular**:

CF	LDB
• Art. 208, III: rede **regular** de ensino. • Art. 208, VI: ensino noturno **regular**... • Art. 210, § 2º: o Ensino Fundamental **regular**... • Art. 213, § 1º: cursos **regulares** da rede pública.	• Art. 4º, III: rede **regular** de ensino. • Art. 4º, VI: ensino noturno **regular**... • Art. 4º, VII: educação escolar **regular**. • Art. 23, III: A educação básica poderá organizar-se em séries anuais, períodos semestrais, ciclos, alternância **regular** de períodos de estudos... • Art. 24, III: progressão **regular**. • Art. 32, § 3º: O Ensino Fundamental **regular**... • Art. 37, § 1º: efetuar os estudos na idade **regular**... • Art. 38: habilitando ao prosseguimento de estudos em caráter **regular**. • Art. 40: A educação profissional será desenvolvida em articulação com o ensino **regular**... • Art. 42: as escolas técnicas e profissionais além de seus **cursos regulares**... • Art. 46: após processo **regular** de avaliação... • Art. 47: o ano letivo **regular**... • Art. 50: abrirão matrícula nas disciplinas de seus cursos a alunos não **regulares**... • Art. 59, III: bem como professores do ensino **regular**... • Art. 60, par. único: ampliação do atendimento aos educandos com necessidades especiais na própria rede pública **regular** de ensino... • Art. 77, § 1º: quando houver falta de vagas e cursos **regulares** da rede pública...

Para consolidar os comentários e o conjunto hermenêutico deste art. 4º, convém, à guisa de reforço de quanto foi esclarecido, adensá-los com observações vinculadas à necessidade de reconfiguração da escola e do correspondente currículo, entendido este como o alinhamento regulador do traçado do Projeto Político-pedagógico do estabelecimento de ensino e, em consequência, com repercussão direta sobre o destino social dos alunos.

Retornando, em estágio de finalização, ao enfoque do termo REGULAR, reiteramente OCORRENTE na CF e LDB, cabe, ainda, um esclarecimento derradeiro e importante.

O termo *regular* é recorrente na CF (capítulo da educação) e na LDB precisamente para aproximar o universo de princípios, finalidades e de condições que impõem os parâmetros e as formas de oferta da educação escolar (art. 1º, § 1º) como dever do Estado (art. 4º) do universo de obrigações, cuidados e providências da família e da sociedade no contexto de suas corresponsabilidades no campo da educação e nos termos do art. 205 da Constituição Federal. A *regularidade* invocada tem, assim e marcantemente, uma dimensão de parâmetros legais, associados a corresponsabilidades familiares, sociais e institucionais. Ou seja, parâmetros, igualmente, de responsabilidades estatais e coletivas.

Este art. 4º, com as alterações introduzidas pela Lei 12.796/2013, traz um redesenho na estrutura e na forma de organizar a educação básica e, por extensão, na formatação da oferta de educação escolar pública. O enquadramento de novas faixas etárias na novel concepção legal vai exigir, dos sistemas de ensino, uma inteira reformulação das linhas de planejamento voltadas para o ensino obrigatório. Estas imposições legais, por si sós, já exigem formas criativas de interlocução entre as três esferas da administração do país, com canais renovados e multiplicados do regime de colaboração previsto no art. 211 da CF, replicado no art. 8º da LDB e, agora, fortemente reforçado pela Lei 13.005/2014, que institui o Plano Nacional de Educação (PNE). Por outro lado, Estado, família, escola e sociedade precisam se aproximar mais e realizar parcerias mais efetivas e afetivas. Um apelo à cidadania reconceituada! A Lei da Reforma do Ensino Médio, de 2017, sinaliza nesta mesma direção da necessidade de um redesenho da estrutura e da organização da escola, sob inspiração do currículo reconfigurado.

Como temos visto, este artigo 4º possui longa envergadura na direção do DEVER DE EDUCAR. Neste horizonte, chegamos ao XI inciso, centrado no binômio alfabetização plena e capacitação em leitura, dois trilhos de sustentação das rotas de aprendizagem em processo contínuo de desenvolvimento e de movimentação.

> XI – O dever do Estado, sob a forma da garantia de alfabetização plena e capacitação gradual para a leitura ao longo da educação básica, circunscreve-se "no campo da efetivação dos direitos e objetivos de aprendizagem e desenvolvimento dos indivíduos (BNCC)". O dispositivo foi incorporado à LDB, através da Lei nº 14.407/2022.

Historicamente, a sociedade brasileira tem padecido da chaga social da baixíssima proficiência de aluno(as) em disciplinas como Ciências, Matemática e Língua Portuguesa. Este é um dos abismos de nossa educação escolar. O sistema de Avaliação da Educação Básica – SAEB, instrumento central de análise da qualidade do Ensino Fundamental e do Ensino Médio, nos âmbitos municipal, estadual, distrital e federal, disponibiliza e confirma este quadro sombrio. O Índice de Desenvolvimento da Educação Básica/Ideb e o Programa Internacional de Avaliação de Estudantes (PISA) revelam igualmente o nível de aprendizagem limitada do alunado na trajetória escolar.

O campo da alfabetização, mais do que prioritário, é precedente por se constituir, direta e inevitavelmente, em pré-condição para todas as demais áreas da aprendizagem e do desenvolvimento cognitivo, via currículo em ação. A BNCC reforça os cuidados da educação escolar com TODO O PROCESSO DE ALFABETIZAÇÃO, com o bloco de **10 considerações sobre o processo de alfabetização**. Aqui, destacamos alguns aspectos:

Considerações sobre o processo de alfabetização:

1. *Escrever requer habilidade cognitiva, mas também motora, seja traçando letras na superfície de um papel, seja digitando num teclado de computador. As atividades motoras precisam ser aprendidas e, na maioria das vezes, treinadas. O uso do material escolar de escrita, como lápis, caneta, borracha, corretivo, régua e teclado de computadores, inclui, além das capacidades cognitivas, habilidade motora específica, que exige conhecimento e treinamento.*

2. *Assim, no Ensino Fundamental – Anos iniciais, no eixo Oralidade, aprofundam-se o conhecimento e o uso da língua oral, as características de interações discursivas e as estratégias de fala e escuta em intercâmbios orais; no eixo **Conhecimentos linguísticos e gramaticais,** sistematiza-se a alfabetização, particularmente nos dois primeiros anos, e desenvolvem-se, ao longo dos três anos seguintes, a observação das regularidade da língua e a aprendizagem de regras e processos gramaticais básicos; no eixo **Leitura**, amplia-se o letramento, por meio da progressiva incorporação de estratégias de leitura em textos de nível de complexidade crescente, assim como no eixo **Escrita**, pela progressiva incorporação de estratégias de produção de textos de diferentes gêneros textuais; no eixo **Educação literária**, desenvolve-se a formação do aluno para conhecer e apreciar textos literários, orais e escritos, com textos e livros de crescente grau de literariedade[43].*

A abordagem do complexo processo de alfabetização e os procedimentos de condução das práticas pedagógicas estão posicionados no corpo de alinhamentos

---

43. BRASIL. Ministério da Educação. Secretaria de Educação Básica. Pró-letramento: Programa de Formação Continuada de Professores dos Anos/Séries Iniciais do Ensino Fundamental. Alfabetização e Linguagem – ed. ver. e ampl. Incluindo SAEB/Prova Brasil matriz de referência/Secretaria de Educação Básica – Brasília. Ministério da Educação. Secretaria de Educação Básica – 2008. Disponível em: http://portal.mec.gov.br/index.php?option=com_docman&view=download&alias=6002-fasciculo-port&category_5slug=julho2010-pdf&itemid=30192>. Acesso em março de 2023.

da Base Nacional Comum Curricular/BNCC, de forma taxativa: "Nos dois primeiros anos do Ensino Fundamental, o processo de alfabetização deve ser o foco da ação pedagógica. Precisamente porque aprender a LER e ESCREVER oferece aos educandos algo novo e surpreendente: amplia as possibilidades de construir conhecimentos nos diferentes componentes – por sua inserção na cultura letrada – e de participar com maior autonomia na vida social" (BNCC).

Na sociedade do conhecimento, LER e ESCREVER é mais do que possuir o pleno domínio do código escrito, uma vez que a alfabetização alonga-se por campos variados. Fala-se em alfabetização digital, alfabetização tecnológica, alfabetização cultural, alfabetização científica dentre tantos tipos. Na base de todas as faces da alfabetização posiciona-se a alfabetização escolar, como pré-condição e imenso poder de contágio positivo na ilimitada plataforma da **sociedade do conhecimento**[44] e em suas dobras de sociedade aprendente. A BNCC abarca a relevância das dimensões transbordantes do processo de alfabetização, em cujo bojo "as ações motoras passam a ser simbolizadas" (AYRES, 2012: 39), comprovando-se, na prática, que [...] a linguagem organiza o pensamento e o comportamento" (VYGOTSKY, *Pensamento e linguagem*, São Paulo, Martins Fortes, 1975:12). A BNCC incorpora e realça esta compreensão ao incluir, no conjunto dos cinco CAMPOS DE EXPERIÊNCIAS em que: "as crianças podem aprender e se desenvolver, o campo ORALIDADE e ESCRITA". E mais: a BNCC detalha as dobras dos processos de alfabetização, por via da seguinte formulação:

> *1. Um conhecimento fundamental que os alunos precisam adquirir no seu processo de alfabetização diz respeito à natureza da relação entre escrita e a cadeia sonora das palavras que eles tentam escrever ou ler. Esse aprendizado, que representa um avanço decisivo no processo de alfabetização, realiza-se quando o aluno entende que o princípio geral que regula a escrita é a correspondência "letra-som" – em termos técnicos mais apropriados, grafema-fonema. Isso significa compreender a natureza alfabética do sistema de escrita e se manifesta quando o aluno começa a tentar ler e escrever de acordo com o princípio alfabético (uma "letra", um "som").*

> *2. Conhecer o alfabeto representa desenvolver capacidades específicas, conforme se trata de ler ou de escrever. Para ler, é indispensável a capacidade*

---

44. Sobre esta denominação, esclarece Hugo ASSMAN: Este conceito abrange vários outros, como: sociedade da informação, sociedade aprendente, sociedade cognitiva. (...) O conhecimento – e não os simples dados digitalizados – é e será o recurso humano, econômico e sociocultural mais determinante na nova fase da história humana que já se iniciou. Para saber mais, ver: ASSMAN, Hugo, *Reencantar*. A educação: rumo à sociedade aprendente, Petrópolis, Vozes, 1998:19).

perceptiva que possibilita identificar cada letra, distinguindo umas das outras. Para escrever, além da acuidade perceptiva, é necessária a capacidade motora de grafar devidamente cada letra.

Em síntese: o letramento é condição para a alfabetização, para o domínio das correspondências entre grafemas e fonemas, mas a alfabetização e a exploração sistemática dessas relações grafofonêmicas são também condição para o letramento. Do mesmo modo, o conhecimento das hipóteses feitas pelas crianças no aprendizado da língua escrita é condição fundamental para o seu aprendizado, mas a análise e a exploração gradual e sistemática das características formais da língua escrita são também condição fundamental da alfabetização.

Os resultados mais recentes da Avaliação Nacional da Alfabetização (ANA) revelam que as dificuldades de aprendizagem das crianças brasileiras se manifestam mais cedo. Os dados mostram que o País não consegue alfabetizar grande parte da população na idade própria. Convém lembrar que o PNE incluiu, na META 5: *Alfabetizar todas as crianças no máximo, até o final do 3º ano do Ensino Fundamental.*

Vamos ver alguns números sobre a **alfabetização até 8 anos**:

Porcentagem de alunos do 3º ano do Ensino Fundamental no nível suficiente de alfabetização por região – 2021.			
	Leitura	Escrita	Matemática
Brasil	45,3	66,1	45,5
Região Norte	29,8	47,0	29,4
Região Nordeste	30,8	49,2	30,5
Região Sudeste	58,3	78,5	57,3
Região Sul	55,1	80,2	55,6
Região Centro-Oeste	48,8	70,5	48,1

Fonte: MEC/Inep/Daeb – Microdados da ANA – 2021.

Ao lado disto, o Indicador de Alfabetização Funcional (Inaf) revela que 71% da população brasileira estão no patamar de funcionalmente alfabetizada. Ainda, um registro final: O Inaf categoriza este grupo com três níveis: Elementar, Intermediário e Proficiente. Infelizmente, o maior contingente deste grupo situa-se no nível intermediário ou elementar (29%): *"São capazes, apenas de lidar com textos curtos, como bilhetes e anúncios".* O nível PROEFICIENTE indica que as pessoas que nele se situam (71%) *"são capazes de elaborar textos de diferentes tipos e de interpretar tabelas e gráficos"* (Anuário Brasileiro de Educação Básica – 2021, Todos Pela Educação/Moderna, São Paulo, 2022).

Para corrigir este quadro de desconformidades na educação básica/alfabetização e, no caso específico, no campo da escrita e da leitura, é mais que oportuno que o Estado Nacional assuma, **como um dos deveres de educar,** a garantia de enfrentar e resolver os grandes desafios dos níveis de estrangulamento da educação escolar na estratégica área da alfabetização.

O inciso XI, do art. 4º, ora em análise, deverá ter repercussão direta na elevação da taxa de alfabetização da população brasileira com 15 anos ou mais. O PNE sinaliza na META 9: "Elevar a taxa de alfabetização com 15 anos ou mais para 93,5% até 2015 e até o final da vigência do PNE (2024), erradicar o analfabetismo absoluto e reduzir em 50% a taxa de analfabetismo funcional". Convém lembrar que um dos mais relevantes indicadores educacionais comparativos, internacionalmente falando, é exatamente a taxa de alfabetização da população. A população brasileira de 15 anos ou mais considerada alfabetizada é de 94,2% (2022). Ou seja, a população analfabeta ainda alcança 5,8%, embora, na zona rural, este indicador seja mais do dobro: 15,1%.

> XII – A adição deste inciso XII, voltado à educação digital, é uma **evolução oportuníssima** da legislação da educação escolar, por três razões necessariamente articuladas:

A. Integra a escola, as salas de aula, os professores e alunos aos ritmos de interconectividade da sociedade nacional e da sociedade planetária;

B. Convoca as práticas pedagógicas para a interlocução permanente com a tecnologia e importa, para o ambiente de execução do Projeto Pedagógico, a internet com o seu aparato tecnológico.

C. Ressignifica ensinar e aprender e reposiciona professor e aluno pela multiplicação dos espaços coletivos de mútuo desenvolvimento, ampliando os ecossistemas de alcance "dos direitos e objetivos da aprendizagem" (BNCC), por via da "indispensável instrumentação técnica". Este novo "projeto do ESPAÇO DO SABER, incita a reinventar o laço social em torno do aprendizado recíproco, da sinergia das competências, da imaginação e da inteligência coletiva, distribuída esta última por toda parte e, ainda, incessantemente valorizada, coordenada e mobilizada em tempo real" (Pierre LÉVY[45], 1994:26-27).

---

45. Filósofo e professor no Departamento Hypermédia da Universidade Paris VIII, em Saint-Denis. Na obra A Inteligência Coletiva, o autor destaca o impacto das tecnologias/técnicas sobre a sociedade e realça a função dos novos meios de comunicação, permitindo, "aos grupos humanos, por em comum seu saber e seu imaginário! A seu ver, "O projeto de inteligência coletiva situa-se em uma perspectiva antropológica de longa graduação".

Nas primeiras décadas do século XXI, o processo de ensino-aprendizagem não pode ficar alheio aos mecanismos e plataformas de comunicação. Sobretudo em uma fase de transmissão, envolvendo imigrantes digitais e nativos digitais, com a existência, em muitos casos, do trânsito entre o analógico e o digital. Em síntese: "A escola não pode ficar indiferente a um contexto em que o vetor digital transformou a sociedade de forma radical" (CECCHETTIONI, 2011: 3). Impõe-se o conhecimento de "outros estilos de aprendizagem". Nesta direção, é importante a compreensão das equipes pedagógicas e dos gestores educacionais de que "...os alunos de hoje não são as mesmas pessoas para as quais o sistema educacional foi criado para ensinar" (PRENSKY, 2011: 9). Em face disto, impõe-se, no âmbito do DEVER DE EDUCAR, **à escola de qualquer nível**, a garantia de: a) Conexão à internet, com velocidade adequada para uso pedagógico; b) desenvolvimento de competências voltadas ao letramento digital; c) Criação e introdução de conteúdos digitais, envolvendo processos de comunicação e colaboração, segurança e solução de problemas. Aqui, vale considerar a observação oportuna e relevante do professor da UFRJ, Muniz SODRÉ: "...é errado pensar que a interatividade e o "digitalismo" são propriedades da máquina. E é assim que os professores pensam".

Evidentemente, a educação digital inclui o ensino híbrido, uma prática pedagógica que associa atividades presenciais e atividades desenvolvidas por intermédio das tecnologias digitais de informação e comunicação (TDIC). Os pontos positivos desta abordagem metodológica são:

1. O aluno tem prévio conhecimento do conteúdo a ser tratado em sala de aula.

2. O aluno pode aprofundar seus conhecimentos, em sendo o material navegável, via apoio de recursos tecnológicos do tipo: animação, simulação, laboratório virtual, dentre tantos. Ainda, se gravado em vídeos, o estudante pode ver e rever o conteúdo quantas vezes desejar.

3. "Atividades *on-line* permitem ao aluno avaliar-se mais cuidadosamente para, nas aulas presenciais, tirar maior proveito do aprender com os colegas e com o professor, motivado pelas trocas sociais" (VALENTE, 2015: 14-15).

A inclusão do dispositivo em tela no Título III da LDB, que trata do Direito à Educação e do Dever de Educar, tem um sentido especial. Para funcionar adequadamente HOJE, a escola precisa contar com uma infraestrutura de apoio, garantidora de padrões mínimos de qualidade do ensino, com a definição assentada no art. 4º, inciso IX, desta lei e com absoluto respeito pelo Poder Público, às prioridades constitucionais e legais (LDB, art. 5º, §

2º). As diretrizes da Base Nacional Comum Curricular (BNCC) direcionam para um contexto geral de alunos que "processam informações em paralelo", e que exigem da escola e dos professores fazer leituras da realidade, usando "outras" lentes, adotando modelos pedagógicos mais desafiadores e indutores de uma aprendizagem em escalas aceleradas e rapidamente resolutivas. Mudou o mundo, mudou a realidade e, certamente, mudaram as expectativas da sociedade, das famílias, dos alunos e as formas de conexão e interatividade. Ao lado do livro, há de estar o computador e a tecnologia. O plano de aula deve ser insuflado pela percepção docente-pedagógica de que os(as) alunos(as) de hoje detêm uma "plasticidade cerebral diferente da nossa" (CECCHETTINI, 2011: 3), o que exige operar a sala de aula com novos referenciais teóricos e com práticas de ensino desenvolvidas em uma mente de hipertexto. "As crianças saltam em atividade. É como se suas estruturas cognitivas fossem paralelas, não sequenciais" (William D. WINN[46]). O que acrescenta, então, quando se olha, com radical preocupação formativa, a contribuição da tecnologia digital para os adolescentes, postos às vésperas do mundo do trabalho. Vamos reforçar, assim, sinalizações no caso do Ensino Médio, enquanto última etapa do longo ciclo de escolaridade obrigatória: Educação Básica. Neste horizonte, são destaques da BNCC:

Competências específicas

Compreender o funcionamento das diferentes linguagens e práticas (artísticas, corporais e verbais) e mobilizar esses conhecimentos na recepção e produção de discursos nos diferentes campos de atuação social e nas diversas mídias, para ampliar as formas de participação social, o entendimento e as possibilidades de explicação e interpretação crítica da realidade e para continuar aprendendo.

*Essa competência específica indica que, durante o Ensino Médio, os jovens devem desenvolver uma **compreensão e análise mais aprofundadas e sistemáticas do funcionamento das diferentes linguagens.** Além disso, prevê que os estudantes possam **explorar e perceber os modos como as diversas linguagens se combinam de maneira híbrida em textos complexos e multissemióticos**, para ampliar suas possibilidades de aprender, de atuar socialmente e de explicar e interpretar criticamente os atos de linguagem.*

*Por fim, é importante que os estudantes compreendam o **funcionamento e os recursos oferecidos pela tecnologia digital** para o tratamento das*

---

46. Psicólogo educacional e professor da Faculdade de Educação da Universidade de Washington, com grande atuação e produção na área de estudos cognitivos, seara em que desenvolveu teorias cognitivas de aprendizagem plugadas em "modelos de sistemas dinâmicos da cognição e da neurociência cognitiva".

linguagens (mixagem, sampleamento, edição, tratamento de imagens etc), assim como as possibilidades de remediação abertas pelos fenômenos multimídia e transmídia, característicos da cultura da convergência.

Esta competência desdobra-se em habilidades como:

Habilidades

Compreender *e analisar processos de produção e circulação de discursos, nas diferentes linguagens, para fazer escolhas fundamentadas em função de interesses pessoais e coletivos.*

Analisar *visões de mundo, conflitos de interesse, preconceitos e ideologias presentes nos discursos veiculados nas diferentes mídias como forma de ampliar as suas possibilidades de explicação e interpretação crítica da realidade.*

Analisar, *de maneira cada vez mais aprofundada, o funcionamento das linguagens, para interpretar e produzir criticamente discursos em textos de diversas semioses.*

Utilizar *as diferentes linguagens, levando em conta seus funcionamentos, para a compreensão e produção de textos e discursos em diferentes campos de atuação social.*

Analisar *e experimentar diversos processos de remediação de produções multissemióticas, multimídia e transmídia, como forma de fomentar diferentes modos de participação e intervenção social.*

Para orientar no avanço da educação digital, o CNE/CES produziu a resolução nº 1, de 4 de outubro de 2022, hospedando um corpo de normas sobre computação na Educação Básica complemento à BNCC, com as coordenadas:

Art. 1º A presente Resolução define normas sobre Computação na Educação Básica, em complemento à Base Nacional Comum Curricular (BNCC) na seguinte conformidade:

§ 1º Processos e aprendizagens referentes à Computação na Educação Básica devem ser implementados considerando a BNCC, o disposto na legislação, nas normas educacionais e no aqui disposto.

§ 2º O desenvolvimento e formulação dos currículos deve considerar as tabelas de competências e habilidades anexas.

§ 3º A formação inicial e continuada de professores deve considerar o aqui disposto.

Art. 2º Observados os arts. 12, 13, 14 e 15 da Lei de Diretrizes e Bases da Educação Nacional (LDB), cabe aos Estados, Municípios e o Distrito Federal estabelecerem parâmetros e abordagens pedagógicas de implementação da Computação na Educação Básica.

Art. 3º Cabe aos Estados, aos Municípios e ao Distrito Federal iniciar a implementação desta diretriz até 1 (um) ano após a homologação.

Art. 4º Conforme os incisos III e IV do art. 9º da LDB, em conjunto com Estados, Municípios e o Distrito Federal, o Ministério da Educação (MEC) definirá política para os seguintes itens:

§ 1º Formação nacional para o desenvolvimento dos saberes docentes para o ensino de Computação na Educação Básica.

§ 2º Apoio ao desenvolvimento de currículos considerando as tabelas de competências e habilidades anexas.

§ 3º Apoio ao desenvolvimento de recursos didáticos compatíveis com as tabelas de competências e habilidades anexas.

Art. 5º O Ministério da Educação definirá:

§ 1º Política de avaliação para o Ensino de Computação na Educação Básica.

§ 2º Assessoramento aos sistemas e redes de ensino para a implementação e continuidade do Ensino de Computação na Educação Básica.

Art. 6º Esta Resolução entra em vigor em 1º de novembro de 2022.

AMABILE APARECIDA PALACIOS

> **Parágrafo Único** – A educação digital adequada ao uso pedagógico deve incluir necessariamente o desenvolvimento de competências voltadas ao letramento digital de crianças, jovens e adultos e, também, a criação de conteúdos digitais. Para tanto, as relações entre ensino e aprendizagem digital passam também por dois tipos de suporte: ferramentas e recursos digitais. Por fim, tudo isto haverá de incidir sobre os chamados polos de exponencialização da educação digital: a docência e a aprendizagem do professor e do aluno. Se é verdade que, ao se estudar um assunto, deve-se antes, observar a realidade, vejamos então, o que ele aponta, expande e tendência por toda parte, na extensão da "sociedade do conheciemento".

À luz deste entendimento, vamos alongar nos esclarecimentos sobre novos dispositivos legais, com duplo enfoque: a) Como alinhar estratégias e ações no ambiente escolar/salas de aula, com base nas mudanças ocorrentes na era digital? e; b) Como aplicar os avanços nas metodologias de ensino e aprendizagem, assegurando uma adequada formação dos(as) alunos(as)? Para responder a estas duas questões, o caminho é articular texto legal (LDB) com

BNCC e, assim, oferecer pautas de soluções educacionais inovadoras. É o que passamos a fazer, a partir de agora, com o enquadramento das considerações na moldura do art. 4º, inciso XI, XII e Parágrafo Único. Estes dispositivos exigem uma leitura articulada, que enseje uma consequência comprrensiva do **NOVO NORMAL** no processo do ensinar-aprender, agora, refuncionalizado e reformatado por imperativo da transformação digital, responsável pela ampliação e aprofundamento no campo da aprendizagem. Novas competências a serem desenvolvidas, alinhadas a novos recursos tecnológicos, posicionam-se nos PLANOS DE AULA e no PPP, como exigências de formas inovadoras de ensinar e aprender nas organizações escolares de todos os níveis e destinações.

❖ O NOVO NORMAL está assim posto:

➢ Alargamento do campo relacional entre humanos e Inteligência Artificial, Realidade Virtual (RV), Robótica Avançada e Internet das Coisas (IoT).

➢ "Elevado grau de valorização de conhecimentos e competências técnicas: *analytics,* programação, aplicação de robótica, inteligência artificial, IoT nos negócios, segurança da informação, cultura digital entre outros. Além disso, exigirão as seguintes atitudes e posturas: adaptabilidade, atitude empreendedora, aprendizado contínuo, criatividade, ética, flexibilidade cognitiva, inteligência emocional, propósito, resiliência, valores etc." (Marisa EBOLI[47], 2019: XVIII).

➢ "Design instrucional (DI) aliado a outras correntes do design, como o design *thinking* (DT) e o design da experiência de aprendizagens (LXD), para a construção de soluções educacionais inovadoras" (Id., ib.).

No mundo real, as pessoas de todas as faixas etárias, culturas e civilizações, sem distinção de níveis de desenvolvimento, reúnem-se "cada vez mais *on-line,* através de uma infinidade de ferramentas em comunidades *on-line,* recebendo informação e ressignificando saberes" (HUNT, 2010: 106). Multiplicam-se, assim, os espaços coletivos de mútuo desenvolvimento, usando as rotas da internet e da tecnologia.

---

47. Como anota EBOLI, "na maioria das vezes, usa-se o termo "soluções educacionais" ou "experiências de aprendizagem" para descrever o que as pessoas vivenciam em termos de atividade e estratégias de aprendizagem" e acrescenta ainda: "O que é discutido aqui não se restringe às ações de educação corporativa a distância, mas o leitor perceberá que as mídias e as tecnologias estão de tal modo incorporadas ao universo educacional e organizacional que a maioria dos temas reflete um cenário de aprendizagem digital (presencial apoiado por tecnologias, híbrido ou totalmente a distância)". Para saber mais, ver: EBOLI, Marisa, *"Prefácio", in* FILATRO, Andrea, DI 4.0: *Inovação em educação corporativa/Carolina Costa Cavalcante... [et al.]. –* São Paulo, Saraiva Educação, 2019.

Este contexto não apenas revela o alto poder de comunicação, colaboração e resolução de problemas, mas, também, como referência e apelo motivacional, expõe "o altíssimo poder das redes sociais, sob o formato de um emaranhado de canais, fonte de novas tendências tecnológicas e comportamentos que surgem cada dia". E aí vem a questão: a escola não pode ignorar o que ocorre no mundo real, até porque o CONTEXTO é uma bússola para a educação escolar. Dizem os franceses: "O contexto reveste o que nós enxergamos".

Em face deste cenário de indutores culturais, com ressonância direta nos múltiplos contextos sociopedagógicos e organo-funcionais, cabe indagar o que aponta a BNCC sobre os processos e procedimentos pedagógicos da educação digital. Ao lado da LDB, a BNCC, a partir da previsão de técnicas, ferramentas e recursos digitais, prevê um extenso alinhamento de competências e habilidades. Vamos destacar alguns destes direcionamentos postos na tela da garantia do padrão de qualidade escolar e de inovação das práticas de ensino em contexto pós-moderno:

❖ BNCC: Diretrizes, direcionamentos e desenvolvimentos com FOCO na educação digital:

a) *(...), a BNCC propõe que os estudantes utilizem tecnologias, como calculadoras e planilhas eletrônicas, desde os anos iniciais do Ensino Fundamental. Tal valorização possibilita que, ao chegarem aos anos finais, eles possam ser estimulados a desenvolver o pensamento computacional, por meio da interpretação e da elaboração de fluxogramas e algoritmos.*

b) *Tais considerações colocam a área de Matemática e suas tecnologias diante da responsabilidade de aproveitar todo potencial já constituído por esses estudantes para promover ações que estimulem e provoquem seus processos de reflexão e de abstração, que deem sustentação a modos de pensar criativos, analíticos, indutivos, dedutivos e sistêmicos e que favoreçam a tomada de decisões orientadas pela ética e o bem comum.*

c) ***Competência específica: Mobilizar práticas de linguagem no universo digital, considerando as dimensões técnicas, críticas, criativas, éticas e estéticas, para expandir as formas de produzir sentidos, de engajar-se em práticas autorais e coletivas, e de aprender a aprender nos campos da ciência, cultura, trabalho, informação e vida pessoal e coletiva.***

*Essa competência específica diz respeito às **práticas de linguagem em ambiente digital,** que têm modificado as práticas de linguagem em diferentes campos de atuação social.*

d) *Nesse cenário, os jovens precisam ter uma **visão crítica, ética e estética, e não somente técnica das TDIC e de seus usos, para selecionar, filtrar, compreender e produzir criticamente em quaisquer campos da vida social.***

*Para tanto, é necessário não somente possibilitar aos estudantes explorar interfaces técnicas (como a das linguagens de programação ou de uso de ferramentas e apps variados de edição de áudio, vídeo, imagens, de realidade aumentada, de criação de games, gifs, memes, infográficos etc), mas também interfaces éticas que lhes permitam tanto triar e curar informações **como produzir o novo com base no existente.***

e) *Habilidades à vista:*

- *■ **Explorar** tecnologias digitais da informação e comunicação (TDIC), compreendendo seus princípios e funcionalidades, e mobilizá-las de modo ético, responsável e adequado a práticas de linguagem em diferentes contextos.*

- *■ **Avaliar** o impacto das tecnologias digitais da informação e comunicação (TDIC) na formação do sujeito e em suas práticas sociais, para fazer uso crítico dessa mídia em práticas de seleção, compreensão e produção de discursos em ambiente digital.*

- *■ **Utilizar** diferentes linguagens, mídias e ferramentas digitais em processos de produção coletiva, colaborativa e projetos autorais em ambiente digital.*

- *■ **Apropriar-se** criticamente de processos de pesquisas e busca de informação, por meio de ferramentas e dos novos formatos de produção e distribuição do conhecimento na cultura da rede.*

f) *Em continuidade a essas aprendizagens, no Ensino Médio o foco é a construção de uma visão integrada da Matemática, aplicada à realidade, conforme anteriormente anunciado. Nesse contexto, quando a realidade é a referência, é preciso levar em conta as vivências cotidianas dos estudantes do Ensino Médio, envolvidos, em diferentes graus dados por suas condições socioeconômicas, pelos avanços tecnológicos, pelas exigências do mercado de trabalho, pela potencialidade das mídias sociais, entre outros.*

g) *A BNCC da área de Matemática e suas Tecnologias propõe a ampliação e o aprofundamento das aprendizagens essenciais desenvolvidas até o **9ª ano do Ensino Fundamental**. Para tanto, coloca em jogo, de modo mais inter-relacionado, os conhecimentos já explorados na etapa anterior, de modo a possibilitar que os estudantes construam uma visão mais integrada da Matemática, ainda na perspectiva de sua aplicação à realidade.*

h) *Na BNCC de Matemática do* **Ensino Fundamental***, as habilidades estão organizadas segundo unidades de conhecimento da própria área (Números, Álgebra, Geometria, Grandezas e Medidas, Probabilidades e Estatística).*

Em relação aos Números, os estudantes do **Ensino Fundamental** *têm a oportunidade de desenvolver habilidades referentes ao pensamento numérico, ampliando a compreensão a respeito dos diferentes campos e significados das operações. Para isso, propõe-se a resolução de problemas envolvendo números naturais, inteiros, racionais e reais, em diferentes contextos (do cotidiano, da própria Matemática e de outras áreas do conhecimento).*

Os estudantes têm também a oportunidade de **desenvolver** *o pensamento algébrico, tendo em vista as demandas para identificar a* **relação de dependência entre duas grandezas em contextos significativos** *e comunicá-la utilizando diferentes escritas algébricas, além de resolver situações-problema por meio de equações e inequações.*

Em relação ao pensamento geométrico, **eles desenvolvem habilidades para interpretar e representar a localização e o deslocamento de uma figura no plano cartesiano, identificar transformação isométricas e produzir ampliações e reduções de figuras.** *Além disso, são solicitados a formular e resolver problemas em contextos diversos, aplicando os conceitos de congruência e semelhança.*

No que se refere a Grandezas e Medidas, os estudantes constroem e ampliam a noção de medida, pelo estudo de diferentes grandezas, e obtêm expressões para **o cálculo da medida da área de superfícies planas e da medida do volume de alguns sólidos geométricos.**

Art. 4º-A – É assegurado atendimento educacional, durante o período de internação, ao aluno da educação básica internado para tratamento de saúde em regime hospitalar ou domiciliar por tempo prolongado, conforme dispuser o Poder Público em regulamento, na esfera de sua competência federativa. (Incluído pela Lei nº 13.716, de 2018).

Art. 4º-A – O Tema Pedagogia Hospitalar consta, na atualidade, com um amplo suporte de referenciais científicos e sociopedagógicos, sem esquecer que, sob o irradiante influxo dos direitos humanos, foi agregado ao "universo relevante e inovador das Políticas Públicas de Saúde e Educação", searas de alto potencial de germinação dos DIREITOS SOCIAIS (CF, art. 6°). Verifica-se que, em grande parte das sociedades do mundo, a hospitalização escolarizada tem sido entendida como forma **expressa** de inclusão social. Neste caso, estamos diante de um exemplo edificante da educação como medidora das transformações sociais. A inclusão do art. 4°-A, à LDB, portanto, realça, sim, esta dimensão dos sistemas de ensino, das escolas e das instituições formadoras (universidades), todos comprometidos em responder adequadamente à pluralidade de demandas emergentes, distribuídas no cotidiano das coletividades. Tal constatação não apaga o reconhecimento de que a rede hospitalar do País não dispõe de atendimento ao escolar hospitalizado, em termos gerais. Daí, a importância deste novo dispositivo da LDB que, de fato, nada mais faz do que reposicionar o que consta do Parecer 01/2001/CNE. Diretrizes da Educação Especial na Educação Básica, e, ainda, da Resolução 02/CNE/MEC/2001, textos assim formulados:

a) *"Atendimento domiciliar visa um serviço destinado a viabilizar, mediante atendimento especializado, a educação escolar de alunos que estejam impossibilitados de frequentar as aulas, em razão de tratamento de saúde que implique em permanência prolongada em domicílio".*

b) Por outro lado, o direito à saúde, segundo a Constituição Federal (art. 196), deve ser garantido mediante políticas econômicas e sociais que visem ao acesso universal e igualitário às ações e serviços, tanto para a sua promoção quanto para a sua proteção e recuperação. Assim, a quantidade do cuidado em saúde está referida diretamente a uma concepção ampliada em que o atendimento às necessidades de moradia, trabalho e educação, entre outras, assume relevância para compor a atenção integral. A integralidade é, inclusive, uma das diretrizes de organização do Sistema Único de Saúde, definido por lei (art. 197)(MEC, mai./2002).

A partir destas considerações sobre o direito à saúde, como a educação, também, um direito social (CF, art. 6°) passamos aos comentários e esclarecimentos que o dispositivo em foco exige, na moldura legal do Direito à Educação e do Dever de Educar.

A LDB abriga o dispositivo em foco, posicionando a Pedagogia Hospitalar como processo pedagógico alternativo. A questão imediata é: de que forma se efetiva este processo? Não há dúvida de que mediante desdobramentos em procedimentos de intervenção que REALCEM uma nova realidade no eixo HUMANIZAÇÃO-ESCOLARIZAÇÃO, em contexto hospitalar.

Neste enfoque, o direito à saúde está diretamente conectado a uma concepção ampliada a outras necessidades e a outros direitos sociais, como é o caso de moradia, trabalho e, naturalmente, **educação**. Evidentemente, esta dimensão conectiva está englobada no conceito de educação integral e inclusiva. Mas do que isto: no conceito de EDUCAR E CUIDAR. Por conseguinte, a doença não pode ser vista como fator de descontinuidade, de interrupção do processo de escolarização.

Como já destacado, a Pedagogia Hospitalar é considerada um processo alternativo, específico de educação continuada. Processo que ultrapassa a organização formal e estruturada da escola, por dupla ração: a) Sinaliza parâmetros para o atendimento de necessidades ocasionais do aluno. De que forma? i) Em ambiente hospitalar e; ii) Em contexto domiciliar; b) Impõe uma diferenciada realidade constituída de transversalidades e interconexões no campo epistêmico, com destaque para:

I – **Multidisciplinaridade**: saberes plurais exigidos em contexto hospitalar.

II – **Interdisciplinaridade**: profissionais de diferentes áreas, cooperando em contexto hospitalar, através do "jogo" convivencial da integração e das esferas de interrelação e, por fim;

III – **Transdisciplinaridade**: olhares profissionais que ultrapassam a própria ciência, portanto, o próprio corpo, os limites dos contornos físico-biológicos e convergem para os patamares dos valores e da humanização, "...com afeto, envolvimento, doação, magia, entre outros atributos essenciais a tantos que permeiam este espaço vital (MATOS e MUGIATTI, 2007: 30).

Há de se destacar duas possibilidades de escolarização, assentadas em ambiente hospitalar: i) A Hospitalização Escolarizada e ii) A Classe Hospitalar. A primeira volta-se para o atendimento individualizado do aluno doente a partir de dois aspectos: o momento da doença e a situação de escolaridade. No contexto destas duas circunstâncias, monta-se uma proposta pedagógica específica, própria para cada aluno(a), lembrando sempre: TODO ESCOLAR HOSPITALIZADO DEVE ESTAR MATRICULADO EM UMA ESCOLA. Por que? Exatamente porque ele cumpre um roteiro de formação no âmbito do **ensino regular,** com o alinhamento de: Currículo, carga horária, metodologias apropriadas e modalidades de avaliação. No caso da Classe Hospitalar, há um atendimento conjunto, no formato de classe heterogênea, buscando-se sempre adensar o princípio pedagógico da **integração.** Por último, é fundamental compreender que a Pedagogia Hospitalar é um suporte psicossocial e pedagógico de enorme transcendência cultural e convivencial porque livra o(a) aluno(a) doente da condição de ISOLAMENTO, evitando deixá-lo(a) em situação de exclusão social.

Este dispositivo novo da LDB (art. 4º-A) desfaz, de maneira definitiva, o falso dilema: tratamento ou escola ou, pondo-o de forma mais exponencial e dramática, saúde ou educação. Crianças e jovens adolescentes, como todos os cidadãos e cidadãs, tem **o direito** de ver respeitados estes **direitos** sociais, precondições de um presente e de um futuro com dignidade. Não menos importante: a Hospitalização Escolarizada responde, concreta e objetivamente, a famílias que, quando desafiadas em contextos de doença prolongada de seus filhos e de suas filhas, não sabem como proceder. No texto da Convenção dos Direitos da Criança/ONU-CDH-89, assinado por praticamente quase todos os países do mundo, dentre os quais, o Brasil, está inserida a declaração: "Um mundo para nós", de conteúdo assim formulado:

> *[...] juntos, construímos um mundo onde todas as meninas e todos os meninos possam aproveitar na infância – um tempo de brincar e aprender, quando são amados, respeitados e tratados com carinho, quando seus direitos são promovidos e protegidos, sem qualquer tipo de discriminação, quando sua segurança e seu bem-estar são prioridades e quando podem se desenvolver com saúde, paz e dignidade (UNICEF, 2002).*

A garantia, assegurada em dispositivo legal, deste tipo de atendimento educacional representa um patamar mais elevado do sentido social e cidadão do princípio de igualdade de direitos, de inclusão escolar e, ainda, da ideia edificante de uma só escola para todos.

Art. 5º – O acesso à educação básica obrigatória é direito público subjetivo, podendo qualquer cidadão, grupo de cidadãos, associação comunitária, organização sindical, entidade de classe ou outra legalmente constituída e, ainda, o Ministério Público, acionar o poder público para exigi-lo. (Artigo com redação dada pela Lei 12.796, de 04/04/2013)

§ 1º – O poder público, na esfera de sua competência federativa, deverá: (Parágrafo com redação dada pela Lei 12.796, de 04/04/2013)

I – recensear anualmente as crianças e adolescentes em idade escolar, bem como os jovens e adultos que não concluíram a educação básica; (Inciso com redação dada pela Lei 12.796, de 04/04/2013)

II – fazer-lhes a chamada pública;

III – zelar, junto aos pais ou responsáveis, pela frequência à escola.

§ 2º – Em todas as esferas administrativas, o poder público assegurará em primeiro lugar o acesso ao ensino obrigatório, nos termos deste artigo, contemplando em seguida os demais níveis e modalidades de ensino, conforme as prioridades constitucionais e legais.

§ 3º – Qualquer das partes mencionadas no *caput* deste artigo tem legitimidade para peticionar no Poder Judiciário, na hipótese do § 2º do art. 208 da Constituição Federal, sendo gratuita e de rito sumário a ação judicial correspondente.

§ 4º – Comprovada a negligência da autoridade competente para garantir o oferecimento do ensino obrigatório, poderá ela ser imputada por crime de responsabilidade.

§ 5º – Para garantir o cumprimento da obrigatoriedade de ensino, o poder público criará formas alternativas de acesso aos diferentes níveis de ensino, independentemente da escolarização anterior.

Art. 5º – A Constituição Federal impõe como dever do Estado garantir educação básica obrigatória e gratuita ao longo do percurso escolar universal, compreendendo Educação Infantil, Ensino Fundamental e Ensino Médio. E vai além. Estende esta obrigação de oferta de ensino a todos os que a ela não tiveram acesso na idade própria (CF, art. 208, inc. I). Importa dizer que a criança e o aluno em geral, enquadrados nesta condição legal, devem ter vaga assegurada na escola. Por isso, diz o texto em apreciação que tal direito é público subjetivo, ou seja, é direito irrenunciável de cada um, configurando o não cumprimento, portanto, razão para o **mandado de injunção** (art. 208, § 1º e 2º). Caso o demandante de vaga não a encontre na rede pública, poderá impetrar recurso junto ao Poder Judiciário contra a autoridade responsável (governador/secretário estadual de Educação ou prefeito/secretário municipal de Educação). Estas autoridades poderão, ainda, ser responsabilizadas criminalmente, caso sejam consideradas omissas no atendimento a este serviço público. É importante compreender que a educação básica, enquanto direito público subjetivo, coloca-se na ordem dos interesses constitucionalmente protegidos. Aqui, a tutela constitucional ultrapassa o direito genérico à educação e reconhece, em todo cidadão, como identidade individual, o direito de exigir, do Estado, o atendimento aos serviços educacionais fundamentais, independentemente de vaga ou seleção. Aliás, sem esta abertura, ficaria remota a possibilidade do respeito ao direito à igualdade, alicerce do Estado Democrático. Na ausência do respeito a este direito, diferentes instâncias nomeadas em lei têm a prerrogativa legal de acionar o poder público para o seu cumprimento. Há, portanto, uma previsão legal de judicialização do ato de omissão por parte da administração pública.

§ 1º – Ao referir-se a poder público, o legislador visualiza os entes estruturadores da organização político-administrativa da República Federativa do Brasil, discriminados no art. 18 da CF e todos autônomos. São eles: a União, os estados, o DF e os municípios.

No campo do dever do Estado com a educação escolar, a esfera de competência federativa tem contornos definidos pelo art. 211 da Constituição Federal, cujo teor está assim formulado na íntegra:

Art. 211 – A União, os estados, o DF e os municípios organizarão em regime de colaboração seus sistemas de ensino. (EC n. 14/1996, EC n.53/2006 e EC n.59/2009)

§ 1º – A União organizará o sistema federal de ensino e dos Territórios, financiará as instituições públicas federais e exercerá, em matéria educacional, função redistributiva e supletiva, de forma a garantir equalização de oportunidades educacionais e padrão mínimo de qualidade do ensino mediante assistência técnica e financeira aos estados, ao DF e aos municípios.

§ 2º – Os municípios atuarão prioritariamente no Ensino Fundamental e na Educação Infantil.

§ 3º – Os estados e o DF atuarão prioritariamente nos ensinos Fundamental e Médio.

§ 4º – Na organização de seus sistemas de ensino, a União, os estados, o DF e os municípios definirão formas de colaboração, de modo a assegurar a universalização do ensino obrigatório.

§ 5º – A educação básica pública atenderá prioritariamente ao ensino regular.

O regime de colaboração constitucionalmente imposto e de tão difícil operacionalidade tem desdobramentos no art. 8º da LDB, como veremos adiante. Por outro lado, na esfera da competência federativa, a atividade educacional prestacional têm atribuições demarcadas nos art. 9º ao 13, com desenho sistêmico definido nos art. 16 a 19 da LDB, conforme veremos oportunamente.

§ 1º, I – O recenseamento da população em idade escolar de educação básica e de educação de jovens e adultos ganha extrema relevância na atualidade como precondição para a fixação de políticas e estratégias voltadas para não retardar e/ou recuperar níveis de escolaridade. O Brasil possui uma história de exclusão escolar resistente. Temos, ainda, um alto índice de população analfabeta e de crianças ou fora da escola ou com defasagem idade/série. O Plano Nacional de Educação, aprovado pela Lei 13.005/2014, hospeda várias metas nesse sentido, como podemos ver:

• **Educação Infantil:** Universalizar até 2016 a Educação Infantil na pré-escola para crianças de 4 e 5 anos e ampliar a oferta no segmento de creches de modo a atender, no mínimo, 80% das crianças de até 3 anos até o final de vigência do PNE (2014-2024).

• **Ensino Fundamental** de nove anos para toda a população de 6 a 14 anos e assegurar que pelo menos 95% dos alunos encerrem esta etapa na idade recomendada, até o último ano de vigência do PNE.

• **Ensino Médio:** Universalizar até 2016 o atendimento escolar para toda a população de 15 a 17 anos e elevar, até o final do período de vigência do PNE, a taxa líquida de matrículas nesse nível de ensino para 85%.

Já anteriormente apresentados, estes números retornam como meio de reforçar a relevância do PNE cuja vigência atual vai chegando ao fim, com suas 20 Metas e suas 255 Estratégias bem distantes de comprimento, apesar de o art. 214 da CF determinar.

Art. 214. A lei estabelecerá o plano nacional de educação, de duração decenal, com o objetivo de articular o sistema nacional de educação em regime de colaboração e definir diretrizes, objetivos, metas e estratégias de implementação para assegurar a manutenção e desenvolvimento do ensino em seus diversos níveis, etapas e modalidades por meio de ações integradas dos poderes públicos das diferentes esferas federativas que conduzam a: (Redação dada pela Emenda Constitucional nº 59, de 2009)

I – erradicação do analfabetismo;

II – universalização do atendimento escolar;

III – melhoria da qualidade do ensino;

IV – formação para o trabalho;

V – promoção humanística, científica e tecnológica do País.

VI – estabelecimento de meta de aplicação de recursos públicos em educação como proporção do produto interno bruto. (Incluído pela Emenda Constitucional nº 59, de 2009).

O novo governo já anunciou o propósito, através do MEC, de montagem da "agenda-oficial" para o início dos debates e dos assentamentos preliminares, visando à elaboração do próximo PNE. Como o Brasil se especializou em não cumprir os Planos da Educação, cabe a pergunta: Mais uma vez é para fazer ou para fazer de conta?!

Oportuno lembrar que o primeiro Plano Nacional de Educação foi anunciado por Anísio Teixeira, em plena vigência da Lei 4.024/1961, nossa primeira LDB, e foi aprovado em 1962. Até hoje, o Estado brasileiro jamais cumpriu plenamente as metas dos diversos Planos Nacionais de Educação. Falta acompanhamento rigoroso das metas e do alinhamento temporal delas, apesar de o art. 9º da LDB, como veremos mais adiante, ser taxativo: *A União incumbir-se-á de: I- Elaborar o Plano Nacional de Educação, em colaboração com os Estados, o Distrito Feral e os Municípios.*

Adicionalmente às metas, o PNE prevê um feixe de estratégias para detecção e contagem da população escolarizável ou com necessidade de avançar na escolarização, como podemos ver:

- *Meta 1*
  > *Estratégias:*
  > *1.3 > Levantamento de demanda por creche...*
  > *1.15 > Promover a busca ativa de crianças em idade correspondente à educação infantil...*
- *Meta 2*
  > *Estratégia:*
  > *2.5 > Promover a busca ativa de crianças e adolescente fora da escola...*
- *Meta 3*
  > *Estratégia:*
  > *3.5 > Promover a busca ativa da população de 15 a 17 anos fora da escola...*
- *Meta 8*
  > *Estratégia:*
  > *8.6 > Promover a busca ativa de jovens fora da escola...*

Não há planejamento de políticas públicas consistentes e articuladas em educação sem uma sólida base de dados e de informações estatísticas.

É preocupante constatar que a educação brasileira permanece, ainda, presa a um ciclo trágico claramente definidor de um sequenciamento de problemas, como:

- escolaridade obrigatória ainda distante;
- percentual da população analfabeta ainda elevado;
- redução da taxa de analfabetismo ainda muito desigual por região e raça;
- defasagem idade/série ainda muito forte.

Estes pontos críticos, que constituem desafios históricos da sociedade brasileira, estão captados no grande painel do Plano Nacional de Educação (PNE), em cujo conteúdo inicial se posicionam quatro diretrizes que deverão funcionar como respostas políticas do Estado brasileiro a estas vulnerabilidades aqui apontadas. Vejamos, então:

Art. 2º da Lei 13.005/2014 (PNE)

São diretrizes do PNE:

I – erradicação do analfabetismo;

II – universalização do atendimento escolar;

III – superação das desigualdades educacionais, com ênfase na promoção da cidadania e na erradicação de todas as formas de discriminação;

IV – melhoria da qualidade da educação.

O recenseamento da população em idade própria para frequentar a educação básica, obrigação fixada na própria CF (art. 208, § 3º), visa a evitar que o ordenamento estatal possa escapar de execução e, ainda, que estados e municípios deixem de proceder à luz de um planejamento que disponibilize as vagas necessárias e, ao mesmo tempo, que assegurem escolas devidamente estruturadas para receber os alunos. Por outro lado, a contagem da população em faixa etária de escolaridade compulsória facilita o acompanhamento, por parte de quem de direito, de alunos que insistam em ficar fora da escola. No caso dos jovens e adultos, a medida censitária é essencial para evitar a existência e, em alguns casos, a ampliação, de bolsões de população analfabeta. Não é inconveniente reforçar a ideia da oferta de educação escolar pública feita a começar da matrícula na pré-escola, podendo tal oferta evoluir para níveis ulteriores somente depois de atendida a exigência de oferecimento de ensino obrigatório, conforme indicado no art. 5º, § 2º, da LDB. Em síntese, fazer o recenseamento escolar da população não é uma questão de apenas melhorar as estatísticas educacionais, mas uma precondição para o Estado adequar as políticas públicas e focar o planejamento nas necessidades educacionais prementes.

Sob o resguardo legal da Constituição, o PNE orienta-se por um feixe de diretrizes que são linhas de convergência para a sedimentação de um estuário normativo, com vigência existencial de dez anos. O objetivo é claro: *a articulação do sistema nacional de educação em regime de colaboração e a definição de diretrizes, objetivos, metas e estratégias, voltadas para garantir a manutenção e desenvolvimento do ensino em seus diversos níveis, etapas e modalidades, por meio de ações integradas dos poderes públicos das diferentes esferas federativas que conduzem a: (EC nº 59/2009):*

I – erradicação do analfabetismo;

II – universalização do atendimento escolar;

III – melhoria da qualidade do ensino

VI – formação para o trabalho

V – promoção humanística, científica e tecnológica do País;

VI – estabelecimento de meta de aplicação de recursos públicos em educação como proporção do produto interno bruto (CF, art. 214).

Convém ressaltar que o PNE não é um programa de metas, tampouco um plano de obtenção de recursos de um corpo legal de alinhamento de prestação de serviços educacionais, sustentado por uma formulação engenhosa para direcionar, sob conveniências circunstanciais, a atração e a aplicação de recursos financeiros. Na verdade, União, Estados, Distrito Federal e Municípios se aproximam e se integram via PNE, objetivando a construção de um sólido Sistema Nacional de Educação (SNE), embasado nos conjuntos de princípios, o SNE encontra, no Plano Nacional de Educação, o desenho, a fixação e o direcionamento de metas em um contexto mais sólido e mais estável de maior organicidade e de crescente materialização das políticas de educação. Em síntese, o Plano Nacional de Educação é o corpo de compromissos sistematizadas do Estado no campo da educação e, por isso, deve constituir a prioridade substantiva das políticas articuladas dos entes federados, sob o acompanhamento cuidadoso e o envolvimento permanente da sociedade.

§ 1º, II – A chamada pública é desdobramento do conteúdo do inciso anterior. Este cuidado do legislador busca substituir a igualdade jurídica abstrata (educação, direito de todos) pela criação de espaços de igualdade jurídica material "que procura, mediante a constatação de desigualdades fáticas, utilizar a lei como instrumento de concretização da igualdade" (MALISKA, 2001: 170). Na verdade, a experiência tem revelado que a chamada escolar pública constitui um importante mecanismo de cobrança às famílias quanto às suas responsabilidades de matricularem os filhos e assumirem, diante da escola, as consequências daí decorrentes. O DF, por exemplo, conseguiu identificar e localizar praticamente todas as crianças em idade escolar obrigatória, através da chamada pública, ao longo dos últimos anos. Muitos outros estados da Federação procedem de idêntica forma. O processo de matrícula tem sido enormemente favorecido pelo sistema de matrícula informatizado.

§ 1º, III – O núcleo familiar, constituído dos pais ou responsáveis, deve cuidar, também, da frequência escolar dos filhos. Na verdade, o comparecimento da criança à escola é algo que deve ser acompanhado pela sociedade. A infância e a juventude são os maiores patrimônios de uma sociedade.

A pobreza crônica de milhões de famílias motivada por uma concentração de renda em que 75,6% da riqueza do Brasil (renda, patrimônio e ganhos financeiros) estão nas mãos de somente 10% da população, contribui para desresponsabilizar os pais quanto à educação dos filhos. Acrescente-se que, no contexto atual (ano de 2023), o quadro de pobreza do País tornou-se dramático, com a **insegurança alimentar** (condição de não dispor, no dia a dia, de alimentos). São 33,1 milhões de brasileiros(as) passando fome, de acordo com pesquisa da Rede Brasileira de Pesquisa em Soberania e Segurança Alimentar (Rede PENSSAM). Este cenário humanamente degradante recomenda a aguda vigilância do Estado no campo da proteção à infância e à adolescência. Daí a importância da ação do Ministério Público que, como fiscal da sociedade, deve cuidar para que as crianças brasileiras tenham o direito fundamental de frequentar a escola. O Estatuto da Criança e do Adolescente (ECA) aponta para esta responsabilidade. Os Conselhos Tutelares, por sua vez, têm a responsabilidade de acompanhar esta questão e tratar com rigor os relapsos. É de se esperar que a lei da guarda compartilhada – que garante tanto ao pai como à mãe os direitos e deveres relativos aos filhos – possa ajudar o acompanhamento, por pais separados, do comparecimento da criança à escola.

Considerando que a educação regular obrigatória é presencial, o regime de frequência se torna um mecanismo essencial para a escola poder desenvolver seu projeto político-pedagógico com a participação efetiva dos alunos. O controle de frequência e a presença mínima previstos no art. 24, VI, desta LDB, significam que a presença diária do aluno na escola e o acompanhamento de sua formação pelos pais ou responsáveis constituem condições inseparáveis do processo essencial da educação escolar. Tanto é assim que o processo de avaliação não pode dispensar o elemento frequência, cabendo a cada sistema e ao regimento escolar disciplinarem o assunto. Por lei, o aluno deverá ter frequência mínima de 75% do total de horas letivas.

§ 2º – A garantia de acesso ao ensino regular obrigatório, como responsabilidade do poder público, define um ponto de partida para a atuação do Estado e, ao mesmo tempo, estabelece um alinhamento de patamares para níveis sucessivos de atenção, dentro da sequência legal de organização da educação escolar pública. Pode-se dizer que, no Brasil, grande parte de estados e municípios descumpre este ordenamento. A metade dos estados brasileiros possui taxas ainda elevadas de analfabetismo. Mesmo assim, quase todos mantêm universidades ou instituições de Ensino Superior[48]. Isto sem deixar de registrar, igualmente, que são dramáticos os números do analfabetismo funcional

---

48. O Brasil tem ainda uma malha de analfabetos (IBGE/Pnad-2021), o correspondente a 5,8% da população acima de 15 anos. Não menos grave, a taxa de analfabetos funcionais do mundo é expressiva: são 758 milhões.

no país[49], problema totalmente ignorado pelo Estado brasileiro, pela sociedade brasileira e pelas universidades brasileiras. A quem caberia a responsabilidade de cuidar desta questão?! Com o Ministério Público e os Tribunais de Contas... a palavra! O fato é que a linha de prioridade para o atendimento escolar está definida no texto constitucional e na legislação infraconstitucional.

§ 3º – Este parágrafo repete o teor do § 2º do art. 208 da CF. Na verdade, o que ocorre é que o dispositivo constitucional e a LDB dirigem-se ao disciplinamento dos instrumentos de controle da ação estatal, ensejando o acesso amplo dos cidadãos ao Poder Judiciário para que seus direitos sejam cumpridos sem recursos de apoio advocatício nem justificativas protelatórias. Com este dispositivo legal, estabelece-se um mecanismo intransigente de fiscalização da oferta e administração da educação pública. Além disso, a possibilidade apontada põe a lei mais perto das pessoas e estas mais dentro da Constituição.

§ 4º – O comportamento omissivo nesse caso, caracterizado pela não oferta ou, ainda, pela oferta irregular de ensino obrigatório, não apenas tipifica crime de responsabilidade, mas, se constatado desvio de recursos, pode ser enquadrado na Lei 8.429/1992, da improbidade administrativa. O recurso judicial com diferentes possibilidades de iniciativa peticional (qualquer das partes mencionada no *caput* do artigo com legitimidade para tanto) mostra que o dispositivo legal tem aplicação imediata, cabendo, ao Poder Judiciário, conferir-lhe pronta efetividade.

Como se pode constatar, os § 3º e 4º estão casados sob o ponto de vista de uma interdependência jurídica inafastável, ou seja, sob o ponto de vista da responsabilização quanto ao cumprimento do conteúdo essencial da formação fundamental.

§ 5º – O legislador, prevendo as dificuldades de todos os alunos serem absorvidos pela rede regular de ensino, sinaliza para a criação de "formas alternativas de acesso" à escola. Esta abertura representa um abrandamento de mau gosto que arranha a cláusula pétrea de nossa Constituição, segundo a qual "todos são iguais perante a lei". De fato, não pode haver concessão nem facilidade para se resolver a questão do cumprimento do direito de acesso ao ensino

---

49. O IBGE considera analfabeta a pessoa com 15 anos ou mais que não sabe ler nem escrever e, analfabeto funcional alguém com menos de 4 anos de escolaridade.

obrigatório na idade própria. O risco é que este dispositivo concessivo possa ser usado inadequadamente por gestores públicos inescrupulosos, para justificar a irresponsabilidade da omissão quanto à oferta prestacional de serviços educacionais obrigatórios. Feita esta ressalva, é razoável imaginar que o legislador tenha criado espaços legais para abrigar programas de educação escolar do tipo ensino supletivo, educação a distância, pedagogia da alternância e tantas outras formas criativas de educação de jovens e adultos, desde que sob a autorização prévia do respectivo órgão normativo do sistema[50].

Este § 5º guarda certa simetria e elementos de convergência com os art. 80 e 81 desta lei, no sentido do alargamento das formas de acesso à educação escolar, de um lado e, de outro, no sentido da flexibilização compreensiva dos espaços da aprendizagem. Com estas possibilidades, o legislador sinaliza para a substituição de estruturas inflexíveis de ensino pelo conceito criativo e propulsor de *conjunto orgânico da educação básica*, nos termos da Resolução CNE/CEB 4/2010, art. 11, par. único e art. 12.

Vale acrescentar, por fim, que a garantia, por parte do Estado, do acesso à educação básica requer a adição de um atributo: educação básica obrigatória e de QUALIDADE. Este aditamento decorre do princípio constitucional da isonomia, da igualdade de direitos (CF, art. 5º), sem o que não se cumprirá um dos objetivos fundamentais da república, exatamente o inc. III, do art. 3º, também da Constituição Federal, qual seja: *"erradicar a pobreza, e a marginalização e reduzir as desigualdades sociais e regionais"*. Isto sem esquecer que a educação é direito de todos e dever do Estado, da família e da sociedade (CF. art. 205).

Art. 6º – É dever dos pais ou responsáveis efetuar a matrícula das crianças na educação básica a partir dos 4 (quatro) anos de idade. (Artigo com redação dada pela Lei 12.796, de 04/04/2013.)

---

50. A Profa. Maria do Socorro Santos Uchoa Cameiro, do **En**contro de **La**boratórios de **Ci**dadania e **E**ducação (Enlace) de Brasília, oferece, no estudo *Ensino Médio: da escola à realidade*, um conjunto de alternativas interessantes, como modalidades de atendimento ao Ensino Médio. Como destacado pela autora, "são práticas socioeducacionais alicerçadas na inclusão e cimentadas no princípio da equidade, da flexibilidade e da autonomia". As alternativas apresentadas são: Classes de Passagem, Programas de Estudos Independentes, Circuitos de Escolas de Transição, Classes Polimodais, Programas de Ativação de Aprendizagem em Equipe, Clínicas de Ensino Consorciado, Programas de Aceleração, Escolas de Campo, Programas Compartilhados de Ensino, Escolas Vinculadas, Escola de Interesse, Currículo de Experiência, Currículo Focado em Quadros de Interesse por Situações-Problema, Currículo Vivencial do Aluno, Currículo através da História Oral e Currículo de Face Multimídia.

Art. 6º – Este dispositivo legal põe-se em confrontação com a ideia de ensino domiciliar, ou *homeschooling* na denominação internacional. Como dito na análise do art. 4º cujo conteúdo inteiro trata do direito à educação e do dever de educar, os pais ou responsáveis não têm autonomia "desparametrizada" para não matricular os filhos, simplesmente porque a nossa legislação consagra a obrigatoriedade da matrícula no ensino formal, na escola regular e, portanto, na rota do conhecimento curricular sistematizado por meio do ensino regular em instituição própria: a escola. A nova redação dada pela Lei 12.976/2013 antecipa o início da escolaridade obrigatória. Vamos lembrar que o STF reconheceu o direito de os pais ESCOLARIZAREM os filhos, sendo necessário, porém, a correspondente regulamentação.

Dois princípios básicos parecem sustentar a ideia do **ensino domiciliar**: a liberdade de ensinar e de aprender e a rejeição à escola como espaço de formação das crianças. O primeiro argumento semelha insustentável diante do fato de que a escola é a instituição que a sociedade elegeu para promover a passagem da vida particular e familiar para o domínio público. Tem, por isso, uma função social reguladora à medida que introduz o aluno na vida social, cultural e científica. E este processo introdutório é um direito inalienável de todas as pessoas. O segundo argumento parece esvaziar-se quando observamos que a função social formativa da escola decorre do fato de que o conhecimento curricular produzido impregna-se de valores éticos, estéticos, políticos e universais com os quais cada aluno deve ir construindo níveis de identificação crescente. Por outro lado, estruturada com base em nexos afetivos, a família tem limitações intrínsecas para produzir o aprendizado sistemático da cultura letrada e das relações com os outros (os de fora do núcleo familiar). Sair do circuito familiar, ingressar no novo espaço social da escola e disponibilizar rotas de emancipação para a criança construir uma identidade autônoma são fatores altamente benéficos ao desenvolvimento equilibrado do cidadão. Estes fatores, por seu turno, são, ainda, reforçados sociopedagogicamente pelo contato que a criança tem com uma larga diversidade de educadores, contrariamente ao que acontece com os pais que são os mesmos.

A ideia da sociedade desescolarizada ganhou corpo na década de 1970, como rescaldo do movimento de contracultura dos anos de 1960. Ivan Illich lança em 1971 e 1972 os livros ***Sociedade sem escolas*** e ***Destruir a escola***, respectivamente. Everett Reimer traz à tona o seu ***A escola está morta***. John Holt, professor de Harvard, passa a implementar, de fato, a primeira experiência de desescolarização com a edição sistemática da revista *Growing Without Schooling* (Crescendo sem escolarização). Nesta época, liderava um movimento internacional em favor de legalização do ensino doméstico.

A educação domiciliar, enquanto movimento, vem crescendo tangida por dois interesses imediatos e práticos. De um lado, por razões de ordem religiosa. Muitos pais querem impor a sua religião com os respectivos valores aos seus filhos. Pior: muitos pais desejam que os filhos não sejam só seus herdeiros, senão que lhes sejam a cópia exata, portanto, seus clones! De outro, trata-se de um mercado bastante promissor. De fato, há uma indústria em ascensão de produção de material do tipo: módulos de ensino, vídeos, jogos e material instrucional em geral.

A legislação brasileira não apenas não dá respaldo à ideia de ensino domiciliar como alternativa de substituição da escola, como pune os pais ou responsáveis que, propositadamente, deixarem os filhos menores fora da escola. Diz a CF que "o acesso ao ensino obrigatório e gratuito é direito público subjetivo" (art. 208, § 1º) e que o não oferecimento do ensino obrigatório pelo poder público, ou sua oferta irregular, importa responsabilidade da autoridade competente (CF, art. 208. § 2º).

Eis alguns países, dentre outros, em que a educação domiciliar (*homeschooling*) é permitida: África do Sul, Austrália, Canadá, Chile, Colômbia, Equador, Finlândia, França, Inglaterra, Irlanda, Israel, Itália, Nova Zelândia e Portugal. Destaque-se que, em muitos outros países, adota-se a educação domiciliar, porém, ainda sob indefinição legal, como é o caso da Argentina, China, Espanha, Holanda, Índia, Japão, México, Estados Unidos (alguns estados americanos!) etc. A legislação educacional brasileira é dúbia quanto à "regularidade" do ensino domiciliar (*homeschooling*). Apesar disso, dados de diferentes fontes revelam que há, no país, pelo menos 6 mil crianças, recebendo cotidianamente **educação escolar**, em casa. São aproximadamente 3.2 mil famílias que "aderiram ao modelo", segundo a Associação Nacional de Educação Domiciliar (Aned). Transitam, no judiciário, mais de duas dezenas de processos sobre a matéria. Em um certo momento (2017), o STF ordenou sobrestar a análise de todos os processos em andamento.

Diz, ainda, a CF, em seu art. 229: "os pais têm o dever de assistir, criar e educar os filhos menores [...]". Estes deveres estão, igualmente, insculpidos no inc. I do art. 163 do Código Civil vigente. Nesta mesma esteira, prescreve o art. 6º da LDB: "É dever dos pais ou responsáveis efetuar a matrícula das crianças, a partir dos 4 anos de idade, na educação básica" (Lei 11.274, de 06/02/2006). Estas mesmas obrigações constam da Lei 8.069/1990 – Estatuto da Criança e do Adolescente. O legislador brasileiro sabe que estes cuidados obrigacionais dos pais em relação à educação escolar (art. 1º, § 1º) dos filhos são essenciais em uma sociedade de tantas desigualdades sociais como a brasileira. Sem estes cuidados do Estado, estariam enormemente ampliadas as possibilidades da expansão do analfabetismo e do trabalho infantil e de processos de "doutrinação" dos pais sobre os filhos, desrespeitando os princípios de ministração do ensino (LDB, art. 3º) e, ainda, a formação comum indispensável para o exercício da cidadania (LDB, art. 22) e, por fim, o aprimoramento do educando como pessoa humana, incluindo a formação ética e o desenvolvimento da autonomia intelectual e do **pensamento crítico** [grifo nosso] (LDB, art. 35, inc. II). O art. 2º da LDB diz que a educação é dever da família e do Estado. Desdobramento deste dever é a obrigatoriedade de os pais ou responsáveis pela criança fazerem a matrícula na época que corresponde ao imperativo de frequência à pré-escola. Como esta cobre a faixa etária de 4 e 5 anos, a matrícula compulsória começa aos 4. Esta exigência aqui posta é essencial para se assegurar o cumprimento da universalização da educação básica. Por outro lado, através deste art. 6º, está-se criando um importante mecanismo para atalhar, na origem, o problema da criança fora da escola e, portanto, do analfabetismo. Nesta mesma direção, deve ser entendida a exigência do Censo Escolar anual e da chamada pública, tema sobre o qual já falamos ao tecer considerações sobre o art. 5º da LDB. O dispositivo em foco tem um extraordinário alcance no sentido de reduzir o campo de riscos a que crianças e adolescentes podem ser submetidos no tocante à ausência da escola e ao trabalho infantil. Este último assunto, que é de interesse social, educacional e cívico, é, igualmente, de gravidade alarmante, como podemos constatar.

De acordo com a Organização Internacional do Trabalho (OIT), 11% das crianças brasileiras são usadas como mão de obra. No Brasil, as crianças e adolescentes são explorados como trabalhadores em carvoarias, bares, lanchonetes, barracas, padarias, mercadinhos e em atividades de engraxate, tintureiro, entregadores de encomenda, flanelinhas, exibidores de arte em sinais, jardineiros, lavadores de carro, vendedores ambulantes, trabalham nos sinais, nos lixões, nas feiras e mesmo em casa. 60% das crianças envolvidas com trabalho infantil vivem nas regiões Norte e Nordeste.

Há dez anos, o Brasil ratificou a Convenção 152 da OIT, específica sobre trabalho infantil. Na época, o governo brasileiro identificou 80 atividades econômicas danosas aos menores. Em decreto assinado em 12/06/2008, o governo ampliou esta lista para 113, definindo melhor o que constitui atividade legal e ilegal e, esclarecendo, sobretudo aquelas que põem em risco a saúde, a segurança, a identidade e a autoestima das crianças e adolescentes. Além de uma ação fiscalizadora conjunta Ministério da Educação/Ministério do Trabalho, o governo decidiu impedir que empresas incluídas na lista suja do trabalho infantil tenham acesso ao crédito de bancos oficiais. Somente com medidas drásticas e limitativas à sobrevida dos infratores, o direito à educação e a responsabilidade dos pais poderão deixar de ser conceitos abstratos. Este assunto voltará a ser tratado, agora dentro de uma visão mais pedagógica e organizacional da escola, nos comentários ao art. 32 da LDB.

Dados da Agência Brasil (2017) informam que:

- Desde 2013, o país vem registrando aumento dos casos de trabalho infantil entre crianças de 5 a 9 anos. Em 2015, ano da última pesquisa do IBGE, quase 80 mil crianças nessa faixa etária estavam trabalhando.

- O mapeamento da situação do trabalho infantil mostra que o número de trabalhadores precoces corresponde a 5% da população que tem entre 5 e 17 anos no Brasil.

- Representantes da rede de proteção à infância afirmam que o dado é preocupante.

- Para o Fórum Nacional, outro ponto que deve ser lembrado durante a campanha é o não cumprimento pelo Brasil da meta firmada junto à Organização Internacional do Trabalho de eliminar todas as piores formas de trabalho infantil até 2016.

- Entre as formas mais graves descritas na Convenção Internacional 182, da qual o Brasil é signatário, estão a escravidão, o tráfico de entorpecentes, o trabalho doméstico e o crime de exploração sexual, que, no caso dos dois últimos, vitimam principalmente meninas negras.

Quando olhamos esta população sob o ponto de vista racial, dados do Pnad/IBGE informam que 60% são crianças e adolescentes de origem negra ou parda e 40% são não negros (brancos, índios e amarelos).

Por estes números, percebe-se que o mandamento legal de os pais ou responsáveis matricularem as crianças na educação básica obrigatória, a partir dos quatro anos, constitui providência de grande alcance humano, social, cultural e educativo, a par de ser direito fundamental da criança.

Na verdade, a sociedade brasileira precisa se convencer de que o trabalho infantil retira da criança o direito de ser criança. Muitos pais, por pura desídia, ou não, matriculam os filhos na escola ou, uma vez tendo matriculado, não se preocupam que eles abandonem a escola. No Brasil, os poderes públicos têm sido tolerantes com esta irresponsabilidade. Espera-se dos Conselhos Tutelares e do Ministério Público uma postura de maior vigilância para o cumprimento desta exigência legal e para a punição dos pais ou responsáveis omissos. Na sociedade do conhecimento e no rumo da civilização planetária, a educação escolar é o oxigênio da vida das pessoas. Por isso, não só a escola é o lugar da criança – ali, ela deve ter oportunidades institucionalizadas para estudar, brincar e se desenvolver –, mas também deve ser acompanhada pelos pais, responsáveis e pela própria sociedade a fim de não padecer desvios nesse percurso, mesmo que seja para trabalhar e ajudar a família. Todo trabalho infantil é abuso e exploração infantil. Nesse sentido, o art. 7º, inc. XXXIII da Constituição, com nova redação dada pela Emenda Constitucional 20, de 16/11/1998, determina "a proibição de trabalho noturno, perigoso ou insalubre a menores de dezoito anos e de qualquer trabalho a menores de dezesseis anos, salvo na condição de aprendiz, a partir de quatorze anos". Por seu turno, o ECA/1990 estabelece no art. 60: "É proibido qualquer trabalho a menores de 14 anos de idade, salvo na condição de aprendiz". Esta obrigatoriedade dos pais ou responsáveis ganha extraordinária relevância em um país como o Brasil, no qual boa parte das crianças ainda não frequenta a Educação Infantil.

A mudança introduzida neste artigo dá maior abrangência ao campo de aplicação do direito do cidadão brasileiro aos três níveis de escolaridade obrigatória: Pré-escola, Ensino Fundamental e Ensino Médio. Além de reforçar o artigo anterior.

O avanço da Lei 12.796/2013 representa também avanço da cidadania e se vincula, como forma de regulamentação, à mudança feita na Constituição Federal, por meio da Emenda Constitucional 59/2009. A partir de agora, os responsáveis têm o dever de colocar as crianças na Educação Infantil a partir dos 4 anos, direcionando-as, portanto, para a **pré-escola**. Convém lembrar que, anteriormente, esta obrigação ocorria a partir dos 6 anos. Ainda, antes da mudança na Constituição, o Ensino Fundamental era o único nível de ensino e, portanto, de oferta escolar obrigatória no Brasil. O cuidado do legislador expresso neste art. 6º caminha em outra direção. Primeiro, é dever dos pais ou responsáveis efetuar a matrícula das crianças. Mas não só isto. Em segundo lugar, é dever também fazer o acompanhamento dos filhos na escola. E, por fim, impedir, sob qualquer alegação, que as crianças deixem de estudar para trabalhar para eventual complementação da renda familiar. Isto agride o direito da criança à educação e, portanto, o não respeito a este direito é crime.

Art. 7º – O ensino é livre à iniciativa privada, atendidas as seguintes condições:
I – cumprimento das normas gerais da educação nacional e do respectivo sistema de ensino;

II – autorização de funcionamento e avaliação de qualidade pelo poder público;

III – capacidade de autofinanciamento, ressalvado o previsto no art. 213 da Constituição Federal.

Art. 7º – Este artigo da LDB é reprodução do art. 209 da Constituição Federal que diz:

O ensino é livre à iniciativa privada, atendidas as seguintes condições: I – cumprimento das normas gerais da educação nacional; II – autorização e avaliação de qualidade pelo poder público.

A atuação da iniciativa privada no campo educacional decorre de direito com previsão constitucional, condicionado tal direito às prescrições da LDB e do respectivo sistema de ensino. Portanto, quando o Estado cria legislação e normas restritivas a esta condição, está assumindo conduta anticonstitucional. Complementarmente, cabe aditar que a Lei 9.313/1995, com as alterações introduzidas pela Lei 9.870/1999, dispõe no art. 7º que pessoas jurídicas de direito privado, mantedoras de IES, poderão assumir qualquer das formas admitidas em direito, de natureza civil ou comercial e, quando constituídas como fundações, serão regidas pelo disposto no art. 24 do Código Civil Brasileiro. Portanto, não se trata de prestação de serviços decorrente de benesse nem de favorecimento do Estado, senão de um mandamento constitucional. Nesse horizonte de percepção, convém destacar que é inadequado opor ensino privado a ensino público à medida que, sob o ponto de vista legal, estamos diante de serviços e atividades coexistentes, submetidos a exigências de qualidade idênticas e a finalidades convergentes. A concomitância de atuação configura uma prestação de serviços saudável e edificante à luz da Constituição Federal e do desenvolvimento do país. Na base desta linha de convergência, firma-se o Estado Democrático de Direito, que tem, entre seus fundamentos, os valores sociais do trabalho e *da livre-iniciativa* (CF, art. 1º, inc. IV). Se não há oposição, há certamente elementos substantivos de distinção, ou seja, há diferenciação de natureza constituinte: na forma de criação e implantação e nos formatos de gestão, organização, funcionamento e financiamento. No caso do Ensino Superior, há uma clara diferença entre os dois tipos de instituição já no processo de criação. As IES públicas têm sua criação originada em Projeto de Lei do Poder Executivo, encaminhado e submetido ao Poder Legislativo e por ele aprovado. No caso das IES privadas, o processo de criação decorre de credenciamento junto ao MEC.

A sua administração e manutenção é de responsabilidade de pessoas físicas ou jurídicas de direito privado. Enquadram-se em duas categorias: instituições privadas com fins lucrativos e privadas sem fins lucrativos. Em se tratando de estabelecimentos privados de ensino, com atuação na educação básica, os pedidos de autorização de funcionamento devem ser submetidos ao órgão normativo do sistema (Conselho Estadual de Educação ou Conselho Municipal, quando houver, e caso haja este recebido delegação do órgão estadual para exercer esta atribuição).

A Rede Privada de Ensino tem-se expandido fortemente nos últimos anos e em todos os níveis e modalidades de ensino, o que denota o reconhecimento da sociedade nacional à qualidade do ensino ministrado. Os números apresentados ao final dos comentários a este art. 7º traduzem a força do ensino privado, de acordo com dados do Inep/MEC.

> **I** – Na iniciativa privada, é assegurado a todos o livre-exercício de qualquer atividade econômica, independentemente de prévia autorização de órgãos públicos, salvo nos casos previstos em lei, diz o art. 170, par. único, da CF. O mesmo, porém, não ocorre no campo educacional, uma vez que meios e fins nas atividades educacionais privadas submetem-se ao controle do Estado Federal, inclusive matérias de mensalidades escolares, cujo controle, consoante decisões do STJ e STF, se faz ao abrigo do art. 173, § 4º da CF. Este entendimento convém anotar, tem merecido ressalva, pois, como destacam Frauches e Fagundes (2007: 45), "[...] o Código Civil Brasileiro é muito claro ao prever que um contratante não poderá exigir o adimplemento da obrigação do outro caso não esteja em dia com o cumprimento de suas próprias obrigações".

Na verdade, a atividade educacional privada – sempre autorizada e supervisionada pelo Estado – é de natureza pública, o que produz, muitas vezes, pontos de tensão entre o interesse particular do prestador do serviço educacional privado e o interesse coletivo. As normas gerais da educação são aquelas constantes da CF, da LDB e de toda legislação decorrente. As dos respectivos sistemas são aquelas que atingem legal e necessariamente as instituições educacionais, de acordo com o nível de ensino e a esfera administrativa a que estão vinculadas, com desdobramento de dependência em relação aos órgãos normativos (Conselhos de Educação). Os estabelecimentos privados de ensino que atuam no âmbito da educação básica praticamente operam com baixa supervisão do Poder Público. Aqueles que oferecem Ensino Médio concentram suas preocupações no vestibular e no Enem, sob acompanhamento frouxo do Estado.

Como já assinalado anteriormente, o art. 7º e seus incisos são uma transcrição do art. 209 da Constituição Federal, acrescida da capacidade de autofinanciamento. Isto significa dizer que escolas privadas devem gerar receita própria capaz de assegurar sua própria manutenção. A ressalva referida ao art. 123 da Constituição Federal concerne ao caso das instituições de ensino de natureza comunitária, filantrópica ou confessional, desde que constituídas nos termos da legislação que disciplina o funcionamento deste tipo de instituição. Por outro lado, os recursos públicos, diz o mesmo dispositivo constitucional, podem ser destinados a bolsas de estudos para os ensinos Fundamental e Médio sob duas condições: i) Quando houver falta de vagas em **cursos regulares** da rede pública na localidade de residência do estudante; ii) Quando este não tiver condições econômicas de custear seus estudos.

No Brasil, a contribuição da iniciativa privada à educação é essencial. Vejamos os números que seguem (Matrículas-2020):

Matrículas - 2020	Total	
Educação Básica	8.791.186 (Brasil)	
- Creche	1.208.886	
- Pré-escola	1.120.231	
- Educação Infantil	2.328.917	
- Ensino Fundamental (anos iniciais)	2.812.599	Rede privada
- Ensino Fundamental (anos finais)	1.836.808	
- Ensino Fundamental (total)	4.649.407	
- Ensino Médio	925.949	

Fonte: MEC/Inep/Deed – Microdados do Censo Escolar.

Estabelecimentos - 2020	Total	
Educação Básica	41.046 (Brasil)	
- Creche	28.355	
- Pré-escola	28.580	
- Educação Infantil	33.112	
- Ensino Fundamental (anos iniciais)	23.719	Rede privada
- Ensino Fundamental (anos finais)	14.134	
- Ensino Fundamental (total)	24.743	
- Ensino Médio	8.433	

Fonte: MEC/Inep/Deed – Microdados do Censo Escolar.

Na Educação Superior, de um total de 8.986.554 matrículas em 2021, a rede privada chegava ao impressionante patamar de 6.907.893 matrículas, de acordo com o Censo da Educação Superior de 2021/MEC/Inep/DEED.

A rede privada de ensino e suas instituições recebem um expressivo contingente de alunos do noturno. Normalmente, alunos trabalhadores que custeiam seus próprios estudos e que dificilmente poderiam estar nas universidades públicas cuja organização de horários parece destinar-se a estudantes de tempo integral e, não, a trabalhadores que estudam. A movimentação de matrículas, em cursos de graduação presenciais, comprova a alta concentração de alunos do segmento privado no turno da noite, com uma forte inversão do volume de matrículas no posicionamento público/privado, período 2012/2021.

Rede	Turno	
	Diurno	Noturno
- Federal	69%	31%
- Estadual	58%	42%
- Municipal	37%	63%
- Privada	34%	66%

Fonte: MEC/Inep – Censo da Educação Superior - 2021.

Cabe ainda destacar que o ingresso nas universidades públicas, via Enem, via vestibular ou via Programa de Avaliação Seriada do Ensino Médio (PAS), termina por beneficiar quem dispõe de mais tempo para estudar. É este mais um processo injusto do *ziguezague perverso da educação brasileira*.

De acordo com os dados do Censo da Educação Superior (MEC/Inep), em 2015, havia uma matrícula, nesse nível de ensino, de mais de 8,9 milhões de estudantes, dos quais 3,9 milhões estavam na faixa de 18 a 24 anos. O que chama a atenção, porém, é que a grande maioria deles é proveniente *de estratos sociais econômica e educacionalmente desfavorecidos*. Por isso, criar mecanismos de apoio ao financiamento de estudos destes alunos é dever do Estado e da sociedade brasileira (ABMES, 2002: 339). O Prouni e o Fies reestruturados respondem de alguma forma a este tipo de demanda. A expansão da rede de universidades comunitárias, com multiplicados programas de *inclusão social*, posiciona-se, igualmente, na mesma direção. Desta forma, alunos carentes – que se transformam em alunos bolsistas – têm a oportunidade de cursar a universidade.

Há de se reconhecer que, na última década, o MEC tem produzido diversos instrumentos normativos para intervir no campo de ação das instituições privadas de educação superior. Caso típico é o cipoal de normas confusas, contraditórias e de base legal discutível na área de avaliação da IES. Na verdade, o governo tem substituído leis por portarias e instruções normativas que, contrariando o princípio básico da hierarquia das leis, não têm força imperativa. As instituições se submetem para não serem expostas à imprensa como relapsas ou até acusadas de serem contra mecanismos de avaliação. Como sabemos, o princípio citado estabelece "uma ordem de graduação das normas, segundo uma escala decrescente" [...]. Na prática, prevalece "a superioridade de uma fonte de produção jurídica sobre a outra" (DINIZ, 2010: 304).

> **II** – A autorização de funcionamento e a avaliação de qualidade pelo poder público constituem procedimentos que se interpenetram e completam dentro de uma linha processual de etapas continuadas. Por esta razão, é necessário distinguir as várias etapas que compõem o processo de funcionamento regular de uma IES. Em uma linha direta e sequencial, estas etapas se posicionam assim: a) Credenciamento da mantenedora. Esta etapa é essencial, pois, sem ela, o aluno não poderá obter o seu diploma; b) Autorização, que é a etapa de sinalização pelo MEC de que a instituição preenche as condições legais para oferecer os cursos solicitados; e c) Reconhecimento que é um momento crucial para a continuidade do funcionamento da instituição. Na verdade, com o selo do reconhecimento, a instituição confirma sua adequada *performance* acadêmica, com base em avaliações formais de interesse público. O conjunto destas etapas prossegue ao longo do tempo com os processos de recredenciamento e de renovação de reconhecimento de cada curso. No fundo, prevalece a preocupação do Estado com a garantia de padrão de qualidade, um dos princípios de ministração do ensino (art. 3º, inc. IX). A avaliação, processo que já ocorre no âmbito da aplicação dos instrumentos iniciais da ponderação avaliativa, tem seu desenrolar pleno e direto no percurso de funcionamento da instituição, ao longo do tempo e de acordo com períodos fixados pela legislação pertinente.

A fixação de padrões de qualidade e sua aferição em todo o universo da educação escolar (educação básica e educação superior) constitui uma das linhas marcantes de ordenamento do Plano Nacional de Educação (PNE). Ao longo do seu corpo normativo, distribui, no interior de suas 20 Metas e 254 Estratégias, quase duas dezenas de mandamentos cingidas ao campo necessário da avaliação, com a obrigatoriedade de produção, a cada dois anos, de indicadores de rendimento escolar. Os artigos seguintes são elucidativos e imperativos a este respeito:

Art. 11 – O Sistema Nacional de Avaliação da Educação Básica, coordenado pela União, em colaboração com os estados, o DF e os municípios, constituirá fonte de informação para a avaliação da qualidade da educação básica e para a orientação das políticas públicas desse nível de ensino.

Meta 13: elevar a qualidade da educação superior e ampliar a proporção de mestres e doutores do corpo docente em efetivo exercício no conjunto do sistema de educação superior para 75% (setenta e cinco por cento), sendo, do total, no mínimo, 35% (trinta e cinco por cento) doutores.

Estratégias:

13.1) aperfeiçoar o Sistema Nacional de Avaliação da Educação Superior (Sinaes), de que trata a Lei 10.861, de 14/04/2004, fortalecendo as ações de avaliação, regulação e supervisão.

Esta META 13 e a Estratégia 13.1 ganham um direcionamento incomum no contexto atual, seja por sua importância, seja pelo momento pelo qual a Educação Superior do País passa: uma expansão desenfreada em que as dimensões essenciais da garantia de padrão de qualidade (LDB, art. 3º, inc. IX) somente existe se entrecruzadas as etapas de supervisão, regulação e avaliação e, sobretudo, se cada uma destas etapas for executada com rigor legal, com procedimentos ajustados e academicamente, com refinamento sociopedagógico e com elevada adequação dos caminhos das políticas educacionais e culturais às coordenadas teleológicas da Educação Superior, cuja configuração plena hospeda-se no Capítulo IV (da Educação Superior), esteira dos artigos 43 a 57, da LDB, com ressonância nas METAS 12 e 13 do PNE.

A avaliação da educação escolar no país, em nível nacional, é responsabilidade direta do Inep/MEC e da Capes/MEC. Tanto a Constituição Federal (art. 206, inc. III) como a LDB (art. 3º, inc. IX) impõem "a garantia do padrão de qualidade", o que requer avaliação contínua – como um dos princípios de ministração do ensino.

Por fim, vale lembrar que a avaliação da qualidade, também prevista no art. 209 da CF, é uma preocupação de todos os sistemas educacionais e da própria sociedade. Qualidade em educação é um conceito multifocal. Envolve as demarcações legais de regularidade de funcionamento da instituição e do(s) curso(s), a adequação dos meios materiais ao projeto pedagógico e recursos humanos qualificados e nele engajados. Por isso, a qualidade do ensino é resultado da qualificação da escola, entendida como conjunto de condições objetivas para se trabalhar de forma sistemática e contínua com a finalidade de garantir uma aprendizagem individual e socialmente relevante. Trata-se de um grande desafio. Entram, aqui, portanto, fatores ideológicos e políticos que envolvem desenvolvimento humano e aprendizagem. Evidentemente, estes fatores, como destaca a Unesco, são dinâmicos e mutantes. No caso da responsabilidade do Estado no campo da avaliação do ensino pela iniciativa privada, convém destacar que, como a qualidade da educação não se expressa de forma só visual, as instâncias públicas responsáveis (MEC, Inep,

Capes, Secretarias da Educação etc.) constroem, para medi-la, instrumentos de aferição e, desta forma, produzem uma fotografia do que há nos padrões de oferta do ensino ministrado.

> III – O autofinanciamento é o grande elemento diferenciador entre o público e o privado. Nada mais razoável de que a exploração de qualquer atividade econômica pela iniciativa privada cuja finalidade, em princípio é, também, auferir lucro. Daí a imposição de autofinanciamento, até porque se trata de uma movimentação no campo do mercado, cuja mola propulsora é a geração de resultados econômicos, diferentemente do que pretende o Estado. A ressalva feita pelo art. 213 e parágrafos tem previsão constitucional assim formulada:

Art. 213 – Os recursos públicos serão destinados às escolas públicas, podendo ser dirigidos a escolas comunitárias, confessionais ou filantrópicas, definidas em lei, que: I – Comprovem finalidade não lucrativa e apliquem seus excedentes financeiros em educação; II – Assegurem a destinação de seu patrimônio a outra escola comunitária, filantrópica ou confessional, ou ao Poder Público, no caso de encerramento de suas atividades.

§ 1º– Os recursos de que trata este artigo poderão ser destinados a bolsas de estudo para os ensinos Fundamental e Médio, na forma da lei, para os que demonstrarem insuficiência de recursos, quando houver falta de vagas e cursos regulares da rede pública na localidade da residência do educando, ficando o Poder Público obrigado a investir prioritariamente na expansão de sua rede na localidade.

§ 2º – As atividades universitárias de pesquisa e extensão poderão receber apoio financeiro do Poder Público.

Como regra geral, as instituições de ensino de natureza privada não podem receber aporte de investimento público, com a ressalva dos casos e especificações previstos no art. 213 da Constituição Federal. Esta restrição legal tende a ser flexibilizada pela importância e onipresença da Rede Privada de Ensino no conjunto da oferta de educação escolar no país. Embora já tenhamos tratado da importância do Prouni nos comentários ao art. 4º, inc. V, inclusive com a indicação de números, vale a pena retornar a ele, com algumas informações adicionais, que reforçam a importância do ensino privado para a sociedade brasileira e o desenvolvimento do país. O Programa Universidade para Todos (Prouni) é uma visualização forte nesta direção. Criado em 2004, oferece bolsas de estudo integrais e parciais de 50% a instituições privadas de educação superior, no âmbito de cursos de graduação e sequenciais de formação específica. Beneficia alunos brasileiros ainda sem diploma de nível superior. De acordo com as normas pertinentes, expostas pelo MEC, para concorrer às bolsas integrais, o candidato deve ter renda familiar bruta mensal, por pessoa de até um salário mínimo e meio. Para as bolsas parciais de 50%, a renda familiar bruta mensal deve ser de até três salários mínimos por pessoa. Além disso, o candidato deve satisfazer a pelo menos um dos requisitos abaixo:

• *ter cursado o Ensino Médio completo em escola da rede pública ou em escola da rede particular na condição de bolsista integral da própria escola;*

• *ser pessoa com deficiência; ou*

• *ser professor da rede pública de ensino, no efetivo exercício do magistério da educação básica e integrando o quadro de pessoal permanente da instituição pública e concorrer a bolsas exclusivamente nos cursos de licenciatura. Nesse caso, não é necessário comprovar renda.*

A contribuição da iniciativa privada à educação escolar (art. 1º, § 1º) do país, e, portanto, ao ensino regular em todos os níveis, é expressiva, não apenas sob o ponto de vista quantitativo, como veremos na tabela abaixo, mas é também sob o ponto de vista da relevância social e estratégica pelo apoio complementar que oferece ao Estado e à sociedade no campo da formação de quadros profissionais egressos tanto da educação básica como da educação superior. Aqui, a dimensão empresarial deixa-se envolver, igualmente, por uma dimensão cívica pelo padrão de qualidade que marca a prestação dos serviços educacionais oferecidos. Cabe lembrar que o Sistema Privado de Ensino dá uma importante contribuição na formação docente inicial, via cursos de Licenciatura e Pedagogia, enquanto o Sistema Público se destaca pelo extraordinário trabalho no campo da formação docente continuada (pós-graduação) e, assim, os dois sistemas se completam, interagindo acadêmica e cientificamente. Vejamos as quantidades gerais da nossa educação:

Estatísticas gerais da Educação no Brasil
Matrículas na Rede pública e privada de Ensino por níveis e modalidades de ensino – 2021

	Total Rede Privada	Total Rede Pública
Educação Infantil	2.3283917	6.500.878
Ensino Fundamental	4.649.407	22.069.423
Ensino Médio	925.949	6.624.804
Ensino Profissional	718.285	1.183.192
Ensino Superior	6.907.893	2.078.661

Fonte: MEC/Inep/DEED – Microdados do Censo Escolar.

Art. 7º-A – Ao aluno regularmente matriculado em instituição de ensino pública ou privada, de qualquer nível, é assegurado, no exercício da liberdade de consciência e de crença, o direito de, mediante prévio e motivado requerimento, ausentar-se de prova ou de aula marcada para o dia em que, segundo os preceitos de sua religião, seja vedado o exercício de tais atividades, devendo-se-lhe atribuir, a critério da instituição e sem custos para o aluno, uma das seguintes prestações alternativas, nos termos do inciso VIII *caput* do art. 5º da Constituição Federal: (Incluído pela Lei nº 13.796, de 2019) (Vigência)

I – prova ou aula de reposição, conforme o caso, a ser realizada em data alternativa, no turno de estudo do aluno ou em outro horário agendado com sua anuência expressa; (Incluído pela Lei nº 13.796, de 2019) (Vigência)

II – trabalho escrito ou outra modalidade de atividade de pesquisa, com tema, objetivo e data de entrega definidos pela instituição de ensino. (Incluído pela Lei nº 13.796, de 2019) (Vigência)

§ 1º A prestação alternativa deverá observar os parâmetros curriculares e o plano de aula do dia da ausência do aluno. (Incluído pela Lei nº 13.796, de 2019) (Vigência)

§ 2º O cumprimento das formas de prestação alternativa de que trata este artigo substituirá a obrigação original para todos os efeitos, inclusive regularização do registro de frequência. (Incluído pela Lei nº 13.796, de 2019) (Vigência)

§ 3º As instituições de ensino implementarão progressivamente, no prazo de 2 (dois) anos, as providências e adaptações necessárias à adequação de seu funcionamento às medidas previstas neste artigo. (Incluído pela Lei nº 13.796, de 2019) (Vigência) (Vide parágrafo único do art. 2)

§ 4º O disposto neste artigo não se aplica ao ensino militar a que se refere o art. 83 desta Lei. (Incluído pela Lei nº 13.796, de 2019) (Vigência)

Art. 7º-A – Estamos diante de um marcante avanço no texto da LDB. O acréscimo deste artigo tem conexão com o art. 5º, inc. VIII, da Constituição Federal. Vamos relembrá-lo? *"Ninguém será privado de direitos por motivo de crença religiosa ou de convicção filosófica ou política, salvo se as invocar para eximir-se de obrigação legal a todos imposta e recusar-se a cumprir prestação alternativa, fixada em lei".* Este tema posta-se no estuário amplo das transformações sociais em cujas dobras ressurge a necessidade de uma análise mais contemporânea do fenômeno religioso e do próprio diálogo com "outras religiões", *"a partir da revisão da compreensão que se tem sobre as realidades transcendentes, sagradas e espirituais"* (CORDEIRO, 2004: 27).

O art. ora analisado (7-A) afirma que é assegurado ao aluno e à aluna ausentar-se de provas, aulas e atividades escolares conexas, inseridas no calendário escolar, em razão de crença religiosa. Neste sentido, impõe-se a necessidade de apresentar à escola requerimento adequadamente justificado. Afora aulas e provas, o(a) aluno(a) poderá não atender a: a) Aulas de reposição; b) Entrega de trabalhos escritos e devidamente **programados**; c) Apresentação de relatórios com data marcada; d) Realização de estudos dirigidos e tarefas em grupo; e) Atividades de pesquisas **programadas**; f) Estudos em laboratório; g) Visitas **programadas** de conteúdo temático; h) Viagem de estudos etc. Em síntese, tudo aquilo que estiver dentro do projeto político-pedagógico da escola, da programação rotineira, e para cuja execução de forma presencial pelo(a) aluno(a) implique em desrespeito a preceitos de sua religião. Neste caso, há cuidados e aspectos a observar. Vejamos quais são eles: Uma vez assegurado ao(à) aluno(a) o direito de faltar a provas, aulas previstas e atividades outras calendarizadas, a escola deve agendar, de comum acordo com o(a) aluno(a), a data alternativa e horário ajustado, para a correspondente REPOSIÇÃO sem custo adicional. E mais: a substituição deverá levar em conta: a) Os parâmetros curriculares; b) Em caso de aula, o Plano de Aula do dia da ausência; c) A regularização do registro de frequência. As escolas tinham dois anos para a implementação progressiva das providências e preparação necessária à adequação do seu funcionamento de acordo com as novas determinações legais. Como a vigência da Lei que incluiu este dispositivo na LDB (Lei nº 13.796/2019) já ultrapassou este marco temporal, sua efetividade há de ser plena – já de algum tempo.

De fato, a escola precisa aprender a conviver com o pluralismo. "*A diversidade faz parte da realidade humana e é graças à diversidade que a sociedade humana se enriquece*" preleciona FERNANDES (2000: 32).

A BNCC, em sintonia com esta perspectiva e ajustada aos avanços da psicopedagogia e da socioantropologia, se faz conduzir por uma inteira aderência ao conceito operacional da diversidade, sob o influxo de práticas pedagógicas multirreferenciadas e sustentadas pela compreensão de que "*o conhecimento avança à medida que o seu objetivo se amplia. Implicação que, como a árvore, procede pela diferenciação e pelo alastramento das raízes em busca de novas e mais variadas interfaces*" (Boaventura de SOUSA SANTOS). Não por acaso, a BNCC crava esta visão já nas diretrizes da educação infantil, mais precisamente, na SÍNTESE DAS APRENDIZAGENS PARA A TRANSIÇÃO PARA O ENSINO FUNDAMENTAL, situando, em um dos cinco campos de experiência – **O eu, o outro e o nós** – "**à aprendizagem significativa: atuar em grupo e demonstrar interesse em construir novas relações, respeitando a diversidade e solidarizando-se com os outros**":

> § 4º – A observação deste parágrafo põe-se em consonância com o disposto no art. 83 da LDB, objetivo de considerações no lugar próprio. Cabe, porém, já antecipar três anotações, a saber:

A. O ensino militar está vinculado ao Sistema de Ensino do Exército, nos termos da Lei nº 9.786/1999. Possui características próprias e disponibiliza uma variedade de cursos, nas unidades: a) Formação Inicial; b) Graduação; c) Especialização; d) Extensão; e) Aperfeiçoamento; f) Altos Estudos Militares; g) Preparação Específica; h) Pós-graduação; i) Estágios.

B. O Sistema de Ensino do Exército disponibiliza, ainda, o ensino preparatório e assistencial de nível fundamental e médio, com alinhamento na Rede de Colégios Militares.

C. Por fim, é de todo necessário destacar que o Ensino Militar aqui referenciado não se confunde com o ensino ofertado pelo Programa Nacional das Escolas Cívico-Militares, instituído através do Decreto nº 10.004, de 5 de setembro de 2019, e cuja finalidade é "promover a melhoria na qualidade da Educação Básica, no Ensino Fundamental e no Ensino Médio". O referido decreto foi revogado pelo Decreto nº 11.611/2023. Na prática significa que:

1. O Governo Federal não mais financiará o Programa Nacional das Escolas Cívico-Militares (PECIM).

2. O PECIM deixa de existir por meio da pactuação com as Secretarias de Educação dos Estados, do Distrito Federal e dos Municípios.

3. Encerrado o programa federal, os sistemas de ensino que o desejarem poderão dar continuidade a programação semelhante com recursos do próprio orçamento.

4. As 202 escolas existentes na pauta do PECIM vêm se submetendo "a uma transição cuidadosa das atividades para não comprometerem o cotidiano das instituições de ensino", segundo o MEC (Setembro de 2023).

TÍTULO IV
DA ORGANIZAÇÃO DA EDUCAÇÃO NACIONAL

Art. 8º – A União, os estados, o DF e os municípios organizarão, em regime de colaboração, os respectivos sistemas de ensino.

§ 1º – Caberá à União a coordenação da política nacional de educação, articulando os diferentes níveis e sistemas e exercendo função normativa, redistributiva e supletiva em relação às demais instâncias educacionais.

§ 2º – Os sistemas de ensino terão liberdade de organização nos termos desta lei.

Art. 8º – O título em apreço (Título IV) abre o foco para a questão da organização da educação nacional. Quando o legislador fala em **organização** está preocupado em definir os elementos estruturadores da educação escolar, começando pelos sistemas e chegando às escolas, sob o influxo das *diretrizes e bases da educação nacional*. Evidentemente, dirigidas estas diretrizes e bases ao campo das responsabilidades prestacionais de serviços de educação e aos entes constitutivos da organização político-administrativa da República Federativa do Brasil, que são, nos termos do art. 18 da CF, a União, os estados, o DF e os municípios.

Na legislação educacional brasileira atual, **organização** é um conceito extrapolante da semântica administrativa, uma vez que associa elementos de compreensão que envolvem, também, componentes éticos do processo complexo de formação e inclusão de identidades. Ou seja, a educação escolar tem uma estrutura de organização material e de organização finalística e axiológica, com distribuição de responsabilidades, sistematização de procedimentos e compartilhamento de ações. Quando se fala em organização da educação nacional, de alguma forma, fala-se nas formas de se organizar o conhecimento por meio da estrutura formal dos sistemas de ensino. Portanto, organização da educação e dos sistemas de ensino são conceitos imbricados. Porém, cabe esclarecer, de partida, que *"ao sistema [...], não se pode exigir mais do que aquilo que sua índole organizadora e sintética pode subministrar. Sua missão não é explicar ou demonstrar, mas coordenar e unir" (Enciclopédia Universal Ilustrada Europeu-americana* [s.d.]: 79). Dito isso, cabe percorrer os vários níveis de compreensão do conceito de sistema, chegando-se, por aproximação, à noção mais precisa no campo do Direito Educacional e da Legislação do Ensino. Na linguagem coloquial, o termo sistema tem significação múltipla, para não dizer imprecisa. Em teoria das organizações, reporta-se a um conjunto de elementos referidos a uma totalidade. Ressalta, aqui, a dimensão coerente do conjunto e a harmonia da totalidade. Em educação, o termo ganha especificidade. Aparece em expressões como: Sistema Nacional de Educação, Sistema Estadual de Educação, Sistema Municipal de Educação, Sistema de Ensino, Sistema de Avaliação etc. O fato é que a inteireza da concepção de totalidade (conjunto de elementos) sofre transposição para o conjunto de escolas como instituições próprias de ensino regular. Dessa forma, tipifica-se a compreensão de sistema escolar. Os aspectos administrativos a este inerentes se distribuem nas diferentes esferas do território federativo (da União, dos estados, DF e dos municípios). Daí, decorre a referência a um sistema federal, estadual e municipal de educação, desdobrados em subsistemas. Infere-se, dessa forma, que as dimensões administrativas e gerenciais do conceito, que envolvem estruturas e formas de funcionamento dos subsistemas, são expressões parciais do conjunto do Sistema Nacional de Educação.

Há diferentes normas conceituais a respeito da compreensão legal do termo SISTEMA, cabendo destacar duas delas, porquanto consolidadas em nível de entendimento mais generalizado. São elas: a do Parecer CEB/CNE 30/2000, que dá o seguinte tratamento ao assunto: "Sistemas de ensino são os conjuntos de campos de competências e atribuições voltadas para o desenvolvimento da educação escolar que se materializam em instituições, órgãos executivos e normativos, recursos e meios articulados pelo poder público competente, abertos ao regime de colaboração e respeitadas as normais gerais vigentes. Os municípios, pela Constituição de 1988, são sistemas de ensino". Por outro lado, o art. 2º do Decreto 5.773/2006 estabelece que o "sistema federal de Ensino Superior compreende as instituições federais de educação superior, as instituições de educação superior criadas e mantidas pela iniciativa privada e os órgãos federais de educação superior". Em um entendimento adicional complementar, a Associação Nacional Pela Formação dos Profissionais da Educação (Anfope) observa que o Sistema Nacional de Educação consiste, enquanto política de Estado e não apenas de governo, em primar pela regulação e a avaliação das instituições públicas e privadas, sendo, todavia, os *recursos públicos destinados exclusivamente às instituições formadoras públicas* [...] Observa-se que o MEC, ainda, concebe o SISTEMA *como uma equação entre oferta e demanda, articuladas em regime de colaboração. É preciso ir além e construir outras relações, entendendo o Sistema como uma articulação orgânica entre ações, programas e políticas que contemplem desde a formação dos formadores até a carreira do magistério* (ANFOPE, 2009: 3-4). De outra parte, realçar o Sistema Educacional como um conjunto de polos que se interpenetram pela articulação de objetivos, valores e normas comuns, no alinhamento de ações coordenadas e assentadas em metas e finalidades, é o intuito de Saviani (2008: 18), ao observar que *"Sistema não é a unidade da identidade, uma unidade monolítica, indiferenciada, mas unidade da diversidade, um todo que articula uma variedade de elementos que, ao se integrarem ao todo, nem por isso perdem sua identidade. Ao contrário, participam do todo, integram o sistema, na forma das respectivas necessidades [...] sistematizar significa reunir, ordenar, articular elementos enquanto parte de um todo. E esse todo articulado é o sistema".*

O regime de colaboração é mais um dos desafios históricos da educação nacional. Albergado no art. 211 da Constituição Federal, este conceito legal tem-se transformado em restrição operacional ao longo da história de nossa educação, conseguindo avançar minimamente. Tornar realidade concreta o regime de colaboração, envolvendo toda a estrutura da administração pública do país, é uma via importante para dar dinamismo e sinergia à construção de resultados positivos em menor escala de tempo. Bordignon (2008) advoga uma revisão do aparato legal do *regime de colaboração*, com os seguintes focos:

i) maior focalização das competências próprias de cada ente federal (União, estados, DF e municípios), potencializando extensiva e intensivamente formas de ação e coordenação já regulamentadas na Constituição Federal; e ii) verticalização das atividades dos Conselhos de Educação, tornando-os mais indicativos e mais propositivos. Como se pode depreender, o grande problema reside em se dar institucionalidade ao regime de colaboração. A história da educação é cada uma por si e os demais contra! Este comportamento teria origem na nossa cultura individualista?! O fato é que, embora a legislação abra espaço para os municípios se integrarem ao sistema estadual de ensino ou comporem com ele um sistema único de educação básica (LDB, art. 11, par. único), não há notícia que tal ocorra com frequência no Brasil. Na verdade, os mecanismos políticos e as práticas políticas locais interpretam esta possibilidade como perda de poder. Como consequência, o regime de colaboração é um conceito distante. A própria União Nacional dos Dirigentes Municipais de Educação (Undime) muito pouco tem feito nesse sentido, embora o conceito propositivo de colaboração esteja impregnado na própria designação da entidade: **União**.

O Plano Nacional de Educação (PNE), Lei 13.005/2014, inclui um conjunto de METAS para cujo alcance há previsão do uso e implementação do regime de colaboração. Em alguns casos, o texto avança chegando a falar em *regime de colaboração específico* quando se trata de modalidades de educação escolar com especificidades socioculturais e linguísticas singulares, como no caso de identidades/grupos ligados a territórios étnico-educacionais, como Quilombos, Povos Indígenas, Acampamentos Ciganos, Imigrantes etc. Mas vai mais além, como se pode ver:

PNE/Lei 13.005/2014

• *Art. 7º – A União, os estados, o DF e os municípios atuarão em regime de colaboração, visando ao alcance das metas e à implementação das estratégias objeto deste Plano.*

• *Art. 13 – O poder público deverá instituir, em lei específica, contados 2 (dois) anos da publicação desta lei, o Sistema Nacional de Educação, responsável pela articulação entre os sistemas de ensino, em regime de colaboração, para efetivação das diretrizes, metas e estratégias do Plano Nacional de Educação.*

O regime de colaboração no campo da educação, com sustentação em dispositivo constitucional (CF, art. 211), não pode resvalar para substituir **coordenar** por **ordenar**, criando-se duas situações bastante frequentes. De um lado, conflitos continuados de legislação, bastando relembrar o que ocorre no campo curricular, entre orientações do Governo Federal e dos Governos

Estaduais e, de outro, a imposição camuflada de políticas e ações através de condicionalidades para financiamento de projetos, induzindo uma linha de substituição da autonomia de estados e municípios (CF, art. 18) pela vontade político-administrativa do poder central. Cria-se, desta forma, uma falsa rota para a solução dos problemas das desigualdades educacionais do país. De fato, ao se fixarem linhas de intervenção de políticas educacionais homogêneas para todo o país, há um esmaecimento da gravidade das desigualdades regionais e inter-regionais no campo da educação pública. Em consequência, melhoram os índices educacionais médios, de eficiência do sistema geral de ensino, mas não se removem as causas dos problemas de aprendizagem crônicos e aninhados nas entranhas das desigualdades regionais. Ou, ainda, se removem no mesmo ritmo, com permanente desvantagem das regiões que historicamente apresentam maiores vulnerabilidades escolares. A experiência de sociedades mais desenvolvidas que a brasileira, mostra que não há como resolver dissimetrias educacionais com políticas homogêneas e alinhamento de ações uniformes. O mandamento de *coordenar a política nacional, articulando os diferentes níveis e sistemas*, somente produzirá efeitos concretos e duradouros quando o Estado brasileiro passar a operar a educação escolar à luz de um princípio de institucionalidade diferenciada. Esta postura supõe atuar em uma linha de *unidade na multiplicidade* (BORDIGNON, 2009: 6). O eixo da unidade encorpa-se nas políticas, diretrizes e disposições legais de teor constitucional e infraconstitucional que orientam e balizam a oferta da educação escolar, enquanto o eixo da multiplicidade é fonte de fecundação do processo de descentralização desta oferta, com formatação variada no conteúdo e na forma, e se viabiliza pela distribuição do poder que tem, na articulação, o componente indutor de sustentação na partição de atribuições e corresponsabilidades.

Cabe registrar que, no período 2019/2022, o sistema de colaboração, envolvendo União, DF, Estados e Municípios passou por um enorme vazio de alinhamentos programáticos de um lado e, de outro, por frequentes **tensionamentos**, entre Governo Central (MEC) e unidades da federação, em decorrência da nítida falta de diretrizes de gestão para a educação e, ao mesmo tempo, de habilidade na gestão, de várias trocas de ministro. É importante lembrar que este ambiente de desencontros e de penumbra no Ministério da Educação coincidiu com o período crucial de implementação da BNCC, processo de dificílima efetivação sem um PACTO INTERFEDERATIVO. Na ausência deste, as relações entre MEC/CONSEDE e UNDIME declinaram para o nível mais indesejável jamais visto.

§ 1º – Este parágrafo é um tanto ou quanto contraditório. Estabelece o regime de colaboração, mas atribui, ao Poder Federal, através da instância própria, o Ministério da Educação, uma função hegemônica, qual seja a da coordenação da política nacional e a de exercer responsabilidade normativa, redistributiva e supletiva em relação às demais instâncias educacionais. Diante da presença acachapantemente centralizadora da União, a função de articular os diferentes níveis e sistemas torna-se secundária porque diz respeito a uma relação de funcionamento e não à concepção de cofuncionamento. Dessa forma, o grau de liberdade para a concepção da organização dos sistemas de ensino nos termos desta lei fica restrito, praticamente, à sua organização burocrática, com a possibilidade do exercício de autonomia parcial no tocante à concepção, gestão, configuração e avaliação do respectivo sistema. As políticas em curso do MEC apontam no rumo de uma crescente consolidação desta ideia, ferindo o próprio art. 18 da CF, retrocitado, que considera os entes federados **todos autônomos**. Nas três últimas décadas foram se aprofundando as formas da presença intervencionista despistada da União nos estados e municípios. O governo central faz as leis para as instâncias administrativas subnacionais cumprirem. Em educação tem sido assim e é cada vez mais assim! E isto ocorre com a conivência do Poder Legislativo. A Lei 13.005/2014, do Plano Nacional de Educação, é um exemplo desta tendência monopolizadora da União. Estados e municípios **não dão conta** da execução das Metas do PNE, simplesmente porque não podem **pagar a conta!**

Em nítido conflito com a tradição dos textos normativos anteriores (Leis 4.024/1961, 5.540/1968 (disciplina o funcionamento das Instituições de Ensino Superior e 5.692/1971)), este dispositivo reduz o modelo federativo descentralizado a um modelo federativo compacto, pelo mecanismo de dependência que cria entre os sistemas de ensino de estados, DF e municípios. Estabelece-se, dessa forma, um mecanismo de ordenamentos jurídicos hierarquicamente subalternos na área de educação, com inegáveis desvantagens para o exercício de um planejamento educacional descentralizado. As disposições legais deste artigo esmaecem a ideia de administração compartilhada e de gestão democrática do sistema de ensino. Parece aprofundar-se, aqui, a não dialogicidade nas relações *inter* e *intra*poderes federal, estadual e municipal na área de educação.

A **função normativa** diz respeito ao cumprimento do que estabelece o art. 22, XXIV, da CF, assim formulado: "Compete privativamente à União legislar sobre: [...] diretrizes e bases da educação nacional".

A **função redistributiva** consiste em repasse de recursos, de natureza vária, para assegurar o direito à educação, com padrões de qualidade (art. 206,

I e VII). Trata-se de atribuição decorrente do art. 3º, da CF, e, ainda, do art. 23, par. único.

A **função supletiva** refere-se à complementaridade de ações no âmbito do direito à educação, como um direito fundamental circunscrito a uma fundamentalidade formal e material. Como destaca Miranda (1993: 172), o Estado acode as necessidades primárias da população "[...] diante do princípio da realização da pessoa humana como decorrência imediata da afirmação de sua dignidade". Essa trilogia de funções deve ter como horizonte a realidade plural do país representada pelos contextos regionais, pela instável, sobretudo em nível municipal, configuração dos sistemas de ensino e pela(s) face(s) da escola. Como registra a Unesco, "Cada escola é um mundo de diversidade, e os sistemas de ensino se compõem de uma multiplicidade diversificada de mundos, o que torna impossível que os gestores possam conduzi-los de maneira única até em seus mínimos detalhes, por confiarem em esquemas de engenharia social irrealizáveis. O custo dessas políticas são, justamente, os problemas de implementação, já que os agentes locais comprovam seu desajuste com as realidades especificas".

A compreensão legal destas três funções (normativa, redistributiva e supletiva), sob os aspectos de execução, operacionalidade e conformidade, é retomada no art. 75 desta lei, como veremos oportunamente. Em uma sociedade de tantas desigualdades como a brasileira, a questão de distribuição de recursos, na ótica de uma justiça social distributiva, é de prioridade absoluta. A solução para esse tipo de problema passa por liberar e estimular as capacidades implicadas, e não por limitá-las burocraticamente. O Estado regula o espaço no qual os indivíduos, em pleno exercício de sua liberdade e responsabilidade, desenvolvem suas ações. Ante a complexidade do sistema, exige-se a liberação das forças vitais existentes e a confiança nas pessoas de tal modo que, além de tudo, os ordenamentos contribuam para formar cidadãos. É preciso passar de uma ênfase em políticas educacionais nacionais ou subnacionais, que devem ser implementadas em nível de país e regiões, a uma que também habilite os atores locais para que tomem as decisões que afetam as instituições, a partir de seu próprio conhecimento e ancoragem, na realidade das pessoas às quais a escola serve. Ou seja, combinar estratégias de cima para baixo e de baixo para cima.

§ 2º – Ao delimitar as áreas de incumbência da União, dos estados, do DF e dos municípios (LDB, art. 8º, 9º, 10 e 11), o legislador define o território e os parâmetros de organização dos sistemas de ensino, salvaguardada a autonomia de cada um, conforme prescrevem os art. 18 e 24, IX, da CF. Neste último caso, destaca-se a prerrogativa de os entes federados legislarem concorrentemente no campo da educação, cultura, ensino e desporto. Há de se reconhecer, porém, que existem grandes dificuldades hoje para os sistemas de ensino agirem com plena liberdade no campo de sua organização. As políticas do MEC são cada vez mais limitadoras do grau de autorregulação dos sistemas. Os recursos repassados para estados e municípios exigem a contrapartida de uma espécie de submissão aos esquemas da administração federal. Isto ocorre em todos os níveis e modalidades de ensino e compromete, certamente, as possibilidades de soluções contextualizadas, a partir de uma visão local e regional dos respectivos sistemas de ensino. No limite, significa dizer que o MEC termina agindo à margem da lei, confundindo função supletiva com função soberana e anulando o elemento de suporte conceitual essencial do sistema: a sua autonomia. Nesse sentido, o PDE é um elemento complicador ao condicionar todas as iniciativas das escolas e dos sistemas a parâmetros decorrentes de uma matriz de políticas federais com baixíssimo nível de dialogicidade com os sistemas estaduais e municipais de ensino.

A consequência mais direta desta postura imperial do MEC é o enfraquecimento das ações de planejamento das Secretarias de Estado da Educação, das Secretarias Municipais, das escolas e dos próprios professores. Sem uma atividade conjunta, compartilhada e simultânea destes diferentes atores, o planejamento some como processo contínuo, ficando restrito ao mero cumprimento burocrático de atividades que marcam o início do ano escolar e, pior, é inteiramente esquecido como elemento de referência para a avaliação dos alunos e da adequação do projeto pedagógico escolar.

Vale registrar que a Câmara de Educação Básica do Conselho Nacional de Educação produziu o Parecer 5/2010, transformado mais tarde na Resolução CEB/CNE 1/2012, dispondo sobre a implementação do regime de colaboração através do mecanismo formal intitulado **Arranjo de Desenvolvimento da Educação** (ADE). Trata-se de um suporte de gestão pública para o aperfeiçoamento da qualidade social da educação. A citada Resolução é uma resposta concreta e orientadora ao art. 211 da Constituição e, por coerência, complementar aos art. 8 e 9 da LDB. O art. 8º e parágrafos deverão receber um forte impulso para sua viabilidade plena e clara a partir de agora com vários dispositivos da Lei 13.005/2014, do PNE, que asseguram canais e formas concretas de execução do regime de colaboração. À guisa de ilustração, vamos destacar alguns destes ordenamentos legais:

Art. 7º

§ 5º – Será criada uma instância permanente de negociação e cooperação entre a União, os estados, o DF e os municípios.

§ 6º – O fortalecimento do regime de colaboração entre estados e respectivos municípios incluirá a instituição de instâncias permanentes de negociação, cooperação e pactuação em cada Estado.

§ 7º – O fortalecimento do regime de colaboração entre municípios dar-se-á, inclusive, mediante a adoção de arranjos de desenvolvimento da educação.

Art. 13º – O poder público deverá instituir, em lei específica, contados dois anos da publicação desta lei, o Sistema Nacional de Educação, responsável pela articulação entre os sistemas de ensino, em regime de colaboração, para efetivação das diretrizes, metas e estratégias do Plano Nacional de Educação.

Decorridos 9 anos de vigência do atual PNE (2014-2024), é lamentável constatar que muito pouco avançou na direção de cumprimento de suas METAS. Os vários relatórios produzidos, no âmbito do processo de monitoramento contínuo e de avaliações periódicas, nos termos do art. 5º da Lei nº 13.005/2014, envolvendo Câmara Federal, Senado Federal, CNE e Fórum Nacional de Educação, não geraram efeitos para a necessária correção de rotas no processo de implementação do PNE. De fato, além da inexistência de mecanismo nacionais indutores, faltaram, também, mecanismos regionais e locais de coordenação e colaboração recíproca (PNE, art. 7º, § 2º). Como bem traduziu a Consultoria Legislativa do Congresso, "eram necessários olhares sobre os andamentos das metas". Ambiente mais duramente agravado pelos desafios e improvisações dos sistemas de ensino e das redes escolares, circunstâncias impostas pela pandemia da Covid-19, sem o necessário apoio técnico e financeiro do MEC, sobretudo para escolas das periferias urbanas, dos municípios pequenos e, também, de regiões remotas. Curiosamente, não faltaram recursos financeiros, mas faltou assistência técnica com alargamento da inteligência política e da articulação elucidativa intersistêmica. Mais uma vez, a experiência do descaso mostrou-se que, no campo da gestão e do planejamento, a educação só tem um caminho: o da "garantia do princípio de padrão de qualidade" (LDB, art. 3º, Inc. IX). Sem tal, não há educação e, sim, subeducação, ou pior, simulação!

Para o necessário enraizamento da ideia de regime de colaboração (CF, art. 23, § único), vamos anotar o que estabelece o art. 8º, inc. IV, do PNE:

Art. 8º Os Estados, o Distrito Federal e os Municípios deverão elaborar seus correspondentes planos de educação, ou adequar os planos já aprovados em lei, em consonância com as diretrizes, metas e estratégias previstas neste PNE, no prazo de 1 (um) ano contado da publicação desta Lei.

§ 1º Os entes federados estabelecerão nos respectivos planos de educação estratégias que:

(...)

Inc. IV – promovam a articulação interfederativa na implementação das políticas educacionais.

A liberdade de organização dos sistemas de ensino, garantida em Lei, não ultrapassa a moldura dos próprios termos da Lei em que o regime de colaboração e a consequente articulação intersistêmica integram o princípio definidor de educação escolar como dever do Estado e como direito de todos.

Decorrida uma década do PNE em execução, quase nada avançou nesta direção. Os vários relatórios produzidos ao longo deste tempo, com *olhares sobre os andamentos das metas*, na expressão exata da Consultoria Legislativa do Congresso (2017), expõem esta constatação preocupante.

Art. 9º – A União incumbir-se-á de: (Regulamento)

I – elaborar o Plano Nacional de Educação, em colaboração com os Estados, o Distrito Federal e os Municípios;

II – organizar, manter e desenvolver os órgãos e instituições oficiais do sistema federal de ensino e o dos Territórios;

III – prestar assistência técnica e financeira aos Estados, ao Distrito Federal e aos Municípios para o desenvolvimento de seus sistemas de ensino e o atendimento prioritário à escolaridade obrigatória, exercendo sua função redistributiva e supletiva;

IV – estabelecer, em colaboração com os Estados, o Distrito Federal e os Municípios, competências e diretrizes para a educação infantil, o ensino fundamental e o ensino médio, que nortearão os currículos e seus conteúdos mínimos, de modo a assegurar formação básica comum;

IV – A – estabelecer, em colaboração com os Estados, o Distrito Federal e os Municípios, diretrizes e procedimentos para identificação, cadastramento e atendimento, na educação básica e na educação superior, de alunos com altas habilidades ou superdotação; (Incluído pela Lei nº 13.234, de 2015)

V – coletar, analisar e disseminar informações sobre a educação;

VI – assegurar processo nacional de avaliação do rendimento escolar no ensino fundamental, médio e superior, em colaboração com os sistemas de ensino, objetivando a definição de prioridades e a melhoria da qualidade do ensino;

VII – baixar normas gerais sobre cursos de graduação e pós-graduação;

VII – A - assegurar, em colaboração com os sistemas de ensino, processo nacional de avaliação das instituições e dos cursos de educação profissional técnica e tecnológica; (Incluído pela Lei nº 14.645, de 2023)

VIII – assegurar processo nacional de avaliação das instituições de educação superior, com a cooperação dos sistemas que tiverem responsabilidade sobre este nível de ensino;

IX – autorizar, reconhecer, credenciar, supervisionar e avaliar, respectivamente, os cursos das instituições de educação superior e os estabelecimentos do seu sistema de ensino. (Vide Lei nº 10.870, de 2004)

§ 1º Na estrutura educacional haverá um Conselho Nacional de Educação, com funções normativas e de supervisão e atividade permanente, criado por lei.

§ 2º Para o cumprimento do disposto nos incisos V a IX, a União terá acesso a todos os dados e informações necessários de todos os estabelecimentos e órgãos educacionais.

§ 3º As atribuições constantes do inciso IX poderão ser delegadas aos Estados e ao Distrito Federal, desde que mantenham instituições de educação superior.

Art. 9º – Os art. 9º, 10, 11, 12 e 13 são de natureza atributiva, ou seja, tratam da atribuição de responsabilidades dos níveis federal, estadual, municipal, institucional (entenda-se: escola) e docente. Portanto, a leitura compreensiva de cada um supõe uma visão de conjunto dos demais, a fim de se preservar o eixo-monitor de distribuição das respectivas incumbências.

Os níveis de incumbência contidos na expressão **A União incumbir-se-á de...** devem ser entendidos como desdobramento do processo de constitucionalização concreta das responsabilidades do Estado na área de educação. Aqui, estamos diante de rotas a serem asseguradas pelo Estado sob a ausência das quais se tipifica uma situação de falta de regime legal para organização da educação nacional. **Incumbência**, portanto, significa ordenamento constitucional, como fonte de base legal e disponibilização de condições materiais, encorpando medidas concretas concernentes à função garantidora do Estado no campo da educação como **direito social** (CF, art. 6º). O quadro de incumbências ora alinhadas inscreve-se na moldura da organização do Estado brasileiro (CF, art. 18), com prolongamento sobre os art. 15, 16, 17 e 18 da LDB em cujo conteúdo é apresentada a natureza ontológica (sentido abrangente do ser) dos sistemas de ensino referentes (o sistema federal, dos estados, do DF e dos municípios). São estas realidades sistêmicas, vinculadas às várias circunscrições administrativas nos termos do art. 18 da Constituição Federal, que refletem o Brasil plural, como espaço social *de cidadania, de dignidade da pessoa humana e de pluralismo político* (CF, art. 1º) e como espaço de *igualdade dos direitos... sem distinção de qualquer natureza* (CF, art. 5º). Este espaço do Brasil plural é o grande cenário de germinação dos objetivos fundamentais da República cuja explicitação está assim formulada no art. 3º da Carta Magna:

I – Construir uma sociedade livre, justa e solidária.

II – Garantir o desenvolvimento nacional.

III – Erradicar a pobreza e a marginalização e reduzir as desigualdades sociais e regionais.

IV – Promover o bem de todos, sem preconceitos de qualquer origem, raça, sexo, cor, idade e quaisquer outras formas de discriminação.

> I – Alcançar estes objetivos fundamentais supõe um enlace contínuo entre LDB e PNE. De fato, o Plano Nacional de Educação, Lei 13.005/2014, funciona como uma espécie de bússola para indicação direcional em cada momento, educação do país. Historicamente, a sua previsão legal deságua em uma tortuosa e polêmica vasão de interesses contraditórios. Sua lenta gestação no presente em nada diferiu de sua lenta gestação no passado. Basta lembrar a larga corrente de conflitos de interesse ao longo da história republicana, quando o assunto é LDB e Plano Nacional de Educação. É bem verdade que, em décadas passadas, o foco dirigia-se mais diretamente para as formas de organização da educação, com um forte e quase insuperável debate entre as esferas pública e privada. Ou seja, a centralidade do debate estava desfocada das questões cruciais de hoje que, a partir do fundamento constitucional de inclusão social, alinha os vetores financiamento, currículo, eixos temáticos, objetivos, metas, estratégias e regime de colaboração como a espinha dorsal do PNE. Embora neste conjunto se perceba no espaço algo sombrio que parece sinalizar ontem, como hoje, "um **plano nacional de educação** [...] preso à racionalidade financeira por se ajustar mais facilmente aos desígnios da nova ordem globalizada" (SAVIANI, 1999).

O fato inafastável é que a ideia de um consistente e democrático Plano Nacional de Educação tem sido um desejo sempre agudo da sociedade brasileira. A ausência de uma visão política de Estado e de política nacional de educação, sustentada por uma filosofia de educação voltada **para todos**, é responsável por este vazio. Para ser consistente, a filosofia educacional deve conter uma dimensão **especulativa** (buscar teorias da natureza do ser humano, da sociedade e do mundo e, mediante estas teorias, ordenar e interpretar os dados da pesquisa educacional e das ciências do comportamento); **indicativa** (identificar os fins que a educação busca e os meios para chegar a eles); **analítica** (tentar esclarecer os enunciados especulativos e prescritivos, sobretudo, mediante o entendimento da lógica dos conceitos educacionais e de sua conformidade/desconformidade, garantindo uma visão de totalidade); e, por fim, **prescritiva** (balizar todo o processo de execução dos elementos de funcionalidade). Esta dimensão ganha extraordinária relevância com as 20 Metas e 255 Estratégias do PNE (2014-2024).

A par do que foi dito, acrescente-se que cada gestão federal prepara seu próprio "menu" de programas educativos. O resultado é que o país vive de modismos na educação, com exata duração do governo de plantão.

Tem-se que reconhecer que o Brasil convive com uma situação confusa no que tange às rotas e direções do planejamento e das políticas de educação. De um lado, há o Plano Nacional de Educação (PNE), aprovado pela Lei 13.005/2014 e, de outro, há o Plano de Desenvolvimento da Educação (PDE), pobre em referencial teórico e em elementos de análise dos municípios brasileiros, com os quais o MEC deverá firmar convênios. Os decretos assinados na oportunidade da apresentação do PDE dizem muito pouco. O primeiro decreto trata do *Brasil Alfabetizado*. O segundo dirige-se aos municípios com *Índice de Desenvolvimento da Educação Básica (Ideb)*. O terceiro dá conta da criação da rede dos Institutos Federais de Educação Tecnológica (Ifet) e o quarto trata do Plano de Ensino Superior, através da Reestruturação e Expansão do Ensino Superior (Reuni). O segundo decreto, que se dirige aos municípios com baixo Ideb, constitui a espinha dorsal do PDE. Na verdade, é uma mera transcrição dos vinte e oito pontos do *Compromisso Todos Pela Educação*. Documento de intenções, o Todos Pela Educação embora ofereça uma visão analítica das questões de educação e sinalizações indicativas de soluções, não tem força impositiva nem de mudar, primeiro porque não é responsabilidade sua, segundo porque o problema da educação não é principalmente um problema de gestão e terceiro porque as várias esferas administrativas (governos federal, estaduais e municipais) não cumprem com rigor e adequação legal a lei dos respectivos orçamentos. Contabilmente, sim, mas, sob o ponto de vista dos deveres do Estado, há controvérsia! Na verdade, o PDE é um mecanismo para fazer política no varejo. Como aponta Ghiraldelli Jr. "[...] acho inconcebível, no século XXI, que o ministro tenha de ficar andando de município em município para levar o PDE. Essa caravana é uma perda de tempo" (Revista *Educação*, jan./2008, p. 6).

É estranho que o lançamento do PDE não tenha ocorrido com o acompanhamento de uma avaliação do Plano Nacional de Educação, até porque ambos têm objetivos convergentes, a saber: melhorar a qualidade do ensino via instrumentos e processos de avaliação, reduzir as desigualdades no que tange ao acesso e à permanência na escola e, ainda, elevar o nível de escolaridade da população brasileira. Convém observar outrossim que, com o PDE, os Planos Estaduais e Municipais de Educação em execução à época perderam a função de instrumentos de referência para a concretização das políticas públicas prioritárias em educação, nas diferentes esferas administrativas (estados e municípios). Elaborados antes do PDE, os Planos de Educação foram objeto de investimento em termos de tempo, de consultorias e de mobilização de órgãos como MEC, CNE, Consede, Undime, Fóruns dos Conselhos Estaduais e Municipais de Educação, Unesco, Banco Mundial, Unicef etc. Além disso, para sua elaboração, foram realizadas diversas audiências públicas em nível nacional e por região. O mesmo ocorreu mais tarde, com a elaboração dos Planos Estaduais de Educação. Não consta que o Plano Nacional de Educação e os seus correspondentes nos estados e municípios venham sendo objeto de procedimentos de acompanhamento, tampouco que hajam sofrido algum tipo de readequação com a chegada do PDE. A expectativa é que com o próximo PNE, sejam feitos os ajustes necessários para a correção destas distorções.

Nos estados e municípios, os setores de Planejamento do Ensino estão esvaziados e os professores se queixam de que, nesta área, a única coisa que fazem é cumprir **programas de treinamento** para trabalharem com instrumentos não referidos aos respectivos Planos de Educação, mas a pacotes comprados e importados de fora. Circunstância que funciona hoje como fonte financeira complementar de várias redes privadas de ensino. Embora as realidades socioeconômicas, culturais e educacionais variem de Estado para Estado, estes pacotes são uniformes na concepção, homogêneos na formação e coincidentes nos objetivos, até porque trabalham com o pressuposto de que os problemas da educação no Brasil estão na gestão. Esta é a velha visão burocrática e tecnicista da educação! A verdade é que a escola básica no Brasil não tem autonomia para produzir um planejamento independente, compartilhado e com metas negociadas. As Secretarias de Educação tratam as escolas como instâncias balconistas, cumpridoras de tarefa e, não, como laboratórios de ensino e de aprendizagem. Que secretaria se preocupa com as adequações contextuais do Projeto Pedagógico Escolar?

O Plano Nacional de Educação (PNE, 2014-2024) apresenta-se sob uma estrutura de diretrizes, metas e estratégias. Vejamos os componentes orientadores do PNE (mais comentários sobre o PNE, art. 92):

Art. 2º – São diretrizes do PNE, 2014/2024:

I – erradicação do analfabetismo;

II – universalização do atendimento escolar;

III – superação das desigualdades educacionais com ênfase na promoção da cidadania e na erradicação de todas as formas de discriminação;

IV – melhoria da qualidade da educação;

V – formação para o trabalho e para a cidadania, com ênfase nos valores morais e éticos em que se fundamenta a sociedade;

VI – promoção do princípio da gestão democrática da educação política;

VII – promoção humanística, científica e tecnológica do país;

VIII – estabelecimento de meta de aplicação de recursos públicos em educação como proporção do Produto Interno Bruto – PIB, que assegure atendimento às necessidades de expansão, com padrão de qualidade e equidade;

IX – valorização dos(as) profissionais da educação; e

X – promoção dos princípios do respeito aos direitos humanos, à diversidade e à sustentabilidade socioambiental.

A estas diretrizes se vinculam metas e estratégias, ligadas pelo fio condutor do regime de colaboração entre os entes da administração pública do país: União, estados, DF e municípios. São metas do Plano Nacional de Educação:

*1) Universalizar, até 2016, a Educação Infantil na pré-escola para as crianças de 4 (quatro) a 5 (cinco) anos, e ampliar a oferta de **Educação Infantil** em creches, de forma a atender, no mínimo, 50% das crianças de até 3 anos até o final da vigência do PNE.*

*2) Universalizar o **Ensino Fundamental** de 9 (nove) anos para toda a população de 6 a 14 anos e garantir que pelo menos 95% dos alunos concluam esta etapa na idade recomendada, até o último ano de vigência do PNE.*

*3) Universalizar, até 2016, o atendimento escolar para toda a população de 15 (quinze) a 17 (dezessete) anos e elevar, até o final do período de vigência deste PNE, a taxa líquida de matrículas no **Ensino Médio**, para 85% (oitenta e cinco por cento).*

*4) Universalizar, para a população de 4 (quatro) a 17 (dezessete) anos, **o atendimento escolar aos alunos com deficiência, transtornos globais do desenvolvimento e altas habilidades ou superdotação**, preferencialmente na rede regular de ensino, garantindo o atendimento educacional especializado em salas de recursos multifuncionais, classes, escolas ou serviços especializados, públicos ou comunitários, nas formas complementar e suplementar, em escolas ou serviços especializados, públicos ou conveniados.*

*5) **Alfabetizar todas as crianças**, no máximo, até o final do 3º ano do Ensino Fundamental.*

*6) **Oferecer Educação em Tempo Integral** em, no mínimo, 50% (cinquenta por cento) das escolas públicas, de forma a atender, pelo menos, 25% (vinte e cinco por cento) dos(as) alunos(as) da educação básica.*

*7) Fomentar a **qualidade** da educação básica em todas as etapas e modalidades, com melhoria do **fluxo escolar** e da aprendizagem, de modo a atingir as seguintes médias nacionais para o Ideb:*

Ideb	2015	2017	2019	2021
Anos iniciais do Ensino Fundamental	5,2	5,5	5,7	6,0
Anos finais do Ensino Fundamental	4,7	5,0	5,2	5,5
Ensino Médio	4,3	4,7	5,0	5,2

*8) Elevar a **escolaridade** média da população de 18 (dezoito) a 29 (vinte e nove) anos, de modo a alcançar no mínimo 12 (doze) anos de estudo no último ano, para populações do campo, da região de menor escolaridade no país e dos 25% (vinte e cinco por cento) mais pobres e igualar a escolaridade média entre negros e não negros declarados à Fundação Instituto Brasileiro de Geografia e Estatística (IBGE).*

*9) Elevar a taxa de **alfabetização** da população com 15 (quinze) anos ou mais para 93,5% (noventa e três inteiros e cinco décimos por cento) até 2015 e, até o final da vigência deste PNE, erradicar o analfabetismo absoluto e reduzir em 50% (cinquenta por cento) a taxa de analfabetismo funcional.*

10) Oferecer, no mínimo, 25% (vinte e cinco por cento) das matrículas de educação de jovens e adultos nos ensinos Fundamental e Médio, na forma integrada à educação profissional.

*11) Triplicar as matrículas da **educação profissional** técnica de nível médio, assegurando a qualidade da oferta e pelo menos 50% (cinquenta por cento) da expansão no setor público.*

*12) Elevar a taxa bruta de matrícula na **educação superior** para 50% (cinquenta por cento) e a taxa líquida para 33% (trinta e três por cento) da população de 18 (dezoito) a 24 (vinte e quatro) anos, assegurada a quantidade da oferta e expansão para, pelo menos, 40% (quarenta por cento) das novas matrículas, no segmento público.*

13) Elevar a qualidade da educação superior e ampliar a proporção de mestres e doutores do corpo docente em efetivo exercício no conjunto do sistema de educação superior para 75% (setenta e cinco por cento) sendo, do total, no mínimo, 35% (trinta e cinco por cento) de doutores.

14) Elevar gradualmente o número de matrículas na pós-graduação stricto sensu, *de modo a atingir a titulação anual de 60 (sessenta) mil mestres e 25 (vinte e cinco) mil doutores.*

15) Garantir, em regime de colaboração entre a União, os estados, o DF e os municípios, no prazo de 1 (um) ano de vigência deste PNE, política nacional de formação dos profissionais da educação de que tratam os inc. I, II e III do caput *do art. 61 da Lei 9.394, de 20/12/1996, assegurado que todos os professores e as professoras da educação básica possuam formação específica de nível superior, obtida em curso de licenciatura na área de conhecimento em que atuam.*

*16) Formar em nível de **pós-graduação** 50% dos professores da educação básica, até o último ano de vigência deste PNE, e garantir a todos os profissionais da educação básica formação continuada em sua área de atuação, considerando as necessidades, demandas e contextualizações do sistema de ensino.*

17) Valorizar os(as) profissionais do magistério das redes públicas da educação básica, a fim de equiparar o rendimento médio dos(as) demais profissionais com escolaridade equivalente, até o final do sexto ano da vigência deste PNE.

18) Assegurar, no prazo de 2 (dois) anos, a existência de planos de carreira para os(as) profissionais da educação básica e superior pública de todos os sistemas de ensino e, para o plano de carreira dos(as) profissionais da educação básica pública, tomar como referência o piso salarial nacional profissional

definido em lei federal, nos termos do inc. VIII do art. 206 da Constitui-
ção Federal.

19) Assegurar condições, no prazo de dois anos, para a efetivação da gestão democrática da Educação, associada a critérios técnicos de mérito e desempenho e à consulta pública à comunidade escolar, no âmbito das escolas públicas, prevendo recursos e apoio técnico da União para tanto.

20) Ampliar o investimento governamental em educação pública de forma a atingir, no mínimo, o patamar de 7% (sete por cento) do Produto Interno Bruto (PIB) do país no quinto ano de vigência desta Lei e, no mínimo, o equivalente a 10% (dez por cento) do PIB ao final do decênio.

> **II** – Para uma exata compreensão deste inciso, convém fazer uma leitura articulada com o art. 16, I, II e III, da LDB.

O Estado tem função administrativa e função política. A função administrativa está sujeita a regras jurídicas superiores. Por esta razão, posicionam-se as várias atribuições da União contidas neste inciso e que dizem respeito à criação e manutenção de órgãos depende de lei. Pela EC 32/2001, a estruturação e as atribuições podem ocorrer por meio de decreto do chefe do Executivo, como prescreve o art. 84, VI, "a", da CF, igualmente alterada pela emenda aludida. Quanto ao ente federativo, ou seja, no que diz respeito à estrutura a que estão vinculados, os órgãos podem ser federais, estaduais, distritais e municipais. No caso em foco, a União atua na criação, manutenção e desenvolvimento de órgãos e instituições de ensino da esfera federal e dos territórios.

O poder discricionário do Estado, contido nos termos *organizar, manter e desenvolver...* fica, evidentemente, submetido a uma avaliação da conveniência e da oportunidade dos atos a serem praticados. É induvidoso que, ao Estado, cabe preponderantemente cuidar dos interesses coletivos de natureza pública e de escopo republicano.

Órgãos e instituições oficiais do sistema federal de ensino são aqueles enquadrados na circunscrição legal do art. 16, inc. I e II da LDB. No contexto atual, o Ministério da Educação funciona com a seguinte estrutura:

ESTRUTURA ORGANIZACIONAL DO MINISTÉRIO DA EDUCAÇÃO					
MINISTÉRIO DA EDUCAÇÃO					
- Órgãos de assistência direta e imediata ao Ministro de Estado da Educação					
Assessoria Especial	Gabinete		Assessoria de participação Social e Diversidade	Assessoria Especial de Controle Interno	
Ouvidoria	Corregedoria		Consultoria Jurídica	Secretaria Executiva	
			Subsecretaria de Assuntos Administrativos	Subsecretaria de Planejamento e Orçamento	Subsecretaria de Tecnologia da Informação e Comunicação
- Órgãos específicos singulares					
Secretaria de Educação Básica			Secretaria de Educação Profissional e Tecnológica		
Diretoria de Políticas e Diretrizes da Educação Integral Básica	Diretoria de Formação Docente e Valorização de Profissional da Educação	Diretoria de Articulação e Apoio à Gestão	Diretoria de Desenvolvimento da Rede Federal de Educação Profissional, Científica e Tecnológica	Diretoria de Políticas e Regulação da Educação Profissional e Tecnológica	Diretoria de Articulação e Fortalecimento da Educação Profissional e Tecnológica
Secretaria de Educação Superior			Secretaria de Regulação e Supervisão		da Educação Superior
Diretoria de Políticas e Programas de Educação Superior	Diretoria de Desenvolvimento da Rede de Instituições Federais de Educação Superior	Diretoria de Desenvolvimento da Educação em Saúde	Diretoria de Política Regulatória	Diretoria de Supervisão da Educação Superior	Diretoria de Regulação da Educação Superior
Secretaria de Articulação com os Sistemas de Ensino			Secretaria de Educação Continuada, Alfabetização de Jovens e Adultos, Diversidade e Inclusão		

Diretoria de Cooperação e Planos de Educação	Diretoria de Articulação com os Sistemas de Ensino	Diretoria de Participação Social e Gestão Democrática	Diretoria de Políticas de Educação do Campo, Indígena e para Relações Étnico-Raciais	Diretoria de Políticas de Alfabetização e Educação de Jovens e Adultos	Diretoria de Políticas de Educação Especial na Perspectiva Inclusiva	Diretoria de Políticas de Educação para as Juventudes
Instituto Benjamin Constant				Instituto Nacional de Educação de Surdos		

- Órgão Colegiado

Conselho Nacional de Educação

- Entidades vinculadas previstas em regulamento específico

Centros Federais de Educação Tecnológica
Colégio Pedro II
Fundação Coordenação de Aperfeiçoamento de Pessoal de Nível Superior (Capes)
Fundação Universidade Federal de Ciências da Saúde de Porto Alegre
Fundação Joaquim Nabuco
Fundações Universidades
Fundações Universidades Federais
Fundo Nacional de Desenvolvimento da Educação (FNDE)
Hospital de Clínicas de Porto Alegre (HCPA)
Empresa Brasileira de Serviços Hospitalares (EBSERH)
Instituto Nacional de Estudos e Pesquisas Educacionais Anísio Teixeira (Inep)
Institutos Federais
Universidades Federais
Universidade Tecnológica Federal do Paraná
Universidade da Integração Internacional da Lusofonia Afro-Brasileira

Fonte: Decreto nº 11.342, de 1º de janeiro de 2023 - Decreto nº 11.401, de 23 de janeiro de 2023. https://www.gov.br/mec/pt-br/acesso-a-informacao/institucional/estrutura-organizacional

O MEC, criado em 1930, inicialmente chamava-se Ministério da Educação e Saúde Pública. Somente em 1953 ganhou sua denominação atual. Através de suas secretarias e órgãos da administração direta e indireta, desempenha as funções atribuídas pela Carta Magna ao Governo Federal.

> **III** – A função redistributiva e supletiva da União se concretiza precisamente na prestação de assistência técnica e financeira aos demais entes federados. O desenvolvimento dos sistemas de ensino assistidos pela União, por outro lado, deve ser realizado no campo do atendimento prioritário à escolaridade obrigatória, por significar, ela, o mínimo de educação, ou seja, de atendimento compulsórios nos termos do art. 208, I, da CF. Ao incluir este dispositivo na CF, o constituinte se deu conta de inserir, no corpo da Constituição, um dispositivo que parte do reconhecimento das dificuldades que o país enfrenta no campo educacional, havendo, portanto, em nome do bem-estar de todos e do interesse social, a necessidade de uma articulação de esforços e de um compartilhamento de responsabilidades para remover as dificuldades das desigualdades regionais no campo de ensino e, assim, produzir meios de avanços educacionais e de mudanças sociais na coletividade brasileira. A assistência técnica e financeira assentada neste inc. III ganha relevo e significação com a Lei 13.005/2014, do Plano Nacional de Educação, que introduziu, com poder irrecorrível de lei, o conceito de referência de *Custo Aluno-Qualidade inicial (CAQi)*. A META 20 do PNE volta-se para ampliar o investimento público em educação pública e inclui, entre as estratégias:

20.6) no prazo de 2 (dois) anos da vigência deste PNE, será implantado o Custo Aluno-Qualidade inicial (CAQi), referenciado no conjunto de padrões mínimos estabelecidos na legislação educacional e cujo financiamento será calculado com base nos respectivos insumos indispensáveis ao processo de ensino--aprendizagem e será progressivamente reajustado até a implementação plena do Custo Aluno-Qualidade (CAQ);

20.7) implementar o Custo Aluno Qualidade (CAQ) como parâmetro para o financiamento da educação de todas etapas e modalidades da educação básica, a partir do cálculo e do acompanhamento regular dos indicadores de gastos educacionais com investimentos em qualificação e remuneração do pessoal docente e dos demais profissionais da educação pública, em aquisição, manutenção, construção e conservação de instalações e equipamentos necessários ao ensino e em aquisição de material didático-escolar, alimentação e transporte escolar.

20.8) o CAQ será definido no prazo de 3 (três) anos e será continuamente ajustado, com base em metodologia formulada pelo Ministério da Educação (MEC), e acompanhado pelo Fórum Nacional de Educação (FNE), pelo Conselho Nacional de Educação (CNE) e pelas Comissões de Educação e Cultura da Câmara dos Deputados e de Educação, Cultura e Esportes do Senado Federal.

20.9) caberá à União, na forma da lei, a complementação de recursos financeiros a todos os estados, ao DF e aos municípios que não conseguirem atingir o valor do CAQi e, posteriormente, do CAQ. Observação: A política de FUNDOS, com destaque para o Fundeb, tem incidência sobre esta competência.

(...)

20.10) aprovar, no prazo de 1 (um) ano, Lei de Responsabilidade Educacional, assegurando padrão de qualidade na educação básica, em cada sistema e rede de ensino, aferida pelo processo de metas de qualidade aferidas por institutos oficiais de avaliação educacionais.

20.11) definir critérios para distribuição dos recursos adicionais dirigidos a educação ao longo do decênio, que considerem a equalização das oportunidades educacionais, a vulnerabilidade socioeconômica e o compromisso técnico e de gestão do sistema de ensino, a serem pactuados na instância prevista no § 5º do art. 7º desta lei.

É lamentável que, depois uma década de execução das metas do PNE, o Custo Aluno-Qualidade (CAQ) continue na penumbra, sob forma de uma visão atravessada.

Como assinala Daniel Cara (2015: 14), "*o CAQi é um mecanismo equalizador do desigual federalismo brasileiro*". A função supletiva deve ser compreendida em mão dupla: de um lado, mediante ações de cooperação técnica a estados, DF e municípios e, de outro, mediante aporte financeiro para, numa ação de intercomplementaridade, viabilizar o conceito de educação como direito de todos e dever do Estado. Com a crescente tendência de descentralização na área de gestão pública, o papel do Ministério da Educação no campo da assistência técnica às Unidades Federadas tem-se fortalecido ao longo do tempo. O Plano Nacional de Educação (PNE) e o Plano de Desenvolvimento da Educação (PDE) são os balizamentos operativos postos à disposição, enquanto incumbência da União, para o cumprimento da assistência técnica e financeira aos estados e municípios no campo da educação escolar. Isto, obviamente, sem desconsiderar os recursos vinculados do orçamento da União para a educação, nos termos do art. 212 da CF, fonte permanente e garantidora de recursos financeiros.

A função redistributiva e supletiva da União, encorpada na prestação de assistência técnica e financeira a estados e municípios, tem, no Fundo Nacional de Desenvolvimento de Educação (FNDE), uma fonte de apoio e de parceria de valor inestimável. O órgão financia programas como Dinheiro Direto na Escola, Livro Didático, Transporte Escolar, Merenda Escolar, Programas de Saúde, Construção de Escolas, Material de Apoio Tecnológico etc.

> IV – Uma das questões mais importantes da LDB situa-se no nível da esfera de relações entre os vários níveis de governo. Na verdade, esta é uma questão jamais resolvida no conjunto da legislação educacional brasileira. A gênese do problema está no modelo federativo adotado pelo país, talvez, menos no aspecto da formulação jurídica do modelo e mais na sua operacionalização. As características do Estado Federal são de três níveis:

a) O nível de descentralização política – Implica a divisão do poder governamental que, como ensina Lowenstein (1986: 335), é a medula do federalismo. O alicerce desta divisão de competências está assentado no princípio da predominância de interesses. As atividades de predominante interesse geral (interesse nacional) cabem ao poder central. É óbvio que, nesse passo, enfrenta-se um problema prático, sobretudo quando o *affaire* envolvido é transferência de recursos. A operacionalização da repartição de competência poderá acentuar o poder de decisão da União, poderá conduzir à descentralização, reduzindo os poderes federais e ampliando os poderes de Estado e municípios e poderá, ainda, buscar um nível de equilíbrio onde se dosem ordenamento central e ordenamentos parciais.

b) O nível de participação dos estados-membro perante o poder central – Significa dizer que a vontade das ordens jurídicas parciais produz ressonância na vontade da ordem judicial central. Esta característica flutua à mercê do tamanho da agregação das forças políticas que sustentam a governabilidade.

c) O nível de autoconstituição – Entenda-se a possibilidade de o ente administrativo (Estado/município) se auto-organizar com seus poderes próprios, na conformidade do que estabelecem suas respectivas Constituições e Leis Orgânicas.

Em síntese, a conformidade do Estado Federal, qualquer que seja o estágio democrático que viva, inclui, necessariamente, a união de unidades políticas autônomas (estados e municípios), porém, o *modus operandi* do Estado se norteia pelo princípio de que o Governo Federal é um governo de **poderes**

enumerados, enquanto as outras instâncias são governo de **poderes residuais** (SCHWARTZ, 1996: 49).

As particularidades essenciais da Federação brasileira remontam aos seus primórdios. Assim, pode-se afirmar que a Constituição atual repete, *mutatis mutandis*, a fórmula instituída pelo Decreto 01, de 15/11/1889, por força do qual procedeu-se a instituição da Federação no Brasil. Ou seja, a Federação brasileira teve sua gênese em um Estado Unitário que se fragmentou. Daí por que alguns constitucionalistas afirmam que a Constituição de 1988 terminou por atribuir ao Poder Central o quase monopólio do poder político, fazendo com que o Brasil se assemelhe mais a um Estado Unitário descentralizado do que a um Estado Federal propriamente dito. De qualquer sorte, o arquétipo federativo é o adotado no Brasil, até porque são detectáveis todas as características formais que o tipificam.

Indiscutivelmente, tanto a União como estados e municípios recebem, da Lei Magna, uma determinada porção de competências. Por conseguinte, é sobre este universo de autonomias consentidas legalmente que se devem apurar as articulações possíveis. Embora se reconheça que "é bastante complexa a repartição de competências na Constituição brasileira" (FERREIRA FILHO, 1989: 50), fato que termina por produzir uma certa deformação causada pela absorção centralizada e autoritária dos poderes federais, há que se reconhecer, igualmente, que é possível avançar bastante na operacionalização do nosso modelo federativo.

Na área educacional, agregação e articulação das competências acham-se insculpidas em diferentes dispositivos constitucionais. Assim, é *competência comum* [grifo nosso] da União, dos estados, do DF e dos municípios proporcionar os meios de acesso à cultura, à *educação* [grifo nosso] e à ciência. A seguir, a Constituição reforça e reitera a ideia de competência compartilhada, ao prescrever que essas mesmas instâncias do Poder Público são competentes para legislar *concorrentemente sobre educação*, cultura, ensino e desporto.

Ao delimitar a fixação do regime de colaboração à Educação Infantil, ao Ensino Fundamental e ao Ensino Médio, no que tange ao campo das competências e diretrizes, a LDB está dando centralidade à educação básica, aquela considerada indispensável à formação adequada para o exercício pleno da cidadania. Cada um dos níveis de ensino de que se compõe a educação básica abarca um campo de competências cuja definição se encontra nesta LDB, no Plano Nacional de Educação (Lei 13.005/2014) e no corpo de diretrizes e orientações sinalizadores da BNCC. Neste caso, considerado que "a Base Nacional Comum Curricular defende do adequado funcionamento do regime de **colaboração** para alcançar seus objetivos. Embora a implementação seja prerrogativa dos sistemas e das redes de ensino, a dimensão e complexidade da tarefa vai exigir que União, Estados, Distrito Federal e Municípios somem esforços, em um teste histórico para a prática do regime de colaboração". Tudo isto, sem desconsiderar os desdobramentos operacionais destas fontes legais nos Pareceres e Resoluções do Conselho Nacional de Educação. O regime de colaboração nesse enfoque particular visa, precisamente, assegurar dois aspectos: os currículos básicos de cada nível de ensino com os respectivos conteúdos mínimos e, também, a formação comum do brasileiro. Com este cuidado, o Estado brasileiro garante um certo alinhamento na disponibilização dos serviços educacionais essenciais já no ponto de partida da oferta. E mais do que isto, "assegura a formação básica comum nacional, tendo como foco os sujeitos que dão vida ao currículo e à escola". Neste horizonte, a viabilidade da colaboração da União com as demais instâncias da administração pública, no campo das competências e diretrizes para a Educação Infantil, o Ensino Fundamental e o Ensino Médio, tem como indicações norteadoras a Lei 13.005/2014, do Plano Nacional de Educação e, ainda, a Resolução 04/2010, da Câmara de Educação Básica, do Conselho Nacional de Educação. Embora no ocaso de vigência, o atual PNE (Lei 13.005/2014) assenta um conjunto de finalidades, de elementos de formalização, de procedimentos de viabilização e de situacionalidades concretas para a operacionalização do historicamente desafiador regime de colaboração. Vejamos alguns destes dispositivos do PNE:

*Art. 7º – A União, os estados, o DF e os municípios atuarão em **regime de colaboração**, visando ao alcance das metas e à implementação das estratégias objeto deste Plano.*

[...]

*§ 2º – As estratégias definidas no Anexo desta Lei não elidem a adoção de medidas adicionais em âmbito local ou de instrumentos jurídicos que formalizem a **cooperação entre os entes federados**, podendo ser complementadas por mecanismos nacionais e locais de coordenação e colaboração recíproca.*

*§ 4º – Haverá **regime de colaboração** específico para a implementação de modalidades de educação escolar que necessitem considerar territórios étnico-
-educacionais e a utilização de estratégias que levem em conta as identidades e especificidades socioculturais e linguísticas de cada comunidade envolvida, assegurada a consulta prévia e informada a essa comunidade.*

*§ 5º – Será criada uma instância permanente de negociação e **cooperação** entre a União, os estados, o DF e os municípios.*

*§ 6º – O fortalecimento do **regime de colaboração** entre os estados e respectivos municípios incluirá a instituição de instâncias permanentes de negociação, cooperação e pactuação em cada Estado.*

*§ 7º – O fortalecimento do **regime de colaboração** entre os municípios dar-se-á, inclusive, mediante a adoção de arranjos de desenvolvimento da educação.*

*Art. 11 – O Sistema Nacional de Avaliação da Educação Básica, coordenado pela União, **em colaboração** com os estados, o DF e os municípios, constituirá fonte de informação para a avaliação da qualidade da educação básica e para a orientação das políticas públicas desse nível de ensino.*

§ 1º – O sistema de avaliação a que se refere o caput *produzirá, no máximo a cada 2 (dois) anos:*

I – indicadores de rendimento escolar, referentes ao desempenho dos(as) estudantes apurado em exames nacionais de avaliação, com participação de pelo menos 80% (oitenta por cento) dos(as) alunos(as) de cada ano escolar periodicamente avaliado em cada escola, e aos dados pertinentes apurados pelo Censo Escolar da educação básica.

*Art. 13 – O poder público deverá instituir, em lei específica, contados 2 (dois) anos da publicação desta Lei, o Sistema Nacional de Educação, responsável pela articulação entre os sistemas de ensino, **em regime de colaboração**, para efetivação das diretrizes, metas e estratégias do Plano Nacional de Educação.*

> IV-A – Em toda sociedade há pessoas de habilidades incomuns pelo seu alto potencial humano. São as pessoas detentoras de excepcionais talentos e que, se adequadamente identificadas e educadas, poderão dar uma enorme contribuição social. Em sociedades desiguais como a nossa e com tantas vulnerabilidades configuradoras de uma inaceitável cidadania menor, nem sempre este relevante capital humano é reconhecido. Cabe ao Estado oferecer o apoio necessário aos indivíduos superdotados, ao lado de suas famílias, para que sejam assistidos no desenvolvimento de suas potencialidades. Nesse sentido, o compartilhamento de políticas e ações envolvendo todos os entes da administração pública, é um passo decisivo para o reconhecimento da genialidade destas pessoas e o consequente apoio ao seu desenvolvimento humano.

Os serviços educacionais destinados ao superdotado alinham-se na expectativa de sua contribuição relevante na construção do bem comum. Contar, cadastrar e oferecer apoio educacional especial a esta população poderá significar o conjunto de mecanismos indutores para proporcionar a estes alunos "experiências e vivências que instiguem as sensações, a cognição, a área perceptual e a socialização".

Tanto na educação básica quanto na educação superior, é fundamental um programa de atendimento com foco na individualidade superdotada, lastreando processos de acompanhamento e avaliação adequadas àqueles alunos. É essencial e socialmente desejável que as escolas estejam preparadas para compreender a superdotação na circunscrição das aptidões, interesses e habilidades específicas que a caracterizam. Tal preocupação integra o cenário conceitual e operativo da educação inclusiva.

> **V** – A educação escolar, sobretudo aquela de responsabilidade do Estado, constitui bem público de absoluto interesse coletivo. Sua oferta, portanto, não pode ser feita de forma aleatória, irregular, sem planejamento e, sobretudo, descolada de uma concepção de desenvolvimento político e social. Para que tenha, assim, o direcionamento que a Constituição Federal e a legislação infraconstitucional lhe impõem, é necessário que os beneficiários de sua oferta recebam, enquanto destinatários, serviços e programações organizados e ministrados de acordo com os princípios previstos no art. 3º desta LDB. Em outras palavras, que a União disponibilize escolas capazes de atender as necessidades básicas de aprendizagem dos alunos. Para o adequado desempenho desta incumbência, torna-se impositiva a tarefa de coletar (reunir), analisar (sistematizar, classificar e interpretar) e, por fim, disseminar (socializar) os dados, as informações e os conhecimentos adquiridos sobre a educação. É importante fazer a conexão destas incumbências da União com o que prescreve o art. 5. inc. I, da LDB, já anteriormente analisado. Entre os dois dispositivos há uma correlação essencial estratégica em termos de políticas públicas para a educação.

Em outubro de 2016 saiu o novo relatório do Banco Mundial *Índice de Oportunidades Humanas (IOH) 2016: Buscando Oportunidades para Todos* que avalia em que medida as crianças e jovens até 16 anos têm acesso aos serviços necessários para uma vida produtiva, como educação, água e saneamento, eletricidade e internet na América Latina e Caribe. Dentre as circunstâncias que mais afetam o acesso a oportunidades na vida, está a educação escolar em primeiro lugar. Por outro lado, características do lar e da renda (educação dos pais, composição familiar) explicam a maioria das desigualdades no acesso a oportunidades básicas, fazendo com que a pobreza seja perpetuada de uma geração a outra. O Brasil registra 7,8% da população em extrema pobreza, contra os 26,4% existentes em 2001. No entanto, a desaceleração econômica de toda a região, que já dura cinco anos, ameaça interromper esse processo. O relatório usa dados de 17 países, inclusive o Brasil, "fora crianças e jovens com até 16 anos".

Em síntese, coletar, analisar e disseminar informações em educação são providências essenciais para a adoção e correção de políticas públicas na respectiva área. Na verdade, uma das fragilidades das sociedades subdesenvolvidas é exatamente a inexistência de dados objetivos sobre a realidade. Sem eles e sem o necessário conhecimento deles, torna-se impossível o Estado intervir adequadamente nas causas dos desajustes e desequilíbrios sociais e educacionais. Por isso, a Unesco diz que qualificar processos e políticas de educação supõe poder quantificá-los continuamente.

Os inc. V e VI se articulam no sentido de quantificar e de qualificar informações que servirão para encorpar a base de dados para definir políticas e adotar medidas preventivas e corretivas necessárias para ultrapassar, em ritmo mais acelerado, os desafios reais e potenciais das desigualdades educacionais do país. Em decorrência, quatro horizontes se abrem para intervenções do Estado no campo da educação, a saber:

a) Alargamento da capacidade de resposta dos Poderes Executivo e Legislativo frente às necessidades reais e emergentes.

b) Elevação dos padrões de melhoria em nível de coordenação de ações e dos processos de comunicação para fins da construção de decisões.

c) Racionalidade mais aguda na alocação de recursos e, por conseguinte, maior orientação nos gastos voltados para resultados socioeducacionais relevantes.

d) Crescente e permanente atenção e mobilização dos gestores dos sistemas de ensino que recebem o mandamento legal de responsabilidade pela execução das metas do PNE, nos termos da Lei 13.005/2014, como se pode ver:

Art. 7º, § 1º

Caberá aos gestores federais, estaduais e municipais e do DF a adoção das medidas governamentais necessárias ao alcance das metas previstas no PNE.

> VI – Este inciso resulta da essência e da lógica do processo de o Estado cuidar da educação, No inc. I, a União elabora o Plano Nacional de Educação. No II, organiza, mantém e desenvolve órgãos e instituições de ensino do sistema federal. No III, presta assistência técnica e financeira a estados e municípios. No IV, estabelece, em regime de colaboração, competências e diretrizes. No V, coleta, analisa e dissemina informações. E, no VI, garante o processo nacional de avaliação como mecanismo de aferição dos investimentos públicos e do esforço coletivo e articulado empreendido.

A avaliação das condições de funcionamento e dos resultados do ensino regular tem aspectos quantitativos e qualitativos e dimensões institucionais e formativas. Demo (1988: 9) ainda chama a atenção para os aspectos formais e políticos de avaliação. A qualidade formal da avaliação dirige-se a instrumentos e métodos, a política, a finalidades e conteúdos. Na qualidade, diz ele, não vale o maior, mas o melhor, não o extenso, mas o intenso. O inciso em tela aponta claramente o que a lei, sob inspiração do legislador, atento, deseja fazer:

a) Garantir o processo nacional de avaliação dos resultados da aprendizagem tanto na educação básica como na superior.

b) Articular os sistemas de ensino para ações colaborativas nesse sentido.

c) Alinhar prioridades para, replanejando continuamente "o processo de fazer a escola eficaz", melhorar a qualidade do ensino etc.

Assegurar o processo nacional de avaliação é desdobramento da incumbência de elaborar o Plano Nacional de Educação, responsabilidade da União prevista no inc. I. A avaliação do ensino tem dois objetivos focais: melhorar a qualidade do ensino e definir prioridades no uso dos recursos públicos, tendo, como horizonte, a igualdade de condições para o acesso e permanência de todos na escola (LDB, art. 3º, I). Em outros termos, pode-se depreender que a inclusão da política de avaliação no conjunto das responsabilidades da União, mas de forma compartilhada com estados, DF e municípios, é importante como foco indispensável para se assegurar o princípio constitucional da "garantia de padrão de qualidade" do ensino (art. 206, VII). Além disso, avaliar é a melhor forma de assegurar transparência no uso de recursos públicos. O inc. V, aliás, cria o chão da avaliação ao cometer, à União, a incumbência de "coletar, analisar e disseminar informações sobre a educação". Como anota Demo (1997: 31), até que enfim a LDB consagra o princípio da avaliação como parte central da "organização da educação nacional" (art. 8º).

No momento, o MEC busca executar esta incumbência da União através do Índice de Desenvolvimento da Educação (Ideb), base para referência das ações do PDE no âmbito da educação básica. Criado pelo Instituto Nacional de Estudos e Pesquisas Educacionais (Inep), o Ideb é um índice de medição da qualidade da educação na rede escolar, dos municípios, dos estados e do país. Formalizado no Decreto 6.094/2007, o Ideb é um indicador que combina os dados do fluxo escolar, mais especificamente as taxas de aprovação assentadas no Censo de Educação Básica, com os dados de desempenho escolar, obtidos a partir da Prova Brasil e Saeb. O índice integra a avaliação nacional e, por isso, é calculado nos anos pares. A base de cálculo fixa-se em cada uma das etapas de ensino.

Vejamos as informações-síntese que seguem e que constam do **Portal do MEC/Inep**:

Saeb

O Sistema de Avaliação da Educação Básica (Saeb) tem como principal objetivo avaliar a educação básica brasileira e contribuir para a melhoria de sua qualidade e para a universalização do acesso à escola, oferecendo subsídios concretos para a formulação, reformulação e o monitoramento das políticas públicas voltadas para a educação básica. Além disso, procura também oferecer dados e indicadores que possibilitem maior compreensão dos fatores que influenciam o desempenho dos alunos nas áreas e nos anos avaliados.

O Saeb é composto por três avaliações externas em larga escala:

• **Avaliação Nacional da Educação Básica (Aneb):** *abrange, de maneira amostral, alunos das redes públicas e privadas do país, em áreas urbanas e rurais, matriculados na 4ª série/5º ano e 8ª série/9º ano do Ensino Fundamental e no 3º ano do Ensino Médio, tendo como principal objetivo avaliar a qualidade, a equidade e a eficiência da educação brasileira. Apresenta os resultados do país como um todo, das regiões geográficas e das unidades da Federação.*

• **Avaliação Nacional do Rendimento Escolar (Anresc), também denominada "Prova Brasil":** *trata-se de uma avaliação censitária envolvendo os alunos da 4ª série/5º ano e 8ª série/9º ano do Ensino Fundamental das escolas públicas das redes municipais, estaduais e federal, com o objetivo de avaliar a qualidade do ensino ministrado nas escolas públicas. Participam desta avaliação as escolas que possuem, no mínimo, 20 alunos matriculados nas séries/anos avaliados, sendo os resultados disponibilizado por escola e por ente federativo.*

• **A Avaliação Nacional de Alfabetização (ANA):** *avaliação censitária envolvendo os alunos do 3º ano do Ensino Fundamental das escolas públicas, com o objetivo principal de avaliar os níveis de alfabetização e letramento em Língua Portuguesa, alfabetização Matemática e condições de oferta do Ciclo de Alfabetização das redes públicas. A ANA foi incorporada ao Saeb pela Portaria 482, de 07/06/2013.*

A Aneb e a Anresc/Prova Brasil são realizadas bianualmente, enquanto a ANA é de realização anual.

O Ideb trabalha com uma definição de valores na escola de 0 a 10. As vantagens do Ideb como instrumento e processo de avaliação são:

a) O alargamento das possibilidades de mobilização da sociedade em favor da educação escolar, pelo fato de o índice possibilitar comparações nacionais;

b) O Ideb traduz em valores os resultados mais importantes da educação: aprendizagem e fluxo;

c) A combinação das duas referências acima é fundamental para seu equilíbrio. Importa dizer que se um sistema de ensino retiver seus alunos para obter resultados de melhor qualidade no Saeb ou Prova Brasil, o fator fluxo será alterado, indicando a necessidade de melhoria do sistema. Se, ao contrário, o sistema apressar a aprovação do aluno sem qualidade, o resultado das avaliações indicará igualmente a necessidade de melhoria do sistema;

d) O Ideb é uma bússola de política pública em favor da qualidade da educação. De que forma mais objetivamente? Exatamente porque funciona como ferramenta para acompanhamento das metas que correspondem aos padrões de qualidade do Plano de Desenvolvimento da Educação (PDE). Metas progressivas de melhoria. Vale lembrar aqui que o PDE fixa, como meta, que em 2022 (200 anos da independência do Brasil!), o Ideb do Brasil deverá igualar-se a média dos países desenvolvidos, ou seja, 6,0. Esta é o patamar correspondente ao nível médio de desenvolvimento educacional dos países que compõem a Ocde.

O Ministério da Educação lembra que "[...] foram traçadas metas para cada uma das etapas de ensino, bem como metas individualizadas para escolas, municípios, estados e para o país como um todo. Para os anos iniciais, por exemplo, a ideia é que o Brasil alcance o Ideb de 6,0 até 2022. As metas fornecem o caminho esperado que o país deve seguir para alcançar os parâmetros desejados em termos de qualidade da educação".

Os números que seguem dão uma ideia da evolução do Ideb.

	2015	2019	PNE/IDEB Média para 2021
Ensino Fundamental Anos iniciais	5.5	5.9	6.0
Ensino Fundamental Anos finais	4.5	4.9	5.5
Ensino Médio	3.7	4.2	5.2

Fonte: Elaboração própria.

Constatações:

1. Quando visto em maior amplitude temporal, por exemplo: ano 2005 a 2019, verifica-se que, nos anos iniciais, o Ideb revela uma linha ascendente;

2. Nos anos finais do Fundamental, há uma variação positiva.

3. No caso do Ensino Médio, há uma reversão importante, saindo de uma posição de estagnação para um patamar de elevação.

Índice de Desenvolvimento da Educação Básica (Ideb) Por redes de ensino – Brasil – 2015/2019 (dois marcos temporais)					
Ensino Fundamental: Anos iniciais /finais			Ensino Médio		
Redes	2015	2019	Redes	2015	2019
Pública	5.3	5.7	Pública	3.5	3.9
Municipal	5.3	5.7	Estadual	3.5	3.9
Estadual	5.8	6.1	Privada	5.3	6.0
Privada	6.8	7.1			

Fonte: Elaboração própria

Constatação: nos anos finais do Fundamental, a distância entre redes privadas e públicas se amplia.

Índice de Desenvolvimento da Educação Básica (Ideb)
Rede Total – 2005 e 2019
Por unidades da federação

Unidade da Federação	Ensino Fundamental Anos iniciais		Ensino Fundamental Anos finais		Ensino Médio	
	2005	2019	2005	2019	2005	2019
Brasil	3,8	5,9	3,5	4,9	3,4	4,2
Região Norte	3,0	5,0	3,2	4,4	2,9	3,6
Rondônia	3,6	5,6	3,4	4,9	3,2	4,3
Acre	3,4	5,9	3,5	4,9	3,2	3,9
Amazonas	3,1	5,5	2,7	4,6	2,4	3,6
Roraima	3,7	5,7	3,4	4,3	3,5	3,9
Pará	2,8	4,9	3,3	4,1	2,8	3,4
Amapá	3,2	4,9	3,5	4,0	2,9	3,4
Tocantins	3,5	5,6	3,4	4,7	3,1	4,0
Região Nordeste	2,9	5,4	2,9	4,5	3,0	3,9
Maranhão	2,9	5,0	3,0	4,2	2,7	3,8
Piauí	2,8	5,7	3,1	5,0	2,9	4,0
Ceará	3,2	6,4	3,1	5,4	3,3	4,4
Rio Grande do Norte	2,7	5,2	2,8	4,1	2,9	3,5
Paraíba	3,0	5,4	2,7	4,3	3,0	4,0
Pernambuco	3,2	5,5	2,7	4,8	3,0	4,5
Alagoas	2,5	5,6	2,4	4,7	3,0	3,9
Sergipe	3,0	5,1	3,0	4,1	3,3	3,7
Bahia	2,7	5,3	2,8	4,1	2,9	3,5
Região Sudeste	4,6	6,5	3,9	5,2	3,6	4,4
Minas Gerais	4,7	6,5	3,8	4,9	3,8	4,2
Espírito Santo	4,2	6,1	3,8	5,0	3,8	4,8
Rio de Janeiro	4,3	5,8	3,6	4,9	3,3	4,1
São Paulo	4,7	6,7	4,2	5,5	3,6	4,6
Região Sul	4,4	6,3	3,8	5,1	3,7	4,4
Paraná	4,6	6,5	3,6	5,3	3,6	4,7
Santa Catarina	4,4	6,5	4,3	5,1	3,8	4,2
Rio Grande do Sul	4,3	6,0	3,8	4,8	3,7	4,2
Região Centro-Oeste	4,0	6,1	3,4	5,1	3,3	4,4
Mato Grosso do Sul	3,6	5,7	3,4	4,8	3,3	4,2
Mato Grosso	3,6	5,9	3,1	4,8	3,1	3,6
Goiás	4,1	6,2	3,5	5,3	3,2	4,8
Distrito Federal	4,8	6,5	3,8	5,1	3,6	4,5

Fonte: MEC/Inep/Daeb – Ideb. Elaboração: Todos pela Educação.

O PNE adotou o Ideb como um dos horizontes inafastáveis para aferição da qualidade do ensino e, nesse sentido, formulou assim esta referência:

Meta 7: fomentar a qualidade da educação básica em todas as etapas e modalidades, com melhoria do fluxo escolar e da aprendizagem, de modo a atingir as seguintes médias nacionais prefixadas:

Índice de Desenvolvimento da Educação Básica (Ideb)
Por redes de ensino – Brasil – 2005-2019

Ensino Fundamental - Anos Iniciais

	2005	2007	2009	2011	2013	2015	2017	2019
Pública	3,6	4,0	4,4	4,7	4,9	5,3	5,5	5,7
Municipal	3,4	4,0	4,4	4,7	4,9	5,3	5,6	5,7
Estadual	3,9	4,3	4,9	5,1	5,4	5,8	6,0	6,1
Privada	5,9	6,0	6,4	6,5	6,7	6,8	7,1	7,1

Ensino Fundamental - Anos Finais

	2005	2007	2009	2011	2013	2015	2017	2019
Pública	3,2	3,5	3,7	3,9	4,0	4,2	4,4	4,6
Municipal	3,1	3,4	3,6	3,8	3,8	4,1	4,3	4,5
Estadual	3,3	3,6	3,8	3,9	4,0	4,2	4,5	4,7
Privada	5,8	5,8	5,9	6,0	5,9	6,1	6,4	6,4

Distância entre redes pública e privada começa a se acentuar ainda mais nos Anos Finais do Ensino Fundamental.

Ensino Médio

	2005	2007	2009	2011	2013	2015	2017	2019
Pública	3,1	3,2	3,4	3,4	3,4	3,5	3,5	3,9
Estadual	3,0	3,2	3,4	3,4	3,4	3,5	3,5	3,9
Privada	5,6	5,6	5,6	5,7	5,4	5,3	5,8	6,0

Fonte: MEC/Inep/Daeb - Ideb. Elaboração: Todos Pela Educação.
Nota: 19

Estratégias:

7.1) estabelecer e implantar, mediante pactuação interfederativa, diretrizes pedagógicas para a educação básica e a base nacional comum dos currículos, com direitos e objetivos de aprendizagem e desenvolvimento dos(as) alunos(as) para cada ano dos ensinos Fundamental e Médio, respeitada a diversidade regional, estadual e local.

No âmbito do Sistema de Avaliação da Educação Básica (Saeb), ainda, o Inep realiza o Exame Nacional para Certificação de Competências de Jovens e Adultos (Encceja). Destinado a este segmento da população, o Encceja volta-se àqueles que não concluíram os estudos na idade própria de educação básica. É aplicado anualmente para brasileiros que residem no país e no exterior. A partir de 2017, o MEC estabeleceu nova configuração para o Encceja. O Exame Nacional para Certificação de Competências de Jovens e Adultos (Encceja) ganha um novo semblante, como podemos ver:

1) Exame para jovens e adultos semelhante ao Supletivo: Ensino Fundamental para quem tiver 15 anos completos na data do exame e Ensino Médio para quem tiver 18 anos.

2) Compõe-se de 30 questões objetivas de cada área, com foco no conhecimento aplicado a temas/questões do dia a dia. Nesse caso, o Encceja/Ensino Médio difere do Enem, cujo objetivo é aferir conhecimentos voltados para o domínio dos princípios científicos e tecnológicos. Muda o foco.

3) Aberto a quem vive no Brasil e no exterior, as novas regras do MEC para o Encceja fixam a nota máxima de 180 pontos. A aprovação já se obtém com 100 pontos. Na Redação, a nota estende-se até 10 (dez) com a aprovação a partir de 5 (cinco).

De acordo com informações do Inep/MEC, os números de inscrição no Encceja estão em linha ascendente, como se pode constatar: "Em 2014, o número de inscritos no Encceja aplicado no exterior cresceu 45,9% em relação à última edição: 2.268 brasileiros se candidataram ao exame, contra 1.554 inscrições registradas no ano passado. No exame aplicado no Brasil, o número de interessados aumentou 7,5%: de 104.663 inscrições, em 2013, para 112.557 inscrições este ano" [sic].

No caso do Ensino Médio, a avaliação via Exame Nacional de Estudantes do Ensino Médio (Enem), criado a partir de 1998, transformou-se em vitrine nacional a partir de 2010, quando se firmou, também, como prova de acesso a universidades públicas (opcional, embora cada vez mais adotada) e, ainda, ao Programa Universidade para Todos (Prouni). O Enem-Vestibular representa uma total descaracterização de sua finalidade primária: avaliar o Ensino Médio como etapa final da educação básica.

No âmbito da educação superior, o antigo Provão (1996-2003) foi substituído pelo Exame Nacional de Desempenho de Estudantes (Enade), que faz parte do Sistema Nacional de Avaliação da Educação Superior (Sinaes), instituído pela Lei 10.861/2004. O foco do Enade é aferir o rendimento dos alunos dos cursos de graduação no que tange à adequada assimilação dos conteúdos curriculares e seus desdobramentos operacionais em habilidades e competências.

Por fim, cabe lembrar que a avaliação tanto no âmbito da educação básica como da educação superior tem uma conexão conceitual direta com o acompanhamento da qualidade social da educação, o que pressupõe uma articulação no bojo do processo de aprendizagem entre saber fazer e fazer saber. Lamentavelmente, o MEC tem distorcido seu uso, apropriando-se do instrumento para aferir a qualidade de cursos de graduação e respectivas IES, substanciando indicadores ao arrepio da lei, através da construção do Conceito

Preliminar de Curso (CPC) e do Índice Geral de Cursos (IGC). Estes instrumentos foram criados através de norma, numa nítida agressão ao princípio da hierarquia das leis.

O art. 4º da Lei 10.861/2004 que criou o Sinaes define que a avaliação dos cursos de graduação tem por objetivo "identificar as condições de ensino oferecidas aos estudantes, em especial as relativas ao perfil do corpo docente, às instalações físicas e à organização didático-pedagógica".

O Sinaes trabalha com uma concepção em que avaliação e formação acadêmica compartem as condições de apreensão da qualidade do ensino ministrado *no sentido de formar cidadãos conscientes e profissionais responsáveis e capazes de realizar transformações sociais.*

A cooperação dos sistemas que tiverem responsabilidade com a educação superior diz respeito a parcerias com sistemas públicos que mantiverem instituições de Ensino Superior. No Brasil, o Estado pioneiro nesse sentido foi São Paulo, inicialmente com a USP e, posteriormente, com a Unicamp e a Unesp. Atualmente, grande parte dos estados da Federação mantém universidades públicas. Há, igualmente, muitos municípios brasileiros que mantêm faculdades, cursos tecnológicos e, alguns, até universidades.

> VII – Os procedimentos de autorização, reconhecimento e de renovação do reconhecimento – etapas que configuram o que a legislação chama de regulação – e, ainda, todo o processo nacional de avaliação, nos diferentes níveis de ensino, são de responsabilidade da União no que tange às diretrizes e normas gerais. Considerando que, com o funcionamento, os cursos de graduação e pós-graduação precisam de ajustes e readequações, tendo em vista as condições do desenvolvimento social, da pesquisa científica e da própria evolução e circulação do conhecimento, é natural que haja necessidade de se baixarem normas gerais, seja no sentido de redirecionamento de cursos já existentes, seja no sentido de novas demandas decorrentes de necessidades do mercado de trabalho e de demandas sociais emergentes.

Aqui, basta lembrar o que ocorreu com os cursos da área de engenharia. Até os anos de 1970, a formação ocorria em quatro áreas básicas, a saber: engenharia civil, engenharia elétrica, engenharia mecânica e engenharia agronômica. Hoje, já são vinte e seis especializações e mais 14 subespecializações, estas referentes a setores ocupacionais emergentes. Semelhantemente, ocorre na área de educação: há dezoito carreiras à disposição daqueles que desejam trabalhar na sala de aula. São elas: Artes Visuais, Ciências Biológicas, Ciências Sociais, Educação, Educação Física, Filosofia, Física, Fonoaudiologia, Geografia, História, Letras, Linguística, Matemática, Música, Pedagogia, Psicologia, Psicopedagogia e Química. A par disso, contam-se já 10 subespecializações com a expansão da educação superior tanto em nível de graduação como de pós-graduação, no âmbito público e privado. A União precisa expedir continuamente instruções e fixar procedimentos sobre funcionamento, organização e padrões de qualidade dos cursos superiores, nas modalidades presencial e a distância. Esta atividade pressupõe, igualmente, normas que possam assegurar coerência de natureza conceitual, epistemológica e prática dos procedimentos de avaliação. Sem este horizonte, a prerrogativa legal de baixar normas gerais se apequena em mera atividade burocrática de gerar instrumentos normativos de controle.

> VII-A – O aditamento deste dispositivo na moldura das incumbências da União corresponde a fixações legais anteriores vinculadas aos seguintes mandamentos:

• Art. 3º, inc. IX: Princípio de garantia de padrão de qualidade.

• Art. 8º, § 1º: Responsabilidade da União pela coordenação da política nacional de educação, articulando os diferentes níveis e sistemas de ensino, em regime de colaboração e, ainda, pelo conteúdo legal no inciso VI, do art. 9º, assim formulado:

> VI – assegurar processo nacional de avaliação do rendimento escolar no ensino fundamental, médio e superior, em colaboração com os sistemas de ensino, objetivando a definição de prioridades e a melhoria da qualidade do ensino.

O alcance objetivo da norma em tela revitaliza os patamares de organização e funcionamento das instituições e dos cursos de Educação Profissional e Técnica e Tecnológica, dando um novo realce aos processos de articulação entre educação profissional técnica de nível médio e aprendizagem profissional, nos termos da Lei nº 10.097, de 19 de dezembro de 2000. Deste horizonte promissor, dois efeitos resultarão no prazo de dois anos, contado da **data de publicação da lei** nº 14.645/2023, a saber:

A > Formulação e implementação de uma política nacional de educação profissional e tecnológica que, articulada com o Plano Nacional de Educação, contemplará o seguinte BLOCO DE AÇÕES, sem prejuízo de outras:

B >

I. Fomento à expansão da oferta de educação profissional e tecnológica em instituições públicas e privadas, consideradas as necessidades regionais;

II. Estímulo à realização contínua de estudos e de projetos inovadores que articulam a oferta de cursos de educação profissional e tecnológica às necessidades do mundo do trabalho;

III. Participação ativa do setor produtivo na formação e na empregabilidade dos egressos da educação profissional e tecnológica;

IV. Articulação entre as instituições formadoras, o setor produtivo e os órgãos públicos responsáveis pela política de educação profissional e tecnológica;

V. Integração curricular entre cursos e programas como forma de viabilizar itinerários formativos e trajetórias progressivas de formação profissional e tecnológica;

VI. Fomento à capacitação digital na educação profissional e tecnológica, de forma a promover a especialização em tecnologia e aplicações digitais;

VII. Atuação conjunta entre a Rede Federal de Educação Profissional, Científica e Tecnológica e as Secretarias Estaduais de Educação ou os órgãos equivalentes responsáveis pela formação profissional e tecnológica;

VIII. Instituição de instância tripartite de governança da política e de suas ações, com representação paritária dos gestores da educação, das instituições formadoras e do setor produtivo.

• Considerações complementares aos COMPONENTES DO BLOCO DE AÇÕES:

I. O fomento à expansão da oferta de EPT no contexto das necessidades regionais é um aspecto altamente relevante porque a relação educação e contexto faz parte do princípio de aprendizagem com relevância social.

II. A inovação é um componente inerente ao atendimento das necessidades do mundo do trabalho, com transformações e demandas em ritmo acelerado e diversificado em contextos de economia globalizada.

III. A participação ativa do setor produtivo na formação profissional impõe-se por duplo enfoque: a) Desocultar as tendências do mercado de trabalho; b) Alargar o estuário de empregabilidade dos egressos da EPT.

IV. O regime de articulação e parcerias em perspectiva tripartite com a interação instituições formadoras / setor produtivo / e os órgãos públicos responsáveis pela política de EPT é desdobramento do preceito constitucional (art. 205) que pocisiona "a educação promovida e incentivada com a colaboração da sociedade, visando (...) a qualificação para o trabalho". Articular não é estar próximo, mas desenvolver ações de integração, assim que, em vez de um ficar olhando para o outro, todos olharem na mesma direção, na perspectiva da busca de resultados socialmente relevantes e consistentemente convergentes. As instâncias envolvidas precisam compartilhar dados, informações, estratégias, visões e balanceamento de resultados.

V. A integração curricular, envolvendo a dimensão quadrifronte **cursos / programas / itinerários formativos / trajetórias progressivas de formação profissional e tecnológica**, alinha dobras de um percurso FORMADORES/FORMANDOS que assegura direcionalidade e densidade no horizonte da construção da profissionalidade em processo.

VI. O fomento à capacitação digital nos cursos e programas de ETP é uma exigência da sociedade em rede e alargamento do campo do Direito à Educação e do Dever de Educar, condições efetivadas mediante a garantia do estabelecido no art. 4º, inc. XII, da LDB. O fluxo de atividades profissionais requer a aplicação da tecnologia à aprendizagem corporativa, marca inafastável nas organizações empresariais e produtos e cujas transformações de negócios requerem atuação contínua com foco no desempenho laboral-profissional para evitar a obsolescência permanente de habilidades dos trabalhadores e colaboradores.

VII. A atuação conjunta, integrando diferentes atores responsáveis pela formação profissional e tecnológica, é uma aplicação concreta e objetiva da execução do regime de cooperação, com previsão constitucional e infraconstitucional, e assim formulado: art. 23, § único, da CF:

> *Parágrafo único.* Leis complementares fixarão normas para a cooperação entre a União e os Estados, o Distrito Federal e os Municípios, tendo em vista o equilíbrio do desenvolvimento e do bem-estar em âmbito nacional (Redação dada pela Emenda Constitucional nº 53, de 2006).

Os incisos IV e VII devem ser interpretados em uma perspectiva de convergência de políticas públicas no campo da educação, entendida esta como um direito social (CF, art. 6º). Em todos os países paradigmáticos em educação profissional, a educação geral e a formação profissional caminham articuladamente, com o setor público e os setores produtivos, intercambiando dados, estatísticas, informações e alinhamentos que apontam tendências e transformações em curso. Resultado: formação e empregabilidade sempre AJUSTADOS às demandas sociais.

VIII. O conteúdo deste inciso VIII revela preocupação do legislador com o acompanhamento socioprodutivo e sociopedagógico das políticas e dos programas no setor da EPT, assim que se garanta conformidade na amplitude do BLOCO DE AÇÕES programáticas pertinentes. Além disto, que se assegure, no eixo educação-desenvolvimento, o compromisso com "a visão do que é preciso aprender no mundo contemporâneo". De fato, "a laborabilidade ou a trabalhabilidade, entendida como componente da dimensão produtiva da vida social e, portanto, da cidadania, é objetivo primordial e tendência. No núcleo dessa modalidade de educação, está o processo de apropriação da condição ou do conjunto de condições para produzir benefícios – produtos e serviços – compartilhados socialmente e para o acesso ao usufruto desses benefícios, em situações permanentemente mutáveis e instáveis".

De quanto foi considerado, a instituição de instância tripartite de governança da política e das ações no campo da EPT deverá contribuir para o alargamento da aplicação dos princípios de organização curricular dos cursos: flexibilidade, interdisciplinaridade, contextualização e "possibilidade de relacionar as disciplinas em atividades ou projetos de estudos, pesquisa e ação". Mas é imperativo ir além!... A lei 14.645/2023, largamente focada na EPT, ressituada está em novos dispositivos da LDB, não apenas articula a educação profissional técnica de nível médio com programas de aprendizagem profissional, mas, também, adiciona consequência punitiva para quem descumprir o BLOCO DE AÇÕES fixados nos incisos de I a VIII, anteriormente citados. Diz o texto legal:

Lei 14.645/2023, art. 4º

(...)

Parágrafo único. O descumprimento das ações previstas neste artigo ensejará ação civil pública, nos termos da Lei nº 7.347, de 24 de julho de 1985.

Aqui, impõe-se a seguinte questão: Qual a relação entre o Direito à Educação, o Dever de Educar e o imperativo de justiça hospedado neste dispositivo? Vejamos para observar e observemos para ver melhor!

Dois aspectos precisam ser aqui considerados, colocando-os em contexto de interposição. São eles: **i) O que diz a lei nº 7.347/1985; e ii) O que diz a lei 13.005/2014, que aprova o Plano Nacional de Educação/PNE?**

• A lei nº 7.347/1985 disciplina a ação civil pública de responsabilidade por danos causados (...) a bens e direitos de diferentes valores individuais e sociais, fixados em lei (...) e a qualquer outro interesse difuso ou coletivo. Trata-se de uma lei de importância capital para calçar, sob o ponto de vista social e coletivo, o princípio de isonomia de tratamento. **A educação profissional e tecnológica e a educação profissional técnica de nível médio constituem direito de todos e dever do Estado, da família e da sociedade (CF, art. 205).**

• A lei nº 13.005/2014, do PNE, em diferentes passos, atribui à União, aos Estados, ao Distrito Federal e aos Municípios o dever de atuar em regime de colaboração (art. 7º) e, mais, atribui, aos gestores federais, estaduais, municipais e do Distrito Federal, a adoção das medidas governamentais necessárias ao alcance das **20 Metas e das 167 Estratégias do PNE**, cabendo, aos entes federados, "assegurar a articulação das políticas educacionais com as demais políticas sociais..." (art. 8º) e, não menos importante, "... o fortalecimento do regime de colaboração (art. 7º, § 7º). Para culminar, referência a aprovação da Lei de Responsabilidade Educacional, assegurando padrão de qualidade na educação básica, em cada sistema e rede de ensino, aferida pelo processo de metas de qualidade aferidas por institutos oficiais de avaliação educacionais.

Este articulado de corresponsabilidades e de imperatividade de resultados no alinhamento de ações enraizadas na GESTÃO Pública Social da Educação impõe, também, corresponsabilizações de natureza punitiva, nos casos de desídia e omissão.

De fato, em educação, como direito social (CF, art. 6º), o planejamento e a execução de ações não podem ser intervenções casuais, mas, sim, devem atender a uma gama de requisitos, dentre os quais se destaca:

1. Revisão das referências conceituais quanto aos diferentes aspectos e tempos educativos, envolvendo espaços sociais na escola e fora dela (CNE/CEB. Res. nº 4/2010).

2. Realização de parcerias com órgãos, tais como os de assistência social e desenvolvimento humano, cidadania, ciência e tecnologia, esporte, lazer, saúde, meio ambiente, associações sindicais e representações de forças produtivas de comunidade. Tudo isto requer interlocuções inter e intrassistêmicas para a construção de um projeto pedagógico escolar em transformação no campo da qualificação dos alunos para o trabalho. Projeto cujas marcas são:

   a) Convergência proativa;

   b) Processualística integrativa;

   c) Currículo aberto;

   d) Consequências concretas da aprendizagem.

Estes aspectos são de tamanha importância que justificam plenamente a radicalidade do caráter de justiciabilidade do parágrafo único ora em análise. Em síntese, em uma visão centrípeta de organização do FAZER EDUCATIVO, estamos posicionados diante de um BLOCO irradiador de atividades contínuas de gestão do coletivo dos sistemas de ensino e das escolas, com distribuição de responsabilidade conforme previsto em lei e nos regulamentos. Aqui entram também participações atributivas da sociedade, das comunidades, dos Conselhos de Educação, dos Tribunais de Contas, do Ministério Público, das famílias, do MEC e do Fórum Nacional de Educação. Ressalta, neste complexo contexto, uma reavaliação das relações entre política e planejamento. Enfoque tanto mais importante no estuário da sociedade do conhecimento em cujo bojo *todos os tempos são tempos de educação, todos os lugares são lugares de educação e todas as formas são formas de educação*. Neste articulado de tempo/espaço/contexto ressalta, significativa e socialmente, a relação interlocutora e, sobretudo, interdependente, no eixo EDUCAÇÃO E SOCIEDADE CIVIL.

> **VIII** – Para assegurar o cumprimento do processo nacional de acompanhamento e avaliação das IES, em diferentes etapas e dimensões, a União organizou, a partir do MEC, uma complexa estrutura de órgãos e equipes técnicas com a complementação de grupos de especialistas externos. Entre estes órgãos, merecem destaque pela sua relevância funcional:

A – Secretaria de Articulação com os Sistemas de Ensino (Sase)

• "Tem como atribuição estimular a cooperação entre a União, estados e municípios, de forma a permitir a criação e desenvolvimento de um sistema nacional de educação. Três diretorias atuarão especificamente nas seguintes áreas: cooperação e planos de educação, articulação dos sistemas e ensino e valorização dos profissionais da educação."

B – Secretaria de Educação Superior (Sesu)

• "Responsável por planejar, orientar, coordenar e supervisionar o processo de formulação e implementação da Política Nacional de Educação Superior. A manutenção, supervisão e desenvolvimento das instituições públicas federais de Ensino Superior (Ifes) e a supervisão das instituições privadas de educação superior também são de responsabilidade da Sesu."

C – Secretaria de Regulação e Supervisão da Educação Superior (Seres)

• "Responsável pela regulação e supervisão de instituições públicas e privadas de Ensino Superior e cursos superiores de graduação do tipo bacharelado, licenciatura e tecnológico. A Secretaria deve zelar para que a legislação educacional seja cumprida e suas ações buscam induzir à elevação da qualidade no ensino por meio de diretrizes para a expansão dos cursos e instituições."

D – Secretaria de Educação Profissional e Tecnológica (Setec)

• "Compete planejar, orientar, coordenar e supervisionar o processo de formulação e implementação da Política da Educação Profissional e Tecnológica; promover ações de fomento ao fortalecimento, à expansão e à melhoria da qualidade da educação profissional e tecnológica e zelar pelo cumprimento da legislação educacional nesse âmbito."

E – Instituto Nacional de Estudos e Pesquisas Educacionais Anísio Teixeira (Inep)

• "Promove estudos, pesquisas e avaliações sobre o Sistema Educacional Brasileiro com o objetivo de subsidiar a formulação e implementação de políticas públicas para a área educacional a partir de parâmetros de qualidade e equidade, bem como produz informações claras e confiáveis aos gestores, pesquisadores, educadores e público em geral.

Para gerar dados e estudos educacionais, o Inep realiza levantamentos estatísticos e avaliativos em todos os níveis e modalidades de ensino, tais como:

Censo Escolar: levantamento de informações estatístico-educacionais de âmbito nacional, realizado anualmente.

Censo do Ensino Superior: coleta, anual de uma série de dados do Ensino Superior no país, incluindo cursos de graduação, presenciais e a distância.

Avaliação dos Cursos de Graduação: é um procedimento utilizado pelo MEC para o reconhecimento ou renovação de reconhecimento dos cursos de graduação, representando uma medida necessária para a emissão de diplomas.

Avaliação Institucional: compreende a análise dos dados e informações prestados pelas Instituições de Ensino Superior (IES) no Formulário. E, ainda, responsável pelo Exame Nacional para Certificação de Competência de Jovens e Adultos (Enceeja)".

F – Coordenação de Aperfeiçoamento de Pessoal de Nível Superior (Capes)

• "Cuida dos cursos de pós-graduação em sua complexa teia de dimensões e, mais recentemente, recebeu novas atribuições com a criação das Diretorias de Educação Básica."

G – Conselho Nacional de Educação (CNE)

• "Atua no desenvolvimento conceitual, formulação e avaliação da política nacional de educação."

• "A tarefa do CNE, no tocante às DCNEM, se exerce visando a três objetivos principais:

> Sistematizar os princípios e diretrizes gerais contidos na LDB;

> Explicitar os desdobramentos desses princípios no plano pedagógico e traduzi-los em diretrizes que contribuam para assegurar a formação básica comum nacional;

> Dispor sobre a organização curricular da formação básica nacional e suas relações com a parte diversificada, e a formação para o trabalho" (PCN/Ensino Médio, 1999: 63-64).

H – Comissão Nacional de Avaliação da Educação Superior (Conaes)

• "A Comissão Nacional de Avaliação da Educação Superior (Conaes) é o órgão colegiado de coordenação e supervisão do Sistema Nacional de Avaliação da Educação Superior (Sinaes), instituído pela Lei 10.861, de 14/04/2004. A Conaes possui as seguintes atribuições:

I – propor e avaliar as dinâmicas, procedimentos e mecanismos da avaliação institucional, de cursos e de desempenho dos estudantes;

II – estabelecer diretrizes para organização e designação de comissões de avaliação, analisar relatórios, elaborar pareceres e encaminhar recomendações às instâncias competentes;

III – formular propostas para o desenvolvimento das instituições de educação superior, com base nas análises e recomendações produzidas nos processos de avaliação;

IV – articular-se com os sistemas estaduais de ensino, visando a estabelecer ações e critérios comuns de avaliação e supervisão da educação superior;

V – submeter anualmente à aprovação do Ministro de Estado da Educação a relação dos cursos a cujos estudantes será aplicado o Exame Nacional de Desempenho dos Estudantes (Enade);

VI – elaborar o seu regimento, a ser aprovado em ato do Ministro de Estado da Educação;

VII – realizar reuniões ordinárias mensais e extraordinárias, sempre que convocadas pelo Ministro de Estado da Educação."

Além desta organização, há um vasto corpo de normas regulamentadoras das atividades envolvidas nesse campo de incumbências. Complementarmente, o Ministério da Educação tem recorrido à órgãos como a OAB, no caso de cursos de Direito, e Conselhos de Medicina e de Psicologia, no caso dos cursos de graduação das respectivas áreas, para uma análise dos processos de encaminhamento e emissão de Parecer, antes de uma decisão final do próprio MEC sobre os pedidos de autorização de funcionamento. No tocante ao conjunto destes procedimentos, o MEC vem usando os resultados do Exame Nacional de Desempenho de Estudantes (Enade), que integra o Sistema Nacional de Avaliação da Educação Superior (Sinaes). O Enade tem o objetivo central de aferir o rendimento dos alunos dos cursos de graduação em relação aos conteúdos programáticos, suas habilidades e competências. A cada ano, o Inep/MEC, através da Diretoria de Avaliação da Educação Superior (Daes)/ Inep, divulga a lista das áreas e cursos cujos alunos deverão se submeter ao Enade. Os cursos são avaliados a cada três anos. Embora haja um avanço em qualidade dos cursos na comparação ano a ano, em 2013 o MEC apontou que 30% dos cursos superiores tiveram nível insatisfatório no Enade, significa nota de avaliação um e dois, em uma escala de 1 a 5.

Em ambiente de polêmica, no momento, há previsão no MEC para a criação do Instituto Nacional de Supervisão e Avaliação da Educação Superior (Insaes), que terá como objetivo a integração em um único órgão das atividades de avaliação e supervisão da educação superior. A iniciativa, já encorpada em Projeto de Lei, "[...] justifica-se não apenas pela maior otimização de recursos e integração de processos, mas também porque, de acordo com o Sistema Nacional de Avaliação da Educação Superior (Sinaes), a avaliação institucional externa de cursos e instituições de educação superior constitui referencial básico para os processos de regulação e supervisão da educação superior, para fins de emissão dos atos regulatórios de autorização, reconhecimento e renovação de reconhecimento dos cursos de graduação e credenciamento e recredenciamento de instituições. O exame de avaliação de desempenho de estudantes da educação superior, o Enade, continuará sob a responsabilidade do Inep" (EMI 00199/2012, MP/MEC/MF).

Os sistemas de ensino se interligam por força da constituição e por imperativo de toda a legislação infraconstitucional, com realce e indução impositiva da própria LDB. Nesse sentido, o Plano Nacional de Educação funciona como marco de referência e rota operativa do Sistema Nacional de Educação. Dessa forma, quando o legislador convoca a cooperação dos sistemas que tiverem responsabilidade sobre este nível de ensino (educação superior), reporta-se aos sistemas estaduais que mantiverem oferta de educação superior, sob a forma de faculdades, institutos e de universidades públicas estaduais. O Estado de São Paulo deu o arranque nesse sentido e serviu de inspiração para os demais estados da Federação, décadas depois. Esta malha expansiva e exitosa de IES estaduais será objeto de referência na abordagem do art. 10, inc. IV.

> IX – As atividades de autorização, reconhecimento, credenciamento e supervisão prendem-se ao circuito das responsabilidades do Estado e constituem o processo de regulação das atividades de educação superior. A outra atividade do Estado é a avaliação cujo processamento é feito de acordo com o corpo de exigências do Sistema Nacional de Avaliação da Educação Superior (Sinaes). Estas duas categorias de atividades (regulação e avaliação), o Estado as exerce no tocante a todas as IES públicas e privadas, através de ações delegadas. Na verdade, há um cadastro de avaliadores de cursos de graduação, no Inep/MEC e de avaliadores de cursos de pós-graduação, na Capes, que, acionados pelas instâncias competentes do MEC, inspecionam as instituições, cumprindo agendas técnicas de avaliação "in loco", produzem relatórios e emitem pareceres, seja simplesmente recomendando o credenciamento da instituição e autorização do curso, seja sugerindo o cumprimento de diligências e a execução dentro de prazos de ajustes e readequações.

O Decreto 5.773/2006 define as atividades de credenciar e recredenciar IES e autorizar, reconhecer e renovar cursos superiores como atos autorizativos. Há uma distinção, porém, na natureza dos processos e dos procedimentos. O credenciamento é institucional e, assim, chancela instituições consideradas em condições regulares de existência e de funcionamento para a oferta e manutenção de cursos de Ensino Superior. Por outro lado, a autorização e o reconhecimento são etapas e processos de chamada oficial de qualidade acadêmica de cursos superiores, considerados como tal pelo poder público.

Decorridos até 50% da execução do currículo, os cursos já podem requerer seu reconhecimento. O prazo de validade do credenciamento/recredenciamento das IES e o de reconhecimento/renovação de reconhecimento de cursos de graduação é de até cinco anos, estendendo-se a até dez anos no caso de universidades. Em qualquer destes processos, é exigida uma taxa de avaliação *in loco*, para cobrir as despesas de deslocamento das equipes e avaliadores. Pela Portaria Normativa 40/2007, republicada em 29/12/2010, foi instituído o e-MEC, formatado como sistema eletrônico de fluxo e gerenciamento de informações respeitantes aos processos de regulação, avaliação e supervisão da educação superior no sistema federal de educação. Complementarmente, estruturou-se o Cadastro e-MEC de Instituições e Cursos Superiores no país. Os cinco estágios e processos aqui referenciados (autorização, reconhecimento, credenciamento, supervisão e avaliação) são faces do conceito legal de avaliação formal, processual e sistêmica da qualidade institucional e acadêmica de Ensino Superior. Qualidade que "[...] deve ser buscada na dinâmica integradora das diversas esferas e estruturas internas e nas relações entre elas e a sociedade. A qualidade deve ser compreendida nos dinamismos das ações educativas que buscam a realização de um conjunto de propostas e compromissos que no interior da universidade se articulam e se organizam em formas e conteúdos mais ou menos coerentes (SOBRINHO, 1995: 61). Em síntese, a sucessão das incumbências contidas no inc. IX são atividades administrativas apenas como **meios** para aferir a colimação das atividades-fim.

Por fim, convém destacar que no conjunto das cinco-ações representadas por verbos que envolvem aspectos de natureza documental, processual, gestionária e qualificadora (autorizar, reconhecer, credenciar, supervisionar e avaliar), que tipificam este inciso, o último deles – no caso, avaliar – traduz a atividade de culminância das incumbências do Estado, no campo da oferta de educação superior de qualidade. Quer no caso da avaliação dos programas de ensino, quer no caso da avaliação institucional de caráter interno ou externo, fica evidente que aqui, o que se busca, como já dito anteriormente, é a qualidade da educação para todos. Isto somente ocorre quando as instituições e seus programas de ensino contam com uma plataforma de condições pertinentes e relevantes de aprendizagem, capazes de relacionar significativamente aquilo que a sociedade espera das instituições e o que estas, de fato, realizam. Este enfoque diz respeito diretamente ao papel do Ensino Superior na sociedade. Não por acaso, a Unesco/Relatório Delors (1998: 90) reconhece o Ensino Superior como um dos motores do desenvolvimento:

> Num mundo em que os recursos cognitivos, enquanto fatores de desenvolvimento, são cada vez mais importantes do que os recursos materiais, a importância do Ensino Superior e das suas instituições será cada vez maior.

§ 1º – Para entender bem a presença e as funções do Conselho Nacional de Educação (CNE) na estrutura educacional é necessário verificar o que diz o texto legal seguinte:

Lei 9.131, de 24/11/1995

Altera dispositivos da Lei 4.024, de 20/12/1961, e dá outras providências.

Art. 1º – Os art. 6º, 7º, 8º e 9º da Lei 4.024, de 20/12/1961, passam a vigorar com a seguinte redação:

Art. 6º – O Ministério da Educação e do Desporto exerce as atribuições do poder público federal em matéria de educação, cabendo-lhe formular e avaliar a política nacional de educação, zelar pela qualidade do ensino e velar pelo cumprimento das leis que o regem.

§ 1º – No desempenho de suas funções, o Ministério da Educação e do Desporto contará com a colaboração do Conselho Nacional de Educação e das Câmaras que o compõem.

O CNE constitui, como se deduz, um importante órgão de colaboração do MEC, que exerce, por sua vez, na estrutura federal, as atribuições de poder público na área de educação. Infelizmente, o órgão vai-se apequenando funcionalmente como veremos. Antes, porém, uma visão-síntese de sua estrutura e funções no circuito das possibilidades de apoio material e gestionário **limitadíssimo** de que dispõe. O Conselho Nacional de Educação, criado pela Lei 9.131, de 24/11/1995, como visto acima, compõe-se de duas câmaras autônomas: a Câmara de Educação Básica (CEB) e a Câmara de Educação Superior (CES). Órgão de Assessoramento do Ministério da Educação, o Conselho Nacional de Educação tem como competência suprema colaborar na formulação da Política Nacional de Educação, além de: i) subsidiar e acompanhar a execução do Plano Nacional de Educação; ii) manifestar-se sobre questões que abranjam mais de um nível de modalidade de ensino; iii) assessorar o MEC no diagnóstico dos problemas e deliberar sobre medidas para aperfeiçoar os sistemas de ensino; iv) emitir parecer sobre assuntos da área educacional por iniciativa de seus conselheiros ou quando solicitado pelo Ministério da Educação; v) analisar e emitir parecer sobre questões relativas à aplicação da legislação educacional; vi) manter intercâmbio com os diferentes sistemas de ensino (dos estados, do DF e dos municípios) e dos diferentes níveis de administração (área pública/área privada), objetivando troca de informações e a produção articulada de instrumentos normativos e indicações procedimentais. Este amplo estuário de competências e atribuições do CNE acaba de ganhar nova envergadura com várias responsabilidades adicionais e pontuais que o Plano Nacional de Educação (Lei 13.005/2014) lhe atribui: A de conformidade mais abrangente está registrada no art. 5º do PNE, assim formulado:

> *Lei 13.005/2014*

Art. 5º

A execução do PNE e o cumprimento de suas metas serão objeto de monitoramento contínuo e de avaliações periódicas, realizadas pelas seguintes instâncias:

[...]

III – Conselho Nacional de Educação

Por oportuno, já cabe observar que, a partir de 2017, o acompanhamento das metas do PNE, foi deslocado, como responsabilidade funcional, para o Inep.

Não menos importante é a atribuição que lhe é conferida na Meta 13, Estratégia 3.2, como podemos ver:

Meta 3

Estratégias:

3.2) o Ministério da Educação, em articulação e colaboração com os entes federados e ouvida a sociedade mediante consulta pública nacional, elaborará e encaminhará ao Conselho Nacional de Educação (CNE), até o 2º (segundo) ano de vigência deste PNE, proposta de direitos e objetivos de aprendizagem e desenvolvimento para os(as) alunos(as) de Ensino Médio, a serem atingidos nos tempos e etapas de organização deste nível de ensino, com vistas a garantir formação básica comum.

À guisa de reforço de entendimento, as atribuições do CNE ganham uma dimensão e relevantíssima importância social com a responsabilidade de, a partir de 2017, cuidar da definição da Base Nacional Comum Curricular (BNCC) e dos Direitos e Objetivos da Aprendizagem de toda a educação básica. E mais: com as mudanças no art. 26, § 10 da LDB, a inclusão de novos componentes curriculares de caráter obrigatório na BNCC dependerá de aprovação do CNE. Uma responsabilidade do tamanho da educação escolar!

Ou seja, caberá ao CNE dar a palavra final sobre os caminhos e os parâmetros definidores da **formação básica comum** da etapa de ensino que fecha o ciclo da educação básica do cidadão brasileiro. Os membros do CNE, em número de 12 por Câmara, têm mandato de quatro anos e a indicação é feita por entidades e segmentos da sociedade civil, incluindo pessoas com identificação nas áreas de educação, ciência e cultura. As decisões das Câmaras poderão ser objeto de recurso ao Conselho Pleno. A Câmara de Educação Básica tem, no conjunto de suas atribuições, duas estratégias consideradas sob o ponto de vista da consolidação das políticas e do atingimento de metas educacionais. São elas: acompanhar a execução do Plano Nacional de Educação no âmbito de sua atuação e dos Planos de Educação de estados e municípios. Estas tarefas e responsabilidades têm estado limitadas pela ausência de condições materiais e de meios suficientes ao tamanho dos desafios que elas representam.

O Decreto 5.773/2006 restringe os atos autorizativos de competência da Câmara de Educação Superior (CES), definindo como de sua competência apenas os referentes ao credenciamento e recredenciamento de instituições de Ensino Superior.

O CNE tem atribuições de tríplice natureza: normativa, deliberativa e de assessoramento ao ministro da Educação, com a finalidade de "[...] assegurar a participação da sociedade no aperfeiçoamento da educação nacional". Este desiderato, porém, tem minguado ao longo dos últimos anos, com o lamentável esmaecimento desta dimensão democrática sempre desejada, na formação e funcionamento das instituições públicas. Vejamos o que tem ocorrido nos últimos anos com o órgão encarregado de "assegurar a participação da sociedade no aperfeiçoamento da educação nacional", como já destacado. As políticas públicas educacionais precisam estar calçadas em "gestão democrática e participativa" (LDB, art. 3º, inc. VIII). A criação dos Conselhos (CNE, CEE e CME) aponta nesta direção. Como destaca Bordignon (2009: 10), "eles estão situados na mediação entre sociedade e governo, a estratégia mais efetiva de exercício do poder pelo cidadão". Nesse sentido, quando o CNE se transforma em "porta-voz" do MEC, se desfuncionaliza!

Ao referir-se à *estrutura educacional*, o legislador reporta-se àquilo que, em sendo permanente no conjunto da organização da educação escolar, lhe dá orientação e garante padrões permanentes de ocorrências das atividades sistêmicas das instituições de ensino, regularidade e similitude de ações, convergências de percursos e garantia do *direito à educação e do dever de educar*, nos termos do Título II, art. 2º e 3º, que tratam *dos princípios e fins da educação nacional* e do Título III, art. 4º, que trata *do direito à educação e do dever de educar*, da LDB.

A lei que criou o Conselho Nacional de Educação (CNE), de 9.131/1995, e foi recepcionada pela LDB, tem sofrido alterações em vários dispositivos e através de diversos outros instrumentos legais e normativos, de acordo com a seguinte sequência temporal: i) pela Lei 9.870/1999; ii) pela MP 2.216-2.237/2001, art. 20, aprovada pela Emenda Constitucional 32/2001 e, ainda, iii) pela Lei 10.861/2004, que instituiu o Sinaes. Estas etapas modificadoras do CNE cumpriram papel fulminante em seu desfiguramento institucional, com um processo de esvaziamento funcional irrecorrível. A última destas etapas – instituição do Sinaes – produziu um golpe forte na direção das *desfuncionalidades* do CNE, transferindo as atribuições vitais da Câmara de Educação Superior – *analisar e emitir parecer sobre os resultados dos processos de avaliação da educação superior* – para a Comissão Nacional de Avaliação da Educação Superior (Conaes). As consequências não tardaram a se impor: a reconhecida e historicamente comprovada contribuição do colegiado, no campo da estrutura conceitual da educação e de suas formatações operativas, foi empobrecida nos últimos anos por um claro alinhamento político-ideológico ao MEC em que prevalece a razão instrumental com base em mecanismos de controle centralizado nas formas e, muitas vezes, fora dos padrões legais (princípio da hierarquia das Leis). Com tamanhas limitações impostas ao CNE, fica difícil esperar deste órgão o cumprimento pleno de suas responsabilidades no campo das funções normativas, de supervisão e de atividade permanente, ao menos, no volume e no ritmo contínuo desejados.

Esta constatação é preocupante porque as limitações apontadas repercutem no processo de emissão de pareceres e de construção de decisões de forma privativa e autônoma. Na verdade, o CNE tem limitados meios materiais para funcionar e quase nenhum espaço para atuar com independência no campo das análises das políticas educacionais e de indicações de caminhos para evitar desajustes e potencializar viabilidades. Estas mesmas condicionalidades e restrições sofrem os Conselhos Estaduais de Educação e os congêneres em nível de municípios, quando existem.

Em síntese, não há como negar que muitas das funções asseguradas na lei de criação do CNE, têm sido desviadas para outras instâncias do MEC. Ou seja, assiste-se a um crescente esvaziamento das funções e atribuições do Conselho Nacional de Educação. Esvaziamento que é proporcional a um processo de esmaecimento legal e normativo em cujo bojo tem sido jogada grande parte da legislação da educação, com destaque especial para as diretrizes curriculares nacionais em vários níveis e modalidades de ensino para o próprio Plano Nacional de Educação. A propósito, os três relatórios/documentos de acompanhamento das metas do PNE, no terceiro ano de vigência da Lei 13.005/2014, indicam um baixíssimo nível de execução das metas definidas na lei e um ambiente de fadiga dos sistemas de ensino em relação a uma lei que ampliou o **curso** das exigências educacionais ao mesmo tempo em que o Estado diminuiu os recursos da educação em todos os níveis de escolarização e, também, no âmbito do desenvolvimento científico e tecnológico do país.

§ 2º – Anualmente, as instituições de ensino encaminham, via setor de estatística dos respectivos sistemas, as informações gerais de matrícula, pessoal docente, vagas, cursos e turnos ao MEC. Na verdade, as escolas devem preencher e enviar os correspondentes formulários para o Banco de Dados do Inep/MEC. As informações de matrícula servirão de base para a fixação dos valores repassados a estados e municípios e, ainda, como elementos de referência para que o MEC possa realizar o repasse de recursos e oferecer apoio técnico. No caso da educação superior, as IES são obrigadas a preencher os formulários eletrônicos anualmente e encaminhar ao Inep/MEC. Além dessas providências, os Sistemas de Ensino, Escolas e Órgãos de Educação são obrigados a enviar ao MEC informações adicionais e complementares, quando solicitadas, para que a União possa desincumbir-se do conjunto de atribuições constantes dos inc. V a IX. É curioso observar que há um prazo, previsto em norma legal, para os sistemas de ensino de estados e municípios remeterem anualmente as suas informações estatísticas ao MEC. Não há, porém, a obrigatoriedade no sentido inverso, ficando a viagem de volta MEC/outros sistemas à mercê da conveniência do momento e do contexto. Um sistema nacional de educação em que o fluxo de informações é regular em apenas uma das direções vive de hegemonias de um dos lados e, não, da harmonia entre todos os lados.

§ 3º – Muitos estados mantêm universidades e faculdades. Nesse caso, as atribuições constantes do inc. IX ficam no âmbito do órgão normativo do respectivo sistema. Esta prerrogativa está prevista no art. 10, IV, desta LDB. Não raro, ocorrem conflitos de competência entre instâncias do Governo Federal, sobretudo do MEC, e universidades estaduais que se sentem atingidas em sua autonomia, diante de exigências alheias ao sistema de ensino a que estão vinculadas. Exemplo típico desta situação foi a reação inicial da USP em não participar do Enade por discordar dos critérios adotados pelo MEC para a sua execução (por amostragem).

Este § 3º conforma, de maneira induvidosa, a margem de reserva e desconfiança do Governo Central, no caso, do MEC, em relação a uma interlocução continuada e de recíproca confiança entre **todos** os sistemas de ensino. Enquanto o inc. VIII deste artigo preconiza a incumbência de a União "assegurar processo nacional de avaliação das instituições de educação superior, com a cooperação dos sistemas que tiverem responsabilidade sobre este nível de ensino", neste parágrafo, a lei admite a delegação de atribuições constantes do inc. IX aos estados e ao DF, desde que mantenham instituições de educação superior, e exclui os municípios. Ora, há, hoje, no Brasil, várias universidades municipais... por que negar aos sistemas municipais de ensino idêntico tratamento legal?!... Uma outra dobra desta visão restritiva e excludente do MEC é identificada no fato de jamais o Ministério da Educação haver delegado as atribuições assentadas no inc. IX deste artigo. É como se a concessão deste tipo de delegação representasse renúncia de poder, quando, na verdade, se tal acontecesse, haveria, sim, compartilhamento de poder e, portanto, fortalecimento da musculatura do Sistema Nacional Articulado de Educação, com desdobramento no Processo Nacional de Avaliação das IES e de seus cursos. Como argumento favorável à iniciativa de compartir para fortalecer, há quatro décadas, Edouard Lizop (apud FAURE/UNESCO, 1974: 247), já chamava a atenção:

Em vez de se delegar os poderes a uma estrutura única verticalmente hierarquizada e constituindo um corpo distinto no interior da sociedade, são todos os grupos, associações, sindicatos, coletividades locais, corpos intermediários que devem encarregar-se, pela sua parte, de uma responsabilidade educativa.

O monopólio e a hegemonia, nesse sentido, representam um desserviço à **educação escolar** (art. 1º, § 1º da LDB) em seus diferentes níveis de oferta e em suas diversas formas de organização, à luz do princípio de "gestão democrática do ensino público..." (art. 3, inc. VIII).

As incumbências da União, dispostas na circunscrição da gama de atribuições discriminadas neste art. 9º, devem girar em torno do conceito operativo de **garantia** de padrão de qualidade (art. 3º, inc. IX), como já dito e reforçado várias vezes. Tais incumbências, portanto, não podem deslizar para a formulação constante de discursos ameaçadores de caráter punitivo, com a desconsideração equivocada do estágio de desenvolvimento dos entes federados e das instituições de ensino. Como regra geral, *o respeito à identidade institucional* é ponto de partida para uma sintonia entre o legal e legítimo e para o desenvolvimento de uma nova cultura de avaliação, "[...] fundada na ética da aceitação da diversidade e da polissemia [...]" (SOBRINHO, 1995: 63).

Uma observação final sobre a responsabilidade do Estado brasileiro no tocante ao cumprimento do estabelecido no inc. I, deste art. 9º, ora em análise interpretativa. O PNE anterior perdeu sua eficácia no dia 31/12/2010. O novo PNE, Lei 13.005/2014, chega, com uma defasagem de tempo de três anos e meio. Portanto, durante 42 (quarenta e dois meses), o país da nona economia do mundo ficou sem uma lei nacional de educação. Faltou ao governo interesse e, ao congresso, vigilância inerente à sua função, para não permitir este vazio. A questão é: Como ficam os atos administrativos do poder público, praticados na área da educação, no período de vazio da **lei**?! Os atos da administração nacional da educação, praticados ao longo deste período de *vacatio legis,* ficam perdidos no vazio **programado**, sem qualquer justificativa plausível, a não ser o descaso histórico do Estado brasileiro para com a educação. Enquanto isso, foi criada, aprovada pelo congresso e sancionada pelo Poder Executivo, sob ritmo intenso, uma verdadeira esteira de legislação para atender exigências internacionais em torno da realização da Copa (custo: R$ 25,50 bilhões) e das Olimpíadas (custo: R$ 39,07 bilhões). Mais uma vez, a educação ficou para trás no plano nacional.

Em países como o Brasil, marcados por desigualdades sociais imensas e por mecanismos de controle legal que terminam por favorecer àqueles que historicamente têm merecido maiores atenções do Estado, o feixe de incumbências da União, reunidos neste artigo, representam um estuário amplo de deveres estatais para assegurar canais e formas de viabilidade do direito à educação e do dever de educar. Representam, outrossim, obrigações e focos para a organização da educação nacional que, como afirma Tragtenberg (1978), é complexa e regida pelo princípio da contradição. É preciso não perder de vista que estas incumbências não se podem afastar das metas e estratégias fixadas no Plano Nacional de Educação (Lei 13.005/2014), onde se aconchegam programas de ação, dentro de uma moldura de articulação, integração e complementaridade, sendo que a organização da política nacional de educação, desdobrada no conjunto de incisos do art. 9º, constitui competências da União. Na verdade, são incumbências hospedadas na Carta Magna e inseridas, também, na LDB e, complementarmente, no Plano Nacional de Educação.

Art. 10 – Os estados incumbir-se-ão de:

I – organizar, manter e desenvolver os órgãos e instituições oficiais dos seus sistemas de ensino;

II – definir, com os municípios, formas de colaboração na oferta do Ensino Fundamental, as quais devem assegurar a distribuição proporcional das responsabilidades, de acordo com a população a ser atendida e os recursos financeiros disponíveis em cada uma dessas esferas do poder público;

III – elaborar e executar políticas e planos educacionais, em consonância com as diretrizes e planos nacionais de educação, integrando e coordenando as suas ações e as dos seus municípios;

IV – autorizar, reconhecer, credenciar, supervisionar e avaliar, respectivamente, os cursos das instituições de educação superior e os estabelecimentos do seu sistema de ensino;

V – baixar normas complementares para o seu sistema de ensino;

VI – assegurar o Ensino Fundamental e oferecer, com prioridade, o Ensino Médio a todos que o demandarem, respeitado o disposto no art. 38 desta lei;

VII – assumir o transporte escolar dos alunos da rede estadual.

Parágrafo único. Ao DF aplicar-se-ão as competências referentes aos estados e aos municípios.

Art. 10 – A coexistência de diferentes sistemas de ensino tem sido alegadamente uma das fontes de fragmentação das grandes linhas da política educacional brasileira. É preciso compreender, no entanto, que a lógica da fragmentação no caso em tela não está na existência de diferentes sistemas de educação, mas na desarticulação crônica do seu funcionamento. Na verdade, a legislação educacional prevê uma estrutura contínua no campo dos serviços educacionais, com a salvaguarda constitucional da autonomia de cada um dos entes da Federação (União, estados, DF e municípios), porém, atuando, todos, em regime dinâmico de colaboração (CF, art. 211), com a consagração do princípio sistêmico da unidade na diversidade. É precisamente na moldura desta compreensão que o legislador consagra as incumbências da União, dos estados, DF e, a seguir, dos municípios na pauta das atividades prestacionais dos serviços educacionais pelo Estado. Esta descentralização consentida em diferentes áreas – no caso, em foco, na educação – contribui para a democratização do poder público, para uma postura ativa da sociedade, para uma ampliação de cidadania, mas, igualmente, para o alargamento da escala de responsabilidades de cada Estado, no caso em tela, como ente federado responsável por políticas sociais voltadas para o cumprimento de direitos sociais (CF, art. 206), como a educação. Assim, de alguma forma, pode-se dizer que cada Estado da Federação absorve, parcialmente, condensa e conduz, para sua circunscrição político-administrativa, expressiva parcela das atribuições da União, nos termos precisos dos ordenamentos constitucionais e infraconstitucionais. Na verdade, há uma tendência natural, no Brasil, por uma espécie de mimetismo cultural, de os estados reproduzirem a estrutura federal e os municípios, por sua vez, reproduzirem a estrutura do respectivo Estado.

Os estados, além de unidades político-administrativas, são também unidades de regulação da produção social à medida que circunscritas a um território que é a base e condição para a simbiose das normas e das tecnologias sociais hegemônicas no dia a dia dos cidadãos. Nesse horizonte, as incumbências sociopolíticas e educativo-culturais de cada Estado são decisivas para a regulação e para a regularidade do cotidiano da cidadania. Pode-se dizer, então, que a forma como os estados federados organizam seus sistemas de ensino e os põem em funcionamento tem relação direta com os processos de desenvolvimento das regiões do país e com o enfrentamento dos anacronismos porventura existentes nas sociedades regionais.

Como assinalado anteriormente, o quadro de incumbências da União (art. 9) de alguma forma é reproduzido neste artigo, nas dimensões próprias do Estado como ente federado que se põe entre a estrutura da República e a estrutura dos municípios. Este esquema coincide com a técnica legislativa adotada na própria Constituição Federal. Os estados se regem e se organizam pelas respectivas constituições e leis decorrentes, observados, sempre, os princípios da Constituição Federal. Podem os estados exercer todas as competências que não lhes sejam vedadas pela Constituição. Como já anotado anteriormente, os estados e DF podem legislar concorrentemente sobre "educação, cultura, ensino e desporto" (CF, art. 24, IX).

De partida, é necessário não perder de vista que cada um dos entes federados tem atribuições próprias, embora compartilhem responsabilidades dentro de um horizonte de convergência de interesses. No tocante à definição de políticas públicas educacionais, à União compete o papel de *coordenação e articulação dos níveis dos sistemas*. Aos estados e ao DF compete *elaborar e executar políticas e planos educacionais, em consonância com os planos nacionais, integrando as suas ações e a dos seus municípios*. Por seu turno, aos municípios compete *organizar, manter e desenvolver o seu sistema de ensino, integrando-o às políticas e planos educacionais da União e dos estados*.

A responsabilidade dos estados ganha em relevância à medida que cada região e cada Estado devem responder a peculiaridades que, não raro, ultrapassam o próprio campo da educação. Basta lembrar o que ocorre com a oferta de Ensino Fundamental, responsabilidade compartilhada entre estados, DF e municípios. Nas regiões Centro-Oeste, Sudeste e Sul há uma corresponsabilidade mais ou menos equilibrada entre estes entes federativos. Já no Norte e Nordeste, a situação é completamente diferente. Em vários estados, a segunda fase do Fundamental é compartilhada.

> I – Como a oferta educacional se explicita sob a forma de serviços sistêmicos e de estruturas organizacionais predefinidas legalmente em suas finalidades, a primeira das incumbências dos estados é precisamente *organizar, manter e desenvolver os órgãos* (estrutura técnica) *e instituições oficiais* (estrutura funcional) *dos seus sistemas de ensino*. Isto envolve todo o compacto de estruturas das Secretarias de Educação, as diferentes unidades de gestão, coordenação, conselhos, estruturas complementares, de um lado, e, de outro, a própria rede escolar. Não podemos esquecer que a estrutura político-administrativa dos estados está referenciada a um território com área geográfica legalmente definida e que, para alcançá-la, a gestão pública estadual precisa contar com instituições oficiais. Esta condição inerente à relação administração/área geográfica de responsabilidade pública produz desdobramentos de complexidade maior ou menor, a depender dos fatores território, densidade demográfica, espaços de atribuição de responsabilidades e níveis de desenvolvimento socioeconômico, condicionados sempre *à constituição do meio técnico-científico-informacional e à organização produtiva do território* (SANTOS, 2001: 55 e 93). Colocada esta compreensão na perspectiva dos sistemas de ensino, pode-se inferir o grau de complexidade que é, para cada Estado, *organizar, manter e desenvolver os órgãos e instituições oficiais do seu sistema de ensino.* Sobretudo, levando-se em conta o dever do Estado com a educação pública obrigatória e gratuita e a pressão social para a oferta de educação de qualidade nas várias etapas da educação básica.

> II – Retorna a questão do regime de colaboração, agora, na perspectiva estados/municípios. As formas de colaboração aqui vêm acompanhadas de fluxos incontidos de pressão social, portanto, sustentados por uma base social e política que exige respostas imediatas e concretas. A Constituição Federal impõe esta linha colaborativa (CF, art. 211) à medida que se trata de direito à educação e do dever do Estado em esfera crucial da educação básica: o Ensino Fundamental, de responsabilidade prioritária dos municípios. A relação demanda/ recursos financeiros/assistência técnica é o fio condutor do estabelecimento de responsabilidades proporcionais no atendimento escolar obrigatório, à luz do princípio constitucional de inclusão sem discriminação e do critério do padrão básico de qualidade. Infelizmente, a prática revela que as incumbências dos estados no campo educacional ficam, muitas vezes, comprometidas nas formas de execução, pois se é simples compreender as vigas e rotas do *regime de colaboração*, sua execução e processualística são complexas face as disputas pelo poder – somos um país que convive com muitos donos, como destacou Raimundo Faoro (1975) em sua extraordinária obra *Os donos do poder* – Prevalece o espírito ininterrupto de disputa em decorrência da qual "a educação, em que pese seu valor irrefutável para a construção de um país, nem sempre tem sido encarada como patrimônio para a cidadania" (VIEIRA, 2006: 33).

O texto em análise especifica o conjunto de competências dos estados. Como desdobramento, esclarece o terreno próprio para o exercício da articulação com os municípios (Ensino Fundamental) e as formas de promover esta articulação (população em faixa etária de escolaridade compulsória e volume de recursos financeiros). Estas condicionalidades são importantes porque são definidoras do lastro de negociação intersistemas (Estado/município), evitando-se zonas de conflito tão comuns num cenário de cultura política nem sempre voltada para o interesse coletivo. No caso brasileiro, consideradas as desigualdades existentes e as fragilidades prevalecentes na oferta de educação básica de qualidade, não há dúvida de que a definição com os municípios das formas de colaboração na oferta de Ensino Fundamental pode representar avanços importantes na seara da melhoria dos padrões de eficiência dos sistemas públicos de ensino dos estados e municípios[51].

> III – Os estados devem elaborar, também, seus Planos de Educação à luz das diretrizes e bases correspondentes ao Plano Nacional de Educação. Esta determinação legal acode a necessidade de se garantir uma base congruente de políticas públicas para a educação, a fim de que não se promovam esforços concorrentes, mas convergentes. Nas sociedades pobres, a falta de políticas comuns e coerentes é tão grave quanto o é a falta de recursos financeiros para a educação. Não menos grave é o desperdício de recursos pela justaposição de ações. Tanto a Constituição Federal quanto a LDB atribuem à União, estados, DF e municípios uma corresponsabilidade pela gestão do sistema educacional do país. Trata-se, portanto, de um sistema articulado, funcionando sob uma compreensão convergente de concepção da educação como direito humano fundamental, como bem público e como dever do Estado. Por tudo isto, é imperativa sua regulamentação como desdobramento na legislação dos vários sistemas, assegurada sempre coerência, congruência e consistência técnico-conceitual na organização, na gestão, nos processos de avaliação e no alcance efetivo das "políticas e planos educacionais, o que somente ocorrerá com a integração e a coordenação das ações estados/municípios". Neste particular, é fundamental e estratégico o papel dos Conselhos Estaduais de Educação nem sempre com presença afirmativa nos sistemas estaduais de ensino, dentro de suas atribuições normativas, deliberativas e de diretrizes pedagógicas na

---

51. A definição das formas de colaboração com os municípios exige, por parte dos estados, um espírito de desprendimento cívico, de tal sorte que as engrenagens político-partidárias não individualizem ações cooperativas no âmbito da educação obrigatória. Infelizmente, a tradição brasileira aponta em outra direção.

educação, em sua jurisdição. A eles não cabe fixar diretrizes para a gestão de recursos. Para isto, existem outros conselhos, "[...] envolvendo a livre-organização dos segmentos escolares na participação de processos decisórios através de órgãos colegiados" (FRANCA, 2001: 52). Estes conselhos, aliás, ganharam grande relevância com a criação do Fundef por meio da Emenda Constitucional 14 e regulamentado pela Lei 9.484/1996 e, posteriormente, do Fundeb, criado por meio da Emenda Constitucional 53/2006. A grande e preocupante realidade é que os órgãos normativos dos sistemas de ensino têm uma atuação limitada, com voos rasantes sobre casuísmos da rotina da educação. Precisam ser mais propositivos, indicativos, criativos, inovadores e respeitados em suas atribuições funcionais!

> IV – Os comentários feitos ao art. 9º, inc. IX, estendem-se ao inciso ora analisado, com as devidas adequações, ou seja, contextualizados aos cursos das instituições de educação superior e aos estabelecimentos do sistema de ensino de cada Estado. Sistema integrado pelas IES mantidas pelos poderes públicos estaduais, do DF e municípios, conforme o caso. Da mesma forma como a União procede em relação aos "integrantes" do seu sistema de ensino (sistema federal), igualmente, a lei confere aos estados o direito de procederem, dentro de uma linha de competências hierarquizadas. Este inc. IV tem um alcance político-social marcante por sinalizar a possibilidade de alargamento do processo de desconcentração e democratização de acesso ao Ensino Superior. Esta tem sido, entre nós, uma história lenta, mas alentadora como passamos a ver.

A implantação de universidades estaduais constitui um dos marcos mais importantes da história do Ensino Superior do país. Os estados mais ricos da Federação tomaram a iniciativa, a começar por São Paulo. A energia fecundadora da ideia foi-se irradiando crescente e constantemente, sendo, hoje, exitosa em todo o país. Trata-se, na verdade, de uma iniciativa de valor político e cívico transcendente sob o ponto de vista social pelo que significa para o enfrentamento de um dos problemas centrais da sociedade nacional: as desigualdades sociais. Como ressalta Chauí (2001: 12), "as desigualdades polarizam o espaço social entre o privilégio (das oligarquias) e as carências (populares); a dificuldade para instituir e conservar a cidadania". Estas instituições desempenham um papel sociopolítico e estratégico de relevância ímpar pela transferência que fazem das funções legal e conceitualmente intrínsecas à universidade (*ensino, pesquisa e extensão*) para o interior dos estados. Para ali, onde as limitações materiais e culturais parecem mais resistentes a mudanças e transformações, as universidades estaduais levam os avanços do conhecimento e o pensamento crítico e inovador. Assim, as populações locais se redescobrem como fontes de energias propulsoras do desenvolvimento e partem para abrir mão de seus anacronismos paralisantes, substituindo-os por "equipamentos intelectuais" capazes de construir respostas socialmente adequadas às circunstâncias cambiantes e às emergências da sociedade pós-moderna. Se historicamente as universidades federais sempre foram instituições das capitais – só nas últimas décadas isto passou a mudar – as universidades estaduais responderam a uma necessidade de desconcentração geoeducacional e, portanto, de *deslitoralização do processo de expansão do Ensino Superior*. Aqui, a desterritorialização da oferta universitária de Ensino Superior passou a representar o alargamento das oportunidades de emancipação política, social e econômica das populações interioranas. Uma nova face da cidadania! O Plano Nacional de Educação (Lei 13.005/2014) reforça esta perspectiva de democratização de acesso à universidade ao fixar, na Meta 12, a elevação da taxa bruta de matrícula (na educação superior) para 50% e da taxa líquida para 33%, da população de 18 a 24 anos e, em decorrência, ao estabelecer, na estratégia 12.18:

Estimular a expansão e reestruturação das instituições de educação superior estaduais e municipais cujo ensino seja gratuito, por meio de apoio técnico e financeiro do Governo Federal, mediante termo de adesão a programa de reestruturação, na forma de regulamento, que considere a sua contribuição para a ampliação de vagas, a capacidade fiscal e as necessidades dos sistemas de ensino dos entes mantenedores na oferta e qualidade da educação básica.

Hoje, o país conta com a contribuição extraordinária de uma rede de universidades estaduais, prestando um serviço inestimável à nação. Atuam inteiramente impregnadas de um sentido ecossistêmico e, por isso, visceralmente identificadas com o contexto socioeconômico e cultural em que se situam. Postam-se com força gravitacional fortemente direcionada ao desenvolvimento de seus respectivos estados. Operam através de uma rede de canais institucionais vertebralmente interiorizados. A lista que segue sinaliza a envergadura deste sistema com contagiante seiva de inclusão social no campo do Ensino Superior.

Universidades estaduais distribuídas por regiões

Região Centro-Oeste (4):

Distrito Federal
  Universidade do Distrito Federal Jorge Amaury (UnDF)

Goiás
  Universidade Estadual de Goiás (UEG)

Mato Grosso
  Universidade do Estado de Mato Grosso (UNEMAT)

Mato Grosso do Sul
  Universidade Estadual de Mato Grosso do Sul (UEMS)

Região Nordeste (15)

Alagoas
  Universidade Estadual de Alagoas (UNEAL)
  Universidade Estadual de Ciências da Saúde de Alagoas (UNCISAL)

Bahia
  Universidade do Estado da Bahia ([UNEB])
  Universidade Estadual de Feira de Santana ([UEFS])
  Universidade Estadual de Santa Cruz ([UESC])
  Universidade Estadual do Sudoeste da Bahia ([UESB])

Ceará
  Universidade Estadual do Ceará (UECE)
  Universidade Estadual Vale do Acaraú (UVA)
  Universidade Regional do Cariri (URCA)

Maranhão
  Universidade Estadual do Maranhão (UEMA)
  Universidade Estadual da Região Tocantina do Maranhão (UEMASUL) [1]

Paraíba
  Universidade Estadual da Paraíba (UEPB)

Pernambuco
  Universidade de Pernambuco (UPE)

Piauí
  Universidade Estadual do Piauí (UESPI)

Rio Grande do Norte
  Universidade do Estado do Rio Grande do Norte (UERN)

Sergipe
  Não possui universidade estadual.

Região Norte (5):

Acre
  Não possui universidade estadual.

Amapá
  Universidade Estadual do Amapá (UEAP)

Amazonas
  Universidade do Estado do Amazonas (UEA)

Pará
  Universidade do Estado do Pará (UEPA)

Rondônia
  Não possui universidade estadual.

Roraima
  Universidade Estadual de Roraima (UERR)

Tocantins
  Universidade do Tocantins (UNITINS)

Região Sudeste (10 universidades)
(04 Faculdades)

Espírito Santo (01 universidade e 01 faculdade)
  Faculdade de Música do Espírito Santo "Maurício de Oliveira" (FAMES)
  Universidade Aberta Capixaba (UnAC)

Minas Gerais (02)
  Universidade do Estado de Minas Gerais (UEMG)
  Universidade Estadual de Montes Claros (UNIMONTES)

Rio de Janeiro (03)
  Universidade do Estado do Rio de Janeiro (UERJ) [2]
  Universidade Estadual da Zona Oeste (UEZO)
  Universidade Estadual do Norte Fluminense Darcy Ribeiro (UENF)

São Paulo (04 universidades e 03 faculdades)
  Universidade de São Paulo (USP)
  Universidade Estadual de Campinas (UNICAMP)
  Universidade Estadual Paulista "Júlio de Mesquita Filho" (UNESP)
  Universidade Virtual do Estado de São Paulo (UNIVESP)
  Faculdade de Medicina de Marília (FAMEMA)

Faculdade de Medicina de São José do Rio Preto (FAMERP)

Faculdade de Tecnologia de São Paulo (FATEC)

Região Sul (9)

Paraná (07)

Universidade Estadual de Maringá (UEM) – fundada em 1969.

Universidade Estadual de Ponta Grossa (UEPG) – fundada em 1969.

Universidade Estadual de Londrina (UEL) – fundada em 1970.

Universidade Estadual do Oeste do Paraná (UNIOESTE) – fundada em 1987.

Universidade Estadual do Centro-Oeste (UNICENTRO) – fundada em 1990.

Universidade Estadual do Paraná (UNESPAR) – fundada em 2001.

Universidade Estadual do Norte do Paraná (UENP) – fundada em 2006.

Rio Grande do Sul (01)

Universidade Estadual do Rio Grande do Sul (UERGS)

Santa Catarina (01)

Universidade do Estado de Santa Catarina (UDESC)

Fonte: *Cadastro e-MEC de instituições e cursos de educação superior.*

Nota: É facultado à IES pertencente ao Sistema Estadual de Ensino, regulada e supervisionada pelo respectivo Conselho Estadual de Educação, fazer parte do Cadastro e-MEC. Entretanto, as informações relacionadas a elas são declaratórias e de responsabilidade exclusiva dessas instituições.

Aqui, é preciso desocultar e realçar a importância do Estado como **região**, como componente cultural e econômico indivisível e inafastável das comunidades. Incorporada em espaço sociopolítico, a **região** resulta de uma imprecisa acumulação de tempo. Portanto, mais do que área geográfica e tempo histórico concreto, a **região** é o vínculo do espaço com os meios de produção e, portanto, é expressão da totalidade das diferentes formas de convivência intensiva e extensiva de uma dada coletividade. Sob este enfoque, cada Estado não é uma área de mera identificação geopolítica, mas um tecido social de sustentação **do** e **para** o desenvolvimento. A atuação do poder público nos estados com o apoio das universidades estaduais potencializa e descentraliza os lugares de trabalho e de produção[52].

A última das atribuições explicitadas na sequência de "verbos" deste inc. IV é **avaliar**. Trata-se de conceito com dimensão processual e não apenas pontual. Aplicar provas, ou preencher formulários por exemplo, é tão somente uma dimensão mínima do processo avaliativo. A extensão do conceito **avaliar**, exige, dos estados, uma crescente e permanente atitude de aperfeiçoamento de seus quadros **técnicos e funcionais**, como precondição para qualificar e alcançar axiologicamente a gama de dimensões hermenêuticas, acadêmicas e

---

52. A temática Educação Superior/Universidades volta a ser considerada extensivamente, nos artigos 43 a 57, Cap. IV que trata DA EDUCAÇÃO SUPERIOR.

pedagógicas que **a atribuição de avaliar** contém, carrega e irradia profissional e institucionalmente. Mais do que conferir adequação e regularidade, **avaliar** aqui sinaliza a incumbência de o Estado verificar se cada instituição de educação superior e cada estabelecimento de ensino alcançam os princípios, fins e objetivos enquadrados legalmente em suas conformidades de concepção, organização, funcionamento e produção de resultados socialmente relevantes. Em 2015, 18 unidades da Federação possuíam sistema próprio de avaliação da educação básica.

> V – Os sistemas de ensino de cada Estado são norteados pela legislação federal, garantidora da unidade educacional sistêmica. No entanto, devem produzir uma legislação complementar para o próprio sistema, como forma de assegurar permeabilidade legal aos seus diferentes contextos sociais. Há, portanto, "[...] diretrizes educacionais comuns de execução obrigatória em todo o território nacional, encorpadas em políticas públicas educacionais gerais e que se completam por mecanismos normativos de atribuições próprias de cada ente federado no regime de colaboração e da educação privada pelos órgãos de Estado. O Sistema Nacional de Educação assume, assim, o papel de articulador, normatizador, coordenador e, sempre que necessário, financiador dos sistemas de ensino (federal, estadual, do DF e municipal), garantindo finalidades, diretrizes e estratégias educacionais comuns, mas mantendo as especificidades próprias de cada um (BRASIL/CONAE, 2010). "A incumbência dos estados em baixar normas complementares para o seu sistema de ensino tem precisamente o alcance de atuação na circunscrição legal obrigatória socioeducacional".

> VI – Vale ressaltar que assegurar oferta de Ensino Fundamental é responsabilidade secundária para os estados. A responsabilidade primária é a oferta de Ensino Médio.

Como dito no artigo anterior, a autonomia de organização é o grande desafio que os sistemas de ensino enfrentam. Da parte dos gestores dos sistemas, no caso dos estados, os secretários de educação, assiste-se a um processo de cumplicidade nesse particular, uma vez que se deixam engessar resignadamente diante da volúpia incontida de centralização de poder do MEC. O órgão colegiado dos Secretários de Estado da Educação (Consed), que, no passado, desempenhou papel tão relevante, exigindo a ampliação do campo de negociação com o governo central, transformou-se, hoje, em caixa de ressonância do próprio MEC. Resultado: os sistemas estaduais de ensino são cada vez mais parecidos, embora vivam realidades largamente diferenciadas. Para não ir muito além, basta lembrar o abandono (esquecimento?!) da Lei 10.172/2001 que aprovou o Plano Nacional de Educação e o respectivo desdobramento sob a forma de Planos Estaduais e Municipais de Educação. Nesta mesma direção de abandono calculado, caminha o atual Plano Nacional de Educação (PNE 2014-2024), Lei 13.005/2014, sob o olhar complacente e acomodado das instâncias de fiscalização.

Por fim, a distância entre o conteúdo do art. 10 e a realidade pode ser constatada pelo descaso dos estados em aperfeiçoarem seus próprios sistemas de avaliação. No seu conjunto, 18 estados brasileiros possuem sistemas próprios de avaliação, mas permanecem em débito com a sociedade, sobretudo no tocante à oferta de Ensino Médio de boa qualidade. A escola estadual de Ensino Médio noturna continua a operar um currículo distante da vida do aluno trabalhador. Como já anotado anteriormente, a Lei da Reforma do Ensino Médio (Lei 13.415/2017) é praticamente omissa no tocante ao tema do Ensino Médio noturno. Refere-se rápida e superficialmente ao assunto no art. 24, § 2º. Todos os governos, ignorando as realidades sociais e as demandas da sociedade, querem fugir dele! As condições materiais de funcionamento, limitadas e precárias, impedem o aluno de aprender como adulto trabalhador. As metodologias de ensino adotadas não correspondem às necessidades básicas de aprendizagem dos alunos em classes superpovoadas e os procedimentos de avaliação inadequados contribuem em muito para descompensar um aluno que já chega à escola fatigado e com baixa motivação. Ou seja, os estados, em geral, estão cumprindo mal a incumbência de Ensino Médio de boa qualidade durante o dia e também à noite. Isto sem esquecer a improvisação de professores para as áreas de Física, Química, Matemática, Sociologia, Filosofia, Biologia e até Português! Neste último, os professores precisam ser preparados a trabalhar mais com estruturas de diálogo e, não, só com a decantação de regras gramaticais.

O dever do Estado brasileiro com a educação escolar pública se estende ao Ensino Médio, a partir da modificação do art. 4º, inc. II, da LDB, por força da redação dada, ao dispositivo anterior, pela Lei 12.061/2009. Esta mudança representa um avanço enorme, mesmo que tardio, para a sociedade brasileira. Na sociedade do conhecimento, percorrer, com sucesso, o ciclo da educação básica regular é assegurar o exercício de uma cidadania qualificada e politicamente adequada. Mas o dispositivo vai além. Para aqueles que, por razões diversas, não tiveram a possibilidade de percorrer o ensino regular, portanto, de cumprir a escolaridade dentro de sua faixa etária, o Estado lhes disponibiliza a alternativa da educação de jovens e adultos (EJA), via cursos e exames supletivos ou, ainda, via Exame Nacional para Certificação de Competências de Jovens e Adultos-Encceja, assunto tratado no art. 9º, inc. VI. Os sistemas de ensino são obrigados a manter esta oferta de forma organizada, com calendário, esquemas de organização, material de ensino adequado e com foco na base nacional comum do currículo.

> VII – A responsabilidade dos estados com o transporte escolar tem como base o fato de este encargo estar incluído na categoria de manutenção e desenvolvimento do ensino, nos termos do art. 70, inc. VIII, da LDB. Compõem este conceito legal todas as tipologias de despesas voltadas para a consecução dos objetivos básicos das escolas e da aprendizagem dos alunos. Esta possibilidade e, agora, obrigatoriedade das unidades federadas, é mecanismo estratégico de significação social e econômica inestimável, considerando o perfil do alunado das escolas públicas de Ensino Médio. Por outro lado, em passado não distante, os alunos do Secundário eram impedidos de viajar em transporte escolar de uso do Fundamental, estabelecendo-se um contínuo conflito da parte de todos aqueles que precisavam deste recurso para poder chegar à escola. Na verdade, se a universalização do Ensino Médio é um dos deveres do Estado, a concretização desta obrigação supõe a existência de meios objetivos, como é o caso do transporte escolar. Há quem pense que se trata de uma espécie de "passeio diário" que o aluno faz! Não é bem assim... De fato, é um fator de influência na aprendizagem, tanto do ponto de vista substantivo (do aprender), como do ponto de vista didático-pedagógico (do aprender a aprender).

O transporte escolar posto à disposição dos alunos representa um meio de valor inestimável como apoio ao bem-estar de cada estudante que se dirige à escola, chegando sem fadiga e sem qualquer tipo de apreensão por eventual atraso.

A aprendizagem escolar requer disposição e bem-estar físico e mental, assim que, na escola, individual e coletivamente, situem-se **todos** com favoráveis possibilidades de assimilação e de concentração para o processo de aprendizagem intencionada, articulando sempre teoria e prática. Em sala de aula, o cansaço é uma espécie de biombo que separa as condições positivas de aprender das não positivas. Um equívoco comum na educação escolar é confundir ensino com aprendizagem. Sem ambiente e sem condições favoráveis em sala de aula, pode haver ensino, porém, não, necessariamente, aprendizagem. Não significa, porém, que o processo de aprendizagem esteja separado do processo de ensino. De fato, há *"uma lógica de desenvolvimento que liga as mentes do professor e do aluno por meio da linguagem"* (Vygotsky). A exaustividade dos(as) alunos(as) pode contribuir para quatro antissituações pedagógicas. São elas: a) Dificuldade de concentração; b) Dificuldade de assimilação de novos conhecimentos; c) Dificuldade de contextualização do conteúdo do ensinado e, por fim; d) dificuldade de autoaprendizagem. Diante de todos estes riscos, o transporte escolar disponível ativa o interesse e a participação do alunado no desenvolvimento de atitudes e de valores na sala de aula, ao mesmo tempo que se presta como antídoto à possibilidade e ao conformismo dos(as) alunos(as), causados pela distância a vencer diariamente entre a localidade de residência e a escola. Em síntese, oferecer transporte escolar não é uma mera questão de disponibilizar apoio logístico, é, sim, uma questão de educação!!!

Para muitos estudantes, a escola começa quando eles "pegam o ônibus da escola!!". Daí, a razão da quadrinha popular:

A minha escola merece
A Kombi que eu vou pegar
Fora disso, esquece, esquece!!
Não dá para estudar!!

(Chico Chão)

Parágrafo único – Por definição, o DF, pessoa jurídica de direito público interno da administração direta, regido por lei orgânica federal e dotado de autonomia político-administrativa, é detentoro das mesmas competências legislativas reservadas aos estados e aos municípios. Em decorrência, as incumbências que a LDB defere aos estados estendem-se, igualmente, ao DF.

A organização político-administrativo da República Federativa do Brasil compreende a União, os Estados, o Distrito Federal e os Municípios, todos autônomos, nos termos da Constituição Federal (CF, nº 15/96). É precisamente o instituto da autonomia que comete ao DF possuir as competências referentes a Estados e Municípios, lembrando que esta particularidade se estende à capital do País e às chamadas Regiões Administrativas, integrantes do território do Distrito Federal. Portanto, o que está disposto no art. 10 e 11, da LDB, passa à esfera do Governo do Distrito Federal, no campo das incumbências e responsabilidades, para a efetivação da oferta dos serviços educacionais. Na prática, significa que o governo distrital tem obrigação de aplicar, em Educação Básica – Educação Infantil, Ensino Fundamental e Ensino Médio – 25% da receita de impostos, objetivando a manutenção e o desenvolvimento do ensino (CF, art. 212).

Art. 11 – Os municípios incumbir-se-ão de:

I – organizar, manter e desenvolver os órgãos e instituições oficiais dos seus sistemas de ensino, integrando-os às políticas e planos educacionais da União e dos Estados;

II – exercer ação redistributiva em relação às suas escolas;

III – baixar normas complementares para o seu sistema de ensino;

IV – autorizar, credenciar e supervisionar os estabelecimentos do seu sistema de ensino;

V – oferecer a Educação Infantil em creches e pré-escolas, e, com prioridade, o Ensino Fundamental, permitida a atuação em outros níveis de ensino somente quando estiverem atendidas plenamente as necessidades de sua área de competência e com recursos acima dos percentuais mínimos vinculados pela Constituição Federal à manutenção e desenvolvimento do ensino;

VI – assumir o transporte escolar dos alunos da rede municipal (Id.). (Incluído pela Lei nº 10.709, de 31 de julho de 2003).

Parágrafo único. Os Municípios poderão optar, ainda, por se integrar ao sistema estadual de ensino ou compor com ele um sistema único de educação básica.

Art. 11 – O município é o lugar da cidadania cotidiana ativa. O cidadão vive em seu município e nele planta suas paisagens mentais e implanta suas utopias concretas! A sociedade civil[53] manifesta a musculatura da cidadania permanente no município e é nesse espaço territorial e ambiente político circunscrito que a governabilidade ganha legitimidade imediata. Daí, vai-se ampliando em círculos crescentes. Sociedade e Estado têm, no município, expressões interdependentes do sistema social, mas é nele que se opera, em dimensão continuada, a revitalização da sociedade civil. Por todas estas angulações, as incumbências que o art. 11, da LDB, atribui aos municípios

---

53. Para Hegel "a sociedade civil representa o primeiro momento de formação do Estado, o Estado jurídico-administrativo, cuja tarefa é regular relações externas, enquanto o Estado propriamente dito representa o momento ético-político, cuja tarefa é realizar a adesão íntima do cidadão à totalidade de que faz parte, tanto que poderia ser chamado de Estado interno ou interior" (BOBBIO, 1987: 42). Para Habermas, a sociedade civil constitui uma dimensão do mundo da vida, explicitada e garantida institucionalmente por um conjunto de direitos que a pressupõem e, simultaneamente, a distinguem das esferas da economia e do Estado (ARATO & COHEN, 1994: 29).

assumem especial importância. Sem esquecer, evidentemente, que "o processo de construção da cidadania é permeado de paradoxos na medida em que se explicitam três dinâmicas concomitantes: o reconhecimento e a construção das identidades dos diferentes sujeitos sociais envolvidos; o contexto da inclusão das necessidades expressas pelos diferentes sujeitos sociais; e a definição de novas agendas de gestão, visando a estender os bens a amplos setores da população. Essa noção de cidadania está estruturada a partir de uma definição legal dos direitos e deveres que a constituem" (JACOBI, 2002: 20). O processo decisório mais próximo do cidadão está no município, com formato institucional em alcance visual e sob a forma da autoridade política mais acessível, porque localmente escolhida.

> I – A problemática de gestão descentralizada dos serviços públicos e, portanto, da educação, tem recebido enorme atenção dos diferentes fóruns da sociedade civil organizada. No que tange, especificamente, à educação escolar, desde a promulgação da Constituição atual (1988), vem-se discutindo as formas de substituir o modelo burocrático-tecnicista de gerenciamento da educação por um modelo descentralizado-participativo, alicerçado não apenas no conceito de instâncias permeáveis de decisão, mas também nos conceitos substantivos de formulação de políticas educacionais, incluindo as bases materiais do processo e o próprio entorno em que este processo se desenvolve. Nesta perspectiva, cresce a importância do conceito agregador de comunidade e a relevância do conceito irradiador de participação. É no território municipal que a comunidade se capacita politicamente para a vivência de participação efetiva, traço marcante da cidadania em construção. O requisito fundamental da participação é *participar!* O artigo em estudo resgata, de alguma forma, esta preocupação ao definir áreas de competência da educação para os municípios. A Constituição, aliás, criou a condicionalidade legal para tanto, ao determinar que "a União, os estados, o DF e os *municípios* [grifo nosso] organizarão em regime de colaboração seus sistemas de ensino" (art. 211). De fato, o fortalecimento do poder local emerge e se encorpa como forma de explicitação do esforço de apagar a separação entre Estado e sociedade, através do princípio da igualdade não apenas formal, mas também política entre todos os cidadãos. O município é, sem dúvida, a mais próxima instância pública responsável pela solução dos problemas do cidadão. Assim, o poder local surge como uma maneira de transformar as aspirações da comunidade em direitos dos cidadãos. Esta tarefa entre nós, porém, permanece desafiadora pela indisposição dos setores locais em construírem passarelas para assegurar espaços permanentes de interlocução. Basta lembrar que 85% dos municípios brasileiros trabalham com uma lei orgânica obsoleta. Pior: os instrumentos legais e normativos não se complementam. Este é o caso do Plano Municipal de Educação, perdido nas gavetas da burocracia mofada! Assim, como organizar a educação?! *Os vereadores querem **indicar** a professora, mas não querem **qualificar** a escola e aperfeiçoar o ensino!*

As responsabilidades do município no tocante a este inc. I se ampliaram gradualmente pelo redimensionamento do dever do Estado com a educação escolar pública, dando nova envergadura à educação básica obrigatória e gratuita dos quatro aos dezessete anos e, por fim, replicando preceito constitucional que atribui, aos municípios, atuação prioritária no Ensino Fundamental e na Educação Infantil. Neste último caso, a pré-escola, destinada a crianças de 4 e 5 anos e de oferta pública obrigatória, como prescreve o art. 4º, inc. I, alínea a desta lei, cria a necessidade de uma atenção especial para a reorganização e redimensionamento dos Sistemas Municipais de Ensino, em regime de urgência. Convém lembrar que, em grande parte dos municípios brasileiros – no país, há uma predominância de municípios com população abaixo de vinte mil habitantes –, a Educação Infantil está na estrutura das Secretarias de Assistência Social, portanto, fora da estrutura e da organização funcional das Secretarias de Educação. Esta situação anômala não pode continuar com o novo posicionamento da pré-escola, agora, sob enquadramento legal na educação básica de oferta pública obrigatória. Evidentemente, os órgãos oficiais de vigilância do Estado, como Ministério Público e Tribunais de Contas, vão acompanhar cuidadosamente o cumprimento desta nova imposição legal.

Em cada município há uma lei orgânica que resguarda todos os princípios das constituições Federal e Estaduais, relativas à educação. A LDB define as incumbências dos municípios no campo da educação, conectadas naturalmente aos dispositivos constitucionais, incluído o princípio de autonomia que a Carta Magna lhes confere. Nesta perspectiva, compete aos municípios a responsabilidade de organizarem seus sistemas de ensino, com estrutura própria integrada às políticas e planos educacionais da União e dos estados. Ou seja, há muito a fazer, sobretudo quando se constata que 48% dos municípios **não possuem** uma Secretaria exclusiva para a Educação, conforme dados do IBGE, Pesquisa de Informações Básicas Municipais, 2011.

> II – Aqui emerge a grande novidade da LDB no tocante à ação municipal: a ação redistributiva pela qual o município deverá "abastecer" suas escolas através do princípio da equidade na distribuição dos recursos. É penoso reconhecer, no entanto, que esta função é grandemente comprometida por uma ação política desprovida, muitas vezes, de conteúdo ético e da compreensão de prioridade e de relevância social. Ao município cabe formular seu Plano Municipal de Educação, focando as prioridades fixadas em lei e definindo os limites de investimentos em cada um dos componentes que encorpa o processo de manutenção e desenvolvimento do ensino de sua rede, nos termos do art. 70 desta lei, como veremos mais adiante. A ação redistributiva em relação às escolas tem como parâmetro a relação adequada entre o número de alunos e o de professores, a carga horária e as condições materiais do estabelecimento, como previsto no art. 25 desta LDB, os turnos de funcionamento da escola, o seu entorno com as vulnerabilidades sociais porventura existentes. Quanto mais pobre o ambiente, mais **rica de meios** deve ser a escola!

> III – Ao constituir sistema próprio (cf. art. 8º), cada município passa a gozar de autonomia para organizar, pôr em funcionamento, monitorar e avaliar seus órgãos de educação e sua rede de escolas. Imagina-se que, a partir de agora, grande parte dos municípios brasileiros poderá constituir seu Conselho Municipal de Educação com a responsabilidade de legislar no âmbito de sua jurisdição, preservados os limites de legislação federal e estadual. É isto que o legislador quer significar, também, quando fala em baixar normas complementares. Convém não confundir o Conselho Municipal de Educação com o Conselho de Acompanhamento e Controle Social do Fundeb sobre o qual falaremos no espaço próprio, mais adiante.

A abertura da lei concede ao município a prerrogativa de baixar normas complementares para seu sistema de ensino, ampliando as possibilidades de a escola elaborar, coletivamente, um Projeto Pedagógico com alto poder de germinação e, não, apenas, uma peça legal divorciada da escola-comunidade e da comunidade-escola. Um Projeto Pedagógico permeável à diversidade de todos os alunos e suas famílias. E mais do que isto: sustentado por um currículo escolar em que a parte diversificada fecunde e complemente a base nacional comum, "prevendo estudo das características regionais e locais da sociedade, da cultura, da economia e da comunidade escolar, perpassando todos os tempos e espaços curriculares constituintes do Ensino Fundamental e do Ensino Médio, independentemente do ciclo da vida no qual os sujeitos tenham acesso à escola. E, complementarmente, que possa ser organizado em termos gerais na forma de eixos temáticos, selecionados colegiadamente pelos sistemas educativos ou pela unidade escolar" (Resolução CEB/CNE 04/2010)[54].

---

54. O projeto pedagógico é "a agenda de bordo" e a bússola da escola. Infelizmente, no Brasil, foi-se rotinizando a experiência de elaboração de projeto pedagógico PADRÃO para um mesmo sistema de ensino. Uma deformação da ideia de PPP!

Os dois primeiros incisos do art. 11, culminados com o inc. III sob a forma de *baixar normas complementares para o seu sistema de ensino*, reserva, a cada município, uma prerrogativa ampla, porém, não menor do que o alargamento de responsabilidades intransferíveis face ao que impõe a Lei 13.005/2014, que institui o Plano Nacional de Educação (PNE). Em decorrência do PNE, União, estados, DF e municípios devem alinhar, compulsoriamente, suas metas e estratégias. Estão circunscritos a uma mesma região geoeducacional e comprometidos com metas a cumprir (PNE, art. 7º, § 1º ao 7º). Destaquem-se, no contexto atual, dois convergentes pontos incluídos à necessidade de um planejamento articulado, envolvendo Estados e Municípios: a execução, SEM TARDAR, do complexo processo de implementação da Base Nacional Comum Curricular e, também, SEM TARDAR, a ativação das complexas providências de antecipatórias de preparação dos próximos Planos Estaduais e Municipais de Educação, uma vez que, até o final do primeiro semestre deste ano (2023), o Poder Executivo Federal encaminha, ao Congresso Nacional, o Projeto de Lei referente ao próximo Plano Nacional de Educação (PNE, art. 12). Na prática, significa que, a esta altura, Estados, Distrito Federal e Municípios já devem estar com estudos detalhados e com avaliação precisas e prontas das respectivas necessidade e ajustes no campo da Educação Básica, sob suas responsabilidades, fatores que hão de servir de BASE para a orientação e direcionamento dos respectivos Planos de Educação.

Na verdade, o normal teria sido uma programação articulada dos sistemas de ensino já em 2022, inteiramente voltada para uma mobilização da sociedade com o objetivo de aferir o quadro de resultados de cumprimento das METAS do PNE e, simultaneamente, a divulgação destes resultados, já com a disponibilização de diagnóstico, corpo de diretrizes, metas e estratégias para o próximo decênio, como estabelece o art. 13 do PNE. A rigor, nada disto existe ou melhor, tudo isto continua esquecido ou, pelo menos, esmaecido na memória social, embora o Inep haja cumprido o seu dever funcional de publicar estudos para aferir a evolução do cumprimento das metas estabelecidas na Lei nº 13.005/2014, de aprovação do atual PNE (art. 5º, § 2º).

> IV – Este inciso é desdobramento do anterior. Para o regular funcionamento de uma escola, a lei prevê as etapas de autorização, reconhecimento, periódico credenciamento, supervisão e avaliação (CF. art. 9º, IX e art. 10, III). Estas diferentes etapas se estendem, agora, à responsabilidade do município ao qual caberá a gestão do respectivo sistema de ensino. Este sequenciamento de etapas visa a por a escola em estado de prontidão permanente no sentido de trabalhar, com foco nos padrões mínimos de qualidade, seus programas do ensino que ministra (art. 3º, inc. IX). As incumbências circunscritas a este inciso não se restringem a procedimentos meramente formais. Ao contrário, as atividades de regulação legal estão voltadas para a garantia de cumprimento de parâmetros de responsabilidade pública e de proteção de padrões mínimos de qualidade das escolas e dos programas de ensino oferecidos. Convém lembrar que só é legítima a aprendizagem com inclusão, e esta somente existe com qualidade. Fora disto, o que haverá é subeducação, portanto, educação escolar com descumprimento da lei! A presunção legal é que as incumbências aqui definidas mais do que mecanismos de controle de qualidade, sejam, de fato, ações político-administrativas voltadas inteiramente para as questões da educação escolar com qualidade social. Portanto, formas de gestão encorpadas em princípios da pedagogia e, não, da burocracia. Afinal, **autorizar, credenciar** e **supervisionar** escolas são responsabilidades públicas, só legitimadas, se forem, igualmente, republicanas. Responsabilidades gigantescas se levarmos em conta que, ao município, cabe o **dever** de oferecer educação escolar nos anos iniciais e decisivos da escolarização da criança (Educação Infantil) e do pré-adolescente (Ensino Fundamental). Sem uma base sólida ao longo destas etapas que perfazem 12 anos de escolaridade, toda a aprendizagem futura estará comprometida. Dirigindo-se a representantes de governos latino-americanos em evento da OEA, Kennedy disse: *Os governantes precisam cuidar das crianças. A sociedade cuidará dos adultos!*

> V – Para atalhar distorções frequentes em que municípios criam e mantêm instituições de Ensino Superior sem que tenham atendido, convenientemente, às necessidades da Educação Infantil e ao Ensino Fundamental, este inciso autoriza o atendimento em níveis ulteriores ao Ensino Fundamental somente quando o município tiver atendido, plenamente, às demandas educacionais em sua esfera de competência (entenda-se Educação Infantil e Ensino Fundamental). Por esta razão, é recomendável fazer uma conexão do conteúdo deste inc. V com a Lei 10.219/2001, que trata do Programa Nacional de Renda Mínima Vinculado à Educação (Bolsa Escolar). O art. 2º, § 2º desta lei diz que somente poderão firmar o termo de adesão ao programa os municípios que comprovem o cumprimento do disposto no inc. V, do art. 11 da LDB. Portanto, reforça o nível de investimentos municipais prioritários no campo da Educação Infantil e do Ensino Fundamental. Esta coerência legal aponta a necessidade de oferta de serviços públicos e de assistência por parte do Estado com responsabilidade permanente. Como assinala Nunes Júnior (2009: 206), "Toda norma programática, se não respalda um dever direto, certo e imediato de agir do Estado, veicula, quando menos, uma proibição de omissão, o que sempre lhe confere justiciabilidade, quando menos, para proibir que políticas públicas e direitos que materializam venham a retroceder". É lamentável reconhecer que mesmo com o advento do Fundeb, a Educação Infantil ainda não foi assumida plenamente, em sua dupla conformidade, por TODOS os municípios do País: creche/pré-escola. Neste último segmento, temos avançado bem, atingindo praticamente o patamar de universalização, no caso para a população de 4 a 5 anos (94,1%). No segmento CRECHE – crianças de 0 a 3 anos, matriculadas – a porcentagem está em 37% (Dados do IBGE/Pnad-2019). Ora, um país, que se esquece da PRIMEIRA INFÂNCIA, se esquece do futuro e da importância do tempo como fator de construção de QUALIDADE DE VIDA. YOUNG alerta para o fato de que *"mudanças rápidas e dramáticas no desenvolvimento físico e mental ocorrem durante os três primeiros anos da vida humana. Estas mudanças "desenvolvimentais" são atualmente encaradas como os principais componentes do funcionamento cognitivo e emocional dos adultos"*[55]. A realidade comprova que, no setor de creches, em muitas regiões do País, quase tudo está por ser feito. Desde os cuidados com a infraestrutura até a formação do pessoal docente e de apoio. Este setor da educação municipal é formado de unidades educacionais improvisadas, constituindo apenas redes de escolas, e não propriamente de sistemas consolidados de Educação Infantil em 60% dos municípios.

Os gestores municipais precisam olhar além da LDB e fixar a atenção no art. 208, inc. IV, da CF que determina: *O dever do Estado com a educação será efetivado mediante a garantia de (...) I – educação básica obrigatória e gratuita (...) na **educação infantil, em creche e pré-escola.*** Ou seja, estes dois níveis de oferta escolar passaram a integrar o conceito de EDUCAÇÃO BÁSICA obrigatória e gratuita, direcionada a criança de 0 a 3 anos (creche: 0 a 3 anos, e pré-escola: 4 e 5 anos). Na prática, significa que a legislação municipal deverá, a partir de agora, gestar diretrizes e definir procedimentos de financiamento redimensionado de sua rede escolar. Esta legislação responderá por políticas que iluminem e concretizem um novo conceito de acesso à educação básica regular e universal. Nesse horizonte, as creches, voltadas para crianças de 0 a 3 anos, deixam de ser um lugar de cuidados improvisados para ser um ambiente de desenvolvimento integral da criança, sob a responsabilidade de profissionais qualificados. A pré-escola, por sua vez, vê realçada e reforçada a atribuição finalística do desenvolvimento cognitivo de crianças, rastreado por

---

55. TOUNG, Mary Eming, *"Garantindo um Início Justo para Todas as crianças: o Caso do Brasil"*, *in* Do Desenvolvimento da Primeira Infância, ao Desenvolvimento Humano, Mary Eming YOUNG (organizadora). São Paulo-SP, Fundação Maria Cecília Souto Vidigal, 2010:133.

processos e procedimentos sistematizados no campo da alfabetização/letramento. Tudo isto vai exigir, do município, uma revisão de suas responsabilidades legais no campo da educação obrigatória e um revigoramento do campo da regulação e da sistematização da Educação Infantil/Ensino Fundamental, assim que crianças e alunos tenham uma oferta educacional garantida em termos de vagas e adequada em termos de "atendimento às necessidades básicas de aprendizagem" (JOMTIEN, 1990). Este encargo legal já se posiciona dentre as incumbências dos municípios, conforme assentado no art. 11, inc. V, da LDB.

Por fim, é relevante destacar que a aplicação de recursos do orçamento municipal em outros níveis somente poderá ocorrer sob duas condições, a saber:

a) Quando o município tiver atendido plenamente as necessidades educacionais de sua área de competência (Educação Infantil e Ensino Fundamental, nos termos do art. 211, § 2º, da CF);

b) Quando o município, para tanto, usar recursos acima dos percentuais mínimos vinculados pela Constituição Federal à manutenção e desenvolvimento do ensino, o que significa no mínimo 25% da receita resultante de impostos, nos termos do art. 212 da CF. É lamentável constatar que os órgãos responsáveis pela fiscalização no cumprimento desta exigência sejam pouco rigorosos no seu acompanhamento.

> **VI** – O setor municipal de transporte escolar deverá passar por uma inteira reorganização, com a obrigatoriedade de atendimento dos alunos de toda a Educação Infantil, agora com matrícula garantida por força de lei (art. 4º, inc. I, art. 11, inc. V e art. 30, inc. II da LDB). As redes públicas municipais de ensino deverão não apenas oferecer um atendimento universalizado a estes alunos, como deverão fazê-lo em escola próxima a sua residência. Caso contrário, a oferta de transporte escolar é compulsória. Com o crescente envolvimento da mulher no mercado de trabalho, o transporte escolar transformou-se em equipamento de apoio à aprendizagem do aluno, uma vez que as mães passam a dividir seu tempo entre família e trabalho contratado, o que representa uma sobrecarga às suas condições existenciais. Vale ressaltar que a lei não fala em **oferecer** transporte escolar, como se se tratasse de um ato de liberalidade, mas em **assumir** o transporte escolar. Ou seja, estamos diante de um ordenamento legal peremptório e inafastável. A propósito, os comentários sobre o transporte escolar, como uma das incumbências dos estados (art. 10, inc. VII), cabem igualmente para os municípios em relação à mesma área.

É oportuno, porém, fazer alguns aditamentos em decorrência das características específicas do Ensino Fundamental, do perfil dos alunos (faixa etária) e, ainda, da incumbência municipal no tocante à obrigatoriedade de oferta, nos termos do art. 211, § 2º, da CF. O art. 32, da LDB, **circunscreve como objetivo central do Ensino Fundamental, a formação básica do cidadão, a partir de três vertentes:** I- Desenvolvimento da capacidade de aprender: II- Compreensão do ambiente natural, social, político, tecnológico, cultural, artístico e dos referenciais sociológicos da sociedade e, por fim; III- Fortalecimento dos vínculos familiares, dos laços de solidariedade humana e de tolerância recíproca. Estas trilhas conduzem o aluno para uma formação da educação em valores, o que requer fazer-se protagonista e não apenas ouvinte e seguidor do "estatuto da escola". Esta condição de auto-dinamismo, para ser impulsionada no cotidiano escolar, tem que ir se implantando na personalidade de cada um e ampliando-se e profundando-se à medida que, entre o individual e o coletivo, firme-se a compressão de que "o conhecimento tem de servir para melhor se entender o mundo" (PUIG, 2007: 73). Para tanto, as condições pessoais de dirigir-se **com conforto** à escola, de chegar bem à escola e de SENTIR-SE motivados na sala de aula exigem que o aluno esteja continuamente interagindo com o meio e experimentando suas "categorias de pensamento" (CARRIJO, 2007: 101). Perceber-se cada dia convidado/convocado a organizar o mundo em seu cotidiano como estudante de escola pública que SE TRANSPORTA, buscando a mudança social em processo.

É no Ensino Fundamental que se começa a intensificar a produção de códigos para "resolver, criar e registrar situações-problema do cotidiano e estratégias de solução (BNCC). Assim, tudo que concorre para o aluno conseguir estímulos positivos na direção de "um esforço contínuo e pessoal e de um comportamento desejado" no contexto do Ensino Fundamental (Fernandes, 1991:30) merece redobrada atenção. Este o caso do transporte público escolar, como uma das incumbências dos municípios.

Parágrafo único – Para um país como o Brasil em que a fragmentação político-administrativa é afrontosa, a julgar pela existência de mais de 5,5 mil municípios, o § único do art. 11 pode representar uma alternativa altamente benéfica ao prever a possibilidade de os municípios se integrarem ao sistema estadual de ensino e comporem, com ele, um sistema único de educação básica (Educação Infantil, Ensino Fundamental e Ensino Médio). Esta possibilidade apresenta as seguintes vantagens: i) viabiliza, sob o ponto de vista político-pedagógico, a rede de escolas dos pequenos municípios à medida que se incorporam a um sistema mais sólido; ii) otimiza o uso de estruturas físicas existentes (escolas, prédios, espaços, bibliotecas, centros audiovisuais, equipamentos etc.); iii) permite a concretização de uma diretriz de zoneamento escolar, evitando-se o desperdício da construção de prédios escolares estaduais e municipais, um ao lado do outro, e todos subutilizados – afinal, os alunos nem são estaduais nem municipais, são cidadãos com direito à escola; iv) possibilita uma política de capacitação docente com níveis integrados e articulados, assim que os professores da 1ª fase do Ensino Fundamental se formam e se aperfeiçoam ao lado dos professores da 2ª fase, portanto, numa perspectiva de Ensino Fundamental com totalidade sistêmica e de "enraizamento dos saberes no âmbito da inteireza da condição humana e das duas formas de compreensão: a compreensão intelectual ou objetiva e a compreensão humana intersubjetiva" (MORIN, 1999: 94). Por sua vez, o mesmo vai ocorrer com professores dos ensinos Fundamental e Médio, ou seja, capacitam-se numa perspectiva integradora de educação básica; v) ganha-se em termos de custo/aluno/ano, uma vez que o material de apoio às atividades de ensino é adquirido em condições mais vantajosas – porque em volume maior – e é usado de forma consorciada; vi) multiplicam-se os resultados do uso de tempo dos professores, pois o tempo docente deixa de ser uma referência meramente contratual, para ser um componente de ação pedagógica articulada; vii) abre-se uma importante perspectiva para uma condição salarial mais homogênea, inibindo-se exemplos de professores que trabalham em escolas próximas, sendo que, pela manhã, ganham um salário e, à tarde, um outro, equivalente à metade, só porque se trata de escolas de esferas administrativas diferentes: uma é estadual e outra, municipal; viii) podem-se trabalhar conteúdos curriculares e tipologias de avaliação mais próximos e, portanto, mais compatíveis com uma escola de bom padrão de qualidade.

A lei fala em Plano Nacional e em Planos Estaduais de Educação, mas é omissa quanto à necessidade de se fazerem Planos Municipais. Este vazio é injustificável à medida que as populações se organizam, de fato, no território municipal. Se, em cada edilidade, passa a haver um Sistema Municipal de Ensino (art. 11. I), nada mais natural do que se exigir um Plano Municipal de Educação elaborado com a ampla participação da sociedade organizada. A não exigência deste plano reflete uma visão preconceituosa do legislador quanto às possibilidades de cada comunidade *tecer* seu próprio projeto educativo e, assim, exercitar, plenamente, suas prerrogativas culturais. Apesar desta omissão legal, a Lei 10.172/2001, que estabelece o Plano Nacional de Educação, determinou, em seu art. 2º, que os estados, o DF e os **municípios** [grifo nosso] elaborem, em consonância com o Plano Nacional, planos estaduais e municipais correspondentes. Em decorrência, o Conselho Nacional de Secretários de Educação (Consede), a União Nacional dos Dirigentes Municipais (Undime), o Ministério da Educação (MEC), a Comissão de Educação, Cultura e Desporto da Câmara dos Deputados, a Comissão de Educação do Senado Federal, a Unesco e a Abong criaram comissão nacional para coordenar e subsidiar os passos na elaboração dos planos estaduais e municipais da educação. Esta providência não apenas corrigiu a lacuna da LDB, como contribuiu, em assunto de tamanha relevância, para a prática saudável de procedimentos efetivos de articulação entre os responsáveis pelas estruturas formais dos serviços educacionais. Felizmente, esta questão está definitivamente superada, uma vez que o Plano Nacional de Educação (PNE), Lei 13.005/2014, corrigiu esta lacuna da LDB, ao prescrever:

Art. 8º – Os estados, o DF e os municípios deverão elaborar seus correspondentes planos de educação, ou adequar os planos já aprovados em lei, em consonância com as diretrizes, metas e estratégias previstas neste PNE, no prazo de 1 (um) ano contado da publicação desta lei.

§ 1º – Os entes federados estabelecerão nos respectivos planos de educação estratégias que:

I – assegurem a articulação das políticas educacionais com as demais políticas sociais, particularmente as culturais;

II – considerem as necessidades específicas das populações do campo e das comunidades indígenas e quilombolas, asseguradas a equidade educacional e a diversidade cultural;

III – garantir o atendimento das necessidades específicas na educação especial, assegurado ao sistema educacional inclusivo em todos os níveis, etapas e modalidades;

IV – promovam a articulação interfederativa na implementação das políticas educacionais.

§ 2º – Os processos e elaboração e adequação dos planos de educação dos estados, do DF e dos municípios, de que trata o caput *deste artigo, serão realizados com ampla participação de representantes da comunidade educacional e da sociedade civil.*

No Brasil há ainda um longo caminho a ser percorrido para que os municípios se organizem e desenvolvam seus *sistemas de ensino*. Por enquanto, o que existe são *redes de escolas* apoiadas por uma Secretaria de Educação – chamada, às vezes, de órgão municipal de educação –, quase sempre entregue a um amigo do prefeito, a quem cabe a responsabilidade de administrar o orçamento municipal da educação.

Enfim, a responsabilidade de estados e municípios ganha, ainda, maior envergadura no tocante à organização e funcionamento dos seus sistemas de ensino se considerarmos que a Emenda Constitucional 53/2006 e a Lei 1.494/2007 determinam que a distribuição dos recursos do Fundeb fica condicionada ao cumprimento das metas de universalização da educação básica estabelecidas no Plano Nacional de Educação. Estas metas e estratégias, que constam do PNE, 2014-2024, foram apresentadas na análise do art. 9º, inc. I desta Lei, que trata das incumbências da União.

Ainda, cabe chamar a atenção neste art. 11 para a repetição da expressão *sistema de ensino*. Está presente nos inc. I, III, IV e no § único. Este conceito tem presença marcante nos art. 8º, 9º, 10, 11 e 12, todos sob o Título IV da LDB, que fala precisamente da *organização da educação nacional*. Trata-se de um conceito de referência, responsável pelo delineamento de uma ordem organizativa e de um comando fundante e norteador da unidade na diversidade. No caso da estrutura municipal de ensino, reconvocar este conceito e reforçá-lo é providência essencial para um desenvolvimento consistente das políticas municipais de ensino desdobradas nas conformidades legais do art. 18 da LDB. Desocultar a dimensão sistêmica na oferta municipal de **educação escolar** (art. 1º, § 1º) é buscar fortalecer a intencionalidade de todo o processo educativo escolar, evitando o isolamento dos estabelecimentos de ensino, dos gestores, dos professores e do corpo técnico e, pelo contrário, ensejando o empoderamento dos atores escolares na própria configuração do sistema municipal de ensino.

Esta mesma direção de tracejamento sistêmico da organização institucional do ensino está presente no corpo da Resolução CNE/CEB 4/2010, ao tratar da organização da educação básica, como se pode ver:

Art. 18 [...]

§ 1º – As etapas e as modalidades do processo de escolarização estruturam-se de modo orgânico, sequencial e articulado, de maneira complexa, embora permanecendo individualizadas ao logo do percurso do estudante, apesar das mudanças por que passam:

I – a dimensão orgânica é atendida quando são observadas as especificidades e as diferenças de cada sistema educativo, sem perder o que lhes é comum: as semelhanças e as identidades que lhe são inerentes;

II – a dimensão sequencial compreende os processos educativos que acompanham as exigências de aprendizagens definidas em cada etapa do percurso formativo, contínuo e progressivo, da educação básica até a educação superior, constituindo-se em diferentes e insubstituíveis momentos da vida dos educandos;

III – a articulação das dimensões orgânica e sequencial das etapas e das modalidades da educação básica, e destas com a educação superior, implica ação coordenada e integradora do seu conjunto.

§ 2º – A transição entre as etapas da educação básica e suas fases requer formas de articulação das dimensões orgânica e sequencial que assegurem aos educandos, sem tensões e rupturas, a continuidade de seus processos peculiares de aprendizagem e desenvolvimento.

O fato é que a legislação educacional em vigor rejeita a ideia de uma compreensão vaga e meramente subjetiva de sistema de ensino de acordo com a qual "poderia haver tantos sistemas quantos sejam os intérpretes", na expressão do Cassese (1971: 190). Na Lei 9.394/1966 (LDB) e na Lei 13.005/2014 (PNE), sistema de ensino é conceito objetivo e concreto. Todo este enfoque legal e normativo se deixa iluminar por um alinhamento conceitual que inclui estrutura axiológica e processos efetivados em procedimentos de articulação, integração, continuidade, convergência de objetivos e finalidades, plantadas em "regras comuns". Tais regras conduzem a resultados positivos nas dimensões individuais, coletivas e sistêmicas. Para os municípios, resta a obrigação legal de construir e consolidar um *sistema de ensino* e, não, apenas uma *rede de escolas*. Trata-se de concepções diferenciadas, embora se interpenetram e se completem. Neste horizonte, o Plano Nacional de Educação, Lei 13.005/2014, considerando dificuldades locais da cultura político-administrativa, estabelece, no art. 7º e parágrafos, que:

§ 5º – Será criada uma instância permanente de negociação e cooperação entre a União, os estados, o DF e os municípios.

§ 6º – O fortalecimento do regime de colaboração entre os estados e respectivos municípios incluirá a instituição de instâncias permanentes de negociação, cooperação e pactuação em cada Estado.

§ 7º – O fortalecimento do regime de colaboração entre os municípios dar-se-á, inclusive, mediante a adoção de arranjos de desenvolvimento da educação.

Pelo art. 11, o município tem três opções de organização e funcionamento do respectivo sistema de ensino (art. 11, inc. I), a saber:

a) Organizar o próprio sistema de ensino.

b) Integrar-se ao sistema estadual de ensino, o que significa funcionar de forma articulada.

c) Compor-se com o sistema estadual de ensino, ou seja, funcionar de forma unificada, constituindo um sistema único de educação básica.

Nas três opções, prevalece a necessidade de imprimir às atividades que compõem a oferta da educação escolar pública, obrigatória e gratuita, de base municipal, um caráter sistêmico, sem parcelamentos de políticas, objetivos, processos e procedimentos, e sem fragmentação de encaminhamentos administrativos atravessados sob a forma de favores políticos. Pelo contrário, com a iluminação de diretrizes, a convergência de busca de metas e estratégias, direcionadas para um mesmo estuário de resultados. Portanto, um sistema municipal de ensino com identidade institucional edificante e sem disfarces burocráticos.

Art. 12 – Os estabelecimentos de ensino, respeitadas as normas comuns e as do seu sistema de ensino, terão a incumbência de:

I – elaborar e executar sua proposta pedagógica;

II – administrar seu pessoal e seus recursos materiais e financeiros;

III – assegurar o cumprimento dos dias letivos e horas-aula estabelecidas;

IV – velar pelo cumprimento do plano de trabalho de cada docente;

V – prover meios para a recuperação dos alunos de menor rendimento;

VI – articular-se com as famílias e a comunidade, criando processos de integração da sociedade com a escola;

VII – informar pai e mãe, conviventes ou não com seus filhos, e, se for o caso, os responsáveis legais, sobre a frequência e rendimento dos alunos, bem como sobre a execução da proposta pedagógica da escola;

VIII – notificar ao conselho tutelar do município, ao juiz competente da comarca e ao respectivo representante do Ministério Público a relação dos alunos que apresentem quantidade de faltas acima de cinquenta por cento do percentual permitido em lei.

Art. 12 – O legislador começa por se referir *às normas comuns*. Ou seja, reporta-se àquelas normas de aplicação universal no contexto do território nacional. São decorrentes de imperativo constitucional e infraconstitucional, porque abrigadas em legislação de cumprimento geral e obrigatório. A seguir, o legislador fala das normas do sistema de ensino a que as escolas se vinculam, podendo ser de âmbito estadual ou de âmbito municipal, conforme a dependência administrativa do estabelecimento de ensino. A par do corpo normativo ora referido, cada escola tem a prerrogativa legal de um conjunto de responsabilidades que envolve desde a proposta pedagógica até o conjunto de atores envolvidos no planejamento e execução dos serviços escolares, tais como: professores, pessoal técnico-administrativo, pais ou responsáveis legais, comunidade, sociedade, representantes do Estado e da sociedade. Este lastro amplo de atores está vinculado à educação escolar como um bem **público**, acionado por políticas **públicas** voltadas para demandas essenciais, da sociedade, no âmbito de direitos fundamentais. Ou seja, o direito que as fundamenta não é apenas individual, mas também coletivo. Como destaca Pereira (1994: 43), "[...] o termo público [...] não é uma referência exclusiva ao Estado, como muitos pensam, mas, sim, à coisa pública, ou seja, de todos, sob a égide de uma mesma lei e o apoio de uma comunidade de interesses".

O conjunto dos onze incisos deste art. 12 conduz a necessidade de a escola promover permanentemente sua autoavaliação institucional. Embora esta tipologia avaliativa esteja quase sempre referenciada à educação superior, não parece descabível estendê-la à escola de educação básica, até como sinalização objetiva do fiel cumprimento das incumbências distribuídas no art. 12, ora em análise. Como ressalta Grochoska (2013: 11), "[...] a avaliação institucional pode fornecer dados importantes para a construção e a efetivação do Projeto Político-pedagógico da escola, servindo ambas para uma melhor definição de identidade, autonomia, missão e objetivos institucionais. Este resultado contribui para a melhoria da unidade de ensino, tornando-se uma eficaz estratégia de gestão democrática e participativa". A experiência tem mostrado que uma agenda permanente de autoavaliação institucional, realizada pela escola de educação básica, gera uma atmosfera de dinamismo escolar, de conhecimento revelador das potencialidades e limitações da instituição, das expressões de participação de toda a comunidade escolar e, particularmente, de uma linha perceptiva do nível de responsabilidade dos conjuntos dos atores envolvidos no aprimoramento dos programas educacionais construídos coletivamente e executados de forma pedagogicamente socializada.

Como é facilmente perceptível, o corpo do art. 12 hospeda dimensões típicas do processo de gestão, de mecanismos de controle, de envolvimento sistemático e contínuo da comunidade e dos direcionamentos coletivos no âmbito de responsabilidades comuns. E é precisamente nesse horizonte que há a avaliação institucional. É, na verdade, um instrumento de gestão e de realimentação do planejamento escolar. Indica se a escola cumpre legal e socialmente o seu papel e aponta caminhos para a superação de dificuldades. Como é sabido, gerir a escola é mais do que administrá-la enquanto algo que está pronto. Mas... Vai além à medida que requer trabalhar na direção de uma "utopia concreta" (DESROCHE, 1982: 14), criando e recriando "relações e contextos sociais, políticos, culturais e pedagógicos, dentro de um processo de autonomia e da idade da escola" (GROCHOSKA, 2001: 17). Luck atentou para esta compreensão edificante da gestão educacional ao dizer que "ela corresponde ao processo de gerir a dinâmica do sistema de ensino como um todo e de coordenação das escolas em específico, afinado com as diretrizes e políticas educacionais públicas, para implementação das políticas educacionais e projetos pedagógicos das escolas, compromissado com os princípios da democracia e com métodos que organizem e criem condições para um ambiente educacional autônomo (soluções próprias, no âmbito de suas competências) de participação e compartilhamento (tomada conjunta de decisões e efetivação de resultados), autocontrole (acompanhamento e avaliação com retorno de informações) e transparência (demonstração pública de seus processos e resultados)".

Este artigo fecha o circuito das responsabilidades públicas enquanto estruturas de sistemas para com a educação escolar – sobretudo aquela de oferta obrigatória – enquanto dever do Estado. O alinhamento União (art. 9º), estados (art. 10), municípios (art. 11) e, agora, escolas (art. 12) propõe, na própria formulação sequencial, compartilhamento, complementaridade e permanente interlocução na concretização dos objetivos fundamentais da República Federativa do Brasil, nos termos do art. 2º da CF, quais sejam:

I – Constituir uma sociedade livre, justa e solidária;

II – Garantir o desenvolvimento nacional;

III – Erradicar a pobreza e a marginalização e reduzir as desigualdades sociais e regionais;

IV – Promover o bem de todos, sem preconceitos de origem, raça, sexo, cor, idade e quaisquer outras formas de discriminação.

Trata-se, portanto, de um conjunto de objetivos essenciais cuja observância se explicita na institucionalidade de deveres e cujo descumprimento conduz o Estado à condição de faltoso à medida que enseja, ao cidadão, o direito de exigir a prestação objetiva do direito que lhe está sendo negado.

> **I** – O conjunto dos incisos deste artigo constitui o próprio chão de sustentação da autonomia da escola. Percebe-se, de partida, uma nítida preocupação do legislador em confiar à escola a responsabilidade de sua autocondução, a começar pela tarefa de produzir sua proposta pedagógica[56]. O binômio autonomia/proposta pedagógica constitui o único elemento capaz de conferir, a cada escola, a condição de laboratório vivo de aprendizagem referida a contextos concretos da vida.

---

56. As expressões *proposta pedagógica, projeto pedagógico* e *projeto político-pedagógico (PPP)* são equivalentes e usadas indistintamente pela literatura especializada.

A proposta pedagógica surge no bojo da luta pela "gestão democrática do ensino público", conceito antagônico ao de planejamento centralizador estatal. Na elaboração da Constituição de 1988, o Fórum Nacional em Defesa da Escola Pública cunhou e hospedou, na mente do legislador, este conceito. O PPP deve ter as seguintes características:

I – Envolver gestores, professores, pais, alunos e funcionários em sua elaboração;

II – Conectar os contextos local, regional, nacional e global, dando, ao aluno, uma compreensão holística da realidade;

III – Definir o plano escolar e, a partir dele, situar a proposta curricular, a formação continuada dos docentes, os recursos instrumentais da escola e a natureza da gestão administrativa;

IV – Ensejar a participação de todos na execução;

V – Revisar, a cada ano, as linhas mestras das ações, estratégias, metas, níveis de progresso dos alunos e as próprias bases conceituais do projeto;

VI – Ser instrumento da condição burocrática de administrador e reposicionando-o, a cada momento, na condição dinâmica de articulador das ações da escola;

VII – Produzir mecanismos continuados de acionamento da escola como centro difusor de valores e atitudes, revitalizando, assim, a sua função socializadora.

A autonomia escolar é a própria busca de qualidade, explicada "na dinâmica integrada das diversas esferas e estruturas internas e nas relações entre elas e a sociedade. A qualidade deve ser compreendida no dinamismo das ações educativas que buscam a realização de um conjunto de propostas e compromissos, que se articulam no interior da escola e organizam em formas e conteúdos mais ou menos coerentes" (SOBRINHO, 1995: 61). A proposta pedagógica, por sua vez, é a tentativa (uma vez que está em permanente construção) de aproximar qualidade educativa e qualidade social, conceitos amplos e mutáveis e que somente por via de consensos negociados no meio de relações de força podem ser construídos. Refere-se, portanto, à proposta de organização de um trabalho que, com coerência e continuidade, é compatível com as transformações de uma sociedade mais justa, mais democrática, mais inclusiva e mais escolarizada.

Para elaborar e executar a proposta pedagógica, a escola deve saber distinguir eixo pedagógico de proposta pedagógica. O primeiro está vinculado à identidade, missão, perfil do alunado e resultados. Desta forma, compreende: poder decisório para melhoria da aprendizagem, critérios adotados para a organização escolar, qualidade dos professores, parcerias, controles norma-tivo-burocráticos e controle de resultados. A proposta pedagógica abrange, além do eixo pedagógico, o eixo administrativo, o eixo do planejamento, o eixo financeiro da escola e, ainda, a comunidade enquanto **rede social esco-lar**. Portanto, é conceito mais abrangente e, sobretudo, estribado no controle de natureza social da escola. Marca registrada da escola democrática, a Propos-ta Pedagógica transforma cada escola em uma composição de ambientes de aprendizagem colaborativa, interativa, receptiva, reativa e original. A Proposta Pedagógica integra o projeto escolar global a ser submetido, depois de apro-vado pela comunidade escolar (processo de legitimidade), ao Conselho de Educação correspondente (processo de legalidade) para aprovação. Somente nesta perspectiva, a Proposta Pedagógica deixa de ser um instrumento buro-crático de regulação e passa a ser um mecanismo institucional de autonomia e emancipação.

> II – Pessoas devidamente qualificadas e recursos materiais e financeiros são pré-requisitos para o adequado funcionamento da escola. Quando não exis-tem, a escola é mera ficção. O Brasil está cheio de escolas cujas condições materiais são tão precárias que constituem o anticlímax da educação escolar. Não há aula, não há sala de aula nem escola sem os meios e os instrumentos que assegurem pleno grau de adequação ao conjunto do desenvolvimento do projeto pedagógico e do plano escolar. Isto implica pessoas e recursos em proporções correspondentes ao que prescreve o art. 25 da LDB, devendo-se estabelecer, sempre, "uma relação adequada entre o número de alunos e o pro-fessor, a carga horária e as condições materiais do estabelecimento". Tudo isto requer, vigilância institucional, acompanhamento coletivo, responsabilidade individual e transparência nos métodos da gestão e avaliação continuada. Ao prescrever, portanto, como incumbência da escola, administrar seu pessoal e seus recursos materiais e financeiros, a lei determina que os estabelecimentos de ensino, para funcionarem, precisam ter condições de autossuficiência dos meios. Naturalmente, que as escolas não são independentes, mas precisam ser autônomas, dentro dos parâmetros previstos no art. 15 da LDB. Na verdade, os recursos materiais e financeiros das escolas são tão limitados, que adminis-trá-los bem se torna quase uma obsessão por parte da equipe escolar.

> III – Como destacado nos comentários do art. 4º, inc. VI, a escola precisa trabalhar sob duas perspectivas: a da letividade e a da aprendizagem. Esta diz respeito a assegurar o pleno desenvolvimento do educando, seu preparo para o exercício da cidadania e sua qualificação para o trabalho (LDB, art. 2º).

Aquela, objeto deste inc. III, não é uma mera exigência burocrática, senão uma forma de se garantir uma carga de aprendizagem duradoura por ano (dias e horas), de tal sorte que todos os alunos tenham este mínimo e possam dele se beneficiar igualmente. O art. 24 desta LDB fixa, para efeito da educação básica, carga horária mínima anual (oitocentas horas) e o mínimo anual de dias letivos (duzentos) de efetivo trabalho escolar, a serem assegurados, nos termos do inciso ora enfocado, pela escola.

O conceito de horas-aula tem sido objeto de diferentes manifestações de instâncias responsáveis pela educação nacional. A última foi a Resolução CNE/CES 03/2007, que dispõe sobre esta matéria, porém, com foco na educação superior. Diz o seguinte: a) A hora-aula decorre da necessidade de organização acadêmica; b) a hora-aula está referenciada às questões de natureza trabalhista; c) a definição quantitativa em minutos de hora-aula é uma atribuição das IES; d) respeitado o mínimo de duzentos dias letivos de trabalho acadêmico efetivo, cabe a cada IES a duração da atividade acadêmica ou do trabalho discente efetivo que compreenderá: aulas expositivas, preleções, atividades práticas expositivas do tipo: laboratórios, atividades em bibliotecas, iniciação científica, trabalhos individuais e em grupo, práticas de ensino etc. E arremata, no art. 3º: a carga horária mínima dos cursos superiores é mensurada em horas (60 minutos) de atividades acadêmicas e de trabalho discente efetivo. Na educação básica, mais importante do que o cumprimento da hora-relógio, com tempo físico de 60 minutos, é o cumprimento da hora-aprendizagem, o que supõe um processo de envolvimento **integral** do aluno como identidade integrada ao processo de aprender e de ressignificar sua vida.

> **IV** – Os docentes não apenas devem participar do planejamento escolar, mas cada um tem seu plano de trabalho cujo acompanhamento é de responsabilidade do coletivo da escola. Percebe-se, assim, uma preocupação do legislador em realçar o projeto pedagógico da escola, à luz do qual o individualismo do professor é instado a transformar-se em solidariedade dos professores.

A escola é uma comunidade com várias coletividades: professores, funcionários, alunos, familiares, grupos e associações etc. A comunidade dos docentes precisa ter assegurados os meios e as condições de trabalho. Estas se encorpam nos Planos de Trabalho Docente. Neste instrumento, cada professor traça sua rota como empreendedor da sala de aula. Precisa trabalhar com objetos concretos, com rotas definidas, com dimensões simbólicas e funcionais, garantidoras da funcionalidade do seu trabalho. No Plano do Trabalho Docente, se articulam conteúdos, condições (meios), estratégias metodológicas, bibliografia, recursos tecnológicos, regras, ritos e atividades para, no bojo de um processo de combinação, aproximar os componentes do imaginário com os da funcionalidade objetiva. Como observa Marques (1997: 149), "a sala de aula é o que nela são seus agentes imediatos: os alunos e os professores. Nesse contexto, ganha efetividade e sentido o quadro delineado por planos e programas, objetivos traçados, metodologias, regulamentos e normas".

> **V** – A questão da recuperação dos alunos constitui um dos temas críticos e denunciadores de fragilidade da escola básica brasileira. Na verdade, anterior a este problema, está o da dificuldade de a escola oferecer uma educação "adequada às condições individuais do aluno". Tratar, na escola brasileira, das chamadas diferenças individuais é difícil, seja porque a sala de aula é toda estruturada para mascarar a heterogeneidade dos alunos, seja porque os professores, também, não foram preparados para trabalhar com aluno, mas com turmas de aluno. Em decorrência, o provimento de meios para responder, positivamente, a alunos que carecem de recuperação torna-se difícil. Resultado: o aluno em recuperação é considerado um incômodo adicional para o professor e para a burocracia da escola. Os registros escolares atrasam!

O texto legal fala em *prover os meios...* ou seja, há um pressuposto de que a escola deve disponibilizar recursos de apoio pedagógico adicionais que possibilitem formas e métodos diferenciados para o aluno, com a mediação do professor, retrabalhar as rotas de aprendizagem. A recuperação é dos alunos, porém, os meios são da escola. Recuperar não é oferecer, mais uma vez e da mesma forma, o mesmo conhecimento, senão, introduzir mudanças qualitativas nas rotas de trabalho e nos componentes curriculares para produzir um marco organizativo adequado ao aluno em recuperação. No processo de aprendizagem, todos experimentam espaços de recuperação! Esta tal qual ocorre em nossas escolas é uma ilusão pedagógica: a escola não se preocupa com programações de recuperação no final dos períodos de avaliação. Sofrem professores e alunos com aquela tarefa *extemporânea!* A indiferença dos gestores da escola brasileira ao curso do calendário de recuperação é sinal não apenas do baixo nível de responsabilidade que sentem em relação aos professores, mas também em relação à aprendizagem dos alunos e a uma avaliação verdadeiramente formativa.

Em síntese, prover os meios para recuperar os alunos com baixo rendimento significa que a escola vai possibilitar o tempo para estudar e refletir sobre as formas *de expurgar, da vida escolar, as práticas que não contribuem para o aprimoramento do trabalho escolar e os rituais e as rotinas que não contribuem para a aprendizagem* (PERRENOUD, 2001: 108). Na verdade, os estudos de recuperação apequenados em um calendário mínimo de dias ajudam a desmobilizar (ou a desmoralizar?!) a própria escola e seus professores à medida que o aluno se interroga: Ora, se eu não aprendi durante semanas e meses, como aprender em alguns poucos dias?! A solução adotada por muitos países é trabalhar a recuperação paralelamente ao cumprimento do calendário de aulas. Desta forma, a recuperação perde a natureza de prova substitutiva ou complementar e ganha a feição de reforço de aprendizagem. Até porque o aluno revela fragilidades no curso das aulas e não só na hora em que é convocado para fazer uma prova. Rigorosamente, é impróprio dizer que o aluno *ficou em recuperação*. De fato, o aluno pode possuir lacunas e deficiências de aprendizagem nesta ou naquela disciplina. Neste caso, cabe à escola criar uma organização e um ambiente de aprendizagem capazes de possibilitar aos alunos o desenvolvimento de suas capacidades ao máximo, mercê de uma intervenção eficaz que inclua elementos de motivação, interesse, funcionalidade, tratamento diferenciado e aprendizagem resolutiva. O ritmo global de aprendizagem de uma turma não pode sufocar as necessidades básicas de aprendizagem de cada aluno.

É urgente afastar do conceito de recuperação escolar as ideias de sanção, atraso e desvantagem intelectual. Tão difícil quão aprender na diversidade é ensinar na diversidade. Por isso, na ocorrência de programas de recuperação, a escola deve compreender que a tarefa não pode ficar adstrita a um professor solitário, mas a um grupo de professores capacitados a trabalhar com a noção operacional de *didática corretiva que surge quando a correção das diferenças do aluno que aprende e do que poderia aprender são resolvidas mediante processos de recuperação* (GONZALEZ, 2002: 35). O ideal é que, em cada escola, haja um **núcleo de professores de reserva** para cuidar do reforço escolar e do planejamento e execução dos estudos e da recuperação. Este assunto será retomado na abordagem do inc. IV, do art. 13, uma vez que se trata de responsabilidade compartilhada escola/professor. (Ainda, sobre recuperação, cf. art. 13, inc. IV.)

> VI – As ligações escola, família e comunidade requerem, para sua consolidação, estratégias diferenciadas, dependentes do tempo social e do ritmo cultural de cada contexto. À escola cabe, nesse particular, criar mecanismos indutores para um diálogo permanente e consequente com o seu entorno. Sem esta interlocução, não se poderá falar em diretrizes sociais da educação. Em uma sociedade em que famílias mandam seus filhos para a escola pública como se esta fosse um depósito, é fundamental um esforço permanente da direção da escola para atrair os familiares dos alunos para uma participação efetiva no Projeto Pedagógico Escolar. Esta integração é necessária não apenas porque a educação é dever do Estado, da família e da sociedade, mas também porque este é o melhor caminho para se trabalhar a autoestima do aluno e evitar a tragédia brasileira do fracasso escolar. Por esta razão e em sendo a aprendizagem um processo individual e socialmente complexo, sua concretização se dá através da parceria escola/família. Esta parceria, aliás, é o caminho mais esclarecedor para se entenderem, sob o ponto de vista do desenvolvimento intelectual da criança e do jovem, as relações entre inteligência racional e inteligência emocional. Porém, é mais do que isto. Na verdade, as conexões escola, família e comunidade se impõem porque, como a sociedade, a escola é um sistema complexo. Não é um território delimitado nem uma reserva de domínio dos professores. As múltiplas dimensões das atividades escolares transformam a escola em um laboratório de problemas humanos e, portanto, em um universo de agentes sociais múltiplos. Aliás, isto tem a ver com a ideia de escola como comunidade, portanto, como ente plural com um sistema social povoado de ambiguidades e desafios.

A educação como *dever da família e do Estado* (art. 2º) desdobra-se, sob a forma de sintonia legal, em elementos implicativos neste art. 12, inc. VII, e no art. 13, inc. VI. Nos tempos atuais, o envolvimento da família com a escola constitui um crescente desafio. De fato, os fundamentos desta parceria devem se colocar em processo permanente de reapropriação. Há queixas de lado a lado. Os valores em transformação rápida da sociedade exigem uma reorientação e um fortalecimento desta relação. O circuito das novas relações sociais e culturais, nutridos pela presença impulsionadora da tecnologia, cria uma atmosfera de relações tensionadas, com a formação de um ninho de incompreensões em torno do papel, das funções e responsabilidades de cada um.

A Organização dos Estados Ibero-americanos (OEI) publicou pesquisa em 2012, que apontou que os problemas nesta relação estão assim configuradas: 95% dos professores do Ensino Fundamental declararam, como questão central, a não assistência e o não acompanhamento da família do *dever de casa*. Ainda, 82% dos professores identificam, no nível cultural dos pais, a origem deste relacionamento travado. Em síntese, estes dados revelam a sensação da falta de compromisso das famílias em relação à vida escolar dos filhos. Enquanto isso, da parte das famílias, há uma expectativa de que a escola ensine a seus filhos os conteúdos acadêmicos e, ainda, formas de se portarem adequadamente em seu modo de ser individual e nos espaços públicos. A par disso, tem crescido o colchão de tensões entre família, escola e professores, sob a forma de questionamento pelos pais da linha das ações pedagógicas adotadas pelos docentes. Aqui, há dois fatos a considerar. Estudo realizado pelo Ibope, com base em mais de 2.000 entrevistas, mostrou que 73% dos pais consideram os professores bons ou muito bons e que o principal a ser feito para mudar a educação é melhorar o salário dos docentes. Estes indicadores positivos revelam que as famílias avaliam a escola e os professores positivamente. Estamos, assim, diante de duas situações paradoxais que, no fundo, traduzem a urgência de, em vez de enfatizar a transferência de responsabilidades de parte a parte, o caminho a ser constituído é precisamente o que consta do art. 12, inc. VI, e do art. 13, inc. VI, formulados sob a forma de **articulação** obrigacional entre família, professores e comunidade. Ou seja, uma verdadeira teia de interlocuções.

Cabe destacar, outrossim, que o diálogo permanente escola/família se torna ainda mais necessário e exigente "num tempo em que indicadores como o **Enem** e mesmo o **Ideb** estimulam as famílias a construir opinião sobre o trabalho educativo (*Revista Educação*, n. 201, 2014. São Paulo: Segmento), com a consequência da criação de um ciclo de aumento da exigência escolar, o que fez crescer campos de conflito também na área pedagógica" (ibid.). Estudos de Uchoa (2013), com base em um universo de 400 famílias das cidades satélites e entorno do DF, revelam que as famílias mais pobres encontram dificuldade na relação comunicativa com as escolas de seus filhos, sentem constrangimento em procurar os professores e acham que os gestores das escolas "estão pouco ouvindo" ao que eles, pais, dizem. Por outro lado, a pesquisa confirma que os pais – mas, sobretudo, as mães – procuram as melhores escolas para seus filhos, mesmo que elas estejam localizadas mais distantes das residências.

A organização da escola se explicita em uma malha funcional que se prende, também, à cultura do entorno, à realidade circundante, sem o que não haverá aprendizagem viva, efetiva e afetiva. É aqui que ganha relevância a presença da família e da comunidade na vida da escola. Presença cada vez mais valorizada para resolver problemas do escolar e do extraescolar. Em um e outro caso, a família aparece como a referência essencial para ajudar a construir alternativas educacionais e socioeducacionais, diante de desafios como o da violência na escola ou, como denomina a literatura internacional, do *bullying* escolar, assunto, aliás, que requer um mínimo de compreensão seja da família, seja da comunidade e dos professores.

Os primeiros estudos do fenômeno surgiram na década de 1970, em países nórdicos, especialmente na Suécia e Noruega. Daí as pesquisas se estenderam a toda a Europa. No fim da década de 1990, o Brasil se deu conta de que o problema da violência psicológica e da brutalidade física entre alunos assumia aspectos dramáticos. A escola tinha mais um grave problema a enfrentar cuja configuração se incorporava "em atitudes agressivas, intencionais e repetitivas que ocorrem sem motivação evidente, adotadas por um ou mais estudantes contra outro(s), causando dor e angústia, e executadas dentro de uma relação desigual de poder, tornando possível a intimidação da vítima" (LOPES NETO & SAAVEDRA, 2003).

O **bullying** escolar não é um problema de responsabilidade exclusiva da escola. Na verdade, requer investimentos, ações estratégicas e programações continuadas, envolvendo os sistemas de ensino, a comunidade escolar, as famílias e setores das áreas de saúde e de segurança pública. Pesquisas revelam que o **bullying** se estende rapidamente a todos os ambientes e níveis escolares, com uma propagação acentuada à medida que avança o grau de escolaridade (CONSTANTINI, 2006). Ou seja, reflexo da conduta permissiva da sociedade em geral, o **bullying** escolar tende a assumir um caráter epidêmico. Pesquisa realizada em cinco países (Brasil, México, Argentina, Espanha e Chile) e cujos resultados o Instituto SM para a Educação (Isme) deu a conhecer, colocou o Brasil em primeiro lugar em **bullying**. O estudo envolveu alunos da segunda etapa do Ensino Fundamental e, ainda, do Ensino Médio. De acordo com dados obtidos pelo Centro Multidisciplinar de Estudos e Orientação sobre o **bullying** escolar (Cemeobes), em 2007, os alunos brasileiros, surpreendentemente, têm uma média de envolvimento na prática de **bullying** de 45% acima dos índices mundiais. As causas para esta estatística alarmante são: a baixa atenção dos pais aos filhos, as concessões ao individualismo e à competitividade, a ausência de limites, a ausência de parâmetros educativos com base em valores humanos, a falta de solidariedade, de cooperação, de convivência pacífica, de tolerância e de respeito às diferenças, a banalização da violência e o fenômeno incontrolável do **ciberbullying**.

Sendo a educação dever do Estado, da família e da sociedade, as medidas para a escola enfrentar a questão do *bullying* podem ser:

• Não fingir que o problema não existe.

• Capacitar os professores para ações de diagnóstico e encaminhamento adequados.

• Produzir debates sobre o tema com toda a comunidade escolar.

• Compartilhar, com os pais, a identificação do problema e envolvê-los em estratégias preventivas.

• Engajar Conselhos Tutelares, Promotorias Públicas, Varas da Infância e da Juventude, Delegacias da Criança e do Adolescente e Pastorais Religiosas no enfrentamento do problema.

• Pedir apoio de consultorias externas, de especialistas (psicólogos, sociólogos, assistentes sociais etc.) com o intuito de obter uma compreensão adequada do problema.

• Elaborar, coletivamente, agendas de atividades através das quais os alunos possam construir e expor sua sociobiografia. Esta medida pode melhorar o padrão das relações interpessoais e atenuar as angústias e descompensações que, muitas vezes, se apoderam dos jovens.

Em síntese, aqui está um enorme desafio para cuja solução e articulação família, escola e comunidade são o único canal capaz de criar saídas e produzir respostas para os problemas de indisciplina e violência na escola... mas também para as questões de aprendizagem e de cidadania. O canal para tudo isto é diálogo, comunicação, parceria e compartilhamento de responsabilidades. Nesta direção, escolas e professores devem multiplicar as passarelas de envolvimento dos pais nas formas de avaliação. Como já se disse com muita propriedade "[...] a avaliação é o fio condutor para o entendimento dos espaços e das relações que se dão na escola, em todas as suas dimensões". Enfrentar a questão cada dia mais desafiadora do **bullying** nas escolas e pôr em ação o art. 3º, inc. IV da CF e, ainda, o art. 2º, inc. II do PNE. Em ambos os casos, está prevista a superação das desigualdades educacionais com ênfase na promoção da cidadania e na erradicação de todas as formas de discriminação. O **bullying** é fonte e expressão de violência na sociedade, na família e na escola enquanto espaços de vivência, mas, não, necessariamente, de **convivência**. Este inciso dialoga com os incisos VII e IX.

> VII – O aluno vai para a escola para estudar, para aprender e para se socializar. Sob esta condição, deverá observar certas exigências como frequentar as aulas, apresentar bom rendimento e, assim, progredir nos estudos. Para evoluir neste processo, a escola compõe sua proposta pedagógica com a participação ampla da comunidade escolar. À medida que executa tal proposta, deve proceder a ajustes como decorrência natural do processo de aprimoramento e, também, das situações de imprevisibilidade que sempre ocorrem.

Em qualquer destas situações, é dever da escola dar ciência aos pais e responsáveis, a fim de que possam acompanhar o desenvolvimento dos seus filhos, inclusive com o apoio de instrumentos de regulação negociados e consensualmente postos à disposição de todos. Trata-se de um mecanismo de controle das condições que legalmente favoreçem a aprendizagem e que contribuem para desenvolver, nos alunos, formas de autoavaliação no campo de suas responsabilidades e das responsabilidades daqueles diretamente responsáveis por eles (alunos).

A situação de pais separados não justifica descaso com a educação escolar dos filhos. Assim, acompanhá-los nos exercícios escolares, na frequência e no rendimento constitui o lastro de responsabilidades básicas no conjunto dos deveres parentais. A Lei é clara. "A educação, dever da família e do Estado..." (LDB, art. 2º). Este dispositivo ganha reforço psicológico, civilizatório e responsivo com a aprovação da Lei da Síndrome da Alienação Parental (Lei 4.053/2008). Obriga os pais a deixarem suas desavenças pessoais e afetivas de lado em benefício do desenvolvimento saudável dos filhos. A escola informa a pai e mãe, conviventes ou não com seus filhos, e, ainda, a responsáveis legais, na ausência dos pais, na expectativa de convocá-los para um envolvimento permanente com a educação dos menores e com o próprio projeto pedagógico escolar. Família desligada da escola é aluno desligado da sala de aula e, portanto, distante de uma aprendizagem focada nos fins da educação (LDB, art. 2º). No Brasil, em geral, as famílias dão, ao projeto pedagógico, pouca atenção. É como se o surfista desse pouca atenção à sua prancha! A lei tenta reverter este estado de desatenção e convoca os pais a serem parceiros no acompanhamento do PPP que é, na verdade, a bússola da escola. O Plano Nacional de Educação (PNE), Lei 13.005/2014, reforça a necessidade da articulação escola/família, fixando, como uma das estratégias da Meta 12 (universalização do Ensino Fundamental de 9 (nove) anos), incentivar a participação dos pais ou responsáveis no acompanhamento das atividades escolares dos filhos por meio do estreitamento das relações entre as escolas e as famílias.

> **VIII** – A legislação infraconstitucional colocou, por meio do Estatuto da Criança e do Adolescente (ECA), institutos que nivelam a família e a sociedade na mesma posição do Estado, no que tange à responsabilidade de assegurar os direitos da população infantojuvenil etc. Dentre as soluções encontradas pelo legislador está a existência do Conselho Tutelar. Conforme definido pelo art. 131 do ECA, trata-se de "órgão permanente e autônomo, não jurisdicional, encarregado pela sociedade de zelar pelo cumprimento dos direitos da criança e do adolescente [...]". O Conselho Tutelar não se confunde com o Conselho dos Direitos da Criança e do Adolescente. Enquanto este é um mecanismo de participação da sociedade nas questões que dizem respeito à infância e à juventude, aquele "tem como escopo principal promover – e não deliberar – ações destinadas à proteção dos direitos infantojuvenis" (TAVARES, 2007: 34). Em outras palavras, o Conselho de Direitos tem a relevante tarefa de dar rumo e controlar a política de atendimento, enquanto, ao Conselho Tutelar, cabe assistir às crianças e jovens que tenham seus direitos ameaçados ou violados. Na verdade, é um serviço público essencial, com existência protegida pela CF (art. 227, § 7º e 204) e pelo ECA (art. 208, par. único) e sua não

disponibilidade enseja ação judicial de responsabilidade por desrespeito aos direitos garantidos à população infantojuvenil. Neste caso, deve-se recorrer primeiramente ao Ministério Público.

A estruturação do Conselho Tutelar obedece à lei municipal que deverá complementar a legislação federal, enriquecendo-a e detalhando-a com as especificidades locais.

A notificação do Conselho Tutelar do Município ao juiz competente e ao representante do Ministério Público, de ausência do aluno menor às aulas, decorre da necessidade de os pais e responsáveis cumprirem as responsabilidades inerentes ao poder e aos deveres familiares. O descumprimento do **dever da família** pode caracterizar a infração administrativa prevista no art. 249 do ECA, em conexão anterior com o delito de abandono intelectual nos termos do art. 246 do Código Civil.

Os Conselhos Tutelares têm um funcionamento ainda limitado sobretudo no que tange às suas responsabilidades no campo do acompanhamento do aluno da educação escolar obrigatória. Na verdade, a organização destes conselhos vive a dificuldade de eles não compreenderem que não há um padrão de funcionamento. Como sistemas vivos, eles devem ir se auto-organizando de acordo com a problemática contextual diante da qual eles são convocados a atuar como instâncias de mediação e acompanhamento, até porque "[...] a auto-organização supõe uma certa plasticidade adaptativa e implica frequentemente escolhas estratégicas" (ASSMAN, 1998: 134). O que ocorre, de fato, é que os Conselhos Tutelares trabalham com necessidades emergentes e o *habitus*[57] dos agentes sociais que neles atuam se alicerça na epistemologia cartesiana que têm na linearidade e na previsibilidade seus elementos centrais.

A notificação do que fala o inc. VIII em apreço não busca só evitar o imprevisto ou a ausência do aluno à escola, senão experimentar rotas inovadoras de atuar positivamente nas diferentes formas de intervenção, visando à reversão de conduta diversa. Ou seja, é necessário que escolas e Conselhos Tutelares aprendam que a ausência de alunos às atividades da escola não pode ser corrigida com soluções tensionadas nem imposições, mas com interações, diálogos e, sobretudo, com a imersão cultural de todos os envolvidos.

A tendência de padronização de conduta dos Conselhos Tutelares pode esvaziar totalmente o conteúdo sociopedagógico deste inc. VIII, à medida

---

57. Para Bourdieu, o *habitus* dos agentes sociais "é ao mesmo tempo um sistema de esquemas de produção de práticas e um sistema de esquemas de percepção e apreciação das práticas" (1990: 158).

que sua responsabilidade se cinge a ajudar a gerenciar mudanças e, não, a agir cartorialmente... burocraticamente.

A importância de Conselhos de Acompanhamento de Políticas Públicas é tamanha que o Plano Nacional de Educação (Lei 13.005/2014), põe na Meta 19, Estratégia 19.2, como obrigação do Estado, "ampliar os programas de apoio e formação aos(às) conselheiros(as) dos Conselhos de Acompanhamento e Controle Social do Fundeb, dos Conselhos de Alimentação Escolar, dos Conselhos Regionais e **de outros** e aos(às) representantes educacionais em demais conselhos de acompanhamento de políticas públicas, garantindo a esses colegiados recursos financeiros, espaço físico adequado, equipamentos e meios de transporte para visitas à rede escolar, com vistas ao bom desempenho de suas funções.

> **IX** – Dentre as incumbências da instituição escolar, maximizadas, sobretudo, neste art. 12, destacam-se três patamares de medidas, a saber: I- De conscientização; II- De prevenção; e III- De combate. Neste último caso, a todos os tipos de violência, com destaque para a intimidação sistemática, universalmente conhecida como *bullying*, nos recintos da escola[58]. Este tipo de conduta degradante e destrutiva é o avesso de tudo que estabelece e pretende o Estatuto da Criança e do Adolescente (ECA) – Lei nº 9.069/90 e Lei nº 8.242/91 – onde estão preceituados os seus direitos e, reenfatizados tais direitos na Constituição Federal de 1998 e na Declaração dos Direitos da Criança, neste caso, através da Resolução 1.386, da Organização das Nações Unidas/ ONU, de 1959. Nestes diferentes contextos legais, destaca-se a implantação de medidas socioeducativas de proteção a este segmento da população: crianças e adolescentes são todos sujeitos de direitos. A indisciplina está à margem destes direitos e cabe à educação escolar e, portanto, a cada escola, incluir permanentemente nas atribuições e no horizonte da preparação do aluno para **o exercício pleno da cidadania** (LDB, art. 2), medidas socioeducativas de natureza preventiva.

No Brasil, o *bullying* tomou tamanha proporção que o governo sancionou a Lei 13.185/2015, instituindo o Programa de Combate à Intimidação Sistemática/PCIS (*bullying*). Entendida esta como *todo ato de violência física ou psicológica, intencional e repetitivo que ocorre sem motivação evidente, praticado por indivíduo ou grupo, contra uma ou mais pessoas, com o objetivo de intimidá-la ou agredi-la, causando dor e angústia à vítima, em uma relação*

---

58. Temas tratados rapidamente no inciso VI.

de desequilíbrio de poder entre as partes envolvidas. O PCIS objetiva fundamentar as ações do Ministério da Educação e das Secretarias Estaduais e Municipais de Educação, bem como de outros órgãos, aos quais a matéria diz respeito. O texto legal tem uma formulação sociopedagógica e de cidadania multifocal, como podemos ver:

Art. 2º Caracteriza-se a intimidação sistemática (bullying) quando há violência física ou psicológica em atos de intimidação, humilhação ou discriminação e, ainda:

I – ataques físicos;

II – insultos pessoais;

III – comentários sistemáticos e apelidos pejorativos;

IV – ameaças por quaisquer meios;

V – grafites depreciativos;

VI – expressões preconceituosas;

VII – isolamento social consciente e premeditado;

VIII – pilhérias.

Parágrafo único. Há intimidação sistemática na rede mundial de computadores (cyberbullying), quando se usarem os instrumentos que lhe são próprios para depreciar, incitar a violência, adulterar fotos e dados pessoais com o intuito de criar meios de constrangimento psicossocial.

Art. 3º A intimidação sistemática (bullying) pode ser classificada, conforme as ações praticadas, como:

I – verbal: insultar, xingar e apelidar pejorativamente;

II – moral: difamar, caluniar, disseminar rumores;

III – sexual: assediar, induzir e/ou abusar;

IV – social: ignorar, isolar e excluir;

V – psicológica: perseguir, amedrontar, aterrorizar, intimidar, dominar, manipular, chantagear e infernizar;

VI – físico: socar, chutar, bater;

VII – material: furtar, roubar, destruir pertences de outrem;

VIII – virtual: depreciar, enviar mensagens intrusivas da intimidade, enviar ou adulterar fotos e dados pessoais que resultem em sofrimento ou com o intuito de criar meios de constrangimento psicológico e social.

A ideia-foco da lei é que as escolas, ao lado de outras instituições da sociedade, definam e mobilizem medidas de conscientização, prevenção, diagnose e combate à violência e à intimidação sistemática (*bullying*).

O *bullying* escolar não é um problema de responsabilidade exclusiva da escola. Na verdade, requer investimentos, ações estratégicas e programações continuadas, envolvendo os sistemas de ensino, a comunidade escolar, as famílias e setores das áreas da saúde e de segurança pública. Pesquisas revelam que o *bullying* se estende rapidamente a todos os ambientes e níveis escolares, com uma propagação acentuada à medida que avança o grau de escolaridade (CONSTANTINI, 2006). Ou seja, reflexo da conduta permissiva da sociedade em geral, o *bullying* escolar tende a assumir um caráter epidêmico. Pesquisa realizada em cinco países (Brasil, México, Argentina, Espanha e Chile) e cujos resultados o Instituto SM para a Educação (Isme) deu a conhecer, colocou o Brasil em primeiro lugar em *bullying*. O estudo envolveu alunos da segunda etapa do Ensino Fundamental e, ainda, do Ensino Médio. De acordo com dados divulgados pelo IBGE/ Pesquisa Nacional de Saúde do Escolar – PeNSE (2021), 40% dos estudantes adolescentes admitiram já ter sofrido com a prática de *bullying*. As causas para essa estatística alarmante são: a baixa atenção dos pais aos filhos, as concessões ao individualismo e à competitividade, a ausência de limites, a ausência de parâmetros educativos com base em valores humanos, a falta de solidariedade, de cooperação, de convivência pacífica, de tolerância e de respeito às diferenças, a banalização da violência e o fenômeno incontrolável do *ciberbullying* (uso de computadores, "site", amizades virtuais, troca de e-mails com desconhecidos). TEIXEIRA (2013: 33) lista as manifestações mais ocorrentes de *bullying* na escola, mais uma vez referenciadas à guisa de reforço. Vejamos:

- Apelidar
- Ameaçar
- Agredir
- Hostilizar
- Ofender
- Humilhar
- Discriminar
- Excluir
- Isolar
- Intimidar
- Perseguir

- Assediar
- Ferir
- Furtar
- Empurrar

Para o enfrentamento desta esteira de atos de violência e desagregação, são necessários diálogos contínuos, envolvendo diretores da escola, pais professores, alunos, autoridades, líderes religiosos e equipes de especialistas de campos multiprofissionais. Somente com esta pluralidade de atores sociais e institucionais, será possível enfrentar o *bullying* como importunação individual ou como agressão coletiva. Ou seja, o comportamento *bullying* é multiforme e, como tal, exige enfrentamentos multiformes. Vale destacar que as referidas equipes de campo de atuação sócio-ocupacional diferenciadas poderão ter uma atuação mais abrangente, olhando psico-pedagogicamente para múltiplas situações de transtorno comportamentais. Sendo a educação dever do Estado, da família e da sociedade, as medidas para a escola enfrentar a questão do *bullying* podem ser:

- Não fingir que o problema não existe.
- Capacitar os professores para ações de diagnóstico e encaminhamento adequados.
- Produzir debates sobre o tema com toda a comunidade escolar.
- Compartilhar, com os pais, a identificação do problema e envolvê-los em estratégias preventivas.
- Engajar Conselhos Tutelares, Promotorias Públicas, Varas da Infância e da Juventude, Delegacias da Criança e do Adolescente e Pastorais Religiosas no enfrentamento do problema.
- Pedir apoio de consultorias externas, de especialistas (psicólogos, sociólogos, assistentes sociais etc.) com o intuito de obter uma compreensão adequada do problema.
- Elaborar, coletivamente, agendas de atividades através das quais os alunos possam construir e expor sua sociobiografia. Esta medida pode melhorar o padrão das relações interpessoais e atenuar as angústias e descompensações que, muitas vezes, se apoderam dos jovens.

Em síntese, aqui está um enorme desafio para cuja solução a articulação família, escola e comunidade são o único canal capaz de criar saídas e produzir respostas para os problemas de indisciplina e violência na escola, mas também, para as questões de aprendizagem e de cidadania. O canal para tudo isto é diálogo, comunicação, parceria e compartilhamento de responsabilidades. Nesta direção, escolas e professores devem multiplicar as passarelas de envolvimento dos pais nas formas de validação. Como já se disse com muita propriedade "[...] a avaliação é o fio condutor para o entendimento dos espaços e das relações que se dão na escola, em todas as suas dimensões". Enfrentar a questão cada dia mais ameaçadora do *bullying* nas escolas é pôr em ação o art. 3º, inc. IV da CF e, ainda, o art. 2º inc. II do PNE. Em ambos, os casos está prevista a superação das desigualdades educacionais com ênfase na promoção da cidadania e na erradicação de todas as formas de discriminação. O *bullying* é fonte e expressão de violência na sociedade, na família e na escola enquanto espaços de vivência e, também, de convivência. A ausência de boa convivência em qualquer contexto já é selo de violência.

> **X** – Na mesma linha das incumbências da escola, a lei impõe: a de programar e, mais do que isto, a de realizar ações, atividades e **roteiros rotineiros** direcionados à promoção da cultura da paz. Esta não é apenas uma pré-condição para a sobrevivência humana, mas também um processo em contínua construção. De fato, o clima de tensão e de alta efervescência conflitiva entre nações, sociedades, grupos humanos e étnicos e, ainda, entre agrupamentos religiosos revelam fortemente a necessidade de o mundo e seus habitantes humanos renunciarem a condutas belicosas e de selvageria e urgentemente aprender a: - viver, - existir, - trabalhar e – conviver, em harmonia e em paz. Este tipo de aprendizado é imprescindível para o desenvolvimento e o progresso humano. O grande desafio da escola está precisamente em SABER ESCOLHER, com lucidez sociopedagógica, na diversidade dos contextos, a melhor forma de inserir a cultura de paz no currículo em ação e no Projeto Político Pedagógico de instituição, com as necessárias irradiações sobre a comunidade, uma vez que educação sem contexto é apenas simulação. Neste sentido, pode nos enriquecer o enfoque do tema *Educação para TODOS para aprender a VIVER juntos: Estratégias de conteúdo e aprendizado - problemas e soluções*, desenvolvido no Fórum Mundial de Educação em Dacar/Senegal/2000, e conteúdo da obra de permanente referência da UNESCO: A UNESCO E OS DESAFIOS DO NOVO SÉCULO, que destaca e questiona: *"Como se pode introduzir, no ensino e na escola, o tema do respeito à Convivência Harmoniosa, a uma vida diária pacífica?"*.

A BNCC contém e regista grande aderência a esta questão, incluindo, no corpo das 10 Competências Gerais da Base Nacional Comum Curricular, a de número 9, assim formulada:

Exercitar a empatia, o diálogo, a resolução de conflitos e a cooperação, fazendo-se respeitar e promovendo o respeito ao outro e aos direitos humanos, com acolhimento e valorização da diversidade de indivíduos e de grupos sociais, seus saberes, suas identidades, suas culturas e suas potencialidades, sem preconceitos de origem, etnia, gênero, idade, habilidade/necessidade, convicção religiosa ou de qualquer outra natureza, reconhecendo-se como parte de uma coletividade com a qual deve se comprometer (Brasil, 2019)..

O desenvolvimento e o progresso do mundo vêm sempre acompanhados de "efeitos colaterais". Dentre eles, está o chamado "armamento dos espíritos", está o alargamento das "zonas de conflito" e, na origem deste lençol de tensões, está a tendência humana à "destruição do outro"! Este é um pouco do catálogo das dores do mundo atual e a escola está convocada para uma contribuição ímpar à sociedade, de construção de rotas de reversão dos conteúdos conflitivos, via eixo **educação-cidadania**. Como bem posiciona o prof. Nilson José MACHADO (2000: 40): "Nos tempos atuais, nenhuma caracterização das funções da Educação parece mais adequada do que a associação da mesma à formação do cidadão, à construção da cidadania". E sem um reforço redobrado nos temas tolerância, diversidade e cultura da paz, esta tarefa da escola assemelhar-se-á a um baile sem música... não há dança, apenas... sacolejo!!

> **XI** – No longo percurso do art. 12, composto de incisos estruturados no campo das incumbências das escolas, o legislador posiciona a disponibilização de um ambiente escolar em segurança para todos que lá estão, convivem, ensinam e estudam e, não menos importante, um ambiente impermeável ao uso de drogas, o que supõe esclarecer e educar formalmente os alunos para seu enfrentamento. Trata-se de um problema real da sociedade e de uma questão concreta no cotidiano das escolas. Para tanto, há necessidade de ações integradas, envolvendo comunidades e todo o corpo escolar. O objetivo é claro: adotar estratégias de prevenção e de enfrentamento ao uso ou à dependência de drogas. Ou seja, a solução está no interior de processos educativos, de informação e de esclarecimentos sobre os riscos das drogas e, ainda, sobre as formas de como os dependentes podem e devem ser ajudados. A existência de um ambiente escolar seguro pressupõe que esta PREocupação preceda a CONvivência escolar, portanto, seja pauta convivêncial da/na sociedade e na/da família. Do contrário, persistiremos no equívoco de considerar a escola um mundo à parte. Neste sentido, continua atualíssima a reflexão de Hannah Arendt: "A escola não é o mundo e não adianta fingir que o é!...". As incumbências do

art. XII são uma espécie de "plano de voo", de "agenda de bordo", para a escola voar, navegar e pautar suas travessias com êxito e resultados individual e socialmente relevantes. O ensino não é uma espécie de "jogo da velha": clicou, resolveu! Pelo contrário, tem exigências, regras, regulamentos, parâmetros e, como trabalha com conhecimento e desenvolvimento cognitivo, tem circunscrições a preencher...

Art. 13 – Os docentes incumbir-se-ão de:

I – participar da elaboração da proposta pedagógica do estabelecimento de ensino;

II – elaborar e cumprir plano de trabalho, segundo a proposta pedagógica do estabelecimento de ensino;

III – zelar pela aprendizagem dos alunos;

IV – estabelecer estratégias de recuperação para os alunos de menor rendimento;

V – ministrar os dias letivos e horas-aula estabelecidos, além de participar integralmente dos períodos dedicados ao planejamento, à avaliação e ao desenvolvimento profissional;

VI – colaborar com as atividades de articulação da escola com as famílias e a comunidade.

Art. 13 – Dentro do critério de afunilamento de atribuições adotado pelo legislador, o professor aparece no degrau final de uma escala que passa pela União, pelos estados e pelo DF, pelos municípios e pela escola. O professor é o último mesmo, na lei e na realidade da educação! Nas campanhas políticas não há candidato que não fale na educação, mas nenhum candidato fala no professor! É que nada mais real na educação do que o professor, embora nada mais irreal nas preocupações dos políticos e governantes do que o professor!

O docente e seu trabalho constituem questão estratégica de qualquer política de educação. Edgar Morin (1973: 19) ensina que a educação será sempre o espaço da "ordem-desordem". Gadotti (1965: 178) assinala que a educação fornece modelos e as armas críticas destes modelos. É precisamente nesse jogo de contrários, do inacabado, que ganha expressão o papel do professor como agente de mediação, de equilíbrio e novamente de desequilíbrio. Como já se disse de um outro **mestre**, ele é sinal de vida e de contradição. Seu ofício é abrir espaços para construir e desconstruir ideias, para constituir e desconstituir ideais. Por isso, há tão pouco investimento em sua qualificação continuada. Sabe-se que o professor despreparado, mal pago e desestimulado, corresponde a ensino desqualificado, escola "sem classe", aprendizagem opaca, enfim, subeducação. Nesse jogo de contrários (ordem/desordem, constituir/desconstituir), o papel do professor é alavancar, produzir empuxo dialógico, pois é "a compreensão da educação como uma *experiência reversível*, que torna o educador ciente de sua principal função: provocar o encontro" (LAMY, 2009: 185).

Educação escolar e aprendizagem sistematizada, intencionada e permanentemente refinalizada supõem currículo e a operacionalização deste requer professor. Este não é mais do que o aluno, no entanto, sem ele, o aluno não é mais!... O professor dá "*status*" ao ensino academicamente qualificado. Trabalha as dimensões cognitivas na sociedade e produz a articulação dos diferentes níveis de conhecimento, fazendo-o em escalas diferenciadas, mas sempre interpenetrados. Nas entranhas deste processo, o corpo docente da escola faz, sob a forma de um *continuum* da vida, o movimento de aproximação entre tempo curricular, tempo escolar e tempo social, ajudando no processo de construção de identidades emancipadas: o aluno e todos os alunos. É por meio do professor que o aluno descobre e redescobre a conexão entre dimensão científica, dimensão cultural e dimensão subjetiva do conhecimento. Operar conhecimentos sistematizados, apoiar o aluno na sua assimilação, potencializar as formas de aprendizagem e, ainda, ajudar o aluno a ressignificar o cotidiano são incumbências do professor, ao lado de outras que passaremos a ver. O professor transforma o currículo **programado** em currículo **ensinado** e retira deste o DNA das competências.

O art. 13 em foco é desdobramento do anterior, o que vale dizer: trata-se, igualmente, de matéria que melhor se posiciona no Plano Escolar, desde que este seja uma "bússola" para o funcionamento da escola enquanto projeto pedagógico institucionalizado. Revela a preocupação em se assegurar o cumprimento do calendário escolar, muitas vezes, encolhido em decorrência das precárias condições materiais de nossas escolas, além de eventuais greves e paralisações. A lei, também, busca corrigir uma distorção bastante frequente – fruto do nosso individualismo exacerbado – que consiste em cada professor sentir-se livre e, portanto, desresponsabilizado funcionalmente, uma vez cumprida a carga horária de sua(s) disciplina(s). O texto legal vai mais além... *elaborar e cumprir plano de trabalho, segundo a proposta pedagógica do estabelecimento de ensino.* Ou seja, as responsabilidades deixam de ser de cada um, para ser de todos. A ação do professor deixa de ser solitária, para ser solidária. É importante destacar que a atividade do professor aqui se inscreve centralmente no âmbito pedagógico e sociocomunitário (inc. II). As incumbências são precisas e estritamente funcionais, como se pode constatar: i) Elaborar e cumprir plano de trabalho, segundo a proposta pedagógica; ii) Zelar pela aprendizagem...; iii) Estabelecer estratégias de recuperação; iv) Ministrar os dias letivos; v) Participar das etapas de planejamento e dos processos de avaliação, objetivando o desenvolvimento profissional (autodesenvolvimento).

Este conjunto de responsabilidades impõe a necessidade de uma formação inicial específica, de processos de qualificação continuada e de condições de trabalho indispensáveis para viabilizar a execução da proposta pedagógica. Por isso mesmo, o horizonte do trabalho do professor ultrapassa a geografia da sala de aula e se expande através de um circuito formativo-executivo bem mais amplo, à medida que trabalha com o paradigma da complexidade do conhecimento, independentemente do nível escolar de sua atuação. Em uma visão dinâmica da evolução profissional, pode-se dizer, então, que o professor não se forma, mas vai-se transformando no interior da processualística relacional, grupal, institucional, coletiva e formal/informal, tipificando, assim, a descrição conceitual de Nóvoa (1995: 18): "Ser professor obriga a opções constantes que cruzam nossa maneira de ser com a nossa maneira de ensinar, e que desvendam a nossa maneira de ensinar à nossa maneira de ser".

> **I** – A elaboração da proposta pedagógica é um processo coletivo de toda a comunidade escolar. O trabalho do professor, nesse caso, é de quádrupla natureza. Vejamos: Em primeiro lugar, ativar e alargar o nível de compreensão geral dos quatro pilares da educação, via escola e dentro do espaço de cada sala de aula, a saber; i) Aprender a Conhecer; ii) Aprender a Fazer; iii) Aprender a viver Juntos; e iv) Aprender a Ser. A segunda tarefa do professor é operar o currículo escolar na direção dos princípios e fins da educação nacional (LDB, art. 2º e 3º). Em terceiro lugar, cabe ao professor ser um agente indutor da produção coletiva da proposta pedagógica da escola. Por fim, o professor deve, a cada dia, *reinventar a escola* (Candau), pela construção e reconstrução do conhecimento curricular conectado à vida concreta dos alunos e às exigências do desenvolvimento humano, sociocultural e econômico. Tarefas nada simples que levaram Perrenoud (2001) a definir ensinar como *agir na urgência e decidir na incerteza e que, por isso, o objetivo da formação é preparar para a diversidade e para as situações profissionais complexas que os professores terão de enfrentar.*

Não por acaso já se disse que o magistério é a profissão que forma as outras profissões. A estatura socioprofissional do professor precisa ser redescoberta. No Japão, o professor goza de tanto prestígio social, que lá se diz: Nós somos o que os professores nos permitem! Zelar pela aprendizagem dos alunos (art. 13, inc. III) é responsabilidade tamanha que, do professor, exige-se **qualificação superior**. Ideia reforçada na Meta 15, do PNE: *garantir, em regime de colaboração entre a União, os estados, o DF e os municípios, no prazo de 1 (um) ano de vigência deste PNE, política nacional de formação dos profissionais da educação de que tratam os inc. I, II e III do* caput *do art. 61 da Lei n. 9.394, de 20/12/1996, assegurado que todos os professores e as professoras da educação básica possuam formação específica de nível superior, obtida em curso de licenciatura na área de conhecimento em que atuam.*

A proposta pedagógica "é a própria organização do trabalho pedagógico da escola" (VEIGA, 1997: 22) e engloba sete elementos de maior relevância e de convergência necessária, ainda, na compreensão da mesma autora: *as finalidades da escola, a estrutura organizacional, o currículo, o tempo escolar, o processo de decisão, as relações de trabalho e a avaliação.*

É extremamente relevante, ainda uma vez, retificar que, para o adequado alinhamento posicional do(a) professor(a) na plataforma da proposta pedagógica ora conceituada, impõe-se penetrar nas entranhas e na estrutura gnoseológica da FORMAÇÃO DOCENTE, plantada certamente em um modelo integrado, como adotado em países como Alemanha, Inglaterra, Canadá, França e países nórdicos (Finlândia, Dinamarca, Noruega e Suécia).

Na França, por exemplo, como esclarece Michel BRAULT[59], quem quiser se tornar professor profissional, deve "fazer, antecipadamente, um regular curso universitário por três anos, em qualquer área. A carreira docente é profissionalmente preparada sob o direcionamento de três polos:

a) A identidade das disciplinas;

b) Os conhecimentos vinculados à gestão da aprendizagem. Este polo inclui tudo que se refere à educação, como bem articulado de processos de saberes, e envolve a pedagogia, a didática, a psicologia, a psicossociologia, a sociologia da educação, a antropologia, as humanidades virtuais, e tudo o que diz respeito, enfim, ao desenvolvimento e à execução do processo de ensino da aprendizagem; Por fim,

c) O terceiro e último polo concentra-se na profissionalização dos conhecimentos circunscritos ao funcionamento mesmo do sistema educativo,

---

59. Consultor do Programa Franco-Brasileiro Cooperação Educacional. Para saber mais, ver: BRAULT, Michel, *"A experiência francesa"*, in Professores: formação e profissão, Col. Formação de Professores, L.C. Menezes (org.), Campinas-SP: Autores Associados, São Paulo, SP: NUPES/ UNESCO, 1996:72-85.

da organização escolar como posicionada na sociedade local, o que significa operar as dimensões da filosofia da educação, da política da educação, da história da educação e da economia da educação. A partir destes três polos, assentam-se os grandes eixos das competências profissionais docentes que são sete e que direcionam as dimensões da resposta à questão ESSENCIAL: O QUE É UM PROFESSOR? – É alguém que:

a. Sabe organizar um plano de ação pedagógica;

b. Sabe preparar e organizar, concretizar e operacionalizar situações de aprendizagem;

c. Sabe regular o desenvolvimento da situação da aprendizagem e é capaz também de avaliar este desenvolvimento.

d. Sabe gerenciar fenômenos operacionais.

e. Sabe fornecer uma agenda metodológica.

f. Sabe favorecer a construção de projetos profissionais positivos pelos alunos, projetos de vida no início da escolaridade, projetos profissionais até o final do Ensino Médio e, finalmente;

g. Sabe trabalhar com parceiros.

Esta série de aspectos definidores da "**entidade professor**" mergulha na complexidade profissional do "mestre" e, certamente, desvela toda a envergadura do seu protagonismo funcional na moldura multimodal do Projeto Pedagógico Escolar. Sem ele, não há de se falar em intencionalidade educativa, mas só em roteiro de atividades dispersas. Estas considerações serão alongadas e complementadas nos alinhamentos hermenêuticos do art. 14, portanto, do próximo artigo.

> II – É sempre conveniente relembrar que a escola é a menor unidade do sistema educacional e que este (o sistema) fixa políticas, enquanto ela (a escola) executa criativamente políticas. Portanto, autonomia é coordenação articulada e, não, independência nem soberania. Elaborar e cumprir o plano de trabalho... diz a norma em análise!

Além de se tratar da dimensão ética dos seus encargos, a própria Constituição Federal consagra os princípios da legalidade, impessoalidade, moralidade, publicidade e eficiência como as dimensões de sustentação "ética" da administração pública direta e indireta. "Evidentemente que estes aspectos referidos à esfera pública são elementos norteadores, igualmente, para aquelas instituições que, não sendo estatais, são públicas no sentido de oferecerem atividades prestacionais sob concessão do Estado" (DEMO, 2000: 9).

Trata-se, portanto, de uma atividade complexa e comprometedora. Aqui, convém destacar que complexidade não é completude, senão **incompletude**. O pensamento complexo trabalhado no interior das disciplinas busca reconstruir as articulações dos saberes despedaçados **pelos cortes entre os conteúdos curriculares**, entre as categorias cognitivas e entre os tipos de conhecimentos. O professor tem a grande incumbência de fazer a mediação no conjunto destes processos e procedimentos, *restabelecendo as articulações entre o que foi separado e, assim, orientar os alunos a alcançarem a multidimensionalidade do mundo real, pensando na singularidade dos contextos locais, porém, sem jamais esquecer as totalidades que integram todo o pensamento sistemático escolar e curricular,* como anota Santos (2004: 175).

Elaboração e cumprimento do plano de trabalho, segundo a proposta pedagógica da escola, implica fazer interpenetrar o pessoal no coletivo e vice-versa, de tal sorte que, sem renunciar às suas responsabilidades individuais, cada professor atente para a essência do trabalho docente cuja natureza é coletiva e socializadora. Ou seja, há sempre um operar que somente é pedagógico se for, de fato, um cooperar. Importa dizer que a vivência do trabalho docente é uma convivência para a constituição de sujeitos coletivos, o que significa, como anota Silva (1996: 98):

a) Vivenciarem um momento de encontro onde predomine sentimentos de simpatia e identificação;

b) Vivenciarem a oportunidade de praticar uma tarefa comum onde possam exercitar julgamentos comuns, de modo a construírem uma comum visão de mundo;

c) Um comprometer-se pessoal e grupalmente com objetivos e metas;

d) Assumirem ou acolherem uma identidade comum;

e) Atuarem publicamente com essa identidade, enfrentando os desafios dos ambientes físico e social;

f) Conservarem a memória da criação e as experiências do grupo;

g) Proporem obras concretas que ajudem a vida do grupo;

h) Interagirem com outros sujeitos em clima pluralista e democrático.

> III – As escolas não trabalham para si, mas para seus alunos e para a sociedade. Por isso, se comprometem com a aprendizagem. O que isto significa? Simplesmente torná-los aptos a ser cidadãos ativos, autônomos, críticos, responsáveis e participativos ao longo da vida. A rota desta caminhada está nos programas de ensino e no conjunto da programação da escola, via projeto pedagógico e planos de ensino. O zelo pela aprendizagem é mais do que cumprir estes programas e os regulamentos da escola. Envolve a intersubjetividade dos alunos na dimensão dos encontros, da convivência, do diálogo, da relação comunicativa, participativa e cooperativa. O zelar, aqui, tem uma marcação afetiva que há de produzir condições potencializadoras de aprendizagem. Os docentes, nesse caso, são maestros de uma enorme orquestra cujos músicos não estão ali somente para executar, mas para criar partituras! Aos docentes, desta forma, cabe compor e, não, impor rotas de aprendizagem. É no ambiente de contínuos e crescentes graus de cidadania e humanização que se realizam e multiplicam as vias de zelo pela aprendizagem do(s) aluno(s). Nesse processo, surgirão dificuldades e limitações que serão ultrapassadas, cada vez, pela *prevalência dos aspectos qualitativos sobre os quantitativos* (LDB, art. 24, inc. V), e pela adoção de forma diversa de organização do ensino, *sempre que o interesse do processo de aprendizagem do aluno assim o recomendar* (LDB, art. 23).

> IV – A atividade de ensinar/aprender é múltipla nas rotas e heterogênea nas formas de conduzi-la. A diversidade humana da sala de aula não traduz nem multiplica dificuldades, mas, pelo contrário, serve como mecanismo indutor de abordagens didático-pedagógicas diferenciadas. É precisamente esta diversidade que enseja situações de deslinearidade no processo de aprendizagem de alunos de uma mesma turma. O resultado do rendimento desigual de aprendizagem produz a circunstância da recuperação.

Embora este assunto já tenha sido anteriormente tratado (art. 12, inc. V), vale a pena reforçar a ideia de que a recuperação não é um "defeito de fabricação" do aluno(!), senão uma contingência limitativa decorrente, muitas vezes, de procedimentos de inadequação no trabalhar o conhecimento, no estudar, no aprender e, sobretudo, no contextualizar vivencialmente os conteúdos. O remédio para deficiências eventuais como a da recuperação é de mão dupla. Da parte dos alunos, eles se preocupam com o problema, e da parte dos professores, eles se preocupam coletivamente com a solução. Nesse sentido, professores e alunos se põem em situação de recuperação! A incumbência docente de cuidar de estratégias de recuperação é registrada pela lei para significar que a aprendizagem supõe escalas de diferenciação e que, por esta razão, a interlocução entre professores funciona como canais e laboratório de construção de vias alternativas para "desprender" o aluno e levá-lo a aprender com suas características pessoais. Os métodos e técnicas de ensino não tem valor em si. O que define o seu potencial são as formas de como utilizá-los. Quando a lei fala em *estabelecer estratégias de recuperação para os alunos de menor rendimento*, reporta-se à flexibilidade de linhas e de procedimentos de adequação metodológica, voltada para a situação de ser, de aprender e de vivenciar a aprendizagem dos conteúdos (pelos alunos). Como destaca Veiga (1991: 79), "[...] as técnicas de ensino devem ser utilizadas pelo professor de forma consciente e pensada pela *intencionalidade*. As técnicas direcionadas para a busca de intencionalidade deixam de dar ênfase exclusiva à ação docente para procriar a participação do aluno".

> **V** – Este inciso reconvoca a importância da letividade já tratada anteriormente. As dimensóes durativas dos diversos níveis e modalidades de ensino se enquadram numa moldura de formação em que se relacionam as etapas do desenvolvimento humano e o tempo necessário para cumprimento dos diferentes programas escolares. Estes parâmetros requerem, da escola, sistemas próprios de organização, envolvendo recursos humanos e materiais, assim que se assegurem a todos os alunos as condições adequadas para o atendimento às necessidades básicas de aprendizagem. O cumprimento dos tempos de aprendizagem, em dias letivos e horas, faz parte da formação do aluno para uma cidadania responsável e, ao longo do tempo, para "a constituição pessoal de um sistema de valores", como organização, disciplina, responsabilidade etc.

Ano letivo e respectiva carga horária mínima significam tempo escolar obrigatório cujo cumprimento constitui componente estruturante *da educação escolar, que se desenvolve, predominantemente, por meio do ensino, em instituições próprias* (LDB, art. 1º, § 1º). A contraparte deste enfoque é a obrigatoriedade de os professores cumprirem suas obrigações contratuais nos limites do calendário escolar e nos parâmetros de circunscrição do projeto pedagógico. Dentro desta ampla moldura, os docentes devem aderir às agendas de planejamento, avaliação e ao seu desenvolvimento profissional. Neste último caso, convém insistir na ideia de que a cada um cabe a responsabilidade de gerir seu processo ininterrupto de autoformação. Por fim, o inciso é introduzido com o termo *ministrar*, que vem do latim *ministrare*, ou seja, prestar serviço, atender com eficiência, atuar, explicar. No conjunto, estamos diante de uma área semântica centrada em **trabalhar** e concentrada no conjunto das atividades e do tempo para ensinar. Portanto, o contrato laboral do professor é essencialmente contrato para o trabalho pedagógico, o que supõe planejamento, execução, avaliação e formação continuada, sem o que ensinar se transforma em uma sequência de procedimentos mecânicos. Tudo isto faz parte também de sua autoformação.

> VI – A ação do professor, no entanto, não pode ser, apenas, colaborativa. Tem de ser indicativa e reconstrutiva do conhecimento. O professor é componente da centralidade do processo pedagógico encadeado em atos e procedimentos de aprendizagem que se interpenetram e se completam. Por isso, há de veicular, no conteúdo da disciplina que ministra, formas e fórmulas de integração escola, família e comunidade. Colaborar com as atividades de articulação dá a ideia equivocada de algo fora da sala de aula, algo alheio ao conteúdo trabalhado com os alunos. Na verdade, ou este casamento se faz no cotidiano escolar e no espaço da sala de aula ou nada mudará, porque a escola continuará laborando esta relação através de eventos, de programações episódicas, descontextualizadas de cada disciplina e, logo, fora do foco da reconstrução do saber e do Projeto Pedagógico Escolar. A questão é como fazer esta articulação. À guisa de ilustração, vamos apresentar algumas formas de operacionalizar esta tarefa-desafio, tornando o trabalho como um dos eixos do Projeto Pedagógico e de ativação da matriz curricular.

Em nível de preocupação inicial, qualquer tentativa consequente de uma educação para a vida e para o trabalho deve envolver, obrigatoriamente, quatro instâncias, a nosso ver inseparáveis na abordagem da questão:

I – A família;

II – A escola;

III – A empresa;

IV – A comunidade.

Tracemos um percurso da responsabilidade social de cada uma isoladamente:

I – *A família: A responsabilidade da família* decorre do fato de ser ela a *célula mater* da sociedade, o núcleo fecundador e sustentador das gerações nascentes e o primeiro elemento condicionador da plasmação do caráter individual. Com efeito, é na família que se estabelecem os primeiros *padrões de conduta* e, do meio familiar, depende a integração da criança e do jovem à vida, ao trabalho, à história de sua gente, ao meio físico e social da região e do país e aos compromissos superiores com a própria humanidade. Ainda, no círculo familiar, centra-se a primeira visão da realidade (círculos de representação), que se vai expandindo, com o deslizar do tempo, em círculos cada vez mais amplos e abrangentes. Ora, como a preparação para o trabalho, longe de ser algo adstrito ao currículo escolar, é algo que pertence à formação processual de uma consciência que deságua num compromisso social do indivíduo e dos grupos com a construção do país como território comum e como tecido histórico-cultural de construção compartilhada, infere-se que o passo inicial desta etapa formativa do cidadão útil deve ser dado no âmbito da família e desde tenra idade.

Há que se considerar, porém, no conjunto das estratégias, as características correspondentes às faixas etárias, dentro do processo de evolução psicológica do educando. Portanto, a começar da Educação Infantil. É nesta fase que se plasmam os sentimentos e hábitos saudáveis para o resto da vida. Nós somos 50% a nossa infância e só 50% o restante. Por isso, é tão fundamental que a escola nesta fase saia do circuito assistencial e ingresse efetivamente no ciclo educacional.

A seguir, vem, em relevância, a fase do Ensino Fundamental, ampliado em boa hora para nove anos. Nesse período, a ação da família é decisiva para despertar a consciência sobre a vida e suscitar, na criança, sentimentos agradáveis em torno do mundo do trabalho. Assim, a primeira etapa deste percurso em busca de uma educação vivencial e para o trabalho, deve abarcar um conjunto de estratégias que privilegiem o próprio mundo circundante da criança, incluindo-se, entre outras, as seguintes ações familiares:

1) Organização, com a criança, do seu tempo livre, de tal sorte que o espaço familiar se transforme numa espécie de oficina de criatividade doméstica voltada para a realização de pequenos trabalhos. Aí, a criança vai descobrir que existe uma inteligência prática.

2) Utilização do período de férias escolares para a realização de tarefas domésticas de maior fôlego, onde se destaque a cooperação familiar no trabalho, tendo em vista uma necessidade comum. A criança vai descobrir que o que não foi possível fazer sozinha, se tornou possível pelo concurso dos demais membros da família.

3) Visitas, aos domingos e feriados, a ambientes e espaços que destaquem o valor do trabalho individual e grupal (museus, feiras, exposições etc.).

4) Fabricação, montagem e desmontagem de brinquedos domésticos.

5) Organização de oficinas domésticas, de tal sorte que a criança tenha diante de seus olhos e ao alcance de suas mãos instrumentos de trabalho que despertem, nela, interesse por algum tipo de trabalho (reparo de brinquedos, de calçados, de roupas, de livros, de utensílios domésticos, de estantes, de jardim, de hora etc.).

6) Presença dos pais na escola, sobretudo através de Círculos de Pais e Mestres. Aliás, a participação nesses círculos deveria ser condição *sine qua non* para que a criança se mantivesse na escola pública. "Como a escola jamais consegue abranger toda a experiência que a comunidade deve transmitir às novas gerações, o Círculo de Pais e Mestres servirá de

instrumento de complementação do quadro experimental posto à disposição dos jovens, fazendo de cada pai ou mãe um educador em seu campo de atividade específico."

7) Incentivo à participação dos alunos na conservação do prédio escolar, através da constituição de equipes por setor, para serviços de manutenção e limpeza. Os alunos japoneses fazem isto e recebem a admiração do mundo inteiro.

8) Realização periódica de Jornadas de Ação Local onde cada pai e cada mãe tenham a oportunidade de ser professor(a) de acordo com suas condições pessoais. Com isto, estar-se-ia recuperando toda a riqueza semântica dos termos escola, família e comunidade, além de se valorizarem, dentro da escola, os conhecimentos de ensinantes não profissionais. Como ensina o documento da Unesco, "[...] podem-se definir quadros de formação nos quais *educadores não profissionais* [grifo nosso] devem inserir-se, mas evitando-se toda formalização rígida; no interior e no exterior das instituições educativas haverá, no futuro, necessidades crescentes do concurso de um pessoal cujas atividades principais se desenvolvem fora da instituição educativa. Cientistas, técnicos, operários, artistas, práticos, todos terão uma contribuição importante a oferecer, sob a condição de que conservem suas tarefas na produção e, em consequência, sejam capazes de estender experiências reais de criação intelectual e manual no interior da instituição educativa, evitando-se, assim, a defasagem nas técnicas de produção, na expressão artística e em todas as atividades da vida cotidiana".

9) Organização das famílias em grupos, por rua ou localidade, tendo em vista a manutenção e recuperação de praças e jardins ou plantio de árvores, tudo sob a forma de um mutirão da juventude.

10) Estímulo familiar à participação na vida associativa (clubes de jovens, escotismo, associações de proteção ao meio ambiente, clubes de leitura, entidades de proteção aos animais etc.).

Em nível de escola de Ensino Médio, a ação da *família* deve-se consubstanciar em uma articulação permanente com cada professor, de tal sorte que as disciplinas ensinadas percam a feição de doses de conhecimento isoladas e assumam o caráter de conteúdos globalizados por uma prática de instrumentalização extraescolar. Nesse sentido, além de muitos itens propostos para o jovem adolescente, o compromisso familiar deve ampliar o espaço de conscientização de uma educação para o trabalho dirigido para setores mais definidos da economia, tendo em vista a maior maturidade mental do estudante. Aqui, ele deve se capacitar para entender as características do mundo do trabalho e do mercado de trabalho. Nesse caso, as estratégias familiares, tendo em vista o percurso formativo do aluno, devem contemplar a realidade **extralar**, dado que é nesta fase de vida que o indivíduo começa a superar o confinamento clânico. Entre outras, podem-se destacar as seguintes *ações familiares*, planejadas e realizadas em articulação com os professores das diferentes disciplinas que compõem o currículo escolar em curso:

1) Visitas a feiras livres, supermercados, *shopping* e armazéns, para um levantamento sistemático dos produtos da região.

2) Visitas a indústrias locais que transformam matéria-prima regional em itens acabados.

3) Visitas a órgãos de classe (órgãos patronais, sindicatos, associações, clubes de serviço etc.), para conhecimento da situação do mercado de trabalho real e de suas tendências.

4) Incentivo à realização de feiras de produção, com prêmios para jovens inventores.

5) Levantamento sistematizado das condições de infraestrutura da comunidade (saúde, educação, transportes públicos, equipamentos de lazer, associações e grupos comunitários, número de pequenas, médias e grandes empresas etc.).

6) Articulação com instituições sociais públicas e entidades empresariais, para um inventário das áreas profissionais locais e regionais que mais absorvem mão de obra.

7) Estudo orientado das categorias socioprofissionais mais adaptadas às exigências do mercado de trabalho regional.

8) Viagens familiares de cunho turístico e cultural.

Todas estas *ações de família*, tendentes a educar o brasileiro para o trabalho produtivo, haverão de contribuir, cumulativamente, para aprofundar a relação entre educação e trabalho à medida que estabelecem um nível de consciência que alcança raízes na convicção de que o saber escolar somente ganha sentido e transcendência se posto a serviço da construção do bem comum. Ora, a via que conduz a tal passa, necessariamente, pelo trabalho.

II – *A escola: A ação da escola* tendo em vista uma educação social e para o trabalho produtivo começa pelo seu compromisso com o meio físico e comunitário onde está inserida, dado que ela é o receptáculo da experiência social. Desta forma, o planejamento escolar deve cobrir um conjunto de seis estratégias básicas:

1) Deixar de supervisionar o atual sistema de coação da aprendizagem, representado por *notas e exames,* e dar lugar ao desenvolvimento de atitudes ativas em relação à formação do estudante. Em outros termos, cabe à escola desenvolver a autonomia do aluno e exercer a avaliação em cima deste aspecto tão primordial.

2) Aumentar a educabilidade do aluno. Ao invés de insistir sobre o ensino de conhecimentos específicos em diferentes domínios, deve, antes, desenvolver mecanismos de aprendizagem. Na escola, o aluno deve adquirir o hábito e capacitar-se para utilizar diversas estratégias de agir. Aprender a observar, escutar, exprimir-se e questionar. A escola deve apoiar o aluno no sentido de ele tornar-se capaz de identificar suas necessidades em matéria de aprender, estudar, planejar, conduzir, criticar e avaliar seus estudos. A escola deve equipar-se não apenas para transmitir o saber, mas, principalmente, *para exercitar o saber-fazer.* Nesse caso, o aluno substitui a aprendizagem de conhecimentos específicos pela aprendizagem de tarefas a realizar.

3) Praticar a aprendizagem aberta. Trata-se de levar o aluno a adquirir uma base tão vasta quanto capaz de lhe oferecer possibilidades de opções para a atualização ou prosseguimento de estudos. Para tanto, é mister que a escola o familiarize com a natureza e a estrutura das diferentes disciplinas e não com um excesso de conteúdos aprofundados, porém, descontextualizados. Desta forma, o aluno se apropriará dos instrumentos de aprendizagem indispensáveis para poder avançar nos diferentes domínios e, assim, identificar seus próprios interesses. Para aprender com prazer, o aluno precisa atuar em suas zonas de conforto.

4) Evitar o enciclopedismo. Isto significa, na prática, substituir *a pedagogia dos conteúdos* pela *pedagogia dos objetivos.* É precisamente nesta substituição que se cria espaço para que as experiências extraescolares se transformem em experiências escolares e, assim, haja uma articulação criativa e germinadora, "[...] considerando as condições de escolaridade dos estudantes em cada estabelecimento, a orientação para o trabalho, a promoção de práticas educativas formais e não formais" (Resolução CNE/ CEB 4/2010).

5) No caso específico do Ensino Médio, ampliar o tempo de permanência na escola. No momento, os alunos do Ensino Médio não vão além de 4 horas na escola. Com a implementação da Lei n. 13.415/2017 (da reforma do Ensino Médio) a permanência do aluno na escola será progressivamente ampliada, podendo chegar a 7 (sete) horas/dia, no caso

do ensino de tempo integral. É preciso atribuir a estes jovens, como requisito educativo, o cumprimento de tarefas comunitárias e atribuir a elas um valor acadêmico!

6) No caso específico da educação superior, incluir o cumprimento de um estágio prático ao fim do primeiro ano da universidade. Esta exigência acadêmica poderá ser cumprida, também, em trabalhos comunitários, de preferência, de caráter socioeducativo.

III – *A empresa: A ação da empresa* na direção de uma educação para o trabalho é, no mundo atual, simplesmente insubstituível. De fato, a empresa representa, como laboratório permanente de trabalho, uma fonte educacional fantástica. Com uma população economicamente ativa que cresce significativamente a cada ano, o Brasil precisa criar dois milhões de empregos anuais para poder responder a esta incontida demanda. Isto considerando o crescimento regular da população. Agregando-se os 13% atuais de desempregados, a necessidade de criação de postos de trabalho é certamente bem maior. Por outro lado, o planejamento da economia, o planejamento da educação e o planejamento do trabalho encontram, na empresa, uma convergência de desafios. A contribuição concreta da empresa pode se cristalizar por via das seguintes ações:

1) Colocar à disposição dos sistemas de ensino informações que o orientem no redirecionamento das políticas de formação de recursos humanos, como se faz regularmente na Europa.

2) Subsidiar a escola na construção do perfil profissional de áreas ocupacionais emergentes e na atualização de enfoques, novos cursos, programas, áreas de conhecimento ou mesmo novas disciplinas.

3) Fortalecer políticas sociais adequadas que compatibilizem o crescimento da organização empresarial com o desenvolvimento do pessoal qualificado.

4) Formular políticas sociais adequadas que sinalizem na mesma direção.

5) Oferecer informações que orientem o sistema escolar para a desativação de programas de formação profissional considerados em processo de obsolescência.

6) Testar e aplicar os avanços técnico-científicos gerados nos laboratórios escolares, a começar por aqueles que dizem respeito à cultura da organização e ao empreendedorismo.

7) Receber alunos-estagiários para complementação de sua formação escolar, em nível de estágio fundamental, estágio profissional, cursos integrados, pesquisas etc.

8) Atualizar o currículo e oferecer subsídios para potencializar as práticas pedagógicas.

O conjunto destas 8 (oito) iniciativas ganha significação socioeducativa estratégica com a reforma do Ensino Médio recente, cuja Lei 13.415/2017 alterou o art. 36 da LDB, incluindo, entre os itinerários formativos, a **formação técnica e profissional**, como veremos adiante.

A importância da empresa para o setor educativo pode, enfim, ser dimensionada pelo fato de que "a produtividade não é somente um problema de quantidade e qualidade de equipamentos, mas muito de recursos humanos, formados segundo as necessidades da empresa e de sua política de reinvestimento para a sua expansão futura". Na verdade, escola e empresa possuem linhas de convergência já a partir do fato de que a escola é uma instituição social e a empresa é um bem social.

IV – *A comunidade: A ação da comunidade*, tendo em vista a educação para o trabalho, é inspirada na circunstância segundo a qual é a própria comunidade que educa as gerações. A escola é tão somente "um ordenador de informação".

Para um país com grande população jovem como o Brasil, esta ação ganha extraordinário relevo, dado que, sem ela, os jovens tendem a perder-se pelos descaminhos da vida e, fatalmente, engrossarão o exército de desocupados, socialmente falando. Para evitar que isto possa ocorrer, a comunidade deverá criar instrumentos canalizadores de energia jovem. Estes instrumentos devem atuar de forma sincronizada, a fim de que se "evite a duplicação de meios para fins idênticos". Vislumbramos, como exequível, o seguinte feixe de ações comunitárias:

1) Criação de Centros de Apoio Comunitário (a quem caberá fixar as linhas gerais de uma integração escola/comunidade).

2) Instalação de Oficinas Comunitárias, para realização de tarefas ligadas a uma preparação para o trabalho.

3) Manutenção de Núcleos de Orientação Ocupacional, de modo que os jovens saibam como se ocupar fora do horário escolar.

4) Criação de Comitês Socioprofissionais. Estes Comitês cuidariam do acompanhamento dos jovens nas Oficinas Comunitárias e também das diligências respeitantes à aquisição, pelo jovem, do seu *primeiro emprego*.

5) Contato com empresas e instituições comunitárias para saber a tendência do mercado de trabalho e a existência de profissões e áreas ocupacionais emergentes.

6) Articulação com os poderes públicos, tendo em vista negociar a ampliação de oportunidades de trabalho, em âmbito local e regional.

7) Estudos das reais condições de vida da população rural, visando à adoção de estratégias educacionais que possibilitem uma filosofia de aprendizagem pautada pelo princípio do *in service training*. Vivem no campo, segundo a Pnad/IBGE 2012, cerca de 29,8 milhões de pessoas, ou seja, 15,17% dos brasileiros. Não por acaso, o Decreto 7.352/2010 define a face e as características da *escola do campo*, tamanha a sua importância ainda hoje.

8) Criação de um Fundo Financeiro Comunitário chamado Edu/Trabalho, capaz de viabilizar todas estas iniciativas educacionais locais. Este fundo seria administrado pelo Conselho de Educação local, constituído por membros eleitos periódica e democraticamente pela própria comunidade.

9) Abertura de Bibliotecas Comunitárias e Centros Audiovisuais, onde se centralizem as comemorações cívicas da comunidade.

10) Criação de um Estatuto da Comunidade, desdobramento do Estatuto da Cidade criado pela legislação federal, onde se fixem diretrizes gerais norteadoras da vida socioeducativa da comunidade, seja uma comunidade de rua, de bairro, de seção urbana mais ampla ou da própria cidade, de segmentos rurais, ribeirinhos, núcleos de agricultura familiar etc.

11) Estímulo à criação e multiplicação de órgãos associativos e de cooperativas.

12) Manutenção parcial de Escolas Profissionais, implantadas pelos respectivos governos, setor produtivo e comunidade.

13) Manutenção parcial de Escolas Agrícolas Intermunicipais, implantadas pelas administrações municipais de cada conjunto de dez municípios localizados em um mesmo compartimento geográfico.

A conjugação destas quatro instâncias – *a família, a escola, a empresa e a comunidade* – poderá representar um passo importante, um alento decisivo na direção da preparação do jovem para o mundo do trabalho e para o trabalho produtivo, no combate à intransparência do mercado de trabalho, na atenuação do desvio ocupacional de profissionais, na estimulação do jovem para um preparo profissional mais aplicado, tendo em vista o primeiro emprego.

Poderá, enfim, ser um diálogo mais consistente entre as principais forças sociais comprometidas com a construção sólida do país. Com estas providências, a educação e a escola passam a funcionar como uma espécie de oxigênio social circulante em um imenso corredor chamado vida sociocomunitária. Para este processo de extensa e intensa articulação, a participação do professor é essencial, enquanto agente mediador dos atos e dos espaços de aprendizagem e como ator com atribuições indutoras na **concertação** das engrenagens da reconstrução do conhecimento.

Como se pode observar, este art. 13 atribui, ao professor, **quase tudo na escola** à medida que seus encargos se concentram no ensino, mas não se esgotam na sala de aula. Se, de um lado, cabe à escola elaborar e executar sua proposta pedagógica (art. 12, I), ao professor cabe elaborar e cumprir o plano de trabalho e, ainda, zelar pela aprendizagem dos alunos (art. 13, II e III).

É bom que fique claro, porém, que o professor não é um super-homem nem a professora uma supermulher! Aí está o mistério de ser professor. O tesouro escondido do docente consiste nisso: dominar os saberes sem gradeá-los. Para ajudar a construir identidades, o professor terá que construir a sua própria, assumindo-se "como um ser transgressor e inconfidente [...]. Os docentes vêm fazendo sua parte. São até reprimidos por fazerem sua parte, por lutarem por seus direitos. Aos governos, aos que decidem e aos que pesquisam e pensam cabe a sua parte. A maior parte: criar condições materiais para que a escola seja uma mediação cultural, uma cultura em si, não apenas uma 'preparação' para ela ou um aquecimento. Dar condições aos docentes para que sejam mediadores da cultura" (ARROYO, 2000: 123). Não pode haver incumbências mais emancipadoras e dignificantes sob o ponto de vista profissional e mais relevantes sob o ponto de vista da construção coletiva!

Art. 14 – Os sistemas de ensino definirão as normas da gestão democrática do ensino público na educação básica, de acordo com as suas peculiaridades e conforme os seguintes princípios:

I – participação dos profissionais da educação na elaboração do projeto pedagógico da escola;

II – participação das comunidades escolar e local em conselhos escolares ou equivalentes.

Art. 14 – Para uma melhor compreensão deste artigo, parece necessário um esclarecimento inicial sobre o conceito histórico-legal de *gestão democrática* do ensino público, elemento nuclear da própria formulação do artigo.

O conceito de *gestão* está diretamente imbricado ao de administração. Portanto, no artigo em tela, estamos diante de um elemento de abordagem do campo da *administração da educação*, através dos seus diversos níveis de entendimento.

De fato, o processo de democratização das várias perspectivas da gestão da educação no Brasil está ligado aos movimentos de redemocratização do país. Historicamente, o centralismo administrativo do Estado brasileiro estendia-se aos sistemas de ensino e às próprias escolas, com repercussões diretas em sua autonomia. O enfrentamento deste viés histórico-ideológico da administração nacional e educacional envolveu corporações, associações, sindicatos, fóruns e frentes nacionais em defesa da educação, numa espécie de convergência de movimentos com abrangência local, regional e nacional. Não é por acaso, então, que a questão da gestão democrática da educação tenha sido marcada por uma forte textura ideológica, esgotando-se, não raro, na luta pela eleição direta de diretores. Esta fase que marcou as décadas de 1980 e de 1990 parece superada à medida que a compreensão da expressão *gestão democrática do ensino público* foi adquirindo uma compreensão mais elástica no âmbito de uma esteira de critérios, processos, procedimentos, atividades, instrumentos, estratégias de ação e metas que, extrapolando a unidade escolar, avançam sobre as políticas educacionais e sobre o próprio planejamento da educação.

Hoje, o nível da compreensão envolve uma gama de elementos constitutivos da gestão educacional, dentre os quais podem-se destacar:

• governo escolar descentralizado e colegiado;

• autonomia financeira e pedagógica;

• participação de diferentes segmentos na escolha da direção, a saber: professores, alunos, pais ou responsáveis, funcionários, representantes da comunidade.

Pode-se dizer que a compreensão de *gestão democrática do ensino público* tem evoluído de acordo com o contexto e com o próprio entendimento pelas comunidades da relevância da educação e da função social da escola. Estes dois princípios definidores da gestão democrática do ensino público ratificam o inc. VI do art. 206 da Constituição Federal. A participação dos professores, especialistas e comunidade escolar em geral na elaboração do projeto pedagógico da escola e o congraçamento participativo em colegiados diretivos escolares funcionam como balizamentos desta "utopia concreta" da gestão democrática escolar no âmbito das instituições públicas. Nesta perspectiva, as decisões centralizadas no diretor cedem lugar a um processo de resgate da efetiva função social da escola, através de um trabalho de construção coletiva entre todos os agentes da escola e, destes, com a comunidade. Tal horizonte vai retirar, também, a prática do professor que chega à escola, vai à sala de aula imediatamente, desconhecendo, muitas vezes, os objetivos e a própria filosofia pedagógica da escola em que passa a trabalhar. Por outro lado, a consciência crítica é estimulada pela participação. O trabalho participativo não apenas descentraliza as decisões, mas também sacode o mofo da rotina e recria o sonho das pessoas, a cada dia de trabalho, de implementação do Projeto Pedagógico, a verdadeira utopia da escola, enquanto agência comunitária voltada para a educação sistematizada com função social relevante.

> I – É importante que a LDB considere a participação dos profissionais da educação na elaboração do projeto pedagógico *como um princípio* porque tão importante quanto o PP é o processo de construção. Somente com operações de um fazer coletivo, ele poderá ser implementado e avaliado coletivamente. Por outro lado, seu caráter de instrumento de contextualização e de inovação tem dimensão transcendental à medida que construí-lo e executá-lo cooperativamente exige rupturas epistemológicas rumo à concretização da escola como utopia coletiva.

É socialmente relevante reposicionar, no contexto dos avanços democráticos da sociedade, a grande contribuição que sujeitos coletivos, no caso, profissionais da educação com atuação em uma escola, podem oferecer via envolvimento direto na construção do PPP. *"Construção que foca no planejamento participativo um modelo mais elaborado, mais claro, mais criativo e que dá conta melhor da finalidade da educação escolar. Sobretudo quando se tem conhecimento científico e responsabilidade cidadã daquilo que conduz pessoas e instituições ao esforço de transformar alguma realidade, percebendo-a em dois níveis: o da realidade global e o da realidade específica da instituição e, ainda, distinguindo o agir em dois momentos: o do ideal do agir e o do concreto do agir"* (GANDIN & GANDIN, 2008: 31)[60].

---

60. Para saber mais, ver: GANDIN, Danilo e GANDIN, Luis Armando (2008), *Temas para um projeto político-pedagógico,* 9ª ed. Petrópolis, Vozes, 2008.

> II – A participação das comunidades escolar e local em conselhos escolares ou equivalentes visa a preencher três objetivos, a saber: a) Cumprimento do art. 205 da Constituição Federal: refere-se à educação... dever do Estado, da família e da sociedade e, ainda, cumprimento do art. 2º da LDB, com idêntico enfoque obrigacional; b) Inc. VIII, do art. 3º da LDB: refere-se à gestão democrática do ensino público; e c) Inc. VII do art. 12 da LDB: refere-se ao envolvimento dos pais ou responsáveis na vida escolar dos filhos e no acompanhamento da proposta pedagógica.

A função da comunidade é de irradiação dos fluxos do cotidiano na programação escolar. A comunidade é, assim, uma espécie de moldura da escola em movimento. Mais do que isto: a comunidade é o grande painel da vida cotidiana e esta deve ser o real contexto da sala de aula. Sem dúvida, é na vida cotidiana e no painel da comunidade que cada um investe a plenitude aspectual de sua individualidade, de sua identidade. As atividades individuais e grupais do ambiente escolar transcendem o casulo institucional e se encorpam na totalidade do contexto histórico de uma construção social geográfica e socialmente localizada. Seu nome é COMUNIDADE. Assim, não há como excluir a escola e a educação escolar do encaixe da COMUNIDADE.

Por todas estas razões, a legislação educacional apreende a interpenetração escola/comunidade e proclama as interdependências pedagógicas e culturais existentes e que, de tão importantes, nos levam à conclusão de que, para se achar, a escola tem que se procurar na comunidade, no contexto!

Art. 15 – Os sistemas de ensino assegurarão às unidades escolares públicas de educação básica que os integram progressivos graus de autonomia pedagógica e administrativa e de gestão financeira, observadas as normas gerais de direito financeiro público.

Art. 15 – As escolas foram conquistando, gradualmente, espaços de autonomia. O primeiro passo se deu na área pedagógica, embora de forma bastante limitada. O planejamento escolar sempre foi mais um mecanismo de execução do que de concepção. A predefinição dos conteúdos curriculares, com suas quase intocáveis "grades curriculares", o sistema rígido da avaliação da aprendizagem e uma carga horária previamente definida fora do espaço escolar comprometeram, substantivamente, a autonomia pedagógica. Ou seja, as escolas quase se resignaram diante de um projeto pedagógico alienígena, descontextualizado, tipo pré-moldado. Felizmente, as pressões da sociedade foram elastecendo este tecido estranho, mas temos, ainda, que avançar muito nesta área.

O passo seguinte foi o da autonomia administrativa. Pode-se dizer que este tem sido o grande desafio dos anos de 1990 até esta data. A administração compartilhada **da** e **na** escola tem constituído tema onipresente em todos os fóruns nacionais de educação. De início, a ênfase foi na eleição do diretor, como já posto anteriormente. Depois, houve o desdobramento do processo mediante a agregação de procedimentos complementares e configuradores da chamada "gestão participativa". Muitos estados definiram o processo de viabilização deste modelo de gestão através de leis específicas. Enfim, a gestão que se põe no lastro desta tendência política e pedagogicamente correta parece a mais difícil de ser viabilizada: a gestão financeira. De um lado, porque o Direito Financeiro Público é extremamente exigente em termos de gestão de recursos públicos e, de outro, porque as escolas não desenvolveram uma cultura burocrática adequada à prestação de **contas** de recursos recebidos. Na verdade, nossas escolas nunca foram instâncias ordenadoras de despesa. A expansão das Associações de Pais e Mestres e a implantação de uma estrutura racional de Caixas Escolares são fatos promissores.

Uma última questão diz respeito ao risco que esta abertura pode representar para as próprias escolas, à medida que o Poder Público poderá usar este mecanismo para, a pretexto de possibilitar tal autonomia, repassar algum recurso e, depois, deixar a escola entregue à própria sorte. O fato é que a autonomia financeira para ser adequadamente praticada requer condições de reciprocidade entre as instâncias envolvidas. Em nenhum momento, o legislador cogitou em atenuar as responsabilidades do Estado, ao falar em *progressivos graus de autonomia pedagógica e administrativa e de gestão financeira.*

A par dos aspectos já destacados, há de se observarem, no visor da autonomia escolar, as dobras do funcionamento autônomo da ESCOLA PÚBLICA, com atuação na EDUCAÇÃO BÁSICA. Considere-se, em primeiro lugar, que este tipo de estabelecimento de ensino possui características específicas, já a partir de dois aspectos: manutenção e perfil dos alunos recebidos. Fatores que ativam, acionam e motivam pais, alunos, professores e comunidade/sociedade no sentido de buscarem as dimensões do direito à autonomia na moldura da operacionalidade do princípio da participação, nutrido pela **ideia** e pelo **ideal** de comunidade de interesses.

Este traço agrega, ao atributo público (escola PÚBLICA), o conteúdo irradiador da face social desta escola e, em consequência, conduz a unidade escolar na direção apontada por AZANHA (1993: 42-43): *"O fundamental é que a autonomia de nossas escolas públicas esteja impregnada de um ideal pedagógico que constitua a base de uma tarefa educativa, cuja excelência há de ser medida pela sua capacidade de instalar uma autêntica convivência democrática, e, por isso mesmo, de formar homens críticos, livres e criativos (...). Por isso, é preciso não perder de vista que a busca da autonomia da escola não se alcança com a mera definição de uma nova ordenação administrativa, mas, essencialmente, pela explicitação de uma ideal de educação que permita uma nova e democrática ordenação pedagógica das relações escolares."*

Autonomia escolar não é funcionar à margem das leis do ensino nem do regimento escolar. Mas, sim, construir decisões coletivas sob o influxo de normas próprias da educação, voltadas para a operacionalidade do conceito de ensino regular, de sistema de ensino e de garantia de padrão de qualidade. Estes três fatores estão encapsulados no ofício de cumprimento da função socioeducativa. Portanto, não estão focados no formalismo burocrático que privilegia a conformidade com as normas, mas, sim, com a valorização dos objetivos da aprendizagem ou, mais precisamente, com o conceito edificante de direitos e objetivos de aprendizagem e desenvolvimento, nos termos da BNCC. Ser autônomo não quer dizer ser independente, ser soberano, mesmo porque *"a contrapartida de ser autônomo é ser responsável"* (da SILVA, 2000: 59), *"o que significa realizar o sentido de uma situação, obedecer-lhe, e tornar nossas próprias ações dependentes do respectivo sentido que percebemos..."* (LUKAS, 1990: 87).

Art. 16 – O sistema federal de ensino compreende:

I – as instituições de ensino mantidas pela União;

II – as instituições de educação superior criadas e mantidas pela iniciativa privada; (Redação dada pela Lei nº 13.868, de 2019).

III – os órgãos federais de educação.

Art. 16 – Este dispositivo da LDB impõe, de partida, recorrência à Constituição Federal, cujo art. 211, reformulado pela Emenda Constitucional nº 14, aprovada e promulgada em 12/09/1996, estabelece:

Art. 211. A União, os Estados, o Distrito Federal e os Municípios organizarão em regime de colaboração seus sistemas de ensino.

§ 1º A União organizará o sistema federal de ensino e o dos Territórios, financiará as instituições de ensino públicas federais e exercerá, em matéria educacional, função redistributiva e supletiva, de forma a garantir equalização

de oportunidades educacionais e padrão mínimo de qualidade do ensino mediante assistência técnica e financeira aos Estados, ao Distrito Federal e aos Municípios.

Muito importante atentar para a mudança introduzida neste art. 16. Já não são as instituições criadas e mantidas. Saiu o termo CRIADAS. Pela nova formulação, ficou: as instituições MANTIDAS e só! Na verdade, o que importa, independentemente da origem da instituição, é a quem cabe a responsabilidade de manutenção e desenvolvimento do ensino, em tempo permanente. Antes de prosseguir, vale inserir alguns aspectos de conteúdo sócio-histórico com incidência sobre a evolução de nossa educação.

A educação brasileira sempre padeceu de dois problemas críticos, a saber: jamais foi organizada sob a forma verdadeira de sistema e, por isso, sofre ao longo do tempo, de um atraso crônico. Basta lembrar que, na Europa e na América do Norte, a escola se difundiu rapidamente já a partir do fim do século XVIII. No início do século XX, praticamente todos os países do continente europeu beiravam a universalização da escola. Até vizinhos do Brasil, como é o caso da Argentina e Uruguai, empreenderam cedo um processo criterioso de universalização da escola básica. Somente a partir da segunda metade do século passado é que nós despertamos para a necessidade de superar 50 anos de atraso. Assim, não é por acaso que, no bojo desta evolução, o Ensino Superior ganhou certa prioridade, apresentando uma robusta estrutura de órgãos e de universidades, como resposta a pressões das classes sociais de maior poder aquisitivo. É a partir da década de 1990, que começa a grande virada da educação básica. Na "cabeça" do sistema federal de ensino estão órgãos de gestão, de apoio, de pesquisa, de financiamento, de assistência técnica, de assessoria e de cooperação, casos do CAPES, Inep, FNDE, CNE, Institutos de Educação Especial e Secretarias de Estrutura do próprio MEC.

> **I, II e III** – A feição atual do Sistema Federal de Ensino traduz, de alguma forma, este processo de evolução da educação brasileira. Os próximos três artigos (16, 17 e 18) referem-se aos elementos constituintes de cada sistema (Federal, dos estados, do DF, dos municípios e da iniciativa privada). O termo sistema tem sentido abrangente. No caso específico, porém, o texto legal restringe a compreensão do sistema às instituições (escolas de vários níveis) e aos órgãos de gerenciamento. Assim, integram o sistema federal de ensino tanto órgãos como os acima citados quanto a rede de universidades federais, Institutos Federais de Educação, Ciência e Tecnologia (IFETs), Unidades

descentralizadas de Ensino, campos avançados, escolas vinculadas às universidades federais (escolas de aplicação, escolas técnicas e colégios universitários), instituições federais de educação especial (Instituto Benjamin Constant (IBC) com atuação na área de deficiência visual e Instituto Nacional de Educação de Surdos (Ines) com atuação na área de deficientes auditivos) e, ainda, as instituições mantidas pela iniciativa privada. Nesse último caso, elas exercem uma função pública delegada pelo Estado e, assim, estão submetidas às prescrições da Constituição Federal, da LDB e do Plano Nacional de Educação e da legislação complementar decorrente.

A ação executiva e de coordenação dos vários anéis de operação do sistema federal de ensino cabe ao MEC. Esta incumbência está distribuída na longa esteira de atribuições encaixados no art. 9º, com seus 9 incisos, da LDB. Trata-se de segmento de conteúdos normativos, posicionado no TÍTULO IV da Lei 9.394/96, sob a referência legal da Organização da Educação Nacional.

Cabe, neste passo, chamar a atenção para a necessária distinção entre sistema nacional e sistema federal de ensino. Rigorosamente falando, o Brasil não possui, de fato, um sistema nacional articulado de ensino. Na própria constituição, o conceito de sistema volta-se para a circunscrição semântico-operativa de organização da educação nacional, portanto, em muito pouco, se alinha com a ideia de sistema, que necessariamente inclui como alinhamentos de indução:

I. Princípios fundamentais da República (CF, art. 1º);

II. Fundamentos da República (CF, art. 1º);

III. Direitos e deveres individuais e coletivos (CF, art. 5º);

IV. Educação no campo dos direitos sociais (CF, art. 206);

V. Educação direito de todos e dever do Estado e da família (CF. art. 205);

VI. Garantias do dever do Estado com a educação (CF, art. 208);

VII. Princípios e ministração do ensino (CF, art. 206);

VIII. Finalidades da educação (FC, art. 205);

IX. Cooperação entre a União e os Estados, o Distrito Federal e os Municípios (CF, art. 211);

X. Organização do regime de colaboração, envolvendo: União, Estados, Distrito Federal e Municípios (CF, art. 211);

XI. Estabelecimento e focos do Plano Nacional de Educação (CF, art. 204);

XII. Recursos financeiros e conceito legal de manutenção e desenvolvimento do ensino (LDB, art. 70);

XIII. Desenvolvimento, implantação e implementação de uma Base Nacional Comum Curricular/BNCC no contexto de toda a Educação Básica (LDB, art. 26).

Pode-se então afirmar que a expressão sistema federal de ensino vincula-se às instituições órgãos, leis e normas que, sob a responsabilidade da União, ou seja, do governo federal, estão em funcionamento nas Unidades da Federação e/ou nos Municípios. Neste contexto, formatam o mapa do SISTEMA FEDERAL DE ENSINO:

1) Universidades Federais;

2) Institutos Federais de Educação, Ciência e Tecnologia;

3) Centros Federais de Educação Tecnológica (CEFETS);

4) Escolas Técnica e Agrotécnicas Federais;

5) Intuições isoladas de Educação Superior;

6) Escolas de Educação Básica vinculadas às universidades (Colégios de Aplicação);

7) Colégio Pedro II;

8) Instituições Federais de Educação Especial (Ines/RJ e Instituto Benjamim Constant/RJ);

Muitas outras instituições de ensino atuam sem vinculação com o MEC, como é o caso do sistema de Colégios Militares, mas que integram também o Sistema Federal de Ensino, neste caso, com funcionamento disciplinado por legislação específica.

A ação executiva e de coordenação do Sistema Federal de Ensino cabe ao MEC, atuando em nível de administração direta e de administração indireta. No primeiro caso, o Ministério da Educação tem, sob sua alçada, o Conselho Nacional de Educação/CNE, órgão responsável pela NORMATIZAÇÃO do SISTEMA.

Art. 17 – Os sistemas de ensino dos estados e do DF compreendem:

I – as instituições de ensino mantidas, respectivamente, pelo Poder Público estadual e pelo Distrito Federal;

II – as instituições de educação superior mantidas pelo Poder Público municipal;

III – as instituições de ensino fundamental e médio criadas e mantidas pela iniciativa privada;

IV – os órgãos de educação estaduais e do Distrito Federal, respectivamente.

Parágrafo único. No Distrito Federal, as instituições de educação infantil, criadas e mantidas pela iniciativa privada, integram seu sistema de ensino.

Art. 17 – No Brasil, o Império se organizou administrativamente através das províncias e a República, através dos estados. Estes foram e continuam sendo as unidades político-administrativas estruturadoras por excelência da vida nacional. Diferentemente do que ocorre nos países nórdicos e em países como Alemanha, Holanda, Suíça, França, Itália etc., onde o poder local tem enorme importância política, no caso brasileiro, as províncias do passado e os estados de hoje detêm parte cada vez menor do poder público, o que termina por transformar os prefeitos em meros coadjuvante dos governadores. Na administração pública, esta circunstância de subalternidade consentida aumenta geometricamente o raio de ação política e de imposição administrativa dos governos estaduais.

> **I, II, III e IV** – Na esfera da educação, a forma de organização dos sistemas estaduais de educação ganha enorme significação. Os procedimentos de descentralização dos sistemas estaduais condicionam o padrão de qualidade da educação em cada Estado e as formas de execução do Plano Estadual de Educação. Por isso, pode-se afirmar, com grande margem de possibilidade de acerto, que a fragilidade dos sistemas municipais de ensino tem relação direta com as contraditórias e tímidas medidas adotadas pelos estados para a implementação de instrumentos assestados para a reorganização e reordenamento das estruturas fatigadas dos sistemas de ensino.

Os sistemas de ensino dos estados e do DF abrangem as redes pública e privada de escolas e, ainda, os órgãos de apoio vinculados às esferas administrativas estaduais, ou que a elas oferecem apoio, tais como: i) Conselhos Estaduais de Educação; ii) Inspetorias Técnicas de Ensino; iii) Departamentos de Estatísticas Educacionais; iv) Órgãos Estaduais de Assistência ao Estudante; v) Centros Estaduais de Educação Especial, de Educação Profissional e Educação de Jovens e Adultos.

Conclui-se, portanto, que o conceito de sistema estadual de ensino reporta-se, aqui, ao conjunto das organizações escolares e das estruturas organizacionais que oferecem apoio ao ensino e à educação das diversas unidades federadas. Estes sistemas apresentam níveis bastante diversificados de complexidade, de (in)coerência natural da própria história socioeconômica do Estado e de sua importância política no concerto da Federação. Estados como São

Paulo, Minas Gerais, Rio Grande do Sul, Paraná, Rio de Janeiro e Bahia possuem sistemas de ensino mais complexos que o de muitos países da América Latina. Nestas unidades federativas, o conjunto educação, ciência e tecnologia se estruturou de forma articulada, o que terminou por exigir organização da educação básica com níveis bem mais elaborados do que o resto do país. Nos demais estados, já existem significativos avanços também nesta direção. Em todo o país multiplicaram-se, com grande força, os mecanismos de controle da política educacional via sociedade civil, o que tem feito o discurso da educação integrar, em posição privilegiada, as agendas políticas de todos os candidatos a governador.

Todos os estados brasileiros e o DF possuem instâncias intermediárias de administração dos seus sistemas de ensino (delegacias, superintendências, núcleos regionais etc.), exatamente na busca de melhorar o funcionamento dos seus respectivos sistemas. Deve-se, por fim, destacar o enorme progresso que os sistemas de ensino de regiões menos desenvolvidas do país têm feito, como é o caso do Norte e do Nordeste, com enorme ganho para suas escolas. Infelizmente, o preenchimento das funções de gestão na estrutura administrativa continua sendo objeto de indicação político-partidária, independentemente do partido que está no poder. Todos agem de forma absolutamente igual!

Parágrafo único – A exemplo do que ocorre com as demais unidades da Federação, as instituições de Educação Infantil, pertencentes à iniciativa privada e situadas no DF, integram seu sistema de ensino.

Art. 18 – Os sistemas municipais de ensino compreendem:

I – as instituições do Ensino Fundamental, do Ensino Médio e da Educação Infantil mantidas pelo Poder Público municipal;

II – as instituições de Educação Infantil criadas e mantidas pela iniciativa privada;

III – os órgãos municipais de educação.

Art. 18 – A organização dos sistemas municipais de ensino faz parte de um processo mais amplo de reorganização do Estado brasileiro. A base deste conceito é o art. 18, da CF que fixou a autonomia dos municípios, no âmbito da organização político-administrativa da república. Como regra, os avanços nesta área têm sido historicamente dificultados por uma estrutura de organização de Estado fundada em uma concepção centralizada de administração. Assim os órgãos e instituições funcionam mal porque obrigados a um esquema de *enquadramento* correspondente a modelos caducos de concepção política, moldados em estruturas prontas, acabadas e imutáveis.

O legislador, nesse caso, deixou-se mover pela convicção de um processo amplo e necessário de descentralização dos sistemas de ensino, sob a inspiração do princípio mais amplo da *gestão democrática do ensino público* (art. 14). Não há dúvida de que "[...] em uma definição formal (externa) de descentralização, o local está representado pelo município" (CASASSUS, 1996: 42), no entanto, não se pode esquecer que no Brasil o que ocorre, como regra geral é que as decisões no âmbito da educação escolar são centralizadas, limitando-se a descentralização tão somente ao processo de execução destas decisões. O exemplo mais forte e ilustrativo desta realidade é a própria forma como o governo federal conduz o PDE. Os municípios são executores e pronto! Esta visão patrimonialista das esferas de governo foi captada por Bordingnon (1993: 7) de forma lapidar ao observar: "Este contexto, culturalmente paternalista, tende a privatizar as instituições públicas, no sentido de atribuir propriedade exclusiva aos governos, quando não aos governantes, ou seja: considera as instituições públicas como pertencentes a determinado governo, não ao público, aos cidadãos. E a descentralização de tarefas do presidente para o governador e deste para o prefeito".

De qualquer sorte, há de se reconhecer (e, mais do que isto, aplaudir!) que a ideia de sistema municipal é um grande avanço em termos de descentralização da "ordem educacional". O município é o real polo gerador da experiência de aprendizagem coletiva e, portanto, de uma verdadeira pedagogia política. Por isso, ele é o berço da autêntica educação comunitária.

Os sistemas municipais de ensino representam a base irradiante da ponta de um sistema nacional de ensino, condição imprescindível para a superação da dicotomia entre ensino público e ensino privado. O horizonte é o da construção de uma estrutura consistente de educação básica. Por outro lado, faz mais de cinquenta anos que a escola foi proclamada direito de todos (Constituição Federal de 1934), no entanto, o seu acesso não está, ainda, inteiramente universalizado. O princípio da democratização do ensino carece de estruturas ágeis e flexíveis para sua plena concretização. Para tanto, a organização municipal de educação representa externalidade inafastável deste processo de descentralização.

O fortalecimento dos sistemas municipais de ensino é um processo em construção, porém, caminha em ritmo lento. A União Nacional dos Dirigentes Municipais de Educação (Undime) e a União Nacional dos Conselhos

Municipais de Educação (Uncme) são duas instâncias importantes no interior deste processo. Precisariam ter uma presença mais afirmativa sob o ponto de vista de envolvimento na formulação e execução de políticas de ensino, sobretudo porque é no interior dos sistemas que representam que, de fato, poderão ocorrer as necessárias e urgentes mudanças nas escolas do país. Infelizmente, os esquemas grupais da política municipal, alimentados pela velha cultura do patrimonialismo brasileiro, tratam a educação como um bem social menor e a escola como moeda de troca no emaranhado da permuta de favores, expressão danosa do apadrinhamento político. Parece que quanto menor o município maiores as chances de robustecimento deste processo empobrecedor. Ora, no Brasil, de cada cinco municípios, três são considerados pequenos. Consequência: os sistemas municipais de ensino são frágeis e com reduzida capacidade de organização sociopolítica e sistêmica. Seria interessante o Brasil adotar critério de constituição de sistemas de ensino, levando em conta uma espécie de graduação do tamanho dos municípios, objetivando potencializar os elementos de qualificação estrutural e funcional dos sistemas. É nesse horizonte que se deve fazer a leitura do art. 11, § único, da LDB.

Na esfera do poder local, independentemente do nível de desenvolvimento político da comunidade (edilidade/município), há instituições e órgãos educacionais ligados à esfera pública e à iniciativa privada que, nos termos do artigo em rela, constituem o *sistema municipal de ensino*.

> I, II e III – Todas as instituições de ensino de todos os níveis mantidos pelo município, as instituições de Educação Infantil pertencentes à iniciativa privada e, ainda, os órgãos hospedados na estrutura municipal de educação e por ela mantidos integram o sistema municipal de ensino. Cabe, assim, ao município, a responsabilidade da qualidade social dos serviços educacionais prestados. É forçoso reconhecer que, nos municípios brasileiros de médio e pequeno portes, este sistema permanece frágil e deficiente seja pela inexistência de uma infraestrutura compatível com a tipologia das demandas, seja pela escassez de profissionais especializados e adequadamente qualificados para atuarem na rede escolar dos municípios a partir de uma compreensão sistêmica e de uma visão holística da totalidade dos serviços oferecidos. O problema inicial já se apresenta na área do planejamento, quase sempre conduzida fora de uma visão de convergência de educação como política pública criteriosa e resolutiva e, não, como um fluxo torto de ações e atividades desencontradas.

Art. 19 – As instituições de ensino dos diferentes níveis classificam-se nas seguintes categorias administrativas:

I – públicas, assim entendidas as criadas ou incorporadas, mantidas e administradas pelo Poder Público;

II – privadas, assim entendidas as mantidas e administradas por pessoas físicas ou jurídicas de direito privado.

III – comunitárias, na forma da lei. (Incluído pela Lei nº 13.868, de 2019)

§ 1º As instituições de ensino a que se referem os incisos II e III do caput deste artigo podem qualificar-se como confessionais, atendidas a orientação confessional e a ideologia específicas. (Incluído pela Lei nº 13.868, de 2019)

§ 2º As instituições de ensino a que se referem os incisos II e III do caput deste artigo podem ser certificadas como filantrópicas, na forma da lei. (Incluído pela Lei nº 13.868, de 2019)

Art. 19 – O termo instituição tem dimensão polissêmica, dependendo do ângulo em que o conceito é posto. Nesse caso, instituição pública significa aquilo que é estabelecido social e legalmente para concretizar formas de prestação de serviço na moldura das responsabilidades do Estado. O foco deste art. 19 é instituição de ensino, portanto, aquela instituição que preenche os requisitos de oferta regular da **educação escolar** nos termos do art. 1º, § 1º da LDB. Por sua vez, Poder Público deve ser entendido como "conjunto de órgãos incumbidos da consecução do fim do Estado e do exercício das funções públicas" (DINIZ, 2010: 456).

A categorização prevista neste artigo para as instituições de ensino resulta da aplicação do princípio constitucional da República de se construir uma "sociedade livre, justa e solidária". Este princípio, por sua vez, está arrimado em um dos fundamentos da República segundo o qual cabe o respeito aos valores sociais do trabalho e da livre-iniciativa. Princípio e fundamento que encontram seu teor operacional no capítulo III da Constituição Federal em cujo art. 206, inc. III está contido o argumento do "pluralismo de ideias e de concepções pedagógicas e a coexistência de instituições públicas e privadas de ensino".

> I – Na esfera do poder público, pode haver instituições **criadas, incorporadas** e administradas pelo Estado. Estas três condições formatam uma categoria administrativa de natureza específica.

> II – Na esfera da responsabilidade privada, situam-se as instituições de ensino mantidas e administradas no âmbito privado, envolvendo pessoas físicas ou jurídicas de direito privado. Este campo do direito "disciplina as relações entre particulares nas quais predominam, de imediato, interesses de ordem particular, como compra e venda, doação, usufruto! [...] O direito privado abrange vários ramos do direito, como o direito civil, o direito comercial, o direito do trabalho, o direito do consumidor [...]".

> III – Na esfera comunitária, há mudanças importantes incluídas pela Lei nº 13.868/2019 e cujo conteúdo focamos em continuidade ao conjunto da análise do artigo em foco. A lei retrorreferida produziu mudanças na Lei 4.024/1961 – nossa primeira LDB – e, também, na atual LDB, Lei 9.394/1996, com o objetivo socialmente relevante de sedimentar apoio às universidades comunitárias.

No novo cenário legal, as instituições privadas e as comunitárias podem qualificar-se como confessionais, desde que atendidas duas condições. Quais são elas?

a) Atendida a orientação confessional e;

b) Atendida a ideologia específica.

Como o vocábulo IDEOLOGIA sofre um desgaste permanente, convém anotar que, no contexto em análise, ideologia reporta-se a um conjunto de ideias, que expressam interesses interdependentes. Na verdade, ideias sustentadas por um grupo social de natureza vária ou de múltiplas dimensões e, ainda, comprometidas institucionalmente, sejam elas morais, políticas, econômicas, sociais, culturais ou religiosas... Estas ideias são expressas em convicções e crenças.

Ainda, as instituições PRIVADAS e as instituições COMUNITÁRIAS podem ser CERTIFICADAS como filantrópicas, na forma da Lei, sob influxo do art. 195, § 7º, da CF, que prevê isenção de contribuição para a Seguridade Social de entidades nas áreas da saúde, educação e assistência social. Esta condição define tais instituições como filantrópicas exatamente porque "a isenção não significa doação ou favor, mas uma contrapartida do Estado, ao serviço que lhe caberia prestar aos mais pobres" (CNBB, 2017). Dados do Fórum Nacional de Instituições Filantrópicas apontam que, na educação, mais de 800 mil alunos recebem bolsas escolares para estudar. Em março de 2017, o Supremo Tribunal Federal (STF) confirmou a legalidade da "imunidade tributária" das instituições filantrópicas. O alcance social do gozo deste benefício por parte de entidades beneficentes de assistência social, "[...] visa proteger valores políticos, morais, culturais e sociais de natureza fundamental, vedando a tributação de certas pessoas, bens e serviços ligados a eles, razão por que devem ser compreendidas como elementos de um sistema harmônico e integrado de regras e propósitos constitucionais e interpretadas em função do papel que cumprem em favor dos valores prestigiados por esse ordenamento normativo e principiológico" (ibid.). As instituições filantrópicas cadastradas totalizam 1.400 na área de saúde, mais de 2.100 na área de educação e mais de 5.000 na área de assistência social. As que atuam no setor educacional, certificadas para funcionar como estabelecimentos de ensino, enquadram-se na condição de instituições privadas. O tema das instituições filantrópicas sob a forma de escolas filantrópicas será retomado na análise do art. 77.

As instituições filantrópicas cadastradas no Brasil totalizam 15.311, de acordo com os dados do Conselho Nacional de Assistência Social (Cnas). Trabalham na área específica de Educação 11%. São instituições com atuação na educação básica e superior. Na definição de Pessoa Jurídica de Direito Privado sem fins lucrativos, a Lei 9.790/1999 assim considera a entidade "que não distribui, entre os seus sócios ou associados, conselheiros, diretores, empregados ou doadores eventuais, excedentes operacionais, brutos ou líquidos, dividendos, bonificações, participações ou parcelas do seu patrimônio, auferidos mediante o exercício de suas atividades, e que os aplica integralmente na consecução do respectivo objeto social" (art. 1º, § 1º). A Lei 9.790/1999 e o Decreto 3.100/1999 tratam das entidades filantrópicas que se qualificam como organizações da sociedade civil de interesse público. Preenchidos os requisitos de qualificação, a entidade filantrópica pode ser signatária de termo de parceria com o Poder Público, visando à aplicação de bens e recursos em programas filantrópicos previstos na referida lei. O que, de fato, qualifica uma entidade como filantrópica é o Certificado de Entidade Beneficente de Assistência Social.

As instituições confessionais e filantrópicas prestam relevantes serviços ao país tanto na área de educação escolar (LDB, art. 1º, § 1º) como na de assistência a estudantes pobres (bolsas de estudo) e de projetos sociais. No âmbito da educação superior, elas são 68 entidades universitárias comunitárias, reunidas através da Associação Brasileira das Universidades Comunitárias (Abruc). Além de oferecerem ensino de reconhecida qualidade e de desenvolverem linhas de pesquisa em áreas de vanguarda do conhecimento, estas instituições disseminam, junto às comunidades locais e regionais e por meio dos seus setores de extensão e de consultorias especializadas, os resultados de suas investigações acadêmicas e científicas. Posicionam mais de 400 grupos de pesquisa, com reversão dos resultados na solução de problemas dos contextos e regiões em que se situam, com relevantes serviços prestados à qualificação para o trabalho/formação de mão de obra e, ainda, a inovação das empresas no circuito de influência regional. A seguir, a lista de Instituições Comunitárias de Educação Superior, com forte concentração no Sul do País:

Rio Grande do Sul:

- Universidade Feevale (FEEVALE)
- Centro Universitário Metodista IPA
- Pontifícia Universidade Católica do Rio Grande do Sul (PUC-RS)
- Centro Universitário Franciscano (UNIFRA)
- Centro Universitário La Salle
- Universidade Católica de Pelotas (UCPEL)
- Universidade de Caxias do Sul (UCS)
- Universidade de Cruz Alta (UNICRUZ)
- Universidade Regional do Noroeste do Estado do Rio Grande do Sul (UNIJUI)
- Universidade de Santa Cruz do Sul (UNISC)
- Universidade do Vale do Rio dos Sinos (UNISINOS)
- Unidade Integrada Vale do Taquari de Ensino Superior (UNIVATES)
- Universidade de Passo Fundo (UPF)
- Universidade da Região da Campanha (URCAMP)
- Universidade Regional Integrada do Alto Uruguai e das Missões (URI)
- Universidade Regional de Blumenau (FURB)
- Centro Universitário Barriga Verde (UNIBAVE)
- Católica de Santa Catarina (Católica SC)

- Universidade do Extremo Sul Catarinense (UNESC)
- Universidade do Vale do Itajaí (UNIVALI)
- Universidade do Contestado (UnC)
- Universidade Comunitária Regional de Chapecó (UNOCHAPECÓ)
- Universidade Alto Vale do Rio do Peixe (UNIARP)
- CENTRO UNIVERSITÁRIO DE BRUS-QUE (UNIFEBE)

Santa Catarina:

- Universidade do Alto Vale do Itajaí (UNIDAVI)
- Universidade do Planalto Catarinense (UNI-PLAC)
- Universidade da Região de Joinville (UNIVILLE)
- Universidade do Estado de Santa Catarina (UDESC)
- Universidade do Oeste de Santa Catarina (UNOESC)
- Universidade de São José (USJ)
- Universidade do Sul de Santa Catarina (UNISUL).[61]

Art. 20 – As instituições privadas de ensino se enquadrarão nas seguintes categorias:

I – particulares em sentido estrito, assim entendidas as que são instituídas e mantidas por uma ou mais pessoas físicas ou jurídicas de direito privado que não apresentem as características dos incisos abaixo;

II – comunitárias, assim entendidas as que são instituídas por grupos de pessoas físicas ou por uma ou mais pessoas jurídicas, inclusive cooperativas

---

61. Não há esquecer que as IES comunitárias iluminam as rotas de qualidade da oferta de Educação Superior em áreas de exponencial relevância social: na área do envolvimento das comunidades, realimentando a chama de corresponsabilidade de sociedade no campo educacional e, ainda, na área do preparo do cidadão para o exercício da cidadania produtiva, ou seja, de sua qualificação para o trabalho (CF, art. 205). Para saber mais, ver:

- https://site.abruc.org.br/abruc
- https://www.unesc.net/portal/reitoria/universidade-comunitaria
- https://pt.wikipedia.org/wiki/Lista_de_institui%C3%A7%C3%B5es

educacionais, sem fins lucrativos, que incluam na sua entidade mantenedora representantes da comunidade (Redação dada pela Lei 12.020, de 2009);

III – confessionais, assim entendidas as que são instituídas por grupos de pessoas físicas ou por uma ou mais pessoas jurídicas que atendem a orientação confessional e ideologia específicas, e ao disposto no inciso anterior;

IV – filantrópicas, na forma da lei.

Art. 20, inc. I, II, III e IV – Aqui, uma informação de necessária percepção. Todo o artigo 20 foi revogado pela Lei nº 13.868, de 2019. Assim, está concluído o Título IV da LDB, dedicado à Organização da Educação Nacional o que nos leva, de imediato, a ingressar na abordagem do Título V, voltado para a estrutura dos NÍVEIS E DAS MODALIDADES DE EDUCAÇÃO E ENSINO, significativo contexto no qual a gestão pedagógica e o saber escolar são organizados como *"categorias para o desenvolvimento das formas pedagógicas"*, na expressão de RAYS (1999:126). *"São estas categorias que dão a expressão irradiante do ensino explicito e do desempenho dos alunos"* (GAUTHIER, BISSONNETTE e RICHARD, Vozes, 2014).

TÍTULO V
DOS NÍVEIS E DAS MODALIDADES DE EDUCAÇÃO E ENSINO

CAPÍTULO I
DA COMPOSIÇÃO DOS NÍVEIS ESCOLARES

Art. 21 – A educação escolar compõe-se de:

I – educação básica, formada pela Educação Infantil, Ensino Fundamental e Ensino Médio;

II – educação superior.

Art. 21 – De pronto, uma primeira observação: o legislador adotou o termo NÍVEL (DA COMPOSIÇÃO DOS **NÍVEIS** ESCOLARES) em sintonia com as concepções teóricas da Psicologia do Desenvolvimento, em que o vocábulo é usado em referência a etapas do processo de amadurecimento humano. Trata-se, portanto, de um termo de conteúdo semântico balizado, com circunscrição psicopedagógica precisa. Não por acaso, o percurso de escolarização cobre faixas etárias diferenciadas. Por esta razão, diz documento de referência da Base Nacional Comum Curricular/BNCC: "*A BNCC, comprometida com a* **educação integral***, refere-se à construção intencional de processos educativos sintonizados com o desenvolvimento humano global, não preso a visões reducionistas que privilegiam a dimensão intelectual (cognitiva), mas que promovam aprendizagens correspondentes às possibilidades, interesses e capacidades dos alunos*". A perspectiva é, pois, de caracterizar e estimular o potencial de aprendizagem. Fica claro, então, que o termo NÍVEL, tem, muitas vezes, correspondência com o termo ETAPA, usado ocasionalmente na legislação, embora o sentido do primeiro (nível) tenha maior amplitude e profundidade que o segundo (etapa). É sempre conveniente lembrar que o desenvolvimento adequado dos níveis de ensino exige fatores de equilibração. Por esta razão, a LDB fala DA COMPOSIÇÃO DOS NÍVEIS ESCOLARES. Parece mais elucidativo.

Este dispositivo ratifica uma tendência alojada no interior de documentos e de diretrizes do próprio MEC, segundo a qual o Ensino Fundamental é conceito insatisfatório para a adequada compreensão de educação básica. Tanto mais que há uma constatação universal, sobretudo a partir de uma avaliação do êxito das políticas de educação dos países mais desenvolvidos do mundo, que aponta para o entendimento de que básica é a educação que introduz a criança na Educação Infantil para lhe disponibilizar meios de desenvolvimento humano e mecanismos intencionais de socialização, oferece-lhe, a seguir, as condições de uma primeira imersão no mundo dos conhecimentos sistematizados via Ensino Fundamental e, por fim, possibilita o desenvolvimento das capacidades e habilidades intelectuais sobre uma base de conhecimentos científicos que lastreiam a formação do pensamento crítico e autônomo do aluno adolescente, permitindo-lhe o domínio de métodos e de técnicas de labor intelectual e material. Chama-se de educação básica precisamente porque oferece meios para a construção da trajetória do cidadão socialmente produtivo e para construção da qualidade da vida coletiva. Como posto nos documentos diretivos da BNCC, EDUCAÇÃO É A BASE (MEC-2018/2019).

> **I** – A partir deste conceito pleno, fica claro que a educação básica passa a incorporar a nova semântica das responsabilidades públicas do Estado. A Educação Infantil é a primeira etapa da educação institucionalizada. O Ensino Fundamental põe-se como nível seguinte. E o Ensino Médio, por sua vez, encerra o ciclo da educação básica. Sucede-o a Educação Superior como etapa terminal do ciclo pleno da educação escolar.

Convém esclarecer que estão fora da composição dos níveis e das modalidades de educação e ensino – como denomina o título V da LDB – os cursos livres, tais como: i) Pré-vestibulares; ii) Cursinhos para exames de qualificação e de exercício profissional; iii) Cursinhos preparatórios de qualquer natureza; iv) Cursos de nivelamento; v) Aulas de reforço escolar; vi) Aulas particulares. Sob o ponto de vista pedagógico, estes cursos estão fora do circuito da legislação educacional. O que, de fato, os rege é o contrato de prestação de serviços. De acordo com o Conselho Estadual de Educação de São Paulo, "estes cursos escapam à regulamentação dos órgãos normativos porque não criam direitos para os alunos". Por isso, ao se inscrever em um destes cursos, deve-se exigir que constem do contrato de prestação de serviços informações como: 1) programa a ser desenvolvido; 2) quantidade de módulos; 3) carga horária total; 4) duração de cada aula; 5) início e término do curso; 6) local das aulas; 7) material a ser incluído para utilização no curso; 8) custo total e formas de pagamento; e 9) condições para rescisão do contrato em caso de necessidade. O suporte legal para fundamentar eventual recurso legal de teor jurídico postulatório é o Código de Defesa do Consumidor.

> II – Como segundo componente estruturante da educação escolar, a educação superior é aquela organizada nos termos do art. 44 da LDB e circunscrita em seu funcionamento às finalidades do art. 43. Suas condições de ministração e funcionamento estão previstas nos art. 45 e 46. Este conjunto de condicionalidades é pré-requisito para garantir à educação superior o exercício com qualidade das funções adequadas de ensino, pesquisa e extensão. Esta estrutura e organização tripartite compreende dobras e dimensões de alta complexidade. **O ensino** traduzido pelo conhecimento em processo reflexivo, conduzido por alinhamentos metodológicos intencionados e pela circunscrição de conteúdos de áreas de saber articuladas. **A pesquisa** moldada por conhecimentos e instrumentos de investigação, direcionados à renovação do saber e à inovação e ao desenvolvimento. Por fim, **a extensão**, canalizada ao compartilhamento do conhecimento gerado pela universidade e disponibilizados à sociedade.

CAPÍTULO II
DA EDUCAÇÃO BÁSICA

Seção I
Das Disposições Gerais

Art. 22 – A educação básica tem por finalidades desenvolver o educando, assegurar-lhe a formação comum indispensável para o exercício da cidadania e fornecer-lhe meios para progredir no trabalho e em estudos posteriores.

Parágrafo único. São objetivos precípuos da educação básica a alfabetização plena e a formação de leitores, como requisitos essenciais para o cumprimento das finalidades constantes do caput deste artigo. (Incluído pela Lei nº 14.407, de 2022).

Art. 22 – Sob o ponto de vista estrutural, a educação básica constitui a soma das etapas de oferta obrigatória e gratuita, destinada a alunos dos 4 aos 17 anos de idade e correspondente ao dever inafastável do Estado de prestação de serviços educacionais à população. Como já explicitado nos comentários ao art. 4º desta Lei, o formato organizacional da educação básica envolve os níveis da Educação Infantil, do Ensino Fundamental e do Ensino Médio e, ainda, as modalidades de ensino de Educação de Jovens e Adultos, Educação Especial, Educação Profissional e Tecnológica, Educação do Campo, Educação Escolar Indígena e Educação a Distância, *conforme* previsto na LDB e na Resolução CNE/CEB 04/2010. Diz o art. 27 do texto normativo do CNE que, a cada etapa da educação básica, pode corresponder uma ou mais das modalidades de ensino. Conclui-se, assim, que as modalidades de ensino podem se posicionar transversalmente nos níveis de ensino, potencializando a certificação dos estudos no campo da educação básica. Presente na legislação de grande parte dos países do mundo, integra o corpo de documentos sobre a educação de praticamente todos os organismos internacionais. Indica não apenas o conjunto de etapas sequenciais de aprendizagem escolar que antecedem o ciclo de estudos da educação superior e, portanto, de preparação para o acesso a conhecimentos sistematizados avançados de nível universitário, como também desenvolve capacidades para aquisição e acumulação de conhecimentos indispensáveis à multiplicação de rotas e alternativas para o exercício de uma cidadania madura, equilibrada, participativa e emancipadora. Por esta razão, a Resolução CNE/CEB 4/2010, diz que a educação básica, direito universal, é indispensável para o exercício da cidadania em plenitude, da qual depende conquistar todos os demais direitos. Tem como centralidade o educando, pessoa em formação na sua essência humana (art. 4º e 5º). O termo **educando**, por sua vez, é palavra de natureza transitiva no sentido de que traduz processos continuados de desenvolvimento intelectual e biopsicossocial. Nesse horizonte, a educação básica tem como foco um ser em formação humana e processual e, por isso, cabe a ela (educação básica) oferecer as matrizes de um desenvolvimento através do qual os sujeitos "educandos" sejam capazes de superar as múltiplas determinações que a vida impõe, inclusive aquelas "condições de simbolização das pulsações destrutivas" (WARAT, 2004: 23).

Com a promulgação do Plano Nacional de Educação/PNE, por via da Lei 13.415/2014, a compreensão abrangente de educação básica reforça a necessidade de "estabelecer e implantar, mediante pactuação interfederativa (União, Estados, Distrito Federal e Municípios), diretrizes pedagógicas para a educação básica e a Base Nacional Comum Curricular, com direitos e objetivos da aprendizagem e desenvolvimento dos(as) alunos(as), para cada ano do Ensino Fundamental e Médio, respeitadas as diversidades regional, estadual e local (Brasil, 2014)". Neste sentido, a educação básica é fonte referencial e extensiva para a formação e desenvolvimento humano global do aluno, o que implica "compreender a complexidade e a não linearidade desse desenvolvimento", aspectos com repercussão na forma de organizar o ensino.

Pode-se dizer, portanto, que a LDB trabalha com conceitos fundantes de educação escolar como um processo contínuo de preparação para a vida, para o trabalho e para a cidadania. Neste horizonte, por sinal, se posicionam os cinco primeiros *Títulos* da LDB.

A ideia de **formação comum** deve ser interpretada como um lastro integral e integrado de conhecimentos potencializadores da capacidade de cada um, de acordo com seu biótipo (seja homem, seja mulher), de se situar, ativamente, no ambiente social, no ambiente de trabalho, nas relações produtivas e na construção do destino individual e do destino coletivo. A **formação comum** se viabiliza por meio de uma **base comum** de conteúdos de aprendizagem. Esta **base comum** não apenas assegura a existência de um padrão de escola decorrente de um conjunto de valores educacionais, mas também facilita a migração de alunos de uma escola para outra, de um sistema para outro, mecanismo inteiramente necessário em um país de dimensões continentais como o Brasil, em que o fluxo migratório interno é um dado social de grande relevância. Por outro lado, com esta **formação comum**, garante-se uma linha de homogeneidade mínima na qualidade dos serviços educacionais. Do contrário, as desigualdades inter-regionais terminariam por impregnar os programas escolares de forma profundamente comprometedora. Estes conceitos-chave (formação comum e base comum) serão retomados na análise dos art. 32 e 35. Porém, já convém antecipar que a ideia de formação comum e de base comum – em caráter nacional – repercute diretamente na composição curricular de toda a educação básica, como veremos na abordagem do art. 26, e é fonte de derivação das ideias-satélites da Base Nacional Comum Curricular (BNCC)/2017 e de Direitos e Objetivos de Aprendizagem (DOA), referidos no Plano Nacional de Educação/PNE, Lei 13.005/2014.

O conceito de **exercício da cidadania** já foi abordado nos comentários do art. 2º.

Ao focar, entre os objetivos da educação básica, o de "fornecer ao aluno os meios de progredir no trabalho e em estudos posteriores", o legislador estabelece uma ruptura de cunho teleológico, em relação à Lei 5.692/1971. De fato, a lei anterior falava só de **qualificação para o trabalho**. Trata-se de expressão pedagogicamente incorreta, pois traduz a ideia de ação concluída, estado acabado, processo definido. Ou seja, cumpridas as etapas da educação básica, o aluno estaria preparado para enfrentar o trabalho, pois teria um certificado. A escola jamais terá tamanha força! Cada etapa de ensino, cada avanço na aprendizagem potencializa e agrega capacidades para que o educando adquira novas competências para **progredir no trabalho**. Este conceito, portanto, plenifica a ideia de *qualificação para o trabalho*, imputando-lhe um sentido de dinamismo e, como tal, de educação continuada e processualmente em curso contínuo.

O campo de trabalho como expressão da cultura humana e de sobrevivência exige da escola e, sobretudo, da educação básica, novos enfoques de aprendizagem na moldura da dinâmica e dos avanços técnico-científicos contemporâneos. Assim, *qualificar para o trabalho* e *progredir no trabalho* – atribuições da escola de educação básica – põem esta escola em postura proativa em relação à sociedade do conhecimento, caracterizada pela cultura tecnológica estratégica em que as tecnologias eletrônicas da informação, da comunicação, de produção e disseminação do conhecimento "[...] invadem o campo da existência e transmudam a natureza do trabalho, o perfil do trabalhador e de suas competências laborais" (SODRÉ, 2012: 163). Já por isso, a escola precisa aprender a conviver com o **biosvirtual**.

As finalidades deste art. 22 estão desdobradas em níveis dinâmicos e articulados de operacionalização, na Resolução CNE 04, de 13/07/2010, que define Diretrizes Curriculares Nacionais Gerais para a Educação Básica. Esta é, de fato, o lastro e o empuxe indispensáveis à preparação da condição cidadã do **aprender a aprender**. Como registra o art. 2º deste texto normativo, elas sistematizam os princípios e as diretrizes gerais da Educação Básica contidos na Constituição, na Lei de Diretrizes e Bases da Educação Nacional (LDB) e demais dispositivos legais, traduzindo-os em orientações que contribuam para assegurar a formação básica comum, tendo como foco os sujeitos que dão vida ao currículo e à escola;

O gráfico que seguem dá uma visão geral das matrículas na Educação Básica, de acordo com o MEC/Inep/Deed:

Número de matrículas na Educação Básica, segundo a dependência administrativa-Brasil-2021			
Federal	Estadual	Municipal	Privada
337.147	15.019.116	22.135.793	8.136.345

Fonte: Elaborado por Deed/Inep com base nos dados do Censo Escolar da Educação Básica.

Nas sociedades letradas, cenários de influxos permanentes de informações e conhecimentos, fazer um percurso escolar lastreado pelo conjunto de requerimentos legais da educação básica significa assegurar as precondições para "deter a expansão da pobreza, da indigência e da desigualdade de rendimentos, fontes históricas de fragmentação social e cultural, que se expressam em altas bases de exclusão e violência" (UNESCO/OREALC, 2007: 9). Para isso, a educação tem de ser relevante, pertinente e equitativa por além de ser um direito fundamental, essencial para desenvolver a personalidade, assegura uma vida cidadã e implementa os outros direitos humanos.

Parágrafo Único: A inclusão deste Parágrafo Único do art. 22, posicionado no corpo dos dispositivos gerais da Educação Básica, requer uma leitura e uma compreensão vinculadas ao art. 4º, Inc. XI. Ambos decorrem da Lei nº 14.407/2022 e são extensão do que prescreve o art. 32, inc. I, que focaliza a formação básica do cidadão, na esfera das incumbências do Ensino Fundamental. Também, cabe esclarecer que esta inclusão apresenta-se em sintonia com as exigências da **Sociedade do Conhecimento** a qual, como sociedade aprendente, precisa LER e ESCREVER, articular e aperfeiçoar ideias formalmente postas. Portanto, ideias que não bastam como mera informação flutuante. A propósito, o provérbio latino ***verba volant, scripta manent*** (as palavras voam, a escrita fica) capta esta dimensão de permanência da **escrita**. Na verdade, aprender bem exige competências comunicativas que ultrapassem a superficialidade das informações apressadas e, muitas vezes, desenraizadas, tão características dos meios de comunicação. Para o ser humano, há necessidade de aprofundamento da capacidade reflexiva e, não menos importante, da busca de maior consistência ideativa, no horizonte do aprimoramento dos conhecimentos disponíveis.

A BNCC realça o conteúdo do parágrafo ora em análise. De que forma? Destaca a língua nas dimensões **oral e escrita**. No caso do Ensino Fundamental, posiciona entre os cinco eixos organizadores comuns que o estruturam, o eixo ESCRITA, tratando-o como "centro das práticas de linguagem e, ainda, valorizando a escrita como bem cultural da humanidade". No caso do Ensino Médio, vai ainda além, com destaques bem mais detalhados, considerando a faixa etária de alunos adolescentes, em regime de preparação para, com brevidade, acessarem o Ensino Superior. Aqui, cabe relembrar que se escreve Ensino Superior, **escrevendo**!

A alfabetização plena e a formação de leitores envolvem uma esteira de aspectos de extraordinária relevância individual e social para os(as) alunos(as). Façamos desfilar uma dezena deles:

1. O desenvolvimento da educação básica e a formação de leitores contribuem grandemente para o preparo adequado do pleno exercício da cidadania, para a formação do pensamento crítico, para o aprender a aprender, para a qualificação para o trabalho e, como consequência, para o desenvolvimento da economia e para a elevação geral da produtividade. Não por acaso, as empresas do mundo inteiro, portanto, do Brasil também, ocupam boa parte das entrevistas para seleção de seus quadros funcionais com questões referentes ao domínio da língua e a desenvoltura dos candidatos na área da comunicação e do encadeamento das ideias.

2. A alfabetização plena está atrelada à formação de leitores e de bons redatores.

3. Em todos os países paradigmáticos em desenvolvimento humano e social, os processos de apropriação de qualidade de vida estão associados à **condição de sociedades letradas.**

4. A leitura é parte de um processo mais amplo: **o letramento**, configurado como "processo de apropriação dos usos da leitura e da escrita nas múltiplas práticas sociais", como aponta BRÄKLING (2023).

5. A escola tem responsabilidade especialíssima na formação de leitores. Tarefa, aliás, que cabe compartilhadamente a gestores e professores, através da multiplicação dos meios e dos recursos e do estímulo à criação de grupos e comunidades de leitores, com o envolvimento da família dos alunos.

6. A biblioteca escolar não pode estar escondida, quase oculta em um recanto qualquer. Ao contrário, deve ser uma das vitrines da estrutura

e do funcionamento da escola, assim que sirva de fonte de estímulo às diferentes formas de leitura, usando, inclusive, a internet como aliada na formação de leitores.

7. A BNCC aponta a necessidade inafastável de aproximar os alunos dos diversos gêneros literários, recomendados por ela nas práticas escolares do cotidiano.

8. É essencial o envolvimento da escola na organização de agendas de participação das famílias na formação de leitores.

9. O projeto político-pedagógico escolar deve incluir programações específicas, de acordo com cada contexto, para ativar estratégias apropriadas de formação de leitores para os alunos do Ensino Fundamental e do Ensino Médio.

10. A elaboração de roteiros de apoio pedagógico através dos quais os alunos vão percebendo mais facilmente de que forma a leitura faz germinar ideias no ambiente escolar e fecunda o currículo sob o ponto de vista da vivência cotidiana dos alunos.

Por fim, vale revisitar duas reflexões pertinentes ao tema da leitura:

a) Para Paulo FREIRE (1989), *"a leitura do mundo precede sempre a leitura da palavra e a leitura desta implica o prosseguimento da leitura daquele"*.

b) Para Richard BAMBERGER (1987), *"quando uma pessoa sabe ler bem, não existem fronteiras para ela. Ela pode viajar não apenas para outros países, mas também, no passado, no futuro, no mundo da tecnologia, na natureza, no espaço cósmico. Descobre também o caminho para a porção mais íntima da alma humana, passando a conhecer melhor a si mesma e aos outros"*.

Art. 23 – A educação básica poderá organizar-se em séries anuais, períodos semestrais, ciclos, alternância regular de períodos de estudos, grupos não seriados, com base na idade, na competência e em outros critérios, ou por forma diversa de organização, sempre que o interesse do processo de aprendizagem assim o recomendar.

§ 1º – A escola poderá reclassificar os alunos, inclusive quando se tratar de transferências entre estabelecimentos situados no país e no exterior, tendo como base as normas curriculares gerais.

§ 2º – O calendário escolar deverá adequar-se às peculiaridades locais, inclusive climáticas e econômicas, a critério do respectivo sistema de ensino, sem com isso reduzir o número de horas letivas previsto nesta lei.

Art. 23 – A liberdade de organizar a educação básica de acordo com um projeto pedagógico contextualizado, como perfil do alunado e do seu entorno, existia já na legislação anterior. Recurso limitadamente utilizado pelas escolas, representa, de fato, um relevantíssimo instrumento de construção da autonomia escolar. Este dispositivo, aliás, é desdobramento do preceito constitucional que dispõe sobre a liberdade de ensinar (art. 206, inc. II). O princípio constitucional não apenas confere este direito, mas também, ao falar em "pluralismo de ideias e de concepções pedagógicas" (art. 206, inc. II), admite alternativas diferenciadas de organização da educação.

Por extensão, convém compreender que este artigo oferece desdobramento ao conceito de **organização da educação nacional**, que encima o Título IV da LDB. Embora o título detalhe os macrossistemas (federal, estaduais e municipais), a educação básica exponencializa estes limites enquanto oferta organizada e se cristaliza no sistema concentrado, compacto, que é a escola. Esta é a razão por que o art. 15 da LDB diz que os sistemas de ensino assegurarão, *às unidades escolares públicas de educação básica* [grifo nosso] que o integram, progressivos graus de autonomia pedagógica e administrativa... Ou seja, estamos diante de uma possibilidade legal de conceber, com total autonomia, o modelo de organização da escola, **de acordo com as suas peculiaridades e princípios legalmente adotados** (art. 14).

A riqueza de possibilidades que este dispositivo inaugura é ilimitada. Sua concretização poderá contribuir, grandemente, para que, de fato, cada escola construa um projeto pedagógico específico. Estamos diante de uma abertura legal para a efetiva formação da identidade escolar. Isto é o que o texto enseja. No entanto, as possibilidades de transformá-lo em utopia concreta são remotas. Efetivamente, não existem as condições objetivas que oportunizariam organizar modelos variados, diferenciados e curricularmente diversificados em sua concepção organizativa de escolas. Primeiro, porque a Educação Infantil é, ainda, na prática, uma concessão e não um efetivo direito. Segundo, porque o Ensino Fundamental é desigual em seus parâmetros básicos: escolas funcionando sem os insumos básicos, portanto, mais caracterizadas, sob o ponto de vista da organização, pelas desconformidades, do que pelas adequações. Terceiro, porque o Ensino Médio, não tendo identidade, não tem, igualmente, parâmetros de organização. O foco na organização do Ensino Médio é o vestibular, de que ele se tornou refém. Não existe, sequer, uma rede com estrutura padrão de escolas de Ensino Médio no país. Na rede pública, por exemplo, tem sido um artifício usado pelos planejadores e gestores da educação, a coabitação de escolas de Ensino Fundamental e de Ensino Médio em um mesmo prédio.

Uma outra dificuldade reside na inexistência, a não ser em situação de excepcionalidade, da escola de tempo integral, alternativa prevista no art. 34, § 2º, porém, para implantação gradual. Pelo contrário, há, no Brasil, uma significativa malha de escolas funcionando com turnos intermediários. O regime de desseriação, por exemplo, cimentado na deslinearidade de competências dos alunos, na faixa etária, na disponibilidade de tempo para frequentar a escola e para cumprir tarefas de reforço de aprendizagem (em casa) supõe que os professores trabalhem em tempo integral, sob pena de não poderem fazer o acompanhamento educacional dentro do princípio de respeito às diferenças individuais dos alunos. Ou seja, a organização diversificada da escola exige condições de trabalho diferentes das que os professores têm hoje. Falta salário, falta qualificação, falta material de apoio ao ensino, faltam condições materiais (art. 25) para que se conceba uma organização do espaço escolar a partir da análise plural das situações educativas (ADORNO, 1980). Como já destacado, a Lei da Reforma do Ensino Médio, que alterou diversos artigos da LDB, prevê a expansão da rede de escolas de tempo integral. As expectativas, porém, são tão limitadas quanto os recursos financeiros.

§ 1º – A reclassificação de alunos, da própria escola ou transferidos, tendo como **base as normas curriculares gerais**, decorre do fato de que, onde quer que o aluno estude, a escola deve lhe propiciar a oportunidade de desempenhar as **competências de caráter geral**, pois são elas que vão assegurar o desenvolvimento e a constituição de **identidade autônoma**. Nesse sentido, as normas curriculares gerais da educação básica se assentam nos princípios pedagógicos de identidade, diversidade, autonomia, interdisciplinaridade e contextualização. Este roteiro-exigência é denso, porém se identifica com a própria concepção de educação básica. Estes princípios, vinculados pelo currículo e hospedados em sua estrutura, ensejam a costura da aprendizagem via eixo cidadania e trabalho e asseguram, em decorrência, (re)significar, a cada momento, os conteúdos curriculares como meios para a agregação e articulação de conhecimento e, ainda, para a constituição de competências e valores e não como objetivos do ensino em si mesmos.

§ 2º – A organização do calendário escolar de acordo com as peculiaridades locais é outra questão crítica. O Brasil optou por um modelo de escola urbana vazado na elitização da educação como um valor definidor de sua organização. Nesta perspectiva, a prática escolar aceita como capaz de conferir

certificação/diploma é aquela que corresponde a este padrão. Daí por que a escola não consegue organizar-se de acordo com o calendário dos alunos. Ela só cabe no calendário gregoriano! A esperança é que o encorpamento de um **sistema municipal de ensino** possa significar, na prática, o funcionamento da escola dentro de um calendário contextualizado.

A escola urbana, de formato indiferenciado, desconsidera a procedência múltipla dos alunos, a pluralidade cultural de suas ambiências e, sobretudo, o valor do cotidiano das pessoas como elemento fundante de suas ações. Ao não reconhecer a importância da diversidade de cultura dos alunos, a escola despreza "o conhecimento já adquirido que as pessoas usam para interpretar experiências e gerar comportamentos" (SPRADLEY, 1979: 5). Talvez esta seja a razão por que os estudos etnográficos da prática escolar sejam tão relegados pela escola brasileira.

Art. 24 – A educação básica, nos níveis fundamental e médio, será organizada de acordo com as seguintes regras comuns:

I – a carga horária mínima anual será de oitocentas horas para o Ensino Fundamental e para o Ensino Médio, distribuídas por um mínimo de duzentos dias de efetivo trabalho escolar, excluído o tempo reservado aos exames finais, quando houver (Redação dada pela Lei 13.415, de 2017);

II – a classificação em qualquer série ou etapa, exceto a primeira do Ensino Fundamental, pode ser feita:

a) por promoção, para alunos que cursaram, com aproveitamento, a série ou fase anterior, na própria escola;

b) por transferência, para candidatos procedentes de outras escolas;

c) independentemente de escolarização anterior, mediante avaliação feita pela escola, que defina o grau de desenvolvimento e experiência do candidato e permita sua inscrição na série ou etapa adequada, conforme regulamentação do respectivo sistema de ensino;

III – nos estabelecimentos que adotam a progressão regular por série, o regimento escolar pode admitir formas de progressão parcial, desde que preservada a sequência do currículo, observadas as normas do respectivo sistema de ensino;

IV – poderão organizar-se classes, ou turmas, com alunos de séries distintas, com níveis equivalentes de adiantamento na matéria, para o ensino de línguas estrangeiras, artes, ou outros componentes curriculares;

V – a verificação do rendimento escolar observará os seguintes critérios:

a) avaliação contínua e cumulativa do desempenho do aluno, com prevalência dos aspectos qualitativos sobre os quantitativos e dos resultados ao longo do período sobre os de eventuais provas finais;

b) possibilidade de aceleração de estudos para alunos com atraso escolar;

c) possibilidade de avanço nos cursos e nas séries mediante verificação do aprendizado;

d) aproveitamento de estudos concluídos com êxito;

e) obrigatoriedade de estudos de recuperação, de preferência paralelos ao período letivo, para os casos de baixo rendimento escolar, a serem disciplinados pelas instituições de ensino em seus regimentos;

VI – o controle de frequência fica a cargo da escola, conforme o disposto no seu regimento e nas normas do respectivo sistema de ensino, exigida a frequência mínima de setenta e cinco por cento do total de horas letivas para aprovação;

VII – cabe a cada instituição de ensino expedir históricos escolares, declarações de conclusão de série e diplomas ou certificados de conclusão de cursos, com as especificações cabíveis.

§ 1º – A carga horária mínima anual de que trata o inc. I do *caput* deverá ser ampliada de forma progressiva, no Ensino Médio, para mil e quatrocentas horas, devendo os sistemas de ensino oferecer, no prazo máximo de cinco anos, pelo menos mil horas anuais de carga horária, a partir de 2 de março de 2017 (Incluído pela Lei 13.415, de 2017).

§ 2º – Os sistemas de ensino disporão sobre a oferta de educação de jovens e adultos e de ensino noturno regular, adequado às condições do educando, conforme o inc. VI do art. 4º (Incluído pela Lei 13.415, de 2017).

Art. 24 – Este dispositivo chama a atenção para uma particularidade de extrema importância: refere a organização da educação básica só nos níveis fundamental e médio, deixando de lado a educação infantil. Na verdade, o legislador está nos dizendo que a educação escolar voltada para a creche e a pré-escola tem formato organizacional próprio, considerando a faixa etária dos alunos e, também, a especificidade dos direitos de aprendizagem e desenvolvimento, com exigências ricas em singularidades, nas múltiplas abrangências de realização do eixo: **CONVIVER> BRINCAR> PARTICIPAR> EXPRESSAR> CONHECER-SE.**

Pode-se dizer, com plenitude legal, que a educação básica nas etapas indicadas neste artigo supõe uma organização a partir de uma Base Nacional Comum Curricular/BNCC, com a reestruturação de áreas de conhecimento, desdobradas em disciplinas. Áreas e disciplinas são canais de conhecimentos curriculares sistematizados e articulados através dos quais o Plano de Aula, no cotidiano escolar, vai selecionar conteúdos e metodologias para o desenvolvimento das correspondentes competências. Além disso, porém, há um direcionamento legal da escola, intencionado aos fins da educação básica e que inclui e compõe a estrutura organizativa da instituição, envolvendo **carga horária**, recortes de letividade (**anos letivos**), regime de seriação, formas de agrupamento dos alunos, modalidades de avaliação e regulamentos para receber e transferir alunos. Este art. 24 disciplina esta variedade de formatos escolares, base de segurança para o aluno definir e se autodirigir em seu plano de estudos. Estas diferentes facetas presas à legislação escolar e à organização das escolas funcionam como coordenadas de planejamento dos estabelecimentos de ensino. Por zelo hermenêutico e à guisa de reforço, convém reiterar que a organização escolar ora focada dirige-se à educação básica nos níveis fundamental e médio, o que não significa dizer que a Educação Infantil esteja liberada de observar os limites temporais fixados pela LDB, as metas do PNE, as coordenadas da BNCC e os respectivos desdobramentos através de diretrizes do CNE.

> **I** – O Brasil foi um dos últimos países da América Latina a compor o ano letivo com um mínimo de 200 dias de efetivo trabalho escolar. À época da aprovação da LDB (1996), a maioria absoluta dos países havia se antecipado à adoção deste balizamento temporal, com alguns deles chegando a 220 dias e a mais de 800 horas anuais de funcionamento das escolas. Com a adoção do Ensino Fundamental de 9 anos e, anos mais tarde, com a ampliação da carga horária do Ensino Médio para, pelo menos, 1.000 horas anuais, como veremos adiante (inciso VII), constata-se uma evolução significativa do tempo escolar, fator indispensável à garantia do padrão de qualidade do ensino, ao lado da infraestrutura adequada dos espaços funcionais apropriados e dos recursos humanos qualificados. Esta ampliação, no entanto, está ainda distante da carga horária cumprida por alunos dos chamados países desenvolvidos. Até porque ampliação de carga horária escolar para uma maior permanência do aluno na escola somente produz efeito se houver, concomitantemente, uma correspondente melhoria de toda a infraestrutura da escola e do conjunto das condições de trabalho do professor, passando pela sua formação continuada e salário e, ainda, pela refundação continuada do projeto político-pedagógico. Na verdade, para um país como o Brasil com tantas dissimetrias sociais,

a escola deve se encaminhar para a escola de tempo integral em pelo menos 60% dos municípios do país, onde está a maior concentração de pobreza e de desacertos da educação. Esta perspectiva foi contemplada pelo legislador, como veremos logo a seguir, em decorrência de novo dispositivo incluído pela Lei 13.415/2017 a este art. 24 (Ver art. 35-A).

> II-a,b e c – A possibilidade de as turmas se organizarem por critérios diferentes (alíneas a, b e c) dá desdobramento ao art. 12, que põe, entre as incumbências da escola, a de "elaborar e executar sua proposta pedagógica". O clímax da proposta pedagógica, sob o ponto de vista da certificação do conhecimento, é, precisamente, o processo de classificação dos alunos. A alínea *c* trata do reconhecimento de aprendizagens desenvolvidas independentemente de escolaridade anterior, ou seja, fora do palco do ensino regular, do conhecimento formalmente sistematizado. Esta alternativa põe-se como extensão do art. 1º que dá grande amplitude aos "processos formativos" estribados em uma educação vinculada ao mundo do trabalho e à prática social. Por outro lado, o art. 3º, inc. X, diz que o ensino será ministrado com base, entre outros, no princípio da **valorização da experiência extraescolar**. O sistema de ensino regulamenta a matéria, a escola avalia o grau de desenvolvimento e a experiência do aluno, mas este incorpora o patrimônio de conhecimento construído nos esquemas informais de vida aos esquemas formais da escola. Esta possibilidade representa um marco importante para o resgate da pedagogia da alternância e para o enlace necessário entre a vida **na/da** escola e a escola da vida. A escola brasileira, ao receber um novo aluno, precisa aprender a avaliar, com visão científico-pedagógica, que patrimônio de conhecimentos este aluno possui e que poderá funcionar como um novo tipo de valor agregado à sala de aula.

> III – A lei inova, igualmente, no tocante à questão da promoção. No caso de a escola adotar a promoção por série, poderá ocorrer a promoção por disciplina, assegurada a estrutura sequencial do currículo. Aqui reside a maior dificuldade para operacionalizar a cultura da construção curricular, porque ela nunca trabalhou com um projeto pedagógico próprio e, portanto, capaz de espelhar sua especificidade. Os professores "adotavam" as disciplinas que compunham a grade curricular(!), porém, sem qualquer visão de integralidade dos conteúdos no tempo, logo, do regime de seriação, de uma lógica interna, de uma articulação intrínseca. Talvez este processo seja facilitado com a adoção, no **Ensino Fundamental**, de uma estrutura desdobrada em ciclos (art. 32, § 1º), no **Ensino Médio**, através de uma organização curricular que realce a plurissignificação dos conteúdos curriculares e os vincule a atividades contínuas de reconstrução dos saberes do aluno e, na **educação profissional**, com a utilização do mecanismo de modularização, significando não a fragmentação estanque das disciplinas, mas a relação ativa do(s) conteúdo(s) com habilidades e competências a desenvolver. Na verdade, constata-se que a escola brasileira vai deixando de lado a possibilidade da oferta de matrícula por disciplina, para se concentrar na oferta seriada. De um lado, pelas dificuldades na área dos registros escolares e, de outro, porque os custos aumentam à medida que demandam mais professores, além de ter uma baixa repercussão na integralização de estudos por parte dos alunos com maiores condições de aprendizagem. No Brasil, não é comum a contratação do professor de tempo integral na educação básica, isto é, o professor que trabalha em uma única escola, a exemplo do que ocorre na educação superior. O regime de progressão por série em caráter regular pode ser facilitado com a definição dos direitos e objetivos de aprendizagem referenciados à implementação do processo de implantação da Base Nacional Comum Curricular (Lei 13.415/2017).

> **IV** – A organização de turmas/classes com alunos de séries distintas, utilizando o critério de adiantamento na matéria, é uma possibilidade interessante, embora, também, de difícil operacionalização. Muitos estados brasileiros têm trabalhado com esta alternativa na área do ensino de Língua Estrangeira. Depois de duas décadas de experiência, os Centros de Língua não provaram ser uma solução ideal. Tanto pior quando os Centros se situam fora da escola. Os alunos têm de se desdobrar para poder frequentar a escola e, ainda, o Centro de Língua. Por outro lado, a disciplina Língua Estrangeira, oferecida fora da escola, encontra-se totalmente divorciada do conjunto de disciplinas que compõem o currículo regular, criando uma visão disjuntiva do bloco de aprendizagem a que o aluno se vincula. Os professores, por seu turno, se "especializam" em ministrar disciplinas estanques no conteúdo e isoladas na seriação.

No caso de **artes**, as escolas poderiam usar os recursos humanos existentes na comunidade, inclusive pais de alunos. Deixam de fazer sob a alegação de que, além de não possuírem uma qualificação formal (diploma superior), não são contratados. Ou seja, a escola, mais uma vez, entre a pedagogia e a burocracia, fica com a última e abre mão de uma possibilidade de autoenriquecimento de valor inestimável! A solução é só incluir, no Projeto Pedagógico e no Regimento Escolar, a possibilidade de contar com docentes associados (instrutores autônomos) para atuarem sob a forma de voluntários e submeter a aprovação da ideia ao órgão normativo do sistema para aprovação. Foi assim que os países do Leste Europeu resolveram a questão da escassez de professores qualificados depois da queda do Muro de Berlim.

A prática da organização de classes com alunos de séries distintas exigirá professores recapacitados e competentes para substituir a pedagogia do currículo pela pedagogia dos objetivos. Além disso, a escola precisa contar com o apoio de recursos materiais e tecnológicos adicionais. E, ainda, com muita imaginação, flexibilidade e com um planejamento criativo.

> V – A verificação do rendimento escolar constitui um dos mais importantes meios para aferir a adequação do projeto político-pedagógico aos contextos individuais e sociais locais e sua decisão de atendimento "às necessidades básicas de aprendizagem" dos alunos. Se a educação escolar tem princípios e fins (art. 2º), se o direito à educação é universal (art. 4º), se há um Plano Nacional de Educação (art. 9º), com desdobramento nos estados (art. 10), nos municípios (art. 11) e nas escolas (art. 12) e, ainda, se cada nível de ensino e modalidade educativa tem finalidades e objetivos (art. 31, 32, 35, 37, 39, 43, 58 e 79), é impositiva a necessidade de se promover a verificação do rendimento escolar, com os seguintes objetivos:

1) verificar a aprendizagem do aluno e o cumprimento do art. 3º da LDB;

2) verificar o cumprimento da função social da escola através do seu Projeto Pedagógico (art. 12);

3) verificar o **inteiro cumprimento** dos art. 5º e 205 da CF e, ainda, do art. 2º desta LDB.

Naturalmente, os procedimentos de verificação, nos termos da LDB, se voltam para o aluno como individualidade, uma vez que a ideia da educação escolar é possibilitar, *a cada um*, **seu** pleno desenvolvimento, **seu** preparo para o exercício da cidadania e **sua** qualificação para o trabalho (art. 2º). Tudo isso estará, de alguma forma, *radiografado* no histórico escolar, como veremos na análise do inc. VII deste art. 24.

> Va – Os critérios de sustentação da avaliação do rendimento escolar voltam-se para dois tipos de avaliação: a qualitativa e a quantitativa. A legislação anterior já adotava idêntico mecanismo. A avaliação qualitativa se estriba no processo contínuo e cumulativo de avaliação, sendo, assim, menos processo de mediação e, mais, busca de aferição do conhecimento contextualizado. Ao falar em **critérios**, a lei deixa clara a necessidade de se adotarem procedimentos pedagogicamente consistentes nos processos de avaliação. Nesse sentido, reduzir a avaliação a uma simples prova é um equívoco educacional à medida que o professor estaria deixando de lado o foco da avaliação do rendimento escolar como um processo complexo na execução e plural nos procedimentos para optar por um único procedimento, no caso, a prova, incapaz de captar a multiforme capacidade de o aluno aprender.

> **Vb** – O processo de aceleração de estudos deve constituir componente inafastável de uma política de correção de fluxo escolar de todos os sistemas de ensino. Como se sabe, o Brasil é campeão na América Latina em alunos que, fora da faixa etária, frequentam a Educação Básica. Este fenômeno, que chega a percentuais elevadíssimos em toda a matrícula, denomina-se defasagem idade-série e é um dos fatores mais diretamente responsáveis pela baixa qualidade do ensino. Os percentuais que seguem revelam a dramaticidade da situação:

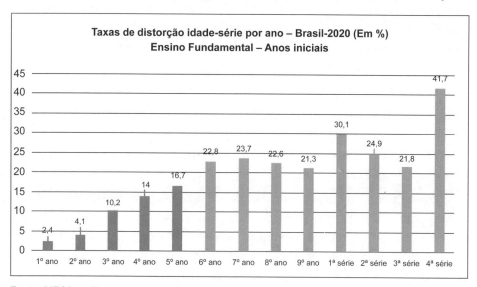

Fonte: MEC/Inep/Deed – Indicadores Educacionais.

É importante registrar que 40% do total dos municípios brasileiros detêm 66% total da matrícula do Ensino Fundamental. Por outro lado, 46% da totalidade da matrícula nesse nível de ensino detêm, pelo menos, 2 anos de distorção em relação à série cursada. A solução para este problema é a implantação de classes de aceleração. Trata-se de mecanismo usado timidamente por alguns estados da Federação e por menos de 3% dos municípios e que atinge um pouco mais de 1,5 milhão de matrículas concentradas de 5ª à 9ª séries.

Por outro lado, o material usado e todo planejamento para a correção de fluxo no Brasil é "concebido" por grandes agências fornecedoras com a total exclusão dos professores do processo de criação compartilhada. De fato, os docentes entram no processo como meros executores. E os resultados são os que todos conhecemos! Fica mais uma vez comprovado que, quando o professor não participa, a escola não se modifica.

> Vc – A possibilidade de avanço nos cursos e nas séries mediante verificação do aprendizado é alternativa praticamente usada só pela rede privada de ensino. A obrigatoriedade de verificação do aprendizado supõe a disponibilidade de equipes técnicas interseriais de professores para uma avaliação psicopedagógica do aluno. Além disso, esta possibilidade de forma de proceder deve fazer parte do Regimento Escolar e do Projeto Pedagógico Escolar. Normalmente, estes documentos silenciam sobre esta possibilidade. Por outro lado, os órgãos normativos dos sistemas de ensino quase nunca se pronunciam sobre este assunto nem mesmo através de indicações normativo-orientadoras. A consequência é que não se aproveita um importante dispositivo legal voltado para respeitar as necessidades de aprendizagem de cada aluno. Esta omissão dos sistemas e das escolas tem a ver com o mesmo tipo de descaso dirigido aos alunos com altas habilidades.

> Vd – A ideia de aproveitamento de estudos concluídos com êxito invoca a preocupação da não repetição de meios iguais para fins idênticos. Aprender bem não é aprender duas vezes, senão aprender nos marcos finalísticos descritos no art. 2º e, no caso da educação básica, no art. 22 da LDB. A escola de educação básica se esmera em fazer provas e em aprovar e reprovar, porém, despreza a ideia motivadora de aproveitamento de estudos, concluídos com êxito. Tipo de contradição do processo de aferição e de formação pedagógica docente. Em nenhuma circunstância, **aprender** pode ser considerado perder tempo, senão **desprender** potencialidades.

> Ve – A recuperação, como já apontado anteriormente, além de ser oferecida em horário (turno) diferente daquele em que o aluno estuda, deve estar centrada nas experiências do aluno e não na suposta suficiência dos programas. De fato, o aluno deve recuperar perdas no seu desenvolvimento e não só eventuais lacunas dos conteúdos programáticos.

De quanto foi dito, o importante é o desafio que institutos como o da avaliação contínua e cumulativa, da aceleração de estudos para alunos com atraso escolar (distorção idade/série), do avanço nos cursos e nas áreas e dos estudos de recuperação continuam a representar para a escola brasileira. A irresolução destas questões, sob o ponto de vista da operacionalidade pedagógica, tem repercussão direta sobre o fenômeno da **repetência** e da **evasão** e nos remete a uma questão definitiva: Sem resolver estes problemas, como falar em escola eficaz? Todas as questões aqui inventariadas estão ligadas, diretamente, ao problema do fracasso na escola. Problema quase sempre atribuído ao aluno, ao professor, quando, na verdade, se trata, sobretudo, de efeitos da organização equivocada da escola. A psicóloga Adriana Marcondes Machado, do serviço de psicologia escolar do Instituto de Psicologia da USP, afirma que entre 70% a 90% das crianças atendidas em Clínicas de Psicologia trazem o que se chama de queixa escolar. A falta de estratégias pedagógicas e de recursos diversificados para o trabalho com crianças, preconceito, salas lotadas e transferências mal realizadas entre escolas são causas de fracasso escolar. Em regra, o aluno que apresenta dificuldades de adaptação à escola não tem problemas patológicos que justificam o baixo rendimento. Os gestores públicos é que adotam políticas educacionais dissociadas da realidade das escolas, dos professores e dos alunos.

> VI – O controle de frequência é providência necessária para o adequado funcionamento da educação escolar, de um lado, e para o necessário acompanhamento do processo de evolução da aprendizagem do aluno, de outro. Na educação presencial o aluno comparece à escola para o contato permanente com os seus professores e com os seus colegas dentro de um regime de aprendizagem socializada e, ao mesmo tempo, individualizada. Aqui se misturam critérios de racionalização de procedimentos e de informalidade interpessoal, caracterizando um compacto de práticas pedagógicas formativas, informativas, socioculturais e transformadoras de individualidades e coletividades, como forma de resposta a necessidades e demandas contemporâneas no circuito profissional, tecnológico, humanístico, existencial e planetário. Horas letivas são horas dentro do calendário de aprendizagem, configurado em um tempo anual mínimo de duzentos dias e de uma **carga horária** mínima de oitocentas horas, nos termos do art. 24, inc. I, da LDB. Mesmo no caso de um calendário escolar adequado às peculiaridades locais, o número mínimo de horas letivas é intocável, conforme prescreve o art. 23, § 2º desta mesma lei. Portanto, o controle de frequência, obrigatório legalmente e necessário pedagogicamente, se submete a três condições, a saber:

- é de responsabilidade da escola;
- deve estar disciplinado no regimento escolar;
- obedece a normas gerais de cada sistema de ensino.

Em síntese e como já dito na análise do art. 4º, a legislação brasileira é dúbia quanto à possibilidade do ensino domiciliar. A escolaridade obrigatória é presencial e requer, por isso, a contabilidade dos dias e das horas letivas, o que é feito através do controle de frequência. Não por acaso, portanto, a Lei 11.494/2007, que regulamenta o Fundeb, é taxativa e intransigente a respeito deste ponto, senão vejamos: art. 9º: "Para os fins da distribuição dos recursos de que trata esta lei serão considerados **exclusivamente as matrículas presenciais efetivas, conforme os dados apurados no Censo Escolar mais atualizado** [grifo nosso] [...]".

> **VII** – O histórico escolar é a radiografia do percurso curricular do aluno e, portanto, de seu itinerário formativo. Trata-se, portanto, do mais importante documento expedido pela escola com o objetivo de **confirmar** que o aluno, de fato, não apenas cumpriu as exigências escolares legais, mas, também, demonstrou, através dos resultados obtidos, que aprendeu e está, por isso, apto a prosseguir os estudos na etapa seguinte. Ao lado do histórico, a escola faz também a certificação parcial (via declarações) ou total (via certificados/diplomas) de percursos escolares realizados pelo aluno. As especificações cabíveis dizem respeito ao registro do cumprimento de exigências de cada disciplina, do bloco de disciplinas de cada série e do currículo inteiro ao término do curso. Tudo isso acrescentado de notas ou menções referentes às aprovações ou reprovações existentes.

Como se pode concluir, as instituições de ensino têm a magna responsabilidade de registrar e certificar os conhecimentos do aluno, o que constitui um enorme desafio e uma vigilância educativa e burocrática continuada, sob o olhar cuidadoso da direção e o acompanhamento dos professores.

§ 1º – A ampliação progressiva da carga horária mínima anual do Ensino Médio para 1.400 horas abre a perspectiva da expansão do tempo de permanência do aluno adolescente na escola. Trata-se da primeira etapa de um novo percurso escolar que desaguará, em futuro sempre desejado, na universalização da escola de tempo integral em todo o circuito de oferta da educação básica. O processo de elasticidade do tempo escolar no Ensino Médio vai requerer, dos sistemas de ensino, um planejamento diferenciado para suas redes de escola, incluindo a recriação de todo o projeto escolar, com rebate nas circunstâncias do espaço/tempo ocupado e, portanto, de todas as condições funcionais dos estabelecimentos de ensino. Assim, prevendo a necessidade de investimentos compatíveis com o novo regime de uso do tempo escolar, a lei fixa uma linha gradual temporal de implementação da medida, que se estende, no máximo, por cinco anos. Ao término deste tempo, os sistemas de ensino terão implantada a carga horária anual de, pelo menos, mil horas. O tempo inicial para contagem do processo de ampliação da carga horária do Ensino Médio foi 2 de março de 2017, mas vale lembrar: o tempo para a implantação do Novo Ensino Médio foi recalendarizado em 2023.

A perspectiva de alargamento do tempo escolar é promissora, desde que as escolas contem com influxos organizacionais compatíveis, o que importa em uma dinâmica escolar que inclua melhores condições de trabalho para os professores, envolvendo currículos flexíveis e apoiados, revitalização dos conhecimentos e das metodologias e dos recursos de suporte técnico-pedagógico, práticas pedagógicas fecundadas pela interdisciplinaridade e transversalidade dos conhecimentos. Somente assim, com mais tempo para professores e alunos, será possível a construção de **planos de ensino** vazados na busca de um permanente equilíbrio entre as preocupações de uma cientifização do currículo e uma busca de funcionalidade da aprendizagem, sob a inspiração do princípio de "liberdade de aprender, ensinar, pesquisar e divulgar a cultura, o pensamento, a arte e o saber" (art. 2º, inc. II) (Ver art. 35-A, § 5º).

§ 2º – Este parágrafo, também, incluído à LDB pela Lei 13.415, de 2017, é prolongamento do art. 4º, inc. IV e VI, já devidamente analisados e comentados. No caso em tela, o foco é o Ensino Médio, porém, na perspectiva especial da EJA e do ensino noturno. Aqui, os sujeitos da aprendizagem possuem particularidades cuja atenção especial a lei determina que lhes seja dada, na conformidade legal dos direitos e objetivos de aprendizagem. No exercício de sua autonomia, os sistemas de ensino devem definir conceitos operacionais e linhas de normatização para a oferta da educação de jovens e adultos na faixa etária de 18 anos ou mais, com dois objetivos focais, na busca das Metas 8 e 10 do PNE, assim formuladas respectivamente:

Meta 8: elevar a escolaridade média da população de 18 (dezoito) a 29 (vinte e nove) anos, de modo a alcançar, no mínimo, 12 (doze) anos de estudo no último ano de vigência deste Plano [...]

Estratégias: [...]

8.2) implementar programas de educação de jovens e adultos para os segmentos populacionais considerados, que estejam fora da escola e com defasagem idade-série, associados a outras estratégias que garantam a continuidade da escolarização, após a alfabetização inicial; [...]

Meta 10: oferecer, no mínimo, 25% (vinte e cinco por cento) das matrículas de educação de jovens e adultos, nos ensinos Fundamental e Médio, na forma integrada à educação profissional.

Estratégias:

10.1) manter programa nacional de educação de jovens e adultos voltado à conclusão do Ensino Fundamental e à formação profissional inicial, de forma a estimular a conclusão da educação básica;

10.2) expandir as matrículas na educação de jovens e adultos, de modo a articular a formação inicial e continuada de trabalhadores com a educação profissional, objetivando a elevação do nível de escolaridade do trabalhador e da trabalhadora.

Idêntica obrigação legal paira sobre os sistemas de ensino no que tange à oferta de ensino noturno regular. Tanto nesse caso, como no de oferta de EJA deve haver focalidade na adequação do ensino disponibilizado às necessidades básicas de aprendizagem do aluno. Se a oferta de educação escolar regular para jovens e adultos requer o atendimento às suas características e o respeito às suas disponibilidades (art. 4º, inc. III), muito mais flexível e plural deve ser a oferta noturna no palco de uma escola que se apresenta, aos alunos, como uma "arena cultural". O horizonte é o do distensionamento entre canais de saberes, deixando sempre lugar para uma **outra razão pedagógica**, com base na necessidade de incorporar a noção de conteúdo significativo para aqueles a quem este ensino se dirige e cujos critérios de validade podem extrapolar esta mesma razão (GABRIEL, 2000: 20).

Art. 25 – Será objetivo permanente das autoridades responsáveis alcançar relação adequada entre o número de alunos e o professor, a carga horária e as condições materiais do estabelecimento.

Parágrafo único. Cabe ao respectivo sistema de ensino, à vista das condições disponíveis e das características regionais e locais, estabelecer parâmetro para atendimento do disposto neste artigo.

Art. 25 – Escola é currículo. Aprendizagem é conteúdo transformado. Sala de aula não é local, é ambiente. Aluno não é destinatário, é ator da aprendizagem. Professor não é depositante, é mediador. Estas premissas ajudam a compreender a dimensão pedagógica deste artigo. Não se busca uma relação fria, adequada burocraticamente, entre vários fatores: aluno, professor, carga horária, meios materiais. O que se pretende é assegurar uma relação viabilizadora do ato pedagógico (a aula), do espaço pedagógico (a sala de aula) e do resultado pedagógico (a aprendizagem socialmente relevante). A escola brasileira tem muito que rever nesta área. Os sistemas de ensino têm sido pouco diligentes no controle destas relações e os próprios Conselhos Estaduais de Educação pouco vigilantes em seu acompanhamento. Comportamentos que traduzem, ainda, uma preocupação pouco densa com a questão da qualidade do ensino.

A chamada relação adequada meios/fins precisa ser considerada no conjunto do contexto escolar. Ou seja, deve-se levar em conta o contorno da escola (variáveis externas) e as condições da escola (variáveis internas). Em um e outro caso, o perfil do aluno, o turno de funcionamento da escola (manhã/ tarde/noite) e as condições de trabalho dos professores são aspectos decisivos para uma adequada linha de acerto no campo das relações aqui enfocadas.

Parágrafo único – A fixação de parâmetros pelo órgão normativo do sistema semelha medida indispensável como garantia da construção do padrão mínimo de qualidade. Deve-se entender que, nesse caso, o parâmetro não é delimitação, senão indicações variáveis para o sistema e para a escola e sua circunstância. Precisamente por esta razão, o legislador fala em objetivo permanente. Ora, se a construção da qualidade é processual e ininterrupta, a busca dos objetivos para tanto tem de ser contínua e conquistada em regime de permanente vigilância e aprimoramento. Até porque a escola não é um móvel de gavetas enclausuradas dentro das quais estão as disciplinas e, portanto, se situa o currículo. Ao contrário, a escola é uma utopia coletiva, através da qual ganha corpo e autoimagem como fonte geradora de realização e de estados de autonomia. Nesse sentido, tudo está relacionado no horizonte da construção de identidades saudáveis e da (re)conquista da cidadania. Não é por acaso que a lei fala em **Ensino Fundamental** e em **educação básica**, ou seja, em uma forma de organizar relações adequadas no âmbito do espaço de concretização do projeto pedagógico, de tal forma que cada ator do sistema educacional e do microssistema escolar saiba qual a destinação social do saber em construção e sob que fundamentos e bases a educação deve se sustentar

Para **ajustar** os parâmetros garantidores do atendimento a este artigo, as autoridades responsáveis pela educação devem compreender que a escola e a sala de aula não são espaços para produzir silêncio, mas ambientes para induzir a comunicação e para ensinar e aprender a condição humana. E esta é visceralmente comunicante.

Discute-se, já de algum tipo, a fixação do número de alunos por turma, do que decorrem indicações normativas, inclusive dos próprios sistemas de ensino. No Brasil, o problema é de natureza mais complexa. Faltam critérios sistêmicos de adequação organizativa da sala de aula porque falta o cumprimento de parâmetros e critérios para organização e funcionamento da escola. Problemas como falta de água, de banheiros, de energia elétrica, de áreas de convivência e lazer, de quadras esportivas, de parques aquáticos, de biblioteca, de internet, de infraestrutura para desenvolvimento de educação digital, componentes previstos no art. 4º, incisos VIII e IX e, para culminar, de professores e funcionários são, infelizmente, comuns nas escolas brasileiras. Todos os sistemas de ensino do país trabalham com um alto percentual de professores horistas (em torno de 40%), professores colaboradores e professores sem qualificação apropriada. Ou seja, faltam planejamento e vontade política para construir rotas definitivas para se chegar a esta **relação adequada**. Por outro lado, somente 45% das escolas públicas do país possuem condições materiais e sanitárias adequadas. Tanto é assim que, se a Vigilância Sanitária visitasse estas escolas, boa parte seria simplesmente interditada!

Art. 26 – Os currículos da educação infantil, do Ensino Fundamental e do Ensino Médio devem ter base nacional comum, a ser complementada, em cada sistema de ensino e em cada estabelecimento escolar, por uma parte diversificada, exigida pelas características regionais e locais da sociedade, da cultura, da economia e dos educandos (*caput* com Redação dada pela Lei 12.796, de 2013).

§ 1º – Os currículos a que se refere o *caput* devem abranger, obrigatoriamente, o estudo da língua portuguesa e da matemática, o conhecimento do mundo físico e natural e da realidade social e política, especialmente do Brasil.

§ 2º – O ensino da arte, especialmente em suas expressões regionais, constituirá componente curricular obrigatório da educação básica (Redação dada pela Lei 13.415, de 2017).

§ 3º – A educação física, integrada à proposta pedagógica da escola, é componente curricular obrigatório da educação básica, sendo sua prática facultativa ao aluno: (Redação dada pela Lei 10.793, de 1/12/2003)

I – que cumpra jornada de trabalho igual ou superior a seis horas;

II – maior de 30 anos de idade;

III – que estiver prestando serviço militar inicial ou que, em situação similar, estiver obrigado à prática da educação física;

IV – amparado pelo Decreto-lei 1.044, de 21/10/1969;

V – [Vetado]

VI – que tenha prole.

§ 4º – O ensino da História do Brasil levará em conta as contribuições das diferentes culturas e etnias para a formação do povo brasileiro, especialmente das matrizes indígena, africana e europeia.

§ 5º – No currículo do Ensino Fundamental, a partir do 6º ano, será ofertada a língua inglesa (Redação dada pela Lei 13.415, de 2017).

§ 6º – As artes visuais, a dança, a música e o teatro são as linguagens que constituirão o componente curricular de que trata o § 2º deste artigo (Redação dada pela Lei 13.278, de 2016).

§ 7º – A integralização curricular poderá incluir, a critério dos sistemas de ensino, projetos e pesquisas envolvendo os temas transversais de que trata o *caput* (Redação dada pela Lei 13.415, de 2017).

§ 8º – A exibição de filmes de produção nacional constituirá componente curricular complementar integrado à proposta pedagógica da escola, sendo a sua exibição obrigatória por, no mínimo, 2 (duas) horas mensais (Incluído pela Lei 13.006, de 2014).

§ 9º – Conteúdos relativos aos direitos humanos e à prevenção de todas as formas de violência contra a criança, o adolescente e a mulher serão incluídos, como temas transversais, nos currículos de que trata o *caput* deste artigo, observadas as diretrizes da legislação correspondente e a produção e distribuição de material didático adequado a cada nível de ensino. (Redação dada pela Lei 14.164, de 2021).[62]

§ 9ºA – A educação alimentar e nutricional será incluída entre os temas transversais de que trata o caput. (Incluído pela Lei nº 13.666, de 2018).

§ 10 – A inclusão de novos componentes curriculares de caráter obrigatório na Base Nacional Comum Curricular dependerá de aprovação do Conselho Nacional de Educação e de homologação pelo Ministro de Estado da Educação (Incluído pela Lei 13.415, de 2017).

---

62. Embora nem todos estejam no corpo da LDB e, portanto, especificamente, neste artigo por ser o lugar próprio, há outros temas de abordagem obrigatória no conjunto dos componentes curriculares. São eles: a) Educação para o Trânsito (Lei 9.603/1997); b) Educação Ambiental (Lei 9.795/1999); c) Estatuto do Idoso: respeito e valorização do idoso (Lei n. 10.741/2003); d) Educação Alimentar e Nutricional (Lei n. 11.947/2009); e e) Educação em Direitos Humanos (Decreto 7.037/2009), que institui o Programa Nacional em Direitos Humanos-PNDH3. A ideia orientadora da doutrina curricular é "a abordagem transversal de temas abrangentes e contemporâneos que afetam a vida humana em escala global, regional e local".

Art. 26 – O currículo tem uma base axiológica vazada em valores fundamentais de interesse social e na construção das identidades socioculturais dos alunos. A Resolução 04/2010, do Conselho Nacional de Educação, que trata das Diretrizes Curriculares Nacionais Gerais para a Educação Básica, diz, em seu art. 13, que o currículo deve ser entendido como a agregação de "experiências escolares que se desdobram em termos de conhecimento, permeadas pelas relações sociais, articulando vivências e saberes dos alunos com os conhecimentos acumulados ao longo do tempo". Possui uma parte voltada para a formação básica, chamada de **base nacional comum** e outra, denominada de **parte diversificada**. Não constituem elas dois blocos distintos, com disciplinas fechadas para cada uma dessas partes. Dizem as Diretrizes acima referidas que elas "devem ser organicamente planejadas e geridas de tal modo que as tecnologias de informação e comunicação perpassem transversalmente a proposta curricular, desde a Educação Infantil até o Ensino Médio, imprimindo direção aos projetos político-pedagógicos" (art. 15). E arrematam, destacando que a parte diversificada enriquece e complementa a Base Nacional Comum Curricular/BNCC, prevendo o estudo das características regionais e locais da sociedade, da cultura, da economia e da comunidade escolar e perpassando todos os tempos e espaços curriculares [...], independentemente do ciclo da vida no qual os sujeitos tenham acesso à escola. Vale lembrar que, adicionalmente, leis específicas que complementam a LDB, determinam que sejam incluídos componentes que refletem a face apelativa da atualidade, formatada sob mosaicos de temas contemporâneos. Neste sentido, aponta o documento de diretrizes da BNCC com foco no Ensino Médio: Esta pluralidade temática situa-se em um inventário aberto, como é a própria vida, além da parte diversificada que é de responsabilidade da composição de cada sistema de ensino e de cada escola. Nesta perspectiva, o eixo organizador da doutrina curricular, expresso em diferentes dispositivos da LDB, é induzido pela *interdisciplinaridade e pela contextualização.*

A introdução do termo *currículo*, referenciado à educação infantil, agregando-se, ainda, uma base nacional comum e uma parte diversificada, a exemplo do que já ocorre com os ensinos Fundamental e Médio, representa um **avanço** conceitual inestimável e **um avanço, também**, no campo das políticas públicas voltadas para uma educação de alcance social. Significa, na verdade, que a Educação Infantil é enquadrada pela legislação brasileira, finalmente, no conceito técnico-pedagógico de educação escolar (LDB, art. 1º, § 1º), com todas as tipificações legais pertinentes. Sai, assim, do campo difuso e exclusivo do simplesmente **cuidar** e entra na moldura inclusiva do **cuidar/educar**. O percurso curricular atribuído ao processo retira a criança de esquemas de improvisação material, estrutural e pedagógica e a remete para espaços pré-qualificados para a aprendizagem intencionada e sequenciada. Levando-se em conta que a Educação Infantil, no segmento pré-escola, passa a integrar a oferta, pelo Estado, de educação básica, obrigatória e gratuita, fica fácil alcançar a repercussão direta do dispositivo: trabalhar as etapas e modalidades do processo de escolarização de forma orgânica, sequencial e articulada. Como aponta a Resolução CEB/CNE 04/2010, no seu art. 1º, *cada etapa é delimitada por sua finalidade, seus princípios, objetivos e diretrizes educacionais, fundamentando-se na inseparabilidade dos conceitos referenciais: cuidar e educar, pois esta é uma concepção norteadora do projeto político-pedagógico.* Esta inteligência normativa do processo educacional, via ensino regular, é complementada e reforçada pelo art. 20 da mesma Resolução, ao estabelecer que o respeito aos educandos e a seus tempos mentais, socioemocionais, culturais e identitários é um princípio orientador de toda a ação educativa, sendo responsabilidade dos sistemas de ensino a criação de condições para que crianças, jovens e adultos, tenham a oportunidade de receber a formação que corresponda à idade própria do percurso escolar. Enquanto na Educação Infantil, trabalha-se com blocos de atividades – mais compatíveis com a fase de evolução da criança –, nos ensinos Fundamental e Médio a escola trabalha com conhecimentos hospedados em disciplinas e áreas de conhecimento. Daí, a importância das Diretrizes Curriculares Nacionais Gerais para a Educação Básica/2010 e das Competências Gerais da BNCC/2018 como balizamentos do campo das atividades escolares e das práticas pedagógicas mediadas pelos professores. Atividades e práticas mapeadas no projeto político-pedagógico da escola.

A base nacional comum constitui, em termos de desenvolvimento sob a forma áreas de conhecimento e correspondentes disciplinas, o conjunto de conteúdos programáticos articulados que garante, aos sistemas educacionais do país, se organizarem adequadamente para, respeitadas as diversidades culturais, regionais, étnicas, religiosas e políticas, construírem uma sociedade múltipla e democrática. Assim, o cidadão brasileiro, independentemente do lugar onde mora, vive e trabalha, estará apto para o exercício de uma cidadania ativa, baseada em processos crescentes de igualdade. Esta igualdade implica necessariamente o acesso à totalidade dos bens públicos, entre os quais, o conjunto de conhecimentos socialmente relevantes.

É importante compreender que a base nacional comum do currículo, prevista na CF e na LDB, volta-se para dois focos principais, quais sejam: a) Expressão da responsabilidade do Estado brasileiro em relação à unidade nacional e à equidade social; e b) Garantia da concretização do princípio da isonomia, com educação básica de qualidade para todos.

A parte diversificada do currículo, por outro lado, atende as necessidades de uma escola que trabalha práticas pedagógicas e conhecimentos referidos a contextos específicos e a realidades culturais, econômicas, sociais e políticas demarcadas no espaço e no tempo. Somente assim, estarão asseguradas as aprendizagens essenciais aos alunos (BNCC/2018) para que se tornem cidadãos autônomos, críticos e participativos, "[...] capazes de atuar com competência, dignidade e responsabilidade na sociedade em que vivem"[63].

§ 1º – O estudo da Língua Portuguesa se impõe pelas seguintes razões:

• Toda pessoa é um ser de comunicação. O uso da língua materna é impositivo para a realização desta marca humana essencial.

• A língua se realiza no uso, nas práticas sociais e, por isso, ela é instrumento de transformação do próprio conhecimento.

• A aprendizagem da Língua Portuguesa amplia as atividades da fala, escrita, leitura e escuta. Aliás, estas são as habilidades linguísticas básicas: falar, escutar, ler e escrever.

• A língua é um veículo de representações, concepções e valores socioculturais que situam os sistemas simbólicos e comunicacionais.

• A língua nacional é um instrumento essencial de intervenção social.

• Um adequado domínio da Língua Portuguesa facilita, ao aluno, a aprendizagem de todos os demais conteúdos.

O ensino e o uso obrigatórios da Língua Portuguesa nas escolas aparecem, como uma das diretrizes sob a forma de destaque, no currículo do Ensino Fundamental e do Ensino Médio, como se observa no art. 32, § 3º e no art. 26, § 1º desta lei. Assim, a legislação busca "proporcionar aos alunos experiências que contribuam para a ampliação dos letramentos, de forma a possibilitar a participação significativa e crítica nas diversas práticas sociais permeadas/constituídas pela oralidade, pela escrita e por outras linguagens" (BNCC/2018) (Ver art. 35-A, § 3º).

O estudo da Matemática, por seu turno, na sociedade tecnológica, atende a necessidade especial. A compreensão do mundo contemporâneo supõe a capacidade de codificar, ordenar, quantificar e interpretar dados e informações com suas múltiplas variáveis. A Matemática se desdobra em processos de

---

63. Este assunto é tão relevante que a LDB o inclui em diferentes passos do seu corpo normativo. Por isso, *base nacional comum e parte diversificada* são assuntos recorrentes ao longo desta obra.

construção e validação de conceitos e argumentações. Possibilita a objetivação de procedimentos com o intuito de generalizar, relacionar, inferir e desenvolver o raciocínio abstrato. Não é por acaso que, em todos os testes internacionais, se destacam aqueles alunos que, em seus países, têm desempenho superior em Matemática.

O conhecimento do mundo físico e natural é essencial porque não há identidade descolada das circunstâncias de tempo e espaço. O sentido de mudança e permanência humana tem a ver com o meio físico, os ritmos e durações temporais, a construção dos sujeitos históricos, a construção do conceito de coletividade, a regularidade e (des)sequenciação da história, o tempo da conjuntura (aquele que se prolonga e pode ser apreendido durante uma vida) e o tempo da estrutura (aquele que parece imutável, pois as mudanças semelham imperceptíveis). Na verdade, o conhecimento da organização do espaço físico e natural e do funcionamento da natureza em suas múltiplas relações ajuda o aluno a compreender o papel das coletividades humanas em sua organização e na produção do território, da paisagem e das interações ambientais. Nesta mesma linha, impõe-se o conhecimento da realidade social e política em geral e do Brasil em particular. De fato, uma das finalidades do currículo da educação básica é instrumentalizar intelectualmente o aluno para fazer uma leitura adequada do mundo. Do seu mundo e do "outro"! Ou seja, compreender sua própria época e o espaço em seu entorno. Esta possibilidade define-se como a capacidade de transportar o conhecimento adquirido para fora do contexto sociopedagógico da escola. Desta forma, é possível construir propostas e soluções para problemas de natureza variada. E mais do que isto: é possível compreender o mundo em suas diferentes conexões. Daí, a ideia de sociedade em rede e de sociedade da informação. O conhecimento da realidade do país requer atividades pedagógicas que encaminhem os alunos a estabelecerem relações ativas e interpretativas na moldura da produção de conhecimentos refeitos e refinalizados. A educação básica, por via da BNCC e do currículo, é a etapa própria para o aluno aprender a fazer a medição e a mediação do tempo histórico, social e político.

§ 2º – A nova redação dada pela Lei 13.415/2017 a este § 2º reduz sua formulação, sem prejuízo da substância anterior. O importante é preservar o ensino de arte que ganhou maior relevância e maior sentido no currículo escolar e na formação do aluno em face da modificação introduzida no § 6º deste mesmo artigo, passando a vigorar com a seguinte redação:

Art. 26

[...]

§ 6º – As artes visuais, a dança, a música e o teatro são as linguagens que constituirão o componente curricular de que trata o § 2º deste artigo (Redação dada pela Lei 13.278, de 2016).

Esta amplitude de abrangência que a arte passa a hospedar no currículo da educação básica é transcendente sob o ponto de vista da formação humana à medida que, no desenvolvimento do processo de conhecimento, a arte mobiliza a inteligência, o raciocínio e os campos afetivo e emocional, além de servir de empuxo para o desenvolvimento da capacidade de interpretação. Como observa Ana Max Barbosa, "ao interpretar, você amplia a sua inteligência e a sua capacidade perceptiva, que vai aplicar em qualquer área da vida". A oferta do conteúdo de arte nos ensinos Fundamental e Médio é atividade escolar relevantíssima nesta fase de idade do aluno, seja porque desenvolve o pensamento artístico e a percepção estética, seja porque ele **apreende** instrumentos valorativos para ordenar e dar sentido à experiência humana. A arte desenvolve a sensibilidade, a percepção e a imaginação do aluno, capacitando-o a ter uma relação criadora com o múltiplo, o diferente e com a diversidade da imaginação humana. Este processo é um passo importante para implantar as condições necessárias ao desenvolvimento cultural dos estudantes. Nesse campo, a música, de oferta obrigatória pela Lei 11.769/2008, ganha relevância ímpar, seja por estar presente na vida de todos, seja porque é expressão universal dos sentimentos humanos. Além disso, contribui para o desenvolvimento mental e a coordenação motora das crianças e jovens em formação.

Em todas as civilizações e culturas, é inegável que a arte tem uma contribuição relevantíssima no desenvolvimento do ser humano. Quando se fala em arte, fala-se de um campo múltiplo que envolve as diversas manifestações da sensibilidade humana, com destaque para as artes visuais, a dança, o teatro, a música, e, também, as expressões populares de arte, o folclore e as manifestações de vanguarda. A questão aqui é ampla. Aprender arte, fazer arte e pensar sobre o trabalho artístico certamente vão garantir ao aluno um contexto de aprendizagem conectado com uma escala de valores e com os modos de produção artística presentes nos meios socioculturais em que vive. Isto sem esquecer os aspectos lúdicos das atividades. O aluno vai encontrar, nesse processo, rotas múltiplas para o seu percurso de criação individual e para o fortalecimento do conceito de grupo como ambiente socializador e criador de um universo imaginário. A arte liga as pessoas e os povos. Mais do que isto: é uma forma de linguagem e expressão coletiva das entranhas de uma sociedade, como veremos complementarmente nos comentários ao § 8º deste artigo.

A ênfase nas expressões artísticas regionais decorre da necessidade de se valorizar o local e o contextual, tendo como base o princípio de que aprender é ressignificar o vivencial. É na ambiência cotidiana que os sentidos exercitam a função essencial de empuxo à razão. Einstein dizia que nada melhor para uma boa teoria que uma boa prática. Tomás de Aquino, filósofo e teólogo católico, observou: "nada chega ao intelecto que não passe primeiro pelos sentidos". E Nietzsche ressaltou: "a arte vale mais do que a verdade".

§ 3º – A área curricular da educação física tem conexão direta com os conceitos de corpo e movimento. O horizonte, portanto, é o de uma percepção cultural destes conceitos em suas diferentes manifestações, como instrumentos de comunicação, expressão, lazer e cultura. Trata-se, assim, de ir além do simples exercício de certas habilidades e destrezas, e, ao contrário, de buscar capacitar o aluno a refletir sobre suas possibilidades corporais e, em decorrência, "exercê-las de maneira social e culturalmente significativa e adequada" (PCN). Nesse sentido, é fundamental não confundir educação física com práticas esportivas competitivas. Estas são circunstanciais, aquela é permanente. Até por isso, deve estar integrada à proposta pedagógica da escola.

§ 3º, I, II, III, IV, V e VI – O legislador prevê situações várias em que a educação física se torna facultativa, como forma de respeitar circunstâncias restritivas que o aluno possa ter seja em função de encargos de trabalho, de responsabilidades domésticas e familiares, seja em função de idade. O que a Lei pretende com a oferta da educação física não é produzir cansaço desnecessário, senão bem-estar e qualidade de vida. Quando situações pessoais já limitam esta possibilidade, o legislador evita a sobrecarga para não comprometer o processo escolar rumo a uma aprendizagem confortável. Este, aliás, é o sentido pedagógico da expressão *mens sana in corpore sano*. O corpo pode estar fatigado, mas não pode estar esgotado, uma vez que ele é fonte e prolongamento da vida que experiencia, vivencia, pratica, ativa-se, motiva-se e aprende.

§ 4º – A diversidade de matrizes culturais na formação do povo brasileiro faz do ensino da História do Brasil uma programação curricular de singular valor formativo. É precisamente o ensino deste conteúdo que enseja, ao aluno, apreender as relações entre identidades individuais, sociais e coletivas, na ampla moldura da constituição da identidade nacional. Nesta perspectiva, a criança e o adolescente vão construindo a sua identidade social a partir da articulação de três aspectos fundamentais, a saber: i) Relação entre o particular e o geral, "quer trate do indivíduo, sua ação e seu papel na sua localidade e cultura, quer trate das relações entre a localidade específica, a sociedade nacional e o mundo"; ii) Construção das noções de diferença e semelhança. É aqui que se estabelece a verdadeira compreensão do "eu" e a verdadeira percepção do "outro"; iii) Construção das noções de continuidade e permanência. Nesse sentido, a relação passado/presente é assimilada dentro de um *continuum*, base da realidade vivida pelos alunos. Pode-se dizer que o saber histórico escolar trabalha, sob o ponto de vista da formação do aluno da educação básica, três conceitos fundamentais: o de fato histórico, o de sujeito histórico e o de tempo histórico. No âmbito desta delimitação, emergem as matrizes indígena, africana, europeia e outras bases da formação do povo brasileiro.

§ 5º – A nova redação dada pela Lei 13.415/2017 a este parágrafo é extremamente importante para a superação da condição de monoglota do estudante brasileiro de um lado e, de outro, pela relevância da língua inglesa no mundo globalizado. O caso mais ilustrativo da condição de baixo domínio do inglês pelo estudante brasileiro ocorreu no âmbito do programa Ciência sem Fronteiras: muitos alunos tiveram que retornar ao Brasil por falta de proficiência em inglês. As questões principais da desvalorização do inglês nas escolas públicas, onde estão 85% dos alunos, são:

• O aprendizado do idioma inglês para o aluno brasileiro somente foi introduzido no Currículo Escolar, como de oferta e estudo obrigatórios, tardiamente: em 2017, pela Lei 14.415. **No Ensino Fundamental**, chegou a este patamar a partir do 6º ano. **No Ensino Médio,** a obrigatoriedade estendeu-se por toda a extensão da escolarização. Em ambos os casos (Fundamental e Médio), como constituinte da área de linguagens. **No primeiro caso**, só LINGUAGENS/Práticas de linguagem. Esclarece a BNCC: "Cada prática de linguagem propicia ao sujeito uma dimensão de conhecimentos à que ele não teria acesso de outro modo. Interagir em diversas línguas, manifestações artísticas e práticas corporais gera um tipo específico de conhecimento, possibilitando perceber o mundo e a si próprio de um modo singular". **No segundo caso,** LINGUAGENS E SUAS TECNOLOGIAS: Explicita a BNCC: "Compreender o funcionamento das diferentes linguagens e práticas (artísticas, corporais e verbais) e imobilizar esses conhecimentos na recepção e produção de discursos nos diferentes campos de atuação social e nas diversas mídias, para ampliar as formas de participação social..."

A par do que já foi esclarecido, cabe registrar, ainda que:

• O material didático de inglês chegou só em 2011 às escolas.

• Não há como testar o aprendizado de inglês de forma padronizada.

• As escolas ainda contam com equipamentos limitados de apoio para a ministração do ensino (computadores/*notebook*, TV, acesso à internet, aparelho de som, e outros recursos.).

• Grande parte dos professores tem contrato temporário.

• Média de 2 horas semanais de aula.

Ao tornar obrigatório o ensino de inglês a partir do 6º ano do Fundamental, o legislador estabelece a compulsoriedade do ensino desta língua com padrão de qualidade didático-pedagógica. Pesquisa conduzida pelo British Council mostra: o enfrentamento da questão do ensino de Inglês que não "decola" no Brasil, inclui medidas como: o inglês deveria começar mais cedo a fazer parte do currículo, e não apenas no Fundamental; as aulas teriam de ter maior carga horária em turmas menores, divididas por nível de conhecimento; os professores precisariam de capacitações presenciais com tutores nativos, para treinar a conversação e oportunidades de intercâmbio; os recursos didáticos deveriam ser mais diversificados e com tecnologias plurais.

§ 6º – A nova redação deste § 6º, decorrente do disposto na Lei 13.278/2016, traz como mudança, significativa a inclusão, na área de artes, de quatro disciplinas: artes visuais, música, teatro e dança. Estas são as linguagens que passam a constituir o componente curricular **arte**. Antes de ressaltar a importância de cada uma isoladamente, convém descrever o sentido de **linguagem** no texto legal em referência. Em primeiro lugar, trata-se de conceito do amplo campo de Filosofia, Psicologia, Sociologia, Epistemologia, História, Semiótica, Linguística, Antropologia etc. Vê-se que, por sua natureza, a linguagem é transdisciplinar. Em contexto didático, requer, por isso, dos professores, tal perspectiva. Herança social cuja assimilação envolve indivíduos, coletividades etc., uma vez assimilada, "faz com que as estruturas mentais, emocionais e perceptivas sejam reguladas pelo seu simbolismo". Todos os atos de linguagem objetivam a produção de sentido. Daí sua relevância à medida que "a compreensão da arbitrariedade da linguagem pode permitir aos alunos a problematização dos modos de 'ver a si mesmos e ao mundo', das categorias de pensamento, das classificações que são assimiladas como dados indiscutíveis. As linguagens permeiam o conhecimento e as formas de conhecer, o pensamento e as formas de pensar, a comunicar e os modos de comunicar, a ação e os modos de agir" (PCN/Ensino Médio, 1999: 125). Nesse horizonte de multifocalidades, qual a importância de cada uma dessas linguagens para os jovens e adultos do Ensino Médio? Caminha-se aqui na via do fortalecimento da experiência sensível e criativa dos alunos sob a forma de prosseguimento de conhecimentos de arte, desenvolvidos na Educação Infantil e no Ensino Fundamental já no compósito de música, artes visuais, dança e teatro, *produzindo amplificações de saberes para outras manifestações como as artes visuais*. Vejamos de que forma cada uma destas "linguagens" contribui para "o exercício da cidadania e para a ética construtora de identidades mais humanas e mais sensíveis" (art. 22, 29, 32 e 35):

> **Música:** Forma de expressão artística de alcance geral, a música pode assumir função de valor incomparável como mecanismo educativo sob o ponto de vista da emancipação humana. O brasileiro respira música por todos os poros. A sua dinâmica corporal é moldada pela fala, modo de andar, de jogar futebol e praticar esportes em geral, de se mover, mas, sobretudo, por uma certa iluminação musical e rítmica. Assim, incluir a música, como componente obrigatório, no currículo dos ensinos Fundamental e Médio, ao lado de outros que configurem o amplo espectro do ensino de arte, e ampliar as possibilidades de a escola potencializar os meios de o aluno desenvolver sua sensibilidade, integrando diferentes tipos de competência (corporais, espaciais, linguísticas, sonoras etc.), é iniciativa de grande alcance. A experiência humana referida a todas as idades, mas, com destaque, à idade jovem, mostra que a música é uma fonte de congraçamento e de desenvolvimento de metodologias cognitivas e afetivas, fecundando dinâmicas no eixo pensamento/sentimento e enredando conceitos de modo multidirecional. Espaço e meio de construção de empatias, a música oxigena positivamente toda a vida do jovem que está construindo sua **educação básica**.

> **Artes Visuais:** O campo das artes visuais é estimulante ao desenvolvimento perceptivo e inventivo. Tem, portanto, uma dimensão de autopropulsão de crescimento pessoal. Ao intervir na matéria-prima, o artista faz a recriação intencional da realidade, com dois efeitos: dinamiza sensibilidades e percepções emotivo-cognitivas e agrega dimensões criativas à existência humana. A representação visual de uma imagem artística move-se entre o conhecimento, a representação simbólica de conceitos e o processo de representação pessoal. Transita, outrossim, entre os modos de representar e o olhar indagativo e investigativo do espectador. Tudo isso supõe a aquisição de algumas habilidades específicas que conduzem o olhar sensível para a realidade, desocultando o mundo de formas, cores, texturas, ideias e emoções. Este processo

de alargamento de amplitude sensório-subjetivo-coletiva é atinente tanto à relação com o objeto de arte considerado como tal pela crítica especializada, como à realidade das imagens ao nosso redor, envolvendo embalagens de produtos, seleção de imagens em produções eletrônicas (TV, p. ex.), em produções impressas (revistas, jornais, *folders*), em novelas e em todo o universo das imagens, universo que pode oferecer uma visão compositiva formal e expressiva. Fazer arte e ler arte se completam com o exercício de verificar em que contexto as imagens estão hospedadas. Na escola, este "sanfonamento" de percepções enseja exercícios da interdisciplinaridade, interlocução entre as diversas disciplinas como campos de conhecimento de contornos próprios, mas que se potencializam na estrutura curricular por meio do diálogo interdisciplinar.

> **Dança:** O ensino de dança na escola regular ocorre, quase sempre, casualmente, integrando programas fortuitos de Artes Cênicas e de Educação Física com enfoque mais criativo. Um primeiro "passo" nesse campo é capacitar o aluno a aprender a perceber a diferenciação das fontes utilizadas nas modalidades de composição e, em consequência, os significados plurais (pessoais, culturais, políticos, publicitários etc.) "articulados e veiculados nas diversas danças". Conhecimentos e competências deverão ser igualmente mobilizados para os procedimentos de cooperação e ajustes que a dança exige, bem como de qualificação dos códigos de aferição valorativa da dança como expressão sociolúdica e artística.

> **Teatro:** Na gênese da vida em sociedade, já se vai encontrar o teatro, buscando refletir o conhecimento da vida humana, do ambiente vivencial, das faces do relacionamento intersubjetivo e do autoconhecimento. Nas origens do teatro, está a **mimese**, a imitação da realidade, uma espécie de rota de reposicionamento da aprendizagem humana. Estes são os vários aspectos que conformam as características fundamentais do teatro, postas, assim, na visão de Augusto Boal: "O teatro surge quando o ser humano descobre que pode observar-se a si mesmo: ver-se em ação. Descobre que pode ver-se no ato de ver (ver-se em situação). Ao ver-se, percebe o que é, descobre o que não é e imagina o que pode vir a ser. Percebe onde está, descobre onde não está e imagina onde pode ir" (Arco-íris do Desejo, 1990). A história do teatro registra um funcionamento de diferentes formas e múltiplas intenções, todas elas, porém, com a marca registrada de espelhar pessoas e sociedade com seus conflitos, aberrações e dissimetrias de conduta. Nesse ambiente de "representação", passado e presente se encontram e sinalizam o futuro possível. Em qualquer destas rotas-contexto, tem força a realidade presente na qual a sociedade está submersa.

A dimensão educacional-formativa do teatro envolve aspectos essenciais e estratégicos no âmbito da aprendizagem com qualidade social, como:

• Contribui para mitigar o impacto das mudanças rápidas.

• Leva o aluno a refletir sobre o mundo e as sociedades.

• Ajuda a uma integração mais refletida e mais crítica na realidade.

• Ressignifica a diversidade das linguagens, uma vez que "a linguagem artística peculiar do teatro tem seus elementos sígnicos e significantes no próprio corpo humano, nas suas emoções e sensações, expressões faciais, gestuais, no seu movimento pelo espaço, na voz com todos os seus timbres, alturas, durações, tons e inflexões para dar vida às palavras e sons, e revelar o indivíduo em todos os seus conflitos e paixões humanas" (Apud: Currículo de Educação Básica das Escolas Públicas do DF/ Ensino Médio, 2000: 129).

Como componente curricular obrigatório, o **teatro** tem uma função pedagógica e estratégica ímpar na formação do aluno do Ensino Médio e, especificamente, no contorno de uma **ética da identidade**, resultante do tríplice suporte de uma aprendizagem resolutiva: **aprender a conhecer, aprender a ser e aprender a conviver** (Unesco). A propósito, esta agência internacional assim se pronuncia sobre a importância socioeducacional do teatro: *"Teatro é uma área voltada para a aquisição e construção do conhecimento no processo educacional, devendo ser parte integrante dos currículos da educação básica, com a mesma importância atribuída às demais áreas [...] sendo importante para o desenvolvimento da criatividade e da capacidade simbólica de crianças, jovens e adultos, e também uma forma de abrir as portas da escola para a entrada dos valores da comunidade e suas tradições artísticas e culturais. A ponte entre a sala de aula e instituições comunitárias artísticas e culturais cria relações entre crianças, artistas e produtores culturais. A Unesco se propõe incentivar a promoção de um ensino/aprendizagem em arte e teatro, visando ao desenvolvimento da criatividade das crianças, jovens e adultos, e à apreciação de bens artísticos e culturais"[64].*

Ao longo deste processo de aprendizagem escolar na circunscrição da arte-educação, cabe ao professor, no campo respectivo de sua atuação, prover o racional consciente do aluno por via de conhecimentos e procedimentos que

---

64. UNESCO. *Regional conference on arts education at school level in Latin America and the Caribbean* [Disponível em http://unesdoc.unesco.org/images/0013/001333/133377e.pdf – Acesso em 30/08/2017] [grifo nosso].

acendam o seu potencial instrutivo, criativo e cognitivo, ampliando o campo de imaginação sensível, pondo a arte em oportunidade de recriação da realidade e, sobretudo, humanizando o que precisa ser mais humano: o mundo e a própria vida. Nesse sentido, ganha ressignificação curricular a própria produção dos alunos. Afinal, a inclusão de Arte no currículo do Ensino Médio objetiva o desenvolvimento de competências, habilidades e procedimentos na busca de aprofundamento dos códigos estéticos da existência humana e de sua busca compartilhada e de harmonização.

A partir de maio de 2016, estes componentes curriculares obrigatórios em que a disciplina **arte** foi desdobrada teriam cinco anos para ser implantados em todas as escolas do país. Tempo necessário para os sistemas de ensino cuidarem da formação adequada dos professores. Comentários complementares sobre o ensino de arte encontram-se no § 8º, deste mesmo artigo.

§ 7º – Com redação dada pela Lei 13.415, de 2017, este parágrafo alarga as possibilidades de abordagem do teor dos temas transversais sob duas condições. Na primeira, o procedimento deve levar em conta o disciplinamento da matéria pelo respectivo sistema de ensino. Na segunda, o legislador estimula o uso de metodologias plurais para o estudo de temas transversais, através de projetos e pesquisas. Nesse caso, o processo metodológico, enquanto soma de procedimentos e construção de resultados, poderá compor o tempo de aprendizagem associado a conteúdos de aprendizagem para efeito de integralização curricular. Ou seja, para efeito de **competências certificadas** e de cumprimento de carga horária. Os temas transversais são avenidas em que as disciplinas curriculares trafegam em ritmo de convergência.

Os projetos de trabalho constituem uma forma criativa e dinâmica de *favorecer a criação de estratégias de organização dos conhecimentos curriculares em relação a: 1) o tratamento da informação, 2) a relação entre os diferentes conteúdos em torno de problemas ou hipóteses que facilitem aos alunos a construção de seus conhecimentos, a transformação da informação procedente dos diferentes saberes disciplinares em conhecimento próprio* (HERNÁNDEZ & VENTURA, 1998: 61). Os temas transversais, por sua vez, são questões-foco que, por sua complexidade, requerem uma abordagem globalizada, atravessando, portanto, diferentes disciplinas individualizadas. Exigem visões interdisciplinares abrangentes, rompendo compreensões dominantes reducionistas, como veremos nos comentários ao § 9º. A transversalidade representa uma quebra de paradigma na forma de reconstruir, compreender e aplicar e ressignificar o conhecimento.

§ 8º – A introdução da exibição obrigatória de filmes nacionais na Lei da Educação Nacional constitui um equívoco de três faces por parte do legislador. **Em primeiro lugar**, porque não se trata de temática apropriada para um instrumento legal de envergadura ampla que essencializa princípios, fins, organização, processos e procedimentos de oferta da educação escolar, como é o caso da LDB. Nesse enfoque, cabe ao projeto pedagógico escolar definir os meios e metodologias "de desenvolvimento do educando, seu preparo para o exercício da cidadania e sua qualificação para o trabalho" (art. 2º). **Em segundo lugar**, porque, por mais relevante que seja o cinema nacional – com mais de 100 (cem) anos de história e uma produção de filmes memoráveis – para a cultura brasileira, sobretudo, como registro social, documental e político-social do gênio inventivo do país, a possibilidade de trabalhar na escola com este tipo de recurso metodológico, já está contida no § 2º do art. 26, que contempla o ensino da arte "para promover o desenvolvimento cultural dos alunos"[65]. **Em terceiro lugar**, e dentro do mesmo

---

65. Aqui, vale esclarecer que o ensino da arte não pode se esgotar na transmissão de padrões e modelos de culturas predominantes. Portanto, um ensino voltado para o **domínio técnico**, que requer um conhecimento para transmitir códigos, conceitos e categorias ligadas a padrões estéticos. A tarefa da educação escolar nesse campo é mais abrangente. O encaminhamento pedagógico do conteúdo de arte tem por premissa básica três circunstâncias focais: a integração do fazer artístico, a apreciação da obra de arte e o contato com as diferentes linguagens das artes para uma apreensão de sua contextualização histórico-social e cultural através da expressão interpretativa disponibilizada. Ora, o cinema – a sétima arte! – na exibição de filmes nacionais pode ser um instrumento metodológico de ilimitado alcance para revelar "a alma do país", suas injustiças e suas contradições aos alunos em formação. Tanto mais que as temáticas veiculadas por **filmes nacionais** são uma fonte com potencial ilimitado para o exercício da interdisciplinaridade, da transdisciplinaridade e da formação de uma consciência crítica de cidadania. Acrescente-se, outrossim, que as tecnologias culturais, como produção e como exibição, fornecem "quadro de referência no interior do qual os modos de representação e compreensão sustentam modos de dominação" (SIMON, 2012: 75). Assim, seu uso pedagógico e sua valorização na aprendizagem não produzem resultados automaticamente, senão em decorrência de um esforço intencionado de mediação educativa e interpretativa da linguagem semiótica, esforço voltado para desocultar expressões de autorreconhecimento, de identidade e de solidariedade. Como assinalado por Simon (p. 75), "as tecnologias culturais reúnem 'posições de sujeito' a partir das quais as pessoas constroem formas visuais, escritas, auditivas ou gestuais de "textualidade" e se dirigem às outras através destas "textualidades". Não por acaso, Foucault e Lauretis usam a expressão "tecnologias sociais". Este registro angular está inserido na Resolução CNE/CEB 4/2010, cujo art. 14, § 3º diz textualmente que "a base nacional comum e a parte diversificada (do currículo) [...] devem ser organicamente planejadas e geridas de tal modo que as tecnologias de informação e comunicação perpassem transversalmente a proposta curricular, desde a Educação Infantil até o Ensino Médio, imprimindo direção aos projetos político-pedagógicos". Parece oportuno esclarecer, nesse passo, que, de forma genérica, "tecnologia" refere-se à especificação de uma forma de produção (utilização científica de equipamentos, ferramentas e máquinas), porém, além disso, inclui as práticas e os resultados de produção semiótica, como alerta Simon.

enfoque de extrapolação do legislador, fixar o tempo em duas horas para a exibição obrigatória de filmes agride um dos princípios fundantes da educação escolar (art. 1º, inc. 1º) que é precisamente harmonizar e sintonizar o tempo curricular com o projeto pedagógico em seus múltiplos desdobramentos. Portanto, ao impor tal obrigatoriedade, o legislador interfere indevidamente na autonomia da escola e no Plano de Ensino de cada professor. Diga-se de passagem, que tal tipo de determinação não existe em lugar nenhum da legislação educacional, incluindo qualquer tipo de exigência em termos de conteúdo ou de metodologia, com tempo fixado, no âmbito da educação básica. Como se não bastasse, a imposição descabida agride um dos princípios básicos de ministração do ensino, como se pode ver:

Art. 3º – LDB

O ensino será ministrado com base nos seguintes princípios:

[...]

*II – Liberdade de aprender, **ensinar** [grifo nosso], pesquisar e divulgar a cultura, o pensamento, a arte e o saber.*

Em outros termos, a organização, fixação, distribuição e gestão do tempo escolar é uma atribuição do coletivo da escola, com previsão legal no art. 12, inc. I, II, III e IV e, ainda, no art. 13, inc. I, II e V. Isto tanto em referência à *base nacional comum, como à parte diversificada* (art. 26, *caput*).

Feitas estas ressalvas esclarecedoras, diga-se que a ideia de exibição de filmes de produção nacional, como componente curricular complementar integrado à proposta pedagógica da escola, poderá tornar-se um recurso metodológico de ensino/aprendizagem oportuno, desde que sob a inspiração dos aspectos já destacados na análise do art. 26, § 8º, referidos, por sua vez, pela Resolução CNE/CEB 4/2010.

O conteúdo desta resolução verticaliza a compreensão das estratégias de organização do currículo no sentido de torná-lo dinâmico a partir da seguinte percepção agregada ao ressaltado anteriormente (art. 6º e incisos):

V – organização da matriz curricular entendida como alternativa operacional que embase a gestão do currículo escolar e represente subsídio para a gestão da escola (na organização do tempo e do espaço curricular, distribuição e controle do tempo dos trabalhos docentes), passo para uma gestão centrada na abordagem interdisciplinar, organizada por eixos temáticos, mediante interlocução entre os diferentes campos do conhecimento;

VI – entendimento de que eixos temáticos são uma forma de organizar o trabalho pedagógico, limitando a dispersão do conhecimento, fornecendo o cenário no qual se constroem objetos de estudo, propiciando a concretização da proposta pedagógica centrada na visão interdisciplinar, superando o isolamento das pessoas e a compartimentalização de conteúdos rígidos.

[...]

§ 4º – A transversalidade é entendida como uma forma de organizar o trabalho didático-pedagógico em que temas e eixos temáticos são integrados às disciplinas e às áreas ditas convencionais, de forma a estarem presentes em todas elas.

§ 5º – A transversalidade difere da interdisciplinaridade, e ambas complementam-se, rejeitando a concepção de conhecimento que toma a realidade como algo estável, pronto e acabado.

§ 6º – A transversalidade refere-se à dimensão didático-pedagógica e a interdisciplinaridade, à abordagem epistemológica dos objetos de conhecimento.

Em síntese, sob escolha dos professores, filmes nacionais como opções metodológicas, podem servir para desocultar entranhas da sociedade brasileira, sinalizar rotas de nossa formação histórica e ajudar a esclarecer o que temos sido sempre! Ou seja, os recursos metodológicos de "fazer educação escolar" não podem ser impositivos, mas devem guardar relação com as finalidades educativas buscadas, em cada caso, pelo planejamento escolar e pelos Planos de Aula do(s) professor(es).

§ 9º – Os direitos humanos são direitos universais, "reconhecidos tanto na Declaração Universal de 1948, quanto nos costumes, princípios jurídicos e tratados internacionais. Em nossa constituição, eles estão marcantemente presentes já no bloco dos cinco artigos iniciais, que se entrecruzam. O ensino de conteúdos nesse campo se impõe como decorrência da política *do Estado brasileiro de fortalecimento das Diretrizes Humanas como instrumentos transversais das políticas públicas e de interação democrática* (PNDH-3 – Diretriz 2). Os direitos humanos constituem, na atualidade, uma fonte de fortalecimento da democracia tanto no aspecto político e institucional, como no aspecto do respeito à igualdade econômica e social. Mais do que isto: o campo dos direitos humanos tem como marcação a indivisibilidade e interdependência dos direitos civis, políticos, econômicos, sociais, culturais e ambientais. Alonga-se pelo respeito à diversidade, combate às desigualdades e, ainda, pelo enfrentamento da fome e da extrema pobreza. Na base deste estuário de aspectos está a dignidade da pessoa humana (CF, art. 1º, inc. III) e a igualdade de direitos, sem distinção de qualquer natureza (CF, art. 5º).

Como desdobramento da imperatividade de incluir, no currículo da educação básica, conteúdos de direitos humanos, alinham-se, também, conteúdos de prevenção de todas as formas de violência contra a criança, o adolescente e a mulher. Em ambos os casos, impõe-se uma abordagem transversal, assim que todas as disciplinas, da base nacional comum e da parte diversificada do currículo, veiculem estes conteúdos de maneira concreta, contextualizada e consequencial. Não se deve esquecer que a escola é um dos espaços sociais institucionalizados mais importantes para **formar, reformar** e **transformar** os níveis de percepção, de consciência e de ação da sociedade em torno da questão dos direitos humanos e de todas as formas de violência contra as pessoas.

Em perspectiva de transversalidade curricular e em decorrência de imposição legal, idêntico enfoque deve ser dispensado, por via do currículo em operação, a variados temas como: direitos do idoso, educação para o trânsito, Política Nacional de Proteção e Defesa Civil e, ainda, educação ambiental. No caso dos direitos da **terceira idade**, vale lembrar que o idoso goza de todos os direitos fundamentais inerentes à pessoa humana e que é obrigação do Estado, da família, da comunidade, da sociedade e do *Poder Público local, assegurar-lhe, com absoluta prioridade, a efetivação do direito à vida, à saúde, à alimentação, à educação, à cultura, ao esporte, ao lazer, ao trabalho, à cidadania, à liberdade, à dignidade, ao respeito e à convivência familiar e comunitária* (Estatuto do Idoso – Lei 10.741/2003, art. 3º). A educação para o trânsito, por sua vez, cresce cada dia mais em importância seja pelo aumento desproporcional de veículos nas ruas (carros e motos) e pela precariedade dos transportes públicos, seja pelo aumento incontido da violência (no trânsito). Aqui, não se trata de ensinar regras de trânsito e de circulação apenas, mas de a escola contribuir para formar cidadãos responsáveis, autônomos e comprometidos com a preservação da vida. Esta é, na verdade, responsabilidade de toda a sociedade, porém, a escola e a família são convocadas para uma ação educacional e de vigilância social continuadas. Tudo isso sem esquecer a importância de se trabalhar em sala de aula a questão do transporte público associado à qualidade de vida e ao meio ambiente e aos direitos de ir e vir e de trabalhar, nos termos da Constituição Federal.

A proteção e defesa da sociedade é dever do Estado. Cabe, portanto, à União, aos estados, ao DF e aos municípios adotar as medidas necessárias à redução dos riscos de desastre. Nesse sentido, a Lei 12.608/2012 institui a Política Nacional de Proteção e Defesa Civil (PNPDEC), que tem como diretrizes:

I – atuação articulada entre a União, os estados, o DF e os municípios para redução de desastres e apoio às comunidades atingidas;

II – abordagem sistêmica das ações de prevenção, mitigação, preparação, resposta e recuperação;

III – a prioridade às ações preventivas relacionadas à minimização de desastres.

Este conjunto de diretrizes se vincula a um feixe de objetivos assim formulados pela lei retrocitada:

I – reduzir os riscos de desastres;

II – prestar socorro e assistência às populações atingidas por desastres;

III – recuperar as áreas afetadas por desastres;

IV – incorporar a redução do risco de desastre e as ações de proteção e defesa civil entre os elementos da gestão territorial e do planejamento das políticas setoriais;

[...]

VII – promover a identificação e avaliação das ameaças, suscetibilidades e vulnerabilidades a desastres, de modo a evitar ou reduzir sua ocorrência;

VIII – monitorar os eventos meteorológicos, hidrológicos, geológicos, biológicos, nucleares, químicos e outros potencialmente causadores de desastres;

IX – produzir alertas antecipados sobre a possibilidade de ocorrência de desastres naturais.

Como se trata de responsabilidade com irradiação sobre as diversas dobras do Estado nacional, as políticas e ações devem ser operadas de forma articulada, com o envolvimento da União, dos estados, DF e municípios no sentido de (art. 9º da Lei referenciada):

I – desenvolver cultura nacional de prevenção de desastres, destinada ao desenvolvimento da consciência nacional acerca dos riscos de desastre no país;

II – estimular comportamentos de prevenção capazes de evitar ou minimizar a ocorrência de desastres;

[...]

IV – estabelecer medidas preventivas de segurança contra desastres em escolas e hospitais situados em áreas de risco;

V – oferecer capacitação de recursos humanos para as ações de proteção e defesa civil.

Dentre as responsabilidades dos municípios, quatro semelham de especial importância, a saber:

I – elaborar mapeamento contendo as áreas suscetíveis à ocorrência de deslizamentos de grande impacto, inundações bruscas ou processos geológicos ou hidrológicos correlatos;

II – elaborar Plano de Contingência de Proteção e Defesa Civil e instituir órgãos municipais de defesa civil, de acordo com os procedimentos estabelecidos pelo órgão central do Sistema Nacional de Proteção e Defesa Civil (Sinpdec);

III – elaborar plano de implantação de obras e serviços para a redução de riscos de desastre;

IV – criar mecanismos de controle e fiscalização para evitar a edificação em áreas suscetíveis à ocorrência de deslizamentos de grande impacto, inundações bruscas ou processos geológicos ou hidrológicos correlatos.

Todas estas demarcações legais têm como foco as ações adequadas de prevenção, mitigação, preparação, resposta e recuperação voltadas à proteção e defesa civil. Para tanto, é necessário que a sociedade esteja qualificada para intervenções sempre que necessário. É precisamente aqui que entra a escola como laboratório de preparação para uma cidadania consciente, responsável e solidária nesse campo de proteção e defesa civil. Nada mais indicado nesse sentido do que utilizar o currículo da educação básica para tratar desta temática no corpo dos diversos conteúdos sob o influxo de uma abordagem interdisciplinar.

À luz deste mesmo horizonte de compreensão, posta-se a educação ambiental não trabalhada só na dimensão do "risco ecológico", mas numa visão bem mais abrangente de remoção dos níveis de pobreza e de desigualdade social. Este é, por sinal, o enfoque amplo do Programa Nacional de Educação Ambiental (PRONEA, 2005). A questão ambiental, hoje, diz respeito a todos porque se refere, de fato, à sobrevivência **do** e **no** Planeta Terra e à qualidade de vida de toda a população terrestre. Daí sua ligação direta com a educação em geral e com a educação escolar muito especialmente. Significa que todos os atores do vasto e estratégico mundo da educação podem exercer papel relevante aqui, "potencializando o engajamento dos diversos sistemas de conhecimento, a capacitação de profissionais [...], incluindo [...] as formas de organização social que aumentam o poder das ações alternativas de um novo desenvolvimento [...], com ênfase na sustentabilidade socioambiental" (JACOBI, 2007: 13). O trabalho pedagógico no campo da educação ambiental concentra-se em um feixe de focos, com destaque para processos interdisciplinares de conscientização, avaliação de condutas com vista a mudança de comportamento, desenvolvimento de competências na área como precondição para agir, parâmetros para avaliação e para envolvimento pessoal (participação) e agregação permanente de conhecimentos teóricos (através das várias disciplinas) e de conhecimentos práticos (através da troca de experiências). Ao trabalhar com esta temática via projeto pedagógico, cada professor deve insistir na estreita relação entre educação e meio ambiente, colocando esta relação na perspectiva de uma cidadania responsável, atuante e transformadora de comportamentos. Nesse sentido, a visão global da questão ambiental deve ser posta nas conexões com os contextos local, regional, nacional e planetário, assim que a tarefa do enfoque interdisciplinar e transdisciplinar contribua concretamente para a reconstrução de saberes que potencializem as vias de solução de problemas ambientais presentes e os caminhos para construção de uma sociedade sustentável. A temática da educação ambiental deve ser tratada como componente curricular de uma educação integral enraizada na formação do aluno para a cidadania. Ou seja, deve ir além da condição de tema transversal. A escola deve lhe atribuir a condição de referente curricular permanente e de "mandamento" pedagógico escolar: *cuidar da Terra, proteger a Vida* (BOFF, 2010). Nesta perspectiva, os Planos de Aula de todos os conteúdos e de qualquer nível de escolaridade devem reavivar a importância de *A Carta da Terra, documento nascido da sociedade civil mundial, fruto de uma vasta consulta de mais de 40 países, vinda de baixo, de todos os setores da sociedade, das culturas e das religiões, das ciências e centros de pesquisa, que durou 8 anos (1992-2000), sendo assumida em 2003 pela Unesco, e que diz em seu preâmbulo: "ou fazemos uma aliança global para cuidar uns dos outros e da Terra ou corremos o risco de nossa autodestruição e da devastação da diversidade da vida"* (ibid.). Neste horizonte, é muito importante trabalhar – via disciplinas escolares integradas – os Indicadores de Qualidade Conceitual (IQC) da Educação Ambiental para Sociedades Sustentáveis e sua descrição para aplicação em macrocontextos brasileiros, na formulação de Pedrini (2007: 37):

IQC	Descrição do indicador
1) EA emancipatória	Capaz de possibilitar indivíduo/coletividade adquirir conhecimentos, valores, habilidades, experiências e a determinação para o cidadão enfrentar e participar da solução de problemas ambientais.
2) EA transformadora	Capaz de possibilitar a mudança de atitudes para o desenvolvimento de sociedades sustentáveis.
3) EA participativa	Capaz de estimular a participação em mobilizações coletivas.
4) EA abrangentes	Capaz de envolver a totalidade dos grupos sociais (públicos internos e externos).
5) EA permanente	Capaz de ser uma atividade continuada.
6) EA contextualizadora	Capaz de agir diretamente na realidade da coletividade e por ela alcançar a dimensão planetária.
7) EA ética	Capaz de promover o respeito a todas as formas de vida do planeta.
8) EA interdisciplinar	Capaz de integrar diferentes saberes, pois a questão ambiental agrega variados conhecimentos.

Ao longo de todos os anos, a sociedade brasileira presencia ações de desmatamentos e de destruições ambiental com prejuízos incalculáveis, sem esquecer os dramas humanos de famílias das periferias urbanas, vítimas do desarranjo climático produzido por chuvas torrenciais. O que fazermos para evitar estes lençóis de desastres?

A escola precisa intensificar, com urgência, o tratamento temático do respeito ao meio ambiente e das formas adequadas de produção, criando, inclusive, uma aguda consciência do consumidor cidadão. Boff (2012: 69) nos propõe uma reflexão nesta direção:

Insistimos: não é que deixemos de produzir. Temos que produzir para atender às demandas humanas. Mas o faremos de outra forma, preocupados com a regeneração dos bens e serviços naturais renováveis e com uma utilização racional dos não renováveis, para que durem mais, especialmente atendendo às necessidades das futuras gerações. A nossa cultura não nos educou para a reciprocidade para com a Terra nem suscitou o sentimento de mútua pertença. Não entrou nos processos educativos o sentido do cuidado necessário em seus vários sentidos expostos anteriormente, como relação amorosa para com a natureza, preocupação com sua preservação para nós e para as futuras gerações, precaução contra agressões e males que poderão ocorrer e como holding, quer dizer, o conjunto de estratégias para dar à Terra e à natureza proteção, descanso e paz.

Esse modo de se relacionar e de produzir constitui o novo paradigma do cuidado, urgente e necessário, dada a guerra total que estamos movendo contra o sistema-Terra e o sistema-vida.

Na fase atual do processo produtivo está correndo, especificamente, voraz rapinagem dos "commons", isto é, dos bens comuns da Terra, oferecidos por ela a todos nós, como água-doce, sementes, fibras, solos, ar puro, oceanos preservados. Tais bens jamais deveriam ser tratados como "commodities", quer dizer, como bens de mercado e de troca.

Tantos outros temas de interesse local poderão ser agregados à parte diversificada do currículo, pois o tempero da sala de aula é o contexto da escola. A produção e distribuição de material didático adequado apela ao apoio necessário às atividades de sala de aula, induzindo a intensa participação dos alunos e, por extensão, o desenvolvimento de projetos e pesquisas orientados. O art. 70, que veremos oportunamente, inclui, no inc. VII, a aquisição de material didático-escolar como uma das formas de manutenção e desenvolvimento do ensino, tamanha a importância de os alunos contarem com este tipo de suporte.

O aspecto da inserção de temas contemporâneos no currículo escolar é referenciado, com destaque e com detalhamento, no documento de normatização da Base Nacional Comum Curricular, como podemos ver:

(...) Por fim, cabe aos sistemas e redes de ensino, assim como às escolas, em suas respectivas esferas de autonomia e competência, incorporar aos currículos e às propostas pedagógicas a abordagem de temas contemporâneos que afetam a vida humana em escala local, regional e global, preferencialmente de forma transversal e integradora. Entre esses temas, destacam-se: direitos da criança e do adolescente (Lei nº 8.069/199016), educação para o trânsito (Lei nº 9.503/199717), educação ambiental (Lei nº 9.795/1999, Parecer CNE/CP nº 14/2012 e Resolução CNE/CP nº 2/201218), educação alimentar e nutricional (Lei nº 11.947/200919), processo de envelhecimento, respeito e valorização do idoso (Lei nº 10.741/200320), educação em direitos humanos (Decreto nº 7.037/2009, Parecer CNE/CP nº 8/2012 e Resolução CNE/CP nº 1/201221), educação das relações étnico-raciais e ensino de história e cultura afro-brasileira, africana e indígena (Leis nº 10.639/2003 e 11.645/2008, Parecer CNE/CP nº 3/2004 e Resolução CNE/CP nº 1/200422), bem como saúde, vida familiar e social, educação para o consumo, educação financeira e fiscal, trabalho, ciência e tecnologia e diversidade cultural (Parecer CNE/CEB nº 11/2010 e Resolução CNE/CEB nº 7/201023). Na BNCC, essas temáticas são contempladas em habilidades dos componentes curriculares, cabendo aos sistemas de ensino e escolas, de acordo com suas especificidades, tratá-las de forma contextualizada. (MEC-SEB-2019).

Antes de esgotar a abordagem dos temas transversais, na moldura da alternativa dos temas contemporâneos, façamos, ainda, uma incursão compreensiva sociopedagogicamente falando, no território específico da **violência contra a criança, o adolescente e a mulher.** Nos três casos, a ideia é focar uma linha de confluência, envolvendo legislação, direitos humanos, conceitos, conteúdos sociopedagógicos e missão da escola, enfoques da Unicef e visão político-programática do governo federal.

Este § 9º, com foco em conteúdos relativos aos direitos humanos, reveste-se de enorme elasticidade, ao aportar na complexa seara das **formas de violência contra a criança, o adolescente e a mulher.** De fato, a escola tem amplas responsabilidades no campo de uma educação de natureza preventiva. É o que passamos a ver, sob lentes sociopedagógicas formativas. Abordar esta temática à luz do enfoque da legislação hospedada na LDB deve iniciar pela compreensão de que, no Projeto Político-Pedagógico (art. 12, inc. VI e IX), a amplitude do art. 26 envolve, no currículo escolar, tudo que, considerado relevante, faz parte da sociedade, mesmo que em suas entranhas enfermas. Afinal, como lembrado e bem lembrado pelo atento pensador espanhol Ortega y Gasset (1883-1955), "a função do conhecimento é mitigar o sofrimento humano". Este é o caso da violência contra a criança, o adolescente e, agudamente nas culturas e sociedades machistas, contra a mulher. Ao longo do tempo, no contexto brasileiro, milhares de seres humanos, destes grupos, têm sido **condenados ao "martírio"** por uma sociedade injusta, desigual, impiedosa e cruel. Por isso, é tão necessário e tão urgente introduzir o tema dos direitos humanos e do seu avesso – o da violência contra o(a) outro(a) no currículo do Ensino Fundamental e do Ensino Médio. As gerações se educam "para o exercício da cidadania responsável", antes de se tornarem adultos. Em face da altíssima relevância dos dispositivos legais envolvendo a chaga da violência e de como deve e pode tornar-se conteúdo curricular transversal e intencionado, vamos abordar o tema por partes.

A. Da violência contra a criança e adolescentes: A proteção infantil tem respaldo legal. A Lei nº 13.010/2014 estabelece *"o direito de ser educados e cuidados sem o uso de castigo físico ou de tratamento cruel ou degradante"*. Diz texto referencial do Ministério dos Direitos Humanos e da Cidadania:

> *De acordo com a legislação, os pais, responsáveis, agentes públicos executores de medidas socioeducativas ou qualquer pessoa encarregada de cuidar de crianças e adolescentes que utilizarem das violações acima citadas como formas de correção estarão sujeitos a encaminhamento a programa oficial ou comunitário de proteção à família, tratamento psicológico ou psiquiátrico, encaminhamento a curso ou programa de orientação e/ou advertência. A Lei também estabelece que para os atos de violência praticados contra crianças e adolescentes, independentemente da pena prevista: "não poderão ser aplicadas as regras válidas em juizados especiais", ou seja, fica proibida a conversão da pena em cesta básica ou em multa de forma isolada.*

> *A medida alterou o Código Penal para considerar o homicídio contra menor de 14 anos como um tipo qualificado com pena de reclusão de 12 a 30 anos, aumentada de um terço à metade se a vítima é pessoa com deficiência ou tem doença que aumenta sua vulnerabilidade.*

> *A Lei nº 14.344/2022 estabelece medidas protetivas específicas para crianças e adolescentes vítimas de violência doméstica e familiar, e considera crime hediondo o assassinato de menores de 14 anos.*

Nos casos em que houver risco iminente à vida ou à integridade da vítima, o agressor deverá ser afastado imediatamente do lar ou local de convivência.[66]

A missão da escola neste contexto é qualificar continuamente seus professores e todo o seu quadro técnico para dar ao Projeto Político-Pedagógico presença e aderência aos grandes desafios dos desequilíbrios sociais, sem esquecer que tudo passa pela relação sociopedagógica ESCOLA/FAMÍLIA/SOCIEDADE/INSTITUIÇÕES e ASSOCIAÇÕES COMUNITÁRIAS. Não há aprendizagem real fora do contexto. Como não há como a escola fechar os olhos ao panorama da violência letal e sexual contra crianças e adolescentes no Brasil[67].

Duas constatações que poderão nortear a programação e o planejamento escolar:

I. **A grande maioria das vítimas de violência sexual é menina** – quase 80% do total. Para elas, um número muito alto dos casos envolve vítimas entre 10 e 14 anos de idade, sendo 13 anos de idade mais frequente. Para os meninos, casos de violência sexual concentram-se especialmente entre 3 a 9 anos de idade. Nos casos em que as vítimas são adolescentes de 15 anos ou mais, as meninas representam mais de 90% dos casos. A maioria dos casos de violência sexual ocorre na residência da vítima e, para os casos em que há informações sobre a autoria dos crimes, 86% dos autores eram conhecimentos das vítimas.

II. Essas diferenças revelam que **crianças morrem, com frequência, em decorrência de crimes com características de violência doméstica, enquanto as mortes de adolescentes são predominantemente caracterizadas por elementos da violência armada urbana.** Embora sejam fenômenos complementares e simultâneos, é crucial entendê-los também em suas diferenças, para desenhar apropriadamente políticas públicas e outras respostas (UNICEF – Fórum Brasileiro de Segurança Pública/outubro de 2022).

É importante compreender, para efeito de políticas de prevenção, o que estudos e pesquisas definem como VIOLÊNCIA LETAL. Vejamos o que diz

---

66. (https://www.gov.br/mdh/pt-br)

67. Para saber mais, contactar: a) gab.sndca@mdh.gov.br; b) O Disque 100 ou Disque Direitos Humanos, vinculado ao Ministério da Mulher, da Família e dos Direitos Humanos, também recebe denúncias de violência contra crianças e adolescentes, 24h, inclusive nos finais de semana e feriados. As denúncias são anônimas e podem ser feitas de todo o Brasil por meio de discagem direta e gratuita para o número 100, pelo WhatsApp: (61) 99656-5008, ou pelo aplicativo Direitos Humanos Brasil, no qual o cidadão com deficiência encontra recursos de acessibilidade para denunciar.

o documento Panorama da Violência Letal e Sexual contra Crianças e Adolescentes, da UNICEF:

> *A violência letal é definida aqui como mortes violentas intencionais, mortes classificadas como homicídio doloso, feminicídio, latrocínio, lesão corporal seguida de morte, e como mortes em decorrência de intervenção policial. Ao analisarmos o perfil das vítimas desses crimes, identificarmos diferenças relevantes entre os padrões das mortes de crianças de 0 a 9 anos de idade e de crianças e dos adolescentes de 10 a 19 anos de idade.*

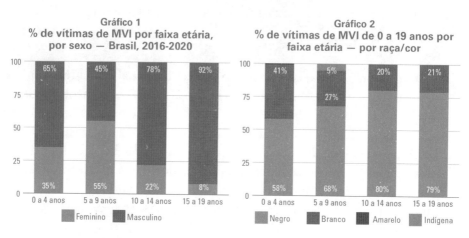

Fonte: Panorama da violência letal e sexual contra crianças e adolescentes no Brasil/Unicef/Fórum Brasileiro de Segurança Pública.

> *Apesar de a maior parte das mortes violentas envolver vítimas do sexo masculino, nas faixas etárias mais jovens a desigualdade de gênero é menor. Na faixa etária de 0 a 4 anos, 35% das vítimas de crimes letais no Brasil no período entre 2016 a 2020 são do sexo feminino, e 65% são do sexo masculino. Entre 5 a 9 anos de idade, 55% são do sexo feminino e 45% são do sexo masculino. No entanto, quando observamos os dados das vítimas com 10 anos ou mais, a diferença se aprofunda e se consolida: na faixa etária de 10 a 14 anos, 78% das vítimas são meninos; essa porcentagem sobe para 92% na faixa etária entre 15 e 19 anos.*
>
> *Também a raça/cor das vítimas é diferente entre as faixas etárias. Embora negros sejam maioria entre as vítimas em todas as faixas etárias, entre 0 a 4 anos a proporção de crianças negras é 58%; para as que tinham entre 5 e 9 anos, 68%; e entre os maiores de 10 anos de idade, 80% das vítimas são negras.*

O documento da Unicef propõe um bloco de recomendações a fim de se alinharem medidas fundamentais, centradas na prevenção de atos de violência letal e sexual contra crianças e adolescentes. Estas medidas podem funcionar como importantes meios e canais de execução pedagógica, via abordagem transversal, visando ao acionamento dos conteúdos curriculares voltados para os direitos humanos e para o enfrentamento de todas as formas de violência contra a criança, o adolescente e a mulher. Ainda, as escolas NÃO devem se eximir da responsabilidade de produção e distribuição de material didático adequado às faixas etárias de cada nível de ensino, com o desejável alcance, também das respectivas famílias dos(as) alunos(as).

É o seguinte o alinhamento de recomendação: UNICEF/ESCOLAS/ DOCENTES:

❖ 01 – Incumbências gerais:
➢ Não justificar nem banalizar a violência.
➢ Capacitar os profissionais/professores sobre o assunto.
➢ Informar meninos e meninas sobre direitos e riscos.
➢ Investir no monitoramento e na geração de evidências.
➢ Garantir a permanência de crianças e adolescentes na escola.
➢ Trabalhar com as políticas para prevenir a violência.
➢ Responsabilizar os autores das violências.

❖ 02 – Incumbências das escolas na luta contra a violência:
➢ Promover medidas de conscientização, de prevenção e de combate a todos os tipos de violência (art. 12, inc. IX).
➢ Articular-se com as famílias e a comunidade, criando processos de integração da sociedade com a escola (LDB, art. 12, inc. VI).
➢ Informar pai e mãe, ou os responsáveis legais, sobre a frequência e o rendimento dos alunos (LDB, art. 12, inc. VII).
➢ Notificar ao Conselho Tutelar do Município a relação dos alunos que apresentam a quantidade de faltas acima de 30% do percentual permitido em Lei. (LDB, art. 12, inc. VIII).
➢ Estabelecer ações destinadas a promover a cultura de paz nas escolas. (LDB, art. 12, inc. X).
➢ Promover ambiente escolar seguro, adotando estratégias de prevenção e enfrentamento ao uso ou dependência de drogas. (LDB, art. 12, inc. XI).

❖ 03 – Incumbências dos docentes:
➢ Colaborar com as atividades de articulação da escola com as famílias e a comunidade. (LDB, art. 13, inc. VI).

B. Da violência contra a mulher: Assim como no caso da violência contra crianças e adolescentes, a violência contra a mulher foge ao padrão humano. Trata-se de uma forma de degradação da condição humana. É preciso recuperar as marcas de humanidade que estão SUMINDO da condição humana.

Em 2022, o Brasil registrou mais de 31 mil denúncias de violência doméstica ou familiar contra as mulheres só até julho!! Isto sem esquecer os casos de violações aos direitos humanos de mulheres, de acordo com dados da Ouvidoria Nacional dos Direitos Humanos (ONDH). O gráfico abaixo dá uma visão de realidade do que está dito:

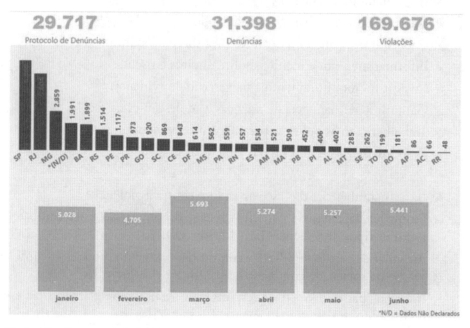

Fonte: https://www.gov.br/indh/pt-br/assuntos/noticias/2022.

Aqui, dois pressupostos se impõem: a) o homem não é o dono da mulher e; b) A dignidade humana é fundamento da vida de cada um e, em decorrência, ambos devem exercer a gestão de sua cidadania plena: aquela a que a CF (art. 205) e a LDB (art. 2º) atribuem o dever do Estado, através da educação escolar, de promover o preparo para uma adequada conduta como cidadão(ã). A cidadania é um dos fundamentos da República Federativa do Brasil (CF, art. 1º, inc. II). Além disto, homens e mulheres, no desempenho da igualdade de direitos, tem a garantia, por parte do Estado, da inviolabilidade do direito à vida, à liberdade, à igualdade, à segurança e à propriedade. A culminância destas diferentes dobras constitucionais está no que se dispõe o art. 5º, inc. I, da Carta Magna:

Homens e mulheres são iguais em direitos e obrigações.

Diante disto, o que mostra a realidade?

Na sociedade brasileira em geral e na vida familiar, em particular, as mulheres enfrentam seguida e rotineiramente, um CICLO DE VIOLÊNCIAS, ocultado sob a denominação genérica de VIOLÊNCIA DOMÉSTICA. Ciclo que pode ser assim desdobrado, segundo publicação do Ministério dos Direitos Humanos e da Cidadania, de 2022:

❖ Violência doméstica/modalidades:

- **Violência física** é qualquer ação que ofenda a integridade ou a saúde do corpo, como bater ou espancar, empurrar, atirar objetos na direção da mulher, sacudir, chutar, apertar, queimar, cortar, ferir, atacar e golpear.
- **Violações sexuais** consistem em qualquer ação que force a mulher a fazer, manter ou presenciar ato sexual sem que ela queira, por meio de força, ameaça ou constrangimento físico ou moral. Entre os exemplos, estão obrigar a fazer com outras pessoas, forçar a ver imagens pornográficas, induzir ou obrigar o aborto, o matrimônio ou a prostituição.
- **Violência Psicológica**[68] conforme a Lei nº 13.772/18 é "qualquer conduta que cause dano emocional e diminuição da autoestima, prejudique e perturbe o pleno desenvolvimento ou que vise a degradar ou a controlar suas ações, comportamentos, crenças e decisões, mediante ameaça, constrangimento, humilhação, manipulação, isolamento, vigilância constante, perseguição, exploração e limitação do direito de ir e vir, ou qualquer outro meio que lhe cause prejuízo à saúde psicológica e à autodeterminação".
- **Violência Patrimonial** consiste em qualquer ação que envolva retirar o dinheiro conquistado pela mulher com seu próprio trabalho, assim como destruir qualquer patrimônio, bem pessoal ou instrumento

---

68. A Violência Psicológica tem mil dobras e curvaturas. Diz o texto referido do MMFDH: "As violações psicológicas incluem xingar, humilhar, ameaçar e amedrontar; tirar liberdade de escolha ou ação; controlar o que faz; vigiar e inspecionar celular e computador da mulher ou seus e-mails e redes sociais; isolar de amigos e familiares; impedir que trabalhe, estude ou saia de casa; fazer com que acredite que está louca.

profissional. Entre as ações, constam destruir material profissional para impedir que a mulher trabalhe; controlar o dinheiro gasto, obrigando-a a fazer prestação de contas, mesmo quando ela trabalhe fora: queimar, rasgar fotos ou documentos pessoais.

• **Violência Moral** é caracterizada por qualquer ação que desonre a mulher diante da sociedade com mentiras ou ofensas. É também acusá-la publicamente de ter praticado crime. Os exemplos incluem xingar diante dos amigos; acusar de algo que não fez; falar coisas que não são verdadeiras sobre ela para os outros.

Este conjunto de imposições legais confirmam duas disposições da LDB no campo do currículo, sob forma de diretrizes, quais sejam:

Art. 27, inc. I – Os conteúdos curriculares da educação básica observarão, ainda, as seguintes diretrizes:

– a difusão de valores fundamentais ao interesse social, dos direito e deveres dos cidadãos, de respeito aos cidadãos, ao bem comum e à ordem democrática.

Art. 32, § 5º – O currículo do Ensino Fundamental incluirá, obrigatoriamente, conteúdo que trate dos direitos das crianças e dos adolescentes, tendo como diretrizes a Lei nº 8.069/1990, que institui o Estatuto da Criança e do Adolescente...

Este contexto de agressões aos Direitos Humanos das mulheres reclama uma abordagem consistente no bojo dos conteúdos curriculares do Ensino Fundamental/Ensino Médio. E mais: com um trato metodológico cuidadoso de professores e professoras, assim, que todas as disciplinas/conteúdos curriculares sirvam de estuário na formação dos(as) alunos(as), potencializando-os(as) a uma atitude de permanente vigilância contra agressões à mulher. A violência não pode nem deve ser silenciada. Por isso, diz o poeta popular CHICO CHÃO:

> *Mulher que sofre agressão,*
> *De homem, seu companheiro,*
> *Não deve lhe dar perdão,*
> *Antes, diga ao mundo inteiro!*

§ 9-A – Este parágrafo, tratando da educação alimentar e nutricional, introduz, de forma compulsória, uma temática de extraordinária relevância social no bloco curricular das escolas. A Educação Alimentar e Nutricional/EAN ressalta o direito humano à alimentação adequada e, não menos importante, robustece os vínculos familiares nos serviços socioassistenciais. Este tema socioeducativo ganha novo relevo no contexto politicamente reconceituado e estrategicamente refinalizado de duas secretarias da estrutura federal: a Secretaria Nacional de Segurança Alimentar e Nutricional (SESAN) e a Secretaria Nacional de Assistência Social (SNA). Segmentos da máquina federal com nova musculatura no campo de atuação sob o influxo da gestão articulada do Ministério do Desenvolvimento Social e Combate à Fome.

Ao lado da educação, a alimentação é um direito social (CF, art. 6º). Quem não tem assegurado este direito vive em situação de vulnerabilidade aguda.

Ressituemos, agora, uma questão central: O que é a EAN? O caderno teórico do MDSCF assenta duas definições fundamentais neste campo. Importantes ambas porque elas se integram e se articulam e, desta forma, o trabalho pedagógico da escola é continuamente vitaminizado pelos canais intersetoriais internos da instituição, com reflexos na própria comunidade. Daí, decorre o insubstituível processo de aprendizagem com qualidade social. Por oportuno, cabe acrescentar: na educação escolar, não há descuidar-se da ideia fecundadora de maior aderência ao conceito de qualidade, que difere de quantidade. Esta, como destaca DEMO (1996:9), *"aponta para a **extensão**, enquanto aquela aponta para a **intensidade**. Tem a ver com profundidade, perfeição, principalmente com participação e criação. Está mais para o **ser** do que para o **ter**"*. E arremeta o autor: *"... o termo aplica-se mais propriamente à ação humana e, portanto, (...) à realidade como tal"*.

Dois outros enfoques também merecem ser convocados aqui para uma compreensão mais extensiva da EAN, visando a melhorar a qualidade de vida da população. Vejamos cada um deles.

A. O Direito Humano à Alimentação Adequada:

O Direito Humano à Alimentação Adequada/DHAA, inerente a todas as pessoas, envolve fatores desde o acesso a alimentos, quantidade e qualidade até as condições de vida destas pessoas. O conceito do DHAA, definido desde 2002, pelo então Relator Especial das Nações Unidas para o Direito à Alimentação, Jean Ziegler, consiste no:

> *"direito humano inerente a todas as pessoas de ter acesso regular e permanente e irrestrito, quer diretamente ou por meio de aquisições financeiras a alimentos seguros e saudáveis, em quantidade e qualidade adequadas e suficientes, correspondentes às tradições culturais de seu povo e que garanta uma vida livre do medo, digna e*

plena nas dimensões física e mental, individual e coletiva" (BURITY el al., 2010).

O DHAA, incluído na Constituição brasileira em 2010, deve ser garantido na perspectiva da Segurança Alimentar e Nutricional e envolve vários aspectos que se relacionam aos demais direitos, como saúde, educação, trabalho, moradia, lazer, também previstos às famílias brasileiras.

A Segurança Alimentar e Nutricional/SAN, de acordo com a Lei de Segurança Alimentar e Nutricional (Brasil, 2006), considera:

> *"realização do direito de todos ao acesso regular e permanente a alimentos de qualidade, em quantidade suficiente, sem comprometer o acesso a outras necessidades essenciais, tendo como base práticas alimentares promotoras...*

Fonte: *Baseado em Kepple (2010) e Consea (2010)*
• *Apud MDS, Caderno Teórico, 2022.*

Este painel de fatores volta-se para os cuidados em todos as fases da vida, o que envolve:

1. Alimentação na infância (aleitamento materno, alimentação complementar e práticas alimentares saudáveis após os seis meses).
2. Alimentação na adolescência (12 a 18 anos).
3. Alimentação na fase adulta.
4. Alimentação da pessoa idosa.

Por imperativo de natureza pedagógica e de foco da gestão escolar, convém acrescentar, ainda, que, para o alinhamento das dimensões de respeito aos fatores que influenciam a Segurança Alimentar e Nutricional, é imprescindível levar em conta que "a EAN pode ser abordada por diferentes setores com vistas a contribuir para a garantia do Direito Humano à Alimentação Adequada/DHAA". Assim, de acordo com o **Marco de Referência de Educação Alimentar e Nutricional para as Políticas Públicas**, "a EAN deve observar os princípios organizativos e doutrinários do Sistema Único de Assistência Social, bem como os princípios das ações de EAN", conforme mostra a figura abaixo:

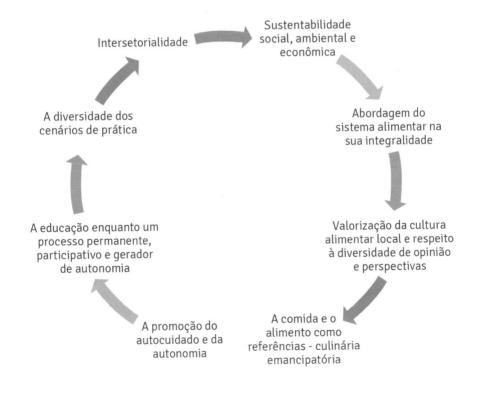

Fonte: SESAN/EAN - Caderno Teórico de Educação Alimentar e Nutricional: o direito humano a alimentação adequada e o fortalecimento de vínculos familiares nos serviços socioassistenciais.

Como se pode constatar facilmente, este corpo de princípios navega com absoluta frequência pelo ambiente das salas de aula, porque cada um dos princípios aciona diferentes conteúdos do currículo escolar, no seu formato de **currículo em ação**, ou seja, no processo de construção social, em que o conteúdo de cada disciplina não é mais importante do que o entorno escolar nem vice-versa. Ou os dois estão juntos ou falta o elemento propulsor da aprendizagem significativa: o contexto social nos segmentos PRÓXIMO, INTERMÉDIO E DISTANTE.

B. Educação Alimentar e Nutricional – EAN

A. A EAN é um campo de conhecimento e de prática contínua e permanente, transdisciplinar, intersetorial e multiprofssional que visa promover a prática autônoma e voluntária de hábitos alimentares saudáveis. Esta temática pode e deve ser realizada por diversos atores que se proponham a contribuir com a garantia DHAA.

B. Nos serviços socioassistenciais, a temática EAN pode ser desenvolvida tanto em grupos específcos quanto intergeracionais, de maneira valorizar e fortalecer os hábitos alimentares saudáveis no contexto familiar, por meio da abordagem sobre direitos, etapas do sistema alimentar (produção, abastecimento e consumo), valorização do consumo de alimentos tradicionais, produção para o autoconsumo (hortas domésticas e comunitárias), entre outros.

Estas colocações visam delinear algumas possibilidades para a abordagem da EAN nos serviços socioassistenciais. Esta abordagem pode ser desenvolvida por meio de atividades lúdicas, pedagógicas, culturais, de lazer, planejadas de maneira articulada e permanente, visando a melhoria da qualidade de vida, o usufruto dos direitos, e ainda à autoestima, o autocuidado e a autonomia, considerando as necessidades e potencialidades das famílias do território.

Importante destacar que o planejamento e abordagem da temática EAN no trabalho realizado com as famílias pode ser potencializado por parcerias com setores públicos (rede de saúde, de educação, de agricultura, emprego e renda, etc.), privados (setor varejista de alimentos, setor de alimentação fora de casa, indústrias) e com a sociedade civil (cooperativas, associações, entidades comunitárias ou religiosas, conselhos, etc.).

§ 10 – A Base Nacional Comum Curricular (BNCC) resultou de uma ampla e demorada consulta à sociedade. Passou por agendas de audiências públicas no Congresso Nacional, de agendas especiais no Conselho Nacional de Educação (CNE), instância legalmente responsável pela fixação de diretrizes curriculares e, portanto, pelos delineamentos fundacionais da educação escolar sob a forma conceitual e operacional. Em sendo as diretrizes de aplicação nacional, novos componentes curriculares de caráter nacional obrigatório deverão retornar à apreciação e decisão do CNE, para, em sucessivo, receber ou não a homologação do Ministério da Educação. Como assentado no art. 8º, § 1º, da LDB: *"1º) Caberá à União a coordenação da política nacional de educação, articulando os diferentes níveis e sistemas e exercendo função normativa, redistributiva e supletiva em relação às demais instâncias educacionais"*. Esta preocupação do legislador tem dois vínculos projetivos. Primeiro, assegurar a aprendizagem dos conteúdos nacionais obrigatórios e que serão objeto das avaliações nacionais. Segundo, garantir que os alunos tenham respeitados seus direitos e objetivos da aprendizagem (Ver: art. 35-A e 44, § 3º).

A BNCC é um documento normativo e orientador dos percursos curriculares. Neste sentido, é um corpo de dispositivos **abertos** a **novas** incorporações e a inserções de **novos** componentes curriculares sob dupla condição: a) Aprovação do CNE e; b) Homologação do Ministro da Educação. Esta dupla exigência decorre do encargo do MEC de *"coordenação da Política Nacional de Educação, articulando os diferentes níveis e sistemas de ensino..."* (LDB, art. 8º, § 1º).

Art. 26-A – Nos estabelecimentos de Ensino Fundamental e de Ensino Médio, públicos e privados, torna-se obrigatório o estudo da história e cultura afro--brasileira e indígena (Redação dada pela Lei 11.645, de 2008).

§ 1º – O conteúdo programático a que se refere este artigo incluirá diversos aspectos da história e da cultura que caracterizam a formação da população brasileira, a partir desses dois grupos étnicos, tais como o estudo da história da África e dos africanos, a luta dos negros e dos povos indígenas no Brasil, a cultura negra e indígena brasileira e o negro e o índio na formação da sociedade nacional, resgatando as suas contribuições nas áreas social, econômica e política, pertinentes à história do Brasil (Redação dada pela Lei 11.645, de 2008).

§ 2º – Os conteúdos referentes à história e cultura afro-brasileira e dos povos indígenas brasileiros serão ministrados no âmbito de todo o currículo escolar, em especial nas áreas de educação artística e de literatura e história brasileiras (Redação dada pela Lei 11.645, de 2008).

Art. 26-A – Estamos diante de uma mudança importante no texto da LDB, sobretudo quando se trata de currículo. De fato, a escola brasileira tem excluído, propositalmente, a contribuição dos povos africanos e afrodescendentes e, também, das etnias indígenas à formação da sociedade nacional. O Brasil é uma nação etnicamente **plural** e, em decorrência, deve oferecer uma educação multicultural. Com esta preocupação, o legislador alterou a LDB, acrescentando o inc. XII ao art. 3º. Para a adequada leitura deste art. 26-A, revisitá-lo é conveniente.

A obrigatoriedade do estudo da história e cultura afro-brasileira e indígena nas escolas públicas e privadas de Ensino Fundamental e de Ensino Médio busca, assim, resgatar o enorme débito que a sociedade brasileira tem para com os índios e para com os afro-descendentes. Resgate em todas as áreas da formação da cidadania brasileira. Não há verdadeira história do Brasil sem a inclusão da participação do cidadão negro na constituição da nação brasileira. O mesmo se diga das etnias indígenas. Quando o europeu chegou ao Brasil encontrou os índios como seus primeiros residentes, distribuídos em diversas porções do território nacional. Constituíam uma população de milhões de habitantes. Ou seja, são mais do que nós, donos do Brasil.

§ 1º – O conteúdo programático deve ser abrangente, uma vez que cobrirá um feixe de campos da formação histórica do país, com múltiplas contribuições que estes dois importantes protagonistas de nossa história – o negro e o índio – ofereceram e oferecem para construir o país que temos hoje. País cuja identidade racial é constituída inegavelmente também por pessoas não brancas (população preta, parda e indígena). Como apontam as Diretrizes Curriculares Nacionais para a Educação das Relações Étnico-Raciais e para o Ensino de História e Cultura Afro-brasileira e Africana, a educação das relações étnico-raciais impõe aprendizagens entre brancos e negros, trocas de conhecimentos, quebra de desconfianças, projeto conjunto para a construção de uma sociedade justa, igual e equânime. Este enfoque legal está inteiramente de acordo com o artigo 2º da CF que estabelece entre os objetivos fundamentais do Estado:

[...]

• ***promoção do bem de todos, sem preconceito de origem, raça, sexo, cor, idade e quaisquer outras formas de discriminação.***

Quando a lei fala em conteúdo programático está, na verdade, falando em currículo em ação, organizado sobre o eixo integrador da interdisciplinaridade/contextualização e assentado no princípio irradiante da diversidade humana. Como elucida Carneiro (2012: 15): "Neste horizonte, impõe-se um conhecimento abrangente e extensivo, por parte de todos(as) os(as) professores(as), dos princípios pedagógicos e dos conteúdos histórico-culturais marcantes nesta temática, a fim de que suas práticas pedagógicas no universo das **relações étnico-raciais** não fiquem restritas a uma mera transferência de conhecimentos, mas, pelo contrário, sejam reacesas e nutridas continuamente pela necessária e indispensável visão de um trabalho cognitivo, baseado no postulado de que "...aprender não é primeiramente memorizar, estocar informações, mas reestruturar seu sistema de compreensão do mundo" (PERRENOUD, 2000: 30). Sistema que, antes de ser radiografia da imagem da *Sociedade em rede* (CASTELLS, 1999), é toda uma ecologia *ético-social* (BOFF, 1999), comprometida com o ambiente planetário inteiro e, portanto, questionadora consequente da injustiça social "que significa violência contra o ser mais complexo e singular da criação, que é o ser humano, homem e mulher. Ele é parte e parcela da natureza". Se esta ecologia ético-social inclui a todos, sem preconceitos de origem, raça, sexo, cor, idade e quaisquer outras formas de discriminação (CF, art. 2º, inc. IV), a sua construção e sua integridade supõem a cooperação de uma *inteligência coletiva* (LEVY, 2004: 110), o que não ocorre com a exclusão da população afro-descendente e das populações indígenas. Este, aliás, é o foco do *Estatuto da Igualdade Racial, Lei 12.288/2010*, que, de forma peremptória e definitiva, põe em seu art. 2º: "É dever do Estado e da sociedade garantir a igualdade de oportunidades, reconhecendo a todo cidadão brasileiro, independentemente da etnia ou da cor da pele, o direito à participação na comunidade, especialmente nas atividades políticas, econômicas, empresariais, educacionais, culturais e esportivas, defendendo sua dignidade e seus valores religiosos e culturais". O grande desafio é como expressar, concretamente, em práticas pedagógicas da sala de aula, as reivindicações da população negra brasileira e das populações indígenas. Educar significa defender vidas e, hoje, mais do que nunca, significa defender a vida dos excluídos. Por oportuno, vale relembrar que, no caso específico dos conteúdos referentes à história e cultura afro-brasileira, a legislação educacional tem duplo enfoque: de um lado, a totalidade da população afrodescendente e, de outro, a especificidade das populações quilombolas, habitantes de áreas territoriais de importância redobrada para a história do País. Neste caso, cabe ao Estado atuar com 4 enfoques (Objetivos): a) Promoção do acesso da população quilombola à Educação Escolar; b) Elevação dos níveis de escolaridade; c) Intensificação da qualidade do ensino; e d) Superação das desigualdades socioeconômicas.

§ 2º – Os conteúdos ora referidos deverão ser trabalhados através da abordagem interdisciplinar e transdisciplinar, ou seja, através do envolvimento de todas as disciplinas do currículo. Pelo enfoque interdisciplinar, os conteúdos da história e cultura afro-brasileira e indígena são postos e trabalhados dentro de uma visão e de uma compreensão de não fragmentação do conhecimento, como decorrência da não fragmentação da realidade. Esta por definição é totalidade. Dividi-la e separá-la em partes é uma estratégia de manutenção de formas de poder e de exercício de dominação. No conjunto, todas as disciplinas são marcadas por uma epistemologia de convergências. Nesse sentido, pode-se dizer que todas elas constituem faces e formas **das ciências humanas**. Pelo enfoque transdisciplinar, os conteúdos ora referidos são abordados com a marcação do reconhecimento da **interdependência** de todos os aspectos da realidade. Em ambos os enfoques, a temática em tela passa a compor as programações de aula através de abordagens ora diretas, ora transversais, resultando, dos procedimentos didáticos, a apropriação de valiosos instrumentos cognitivos de intervenção que, por sua vez, permitirão desenvolver uma série de atividades, fontes de novos conhecimentos e, em decorrência, também de propostas para a construção de respostas concretas e objetivas aos problemas enraizados nos contextos de discriminação racial e de todas as formas de discriminação. Esta preocupação do legislador tem a ver com o conceito de educação inclusiva, de escola plural e de aprendizagem aberta. Estes conceitos precisam ser operados com base nos princípios fundamentais do Estado Democrático de Direito: a cidadania e a dignidade da pessoa humana. É principalmente o respeito ao princípio da unidade/diversidade que nos faz descobrir e compreender a riqueza das diferenças humanas.

A abordagem dos conteúdos no campo da cultura afro-brasileira deve ter um foco desconstituinte de mitos, equívocos e distorções do tipo: i) A África é um continente pobre, de população miserável, portanto; ii) A história da África é um apêndice passivo da história comercial europeia; iii) Os cidadãos africanos que vieram forçados para o Brasil eram **todos** analfabetos, ignorantes e primitivos; iv) Os africanos eram passivos, sofredores e acomodados; e, v) Não existe racismo no Brasil. Por seu turno, no caso da cultura indígena, a abordagem deve focar aspectos equivocados, como: i) Quando os europeus chegaram aqui não havia sociedades indígenas organizadas, possuidoras de identidade e cultura própria; ii) Os índios são preguiçosos; iii) Os índios são identidades uniformes, povos homogêneos; iv) Os índios não têm formas próprias de trabalho e de relações sociais.

A ideia do legislador é resgatar a memória concreta da história nacional através de uma educação multicultural, restituindo, ao cidadão negro e ao indígena, o papel que tem desempenhado como protagonistas essenciais na formação histórica do Brasil.

Este artigo remete à escola o dever de se debruçar mais continuamente sobre as desigualdades sociodemográficas e os direitos humanos no Brasil. Tema, aliás, objeto do XVI Encontro Nacional de Estudos Populacionais/2008, realizado em Caxambu, MG, dentro das comemorações dos 60 anos da Declaração dos Direitos Humanos. O Brasil precisa estudar, para conhecer melhor, a história e o destino das populações afro-descendentes e indígenas. A realidade socioeconômica destas populações reflete o processo histórico de exclusão social e econômica a que têm sido submetidas pela sociedade brasileira. Na verdade, não há desenvolvimento sem uma ciência (conhecimento) e uma consciência de **etnodesenvolvimento**.

O que a LDB busca centralizar com a inclusão deste art. 26-A é trabalhar o tema das relações étnico-raciais – a partir dos enfoques propostos – dentro de uma abordagem de contextualização e de ressignificação. Carneiro e Uchôa (2012: 16) destacam esta dimensão com a seguinte formulação: "A contextualização da aprendizagem é um componente essencial da pedagogia com qualidade social. Contextualizar o conhecimento curricular é um recurso posto à disposição da escola para retirar o aluno da condição de expectador passivo. Mais do que isso, é um processo que convoca necessariamente âmbitos e dimensões presentes na vida pessoal, social e cultural do(a) aluno(a), além de mobilizar competências cognitivas já adquiridas. Ademais, a contextualização permite a construção de passarelas entre teoria e prática. Este mecanismo de transposição didática provoca aprendizagens significativas e leva o aluno a questionar a função da aprendizagem escolar como mero processo de reprodução do conhecimento. Nesse sentido, este(a) aluno(a) é convidado(a), a cada momento, a reescrever a história do seu país e a estabelecer entre ele/a (aluno/a) e o conhecimento uma relação de reciprocidade indutora, investigativa e comutativa". Não por acaso, o Plano Nacional de Educação (Lei 13.005/2014) impõe um conjunto de metas e estratégias que visam precisamente recobrar os deveres do Estado brasileiro no campo da restauração de direitos desrespeitados dos cidadãos negros escravizados e das populações indígenas desterradas de seus territórios. À guisa de ilustração, vamos compor o quadro de referências pontuais hospedadas no PNE, para efeito de consulta posterior.

PLANO NACIONAL DE EDUCAÇÃO – Lei 13.005/2014
• **Obrigações Legais do Estado Brasileiro em relação às populações afro-descendentes e indígenas.** • **Enfoques: Ações de Políticas Públicas contra o racismo e a exclusão social via educação escolar.**
Art. 2º – São diretrizes do PNE: > [...] > III – Superação das desigualdades educacionais, com ênfase na promoção da cidadania e na erradicação de todas as formas de discriminação; > [...]
> V – Formação para o trabalho e para a cidadania, com ênfase nos valores morais e éticos em que se fundamenta a sociedade; > [...] > X – Promoção dos princípios do respeito aos direitos humanos, à diversidade e à sustentabilidade socioambiental.

METAS	ESTRATÉGIAS	METAS	ESTRATÉGIAS
• 2	• 2.4 > 2.8	• 10	• 10.3
• 3	• 3.7 > 3.8 > 3.13	• 11	• 11.9 > 11.13
• 4	• 4.3 > 4.9 > 4.12 > 4.16	• 12	• 12.5 > 12.9 > 12.13
• 5	• 5.5	• 15	• 15.5
• 6	• 6.7	• 18	• 18.6
• 7	• 7.25 > 7.26 > 7.27	• 20	• 20.6
• 8	• § 1º, Inc. I e II		

Como consequência deste amplo lastro de intervenções de políticas públicas concretas sob o impulso da LDB e do PNE, espera-se que se ampliem os caminhos da igualdade de direitos e se alarguem as oportunidades de educação, cidadania e trabalho para os descendentes afro-brasileiros e para os indígenas do Brasil. E mais do que isto, que se busque uma compreensão cidadã, constituída com o apoio inafastável da escola, no sentido de que:

a) Todos os seres humanos são livres e iguais em dignidade e direitos...

b) A dignidade da pessoa humana é um dos fundamentos da República Federativa do Brasil. Isto implica respeito às diferenças individuais. Construir a própria identidade é direito de cada um. O racismo é uma violência a este direito. Violência que não traz benefício para ninguém. Ao contrário, gera prejuízo para a convivência humana, para a paz e para a justiça social. O racismo afasta as pessoas, torna a sociedade mais pobre, provoca ódio e discórdia, compromete o desenvolvimento do país, fortalece o preconceito e humilha as pessoas.

A constatação que nos envergonha é que, historicamente, a população negra sempre esteve à margem do desenvolvimento nacional e as populações indígenas jamais tiveram reconhecidos seus direitos plenos sobre o solo pátrio. A função da escola é precisamente educar e reeducar as gerações não só para corrigir este desvio de nossa sociedade, como também contribuir para a produção de mecanismos de reparação pelo Estado brasileiro. Há de se reconhecer que existe, no contexto político atual do País, uma atmosfera de reversão de exclusão destes dois grupos populacionais: negros e indígenas. A criação dos Ministérios da Igualdade Racial e dos Povos Indígenas reposiciona o Estado nacional em rotas reparatórias. Por fim, o ensino da história e da cultura afro-brasileira e indígena, há de ser "curricularizado" em uma visão concreta dos "Brasis dentro do Brasil". Como destaca RACHID: *"Ao refletir sobre as reinvindicações dos pobres, negros e negras, indígenas e demais grupos que englobam as maiorias minorizadas, notamos a busca pelo reconhecimento e garantia de direitos mínimos. Como o reconhecimento de que somos uma sociedade estruturalmente racista e que precisamos romper essa "herança". Ou ainda, a história oriunda da Europa a qual coloca que o Brasil foi descoberto, esquecendo de se voltar para a visão indígena de que o País foi invadido"* (Laura RACHID, *in* Carta ao Leitor, *Revista Educação*, Ano 27 – nº 292, março de 2023).

Art. 27 – Os conteúdos curriculares da educação básica observarão, ainda, as seguintes diretrizes:

I – a difusão de valores fundamentais ao interesse social, aos direitos e deveres dos cidadãos, de respeito ao bem comum e à ordem democrática;

II – consideração das condições de escolaridade dos alunos em cada estabelecimento;

III – orientação para o trabalho;

IV – promoção do desporto educacional e apoio às práticas desportivas não formais.

Art. 27 – O artigo anterior (art. 26) afirma que os currículos devem ter uma base nacional comum e uma parte diversificada. O art. 27 complementa tal orientação mediante algumas **diretrizes** a serem observadas. Na verdade, trata-se de oferecer, ao currículo escolar, orientações que preservem "os princípios fundamentais" constantes do Título I da Constituição Federal. Os fundamentos e os objetivos da República, além dos direitos e garantias fundamentais, precisam, de fato, constituir o chão de referência obrigatória no norteamento dos currículos da educação básica, uma vez que ela é estratégica para a formação do cidadão brasileiro.

> I – Toda sociedade é construída sobre valores. Constituem eles o mundo das significações, o universo das qualidades que reconhecemos nas pessoas, a partir do que aprovamos ou reprovamos: ações, condutas, fatos, realidades etc. Na base deste complexo de valores estão a educação, a moral, a ética, a religião, a arte, o direito e as leis do país. Estes são, na verdade, instrumentos de modelagem humana garantidores da integração social. A partir deles, se definem direitos e deveres na conformidade do que se planta como respeito ao bem comum e a busca e efetivação da ordem democrática.

Na educação escolar é imperativo trabalhar e difundir o conjunto de valores reconhecidos pela sociedade como essenciais. É neste horizonte, também, que se diz que a escola é um sistema estabelecido e uma evolução. Nesse sentido, o currículo da educação básica transforma-se em instrumento essencial para a educação escolar respeitar os princípios e atingir os fins previstos no art. 2º desta LDB.

> II – A lei determina a garantia de acesso e permanência do aluno. No entanto, para que tal aconteça, é necessário a escola levar em conta as necessidades de aprendizagem de cada aluno e de todos os alunos. O projeto pedagógico é precisamente a bússola que vai possibilitar o êxito deste processo. Todos são iguais porque têm necessidades básicas, mas todos são diferentes enquanto sujeitos singulares.

O currículo deverá ser **aprendido** por todos, mas será **apreendido** de forma diferente por cada um. Para isso, é fundamental a escola trabalhar com metodologias plurais, estratégias diversas e propostas curriculares múltiplas, considerando sempre os limites e as possibilidades dos alunos e as condições históricas e sociais do meio onde a escola está, opera e educa. Para levar em consideração as condições de escolarização dos alunos em cada escola, os conteúdos curriculares trabalhados não podem ser submetidos a um modelo burocrático de abordagem. A formação para a cidadania não pode ser feita nem buscada com o currículo escolar de costas para a vida. Como lembra Hutmacher (1992: 60), "a escola não pode perder de vista que os alunos estão distribuídos por idade, série, ambientes espaciais, circunstâncias sociais, padrões culturais, situações econômicas, vínculos familiares etc. Por isso, é necessário construir e organizar dispositivos escolares correspondentes que envolvam desde formas de aprender até processos de avaliar. O principal direito do aluno no campo da educação é ter acesso à escola e aprender com qualidade, o que somente será possível se ele for tratado como "aluno-sujeito". Somente nesta moldura é possível considerar as condições reais de escolaridade dos alunos e as estratégias pedagogicamente propulsivas adotadas por cada escola e em cada sala de aula, em favor de cada aluno.

> III – As condições materiais e simbólicas do contexto cultural têm, no trabalho, a sua força motriz. Neste particular, não há inconveniente em dizer que o trabalho é a maior de todas as fontes da educação. Por isso, o currículo escolar deve estar sempre vinculado ao mundo do trabalho em suas várias explicitações (art. 1º, § 2º).

Na escola, a orientação para o trabalho ganha a posição de eixo central das atividades, até porque as visões de mundo e as condições humanas encontram, no trabalho, a própria dinâmica para facilitar as diferentes formas de pensar e as múltiplas formas de aprender, fugindo-se do perigo de legitimação de uma cultura superior como cultura hegemônica.

Na sala de aula, a dinâmica das relações sociais emerge através de sujeitos em diferentes papéis e posições, emoldurados pela condição objetiva de pessoas que trabalham, produzem e, por isso, são capazes de estabelecer relações significativas entre si. Nesta perspectiva, a orientação para o trabalho, como diretriz para a formação e execução do currículo da educação básica, ganha relevo à medida que enseja o desenvolvimento de competências e habilidades e permite entender melhor a circularidade de ideias, as motivações pessoais e as articulações de conhecimentos. Educação e trabalho... este é o verdadeiro nome da vida. Até porque é por meio do trabalho que fazemos, a cada dia, o balanço espiritual da nossa existência. O trabalho dá sentido à vida, ao currículo e, assim, ressignifica a educação escolar. Nesta perspectiva, cada escola deve ser um articulado de oficinas.

> IV – A promoção do desporto educacional e das práticas desportivas não formais representa avanço importante para um país como o Brasil, possuidor de uma enorme população jovem. Esta diretriz, associada à oferta da Educação Física, constitui iniciativa legal e de grande valor formativo. Esta população sobretudo está ligada à cultura saudável do corpo e do movimento, com finalidades de lazer, manutenção e recuperação da saúde, expressão de sentimentos, afetos e emoções e um adequado conhecimento do corpo. Através da implementação desta diretriz, o aluno dará conta de que "a possibilidade de vivência em situações de socialização e de desfrute de atividades lúdicas, sem caráter utilitário, são essenciais para a saúde e contribuem para o bem-estar coletivo" (PCN-Educação Física/MEC, 1997). Observar esta diretriz significa reconhecer a relevância social de práticas desportivas desapegadas de obrigatoriedade e de imposição. Práticas cuja aprendizagem favorece a ampliação das capacidades de interação sociocultural, o usufruto das possibilidades de lazer e a promoção e manutenção da saúde pessoal e coletiva. A cultura do lazer inclui práticas desportivas voluntárias como extensão da vida, em todas as idades.

Na sociedade pós-moderna e do conhecimento, ganham cada vez mais espaço ideias de criatividade do tempo livre, alimentadas pelo conceito irradiador da Sociologia do Lazer. Chombard de Lowe, na França, e Domenico De Masi, na Itália, ofereceram, ao longo das últimas décadas, contribuições significativas para divulgar, refletir e aprofundar o conceito de ócio criativo e de uso do tempo livre como produção cultural. Desta forma, incorporar, aos currículos escolares, conteúdos do desporto educacional como fonte de apoio às práticas desportivas não formais é estimular a criação de forças renovadas para a base de uma vida individual e coletiva com ludicidade, descontração, energia, paixão motivadora permanente e ócio criativo.

Art. 28 – Na oferta de educação básica para a população rural, os sistemas de ensino promoverão as adaptações necessárias à sua adequação às peculiaridades da vida rural e de cada região, especialmente:

I – conteúdos curriculares e metodologias apropriadas às reais necessidades e interesses dos alunos da zona rural;

II – organização escolar própria, incluindo adequação do calendário escolar às fases do ciclo agrícola e às condições climáticas;

III – adequação à natureza do trabalho na zona rural.

Parágrafo único. O fechamento de escolas do campo, indígenas e quilombolas será precedido de manifestação do órgão normativo do respectivo sistema de ensino, que considerará a justificativa apresentada pela Secretaria de Educação, a análise do diagnóstico do impacto da ação e a manifestação da comunidade escolar (Incluído pela Lei 12.960, de 2014).

Art. 28 – A temática da escolaridade da população rural e das formas de usar uma pedagogia escolar identificada com as necessidades de aprendizagem desta população é questão de extraordinária relevância à luz do princípio constitucional de que todos sãos iguais perante a lei e devem ser tratados sem distinção de qualquer natureza. As condições materiais da vida no campo são marcadas por nuanças socioculturais específicas, enraizadas em acúmulos crônicos de vulnerabilidades sociais, sob uma certa permissividade do Estado. Evidentemente que o legislador está preocupado com as populações rurais que vivem do minifúndio, entregues a uma produção de subsistência e, portanto, do lado oposto ao território da prosperidade do agronegócio[69]. A lei quer ressaltar a obrigatoriedade de uma pedagogia para escola do campo, vazada em uma organização escolar entranhada e comprometida com a vida e as vivências da população rural. Nesta escola assim direcionada, a proposta pedagógica (art. 12, inc. I) deve levar em conta o universo sociocultural da população.

Há de se reconhecer, porque os números atestam, que a escolaridade média da população rural entre 18 e 29 anos tem aumentado em ritmo constante. A Meta 8 do Plano Nacional de Educação volta-se para esta população, como se pode ver:

Meta 8: elevar a escolaridade média da população de 18 (dezoito) a 29 (vinte e nove) anos, de modo a alcançar, no mínimo, 12 (doze) anos de estudo no último ano de vigência deste Plano, para as populações do campo, da região de menor escolaridade no país e dos 25% (vinte e cinco por cento) mais pobres, e igualar a escolaridade média entre negros e não negros declarados à Fundação Instituto Brasileiro de Geografia e Estatística (IBGE).

O PNE volta-se às populações do campo, de menor nível de escolaridade e dos 25% mais pobres. Os números e estatísticas abaixo dão uma ideia da situação de escolaridade da população rural brasileira.

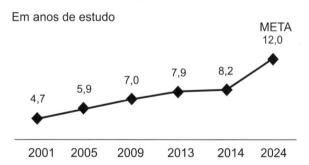

Fonte: MEC/Inep/Deed – Sinopse Estatística da Educação Básica.

---

69. O agronegócio está vinculado à tecnologia de ponta e a uma economia com parâmetros comerciais globalizados. Neste contexto, predomina não o abastecimento da mesa do consumidor privado, mas a envergadura das Bolças Internacionais e, portanto, dos grandes compradores de governos, no cenário da economia planetária.

Distribuição das escolas no campo e da população rural por região – 2014 (em %)
Total de estabelecimentos no Brasil: 67.451
Total da população rural no Brasil: 30.363.669

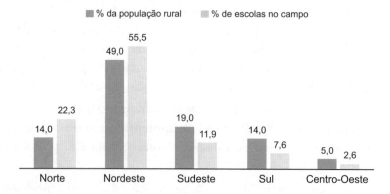

Número de matrículas no campo por modalidade e etapa de ensino – Brasil – 2007-2014
Fonte: MEC/Inep/Deed – Sinopse Estatística da Educação Básica.

Número de matrículas no campo por modalidade e etapa de ensino – Brasil – 2007-2014

		Ano							
		2007	2008	2009	2010	2011	2012	2013	2014
Educação Infantil	Total	887.873	895.857	904.768	861.752	863.155	859.526	876.194	884.584
	Creche	112.043	114.065	120.569	129.750	136.646	143.681	160.701	171.957
	Pré-escola	7.753.830	781.792	784.199	732.002	726.509	715.845	715.493	712.627
Ensino Fundamental	Total	5.249.104	5.099.125	4.931.030	4.746.484	4.579.018	4.388.806	4.245.634	4.127.010
	Anos iniciais	3.663.520	3.510.030	3.344.056	3.169.426	3.015.379	2.853.680	27.255.225	2.641.813
	Anos finais	1.585.584	1.589.095	1.586.974	1.577.058	1.563.639	1.535.126	1.520.112	1.485.197
Ensino Médio		247.543	252.661	276.361	289.075	315.062	322.479	330.172	336.796
Educação Profissional (Concomitante e Subsequente)		33.395	32.678	31.864	34.787	34.443	34.593	31.205	29.964
Educação de Jovens e Adultos		54.843	535.363	532.876	502.978	499.423	471.064	484.950	465.939
Educação Especial		4.561	4.360	3.476	2.882	2.784	2.361	2.386	2.147
Total Geral		6.997.319	6.820.044	6.680.375	6.437.958	6.293.885	6.078.829	5.970.541	5.846.440

Fonte: MEC/Inep/Deed – Sinopse Estatística da Educação Básica.
Notas: Não inclui matrículas em turmas de atendimento complementar e atendimento educacional especializado (AEE).
Ensino Médio: inclui matrículas no Ensino Médio integrado à Educação Profissional e no Ensino Médio Normal/Magistério.
Educação especial classes comuns: as matrículas já estão distribuídas nas modalidades de ensino regular e/ou Educação de Jovens e Adultos.
Educação de Jovens e Adultos: inclui matrículas de Educação de Jovens e Adultos presencial, semipresencial e integrada à Educação Profissional.

Matrículas no Campo e Área Urbana – 2014

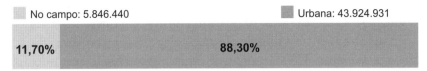

No campo: 5.846.440   Urbana: 43.924.931

11,70%   88,30%

Fonte: MEC/Inep/Deed – Sinopse Estatística da Educação Básica.

População rural até 17 anos e matrículas na educação básica no campo

Em milhões

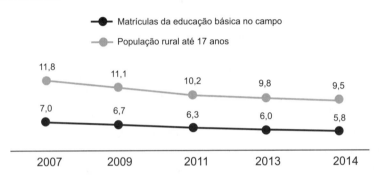

— Matrículas da educação básica no campo
— População rural até 17 anos

	2007	2009	2011	2013	2014
População rural até 17 anos	11,8	11,1	10,2	9,8	9,5
Matrículas	7,0	6,7	6,3	6,0	5,8

Fonte: MEC/Inep/Deed – Sinopse Estatística da Educação Básica.

Matrículas por etapa da educação básica no campo

Em milhões

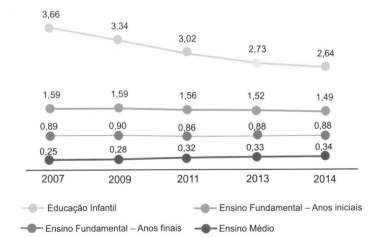

	2007	2009	2011	2013	2014
Ensino Fundamental – Anos iniciais	3,66	3,34	3,02	2,73	2,64
Ensino Fundamental – Anos finais	1,59	1,59	1,56	1,52	1,49
Ensino Médio	0,89	0,90	0,86	0,88	0,88
Educação Infantil	0,25	0,28	0,32	0,33	0,34

— Educação Infantil   — Ensino Fundamental – Anos iniciais
— Ensino Fundamental – Anos finais   — Ensino Médio

Fonte: MEC/Inep/Deed – Sinopse Estatística da Educação Básica.

> I – A oferta de educação básica para a população rural ocorre na modalidade de *Educação Básica do Campo*, conforme assentamento normativo do art. 35, da Resolução CNE/CEB 4/2010. A LDB registra, em diferentes artigos, a necessária vinculação entre o tipo de oferta escolar e as características dos alunos, ao que a *Declaração Mundial Sobre Educação para Todos,* texto-documento decorrente da *Conferência Mundial sobre Educação para Todos* (JOMTIEN, 1990), denominou de *necessidades básicas de aprendizagem* dos educandos. No corpo normativo da LDB há referências que deságuam no conteúdo deste art. 28, como podemos ver nos art. 23, 25 (par. único), 26 e 27, inc. II. Por outro lado, a ideia de, ao currículo escolar, ser agregada uma parte diversificada (art. 26), guarda inteira conexão com o conteúdo deste art. 28. Vale lembrar, outrossim, que é incumbência da escola elaborar e executar sua proposta pedagógica (art. 12, inc. II) cuja essência é multiplicar as rotas integradas de aprendizagem e sintonizar com o perfil plural dos alunos, dentro do princípio de respeito à diversidade humana. Para tanto, é necessária a adoção de formas de organização e o direcionamento de metodologias focadas na realidade da vida rural. Aqui, ganha especial relevância "a pedagogia da terra, pela qual se busca um trabalho pedagógico fundamentado no princípio da sustentabilidade, para assegurar a preservação da vida das futuras gerações, e a pedagogia da alternância, na qual o estudante participa, concomitante e alternadamente, de dois ambientes/situações de aprendizagem: o escolar e o laboral, supondo parceria educativa, em que ambas as partes são corresponsáveis pelo aprendizado e pela formação do estudante" (Resolução CNE/CEB 4/2010)[70].

> II – Na educação escolar (art. 1º, § 1º), os conceitos de *adaptação e adequação* são correntes, sobretudo no enfoque da oferta de educação básica. Trata-se de ressaltar conteúdos, acionar metodologias e operar práticas de ensino com focos especiais em componentes de aprendizagem significativa. Nesse sentido, o ambiente escolar precisa ser recriado permanentemente sobre plataformas de pedagogias diferenciadas ou cooperativas. Pedagogias que somente têm força de atuação e de transformação se "provocarem no espírito do aluno uma outra construção de sentido" (PERRENOUD, 1995: 41). Nesse contexto de alinhamentos adaptativos e de adequação dos sistemas de ensino, das escolas e do próprio currículo, as aprendizagens são construídas sobre um conjunto de valores e representações que deságuam em situações permanentes de salas de aula caracterizadas fortemente por trocas e interações. O conceito de educa-

---

70. O conceito de *pedagogia da alternância* e o campo de abrangência de sua compreensão foram tratados na análise do art. 1º, § 1º.

ção regular e de ensino regular não se conforma em modelo único e inflexível de funcionamento das escolas, mas realiza-se sobre dobras diversas de organização, conforme prevê o art. 23 da LDB.

Pode-se dizer que a viabilidade das rotas de adequação curricular envolve replanejamento pedagógico e intervenções docentes diferenciadas. Esta tarefa deve ser articulada pelo coletivo dos professores e não apenas por um professor. Nesse sentido, deve-se definir claramente: a) O que o aluno deve aprender ou precisa aprender (aprendizagem significativa); b) Como o aluno deve aprender (procedimentos); c) Momentos e duração do tempo para aprender (temporalidades); d) Procedimentos para garantir um processo eficiente de aprendizagem (formas de organização do ensino); e) Modalidades de avaliação; e f) Estratégias de acompanhamento do progresso do aluno.

> III – Esta gama de decisões e trajetos pedagógicos deve envolver o aluno, os professores e a escola como um todo, dado tratar-se de procedimentos de adaptações necessárias às adequações às peculiaridades da vida rural e de cada região, o que supõe um regime escolar diferenciado e um currículo múltiplo. Como aponta Alves Carneiro (2012: 132): "As adaptações curriculares são procedimentos processuais em que o aluno e professor se envolvem com objetivo de possibilitar (ao aluno) a superação de dificuldades de aprendizagem. Trata-se, portanto, de uma resposta da escola às necessidades dos alunos com limitações de aprendizagem. O ponto de referência é o currículo comum, geral, regular. A partir dele são adotadas formas mais confortáveis intelectualmente para o aluno progredir em sua escolaridade. A adequação é resultado do conjunto de elementos materiais, de recursos pedagógicos e de formas de intervenção professor/aluno, mobilizados para ampliar as chances de os alunos se desenvolverem em seu aprendizado. As adaptações da escola incluem horário e todo o território de execução curricular, envolvendo, portanto: Objetivos; Conteúdos; Habilidades e Competências a desenvolver; Metodologias; Extensão temporal das adaptações; Extensão organizacional das adaptações; Modalidades de avaliação; Relatórios de acompanhamento e progresso."

Vale ressaltar uma discrepância de visão política e pedagógica presente nos textos da LDB e da Resolução CNE/CEB 4/2010, que trata das Diretrizes Curriculares Nacionais Gerais para a Educação Básica. É precisamente este último texto normativo que substitui a tradicional expressão **escola rural**[71] por **escola do campo**. A ideia básica é incluir o conceito de *trabalho*

---

71. Esta expressão foi cristalizada ao longo do tempo sob a inspiração do conceito de população rural.

camponês e das lutas sociais e culturais dos grupos que hoje tentam garantir a sobrevivência deste trabalho (Primeira Conferência Nacional "Por uma Educação Básica do Campo", Texto Preparatório, 2004). Nesse horizonte, a **educação do campo** inclui múltiplos atores, como camponeses, índios, quilombolas, ribeirinhos e os diversos tipos de assalariados vinculados à vida e ao trabalho no meio rural" (ibid.). Trata-se, portanto, de um universo abrangente e de circunscrição permanentemente ampliada com as políticas de assentamento do Governo Federal.

Isto considerado, retornemos, agora em uma visão de conjunto dos inc. I, II e III à análise do artigo em tela. O texto fala em **conteúdos curriculares** e **metodologias apropriados... organização escolar própria... e... adequação da educação às peculiaridades da vida rural**. Ou seja, o legislador está pensando em uma escola totalmente voltada para as necessidades básicas de aprendizagem do aluno a partir do contexto em que vive. De fato, o princípio constitucional de universalização do atendimento escolar (art. 208, inc. I) pressupõe uma escola de organização plurimodal, capaz de diversificar seu modelo de acordo com a diversidade dos alunos. Por outro lado, a LDB fala, em diferentes artigos, em um ensino que leve em conta as diferenças individuais. A soma destes mandamentos induz à formulação de um conceito de educação básica voltado para a população rural, desafio sem tamanho da escola brasileira. A grande maioria das Escolas do Campo é constituída por pequenas escolas municipais, sempre esquecidas na hora do planejamento da educação, sobretudo em nível nacional e dos estados, quando o *regime de colaboração* (CF, art. 211 e LDB, art. 8º) se impõe até por uma questão de justiça social e de igualdade de direitos da cidadania (CF, art. 5º). Há também Escolas do Campo sob a responsabilidade direta dos próprios assentamentos rurais. A Escola do Campo brasileira de base municipal é pobre e desassistida. No passado, funcionava na casa da professora; hoje, funciona em prédio próprio, mas sob condições impróprias.

As dificuldades encontradas para a objetivação deste dispositivo legal refletem o caráter profundamente elitista da escola básica brasileira, fator grandemente responsável pelo alargamento da dívida social dos governos em relação às populações pobres. Não se trata de investir na "pedagogia da pobreza", senão de buscar uma escola adequada em que se levem em conta as peculiaridades e carências dos alunos e em que se adaptem as metodologias, os conteúdos e a organização do processo pedagógico, como diz Arroyo (1986: 27). Evidentemente, tal somente ocorrerá quando o calendário escolar sair do foco urbano e se deixar iluminar pelas fases do ciclo agrícola e pelas condições climáticas de cada região. De outra forma, adequar o conteúdo à natureza do trabalho na zona rural importa em repensar a própria formação do professor desta escola e suas condições de trabalho, a partir do material de apoio ao ensino e das condições salariais. A matriz psicopedagógica, eivada de um culturalismo antirrural, norteadora da formação destes professores, produz uma disfunção educativa entre o que o professor quer e o que o aluno é. Por isso, avaliações feitas das Escolas do Campo (e são pouquíssimas!), situadas fora dos assentamentos, que oferecem aprendizagem com qualidade social, revelam alunos atrasados, indispostos à aprendizagem e equivocadamente vistos como sem base cultural e avessos às atividades formais da aprendizagem. Na verdade, a escola é que não construiu uma matriz diferente para receber um aluno diferente[72]. Voltaremos a este assunto na análise do *parágrafo único*, logo a seguir.

A Resolução CNE/CEB 01/2002, que fixa diretrizes operacionais para a educação básica nas Escolas do Campo, parte dos seguintes pressupostos:

a) O atendimento escolar no ambiente rural é uma questão de direito e de cidadania, por isso, implica respeito às diferenças e tem sustentação na política da igualdade do Estado brasileiro;

b) A qualidade da educação básica no campo deve ser tratada na moldura da inclusão social e sob a observância da Lei 13.005/2014 (PNE) art. 2º, inc. III e X (diretrizes);

c) Um currículo, nesse caso, voltado para a diversidade dos conteúdos e das metodologias, não significa uma concessão ao esforço do país para a interiorização do ensino, mas sobretudo deixar de considerar a educação urbana como parâmetro e a educação rural como mera adequação. Ao contrário, a centralidade da questão está em "[...] considerar o campo como espaço heterogêneo, destacando a diversidade econômica, em função do engajamento das famílias em atividades agrícolas e não agrícolas (pluriatividade), a presença de fecundos movimentos sociais e multiculturalidade, as demandas por educação básica e a dinâmica que se estabelece no campo a partir da convivência com os meios de comunicação e a cultura letrada" (CNE/CEB/Parecer 36/2001).

Foi este Parecer que ensejou a Resolução CNE/CEB 01/2002, em cujo corpo de diretrizes está estabelecido que "as propostas pedagógicas das escolas do campo, respeitadas as diferenças e o direito à igualdade e cumprindo imediata e plenamente o estabelecido nos art. 23, 26 e 28 da Lei 9.394, de 1996, contemplarão a diversidade do campo em todos os seus aspectos:

---

72. Para um melhor entendimento deste assunto, cf. ARROYO, M.G. *Da escola carente à escola possível*. São Paulo: Loyola, 1986 [Col. Educação Popular].

sociais, culturais, políticos, econômicos, de gênero, geração e etnia" (art. 5º). Significa dizer que os sistemas de ensino devem assegurar uma educação básica não apenas diferenciada, mas com identidade própria, o que supõe um ano letivo estruturado independente do ano civil, atividades de aprendizagem organizadas e desenvolvidas em espaços pedagógicos plurais, formas de avaliação flexíveis e proposta pedagógica emancipadora e autogestionária. Nesta perspectiva, as Conferências Nacionais de Educação Básica, versões 2008 e 2010, incluíram as seguintes recomendações em seu Documento Final:

Em relação à **educação do campo**, *as políticas de inclusão e diversidade na educação básica deverão:*

1) ampliar o acesso de crianças, adolescentes, jovens, adultos e idosos, residentes nas zonas rurais à escola do campo, em todos os níveis da educação básica;

2) criar programas de formação e pesquisa para educadores atuantes nas escolas do campo, gestores e técnicos educacionais, desenvolvidos com a participação de pesquisadores nas áreas de antropologia, sociologia etc.;

3) viabilizar as modalidades, como Educação de Jovens e Adultos (EJA), para o homem e a mulher do campo, nas localidades onde vivem e trabalham, respeitando suas especificidades quanto aos horários e calendário escolar;

4) criar e manter as escolas do campo de acordo com os padrões básicos de infraestrutura que contemplem: transporte intercampo, equipamentos tecnológicos de informação, comunicação e agrícolas, material didático, acervo bibliográfico, quadra esportiva, laboratórios, salas de aula equipadas com condições sanitárias satisfatórias;

5) implantar e implementar políticas públicas de educação do campo e dos Centros Familiares de Formação por Alternância (Cefas), que respeitem e valorizem a agricultura, contemplando currículos específicos para os diversos níveis e modalidades, priorizando escolas de tempo integral;

6) implantar, gradativamente, a pedagogia da alternância nas escolas do campo;

7) garantir o cumprimento da legislação para a educação no campo (art. 28 da LDB: calendário, metodologia, conteúdo, avaliação), voltada às práticas agroecológicas, à iniciação à pesquisa científica e atividades desportivas e socioculturais;

8) criar estruturas formais específicas da educação do campo nos órgãos setoriais das secretarias estaduais e municipais e conselhos de educação (municipais e estaduais), a fim de debater, controlar e implementar as diretrizes estaduais de educação do campo, com a participação efetiva das organizações sociais das populações do campo;

9) criar política de incentivo para os professores que atuam no campo, para evitar a rotatividade e, com isto, garantir uma educação melhor;

10) assegurar políticas de formação dos professores do campo, de forma a possibilitar o respeito à diversidade e identidade do campo em todos os níveis: médio, superior e na pós-graduação, conforme diretrizes operacionais nacionais de educação básica nas escolas do campo;

11) incluir, na composição dos conselhos de educação, no âmbito municipal, estadual e federal, a participação de representantes indicados por movimentos sociais do campo, que comprovem acúmulo de experiências relativas à educação do campo.

Muitas destas questões foram introduzidas na Resolução CNE/CEB 4/2010 e no próprio Plano Nacional de Educação (Lei 13.005/2014), sob a forma de dispositivos normativos, como veremos a seguir.

A Escola do Campo se caracteriza por sua localização geográfica e pelo perfil dos alunos que recebe e que são múltiplos em sua fisionomia cultural, econômica e social. Há de se constatar um imenso avanço normativo com a previsão legal de oferta de educação básica adequada às peculiaridades da vida rural, agora, sob o formato e organização político-pedagógico da Escola do Campo. A par desta conquista, ressaltam-se três outros instrumentos legais de reforço conceitual extensivo e operativo, que são:

a) O Plano Nacional de Educação (Lei 13.005/2014, com a inclusão, na Meta 6, das Estratégias 2.6, 2.7 e 2.10);

b) O Decreto 7.352/2010, que dispõe sobre a Política de Educação do Campo e o Programa Nacional de Educação na Reforma Agrária (Pronara); e, por fim,

c) as orientações pedagógicas da Resolução CNE/CEB 4/2010, contidas nas Diretrizes Curriculares Nacionais Gerais para a Educação Básica, que contemplam diretrizes curriculares nacionais **específicas** [grifo nosso] para etapas e modalidades (a educação do campo é uma modalidade educativa nos termos do art. 14 da Resolução) para a educação básica (art. 3º).

Nesse ambiente de favorecimento normativo para a educação do campo que, ao ingressar na vitrine legal da Lei da Educação, ganha institucionalidade e visibilidade social, deve-se lamentar o processo inverso de retraimento da rede de Escolas do Campo, com a desativação de milhares delas em todo o Brasil, como vamos referenciar a seguir. Circunstância que motivou o Estado brasileiro, via Poder Executivo Federal, a incluir o *parágrafo único*, neste art. 28, como passamos a ver.

Parágrafo único – É inadmissível o fechamento de Escolas do Campo no Brasil. Vivem, no campo, hoje, 30.3 milhões de pessoas.

Segundo dados do Censo Escolar Inep/MEC, na última década, o número de Escolas do Campo declinou em 31,6%, o correspondente a 32.512 unidades fechadas. Em radiografia de situação mais recente, de 2012 para 2013, 3.296 escolas do campo encerraram suas portas. Dois fatores concorrem para isto: a luta pela terra, com a multiplicação de zonas de conflito e decisões apressadas de municípios e estados de que o número reduzido de alunos não justifica deixar estas escolas abertas em face dos altos custos para sua manutenção. O Censo Escolar/2014 apurou que havia 67.541 Escolas do Campo com menos de 50 alunos. Em muitas regiões do país, os governos locais optam por adotar o processo de nucleação que consiste em reunir os alunos em unidades maiores, transportando-os para a cidade. Como se vê, trata-se de mais conveniência das administrações públicas do que desejo dos alunos e de suas famílias. Mais de 3 milhões de crianças e adolescentes se deslocam todos os dias para estudar nas cidades. Esta é a origem do acréscimo do *parágrafo único* a este art. 28, da LDB, exatamente porque movimentos sociais e entidades sindicais contestam este entendimento dos municípios e tentam corrigi-lo.

Embora mais de 50% das matrículas em Escolas do Campo estejam concentradas no primeiro segmento do Ensino Fundamental, constata-se um esforço de várias universidades para implantar Licenciaturas específicas, visando à formação de professores. Já são 43 no país.

Como afirma o Prof. Bernardo Mancano, da Unesp (apud *Revista Educação*, ano 18, n. 207, p. 41), "A formação do professor é importante; ele precisa entender o paradigma de Educação do Campo e ter visão crítica para defender os interesses daquela comunidade".

Seção II
Da Educação Infantil

Art. 29 – A Educação Infantil, primeira etapa da educação básica, tem como finalidade o desenvolvimento integral da criança de até cinco anos, em seus aspectos físico, psicológico, intelectual e social, complementando a ação da família e da comunidade. (Artigo com redação dada pela Lei 12.796, de 04/04/2013)

Art. 29 – A leitura deste artigo deve ser feita em conexão com a do art. 4º desta lei, para reforçar a nova posição da Educação Infantil que passou, no segmento da pré-escola, a compor o quadro das responsabilidades do Estado brasileiro no campo da oferta de educação básica obrigatória e gratuita.

Quando a lei trata a Educação Infantil como *primeira etapa da educação básica*, afirma, de forma peremptória, que estamos, compulsoriamente, tratando de educação regular e de aprendizagem sistematizada e sequencial, embora com níveis de exigência diferenciados na sua organização, face a tipicidade da faixa etária atendida. Ou seja, estamos diante de um processo de institucionalização da Educação Infantil via sistema de educação básica. Por conseguinte, creche e pré-escola não são depósitos de crianças nem hospedagem-dia, tampouco espaços para as crianças permanecerem algumas horas ao longo do dia, enquanto os pais realizam suas jornadas de trabalho. Pelo contrário, são ambientes apropriados, equipados adequadamente, potencializados no conjunto dos meios disponíveis e, sobretudo, com pessoal docente e de apoio técnico devidamente qualificado, portanto, com formação especializada, para trabalhar com crianças da faixa etária legal indicada, tendo em vista o seu desenvolvimento integral no entrelaçamento dos aspectos físico, psicológico, intelectual, social e lúdico-cultural.

A lei retorna, neste artigo, ao conteúdo do art. 2º, já visto, que concebe a educação como *dever da família e do Estado*, e, ainda, reescreve, para não ser esquecido, o conteúdo do art. 205, da Constituição Federal, que define *a educação como direito de todos e dever do Estado e da família, sendo promovida e incentivada com a colaboração da sociedade, visando o pleno desenvolvimento da pessoa...* Convergentemente, a LDB destaca e reforça, neste art. 29, o mesmo conteúdo do dispositivo constitucional reformado. Desenvolvimento integral e pleno desenvolvimento são expressões conceituais equivalentes com grande força referencial no campo da essencialidade humana e de sua complexidade no universo da cognição. Por isso, o artigo em análise remete imperativamente escola, família e comunidade para uma ação articulada e intercomplementar. Por quê? Exatamente, porque estes são os contextos institucionais e sociais à disposição da criança para o seu estruturante desenvolvimento cognitivo. É neles que a criança aprende a pensar e aprende a aprender. É sempre conveniente relembrar que a inteligência se forma a partir do nascimento, mas é sobretudo na infância que se abrem "as janelas de oportunidades", quando se multiplicam os estímulos e as cadeias de experiências. Tantos os primeiros como as segundas "[...] exercem maior influência sobre a inteligência do que em qualquer outra época da vida". Por isso, atender a crianças, na Educação Infantil, com a orientação educativa e a assistência pedagógica de profissionais especializados, "[...] capazes de fazer a mediação entre o que a criança já conhece e o que pode conhecer, significa investir no seu desenvolvimento humano [...]" e, ainda, lhe assegurar um alicerce de condições intelectuais adequadas a prosseguir aprendendo a aprender e a desenvolver novas competências e habilidades ao longo da vida. Portanto, a Educação Infantil vai condicionar todo o desenrolar da educação no percurso escolar que se sucede em etapas e fora dele.

Por fim, vale ressaltar que, sendo a educação elemento constitutivo da pessoa e direito fundamental da criança, a Educação Infantil se impõe em quatro direções convergentes e inafastáveis: como condição de desenvolvimento, de formação, de integração social e de realização pessoal. Ao lado destes aspectos tão essenciais da vida, há também argumentos de natureza econômica e social. A demanda por Educação Infantil deriva, igualmente, "[...] das condições limitantes das famílias trabalhadoras, monoparentais, nucleares, das de renda familiar insuficiente para prover os meios adequados para o cuidado e educação de seus filhos pequenos e da impossibilidade de a maioria dos pais adquirirem os conhecimentos sobre o processo de desenvolvimento da criança que a pedagogia oferece". O texto anterior da LDB, era omisso ou elusivo a este respeito. Tratava tangencialmente da questão, ao dizer, no art. 19, § 2º, que "os sistemas de ensino **velarão** [grifo nosso] para que as crianças da idade inferior a sete anos recebam conveniente educação em escolas maternais, jardins de infância e instituições equivalentes". Usava uma linguagem vaga e imprópria para ter força legal. Estamos, portanto, em processo de franca evolução e de avanços sociais.

O texto em análise, dando desdobramento a dispositivo constitucional (art. 208, IV), alberga a necessidade da oferta de educação a crianças de zero a cinco anos e, mais do que isto, define sua área de alcance (desenvolvimento integral da criança nos aspectos físico, psicológico, intelectual e social).

O Ministério da Educação, embora tenha, desde 1974, um setor para tratar deste assunto, na verdade, jamais desenvolveu uma política coerente e sequencial que compatibilizasse ideias, corpo técnico para cooperação com os estados e recursos financeiros. Ou seja, ausente dos orçamentos públicos, a educação pré-escolar jamais ultrapassou o terreno das intenções. Abrigada desde 1988 em dispositivo constitucional e, agora, integrada ao conceito de educação básica, é de se esperar que possa desenvolver-se sistematicamente, a exemplo do que ocorre nos países de estrutura educacional sólida. Atentas a este aparente descaso, as recentes gestões do MEC vem buscando resgatar a educação pré-escolar mediante uma clara definição de políticas e diretrizes para o setor, desdobradas em: i) diretrizes gerais; ii) diretrizes pedagógicas; e iii) diretrizes para uma política de recursos humanos. Os objetivos da política de Educação Infantil definidos pelo MEC são:

1) expandir a oferta de vagas para crianças de zero a cinco anos;

2) fortalecer, nas instâncias competentes, a concepção de Educação Infantil;

3) promover a melhoria da qualidade do atendimento em creches e pré-escolas.

O texto fala em **desenvolvimento integral**, ou seja, o planejamento pedagógico e os currículos sob a forma de atividades e programações flexíveis não podem privilegiar qualquer aspecto em detrimento de outro(s).

A importância da Educação Infantil cresce na medida do respeito à cidadania da criança, à sua dignidade e aos seus direitos. Não é por acaso que os movimentos sociais têm ampliado o circuito de pressão sobre o Estado no sentido do desenvolvimento, implantação e implementação de políticas básicas no âmbito da administração pública, envolvendo União, estados e municípios de um lado e, de outro, família, sociedade e instituições/organizações sociais. Este nível de preocupação tem a ver igualmente com as transformações que a sociedade atual está produzindo no processo de socialização das crianças, com destaque para:

a) a diminuição do tamanho das famílias;

b) o enfraquecimento dos laços de parentesco;

c) o excesso de individualismo das pessoas com a consequente perda de solidariedade das relações conjugais;

d) a instabilidade das relações conjugais;

e) a redução drástica do tempo familiar dedicado à sociabilidade infantil com o necessário trabalho da mulher, seja para sua satisfação pessoal, seja para completar a renda familiar.

A escolarização precoce torna-se um imperativo na vida moderna. Ou seja, a Educação Infantil em instituições especializadas busca mitigar o empobrecimento do universo afetivo, enseja o aprendizado da convivência em grupos e, assim, supre, de alguma forma, as deficiências da "família ausente" que já não tem como assegurar plenamente o chamado desenvolvimento integral da criança. Por outro lado, como assevera documento do MEC, publicado imediatamente depois da promulgação da *LDB, a legislação traduz a preocupação dos educadores e de equipes interprofissionais com as profundas desigualdades sociais que caracterizam a sociedade brasileira. Em virtude dessas desigualdades, as oportunidades educacionais, os estímulos intelectuais e as próprias condições de desenvolvimento físico oferecidos às crianças das camadas sociais de renda mais elevada estão frequentemente ausentes no horizonte econômico e cultural da população mais pobre, criando-se, desta forma, mecanismos poderosos para a sua reprodução e manutenção. Nesse contexto, a Educação Infantil apresenta-se como um fator de enorme alcance na promoção de uma efetiva democratização do acesso, por parte de toda a população, aos benefícios do desenvolvimento econômico e cultural e à proteção contra os aspectos nocivos de uma urbanização descontrolada.*

Os números da Educação Infantil no Brasil são os seguintes:

Número de matrículas na Educação Infantil e população residente de 0 a 3 e 4 a 5 anos de idade – Brasil - 2016				
Ano	Matrículas na Educação Infantil			População por idade	
	Total	Creche	Pré-escola	0 a 3 anos	4 e 5 anos
2016	7.855.991	2.891.796	4.964.015	11.563.648	6.004.425

Fonte: MEC/Inep/Deed – Sinopse Estatística da Educação Básica – IBGE/Diretoria de Pesquisa e Coordenação de População e Indicadores Sociais. Gerência de Estudos e análises da Dinâmica Demográfica 2016.

Estes números traduzem, pela sua insuficiência, a debilidade das políticas públicas do país voltadas para a Educação Infantil e as desigualdades de acesso sob o ponto de vista regional. Esta, por sua vez, tem de ser vista na perspectiva do projeto nacional que os sucessivos governos e a sociedade brasileira conceberam para o país e põem em processo de execução. A nossa legislação atual sobre Educação Infantil é vigorosa – como passamos a ver – embora a sua execução seja débil. O que diz a Constituição Federal?

• Art. 70, inc XXV: "[...] assistência gratuita aos filhos e dependentes desde o nascimento até aos 6 anos de idade em creches e pré-escolas".

• Art. 208, inc. IV: "[...] atendimento em creche e pré-escola às crianças de 0 a 6 anos de idade". (Dever do Estado com a educação.)

• Art. 211, § 2º: "[...] os municípios atuarão prioritariamente no Ensino Fundamental e pré-escola".

• Emenda Constitucional 14: Alterou o artigo acima, dando nova redação, a saber: "Os municípios atuarão prioritariamente no Ensino Fundamental e **Educação Infantil**".

Vejamos, agora, as referências da legislação ordinária, com destaque para a Lei 8.069/1990 (ECA), a Lei 9.394/1996 (LDB) e a Lei 13.005/2014 (PNE):

1) Estatuto da Criança e do Adolescente:

• Art. 54, inc. IV: "[...] Atendimento em creche de 0 a 6 anos de idade" (Dever do Estado...).

- **LDB:** vários enfoques pontuais, com destaque para: art. 4º; art. 11, inc. V; art. 18, inc. I, II; art. 29; art. 30, inc. I, II; art. 31; art. 62; art. 63; e art. 87, § 3º.

- **PNE:** Meta 1 desdobrada em 17 estratégias, sendo a primeira delas de resgate social relevante e de alto sentido republicano como se pode ver: *definir, em regime de colaboração entre a União, os estados, o DF e os municípios metas de expansão das respectivas redes públicas de Educação Infantil segundo padrão nacional de qualidade, considerando as peculiaridades locais.*

Vale aduzir alguns dos principais documentos e pactos internacionais sobre o assunto e dos quais o Brasil é signatário, como podemos ver:

- Declaração Universal dos Direitos Humanos;
- Declaração Mundial de Educação para Todos;
- Marco de Ação de Dakar.

Todos estes documentos internacionais reconhecem a importância da Educação Infantil, afirmam o direito da criança à educação na primeira infância e impõem ao Estado o dever de oferecer este serviço educacional.

Estamos longe de uma oferta institucionalizada de Educação Infantil **para todos**. Esta constatação põe o Brasil em estado de alerta, pois, como se sabe, "[...] do ponto de vista do desenvolvimento intelectual, as pesquisas mais recentes parecem indicar que, em relação ao grau de inteligência geral possuído aos 17 anos, cerca de 50% do acervo intelectual acumulado já estão fixados aos 4 anos, enquanto os 30% seguintes são adquiridos entre os 4 e os 8 anos. A maior parte do tempo passado na escola entre 8 e 17 anos é, portanto, dedicada à aquisição dos 20% restantes, o que sugere que a atual distribuição dos recursos pelos diferentes níveis de escolaridades merece ser revista" (DIEU-ZEIDE, H. "Antes dos seis anos". *O Correio da Unesco*, 6 (7), jul./1976, p. 6).

As diretrizes gerais do MEC para a Educação Infantil estão centradas nos seguintes grandes eixos:

1) A Educação Infantil é a primeira etapa da educação básica, destina-se à criança de 0 a 5 anos de idade e é um direito a que o Estado tem obrigação de atender;

2) As instituições que oferecem Educação Infantil, integrantes dos sistemas de ensino, são as creches e pré-escolas, dividindo-se a "clientela" entre elas pelo critério exclusivo da faixa etária (0 a 3 anos na creche e 4 a 6 na pré-escola);

3) A Educação Infantil é oferecida para, em complementação à ação da família, proporcionar condições adequadas de desenvolvimento físico,

emocional, cognitivo e social da criança e promover a ampliação de suas experiências e conhecimentos, estimulando seu interesse pelo processo de transformação da natureza e pela convivência em sociedade;

4) As ações de educação, na creche e na pré-escola, devem ser complementadas pelas de saúde e assistência, realizadas de forma articulada com os setores competentes;

5) O currículo da Educação Infantil deve levar em conta, na sua concepção e administração, o grau de desenvolvimento da criança, a diversidade social e cultural das populações infantis e os conhecimentos que se pretendam universalizar;

6) Os profissionais de Educação Infantil devem ser formados em cursos de nível médio ou superior, que contemplem conteúdos específicos relativos a essa etapa da educação;

7) As crianças com necessidades especiais devem, sempre que possível, ser atendidas na rede regular de creches e pré-escolas.

Por fim, cabe destacar que a Educação Infantil é corresponsabilidade da União, dos estados, do DF e dos municípios. Vejamos o que determina a Carta Magna:

• Art. 212, § 2º: Os municípios atuarão prioritariamente no Ensino Fundamental e na **Educação Infantil** [grifo nosso].

• Art. 211, § 1º: A União exerce **função supletiva** e redistributiva, em todos os níveis, mediante assistência técnica e financeira.

• Art. 211: A União, os estados, o DF e os municípios devem organizar seus sistemas de ensino em **regime de colaboração**.

• Art. 30: Compete aos municípios: [...] manter, com a **cooperação técnica e financeira** da União e do Estado, programas de educação pré-escolar e de Ensino Fundamental.

Do exposto, conclui-se que todos os entes estatais são legalmente corresponsáveis pela Educação Infantil, variando, apenas, o grau de responsabilidade, de acordo com calibragem definida pela própria Constituição ou por lei decorrente. No campo específico do financiamento de Educação Infantil, os entes federados desempenham ora funções próprias, ora cofunções, dentro da seguinte escala:

• função específica restrita;

• função supletiva;

• função redistributiva;

• função colaborativa;

• função regulatória.

O Plano Nacional de Educação fixa as seguintes metas e estratégias para a Educação Infantil:

Meta 1: *Universalizar, até 2016, o atendimento escolar da população de quatro e cinco anos, e ampliar, até 2020, a oferta de Educação Infantil de forma a atender a cinquenta por cento da população de até três anos.*

Estratégias:

1.1) Definir, em regime de colaboração entre a União, os estados, o DF e os municípios, metas de expansão das respectivas redes públicas de Educação Infantil segundo padrão nacional de qualidade compatível com as peculiaridades locais.

1.2) Manter e aprofundar programa nacional de reestruturação e aquisição de equipamentos para a rede escolar pública de educação infantil, voltado à expansão e à melhoria da rede física de creches e pré-escolas públicas.

1.3) Avaliar a Educação Infantil com base em instrumentos nacionais, a fim de aferir a infraestrutura física, o quadro de pessoal e os recursos pedagógicos e de acessibilidade empregados na creche e na pré-escola.

1.4) Estimular a oferta de matrículas gratuitas em creches por meio da concessão de certificado de entidade beneficente de assistência social na educação.

1.5) Fomentar a formação inicial e continuada de profissionais do magistério para a Educação Infantil.

1.6) Estimular a articulação entre programas de pós-graduação stricto sensu *e cursos de formação de professores para a Educação Infantil, de modo a garantir a construção de currículos capazes de incorporar os avanços das ciências no atendimento da população de quatro e cinco anos.*

1.7) Fomentar o atendimento das crianças no campo da Educação Infantil por meio do redimensionamento da distribuição territorial da oferta, limitando a nucleação de escolas e o deslocamento das crianças, de forma a atender às especificidades das comunidades rurais.

1.8) Respeitar a opção dos povos indígenas quanto à oferta de Educação Infantil, por meio de mecanismos de consulta prévia e informada.

1.9) Fomentar o acesso à creche e à pré-escola e a oferta do atendimento educacional especializado complementar aos educandos com deficiência, transtornos globais do desenvolvimento e altas habilidades ou superdotação, assegurando a transversalidade da educação especial na educação infantil.

Estas metas e estratégias encorpadas em lei (o PNE é uma lei aprovada pelo Congresso Nacional) sinalizam concretamente que a Educação Infantil saiu do casulo da pura assistência social da criança e passou a ser tratada como um processo educacional posto no rol dos deveres do Estado e dos direitos das crianças e das famílias. Daí o seu caráter legal de serviço educacional institucionalizado sob a forma de creches e pré-escolas.

O ser humano nasce dotado de um repertório de capacidades, considerado limitado em relação ao repertório de aquisições futuras. Mas é a partir deste conjunto limitado de habilidades, que ele vai construir seu comportamento e sua inteligência na interação com o meio. Importa dizer que as condições do meio, mais ou menos favoráveis, são decisivas para a configuração de capacitados ou para uma reconfiguração, objetivando "[...] agir sobre a realidade de forma direta, como fazem os outros animais ou também numa dimensão simbólica, transcendendo espacial e temporalmente o meio circundante" (DELVAL, 1997: 21).

Sabemos que o comportamento humano é poderoso e incisivo. O que o faz assim? Precisamente o fato de que seu desenvolvimento ocorre sobre padrões ou sobre representações complexas das realidades. Ao longo do tempo, tais padrões foram aprimorados por via da riqueza e da precisão da acumulação cultural. Esta acumulação está na base do desenvolvimento científico, "[...] permitindo a substituição da leitura direta da experiência por deduções efetuadas no contexto dos modelos. Esta é a chave do controle humano sobre a natureza" (ibid.). Isto só explica a relevância da educação, a significação social da educação escolar e o sentido de processo potencializador do desenvolvimento e do comportamento humanos via educação infantil. Como anota toda a literatura especializada sobre o assunto, há robustas evidências de que Programas de Desenvolvimento da Primeira Infância (DPI) geram enormes benefícios em termos de prontidão mental e sucesso escolar, sobretudo para crianças carentes. "*Muitas funções cerebrais são especialmente sensíveis a mudanças no início da vida e tornam-se menos plásticas (maleáveis) ao longo do tempo* (HECKMAN, 2008). *Na verdade, a maior parte do cérebro da criança é 'conectada' nos primeiros cinco anos de vida* (SHONKOFF & PHILIPS, 2000), *o que deixa pouco espaço para ajustes posteriores. Há funções que continuam a ter um alto grau de sensibilidade mais tarde na infância (p. ex., a habilidade numérica e as habilidades sociais com os colegas) atingem seus picos de sensibilidade nos primeiros 4-5 anos de vida. Outras funções, como controle emocional e padrões de resposta habituais não só atingem o auge nos primeiros anos, mas em geral atingem um alto nível de estabilidade antes dos 5 anos. Isso sugere que tais padrões não podem ser facilmente modificados posteriormente, razão pela qual a estimulação precoce e as oportunidades de aprendizagem antes de ingressar na escola primária são essenciais"* (NAUDEAU et al., 2011:38).

Um esclarecimento final semelha impositivo. "A Educação Infantil favorece a prontidão escolar e todo o conjunto de consequências educacionais a ela associado [...] mas [...] o que isto de fato significa? A experiência internacional revela que alunos participantes de programas de aprendizagem ativa pré-escolar de alta qualidade (High Scope Perry Preschool) tiveram maiores taxas de conclusão de Ensino Médio do que outros que não tiveram esta oportunidade" (SCWEINHART et al., 2005). Prontidão escolar significa que uma criança possui as capacidades cognitivas e socioemocionais necessárias para aprender e ter sucesso na escola, registra Naudeau.

Art. 30 – A Educação Infantil será oferecida em:

I – creches, ou entidades equivalentes, para crianças de até 3 anos de idade;

II – pré-escolas, para as crianças de 4 a 5 anos de idade. (Inciso com redação dada pela Lei 12.796, de 04/04/2013)

Art. 30 – O artigo anterior oferece os conceitos e as funções. Este artigo complementa, definindo a forma de oferta dentro de marcos temporais. De fato, busca-se respeitar a faixa etária da criança, a partir da constituição do próprio espaço institucional que se deve organizar com as condições objetivas de atendimento ao desenvolvimento infantil. Nunca é demais acentuar que, na Educação Infantil, há necessidade de toda uma ambientação psicopedagógica própria, capaz de estimular o desenvolvimento sensório-motor da criança e as dobras culturais do seu processo de socialização. Afinal, esta etapa da educação é fundamental para o sucesso escolar no tempo posterior.

A partir da implementação do Ensino Fundamental de 9 anos, a Educação Infantil passa a ser estruturada em dois segmentos, a saber: creche de 0 a 3 anos e pré-escola de 4 a 5 anos.

Não cabe à Educação Infantil desenvolver programas de disciplinas, com enfoque em conhecimentos fracionados, mas trabalhar com atividades que concentrem, através de um planejamento lúdico-pedagógico, dimensões cognitivas, afetivas, perceptivo-motoras, sociais, valorativas e dialógicas. O DR/BNCC da Educação Infantil destaca que as aprendizagens e o desenvolvimento das crianças hospedam-se nos **eixos estruturantes** das interações e brincadeiras em cujo interior se asseguram os direitos de: a) conviver; b) brincar; c) participar; d) explorar; e) expressar-se; e, por fim, f) conhecer-se. Daí, a organização curricular da Educação Infantil na BNCC está estruturada em cinco campos de experiência, estuário das situações concretas da vida cotidiana das crianças, dos seus saberes, tudo entrelaçado aos conhecimentos fundantes do patrimônio cultural. Eis os campos: 1) O eu, o outro e o nós; 2) Corpo, gestos e movimentos; 3) Traços, sons, cores e formas; 4) Escrita, fala, pensamento e imaginação; 5) Espaços, tempos, quantidades, relações e transformações. Estes campos demarcam os focos da intencionalidade educativa na Educação Básica.

Não significa dizer, convém ressaltar, que a ideia do currículo escolar seja incompatível com a educação infantil. Tanto é assim que o art. 26 da LDB afirma que *"os currículos da Educação Infantil* [grifo nosso], *do Ensino Fundamental e do Ensino Médio devem ter uma base nacional comum..."*. Currículo não é um ajuntamento de disciplinas compartimentadas, isoladas, um roteiro de controles e contensões, mas um território aberto, permeável a novas fronteiras existenciais, oportunidade e referência identitária de cada aluno (bebê, criança, adolescente, adulto, idoso etc.), uma oficina da vida, um estuário de encontros dentro do qual cada um – portanto, também, o aluno da Educação Infantil – possa dizer, como Fernando Pessoa: *Sim, sou eu, eu mesmo, tal qual resultei de tudo [...].*

Não se pode jamais perder de vista, na Educação Infantil sobretudo, que todos os conteúdos têm uma relação com o mundo e com a vida em desenvolvimento.

> **I e II** – A estruturação da Educação Infantil em creches e pré-escolas, com definição legal de faixas etárias, é mais do que uma divisão de conveniência no sentido de um atendimento facilitado. Na verdade, o legislador está preocupado com o modo de tratamento do bebê (até três anos) e da criança (entre quatro e cinco anos), enquanto sujeitos de direito, o que requer instituições funcionando com espaços adequados, equipamentos apropriados e docentes pedagógica e funcionalmente qualificados. Por esta razão, a BNCC da Educação Infantil, "reconhecendo os diferentes grupos etários", foca os DOAs por sequência organizada em três grupos etários, a saber: Creche > bebês de 0 a 1 ano e 6 meses e crianças pequenas, de 1 ano e 7 meses a 3 anos e 11 meses; Pré-escola > crianças de 4 a 5 anos e 11 meses. Esta divisão não pode ser rígida por conta das diferenças de ritmo de aprendizagem e desenvolvimento, fatores condicionantes da prática pedagógica.

Tanto no ambiente das creches como no da pré-escola, é essencial não exagerar na ênfase no treinamento motor, no uso de exercícios repetitivos e nas cópias, mas, sim, valorizar os processos de oralidade, expressão plástica, teatro, literatura infantil, fotografia e música, porque as crianças são agentes e atores sociais e, como ensina Bakhtin (1998), "a língua é vida, circula e se transforma em história". E arremata: "A palavra está sempre carregada de um sentido vivencial" (BAKHTIN, 1998: 95).

As creches e pré-escolas são, à luz da LDB, um lugar privilegiado, escolhido pela sociedade, para as crianças exercitarem e desenvolverem suas capacidades e, desta forma, configurando novas e maiores habilidades, reconstruírem o mundo circundante. Várias ciências, entre elas a biologia e psicologia, vêm mostrando como os primeiros anos de vida são decisivos para o desenvolvimento do indivíduo, exatamente por isto. Nesta fase, enraíza-se a base da personalidade. Estudos e pesquisas revelam que o cérebro alcança 80% do seu peso total aos 4 anos de idade. E, não menos importante: no limite dos 3 anos de idade, a criança já adquiriu praticamente toda a estrutura de comunicação linguística a ser usada na fase adulta. Antes dos 4 anos, suas primeiras e mais significativas experiências de sociabilidade já ocorreram. Ou seja, nesta idade, o bebê/a criança já terá experimentado amor ou rejeição, apoio, proibição ou indiferença, confiança, desconfiança ou dúvida, alegria ou tristeza. Tudo isto constitui vivências a influir em sua autoimagem e que haverão de pautar seu processo de conhecimento ao longo da vida. À luz desta compreensão, a função dos sistemas de ensino é complementar à da família. Mas vai além, uma vez que seu compromisso é extensivo ao sistema social como um todo, portanto, aos subsistemas cultural, econômico, político e civilizatório. Família e sistemas de ensino devem caminhar juntos, na perspectiva de uma educação integral e harmônica. A creche e a pré-escola tem a responsabilidade de repotencializar os ambientes educativos, vivenciados pelo bebê e pela criança já no ambiente familiar.

Como o desenvolvimento da criança nos primeiros anos de vida é muito rápido, o legislador demarcou dois segmentos para a Educação Infantil, sem que isto represente um esmaecimento, entre um e outro segmento, do desenvolvimento interpenetrado dos aspectos cognitivo, sensorial, socioemocional e de comunicação. Nesta fase da vida, as áreas de desenvolvimento compreendem sempre três grandes focos: a) O do desenvolvimento físico e motor; b) O do desenvolvimento mental; e c) O do desenvolvimento socioemocional. Por isso, os estabelecimentos de Educação Infantil devem fazer um planejamento e uma programação que leve em consideração estas três áreas concomitantemente, ano a ano. É precisamente nesse sentido que a LDB define a Educação Infantil como primeira etapa da educação básica (art. 29).

Art. 31 – A Educação Infantil será organizada de acordo com as seguintes regras comuns: (*caput* com redação dada pela Lei 12.796, de 04/04/2013)

I – avaliação mediante acompanhamento e registro do desenvolvimento das crianças, sem o objetivo de promoção, mesmo para o acesso ao Ensino Fundamental (Inciso acrescido pela Lei 12.796, de 04/04/2013);

II – carga horária mínima anual de oitocentas horas, distribuída por um mínimo de duzentos dias de trabalho educacional (Id.); Incluído pela Lei nº 12.796, de 2013.

III – atendimento à criança de, no mínimo, quatro horas diárias para o turno parcial e de sete horas para a jornada integral (Id.); Incluído pela Lei nº 12.796, de 2013.

IV – controle de frequência pela instituição de educação pré-escolar, exigida a frequência mínima de 60% (sessenta por cento) do total de horas (Id.); Incluído pela Lei nº 12.796, de 2013.

V – expedição de documentação que permita atestar os processos de desenvolvimento e aprendizagem da criança (Id.). Incluído pela Lei nº 12.796, de 2013.

Art. 31 – Com origem na Lei 12.796/2013, a mudança operada neste artigo da LDB, assenta o foco na Educação Infantil como processo educacional "que se desenvolve em instituições próprias, no âmbito da educação escolar regular" (LDB, art. 1º, § 1º). Este enquadramento legal é, na verdade, uma expansão formal da escolaridade obrigatória, com importante alcance social. De fato, representa um mandado de enfrentamento da questão da desigualdade social vez que grande parte da população ausente da Educação Infantil é originária de famílias de baixa renda, portanto, pobres, negros e moradores de regiões rurais e periferias urbanas. Portanto, para quem o princípio constitucional da igualdade de direitos, hospedado no art. 5º da nossa Carta Magna – todos são iguais perante a lei – continua sem eficácia jurídica. Trata-se, por conseguinte, de uma medida legal contra a precariedade de atendimento dos serviços de Educação Infantil. Não paira dúvida de que a inserção da Educação Infantil na educação básica, com exigências legais de organização e funcionamento submetidos a padrões de regularidade, ajuda significativamente na reversão da desigualdade crônica da educação brasileira (Ver art. 4º, inc. I, I-a).

O *caput* do art. 31 trata focalmente da organização da Educação Infantil. Assim, é imprescindível situar este nível de ensino na perspectiva da Base Nacional Comum Curricular/BNCC, com duplo enfoque: de um lado, **observando** o alinhamento estruturante, que envolve:

• Direitos de aprendizagem e desenvolvimento;

• Campos de experiência;

• Objetivos de aprendizagem e desenvolvimento, organizados em TRÊS GRUPOS DE FAIXAS ETÁRIAS: Bebês (0-1a 6m); Crianças bem pequenas (1a 7m – 3a 11m) e crianças pequenas (4a - 5a 11m).

De outro lado, **observando** a Educação Infantil no contexto da Educação Básica. Neste caso, é imperioso um formato organizativo que enseja o desenvolvimento de dimensões socio-psico-pedagógicas das crianças no âmbito das DEZ COMPETÊNCIAS GERAIS DA BASE NACIONAL COMUM CURRICULAR/BNCC, explicitando, assim, a formação humana integral.

> I – Os conceitos de avaliação que devem ser atendidos na Educação Infantil são o de acompanhamento do desenvolvimento e do processo de observação, com o respectivo registro, e não o da promoção como acontece no Ensino Fundamental. Esta diferença ajuda a compreender a distância que existe entre ensino e educação, ou, mais precisamente, entre crescer interiormente e ser *aprovado* exteriormente. Trata-se, portanto, de um processo essencialmente qualitativo.

Nesse campo há muito o que se fazer. O processo de avaliação da escola brasileira não consegue ultrapassar a dimensão do "ensino dado", sem considerar, por conseguinte, os ritmos individuais. É uma avaliação de conteúdos de ensino e, não, uma avaliação de desenvolvimento evolutivo e positivo da aprendizagem. Para esta tarefa, tem-se que formar um competente quadro de especialistas da área de apoio ao desenvolvimento, o que inclui, além dos professores, médicos, psicólogos, sociólogos, assistentes sociais, fonoaudiólogos, terapeutas familiares (a Educação Infantil é complementar à ação da família e da comunidade), orientadores educacionais, supervisores e especialistas em psicologia do desenvolvimento infantil. Todos estes profissionais trabalharão de forma permanente e articulada, para se poder garantir o acompanhamento da criança e o adequado registro do processo de evolução. Dirão alguns que se trata de uma utopia, tal a dificuldade de reunir tantos profissionais e a complexidade de fazê-los trabalhar educativamente! Mas, afinal, o que é a educação senão um processo de construção da utopia concreta?!

As práticas pedagógicas no campo da avaliação são, em geral, de grande complexidade, sobretudo quando se trabalha na educação básica. No entanto, o grau de complexidade aumenta quando estas práticas estão voltadas para a Educação Infantil. Nesse ciclo escolar exige-se do professor que tenha clareza sobre os níveis de interseção entre as atividades (procedimentos) vinculado ao campo dos conhecimentos sistematizados, dos saberes metodologizados. Educar é uma gama de processos articulados, vinculados à esfera do saber-ser. Tem, portanto, a ver com conformidades comportamentais, hábitos, relações intersubjetivas e desempenho social. Formar, por fim, é trabalhar competências, objetivando a inserção adequada do sujeito em atividades sociais, laborais e situacionais precisas. Vincula-se ao campo do saber-fazer. Estas diferenciações não são apenas semânticas, senão, também, pedagógicas. Condicionam, elas, formas próprias, mas articuladas, de avaliação. Aqui está o enfoque-desafio do professor da Educação Infantil. A ele, cabe saber substituir as imposições históricas de métodos repressivos de avaliação, por práticas renovadas de métodos expressivos do conhecimento. Ou seja, avaliar, na Educação Infantil, supõe deixar que a criança expresse o seu desenvolvimento qualitativo. Por isso, a avaliação é continuidade e, nunca, finalidade em si. Tanto é assim que a lei descarta a avaliação como **objetivo de promoção**. Nesta fase de sua escolaridade, mais do que responder, a criança deve ter a oportunidade de perguntar. Nesta direção, vale lembrar a observação de Jerome Brunner, em seu texto clássico **The process of education**: "Uma criança nunca dá uma resposta errada. Ela, simplesmente, responde a uma pergunta diferente. A resposta está certa para aquela pergunta. Somos nós que temos que descobrir qual foi a pergunta que a criança respondeu corretamente. Precisamos não só respeitar o que ela sabe, mas, também, aquilo que desejamos que saiba".

Acompanhamento e registro do desenvolvimento não são processos para atender a burocracia da escola, mas para aferir o alinhamento do eixo **pensar/aprender** na perspectiva construtivista inspirada na psicologia piagetiana. Nesse horizonte, o aprender supõe a existência de pré-estruturas viabilizadoras de sua produção. Estas estruturas, por sua vez, são modificadas pela formação de novos conhecimentos. A esta relação denomina-se de desenvolvimento intelectual da criança. O processo de desenvolvimento cobre etapas diversas, assim como o processo de construção do conhecimento conta com diversos componentes e, expressivamente, com a contribuição da escola e dos professores no campo complexo dos sistemas de conhecimento.

Diante deste entranhado do processo de desenvolvimento, pergunta-se: O que deve ser avaliado na creche e na pré-escola fora do alcance da promoção? Esta indagação não parece importuna se considerarmos que o sistema de escolarização conhecido, consagrado e, de alguma forma, regularizado, está encaixado em um modelo de organização do conhecimento que separa ciência, arte e vida, assim como também está focado nas formas de controle do conhecimento "[...] com propostas de soluções prefixadas e previsíveis" (NUNES & KRAMER, 2013: 47). As instituições de Educação Infantil precisam suplantar este modelo pedagogicamente atrasado e funcionalmente tosco, adotando outros "[...] que favoreçam a construção de significados singulares constituídos nos acontecimentos da história". No fundo, significa afastar, da Educação Infantil, práticas mecânicas, instrumentais e congeladas no tempo.

As modalidades de avaliação na creche e pré-escola devem buscar alcançar os constituintes essenciais dos processos de evolução da criança como ser biológico e, não de menor importância, os processos de seu desenvolvimento intelectual. No período de zero a três anos – idade legal para frequentar creches – a criança experimenta acessar a organização do mundo. Como aponta Delval (1997: 44-45), a principal tarefa da criança durante seu desenvolvimento é fazer com que o mundo que a circunda, tanto físico como social, tenha uma organização e uma estabilidade e, por meio delas, dotar-lhe de um sentido. Essa organização e essa estabilidade, porém, não são dadas no mundo – se o fossem, bastaria à criança refleti-las ou apreendê-las; pelo contrário, ela tem de empreender uma construção do mundo que ninguém pode lhe dar já pronta. É uma tarefa longa e bastante pessoal.

Para a criança no período sensório-motor, os objetos aparecem e desaparecem; ainda não tem a consciência de algo permanente. A criança confunde o indivíduo e a classe a que ele pertente; não há distinção clara entre o espelho da sala de jantar e a categoria dos espelhos. Talvez a primeira coisa a lhe ficar patente sejam os indivíduos que têm algo em comum. Ela terá de fazer um grande esforço para categorizar os objetos e as situações e organizá-los em classes de acordo com suas semelhanças. Mas formar uma categoria é algo difícil, pois as coisas nunca são idênticas, parecem-se em certos aspectos, mas diferem em outros. Todas as cadeiras têm algo em comum, mas, se são do mesmo modelo, também apresentam diferenças. Vê-las como semelhantes supõe um importante trabalho de abstração, não isento de dificuldades, pois é preciso reter o essencial e descartar o acessório. O mundo é percebido inicialmente como uma sucessão de estímulos e, para entendê-lo, é preciso organizá-lo. "O trabalho da inteligência consiste principalmente em construir procedimentos para organizar esse mundo."

No cenário da avaliação sob a forma de acompanhamento e registro do desenvolvimento das crianças, são estes aspectos que devem entrar no território das observações docentes relevantes. Para efeito didático de melhor compreensão, pode-se dizer que não é relevante quantificar os saberes acumulados, senão considerar, na moldura do desenvolvimento emocional e comportamental, dimensões como:

- Atenção
- Atitudes reativas e proativas
- Participação
- Integração
- Socialização
- Adaptação
- Motivação
- Tolerância
- Sentimento do outro
- Prontidão mental
- Coordenação de movimentos
- Nível de linguagem e comunicação
- Processos de evolução de etapas etc.

A ideia da LDB não é que a Educação Infantil, em qualquer de suas fases, treine autômatos, mas contribua para o desenvolvimento de todas as crianças no campo de sua autonomia pessoal. No caso da pré-escola especificamente, a avaliação terá, naturalmente, focos agregados, em decorrência mesmo da faixa etária das crianças. Mas, também, aqui, o ambiente pedagógico-institucional deve buscar favorecer "a construção/aquisição do conhecimento e a imaginação das crianças e adultos", sob a fecundação do contexto.

Convém lembrar que, quando a criança chega à pré-escola possui experiência, de alguma forma, de práticas de leitura e escrita. Ou seja, em muitos casos, a linguagem escrita faz parte "da corrente de comunicação verbal". O papel da instituição de Educação Infantil, nesse caso, semelha ainda mais exigente no campo do enunciado escrito e lido. Estamos diante de um padrão de linguagem, organizado e organizador, submetido a regras, convenções e sinalizadores. Complexidade que, para se tornar uma ferramenta simbólica, precisa ser apropriada pelo sujeito, como destaca a literatura especializada. Corsino (2011: 247) ressalta que "essa apropriação é um processo contínuo que conta com a escolarização para se ampliar progressivamente". Portanto, na pré-escola, a avaliação de caráter não promocional deve acompanhar e registrar o progresso permanente que marca o desenvolvimento da criança na área da alfabetização e letramento. Aqui, vale a pena lembrar, ainda uma vez, que o letramento é um processo deflagrado nos primeiros contatos interacionais da criança com a cultura letrada e se prolonga pela vida inteira, em escalas diferenciadas, dependendo dos círculos de vivência social dos sujeitos e de suas necessidades de comunicação.

Em síntese, a avaliação na Educação Infantil não busca **apurar** nem **medir** o que o aluno conseguiu **reter** do currículo estruturado em disciplinas formais. Aqui, o currículo é despido de conteúdos presos à circunscrição teórica de campos de conhecimento. A racionalidade curricular é substituída por uma abordagem multidisciplinar, transdisciplinar e interdisciplinar e o rigor dos conteúdos específicos é conduzido por uma ludicidade pedagógica em que avaliar (aprender) é menos sequência e acumulação e mais consequência e desenvolvimento (algumas vezes, incubação!).

> II – Considerada parte estruturante da educação básica (LDB, art. 4º, inc. I e II), a Educação Infantil passa a ter uma organização e um funcionamento submetidos às exigências regulares de carga horária mínima anual de oitocentas horas e duração anual mínima de duzentos dias letivos. O Brasil demorou a legalizar a exigência de duzentos dias letivos, no mínimo, por ano. Países como México, Argentina, Chile e Colômbia se anteciparam ao Brasil nesta exigência. O curioso é que ficamos no mínimo de duração exigida, enquanto a maioria dos países da América do Sul adota uma exigência letiva maior, portanto, ultrapassa os duzentos dias letivos. Os países da América do Norte (México, EUA e Canadá), as nações europeias e os Tigres Asiáticos compreenderam que o elastecimento do ano escolar obrigatório enseja maiores possibilidades de elevação do rendimento escolar e, por conseguinte, um aproveitamento em termos de aprendizagem mais significativa.

Embora o cumprimento de duzentos dias letivos no mínimo, por aluno, seja imperativo legal, no Brasil, as escolas públicas nem sempre cumprem, com rigor, esta norma. As frequentes greves "engolem" o calendário escolar e não há fiscalização apropriada por parte dos gestores para a reposição adequada dos dias letivos não cumpridos. Por outro lado, embora a educação seja dever da família e do Estado (LDB, art. 2º), nenhuma das duas instâncias acompanha e contabiliza o cumprimento dos dias letivos, depois de uma greve. Não podemos esquecer que a vida é tempo **aberto** para aprender, enquanto a escola é o tempo **regulado** para aprender! Oitocentas horas, distribuídas em duzentos dias letivos – no mínimo! – é determinação legal para atendimento ao trabalho educacional, ou seja, para **ensinar e aprender** sob assistência e orientação das escolas, *instituições próprias de ensino*!!

> III – Na Educação Infantil estão crianças de zero a três anos (creches) e de 4 e 5 anos (pré-escolas). Trata-se de seres humanos nos primeiros anos de vida. Portam grandes potencialidades e não menores fragilidades. A instituição que oferece o atendimento pode ter um atendimento de turno único, com quatro horas mínimas de educação, ou de turno integral, com 7 horas mínimas de duração no caso de jornada integral.

É importante compreender que, em qualquer dos casos, a instituição não vai hospedar ou apenas cuidar da criança. Como já dito, na Educação Infantil, trabalha-se com o eixo **cuidar-educar**, o que supõe atenção individual e qualidade social dos serviços oferecidos, que devem ter, como foco central, o pleno desenvolvimento do educando (LDB, art. 2º). Isto significa que tempo diário dedicado a cada criança em seu processo de Educação Infantil não é "hospedagem-dia", nem que as jornadas diárias, em turno parcial ou integral, da Educação Infantil, se destinam exclusivamente a guarda da criança. Busca-se, sim, criar e potencializar mecanismos em prol do seu desenvolvimento nos aspectos físico, psicológico, intelectual e social, em complementação ao trabalho da família e da sociedade (LDB, art. 2º).

> IV – No segmento da pré-escola, a Educação Infantil passa a ter, via instituição, o controle de frequência. O limite, porém, difere dos demais níveis de ensino. Enquanto nestes a exigência de frequência mínima é de setenta e cinco por cento do total de horas letivas para aprovação (LDB, art. 24, inc. VI), na pré-escola a exigência é de frequência mínima de sessenta por cento. A diferença de faixa etária e o perfil do aluno justificam este aparente abrandamento da lei.

O controle de frequência, neste caso, ganha enorme importância pelo fato de a pré-escola ter importância ímpar no processo de alfabetização e letramento do aluno. Como etapa imediatamente anterior ao Ensino Fundamental, a pré-escola é o chão da memória da aprendizagem sistematizada e, portanto, das interconexões "institucionalizadas dos alunos, aproximando formação cultural e vivências grupais e sociais dentro do processo de ter lições para estudar, aprender e prestar contas"! Ou seja, aqui o aluno passa a assumir propriamente a responsabilidade das obrigações **escolares** e "do dever de casa". A frequência controlada visa precisamente a evitar descontinuidades nesse processo ou seu comprometimento por interrupções indevidas.

> V – A expedição de documentação em nível de alunos da Educação Infantil não é um atendimento à burocracia da escola. Trata-se, na verdade, de mecanismo indutor de cumprimento de registros de acompanhamento e avaliação consistente das etapas de desenvolvimento da criança. É uma espécie de radiografia da trajetória percorrida pelo aluno e dos níveis do seu desenvolvimento e aprendizagem. Este processo precisa ser atestado por duas razões principais. Primeiro, porque se trata de uma avaliação de docentes qualificados e profissionais outros devidamente especializados. Em segundo lugar, porque a Educação Infantil deixa de ser espaço e processo educacional marcado por improvisações e por atendimento ao compadrio político e assume a feição apropriada de "[...] um todo indissociável, institucionalizado em espaços educativos formais em creches e pré-escolas. Esta opção impõe condições para a prática pedagógica, para o trabalho com as crianças, para a formação dos professores e para a transição para o Ensino Fundamental" (NUNES & KRAMER, 2013:35-36).

A Educação Infantil, como oferta escolar obrigatória, tem uma importância fundamental e estratégica. A experiência internacional revela que, quando iniciada cedo, a escolarização contribui para a igualdade de oportunidades, como apoio adicional à superação das dificuldades iniciais de pobreza ou de um meio sociocultural limitado. Além destas razões, que por si sós constituem argumentos de importância transcendente, a Unesco, em seu Relatório sobre a Educação para o século XXI, faz duas constatações importantíssimas: sem a escola, a socialização perde o espaço em nossa sociedade, pois "as crianças que se beneficiam da educação pré-escolar têm uma disposição mais favorável em relação à escola e correm menos risco de abandonar prematuramente do que as que não tiveram essa oportunidade".

Seção III
Do Ensino Fundamental

Art. 32. O Ensino Fundamental obrigatório, com duração de nove anos, gratuito na escola pública, iniciando-se aos 6 anos de idade, terá por objetivo a formação básica do cidadão, mediante: (Redação dada pela Lei nº 11.274, de 2006).

I – o desenvolvimento da capacidade de aprender, tendo como meios básicos o pleno domínio da leitura, da escrita e do cálculo;

II – a compreensão do ambiente natural e social, do sistema político, da tecnologia, das artes e dos valores em que se fundamenta a sociedade;

III – o desenvolvimento da capacidade de aprendizagem, tendo em vista a aquisição de conhecimentos e habilidades e a formação de atitudes e valores;

IV – o fortalecimento dos vínculos de família, dos laços de solidariedade humana e de tolerância recíproca em que se assenta a vida social.

§ 1º – É facultado aos sistemas de ensino desdobrar o Ensino Fundamental em ciclos.

§ 2º – Os estabelecimentos que utilizam progressão regular por série podem adotar no Ensino Fundamental o regime de progressão continuada, sem prejuízo da avaliação do processo de ensino-aprendizagem, observadas as normas do respectivo sistema de ensino.

§ 3º – O Ensino Fundamental regular será ministrado em língua portuguesa, assegurada às comunidades indígenas a utilização de suas línguas maternas e processos próprios de aprendizagem.

§ 4º – O Ensino Fundamental será presencial, sendo o ensino a distância utilizado como complementação da aprendizagem ou em situações emergenciais.

§ 5º – O currículo do Ensino Fundamental incluirá, obrigatoriamente, conteúdo que trate dos direitos das crianças e dos adolescentes, tendo como diretriz a Lei 8.069, de 13/07/1990, que institui o Estatuto da Criança e do Adolescente, observada a produção e distribuição de material didático adequado. (Incluído pela Lei nº 11.525, de 2007).

§ 6º – O estudo sobre os símbolos nacionais será incluído como tema transversal nos currículos do ensino fundamental. (Incluído pela Lei nº 12.472, de 2011).

Art. 32 – Inicialmente, cabe observar que há uma ligação entre o conteúdo deste artigo e o do art. 4º desta Lei, que define a forma de organizar a educação básica obrigatória e gratuita, nos termos do inc. I. Estabelecida esta conexão, vale ressaltar que o *caput* deste art. 32 traz a nova redação dada pela Lei 11.274, de 07/02/2006. Convém, aqui, revisitar a história da luta da sociedade brasileira para alcançar a conquista de mais um ano de duração para o Ensino Fundamental. Na verdade, a idade cronológica para a matrícula no Ensino Fundamental vinha sendo objeto de estudos e debates desde 1988, à época da Assembleia Nacional Constituinte. Ao longo do tempo, ampliaram-se os encontros de sistematização das ideias, promovidos pela Secretaria de Educação Infantil e Fundamental do MEC, realizados nas cidades de Belo Horizonte, Campinas, Florianópolis, São Luís, Rio Branco, Recife e Goiânia. O corpo de estudos construído incluía aspectos de Políticas Públicas, de fundamentação legal e de organização do trabalho pedagógico. Para culminar este processo, o Conselho Nacional de Educação/CNE realizou sessão de trabalho com representações do Conselho Nacional de Secretários Estaduais de Educação (Consede), da União Nacional dos Dirigentes Municipais de Educação (Undime), do Fórum Nacional dos Conselhos Estaduais de Educação e da União Nacional dos Conselhos Municipais de Educação (Uncme). À época, a centralidade dos debates prendia-se às seguintes questões (muitas delas, ainda hoje, pendentes):

1) Quais são os estados/municípios que aderiram à ampliação do Ensino Fundamental para nove anos, antecipando a matrícula para crianças de 6 anos de idade?

2) Quais são os sistemas estaduais/municipais de ensino que já estabeleceram as normas resolutivas para a ampliação?

3) Em caso de resposta positiva, quais são essas normas, por sistema, principalmente no que se refere:

3.1) À data-limite – dia e mês – para que a criança de 6 anos possa matricular-se no Ensino Fundamental?

3.2) Ao efetivo cumprimento da universalização do atendimento na faixa etária de 7 a 14 anos?

3.3) À progressividade da oferta do Ensino Fundamental de nove anos, com os respectivos critérios?

3.4) Às diretrizes pedagógicas estabelecidas para o atendimento apropriado às crianças de 6 anos de idade?

3.5) À organização do espaço e do tempo escolar para essas crianças?

Esclarecer estas questões era muito importante porque havia uma atmosfera de intranquilidade e situações dúbias no ar. Estas dificuldades foram captadas pelo CNE, no Parecer CNE/CEB 6/2005: "A organização da educação do Ensino Fundamental com a duração de nove anos tem provocado alguns impactos nos sistemas de coleta de dados e de avaliação da educação básica (Saeb), gerando dificuldades na correspondência entre os dois modelos – de oito e de nove anos de duração. Tal dificuldade aparece, por exemplo, no caso da migração de alunos quando essa se dá entre um modelo e outro. Constata-se, sobretudo, que todas as situações em que foi admitida a antecipação da matrícula no Ensino Fundamental para crianças de 6 (seis) anos de idade, a medida esteve associada à implantação da duração desta etapa de ensino para 9 (nove) anos. Nesse contexto, foi sancionada a Lei 11.114, de 16/05/2005, que "altera os art. 6º, 30, 32 e 87 da Lei 9.394, de

20/12/1996, com objetivo de tornar obrigatório o início do Ensino Fundamental aos 6 (seis) anos de idade".

Sob o ponto de vista prático, o alargamento do tempo de duração do Ensino Fundamental, passando de 8 para 9 anos, era uma conquista importante da sociedade brasileira, porém, tinha implicações no funcionamento da escola, como se pode verificar:

1) Reorganização do calendário de matrícula.

2) Mobilização ampla de todas as instâncias responsáveis pela educação para a refundação do projeto político-pedagógico do Ensino Fundamental, incluindo, também, o redimensionamento da Educação Infantil.

3) Consideração das condições socioculturais e educacionais das crianças em seus respectivos contextos, disponibilizando formas de aprendizagem com base nos princípios da equidade, diversidade e qualidade.

4) Processamento de estudos, análises e avaliações, calçados em debates com ampla participação da sociedade, antes da definição de alternativa mais adequada em termos de gradualidade do regime de implantação, considerando recursos financeiros, materiais e humanos disponíveis.

5) Desenho de um plano a ser adotado pelo órgão executivo do sistema, com a regulamentação pelo respectivo órgão normativo. Este plano deve vir acompanhado de um cronograma de todo o processo de implantação do Ensino Fundamental de 9 (nove) anos e, ainda, das formas de monitoramento ano a ano.

6) Estabelecimento de mecanismos de articulação entre os sistemas estaduais e municipais, para troca de experiências e complementação de informações.

7) Adoção de suportes gerenciais adicionais para uma adequada estratégia de recenseamento e de chamada escolar pública, nos termos do art. 5º da LDB.

8) Refundação da proposta pedagógica (LDB, art. 12 e 13, I, II, III, IV, V e VI). Como aponta a Profa. Maria Carmen Barbosa, da Faced/UFRGS, "[...] colocar as crianças de camadas populares na escola de Ensino Fundamental aos seis anos sem uma proposta pedagógica adequada significa apenas antecipar o fracasso escolar".

9) Capacitação dos professores e funcionários para um trabalho pedagógico adequado e uma convivência confortável com crianças nesta faixa etária;

10) Estabelecimento de formas renovadas de envolvimento das famílias com a escola.

Rigorosamente falando, o Estado brasileiro, através de seus diferentes sistemas de ensino, não se havia preparado para tamanha mudança. Era o Ensino Fundamental reconceituado, reprogramado, reestruturado, reorganizado, em síntese, refundado! O fato concreto é que a Lei determinava a mudança e todos os sistemas de ensino tinham que a ela se submeter. Ensino Fundamental obrigatório, com duração de nove anos, iniciando-se aos 6 anos de idade... Já não havia prazo para seu cumprimento e 2010 era o tempo-limite! Foi nesse ambiente de incertezas e perturbações dos sistemas de ensino e respectivas escolas que o Ensino Fundamental de nove anos ganhou universalidade e hoje está consolidado como oferta. Imposição legal fortalecida, agora, com a Lei 13.005/2014, que institui o Plano Nacional de Educação, e que fixa, como Meta 2, "universalizar o Ensino Fundamental de 9 (nove) anos para toda a população de 6 (seis) a 14 (catorze) anos" e estabelece que pelo menos 95% (noventa e cinco por cento) dos alunos concluam essa etapa na idade recomendada, até o último ano de vigência do PNE, ou seja, 2024. Como uma das estratégias está previsto "promover a busca ativa de crianças e adolescentes fora da escola em parceria com órgãos públicos de assistência social, saúde e proteção à infância, adolescência e juventude" (Meta 2, Estratégia 2.5).

A formação básica do cidadão é processo decorrente de um conjunto de situações positivas de aprendizagem favoráveis ao desenvolvimento pleno do aluno-cidadão. Esta formação vai assegurar, pelo resto da vida, as condições para que ele se assuma e se exercite como pessoa, trabalhador e ser político, de forma adequada aos padrões de exigência da sociedade do conhecimento e da sociedade em rede. Chegar a este patamar pressupõe um conjunto de condições, que veremos adiante. O legislador fala em **formação básica**, quando se refere ao Ensino Fundamental e em **formação comum** quando se refere à educação básica. Sobre este último aspecto, ver o que foi dito nos comentários ao art. 22. Não se trata de expressões equivalentes. A ideia de **formação comum** é bem mais abrangente. Enquanto a formação básica adjunge-se ao Ensino Fundamental, a ideia de formação comum pervade os três níveis de constituição da educação básica e, desta forma, desentranhando-se dos limites do tempo no Ensino Fundamental (nove anos), busca superar a quantidade pela qualidade educativa. Tanto é assim que o art. 9º, inc. IV, ao falar das incumbências da União, refere-se a competências e diretrizes (para a Educação Infantil, para o Ensino Fundamental e para o Ensino Médio) que nortearão os currículos e seus conteúdos mínimos, de modo a assegurar a *formação básica comum* [grifo nosso]. Portanto, **formação básica** e **formação comum** são conceitos diferenciados, embora complementares. Decorrem do entendimento legal de Ensino Fundamental como direito público subjetivo de cada um e como dever do Estado e da família na sua oferta a **todos**. É precisamente por esta razão que a Resolução CNE/CEB 7/2010, que *fixa as Diretrizes Curriculares Nacionais para o Ensino Fundamental de 9 (nove) anos*, ressalta este entendimento que é, ao mesmo tempo sociopedagógico, sociopolítico e sociocultural, como podemos constatar:

Art. 5º – O direito à educação, entendido como um direito inalienável do ser humano, constitui o fundamento maior destas Diretrizes. A educação, ao proporcionar o desenvolvimento do potencial humano, permite o exercício dos direitos civis, políticos, sociais e do direito à diferença, sendo ela mesma também um direito social, e possibilita a formação cidadã e o usufruto dos bens sociais e culturais.

§ 1º – O Ensino Fundamental deve comprometer-se com uma educação com qualidade social, igualmente entendida como direito humano.

§ 2º – A educação de qualidade, como um direito fundamental, é, antes de tudo, relevante, pertinente e equitativa.

A formação comum aqui referida é oferecida por meio dos componentes curriculares – já citados nos comentários ao art. 26 – articulados às áreas de conhecimento, de acordo com a seguinte disposição:

Área 01 > Linguagens	Área 02 > Matemática	Área 03 > Ciências da Natureza	Área 04 > Ciências Humanas	Área 05 > Ensino Religioso
• Componentes:	• Componente:	• Componente:	• Componentes:	• Componente:
Língua Portuguesa	Matemática	Ciências	História	Ensino Religioso
Língua Materna, para populações indígenas			Geografia	O ensino religioso tem previsão no art. 210 da CF e no art. 33 da LDB, enquanto parte integrante da formação básica do cidadão. Como desdobramento, as resoluções CNE/CEB nº 4/2010 e nº 7/2010 reconheceram-no como uma das cinco áreas de conhecimento do EF de 9 anos.
Língua Inglesa/ Língua estrangeira moderna				
Arte				
Educação Física				

O ensino religioso fica a critério de decisão dos sistemas de ensino, cuja ministração é facultativa, nos termos do art. 33.

Tanto os componentes curriculares como as áreas de conhecimento "devem articular em seus conteúdos, a partir das possibilidades abertas pelos seus referenciais, a abordagem de temas abrangentes e contemporâneos que afetam a vida humana em escala global, regional e local, bem como na esfera individual. Temas como saúde, sexualidade e gênero, vida familiar e social, assim como os direitos das crianças e adolescentes, de acordo com o Estatuto da Criança e do Adolescente (Lei 8.069/1990), preservação do meio ambiente, nos termos da política nacional de educação ambiental (Lei 9.795/1999), educação para o consumo, educação fiscal, trabalho, ciência e tecnologia, e diversidade cultural devem permear o desenvolvimento dos conteúdos da base nacional comum e da parte diversificada do currículo.

§ 1º – Outras leis específicas que complementam a Lei 9.394/1996 determinam que sejam ainda incluídos temas relativos à condição e aos direitos dos idosos (Lei 10.741/2003) e à educação para o trânsito (Lei 9.503/1997).

§ 2º – A transversalidade constitui uma das maneiras de trabalhar os componentes curriculares, as áreas de conhecimento e os temas sociais em uma perspectiva integrada, conforme as Diretrizes Curriculares Nacionais Gerais para a Educação Básica (Parecer CNE/CEB 7/2010 e Resolução CNE/CEB 4/2010)" (Resolução CNE/CEB 7/2010).

> **I** – Um registro inicial torna-se imperativo porque inteiramente vinculado ao conteúdo total deste inciso ora em análise: É que a temática do domínio pleno da leitura e da escrita é objeto de uma esteira de considerações na abordagem do art. 4º, inc. XI, e do art. 22, parágrafo único. A retomada deste conteúdo legal não significa uma mera replicação por parte do legislador, senão um reforço especialíssimo no campo da formação do aluno, com enfoque, agora, no objetivo primacial da Educação Básica. Como destaca CARRIJO (1991:99), *"...a alfabetização é um processo de construção de produção de conhecimentos, "caminho" que o sujeito percorre para compreender a função, o valor e as características da escrita"*[73]. Daí, a importância ímpar da

---

73. Para saber mais, ver: CARRIJO, Stela Maria de Paiva, *Ler e Escrever:* Produção de conhecimento, *in* VEIGA, Ilma P. A. e CARDOSO, Maria Helena F. (Org.), Escola Fundamental, Currículo e Ensino, Campinas, Papirus, 1991:99.

leitura, da escrita e do cálculo, a **trindade máxima** a que o legislador atribui a **máxima importância** dentro das incumbências do Ensino Fundamental. Ao condicionar o desenvolvimento da capacidade de aprender ao pleno domínio da leitura, da escrita e do cálculo, o legislador tem em mente a aprendizagem sistematizada através do processo de escolarização. Vincular a leitura, a escrita e o cálculo ao Ensino Fundamental implica atribuir, a este nível de ensino, a responsabilidade da alfabetização mais do que a aprendizagem da língua escrita. A alfabetização é um processo de construção, produção e refinalização do conhecimento. Enquanto função social, a escrita é anterior às práticas escolares posto que está presente no universo dos objetos que rodeiam a criança. O que, de fato, a escola faz é transformá-la em objeto de ensino. Mas esta responsabilidade da escola é essencial porque a pluralidade de situações do manejo da língua escrita enseja reflexão e descoberta das regras de seu funcionamento e de sua organização. A leitura é um ato dinâmico que vai além da decodificação da mensagem à medida que se trata de um processo interativo envolvendo leitor-autor-texto-contexto. O leitor é um sujeito social e é na moldura desta compreensão que a escola deve promover a alfabetização das crianças.

Da fala à escrita é necessário compreender que à escola de Ensino Fundamental se impõem níveis de compreensão, todos ligados à ideia matriz de comunicação/alfabetização, senão vejamos:

• **Oralidade:** prática social interativa com foco na comunicação essencial. Apresenta-se sob modalidades textuais vazadas na realidade sonora.

• **Letramento:** prática social desdobrada em outras práticas sociais diferenciadas que vão desde o uso formal da escrita até a apropriação extensa e intensa do código escrito através da produção de livros. Mas passa, igualmente, por processos simples de identificação de objetos com a distinção de mercadorias no supermercado, o ônibus que se deve tomar, o uso dos terminais eletrônicos, do celular etc.

• **Fala:** forma de produção textual-discursiva com foco na comunicação e que envolve, além de sons articulados e significativos, um conjunto de recursos expressivos, tais como: gestualidade, mímica, movimentos do corpo etc.

De acordo com Marcushi (2001:27), as relações das duas modalidades de uso da língua (fala *versus* escrita) se operam na perspectiva de dicotomias, do tipo:

Dicotomias – Visão cotejada		
Fala	*Versus*	**Escrita**
• Contextualizada		• Descontextualizada
• Dependente		• Autônoma
• Implícita		• Explícita
• Redundante		• Condensada
• Não planejada		• Planejada
• Imprecisa		• Precisa
• Não normatizada		• Normatizada
• Fragmentada		• Completa
Dicotomias estritas – Visão culturalista		
Cultura Oral	*Versus*	**Cultura letrada**
• Pensamento concreto		• Pensamento abstrato
• Raciocínio prático		• Raciocínio lógico
• Atividade artesanal		• Atividade tecnológica
• Cultivo da tradição		• Inovação constante
• Ritualismo		• Analiticidade

A responsabilidade do Ensino Fundamental no campo do domínio da escrita pelos alunos reside na circunstância de que a **supervalorização da escrita**, sobretudo da escrita alfabética, conduz a um estágio de supremacia das culturas com escrita ou **até mesmo dos grupos que dominam a escrita dentro da sociedade do conhecimento que é cada vez mais a sociedade de letrados**.

Entre os linguistas é preponderante a opinião de que **fala** e **escrita** precisam ser trabalhadas igualmente dentro de uma visão sociointeracionista do Ensino Fundamental, uma vez que ambas apresentam os mesmos fundamentos centrais, a saber:

Perspectiva sociointeracionista

Fundamentos comuns da **fala** e da **escrita**:

- Dialogicidade
- Usos estratégicos
- Funções interacionais
- Envolvimento
- Negociação

- Situacionalidade
- Coerência
- Dinamicidade

Por fim, o domínio do cálculo como processo integrante da formação básica do cidadão impõe-se à medida que a sociedade do conhecimento se utiliza, cada vez mais, de informações científicas e recursos tecnológicos para poder compreender melhor e transformar, de forma responsável, sua realidade. Além do mais, a Matemática é uma linguagem universal. Trabalha com elementos como abstração, precisão, rigor lógico, sequencialidade, equivalência, variação, proporcionalidade etc. A relevância da matemática no contexto da sociedade do conhecimento e no mundo do trabalho levou o legislador a torná-la conteúdo de oferta obrigatória nos 3 anos do EM e ainda a tratá-lo como área de conhecimento específica (art. 36-A, inc. II).

O DR/BNCC-2017 destaca a relevância do conhecimento matemático em todo estuário da Educação Básica. Em seus diversos territórios, aritmética, álgebra, geometria, estatística e probabilidade "a Matemática cria sistemas abstratos que organizam e inter-relacionam fenômenos do espaço, do movimento, das formas e dos números, associados ou não a fenômenos do mundo físico". É um estudo que ultrapassa a dimensão do cálculo puro e simples e pervade as múltiplas áreas do conhecimento, ao longo de toda a Educação Básica. Daí, a BNCC propor um feixe de 5 **unidades temáticas**, correlatas convergentes e complementares. São elas:

1 > Unidade Temática NÚMEROS: Visa a desenvolver o pensamento numérico, que implica o conhecimento de quantificar atributos de objetos e de julgar e interpretar argumentos baseados em quantidades. Os alunos precisam desenvolver ideias como: aproximação, proporcionalidade, equivalência e ordem.

2 > Unidade Temática ÁLGEBRA: Visa *ao desenvolvimento de um tipo especial de pensamento – pensamento algébrico – que é essencial para o uso de modelos matemáticos na compreensão, representação e análise de relações quantitativas de grandezas e de situações e estruturas matemáticas, com o uso de letras e outros símbolos.* Os alunos devem identificar regularidades e padrões de sequências numéricas e não numéricas, identificando a interdependência entre grandezas em diferentes contextos. Aqui, as aprendizagens contribuem para o exercício do pensamento computacional e para o domínio da linguagem algorítmica.

3 > Unidade Temática GEOMETRIA: Visa a estudar a posição e o deslocamento no espaço, formas e relações entre elementos de figuras planas e espaciais e as simetrias.

4 > **Unidade Temática GRANDEZAS E MEDIDAS:** Visa *a quantificar grandezas do mundo físico e suas inter-relações e a favorecer a integração da matemática a outras áreas de conhecimento, como Ciências e Geografia.*

5 > **Unidade Temática PROBABILIDADE E ESTATÍSTICA:** Visa *a abordar conceitos, fatos e procedimentos em situações-problema da vida cotidiana, das Ciências e da Tecnologia. Os alunos precisam desenvolver habilidades para coletar, organizar, representar, interpretar e analisar dados em contextos variados e, ainda, aprender a tomar decisões adequadas.*

Cabe esclarecer, como alerta o DR/BNCC-2017, *que os critérios de organização das habilidades na BNCC traduzem um arranjo possível dentre outros. Não se trata assim de um modelo obrigatório para o desenho dos currículos. As Unidades Temáticas servem só para facilitar a compreensão dos conjuntos de habilidades e de como eles se inter-relacionam.*

O discurso triunfalista de autoridades de todos os governos na área dos avanços de crianças e jovens no campo da educação básica esconde a situação crítica do letramento desses alunos. Os números da Prova Brasil e do Sistema de Avaliação da Educação (Saeb) confirmam avaliações internacionais que situam o Brasil em posição incômoda no sentido de que nossos alunos não conseguem compreender nem são capazes de interpretar (baixa capacidade vocabular) textos de média complexidade. Ou seja, a leitura para grande parte destes alunos fica sem significado porque o conteúdo do texto lido não é assimilado, contextualizado, inferido, enfim. O grave é que a dificuldade de compreensão de textos escritos compromete igualmente o campo de entendimento do conjunto de conteúdos curriculares cujos enunciados supõem níveis regulares de leitura.

Na sociedade da informação, a leitura é precondição para o manuseio adequado do conjunto de tecnologias disponíveis. Ou seja, não há, por exemplo, internet sem leitura. Não foi por acaso, assim, que o IBGE passou a pesquisar, também, o tempo de estudo da população pesquisada. Só que o conceito adotado pelo IBGE – é analfabeto funcional quem tem menos de quatro anos de estudo – parece inadequado, uma vez que os alunos estão chegando à educação superior com enorme dificuldade na compreensão do que leem. Na verdade, sabem ler e escrever sob o ponto de vista formal, no entanto, são incapazes de relacionar ideias, articular pensamentos, conjugar e aplicar conceitos, fazer inferências básicas. Em síntese, o domínio da leitura, da escrita e do cálculo continua a ser o grande desafio da nossa escola de Ensino Fundamental. De fato, uma escola que não ensina a **ler**, não ensina a **ser** diante das exigências e complexidades da sociedade do conhecimento.

> **II** – Todos vivemos em um ambiente comum de trocas. A escola reproduz, de alguma forma, este ambiente. No entanto, sua missão vai além. Deve oferecer uma formação intelectual de conteúdo crítico, de base humanista e, portanto, instrumentalizadora de competências pessoais e sociais que propiciam desenvolvimento de uma cidadania ativa, participativa e reivindicadora. Por esta razão, é essencial compreender o ambiente vivencial em diversas escalas (local, regional, estadual, nacional e internacional) e, ainda, penetrar nos valores deste universo.

Nesta perspectiva, posicionam-se as propostas curriculares finalísticas do Ensino Fundamental, hospedadas nos artigos 22 e 32 da LDB, e assim formuladas:

➢ Assegurar ao educando a formação comum indispensável para o exercício da cidadania.

➢ Fornecer-lhe os meios para progredir no trabalho e em estudos posteriores.

Evidentemente, tais finalidades se desdobram nos objetivos previstos para esta etapa de escolarização, a saber:

I. O desenvolvimento da capacidade de aprender, tendo como meios básicos o pleno domínio da leitura, da escrita e do cálculo;

II. A compreensão do ambiente natural e social, do sistema político, das artes, da tecnologia e dos valores em que se fundamenta a sociedade;

III. A aquisição de conhecimentos e habilidades, e a formação de atitudes e valores como instrumentos para uma visão crítica do mundo;

IV. O fortalecimento dos vínculos de família, dos laços de solidariedade humana e de tolerância recíproca em que se assenta a vida social.[74]

Oportuno acrescentar que este horizonte de finalidades e objetivos do Ensino Fundamental põe-se em articulação diretamente com as definições e delineamentos da BNCC, sobretudo no que tange a uma maior visibilidade dos direitos e objetivos de aprendizagem e desenvolvimento (Aprendizagens Essenciais) e, ainda, com os direcionamentos do PNE.

Aqui, emerge o papel da escola na formação de atitudes e valores à medida que ela não deve trabalhar tendo como referência a aldeia global, mas a *sociedade-polis* que, contemporaneamente, se apresenta aos indivíduos sob a forma de quatro grandes desafios:

---

74. Para saber mais, ver: CNE-CEB/Resolução Nº 04/2010 e Resolução Nº 07/2010.

- a democratização por via da inclusão social;
- a formulação de um modelo real de modernidade;
- o direito à construção da própria identidade;
- a integração na cultura planetária e na economia mundial.

Convém destacar que a ideia da formação de atitudes e valores não se põe na rota tradicional, de mão única, de a escola *incutir valores*. Esta visão está jungida à equivocada compreensão de que cabe à escola fazer a verbalização ou a fixação de um conjunto de normas e padrões (de conduta, de ordem, de relacionamento) que devem ser cumpridos. Ou seja, a função da escola seria impositiva, e não, persuasiva. Ora, este entendimento levará o *desenvolvimento de atitudes* a uma postura de insistência sobre normas, quando, na verdade, a legislação se refere ao desenvolvimento da capacidade de compreensão dos alunos sobre aquilo que é esperado deles no âmbito de uma convivência cidadã e, portanto, com responsabilidade. Somente nesse horizonte é possível alimentar a expectativa de garantia de atitudes estáveis, sem ambiguidades e sem incoerências. Entre os valores e atitudes tradicionalmente trabalhados pela escola estão: responsabilidade, honestidade, verdade, respeito, perseverança, cooperação, valorização do aprender, trabalho em grupo, disciplina, assiduidade, pontualidade, resiliência etc. A própria forma como a escola se organiza, isto é, sua própria estrutura social, já contribui para a ênfase nesse alinhamento de valores e atitudes. É preciso, no entanto, ir além e incorporar, por via do currículo em construção, outros horizontes axiológicos, tais como atitude crítica, pensamento autônomo, visão positiva da mudança e ruptura, inovação, seletividade, versatilidade do conhecimento, antecipação, flexibilidade, adaptação a processos de mudança, capacidade de discernimento, visão interdisciplinar, identificação e solução de problemas, autonomia, respeito à diferença, valorização da diversidade e do aprender a aprender, educação permanente etc. O quadro de valores e atitudes está, na sociedade do conhecimento, em processo de mutação. Cabe à escola ter a sensibilidade para "sintonizar" as mudanças culturais e civilizatórias com repercussão no cotidiano e, a partir daí, trabalhar, no processo educativo, as melhores estratégias para a internalização destas mudanças. A escola não é uma instituição à parte da sociedade, senão termômetro do meio social, seja no sentido da continuidade, seja no sentido das transformações. Por isso, o professor é, ao mesmo tempo, um articulador da permanência e da mudança.

Um dos pontos cruciais, hoje, para a escola de ensino obrigatório reside nas dificuldades que o professor tem de trabalhar com as diferentes linguagens da sociedade do conhecimento, abundantes e, cada vez mais, decisivas na paisagem mental dos alunos. Desde a identificação da indústria cultural[75], ampliaram-se as rotas de alargamento das fronteiras culturais pelo acesso amplo à informação. O rádio, o cinema, os quadrinhos, a televisão comercial, a TV a cabo, o romance popular, os jogos, a publicidade, a informática, mais recentemente a multimídia em suas diferentes formas e modalidades tecnológicas "[...] colocam os bens culturais à disposição de todos, tornando leve e agradável a absorção de conceitos e informações" (SILVA, 2001: 138).

No Ensino Fundamental, professores e alunos são conduzidos pelo livro didático e, no Ensino Médio, o estudo da língua fica quase restrito à gramática, com regras a memorizar e exercícios de aplicação, sem conexão com a prática da leitura e da escrita. O estudo da literatura, por sua vez, preocupa-se mais em identificar panoramas de tendências e escolas literárias, atividades desconectadas do trabalho analítico e interpretativo. Tudo isso parece agravado em uma sociedade cada vez mais atingida pela aceleração tecnológica e pelas profundas influências do rádio, da televisão, da imprensa escrita e das redes de computadores, com repercussão direta e indireta nas formas de sentir, aprender e articular conhecimentos. Talvez por isso, Martín-Barbero (1996: 19) constate que "os meios de comunicação e as tecnologias da informação significam para a escola em primeiro lugar isto: um *desafio cultural*, que torna visível a distância cada dia maior entre a cultura ensinada pelos professores e aquela outra aprendida pelos alunos. Pois os meios não só descentram as formas de transmissão e circulação do saber como também constituem um decisivo âmbito de socialização através dos mecanismos de identificação/projeção de estilos de vida, comportamentos, padrões de gosto. É apenas a partir da compreensão da *tecnicidade mediática como dimensão estratégica da cultura* que a escola pode inserir-se nos processos de mudança que atravessam a nossa sociedade". A BNCC (Foco: Ensino Fundamental) apresenta direcionamentos significativos neste campo.

Esta compreensão importa em um esforço de *ressignificação da escola*, uma vez que, normalmente, busca-se a tecnologia como reforço e como tentativa de revigoramento do processo educativo tradicional. Esta é uma visão

---

75. Expressão cunhada por Adorno e Horkheimer. Apareceu, pela primeira vez, no ensaio "*Indústria cultural* – Iluminismo como sedução de massas", em 1947. Para estes pensadores, a indústria cultural é massificante e condiciona os indivíduos a pensar, agir e viver sob padrões de ideologia dominante. Umberto Eco chama este grupo de *apocalípticos*. Em contraposição e, portanto, em defesa da produção cultural em massa, surge Marshal McLuhan, criador do conceito de "aldeia global" e para quem os Meios de Comunicação de Massa (MCM) teriam o poder de integrar todos nesta aldeia global. Umberto Eco denomina os seguidores desta ideia de *integrados*.

equivocada, porque, antes de mais nada, é necessário repensar a educação a partir dos alunos e de seus fluxos vivenciais. Os professores têm dificuldades reais nesse processo, seja porque, em sua formação, não lhes foi oferecida uma base de conhecimentos das formas como funcionam as linguagens institucionalmente não escolares (rádio, televisão, internet), circunstâncias que lhes imputam um *déficit* conceitual na área, seja porque a ausência da modernização física das salas de aula os leva a uma natural rejeição ao campo das tecnologias de comunicação. A consequência mais imediata é que ao prestígio externo (na sociedade) da televisão, por exemplo, não corresponde um prestígio interno (da escola), com o seu reconhecimento *como instância de mediação cultural dotada de linguagem própria* (CITELLI, 2001: 24). É como se a televisão e a internet fossem um instrumento ilegítimo diante do discurso escolar e da comunicação curricular. Apesar disso, há um *campo comum* entre professores e alunos no tocante às possibilidades de apreensão destes veículos, uma vez que ambos têm o hábito de ver televisão diariamente e a acessar a internet.

É conveniente esclarecer que não se trata de a escola disputar espaço com "escolas paralelas", senão de "[...] exercer explicitamente uma modificação que oriente a aprendizagem dos estudantes fora de aula, e que permita recontextualizá-la, sancioná-la sob diversos critérios éticos e sociais, permitindo aproveitar o que de positivo oferecem os meios de comunicação de massa, capitalizando para a escola a informação e as demais possibilidades que esses meios nos trazem". Estaria, o professor, também insatisfeito com o ritmo da escola? – Parece que sim! A figura do professor-mediador está distante das salas de aula múltiplas, exatamente porque as linguagens não escolares trabalham com recursos mediativos desconhecidos da maioria dos docentes. O professor mediador deverá estar preparado para trabalhar com o livro didático, mas também com o filme, a enciclopédia eletrônica, a fotografia instantânea, o programa de televisão, as mensagens publicitárias, a internet etc. Cabe, então, à escola enquanto instituição com função primordial no processo de formação da sociabilidade aperfeiçoar o seu papel, *ampliando o conceito de leitura e de aprendizagem*, "equipando-se para entender melhor os significados e os mecanismos de ação das novas linguagens, interferindo para tratar as mensagens veiculadas pelos meios de comunicação de massa à luz do conceito de produção dos sentidos, algo que se elabora por uma série de mediações e segundo lugares específicos e constituição, que incluem interesses de grupos, valores de classes, simulações, máscaras etc. O caminho a ser trilhado para achar o novo lugar da escola é o de sua inserção no *ecossistema educativo*, pois "não estar alfabetizado para a utilização das novas tecnologias da comunicação é também uma forma de marginalização e alienação, é limitar-se perante as formas de comunicação e expressão do mundo moderno" (MARTIRANI, 2001: 16).

Convém ressaltar que é da natureza da escola posicionar-se um pouco atrás do desenvolvimento tecnológico, até porque ela é, por definição, uma instituição conservadora. Mas... avança no uso dos livros eletrônicos. Constatam-se, aqui, tendências importantes, embora o mercado de leitura digital não tenha tido nem na Europa, nem nos Estados Unidos, nem no Brasil a evolução que se esperava. De acordo com a *Association of American Publishers* (entidade do setor nos Estados Unidos) "as vendas de *e-books* (livros eletrônicos, que podem ser lidos em *e-readers*, *tablets*, PCs ou *smartphones*) caíram cerca de 11% nos primeiros nove meses de 2015, em relação a igual período de 2014. No Brasil, este percentual varia de 3 a 5%. Como assinala Shirrts (2009) "[...] o impacto do Kindle[76] nos hábitos de leitura será imenso ao longo da próxima década. Não vai substituir o livro em papel, nem as revistas. Já vimos que novos formatos tecnológicos tendem a se somar aos antigos. Mas vai facilitar a publicação de novos títulos". Na verdade, em breve, muitos títulos passarão a aparecer primeiro em formato digital. Ou seja, a escola deverá preparar-se para trabalhar em um futuro não distante com comunidades virtuais de leitura. Isto faz parte do que o art. 32, II, chama de **compreensão da tecnologia**.

> III – Desenvolver a capacidade de aprender significa objetivamente aprender a aprender, aprender a pensar e a intervir na realidade. Nesse sentido, a escola é um laboratório de formação de novos comportamentos. A aquisição do conhecimento, por outro lado, é um processo complexo e longo. Os comportamentos iniciais dos indivíduos são sensório-motores. A seguir, estabelecem-se sucessões de comportamentos organizados, que são os esquemas. Sua finalidade é explorar os objetos. É a aplicação dos esquemas que possibilita, ao indivíduo, estabelecer diferenças e a reconhecer objetos, situações e acontecimentos. A partir daí estabelecem-se categorias e conceitos essenciais à solução de situações-problema, sobretudo quando tais situações escapam a condutas corriqueiras, exigindo, por isso, o estabelecimento de combinações novas de esquemas, ou, de quando em vez, modificações de esquemas anteriores (DELVAL, 1997: 89). Para o enfrentamento destas situações há necessidade de se elaborarem planos que possibilitem realizar mentalmente atividades antes de implementá-las. Os esquemas mentais, por seu turno, organizam-se em hierarquias. Tudo isso é matéria-prima para explicações ou para a construção de modelos de solução de problemas a partir de conceitos aprendidos. São as explicações que nos permitem fazer previsões.

---

76. Aparelho de leitura de livros eletrônicos.

A escola de Ensino Fundamental é o ambiente institucional próprio que a sociedade criou para, no processo de evolução humana, o indivíduo receber informações sistematizadas, reelaborá-las sob a forma de conhecimentos e convertê-las em habilidades para a ampliação de comunicação e produção de objetos, bens e serviços. Tudo isto leva à formação de atitudes, valores e à construção cultural. O Ensino Fundamental é, portanto, o alicerce para a construção do saber organizado, no quadro de uma organização do conhecimento.

Por fim, a formação de atitudes e valores. Este objetivo ganha extraordinária relevância hoje. Vivemos quase um processo de colapso da integridade social. Na sociedade do conhecimento, a característica norteadora é a existência de *redes que aproximariam indivíduos e grupos de maneira transnacional, mas excluem totalmente aqueles que não fazem parte da rede, da pertença e das formas de reprodução baseadas em atitudes ou interesses particulares, e, como resultado, há um enfraquecimento significativo de todas as formas de expressão comunais* (ALBALA-BETRAND, 2006: 9). Resultam, desta nova ordem social, a exclusão, a *desfiliação da sociedade* (CASTEL, 1995: 23) e uma profunda fratura dos processos de coesão social. O perigo é que estes níveis elevados de exclusão somente podem ser mantidos com um desmedido assistencialismo do Estado e/ou com elevados graus de autoritarismo. Ou seja, some o próprio sentido de cidadania e as condutas democráticas de participação política e de livre-escolha tornam-se reféns do poder econômico e do paternalismo do Estado. A compra de votos tem origem nesses contextos.

Não se pode esquecer que a escola e, sobretudo, a escola de Ensino Fundamental têm uma enorme responsabilidade no campo da socialização cívica e política. Ela contribui para qualificar as interações e os valores socioculturais nesta fase decisiva de vida dos alunos. Há uma década, a Unesco (IBE) realizou levantamento transcultural em 34 países, incluído o Brasil, que buscava responder à questão: *Qual educação para qual cidadania?* A resposta preponderante foi a inclusão, no currículo ativo, de temas envolvidos em uma ampla escala de valores, tais como: igualdade, família, liberdade, paz, relações com a natureza, participação, senso de pertença, diversidade, cooperação, trabalho, dinheiro, religião, arte, orgulho nacional, espírito crítico, mobilização social, viagens etc. Portanto, um conjunto de valores que tradicionalmente se colocam no *centro de gravidade da ordem social*. Este resultado não significa que as pessoas desejam o imobilismo social e não desejam mudanças. Significa, sim, que desejam uma educação universal sem a expropriação de seu território social, de sua cultura e de suas formas de organização social. Portanto, retorna a questão dos **temas transversais**.

Para preparar cidadãos capazes de construir e viver a realidade, a educação desempenha papel relevantíssimo, porque, por sua natureza, não pode estar circunscrita *ao território fechado de uma comunidade ou de uma sociedade individual.* Isto significa vivenciar a educação fundamental a partir do fundamental da educação. Machado (1990: 40) sugere que, no *significado mais profundo da educação, há um conjunto de princípios ou de valores que deveriam sustentar os projetos educacionais em cada novo século, que começa cada dia.* Sem eles, todo o conhecimento se dilui em informações, toda sabedoria se perde no conhecimento, todas as ações educacionais reduzem-se a meras tecnicidades. São eles a cidadania, o profissionalismo, a tolerância, a integridade, o equilíbrio e a pessoalidade[77]. Aqui está a essência da educação naquilo que constitui seus princípios e seus fins, de acordo com o art. 2º desta LDB.

Os inc. II e III se interpenetram. Um fala na compreensão dos valores em que se fundamenta a sociedade, outro fala na formação de valores e atitudes.

> **IV** – A relação família/escola é tão estreita quando a relação educação/ensino. Quando a criança nasce, passa a integrar, imediatamente, o projeto da família que a esperava. Portanto, é nesse ambiente que ela desenvolve um sistema crescente de trocas interpessoais, base para o desenvolvimento de sua identidade, autoconfiança e dínamo de suas motivações. Ao chegar à escola de Ensino Fundamental, ela leva um enorme patrimônio de experiências, emoções, conhecimentos e convicções pessoais. Sob o ponto de vista psicopedagógico, a escola deve contribuir para fortalecer estes laços do aluno com sua família, até porque a aprendizagem depende diretamente do seu equilíbrio emocional. Como assinala Goleman (1997: 17), as interações emocionais entre os membros da família passam a ser a base da transmissão de valores e da formação de pessoas corretas. Por isso, na comunicação permanente com a escola, vai-se consolidando um canal ininterrupto de diálogo família/escola, condição essencial para uma compreensão crescente das potencialidades e limitações do filho/aluno e do aluno/filho. Este nível de compreensão remove a visão equivocada da absolutização do valor do QI (Quociente de Inteligência) (dimensão lógica) e convoca escola e família como corresponsáveis pelo amadurecimento emocional da criança. Ou seja, estabelece-se uma linha de parceria no processo de educar. Pais e educadores se aproximam para promover continuamente o desenvolvimento humano e intelectual do aluno, convictos

---

77. Para saber mais, cf. MACHADO, N.J. *Educação:* projetos e valores. 22. ed. São Paulo: Escrituras, 1999 [Ensaios Transversais].

de que crianças com preparo emocional têm melhor desempenho acadêmico, são mais saudáveis e mais sociáveis (GOLEMAN, 1997: 71).

A família é a primeira grande referência à vida social para a criança e a escola é a primeira grande referência da vida institucional que se lhe apresenta. A família e as demais instituições sociais, formas estruturantes da vida em sociedade, precisam, para sua sustentabilidade, ter fortalecidos os laços de solidariedade humana e de recíproca tolerância, precondições para a existência de um clima social de harmonia, coesão social e contínuo desenvolvimento humano e social. Fora desta visão, não é possível falar-se em educação transformadora.

Isto não implica confundir as responsabilidades da família e da escola. Tradicionalmente, se diz que "a família e os pais são os principais educadores dos filhos". Na verdade, as *necessidades educacionais básicas* (JOMTIEN, 1990) requerem ações e estratégias multissetoriais, no entanto, família e escola possuem especificidades no campo de sua atuação e de suas responsabilidades. Torres (1995: 118) acentua que a relação escola/família continua sendo não apenas ambígua, mas também conflitiva no plano das responsabilidades educativas que cada uma delas deveria assumir (que estão necessariamente diferentes, mas geralmente não se diferenciam)... Na verdade, ambos (escola e família) devem se esforçar para trabalhar em uma rota de convergência e, não, de concorrência. Neste particular, não se trata de cada um, a seu modo, ordenar, senão, coordenar.

No Ensino Fundamental o tema do fortalecimento dos vínculos de família poderá ser revigorado todos os dias – e assim deverá ser! – desde que se consiga efetivar o que está na Meta 2, Estratégia 29 do PNE, a saber: "Incentivar a participação dos pais ou responsáveis no acompanhamento das atividades dos filhos, por meio do estreitamento das relações entre as escolas e as famílias.

A questão de **tolerância recíproca** constitui ponto crucial em nossa sociedade, marcada pela cultura da violência. Em muitas cidades do país, a formação de grupos de jovens para enfrentamentos em lugares previamente marcados, via internet, vai-se tornando frequente. Isto indica que há necessidade de uma maior aproximação entre família e escola – com o envolvimento direto dos pais – para uma refundação dos princípios de tolerância, respeito às diferenças e, sobretudo, marcação de linhas de responsabilidade pessoal, de disciplina social e de conduta ética compatível com uma cidadania *sadia*.

Como referido nos comentários do art. 3º, inc. IV, a educação para tolerância é o melhor antídoto às diferentes expressões de violência correntes. Entre estas, o *bullying* na sociedade e, por extensão, nas escolas, é uma das expressões cotidianas mais cruéis. Para alargar a compressão legal do tema (*bullying*) e aprofundar os níveis de intervenção sociopedagógica para a atuação de sua gravidade, ver art. 12, inc. IX.

§ 1º e 2º – A possibilidade de organizar o Ensino Fundamental em **ciclos** é pedagogicamente relevante à medida que o aluno é estimulado a se envolver inteiramente no processo de aprendizagem, sem as pressões naturais da aprovação na série em que se encontra. Medidas deste tipo, porém, não produzirão os resultados esperados se descoladas de outras que têm a ver diretamente com o padrão básico de funcionamento e de desenvolvimento da qualidade da escola e de seus programas de ensino.

Esta problemática tem envergadura bem maior, vinculada que está à noção de sistema de ensino eficiente. Há uma tendência de se atribuir o grau de eficiência da escola exclusivamente ao professor. Muitos estados brasileiros, por exemplo, prometem bônus aos professores que elevarem o índice de aprovação de seus alunos. Condicionam idêntico critério à elevação salarial do docente. A remuneração por desempenho é duplamente equivocada. De um lado, contribui para aprofundar a falsa ideia de professores em geral descomprometidos e, de outro, atribui ao salário um poder absoluto que ele não tem: comprar e pagar o compromisso profissional. Em educação não se pode confundir preço com valor, tampouco substituir motivações pedagógicas por relações mercantis. Estes impulsos "mudancistas" quase nunca chegam à sala de aula. Pelo contrário, costumam contribuir para "deformar as práticas dos professores".

De fato, a bonificação do desempenho docente, onde quer que tenha sido adotada, cria dois tipos de escola (as boas e as ruins), dois tipos de alunos (os bons e os fracos), dois grupos de professores (os capazes e os não capazes) e dois tipos de gestores escolares (os eficientes e os deficientes). Como anota o Prof. Claude Carpentier[78], "[...] é uma mistificação e uma grande farsa [...]. Essa política contribui para a 'guetização' da educação. É um processo perigoso. Você acaba criando um sistema educacional com várias velocidades". Em educação, a experiência revela que toda falsa inovação tem uma contraindicação punitiva, como bem lembra Almeida (2008: 103), "[...] grande parte das propostas de reforma parte do pressuposto de que o professor é o único responsável pela eficácia da mudança, prescrevendo os procedimentos para que

---

78. Claude Carpentier é professor da Faculdade de Filosofia e Ciências Humanas e Sociais da Universidade de Picardie Jules Verne, França. Suas declarações estão na entrevista "O *apartheid* educacional", publicada na *Revista Educação*, ano 12, n. 140, 2008, p. 6-8. São Paulo: Segmento.

ele atinja o êxito almejado na docência. Elas trazem o modelo do professor ideal e passam ao largo das condições que permitirão aos professores reais, que hoje estão nas escolas, tornarem-se genuínos agentes da mudança. Em muitas 'reformas', temos assistido à desqualificação do trabalho do professor e sua desvalorização profissional. A ele são impostas condições de trabalho deficientes e salários irrisórios, obrigando-o a uma atuação desestimulante pela qual acaba sempre sendo considerado responsável". É curioso notar como todas as mudanças superficiais em educação, travestidas de inovação, culminam sempre em mais trabalho para o professor, em aumento de suas responsabilidades e em acumulação de fadiga. Jamais em melhoria das condições de trabalho.

Mais do que cansaço, os professores sentem desalento em seu trabalho. Nesse sentido, pesquisa realizada pela Universidade de Brasília (UnB), através da psicóloga Nádia Leite, revelou que 15,7% dos 8,7 mil professores da educação básica da rede pública da região Centro-Oeste possuem a **Síndrome de Burnout**, que consiste em quadro de esgotamento e estresse, com manifestações de irritação, fadiga permanente, falta de motivação e exaustão emocional. Não por acaso, estudo da Ocde/2018 indica que apenas 2,4% dos alunos de 15 anos querem ser professor no Brasil. Há 10 anos, eram 7,5%. No caso dos filhos cujos pais concluíram o ensino superior, a porcentagem cai para 1,8%. Pesquisa do *Todos Pela Educação* indica que 49% dos docentes não indicariam a própria profissão a um jovem. Causas: falta de reconhecimento social, de respeito e baixos salários. Na escola brasileira faltam os alunos e faltam os professores, sem que haja um estudo continuado e criterioso para identificar as verdadeiras causas deste absenteísmo. Sob o ponto de vista profissional, o professor hospeda uma sintomatologia de fatores decorrentes de desfavorecimento e de desconforto, face a um horizonte que não lhe abre perspectiva de crescimento profissional nem de elevação de padrões de qualidade de vida.

A pressão social, a cultura da violência na escola e na sala de aula, continuadas ações de indisciplina, agressão e até assassinato de professores – como ocorreu no DF e em São Paulo –, e os frequentes problemas de baixa organização do trabalho por carência dos insumos básicos para o adequado funcionamento de sala de aula, tudo isto produz o amálgama que está na base das doenças docentes. Depressão, pânico do medo e da insegurança, distúrbios de voz, enfermidades osteomusculares (decorrentes de questões posturais)[79], alergias, perda de memória, dores lombares, síndrome do impacto (causado pelo movimento repetitivo ao escrever no quadro de giz, com o braço, movendo-se

---

79. Estes distúrbios, de acordo com Jamil Natour, da Universidade Federal de São Paulo, estão relacionados à insatisfação no ambiente de trabalho.

acima do ombro) e as dores cervicais que se apresentam nos ombros, costas, pescoço e cintura, pelo excesso de permanência em pé, são algumas das manifestações do processo de adoecimento profissional do professor. Na verdade, busca-se resolver todos os problemas da sociedade na escola (trânsito, drogas, desemprego, desajuste dos pais, falta de lazer para os jovens etc.), "como se a escola fosse igual a todos os lugares e reproduzisse um modelo ideal de nação, pensado longe dela" (CARNEIRO, 2008: 29). E arremata o autor citado: "Pensa-se muito em capacitação pedagógica e pouco no suporte psicossocial". A tendência é, infelizmente, tal situação se agravar, uma vez que só 28% dos professores realizam exames médicos periódicos, conforme prevê a Norma Regulamentadora 7, do Ministério do Trabalho. Para agravar, a maioria dos professores de escolas públicas do Brasil não possui um plano de saúde! E expressiva parcela caminha para a aposentadoria até o ano 2026.

A aprovação automática na escola brasileira, por enquanto, tem servido mais para resolver o problema de estatísticas educacionais desfavoráveis do que para estimular o aluno a transitar no espaço e no tempo contínuos da escola. Isto implica formar e conformar novos comportamentos em sala de aula.

A ideia de ciclos está ligada ao sistema de **progressão continuada**, forma imaginada, no Brasil, para despistar a abominável ideia de progressão automática. Com esta alternativa, abre-se uma brecha para a redução dos alarmantes índices de reprovação/evasão no Ensino Fundamental brasileiro, pensam os governantes!

A experiência internacional nesse campo tem muito a nos ensinar. Em Cuba, por exemplo, onde se adota a progressão automática até a 4ª série do Fundamental, todas as escolas funcionam em tempo integral. Os alunos são acompanhados com os mesmos professores de 1ª à 4ª séries. Cada professor é responsável por apenas um conteúdo (Matemática, Ciências, Geografia etc.), começando da 1ª série. Ou seja, não existe o professor polivalente nem a classe unidocente. Além disso, todas as matérias são acompanhadas por um professor-supervisor a quem cabe a responsabilidade de se reunir uma vez por semana com os professores para uma avaliação e um replanejamento da semana seguinte com os ajustes necessários. Quando, nesse encontro semanal, constatam-se dificuldades de aprendizagem, os alunos referidos são, de imediato, incluídos em um programa de recuperação.

Na França, Inglaterra, Áustria, Suíça, Holanda, Espanha, Irlanda, Noruega e demais países europeus, e em muitos outros países como Japão, Coreia do Sul, Estados Unidos e Canadá, além de as escolas funcionarem com padrões básicos de qualidade já a partir da infraestrutura, os professores passaram a ter estímulos salariais e oportunidades de um robusto programa de capacitação com duas vertentes: capacitação continuada sistêmica e capacitação nuclear em serviço. Em todos estes países, a implantação do ensino em ciclos e a progressão automática exigem, do professor, o trabalho em tempo integral em uma única escola, a fim de ser assegurado, a cada docente, um regime de dedicação exclusiva a seus alunos.

De acordo com análise do pesquisador Sergei Suarez Dillon (2007), do Instituto de Pesquisa Econômica Aplicada (Ipea), com foco em resultados de duas avaliações internacionais de desempenho de alunos e objetivando mostrar que a progressão continuada é um modelo adotado internacionalmente, os países com melhor *performance* educacional adotam o sistema de ciclos. Este é o caso do Japão, Coreia, Suécia, Noruega, Singapura, Hong Kong, Chile etc. Os testes escolhidos foram o **Trends in International Mathematics and Science Study (Timms)**, que analisam Matemática e Ciência, e o **Progress in International Reading Literacy Study (Pirls)**, voltado para a leitura. Curiosamente, o Brasil não participa de nenhum dos dois testes.

Nos primeiros países do *ranking,* é proibida a reprovação do aluno em qualquer série do ciclo. Portanto, pratica-se a progressão continuada absoluta em todo o Ensino Fundamental. Nos países de posição intermediária, adota-se o sistema semelhante ao de São Paulo, Minas Gerais e outros estados brasileiros, ou seja, pode-se reprovar no fim de cada ciclo. Há algum tempo, o Estado de São Paulo alterou a duração dos ciclos de Ensino Fundamental, como primeiro passo para a mudança na avaliação da progressão continuada, passando a dois anos e não mais a quatro anos como anteriormente. Esta diminuição temporal do ciclo da progressão continuada busca atender a uma reclamação geral de pais, professores e especialistas. De fato, decorridos vários anos de experiência, identificaram, no regime de ciclos longos (no caso de São Paulo, eram de quatro anos), uma das razões para uma forte perda de qualidade do ensino. Ou seja, os índices de evasão e repetência cedem, porém, o aluno se transforma, cada vez mais, em objeto de programas de ensino e, não, em sujeito de construção do conhecimento sob a orientação do professor.

O argumento de evitar a reprovação em massa e, portanto, conviver com altos índices de repetência, tem levado vários sistemas de ensino a adotarem a aprovação automática. Insurgindo-se contra esta ideia, a população da cidade do Rio de Janeiro, consultada sobre o assunto, foi taxativa. A pergunta foi: **A aprovação automática nas escolas públicas prejudica o aprendizado?** 88,73% responderam sim e, apenas, 11,27% responderam não. Para o Prof. Cristóvão Buarque, da UnB, a aprovação automática "é como dar alta a um doente sem os devidos exames". Philippe Perrenoud (2004: 43), sociólogo e professor na Faculdade de Psicologia e de Ciência da Educação, da Universidade de Genebra, faz três observações fundamentais sobre os ciclos de aprendizagem plurianuais, quais sejam: **i**) Se for mal-administrado, se deixar os alunos "ao abandono" – não voluntariamente, mas devido a uma gestão aproximada das progressões e a um otimismo infundado sobre as virtudes do tempo que passa –, um ciclo de aprendizagem pode provocar um aumento dos fracassos e das desigualdades. **ii**) Trabalhar em ciclos não tem efeito próprio, isto somente viabiliza uma ação educativa coerente em longa duração. Não se poderia, portanto, separar os ciclos de duas noções análogas, mas distintas: a pedagogia diferenciada e a individualização dos percursos de formação. A segunda é, de certo modo, uma consequência lógica da primeira. **iii**) Um ciclo de aprendizagem só pode funcionar se os objetivos de formação visados no final do percurso forem claramente definidos. Eles constituem o contrato de base para os professores, alunos e pais[80].

Olhando para trás, o que o sistema de ciclos nos tem ensinado? Parece que uma visão-síntese da história da implantação de ciclos na educação escolar brasileira é importante aqui, para se aquilatar mais claramente os benefícios ou não, daí advindos. Os ciclos no Brasil chegaram há duas décadas trazidos pela onda da progressão continuada. A ideia básica era que o sistema de ciclos seria, por si só, um mecanismo de garantia do direito à aprendizagem. Ledo engano! O tempo traria de volta os altos índices de reprovação. Em todo mundo, há experiência comprovada que o sistema de ciclo exige **outros entornos** para poder funcionar adequadamente como mecanismo de superação do baixo desempenho escolar dos alunos. Mesmo no caso de estados ricos, para os padrões de desenvolvimento do Brasil, como São Paulo, Minas Gerais e Rio Grande do Sul, depois de duas décadas, a experiência exige ajustes e complementaridades. O Brasil continua sendo um dos países do mundo a mais reprovar com taxas próximas a 18% no primeiro segmento do Ensino Fundamental (1º ao 5º anos), de acordo com dados da Unesco. Isto representa um enorme desperdício de dinheiro público, uma vez que 6% dos investimentos terminam sendo direcionados para alunos repetentes. Os resultados não convincentes inteiramente da implantação do sistema de ciclo no Brasil revelam, cruamente, a enorme distância que separa políticas educacionais pouco avaliadas e sua implementação. Por fim, é importante frisar que em nenhuma parte do mundo, os ciclos escolares foram implantados para resolver a questão da reprovação. Na verdade, não há evidência de que a forma de organização do

---

80. Sobre este assunto, cf. PERRENOUD, P. *Os ciclos de aprendizagem*: um caminho para combater o fracasso escolar. Porto Alegre: Artmed, 2004.

sistema de ensino, seja ciclo, seja série, tem influência direta no desempenho acadêmico do aluno. Depositar no sistema de ciclos por si a esperança de melhorar a aprendizagem dos alunos e, assim, elevar o Índice de Desenvolvimento da Educação Básica (Ideb), é não enxergar que as dificuldades de aprendizagem dos alunos são de gênese diferenciada e que, igualmente diferenciados são os ritmos de aprendizagem. A previsão legal da alternativa do sistema de ciclos não tem foco em alterar os índices de reprovação, mas, sim, em liberar a escola de regimes de organização padronizados, inflexíveis e impermeáveis às diferenças individuais encontradas em sala de aula.

Em síntese, a adoção do sistema de ciclos de aprendizagem e do regime de progressão automática têm gerado, no Brasil, inquietação para os pais, angústia para os professores e queda geral de qualidade para a aprendizagem, simplesmente porque o que se tem procurado é melhorar estatísticas educacionais e, não, o padrão efetivo de funcionamento da escola e da qualidade do ensino.

§ 3º – Este parágrafo transcreve o art. 210, § 2º, da Constituição Federal. Na verdade, o legislador tem ciência e consciência de que o domínio da língua oral e escrita é essencial para haver participação social efetiva. É por meio dela que os indivíduos se comunicam, têm acesso à informação, partilham os processos de construção do conhecimento e constroem as diversas visões do mundo. Usar, portanto, a língua portuguesa no Ensino Fundamental regular é indispensável não apenas para o acesso aos saberes formais, não formais e informais, mas também para o exercício da cidadania plena. Ademais, usar a própria língua no processo de aprendizagem é necessário para assegurar a qualidade da educação. Por outro lado, é sabido que as dificuldades da escola em ensinar a ler e a escrever são responsáveis pelos elevados índices de repetência e que estes, por sua vez, estão vinculados às dificuldades dos alunos no uso eficaz da linguagem.

Como a língua se realiza no uso e nas práticas sociais, sua utilização expande as possibilidades de aprender à medida que, enquanto sistema histórico e social, ela possibilita significar o mundo, interpretar a realidade e, assim, facilitar a apropriação dos conteúdos pelo aluno.

O mesmo art. 210 da Constituição Federal, já anteriormente referido, reconhece o direito de os índios manterem sua identidade cultural, o que supõe o uso de suas línguas maternas e os processos adequados de aprendizagem. Esse direito foi incorporado à LDB, tanto no inciso ora enfocado como nos art. 78 e 79, das "Disposições Gerais", como veremos mais adiante. Estes dispositivos se articulam, também, com o art. 30 da LDB, que trata da *diversidade de possibilidades na organização escolar* e com o art. 26, que se refere à necessidade de se levarem em conta as *características regionais e locais da sociedade e da cultura* [grifo nosso]. Como desdobramento normativo, o Plano Nacional de Educação (PNE) apresenta vários dispositivos normativos sobre a educação escolar indígena, assegurando autonomia às escolas indígenas, seja no que se refere ao seu projeto pedagógico, seja no que tange a assistência técnica, financeira e formação docente e técnico-profissional dos que com ela trabalham.

Há no Brasil, hoje, cerca de 180 línguas indígenas. Ou seja, o Brasil é, de fato, um *país multilíngue*. Assegurar às comunidades indígenas a utilização de suas línguas maternas e os processos próprios de aprendizagem implica utilizar a língua indígena como *língua de instrução oral do currículo*, ou seja, como língua falada na sala de aula e como *língua de instrução escrita*, levando os alunos a aprimorarem sua competência escrita em sua língua materna. O Referencial Curricular Nacional para as Escolas Indígenas resume, assim, os objetivos da inclusão da língua indígena como língua de instrução e como disciplina específica:

• Possibilitar que os alunos indígenas usufruam dos direitos linguísticos que lhes são assegurados pela Constituição;

• Atribuir prestígio às línguas indígenas, o que contribui para que seus falantes desenvolvam atitudes positivas em relação a elas, diminuindo, assim, os riscos de perdas linguísticas e garantindo a manutenção da rica diversidade linguística do país;

• Favorecer o desenvolvimento das línguas indígenas no nível oral e escrito.

E arremata o texto normativo referido (RCN para Escolas Indígenas): *a inclusão de uma língua indígena no currículo escolar tem a função de atribuir- -lhe o* status *de língua plena e de colocá-la, pelo menos no cenário escolar, em pé de igualdade com a língua portuguesa, um direito previsto pela Constituição Brasileira.*

§ 4º – Como norma, o Ensino Fundamental é presencial e somente admissível a sua oferta a distância à guisa de complementação de estudos e de aprendizagem. Por quê? Para efeito de compreensão mínima, o ensino a distância nada mais é do que um método usado para promover aprendizagem em contextos em que professor e aluno estão fisicamente separados. Inexiste aqui espaço físico através do qual professores, alunos e funcionários administrativos se relacionam pessoalmente. Sem contato direto, os alunos acham-se dispersos e impedidos, assim, de compartilhar processos de socialização e de aprendizagem cooperativa. A frequência à escola não é apenas uma exigência disciplinadora, senão um mecanismo de geração de convívio, interatividade, participação solidária na construção do conhecimento formal, desenvolvimento de competências para o trabalho coletivo e maior facilidade de contextualização do projeto educativo escolar e de potencialização das capacidades do aluno.

Quando o legislador fala em situações de emergência para a oferta de Ensino Fundamental a distância, refere-se especificamente a situações como:

• Alunos que, por razões especialíssimas, não podem frequentar uma escola regular de Ensino Fundamental;

• Alunos que residem em regiões remotas nas quais é difícil o acesso a cursos presenciais;

• Alunos que sofrem de doenças crônicas;

• Alunos que mudam frequentemente de residência: alunos itinerantes;

• Alunos que moram em zona rural afastada ou em regiões urbanas socialmente degradadas e com altos índices de violência.

Os cursos a distância em situações emergenciais são mais indicados para alunos adultos. No caso de alunos em faixa etária de escolaridade obrigatória, os estudos devem ser tutorados pelos pais ou outros adultos, ou, ainda, ter o acompanhamento de monitores. A experiência internacional é que o Ensino Fundamental a distância seja oferecido a adultos que, por motivos de ordem social, econômica ou educacional, estão impedidos de frequentar cursos regulares.

§ 5º – O Estatuto da Criança e do Adolescente, objeto da Lei 8.069/1990, dispõe sobre a proteção integral à criança (pessoa com até 12 anos de idade incompletos) e ao adolescente (pessoa entre 12 e 18 anos de idade). O pressuposto desta proteção é que a criança e o adolescente gozam de todos os direitos fundamentais inerentes à pessoa humana. A família, a comunidade, a sociedade e o Poder Público têm o dever de dar prioridade no sentido de assegurar os meios indispensáveis para o desenvolvimento físico, mental, moral, espiritual e social da criança e do adolescente. Sempre em condições de liberdade e de dignidade. O currículo do Ensino Fundamental incluirá, em seus programas curriculares, conteúdos que tratem das responsabilidades, na área da educação, do Estado brasileiro no que diz respeito à proteção integral da criança e do adolescente. A referência para a abordagem destes conteúdos é o Estatuto da Criança e do Adolescente (ECA), Lei 8.069/1990. É fundamental que, nas comunidades e nas escolas, o ECA não apenas seja conhecido como também estudado e analisado sob o ponto de vista de sua operacionaliza-ção. As Câmaras Municipais, os diferentes Conselhos Municipais, sobretudo aqueles na área de educação e da saúde, o Ministério Público e as diversas instâncias institucionalizadas da administração pública e da sociedade civil organizada devem conferir permanentemente de que forma o Estatuto da Criança e do Adolescente como um todo está sendo respeitado. Diariamente, verificamos em nosso meio e, também, pela imprensa, formas de desrespeito aos direitos das crianças e adolescentes, o que torna ainda mais imperativa a ministração de conteúdos no currículo fundamental sobre este tão relevante tema. No Brasil de hoje, o ECA deve ser uma espécie de livro didático de uso permanente por parte de gestores da educação, professores, pais e familiares, representantes políticos e membros da sociedade civil com responsabilidade pública. (Ver em conexão com este assunto: art. 26, § 5º).

§ 6º – Os símbolos nacionais e hinos são expressões gráficas e musicais de valor histórico reconhecido. Traduzem o sentimento de união nacional e reve-lam a soberania do país. Pela Constituição, a República Federativa do Brasil tem quatro símbolos oficiais, a saber: a) a Bandeira Nacional; b) o Hino Na-cional; c) o Brasão da República; e d) o Selo Nacional. A apresentação e uso destes símbolos são regulados pela Lei 5.700, de 01/09/1971. Em 2009, a Lei 12.031 tornou obrigatória a execução do hino nacional nas escolas públicas e privadas de Ensino Fundamental, uma vez por semana.

O patriotismo vivenciado em suas diferentes explicitações é parte da cida-dania. Manifesta-se ele na valorização do país, em suas belezas naturais e rique-zas e, também, na reverência aos símbolos nacionais. O civismo, por sua vez, é o respeito aos valores, instituições, práticas políticas e formas de a sociedade organizar-se e funcionar. Por extensão, o patriotismo é um forte sentimento de orgulho, amor e devoção à pátria, aos seus símbolos e ao seu patrimônio material e imaterial. A expressão extrema de patriotismo é defender o próprio país em situações de guerra. Pode-se dizer que pátria, patriotismo, cidadania, civismo e símbolos nacionais compõem uma mesma área semântico-senti-mental referenciada ao amor e devotamento que se pode e deve ter ao país de nascimento. Ensinar a cultivar estes sentimentos é tarefa a ser compartilhada pela escola no conjunto de suas atribuições e, particularmente, nas formas de trabalhar o currículo, a partir de datas e comemorações cívicas. A temática tanto pode ser objeto de abordagens específicas como pode ser trabalhada transversalmente, mediante enfoques diferenciados, mas convergentes, trata-dos no corpo das diferentes disciplinas curriculares e, igualmente, no bloco de temáticas indutoras de uma maior e melhor compreensão do sentido de áreas de conhecimento. Patriotismo e civismo são sentimentos impregnados na nacionalidade. A transversalidade é mais do que uma metodologia, é um conceito de ensino e um vetor de aprendizagem significativa.

Art. 33 – O ensino religioso, de matrícula facultativa, é parte integrante da formação básica do cidadão e constitui disciplina dos horários normais das escolas públicas de Ensino Fundamental, assegurado o respeito à diversidade cultural religiosa do Brasil, vedadas quaisquer formas de proselitismo. (Redação dada pela Lei 9.475, de 22/7/1997)

§ 1º – Os sistemas de ensino regulamentarão os procedimentos para a definição dos conteúdos do ensino religioso e estabelecerão as normas para a habilitação e admissão dos professores. (Incluído pela Lei 9.475, de 22/07/1997)

§ 2º – Os sistemas de ensino ouvirão entidade civil, constituída pelas diferentes denominações religiosas, para a definição dos conteúdos do ensino religioso. (Incluído pela Lei 9.475, de 22/07/1997)

Art. 33 – A leitura deste artigo deve ser precedida da leitura do art. 19 da CF cujos termos estão assim formulados: "É vedado à União, aos estados, ao DF e aos municípios: I. estabelecer cultos religiosos ou igrejas, subvencioná-los, embaraçar-lhes o funcionamento ou manter com eles ou seus representantes relações de dependência ou aliança, ressalvada, na forma da lei, a colaboração de interesse público".

Estamos diante de um tema polêmico. Não por acaso, esta foi a primeira emenda à LDB. A República Federativa do Brasil é laica, significa dizer que, de um lado, inexiste religião oficial em face da separação total entre Estado e Igreja; de outro, não pode haver relações de dependência, ou aliança, **ressalvada, na forma da lei, a colaboração de interesse público**. É preciso compreender que a previsão constitucional de algumas vedações dirigidas aos entes federativos objetiva garantir o equilíbrio federativo, a harmonia e a coesão sociais e, evidentemente, no caso da opção religiosa, o respeito à escolha de cada um. Mas é preciso compreender, também, que, ao ser formalmente constituído como uma federação leiga, o Brasil não é um Estado ateu. Tanto é assim que, no preâmbulo da Constituição, os representantes do povo brasileiro proclamam: "[...] *promulgamos, **sob a proteção de Deus**, a seguinte Constituição da República Federativa do Brasil*".

Antes de penetrar nas entranhas legais deste artigo, há considerações no campo histórico-cultural a fazer, com transbordamentos nas áreas epistemológica e antropológica. Na parte final dos comentários, faremos a incursão necessária na hermenêutica dos enfoques legais. Mas, cabe já destacar a decisão do STF, **de 27/09/2017**, no sentido de que o ensino religioso deve ser disponibilizado não apenas como oferta escolar facultativa para os alunos, mas que, nas escolas públicas, pode ser ligado a crenças específicas. A Presidente do STF, Ministra Cármen Lúcia, assim tratou a questão na explicitação do seu voto: "A laicidade do Estado brasileiro não impediu o reconhecimento de que a liberdade religiosa impôs deveres ao Estado, um dos quais a oferta de ensino religioso com a facultatividade de opção por ele".

A origem da questão está no acordo entre o governo brasileiro e o Vaticano, firmado em 2008, com formulação nos seguintes termos: "O ensino religioso, católico e de outras crenças religiosas, constitui disciplina dos horários normais das escolas públicas". O tema tem tratamento diferenciado de país para país. Na França, as aulas de religião não fazem parte do currículo escolar. Em Portugal, Espanha e Itália, a família pode decidir qual a abordagem religiosa (qual a religião) que deseja que seja ensinada para o filho. Nos Estados Unidos, este conteúdo não é disponibilizado nas escolas públicas. No que tange ao acordo com a Santa Sé, cabe registrar que a relação da Igreja Católica com o Estado é regrada em 186 países do mundo e não há inconstitucionalidade nisso, disse o Ministro Toffoli, negando provimento a ADI originária da PGR. Com a decisão do STF, abre-se espaço para três alternativas: o ensino religioso de natureza confessional (com foco doutrinário específico), de natureza não confessional (com foco na História da Religião, p. ex.) e de natureza interconfessional (reunião de conteúdos de várias crenças). Vejamos, agora, os aspectos científicos e histórico-culturais da questão.

Quando a lei fala em ensino religioso de matrícula facultativa está, de fato, falando em componente curricular da educação básica, uma vez que nesta composição estruturante da educação escolar (art. 21) não há matrícula por disciplina em nenhum dos níveis e ensino presentes na EB. Por outro lado, a polêmica em torno da inclusão ou não deste componente no currículo escolar é uma impertinência e um equívoco, muitas vezes, intencionado, considerando que a sociedade brasileira tem **bases** cristãs, desde a época da colonização do território nacional e ao longo de sua formação e consolidação. Subtrair, de sua história identitária, este traço essencial é negar, às novas gerações, o direito de acesso às suas origens culturais e à sua formação histórica, social e humana. O argumento da separação entre Estado e Igreja para advogar tal exclusão parte de quem deseja impor a concepção de que a história da nação brasileira é a história do trânsito das ideias que trazem convicções parciais dos coevos e não a história inteira da história concreta da formação da nacionalidade. Ademais, a educação das gerações, via sistema formal de ensino regular, não pode pautar-se por enfoques unilaterais e estritamente pessoais de "autoridades", sob pena de a formação da consciência coletiva ser substituída por laivos de autoritarismos individuais e funcionais exacerbados. Em suma, o currículo escolar obrigatório, referenciado a uma **base nacional comum**, não pode excluir o estudo de elementos culturais fundantes da nacionalidade, sem o que estabelecer-se-á uma dinâmica processual do seu solapamento e do apagamento da gênese das raízes comuns fundacionais do conceito de nação. São elas que asseguram a "esta nação" o sentido de integralidade cultural identitária. A identidade nacional não é um registro circunstancial congelado no tempo, mas decorrência do processo intergeracional inteiro de formação da nacionalidade. Nesse sentido, a inclusão de ensino religioso no ensino regular não é um "adendo" ao currículo, mas uma forma de incorporar o sujeito **nós** na verdadeira busca de impedir a ausência e o silenciamento do processo de construção das opções coletivas marcantes na história do país.

O ensino religioso deve integrar o currículo da educação básica porque a cultura faz parte dos conceitos básicos das ciências humanas e sociais. Não há como excluir da rota de aprendizagem essencial do aluno que "todos os homens em princípio interagem socialmente, participam sempre de um conjunto de crenças, valores, visões do mundo e redes de significado que definem a própria natureza humana" (VELHO, 1994: 63).

A identidade humana tem sustentação sobrevivencial em um feixe de eixos axiológicos que incluem o respeito à vida e às suas formas de preservação, ao meio ambiente e às suas rotas de sustentação, à solidariedade e às suas vias de enredamento, à comunidade e aos seus modos de convivencialidade, à cultura e às suas expressões e manifestações e à humanidade e às suas escolhas na construção de narrativas. À margem disso, não há como se falar em educação escolar cidadã, mas, sim, em mero treinamento para preparar cidadãos-robôs para atividades laborais futuras, transformadoras da vida em uma mera existência, como se existir fosse viver. Consequência: alargamento e aprofundamento do fosso de desumanização do que genericamente chamamos de pessoa, ser de vida, de convívio e de aperfeiçoamento. Estes traços essenciais personalíssimos embotam, quando fora de uma escala de humanidade espiritualizada e de uma espiritualidade humanizada, condições favorecidas pelo componente curricular do ensino religioso, de foco essencialmente relacional. Fora deste escopo, o ser humano fica afogado em seus limites e de costas para suas possibilidades e vivenciamento de suas utopias. Como viver sem elas? A construção da resposta a esta questão exige da escola socializar conhecimentos humanos histórica e coletivamente produzidos. Dentre estes está o conhecimento da Transcendência, lastro marcante da história da condição humana. **Transcendente e transcultural**, a religião não pode ser monotemática nem excluída dos estudos disponibilizados pelo currículo da Educação Básica, seja porque sua oferta, como conteúdo escolar, tem previsão legal, seja porque está na **base** da formação da cidadania brasileira e dos constituintes do nosso passado e do nosso presente. Daí porque a Constituição Federal foi promulgada "sob a proteção de Deus" e nem por isso é considerada "inconstitucional"! A insistência de alguns representantes do Poder Judiciário e do Ministério Público em "caçar" o direito de os cidadãos brasileiros contarem com símbolos religiosos em espaços públicos (crucifixo) decorre de uma escassez de percepção crítico-compreensiva das bases da formação histórico-cultural do país. Resulta daí a busca de tentar substituir as convicções cristãs da maioria da população por nichos de descrença e de ateísmo que uma minoria, que se pauta por "inclinações" particulares, pretende impor para a negação da formação sociocultural e antropológica da maioria do povo brasileiro. Como destacado lucidamente pelo jornalista Carlos Bickman (*Apud* Di Franco, O Estado de São Paulo, 2017): "Há religiões; também há a tradição, há também a história. O Brasil tem formação cristã; a tradição do país é cristã. Mexer com cruzes e crucifixos vai contra esta formação, vai contra a tradição". E arremata Di Franco: "O Estado brasileiro é laico e é muito bom que seja assim. Mas a laicidade do Estado não estende por lei, decreto ou decisão judicial a toda a sociedade. O Estado não pode abolir ou derrogar tradições profundas da sociedade, pois estaria extrapolando seu papel e assumindo a inaceitável função de tutor totalitário de todos nós" (ibid.).

O ensino religioso enseja o desenvolvimento de competências acadêmicas pessoais para uma reflexão-ação de natureza crítica e propositiva, objetivando assegurar o empuxe social continuado na construção de soluções viabilizadoras de temas-desafio como vida digna, paz, diversidade, tolerância, compaixão, alteridade, convivialidade, respeito mútuo, esperança etc. Portanto, não se trata de estudos de história das religiões, como meros registros da trajetória das civilizações, mas, sim, de ressaltar valores vitais, vivenciais e convivenciais, dentro de um esquema de aprendizagem sistematizada, para o desvelamento da condição humana dignificante no contexto de cada individualidade e das coletividades.

Uma outra questão é a forma de como tratar, em uma escola para **todos**, portanto democrática e inclusiva, o tema do ensino religioso nos estabelecimentos regulares de ensino e nas salas de aula comuns. Se a educação básica tem como uma de suas finalidades "desenvolver o educando, assegurando-lhe a formação comum indispensável para o exercício da cidadania..." (art. 22), não há como privá-lo do conhecimento de valores que sustentam a sua identidade histórico-cultural e socioantropológica e, ainda, agregam códigos de adesão pessoal simbólica. Com que sentido? Para que este educando possa aferir, com consciência crítica e responsabilidade pessoal e social, o sentido, o valor e o grau de importância de elementos de transcendência, como traços fundamentais do conhecimento da própria história do mundo, e, também, possa compreender o grau de importância da materialidade das coisas, da sua função social, do seu uso e do seu compartilhamento. Esta é uma forma de imprimir significação e caráter de atualidade permanente ao ensino religioso, seja como componente curricular, seja como área de conhecimento. Nesta perspectiva, os enfoques pedagógicos do ensino religioso deverão incluir necessariamente: 1) Os elementos estruturantes do fenômeno religioso; 2) As vivências religiosas dos alunos e de suas famílias; 3) A diversidade religiosa na moldura de uma educação intercultural; 4) Os direitos humanos como assentamentos universais de adesão planetária; 5) A liberdade de expressão religiosa; 6) A transcendência como campo de estudos no âmbito de uma proposta educacional para viabilizar o ensino religioso de alunos em formação; 7) A experiência religiosa como impulso para a vida; e, por fim, 8) O tratamento didático do ensino religioso com registro no Projeto Pedagógico Escolar, construído coletivamente pela gestão da escola, professores, alunos e seus pais ou responsáveis. Este roteiro indicativo constitui um inventário temático aberto, porquanto sinaliza e formata dimensão direta ou indireta do ensino religioso e de suas manifestações fenomênicas. Todos os assuntos que, por sua natureza propositiva e emancipadora, circunscrevam paisagens de fatores transcendentais comprometidos com a elevação da vida, seu aprimoramento e sua continuidade podem ter espaço no campo do ensino religioso, tema de notável transversalidade pedagógica. A religião contribui para a construção do processo de resposta à questão COMO DEVEMOS VIVER?. Trata-se de convocar aspectos éticos, políticos, ontológicos, cosmológicos e vivenciais para a resposta. Aqui não se busca um padrão único de realização, mas "a universalidade inscrita na função primária de toda ação e inação, na originariedade do que significa ser ou não ser" (SODRÉ, 2017: 20).

O ensino religioso compreende três dimensões, a saber: a) Dimensão antropológica: aqui, há uma face humana a ser trabalhada, aclarada, conhecida e, enfim, educada; b) Dimensão epistemológica: aqui, há uma área específica de conhecimento, com autonomia teórica e metodológica. Ou seja, capaz e necessária de ser aprofundada sem riscos aos sistemas laicos de ensino, como bem esclarece a Resolução 02/1998 da Câmara da Educação Básica do CNE; **c)** Dimensão política: aqui, há uma responsabilidade dos sistemas de ensino e, não, como equivocadamente pensam alguns, das confissões religiosas, uma vez que se trata de campo de conhecimento que não pode ser visto como exceção epistemológica e pedagógica, ficando fora do alcance gnosiológico de quem estuda e aprofunda os conhecimentos científicos. Na verdade, educar é um valor sustentado por uma compreensão transcendental da pessoa. A religiosidade, de fato, nada mais é do que uma complexa circunstância humana a ser conhecida (Ciências das Religiões) e uma dimensão do sentimento humano a ser educado. Nesta direção, os **Parâmetros Curriculares Nacionais do Ensino Religioso**, elaborados pelo Fórum Nacional Permanente do Ensino Religioso, apontam os objetivos gerais do ensino religioso, como se pode ver:

> • *O ensino religioso, valorizando o pluralismo e a diversidade cultural presente na sociedade brasileira, facilita a compreensão das formas que exprimem o Transcendente na superação da finitude humana e que determinam, subjacentemente, o processo histórico da humanidade. Por isso necessita:*

> • *proporcionar o conhecimento dos elementos básicos que compõem o fenômeno religioso, a partir das experiências religiosas percebidas, o contexto do educando; [...]*

§ 1º – A Escola Estatal é pluralista e aberta à igualdade de direitos e responsabilidades comuns. Daí a necessidade de não apenas se trabalhar com conteúdos ligados *ao substrato cultural da existência humana e às expressões da consciência e da resposta pessoal e comunitária do ser humano* (PCN – Ensino Religioso, 2006: 31), mas também de cuidar da formação do professor que, longe de uma postura fechada e dogmática, deve ser alguém que se põe a serviço da escuta do aluno, permeável ao diálogo, às articulações dos saberes e sensível à pluralidade das opções humanas. A escola não pode ser excluída como locus de experiência interlocutória e de ressignificação da fé. Daí, a importância do perfil docente e dos aspectos pedagógicos das questões do ensino religioso.

Como os sistemas de ensino são independentes, embora devam funcionar em regime de colaboração (LDB, art. 8º), cabe, a cada sistema, delimitar parâmetros e fixar normas para a atuação profissional regular deste docente. Aqui não se trata (apenas) de ter o diploma, mas também da competência na exposição dos conteúdos, no uso das metodologias dialogais e transversais e, ainda, na pertinência e adequação das intervenções pedagógicas. *Ao respectivo sistema caberá, por fim, definir os critérios de admissão do professor de ensino religioso, tendo em foco sempre o que estabelece o art. XXVI, item 3, da Declaração Universal dos Direitos do Homem: Os pais têm prioridade de direito na escolha do gênero de instrução que será ministrada a seus filhos.*

§ 2º – O alcance sociopedagógico deste dispositivo é extraordinário. Tem-se, aqui, uma determinação legal para trazer, via entidade civil, a comunidade e as famílias dos alunos para dentro da escola, a fim de que participem conjuntamente do planejamento, seleção e execução de conteúdos curriculares. No Brasil, a ausência dos pais torna a escola, muitas vezes, uma instituição quase estranha à comunidade. É como se ela não pertencesse ao patrimônio comum da própria comunidade. A experiência mostra, cada vez mais, que, quando família, escola e aprendizagem caminham juntas, o rendimento dos alunos é superior. As escolas públicas brasileiras que, em avaliações promovidas pelo MEC, apresentam alunos com alto desempenho, são, via de regra, escolas integradas à comunidade e assumidas pelos pais, em termos de presença contínua e de participação nas decisões.

Quando se fala de um tema delicado como é o caso do ensino religioso em escolas fundamentais, a participação da família torna-se imperiosa uma vez que se trata de conteúdos fincados na práxis familiar, ou seja, na práxis entranhada na realidade cotidiana existencial do aluno.

Ouvir entidade civil constituída por diferentes denominações religiosas, diz a lei. É que as famílias e os grupos comunitários estão nestas entidades. Em seu interior, aprofundam-se ligações afetivas, alinham-se relações de unidade e produzem-se saberes comuns. Neste ambiente, os indivíduos aprendem, se humanizam e ganham as condições de significar a vida e os conhecimentos socialmente produzidos. A referência a diferentes crenças religiosas deriva do fato de se viver democraticamente em uma sociedade plural, na qual o respeito às diferentes culturas, tradições e percepções das pessoas faz parte do processo de a escola se abrir ao conhecimento, às formulações interculturais e às experiências e vivências civilizatórias. A partir destes pressupostos e em conexão com as competências gerais da BNCC, a área de Ensino Religioso e, por extensão, o correspondente conteúdo curricular, devem assegurar aos alunos o desenvolvimento das seguintes competências específicas (DR/BNCC-2018, Ensino Religioso para o Ensino Fundamental): 1) Conhecer os aspectos estruturantes das diferentes tradições/movimentos religiosos e filosofias de vida, a partir de pressupostos científicos, filosóficos, estéticos e éticos; 2) Compreender, valorizar e respeitar as manifestações religiosas e filosofias de vida, suas experiências e saberes, em diferentes tempos, espaços e territórios;

3) Reconhecer e cuidar de si, do outro, da coletividade e da natureza, enquanto expressão de valor da vida; 4) Conviver com a diversidade de identidades, crenças, pensamentos, convicções, modos de ser e viver; 5) Analisar as relações entre as tradições religiosas e os campos da cultura, da política, da economia, da saúde, da ciência, da tecnologia e do meio ambiente; e 6) Debater, problematizar e posicionar-se frente aos discursos e práticas de intolerância, discriminação e violência de cunho religioso, de modo a assegurar os direitos humanos no constante exercício da cidadania e da cultura de paz. Tema este abordado no art. 12, inc. X e sobre o qual vale sempre a pena falar na escola qualquer que seja o número de alunos, qualquer que seja o contexto em que se encontra, qualquer que seja o turno de funcionamento, a faixa etária dos alunos e o tamanho das salas de aula.

Art. 34 – A jornada escolar no Ensino Fundamental incluirá pelo menos quatro horas de trabalho efetivo em sala de aula, sendo progressivamente ampliado o período de permanência na escola.

§ 1º – São ressalvados os casos do ensino noturno e das formas alternativas de organização autorizadas nesta lei.

§ 2º – O Ensino Fundamental será ministrado progressivamente em tempo integral, a critério dos sistemas de ensino.

Art. 34 – A escola pública brasileira voltada para a educação básica não apenas apresentou durante longo tempo, um dos menores calendários letivos da América Latina (180 dias), como também uma das menores cargas horárias/dia (na média nacional, não ultrapassava a três horas plenas de aula). Este dispositivo reverteu esta situação, conferindo, ao aluno, a permanência de quatro horas em sala de aula, para um **trabalho efetivo** de aprendizagem mais intensa. Esta foi a primeira etapa do processo de ampliação do horário escolar na perspectiva da implantação progressiva da escola de tempo integral prevista no § 2º deste artigo.

Uma carga horária diminuta no Ensino Fundamental retira, dele, a possibilidade de se oferecer o fundamental do ensino. Há vários levantamentos feitos em diferentes estados da Federação que apontam o descumprimento da carga horária mínima anual (800 horas de acordo com a LDB), sobretudo em escolas públicas, onde não se chega a 80%. Casos têm sido constatados, igualmente, de aprovação dos alunos sem que eles tenham tido aulas de Português e Matemática. No Ensino Médio, a situação não é menos alarmante.

A aprendizagem requer tempo de estudo. Sem tempo, ela é, apenas, suposição. Por fim, vale compreender que a noção de extensão da escolaridade é bivalente. No sentido vertical, denota prolongamento da duração em horas/dia, em dias letivo/ano e em tempo de escolaridade básica, compulsória. No sentido horizontal, denota ampliação da taxa de escolarização de alunos em nível local, regional e nacional.

Ao prever a ampliação progressiva do tempo de permanência do aluno na escola e a gradual implantação do ensino em tempo integral, o legislador sinaliza rotas para a operacionalização de um dos princípios fundantes de ministração de ensino, previsto no art. 3º, inc. I, da LDB, que, assim, prescreve: *O ensino será ministrado com base nos seguintes princípios: (I) igualdade de condições para acesso e permanência na escola.* **Permanência** aqui tem compreensão ambivalente. Significa acessar a escola e concluir todo o ciclo de escolaridade obrigatória e, ainda, ficar na escola, ao longo do ano, para cumprir o mínimo de 800 horas-aula anuais e, adicionalmente, permanecer quatro horas diárias **efetivas**, em sala de aula, o que, nesse caso, requer espaço apropriado, ambiente funcional e conjunto de meios adequados para fazer a aprendizagem acontecer.

O Decreto 6.253/2007, que dispõe sobre o Fundeb e regulamenta a Lei 11.494/2007, considera educação básica em tempo integral "a jornada escolar com duração igual ou superior a sete horas diárias, durante todo o período letivo, compreendendo o tempo total que um mesmo aluno permanece na escola ou em atividades escolares [...]". Por sua vez, a Resolução CNE/CEB 4/2010, define a jornada de tempo integral, no art. 36, da seguinte forma:

Art. 36 – Considera-se como de período integral a jornada escolar que se organiza em 7 (sete) horas diárias, no mínimo, perfazendo uma carga horária anual de, pelo menos, 1.400 (mil e quatrocentas) horas.

Parágrafo único. As escolas e, solidariamente, os sistemas de ensino, conjugarão esforços objetivando o progressivo aumento da carga horária mínima diária e, consequentemente, da carga horária anual, com vistas à maior qualificação do processo de ensino-aprendizagem, tendo como horizonte o atendimento escolar em período integral.

§ 1º – Sob o ponto de vista durativo, o ensino noturno tem as mesmas exigências legais do ensino diurno, ou seja, oitocentas horas anuais no mínimo, distribuídas por um mínimo de duzentos dias letivos. A sua organização didático-pedagógica, porém, submete-se a princípios de diferenciação, considerando o perfil do aluno que frequenta a escola à noite. Trata-se de alunos adolescentes, quando não, em idade adulta plena, trabalhadores e muitos já chefes de família, com filhos e detentores de uma renda baixa. Além disso, os alunos da escola noturna habitam áreas suburbanas ou rurais, desprovidas de infraestrutura social e, portanto, são vítimas de processos agudos de privação cultural pela ausência do Estado. A tudo isso se soma, ainda, o difícil deslocamento deste aluno até a escola, mercê de um sistema precário de transporte público, sem controle de horário e, para culminar, a insegurança pública. Ora, estes contrafatores repercutem sob a forma de organização da escola noturna, que se transforma, também, em vítima, enquanto instituição social, de uma organização contingenciada por circunstâncias limitadas em seu funcionamento.

Aqui, duas observações indispensáveis: a primeira é que o ensino noturno recebe exclusivamente alunos adolescentes e adultos. É uma ilusão pensar que o ensino noturno no Brasil é um ensino exclusivamente de adultos. Nas regiões interioranas do país, famílias inteiras se deslocam para a escola à noite. Ali, pais e filhos buscam aprender em uma escola totalmente desqualificada para ensinar e abandonada pelos poderes públicos. A segunda observação é que o perfil do aluno trabalhador do ensino noturno justifica pensar em um ensino noturno de qualidade menor, uma espécie de subeducação. Esta visão é injusta socialmente e fere o dispositivo constitucional do direito à igualdade. Pelo contrário, o perfil diferenciado do aluno noturno recomenda maior qualificação dos professores, com especificidade na formação, conteúdos teóricos e práticos casados, escolas com laboratórios equipados e abertos aos alunos (do noturno), metodologias de ensino não reguladoras, mas emancipadoras das mentes, processos de avaliação flexíveis e estimuladores de aprendizagem e, sobretudo, criativos no sentido de oferecer, ao aluno, a possibilidade de refinalizar os conhecimentos curriculares em sua vida e em seu trabalho.

O ordenamento curricular desta escola pode e deve conter diferenciações. O currículo, aqui, deve ser preponderantemente contextualizado, com predominância dos aspectos qualitativos dos conteúdos sobre os quantitativos. Com foco inteiramente no conceito de aprendizagem significativa e com as aulas partindo da vida dos alunos para os programas das disciplinas e, não, destes para enquadrar a vida dos alunos, o ensino noturno requer contornos pedagógicos próprios. Tanto é assim que a LDB, em seu art. 26, § 3º, estabelece, como facultativa, a oferta de Educação Física. Nesta mesma perspectiva, o art. 27, inc. II, determina que os conteúdos curriculares da educação básica observarão as diretrizes (orientação normativa) de considerar as condições de escolaridade dos alunos em cada contexto. Já, no inc. III, a diretriz é de orientação para o trabalho. Evidentemente que estas prescrições são aplicáveis a todos os conteúdos da educação básica, no entanto, ganham relevância especial no caso do ensino noturno, em decorrência do perfil do aluno.

Concluindo, pode-se dizer que a ressalva do legislador ao ensino noturno tem como fundamento as circunstâncias especiais da vida de trabalho que o aluno do noturno enfrenta. Enquanto nos países desenvolvidos estudar à noite é opção do aluno que deseja fazer cursos de complementação de estudos, aperfeiçoamento ou mesmo de aprimoramento cultural, tudo na perspectiva de um projeto de educação permanente, no Brasil estamos diante de uma circunstância impositiva. O aluno estuda à noite porque não pode fazê-lo durante o dia. Aqui, a escola recebe um aluno de perfil próprio que tem de, primeiro, assegurar sobrevivência e, só complementarmente, estudar. Por esta razão, a escola noturna deverá possuir mais recursos de motivação, de apoio didático e de pluralidade metodológica.

O aluno do ensino noturno não é um aluno pior, é um aluno diferente. A escola é que é a mesma e, por isso, é uma escola, muitas vezes, inadequada.

De fato, convém recuperar, com clareza e objetividade, a ideia de que todo sujeito é um ser de singularidades. Assim entendido, ele vai conformando seus contornos corpóreos e seus sentimentos no espaço e no tempo do cotidiano concreto. A subjetividade, portanto, resultará de uma galeria virtual a que a existência vai dando forma real e, ao mesmo tempo, vai *realizando* a identidade individual mediante um certo alinhamento da experiência, da história, da memória privada e de quadros e painéis de vida. Tudo isto resultará na *formalização da identidade*. Por esta razão, Castells (1999: 452)[81] destaca a relevância do binômio espaço/tempo na existência das pessoas. Menos como espaços concretos e de apropriação racional e mais como energias conectoras em cujo bojo tudo se torna factível. Aqui, a escola parece ter muito a aprender. Ao trabalhar só com a noção de espaço físico e material, a escola nivela vidas, mas não o seu sentido e, por isso, tanto ganha na generalização das ações quanto perde na singularização dos sujeitos. Resgatar este processo de construção dos sujeitos singulares importa em repatriar, para o currículo escolar, todo o conteúdo do contexto social, dentro do qual se estabelece "[...] *a relação do eu com as coisas, revelando a singularidade do sujeito*" (PASQUALOTO, 1999: 33)[82]. Sujeito que comunica e ressignifica a comunicação. Sujeito que é,

---

81. CASTELS, M. *La era de la información* – Economia, sociedad y cultura. Madri. Alianza, 1998.

82. PASQUALOTO, A.S. "O espaço e o tempo na singularização dos sujeitos". In: *Os conceitos de espaço e tempo na pesquisa em educação*. Ijuí: Unijuí, 1999.

simultaneamente, espaço/tempo/corpo/ambiente sociocultural/história acumulada e vida de trabalho e que, porque aprende, se desprende.

À luz destas considerações, semelha fácil compreender que o jovem da escola noturna, de periferia, e o seu mundo possuem foco próprio que exige, da escola, o adentramento na percepção espaçotemporal das pessoas que nele vivem. Daí a importância do projeto escolar que deverá não só considerar as diferenças de espaço e tempo dos sujeitos singulares, mas também enxergar as diferenças sociais porque estas, sim, produzem verdadeiramente *tempos plurais, diferenciação espacial* e a *necessidade de formas próprias de aprender.* Arroyo (2018: 33) chama a atenção para a necessidade de um outro olhar sobre a *educação dos periféricos*, sobre a cartografia do viver dos trabalhadores-estudantes, *passageiros da noite.* Os percursos a pé ou de ônibus revelam as incertezas no seu ir-voltar às escolas públicas e, sobretudo, atestam que se trata não só de cidadãos dos espaços periféricos, mas de cidadãos condenados à periferia do próprio sistema educacional e das políticas públicas. E arremata: *a educação escolar só acontece se articulada às possibilidades e limites da formação e da humanização socioespacial dos alunos e dos mestres.* A verdade é que o ensino noturno sempre foi posto em posição de escanteio pela legislação. Aos seus alunos tem sido negado sempre o direito a uma educação justa e de qualidade. Os próprios professores não recebem formação adequada para operar em sala de aula na construção de identidades de trabalhadores estudantes.

Estamos acostumados com uma escola de organização e de aparência únicas. É preciso compreender, porém, que a educação escolar – a partir da concepção de educação contida no art. 1º da LDB – é de essência múltipla e, em decorrência, deve ter formatos diversos. Tal diversidade advém da própria diversidade humana. Conectada à ideia da diferenciação conceitual e organizativa do ensino noturno, é a ressalva adicional que o legislador faz ao distinguir as formas alternativas de organização autorizada nesta lei. Tais formas se enquadram em vários campos de possibilidades. Um deles está previsto no art. 24 e incisos da LDB. Este dispositivo é totalmente ignorado pelos sistemas de ensino que preferem trabalhar com uma escola de educação básica de perfil único, com uma única organização, portanto, com baixa ou nenhuma flexibilidade. No Brasil confunde-se igualdade de direitos com uniformidade. Nada é mais antieducativo do que a escola uniforme na organização, nos objetivos, nos procedimentos metodológicos, nos processos pedagógicos e na avaliação.

Um outro campo de possibilidades de formas alternativas de organização é o previsto no art. 81 desta lei quando diz que *é permitida a organização de cursos ou instituições de ensino experimentais, desde que obedecidas as disposições legais pertinentes.* Sobre isto falaremos no lugar próprio.

De toda sorte, convém já antecipar que a motivação da lei é estimular o trabalho escolar com ecossistemas educativos abertos, na visão de Candau (2000: 13):

> Os processos educativos se desenvolvem a partir de diferentes configurações. A pluralidade de espaços, tempos e linguagens deve ser não somente reconhecida, como promovida. A educação não pode ser enquadrada numa lógica unidimensional, aprisionada numa institucionalização específica. É energia de vida, de crescimento humano e de construção social. O importante é seu horizonte de sentido: formar pessoas capazes de ser sujeitos de suas vidas, conscientes de suas opções, valores e projetos de referência e atores sociais comprometidos com um projeto de sociedade e humanidade. Não podemos inibir o horizonte utópico da educação para colocá-la numa lógica funcional ao mercado e puramente instrumental. Sem horizonte utópico, indignação, admiração e o sonho de uma sociedade justa e solidária, inclusiva, onde se articulem políticas de igualdade e de identidade, para nós não existe educação. Pode haver instrução, treinamento, por mais sofisticados que sejam, mas o dinamismo da educação é cerceado. Nesta perspectiva, o desafio está em liberar o potencial transformador das práticas educativas, ampliando sua concepção e multiplicando os *locus* de promoção, afirmando diferentes ecossistemas.

§ 2º – No Brasil, as primeiras tentativas de escola de tempo integral foram as propostas de Escola-Parque na Bahia, em 1957, com Anísio Teixeira, e os Ginásios Vocacionais em São Paulo. Mais tarde (1985), surgiram os CIEPs, no Rio de Janeiro. Neste último caso, a ideia era construir uma "escola-casa", onde o aluno poderia compensar todas as limitações materiais, culturais, de saúde e alimentação e, desta forma, ter as condições adequadas de aprender. Para Darcy Ribeiro "[...] a única solução possível para esse gravíssimo problema social e nacional (a perversão da desigualdade brasileira) é melhorar a qualificação das escolas que temos" (1986: 52). Nos CIEPs as crianças ficavam na escola de 7:30 às 17:00h. O parágrafo em análise fala em Ensino Fundamental ministrado progressivamente em tempo integral. Para evitar dúvidas, convém deixar claro três conceitos conexos, porém, não idênticos, a saber:

- ensino de tempo integral;
- escola de tempo integral;
- educação integral.

O ensino de tempo integral, previsto no parágrafo em tela, tem relação direta com o conceito de escola de tempo integral, referido no art. 87, § 5º.

Ensino, neste caso, significa educação escolar regular e conteúdos curriculares elastecidos na jornada escolar diária. Por outro lado, este entendimento implica uma total reconceituação de organização escolar com repercussões diretas nas metodologias de ensino e nos processos de avaliação. Trata-se de um eco tardio, na legislação do Ensino Fundamental, das ideias de Anísio Teixeira, com a concepção de escola-parque e, mais tarde, dos CIEPs, com Darcy Ribeiro. Estes já incorporavam um conjunto de atividades que alargavam a compreensão legal de ensino regular. Na verdade, os CIEPs avançaram, enquanto projeto, na ideia de transformar a escola em equipamento socioeducativo que, plantado em segmentos populares com fortes privações materiais e culturais, pudesse apontar apoio educativo e cultural, em sentido amplo, às populações.

Os CIEPs são escolas com escalas pedagógicas diferenciadas, ou seja, não tradicionais. Portanto, posicionam-se na fronteira entre escola com ensino de tempo integral e instituição de educação integral. Este tipo de educação vai além da sala de aula. Trata-se de uma agenda de atividades escolares que cobre desde cursos complementares até um compósito sociopedagógico que inclui: arte, cultura, práticas esportivas, oficinas de leitura, oficinas de iniciação ao trabalho, estudo de língua estrangeira, cursos de saúde e bem-estar, higiene, nutrição, sexualidade, informação antidrogas, *hip-hop*, rádio, circo, grafitismo, turismo em suas várias formas, direitos humanos, informática etc. Percebe-se uma tendência aqui de enriquecimento da educação formal, dando à escola maior flexibilidade em sua organização e em seu horizonte formativo. Nesta direção, funcionou, entre 2008 e 2017, o programa Mais Educação. A ideia era: 1) Ampliação da jornada escolar; 2) Currículo entremeado com atividades de educação ambiental, e esporte e lazer, tecnologia básica, direitos humanos etc. Em 2017, o Mais Educação foi encerrado. De acordo com o MEC, o programa foi considerado problemático por não haver avaliação de resultados e apresentar "distorções graves entre o número de alunos declarados na inscrição do programa e os dados do Censo Escolar". Diz, a Resolução CNE/CEB 04/2010, no art. 37, que "*A proposta educacional da escola de tempo integral promoverá a ampliação de tempos, espaços e oportunidades educativas e o compartilhamento da tarefa de educar e cuidar entre os profissionais da escola e de outras áreas, as famílias e outros atores sociais, sob a coordenação da escola e de seus professores, visando alcançar a melhoria da qualidade da aprendizagem e da convivência social e diminuir as diferenças de acesso ao conhecimento e aos bens culturais, em especial entre as populações socialmente mais vulneráveis.*

[...]

§ 2º – As atividades serão desenvolvidas dentro do espaço escolar conforme a disponibilidade da escola, ou fora dela, em espaços distintos da cidade ou do

território em que está situada a unidade escolar, mediante a utilização de equipamentos sociais e culturais aí existentes e o estabelecimento de parcerias com órgãos ou entidades locais, sempre de acordo com o respectivo projeto político-pedagógico".

O Plano Nacional de Educação (PNE) prevê a expansão da oferta de educação de tempo integral já na Educação Infantil (Meta 1, Estratégia 1.17) e projeta a medida para todas as redes de escolas públicas, com atuação na educação básica, como se pode ver:

META 6 DO PNE

Oferecer Educação em Tempo Integral em, no mínimo, 50% das escolas públicas, de forma a atender, pelo menos, 25% dos(as) alunos(as) da educação básica.

Vejamos algumas estatísticas com este enfoque, comparando os percentuais Educação Infantil/Ensino Fundamental:

Número de matrículas na Creche e Na Pré-Escola, segundo a dependência administrativa e a localização da escola – Brasil – 2022.*

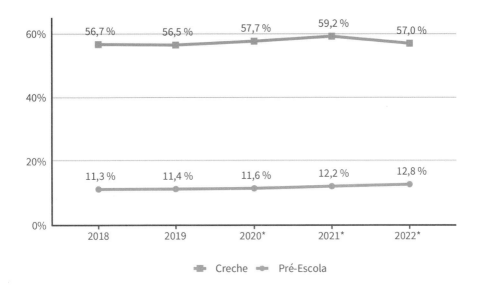

Fonte: Elaborado pela Deed/Inep com base nos dados do Censo Escolar da Educação Básica.

*É importante observar que os dados de tempo integral do período de 2020 a 2022 refletem o planejamento da escola e não podem ser considerados como absolutos, já que a carga horária efetiva foi consideravelmente afetada pela dinâmica de fechamento e reabertura das escolas no período de pandemia e pós-pandemia.

**Como citado na introdução, a metodologia de cálculo do tempo integral passou por ajustes.

O percentual de matrículas em tempo integral na creche foi de 57%, apresentando uma redução de 2,2 p.p. em relação a 2021. Já na pré-escola, o percentual se elevou gradativamente de 2018 a 2022, passando de 11,3%, para 12,8%.

Em 2022, foram registradas 26,5 milhões de matrículas no ensino fundamental. Esse valor é 2,7% menor do que o registrado para o ano de 2018. Enquanto as matrículas dos anos finais do ensino fundamental permaneceram praticamente estáveis nos últimos cinco anos (queda de 0,9%), nos anos iniciais, a queda foi de 4,1%.

Em 2022, 12,5% dos matriculados no ensino fundamental apresentaram tempo de permanência na escola ou em atividades escolares igual ou superior a 35 horas semanais (ou, equivalentemente, igual ou superior à média de 7 horas diárias, considerando cinco dias de atividade na semana), caracterizando-os como alunos de tempo integral. A proporção de matrículas de tempo integral na rede privada foi de 3,1% e de 14,4% na rede pública.

Percentual de matrículas em Tempo Integral no Ensino Fundamental, segundo rede de ensino - Brasil – 2018 – 2022.[83]

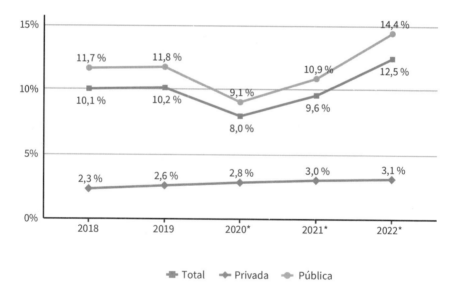

Fonte: Elaborado pela Deed/Inep com base nos dados do Censo Escolar da Educação Básica.

---

83. É importante observar que os dados de tempo integral do período de 2020 a 2022 refletem o planejamento da escola e não podem ser considerados como absolutos, já que a carga horária efetiva foi consideravelmente afetada pela dinâmica de fechamento e reabertura das escolas no período de pandemia e pós-pandemia. **Como citado na introdução, a metodologia de cálculo do tempo integral passou por ajustes.

Número de matrículas no Ensino Fundamental – Brasil – 2018-2022

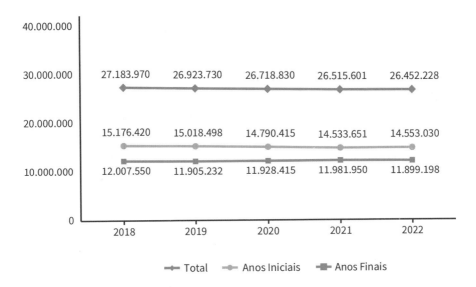

Fonte: Elaborado pela Deed/Inep com base nos dados do Censo Escolar da Educação Básica.

Nos anos finais do Ensino Fundamental, a rede municipal representa 44,4% das matrículas, seguida pelas redes estadual (39,9%) e privada (15,5%). O percentual de matrículas da rede municipal aumentou 1,6 p.p. entre 2018 e 2022. Enquanto isso, observou-se uma redução de 2,0 p.p. no número de matrículas da rede estadual, que historicamente já foi superior ao da rede municipal. A participação da rede privada conseguiu retomar os percentuais de 2019 e 2020, fcando com 15,5% em 2022.

É oportuno destacar a relação de recursos disponíveis para ressignificar o tempo pedagógico dos alunos das escolas com funcionamento no sistema organizacional de tempo integral.

Educação Integral

Escolas de rede pública que oferecem matrículas em tempo integral segundo os recursos disponíveis no estabelecimento – Brasil – 2014 (em %):

Recursos	
Auditório	9,5
Banheiro dentro do prédio	95,6
Biblioteca e/ou sala de leitura	53,9
Cozinha	98,3
Laboratório de ciências	100,6
Laboratório de informática	55,9
Quadra de esportes	37,0
Refeitório	47,9

Fonte: MEC/Inep/Deed – Microdados do Censo Escolar.

Educação Integral
Atividades complementares – Brasil – 2014

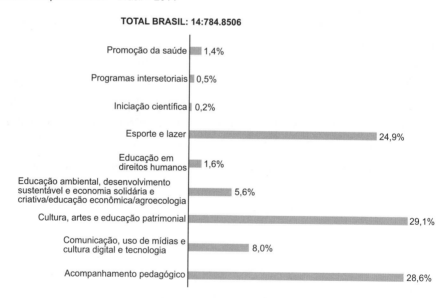

Fonte: Mec/Inep/Deed – Microdados Censo Escola.
Obs.: Com as restrições orçamentárias, constata-se queda da matrícula em Educação Integral no período 2014/2017, de acordo com o Relatório do 2º Ciclo de Monitoramento das Metas do PNE/2018.

Cabe esclarecer que, no período de pandemia, estes dados de recursos disponíveis e de atividades complementares dificilmente terão se expandido.

Matrículas em turmas de atividade complementar por tipo de atividade
Alunos da Educação integral da rede pública – Brasil – 2014.

Matrículas em artes, cultura e educação patrimonial		%	Matrículas	Total
Música	Canto Coral	6,9	298.204	4.306.324
	Hip-Hop	1,5	63.506	
	Música, banda e percussão	17,4	748.339	
	Iniciação musical por flauta doce ou instrumento de corda	5,8	248.122	
Artes pásticas	Desenho, grafite e pintura	8,7	373.898	
	Escultura, cerâmica e mosaico	0,4	158.600	
Cinema		1,4	58.582	
Artes cênicas	Teatro	10,7	459.961	
	Danças	20,5	881.125	
	Práticas circenses	0,4	18.535	
Manifestações culturais regionais	Capoeira	11,3	486.957	
	Artesanato popular, regional de brinquedos	4,4	188.070	
	Contos e literatura de cordel	0,8	33.638	
Educação Patrimonial		1,7	72.814	
Leitura e salas temáticas	Organização de clubes de leitura e salas temáticas para o estudo de línguas estrangeiras	1,4	61.201	
Outra categoria de cultura, artes e educação patrimonial		6,9	297.772	

Matrículas em esporte e lazer		%	Matrículas	Total
Recreação	Recreação e lazer/Brinquedoteca	18,5	681	
Atividades desportivas	Ioga/Meditação	0,1	2.685	
	Tênis de campo, tênis de mesa e badminton	3,5	126.989	
	Etnojogos	0,4	13.690	
	Esporte na escola/Atletismo, corrida, ciclismo e múltiplas vivências esportivas	28,8	1.058.856	3.678.977
	Futebol, futsal, handebol, basquete, basquete de rua, natação, voleibol, vôlei de praia	24,6	904.477	
	Artes marciais (taekwondo, judô, karatê etc.	14,6	536.398	
	Xadrez tradicional e virtual	2,7	98.713	
Outra categoria de esporte e lazer		7,0	255.836	

Matrículas em acompanhamento pedagógico (reforço escolar)	%	Matrículas	Total
Matemática	21,7	917.626	
Português	12,8	540.790	
Letramento e alfabetização	24,5	1.034.733	
Ciências	0,9	38.811	
História e Geografia e Ciências Humanas	1,0	44.425	4.231.842
Línguas estrangeiras	1,0	40.294	
Leitura e produção de texto	6,4	269.765	
Etnolinguagem	0,1	2.988	
Ciências e saúde	0,4	14.829	
Orientação de estudos e leitura	24,4	1.033.276	
Outra categoria de acompanhamento pedagógico	7,0	294.305	

Fonte: MEC/Inep/Deed – Microdados Censo Escolar.

Para um país como o Brasil, em cuja rede escolar ainda existem, mesmo de forma despistada, turnos intermediários, (turno da fome) com atividades de ensino (!) comprimidas entre onze da manhã e catorze horas, a ideia do ensino em tempo integral é uma iniciativa do Estado de conteúdo profundamente republicano. *Todos são iguais perante a lei, sem distinção de qualquer natureza!...* Sabe-se que a escola pública de um só turno tem o tempo real de aula, de aprendizagem, muito comprometido. A economista Bárbara Brum, do Banco Mundial para a Educação na América Latina, comprovou que "[...] em cada aula de 50 minutos nas redes estaduais de MG e PE e na rede municipal do Rio, só 33 minutos são aproveitados em atividades de fato de ensino/aprendizagem. O restante é ocupado com tarefas burocráticas, como: chamadas, questões disciplinares, avisos etc." (apud *Revista Educação*, ano 16, 192, abr./2013, p. 46).

Os problemas inerentes à questão da implementação do modelo escolar de tempo integral requerem intervenções diretas na dimensão custo-aluno. Segundo cálculos de especialistas, usando a metodologia *Custo-Aluno Qualidade Inicial* (CAQi) na escola de educação integral, este custo aumenta em cerca de 70%. Mas convém considerar outros aspectos essenciais, como: a) infraestrutura; b) carreira docente; c) currículo; e d) acompanhamento e avaliação. Ou seja, aspectos diretamente ligados ao difícil e escorregadio tema do financiamento da educação. Para destacar apenas uma destas questões basta lembrar que, nas regiões Norte e Nordeste, aproximadamente 58% das escolas de educação básica contam só com até cinco salas de aula. Fica fácil perceber, então, que o ensino de tempo integral requer ampliação da infraestrutura, ressaltando que, atualmente, boa parte das escolas púbicas não consegue responder adequadamente sequer às demandas de tempo parcial.

A verdade é que o modelo *escola de tempo integral*, há muito adotada nos países paradigmáticos em educação, vai-se "abrasileirando", ou seja, vai-se submetendo às limitações estruturais brasileiras, desenvolvendo e articulando práticas de interação social nos contextos comunitários. O que ocorre, de fato, é que os custos adicionais do modelo são recorrentes e inafastáveis. O MEC calcula a necessidade de um investimento da ordem de R$ 3.8 bilhões para viabilizar a meta do Plano Nacional de Educação de oferecer *educação em tempo integral* em, no mínimo, 50% das escolas públicas, de forma a atender, pelos menos, 25% dos alunos da educação básica. Para o CNE, porém, o montante necessário chega a, pelo menos, R$ 24 bilhões.

Constata-se que a experiência da implementação da política pública de oferta crescente de vagas na escola de jornada integral tem esbarrado em duas dificuldades desafiadoras; de um lado, a matrícula de alunos de tempo integral sem a correspondente contratação de professores permanentes e qualificados, portanto, via concurso público, e igualmente de tempo integral. A solução tem sido contratar monitores e profissionais de formação inadequada; de outro lado, a oferta de aulas regulares em um turno e a improvisação de atividades complementares no contraturno. Significa que temos ensino integral sem "aulas" integradas. E como disse o pesquisador da USP, Prof. José Francisco Soares, "[...] só assegurar mais tempo para o ensino ruim, não ajuda nada!" (apud *Revista Educação*, ano 16 (192), 2013, p. 52).

Verifica-se que, com classes superlotadas e com professores sobrecarregados, não é possível expandir atividades educativas amplas no interior da sala de aula, sob pena de um comprometimento ainda maior da escolaridade formal. Por isso, vai ganhando cada dia mais espaço a ideia de parcerias entre escola, comunidade e organizações sociais para a multiplicação de espaços de aprendizagem e do exercício de uma educação comunitária via projeto sociopedagógico abrangente.

No Brasil, as experiências de oferta de EF de tempo integral têm se ampliado de forma progressiva tanto na rede particular quanto nas redes públicas. Como já destacado anteriormente, a experiência dos CIEPs no Rio de Janeiro foi uma enorme janela nesta área. A ideia de Darcy Ribeiro, porém, morreu asfixiada pela descontinuidade da proposta. Os CIACs do Governo Collor e CAICs do Governo Itamar, irmãos gêmeos, tinham concepção arquitetônica, mas não pedagógica. Ou seja, eram vazios no poder de germinação educativa. Em educação é assim: discurso sem recursos gera decurso de prazo! Por isso, ambas as iniciativas sumiram na obscuridade das ideias opacas. Na verdade, o ensino de tempo integral fora de um horizonte utópico não prospera por se confundir com instrução, com reforço eventual, treinamento ou passatempo. Até por isso, as iniciativas aqui terão que ser progressivas, como precondição para a escola sair do seu aprisionamento institucional e transformar-se em um laboratório **de** e **da** vida. Pode-se dizer que, no passado, como no presente, as experiências da escola de tempo integral no Brasil têm tido problemas. Como elemento de retórica, têm produzido encantamento político, porém, como mecanismo de transformação educacional não têm gerado os efeitos esperados. Confunde-se escola de tempo integral com a pura extensão do tempo de permanência do aluno na escola. Via de regra, o que se tem nestas tentativas é a escola funcionando regularmente em um turno e, no outro, as crianças entregues a programações vazias e improvisadas por professores despreparados, quase sempre bolsistas universitários que atuam como boias-frias de educação. Ou seja, os contraturnos nada mais são do que espaços com programação artificial de uma escola de tempo integral *paradoxalmente* aligeirada. Grande parte das experiências em curso no Brasil atualmente mostra que há uma enorme distância entre os discursos e as intenções, com marcações excludentes entre nível pedagógico, gestão institucional e perspectiva social em projeção para os alunos. Sem dúvida, um projeto de escola de tempo integral tem implicações políticas e sociopedagógicas que transcendem a jornada escolar diária e a propaganda política. Na verdade, a escola nunca vai substituir a casa nem a família do aluno.

O que ocorre, de fato, é que o aluno estuda pela manhã e *passa* a tarde na escola ou vice-versa, ocupando-se (ou não!) com qualquer coisa que não tem nada a ver com o projeto pedagógico escolar. Os pais, por outro lado, se sentem **aliviados**, porque o filho está seguro, embora não necessariamente aprendendo.

De qualquer sorte, é importante que a lei educacional do país contemple esta possibilidade. Uma boa lei deve responder às necessidades, mas deve igualmente potencializar as chances de o cidadão construir utopias emancipadoras. Assim, parece relevante que o § 2º aponte para a evolução da oferta de Ensino Fundamental em tempo integral. Esta ideia poderá contribuir para o enfrentamento da velha questão de uma escola pobre para o aluno pobre oriundo de classes populares. É curioso observar como o tempo escolar do aluno pobre é curto. Nesse sentido, pode-se dizer que, embora o aluno pobre vá tendo cada vez mais acesso à escola, seu programa de estudos contribui para a desescolarização, à medida que a organização da escola não é concebida para ele permanecer nela grande parte do dia. É importante compreender que a escola de tempo integral, como já dito anteriormente, não precisa ser uma escola com arquitetura específica, caso dos CIEPs, mas uma escola de arquitetura normal desde que inclua, na formulação do Projeto Pedagógico, os diferentes "tempos" de aprendizagem. A ideia de Ensino Fundamental de tempo integral respeita o princípio da oferta diversificada de tipos de organização escolar.

É preocupante observar que, com a implantação do Fundeb, muitos sistemas de ensino passaram a fazer o discurso da escola de tempo integral e até a implantar a experiência, sem qualquer planejamento especial. Na origem desta iniciativa está "o olho grande" de alguns gestores nos recursos do Fundeb cuja lei de regulamentação (Lei 1.494/2007) diz que "a distribuição proporcional de recursos dos Fundos levará em conta as seguintes diferenças entre etapas, modalidades e tipos de estabelecimento de ensino de educação básica, como se pode constatar:

Art. 10

[...]

IX – Ensino Fundamental em tempo integral.

[...]

XII – Ensino Médio em tempo integral".

No mundo inteiro, os países paradigmáticos em educação adotam o sistema de ensino integral como forma de assegurar uma base indispensável de desenvolvimento sociocognitivo e psicopedagógico, requisito essencial para dar consistência a uma aprendizagem pelo resto da vida. Esta é considerada a melhor forma de economizar recursos públicos no futuro, enfrentando desemprego, desajuste social e violência de diferentes formas. A BNCC vai além: nesse contexto, ampliam-se as possibilidades intelectuais e intensifica-se a capacidade de raciocínios mais abstratos. Os estudantes tornam-se mais capazes de ver e avaliar os fatos pelo ponto de vista do outro... A compreensão dos estudantes como sujeitos com histórias e saberes construídos nas interações com outras pessoas, tanto do entorno social mais próximo, quanto da cultura midiática e digital, fortalece o potencial da escola como espaço formador e orientador para a cidadania consciente, crítica e participativa. Nessa direção, no Ensino Fundamental – Anos Finais, a escola pode contribuir para o delineamento do projeto de vida dos alunos, ao estabelecer uma articulação não somente com os anseios desses jovens em relação ao seu futuro, como também com a continuidade dos estudos, no Ensino Médio. Esse processo (...) pode representar mais uma possibilidade de desenvolvimento pessoal e social" (MEC-SEB/BNCC, 2018: 58), (LDB, art. 35, § 7º) e (Lei nº 13.415, de 2017).

Seção IV
Do Ensino Médio

Art. 35 – O Ensino Médio, etapa final da educação básica, com duração mínima de três anos, terá como finalidades:

I – a consolidação e o aprofundamento dos conhecimentos adquiridos no Ensino Fundamental, possibilitando o prosseguimento de estudos;

II – a preparação básica para o trabalho e a cidadania do educando, para continuar aprendendo, de modo a ser capaz de se adaptar com flexibilidade a novas condições de ocupação ou aperfeiçoamento posteriores;

III – o aprimoramento do educando como pessoa humana, incluindo a formação ética e o desenvolvimento da autonomia intelectual e do pensamento crítico;

IV – a compreensão dos fundamentos científico-tecnológicos dos processos produtivos, relacionando a teoria com a prática, no ensino de cada disciplina.

Art. 35 – A Lei 9.394/1996 (LDB) descarta a denominação anterior *Ensino de 2º Grau* e retoma a denominação *Ensino Médio*, consagrada na Lei 4.024/1961. A mudança é funcional. A Constituição Federal já havia restabelecido esta expressão. A nomenclatura reflete a posição tópica deste nível de ensino: posiciona-se entre o Ensino Fundamental e o Ensino Superior. É Médio porque está no meio. No entanto, ao restabelecer o nome, a LDB não pretende restabelecer a compreensão, haja vista que já o define como **etapa final da educação básica**. Pretende, desta forma, resgatar-lhe a identidade perdida. E o faz, definindo, claramente, as funções: i) consolidar e aprofundar conhecimentos anteriormente adquiridos; ii) preparar o cidadão produtivo; iii) potencializar a cidadania do aluno; iv) instrumentalizá-lo para a mudança; v) implementar a autonomia intelectual e a formação ética; vi) torná-lo sujeito da aprendizagem, capacitando-o a articular teoria e prática; vii) contextualizar os conhecimentos; e, por fim, viii) habilitá-lo a entender os processos produtivos, seja operando-os, seja captando suas tendências. A ausência desta moldura finalística para o Ensino Médio tinha-lhe retirado a substância educativa enquanto processo de aprendizagem plena, no circuito da EB, portanto, da educação escolar como direito fundamental e como empuxe de condições para a emancipação da cidadania, tornando viável uma sociedade mais igualitária, base para um estado democrático de direito. O fato é que, no caso da oferta do Ensino Médio, prevalecera, então, por longo tempo, a ideia de ciclo de estudos preparatórios para o vestibular. Ideia redimensionada com a implantação do novo *ENEM*, em 2009, passando a assumir o papel de instrumento complementar ou substitutivo do vestibular. Surge, portanto, deformado, porque inseminado no radar do vestibular e, não, no útero da educação básica. Como aponta Carneiro (2012: 32), "... pode-se dizer que, a partir de 2009, com as novas funções atribuídas ao Enem, este deixou de lado, definitivamente, a educação básica, à medida que inteiramente possuído dos requerimentos acadêmicos do vestibular, do acesso à universidade e, não, das exigências concretas do aluno egresso da educação básica". Cada ciclo de provas do Enem só produz resultados positivos para algumas centenas de milhares de alunos, enquanto milhões permanecerão descartados. Não é por acaso que, ao definir as Diretrizes Curriculares Nacionais Gerais para a Educação Básica, o Conselho Nacional de Educação ressalta, com grande lucidez normativa e política e com não menor preocupação estratégica, através da Res. CNE/CEB n. 4, de 2010, que

Art. 36 [...]

§ 1º – O Ensino Médio deve ter uma base unitária sobre a qual podem se assentar possibilidades diversas como preparação geral para o trabalho, ou, facultativamente, para profissões técnicas, na ciência e na tecnologia, com iniciação científica e tecnológica; na cultura como ampliação da formação cultural.

§ 2º – A definição e a gestão do currículo inscrevem-se em uma lógica que se dirige aos jovens, considerando suas singularidades, que se situam em um tempo determinado.

§ 3º – Os sistemas educativos devem prever currículos flexíveis, com diferentes alternativas, para que os jovens tenham a oportunidade de escolher o percurso formativo que atenda seus interesses, necessidades e aspirações, para que se assegure a permanência dos jovens na escola, com proveito, até a conclusão da educação básica.

Nesse mesmo horizonte, diz a Resolução CNE/CEB 2, de jan./2012, ao replicar as finalidades do Ensino Médio previstas na LDB e pontuar os seus enfoques definidores, qualquer que seja a forma de oferta e organização, como podemos constatar:

Art. 5º – O Ensino Médio em todas as suas formas de oferta e organização, baseia-se em:

I – formação integral do estudante;

II – trabalho e pesquisa como princípios educativos e pedagógicos, respectiva-mente;

III – educação em direitos humanos como princípio nacional norteador;

IV – sustentabilidade ambiental como meta universal;

V – indissociabilidade entre educação e prática social, considerando-se a historicidade dos conhecimentos e dos sujeitos no processo educativo, bem como entre teoria e prática no processo de ensino-aprendizagem;

VI – integração de conhecimentos gerais e, quando for o caso, técnico-profissionais realizada na perspectiva da interdisciplinaridade e da contextualização;

VII – Reconhecimento e aceitação da diversidade e da realidade concreta dos sujeitos do processo educativo, das formas de produção, dos processos de trabalho e das culturas a eles subjacentes;

VIII – Integração entre educação e as dimensões do trabalho, da ciência, da tecnologia e da cultura como base da proposta e do desenvolvimento curricular.

O eixo educação/trabalho/ciência/tecnologia/cultura ganha centralidade no conjunto dos elementos indutores da reforma do EM (Lei 13.415/2017), com desdobramentos na dinâmica operativa da BNCC deste nível de ensino cujo documento norteador assim posiciona a questão:

Em relação à preparação básica para o trabalho, que significa promover o desenvolvimento de competências que possibilitem aos estudantes inserir-se de forma ativa, crítica, criativa e responsável em um mundo do trabalho cada vez mais complexo e imprevisível, os projetos pedagógicos e os currículos escolares precisam se estruturar de maneira a: • explicitar que o trabalho produz e transforma a cultura e modifica a natureza; • relacionar teoria e prática ou conhecimento teórico e resolução de problemas da realidade social, cultural ou natural; • revelar os contextos nos quais as diferentes formas de produção e de trabalho ocorrem, sua constante modificação e atualização nas sociedades contemporâneas, em especial no Brasil; e • explicitar que a preparação para o mundo do trabalho não está diretamente ligada à profissionalização precoce dos jovens – uma vez que eles viverão em um mundo com profissões e ocupações hoje desconhecidas, caracterizado pelo uso intensivo de tecnologias –, mas à abertura de possibilidades de atuação imediata, a médio e a longo prazos e para a solução de novos problemas.

Estas diferentes dimensões potencializam o Ensino Médio como direito social de todos os cidadãos brasileiros. É importante perceber que a lei trata o Ensino Médio como conceito completo, semanticamente pleno e pedagogicamente suficiente. Não se fala mais de Ensino Médio propedêutico, Ensino Médio de formação geral, Ensino Médio profissionalizante e expressões outras que lhe desfiguram a compreensão. A lei é clara: "O Ensino Médio, *etapa final da educação básica [...]*" [grifo nosso]. Trata-se de um conceito com identidade epistemológica, com territorialização semântica precisa e com **paisagem decifrável**. Tanto é assim e tão essencial é este enfoque legal que a Resolução CNE/CEB 2/2012, instrumento normativo definidor das Diretrizes Curriculares Nacionais para o Ensino Médio, declara, em seu art. 2º, de forma impositiva:

Art. 2º – As Diretrizes Curriculares Nacionais para o Ensino Médio articulam-se com as Diretrizes Curriculares Nacionais Gerais para a Educação Básica e reúnem princípios, fundamentos e procedimentos, definidos pelo Conselho Nacional de Educação, para orientar as políticas públicas educacionais da União, dos estados, do DF e dos municípios na elaboração, planejamento, implementação e avaliação das propostas curriculares das unidades escolares públicas e particulares que oferecem o Ensino Médio.

O conceito de articulação aqui é extenso, intenso e complexo e envolve cinco campos de apreensão na execução curricular e, portanto, na adequada apropriação do Projeto Político Pedagógico. São eles: 1) Aprofundamento de conhecimentos; 2) Apropriação e complementaridade de conceitos e categorias básicos; 3) Equilibração de tempos de organização e ministração de conteúdos; 4) Integração teoria/prática na moldura de conhecimentos gerais e, por fim, 5) Avaliação como processo formativo e *cumulativo*.

Convém destacar que se o Ensino Médio tem, entre suas finalidades, a consolidação e o aprofundamento do que foi aprendido no Ensino Fundamental, é razoável concluir que a escola de Ensino Médio deve ter como traço marcante a característica de ser uma escola para jovens, ou seja, uma escola que seja ativa na sua concepção psicopedagógica, aberta na sua concepção arquitetônica e contemporânea no seu currículo, de tal sorte que responda, adequadamente, às necessidades bio-sócio-afetivas, culturais e profissionais desta população e que use as novas tecnologias de comunicação e informação no processo de ensino-aprendizagem (multimídia). Mas, por outro lado, se esta escola deve oferecer condições para a preparação básica para o trabalho, deve também preocupar-se com o trabalhador-estudante, assim que lhe seja oferecido acesso a conteúdos contextualizados, assegurando-se relações concretas e consequentes entre conhecimento e contexto. O fundamental é o estímulo ao protagonismo do aluno, de tal sorte que ele vá ganhando autonomia intelectual e capacidade laboral.

Ressalte-se que a lei determina, como **duração mínima** [grifo nosso] para o Ensino Médio, três anos, podendo, assim, ser organizado em tempo maior. É o que ocorre, por exemplo, com o Ensino Médio de conteúdos integrados em que se conjugam educação geral e educação profissional (Decreto

5.154/2004), no esquema da educação profissional integrada. Por outro lado, a possibilidade de uma organização variável do Ensino Médio, em termos de duração de anos, é pedagógica e socialmente adequada, considerando o imperativo de a escola respeitar as *necessidades básicas de aprendizagem do aluno*. Na verdade, a escola organizada com tempo de duração uniforme é a melhor maneira de produzir exclusão social em um país com tantas desigualdades sociais e com alunos de faixas etárias tão diversificadas.

Etapa final da educação básica quer dizer que o Ensino Médio é parte da formação a que todo cidadão brasileiro deve necessariamente ter acesso para poder viver uma cidadania participativa e produtiva. Isto tem duas implicações distintas: o currículo deve ter como base conteúdos voltados para o domínio de competências básicas e, ainda, deve ter vínculo com os diferentes contextos da vida dos alunos (aprendizagem significativa). Uma análise mais detida sobre as finalidades do Ensino Médio vai-nos dar, também, uma visão mais objetiva destas duas amplas implicações. Antes, porém, vejamos a evolução das matrículas no Ensino Médio:

Número de matrículas no Ensino Médio (total, integrado e não integrado à Educação Profissional) – BRASIL – 2018 - 2022

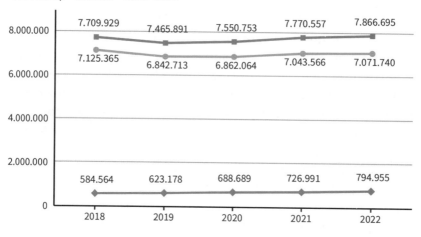

Fonte: Elaborado pela Deed/Inep com base nos dados do Censo Escolar da Educação Básica.

> **I** – O Ensino Fundamental trabalha o currículo com foco em: capacidades afetivas e cognitivas, identidade, valorização do corpo e da vida, domínio de linguagens, construção do pensamento lógico, sistematização do

conhecimento, organização social, cidadania participativa, conhecimento das características do Brasil, valorização da pluralidade do patrimônio sociocultural brasileiro, interações sociais e com o meio ambiente e formas de intervenção na realidade. Estas informações, conhecimentos e maneiras de agir de forma cidadã, agora, no Ensino Médio, precisam ser consolidadas e aprofundadas. Como? É no Ensino Médio, etapa final da educação básica, que o aluno começa a trabalhar o conhecimento em uma convergente dimensão, ao mesmo tempo mais escolar e mais científica. Ou seja, o conhecimento, agora, está mais voltado para o desenvolvimento de rotas na perspectiva do *aprimoramento do aluno* nos três domínios da ação humana: a vida em sociedade, a atividade produtiva e a experiência subjetiva. Esta tríade é trabalhada pelo currículo do Ensino Médio na perspectiva da *integração de homens e mulheres no tríplice universo das relações políticas, do trabalho e da simbolização subjetiva* (Pcnem). É precisamente nesta direção que o art. 5º da Resolução CNE/CEB, 2/2012, elucida o que o Ensino Médio deve focar em todas as suas formas de oferta e organização.

Aqui parece necessário deixar mais clara a distinção entre conhecimento escolar e conhecimento científico. O conhecimento escolar e o conhecimento científico guardam, como anota Cicillini (2002: 37), aproximações e distanciamentos. Na escola, o conhecimento se hospeda no currículo. Este é, na verdade, um entranhado de formas plurais de saber, que interagem no corpo das disciplinas. Como o currículo é um artefato histórico e social, as disciplinas e, portanto, o conhecimento escolar, resultam de pressões sociais, políticas, culturais, econômicas e tantas outras. O conhecimento científico, por sua vez, é aquele resultante de pesquisas submetidas ao rigor das regras científicas voltadas para a evolução e transformação do próprio conhecimento. Estabelecido o conhecimento novo, faz-se a tradução deste conhecimento através de padrões de simplificação para poder ser veiculado pela escola. A este processo dá-se o nome de *transposição didática*, que Chevallard (1985) define como "o trabalho de se fabricar um objeto de ensino, ou seja, fazer um objeto de saber produzido pelo cientista ser objeto do saber escolar [...]. Para que isto ocorra, o saber original sofre profundas transformações que vão muito além de uma mera simplificação dos códigos científicos com o intuito de aproximá-los dos iniciantes". O que ocorre é que o domínio pleno do conhecimento é restrito a poucos, sendo, apenas, uma parte dele apropriada pela sociedade e pela escola. Marx já chamara a atenção para este fato no posfácio da 2ª edição de *O capital*, como se pode ver: *É mister, sem dúvida, distinguir, formalmente, o método de exposição do método de pesquisa. A investigação tem de se apoderar das matérias em seus pormenores, de analisar suas diferentes formas de desenvolvimento e de perquirir a conexão última que há entre elas. Só depois de concluído esse trabalho é que se pode descrever adequadamente o movimento do real* (MARX, 1982: 16).

Assentadas estas premissas, o Ensino Médio atribui a todos os componentes curriculares a mesma relevância, seja porque a interdisciplinaridade dos conteúdos e as respectivas áreas vão alargar as possibilidades de consolidar e aprofundar conhecimentos, seja porque se abre, aqui, a porta para o *prosseguimento de estudos*, via cursos pós-médios e universitários, onde a ciência e tecnologia requerem instrumentos intelectuais próprios e capacidades cognitivas adequadas à sua apreensão. Enfim, pode-se dizer que o conhecimento escolar inicial trabalha com foco em um mundo dado, constituído por fenômenos e o *conhecimento científico trabalha com foco em um mundo recomeçado, estruturado em uma fenomenotécnica* (LOPES, 1999: 123). É no Ensino Médio que o aluno desperta para a valorização do pensamento científico abstrato. Daí por que a lei fala em consolidação e aprimoramento dos conhecimentos adquiridos anteriormente.

> II – A preparação básica para o trabalho e para a cidadania do aluno são finalidades que o Ensino Médio vai perseguir por via de um currículo centrado no desenvolvimento de competências. Para caminhar nesta direção, a escola deve trabalhar o currículo com foco nas aprendizagens significativas que, de acordo com a teoria cognitiva da aprendizagem (Ausubel), consistem em novas informações (aquelas trazidas pelos conteúdos de cada disciplina) se hospedarem em conceitos e níveis de compreensão preexistentes na estrutura cognitiva do aluno. É a partir da inserção em aprendizagens significativas que se desenvolvem habilidades e competências, entendidas como atributos intelectuais que o aluno incorpora a si através dos conhecimentos em sala de aula e que estão à disposição (disponibilizadas potencialmente) para ser usadas de forma adequada sempre que necessário. A preparação para o trabalho realizada pela escola de Ensino Médio tem precisamente esta finalidade de potencializar e explicar a relação entre teoria e prática, entre conteúdos e contextos, destacando que o **trabalho** é o contexto mais importante da experiência curricular no Ensino Médio. Evidentemente que não se cogita aqui um trabalho limitado à educação profissional, senão como espaço de exercício da cidadania. Portanto, o trabalho como facho das atividades humanas. Nesse horizonte, a educação deixa de ser um instrumento de **conformação**, para ser um conjunto de processos que ensejam ao indivíduo **continuar aprendendo**, tendo em vista a compreensão dos "fundamentos científicos e tecnológicos dos processos produtivos", como apontam os incisos seguintes.

> III – O aprimoramento do aluno como pessoa humana é desdobramento do inciso anterior, quando fala em preparação para a cidadania. Mudam, apenas, os estágios. Um consolida, o outro aprofunda. O aluno é uma identidade e, portanto, um ser de diferença. A construção da identidade é um processo longo e complexo porque está vinculada a condições sociais e materiais. Rutherford (1950: 15) esclarece que "[...] a identidade marca o encontro do nosso passado com as relações sociais, culturais e econômicas nas quais vivemos agora [...] a identidade é a interseção de nossas vidas cotidianas [...]", ou seja, a escola de Ensino Médio é o espaço privilegiado que o aluno encontra, certamente pela primeira vez, para aclarar sua sociobiografia, sua história de vida, suas condições como ser de relações. O currículo estudado vai lhe oferecer oportunidades de aprender melhor o conjunto dos padrões culturais que produzem o seu biótipo e o seu sociotipo. Este nível de compreensão ajudá-lo-á a crescer no campo da tolerância, do reconhecimento das diferenças, no direito à igualdade, na responsabilidade coletiva, em suma, em seu processo ininterrupto de harmonização e de humanização.

Na perspectiva aqui colocada, três são as dimensões a serem trabalhadas pela escola de Ensino Médio. A primeira é a formação ética, enquanto resultante de processos vinculados a contextos em que cada um se confronta com a tarefa de sua incessante autocriação, porque a vida nunca está pronta. Introduzir esta dimensão ética importa internalizar a ética com refletores que mostram que as *relações humanas não visam o controle do outro, senão a possibilidade de se confrontar com o inesgotável, com o infinito das pessoas e das situações* (IMBERT, 2001: 95). Isto supõe aceitar a diferença e valorizar a diversidade. Mais do que isto: conhecer o direito à individuação (TOURAINE, 2002: 14) é reconhecer o direito à autenticidade. A segunda dimensão é o desenvolvimento da autonomia intelectual, ou seja, disponibilizar instrumentos cognitivos que possibilitem, ao aluno, reconstruir, reinventar e refinalizar os conhecimentos, tornando-os capazes de negociação permanente dos significados dos conteúdos curriculares. Ou como dizem as Diretrizes Curriculares Nacionais Gerais para a Educação Básica, replicadas nas Diretrizes Curriculares Nacionais para o Ensino Médio, motivar o aluno a aprender a aprender e a pensar, a relacionar o conhecimento com dados da experiência cotidiana, a dar significado ao aprendido e a captar o significado do mundo. A terceira dimensão é o desenvolvimento do pensamento crítico. Implica aprender, progressivamente, a adotar uma postura reativa responsável, fazendo o nexo entre teoria e prática e argumentando com base em fatos. *O pensamento crítico tem como precondição o reconhecimento de que argumentar com responsabilidade mobiliza afetos, emoções e relações com os pares, além de cognições e habilidades intelectuais* (Pcnem). Estas três dimensões juntas vão oferecer, ao aluno, condições para identificar as conexões existentes entre os conteúdos curriculares, as situações de aprendizagem e os diferentes contextos da vida pessoal, social e planetária. É a isto que se convencionou chamar de constituição de uma identidade autônoma, suprema finalidade da educação básica *no horizonte da educação integral dos(as) alunos(as) no que concerne aos aspectos físicos, cognitivos, socioemocionais e socioprodutivos* (BNCC).

> IV – A compreensão dos fundamentos científico-tecnológicos dos processos produtivos como mais uma finalidade do Ensino Médio está diretamente ligada ao conteúdo do inc. II. Na verdade, enquanto conhecimentos aplicados às diferentes áreas da atividade humana, as tecnologias somente ganham relevância quando referenciadas a contextos de trabalho, sem excluir os contextos da vida pessoal, cotidiana e convivencial, evidentemente. Se no Ensino Fundamental a tecnologia marca presença como "alfabetização científico-tecnológica", entendida como a familiarização com tecnologias de uso geral – telefones celulares, equipamentos de multimídia, computadores, *tablets*, controles remotos, cartões magnéticos etc. –, no Ensino Médio sua compreensão é mais extensa e intensa. É absorvida como processo e como produto. No primeiro caso, ela surge integrada às Ciências da Natureza e à Matemática, possibilitando uma maior compreensão contemporânea do universo físico, da vida planetária e da vida humana. No segundo caso, além de dar sentido ao uso intensivo da tecnologia, o aluno do Ensino Médio é educado, também, para conectar os inúmeros conhecimentos com suas aplicações tecnológicas extensivas, através da contextualização de todas as áreas e de todas as disciplinas. Ultrapassa, assim, como assinala Menezes (1998), "o discurso sobre as tecnologias", de utilidade duvidosa. E arremata este mesmo autor "[...] é preciso identificar nas matemáticas, nas ciências naturais, nas ciências humanas, na comunicação e nas artes, os elementos de tecnologia que neles são essenciais e desenvolvê-los como conteúdos vivos, como objetivos da educação e, ao mesmo tempo, meio para tanto".

Na verdade, a compreensão da tecnologia incorporada aos processos produtivos e sua procura no quadro das finalidades do Ensino Médio remetem ao próprio currículo não só deste nível de ensino, mas de toda a educação básica, dando *expressão concreta à preparação básica para o trabalho e para a cidadania.*

Em síntese, a escola de Ensino Médio não pode funcionar divorciada dos processos produtivos, sob pena de preparar cidadãos alienados para viver na sociedade do trabalho. Aqui, cogita-se, sobretudo, de cidadania e de participação. A reestruturação da base técnica do setor produtivo e das relações econômicas internacionais, tendo como grau de moldura a globalização, tudo isto requer, hoje, a construção de um perfil profissional qualificado sob a sustentação de uma educação básica consistente, o que supõe um currículo de Ensino Médio que contribua de forma objetiva para o aluno, cidadão e trabalhador, construir "a sua história, o seu projeto e o seu percurso" (AGIER & GUIMARÃES, 1995: 41). No Brasil, o Ensino Médio sempre esteve mais voltado para os programas de ensino do que para o aluno concreto. Na verdade, a família cuida um pouco da Educação Infantil, cuida mal do Ensino Fundamental e se descuida do Ensino Médio. O governo mal cuida de tudo e de todos! Os professores se desdobram para dar conta de cada um. E a universidade quer receber o aluno ideal. Como este não existe, pode-se dizer que há um total descompasso entre todos estes atores com prejuízos incalculáveis para o adolescente da escola de Ensino Médio. Como diz Macedo (2009, Jornal O *Estado de S. Paulo* – Caderno Aliás, J3), "o Ensino Médio é primo pobre da educação no Brasil". Talvez por isso, já se esteja falando em "novo Ensino Médio", como veremos a seguir. Antes disso, porém, vale a pena a radiografia crítica desse nível de ensino, conforme os números do último Censo Escolar de 2022:

• Há no país 7.866.695 alunos no Ensino Médio;

• Este número corresponde a 16,67% do contingente de alunos da educação básica;

• 84,2% destes alunos estão matriculados nas redes estaduais;

• Taxa de distorção idade-série no Ensino Médio: 22,2%;

• Taxa de matrícula em tempo integral: 19% sendo: 20,4% na rede pública e 9,1% na rede privada.

• Taxa de rendimento do Ensino Médio (Total – Brasil – 2020) (em %):

Nível	Aprovação	Reprovação	Abandono
1ª Série	80,5	13,4	6,1
2ª Série	87,3	8,1	4,6
3ª Série	92,5	4,5	3,0
4ª Série	88,9	7,2	3,9

Fonte: MEC/Inep/Deed.

• IDEB do Ensino Médio por Região e Total Brasil – 2020:

BRASIL	4.2
Norte	3.6
Nordeste	3.9
Sudeste	4.4
Sul	4.4
Centro-Oeste	4.4
Distrito Federal	4.5

Fonte: MEC/Inep/Deed.

• Os investimentos nesse nível de ensino são da ordem de 0,6% do Produto Interno Bruto, contra 1,5% no Ensino Fundamental. O baixo investimento no Ensino Médio pode esclarecer a realidade inaceitável dos índices que seguem.

A consequência das limitações nos padrões de qualidade do Ensino Médio, sobretudo, o de oferta pública, é um cenário com elevados índices de evasão, abandono e repetência, agravado, ainda, pelo problema crucial da distorção idade/série. Em comparação com os anos anteriores, o Ideb do Ensino Médio exibe resultado significativamente elevado, sobretudo considerando que desde 2011 o índice estava praticamente estagnado, oscilando de 3,4 para 3,8. Destaque-se que, no atual governo (2023), o MEC deflagrou consulta, de amplitude nacional, para aferir o andamento da reforma do NOVO ENSINO MÉDIO (Lei nº 13.415/2017), e coleta de sugestões para possíveis redirecionamentos. Na verdade, a atual estrutura das escolas de Ensino Médio – patamar dos meios e recursos – e a atual disponibilidade de professores e pessoal técnico – patamar dos níveis de operacionalidade metodológica dos "*bios virtual*" (Muniz SODRÉ, 2014), da educação virtual (LDB, art. 4º, parágrafo único), do Ensino Híbrido: Personalização e Tecnologia na Educação (BACICH, TANZI NETO e TREVISANI, 2019:47), e da aprendizagem e correspondente avaliação em educação *online* (Marco SILVA, 2006:23), não tem dimensão organo-funcional nem efetiva para atender uma organização escolar reconceituada com uma nova forma para um novo fim. A utopia sempre está distante e "a utopia concreta" (Henri DESROCHE:1976) nem sempre está próxima, tampouco é cogitada!

A BNCC enfatiza a urgência de se olhar o Ensino Médio no contexto da Educação Básica, "direito público subjetivo de todo cidadão brasileiro". Todavia, a realidade educacional do País tem mostrado que essa etapa representa um gargalo na garantia do direito à educação. Entre os fatores que explicam esse cenário, destacam-se o desempenho insuficiente dos alunos nos anos finais do Ensino Fundamental e organização curricular do Ensino Médio vigente, com excesso de componentes curriculares e uma abordagem pedagógica distante das culturas juvenis e do mundo do trabalho" (MEC--SEB, 2019:461).

A escola de Ensino Médio, para alcançar as finalidades deste art. 35 da LDB, deve ter, na interdisciplinaridade e contextualização dos conteúdos, na flexibilidade do currículo e no trabalho em equipe, as estratégias fundamentais de organização e funcionamento. Para tanto, impõe-se uma nova abordagem da formação inicial e continuada dos professores, dos gestores e do pessoal da equipe de apoio técnico-pedagógico. A evolução do crescimento do Ensino Médio para os próximos anos dá uma ideia exata do tamanho deste desafio, já previsto em estudos de dez anos atrás. Mas esta evolução deve acompanhar necessariamente a refundação do currículo desta etapa da educação básica, tendo, como consequência, reinseri-lo na estrutura orgânica da educação básica, da qual é etapa final, como posto no *caput* do art. 35, ora apreciado.

Art. 35-A – A Base Nacional Comum Curricular definirá direitos e objetivos de aprendizagem do Ensino Médio, conforme diretrizes do Conselho Nacional de Educação, nas seguintes áreas do conhecimento: (Incluído pela Lei 13.415, de 2017)

I – Linguagens e suas Tecnologias; (Incluído pela Lei 13.415, de 2017)

II – Matemática e suas Tecnologias; (Incluído pela Lei 13.415, de 2017)

III – Ciências da Natureza e suas Tecnologias; (Incluído pela Lei 13.415, de 2017)

IV – Ciências Humanas e Sociais Aplicadas. (Incluído pela Lei 13.415, de 2017)

§ 1º – A parte diversificada dos currículos de que trata o *caput* do art. 26, definida em cada sistema de ensino, deverá estar harmonizada à Base Nacional Comum Curricular e ser articulada a partir do contexto histórico, econômico, social, ambiental e cultural. (Incluído pela Lei 13.415, de 2017)

§ 2º – A Base Nacional Comum Curricular referente ao Ensino Médio incluirá obrigatoriamente estudos e práticas de educação física, arte, sociologia e filosofia. (Incluído pela Lei 13.415, de 2017)

§ 3º – O ensino da língua portuguesa e da matemática será obrigatório nos três anos do Ensino Médio, assegurada às comunidades indígenas, também, a utilização das respectivas línguas maternas. (Incluído pela Lei 13.415, de 2017)

§ 4º – Os currículos do Ensino Médio incluirão, obrigatoriamente, o estudo da língua inglesa e poderão ofertar outras línguas estrangeiras, em caráter optativo, preferencialmente o espanhol, de acordo com a disponibilidade de oferta, locais e horários definidos pelos sistemas de ensino. (Incluído pela Lei 13.415, de 2017)

§ 5º – A carga horária destinada ao cumprimento da Base Nacional Comum Curricular não poderá ser superior a mil e oitocentas horas do total da carga horária do Ensino Médio, de acordo com a definição dos sistemas de ensino. (Incluído pela Lei 13.415, de 2017)

§ 6º – A União estabelecerá os padrões de desempenho esperados para o Ensino Médio, que serão referência nos processos nacionais de avaliação, a partir da Base Nacional Comum Curricular. (Incluído pela Lei 13.415, de 2017)

§ 7º – Os currículos do Ensino Médio deverão considerar a formação integral do aluno, de maneira a adotar um trabalho voltado para a construção de seu projeto de vida e para sua formação nos aspectos físicos, cognitivos e socioemocionais. (Incluído pela Lei 13.415, de 2017)

§ 8º – Os conteúdos, as metodologias e as formas de avaliação processual e formativa serão organizados nas redes de ensino por meio de atividades teóricas e práticas, provas orais e escritas, seminários, projetos e atividades on-line, de tal forma que ao final do Ensino Médio o educando demonstre: (Incluído pela Lei 13.415, de 2017)

I – domínio dos princípios científicos e tecnológicos que presidem a produção moderna; (Incluído pela Lei 13.415, de 2017)

II – conhecimento das formas contemporâneas de linguagem. (Incluído pela Lei 13.415, de 2017)

Art. 35-A – O conteúdo deste art. 35-A, acrescido à LDB, representa um extraordinário avanço sob o ponto de vista de concepção operativa da organização da **educação escolar** (art. 1º, § 1º) no país. Esta nova perspectiva do currículo de toda a educação básica, assentada inicialmente no art. 26 da LDB e retomada no PNE, como veremos adiante, vai ter desdobramentos nos programas de ensino, nos planos de aula, nas metodologias adotadas, nas práticas pedagógicas, na distribuição dos conteúdos ao longo do ano letivo, nas formas de avaliar da escola e no encaminhamento de procedimentos para formulação e definição dos conteúdos das avaliações nacionais. Adicionalmente às provas do Vestibular, ao PAS e ao Enem, impõe-se nova orientação, submetidos que ficarão aos parâmetros da BNCC e aos direitos e objetivos de aprendizagem. Estes estão previstos no PNE, no tocante ao Ensino Médio:

Meta 3

Estratégias:

[...]

3.1) institucionalizar programa nacional de renovação do Ensino Médio, a fim de incentivar práticas pedagógicas com abordagens interdisciplinares estruturadas pela relação entre teoria e prática, por meio de currículos escolares que organizem, de maneira flexível e diversificada, conteúdos obrigatórios e eletivos articulados em dimensões como ciência, trabalho, linguagens, tecnologia, cultura e esporte, garantindo-se a aquisição de equipamentos e laboratórios, a produção de material didático específico, a formação continuada de professores e a articulação com instituições acadêmicas, esportivas e culturais;

3.2) o Ministério da Educação, em articulação e colaboração com os entes federados e ouvida a sociedade mediante consulta pública nacional, elaborará e encaminhará ao Conselho Nacional de Educação (CNE) até o 2º (segundo) ano de vigência deste PNE, proposta de direitos e objetivos de aprendizagem e desenvolvimento para os(as) alunos(as) de Ensino Médio, a serem atingidos nos tempos e etapas de organização deste nível de ensino, com vistas a garantir formação básica comum.

A compreensão e o contorno da Base Nacional Comum Curricular (BNCC), parametrados pelo Conselho Nacional de Educação via diretrizes curriculares de cada nível de ensino e de cada modalidade educativa, passa a ser a bússola da escola para estruturar o currículo, enquanto compacto de disciplinas, para formatar as áreas de conhecimento, enquanto territórios de conexões intensas e articuladas das disciplinas e para desenhar o mapa de competências a desenvolver, enquanto chão dos eixos cognitivos estruturadores de toda a aprendizagem. Com este novo perfil normativo do currículo do Ensino Médio, espera-se que os "cursinhos pré-vestibulares" deixem de ditar as regras dos conteúdos do Ensino Médio como antessala do vestibular e se submetam às definições da BNCC, resgatando-se, assim, minimamente, a posição legal e funcional do Ensino Médio como etapa final da educação básica (art. 24) e referência obrigatória de escolaridade para todos os cidadãos brasileiros poderem conviver e sobreviver como partícipes atuantes na sociedade do conhecimento.

A BNCC tem previsão legal na CF (art. 210), na LDB (art. 9º, inc. IV, art. 26 e art. 35-A) e no PNE (Meta 2, Estratégia 2.2 e Meta 3, Estratégia 3.3). Trata-se de documento definidor do conjunto de *aprendizagens essenciais* e indispensáveis a que todos os alunos (crianças, jovens, adultos e trabalhadores em processo de escolarização tardia/EJA) tem direito. Destina-se a redes de ensino e a instituições escolares **públicas** e **privadas** que passam a ter na BNCC uma referência nacional obrigatória para a elaboração e adequação de seus currículos e propostas pedagógicas. Como anotado no DR/BNCC, esta referência é o ponto ao qual se quer chegar a cada nível, etapa e ano/série da EB, enquanto os currículos traçam o caminho até lá. Neste sentido, a BNCC é referência obrigatória também para: a) Políticas e Diretrizes de Formação Docente; b) Preparação de materiais didáticos e insumos gerais de apoio à sala de aula; c) Critérios de gestão e coordenação pedagógica; d) Projeto Pedagógico Escolar; e) Procedimentos de avaliação do rendimento escolar e da autoavaliação institucional; f) Elaboração de provas em nível nacional no campo da avaliação (Ideb, Enem, Enade). Vale lembrar que, no caso do Enem, os resultados das provas deverão possibilitar (...), *entre outras consequências, a criação de referência nacional para o aperfeiçoamento dos currículos do EM, de acordo com a Portaria 468/2017-GM/ME*; g) Elaboração de exames vestibulares e, por fim, h) Balizamento para fixação de diretrizes para organização e funcionamento de toda a Educação Básica. Neste amplo horizonte, a BNCC se impõe como instrumento legal e normativo para redução das desigualdades socioeducacionais, promoção da equidade e aprimoramento da qualidade do ensino. Por isso, a BNCC define **10 competências gerais** que formatam, no âmbito pedagógico, os direitos de aprendizagem e desenvolvimento dos alunos e que devem ser operacionalmente desdobrados no tratamento didático-pedagógico para os três níveis da educação básica (EI, EF e EM) articulando-se na construção de conhecimentos, no desenvolvimento de habilidades e na formação de atitudes e valores. Os fundamentos pedagógicos da BNCC concentram-se no desenvolvimento de competências, espelhamento do que os alunos devem **saber** e do que devem **saber fazer**, ou seja, do que os alunos devem aprender na EB, importando não apenas acumular conhecimentos, mas desenvolver capacidades de mobilizá-los e aplicá-los.

A BNCC não é currículo, embora haja entre ambos, de um lado, uma convergência de princípios e valores, focados no "compromisso com o desenvolvimento humano global em suas múltiplas dimensões", e, de outro, uma complementaridade de papéis "... para assegurar as aprendizagens essenciais de cada etapa da educação básica, materializadas no currículo em ação". O foco no desenvolvimento de competências é uma tendência internacional e enfoque adotado pela Ocde (que coordena o Pisa) e pela Unesco a quem se vincula o Laboratório Latino-Americano de Avaliação da Qualidade da Educação para a América Latina/LLECE. Pesquisa do Senpec/2015 registra a presença do ensino por competência em documentos curriculares de grande parte dos estados brasileiros e de municípios, ideia diluída em termos e expressões como: "competência e habilidade", "capacidade", "expectativa de aprendizagem" ou, ainda, "o que os alunos devem aprender". A expectativa é que no prazo de 2 anos (2020), a partir das Diretrizes do CNE, os sistemas de ensino comecem a executar a BNCC, embora tenham a possibilidade de já iniciar este processo. Para tanto, o MEC institucionalizou, através da Portaria n. 333, de 5 de abril de 2018, o Programa de Apoio a Implementação da Base Nacional Comum Curricular/ProBNCC, voltado para as redes estaduais e municipais, como respaldo técnico e financeiro, e como apoio direto ao processo de revisão ou elaboração e implementação de seus currículos alinhados à BNCC ao longo dos anos de 2018 e 2019. Lamenta-se a indisponibilidade de mapas de evidências dos avanços da BNCC por região, Estados, DF e Municípios. No caso dos municípios, é fundamental a existência de relatórios da execução e implementação da BNCC, independentemente do tamanho do município e de sua densidade populacional. Ou seja, municípios com extensas áreas metropolitanas e municípios médios e pequenos precisam disponibilizar estudos radiográficos de reformas, inovações e da execução de novos dispositivos legais, como precondição para a população aferir se as respectivas políticas e se os respectivos processos de planejamento correspondem aos dados da realidade, à qualidade do ensino e à construção dos respectivos resultados esperados para cada nível de ensino. Habitualmente, o Estado brasileiro é descuidado neste particular. Exatamente porque a sociedade e as comunidades em geral não cobram dele este nível de responsabilização.

> I, II, III e IV – As áreas de conhecimento mantêm a compreensão já consolidada na legislação de estuário de disciplinas e competências interligadas e permeáveis à apreciação de conhecimentos interativos, estabelecendo-se, assim, formas mais sensíveis e perceptíveis de comunicação entre os conteúdos curriculares. Processo este sempre apoiado nos princípios de interdisciplinaridade e de contextualização. Vale lembrar que a ideia de circunscrição de áreas de conhecimento via currículo escolar "carrega certa dose de arbítrio", risco atenuado pela proposta pedagógica escolar.

As três áreas anteriores desdobram-se em quatro e assumem nova denominação, como se pode ver:

Áreas – Legislação atual	Áreas – Legislação aplicada (a partir de 2020)[60]
> Linguagem, Códigos e suas Tecnologias	> Linguagens e suas Tecnologias
> Ciências da Natureza, Matemática e suas Tecnologias	> Matemática e suas Tecnologias
	> Ciências da Natureza e suas Tecnologias
> Ciências Humanas e suas Tecnologias	> Ciências Humanas e Sociais Aplicadas

A expansão das áreas na nova legislação visa a elastecer as dobras do currículo cuja flexibilização passa a constituir princípio fundacional para viabilizar abertura de percursos formativos múltiplos com base em arranjos curriculares diferenciados, como veremos na abordagem do art. 36.[84]

Pela sua relevância para o mundo da tecnologia, a matemática passou a constituir área própria e sua ministração, ao lado de língua portuguesa, se tornou obrigatória nos três anos do Ensino Médio (art. 3º, § 3º).

Aos conteúdos das áreas, mantiveram-se conectadas as tecnologias respectivas por duas razões principais:

1) O mundo vive mergulhado na totalidade tecnológica e é fundamental a cada cidadão compreender os impactos das tecnologias nos processos de produção, no desenvolvimento do conhecimento e na "vida social".

2) É igualmente fundamental que o cidadão saiba "aplicar as tecnologias da informação e da comunicação na escola, no trabalho e em outros contextos relevantes para sua vida".

As quatro novas áreas definidas em lei são circunscrições da Base Nacional Comum Curricular (BNCC) dos currículos de todas as escolas de Ensino Médio, cujas propostas pedagógicas devem fixar, a partir de critérios estabelecidos pelo respectivo sistema de ensino:

a) A participação proporcional de cada área no conjunto do currículo.

b) As disciplinas com as respectivas competências a serem incluídas em cada uma delas.

---

84. O art. 12 da Lei 13.415, de 2017, determina: "Art. 12. Os sistemas de ensino deverão estabelecer cronograma de implementação das alterações na Lei no 9.394, de 20/12/1996, conforme os arts. 2º, 3º e 4º desta Lei, no primeiro ano letivo subsequente à data de publicação da Base Nacional Comum Curricular, e iniciar o processo de implementação, conforme o referido cronograma, a partir do segundo ano letivo subsequente à data de homologação da Base Nacional Comum Curricular". A publicação da BNCC do EM estava prevista para ocorrer até o final de 2017, o que não ocorreu, tendo ficado para 2018. Neste caso, a implementação obrigatória ficaria para 2020, depois de os Sistemas de Ensino terem feito os necessários enquadramentos normativos em 2018/2019, como determinado pela lei acima referida.

c) As disciplinas e competências da parte diversificada, à luz dos critérios estabelecidos pelo respectivo sistema e em sintonia com a BNCC e articulada "com o contexto histórico, econômico, social, ambiental e cultural", como previsto no § 1º, visto a seguir.

§ 1º – A parte diversificada do currículo que, articulada à Base Nacional Comum, integra os currículos da educação infantil, do Ensino Fundamental e do Ensino Médio (art. 26), tem a função primordial de atrair, para a aprendizagem, os insumos do contexto. Por semelhança ao que disse Ortega y Gasset, o grande pensador espanhol, o aluno é ele e **sua circunstância**. Para a escola, as referências obrigatórias do projeto pedagógico deságuam na região e nas situacionalidades locais, condicionantes sociopedagógicas da missão da instituição de ensino. Como propõe Saviani (1980: 120): "A educação é um processo que se caracteriza por uma atividade mediadora no seio da prática social. Tem-se, pois, como premissa básica que a educação está sempre referida a uma sociedade concreta, historicamente situada". Parte diversificada e BNCC harmonizadas (art. 35-A, § 1º) formam o lastro obrigatório de extensão do currículo. A primeira formatada sob critérios norteadores definidos pelo respectivo órgão normativo do sistema e a segunda, pelo Conselho Nacional de Educação. Ambas, intrinsecamente articuladas, sintonizadas e convergentes na busca de concretizar os fins da educação assentados no art. 2º da LDB e de aproximar-se, o quanto possível, dos contextos de envolvimento sociocultural dos alunos, começando com as formas de *"articular-se com as famílias e a comunidade, criando processos de integração da sociedade com a escola"* (art. 12, inc. VI).

§ 2º – A Base Nacional Comum Curricular (BNCC) é um imenso lastro de direcionamentos de conteúdos que vão assegurar, ao cidadão brasileiro, uma formação comum. Neste parágrafo, o legislador inclui, como oferta obrigatória do projeto pedagógico escolar, conteúdos e práticas de Educação Física, Arte, Sociologia e Filosofia, conteúdos que, inicialmente, foram anunciados pelo MEC como ausentes do currículo, mas que, em face da intensa reação da sociedade e graças à insistência da Bancada da Educação na Câmara Federal, foram reavaliados e, por fim, reintroduzidos no texto da Lei da Reforma. Sobre a importância do ensino de **Arte**, já falamos na abordagem do art. 26, § 2º. Considerando, porém, as demarcações finalísticas do Ensino Médio (art. 35), sobretudo, o inc. I (aprofundamento dos conhecimentos adquiridos no Ensino Fundamental), é de todo conveniente revisitar dois enfoques da BNCC, voltados para a **Arte**, enquanto componente curricular do EM/Área de Linguagens e suas Tecnologias.

Enfoque 01: *A **Arte** contribui para o desenvolvimento da autonomia criativa e expressiva dos estudantes, por meio da conexão entre racionalidade, sensibilidade, intuição e ludicidade. Ela é, também, propulsora da ampliação do conhecimento do sujeito relacionado a si, ao outro e ao mundo...*

Enfoque 02: *O trabalho com a **Arte** no Ensino Médio deve promover o cruzamento de culturas e saberes, possibilitando aos estudantes o acesso e a interação com as distintas manifestações culturais populares presentes na sua comunidade. O mesmo deve ocorrer com outras manifestações presentes nos centros culturais, museus e outros espaços, de modo a garantir o exercício da crítica, da apreciação e da fruição de exposições, concertos, apresentações musicais e de danças, filmes, peças de teatro, poemas e obras literárias, entre outros.*

A **Educação Física**, não deve ser entendida como **ginástica**, mas como a busca de um crescente entendimento sobre "a natureza e a importância pessoal e coletiva do movimento humano como linguagem e capacidade de expressão no processo contínuo de autoconstrução corporal". Nesse sentido, entre os objetivos específicos da Educação Física, trabalhados via currículo, está: aprofundar "a compreensão sobre a natureza e a importância da corporeidade, como meio de acesso e de interferência no mundo vivido". Silverio Santin (1987: 26), propõe uma Educação Física que "[...] tem de ser gesto, o gesto que se faz, que fala. Não o exercício ou movimento mecânico, vazio e ritualístico. O gesto falando é o movimento que não se repete, mas que se refaz, e refeito dez, cem vezes, tem sempre o sabor e a dimensão de ser inventado, feito pela primeira vez".

A **Sociologia** como componente curricular para a formação dos jovens ganha relevo já a partir do art. 2º e do art. 55 da LDB. No primeiro caso, a legislação aponta como uma das finalidades da educação o *preparo para o exercício da cidadania* e, no segundo (Ensino Médio), *a preparação básica para o trabalho e a cidadania do educando, para continuar aprendendo, de modo a ser capaz de se adaptar com flexibilidade a novas condições de ocupação ou aperfeiçoamento posteriores.* A **Sociologia**, nos percursos formativos do aluno, pode dar uma contribuição marcante à reflexão sobre o complexo processo de mudanças nas condições sociais, econômicas, políticas e da conduta humana, oriundas da história da sociedade desde o século XVIII até os dias atuais. Dentro desta dinâmica da sociedade, o aluno é convidado a posicionar-se como ator, assimilando os instrumentos teóricos para maior compreensão e interpretação das transformações sociais e das sucessivas linhas de evolução social e tecnológica.

A **Filosofia**, por fim, como componente curricular no Ensino Médio, longe de se esgotar apenas em conteúdos culturais, vai despertar, no aluno, o interesse pela compreensão crítica de saber sobre si mesmo e sobre o mundo que o envolve. Resultará daí o aprofundamento da capacidade de problematização e de reflexão sobre a existência, a epistemologia, a ética e as formas de exercitar a cidadania. Nesse horizonte, os alunos poderão, com o apoio do professor, se enriquecer de duas maneiras em sua formação. Em primeiro lugar, mediante a contextualização dos conhecimentos filosóficos em painéis de tela histórica, social, política, cultural, científica e tecnológica. Em segundo lugar, pela inserção crítica do aluno-cidadão no mundo dos valores e das atitudes, ressaltando e ressignificando crescentemente a relação da pessoa humana (homem e mulher) com a realidade concreta do cotidiano, com a natureza e com os desafios planetários. É sempre importante destacar que cada um de nós possui um traço de envergadura filosófica, uma vez que a observação e a reflexão crítica fazem parte da condição humana. A existência e a autoconsciência, a hermenêutica e a epistemologia, a ética e o exercício da cidadania são eixos estruturadores dos estudos de filosofia. Gadotti (1985: 21) nos ajuda a penetrar nesta compreensão, reforçando a dimensão do filósofo universal hospedada em **todos nós**: "[...] cada vez mais o filósofo me parece como o homem da *suspeita*, o homem que não duvida apenas, mas vai além da dúvida, suspeita sistematicamente e sobretudo das evidências, das coisas que se apresentam de forma definitiva, das coisas claras; suspeita que há sempre algo que não se mostra, que está escondido atrás das aparências, suspeita da parcialidade daquilo que vê, daquilo que as ciências apontam como definitivo. Por isso, é o homem da *atenção*, irreverente por vezes. É também o homem da *ironia* diante das coisas seguras, pois é seguro de que nada é seguro, seguro de que todas as posições dogmáticas são também parciais, seguro ainda porque, apesar dos filósofos, para expulsar a filosofia da humanidade seria preciso expulsar também todos os homens; o mundo pode existir sem filósofos, mas porque não pode também existir sem homens!"

Uma questão que não pode ser tratada como de relevância menor é a forma como estes vários conteúdos vão ser trabalhados em sala de aula. O dispositivo ora analisado deixa em aberto a possibilidade de abordagens fora do escopo de disciplinas específicas. A modalidade **estudos e práticas** pode ensejar a diluição dos conteúdos em esquemas transversais de tratamento pedagógico, com o risco de se perder o foco dos elementos unitários do conhecimento específico. Ficará a critério do respectivo sistema de ensino apontar as coordenadas das formas de organização do currículo em ação, de operação destas e de outras disciplinas e, ainda, a critério de cada escola, na definição do seu projeto pedagógico, tomar a decisão sobre este encaminhamento. Qualquer que seja a decisão, deverá prevalecer o critério do que melhor será adotado para atender as necessidades básicas de aprendizagem dos alunos à luz dos desafios de contextos concretos. A questão do método é relevante, pois ele é o instrumento escolhido para dar sentido ao conteúdo. A organização do currículo e os critérios e a metodologia de operá-lo condicionam os caminhos da aprendizagem. As dimensões do como ensinar respondem pela distinção entre ensino e domesticação, e mais: formatam as rotas da educação inclusiva. (Para uma compreensão complementar, cf. os comentários ao art. 36, § 8º.)

§ 3º – Os testes nacionais e internacionais a que os alunos brasileiros têm se submetido, apontam invariavelmente resultados críticos em **língua portuguesa** e **matemática**. As duas plataformas de gráficos abaixo comprovam a necessidade de uma intervenção urgentíssima na ministração destes dois conteúdos, seja sob o ponto de vista da ampliação da carga horária, seja sob o ponto de vista da condução do processo de ensino/aprendizagem. Português e Matemática são disciplinas de extrema irradiação sobre todo o currículo. Os gráficos revelam o desempenho dos alunos no último ano do Ensino Fundamental (9º ano) e no ano de conclusão o Ensino Médio. Vejamos:

9º ano do Ensino Fundamental – **Língua Portuguesa**
Proficiente é o aluno que atinge ou ultrapassa 275 pontos em Língua Portuguesa no 9º ano do EF.

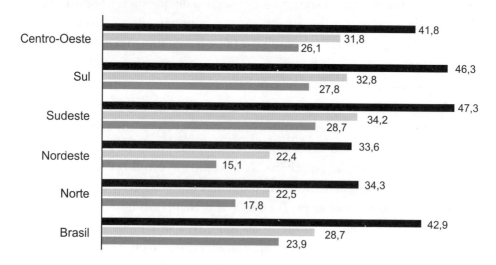

9º ano do Ensino Fundamental – **Matemática**
Proficiente é o aluno que atinge, na Prova Brasil, atinge ou ultrapassa 300 pontos.

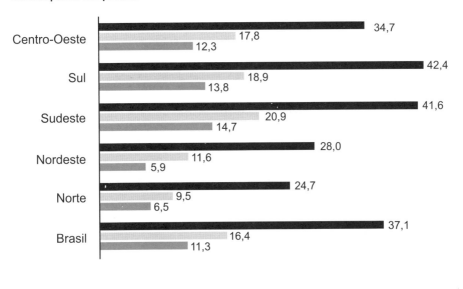

Fonte: MEC/Inep/Daeb.

3º ano do Ensino Fundamental – **Língua Portuguesa**
Proficiente é o aluno que atinge ou ultrapassa, no Saeb, 300 pontos em Língua Portuguesa no 3º ano do EM. Todas as regiões posicionaram-se abaixo das metas.

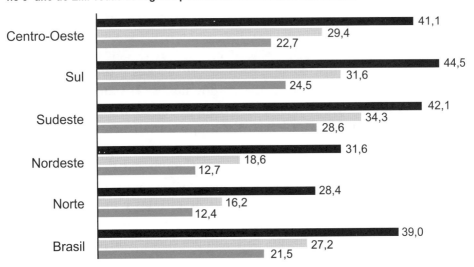

3º ano do Ensino Fundamental – **Matemática**
Proficiente é o aluno que atinge ou ultrapassa 350 pontos no Saeb. Todas as regiões ficaram fora da meta. Nessa etapa de ensino acham-se os resultados mais baixos em matemática.

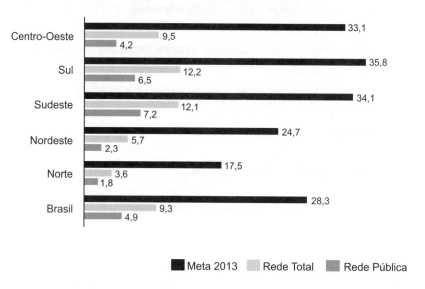

Fonte: MEC/Inep/Daeb.

Os estudos de língua portuguesa, como língua materna, vão além da perspectiva das frias abordagens gramaticais na sala de aula e do domínio da nomenclatura respectiva, ultrapassando as fronteiras entre norma e gramaticalidade. O que a lei determina é um aprendizado dinâmico para o aluno **falar/escrever/ler/interpretar/reagir** de forma linguística e socialmente adequada. A BNCC faz convergir os mesmos campos de **atuação social** da área de Linguagens e suas Tecnologias para a contextualização das práticas de linguagem no Ensino Médio em Língua Portuguesa. São elas: **1) Campo da vida pessoal**: pretende funcionar como espaço de articulações e sínteses de outros campos no âmbito dos projetos de vida dos alunos; **2) Campo de atuação na vida pública**: busca estimular a participação social, a defesa dos direitos e o domínio básico de textos legais; **3) Campo jornalístico-midiático**: foca a qualificação dos jovens para a compreensão dos fatos e para a adoção de critérios de checagem de procedimentos; **4) Campo artístico-literário**: visa à ampliação do contato e à análise fundamentada de manifestações culturais e artísticas; e **5) Campo das práticas de estudos e pesquisas**: ressalta os gêneros e habilidades envolvidas na leitura/escuta e produção de textos de diferentes áreas do conhecimento. Estes campos apresentam múltiplas formas de interseção.

No caso da obrigatoriedade do ensino de Matemática ao longo de todo o Ensino Médio, há um pressuposto de irradiação sobre a decisão do legislador: a Matemática contribui diretamente para estruturar o pensamento e o raciocínio dedutivo, mas, igualmente, "desempenha um papel instrumental, pois é ferramenta que serve para a vida cotidiana e para muitas tarefas específicas em quase todas as atividades humanas" (PCN/Ensino Médio, 1999: 251). Sistema de códigos e regras, a Matemática tem características de uma linguagem de comunicação de ideias e de sua formulação, permitindo, desta forma, não só "moldar a realidade, mas também, interpretá-la" (ibid.). Importante, igualmente, ressaltar as conexões da Matemática com as tecnologias e o impacto destas no cotidiano das pessoas e no próprio processo de evolução da sociedade.

A sociedade estrutura-se em modelos organizacionais e disponibiliza um corpo de conhecimentos para o avanço tecnológico e para as inovações. Além disso, a diversidade cultural alimenta e explicita as formas diferenciadas de cada sociedade e mesmo de cada grupo cultural imaginar e manejar quantidades, formas e relações geométricas, medidas e classificações, em suma, de **matematizar** a vida cotidiana. Mas há convergências na captação universal de muitas destas formas de perceber a organização social. Por isso, destaca Ambrósio (1986: 16): "[...] há uma coincidência surpreendente entre o desenvolvimento matemático nessas várias culturas. Talvez, mais do que qualquer outra manifestação do conhecimento humano, a Matemática seja universal. Assim sendo, permite uma análise crítica sobre seu papel na melhoria da qualidade de vida, com inúmeras interpretações sobre o que representa a ciência para o bem-estar do homem". Em um cenário de totalidade tecnológica, assimilar e compreender a linguagem matemática, pode constituir fator decisivo para o desempenho pessoal e para o sucesso profissional, "interpretando fenômenos naturais, físicos e socioeconômicos e, mais do que isto, para ganhar crescente capacidade de exprimi-los com clareza oral, textual e gráfica". (Ver art. 26, § 1º).

Sob idêntico enfoque devem ser entendidos, pela sociedade e pela escola, o ensino e uso das respectivas línguas maternas pelas comunidades indígenas. Se de um lado, a Constituição Federal diz, em seu art. 13, que "a língua portuguesa é o idioma oficial da República Federativa do Brasil", de outro, afirma, também, no art. 210, § 2º, que "o ensino regular será ministrado em língua portuguesa, **assegurada às comunidades indígenas também a utilização de suas línguas maternas e processos próprios de aprendizagem** [grifo nosso]". A BNCC destaca o reconhecimento aos **direitos linguísticos**, extensão de decisões da ONU/Unesco.

§ 4º – O conteúdo deste parágrafo articula-se com o do art. 26, § 5º, neste caso, referido ao ensino obrigatório de língua inglesa a partir do 6º ano do Ensino Fundamental.

O ensino obrigatório do idioma Inglês, no caso do Ensino Médio, não tem a função apenas de resgatar seu caráter utilitário, mas, em perspectiva pedagógica, possibilitar, ao aluno, aprofundar conhecimentos desta "língua universal" adquiridos no Ensino Fundamental, a fim de o estudante-cidadão se sentir mais confortavelmente no campo da comunicação global como cidadão universal. Comunicação oral e comunicação escrita em inglês vão assegurar, ao jovem estudante e ao cidadão trabalhador, ampliar as oportunidades de acesso a múltiplas formas de saberes e a diferentes canais de apropriação de conhecimentos científicos e tecnológicos. Igualmente, alargarão as possibilidades de aprender em diferentes culturas, até mesmo como estímulo, a valorização de sua própria. O domínio de uma língua estrangeira moderna de uso universal, como é o caso da língua inglesa, aumenta significativamente a capacidade profissional dos jovens, seus *insights* laborais e as chances de ingresso no mercado de trabalho e de avanços contínuos no processo de qualificação pessoal. A possibilidade de inclusão de "outras línguas estrangeiras em caráter optativo" é muito importante. Em regiões do país de forte presença de colonização europeia, esta alternativa ganha relevância especial. Cabe aos sistemas de ensino sinalizar as formas e critérios para suas redes de escolas fazerem esta inclusão, de acordo com a disponibilidade de oferta, locais e horários definidos. Entre as possibilidades alentadas pelo dispositivo em análise, o ensino de Espanhol é interessante e estratégico, seja por sua relevância universal atual, seja pela proximidade dos países latinos, falantes predominantemente deste idioma.

§ 5º – A leitura e compreensão deste dispositivo requerem uma conexão com o art. 24, inc. I, § 1º, já devidamente abordados. A Base Nacional Comum Curricular (BNCC) deve corresponder a 60% da carga horária global definida para o Ensino, ficando os 40% restantes disponíveis para a parte diversificada e percursos formativos. A responsabilidade de sua configuração organizacional é das escolas, a partir de predefinições do respectivo sistema de ensino (art. 35-A, § 1º).

A ideia de flexibilidade do currículo e da carga horária são duas inovações da Lei da Reforma do Ensino Médio que, se trabalhadas com inteligência e equilíbrio, poderão resultar em uma estimulante e criativa reapropriação do conceito de autonomia escolar, *fonte de consenso entre os educadores*. Como assinala Nóvoa (1992: 17,18) há mais de duas décadas: "A modernização do sistema educativo passa pela sua descentralização e por um investimento às escolas como lugares de formação, na acepção forte do termo. As escolas têm de adquirir uma grande mobilidade e flexibilidade, incompatível com a inércia burocrática e administrativa que as tem caracterizado. O poder de decisão deve estar mais próximo dos centros de intervenção, responsabilizando diretamente os atores educativos. [...] Agora, trata-se de erigir as escolas (e os agrupamentos de escolas) em espaços de autonomia pedagógica, curricular e profissional [...]". Nesta direção, o Documento Final da Conferência Nacional de Educação Básica/2008 apontou como uma das ações para destravar o funcionamento das escolas... *promover autonomia pedagógica, administrativa e financeira das escolas, bem como o aprimoramento dos processos de gestão, para a melhoria de suas ações pedagógicas.*

Pela Lei 13.415/2017, a ideia de flexibilidade de carga horária para o Ensino Médio admite variações diversas a depender do formato de organização e funcionamento do estabelecimento de ensino, como se pode ver:

I – No regime legal atual, carga horária mínima anual de 800 horas para o Ensino Fundamental e para o Ensino Médio, distribuídas por um mínimo de 200 dias de atividades escolares regulares, excluído o tempo reservado aos exames finais.

II – Ampliação progressiva no Ensino Médio para 1.400 horas, em caso de funcionamento da escola em tempo integral.

III – Ampliação para, pelo menos, mil horas anuais, a partir de 2 de março de 2017, com implantação pelos sistemas de ensino no prazo máximo de cinco anos. Significa que o turno escolar evoluirá das 4 horas atuais para tornar-se pleno.

IV – Para cumprimento da Base Nacional Comum Curricular (BNCC), a carga horária do Ensino Médio em tempo integral não pode ultrapassar mil e oitocentas do total da carga horária disponibilizada, e isto quando o ensino integral for implementado. O ensino integral requer um mínimo de 7 horas diária dos alunos na escola.

As variações de carga horária não serão feitas ao arbítrio de cada escola, mas ficarão na dependência de definição dos sistemas de ensino. A destinação de uma carga horária maior dedicada à execução da BNCC deve-se ao fato de que a Base Nacional Comum Curricular é um amplo articulado temático de conhecimentos essenciais de aprendizagem obrigatória por todos os alunos de todas as escolas (públicas e privadas), independentemente de localização e contexto. Objetivamente, significa que todos os currículos escolares deverão hospedar esses conteúdos que passam a compor o campo de direitos e objetivos de aprendizagem dos alunos.

As novas prescrições de carga horária para o ensino regular estão assim fixadas, de acordo com as seguintes regras comuns:

• *Art. 24, inc. I – A carga horária mínima anual será de oitocentas horas para o ensino fundamental e para o ensino médio, distribuídas por um mínimo de duzentos dias de efetivo trabalho escolar, excluído o tempo reservado aos exames finais, quando houver; (Redação dada pela Lei nº 13.415, de 2017).*

• *Art. 24, § 1º – A carga horária mínima anual de que trata o inciso I do caput deverá ser ampliada de forma progressiva, no ensino médio, para mil e quatrocentas horas, devendo os sistemas de ensino oferecer, no prazo máximo de cinco anos, pelo menos mil horas anuais de carga horária, a partir de 2 de março de 2017. (Incluído pela Lei nº 13.415, de 2017).*

• *Art. 35-A, § 5º – A carga horária destinada ao cumprimento da Base Nacional Comum Curricular não poderá ser superior a mil e oitocentas horas do total da carga horária do Ensino Médio, de acordo com a definição dos sistemas de ensino. (Incluído pela Lei 13.415, de 2017).*

Gráfico das variações de carga horária:

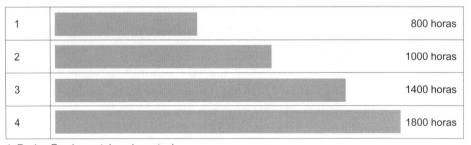

1. Ensino Fundamental: regime atual.
2 e 3. Ensino Médio: regime atual com possibilidade de ampliação progressiva até 1400 horas;
4. Limite máximo de carga horária para cumprimento da Base Nacional Comum Curricular/BNCC, no total da carga horária do Ensino Médio.

§ 6º – O estabelecimento pela união de padrões de desempenho esperados para o Ensino Médio, é desdobramento das incumbências do Estado brasileiro, de garantir "padrão mínimo de qualidade do ensino" (CF, art. 211, § 1º) e de *estabelecer, em colaboração com os estados, o DF e os municípios, competências e diretrizes para a Educação Infantil, o Ensino Fundamental e o Ensino Médio, que nortearão os currículos e seus conteúdos mínimos, de modo a assegurar for-* mação básica comum (LDB, art. 9º, inc. IV). Ao painel de padrões de desempenho, corresponde o direito de objetivos da aprendizagem e ambos passam a ser o lastro de conteúdos e de condições a serem observados e requeridos nos exames nacionais de avaliação como Ideb, Enem, provas de vestibular e, ainda, nos alinhamentos programáticos dos currículos de cursos de formação docente (Licenciaturas e Pedagogia). A referência obrigatória desse conjunto a ser submetido às avaliações é a Base Nacional Comum Curricular (BNCC). Por sua vez, o Estado assume o compromisso de (PNE, Meta 7 e Estratégias):

7.7) aprimorar continuamente os instrumentos de avaliação da qualidade dos ensinos Fundamental e Médio, de forma a englobar o ensino de ciências nos exames aplicados nos anos finais do Ensino Fundamental, e incorporar o Exame Nacional do Ensino Médio, assegurada a sua universalização, ao sistema de avaliação da educação básica, bem como apoiar o uso dos resultados das avaliações nacionais pelas escolas e redes de ensino para a melhoria de seus processos e práticas pedagógicas;

(...)

7.9) orientar as políticas das redes e sistemas de ensino, de forma a buscar atingir as metas do Ideb, diminuindo a diferença entre as escolas com os menores índices e a média nacional, garantindo equidade da aprendizagem e reduzindo pela metade, até o último ano de vigência deste PNE, as diferenças entre as médias dos índices dos estados, inclusive do DF, e dos municípios;

7.10) fixar, acompanhar e divulgar bienalmente os resultados pedagógicos dos indicadores do sistema nacional de avaliação da educação básica e do Ideb, relativos às escolas, às redes públicas de educação básica e aos sistemas de ensino da União, dos estados, do DF e dos municípios, assegurando a contextualização desses resultados, com relação a indicadores sociais relevantes, como os de nível socioeconômico das famílias dos(as) alunos(as), e a transparência e o acesso público às informações técnicas de concepção e operação do sistema de avaliação.

Os padrões de desempenho dos alunos do Ensino Médio estão descritos no art. 35 da LDB e na Portaria 468, de abr./2017, que "dispõe sobre a realização do Exame Nacional do Ensino Médio". O estuário de padrões de desempenho está conformado nas Diretrizes Nacionais para o Ensino Médio, formuladas pelo Conselho Nacional de Educação (CNE), à luz do texto da BNCC e da definição dos direitos e objetivos da aprendizagem correspondente. Sob o ponto de vista de visualização de resultados com centralidade na "prevalência dos aspectos qualitativos sobre os quantitativos e dos resultados ao longo do período sobre os de eventuais provas finais" (art. 24, inc. V), o Plano Nacional de Educação (PNE) fixa dois parâmetros para expressão da qualidade da educação básica, assim descritos:

Meta 7: fomentar a qualidade da educação básica em todas as etapas e modalidades, com melhoria do fluxo escolar e da aprendizagem de modo a atingir as seguintes médias nacionais para o Ideb:

Ideb	2015	2017	2019	2021
Anos iniciais do Ensino Fundamental	5,2	5,5	5,7	6,0
Anos finais do Ensino Fundamental	4,7	5,0	5,2	5,5
Ensino Médio	4,3	4,7	5,0	5,2

Estratégias:

7.1) estabelecer e implantar, mediante pactuação interfederativa, diretrizes pedagógicas para a educação básica e a Base Nacional Comum dos Currículos, com direitos e objetivos de aprendizagem e desenvolvimento dos(as) alunos(as) para cada ano dos ensinos Fundamental e Médio, respeitada a diversidade regional, estadual e local;

[...]

7.11) melhorar o desempenho dos alunos da educação básica nas avaliações da aprendizagem no Programa Internacional de Avaliação de Estudantes (Pisa), tomado como instrumento externo de referência, internacionalmente reconhecido, de acordo com as seguintes projeções:

Pisa	2015	2018	2021
Média dos resultados em matemática, leitura e ciências	438	455	473

Obs.: Há necessidade de se definir o nível "suficiente" de aprendizado em relação aos DOAs de cada ano de estudo como preconizado na Meta 7, Estratégia 7.2.

§ 7º – O conceito de formação integral é complexo sob o ponto psicopedagógico específico. Mas tem a ver com o desenvolvimento integral do educando, enquanto ator e protagonista de uma formação intencionada para "garantir o pleno desenvolvimento, seu preparo para o exercício da cidadania e sua qualificação para o trabalho" (art. 2º). Esta tríplice finalidade pressupõe uma sólida base de desenvolvimento humano nos planos cognitivo, de amadurecimento físico e de equilíbrio socioemocional. Este lastro de formação integral deve ser viabilizado pelo currículo do Ensino Médio reconceituado cujos conteúdos enfeixados na BNCC, enquadrados nos direitos e objetivos da aprendizagem e direcionados para competências e habilidades a desenvolver encontram no feixe dos eixos cognitivos do Enem sua referência visível de formação integral. Estes eixos, referenciados às áreas de conhecimento apresentadas e descritas na análise do art. 36, estão assim formulados pela respectiva legislação:

Eixos Cognitivos	Descrição
I. Dominar linguagem (DL)	Dominar a norma culta da Língua Portuguesa e fazer uso das linguagens matemática, artística e científica e das línguas espanhola e inglesa.
II. Compreender fenômenos (CF)	Construir e aplicar conceitos das várias áreas do conhecimento para a compreensão de fenômenos naturais, de processos histórico-geográficos, da produção tecnológica e das manifestações artísticas.
III. Enfrentar situações-problema (SP)	Selecionar, organizar, relacionar, interpretar dados e informações representados de diferentes formas, para tomar decisões e enfrentar situações-problema.
IV. Construir argumentação (CA)	Relacionar informações, representadas em diferentes formas, e conhecimentos disponíveis em situações concretas, para construir argumentação consistente.
V. Elaborar propostas (EP)	Recorrer aos conhecimentos desenvolvidos na escola para elaboração de propostas de intervenção solidária na realidade, respeitando os valores humanos e considerando a diversidade sociocultural.

O desafio de a escola de EM direcionar o currículo para a formação integral do aluno requer atenção e aprimoramento permanentes, visando a acompanhar a dinâmica de mudanças do indivíduo-aluno e da sociedade, sem o que a vida na escola não dialogará com a escola da vida, nem o ensino com "a valorização da experiência extraescolar" (art. 3º, inc. X). A formação integral é uma das hastes da BNCC e leito das 10 competências fixadas para a educação básica.

O parágrafo ora analisado, com a ideia de formação integral do aluno via currículo, reorienta o foco dos conteúdos curriculares para o aluno, o que implica estágios de ensino diversificados e em mudanças metodológicas profundas para o ensino. Retoma-se, desta forma, o conceito de aprendizagem significativa, revigorando o conceito de **identidade do aluno** "nas esferas intelectual, afetiva, ética, estética, política e também funcional, fornecendo instrumentos para a vida prática" (MEC. *Orientações Curriculares do Ensino Médio*, 2004: 89). É conveniente relembrar que o desenvolvimento integral do aluno não ocorre em ambiente de vácuo social, mas no universo dos significados contextualizados aos quais, cabe à escola por intermédio do currículo, referir ressignificações para a construção do projeto de vida do aluno e para sua formação em ritmo de **aprender a aprender** (Unesco). Juntam-se no espaço-tempo de sala de aula, os eixos presente e futuro.

§ 8º – Este parágrafo é um verdadeiro painel da instituição social chamada escola (art. 1º, § 1º). Inclui todos os componentes da dinâmica do cotidiano das instituições de ensino regular com três prismas fundantes: conteúdos, metodologias e avaliação processual e formativa. Constituem eles os elementos estruturantes da especificidade da escola, enquanto instituição própria e **de** e **para** educação escolar, por meio do ensino regular (art. 1º, § 1º). No exercício desta função, a escola trabalha com enfoques teóricos (abordagens científicas) e com enfoques práticos (aplicação de conhecimentos) e diversifica as metodologias e as técnicas de ensino, tudo isto na moldura da transposição didática e da representação, à medida que "toda aprendizagem vem interferir com uma já preexistente", como apontam Bachelard, Piaget e Bruner. A diversidade metodológica constitui um imperativo da natureza do ensinar/aprender à medida que "motivar os alunos é uma atividade emocional e social que exige mediações complexas da interação humana: a sedução, a persuasão, a autoridade, a retórica, as recompensas, as punições etc. [...] Por quê? [...] para que os alunos se envolvam numa tarefa, eles devem estar motivados" (TARDIF, 2002: 268). Metodologias multireferenciadas são o trilho da escola.

§ 8º, I e II – Estes parâmetros, finalidades do EM, integram o padrão de exigências do Enem, exame que serve atualmente, entre outros fins, como mecanismo único, alternativo ou complementar para o acesso à educação superior e com frequência como instrumento de seleção para ingresso nos diferentes setores do mundo do trabalho e do mercado de trabalho (Portaria MEC-GM 468/2017). Cada matriz de referência é predefinida com o total de 30 habilidades, individualmente agrupadas por competências específicas.

Seminários, projetos e atividades *on-line* são rotas metodológicas do horizonte **executar atividades de ensino na escola regular** na perspectiva de viabilizar o currículo a partir do "aluno-sujeito" e, não, o contrário, a partir dos programas das disciplinas. O enfoque primeiro deve ser o **pleno desenvolvimento do aluno** (art. 2º), premissa segura para a escola organizar, com êxito, sua programação desdobrada em projetos que têm na cidadania e nos processos de socialização em perspectiva sócio-histórica, a viga de sustentação de uma aprendizagem com qualidade social. Posta esta ideia nas diferentes configurações da BNCC, significa *"assegurar aos alunos a plenitude dos direitos e objetivos de aprendizagem e desenvolvimento, definidos para o Ensino Médio"* (MEC-SEB/BNCC, 2018: 12).

As provas orais e escritas são modalidades de aferição dos conhecimentos mobilizados e acumulados e das competências e habilidades desenvolvidas e adquiridas e, por isso, postas no visor da organização da escola. Espera-se que, ao final do Ensino Médio, o aluno tenha atingido "os padrões de desempenho" referidos no parágrafo anterior e aferidos nos processos institucionais e nacionais de avaliação. Os parâmetros neste horizonte são encaixados no domínio dos princípios científicos e tecnológicos da produção moderna e do conhecimento das formas contemporâneas de linguagem.

As duas diretrizes ora enfocadas devem ser entendidas em articulação. Os domínios científicos e tecnológicos que presidem a produção moderna vinculam-se ao contexto do trabalho, referência imprescindível da experiência curricular do Ensino Médio. A nova geografia da produção mundial em contexto da economia globalizada impulsionada pela revolução da informática, cria cenários de emergência em processos permanentes e cenários de inovação e difusão de novas tecnologias, com destaque para os campos de biotecnologia, nanotecnologia, automação e robótica, tecnologia da informação e comunicação, simuladores, impressoras 3D. Todas estas transformações requerem cidadãos trabalhadores com sólida e avançada qualificação, cujos alicerces estão em uma educação básica de qualidade e em Ensino Médio que assegure, aos alunos, as categorias de aprendizagem: capacidade de informação verbal, competências intelectuais, habilidades operativas, estratégias cognitivas e atitudes. Estes domínios estão postos no visor-legal do "novo" Ensino Médio e correspondem às expectativas do que os alunos devem ser capazes de demonstrar haver aprendido no fim da educação básica: as aprendizagens essenciais da BNCC.

Art. 36 – O currículo do Ensino Médio será composto pela Base Nacional Comum Curricular e por itinerários formativos, que deverão ser organizados por meio da oferta de diferentes arranjos curriculares, conforme a relevância para o contexto local e a possibilidade dos sistemas de ensino, a saber: (Redação dada pela Lei 13.415, de 2017)

I – linguagens e suas tecnologias; (Redação dada pela Lei 13.415, de 2017)

II – matemática e suas tecnologias; (Redação dada pela Lei 13.415, de 2017)

III – ciências da natureza e suas tecnologias; (Redação dada pela Lei 13.415, de 2017)

IV – ciências humanas e sociais aplicadas; (Redação dada pela Lei 13.415, de 2017)

V – formação técnica e profissional. (Incluído pela Lei 13.415, de 2017)

§ 1º – A organização das áreas de que trata o *caput* e das respectivas competências e habilidades será feita de acordo com critérios estabelecidos em cada sistema de ensino. (Redação dada pela Lei 13.415, de 2017)

I – (Revogado); (Redação dada pela Lei 13.415, de 2017)

II – (Revogado); (Redação dada pela Lei 13.415, de 2017)

§ 2º – (Revogado pela Lei 11.741, de 2008)

§ 3º – A critério dos sistemas de ensino, poderá ser composto itinerário formativo integrado, que se traduz na composição de componentes curriculares da Base Nacional Comum Curricular (BNCC) e dos itinerários formativos, considerando os inc. I a V do *caput*. (Redação dada pela Lei 13.415/2017)

§ 4º – (Revogado pela Lei 11.741/2008)

§ 5º – Os sistemas de ensino, mediante disponibilidade de vagas na rede, possibilitarão ao aluno concluinte do Ensino Médio cursar mais um itinerário formativo de que trata o *caput*. (Incluído pela Lei 13.415, de 2017)

§ 6º – A critério dos sistemas de ensino, a oferta de formação com ênfase técnica e profissional considerará: (Incluído pela Lei 13.415, de 2017)

I – a inclusão de vivências práticas de trabalho no setor produtivo ou em ambientes de simulação, estabelecendo parcerias e fazendo uso, quando aplicável, de instrumentos estabelecidos pela legislação sobre aprendizagem profissional; (Incluído pela Lei 13.415, de 2017)

II – a possibilidade de concessão de certificados intermediários de qualificação para o trabalho, quando a formação for estruturada e organizada em etapas com terminalidade. (Incluído pela Lei 13.415, de 2017)

§ 7º – A oferta de formações experimentais relacionadas ao inc. V do *caput*, em áreas que não constem do Catálogo Nacional dos Cursos Técnicos, dependerá, para sua continuidade, do reconhecimento pelo respectivo Conselho Estadual de Educação, no prazo de três anos, e da inserção no Catálogo Nacional dos Cursos Técnicos, no prazo de cinco anos, contados da data de oferta inicial da formação. (Incluído pela Lei 13.415, de 2017)

§ 8º – A oferta de formação técnica e profissional a que se refere o inc. V do *caput*, realizada na própria instituição ou em parceria com outras instituições, deverá ser aprovada previamente pelo Conselho Estadual de

Educação, homologada pelo Secretário Estadual de Educação e certifica-da pelos sistemas de ensino. (Incluído pela Lei 13.415, de 2017)

§ 9º – As instituições de ensino emitirão certificado com validade na-cional, que habilitará o concluinte do Ensino Médio ao prosseguimento dos estudos em nível superior ou em outros cursos ou formações para os quais a conclusão do Ensino Médio seja etapa obrigatória. (Incluído pela Lei 13.415, de 2017)

§ 10 – Além das formas de organização previstas no art. 23, o Ensino Médio poderá ser organizado em módulos e adotar o sistema de créditos com terminalidade específica. (Incluído pela Lei 13.415, de 2017)

§ 11 – Para efeito de cumprimento das exigências curriculares do Ensino Médio, os sistemas de ensino poderão reconhecer competências e firmar convênios com instituições de educação a distância com notório reco-nhecimento, mediante as seguintes formas de comprovação: (Incluído pela Lei 13.415, de 2017)

I – demonstração prática; (Incluído pela Lei 13.415, de 2017)

II – experiência de trabalho supervisionado ou outra experiência ad-quirida fora do ambiente escolar; (Incluído pela Lei 13.415, de 2017)

III – atividades de educação técnica oferecidas em outras instituições de ensino credenciadas; (Incluído pela Lei 13.415, de 2017)

IV – cursos oferecidos por centros ou programas ocupacionais; (Incluí-do pela Lei 13.415, de 2017)

V – estudos realizados em instituições de ensino nacionais ou estran-geiras; (Incluído pela Lei 13.415, de 2017)

VI – cursos realizados por meio de educação a distância ou educa-ção presencial mediada por tecnologias. (Incluído pela Lei 13.415, de 2017)

§ 12 – As escolas deverão orientar os alunos no processo de escolha das áreas de conhecimento ou de atuação profissional previstas no *caput*. (Incluído pela Lei 13.415, de 2017)

Art. 36 – O currículo do Ensino Médio passa por um processo de estrutura-ção híbrida, tendo, de um lado, as áreas de conhecimento e, de outro, as áreas de atuação previstas. O quadro a seguir oferece uma visualização relacional desta composição.

A – Áreas de conhecimento*	B – Áreas de atuação profissional**
I – linguagens e suas tecnologias;	I – linguagens e suas tecnologias;
II – matemática e suas tecnologias;	II – matemática e suas tecnologias;
III – ciências da natureza e suas tecnologias;	III – ciências da natureza e suas tecnologias;
IV – ciências humanas e sociais aplicadas.	IV – ciências humanas e sociais aplicadas;
	V – formação técnica e profissional.

(*) Resultam da Base Nacional Comum Curricular/BNCC cuja definição e diretrizes cabem ao Conselho Nacional de Educação.

(**) Vinculam-se aos arranjos curriculares de oferta regulada pelos sistemas de ensino, através dos Conselhos de Educação. Para tanto, devem levar em conta a relevância da oferta para o contexto regional e local.

A depender das opções institucionais, a vinculação entre os dois secionamentos curriculares (A e B) pode ser mais próxima e específica. Haverá, por exemplo, uma sobrecarga de História e Geografia para quem deseja fazer carreira em turismo; uma sobrecarga em Química e Biologia, para quem vai fazer carreira na área de saúde; uma sobrecarga de Matemática e Física, para alguém que vai fazer carreira nas engenharias etc. A formação técnica e profissional é a opção para alguém que, por imperativo circunstancial de necessidade de ingressar no mercado de trabalho, precisa de uma sólida base de educação geral (Base Nacional Comum), associada a uma sólida base de preparação para o exercício de uma profissão técnica. O art. 36-A ratifica este entendimento: *sem prejuízo do disposto na Seção IV (do Ensino Médio) deste capítulo, o Ensino Médio, atendida a formação geral do educando, poderá prepará-lo para o exercício de profissões técnicas.*

> **I** – A Base Nacional Comum é desdobrada, estruturalmente falando, nas áreas de ensino e estas, por sua vez, focam as áreas de atuação profissional indicadas nos inc. I a V. No campo profissional, as linguagens e suas tecnologias dão ao aluno condições para ele entender e sobretudo usar os sistemas simbólicos das diferentes linguagens "como meios de organização cognitiva de realidade pela constituição de significados, expressão, comunicação, informação..."; ou seja, exercer processos de interatividade de interpretação e de aplicação de recursos expressivos das linguagens, incluindo o campo do **biosvirtual** e das múltiplas tecnologias de informação e comunicação.

> **II** – A matemática e suas tecnologias projetam-se na constituição de competências e habilidades voltadas para uma aplicação criativa e qualitativa das quantidades e representações gráficas, possibilitando, sempre que necessário,

"a realização de previsão de tendências, extrapolações e interpolações e interpretações compatíveis.

> **III** – As ciências da natureza e suas tecnologias voltam-se para capacitar o aluno em níveis de compreensão das ciências como construções humanas que, através de processos de acumulação, continuidade e/ou ruptura de paradigmas, estabelecem relações diretas e indiretas entre desenvolvimento científico e transformações sociais. O horizonte é o da compreensão pelo aluno do mundo natural, pela apropriação de conhecimento de Física, Química e Biologia, dotando-o de condições para explicar o mundo em seu funcionamento e de nele intervir quando necessário.

> **IV** – As Ciências Humanas e Sociais Aplicadas sob a forma de campo de estudo para a formação profissional têm relevância ímpar ao levar o cidadão trabalhador a alcançar, de forma adequada, níveis de compreensão do significado de conceitos estruturantes do indivíduo e da pessoa, como identidade, sociedade, coletividade, solidariedade, compartilhamento, cultura, emancipação e desenvolvimento coletivo. Tudo isto convergindo para um entendimento amplo e dinâmico de cidadania.

> **V** – A área de formação técnica e profissional realça a formação do aluno para o trabalho, centrando este (o trabalho) como princípio e o contexto estratégico, socialmente falando, da experiência curricular do Ensino Médio. Como aponta documento do MEC, *o significado desse destaque dever ser devidamente considerado: na medida em que o Ensino Médio é parte integrante da educação básica e que o trabalho é o princípio organizador do currículo, muda inteiramente a noção tradicional de educação geral acadêmica ou, melhor dito, academicista. O trabalho já não é mais limitado ao ensino profissionalizante. Muito ao contrário, a lei reconhece que, nas sociedades contemporâneas, **todos**, independentemente de sua origem ou destino socioprofissional, devem ser educados na perspectiva do trabalho enquanto uma das principais atividades humanas, enquanto campo de preparação para escolhas profissionais futuras, enquanto espaço de exercício de cidadania, enquanto processo de produção de bens, serviços e conhecimentos com as tarefas laborais que lhes são próprias.*

§ 1º – As quatro áreas de conhecimento, definidas no art. 35-A, agregadas às respectivas competências e habilidades, devem ser reconfiguradas para inclusão/exclusão de disciplinas, à luz de critérios fixados pelo órgão normativo do sistema (Conselhos de Educação). Vale a pena relembrar a ideia de que o corpo curricular, constituído de um conjunto de disciplinas, transforma-se em corpo vertebrado, refundido em unidades sistêmicas: as áreas de conhecimento. Estas contribuem para restituir o sentido de "religação dos saberes. Morin (2004: 20) nos ajuda a avançar nesse entendimento: "eu penso que o problema crucial é o do princípio organizador do conhecimento, e o que é hoje vital não é só aprender, não é só reaprender, não é só desaprender, mas *reorganizar o nosso sistema mental para reaprender a aprender*".

§ 2º – Revogado pela Lei nº 11.741/2008.

§ 3º – O itinerário formativo pode ser específico sob o ponto de vista da composição curricular inicial definida ou pode ser integral mediante a agregação de componentes curriculares da Base Nacional Comum Curricular (BNCC) com conteúdos de percursos formativos variados, considerando as áreas I, II, III e IV do conhecimento, à luz de regulação do respectivo sistema de ensino. A ideia é trabalhar com flexibilidade as rotas da formação profissional, não apenas através do instituto do aproveitamento de estudos certificados, mas também por via do sistema de créditos e da possibilidade de adoção de módulos de educação profissional. Como posto no Parecer CNE/CES 776/1997, a *modularização dos cursos deverá proporcionar maior flexibilidade às instituições de educação profissional e contribuir para a ampliação e agilização do atendimento das necessidades dos trabalhadores, das empresas e da sociedade. Cursos, programas e currículos poderão ser permanentemente estruturados, renovados e atualizados, segundo as emergentes e mutáveis demandas do mundo do trabalho. Possibilitarão o atendimento das necessidades dos trabalhadores na construção de seus itinerários individuais, que os conduzam a níveis mais elevados de competência para o trabalho.* A Resolução CNE/CEB 6/2012 põe como um dos princípios norteadores da Educação Técnica Profissional de Nível Médio a "flexibilidade na construção de itinerários formativos diversificados e atualizados, segundo interesses dos sujeitos e possibilidades da escola...".

§ 4º – Revogado pela Lei nº 11.741/2008.

§ 5º – A possibilidade de o aluno concluinte cursar mais de um itinerário formativo, portanto, de ampliar a porta de acesso a mais de uma qualificação técnica, fica condicionada a três requisitos:

1) O assunto está regulado pelo respectivo sistema de ensino.

2) A possibilidade está prevista no projeto pedagógico da escola.

3) A ocorrência de vagas na própria escola ou em escolas da rede. No caso de vagas na própria escola, o programa de estudos não pode ser realizado no mesmo horário do primeiro itinerário formativo, ou seja, não pode haver coincidência de horários dos cursos.

A ideia do legislador é multiplicar as oportunidades de formação e levar o país a caminhar na direção do disposto na Meta 11, Estratégias 11.1 e 11.2, do Plano Nacional de Educação (PNE), como se pode ver:

Meta 11: triplicar as matrículas da educação profissional técnica de nível médio, assegurando a qualidade da oferta e pelo menos 50% (cinquenta por cento) da expansão no segmento público.

Estratégias:

11.1) expandir as matrículas de educação profissional técnica de nível médio na Rede Federal de Educação Profissional, Científica e Tecnológica, levando em consideração a responsabilidade dos institutos na ordenação territorial, sua vinculação com arranjos produtivos, sociais e culturais locais e regionais, bem como a interiorização da educação profissional;

11.2) fomentar a expansão da oferta de educação profissional técnica de nível médio nas redes públicas estaduais de ensino.

§ 6º, I e II – A formação técnica e profissional é uma das alternativas que a Lei da Reforma do Ensino Médio disponibiliza no conjunto dos percursos formativos possíveis. Iniciada a implantação da Base Nacional Comum Curricular (BNCC), o aluno passou a fazer esta opção para cujo cumprimento dedicará 40% do tempo total da carga horária do Ensino Médio. A estrutura e organização do Curso de Formação Técnica e Profissional devem obedecer a coordenadas normativas definidas pelo respectivo sistema de ensino (Conselho de Educação), cabendo, à escola, incluir, no seu projeto pedagógico, as alternativas e procedimentos de execução.

Dentre os direcionamentos que os sistemas de ensino podem oferecer, a lei prevê duas possibilidades inovadoras. A primeira refere-se à inclusão de vivências práticas de trabalho no setor produtivo ou em ambientes de simulação. Trata-se, na verdade, de reconhecer e valorizar a competência adquirida por meio de aprendizagem não formal, porém, de importância objetiva e real, considerando que as competências profissionais gerais, mesmo quando não previamente certificadas, podem merecer o selo de componentes formativos em vista da "múltipla aplicabilidade ocupacional e contextual" de que se revestem. Embora fora de um desenho curricular e, portanto, desfocadas dos contornos profissionais específicos de uma habilitação profissional, elas são funcionais sob o ponto de vista laboral e produtivo e exercem papel dinamizador em áreas profissionais e executivas. No caso destas vivências terem sido "situacionalizadas" em ambientes de simulação, merecem igualmente reconhecimento, pois que experimentadas em espaços-laboratório marcados por atividades intencionadas de conteúdos e práticas, de bases tecnológicas, organizadas em disciplinas ou não, ou, ainda, em módulos com acompanhamento, avaliação e assessoria às atividades de capacitação e aprendizagem não formal. A segunda alternativa a ser considerada pelos sistemas de ensino cinge-se à possibilidade de, em programas de formação estruturada e organizada em etapas com terminalidade, concessão de certificados intermediários de qualificação para o trabalho. Estas previsões situacionais de possibilidades encontram respaldo na Resolução 6/2012, da CEB/CNE, que define Diretrizes Curriculares Nacionais para a Educação Profissional Técnica de Nível Médio no bojo de cujos princípios convém destacar os seguintes considerados norteadores:

Art. 6º – São princípios da Educação Profissional Técnica de Nível Médio:

I – relação e articulação entre a formação desenvolvida no Ensino Médio e a preparação para o exercício das profissões técnicas, visando à formação integral do estudante;

II – respeito aos valores estéticos, políticos e éticos da educação nacional, na perspectiva do desenvolvimento para a vida social e profissional;

III – trabalho assumido como princípio educativo, tendo sua integração com a ciência, a tecnologia e a cultura como base da proposta político-pedagógica e do desenvolvimento curricular;

IV – articulação da educação básica com a Educação Profissional e Tecnológica, na perspectiva da integração entre saberes específicos para a produção do conhecimento e a intervenção social, assumindo a pesquisa como princípio pedagógico;

V – indissociabilidade entre educação e prática social, considerando-se a historicidade dos conhecimentos e dos sujeitos da aprendizagem;

VI – indissociabilidade entre teoria e prática no processo de ensino--aprendizagem;

VII – interdisciplinaridade assegurada no currículo e na prática pedagógica, visando à superação da fragmentação de conhecimentos e de segmentação da organização curricular;

VIII – contextualização, flexibilidade e interdisciplinaridade na utilização de estratégias educacionais favoráveis à compreensão de significados e à integração entre a teoria e a vivência da prática profissional, envolvendo as múltiplas dimensões do eixo tecnológico do curso e das ciências e tecnologias a ele vinculadas;

IX – articulação com o desenvolvimento socioeconômico-ambiental dos territórios onde os cursos ocorrem, devendo observar os arranjos socioprodutivos e suas demandas locais, tanto no meio urbano quanto no campo;

[...]

XII – reconhecimento das diversidades das formas de produção, dos processos de trabalho e das culturas a eles subjacentes, as quais estabelecem novos paradigmas;

XIII – autonomia da instituição educacional na concepção, elaboração, execução, avaliação e revisão do seu projeto político-pedagógico, construído como instrumento de trabalho da comunidade escolar, respeitadas a legislação e normas educacionais, estas Diretrizes Curriculares Nacionais e outras complementares de cada sistema de ensino;

XIV – flexibilidade na construção de itinerários formativos diversificados e atualizados, segundo interesses dos sujeitos e possibilidades das instituições educacionais, nos termos dos respectivos projetos político-pedagógicos;

XV – identidade dos perfis profissionais de conclusão de curso, que contemplem conhecimentos, competências e saberes profissionais requeridos pela natureza do trabalho, pelo desenvolvimento tecnológico e pelas demandas sociais, econômicas e ambientais;

[...]

XVII – respeito ao princípio constitucional e legal do pluralismo de ideias e de concepções pedagógicas.

A exemplo do exigido para a educação profissional técnica de nível médio sob a forma de curso regular completo, cada etapa com terminalidade precisa atender ao que segue: 1) Estar em harmonia com o projeto pedagógico unificado da escola; 2) Estar em conexão direta ou indireta com o perfil profissional de conclusão próprio de cada curso; 3) Ter enquadramento constatável no planejamento curricular *em relação à concretização do perfil profissional de conclusão do curso, o qual é definido pela explicitação dos conhecimentos, saberes e competências profissionais e pessoais, tanto aquelas que caracterizam a preparação básica para o trabalho quanto as comuns para o respectivo eixo tecnológico, bem como as específicas de cada habilitação profissional e das etapas de qualificação e de especialização profissional técnica que compõem o correspondente itinerário formativo;*

4) Atender às demandas socioeconômico-ambientais dos cidadãos e do mundo do trabalho, em termos de compromisso ético para com os estudantes e a sociedade; 5) Conciliar demandas identificadas com a vocação e a capacidade da instituição ou rede de ensino, em termos de reais condições de viabilização da proposta pedagógica; 6) Ensejar a organização curricular segundo itinerários formativos, de acordo com os correspondentes eixos tecnológicos, em função da estrutura sócio-ocupacional e tecnológica consonantes com políticas públicas indutoras e arranjos socioprodutivos e culturais locais; 7) Enquadrar-se, sob o ponto de vista do Projeto Pedagógico Escolar, no formato de oferta regular no âmbito da *organização curricular flexível, por disciplinas ou componentes curriculares, projetos, núcleos temáticos ou outros critérios ou formas de organização, desde que compatíveis com os princípios da interdisciplinaridade, da contextualização e da integração entre teoria e prática, no processo de ensino e aprendizagem;* e, por fim, 8) Levar em consideração que *a carga horária mínima, para cada etapa com terminalidade de qualificação profissional técnica prevista em um itinerário formativo de curso técnico de nível médio, é de 20% (vinte por centro) da carga horária mínima indicada para a respectiva habilitação profissional no Catálogo Nacional de Cursos Técnicos instituído e mantido pelo MEC.*

A legislação pertinente a este tema acrescenta que "Ao concluinte de etapa com terminalidade que caracterize efetiva qualificação profissional técnica para o exercício no mundo do trabalho e que possibilite a construção de itinerário formativo, é conferido certificado de qualificação profissional técnica, no qual deve ser explicitado o título da ocupação certificada".

§ 7º – Diz a legislação sobre a oferta de cursos de Educação Profissional Técnica de Nível Médio que são permitidos cursos experimentais, não constantes do Catálogo Nacional de Cursos Técnicos, devidamente aprovados pelo órgão próprio de cada sistema de ensino, os quais serão submetidos anualmente à Conac ou similar, para validação ou não, com prazo máximo de validade de 3 (três) anos, contados da data de autorização dos mesmos.

Como regra geral, os cursos de Educação Profissional Técnica de Nível Médio, correspondentes a atividades profissionais regulamentadas, constam do Catálogo Nacional dos Cursos Técnicos, revisto e atualizado continuamente pelo MEC com a participação *em regime de colaboração das redes, instituições e órgãos especificamente voltados para a Educação Profissional e Tecnológica, representados pela Comissão Executiva Nacional do Catálogo Nacional de Cursos Técnicos de Nível Médio (Conac), ou similar.* Fora desta "regra", os cursos caracterizados como formações experimentais devem ser submetidos, em qualquer circunstância e para efeito de prosseguimento de oferta, à aprovação do respectivo Conselho Estadual de Educação no prazo de três anos e, para inserção no Catálogo Nacional de Cursos Técnicos, no prazo de cinco anos. Esta preocupação do legislador vai ao encontro dos interesses dos próprios alunos e objetiva evitar restrições ao diploma em nível nacional. Esta exigência legal tem conexão com o conteúdo legal do § 9º, como veremos adiante.

Convém, ainda, esclarecer que todos os cursos de Educação Profissional técnica de nível médio, mesmo quando organizados sob a forma de módulos (etapas) com terminalidade e certificação intermediária, devem possuir **planos de curso**, coerentes com os respectivos projetos político-pedagógicos, submetidos à aprovação dos órgãos competentes dos correspondentes sistemas de ensino. Os **planos de curso** devem conter obrigatoriamente, as exigências da Resolução CNE/CEB 6/2012:

I – identificação do curso;

II – justificativa e objetivos;

III – requisitos e formas de acesso;

IV – perfil profissional de conclusão;

V – organização curricular;

VI – critérios de aproveitamento de conhecimentos e experiências anteriores;

VII – critérios e procedimentos de avaliação;

VIII – biblioteca, instalações e equipamentos;

IX – perfil do pessoal docente e técnico;

X – certificados e diplomas a serem emitidos.

§ 1º A organização curricular deve explicitar:

I – componentes curriculares de cada etapa, com a indicação da respectiva bibliografia básica e complementar;

II – orientações metodológicas;

III – prática profissional intrínseca ao currículo, desenvolvida nos ambientes de aprendizagem;

IV – estágio profissional supervisionado, em termos de prática profissional em situação real de trabalho, assumido como ato educativo da instituição educacional, quando previsto.

§ 2º As instituições educacionais devem comprovar a existência das necessárias instalações e equipamentos na mesma instituição ou em instituição distinta, cedida por terceiros, com viabilidade de uso devidamente comprovada.

As exigências legais no campo da oferta dos cursos/formações experimentais tem como finalidade, sobretudo, a expedição de documentos de certificação com validade nacional.

§ 8º – Dentre as incumbências dos estados, está *baixar normas complementares para o seu sistema de ensino* (art. 10, V). Este § 8º alinha-se com esta atribuição dos entes federados. Para dar segurança jurídica e escoimar, da oferta de formação técnica e profissional, qualquer possibilidade de irregularidade ou mesmo de desconformidade mais simples, as instituições responsáveis pelos cursos, seja em sua programação regular, seja mediante parceria com outras instituições, devem ter os programas de formação submetidos a três estágios:

1) Prévia aprovação do Conselho Estadual de Educação (CEE).

2) Homologação pelo gestor do sistema educacional do Estado.

3) Certificação pelo respectivo sistema a partir de critérios aprovados pelo órgão normativo do sistema/CEE.

§ 9º – Os certificados de cursos de Educação Profissional Técnica de Nível Médio, regularmente expedidos pelas instituições responsáveis pelo(s) programa(s) de formação, não apenas têm validade nacional, mas, porque atrelados à conclusão do Ensino Médio, asseguram, ao aluno, o direito de prosseguir estudos em nível superior e, ainda, habilitar-se a outros cursos e programas acadêmicos para os quais a conclusão do Ensino Médio seja exigida. A certificação é decorrência de processos legais, formais e plurais de avaliação. Por isso, a Resolução que define diretrizes para a Educação Profissional Técnica do Nível Médio (Resolução CNE/CEB 6/2012) trata os dois conceitos (avaliação e certificação) de forma procedimentalmente unitária, como podemos ver:

Art. 37 – A avaliação e certificação, para fins de exercício profissional, somente poderão ser realizadas por instituição educacional devidamente credenciada que apresente em sua oferta o Curso de Educação Profissional Técnica de Nível Médio correspondente, previamente autorizado.

§ 1º – A critério do órgão normativo do respectivo sistema de ensino, instituições de ensino que não tenham o correspondente Curso de Educação Profissional Técnica de Nível Médio, mas ofertem cursos inscritos no mesmo eixo tecnológico, cuja formação tenha estreita relação com o perfil profissional de conclusão a ser certificado, podem realizar os processos previstos no caput deste artigo.

§ 2º – A certificação profissional abrange a avaliação do itinerário profissional e de vida do estudante, visando ao seu aproveitamento para prosseguimento

de estudos ou ao reconhecimento para fins de certificação para exercício profissional, de estudos não formais e experiência no trabalho, bem como de orientação para continuidade de estudos, segundo itinerários formativos coerentes com os históricos profissionais dos cidadãos, para valorização da experiência extraescolar.

§ 10 – O art. 23 da LDB oferece um lastro amplo de modalidades para organização da educação básica, como: 1) Séries anuais; 2) Períodos semestrais; 3) Ciclos; 4) Alternância de períodos de estudos; 5) Grupos não seriados com base na idade, na competência e em outros critérios; ou, ainda, 6) Forma diversa na organização, sempre que o interesse do processo de aprendizagem assim o recomendar. A alternativa colocada no parágrafo ora considerado enquadra-se nesta quinta possibilidade: forma diversa na organização.

No Brasil, o sistema de organização do currículo por módulos e a adoção do sistema de créditos há muito tornaram-se práticas operacionais correntes, no Ensino Superior. No Ensino Médio e na Educação Profissional, houve sempre resistência à sua adoção por razões subterrâneas e pouco convincentes, uma vez que desajudam àqueles alunos com pouco tempo para se dedicarem aos estudos regulares em decorrência da necessidade imperiosa de trabalharem para a geração de renda e autossustento. Módulo de aprendizagem é uma etapa de estudo com configuração de "unidade autônoma e completa". O planejamento do processo de ensino/aprendizagem, nesse caso, trabalha com esquemas de estudo para o aluno cumprir individualmente, de acordo com um bloco de conteúdos operado fora da sala de aula regular.

Como dito em documento do CNE/MEC, em outro contexto, porém, com o mesmo enfoque apontado aqui, *"as características atuais do setor produtivo tornam cada vez mais tênues as fronteiras entre as práticas profissionais. Um técnico precisa ter competências para transitar com maior desenvoltura e atender as várias demandas de uma área profissional, não se restringindo a uma habilitação vinculada especificamente a um posto de trabalho. Dessa forma, as habilitações profissionais, atualmente pulverizadas, deverão ser reorganizadas por áreas profissionais. A possibilidade de adoção de módulos na educação profissional de nível técnico, bem como a certificação de competências, representam importantes inovações trazidas pelo Decreto Federal 2.208/1997. A modularização dos cursos deverá proporcionar maior flexibilidade às instituições de educação profissional e contribuir para a ampliação e agilização do atendimento das necessidades dos trabalhadores, das empresas e da sociedade. Cursos, programas e currículos poderão ser permanentemente estruturados, renovados e atualizados, segundo as emergentes e mutáveis demandas do mundo do trabalho. Possibilitarão o atendimento das necessidades dos trabalhadores na construção de seus itinerários individuais, que os conduzam a níveis mais elevados de competência para o trabalho".*

A adoção do binômio módulo/sistema de crédito é uma forma de operar o princípio da flexibilização na organização do currículo. O importante é que nesta forma inovadora de organizar a oferta de educação profissional, via itinerário formativo diversificado, se assegure o respeito "a eixos tecnológicos, possibilitando itinerários formativos flexíveis, institucionalmente viáveis, diversificados e atualizados, segundo interesses dos alunos, observadas as normas do respectivo sistema de ensino para a modalidade de Educação Profissional Técnica de Nível Médio" (Resolução CEB/CNE 6/2012, art. 3º, § 2º).

O conceito de terminalidade específica envolve a compreensão de etapa delimitada de estudos com conteúdos, competências, metodologias e formas de avaliação predefinidos. Por sua vez, créditos são uma espécie de "moeda acadêmica", largamente utilizados em universidades americanas e europeias. Referem-se à quantidade de tempo, com variação de 15 ou 16 horas para um crédito. Hoje, é um sistema reconhecido internacionalmente. No Brasil, muitas IES adotam este sistema sob a forma de créditos-aula. Normalmente, o crédito corresponde a 16 horas-aula. A adoção do sistema de créditos no Ensino Médio é uma inovação importante pela flexibilidade funcional do currículo assim organizado. No caso da formação com ênfase técnica e profissional, a alternativa potencializa a dimensão quantitativa do atendimento e, ainda, o diversifica, *ampliando a oferta e democratizando o acesso, com maior possibilidade de garantir o padrão de qualidade* (PNE, Meta 11, Estratégia 11.3).

O Curso de Formação Técnica e Profissional, com o currículo organizado no sistema de crédito, requer uma fixação final de créditos para sua conclusão e certificação requerida, com aprovação do órgão competente do sistema. Trata-se de um esquema que substitui "a série no controle de integralização do currículo".

§ 11 – As múltiplas exigências curriculares do Ensino Médio podem ser cumpridas de duas formas adicionais distintas, a saber: 1) Por via do reconhecimento de competências pelo Sistema de Ensino; 2) Mediante convênio firmado pelo sistema com instituições de educação a distância, "de notório reconhecimento", havendo a obrigatoriedade de comprovação nas formas indicadas nos inc. I, II, III, IV, V e VI. A Resolução CEB/CNE 6/2012, que define Diretrizes Curriculares Nacionais para a Educação Profissional Técnica de Nível Médio, atribui, aos órgãos competentes dos correspondentes sistemas de ensino, a competência de aprovar os Planos de Curso e, vai mais além, como se pode ver (art. 20, § 2º): *As instituições educacionais devem comprovar a existência das necessárias instalações e equipamentos na mesma instituição ou em instituição distinta, cedida por terceiros, com viabilidade de uso devidamente comprovada.* Esta competência tem desdobramentos múltiplos sobre outros níveis de competência como é o caso do parágrafo ora considerado. As formas de comprovação indicadas são convergentes, mas não necessariamente cumulativas.

§ 11, I – A comprovação de demonstração prática no campo da competência das instituições de EAD com notório reconhecimento significa a certificação do tirocínio institucional nas atividades referidas, evidentemente ao longo de um tempo razoável. Com esta exigência, espera-se o reconhecimento social de alunos egressos e o nível de aproveitamento destes alunos pelo mercado de trabalho, expressão de credibilidade da instituição formadora.

§ 11, II – A experiência laboral, seja sob a forma supervisionada seja em ambiência diferente do setor escolar, conta igualmente como condição de acreditamento para efeito de reconhecimento de competência de instituições e de assinatura de convênios com instituições de EAD.

§ 11, III, IV, V e VI – O reconhecimento de competências poderá ocorrer em relação a profissionais que preencham uma ou mais das seguintes condições:

a) Tenham cumprido programa de estudos de nível técnico em instituições de ensino credenciadas.

b) Tenham feito cursos em centros especializados ou realizado programas ocupacionais de qualificação técnica.

c) Tenham realizado estudos em instituições de ensino de funcionamento regular em instituições de ensino nacionais ou estrangeiras.

d) Tenham se submetido, com êxito, a processo de formação, de educação a distância ou presencial com a interposição de tecnologias.

§ 12 – A nova estruturação das áreas de conhecimento e sua relação legalmente necessária (art. 35-A e 36) com as áreas de atuação profissional constituem a real inovação da Lei da Reforma do Ensino Médio. A escola como um todo e os alunos em particular precisam mergulhar nesta emergência conceitual-operativa e compreender suas entranhas e seu alcance. Esta é a mudança! Os gestores e coordenadores pedagógicos têm o dever de levá-la aos professores e, em conjunto, aos alunos a quem cabe, de fato, fazer as escolhas dos percursos de formação desejados. Diz a Unesco, no seu referenciado documento: Fundamentos da Nova Educação/Série Educação (vol. 5, 2000: 13): *Os alunos, jovens e adultos, devem exercer responsabilidades como sujeitos não só da sua própria educação, mas de toda a atividade educativa, no seu conjunto.* Em regra, a tradição da escola de educação básica no Brasil é de pouco envolvimento dos alunos nos processos de decisão das mudanças educacionais. Eles têm o **direito à informação** para poderem exercer, com suficiente clareza, o **direito de escolha**, nos termos da lei.

As responsabilidades da escola no campo do **dever de orientar os alunos**, para seus percursos formativos decorrem de múltiplas circunstâncias impositivas e declaratórias da LDB, como podemos constatar:

1) Uma das finalidades da educação é "o pleno desenvolvimento do educando [...]" (art. 2º).

2) O acesso à educação básica é um direito público subjetivo... (art. 5º).

3) Os docentes incumbir-se-ão de "elaborar e cumprir planos de trabalho, seguindo a proposta pedagógica do estabelecimento de ensino" (art. 13, inc. II) e, ainda, de zelar pela aprendizagem dos alunos (art. 13, inc. III).

4) Cabe a cada escola "expedir históricos escolares, declarações de conclusão de série e diplomas ou certificados de conclusão de cursos, com **as especificações cabíveis** [grifo nosso] (art. 24, inc. VII).

Todos estes enunciados normativos, ações-atribuição e direitos reclamam canais permanentes de informação aos alunos, cabendo à escola transmiti-los responsavelmente para orientá-los adequadamente. A participação concreta dos estudantes em contextos de mudança curricular depende de informação efetiva e clara de sua escola. Este aspecto crucial não escapou ao visor de Candau, ao registrar o agudo sentimento de uma aluna: *Seria legal se tivéssemos um colégio com maior participação dos alunos e que não importasse só a direção. Seria legal se tivéssemos um ensino mais forte* (Depoimento de Lúcia, aluna de uma escola pública de Ensino Médio da cidade do Rio de Janeiro, *Apud* CANDAU, V.L. (org.). *Reinventar a Educação*, 2000).

Regras de funcionamento e de instituintes internos à classe (sala de aula) contribuem para fazer com que os alunos participem, aprendam e se mobilizem, seja para compreender, seja para ter êxito, diz Piaget (1974) e reforça Perrenoud (2000). Arroyo vai mais adiante com sua costumeira forma de enxergar as pessoas concretas e o mundo real: *Se os currículos e as diretrizes se fecharem a essas tensas realidades vividas por mestres e alunos tenderão a distanciar-se cada vez mais da realidade vivenciada na escola pública popular* (2011: 171).

Pode-se dizer que o nível de informação dos alunos a partir dos ritos, rotas e resultados que a escola escolhe para seu percurso institucional, condicionam as escolhas cotidianas do aluno em sala de aula e nas tarefas pós-escola. Como assinala Delval (1997: 159): *Enquanto fora da escola o aluno aprende em um ritmo próprio à medida que as dificuldades surgem, tendo de se resolver, por intermédio da aplicação de seus esquemas e de suas representações da realidade, problemas concretos com que depara, na escola parece que se trabalha com mais açodamento, esperando-se que o sujeito domine rapidamente um enorme cabedal de conhecimentos. Sacrifica-se a qualidade do aprendizado à sua quantidade. Todavia, a observação acurada que alguns pesquisadores – como no campo das matemáticas por exemplo – vêm fazendo a respeito do que ocorre com o aprendizado escolar mostra que, dentro da escola, até certo ponto independentemente de como as coisas lhe são ensinadas, os alunos inventam seus próprios procedimentos.* Fica claro que o imperativo de as escolas orientarem os alunos no processo de escolha das áreas de conhecimento ou de atuação profissional é um passo fundamental para o sucesso das mudanças preconizadas pela Lei da Reforma do Ensino Médio e por estes dispositivos de alteração por ela introduzido na LDB.

Seção IV-A
Da Educação Profissional Técnica de Nível Médio
Incluído pela Lei nº 11.741, de 2008

Art. 36-A – Sem prejuízo do disposto na Seção IV deste capítulo, o Ensino Médio, atendida a formação geral do educando, poderá prepará-lo para o exercício de profissões técnicas. (Incluído pela Lei 11.741, de 2008)

Parágrafo único. A preparação geral para o trabalho e, facultativamente, a habilitação profissional poderão ser desenvolvidas nos próprios estabelecimentos de Ensino Médio ou em cooperação com instituições especializadas em educação profissional. (Incluído pela Lei 11.741, de 2008)

Art. 36-A – A lei traz uma inovação de extrema relevância. Define, como dimensão primeira do Ensino Médio, a formação geral, ou seja, a formação básica qualitativa que consiste em compor um currículo através do qual o aluno aprenda a aprender, desenvolva a autonomia para pensar e substitua a pedagogia formalista nos conteúdos e ortodoxa nos métodos e na avaliação, por uma conduta crítica e criativa, face ao conhecimento veiculado pelas diferentes disciplinas. Assim, a *educação profissional técnica de nível médio torna-se complementar à educação básica*. A complementaridade aqui significa que as duas se inter-relacionam e se articulam no bojo de um processo epistêmico no qual os conteúdos disciplinares são trabalhados através de uma abordagem relacional em que a prática escolar estabelece interconexões e passagens entre os conhecimentos acadêmicos, técnicos e tecnológicos. Nesse processo, o papel do professor é mediar as relações de complementaridade e de convergência.

Assim entendido o Ensino Médio, enquanto organização curricular, passa a constituir plataforma acadêmica indispensável para a qualificação profissional e para a preparação adequada ao consequente exercício de profissões técnicas. Esta compreensão é intensamente ampliada com a Lei 13.415/2017, que alterou o art. 36 da LDB, como vimos, e agregou, entre as áreas de atuação profissional, a da **formação técnica profissional**, que passa a ser um dos **focos** da plataforma acadêmica do Ensino Médio.

Parágrafo único – Preparação geral para o trabalho e habilitação profissional são conceitos legais vinculados ao amplo da qualificação profissional, variando em escalas de extensão e de intensidade. No primeiro caso, estamos diante de cursos e programas de formação profissional que vão da iniciação ao aperfeiçoamento extensivo. No segundo caso, a Lei cogita de programas verticalizados de formação em que a ênfase foca um campo técnico-profissional específico. De alguma forma pode-se dizer que a preparação geral para o trabalho se refere a uma plataforma de conhecimentos disponibilizados ao aluno com o objetivo de desenvolver competências e habilidades para uma atuação adequada no **mundo do trabalho**, enquanto, no caso da habilitação profissional, o foco escolar está no **mercado de trabalho formal**, ou seja, nos postos de trabalho consolidados. Em um e outro caso, o legislador preocupa-se com esquemas flexíveis de formação, estimulando parcerias e compartilhamentos interinstitucionais, assim que se evite a duplicação de meios para fins idênticos. A Lei da Reforma do Ensino Médio, acima referida, prevê esta dualidade de formação, sob condições, como se pode ver no art. 36, § 8º: *A oferta de formação técnica e profissional a que se refere o inc. V do* caput, *realizada na própria instituição ou em parceria com outras instituições, deverá ser aprovada previamente pelo Conselho Estadual de Educação, homologada pelo Secretário Estadual de Educação e certificada pelos sistemas de ensino.*

Art. 36-B – A educação profissional técnica de nível médio será desenvolvida nas seguintes formas: (Incluído pela Lei nº 11.741, de 2008)

I – articulada com o ensino médio; (Incluído pela Lei nº 11.741, de 2008)

II – subsequente, em cursos destinados a quem já tenha concluído o ensino médio. (Incluído pela Lei nº 11.741, de 2008)

Parágrafo único. A educação profissional técnica de nível médio deverá observar: (Incluído pela Lei nº 11.741, de 2008)

I – os objetivos e definições contidos nas diretrizes curriculares nacionais estabelecidas pelo Conselho Nacional de Educação; (Incluído pela Lei nº 11.741, de 2008)

II – as normas complementares dos respectivos sistemas de ensino; (Incluído pela Lei nº 11.741, de 2008)

III – as exigências de cada instituição de ensino, nos termos de seu projeto pedagógico. (Incluído pela Lei nº 11.741, de 2008)

§ 1º A educação profissional técnica de nível médio deverá observar: (Redação dada pela Lei nº 14.645, de 2023)

I – os objetivos e definições contidos nas diretrizes curriculares nacionais estabelecidas pelo Conselho Nacional de Educação; (Incluído pela Lei nº 11.741, de 2008)

II – as normas complementares dos respectivos sistemas de ensino; (Incluído pela Lei nº 11.741, de 2008)

III – as exigências de cada instituição de ensino, nos termos de seu projeto pedagógico. (Incluído pela Lei nº 11.741, de 2008)

§ 2º As formas referidas nos incisos I e II do caput deste artigo poderão também ser oferecidas em articulação com a aprendizagem profissional, nos termos da Lei nº 10.097, de 19 de dezembro de 2000. (Incluído pela Lei nº 14.645, de 2023)

§ 3º Quando a educação profissional técnica de nível médio for oferecida em articulação com a aprendizagem profissional, poderá haver aproveitamento: (Incluído pela Lei nº 14.645, de 2023)

I – das atividades pedagógicas de educação profissional técnica de nível médio, para efeito de cumprimento do contrato de aprendizagem profissional, nos termos de regulamento; (Incluído pela Lei nº 14.645, de 2023)

II – das horas de trabalho em aprendizagem profissional para efeito de integralização da carga horária do ensino médio, no itinerário da formação técnica e profissional ou na educação profissional técnica de nível médio, nos termos de regulamento. (Incluído pela Lei nº 14.645, de 2023)

Art. 36-B – Este artigo renovado conceitualmente produziu mudanças estruturantes na Educação Profissional Técnica de Nível Médio, valorizando o currículo integrado Ensino Médio/ensino para uma qualificação profissional, dentro da visão politécnica gramsciana de educação. Na verdade, formação técnico-profissional fora de uma visão finalística de educação geral não é educação e, sim, treinamento. Esta compreensão é estratégica sob o ponto de vista de uma sociedade democrática e de uma cidadania política solidária e produtiva. Por isso, no novo palco da educação profissional, rechaça-se a ideia de mero treinamento do trabalhador, de trabalho acerebral e, portanto, da qualificação de alguém destituído do conhecimento de sua ocupação, atuando como um autômato ou robô e "[...] reduzindo as operações produtivas apenas ao aspecto físico-maquinal" (GRAMSCI, 1976: 397). Aqui, o Ensino Médio é componente inafastável da educação básica em cujo eixo central posiciona-se o trabalho como processo de emancipação humana e de cidadania política. Por esta razão, estão entrelaçados os objetivos e definições das respectivas diretrizes curriculares nacionais, as normas complementares dos sistemas de ensino e os diferentes focos da escola hospedados no seu projeto pedagógico.

> I e II – O duplo formato de estruturação da Educação Profissional e Técnica de Nível Médio, na perspectiva do seu desenvolvimento, atende a duas conformidades: a instituída em articulação com o Ensino Médio e a constituída pós-Ensino Médio.

> § 1º, I, II, e III – Destaca-se com foco nos princípios e fins da educação nacional (art. 2) que o Ensino Médio é componente inafastável da educação básica em cujo eixo central posiciona-se o trabalho como processo de emancipação humana e de cidadania política. Por esta razão, estão entrelaçados os objetivos e definições das respectivas Diretrizes Curriculares Nacionais, as normas complementares dos sistemas de ensino e os diferentes focos da escola hospedados no seu projeto pedagógico. Para aclarar estas dobras de complexidade, o Conselho Nacional de Educação (CNE), dentro das prerrogativas legais de produção de diretrizes para a educação formal e para o ensino regular, a par da responsabilidade de orientar os sistemas de ensino sob o ponto de vista de sua operacionalidade técnico-legal e pedagógica, exarou a Resolução 6, de 20/09/2012, com a definição de Diretrizes Curriculares Nacionais para a Educação Profissional Técnica de Nível Médio, objeto do artigo ora em análise. O texto normativo referido reproduz, desenvolve e esclarece, de forma conceitual e operativa, o conteúdo deste art. 36-B, através de uma formulação didática e cuidadosamente orientadora, como passamos a ver. Nesse sentido, vamos "viajar" sobre o corpo da resolução, com uma abordagem por **níveis de estruturação textual**.

> NÍVEL 1 – Desenvolvimento da EPT de Nível Médio

Art. 3º – A Educação Profissional Técnica de Nível Médio é desenvolvida nas formas articulada e subsequente ao Ensino Médio, podendo a primeira ser integrada ou concomitante a essa etapa da educação básica.

§ 1º – A Educação Profissional Técnica de nível médio possibilita a avaliação, o reconhecimento e a certificação para prosseguimento ou conclusão de estudos.

§ 2º – Os cursos e programas de Educação Profissional Técnica de Nível Médio são organizados por eixos tecnológicos, possibilitando itinerários formativos flexíveis, diversificados e atualizados, segundo interesses dos sujeitos e possibilidades das instituições educacionais, observadas as normas do respectivo sistema de ensino para a modalidade de Educação Profissional Técnica de Nível Médio.

> NÍVEL 2 – Segmentação do desenvolvimento das formas articuladas e subsequentes da ETP de Nível Médio

Art. 7º – A Educação Profissional Técnica de Nível Médio é desenvolvida nas formas articulada e subsequente ao Ensino Médio:

I – a articulada, por sua vez, é desenvolvida nas seguintes formas:

a) integrada, ofertada somente a quem já tenha concluído o Ensino Fundamental, com matrícula única na mesma instituição, de modo a conduzir o estudante à habilitação profissional técnica de nível médio ao mesmo tempo em que conclui a última etapa da Educação Básica;

b) concomitante, ofertada a quem ingressa no Ensino Médio ou já o esteja cursando, efetuando-se matrículas distintas para cada curso, aproveitando oportunidades educacionais disponíveis, seja em unidades de ensino da mesma instituição ou em distintas instituições de ensino;

c) concomitante na forma, uma vez que é desenvolvida simultaneamente em distintas instituições educacionais, mas integrada no conteúdo, mediante a ação de convênio ou acordo de intercomplementaridade, para a execução de projeto pedagógico unificado.

II – a subsequente, desenvolvida em cursos destinados exclusivamente a quem já tenha concluído o Ensino Médio.

> NÍVEL 3 – Itinerários formativos flexíveis

§ 3º – Entende-se por itinerário formativo o conjunto das etapas que compõem a organização da oferta da Educação Profissional pela instituição de Educação Profissional e Tecnológica, no âmbito de um determinado eixo tecnológico, possibilitando contínuo e articulado aproveitamento de estudos e de

experiências profissionais devidamente certificadas por instituições educacionais legalizadas.

§ 4º – O itinerário formativo contempla a sequência das possibilidades articuláveis da oferta de cursos de Educação Profissional, programado a partir de estudos quanto aos itinerários de profissionalização no mundo do trabalho, à estrutura sócio-ocupacional e aos fundamentos científico-tecnológicos dos processos produtivos de bens ou serviços, o qual orienta e configura uma trajetória educacional consistente.

Relembre-se que o novo governo editou em abril do corrente ano (2023) uma Portaria que suspendeu o cronograma de implementação do Novo Ensino Médio. No momento, o MEC prepara proposta para uma reformulação, com o aumento da carga horária de disciplinas dos itinerários formativos. Estes, de acordo com a proposta, passarão a dois MAIS o curso técnico. Antes, eram cinco. Por enquanto, cabe aguardar a evolução da proposta.

> NÍVEL 4 – Organização da EPT de Nível Médio

Art. 2º – A Educação Profissional e Tecnológica, nos termos da Lei 9.394/1996 (LDB), alterada pela Lei 11.741/2008, abrange os cursos de:

I – formação inicial e continuada ou qualificação profissional;

II – Educação Profissional Técnica de Nível Médio;

III – Educação Profissional Tecnológica, de graduação e de pós-graduação.

Parágrafo único. As instituições de Educação Profissional e Tecnológica, além de seus cursos regulares, oferecerão cursos de formação inicial e continuada ou qualificação profissional para o trabalho, entre os quais estão incluídos os cursos especiais, abertos à comunidade, condicionando-se a matrícula à capacidade de aproveitamento dos educandos e não necessariamente aos correspondentes níveis de escolaridade.

> NÍVEL 5 – Finalidades da EPT de Nível Médio

Art. 5º – Os cursos de Educação Profissional Técnica de Nível Médio têm por finalidade proporcionar ao estudante conhecimentos, saberes e competências profissionais necessários ao exercício profissional e da cidadania, com base nos fundamentos científico-tecnológicos, sócio-históricos e culturais.

> NÍVEL 6 – Princípios de orientação da EPT de Nível Médio

Art. 6º – São princípios da Educação Profissional Técnica de Nível Médio:

I – relação e articulação entre a formação desenvolvida no Ensino Médio e a preparação para o exercício das profissões técnicas, visando à formação integral do estudante;

II – respeito aos valores estéticos, políticos e éticos da educação nacional, na perspectiva do desenvolvimento para a vida social e profissional;

III – trabalho assumido como princípio educativo, tendo sua integração com a ciência, a tecnologia e a cultura como base da proposta político-pedagógica e do desenvolvimento curricular;

IV – articulação da educação básica com a Educação Profissional e Tecnológica, na perspectiva da integração entre saberes específicos para a produção do conhecimento e a intervenção social, assumindo a pesquisa como princípio pedagógico;

V – indissociabilidade entre educação e prática social, considerando-se a historicidade dos conhecimentos e dos sujeitos da aprendizagem;

VI – indissociabilidade entre teoria e prática no processo de ensino--aprendizagem;

VII – interdisciplinaridade assegurada no currículo e na prática pedagógica...;

VIII – contextualização, flexibilidade e interdisciplinaridade na utilização de estratégias educacionais favoráveis à compreensão de significados e à integração entre a teoria e a vivência da prática profissional...;

IX – articulação com o desenvolvimento socioeconômico-ambiental dos territórios onde os cursos ocorrem...;

X – reconhecimento dos sujeitos e suas diversidades...;

XI – reconhecimento das identidades de gênero e étnico-raciais, assim como dos povos indígenas, quilombolas e populações do campo;

XII – reconhecimento das diversidades das formas de produção, dos processos de trabalho e das culturas a eles subjacentes...;

XIII – autonomia da instituição educacional na concepção, elaboração, execução, avaliação e revisão do seu projeto político-pedagógico...;

XIV – flexibilidade na construção de itinerários formativos diversificados e atualizados, segundo interesses dos sujeitos e possibilidades das instituições educacionais, nos termos dos respectivos projetos político-pedagógicos;

XV – identidade dos perfis profissionais de conclusão de curso, que contemplem conhecimentos, competências e saberes profissionais requeridos pela natureza do trabalho, pelo desenvolvimento tecnológico e pelas demandas sociais, econômicas e ambientais;

XVI – fortalecimento do regime de colaboração entre os entes federados, incluindo, por exemplo, os arranjos de desenvolvimento da educação, visando à melhoria dos indicadores educacionais dos territórios em que os cursos e programas de Educação Profissional Técnica de Nível Médio forem realizados;

XVII – respeito ao princípio constitucional e legal do pluralismo de ideias e de concepções pedagógicas.

> NÍVEL 7 – Bases do planejamento de cursos e programas da ETP de Nível Médio

§ 5º – As bases para o planejamento de cursos e programas de Educação Profissional, segundo itinerários formativos, por parte das instituições de Educação Profissional e Tecnológica, são os catálogos nacionais de cursos mantidos pelos órgãos próprios do MEC e a Classificação Brasileira de Ocupações (CBO).

> NÍVEL 8 – Eixo Tecnológico e implicações na estruturação dos cursos de ETP de Nível Médio

Art. 13 – A estruturação dos cursos da Educação Profissional Técnica de Nível Médio, orientada pela concepção de eixo tecnológico, implica considerar:

I – a matriz tecnológica, contemplando métodos, técnicas, ferramentas e outros elementos das tecnologias relativas aos cursos;

II – o núcleo politécnico comum correspondente a cada eixo tecnológico em que se situa o curso, que compreende os fundamentos científicos, sociais, organizacionais, econômicos, políticos, culturais, ambientais, estéticos e éticos que alicerçam as tecnologias e a contextualização do mesmo no sistema de produção social;

III – os conhecimentos e as habilidades nas áreas de linguagens e códigos, ciências humanas, matemática e ciências da natureza, vinculados à educação básica deverão permear o currículo dos cursos técnicos de nível médio, de acordo com as especificidades dos mesmos, como elementos essenciais para a formação e o desenvolvimento profissional do cidadão;

IV – a pertinência, a coerência, a coesão e a consistência de conteúdos, articulados do ponto de vista do trabalho assumido como princípio educativo, contemplando as necessárias bases conceituais e metodológicas;

V – a atualização permanente dos cursos e currículos, estruturados em ampla base de dados, pesquisas e outras fontes de informação pertinentes.

Pelo conjunto da legislação brasileira mais recente no campo da Educação Técnica Profissional fica evidenciado o impacto do desenvolvimento tecnológico na educação e vice-versa. O ensino técnico já não mais sobrevive restrito à moldura do treinamento, tampouco a programas eventuais ministrado por instrutores, por mais hábeis que sejam. O Ensino Médio passa a constituir o alicerce minimamente seguro para o cidadão trabalhador assimilar a função social das ciências, não apenas alcançando seu desenvolvimento, mas compreendendo, para fins operativos, a relação do desenvolvimento com as transformações sociais e as inovações no campo laboral.

Parágrafo único, I, II e III – Tanto no caso do inc. I como no caso do inc. II do artigo, como dos inc. I, II e III do par. único, devem-se observar, em qualquer das tipologias organizativas, os objetivos das respectivas diretrizes curriculares nacionais, as novas orientações complementares de cada sistema de ensino e, ainda, as alternativas de concepção de estratégias contidas no projeto pedagógico do respectivo estabelecimento de ensino, tendo em vista os direitos e objetivos da aprendizagem dos alunos.

Para multiplicar as alternativas de oferta de educação profissional o Governo Federal instituiu, no âmbito do Ministério da Educação, a Rede e-Tec Brasil (Decreto 7.589/2011) com a finalidade de desenvolver a educação profissional e tecnológica na modalidade de educação a distância, ampliando e democratizando a oferta e o acesso à educação profissional pública e gratuita no país. Nesta perspectiva, a e-Tec Brasil é constituída por adesão de:

I – instituições integrantes da Rede Federal de Educação Profissional, Científica e Tecnológica;

II – de unidades de ensino dos serviços nacionais de aprendizagem que ofertam cursos de educação profissional e tecnológica; e

III – de instituições de educação profissional vinculadas aos sistemas estaduais de ensino.

O circuito de objetivos da e-Tec Brasil é social e profissionalmente amplo, como se pode ver:

I – estimular a oferta da educação profissional e tecnológica, na modalidade a distância, em rede nacional;

II – expandir e democratizar a oferta da educação profissional e tecnológica, especialmente para o interior do país e para a periferia das áreas metropolitanas;

III – permitir a capacitação profissional inicial e continuada, preferencialmente para os estudantes matriculados e para os egressos do Ensino Médio, bem como para a educação de jovens e adultos;

IV – contribuir para o ingresso, permanência e conclusão do Ensino Médio por jovens e adultos;

V – permitir às instituições públicas de ensino o desenvolvimento de projetos de pesquisa e de metodologias educacionais em educação a distância na área de formação inicial e continuada de docentes para a educação profissional e tecnológica;

VI – promover o desenvolvimento de projetos de produção de materiais pedagógicos e educacionais para a formação inicial e continuada de docentes para a educação profissional e tecnológica;

VII – promover junto às instituições públicas de ensino o desenvolvimento de projetos de produção de materiais pedagógicos e educacionais para estudantes da educação profissional e tecnológica; e

VIII – permitir o desenvolvimento de cursos de formação inicial e continuada de docentes, gestores e técnicos administrativos da educação profissional e tecnológica, na modalidade de educação a distância.

O Ministério da Educação disciplina os procedimentos para adesão, habilitação e participação para integrar a Rede e-Tec Brasil. As instituições interessadas devem constituir polos de apoio presencial para a execução de atividades didático-administrativas de suporte aos cursos ofertados.

A ETPNM, de desenvolvimento prescrito neste art. 36-B, e com formatação estrutural e organizativa sob a circunscrição da Resolução CEB/CNE 6/2012, tem conexão com o novo art. 36, inc. V, da LDB, introduzida pela Lei da Reforma do Ensino Médio (Lei 13.415/2017), ao situar, entre os arranjos curriculares, a possibilidade de percurso formativo no campo **da formação técnica** e **profissional**. Os focos da condução curricular **convergem**, na obrigatoriedade de cumprimento da BNCC e da **formação integral do aluno**, tomando o trabalho como eixo condutor do projeto de vida.

> § 2º e 3º, inc. I e II – As formas de EPTNM, desenvolvidas no esquema dos incisos I e II do caput do artigo (articulada e subsequente) poderão ganhar dois enfoques, a saber:

A) O enfoque de oferta em articulação com a aprendizagem profissional (Lei nº 10.097/2000). Incluído pela lei nº 14.645/2023).

B) Como consequência, o segundo enfoque, representado pela **possibilidade de aproveitamento**: i) **das atividades pedagógicas** da EPTNM, neste caso visando ao cumprimento do contrato de aprendizagem; e ii) **das horas de trabalho**, visando à integração da carga horária do Ensino Médio, seja no percurso da formação técnica profissional, seja na Educação Profissional Técnica de Nível Médio. Esta rota de dupla possibilidade atende aos princípios de flexibilização dos arranjos curriculares, de economicidade das linhas de tempo de formação e, não menos importante, da articulação das formas e rotas da aprendizagem, da interdisciplinaridade, da integração dos saberes e da contextualização dos conteúdos curriculares. Ou seja, tudo converge para a aplicação do princípio de, na organização do ensino, evitar-se a duplicação de meios para fins idênticos. Estas alternativas, introduzidas na LDB, pela lei 14.645/2023, representam avanços importantes e inovadores nos alinhamentos de organização e funcionamento da EPTNM.

Art. 36-C – A Educação Profissional Técnica de Nível Médio articulada, prevista no inc. I do *caput* do art. 36-B desta Lei, será desenvolvida de forma: (Incluído pela Lei 11.741, de 2008)

I – integrada, oferecida somente a quem já tenha concluído o Ensino Fundamental, sendo o curso planejado de modo a conduzir o aluno à habilitação profissional técnica de nível médio, na mesma instituição de ensino, efetuando-se matrícula única para cada aluno; (Incluído pela Lei 11.741, de 2008)

II – concomitante, oferecida a quem ingresse no Ensino Médio ou que já o esteja cursando, efetuando-se matrículas distintas para cada curso, e podendo ocorrer: (Incluído pela Lei 11.741, de 2008)

a) na mesma instituição de ensino, aproveitando-se as oportunidades educacionais disponíveis; (Incluído pela Lei 11.741, de 2008)

b) em instituições de ensino distintas, aproveitando-se as oportunidades educacionais disponíveis; (Incluído pela Lei 11.741, de 2008)

c) em instituições de ensino distintas, mediante convênios de intercomplementaridade, visando ao planejamento e ao desenvolvimento de projeto pedagógico unificado. (Incluído pela Lei 11.741, de 2008)

Art. 36-C – Este artigo dá continuidade ao conteúdo do artigo anterior (36-B), porém, com foco na modalidade Educação Profissional Técnica de Nível Médio **articulada**. Seu entendimento guarda relação com a abordagem feita nas diretrizes do CNE apontadas anteriormente. À guisa de reforço dos enfoques conceituais e interpretativos já destacados, vamos adicionar comentários e considerações complementares, ressaltando aspectos técnico-pedagógicos.

O legislador retoma a necessidade de reforçar a educação técnica de nível médio articulada, preservando duas modalidades de organização já previstas, porém, sem abrir mão do aspecto politécnico de sua concepção. Aqui, a relação educação/trabalho tem como lastro de sustentação a formação humana do trabalhador. A ideia central é formar sem conformar, ou seja, qualificar no contexto de uma compreensão em que o trabalhador cidadão se põe em postura crítica face às múltiplas formas de trabalho. "Dessa forma, esse processo visa a promover a possibilidade de o homem desenvolver-se e apropriar-se do seu ser de forma global, de todos os seus sentidos e potencialidades como fonte de gozo e de realização" (RAMOS, 2001: 27).

> I – A modalidade integrada configura a situação em que o aluno, tendo concluído o Ensino Fundamental, realiza matrícula na mesma escola. Trata-se, na verdade, de um prosseguimento de estudos, agora, com as bases da educação geral iluminando pedagogicamente os conteúdos profissionalizantes em um processo de simbiose acadêmica em tempos simultâneos, com uma visão bifronte integrada. Esta modalidade de educação profissional está robustecida pelo apoio técnico-financeiro do Decreto 6.302/2007, que cria o Programa Brasil Profissionalizado, cujo objetivo é "estimular o Ensino Médio integrado à educação profissional, enfatizando a educação científica e humanística, por meio da articulação entre formação geral e educação profissional no contexto dos arranjos produtivos e das vocações locais e regionais". O Programa tem objetivos claros e precisos, como se pode ver:

I – expandir o atendimento e melhorar a qualidade da educação brasileira;

II – desenvolver e reestruturar o Ensino Médio, de forma a combinar formação geral, científica e cultural com a formação profissional dos educandos;

III – propiciar a articulação entre a escola e os arranjos produtivos locais e regionais;

IV – fomentar a expansão da oferta de matrículas no Ensino Médio integrado à educação profissional pela rede pública de educação dos estados, do DF e dos municípios, inclusive na modalidade a distância;

V – contribuir para a construção de novo modelo para o Ensino Médio fundado na articulação entre formação geral e educação profissional;

VI – incentivar o retorno de jovens e adultos ao sistema escolar e proporcionar a elevação da escolaridade, a construção de novos itinerários formativos e a melhoria da qualidade do Ensino Médio, inclusive na modalidade de Educação de Jovens e Adultos;

VII – fomentar a articulação entre a educação formal e a educação no ambiente de trabalho nas atividades de estágio e aprendizagem, na forma da legislação; e

VIII – estimular a oferta ordenada de cursos técnicos de nível médio.

O acesso aos recursos do programa ocorre através de propostas de estados, DF e municípios que hajam aderido formalmente ao Plano de Metas Compromisso Todos pela Educação, objeto do Decreto 6.024/2007. As propostas devem ser acompanhadas de diagnóstico do Ensino Médio. De acordo com informações do MEC (2017), *de 2007 até janeiro de 2016, o*

Programa atendeu instituições de educação profissional de 24 estados. Foram concluídas 342 obras, sendo 86 novas escolas, 256 ampliações e/ou reformas. Ainda foram entregues 635 laboratórios para aulas práticas. As ações do Brasil Profissionalizado são geridas pela Secretaria de Educação Profissional e Tecnológica (Setec) do Ministério da Educação e pelo Fundo Nacional de Desenvolvimento da Educação (FNDE).

> **II, a, b e c** – A modalidade concomitante viabiliza-se na situação de alguém ingressante no Ensino Médio ou mesmo que o esteja cursando. Neste caso, há necessidade de matrículas distintas para cada curso e, ainda, sob uma das seguintes condições: i) Aproveitamento de oportunidades educacionais disponíveis na mesma escola ou em instituição distinta; ii) Necessidade de parceria de intercomplementaridade de estudos que enseje a execução de atividades, projetos e agendas escolares com base em princípios pedagógicos convergentes, explicitados no Projeto Pedagógico das duas instituições. Destaca-se aqui a possibilidade de uso de pluralidades metodológicas criativas e, ainda, de convênios de intercomplementaridade dentro da ótica do art. 205 da CF: "A educação [...] será promovida e incentivada com a colaboração da sociedade...". Em qualquer circunstância, a legislação ressalta o **regime de colaboração**. Quando isto ocorrer, há de se garantir o cumprimento do art. 8º, da Resolução CNE/CEB 6/2012, assim formulado:

Art. 8º – Os cursos de Educação Profissional Técnica de Nível Médio podem ser desenvolvidos nas formas articulada integrada na mesma instituição de ensino, ou articulada concomitante em instituições de ensino distintas, mas com projeto pedagógico unificado, mediante convênios ou acordos de intercomplementaridade, visando ao planejamento e ao desenvolvimento desse projeto pedagógico unificado na forma integrada.

§ 1º – Os cursos assim desenvolvidos, com projetos pedagógicos unificados, devem visar simultaneamente aos objetivos da educação básica e, especificamente, do Ensino Médio e também da Educação Profissional e Tecnológica, atendendo tanto a estas Diretrizes quanto às Diretrizes Curriculares Nacionais para o Ensino Médio, assim como às Diretrizes Curriculares Nacionais Gerais para a Educação Básica e às diretrizes complementares definidas pelos respectivos sistemas de ensino.

Com a ideia de **integração** e **concomitância** de desenvolvimento, a ETPNM alarga as possibilidades de organização e de modalidades de oferta, ao tempo em que democratiza o acesso e opera criativamente o regime de colaboração e de compartilhamento de responsabilidades.

Art. 36-D – Os diplomas de cursos de Educação Profissional Técnica de Nível Médio, quando registrados, terão validade nacional e habilitarão ao prosseguimento de estudos na educação superior. (Incluído pela Lei 11.741, de 2008)

Parágrafo único. Os cursos de Educação Profissional Técnica de Nível Médio, nas formas articulada concomitante e subsequente, quando estruturados e organizados em etapas com terminalidade, possibilitarão a obtenção de certificados de qualificação para o trabalho após a conclusão, com aproveitamento, de cada etapa que caracterize uma qualificação para o trabalho. (Incluído pela Lei 11.741, de 2008)

Art. 36-D – A expedição do registro de diplomas pressupõe que eles se refiram a cursos correspondentes a áreas ocupacionais demarcadas por profissões regulamentadas em lei. É precisamente esta condição que atribui, ao diploma, o reconhecimento da validade nacional.

O diploma com esta característica, uma vez que conferido em percurso escolar com nível de Ensino Médio, assegura, ao seu portador, o direito de prosseguir estudos no âmbito da educação superior. A conclusão da educação básica seja por via do ensino regular, seja por via da educação de jovens e adultos ou do Encceja, é precondição para o acesso ao patamar seguinte da escolaridade. Até por isso, não há como separar educação geral e educação profissional técnica de nível médio à medida que as finalidades e os objetivos do Ensino Médio, estabelecidos no art. 35 da LDB, devem ser preservados, observados e cumpridos necessariamente. A educação profissional é modalidade genuinamente educativa. Quando oferecida no nível técnico, é complementar ao Ensino Médio. Em ambos os casos, deve organizar-se de forma articulada com a educação básica. O diploma de nível técnico não significa a exclusão de uma (educação profissional) por outro (Ensino Médio), senão, processos de ensino organizados sobre o trilho da intercomplementaridade, preservando-se a identidade de ambos.

Os diplomas deverão explicitar os títulos ocupacionais, identificáveis pelo mercado de trabalho. Exemplo: área de saúde: Diploma de Técnico em Enfermagem. O registro do diploma deve ser feito no órgão técnico do controle profissional. Um critério de distribuição social dos conhecimentos. Estes são "[...] requisitos mínimos para a participação competente em uma sociedade que cada vez mais incorpora ciência e tecnologia" (KUENZER, 2000: 65).

Parágrafo único – É preciso compreender que a organização curricular em módulo não representa um disfarce para quebrar o currículo, sob o influxo perverso da ideia de uma fragmentação do trabalho. Este risco é desfeito à medida que o Projeto Político-Pedagógico reúne os interesses da coletividade circundante à escola e os contemple sob "[...] novas formas de seleção, organização e tratamento metodológico dos conteúdos, de maneira a oportunizar relações verdadeiramente significativas entre o aluno e o conhecimento, como condição para sua participação efetiva no trabalho e na sociedade, de modo a ser protagonista da construção de uma nova ordem social" (KUENZER, 2000: 67).

Os vários cursos aqui referidos podem ter estrutura e organização variadas. Uma das formas possíveis de organizá-los é construindo o currículo por critérios de permeabilidade e flexibilidade de tal sorte que o aluno trabalhador tenha à sua disposição percursos curriculares plurais e, assim, sejam atendidas suas necessidades concretas de aprendizagem. Mesmo que isto implique interrupções temporárias decorrentes da necessidade de trabalhar, por exemplo, para assegurar sua sobrevivência. Esta possibilidade está prevista na Lei 13.415/2017, da reforma do Ensino Médio, posta na alternativa da área de formação técnica e profissional.

Convém lembrar que o horizonte da escola pública é o da igualação de direitos e da democratização de oportunidades. A escola uniforme em sua organização aprofunda as desigualdades porque desrespeita as diferenças.

Na perspectiva da estruturação (concepção) e organização (funcionamento) em etapas com terminalidade, estamos diante de uma proposta de democratização do acesso aos conteúdos profissionalizantes, à luz de Referenciais Curriculares Nacionais de Educação Profissional de Nível Técnico e de Normas Complementares. O currículo, nesse caso, deve ter estrutura modular, com especificidade terminal de competências por módulo de aprendizagem.

Fica claro, portanto, que, no caso de a organização do curso adotar o critério de terminalidades parciais, o aluno, se desejar, poderá obter vários certificados de qualificação profissional, desde que termine vários cursos de forma independente ou como módulos de curso técnico. Os certificados deverão "esclarecer, via histórico escolar, as competências profissionais objeto de qualificação que estão sendo certificadas, explicitando também o título da ocupação" (RCN da EP de Nível Técnico, 2000: 102). Nesse sentido, ver comentários complementares na abordagem do art. 36, § 6º, inc. II.

Seção V
Da Educação de Jovens e Adultos

Art. 37 – A Educação de Jovens e Adultos será destinada àqueles que não tiveram acesso ou continuidade de estudos nos ensinos Fundamental e Médio na idade própria.

§ 1° – Os sistemas de ensino assegurarão gratuitamente aos jovens e aos adultos, que não puderam efetuar os estudos na idade regular, oportunidades educacionais apropriadas, consideradas as características do aluno, seus interesses, condições de vida e de trabalho, mediante cursos e exames.

§ 2° – O Poder Público viabilizará e estimulará o acesso e a permanência do trabalhador na escola, mediante ações integradas e complementares entre si.

§ 3° – A educação de jovens e adultos deverá articular-se, preferencialmente, com a educação profissional, na forma do regulamento. (Incluído pela Lei 11.741, de 2008)

Art. 37 – O aspecto fundamental a considerar é o avanço conceitual que a LDB trouxe no campo da Educação de Jovens e Adultos. Substituir a ideia confusa de "ensino supletivo" pela ideia pedagogicamente plena de "educação de jovens e adultos". Ampliou-se o conceito, alargou-se o **dever** do **Estado** com as responsabilidades (dever de atender) neste campo e, sobretudo, a ideia de instrução cedeu lugar ao ideal de processos formativos plurais.

Desdobramento deste avanço conceitual foi o avanço conceitual-operativo contido no Parecer 11/2000 que regulamenta as Diretrizes Curriculares Nacionais para a EJA. Esta passa a buscar três funções dentro de um lastro de convergências transformadoras, a saber:

a) Função reparadora: recuperação de um direito negado ao cidadão na idade própria. Com esta medida lhe é assegurada a reintrodução no circuito dos direitos civis.

b) Função equalizadora: recuperação do direito à igualdade pela ampliação das possibilidades de acesso, permanência e aprendizagem sequenciada via educação escolar.

c) Função qualificadora: recuperação do direito de aprender a aprender, aprender sempre, capacitar-se para o exercício da educação permanente, ampliando-se as chances de viver adequadamente na sociedade do conhecimento como um cidadão ativo, participativo e socialmente produtivo.

Como já foi dito nos comentários ao art. 4°, existe, no Ensino Fundamental, cobertura de 97% da demanda. O percentual remanescente e o acumulado ao longo do tempo até passado recente, em percentuais avantajados, respondem pela necessidade da oferta educacional para jovens e adultos que estiveram fora da educação básica na idade própria.

Esta população de necessidade de atendimento educacional tardio se distribui em três grupos bem distintos: primeiro, aqueles reconhecidamente analfabetos; segundo, aqueles que foram à escola, passaram ali pouco tempo e, portanto, não tiveram tempo de sedimentar o que haviam superficialmente aprendido. São os analfabetos funcionais; terceiro, aqueles que estiveram na escola em momentos intermitentes. A educação escolar continua a ignorar a validade de **outros** saberes que não os curriculares. Consequência: *a EJA continua questionada pela tensão dos currículos. A cultura oficial é avessa ao reconhecimento das práticas sociais dos trabalhadores, que lutam pela escola e pelo direito a uma educação justa* (Arroyo, 2017: 148).

A lei não apenas assegura a oferta de oportunidade escolar à população de jovens e adultos situados fora de idade regular (idade própria), mas estabelece a necessidade de toda uma abordagem pedagógica, incluindo conteúdos, metodologias, tipologias de organização e processos de avaliação diferenciados daqueles dos alunos que se acham na escola em idade própria. A ideia é que a escola trabalhe um processo psicopedagógico que respeite o perfil cultural do aluno adulto, ensejando-lhe o aproveitamento da experiência humana adquirida no trabalho e, portanto, manancial insubstituível de construção da trajetória de autoaprendizagem. Esta perspectiva legal tem tudo a ver com o que dispõe os art. 1º e 3º (neste último caso, inc. X e XI) da LDB.

O texto legal fala, outrossim, em ações integradas e complementares a serem estimuladas pelo Poder Público, para que o adulto não apenas chegue à escola, mas também nela permaneça. O que se busca, de fato, realçar é que as funções intelectuais do aluno adulto devem ser trabalhadas de forma articulada com outras dimensões, como é o caso dos componentes psíquicos, notadamente os que dizem respeito às atitudes, às motivações e ao horizonte temporal. Neste último caso, basta lembrar o abismo de diferença que existe entre o jovem e o adulto, quando se trata de estruturar, logicamente, o passado e o futuro ou de estruturar, formalmente, o pensamento.

Por fim, cabe realçar a importância da expressão **fora da idade própria** usada pelo legislador no *caput* do art. 37. Significa que os sistemas de ensino devem agir levando em consideração os elementos concretizadores do perfil da população escolar a atender. (Para saber mais, ver art. 4, Incisos IV e VII).

§ 1º – As responsabilidades dos sistemas de ensino no tocante à oferta de educação escolar institucionalizada à população que ficou fora da escola na idade regular são as mesmas definidas pela Constituição Federal e pela LDB para os alunos do ensino regular. Não menos importante é que o atendimento oferecido deve levar em conta o perfil do aluno e suas necessidades concretas de aprendizagem. Tal atendimento deverá ser organizado através de cursos regulares ou através de exames específicos. Para tanto, cursos e exames, sempre oferecidos por instituições credenciadas (estes cursos não podem ser confundidos com cursos livres) devem ser organizados, observando as Diretrizes Curriculares Nacionais da Educação de Jovens e Adultos. Em outras palavras, estão obrigados a estruturar seus programas de ensino com a inclusão da base nacional comum do currículo, entendida como "o conjunto dos conteúdos mínimos das áreas de conhecimento articulados aos aspectos da vida cidadã".

§ 2º – A exemplo do que ocorre com o ensino regular obrigatório, também, no caso da EJA, os sistemas de ensino deverão observar o princípio da igualdade de condições e permanência na escola (art. 3º, I) do aluno trabalhador. Nesse sentido, hão de conceber mecanismos de integração e complementaridade de estudos, de tal sorte que os alunos possam progredir na aprendizagem de forma rápida, mas consistente. Esta perspectiva (integração/complementaridade) tem a ver com o próprio conceito de educação, tal qual contido no art. 1º da LDB e, ainda, com a ideia de valorização da experiência extraescolar (art. 3º, X). Em síntese, a grande finalidade da EJA é reintroduzir o cidadão no campo dos direitos civis mediante o usufruto da igualdade de direitos. Não é por acaso que a Conferência Nacional de Educação Básica (Coneb), 2008, afirma que, dentre as bases para a democratização da gestão como instrumento na construção da qualidade social da educação, destacam-se:

[...]

• "Consolidação de uma política de **Educação de Jovens e Adultos (EJA)**, concretizada na garantia de formação integral, da alfabetização e das demais etapas de escolarização, ao longo da vida, inclusive àqueles em situação de privação de liberdade. Essa política – pautada pela inclusão e qualidade social – prevê um processo de gestão e financiamento que assegure isonomia de condições da EJA em relação às demais etapas e modalidades da educação básica, a implantação do sistema integrado de monitoramento e avaliação, uma política específica de formação permanente para o professor que atue nessa modalidade de ensino, maior alocação do percentual de recursos para estados e municípios e que esta modalidade de ensino seja ministrada por professores licenciados.

• Disseminação de política direcionada à transformação dos sistemas educacionais em **sistemas inclusivos, que contemplem a diversidade com vistas à igualdade**, por meio de estrutura física, recursos materiais e humanos e apoio à formação, com qualidade social, de gestores e educadores nas escolas públicas, tendo como princípio a garantia do direito à igualdade e à diversidade étnico-racial, de gênero, **de idade** [grifo nosso], de orientação sexual e religiosa, bem como a garantia de direitos aos alunos com necessidades educacionais especiais, dentre eles os que têm deficiências, altas habilidades/superdotação e transtornos globais do desenvolvimento.

• Concepção ampla de **currículo** implica o redimensionamento das formas de organização e de gestão do tempo e espaço pedagógicos, e deve ser objeto de discussão pelos sistemas de ensino e unidades escolares, de modo a humanizar e assegurar um processo de ensino-aprendizagem significativo, capaz de garantir o conhecimento a todos e que venha a se consubstanciar no projeto político-pedagógico da escola, por meio da discussão dos aportes teórico-práticos e epistemológicos da **inter** e da **trans**disciplinaridade, reconhecendo, nos conselhos de escola, democráticos e participativos, instâncias legítimas e fundamentais nesse processo.

• Estímulo e apoio à **formação de leitores e de mediadores**, na educação básica, como **sistemáticas** a serem implementadas e desenvolvidas pelos **sistemas** de ensino e escolas, realizando a renovação e a manutenção das bibliotecas com equipamentos, espaços, acervos bibliográficos, como condição para a melhoria do processo ensino-aprendizagem.

• Reconhecimento das práticas culturais e sociais dos alunos e da comunidade local, entendendo-as como dimensões formadoras que se articulam com a educação escolar e que deverão ser consideradas na elaboração dos projetos político-pedagógicos, na organização dos currículos e nas instâncias de participação das escolas".

Em síntese, a Educação de Jovens e Adultos não pode ser confundida com **mero** ensino ou com um sistema de aulas formais que, muitas vezes, contribui, apenas, para o estilhaçamento do aluno enquanto identidade. Por isso, a sala de aula da EJA não pode se pautar por hegemonias culturais, sob pena de produzir o esmaecimento do direito de aprender com fragmentações impostas.

§ 3º – A Educação de Jovens e Adultos (EJA), como dito anteriormente, volta-se àqueles que, na faixa etária de escolaridade regular, ficaram fora da escola. A lei diz que eles continuam titulares de serviços educacionais prestacionais por parte do Estado. Trata-se, portanto, de pessoas que ou estão em idade de ingressar no mercado de trabalho, ou já estão nele, portanto, trabalhando ou, ainda, são desempregados.

Embora esta seja a compreensão que o legislador brasileiro atribui à população da EJA, há de se destacar, também, que o avanço científico e tecnológico, a globalização da economia, os desafios da sociedade em rede e a solidariedade planetária rebatem nos valores culturais, no cotidiano das pessoas, nas modalidades de participação política e nas próprias condições de trabalho e do exercício profissional.

Este cenário mutacional altera a concepção tradicional dos programas de educação de jovens e adultos, fazendo-os extrapolar para o forte e estratégico conceito de educação continuada ou, como consagrado em documentos de organismos internacionais, de **educação ao longo da vida** (*Lifelong education*).

De acordo com a Constituição Federal (art. 208, I), a Educação de Jovens e Adultos, no nível fundamental, deve ser disponibilizada gratuitamente a todos aqueles que não tiveram acesso com êxito à escola regular, na idade própria. Vê-se, portanto, que a clientela da EJA é imensa e heterogênea. Como tê-la à disposição é direito público subjetivo (CF, art. 208, § 1º), cabe aos poderes públicos oferecê-la, articulada, preferencialmente, com a educação profissional, em face do perfil da clientela. Esta é, aliás, uma forma de torná-la mais interessante, desde que aumentem as possibilidades de abordagens interdisciplinares, contextualizadas e com enfoque metodológico voltado sempre para o mundo do trabalho.

Convém lembrar, por outro lado, que grande parte dos postulantes da EJA são trabalhadores do imenso mercado informal brasileiro. Em assim sendo, a conjugação de estudo com políticas de qualificação profissional e de emprego e renda é não apenas uma estratégia com enorme poder de indução positiva, como também uma vacina poderosa, sob o ponto de vista econômico e social, para atenuar as chances de surgimento de "novos analfabetos".

No horizonte dos aspectos aqui destacados, o Plano Nacional de Educação em vigor (Lei 3.005/2014) estabelece:

Meta 10: *oferecer, no mínimo, 25% (vinte e cinco por cento) das matrículas de Educação de Jovens e Adultos, nos ensinos Fundamental e Médio, na forma integrada à educação profissional).*

Estratégias:

10.1) manter programa nacional de Educação de Jovens e Adultos voltado à conclusão do Ensino Fundamental e à formação profissional inicial, de forma a estimular a conclusão da educação básica;

10.2) expandir as matrículas na educação de jovens e adultos, de modo a articular a formação inicial e continuada de trabalhadores com a educação profissional, objetivando a elevação do nível de escolaridade do trabalhador e da trabalhadora.

Obs.: Constata-se uma tendência de queda na oferta de matrícula para EJA. Em relação às características individuais dos alunos, a maior parte das matrículas, integrada à Educação Profissional em 2017, constitui-se de mulheres: 59,0%.

Art. 38 – Os sistemas de ensino manterão cursos e exames supletivos, que compreenderão a base nacional comum do currículo, habilitando ao prosseguimento de estudos em caráter regular.

§ 1º – Os exames a que se refere este artigo realizar-se-ão:

I – no nível de conclusão do Ensino Fundamental, para os maiores de 15 anos;

II – no nível de conclusão do Ensino Médio, para os maiores de 18 anos.

§ 2º – Os conhecimentos e habilidades adquiridos pelos educandos por meios informais serão aferidos e reconhecidos mediante exames.

Art. 38 – Comparativamente ao artigo anterior, este artigo contém um retrocesso ao determinar a obrigatoriedade de os sistemas de ensino manterem **cursos e exames supletivos**. Aqui há uma nítida preocupação com os aspectos escolares formais, em detrimento da rica experiência humana que as pessoas vivenciam, constroem, articulam e através da qual **aprendem**, via mecanismos não formais. Por outro lado, ao impor a disponibilização de exames supletivos, o legislador como que reforça esta visão, à medida que se trata, de fato, de uma outra forma (deformação!) de induzir muitos alunos a descartarem as possibilidades de reconstruírem aprendizagens pelo compartilhamento de experiências pessoais e de processos pedagógicos, abundantes no convívio escolar. Estas observações são importantes, mesmo que pareçam mitigadas em face do § 2º que analisaremos mais adiante. Na verdade, tanto na Declaração de Hamburgo (1997) como no Relatório Delors (1996), a EJA é concebida como um processo de reconhecimento da riqueza advinda da diversidade cultural e como uma rota de respeito aos saberes e às formas de aprendizagem dos diferentes grupos sociais.

Tal preocupação semelha oportuna à medida que, em uma sociedade predominantemente grafocêntrica, a tendência de descarte das diferentes formas de cultura popular é marcante.

Feitas estas observações, passemos à análise do artigo no que tange aos aspectos estritamente legais.

Este artigo impõe obrigatoriedade de os sistemas de ensino manterem **cursos e exames** supletivos. Os cursos são programas regulares, desenvolvidos em um período certo de tempo e ministrados através de processo escolar. Os exames são realizados à parte dos cursos, portanto, fora do processo regular de aulas. Os cursos são estudos sistemáticos de aprendizagem, embora não necessariamente presenciais. Podem, também, alternar as duas modalidades, ou seja, funcionar na modalidade presencial e semipresencial.

Ambos, cursos e exames, deverão cobrir, na parte dos conteúdos, a Base Nacional Comum do Currículo (art. 26), definida, nos lineamentos básicos, pelo Conselho Nacional de Educação (art. 9º) e complementada pelos sistemas de ensino. Observada tal exigência, o candidato aprovado poderá continuar seus estudos no chamado ensino regular.

§ 1º, I e II – A idade para que alguém se submeta aos exames supletivos correspondentes ao Ensino Fundamental é de quinze anos ou mais e, para o Ensino Médio, de dezoito anos ou mais. Estes dois marcos de idade correspondem aos limites legais para conclusão dos ensinos Fundamental e Médio, caso o aluno frequentasse a escola regular. Idêntica idade é exigida para Exame Nacional para Certificação de Competências de Jovens e Adultos (Encceja).

§ 2º – Aqui, mais uma vez, a lei reconhece a importância da aprendizagem não formal (art. 3º, inc. X da LDB). O fundamental é que não só atribui valor ao extraescolar, mas prevê a possibilidade de certificação. Esta alternativa valoriza, igualmente, a utilização de metodologias diversificadas como é o caso da educação a distância, através do uso de TV, rádio, vídeo, internet, material impresso etc. Cabe, aos sistemas de ensino, disciplinar esta matéria.

Em termos relativos, a Educação de Jovens e Adultos evolui de forma oscilante hoje, no Brasil. A evolução precisa da modalidade EJA pode ser aferida pelos números que seguem:

Educação de Jovens e Adultos Matrículas por nível de ensino, 2017-2021

	2017	2018	2019	2020	2021
TOTAL	3.598.716	3.545.988	3.273.668	3.002.749	2.962.322
Ensino Fundamental	2.172.904	2.108.155	1.937.583	1.750.169	1.725.129
Ensino Médio	1.425.812	1.437.833	1.336.085	1.252.580	1.237.193

Fonte: MED/Inep/Deed, com base nos dados do Censo Escolar da Educação Básica - 2021.

Um dos problemas da EJA é que os programas oferecidos desconsideram os interesses e as competências adquiridas pela prática social dos alunos jovens e adultos. Para se corrigirem as distorções existentes é necessário: 1) Diversificar a oferta de programas; 2) Mobilizar toda a comunidade com o envolvimento das organizações da sociedade civil; 3) Proporcionar meios de recursos financeiros para produção de materiais didáticos e técnico-pedagógicos apropriados; 4) Especializar o corpo docente; 5) Integrar os programas de jovens e adultos com educação profissional; 6) Envolver os empregadores no sentido de organizar jornadas de trabalho compatíveis com o horário escolar; 7) Desenvolver mecanismos de apoio educativo a milhões de trabalhadores inseridos no amplo mercado informal; 8) Viabilizar programas especiais para mulheres envolvidas, além do trabalho profissional, com tarefas domésticas.

O Plano Nacional de Educação (PNE) prevê, na Meta 10, um total de 11 estratégias para a Educação de Jovens e Adultos, sendo uma delas "Articular as políticas da EJA com as de proteção contra o desemprego e de geração de emprego e renda". O cumprimento destas estratégias supõe a assistência técnica e financeira da União (art. 9º, inc. III da LDB) e, ainda, uma estreita articulação entre as três esferas de governo.

Convém relembrar que a educação básica constitui, hoje, passaporte indispensável para o exercício adequado de uma cidadania produtiva. Nesse horizonte, a EJA ganha significação ímpar quando se sabe que ela é um mecanismo importante para o combate ao analfabetismo e à exclusão social. Seja ao analfabetismo absoluto, que no Brasil chega, segundo o IBGE, a 8,2%, o que equivale a 13 milhões de pessoas, seja ao analfabetismo funcional, cujos números são assombrosos. Sobre este conceito cabe esclarecer o seguinte:

Em 1958, a Unesco definiu como alfabetizada **a pessoa capaz de ler e escrever um enunciado simples**. O censo do IBGE segue, de certa maneira, esta mesma concepção explicitada na autodeclaração do informante no que tange à habilidade de ler e escrever uma mensagem simples.

No início dos anos de 1980, a Unesco sugeriu a adoção do conceito de **alfabetização funcional**, para designar a **pessoa capaz de utilizar a leitura e a escrita para fazer frente às demandas de seu contexto social e usar essas habilidades para continuar aprendendo e desenvolver-se ao longo da vida**. O parâmetro para aferir esta última condição situa-se em torno de 8 a 9 anos de estudos, ou seja, aproximadamente a **duração média** da educação obrigatória. No caso do Brasil, o IBGE utiliza o critério de 4 anos de estudo. Esta foi a razão porque o legislador incluiu, no art. 60, § 6º, da EC 14 (Emenda Constitucional), a obrigatoriedade de aplicação de pelo menos 30% dos recursos vinculados à educação, à manutenção e desenvolvimento do Ensino Fundamental e à erradicação do analfabetismo.

Este § 2º é desdobramento do previsto no art. 24, inc. II, alínea c. Segundo este dispositivo, o aluno poderá ser classificado em qualquer série ou etapa, independentemente de escolarização anterior, mediante avaliação feita pela escola, que define o seu grau de desenvolvimento. Certificados os conhecimentos e as habilidades, o aluno poderá inscrever-se na etapa escolar adequada, na dependência sempre de regulamentação do respectivo sistema de ensino. Os exames que aferem e reconhecem esta condição do aluno integram o processo de certificação de competências.

Para evitar dúvidas, convém esclarecer diversos aspectos envolvidos nesse processo, até porque os órgãos normativos dos sistemas de ensino são, via de regra, omissos neste particular. Os pontos a destacar são os seguintes:

1) Competência é conceito polissêmico. Uma das definições possíveis é aquela apontada por Le Boterf (1994) e Fragmiére (1996a), a saber: **a capacidade do indivíduo para exercer uma atividade profissional concreta, aplicando seus conhecimentos, suas habilidades (*savoir-faire*) e suas qualidades pessoais.**

2) Competência não é qualificação. Esta é capacidade real, enquanto aquela é capacidade potencial em relação com um conjunto e em um contexto dado (MERTENS, 1996).

3) Certificar competência não é procedimento restrito à área de formação profissional, portanto, algo adstrito à formação para o mercado de trabalho, embora seja este o enfoque predominante.

4) O processo de certificação supõe a existência de instrumentos objetivos de avaliação que podem focar habilidades para o exercício de uma função profissional (*savoir-faire*) ou buscar aferir o domínio de conhecimentos no campo de disciplinas escolares, dentro do circuito da educação geral.

5) A educação geral não se opõe à formação profissional e esta não pode negligenciar aquela.

Em conclusão, os conhecimentos e habilidades adquiridos por meios informais, a serem avaliados e certificados pelos sistemas de ensino e referidos no § 2º do art. 38 em análise, dizem respeito, à Base Nacional Comum do Currículo, seja no âmbito da educação geral, seja no âmbito da Educação Profissional Técnica de Nível Médio, organizados nos termos da legislação correspondente. A Resolução CNE/CEB 6/2012 consigna os procedimentos para avaliação e certificação de competências, cabendo aqui destacar:

Art. 37 – A avaliação e a certificação, para fins de exercício profissional, somente poderão ser realizadas por instituição educacional devidamente credenciada que apresente em sua oferta o Curso de Educação Profissional Técnica de Nível Médio correspondente, previamente autorizado.

§ 1º – A critério do órgão normativo do respectivo sistema de ensino, instituições de ensino que não tenham o correspondente Curso de Educação Profissional Técnica de Nível Médio, mas ofertem cursos inscritos no mesmo eixo tecnológico, cuja formação tenha estreita relação com o perfil profissional de conclusão a ser certificado, podem realizar os processos previstos no caput *deste artigo.*

§ 2º – A certificação profissional abrange a avaliação do itinerário profissional e de vida do estudante, visando ao seu aproveitamento para prosseguimento de estudos ou ao reconhecimento para fins de certificação para exercício profissional, de estudos não formais e experiência no trabalho, bem como de orientação para continuidade de estudos, segundo itinerários formativos coerentes com os históricos profissionais dos cidadãos, para valorização da experiência extraescolar.

§ 3º – O Conselho Nacional de Educação elaborará diretrizes para a certificação profissional.

Os cursos e exames supletivos, modalidades de organização formal regular da educação de jovens e adultos, são uma resposta do Estado ao direito de todos à educação e ao direito de aprender por toda vida, colocada em uma moldura do atendimento às necessidades básicas de educação. Além da CF e da LDB, este compromisso do Estado brasileiro está conectado à Declaração de Hamburgo, 1997, e à Declaração de Jomtien, 2000, documentos subscritos pelo governo brasileiro.

Evidentemente, há de se avançar ainda bastante no tipo de resposta que o Brasil oferece àqueles que não puderam frequentar a escola na **idade própria**. De fato, e como já assinalado, ao falar em *cursos e exames supletivos* como tipologias da EJA, a LDB restringe a educação de jovens e adultos a um só elemento de compreensão, qual seja o referente à dimensão compensatória. Foca uma forma de educação escolar, substituindo o conceito pleno de educabilidade pelo conceito hemiplégico de paridade escolar. Além disso, embora a EC 14 desobrigue a frequência à escola dos jovens e adultos da EJA, preservar o caráter de direito público subjetivo do Ensino Fundamental gratuito é obrigatório.

CAPÍTULO III
DA EDUCAÇÃO PROFISSIONAL E TECNOLÓGICA
(Redação dada pela Lei nº 11.741/2008)

Art. 39 – A educação profissional e tecnológica, no cumprimento dos objetivos da educação nacional, integra-se aos diferentes níveis e modalidades de educação e às dimensões do trabalho, da ciência e da tecnologia. (Redação dada pela Lei nº 11.741, de 2008)

§ 1º Os cursos de educação profissional e tecnológica poderão ser organizados por eixos tecnológicos, possibilitando a construção de diferentes itinerários formativos, observadas as normas do respectivo sistema e nível de ensino. (Incluído pela Lei nº 11.741, de 2008)

§ 2º A educação profissional e tecnológica abrangerá os seguintes cursos: (Incluído pela Lei nº 11.741, de 2008)

I – de formação inicial e continuada ou qualificação profissional; (Incluído pela Lei nº 11.741, de 2008)

II – de educação profissional técnica de nível médio; (Incluído pela Lei nº 11.741, de 2008)

III – de educação profissional tecnológica de graduação e pós-graduação. (Incluído pela Lei nº 11.741, de 2008)

§ 3º Os cursos de educação profissional tecnológica de graduação e pós-graduação organizar-se-ão, no que concerne a objetivos, características e duração, de acordo com as diretrizes curriculares nacionais estabelecidas pelo Conselho Nacional de Educação. (Incluído pela Lei nº 11.741, de 2008)

§ 4º As instituições de educação superior deverão dar transparência e estabelecer critérios e procedimentos objetivos para o aproveitamento das experiências e dos conhecimentos desenvolvidos na educação profissional técnica de nível médio, sempre que o curso desse nível e o de nível superior sejam de áreas afins, nos termos de regulamento. (Incluído pela Lei nº 14.645, de 2023)

Art. 39 – A área de abrangência dos cursos de Educação Profissional e Tecnológica envolve uma tipologia tridimensional de cursos, havendo, entre eles, níveis de complexidade ascendente, embora guarde, cada um, formatação e finalidades com contorno técnico legal específico. De partida, é necessário compreender que a Educação Profissional perfila uma linha de confluências com o ensino técnico e a Educação Tecnológica e com a ciência e a tecnologia. Enquanto a primeira busca um horizonte de formação, a segunda sinaliza para um horizonte de transformação. As duas caminham sobre o eixo aplicação/superação, cruzando-se entre **FAZER** e **INOVAR**.

O título deste capítulo tem redação dada pela Lei 11.741/2008. Assim, a área da Educação Profissional é redimensionada em seu conteúdo semântico, técnico-pedagógico, cultural e legal, ganhando maior abrangência conceitual e alargando o campo de visibilidade da *educação escolar* (art. 1º, § 1º), pela abertura de passarelas legais para uma integração de mão dupla. De um lado, convergindo os diferentes níveis e modalidades de educação, entre os quais está a educação profissional e tecnológica, para a educação geral e, de outro, articulando trabalho, ciência e tecnologia com o ensino regular. A perspectiva da Lei da Educação, neste enfoque, tem a ver com a ideia fundamental de "religação dos saberes", de Morin (2001), situada como o desafio do século XXI. O objeto deste art. 39, da LDB, é precisamente organizar a educação profissional e tecnológica para oferecer cursos, programas e rotas de articulação diversificadas, trabalhando com conhecimentos e habilidades que qualifiquem adequadamente os alunos-cidadãos e os cidadãos-alunos para a cidadania produtiva, o mundo do trabalho e o mercado de trabalho com seus postos formais de emprego, em um mundo globalizado cultural, científica e economicamente.

A educação profissional possui uma longa história de presença nos textos normativos do ensino brasileiro. Desde a década de 1940, com a implantação dos ensinos industrial, comercial e agrícola, entre 1942 e 1946, o tema vai desfilando na legislação. Ao longo deste período foi-se alterando sua compreensão, substância real e legal. As dissimetrias na distribuição da renda marcaram sempre, na sociedade brasileira, o desarranjo na distribuição do conhecimento. Ou seja, aceitava-se uma educação de elite com qualidade acadêmica e teor propedêutico e uma outra educação, na verdade, uma subeducação para os menos aquinhoados. A escola rápida, sem qualquer qualidade, era complementada pelas Corporações de Ofício. Na aurora da República, com os primeiros ímpetos da industrialização, surgiram as Escolas de Aprendizes e Artífices, precisamente em 1909. No ano seguinte já foram instaladas 19 escolas, destinadas "aos pobres e humildes".

Estabelecida a dualidade estrutural do ensino, com uma escola para formar intelectuais e outra para conformar trabalhadores, é editado, em 1959, o Decreto 47.038, através do qual se cria a Rede Federal de Ensino Técnico e as Escolas Técnicas Federais. Dois anos mais tarde, com a Lei de Diretrizes e Bases da Educação Brasileira (Lei 4.024/1961), o ensino profissional readquire sua natureza educativa – e, não, de mero treinamento! – com a equivalência entre cursos técnicos e cursos secundários para efeito de ingresso em cursos superiores. Este é o novo horizonte da educação profissional. Com retrocessos aqui e ali, caso do Decreto 2.208/1997, a educação técnico-profissional começa a ser melhor acompanhada pela sociedade brasileira que exige o seu alinhamento dentro de um esquema de integração educação geral, educação profissional e educação tecnológica, como aponta a Lei 11.741/2008.

A LDB dedica uma atenção especial à educação profissional e tecnológica. O relevo que o assunto merece decorre de uma profunda mudança por que passa o chamado mundo do trabalho. Mais do que nunca, este mundo vai-se transformando no mundo do conhecimento, do saber vertido em operações produtivas. A premência por uma formação profissional comprometida com uma cidadania ativa e atrativa decorre dos seguintes fatores:

a) As diretrizes normativas da educação profissional no Brasil estiveram, quase sempre, divorciadas das políticas de desenvolvimento econômico e tecnológico do país, das políticas sociais voltadas para o trabalho produtivo e para a geração de renda e de estratégias fecundadoras de parcerias e de integração.

b) A legislação da educação básica e dos institutos normativos decorrentes, ao contribuir para a falta de foco na educação do cidadão produtivo, concorreu sempre para a desarticulação entre os vários sistemas de ensino profissionalizante, gerando um subaproveitamento dos recursos existentes.

c) A educação profissional no Brasil possuiu, historicamente, uma estrutura inflexível e, em decorrência, sempre teve dificuldade de atender, com agilidade, a crescente demanda por níveis mais elevados de qualificação.

d) O modelo tradicional de oferta de cursos profissionalizantes contribuía para aprofundar as desigualdades sociais à medida que se mostrava impermeável à diversidade socioeconômica e cultural do país.

e) A PEA brasileira é constituída de 120 milhões de pessoas (IPEA, 2020), com média de 10,0 anos de escolaridade, e oriundas de escolas nem sempre de boa qualidade. Nos países da Ocde a média de escolaridade é praticamente o dobro da apresentada pela população de trabalhadores brasileiros.

f) Por fim, os educadores brasileiros e a própria academia dificultaram sempre o diálogo entre o mundo empresarial e a escola. Com isso, inviabilizava-se o currículo focado em competências, como se o trabalho produtivo não possuísse uma natureza social. Na verdade, como anota Demo (1993: 123), o agarramento ideológico, de modo geral, encobre a incompetência.

A educação profissional e tecnológica constitui modalidade com etapas da escolarização que tem como moldura de sustentação os mesmos princípios e finalidades da educação nacional, nos termos dos art. 2º e 3º da LDB. Por sua vez, dependendo do nível do curso, estas modalidades se pautam pelos objetivos específicos determinados pela LDB para o respectivo nível. Assim, a educação profissional técnica de nível médio há de ser oferecida dentro dos contornos definidos pelo art. 35 da LDB, **mais** aqueles elementos estruturantes da educação profissional propriamente.

Mundo do trabalho e mercado de trabalho são conceitos diferentes. O primeiro refere-se ao trabalho como expressão humana de conteúdo cultural. O segundo vincula-se ao trabalho como expressão de mercado, portanto, expressão de postos fixos de trabalho na ampla moldura do chamado trabalho produtivo. Assim, é de todo necessário esclarecer a compreensão da expressão trabalho produtivo. A educação profissional e tecnológica conduz ao permanente desenvolvimento de aptidões para a vida produtiva, ou seja, para o mundo do trabalho. Porém, não só para isto, uma vez que esta educação profissional deve estar integrada às diferentes formas de educação e às dimensões do trabalho, da ciência e da tecnologia... Portanto, também, ao mercado de trabalho, isto é, ao espaço socioeconômico do mercado de trabalho, dos postos fixos de trabalho, do emprego e do exercício qualificado das atividades profissionais realizadas por trabalhadores assalariados. Nesse caso, o conceito envolve as profissões, enquanto conceito fixo e mais geral (FREIDSON, 1998: 61), e as ocupações enquanto ou conjunto de empregos (DUBAR, 1997a) ou, ainda, casos empíricos individuais (FREIDSON, 1998: 61). Esta diversidade semântica, de grande interesse da Sociologia do Trabalho e da Educação Profissional, decorre das diferentes conotações subjacentes com base no contexto de uso na legislação e no próprio conteúdo formativo em que é utilizado. Por isso, Dubar (1997a: 124) afirma que estamos diante de "um conjunto de distinções socialmente estruturantes e classificadoras que se reproduziram através dos séculos [...]". Em qualquer caso, no entanto, a expressão trabalho produtivo implica o desenvolvimento de aptidões (série de requisitos necessários ao exercício de determinada atividade, função, tarefa etc.) e, em decorrência, de competências. Estas, por seu turno, têm um campo semântico delimitado, a saber: gama de capacidades (habilidades e poder de produção/execução) indispensáveis ao cidadão-trabalhador para que alcance o máximo de desempenho adequado e contextos circunscritos e concretos de trabalho, o que supõe padrões de qualidade e de produção no âmbito de cada "fazer".

A legislação destaca a necessidade de uma vinculação estreita entre educação profissional e tecnológica e o desenvolvimento de qualificações para a vida produtiva. Importa dizer que os currículos dessa área devem ser desenvolvidos a partir de prévia definição das competências e das habilidades requeridas para o exercício profissional em cada área específica. Esta imbricação impõe a necessidade de realização de estudos de mercado, de análise de novos perfis profissionais, de análise de tendências tecnológicas e de avaliação da atual oferta de cursos, sem esquecer o imperativo de um diálogo contínuo e consequente entre escola, empresa e sociedade.

Aqui, vale lembrar que "a escola de qualidade social" (Resolução CNE/CEB 4/2010) deve focar a preparação básica para a cidadania e o trabalho, tomado este como princípio educativo (art. 26, inc. II), e a compreensão dos fundamentos científicos e tecnológicos presentes na sociedade contemporânea (art. 26, inc. IV). Alcançar este horizonte de formação supõe conduzir a aprendizagem dentro de uma visão sistêmica, sequencial e integrada das etapas do ensino e dos conteúdos curriculares. Por esta razão, integrar a educação profissional e tecnológica às várias formas de educação é, além de determinação legal, importante pelas diferentes circunstâncias do perfil da demanda, como se pode constatar:

a) No Brasil 80% da População Economicamente Ativa (PEA) começam a trabalhar cedo, com idade entre 15 e 16 anos. O objetivo é claro: produzir renda própria e reforçar o orçamento familiar.

b) 27,3% da População Ocupada não têm cobertura previdenciária e o percentual médio de trabalhadores sem carteira de trabalho assinada no setor privado em relação à população ocupada era de 49,2% em 2014.

c) Muitos demandantes de oportunidades de trabalho, situados em algum momento das relações formal/informal, ao longo do alinhamento das cadeias produtivas, precisam se qualificar para poder prestar serviços a empresas formalmente estabelecidas, de forma adequada.

d) A rede de estabelecimentos de educação profissional e tecnológica se distribui assim (2014): a) Institutos Federais de Educação, Ciência e Tecnologia: 430; b) Rede Estadual: 1.549; c) Rede Municipal: 101; e d) Rede Privada: 3.245. Em termos padrão de qualidade da oferta, destaca-se a Rede Federal com seus excelentes institutos federais, o Centro Federal Paulo Souza, do governo do Estado de São Paulo e o Sistema S (Senai, Senac, Sebrae, Senar e Senat). A contribuição do Senai em particular, na formação de quadros técnicos para a indústria brasileira, tem sido de valor inestimável. Mais do que isso: o desenvolvimento nacional, a capacidade competitiva do país no cenário internacional e a inovação nos circuitos de qualificação profissional do trabalhador brasileiro têm tudo a ver com a ação vigilante, resolutiva e atualizada de programações de ensino do Senai.

Esse trabalho tem merecido reconhecimento internacional. No contexto atual (2023), estes números sofreram acréscimo de 20%.

e) A matrícula nos cursos técnicos de nível médio, em torno de 21% do total de alunos do Ensino Médio regular (8,3 milhões), é absolutamente insuficiente para as necessidades do país, alcançando, apenas, a 1,741 milhão de alunos.

f) A este baixo nível de atendimento do sistema formal de ensino técnico se contrapõe uma rede paralela imensa que constitui uma espécie de não sistema; são cursos e programações continuadas de associações, sindicatos etc., sob o formato de cursos livres, não formais.

g) O perfil de formação das redes disponíveis é variado. Os cursos cobrem um espectro bastante diferenciado que inclui cursos do tipo: aprendizagem (curta duração: 20 a 30 horas), treinamento, técnicos de nível médio (EJA), tecnológico, atualização profissional etc.

h) O governo federal criou em outubro de 2011, por meio da Lei 12.513, o Programa Nacional de Acesso ao Ensino Técnico e Emprego (Pronatec). Na área da educação profissional, este é hoje, seu principal programa, desdobrado em subprogramas, projetos e ações de assistência técnica e financeira. Tem como objetivo principal expandir, interiorizar e democratizar a oferta de cursos de Educação Profissional e Tecnológica (EPT) para a população brasileira. Em 2014, as matrículas gerais chegaram a mais de seis milhões de pessoas em 4.300 municípios (para saber mais cf. http://pronatecportal.mec.gov.br/index.html).

Exatamente para multiplicar as alternativas de resposta à diversidade da demanda, a Educação Profissional deve ser desenvolvida de forma articulada não só com os diferentes tipos de educação e de metodologias educacionais, mas também com o ambiente de trabalho, o chão da fábrica e o contexto do campo, quando for o caso, tendo como base de sustentação a evolução científica e tecnológica.

Cabe, por fim, destacar que, sendo modalidade educativa e não nível de ensino *stricto sensu*, a educação profissional e tecnológica está aberta a qualquer pessoa, dentro dos parâmetros normativos do Decreto 5.154/2004. Por este decreto, ela deverá ser organizada por áreas profissionais, em correspondência a cada estrutura sócio-ocupacional e à base tecnológica requerida e, ainda, mediante processos articulados, envolvendo trabalho, estruturas de emprego, fundamentos e tendência científica e inovação tecnológica.

§ 1º – Os eixos tecnológicos dizem respeito às diferentes direções em que a ciência e a tecnologia se desdobram no âmbito do ensino/mercado, tendo em vista a qualificação profissional por via da educação escolar. Eles dão o norte para as múltiplas formas de enlace da produção e organização dos conhecimentos técnico-científicos voltados para a formação, com base em competências e habilidades profissionais. Delimitam as rotas possíveis e potencializam as vias de interdisciplinaridade e de multidisciplinaridade através das quais opera-se a constituição do currículo escolar e todo o desenvolvimento do processo de qualificação.

A Educação Profissional Técnica de Nível Médio, já extensivamente abordada na análise dos art. 36-B e 36-C, deve-se organizar a partir dos seguintes eixos tecnológicos: Ambiente, saúde e segurança; Controle e processos industriais; Gestão e negócios; Hospitalidade e lazer; Informação e comunicação; Atividade militar; Infraestrutura; Produção alimentícia; Produção cultural e *design*; Produção industrial e Recursos naturais. Por outro lado, para a educação profissional de nível tecnológico, este cenário indicativo, com base no Parecer CNE/CEB 277/2006, guarda identidade, até porque já serviu de inspiração para os cursos de nível médio. Na verdade, ambos os casos guardam similaridades "[...] frente aos cenários científicos de construção de competências similares, baseadas na significativa expansão da especialização profissional, no surgimento de novos sistemas produtivos, novos métodos e novas concepções educacionais".

Estes eixos se condensam e se articulam a um núcleo politécnico comum, o que torna o processo educativo menos produtivista e mais transformador.

O Catálogo Nacional de Cursos Técnicos que, como lembra o Parecer CNE/CEB 11/2008, foi organizado em função da estrutura sócio-ocupacional e tecnológica, em obediência do Decreto 5.154/2004, tem sua estrutura e concepção a partir destes doze eixos tecnológicos. Deles derivam-se as atuais 155 denominações de cursos técnicos de nível médio. Cada curso se faz acompanhar de uma descrição-síntese, contendo: atividades do perfil profissional, possibilidades de temas a serem trabalhados durante a formação, alternativas de atuação profissional, infraestrutura requerida e carga horária mínima de acordo com a estabelecida para cada curso.

Os eixos tecnológicos e o próprio Catálogo Nacional de Cursos são informações e concepções importantes para qualificar o processo nacional de avaliação profissional técnica, como previsto no art. 15 da Resolução CNE/CEB 6/2012.

A mudança mais importante da legislação é a possibilidade de progressividade e de acumulação de créditos na formação e na certificação do estudante.

Ou seja, ele poderá aproveitar a qualificação inicial e complementá-la com cursos do nível médio e até mesmo de graduação, sob a condição de haverem sido eles organizados no limite de itinerários formativos específicos, com a vantagem adicional de saídas e entradas intermediárias, o que permitirá um processo de certificação gradativa.

Aqui, cabe destacar a urgência de se resolver a situação de abandono na área de qualificação profissional das pequenas comunidades do interior do país, cujas populações enxotadas do campo vão, também, sendo excluídas do mercado de trabalho. São vítimas de privações de processos formais de qualificação profissional. Esta situação vai assumindo dimensões dramáticas. Há uma tendência crescente da parte das grandes empresas em deixarem os grandes centros urbanos e se estabelecerem no interior, por várias razões, inclusive o trânsito. Nestas mudanças, em geral, as empresas se acompanham dos trabalhadores já qualificados. Consequência: os trabalhadores locais, **desqualificados**, ficam na marginalidade.

§ 2º – A Educação Profissional e Tecnológica organiza-se em três tipologias de cursos. Cada um possui especificidades próprias, envolvendo: a) Objetivos; b) Aspectos epistemológicos; c) Dimensões organizativas; d) Variações curriculares; e) Gradações na abordagem teoria/prática; f) Modalidades específicas de avaliação; g) Formas diferenciadas de interlocução com o mercado de trabalho; h) Níveis distintos de certificação; e, por fim, i) Perfil inicial e final do aluno, com traços profissionais diferenciados. Esta modulação organizacional decorre dos níveis e padrões de exigência do mercado de trabalho, portanto, guarda estreita conexão com a necessidade de implementação "de uma nova ordem nas estruturas de produção e consumo de bens e serviços" (KUENZER, 1997: 40). Horizonte motivacional fortalecido pela crescente competitividade internacional sob o influxo da globalização dos mercados. Ou seja, o pano de fundo de **estruturação** da educação profissional tem a ver com os processos de **reestruturação** produtiva e de reconceituação de organização do trabalho em contexto de globalização. É nesta ampla moldura que se situam as linhas de posição dos cursos de educação profissional e tecnológica nos níveis indicados nos inc. I, II e III do § 2º, em análise.

Cabe, por fim, destacar que, sendo modalidade educativa e não nível de ensino *stricto sensu*, a Educação Profissional e Tecnológica está aberta a qualquer pessoa, dentro dos parâmetros normativos do novo Decreto 5.154/2004 (cf. no anexo III), que regulamente o § 2º art. 36 e os art. 39 a 41 da Lei 9.394/1996. Por este decreto, a educação profissional deverá ser organizada por áreas profissionais, em correspondência a cada estrutura sócio-ocupacional e à base tecnológica requerida e, ainda, mediante processos articulados, envolvendo educação, trabalho e oferta de emprego.

Como referido anteriormente, os cursos e programas de educação profissional devem cobrir etapas – itinerários formativos por área sob critério flexível de organização, assim que seja sempre possível o aproveitamento de estudos. Sua estruturação poderá ser em três níveis de complexidade, a saber:

§ 2º, I – Formação inicial e continuada de trabalhadores, oferecida em articulação com a Educação de Jovens e Adultos, visando à crescente elevação da escolarização de nível médio do trabalhador.

§ 2º, II – Educação Profissional Técnica de Nível Médio, oferecida sob três formas organizativas:

a) Integrada, no caso de o aluno ter concluído o Ensino Fundamental, e, ainda, sob condição de a matrícula ser na mesma escola.

b) Concomitante, na hipótese de o aluno ter concluído o Ensino Fundamental ou estar cursando o Ensino Médio. Neste caso, a complementaridade entre a EP e o EM só será possível em havendo matrículas distintas para cada curso e, ainda, sob uma das seguintes condições: i) aproveitamento de oportunidades educacionais disponíveis na mesma escola ou em instituições distintas. Há necessidade de convênio de intercomplementaridade de estudos que enseje a execução de projetos com base em princípios pedagógicos convergentes; ii) sequencial ao Ensino Médio, pressupondo-se a conclusão anterior.

c) Subsequente, no caso de o aluno já haver concluído o Ensino Médio.

A Educação Profissional Técnica de Nível Médio, consoante o disposto no § 2º dos art. 36, 40 e, ainda, par. único do art. 41 da LDB, deverá ter oferta articulada com o Ensino Médio, observando-se, em qualquer das tipologias organizativas, os objetivos das respectivas diretrizes curriculares nacionais, as novas orientações complementares de cada sistema de ensino e, também, as alternativas de concepção e de estratégias contidas no projeto pedagógico do respectivo estabelecimento de ensino.

§ 2º, III – Educação Profissional Tecnológica de Graduação e de Pós-graduação é oferecida a quem tenha concluído o Ensino Médio. O acesso a ambas as modalidades será feito através de processo seletivo, firmado sob critérios de responsabilidade de cada instituição ofertante.

A mudança mais importante deste decreto é a possibilidade de progressividade e de acumulatividade na formação e na certificação do estudante. Ou seja, ele poderá aproveitar a qualificação inicial e complementá-la com cursos do nível médio e até mesmo de graduação, sob a condição de haverem sido eles organizados no limite de itinerários formativos específicos, com a vantagem adicional de saídas e entradas intermediárias, o que permitirá um processo de certificação gradativo.

No tocante aos currículos, a legislação prevê tratamento diferenciado para as três modalidades organizativas da educação profissional. Assim, a educação profissional voltada para a formação inicial e continuada de trabalhadores ou simplesmente para cursos de qualificação profissional é livre de regulamentação curricular por tratar-se de modalidade educativa não formal. A Educação Profissional Técnica de Nível Médio, ao contrário, deve-se pautar pelos Referenciais Curriculares Nacionais (Resolução CNE/CEB 6/2012) a ele respeitantes, aprovados pelo CNE e, ainda, pelos currículos básicos de responsabilidade dos sistemas. Além disso, cada escola terá a liberdade de eleger disciplinas, conteúdos, habilidades e competências específicas para incorporar ao currículo pleno do próprio estabelecimento, no limite do aprovado pelo respectivo Conselho Estadual de Educação. Flexibilidade e empregabilidade são os princípios a orientar a formação dos currículos da educação profissional.

Os cursos de educação profissional tecnológica de graduação e pós-graduação precisam ser conduzidos, através das respectivas Diretrizes Curriculares, a abandonar as características de que, muitas vezes, se revestem, quais sejam as de atuarem como meros instrumentos de transmissão de conhecimento e informações, passando a orientar-se para oferecer uma sólida formação básica, preparando o futuro graduado para enfrentar os desafios das rápidas transformações da sociedade, do mercado de trabalho e das condições de exercício profissional.

A proposta do MEC, aprovada pelo CNE, identifica três grandes setores de atividades do mundo de trabalho: i) o de produção de bens; ii) o de produção de conhecimento; e iii) o de produção de serviços. Cada um destes setores envolve insumos, objetos, métodos e técnicas singulares. Por seu turno, o agrupamento de atividades de um mesmo setor pela proximidade de propósitos e/ou de processos produtivos caracteriza áreas de produção e, em decorrência, mapeia áreas de atuação profissional. Cada área profissional se tipifica por grandes atribuições que a proposta do MEC denomina de funções.

Estas atribuições amplas desdobradas em atividades específicas constituem subfunções. As primeiras caracterizam processos produtivos, as segundas são resultados parciais diluídos no interior desses processos.

A Educação Profissional de Nível Tecnológico (cursos de nível superior) tem currículos constituídos a partir de normas específicas fixadas para este nível de ensino. Sobre isso, voltaremos a falar na abordagem do Capítulo IV, que trata da educação superior.

O Conselho Nacional de Educação (CNE), a partir da proposta MEC/ Semtec, aprovou, em 05/10/1999, o Parecer 16/1999, desdobrando os setores de atividades em áreas estruturadas pelo compacto de competências, habilidades e conteúdos mínimos e duração mínima correspondentes.

São as seguintes áreas[85]:

	Área	Carga horária
1	Agropecuária	1.200h
2	Artes	800h
3	Comércio	800h
4	Comunicação	800h
5	Construção civil	1.200h
6	Design	800h
7	Geomática	1.000h
8	Gestão	800h
9	Imagem pessoal	800h
10	Indústria	1.200h
11	Informática	1.000h
12	Lazer e desenvolvimento social	800h
13	Meio ambiente	800h
14	Mineração	1.200h
15	Química	1.200h
16	Recursos pesqueiros	1.000h
17	Saúde	1.200h
18	Telecomunicações	1.200h
19	Transporte	800h
20	Turismo e hospitalidade	800h

Em nível de cada sistema, far-se-á a complementação das diretrizes nacionais, objetivando o estabelecimento dos currículos básicos. Por fim, este currículo básico, com limitação de carga horária mínima obrigatória, será

---

85. Estas áreas evoluem e se transformam de acordo com as sinalizações e tendências do mercado de trabalho. Portanto, "consideram sua evolução e sua adequação em diferentes contextos" (Unesco/IIPE, 2005:87).

enriquecido com disciplinas, habilidades e competências específicas da organização escolar. Ou seja, a ideia central é ter clareza quanto aos perfis profissionais de competências voltados para as atividades e funções de cada área profissional.

Para subsidiar as escolas na elaboração dos perfis profissionais de conclusão e no planejamento dos cursos, o MEC divulgou referenciais curriculares por área profissional (cursos de nível técnico). A organização curricular fica sob a responsabilidade de cada escola. Os sistemas de ensino, por outro lado, poderão autorizar a implementação de cursos não referenciados às áreas profissionais definidas pelo CNE.

Por fim, as competências profissionais gerais do técnico de cada área estão definidas pelo CNE. As competências específicas, porém, ficam sob a responsabilidade de cada escola.

§ 3º – No exercício de suas prerrogativas legais, cabe ao CNE definir os alinhamentos organizativos dos cursos de Educação Profissional Tecnológica de Graduação e Pós-graduação, com os correspondentes enquadramentos no que tange a: i) objetivo; ii) características; e iii) duração. No campo específico da pós-graduação "*stricto sensu*", há naturalmente atribuições deferidas a CAPES/MEC. A importância da Educação Profissional Tecnológica de Graduação e Pós-graduação assumiu um patamar de extrema relevância pela sua ligação direta com os níveis de desenvolvimento do país e pela enorme contribuição que pode oferecer no horizonte de inovação servindo como canal de suporte aos setores empresarial e produtivo e ao desenvolvimento da sociedade.

É sempre oportuno relembrar que a inovação é o grande diferencial da economia globalizada, da sociedade do conhecimento e dos sistemas planetários em rede. Ideia, aliás, rapidamente alcançada por STEVE JOBS e sintetizada lapidarmente na sua formulação PENSE DIFERENTE. Este é o **cursor** de sua filosofia inovadora. E este e, certamente, também, o **cursor** da graduação e da pós-graduação tecnológica. Educação e desenvolvimento são o binômio de sustentação da inovação, e esta tem sua face mais visível na qualificação da população para o domínio de tecnologias de vanguarda. Esta é, sem dúvida, a extrema relevância do inciso ora analisado.

§ 4º – O conteúdo deste dispositivo alinha-se inteiramente com as considerações expostas no enfoque B, dos comentários aos parágrafos 2 e 3. De fato, a articulação entre os saberes, em conexão com a articulação entre os níveis de ensino, assegura perspectiva extensiva da aprendizagem e a articulação e integração das formas de educação, distribuídas nos processos formativos desenvolvidos no amplo aspecto referenciado no art. 1º da LDB. O aproveitamento de experiências e de conhecimentos constitui um lastro potente de germinação de aprendizagens novas, sobretudo quando o campo experimental é uma geografia de ÁREAS AFINS.

A existência de transparência e o estabelecimento de critérios e procedimentos objetivos por parte das instituições de educação superior, neste sentido, resultam em uma aprendizagem mais consistente, mais rápida, mais ampla e mais vinculada ao campo fecundo da educação cognitiva. Como lembra GRACIES, falando de inovação e métodos de ensino, a concepção institucional e o *modelo pedagógico e seus professores são a chave matriz de qualquer instituição de ensino* (2011: IX).

Art. 40 – A educação profissional será desenvolvida em articulação com o ensino regular ou por diferentes estratégias de educação continuada, em instituições especializadas ou no ambiente de trabalho.

Art. 40 – Inicialmente, cabe destacar que este artigo situa-se no Capítulo III da LDB, originalmente intitulado DA EDUCAÇÃO PROFISSIONAL. Em 2008, com a redação dada pela Lei nº 11.741/2008, passou a ser encimado pelo título da Educação Profissional e Tecnológica. É uma mudança substancial com amplitude de foco, de percepção pedagógico-institucional e de compreensão das transformações no mundo empresarial, no mundo do trabalho e da economia do conhecimento.

Como foi dito nos comentários ao artigo anterior, as disciplinas da educação profissional ganharam autonomia curricular, sendo oferecidas descoladas das disciplinas de formação geral, embora não se pretenda um divórcio entre elas. Na verdade, diz o art. 40 que se deve buscar uma articulação seja no âmbito do próprio ensino regular, seja mediante o uso de estratégias diversificadas de educação. Entenda-se como tal não apenas uma aprendizagem sequenciada dentro de um tempo escolar contínuo, mas também aprendizagens que se vão acumulando, mesmo que em termos intermitentes. Neste caso, há toda uma necessidade de reconfiguração das metodologias, dos processos de avaliação com vistas à certificação e, sem dúvida, também, de uma gama diversificada de instrumentos de apoio à aprendizagem, de tal sorte que "as diferentes estratégias de educação continuada" não comprometam o padrão de qualidade (art. 3º, inc. IX da LDB). Esta última alternativa legal reforça a ideia de Educação Profissional como processo educativo com especificidade epistemológica própria, porém, não divorcidade da educação geral, como destacado na análise do artigo anterior. A dicotomia entre ambas some nesta visão unitária, uma vez que se inserem entre os direitos universais do cidadão. Neste caso, a educação profissional é complementar e, por isso, deve ser integrada à educação geral. Como destacam Frigotto e Ciavatta (2004: 21), "*O que se pretende problematizar [...] é a proposta de uma educação unitária – no sentido de um método de pensar e de compreender as determinações da vida social e produtiva – que articule trabalho, ciência e cultura na perspectiva da emancipação humana dos múltiplos grilhões que tolhem a cidadania plena e a conquista de uma vida digna. Para tanto, é preciso que o Ensino Médio defina sua identidade como última etapa da educação básica. O trabalho deve ser compreendido não como mera adaptação à organização produtiva, mas como princípio educativo no sentido da politecnia ou da educação tecnológica, em que os conceitos estruturantes sejam trabalho, ciência e cultura. Em que o trabalho seja o primeiro fundamento da educação como prática social, princípio que organize a base unitária do Ensino Médio. A ciência deve apresentar conhecimentos que, produzidos e legitimados socialmente ao longo da história, fundamentam as técnicas. À cultura cabe a síntese da formação geral e da formação específica por meio das diferentes formas de criação existentes na sociedade, com seus símbolos, representações e significados*".

Decorrência desta concepção destravada da Educação Profissional é a possibilidade legal de ela ser desenvolvida em escolas (instituições especializadas), no lugar de trabalho, desde que esteja intencionado como espaço educativo. Esta ressalva é importante porque a educação profissional deve estar referida a cânones de qualidade, que requerem mecanismos de acompanhamento e de avaliação (cf. art. 41). Neste caso, é de se supor a existência de vinculações formais escola/empresa. Todas estas possibilidades estão nutridas pelos princípios da democratização da oferta, diversidade e flexibilidade curricular e, ainda, intensidade, ou seja, focam a formação, a aprendizagem mais no domínio qualitativo de um núcleo de conhecimentos do que na abertura quantitativa extensa de um currículo difuso. Para complementar este entendimento, ver as abordagens elucidativas dos art. 36-B e 36-C.

O gráfico abaixo oferece um panorama do número de matrículas na Educação Profissional, segundo a faixa etária e o sexo – Brasil – 2022, com comentários da Diretoria de Estatísticas Educacionais do MEC/INEP-Deed, hospedados no Censo Escolar da Educação Básica/Resumo Técnico – 2022.

Número de matrículas na Educação Profissional, segundo a faixa etária e o sexo – Brasil – 2022

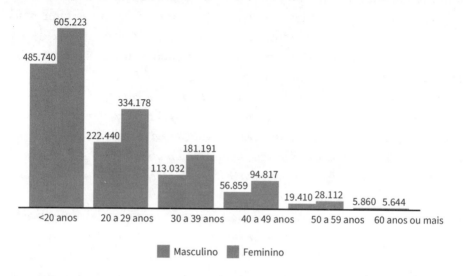

Fonte: MEC/INEP-Deed, hospedados no Censo Escolar da Educação Básica/Resumo Técnico – 2022.

FAIXA ETÁRIA E SEXO

A educação profissional é composta predominantemente por alunos com menos de 30 anos, que representam 76,5% das matrículas. Com exceção dos alunos com mais de 60 anos, existe uma predominância de matrículas de mulheres na educação profissional em todas as demais faixas etárias. O maior percentual do sexo feminino está na faixa de 40 a 49 anos, com 62,5%.

COR/RAÇA

Na educação profissional, de 1,5 milhão de matrículas com cor/raça declaradas, a proporção de brancos e de pretos/pardos é similar à observada nos ensinos fundamental e médio, representando, respectivamente 45,3% e 53,6%. No entanto, quando investigadas as modalidades da educação profissional, percebe-se uma predominância de pretos/pardos na EJA profissional de nível médio (83,5%) e nos cursos de formação inicial e continuada ou de qualificação profissional (FIC), em que eles representam 75,3% das matrículas. Os alunos declarados como amarelos/indígenas configuram apenas 1,1% do total de matrículas.

À guisa de reforço ao já destacado na abertura dos comentários a este artigo, a possibilidade legal de a educação profissional poder ser desenvolvida, também, por diferentes estratégias de educação continuada, em instituições especializadas ou no ambiente de trabalho, deixa-a liberada da estrutura rígida do ensino regular. Pode ser organizada e oferecida aberta no tempo, de várias formas, inclusive sob o esquema modular com certificações parciais, mas sempre referenciada "[...] ao permanente desenvolvimento de aptidões para a vida produtiva" (art. 39).

É muito importante perceber a preocupação do legislador em operar a ideia de educação profissional na concepção de **integração** (...integra-se aos diferentes níveis), como reza o art. 39, e na concepção de **articulação** (...será desenvolvida em articulação com...) como registra este art. 40. Na verdade, a ideia prevalecente é uma só e se dirige ao fundamento irradiante de politecnia, assim esclarecido por Deluiz (1996: 120):

Uma proposta de formação do sujeito numa perspectiva de politecnia deve expressar, pois, a síntese dialética entre formação geral, formação profissional e formação política, promovendo o espírito crítico no sentido de uma qualificação individual e do desenvolvimento autônomo e integral dos sujeitos como indivíduos e atores sociais, possibilitando não só sua inserção, mas a compreensão e o questionamento do mundo tecnológico e do mundo sociocultural que os circundam.

Esta proposta não pode prescindir de uma discussão sobre as novas competências necessárias aos indivíduos diante das mudanças no mundo do trabalho: competências técnico-intelectuais amplas, competências organizacionais/metódicas, competências comportamentais, competências sociais e comunicativas. Não pode minimizar, tampouco, a discussão sobre o desenvolvimento do sujeito socialmente competente, da formação do cidadão: do sujeito que busca a autonomia, a autor-realização e emancipação, colocando-se diante da realidade histórica, pensando esta realidade e atuando nela. Do sujeito político, que é capaz de reagir à coerção da sociedade, de questionar as pretensões de validade das normas sociais e de buscar novas regras e novos princípios para a ação individual e coletiva.

A elasticidade que a lei permite no campo da oferta e desenvolvimento da educação profissional está em inteira sintonia com as novas tendências mundiais da formação profissional segundo as quais é necessário aproximar **formal** e **não formal** nos itinerários formativos, assim que se dê relevo à interlocução permanente entre teoria e prática e, ao mesmo tempo, se valorize a experiência concreta como fonte de enriquecimento, atualização e renovação do currículo escolar. Esta é a melhor tradução das expressões ...**por diferentes estratégias** e, ainda, ...**no ambiente de trabalho**. A educação profissional deve necessariamente estar colada à realidade concreta. Por isso, envolve processos educacionais montados em esquemas de articulação e complementaridade. Como diz a OIT (2012: 19), a educação para o trabalho é educação para a vida e, não, educação para a escola!

Art. 41 – O conhecimento adquirido na educação profissional e tecnológica, inclusive no trabalho, poderá ser objeto de avaliação, reconhecimento e certificação para prosseguimento ou conclusão de estudos. (Redação dada pela Lei 11.741, de 2008)

Art. 41 – Retorna-se, aqui, à questão da certificação de conhecimentos adquiridos de maneira formal ou informal. Além do já dito no art. 38, § 2º, cabe acrescentar esclarecimentos, agora, com foco exclusivamente na formação profissional, via educação profissional e tecnológica.

A abertura que a lei dá à educação profissional e tecnológica vai desde o reconhecimento do valor igualmente educativo do que se aprendeu na escola e no próprio ambiente de trabalho até a possibilidade de saídas e entradas intermediárias. Se alguém deseja prosseguir a sua formação, poderá fazê-lo. Caso não deseje, tem a possibilidade de, uma vez avaliado o conhecimento adquirido, receber um certificado de conclusão de estudos. Evidentemente, esta possibilidade supõe uma organização curricular modularizada, assim que o aluno tenha a possibilidade de trabalhar conteúdos (conhecimentos) correspondentes a habilidades previamente definidas. Ou seja, aqui não se trata de "pagar" disciplina(s), como se diz no jargão escolar, mas de desenvolver competências que assegurem o exercício criativo de um ofício, de uma tarefa ou de um trabalho. A certificação, portanto, vai resultar da capacidade que o aluno possui de operar os conhecimentos adquiridos.

O processo de certificação de competências no campo da educação profissional e tecnológica requer o domínio dos seguintes conceitos, processos, procedimentos e etapas:

1) Competência técnico-profissional: conjunto de conhecimentos, habilidades, posturas e atitudes profissionais indispensáveis ao desempenho de atividades referenciadas a padrões de qualidade e produtividade no âmbito da adequação *performance*/trabalho.

2) As competências profissionais se encorpam em círculos interpostos que incluem:

a) **Capacidades técnicas:** manejo eficiente de objetos e variáveis condicionadoras da geração do produto.

b) **Capacidades articulativas:** mobilização adequada de **todos** os recursos e coordenação racional de **todas** as dimensões envolvidas em **todo** ciclo gerador do trabalho (produto, serviço, artefato etc.).

c) **Capacidades metodológicas:** capacidades preditivas e resolutivas de intervir em situações de imprevisibilidade do trabalho.

d) **Capacidades relacionais:** postura de prontidão pessoal permanente, garantidora de processos contínuos de dinamismo, integração, cooperação, interação e comunicação, tendo em vista procedimentos resolutivos.

3) As capacidades articulativas, metodológicas e relacionais conformam o quadro de competências de gestão e as capacidades técnicas, o de competências específicas.

4) As competências correspondem a dimensões radiográficas dos perfis profissionais.

5) A qualificação profissional tem uma competência geral (linha estruturante) e unidades de competência (aspectos valorizados por **sua** significação no mundo do trabalho).

6) Tanto a competência geral como as unidades de competência devem ter o reconhecimento dos empregadores do setor.

7) A certificação é concedida por um Comitê Técnico Setorial, institucionalizado e credenciado "ad hoc", que toma suas decisões a partir de um inventário de itens que visam a relacionar elementos de competência com critérios de desempenho.

No Brasil, os procedimentos de avaliação, reconhecimento e certificação de conhecimentos adquiridos na educação profissional e tecnológica, inclusive no trabalho, são restritos, ainda, a alguns poucos órgãos e instituições, o que denota um certo preconceito cultural por parte da sociedade em conceder chancela à aprendizagem e ao desenvolvimento profissional adquiridos assistematicamente. Registre-se, também, que se trata de alinhar e operar conceitos, processos, procedimentos e etapas com níveis intrínsecos de complexidade, a começar das qualificações necessárias dos membros dos Comitês Técnicos Setoriais e das exigências já iniciais para a instalação destes comitês, como passaremos a ver. As possibilidades de alargamento no campo da certificação aumentaram com a Resolução CNE/CEB 6/2012. (Nesse sentido, cf. art. 36-B e 36-C.)

Etapas para instalação de comitês de certificação:

• Primeira etapa: Abordagem às empresas através de carta, dando conta da constituição de Comitês Técnicos Setoriais, com três objetivos:

I – Discutir a natureza e fazer a descrição dos perfis profissionais.

II – Aproximar e articular atores institucionais do mundo do trabalho e da educação.

III – Estruturar programas técnico-profissionais de certificação.

• Segunda etapa: Rede de comunicação expansiva:

I – Identificar quadros especializados com notório saber tecnológico nos campos enfocados para os processos de certificação.

II – Envolver representantes de, pelo menos, quatro campos diferentes de experiência técnica e tecnológica, a saber:

• Da academia (ensino e pesquisa).

• Das indústrias (Produção, Aplicação e Desenvolvimento).

• Dos Sindicados de Empregados e Empregadores ou, ainda, de outros órgãos de representação (conhecimento concreto, atualizações etc.).

III – Selecionar critérios de representação contidos em documento indicativo prévio e com eles trabalhar.

IV – Contatar os diferentes setores empresarias que farão parte.

• Terceira etapa: Delimitações procedimentais:

I – Definir a estrutura de funcionamento do Comitê.

II – Desenhar condições para a instalação do Comitê.

III – Proceder a instalação do Comitê.

IV – Delimitar papéis e responsabilidades.

V – Montar Plano de Trabalho e cronograma.

• Quarta etapa:

I – Desenvolver modelos de documentação técnica a ser usada.

II – Fazer levantamento da bibliografia, da legislação e de documentos técnicos para uso comum e continuado dos membros do Comitê Técnico Setorial.

III – Avaliar continuamente procedimentos de atualização conceitual e de nivelamento metodológico.

IV – Criar mecanismos institucionalizados para comunicação continuada com todas as instâncias formais de educação profissional.

Obs.: A regulamentação deste assunto é do CNE, conforme previsão legal.

São desafiadoras as exigências presentes na estruturação ampla do processo de certificação. Na verdade, trata-se de um desafio no mundo inteiro. A literatura especializada registra deslinearidades de visão e mesmo contrapontos de país para país, tudo sob a condicionalidade do nível de desenvolvimento de cada sociedade e dos parâmetros educacionais prevalecentes.

A ideia é que os sistemas educacionais aprendam uns com os outros, de tal sorte que se assegurem as melhores formas para a concretização do que está disposto neste art. 41.

No Brasil, os sistemas de ensino têm muito que aprender com a consagrada experiência do Senai nesse campo específico, sobretudo através dos seus vários documentos. Trata-se de uma fonte de valor incomparável sob o ponto de vista de conceitos operativos hospedados no Projeto Estratégico Nacional para a Certificação Profissional baseada em competências.

Certificar competências é uma atribuição social vinculada ao campo da pedagogia do trabalho e, portanto, ao campo da ética da responsabilidade. Aqui, não se trata simplesmente da **regra e do jogo**, senão de desenvolver e adotar formas edificantes e relevantes de democratização das formas de aprender e de gerir a educação com garantia de padrão de qualidade (LDB, art. 3º, inc. IX), no interior dos sistemas de ensino.

A certificação de competência prevista neste artigo pretende valorizar a experiência profissional extraescolar. Fugindo do cartorialismo tão comum na escola brasileira, o legislador ensejou uma enorme abertura na compreensão de educação para que os sistemas de ensino credenciem, periodicamente, instituições ou nomeiem, eventualmente, comitês técnicos que postulem o reconhecimento como agências certificadoras em áreas profissionais específicas. A experiência adquirida fora do palco escolar constitui um tipo de conhecimento de valor inestimável, pois que nutrido da vitamina do trabalho e do húmus fecundante do desafio de construir a vida. O conhecimento oriundo destes diferentes processos tem suas raízes no plano do "saber-fazer". Portanto, a certificação, neste caso, ressalta o conhecimento posto a serviço da necessidade de viver. É preciso compreender que este tipo de conhecimento se assenta, igualmente, em competências cognitivas e em habilidades instrumentais. Em suma, ele não é formal, mas é transformacional, construtivista e, portanto, socioeducacional. A competência encorpada no saber-fazer e, como tal, certificada, tem uma dimensão performática e técnica.

Art. 42 – As instituições de educação profissional e tecnológica, além dos seus cursos regulares, oferecerão cursos especiais, abertos à comunidade, condicionada a matrícula à capacidade de aproveitamento e não necessariamente ao grau de escolaridade (Redação dada pela Lei 11.741, de 2008).

Art. 42 – A inflexibilidade da organização curricular, característica do regime anterior, encontra, aqui, uma clara ruptura. Centradas, historicamente, na oferta de cursos regulares, as escolas técnicas e tecnológicas profissionais trabalhavam com a ideia exclusiva de currículos prontos, de teor vocacional fechado. Como os conteúdos de educação geral, também denominados de conteúdos propedêuticos por estarem centrados na preparação para o ingresso no Ensino Superior, eram colados aos conteúdos profissionalizantes, estas escolas foram se desfigurando na função para a qual existiam. Agora, além de oferecerem cursos com finalidade exclusiva de qualificar tecnicamente o aluno para uma atividade laboral – desaparecendo, assim, a referência: vestibular – terão de oferecer, igualmente, uma programação especial de cursos alternativos destinados à comunidade e de acesso deferido não mais pelo nível de escolaridade do postulante, mas pela capacidade que ele exibe de apropriar-se do tipo e do nível de conhecimento que vai ser trabalhado. É óbvio que, para viabilizar esta oferta especial nos termos da lei, a escola deverá desenvolver mecanismos de aferição de aproveitamento, seja através de aplicações formais tipo teste/exame, seja mediante a realização de estudos e de processos de assimilação. Estes processos podem versar sobre traços de uma formação anterior, sobre produtos de uma atividade recente, sobre métodos de trabalho, sobre a postura diante do conhecimento, sobre a natureza das respostas dadas a perguntas apresentadas ou, ainda, sobre a solução oferecida a situações-problema acaso apresentadas. Tudo isto pressupõe uma boa formação metodológica por parte dos professores, apoiados por psico-pedagogos, que, em decorrência da qualificação, são e estão familiarizados com métodos e com técnicas para acompanhar e analisar pessoas nas relações com conteúdos (matérias) específicos ou, ainda, com uma base de ensino voltada à qualificação para o desenvolvimento humano. Atenção!... Convém deixar de todo claro que não se trata de "cursinhos", nem de programas de extensão de qualidade duvidosa. Ao contrário, a lei fala em "cursos especiais" de matrícula aberta à capacidade de aproveitamento de cada candidato, ou seja, cursos de conteúdo pertinente e relevante para o percurso do aluno e para a comunidade. Neste caso, a ênfase não poderá aproximar os conteúdos destes cursos dos conteúdos dos cursos regulares, senão, fugindo da homogeneidade da cultura escolar, buscar construir uma estratégia participativa diferenciada e estimuladora das aprendizagens individuais, ou seja, com foco nas necessidades básicas de aprendizagem dos alunos.

Este artigo responde, objetivamente, ao compromisso internacional instituído na Conferência de Jomtien (1990) de os sistemas de ensino de todo o mundo trabalharem em prol da universalização da ideia do atendimento às necessidades básicas de aprendizagem do aluno. Esta alternativa aponta o caminho de uma escolaridade aberta e, não, controlada burocraticamente, ignorando o patrimônio de conhecimentos construído nas formas vivenciais de aprendizagem.

Em outros termos e à luz de uma visão estritamente sociopedagógica, abre-se, neste art. 42, uma ampla via para a construção de **itinerários formativos diferenciados (art. 39)**, sem que haja necessidade de uma formação linear, ou seja, excluídos padrões simétricos de etapas de ensino e de uma formatação rígida de pré-requisitos, mas, sim, adotando uma matriz de referência de qualificação profissional – e não propriamente de sequenciamento escolar! – que tenha como eixo de orientação a **capacidade de aproveitamento**. Portanto, um conjunto de precondições, constituído de vivências, experiências, competências e habilidades, que, sob a forma de **cursos especiais abertos à comunidade**, reforce aptidões pessoais canalizadas para uma condição de qualificação profissional explícita. O foco, nesse caso, é a necessidade básica de aprendizagem do aluno e sua história experiencial que nem sempre se enquadram nos cursos formais da instituição e no conceito de ensino regular. Nesta perspectiva, o legislador reconhece e abriga a relevância de uma linha de convergência entre "a vida na escola e a escola da vida", de tal forma que se alcancem resultados formativos com base em princípios de uma pedagogia diferenciada. A Resolução CNE/CEB 4/2010 oferece algumas pistas normativas no âmbito deste entendimento, ao destacar a necessidade de se trabalhar com a concepção de escola que seja aberta "à superação do rito escolar" (art. 11, § único), de se operar um currículo que envolva "práticas formais e não formais" (art. 17, § 2º) e, ainda, de "se assegurar o entendimento de currículo em ação como experiências escolares que se desdobram em torno do conhecimento permeado pelas relações sociais, articulando vivências e saberes..." A Resolução CEB/CNE 6/2012 sinaliza nesta mesma direção. Vale destacar que esta ideia está fortemente posicionada nos direcionamentos da BNCC/Ensino Médio, como se pode ver: "As juventudes [...] encontram-se imersas nas questões do seu tempo..., e, por isso, é necessário assegurar aos estudantes uma formação que, **em sintonia**

com os seus percursos e histórias, faculte-lhes definir seus **projetos de vida** [...]". "As juventudes estão em constante diálogo com outras categorias sociais..." Ou seja, cursos especiais abertos à comunidade com matrícula condicionada à capacidade de aproveitamento e, não, necessariamente, ao grau de escolaridade anterior, é a chave para abrir a escola ao contexto e à diversidade do alunado. Não menos importante, visando a destravar o currículo, liberando-o de uma "camisa de força", que termina por bloquear os diversos horizontes da formação profissional de elevado padrão, sempre aguardada pelos alunos e suas famílias. Gestores e professores devem atentar continuamente para o seguinte: A escola não é lugar para enquadramentos e aprisionamentos mentais, mas, ao contrário, é um laboratório de desprendimentos mentais, de uso de instrumentos mentais (*tools of the mind*) para expandir e ampliar as habilidades mentais: atenção, percepção, memória, lógica, pensamento articulado, recuperação e reutilização de informação, intersubjetividade cognitiva, planificação e resolução de problemas... Ou seja, funções cognitivas que emergem do processo interativo e intersubjetivo" (FONSECA, 2018: 18 e 19)[86].

Art. 42-A – A educação profissional e tecnológica organizada em eixos tecnológicos observará o princípio da integração curricular entre cursos e programas, de modo a viabilizar itinerários formativos contínuos e trajetórias progressivas de formação entre todos os níveis educacionais. (Incluído pela Lei nº 14.645, de 2023)

§ 1º O itinerário contínuo de formação profissional e tecnológica é o percurso formativo estruturado de forma a permitir o aproveitamento incremental de experiências, certificações e conhecimentos desenvolvidos ao longo da trajetória individual do estudante. (Incluído pela Lei nº 14.645, de 2023)

§ 2º O itinerário referido no § 1º deste artigo poderá integrar um ou mais eixos tecnológicos. (Incluído pela Lei nº 14.645, de 2023)

§ 3º O Catálogo Nacional de Cursos Técnicos (CNCT) e o Catálogo Nacional de Cursos Superiores de Tecnologia (CNCST) orientarão a organização dos cursos e itinerários, segundo eixos tecnológicos, de forma a permitir sua equivalência para o aproveitamento de estudos entre os níveis médio e superior. (Incluído pela Lei nº 14.645, de 2023)

---

86. Para saber mais, ver: FONSECA, Vitor da (2018), *Desenvolvimento Cognitivo e Processo de Ensino*-aprendizagem: abordagem psicopedagógica à luz de VYGOTSKY, Vozes, Petrópolis, RJ.

§ 4º O Ministério da Educação, em colaboração com os sistemas de ensino, as instituições e as redes de educação profissional e tecnológica e as entidades representativas de empregadores e trabalhadores, observadas a Classificação Brasileira de Ocupações (CBO) e a dinâmica do mundo do trabalho, manterá e periodicamente atualizará os catálogos referidos no § 3º deste artigo. (Incluído pela Lei nº 14.645, de 2023)

Art. 42-A – Este novo artigo da LDB aproxima: i) EIXOS TECNOLÓGICOS; ii) Integração Curricular; iii) Itinerários Formativos; iv) Trajetórias progressivas de formação e v) níveis educacionais. Ao lado deste estuário estruturante pedagogicamente, convoca três instrumentos de visão do cenário externo, estruturados formalmente. Trata-se do Catálogo Nacional de Cursos Técnicos (CNCT), do Catálogo Nacional de Cursos Superiores de Tecnologia (CNCST) e da Classificação Brasileira de Ocupações (CBO). No primeiro caso, a ideia é ensejar o aproveitamento de estudos entre os níveis médio e superior, e, no segundo caso, é desocultar a dinâmica do mundo do trabalho, dentro de uma moldura de atualização. Nesta direção, é fundamental deter o domínio conceitual operativo de itinerário formativo em perspectiva contínua e em percursos progressivos de formação, articulando todos os níveis educacionais.

> § 1º e 2º – O conceito legal tem clareza funcional. Vejamos à guisa de reforço:

§ 1º O itinerário contínuo de formação profissional e tecnológica é o percurso formativo estruturado de forma a permitir o aproveitamento incremental de experiências, certificações e conhecimentos desenvolvidos ao longo da trajetória individual do estudante.

§ 2º O itinerário referido no § 1º deste artigo poderá integrar um ou mais eixos tecnológicos.

De forma indicativa, responde às questões:

a) O que é?

b) Para que é?

c) A que se refere?

d) Quando desenvolvido?

e) Formas de integração?

> § 3° – O CNCT e o CNCST têm função de direcionamento e de organização.

> § 4° – Aponta as responsabilidades do MEC para acionar todos os atores envolvidos com a Educação Profissional e Tecnológica.

Semelha oportuno posicionar dois aspectos quando se fala em educação profissional e tecnológica sob o enquadramento da moldura pedagógica:

• Ponto 01

A tecnologia não é simplesmente técnica, não é um produto, mas um conceito mais abrangente de envergadura cognitiva: um conjunto de meios necessários para atingir objetivos específicos de produção, sendo esse conjunto formado de conhecimentos e habilidades, de ferramentas e máquinas, passando pelas organizações e instituições.

• Ponto 02

A relevância da tecnologia na sociedade contemporânea está ratificada em todos os seus domínios e seus reflexos transcendem os seus resultados/produtos para relacionar-se entre si numa cumplicidade permanente – seja nos campos político, econômico, social, seja no complexo e rico campo pedagógico. Não se pode avaliar ou indicar com precisão aonde as tecnologias levarão o homem neste novo milênio que se aproxima: a globalização, as novas políticas de governo, os novos grupos formados na sociedade (por exemplo, via internet) nos dão alguns modestos exemplos de radicais mudanças e novas transformações neste tempo vivido.

A partir desta concepção bifronte, a Educação Tecnológica engloba dimensões plurais, como:

• Mundo da educação.

• Mundo do trabalho.

• Mundo dos conhecimentos técnicos e científicos.

• Mundo da produção.

• Mundo da inovação.

• Mundo das necessidades emergentes e das demandas multifocais.

• Mundo das novas metodologias do cenário pedagógico-social e filosófico-existencial-laboral.

Art. 42-B – A oferta de educação profissional técnica e tecnológica será orientada pela avaliação da qualidade das instituições e dos cursos referida no inciso VII-A do caput do art. 9º desta Lei, que deverá considerar as estatísticas de oferta, fluxo e rendimento, a aprendizagem dos saberes do trabalho, a aderência da oferta ao contexto social, econômico e produtivo local e nacional, a inserção dos egressos no mundo do trabalho e as condições institucionais de oferta. (Incluído pela Lei nº 14.645, de 2023)

Art. 42-B – A avaliação da Educação Escolar é um dos temas mais intrincados e delicados do ensino. Quando ela se refere a uma forma específica de educação, ganha novos contornos de complexidade. A inserção do art. 42-B na LDB sinaliza uma importante ênfase no campo da avaliação multifocal voltada para a oferta de educação profissional técnica e tecnológica, envolvendo:

a) Instituições;

b) Cursos;

c) Resultado da aprendizagem;

d) Contexto e demanda;

e) Empregabilidade dos egressos e;

f) Padrão qualitativo das condições institucionais de oferta.

Todos estes indicadores devem estar presos marcantemente a:

i. Estatísticas de oferta;

ii. Situação de fluxo;

iii. Rendimento e;

iv. Aderência da oferta ao contexto social, econômico e produtivo local e nacional.

A questão da qualidade na Educação Profissional Técnica e Tecnológica, como de resto de todos os níveis e modalidades da Educação Escolar, está vinculada diretamente ao princípio da inclusão e ao princípio da "justiça na educação", que na concepção de BRANCHER e MARQUES (2000:4) *significa alunos matriculados em escolas equipadas, com professores qualificados, com material didático-pedagógico suficiente, com currículo escolar apropriado à realidade do aluno, com recursos disponíveis e mecanismos de controle social instituídos, com participação dos pais e da comunidade na gestão escolar, em ambiente construído para o sucesso.*

CAPÍTULO IV
DA EDUCAÇÃO SUPERIOR

Art. 43 – A educação superior tem por finalidade:

I – estimular a criação cultural e o desenvolvimento do espírito científico e do pensamento reflexivo;

II – formar diplomados nas diferentes áreas de conhecimento, aptos para a inserção em setores profissionais e para a participação no desenvolvimento da sociedade brasileira, e colaborar na sua formação contínua;

III – incentivar o trabalho de pesquisa e investigação científica, visando o desenvolvimento da ciência e da tecnologia e da criação e difusão da cultura, e, desse modo, desenvolver o entendimento do homem e do meio em que vive;

IV – promover a divulgação de conhecimentos culturais, científicos e técnicos que constituem patrimônio da humanidade e comunicar o saber através do ensino, de publicações ou de outras formas de comunicação;

V – suscitar o desejo permanente de aperfeiçoamento cultural e profissional e possibilitar a correspondente concretização, integrando os conhecimentos que vão sendo adquiridos numa estrutura intelectual sistematizadora do conhecimento de cada geração;

VI – estimular o conhecimento dos problemas do mundo presente, em particular os nacionais e regionais, prestar serviços especializados à comunidade e estabelecer com esta uma relação de reciprocidade;

VII – promover a extensão, aberta à participação da população, visando à difusão das conquistas e benefícios resultantes da criação cultural e da pesquisa científica e tecnológica geradas na instituição.

VIII – atuar em favor da universalização e do aprimoramento da educação básica, mediante a formação e a capacitação de profissionais, a realização de pesquisas pedagógicas e o desenvolvimento de atividades de extensão que aproximem os dois níveis escolares. (Incluído pela Lei 13.174/2015.)

Art. 43 – A LDB reserva o Capítulo IV, art. 43 a 57, para ordenar o segundo componente da macroestrutura da educação escolar (art. 1º, § 1º), **a educação superior** (art. 21, inc. II). Trata-se do segmento que fecha o arco da composição da educação escolar formal e da oferta de ensino institucional sequenciado, de acordo com a legislação educacional do país. Oferecida em instituições com variados graus de abrangência (art. 45), a educação superior desdobra-se em cursos e programas (art. 44), estruturados nas atividades de ensino, pesquisa e extensão. Quando a educação superior encontra-se ao abrigo do formato de universidade, esta tríade estruturante submete-se ao princípio de indissociabilidade (CF, art. 207). A exemplo do que ocorre com os demais níveis de ensino, o ponto de partida do legislador são as finalidades. Em Filosofia Social, as finalidades se reportam ao somatório de atos e procedimentos que constituem a razão de ser algo. "É, portanto, o bem social, que pode abranger o útil, a necessidade social e o equilíbrio de interesses" (DINIZ, 2010: 272).

De partida, é necessário reconvocar princípios constitucionais segundo os quais, seja por ser oferecida pelo Estado, seja em decorrência de seus fins **transcendentes**, a educação superior é de natureza pública e sociocultural. Aliás, a *Declaração Universal dos Direitos Humanos*, como bem lembra Ranieri (2000: 43), já reconhece e acentua a sua importância sociocultural e "enfatiza a equidade de acesso, mediante critérios de mérito". Diz o art. 26-I, da Declaração Universal: "Todo homem tem direito à instrução. A instrução será gratuita, pelo menos nos graus elementares e fundamentais. A instrução elementar será obrigatória. A instrução técnico-profissional será acessível a todos, **bem como a instrução superior, esta baseada no mérito** [...]" [grifo nosso].

Idêntico entendimento consta da *Declaração Mundial sobre a Educação Superior para o Século XXI: visão e ação*, documento da Unesco, gestado e subscrito na Conferência Mundial sobre Educação Superior, realizado em outubro de 1998, em Paris. Portanto, dez anos depois de promulgada a nossa Lei Magna.

A Constituição Federal trata da educação superior em quatro artigos, a saber: 207, 208, § 2º, 213, inc. V e 218[87]. No entanto, é necessário esclarecer que a responsabilidade inarredável do Poder Público com a educação superior tem delineamento jurídico no conjunto de princípios e demarcações constitucionais aplicáveis à educação, cabendo centralidade ao art. 205, assim formulado *in verbis*:

> Art. 205 – A educação, direito de todos e dever do Estado e da família, será promovida e incentivada com a colaboração da sociedade, visando ao pleno desenvolvimento da pessoa, seu preparo para o exercício da cidadania e sua qualificação para o trabalho.

---

87. No caso do art. 218, a CF envolve a educação superior de forma oblíqua, ao focar as responsabilidades de Estado no campo da ciência e tecnologia, áreas que guardam pertinência com as finalidades deste nível de educação.

Ademais, o Brasil é signatário de vários pactos internacionais, dentre os quais vale lembrar "o *Pacto Internacional sobre Direitos Econômicos, Sociais e Culturais*", promulgado pelo Decreto 591/1992, que garante o pleno exercício do direito à educação, como se pode ver:

> *a) A educação primária deverá ser obrigatória e acessível gratuitamente a todos; b) A educação secundária em suas diferentes formas, inclusive a educação secundária técnica e profissionalizante, deverá ser generalizada e tornar-se acessível a todos, por todos os meios apropriados e, principalmente, pela implementação progressiva do ensino gratuito; c) A educação de nível superior deverá igualmente tornar-se acessível a todos, com base na capacidade de cada um, por todos os meios apropriados e, principalmente, pela implementação progressiva do ensino gratuito.*

Como é sabido, a unidade da Constituição, um "articulado de sentido" na expressão de Ferraz Jr. (1990: 86), é uma das regras basilares da hermenêutica constitucional. Importa dizer que tais regras se submetem a uma racionalidade hierárquica, dentro de um posicionamento horizontal e vertical de relações, em que os dispositivos se ordenam, coordenam e inter-relacionam no alinhamento de condicionalidades recíprocas e de sucessivas gradações. Em consequência, o exercício e desempenho dos poderes públicos se submetem aos conteúdos de instrumentalidade dos princípios e regras constitucionais. Deriva, daí, uma subordinação plena da sua aplicação a um conjunto de necessidades de substância política e não, apenas, jurídica. "Dentro desta lógica, que compreende princípios e regras, são os princípios constitucionais os vetores que dão sentido ao quanto se segue" (RANIERI, 2000: 73).

Posto este nível de compreensão na moldura da educação superior, o dever do Estado deriva do princípio "fundamental" de observância e cumprimento absolutos e inafastáveis, cuja expressão se hospeda no art. 3º da Constituição Federal e em cujo bojo está contida a carga teleológica de República Federativa do Brasil, assim traduzida *in verbis*:

> Art. 3º – Constituem objetivos fundamentais da República Federativa do Brasil:
>
> I – construir uma sociedade livre, justa e solidária;
>
> II – garantir o desenvolvimento nacional;
>
> III – erradicar a pobreza e a marginalização e reduzir as desigualdades sociais e regionais;
>
> IV – promover o bem de todos, sem preconceitos de origem, raça, sexo, cor, idade e quaisquer outras formas de discriminação.

É inegável, portanto, que, com a Constituição Federal de 1988, foi alargada significativamente a dimensão democrática da educação, já a partir da compreensão impositiva de ser tratada como bem jurídico. Esta, ao lado de outras previsões constitucionais, tem desdobramento no compromisso assumido pelo Brasil, como signatário da *Declaração Mundial sobre Educação Para Todos*, subscrita na Tailândia em 1990 e cuja síntese pode ser flagrada no art. 5º que diz: "A diversidade, a complexidade e o caráter notável das necessidades básicas de aprendizagem das crianças, jovens, adultos, exigem que se amplie e se redefina continuamente o alcance da educação [...]". A declaração culmina com o seguinte compromisso solene: "Nós, os participantes da Conferência Mundial sobre a Educação Para Todos, reafirmamos o direito de todos à educação. Este é o fundamento de nossa determinação individual e coletiva – assegurar educação para todos".

Estes compromissos (pactos internacionais) têm força de dispositivo constitucional, como prescreve o § 2º, do art. 5º, da Constituição Federal, que estabelece *in verbis*:

> *Os direitos e garantias expressos nesta Constituição não excluem outros decorrentes do regime e dos princípios por eles adotados, ou dos tratados internacionais em que a República Federativa do Brasil seja parte [...]. Como inerente aos direitos sociais, as atividades prestacionais pelo Estado no campo da educação se viabilizam por via de obrigações de comportamento e, não, de obrigações de resultados, o que conduz à necessidade de se considerarem as esferas pública e privada "[...] numa relação complementar e não dicotômica e excludente, como fez o Estado-polícia"* (RANIERI, 2000: 79).

Considerando estes aspectos preliminares do dever do Estado no campo da educação superior, passemos à análise mais verticalizada do art. 43.

Inicialmente, é conveniente destacar que o legislador trabalha com o conceito de educação e, não, de ensino. A distinção é proposital e propositiva. O termo educação tem uma recorrência reflexiva e uma intercorrência valorativa. As dimensões valorativas têm a ver com a defesa e manutenção da vida e, ainda, com os meios para se distinguirem, cada vez mais, padrões sempre mais elevados de dignidade humana. Mesmo que, para tanto, se tenha que trabalhar com a ideia de *sonho impossível* (Chico Buarque) ou com a proposta de Desroche[88] (1982: 34) *de pensar a utopia para compreender o tamanho da vida.*

---

88. Henri DESROCHE, sociólogo vinculado à Escola de Altos Estudos em Ciências Sociais de Paris, escreveu *Le projet coopératif*. Paris: Ouvrières, 1976.

A dimensão reflexiva é precondição para a constituição da consciência crítica e da cidadania participativa. Este binômio constitui a chave para o progresso humano, para as mudanças culturais, atitudinais e para firmar compromissos em relação à redução das desigualdades sociais, ao respeito aos direitos humanos e ao exercício ativo de uma cidadania local, nacional e planetária.

Nesse horizonte, a educação superior alcança cinco ambientes de convergência pessoal e social, a saber:

a) educação avançada para trabalhar conhecimentos, atitudes e valores;

b) educação avançada para aperfeiçoar competências voltadas à laboralidade;

c) educação avançada para produzir, via pesquisa, conhecimentos novos;

d) educação avançada para aprimorar a qualidade de vida, ou seja, para transformar continuamente a realidade;

e) educação avançada para promover o desenvolvimento sustentável.

Há dois aspectos a considerar preliminarmente. Em primeiro lugar, cabe destacar que o legislador fala de **finalidade** e, não, de **objetivos**. Ou seja, buscam-se valores e ressignificações na perspectiva de uma cultura da transformação. Institucionalmente, a operacionalização da educação superior deve estar inteiramente permeada dos fundamentos axiológicos do processo educativo. Esta preocupação vai responder por um trabalho educativo mais consistente e coerente com as reais necessidades de contextos específicos onde cada instituição se localiza. Em segundo lugar, vale ressaltar a preocupação do legislador em rearticular os níveis de ensino (educação básica e educação superior), através de uma providência de formalização legal, trazendo a educação superior para o corpo da Lei de Diretrizes e Bases da Educação. Aliás, aqui é o seu lugar. Antes, prevaleciam duas legislações estanques: a Lei 5.692/1971 para ensino de 1º e 2º graus e a Lei 5.540/1968, complementada pelo Decreto-lei 464/1969, para o Ensino Superior. Diga-se, à guisa de reconstrução histórica, que a antiga LDB (Lei 4.024/1968) albergou o tema Ensino Superior. Os vários incisos do artigo em estudo se vinculam, também, de alguma forma, às prescrições constitucionais contidas nos art. 215 (Da Cultura) e 218 (Da Ciência e Tecnologia). De fato, a educação superior é o *locus* privilegiado para a concretização destes mandamentos através da formação de recursos humanos.

No Brasil, a rede de instituições de Ensino Superior cresce continuamente. Este é um fator positivo no âmbito de uma sociedade em que, secularmente, a igualdade de oportunidades coloca-se distante da maioria. Em 2017 são 2.368 IES públicas e privadas com 23.304 cursos, estruturadas para a formação de 208 carreiras profissionais. Este número evoluiu, como veremos no art. 44, logo adiante.

> **I** – A criação cultural é uma condição humana não restrita, portanto, à produção de obras de arte, senão extensiva a tudo aquilo que diz respeito a processos múltiplos de encantamento, fascínio, estética da sensibilidade e capacitação de formas originais e genuínas de explicitação do ser humano. Nesse campo, as manifestações criativas se compõem nos variados campos das linguagens perceptivas, sinestésicas e multissensoriais. Estimular estes processos requer, da educação superior, conhecer e disponibilizar conhecimentos capazes de dar conta de princípios, formulações e metodologias no âmbito de processos de formação humana. Por outro lado, estimular o desenvolvimento do espírito científico supõe não só equipar os alunos com os instrumentos intelectuais necessários para uma leitura adequada do mundo, mas também compor blocos de atividades de conhecimentos e de indagação acadêmica, possibilitando o intercâmbio de ideias em ambientes de informação totalmente abertos.

Esta primeira finalidade da educação superior sinaliza a razão básica do princípio da autonomia, fundamento inerente à natureza da universidade e sobre o qual falaremos adiante. De fato, a criação cultural e o desenvolvimento do espírito científico e do pensamento reflexivo somente podem se viabilizar via conformidade do inc. II, do art. 3º desta Lei, assim formulado: "[...] liberdade de aprender, ensinar, pesquisar e divulgar a cultura, o pensamento, a arte e o saber". Portanto, a moldura da educação superior é o desfronteiramento de processos de conhecimento, evidentemente com a salvaguarda dos padrões éticos de conduta, precondição para qualquer atividade humana.

> **II** – A finalidade contida neste inc. II é a mais visível no âmbito da educação superior, cujo foco mais fortemente perceptível é formar diplomados para o exercício de qualificação laboral exercida em quadro de profissões legalmente regulamentadas. Mesmo quando se trata de profissões decorrentes de campos ocupacionais emergentes, os titulares formados deverão desenvolver blocos de competências exigidas pelo mercado de trabalho. Ou seja, à educação superior cabe definir o conjunto de conhecimentos através dos quais as competências[89] são desenvolvidas.

---

89. Inúmeras são as definições de competência. Em sentido genérico, trata-se de capacidade profissional adquirida. Ou seja, trata-se de *capacidade do indivíduo para exercer uma atividade profissional concreta, aplicando seus conhecimentos, suas habilidades* (savoir faire) *e suas qualidades pessoais, dentro de um contexto e em nível individual* (FRAGNIERE, 1996[a].
• LE BOTERF, 1994).

Os setores profissionais têm a ver não só com o mercado do trabalho, mas também com o mundo do trabalho. Nesse sentido, as atenções da educação superior voltam-se para o trabalho produtivo, para as relações de humanização de todas as atividades dentro daquilo que Drummond chama de *o sentimento do mundo*. Portanto, suas responsabilidades são da formação inicial e continuada de profissionais e da transformação do mundo, como alude a Unesco (2002: 48): "[...] melhorar o nível de educação significa mais do que meramente aumentar a quantidade de escolas, universidades, bibliotecas e programas [...]. temos que garantir que as competências e conhecimentos, via cursos superiores, acessem aos mundos da cultura e da comunidade. O aprimoramento da educação precisa reforçar o progresso em direção à democracia, às sociedades e economias abertas, a meios de comunicação independentes, bem como ao acesso a quantidades e variedades, sem precedentes, de informação".

As áreas de conhecimento formatadas, hoje, em cursos de graduação se constituem em um universo de 13 campos específicos de formação, além das quatro opções militares (Marinha, Exército, Aeronáutica e Polícia Militar). Por oportuno, esclareça-se que este universo constitui um inventário aberto, podendo ser ampliado à medida do desenvolvimento de pesquisas científicas e do aprofundamento das áreas dos saberes. Estas áreas são campos científicos com possibilidades inesgotáveis e sempre passíveis de alargamento no painel da criatividade humana. Não por acaso, Einstein dizia: "*A criatividade é mais importante que a inteligência*".

As áreas de conhecimento referidas são:

1) Economia e Gestão

2) Ciências Agrárias e Veterinária

3) Ciências da Natureza

4) Ciências da Saúde

5) Ciências do Bem-Estar

6) Matemática e Informática

7) Ciências da Sociedade

8) Serviços

9) Comunicação e Informática

10) Artes e *Design*

11) Ciências dos Materiais

12) Elétrica e Mecânica

13) Arquitetura e Construção

As quatro opções militares formam oficiais para as Forças Armadas e para as Polícias Militares. O ingresso é feito através de concurso público e os interessados se submetem a testes físico e psicológico.

A educação superior opera com foco em três horizontes: o da formação avançada de quadros técnicos para o país, o da formação continuada e o da pesquisa e inovação. Nesse sentido, é fundamental sua articulação com o setor produtivo.

As universidades desempenham uma função extremamente pró-ativa no campo da cooperação com as empresas. Pesquisa realizada virtualmente com mais de 20 mil participantes, incluindo professores, gestores e alunos, apontou uma alta sensibilidade institucional nesta seara e revelou, ainda, que as IES devem, também, intensificar a cooperação entre si. Os dados que seguem, são esclarecedores e úteis como bússola:

• Intensificação do intercâmbio acadêmico entre as instituições	90%
• Ampliação da parceria entre universidades e empresas	80%
• Principal papel das universidades: preparar para o mercado de trabalho	85%

Fonte: III Encontro Internacional de Reitores. Rio de Janeiro, jul./2014.

O Plano Nacional de Educação (Lei 13.005/2014), estatui, na Meta 14, Estratégia 14.10, como uma das tarefas da pós-graduação: "promover o intercâmbio científico e tecnológico, nacional e internacional, entre as instituições de ensino, pesquisa e extensão". É notório que a cooperação interinstitucional, envolvendo universidades é uma realidade em expansão hoje, com uma enorme esteira de Programas de Bolsas Acadêmicas. Em julho de 2014, por exemplo, o Erasmus Mundus, da União Europeia (EU), informou que aproximadamente 270 mil estudantes conseguiram bolsas Erasmus para estudar ou trabalhar fora de seus países de origem em 2012-2013. A maioria destes alunos é constituída de mulheres com média de idade de 22 anos. Atualmente, cerca de 10% dos alunos da UE estudam fora de seus países. No Brasil, o Ciência Sem Fronteiras foi nesta rota, por alguns anos, até sua desativação.

O conjunto de finalidades da educação superior (art. 43), posto na estrutura e organização das universidades, "como instituições pluridisciplinares da formação dos quadros profissionais de nível superior, de pesquisa, de extensão e de domínio e cultivo do saber humano" (art. 52), abre um amplo espaço para programas de intercâmbio acadêmico em geral, ganhando relevância, em decorrência, programas de internacionalização do Ensino Superior. Nesse sentido, diz, Ignacio Berdugo, ex-reitor da Universidade de Salamanca: "Para uma instituição se internacionalizar, ela deve estar capacitada para transpor as fronteiras culturais, políticas e econômicas, além de poder atuar em parceria com outras universidades e centros de pesquisa para ampliar e aperfeiçoar o resultado do ensino e da pesquisa. Isso requer estruturas organizadas, como a criação de escritórios que deem suporte ao aluno migrante e pesquisadores ou centros de pesquisa especializados no estudo de outros países. Além disso, o ensino precisa assegurar uma mobilidade do conhecimento, possibilitando que um profissional formado em instituições brasileiras possa atuar, também, em outros países, dentro da sua área de formação". E arremata: "As relações das universidades com as sociedades e a valorização dos projetos de extensão são também pontos importantes no debate atual" (*Ensino Superior*, ano 16 (189), jul./2014, p. 17).

> III – O desenvolvimento harmonioso da pessoa humana e do seu ambiente e das pessoas entre si pressupõe uma atitude de total abertura à investigação, dentro daquilo que a pedagogia francesa chama de *construção da utopia concreta*. O mundo criado precisa ser recriado continuamente. A educação superior tem a função especialíssima de buscar as *conexões ocultas* (CAPRA, 2002)[90] de uma realidade planetária em processo ilimitado de mutação. Para tanto, há de incentivar o trabalho de investigação científica, forma objetiva de se ingressar no universo da complexidade dos conhecimentos, uma das dimensões fundamentais da Pós-modernidade. Desenvolver tais entendimentos é produzir a inscrição do aluno da educação superior "[...] em um espaço do entre-dois (subjetivação/racionalização) [...], deixando o lugar para um pensamento plural e integrador".

Incentivar o trabalho da pesquisa e investigação científica, visando ao desenvolvimento da ciência e da tecnologia, surge como finalidade **superior** da chamada educação **superior**. Na sociedade do conhecimento, inovação não é só lucro, senão também busca de sobrevivência. Ela está na base do trabalho, dos recursos naturais, do capital e da própria capacidade competitiva. O país precisa de um aparato institucional capaz de abrigar a pesquisa, os pesquisadores e os processos criados, o que supõe um Sistema Nacional de Inovação (SNI). Nesse horizonte, as articulações entre governo, universidades e sistema produtivo constituem rotas insubstituíveis de ampliação das bases do

---

90. Para saber mais, cf. CAPRA, F. *As conexões ocultas* – Ciência para uma vida sustentável. São Paulo: Cultrix, 2002.

desenvolvimento científico e tecnológico do país. Instituições universitárias com seus programas de pós-graduação, ao lado de tantas outras comprometidas com a ciência e a tecnologia, como a Capes, CNPq, Inpi, MCT, Mdic, Inmetro, Ipea e as inúmeras fundações de pesquisa, cada uma atuando em sua perspectiva, imprimem a dinâmica do desenvolvimento, da tecnologia, da criação e da difusão do conhecimento, dentro daquilo que se denomina de uma sociedade tecnologicamente **concertada**.

A educação é a chave para o desenvolvimento humano harmonioso e a educação superior para este mesmo desenvolvimento em grau elevado (superior). Nesta direção, Václav Havel[91] diz que a educação é a capacidade de perceber as conexões ocultas entre fenômenos. Ela "ensina a todos nós a olhar para o mundo sempre com os olhos e o coração abertos" (GLEISER, 1997: 9).

Este inc. III, que se vincula a cursos e programas de pós-graduação, dá envergadura indutora e convergência operativa ao inc. I, com a conexão através do conceito-chave de desenvolvimento. Mais do que isso, a pós-graduação se situa no patamar ilimitado das funções básicas e indissociáveis da **universidade: ensino, pesquisa** e **extensão** sob a energia irradiadora da autonomia. Sobre este assunto, retornaremos nos comentários ao art. 44, com a apresentação de estatísticas.

A pós-graduação no Brasil, como oferta institucional de longo alcance, está já no 7º Plano, com a seguinte cronologia: 1º Plano > 1975-1979; 2º Plano > 1982-1985; 3º Plano > 1986-1989; 4º Plano > (não promulgado pela Capes); 5º Plano > 2005-2010; 6º Plano> 2011-2020 e o 7º Plano> 2021-2030.

> **IV** – Conhecimento fechado, não comunicado, é alienação. Conhecer é comunicar, socializar percepções, partilhar racionalidades, dividir sentimentos e promover formulações e abordagens nos campos da cultura, da ciência, da técnica e da tecnologia, como formas de produzir convivialidades. Abrir janelas à vida.

A educação superior deve-se estribar nas diferentes modalidades e níveis de conhecimento que constituem patrimônio humano e que, por isso mesmo, precisam ser comunicados via saber escolar. Importa dizer, via processos sistematizados de ensino-aprendizagem, o que supõe a participação de especialistas, pesquisadores e professores cuja formação para a docência e nível cultural são condição de segurança para a educação ser, de fato, *superior*. Por

---

91. Intelectual e ex-presidente tcheco.

esta razão, talvez nenhuma instituição da sociedade deva ser tão bem equipada tecnologicamente quanto a universidade.

O trabalho de pesquisa e investigação científica é realizado tendo como horizonte o desenvolvimento da sociedade brasileira. Para tanto, os resultados daí advindos precisam ser socializados, divulgados, transmitidos por caminhos múltiplos seja internamente para fecundar os conteúdos do ensino, seja externamente para melhorar os padrões de qualidade de vida em geral e, não menos importante, os padrões de produtividade do setor industrial e, como consequência, o desempenho da economia, além de alinhamentos de inovação e de progresso social.

O aforismo da cultura acadêmica americana publicar ou perecer (*publish or perish*) significa exatamente isto: desenvolver e socializar conhecimento como condição de permanecer vivo! A atividade de extensão, via cursos e programações da universidade, enquadra-se nas finalidades da educação superior previstas no art. 43, inc. IV, VI e VII. A extensão é um dos canais da oxigenação da educação superior.

> **V** – A integração e a articulação dos conhecimentos são processos que ocorrem de forma gradual, progressiva e cumulativa. A educação superior vai, como atividade processual, encorpando o repositório de saberes e de resultados de pesquisa através de mecanismos de sistematização de um lado e, de outro, de mecanismos de transmissão e socialização. Assim, as estruturas intelectuais institucionalizadas desta educação recriam caminhos e rotas para a apropriação destes saberes, ao tempo em que se renovam pelo influxo de informações recebidas dos alunos e dos ex-alunos, agora, profissionais. Esta missão e responsabilidade exigem professores da educação superior cada vez mais bem preparados em suas áreas de atuação e qualificados para a docência.

À luz da compreensão ora exposta, pode-se dizer que a integração dos conhecimentos se dá na sala de aula da educação superior, mas, igualmente, mais tarde, quando o aluno passa a exercer sua atividade profissional.

A educação superior é uma ampla rota de aprendizagens avançadas. Mas é, igualmente, um estuário de motivações para o aluno continuar aprendendo e aperfeiçoando-se. Nesse sentido, ela funciona como uma espécie de fonte de estímulos para o indivíduo prosseguir em processos formais de aprendizagem. Esta condicionalidade positiva, oriunda da experiência da formação acadêmico-profissional institucionalizada, representa uma forma potencializada de contribuição individual e coletiva para a formação do patrimônio cultural e de sua evolução crescente através das gerações. A tarefa é longa, desafiadora e solidária. As ações são marcantes e requerem trabalho, compromisso e persistência: aperfeiçoar, aplicar (concretizar), integrar e acumular conhecimentos *que vão sendo adquiridos numa estrutura intelectual sistematizadora.* Este itinerário constitui um verdadeiro roteiro de uma *ética da vida* (BOFF, 1999). Nesta direção, a educação superior tem um chamado ético em suas finalidades, uma vez que aponta para o aprimoramento humano e para a preservação do presente, tendo em vista sempre um futuro melhor. Pensar e comprometer-se com as futuras gerações requer aprimorar e aprofundar o caráter social dos seres humanos, uma tarefa central da educação superior. Cada geração é instada a deixar uma gama de elementos, fatores, avanços e conquistas humanas sob a forma de contribuição positiva para as gerações que vêm após. A isto se chama de acumulação positiva de patrimônio cultural e técnico-científico em cuja base estão trabalho, conhecimento, solidariedade humana e responsabilidade cidadã.

> VI – O mundo são muitos mundos! O universal, o nacional, o regional e o local integram aquilo a que Drummond de Andrade se referia em seus versos "[...] mundo, mundo, vasto mundo [...]". A educação superior oferece meios intelectuais, através de conceitos, modelos, enfoques, formulações e abordagens analíticas para o adequado conhecimento do mundo e dos diversos mundos em que todos nós nos situamos. Por outro lado, a formação acadêmica, através das diferentes áreas de conhecimento, assegura a existência dos especialistas e a oferta dos serviços especializados à comunidade. Nesse contexto, criam-se os canais de relação e de reciprocidade, patamar indispensável para o exercício da função social do conhecimento. A extensão é o conhecimento refeito e refinalizado para produzir os benefícios de sua aplicação. É a educação em sua dimensão plenamente social como vamos ver a seguir.

Os problemas do mundo são problemas de todos, uma vez que o Planeta Terra é a casa de todos. Mas o primeiro chamado da educação superior, em sociedades pobres, desiguais e fragilizadas como a brasileira, é, em relação ao seu entorno, como oferta e serviços prestacionais institucionalizados. A comunidade acadêmica, independentemente do seu perfil e de sua composição, é parte da comunidade local e regional e, por isso, com ela deve agregar energias, articular interesses e compromissos e, sobretudo, estabelecer sempre abertos os canais de interlocução. A educação superior tem um forte e inafastável componente de responsabilidade social, a ser assumido necessariamente pelas instituições ofertantes. De fato, trata-se de "[...] atribuição de toda organização que integra os diversos campos do espaço social. Cumpre-se de modo satisfatório quando a produção desta organização, articulada ao contexto em que está inserida, empenha-se e realiza o avanço e a geração constantes de conhecimento científico, promovendo a sua respectiva disseminação e contribuindo para o aprimoramento da sociedade" (DESAULNIERS, 2006: 15). A base de conhecimentos da educação superior é múltipla e ilimitada. Porém, na moldura do compromisso social do chamado conhecimento relevante e significativo, suas gramáticas de conteúdos jamais poderão passar ao largo de questões que incluam:

I – uma dimensão econômica, que envolve a aceleração do crescimento com vistas à redução das desigualdades inter-regionais ou desenvolvimento;

II – uma dimensão social, que contempla a melhoria da repartição interpessoal da renda e a redução da pobreza;

III – uma dimensão política, que determina a descentralização das decisões quanto ao desenvolvimento e ampla participação da comunidade no processo de transformação econômico-social. (ALBUQUERQUE, 1980: 23).

A comunidade e seus problemas constituem um formidável laboratório de ideias para a germinação sempre renovada da educação superior no interior dos cursos e programas e na reoxigenação dos currículos. A comunidade é o laboratório vivo das IES.

> VII – A educação superior são processos e serviços. Quando ela deixa a sala de aula, portanto, sai do âmbito do currículo fechado, e vai para o contato direto com a realidade, com o mundo extrassala de aula, gera as formas concretas de sua objetivação. Institucionalmente, opera-se o processo da extensão, que nada mais é do que a articulação real e direta da IES com a sociedade. Ou seja, trata-se mais do que socializar conhecimentos, é uma resposta a dimensões sociais circunstantes e comunitárias. *Promover a extensão aberta à participação da população...* Freire (1997: 36) aponta a carga semântica e pedagógica desta tarefa: *Repetimos que o conhecimento não se estende do que se julga sabedor até aqueles que se julgam não saberem; o conhecimento se constitui nas relações homem-mundo, relações de transformação, e se aperfeiçoa na problematização crítica destas relações.*

Pela educação superior, "a produção do conhecimento e o acesso a ele assumem o papel de bases da consciência crítica e da capacidade de intervenção eficaz, eficiente e relevante das pessoas no contexto social em que vivem", esclarece Botomé (1996: 153). Este aspecto será retomado mais adiante na análise do art. 44, inc. IV, quando falaremos dos cursos de extensão.

Em sendo a sociedade começo e fim das atividades humanas, nada mais natural do que esta interlocução, valorizando a abertura da participação à população beneficiária e fecundadora da criação cultural e da pesquisa científica e tecnológica geradas na instituição de educação superior.

Buscar alcançar o conjunto destas finalidades é dever de todas as IES, independentemente de sua organização (universidades, centros universitários, centros federais de educação tecnológica, faculdades integradas, faculdades tecnológicas, faculdades isoladas, institutos ou escolas superiores). A envergadura do desenvolvimento de cada uma dessas finalidades fica na dependência dessa tipologia diferenciada de IES e, em decorrência, de sua missão e respectivos objetivos institucionais contidos no Plano de Desenvolvimento Institucional (PDI) e no Projeto Pedagógico Institucional (PPI), no âmbito de cada curso.

Este inciso fortalece a ideia-mestra de "relação de reciprocidade" do inciso anterior. Extensão, aqui, não é **levar para**, senão, **compartilhar com**, em um exercício de troca e enriquecimento recíprocos. Nesse sentido, a educação superior alcança a finalidade de *promover a extensão*, não quando **estar em**, mas quando **estar com**, portanto, veicula e trabalha conteúdos curriculares e opera produção científica na moldura de um consórcio de interesses sociais. Do contrário, "[...] fica cada vez mais difícil justificar os recursos que são colocados aqui, na medida em que nossa produção de pesquisa está completamente descolada da realidade social que nos cerca" (VELHO, 1996: 122).

A promoção da extensão, nem sempre "aberta à participação da população", tem levado as instituições de educação superior a frequentes equívocos e mesmo a processos de regressão institucional. Como destaca Botomé (1996: 30), "a educação superior em crise exige a adoção de novos paradigmas [...] para inovar, precisa saber inovar-se"[92].

> **VIII** – Diz o art. 21 da LDB que a **educação escolar** se compõe de dois níveis: a educação básica e a educação superior. Articulam-se não apenas sob o ponto de vista da organização estrutural, mas também pelo fluxo da construção sistêmica dos canais do conhecimento, dentro de processos de sequenciamento que vão se acumulando e potencializando os níveis de aprendizagem. Em decorrência, o compromisso da educação superior com a educação básica, seja em termos da sua universalização, seja em termos do seu aprimoramento, é imposição legal e imperativo social em face do conjunto de finalidades contidas nos art. 2º e 43 da LDB.

---

92. A respeito destes equívocos, vale revisitar a obra de CARNEIRO, Moaci Alves, *Extensão Universitária:* versão e perversões. Estudo de identificação do débito social das Universidades Federais do Nordeste, Rio de Janeiro, Presença Edições/UFPB, 1985.

A educação escolar mais do que cursos, são percursos que se relacionam e entrelaçam na busca do "pleno desenvolvimento do aluno e do exercício qualificado de uma cidadania responsável, produtiva e solidária". A Constituição Federal determina a existência do Plano Nacional de Educação (PNE), com o objetivo de articular o Sistema Nacional de Educação e desenvolver ações integradas voltadas para a universalização e aprimoramento da educação básica, assegurada a promoção humanística, científica e tecnológica do país.

O horizonte da educação superior é o de atender a demandas da sociedade que a criou e mantém as instituições que a ministram. É no conjunto das dobras destes enfoques que a Capes/MEC tomou a iniciativa de formalizar uma instância específica para cuidar, complementarmente, da formação de professores para a educação básica.

Este quadro teleológico atribuído à educação superior e circunscrito ao corpo deste art. 43, destaca uma lista de palavras-ação com forte conteúdo indutor e com pertinência no campo do desenvolvimento humano, como podemos ver:

> Inc. I: **estimular...**

> Inc. III: **incentivar...**

> Inc. IV: **promover...**

> Inc. V: **suscitar...**

> Inc. VI: **estimular...**

> Inc. VII: **promover...**

Na verdade, todos estes termos estão dentro de uma mesma área semântica, com abrangência múltipla definida no art. 2º desta Lei: "A educação [...] tem por finalidade o **pleno desenvolvimento do educando** [grifo nosso], seu preparo para o exercício da cidadania e sua qualificação para o trabalho". No caso da educação superior, tudo isto é buscado em grau máximo e em patamares crescentemente elevados. O conjunto de palavras-ação referenciado aponta para um esforço de canalização de elementos de racionalidade, emocionalidade e diretividade, no horizonte do desenvolvimento de *uma estrutura intelectual sistematizadora do conhecimento...* O legislador usa um articulado vocabular carregado de racionalidade sensível como para exprimir que a educação em qualquer nível é "um processo de incorporação intelectual e afetiva". Aqui, juntam-se aptidões e conhecimentos sob a forma de um feixe de intencionalidades institucionais que encontra, na universidade, sua expressão máxima de percepções, impulsos, meios e formas de desenvolvimento, estratégias de qualificação e, sobretudo, apropriação racional do saber.

O conjunto de finalidades alinhadas no horizonte da educação superior, potencializa o conteúdo deste art. 43 na perspectiva extensiva de uma função-síntese adicional para as instituições que ministram este nível de ensino, sobretudo, sendo elas universidade. Trata-se da responsabilidade social da INOVAÇÃO.

Na educação, a inovação processa-se em duplo horizonte: de um lado, trazendo soluções inovadoras para a própria educação e, de outro, recriando o conhecimento com soluções originais para resolver novos desafios. No primeiro caso, por exemplo, o uso da tecnologia para a produção de jogos, plataformas de ensino *on-line* ou de aplicativos tem tido um crescimento significativo. No campo da educação para a produtividade, a inovação pode gerar ganhos contínuos. Como assinala a CNI, "a empresa precisa de inovação, entendida como a introdução de um novo bem ou serviço, método ou modelo de gestão" (2013: 89). O PNPG-Capes 2011-2020, por outro lado, enxerga esta questão de forma mais abrangente e estratégica, e, assim, posta:

Inovação é, reconhecidamente hoje, um dos fatores decisivos para o desenvolvimento econômico e social de uma nação. Indicadores de crescimento atuais demonstram que a inovação contribui com mais da metade do Produto Interno Bruto (PIB) dos países, segundo os dados da Organização para a Cooperação e o Desenvolvimento Econômico (Ocde). No Brasil, a Política de Desenvolvimento Produtivo (PDP) e o Plano de Ciência, Tecnologia e Inovação para o Desenvolvimento Nacional 2007-2010 consideram a inovação um dos fatores centrais para o fortalecimento sustentável da posição do Brasil no cenário internacional.

Assim, o conhecimento científico-tecnológico, bem como a inovação por ele engendrada, são patrimônios sociais que permitem gerar desenvolvimento sustentável, ampliando a produtividade e a competitividade do país, contribuindo para a melhoria da qualidade de vida, através da aceleração da criação e qualificação de empregos, e democratizando oportunidades.

O conceito de inovação, em geral, é correlacionado com pesquisa e desenvolvimento (P&D), porém é distinto e mais amplo. Inovação implica não somente tecnologia, máquinas e equipamentos, mas vai além, contemplando também mudanças incrementais, novas funcionalidades, bem como melhorias na gestão ou novos modelos de negócios, associados à conquista ou criação de novos mercados.

As conexões entre ciência e tecnologia (C&T) com inovação tecnológica têm uma face mais evidente no que diz respeito ao mundo das indústrias de manufatura. No entanto, deve-se considerar que, atualmente, entre metade e três quartos da riqueza produzida no planeta, é criada não pela produção de coisas físicas, produtos, mas sim pela prestação de serviços.

Um ambiente que favoreça a inovação nas empresas, no país, é induzido pela existência de ciência avançada e pela capacidade regional de formar recursos humanos de ponta, mesmo que estas últimas atividades tenham seus centros de atividades na academia. Favorecer inovação não significa que seja suficiente ter boa ciência e formação de recursos humanos. O estímulo às atividades de risco faz parte do jogo que permite oferta de produtos e processos inovadores ao mercado. Viabilizar bons ambientes de negócios demanda, adicionalmente, um conjunto complexo de condições favoráveis em vários setores.

Vamos relembrar que, o 6º PNPG/Capes 2011-2020, conclui com o realce da conexão entre CT&I, nos termos seguintes:

A perspectiva empresarial de Ciência, Tecnologia e Inovação (C, T&I) como fonte de riqueza econômica é crucial para que as demandas de tecnologia e de inovação tenham seus processos de indução, adaptação e implementação agilizados e contribuam para que a ciência produzida tenha também como horizonte suas aplicações potenciais, sejam elas decorrentes de demandas empresariais ou da necessidade para a execução de políticas públicas. É necessário integrar cada vez mais a política de C, T&I à política industrial para que as empresas sejam estimuladas a incorporar a inovação em seu processo produtivo, forma mais eficiente de aumentar sua competitividade global.

Por tudo isto, conclui-se que inovação é um novo paradigma assentado no eixo ciência, pesquisa, conhecimento, circuito transdisciplinar e referência obrigatória das funções essenciais da universidade: ensino, pesquisa e extensão. Como sabemos, o conhecimento – que induz a inovação – é sempre um plano (posição) em ação. Como assinala Machado (2000: 190), "Uma concepção de conhecimento em que tais cadeias lineares sejam substituídas, tanto nas relações interdisciplinares quanto no interior de diversas disciplinas, pela imagem alegórica de uma rede, de uma teia de significações, poderia a nosso ver contribuir decisivamente para a viabilização do necessário trabalho transdisciplinar". Estas várias angulações precisam estar conectadas às considerações do art. 44, inciso IV, focado este especificamente nos cursos de pós-graduação.

As finalidades da educação superior constituem alinhamentos teleológicos circunscritos pela ampla moldura das finalidades da educação, nos termos do art. 2º e 43, da LDB. Estas finalidades tem, no dever de **promover a extensão**, a **marca social exponencial** da educação superior. Mas, como aponta Alves Carneiro (1985: 17), o bom-senso recomenda, assim, que se desenvolvam esforços para reconduzir a universidade à sua simplicidade primitiva, pela simplificação dos canais burocráticos. Sem isto, perder-se-á de vista a sua função e o indivíduo deixará de ser, definitivamente, o agente da experiência educativa, via extensão. Em outras palavras, persegue-se a definição de linhas de ação estimuladoras, sem que restrições institucionais possam tolher a liberdade individual de construção do próprio percurso. Esta postura filosófico-institucional conduzirá a uma práxis responsável com dupla direção: de um lado, o grande contingente de estudantes-adultos que frequentam as universidades e, do outro, a imensa massa de adultos não estudantes que se encontram fora da universidade, mas, sem dúvida, dentro do raio de sua responsabilidade social da extensão como processo pedagógico comunitário. Este tema será retomado na análise do art. 44, inc. IV (Cursos de Extensão).

Art. 44 – A educação superior abrangerá os seguintes cursos e programas:

I – cursos sequenciais por campo de saber, de diferentes níveis de abrangência, abertos a candidatos que atendam aos requisitos estabelecidos pelas instituições de ensino, desde que tenham concluído o Ensino Médio ou equivalente; (Redação dada pela Lei 11.632, de 2007).

II – de graduação, abertos a candidatos que tenham concluído o Ensino Médio ou equivalente e tenham sido classificados em processo seletivo;

III – de pós-graduação, compreendendo programas de mestrado e doutorado, cursos de especialização, aperfeiçoamento e outros, abertos a candidatos diplomados em cursos de graduação e que atendam às exigências das instituições de ensino;

IV – de extensão, abertos a candidatos que atendam aos requisitos estabelecidos em cada caso pelas instituições de ensino.

§ 1º – Os resultados do processo seletivo referido no inc. II do *caput* deste artigo serão tornados públicos pelas instituições de Ensino Superior, sendo obrigatória a divulgação da relação nominal dos classificados, a respectiva ordem de classificação, bem como do cronograma das chamadas para matrícula, de acordo com os critérios para preenchimento das vagas constantes do respectivo edital. (Incluído pela Lei 11.331, de 2006) (Renumerado do par. único para o § 1º pela Lei 13.184, de 2015)

§ 2º – No caso de empate no processo seletivo, as instituições públicas de Ensino Superior darão prioridade de matrícula ao candidato que comprove ter renda familiar inferior a dez salários mínimos, ou ao de menor renda familiar, quando mais de um candidato preencher o critério inicial. (Incluído pela Lei 13.184, de 2015)

§ 3º O processo seletivo referido no inc. II considerará as competências e as habilidades definidas na Base Nacional Comum Curricular. (Incluído pela lei 13.415, de 2017)

Art. 44 – A exemplo do que foi posto na introdução da exegese do art. 4º do texto da LDB, este art. 44 é igualmente uma espécie de dispositivo-máster dos conceitos, definições e formas de estruturação organizativa da Educação

Superior. Daí, porque é necessário que o alinhamento hermenêutico seja extenso, poliarticulado e comparativo, com irradiações nos segmentos PÚBLICO/PRIVADO e NACIONAL/INTERNACIOAL. Como diz a UNESCO, "...hoje a Educação Superior faz parte do direito de todos" (2023). Assim, temos o dever e o direito de saber como ELA É E COMO ELA ESTÁ!

Este artigo trata da organização da educação superior como etapa sequencial à da educação básica. Estão previstos cursos de quatro categorias: os sequenciais, os de graduação, os de pós-graduação (que abrangem vários tipos) e os de extensão. Esta envergadura de cursos corresponde à complexidade da demanda por formação superior, conforme vamos passar a ver. Antes, porém, convém **verificar**, sob a forma de um grande painel, a "condição da educação superior no país" (UNESCO).

Resultados gerais do Censo da Educação Superior de 2021

Estatísticas Gerais da Educação Superior, por Categoria Administrativa – Brasil – 2021

Estatísticas Básicas	Total Geral	Categoria Administrativa				Privada
		Pública				
		Total	Federal	Estadual	Municipal	
Número de Instituições	**2.574**	**313**	**119**	**134**	**60**	**2.261**
Educação Superior - Graduação						
Curso [1]	43.085	10.856	6.842	3.409	605	32.229
Matrícula	8.986.554	2.078.661	1.371.128	633.785	73.748	6.907.893
Ingresso Total	3.944.897	492.141	320.759	151.226	20.156	3.452.756
Concluinte	1.327.188	219.342	128.771	76.244	14.327	1.107.846
Educação Superior - Sequencial de Formação Específica						
Matrícula	566	245	6	239	0	321
EDUCAÇÃO SUPERIOR - GRADUAÇÃO e SEQUENCIAL						
Matrícula Total	8.987.120	2.078.906	1.371.134	634.024	73.748	6.908.214
Função Docente em Exercício [2][3]	358.825	175.970	119.792	50.085	6.093	182.855
Docente em Exercício [2][4]	323.376	171.840	118.546	48.344	6.010	151.868

Fonte: Mec/Inep - MEC/Capes; Tabela elaborada por Inep/Deed
Notas:
(1) Não constam dados de cursos de Área Básica de Ingressantes;
(2) Não incluem os docentes que atuam exclusivamente na Pós-Graduação *Lato Sensu*;
(3) Corresponde ao número de vínculos de docentes a Instituições de Educação Superior;
(4) Quantidade de CPFs distintos dos docentes em exercício em cada Categoria Administrativa, podendo um docente estar em duas ou mais categorias diferentes. O total não é a soma das diferentes categorias.

De partida, convém atentar para os fatos seguintes: "nos últimos 10 anos, a rede federal aumentou o número de matrículas em 32,7% (2,9% a.a.). No mesmo período, a rede estadual cresceu 2,3% e a rede municipal teve uma redução de 39,1%. Entre 2020 e 2021, ocorreu uma variação positiva de 9,3% na rede federal e 1,6% na rede estadual. Na rede Municipal, houve queda de 6,1% (MEC/Inep, Censo da Educação Superior, 2021).

Número IES e de matrículas em cursos de graduação, por organização acadêmica – Brasil 2021

Organização Acadêmica	Instituições		Matrículas	
	Total	%	Total	%
Total	2.574	100	8.986.554	100
Universidade	204	7,9	4.948.461	55,1
Centro Universitário	350	13,6	2.599.610	28,9
Faculdade	1.979	76,9	1.203.112	13,4
IF e Cefet	41	1,6	235.371	2,6

Fonte: MEC/Inep: Censo da Educação Superior – 2021.

Participação das redes na matrícula de educação superior de graduação – Brasil – 2021.

Rede Pública	23,1%
Rede Privada	76,9!

Fonte: MEC/Inep: Censo da Educação Superior – 2021.

Visão panorâmica e estruturante da educação superior

Abrangência da educação superior: tipologias de cursos e programas	Tipologias de Cursos de Graduação	Tipologias de Cursos de Pós-graduação	Modalidades de ensino	Áreas de conhecimento
I Cursos Sequenciais	I Bacharelado	I Aperfeiçoamento	I Educação Presencial	I Administração, Negócios e Serviços
II Cursos de Graduação	II Licenciatura	II Especialização/ MBA	II Educação a Distância	II Ciências Biológicas e da Terra
III Cursos de Pós-Graduação	III Tecnológico	III Mestrado		III Saúde e Bem-estar
IV Cursos de Extensão	IV Bacharelado Interdisciplinar	IV Doutorado		IV Ciências Sociais e Humanas
	V Licenciatura interdisciplinar (*)	V Pós-doutorado (**)		V Comunicação e Informação
				VI Artes e *Design*
				VII Ciências Exatas e Informática
				VIII Engenharia e Produção
				IX Carreiras Militares
				X Carreira Diplomática

(*) Conceito questionável porque ainda em processo de construção de definição, as licenciaturas interdisciplinares são estruturas de curso de formação de professores para a educação básica. Organizam-se em blocos de conhecimento e suas tecnologias. A exemplo dos bacharelados interdisciplinares, não tem previsão legal na LDB. Decorrem de demandas concretas com respaldo normativo e acadêmico no princípio da autonomia das universidades, previsto na Constituição.
(**) Embora a legislação não contenha previsão legal para curso de pós-doutorado, as IES e Centros Avançados de Pesquisa oferecem programas de pós-doutorado, fato que terminou por consolidar, na prática, esta denominação.

Tipos de Instituição por organização acadêmica (em %)	Formas de Ingresso no Ensino Superior (*)
I – Universidades – 8,2 II – Centros Universitários – 6,9 III – Faculdades – 83,3 IV – Institutos Federais / Cefets – 1,6	I – Vestibular II – Enem III – Avaliação Seriada IV – Entrevista V – Prova de Habilidade Específica VI – Lei de Cotas

(*) Estas formas de ingresso podem ser adotadas também de maneira articulada, como, por exemplo, vestibular + Enem. Aliás, esta tendência vai se consolidando.

Número de opções de cursos de graduação distribuídos por áreas de conhecimento	Número de instituições de Ensino Superior	Número aproximado de profissões estabelecidas no mercado	Distribuição dos cursos de graduação por nível de titulação
232 opções 276 cursos (*) 28 mil	2.574	312	Bacharelados – 62% Tecnológicos – 19% Licenciatura – 19%

(*) A incoincidência dos números é devida ao fato de um mesmo curso ser oferecido sob a forma de Bacharelado e de Licenciatura (B/L).

Obs.: Modalidade: Presencial e A Distância.
> O curso de Medicina tem mais de 90% das vagas preenchidas.
> O curso de Pedagogia tem metade das vagas preenchidas: 47,8%.

Distribuição percentual da matrícula de graduação, por área geral – Brasil (2021) e Média dos Países da OCDE (2020).

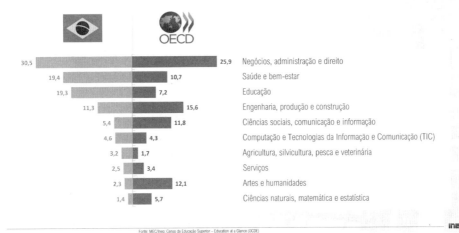

Fonte: MEC/Inep; Censo da Educação Superior – Education at a Glance (OCDE)

> **I** – A inovação se dá no tocante à primeira categoria de cursos: os chamados Cursos Sequenciais, inexistentes na legislação anterior. Sua concepção segue os mesmos princípios de democratização, flexibilização e diversificação de oferta de programas educacionais, decorrência de uma sociedade cada vez mais complexa e pluralista. Voltados para atender demandas de formação emergente e contextualizada, estes cursos têm uma configuração que deverá submeter-se ao perfil profissional requerido e definido a partir de competências predeterminadas. O aluno deverá preencher os requisitos definidos pela instituição que vai oferecer o curso e cuja oferta poderá ter diferentes níveis de abrangência, porém, cada uma circunscrita a uma área de conhecimento, envolvendo, no mínimo, três disciplinas.

Os Cursos Sequenciais foram regulamentados pela Resolução CNE/CEB 1/2017. Segundo este texto normativo, é a seguinte a sua compreensão e organização:

Art. 1º – Os cursos sequenciais são programas de estudos concebidos por instituições de educação superior devidamente credenciadas pelo MEC para atender a objetivos formativos definidos, individuais ou coletivos, oferecidos a estudantes regularmente matriculados em curso de graduação, a graduados ou àqueles que já iniciaram curso de graduação, mesmo não tendo chegado a concluí-lo.

§ 1º – Os cursos sequenciais serão constituídos, no mínimo, por três disciplinas ou outros componentes curriculares.

§ 2º – O concluinte de curso sequencial receberá certificado para comprovar a formação recebida, que não corresponde a diploma de graduação nem permite matrícula em cursos de especialização ou cursos de pós-graduação stricto sensu.

Art. 2º – Os cursos sequenciais poderão constituir módulos dos projetos pedagógicos dos cursos de graduação que, em conjunto, permitam alcançar os objetivos formativos globais destes e criar linhas de formação distintas, ou, isoladamente, permitam desenvolver e certificar competências parciais, alcançadas em face de sua conclusão.

Os Cursos Sequenciais, feitos sempre após a conclusão do Ensino Médio, são considerados de nível superior. Por outro lado, enquanto os Cursos de Graduação focam uma área de conhecimento, os Sequenciais buscam um campo limitado de saber. Nesse sentido, pode-se dizer que os primeiros têm um viés formativo e os segundos têm um viés ocupacional específico.

O diploma recebido possibilitará a participação do seu titular em concursos públicos de nível superior, a menos que o edital especifique a exigência de diploma de graduação superior. Os cursos sequenciais são uma opção interessante para quem já está no mercado de trabalho e busca uma atualização profissional ou, ainda, para quem, já tendo uma graduação, necessita de uma formação específica adicional, através de uma qualificação pontual.

Como dito anteriormente, estes cursos se põem na perspectiva da flexibilização da oferta de educação superior à medida que representam uma forma de inovação como resposta à pressão da demanda por ensino Pós-médio e Superior, originária de setores socioeconômicos diferenciados. Os Cursos Sequenciais foram concebidos para a oferta de formação direta para o trabalho.

Os números abaixo atestam a importância social, econômica e profissional dos Cursos Sequenciais:

Número de cursos, matrículas e concluintes nos Cursos Sequenciais Presenciais e a Distância, segundo as Regiões Geográficas – 2016

Região	Cursos		Matrículas		Concluintes	
	Presencial	Distância	Presencial	Distância	Presencial	Distância
Brasil	103		6.249		2.372	
Norte	3		41		–	
Nordeste	29		654		225	
Sudeste	34		4.315		1.589	
Sul	24		487		188	
Centro-Oeste	13		752		370	

Fonte: Sinopse Estatística da Educação Superior 2016.

Idêntica modalidade de ensino existe nos Estados Unidos, na Inglaterra, no Japão, Canadá, Austrália, Alemanha, Itália e em muitos outros países. Para um país como o Brasil com apenas 34,2% da população frequentando o Ensino Superior em 2018, esta é uma alternativa que, responsavelmente conduzida pelas instituições, ajuda a elevar o padrão de qualificação geral da população.

> **II** – Os cursos de graduação constituem o mais amplo estuário de abrangência da oferta de educação superior. Para acessá-los, o candidato deverá ter concluído o Ensino Médio ou possuir certificado equivalente através de curso supletivo ou equivalente (Encceja), e se submeter a algum tipo de processo seletivo. No momento, cresce o número de IES que adotam a nota do Exame Nacional do Ensino Médio (Enem) como um meio de seleção. A graduação compreende três categorias de cursos:

• Bacharelado > Foco: Formação profissional avançada em geral.

• Licenciatura > Foco: Formação profissional para o magistério.

• Superiores de Tecnologia > Foco: Formação profissional mais rápida para responder a demandas específicas do mercado de trabalho.

A modalidade de graduação, nas suas diversas formas de estruturação (Bacharelado, Licenciatura e Superiores de Tecnologia) mais do que cursos pós-médios, são cursos constituintes da estrutura de Organização da Educação Superior. Ou seja, posicionam-se no estuário do primeiro estágio da aprendizagem sistematizada, posta no patamar **Pós-Educação BÁSICA**. Importa dizer que sua função é trabalhar a complexidade do conhecimento nas perspectivas de:

1) Preparar em nível avançado o cidadão para o exercício profissional.

2) Dialogar com a ciência e com o conhecimento, buscando a superação do positivismo científico.

3) Desenvolver, em grau de maior abstração e articulação de ideias, a *ars cogitandi* (a arte de pensar), que supõe o adequado uso da lógica e das capacidades de evoluir em competências e habilidades para:

- identificar objetos de conhecimento;

- articular conhecimentos;

- ordenar e mobilizar conhecimentos;

- ressistematizar linguagens;

- qualificar e classificar atos, ações, procedimentos, processos e contextos para uma adequada compreensão do mundo real com suas contradições, tensões, alienações e esquemas de inconsciência;

- conviver com a diversidade: de opiniões, de posições e de enfoques;

- interpretar processos políticos, teorias, conceitos, formulações, categorizações, eixos valorativos e cognitivos;

- criar e recriar soluções face a cada desafio.

4) Potencializar a inteligência geral pelo uso de um instrumental intelectual que instigue a aptidão interrogativa, colocando a mente em condição plena e natural da solução de problemas.

5) Compreender o conhecimento humano, questionando-o.

6) Ampliar o repertório de informações, atualizando-as.

7) Significar linguagens, transformando-as.

8) Operar lógicas, aplicando-as.

9) Mudar pressupostos, ressituando-os.

10) Conviver com as transformações, enfrentando-as criativamente.

11) Refletir sobre os saberes e experiências acumulados, questionando-os.

12) Analisar e sintetizar saberes, evitando a fragmentação.

13) Trabalhar quantidade e qualidade transitivamente, interligando os campos profissionais.

14) Aprimorar a capacidade de reter conhecimentos, identificando os seres humanos como sujeitos de uma história que mostra os momentos difíceis que devem ser evitados, as crueldades sofridas que não podem retornar, os valores negados que devem ser resgatados (AGUIAR, 2004: 80). Na verdade, não se exerce cidadania sem história e sem memória.

15) Considerar o ético como base da conduta humana, adotando-o como fundamento para pensar o profissional, o social, o econômico, o político, o jurídico e o individual/coletivo.

16) Aprender a trabalhar com a complexidade do conhecimento, para poder perceber o humano e o cósmico em seu enredamento mais direto e mais profundo.

17) Apropriar-se adequadamente do **local**, como forma de dar concretude à visão do mundo.

18) Gerar produtos e artefatos, recriando a natureza e procriando tecnologia.

19) Agir e pensar multidisciplinarmente, buscando sempre a condição de transformação do conhecimento.

20) Qualificar para o exercício competente de profissões, através do conhecimento refinalizado e reconhecido pelas corporações profissionais e pelo mundo real.

Em 2016, havia 32.704 cursos de graduação presenciais, sendo 60,5% de Bacharelado, 20,5% de Licenciatura e 19% Cursos Tecnológicos, e, na graduação a distância, havia 1.662 cursos, sendo 23,3% de Bacharelado, 39,9% de Licenciatura e 36,8% de Cursos Tecnológicos. Este cenário mudou radicalmente no período 2018-2023, com expansão em ritmo jamais visto, decorrente dos procedimentos oscilantes no âmbito da regulação por parte do MEC, nos últimos anos. A introdução de critérios pouco exigentes no campo da avaliação, culminando com a desativação do BANCO DE AVALIADORES para atividades inspecionais presenciais e com a substituição por procedimentos usando só meios eletrônicos, representou, para o ensino superior, o **decesso da avaliação com qualidade acadêmico-social**[93]. O crescimento da rede de cursos passou de virtuoso para vertiginoso!...

Números de cursos de graduação presencial e a distância, por categoria administrativa – Brasil – 2016

Privada	Pública Estadual	Pública Federal	Pública Municipal	Total
23.824	3.574	6.234	734	34.366

Fonte: MEC/Inep – MEC/Capes.

---

93. Tudo isto ocorreu contrariando orientações da Presidência do INEP (Gestão do engenheiro químico e advogado Alexandre Ribeiro Pereira Lopes - 2019/2021) cujo entendimento era de oposição a qualquer tipo de açodamento e improvisação dos procedimentos avaliativos. Sem sucesso, a presidência do INEP submeteu ao MEC proposta detalhada para refundar e dinamizar os procedimentos de regulação/avaliação sem comprometer angulações da qualidade acadêmico-científica dos processos regulatórios. Ou seja, sem comprometer o princípio da garantia de padrão de qualidade do Ensino Superior (Art. 3º, Inc. IX).

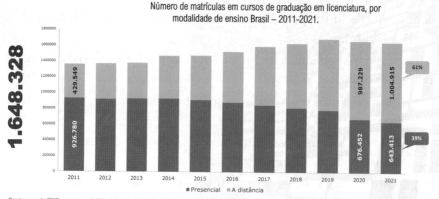

Desde o ano de 2018, nos cursos de licenciatura, o número de alunos na modalidade "a distância" supera o número de alunos na modalidade "presencial". Essa é uma tendência na configuração dos cursos de formação dos professores brasileiros que atuarão na educação básica e teve início em 2014, mantendo-se de forma consistente desde então.

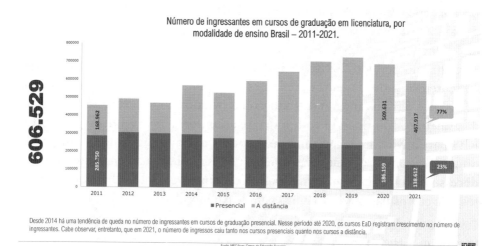

Desde 2014 há uma tendência de queda no número de ingressantes em cursos de graduação presencial. Nesse período até 2020, os cursos EaD registram crescimento no número de ingressantes. Cabe observar, entretanto, que em 2021, o número de ingressos caiu tanto nos cursos presenciais quanto nos cursos a distância.

Abaixo, apresentamos o número de IES por esfera administrativa, há 8 anos, lembrando que hoje, 2023, este número é de 2.574.

Número de instituições de educação superior, por categoria administrativa e por organização acadêmica – Brasil – 2015

Organização acadêmica	Categoria administrativa					Total Geral
	Pública				Privada	
	Estadual	Federal	Municipal	Total		
Centro Universitário	1	–	8	9	140	149
Faculdade	81	4	54	139	1.841	1.980
Universidade	38	63	6	107	88	195
IFs e Cefets	–	40	–	40	–	40
Total geral	120	107	68	295	2.069	2.364

Fonte: Sinopse Estatística da Educação Superior 2015.

A maioria dos estabelecimentos é constituída por faculdades privadas (77,8%). A disponibilidade de centros universitários e faculdades, também, é majoritariamente da rede privada; 93,9% e 92,9%, respectivamente. No caso das universidades, 54,8% são públicas.

Nesse contexto, as universidades são a maioria na rede federal, correspondendo a 58,9% de toda essa rede, seguidas pelos IFs e Cefets com 37,4%. Na rede federal, as faculdades ocupam apenas 3,7%. Na rede privada elas representam 88,9% de toda essa rede e mais de ¾ de todas as IES no Brasil. O número, embora bastante distinto, indica que são ofertas institucionais diversas. As faculdades federais concentram cursos em áreas de conhecimento homogêneas que estão destacadas dos outros tipos de IES federais. Já as faculdades privadas apresentam cursos em mais áreas do conhecimento, diversificando o atendimento.

Distribuição percentual de matrícula de graduação Países da Ocde (2014) e Brasil (2016)

Área Geral de Conhecimento Ocde	Países da Ocde	Brasil
Serviços	6,8	2,1
Humanidades e Artes	15,3	2,2
Agricultura e Veterinária	1,2	2,8
Ciência, Matemática e Computação	9,8	5,7
Engenharia, produção e Construção	12,9	15,5
Saúde e Bem-estar	15,4	15,3
Educação	7,4	19,0
Ciências Sociais, Negócios e Direito	31,2	37,4

Fonte: OCDE e Inep.

O total de cursos de graduação presencial e a distância no ano de 2016 era de 34.366 cursos (excetuando-se os cursos de Área Básica de Ingresso (ABI)). A área de Ciências Sociais, Negócios e Direito responde por 37,4% dos cursos segundo a classificação da Ocde. Em seguida, têm-se os cursos da área de Educação com 19,0%. A área de Serviços é a que apresenta menor percentual de cursos, respondendo por 2,1% dos cursos de graduação.

Número de cursos tecnológicos por tipo de instituição e categoria administrativa – Brasil – 2015

Cursos/Matrículas/ Concluintes/ Vagas/Inscritos/ Ingressos/ Categoria administrativa	Total	Universidades	Centros Universitários	Faculdades	Ifs e CEFETs
Número de cursos	**6.618**	**2.212**	**1.110**	**2.819**	**477**
Pública	1.158	396	12	273	477
Federal	630	3	–	–	477
Estadual	469	206	6	257	–
Municipal	59	37	6	16	–
Privada	5.460	1.816	1.098	2.546	–
Matrículas	**1.010.142**	**422.550**	**246.695**	**290.746**	**50.151**
Pública	19.209	31.316	992	66.750	50.151
Federal	68.862	18.711	–	–	50.151
Estadual	76.699	10.199	714	65.786	–
Municipal	3.648	2.406	278	964	–
Privada	860.933	391.234	245.703	223.996	–
Concluintes	**231.584**	**99.724**	**60.398**	**66.446**	**5.016**
Pública	19.529	4.822	86	9.605	5.016
Federal	7.527	2.511	–	–	5.016
Estadual	10.956	1.516		9.399	–
Municipal	1046	795	45	206	–
Privada	2.055	94.902	60.312	56.841	–
Vagas Novas	**1.735.2**	**969.940**	**321.964**	**422.428**	**20.902**
Pública	74.009	16.136	640	36.331	20.902
Federal	28.92	7.890	–	–	20.902
Estadual	39.547	4.226	360	34.961	–
Municipal	5.670	4.020	280	1.370	–
Privada	1.661.25	953.804	321.324	386.097	–

Fonte: Sinopse Estatística da Educação Superior.

Os Cursos Sequenciais e Superiores de Tecnologia têm em comum o fato de oferecer uma formação em tempo menor e, ainda, desenvolver conteúdos acadêmicos bem específicos porque focados em necessidades objetivamente identificadas do mercado de trabalho. Porém, diferentemente dos Cursos Sequenciais, os Cursos Tecnológicos qualificam e **graduam** o aluno dando-lhe, assim, todas as condições para postular matrícula em programa de pós-graduação. Para ajudar os candidatos interessados em cursos de curta duração (dois a três anos), o MEC criou o Catálogo Nacional dos Cursos Superiores de Tecnologia, buscando uma padronização na denominação destes cursos. Consulta, nesse sentido, pode ser feita pelo site www.mec.gov.br Em 1994, estes cursos eram 161, dez anos mais tarde, já alcançavam o impressionante número de 1.804. Ou seja, haviam crescido 11 vezes. Em seguida, dados do Inep/MEC, apontam que, em 2007, eram 3.080 e, em 2016, chegaram a 6.828.

No Brasil, as instituições pioneiras na oferta destes cursos foram os Centros Federais de Educação Tecnológica e o Senai. Hoje, eles têm um crescimento vertiginoso. Embora possam ser ofertados em diversas áreas, havendo aquelas consideradas tradicionais, como é o caso de informática, comércio e gestão, estes cursos surgem com grande intensidade em áreas de conhecimento emergente. Normalmente, em campos multidisciplinares das atividades humanas, como é o caso de computação, telecomunicações, instrumentos e equipamentos de saúde, arte e música e métodos inovadores de supervisão, gestão e arranjos produtivos.

O perfil dos alunos dos cursos tecnológicos registra uma população na faixa entre 20 e 30 anos. Muitos dos alunos já possuem experiência profissional e, por isso, ao concluírem o curso, quando não trabalham ainda, são imediatamente empregados.

Uma vantagem adicional dos cursos tecnológicos é que podem ensejar formação complementar em áreas correlatas de formação anterior adquirida, o que implica ampliação das chances de acesso ao mercado de trabalho. Na verdade, o alargamento do repertório profissional potencializa as oportunidades de sucesso crescente no mercado de trabalho.

As diferenças fundamentais entre o bacharelado e a formação tecnológica são: a) Os bacharelados duram quatro anos em média e a graduação tecnológica, em média, dois anos e meio; a outra grande diferença reside no foco dos dois tipos de curso. Enquanto o bacharelado disponibiliza uma formação com maior abrangência de conhecimento, os cursos tecnológicos conduzem o aluno ao contato direto "com os mecanismos e as ferramentas atuais disponíveis no setor profissional", diz o Prof. Viana, da Fatec, São Paulo, e arremata "[...] embora não deixe a desejar em termos científicos e de fundamentos, é uma boa opção para quem quer trabalhar com rapidez e eficiência. Talvez por esta razão o índice de aproveitamento profissional é bastante elevado. Assim, por exemplo, 92% dos alunos egressos da Fatec/SP estão no mercado de trabalho com emprego assegurado, um ano depois de concluído o curso".

Esta versatilidade dos cursos tecnológicos pode ser verificada pela própria transformação rápida de sua configuração. Seja pela disponibilização de cursos novos a praticamente cada ano, seja pela mudança rápida do perfil curricular, como é o caso dos três exemplos que seguem:

Denominação inicial	Atual denominação
Sistemas de Comunicação Fixa e Móvel	Rede de Telecomunicações
Gestão Ambiental Rural e Urbana	Gestão Ambiental
Assessoria de Comunicação	Comunicação Institucional

O Catálogo Nacional dos Cursos de Tecnologia do MEC é o instrumento próprio para hospedar cursos novos ou cursos com novas denominações, a partir de propostas encaminhadas. "Além de ser uma orientação, um guia de carreiras, a grande importância do catálogo são as suas premissas, que induzem à qualidade porque disponibilizam a informação correta e conseguem ajudar o processo de credibilidade do curso no mercado de trabalho", diz a coordenadora do Catálogo do MEC.

Por fim, cabe destacar que à graduação tecnológica termina por se incorporar uma longa esteira de subáreas de conhecimento já preexistentes e academicamente tratadas na formação para as diferentes carreiras profissionais através dos programas tradicionais de graduação. À guisa de ilustração, observe o quadro que se segue:

Carreira	Cursos tecnológicos
Administração	Gerência de Manutenção Industrial
	Gerenciamento de Serviços Executivos
	Gestão Comercial
	Gestão da Produção de Vestuário
	Gestão da Qualidade e Produtividade
	Gestão de Comércio Atacadista
	Gestão de Franquias
	Gestão de Negócios Empresariais
	Gestão de Pequenas e Médias Empresas/Processos Gerenciais
	Gestão de Seguranças Pública e Patrimonial
	Gestão de Serviços
	Gestão de Sistemas Produtivos
	Gestão de Varejo/Gestão de Supermercados
	Gestão do Terceiro Setor
	Gestão em Cooperativas
	Gestão Empreendedora
	Gestão Empresarial
	Gestão em Segurança, Saúde e Meio Ambiente
	Gestão Estratégica de Empresas/Organizações
	Gestão Mercadológica
	Gestão Pública/Finanças Públicas e Auditoria Governamental/Serviço Público
	Logística Comercial/Empresarial
	Marketing Estratégico do Varejo/Marketing e Vendas
	Negociação e Relacionamento Comercial
	Representação Comercial

Carreira	Cursos tecnológicos
Medicina	Auditoria e Faturamento Hospitalar
	Empreendimentos de Saúde
	Gestão de Serviços da Saúde
	Gestão Hospitalar
	Hotelaria Hospitalar
	Informática em Saúde
	Projetos, Manutenção e Operação de Aparelhos Médico-Hospitalares
	Radiologia
Engenharia Elétrica	Eletrônica Industrial
	Eletrônica
	Produção Elétrica
	Sistemas Elétricos de Energia
	Tecnologia Elétrica
	Tecnologia em Materiais, Processos e Componentes Eletrônicos
	Transmissão e Distribuição Elétrica
Direito	Auditoria Fiscal e Tributária
	Gestão e Segurança de Trânsito
	Investigação e Perícia Judicial
	Tecnologia em Assistência e Segurança Prisional
Ciências da Computação	Comunicação para Web/Digital
	Desenvolvimento de Jogos Digitais/Jogos Eletrônicos
	Desenvolvimento de Sistemas para Web
	Desenvolvimento de Software
	Desenvolvimento de Software para Comércio Eletrônico/e-Commerce
	Desenvolvimento de Software para Internet
	Gestão de Rede de Computadores
	Processamento de Dados
	Sistemas Digitais
	Software Livre
	Tecnologia em Informática
Agronomia	Administração Rural/Gestão de Agronegócios
	Agroindústria
	Silvicultura
	Tecnologia Agroflorestal
	Tecnologia em Agropecuária
	Tecnologia em Produção de Grãos
	Viticultura e Enologia
Publicidade	Call Center/Gestão de Telemarketing
	Criação Publicitária/Produção Publicitária
	Gestão de Marketing
	Gestão Empresarial e Marketing
	Propaganda e Marketing
	Promoção de Vendas e Merchandising

Estes cursos podem ser oferecidos por IES de variada natureza e múltipla organização.

Apesar da expressiva expansão de matrícula, há de se reconhecer que as taxas de atendimento à população de 18 a 24 anos pelos cursos de graduação, é, ainda, muito baixa. Não chega a 12%. Significa dizer que temos uma taxa de escolarização líquida[94] muito baixa, inclusive comparativamente a vários países da América do Sul.

Em 2016, a taxa de escolarização bruta[95] e líquida nos cursos de graduação era a seguinte, por região:

Região Norte	14,60%
Região Nordeste	11,90%
Região Centro-Oeste	25,90%
Região Sul	27,80%
Região Sudeste	23,30%

Fonte: IBGE/MEC/Inep.

Por outro lado, era a seguinte a taxa de escolarização líquida:

Porcentagem de matrículas da população de 18 a 24 anos na educação superior
Taxa líquida de matrículas – 2016, por regiões e regiões metropolitanas

Região	2016
Brasil	17,7
Região Norte	13,3
Região Nordeste	13,4
Região Sudeste	19,9
Região Sul	21,5
Região Centro-Oeste	21,7

Regiões Metropolitanas	
Belém	16,3
Fortaleza	18,4
Recife	19,6
Salvador	18,5
Belo Horizonte	22,1
Rio de Janeiro	18,2
São Paulo	23,1
Curitiba	22,5
Porto Alegre	21,4

Fonte: IBGE/Pnad.

---

94. A taxa de escolarização líquida, de acordo com definição do Inep/MEC, refere-se à população matriculada na escola, porém, salvaguardada a relação faixa etária/nível de ensino correspondente, de acordo com a seguinte distribuição: creche (0 a 3 anos); pré-escola (4 a 5 anos); Ensino Fundamental (6 a 14 anos); Ensino Médio (15 a 17 anos); e Ensino Superior (18 a 24 anos).

95. A taxa de escolarização bruta é a razão percentual entre a matrícula de alunos, independentemente da idade, e a população de 18 a 24 anos.

Diante destes diferentes cenários, é óbvio que o Brasil possui ainda um forte apelo para a expansão da Educação Superior, como revela o gráfico abaixo em contexto internacional comparativo:

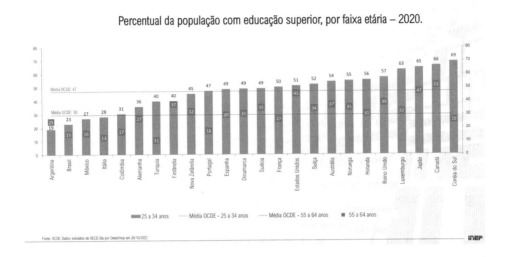

Percentual da população com educação superior, por faixa etária – 2020.

Destaque-se que esta linha ascendente, porém, na perspectiva do que prescreve o atual Plano Nacional de Educação (2014-2023), somente tornar-se-á viável caso corrigidas as distorções desafiadoras do fluxo escolar no Brasil, cobrindo todo o percurso da educação básica e, ainda, procedendo-se a uma chamada pública da população em situação de distorção idade-série. Esta é a solução para o país restabelecer "a ordem educacional" (Alves Carneiro, 2010) e, consequentemente, passar a operar o ensino regular centrado em taxas líquidas. Tal situação muito contribuiria para revigorar o trabalho docente e para destravar as atividades de uma aprendizagem multifocal e, certamente, motivadora em termos de resultados a alcançar série a série.

> III – A pós-graduação objetiva a realização de estudos avançados com dois grandes focos: capacitação em padrão elevado de profissionais para atuarem em diferentes setores da vida nacional e a formação de pesquisadores cuja presença é indispensável e estratégica para o desenvolvimento do país. Nesta direção, a pós-graduação deu uma extraordinária alavancagem para a melhoria dos programas de ensino das universidades brasileiras ao ampliar as possibilidades para se dar cumprimento ao art. 31 da Lei 5.540/1968 (Lei da Reforma Universitária) que estabelecia, como exigência para ingresso e promoção na carreira docente, a titulação. Ou seja, "esse dispositivo legal estabelecia um elo fundamental entre carreira docente e posse de títulos de mestre e doutor, considerada a necessidade de uma política nacional de quadros docentes, que deveria ser conduzida por agências de fomento do governo federal" (MARTINS, 2003: 184).

A Lei 4.024/1961 (LDB) já trazia uma referência clara aos cursos de pós-graduação, embora formulados de forma genérica, ficando a critério de cada instituição as definições concernentes. Tais definições chegariam com o Parecer 977/1965, do então Conselho Federal de Educação/CFE. Este parecer, chamado de Parecer Sucupira, estabeleceu e definiu dois níveis de cursos de pós-graduação, a saber: os *stricto sensu* e os *lato sensu*. No primeiro grupo, posicionam-se o mestrado e o doutorado e, no segundo, os cursos de especialização e aperfeiçoamento. Os primeiros (pós-graduação *stricto sensu*) confeririam grau acadêmico e os segundos (pós-graduação *lato sensu*) confeririam certificado. Esta conceituação denominacional permanece até hoje, embora a legislação da pós-graduação venha mudando continuamente.

Os primeiros cursos de Doutorado e de Livre-Docência, ao estilo europeu, apareceram na década de 1930. Possuíam, de fato, funções rituais de investidura em postos de docência. Até os anos de 1960, a pós-graduação inexistia, como igualmente inexistiam políticas de ciência e tecnologia no país. A nossa produção científica era muito limitada.

A pós-graduação, de fato, ganha corpo com o advento de recursos substanciais do Mpog, através do qual é inaugurado um robusto programa de fomento à ciência e à tecnologia no país. Esta linha de investimentos é fortalecida com o fluxo contínuo de recursos para C&T. Evidentemente, que a implantação da reforma universitária teve um papel indutor importante neste processo.

Três órgãos federais passaram a cuidar do custeio da pós-graduação:

• a Finep: Financiadora de Estudos e Projetos;

• o CNPq: Conselho Nacional de Desenvolvimento Científico e Tecnológico;

• a Capes: Coordenação de Aperfeiçoamento de Pessoal de Nível Superior.

Duas fontes de recursos apoiaram financeiramente as ações:

• o FNDCT: Fundo Nacional de Desenvolvimento Científico e Tecnológico;

• Dotações orçamentárias provenientes de órgãos como o CNPq, a Capes e os departamentos universitários com especificidade de atuação na área.

Como esclarece documento do Ipea (2006: 176), "a compatibilidade entre o modelo *stricto sensu* do MEC e a política de fomento à C&T (do Mpog e CNPq) gerou, com grande rapidez, um sistema de pós-graduação fortemente ancorado na atividade de pesquisa e na atividade acadêmica de boa qualidade". Este sistema está enraizado no Plano Nacional de Pós-graduação(PNPG) com as seguintes características:

➢ É uma política de governo.

➢ Confere rumo as programações do universo de instituições de ensino superior, públicas e privadas, confessionais e comunitárias, constituintes do Sistema Nacional de Pós-graduação.

➢ Integra o Plano Nacional de Educação (PNE).

➢ Está na sétima versão, cobre o período 2021-2030 e contínua a focar a busca pela plena capacitação científica e tecnológica no país, seja pela formação continuada, em alto nível de recursos humanos, na perspectiva da independência econômica, científica e tecnológica para o Brasil, no contexto contemporâneo, "seja pela ênfase principal do PNPG de desenvolvimento da pesquisa pela universidade e a integração da pós-graduação ao sistema de ciência e tecnologia" (Brasil, 2010: 26).

➢ Via de regra, é inerente a cada PNPG estabelecer como objetivos e com os devidos ajustes:

A. O fortalecimento da base científica, tecnológica e de inovação do País.

B. A formação de docentes para todos os níveis de ensino, máxime da educação básica, com mestrados e doutorados e notável padrão acadêmico nas áreas de educação/licenciaturas.

C. A qualificação avançada de quadros para mercados não acadêmicos, como posto aqui: "Com relação ao setor empresarial será importante estimular o mestrado profissional [...], especialmente em consórcios com presas, de forma a estimular a inovação tecnológica" (Brasil, 2004: 49). Nesta perspectiva, ampliar-se a relevância da pesquisa aplicada.

D. Valorização de parcerias público-privado, como destacado em documento de referência:

[...] a parceria entre a Universidade, o Estado e as empresas dará lugar ao chamado modelo da tríplice hélice. Este modelo levará a colocar no centro do Plano, ou melhor, na sua base, aquilo que poderá ser chamado de Agenda Nacional de Pesquisas, com a participação de todas

as agências de fomento federais e estaduais, com repercussão direta no SNPG e como matéria de políticas públicas, conduzindo a ações induzidas e a parcerias entre as universidades e os setores públicos e privado (Brasil, 2010: 18).

O sistema nacional de pós-graduação é robusto, vigoroso e os nossos mestrados e doutorados constituem, pela sua qualidade, "as joias da coroa de nossa educação" (IPEA, 2006: 177).

A Avaliação Quadrienal 2017, da Capes/MEC, publicada em setembro de 2017, apresenta uma radiografia da pós-graduação no país, a partir da análise dos seguintes indicadores (quesitos):

> Proposta de programa

> Corpo docente

> Corpo discente

> Produção intelectual

> Inserção social

Trabalha com uma escala de 1 a 7, sendo que os programas com padrão internacional de excelência são evidenciados pelas notas 6 ou 7, enquanto a nota 5 revela o padrão nacional de excelência. O Mestrado Profissional é o programa de pós-graduação que mais cresceu no período 2013-2017, passando de 397 cursos para 703. Um salto de 77%. Tamanha evolução deve-se a duas razões:

a) Alinhamento do conhecimento acadêmico com outras áreas da sociedade.

b) A Capes tem uma política de não financiamento dos programas profissionais.

O Mestrado é o programa de pós-graduação *stricto sensu* com o maior número de concluintes no Brasil. De 2013 a 2016, o país formou 187.971 mestres, 72.454 doutores e 32.513 mestres profissionais. O quadro que segue revela a vitalidade da pós-graduação no Brasil.

Número de cursos			Número de áreas de conhecimento	Número de programas	Número de cursos	Número de pessoas tituladas em 2018
Mestrado	Doutorado	Mestrado Profissional				
3.398	2.202	703	49	4.175	6.003	80.197

Fonte: Capes/MEC – Avaliação Quadrienal – 2017.

Avaliação dos Programas com base nos Indicadores/Quesitos (%)					
Programa com Padrão Internacional de Excelência/ Total (Nota 6 ou 7)			Programa com Padrão Nacional de Excelência (Nota 5)	Programa com Padrão Nacional de Excelência (Nota 4)	Programa com perspectiva de descredenciamento	
IES Públicas	IES Privadas	Total			IES Públicas	IES Privadas
12,5	5,00	11,1	17,9	35,4	2,6	3,75

Fonte: Capes/MEC – Avaliação Quadrienal – 2017.

Pós-Graduação no Brasil
Avaliação dos Cursos – Distribuição por região

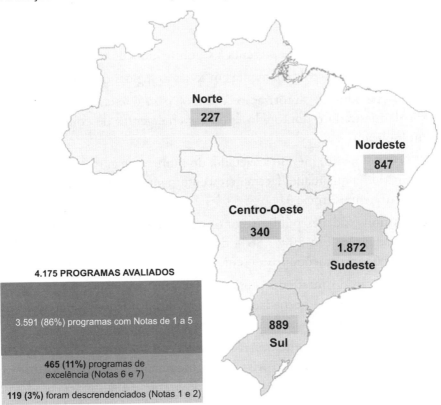

Fonte: Capes/MEC – Avaliação Quadrienal – 2017.

Distribuição de discentes por grandes áreas de avaliação – Brasil – 2016

Área	Mestrado	Doutorado	Mestrado Profissional	Total
Ciências Humanas	29.922	21.323	5.149	56.394
Ciências Sociais Aplicadas	24.221	12.242	7.859	44.322
Ciência da Saúde	23.978	21.178	5.807	50.963
Engenharias	23.489	14.505	4.528	42.522
Multidisciplinar	20.098	12.231	10.587	42.916
Ciências Agrárias	16.588	14.310	1.261	32.159
Ciências Exatas e da Terra	15.244	13.118	5.383	33.745
Linguística, Letras e Artes	11.525	8.063	2.096	21.684
Ciências Biológicas	10.373	11.273	684	22.330
TOTAL	**175.438**	**128.243**	**43.354**	**347.035**

Fonte: Geocapes – 2016.

A pós-graduação, hoje, apresenta a seguinte linha de tendências:

a) A procura cresce rapidamente em todas as regiões do país.

b) Os pedidos de autorização à Capes para a criação de novos cursos de mestrado e doutorado em áreas emergentes de conhecimento se multiplicam.

c) O crescimento, mesmo acelerado, do número de cursos, não tem comprometido a qualidade, face ao crescente rigor das exigências normativas e instrumentais (meios).

d) As universidades públicas continuam a concentrar os programas de pós-graduação. Em 2004, 86% deles estavam em instituições públicas. Apenas 65 instituições privadas ofereciam mestrado e doutorado.

e) A criação do mestrado profissional é uma resposta oportuna a uma crescente demanda hospedada em atividades profissionais variadas. Este tipo de programa cresce mais no setor privado.

f) Vai melhorando inquestionavelmente o perfil dos docentes também no setor de Ensino Superior privado com repercussão direta nos cursos de graduação, sobretudo com a elevação do perfil de qualificação acadêmica formal dos professores que constituem o Núcleo Docente Estruturante (NDE).

É importante destacar que, embora a pós-graduação se destinasse à preparação de docentes originalmente, pelo menos 50% dos pós-graduados se destinam ao setor produtivo, como podemos observar na seguinte tabela:

Mestres: padrão de emprego nos mercados acadêmico e não acadêmico por área de conhecimento		
Área de conhecimento do mestrado	Mercado acadêmico	Mercado não acadêmico
Advocacia	19,7	80,3
Medicina/Clínica Geral	22	78
Engenharia Mecânica	32,4	67,6
Odontologia	32,7	67,3
Engenharia Elétrica	33,9	66,1
Geologia	34,6	65,4
Administração	36,7	63,3
Economia	39,1	60,9
Bioquímica	45,4	66,7
Psicologia	45,6	54,6
Agronomia	51,3	48,7
Química	60,2	39,8
Sociologia	64,5	35,5
Física	66,7	33,3

Fonte: MEC/Capes/PNPG, 2011.

Na última década, o mercado não acadêmico mudou substancialmente estes números PARA MAIS. As catorze carreiras aqui apontadas foram reunidas em três grandes áreas, valendo ressaltar que estas áreas apresentam tipologias e padrões ocupacionais muito diferenciais entre si, embora em processos acelerados e cogentes de contínua interlocução acadêmica e operacional. São elas:

• Áreas básicas: Agronomia, Bioquímica, Física, Geociências, Química e Sociologia;

• Áreas tecnológicas: Engenharia Civil, Engenharia Elétrica e Engenharia Mecânica;

• Áreas profissionais: Administração, Clínica Médica, Direito, Economia, Odontologia e Psicologia.

A pós-graduação é o nível de organização educacional mais sólido e mais consistente do Brasil. Livre de ingerências políticas e absolutamente vinculada a parâmetros de formação técnico-científica e acadêmica, a pós-graduação *stricto sensu* tem se desenvolvido dentro de padrões de excelência internacional, afirmando-se, ao longo dos últimos quarenta anos, como uma das realizações mais bem-sucedidas no conjunto do sistema de ensino existente no país. "Deve-se ressaltar que seu desenvolvimento não derivou de um processo espontâneo do aumento da pesquisa científica e do aperfeiçoamento da formação de quadros, mas foi produto de uma deliberada política indutiva, em grande medida concebida, conduzida e apoiada pelas instituições, com decidido engajamento da comunidade acadêmica brasileira" (PNPG, 2005/2010).

No momento, o país projeta o seu sétimo Plano Nacional de Pós-graduação, conhecido como PNPG 2021-2030, tendo como objetivo definir novas diretrizes, estratégias e metas para dar continuidade e avançar propostas para a política de pós-graduação e pesquisa no Brasil.

Apesar do notável crescimento da área da pós-graduação nos últimos anos, há de se reconhecer que a população nacional de cientistas é ainda insuficiente para o atendimento do desenvolvimento das necessidades da sociedade brasileira. Assim, a pós-graduação não atendeu ainda a própria demanda de pesquisadores e de docentes-doutores (cerca de 50% dos docentes atuantes na pós-graduação ainda não têm o doutorado). Como anota o PNPG 2005/2010 se, por hipótese, nenhum curso vier a ser criado e se mantiver a taxa média de formação de doutores (aproximadamente 600 doutores/ano), as necessidades próprias de pós-graduação somente serão atendidas em vinte anos.

A figura abaixo mostra a posição do Brasil nesta área, comparativamente aos países da OCDE. Vale esclarecer ANTES que:

> Dados de 2018, disponibilizados pelo relatório **Education at a glance** da OCDE, apontam que apenas 0.8% da população entre 25-64 anos de idade no Brasil possuem título de mestre e 0.2% possuem título de doutor, bem abaixo da média dos países da OCDE que é respectivamente de 13% portadores de título de mestre e 1.1% da população com título de doutorado (OCDE, 2019, p. 2).

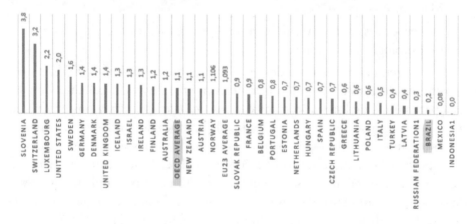

Fonte: OCDE (2019), Tabela B7.3

Soma-se à política de expansão na formação de doutores, a ampliação da oferta de programas de pós-graduação stricto sensu, *especialmente os de doutorado, conforme estratégias do PNE 14.5 e 14.6. Estas estratégias em conjunto indicam que a expansão deve ocorrer de forma a diminuir as desigualdades de acesso à pós-graduação.*

Nesse sentido, enfatizam a importância da interiorização das instituições superiores públicas para o alcance de resultados, bem como tratam da redução das desigualdades regionais e étnico-raciais de acesso a programas de mestrado e doutorado.

Nos últimos 14 anos, o número de programas de pós-graduação no país mais do que dobrou, alcançando em 2019 o número de 4.600 programas aprovados. Dados da CAPES relativos ao ano de 2018 apontam que 81% dos cursos de pós-graduação stricto sensu *em funcionamento são ofertados por universidades públicas.*

Apesar do volume expressivo, chama atenção o crescimento dos programas de mestrado e doutorado ofertado por instituições privadas entre os anos de 2011 e 2018.

Entre os programas que ofertam apenas cursos de doutorado, a participação das instituições privadas quadruplicou ao longo desses sete anos, passando de 5 para 21, aproximando-se em termos absolutos da quantidade de programas ofertados por instituições estaduais (25 programas) (IBGE, 2020).

Fonte: CAPES-MEC, Brasília, 2020.

Aqui, parece conveniente deixar clara a diferença legal e conceitual existente entre os vários cursos que tipificam a pós-graduação, em suas duas vertentes legais (*stricto* e *lato sensu*). Vejamos, então:

Cursos de pós-graduação *stricto sensu*

• **Mestrado:** Caracteriza-se por sua natureza marcantemente acadêmica. Indicado para quem deseja seguir carreira de docência e de pesquisa.

Exigência: conclusão da graduação.

• **Mestrado Profissional:** Caracteriza-se por sua natureza híbrida, além de ensejar o aprofundamento de estudos em áreas específicas do mercado de trabalho, enseja, também, o domínio de metodologias de pesquisa com reflexos diretos no ambiente de trabalho.

Exigência: conclusão da graduação.

• **Doutorado:** Caracteriza-se por estudos pontuais avançados em um campo de conhecimento. Condição essencial para quem deseja fazer carreira universitária como professor e pesquisador, o doutorado exige que o objeto da tese seja inédito e o enfoque original. Os programas de doutorado têm relação direta com o desenvolvimento científico e tecnológico do país. Sua grande concentração está nas universidades públicas.

Exigência: mestrado concluído.

• **Pós-doutorado:** Trata-se, na verdade, de um programa que se caracteriza como etapa de consolidação dos estudos avançados realizados no doutorado. Tem fundamentalmente três objetivos: i) Conduzir o profissional a um nível de excelência em dada área de conhecimento; ii) Aprofundar, via pesquisa, os conhecimentos; e iii) Possibilitar a condição de pesquisador independente ou associado.

Cursos de pós-graduação *lato sensu*

• **Especialização:** Caracteriza-se como etapa de atualização ou verticalização em área técnico-profissional. Ministrado por instituição credenciada pelo MEC, a especialização exige para ingresso o diploma de graduação e para a obtenção do certificado, a elaboração de defesa de monografia.

– Estes cursos ganham tamanha envergadura na atualidade que o MEC, no momento, avalia critérios e instrumentos normativos para disciplinar seu funcionamento.

• **MBA:** Tem as mesmas características da especialização, porém, seu foco está nas áreas gerencial, administrativa, financeira, de recursos humanos, *marketing* e tecnologia da informação. Ao término do curso, o aluno deverá apresentar um trabalho de conclusão de curso. O **Master in Business Administration (MBA)** é uma especialização com foco verticalizado em uma determinada área. Posto em perspectiva de quem já possui uma formação geral via graduação, ele vai-se constituindo tendencialmente em requisito básico para bons executivos e para salários mais atrativos.

A multiplicação das universidades corporativas abriu uma nova alternativa de estudos para profissionais centrados no mercado de trabalho. Trata-se do MBA com dupla tipologia: **aberto** ou **in company**. Este tipo de curso constitui, para fim de contratação, diferencial ponderável e, no caso de empresas globalizadas, é praticamente decisivo quando cursado no exterior. Por isso, muitas companhias trabalham com programas de cooperação com renomadas instituições de ensino do país, a começar das mais renomadas universidades públicas até instituições como FGV, Ibmec e Fundação Dom Cabral, e do exterior. O foco é a empresa em si, com sua visão, seus interesses, estratégias de negócios, sua cultura e, preocupação central, a exploração máxima de troca de experiências com profissionais vinculados a projetos de diferentes setores da economia e a vivência com a diversidade cultural.

O MBA **aberto** situa o aluno em contexto de estudo fora da empresa, enquanto o MBA **in company** ressitua o aluno em contexto de estudo dentro da própria companhia, agora na busca de um aperfeiçoamento em que teoria/ambiente de trabalho/formação em serviço se juntam para uma revalorização multidisciplinar do universo da empresa. Além de contatos com empresas e companhias, adicionalmente, o MBA enseja uma abordagem atualizada e sinalizadora de tendências com temas como: desenvolvimento pessoal de carreira, colocação profissional, esquemas de reprofissionalização, criação de oportunidades para reavaliação da carreira e identificação de tendências no mercado de trabalho. Ou seja, vive-se um intenso e amplo clima de reflexão, orientação e aconselhamento, revalorizando-se a ideia de **variados graus de abrangência**, agora, também, numa perspectiva pessoal e humana e não só institucional.

De acordo com o Índice de Qualidade Acadêmica (IQA), há 269 MBAs no Brasil de elevada qualidade, oferecidos por 76 instituições, muitas delas com reconhecimento internacional.

Os MBAs Executivos são cursos com maior flexibilidade e próprios para quem não pode se afastar do trabalho. Têm grande expansão na Europa e nos Estados Unidos, onde são denominados de **Executive MBA**. Diferentemente dos mestrados profissionais, não exigem uma dissertação ao término do curso, mesmo assim garantem uma formação própria dos MBAs. Por outro lado, os MBAs Específicos nada mais são do que cursos de especialização com foco em determinado tema ou área. Pode-se dizer que são chamados indevidamente de MBAs, porque lhes falta "formação generalística típica dos verdadeiros MBAs". Hoje, a denominação MBA vem sendo usada de forma frouxa, caracterizando, muitas vezes, minicursos ou programas e cursos de atualização. Algumas instituições oferecem uma pós classificada como **Certificate in Business Administration** (CBA), que é "uma espécie de pós-direcionada para quem acaba de sair da graduação e tem pouca experiência no mercado".

Por fim, o inc. III, em análise, fala em cursos de aperfeiçoamento e outros... Os cursos de aperfeiçoamento estão dentro do conceito de educação permanente. O conhecimento tem prazo de validade, envelhece e o mercado de trabalho exige novas tecnologias seja em função da emergência de novas realidades, seja em função do desenvolvimento científico e tecnológico. Reciclar, aperfeiçoar, atualizar e captar tendências do mercado de trabalho são expressões que estão por trás da necessidade de programas e de cursos de aperfeiçoamento. Legalmente, estes cursos têm carga horária menor (180 horas) do que os cursos de especialização (mínimo de 360 horas) e se colocam na perspectiva de um diálogo permanente entre formação, profissão e desenvolvimento social e tecnológico. Isto sem esquecer que as interfaces crescentes do conhecimento terminam por ampliar o leque de espaços de atuação profissional, portanto, de maiores oportunidades de trabalho.

Quanto a **outros** (cursos), o legislador se refere a uma imensa gama de oportunidades de reciclagem profissional disponibilizada por universidades e instituições de Ensino Superior em geral, sob as mais variadas formas e desenvolvidas para o aperfeiçoamento técnico-profissional de todos aqueles já graduados. Na sociedade do conhecimento, as contínuas e emergentes formas inovadoras de organização do trabalho determinam horizontes ininterruptos de novas qualificações. O rápido anacronismo dos conhecimentos desqualifica a formação inicial chancelada pelo diploma e impõe níveis mais elevados de educação em cuja base estão mais flexibilidade profissional e novas habilidades cognitivas. Aperfeiçoamento, portanto, não é apenas uma desafiadora tarefa que se impõe às instituições que oferecem educação escolar, senão também exigência de uma sociedade cujo mercado se posta em escala planetária na moldura de graus crescentes de melhoria de qualidade de vida e de exigências crescentes e específicas dos consumidores e de usuários de serviços especializados.

Em 2007, portanto, há mais de uma década e meia, o Censo Escolar mapeou os cursos de pós-graduação *lato sensu*. Os dados revelaram a existência de 8.801 cursos de especialização, sendo 8.736 presenciais e 65 a distância. Estes cursos devem ter a seguinte estruturação básica: i) Um mínimo de 360 horas; ii) Funcionamento em até 2 (dois) anos; iii) 50% dos professores titulados com mestrado/doutorado; iv) Apresentar um projeto pedagógico com programação detalhada ao aluno no momento da matrícula. Ao término, o aluno deve ter tido uma frequência de, no mínimo, 75% e apresentar uma monografia ou um Trabalho de Conclusão de Curso (TCC). Em função de mudanças disciplinando a oferta desses cursos, não há estatísticas atualizadas sobre eles. Mas... é facilmente constatável que esses números explodiram em crescimento.

No caso dos cursos a distância, o aluno deverá fazer algumas provas presenciais e a monografia ou o Trabalho de Conclusão de Curso (TCC) que será submetido a uma banca examinadora para defesa, também, presencial.

Os cursos de pós-graduação *lato sensu* podem ser oferecidos por todas as instituições credenciadas pela Sesu/MEC à qual os cursos de especialização são submetidos. A distribuição destes cursos pelo Brasil revela que 80% dos cursos de especialização concentram-se nas áreas de ciências sociais aplicadas, ciências humanas e ciências da saúde. Segundo o Inep/MEC, estão incluídos nesta categoria cursos na área de Direito e os MBAs que, igualmente, representam 50% dos estudantes de graduação do Brasil.

A busca por alguma diferenciação no mercado de trabalho termina sendo a grande motivação dos candidatos que se inscrevem em uma especialização.

Enquanto os programas de pós-graduação *stricto sensu* são rigorosamente avaliados, a cada três anos pela Coordenação de Aperfeiçoamento de Pessoal de Nível Superior (Capes)[96], os de pós-graduação *lato sensu* somente são avaliados quando a instituição como um todo passa por este processo. O controle e o acompanhamento desses cursos são da direta responsabilidade de cada instituição, até porque eles estão inteiramente atrelados a demandas do mercado de trabalho. No momento, o Inep/MEC faz um mapeamento destes cursos, objetivando desenvolver mecanismos de acompanhamento e avaliação mais objetivos e precisos.

Com o avanço da pós-graduação no Brasil, a consolidação da rede de educação superior e ampliação das políticas de ciência e tecnologia do governo federal, têm crescido significativamente a demanda por programas de pós-graduação.

Por fim, o inciso em apreço amplia o espectro dos cursos de pós-graduação por meio da expressão "e outros". Este aditivo, "conjugado à prerrogativa das instituições de ensino na fixação das correspectivas condições e requisitos de ingresso e conclusão, possibilita também a formulação de novas modalidades de curso, como é o caso dos MBAs e dos Mestrados Profissionais".

Por oportuno, convém registrar alteração importante do art. 11 da Resolução CNE/CES nº 7/2017 que estabelece normas para o funcionamento de cursos de pós-graduação *stricto sensu*, assim formulada pela Resolução CNE/CES nº 4/2022:

---

96. A Capes, fundação pública instituída pela Lei 8.405/1992, tem as seguintes finalidades: **i)** Subsidiar o MEC na formulação de política para a área de pós-graduação; **ii)** Coordenar e avaliar os cursos de pós-graduação no país; **iii)** Estimular, via programa de bolsas de estudo e auxílios financeiros, mecanismos de formação de recursos humanos altamente qualificados para a docência de nível superior, bem como a pesquisa e o atendimento da demanda dos setores público e privado. Recentemente, a Capes recebeu responsabilidades adicionais do MEC, incluindo a execução de políticas de formação de professores para a educação básica, sobretudo em áreas críticas, como Ciências, Matemática, Física e Química.

Art. 11 As instituições poderão solicitar à Capes a alteração da nomenclatura de cursos de mestrado e doutorado, a área básica ou a área de avaliação, a modalidade de ensino e a modalidade de programa a qualquer tempo.

Parágrafo único. Fica a Capes autorizada, por delegação da CES/CNE, a proceder diretamente com as alterações mencionadas no caput, em conformidade com os procedimentos avaliativos e regulatórios vigentes.

Art. 2º Esta Resolução entrará em vigor na data de 1º de dezembro de 2022.

De acordo com a Capes, o atual PNPG verticaliza o feixe de **Planos anteriores** com avanços alongados nas seguintes características: 1) Introdução do princípio de indução estratégica nas atividades de pós-graduação em associação com as fundações estaduais e os fundos setoriais; 2) O aprimoramento do processo de avaliação qualitativa da pós-graduação (conceito de nucleação, revisão do Qualis e introdução do Proex); 3) A preocupação com a solidariedade entre os cursos e seu impacto social; 4) A expansão da cooperação internacional; 5) O combate às assimetrias; 6) A formação de recursos humanos para a inovação tecnológica no mundo globalizado e competitivo; e 7) A ênfase na formação de docentes para todos os níveis de ensino, bem como de quadros técnicos via mestrado profissional para os setores de serviços público e privado (CAPES, 2010: 15-16). Este alinhamento de focos ratifica uma tradição de êxitos da Capes, marcado por um forte sentido de "continuidade na gestão e na condução das atividades da agência face à sua missão institucional, aí incluída a efetiva participação da comunidade científica".

O Sistema Nacional de Pós-Graduação já tem mais de 50 anos de história. Nele, se destacam as Instituições Federais de Ensino Superior espalhadas por todos os estados e responsáveis pela oferta da maioria dos cursos e, também, pela maior parte da produção acadêmica brasileira. Nesta tarefa, cabe ressaltar igualmente a grande contribuição das instituições universitárias estaduais, com destaque para as três universidades paulistas que respondem por cerca de 30% da produção acadêmica do país, sem esquecer o conjunto de instituições privadas e comunitárias, também com atuação social e cientificamente relevante na área da pós-graduação. Significativa tem sido igualmente a contribuição das universidades estaduais do Rio de Janeiro, Paraná, Minas, Bahia, Pernambuco, Ceará, Mato Grosso, Goiás, Amazonas, dentre tantas outras universidades das regiões Norte, Nordeste e Centro-Oeste pelo que significam como apoio institucional ao desenvolvimento destas regiões.[97] Pode-se dizer que as universidades estaduais têm dado uma contribuição marcante

---

97. O art. 10, inc. IV, dá uma radiografia da envergadura da rede de universidades estaduais.

com seus programas de pesquisa e pós-graduação para reduzir as diferenças no **meio técnico-científico-informacional** (SANTOS, 2001: 103), no território brasileiro.

Um enfoque novo e fundamental do SNPG, também frisado nos comentários do art. 61 (Formação de Professores), é representado pelas atribuições de desenvolver estudos e comandar esforços para elevar o padrão qualitativo de oferta da educação básica. Como assinala documento da agência, *a interação mais definitiva com a educação básica é uma maneira de reforçar a aproximação do SNPG com os interesses da sociedade.*

Não resta dúvida de que é de importância capital que a Capes, agência de fomento comprometida, por décadas, com a pesquisa e a formação de pessoal de alto nível no país, depois da promulgação da Lei 11.502, regulamentada pela Portaria 609, de 20/05/2008, tenha incorporado à sua estrutura organofuncional o Conselho Técnico-Científico da Educação Básica (CTC-EB) e as Diretrizes da Educação a Distância (DED), concentrando, também, sua atenção, a partir de então, na Política Nacional de Formação de Professores.

Cada Plano Nacional de Pós-Graduação é parte integrante do PNE. Os focos são as propostas de diretrizes e políticas do ensino de pós-graduação, voltadas para o fortalecimento e constituição dos eixos de Planos anteriores: 1) A expansão do Sistema Nacional de Pós-Graduação (SNPG), a primazia da qualidade, a quebra da endogenia e a redução das assimetrias; 2) A criação de uma nova agenda nacional de pesquisa e sua associação com a pós-graduação; 3) O aperfeiçoamento da avaliação e sua expansão para outros segmentos do sistema de C, T&I; 4) A **multi** e a **inter**disciplinaridade entre as principais características da pós-graduação e importantes temas da pesquisa; 5) O apoio à educação e outros níveis e modalidades de ensino, especialmente o Ensino Médio; 6) Questionamento do modelo de desenvolvimento econômico brasileiro e; 7) Temas mobilizadores de variados setores no horizonte de redefinições de um novo perfil político-programático para a inserção do país na economia internacional, como é o caso das áreas estratégicas seguintes, dentre outras: "agricultura, bioenergia, tecnologia da informação e comunicação, saúde, exploração das reservas de petróleo e gás do pré-sal, tecnologia nuclear, atividades espaciais e nanotecnologia, biotecnologia e algumas formas de energia: a fotovoltaica, a eólica, a utilização do hidrogênio nas células combustivas...". Isto sem desconsiderar políticas de inovação social, com formação focada no desenvolvimento sustentável enraizado no princípio da inclusão social e na promoção de formas de alternativas de trabalho e renda, na esteira da economia solidária.

As inovações sociais – soluções novas para problemas sociais que são mais efetivas, sustentáveis e justas, e cujos resultados beneficiam mais a sociedade como todo do que indivíduos particulares – são geradas e aplicadas em resposta a demandas diversificadas da sociedade. Em particular, as tecnologias sociais atendem demandas de setores mais necessitados, especialmente em temas como segurança alimentar e nutricional, energia, habitação, saúde, saneamento, meio ambiente, agricultura familiar, geração de emprego e renda (Brasil, MEC-Capes).

> IV – A extensão fecha o circuito das três funções básicas de universidade, via educação superior: ensino, pesquisa e extensão. São, na verdade, um arco-íris de atividades que se interpenetram, se complementam e se desdobram em desempenho profissional. O caminho da educação superior para o acesso ao conhecimento passa obrigatoriamente pelo domínio de níveis do conhecimento científico. Pela extensão, o ensino e a pesquisa se fazem conhecimento socializado, problematizado e refinalizado. Nesse sentido, os cursos de extensão são espaços e mecanismos indutores da troca de ideias, da reflexão crítica, da multivisão dos saberes, tudo voltado para novas formas de ação, intervenção e reconceituação operacional. Por esta razão, é que os cursos de extensão, que integram uma importante pauta das instituições de educação superior, estão presentes em uma ampla agenda da relação universidade/comunidade. Não é por acaso que todas as universidades (públicas, comunitárias e privadas) incluem, na sua estrutura, um órgão de atividades de extensão. A ideia é a universidade socializar, com a comunidade, o conhecimento produzido e refinalizá-lo em benefício da população.

Os cursos de extensão variam em duração, objetivos, destinatários e modalidades de oferta. São cursos sem precondições restritivas legais, cabendo a cada instituição definir os critérios de aceitação dos alunos.

No Brasil, há uma tendência de as IES reproduzirem, na extensão, os mesmos processos e procedimentos acadêmicos da graduação. O Prof. Pe. Vasconcelos, antigo membro do Conselho Federal de Educação, chamava a esta propensão de "cacoetes acadêmicos" da graduação. Na verdade, as atividades de extensão possuem um **estilo acadêmico próprio**. São específicas na linguagem (vocabulário), nas formas de comunicação, nos métodos, no teor das informações, no processo didático em geral e nos esquemas de avaliação. As IES precisam formular melhor didaticamente e organizar melhor, politicamente, seus programas de extensão. Esta é, sem dúvida, a função mais desprestigiada pelas IES, a começar pelos recursos que lhes são reservados no próprio orçamento de cada instituição.

Aqui, uma ressalva: não se há de confundir cursos de extensão com a política de responsabilidade social das IES, tampouco com ações ligadas ao Terceiro Setor.

A responsabilidade social é entendida genericamente como um conjunto de atividades através das quais empresas socialmente responsáveis se vinculam à execução de projetos de inclusão social. Desdobramento deste conceito é a Responsabilidade Social Universitária (RSU), entendida como "a contribuição das Instituições de Ensino Superior (IES) em relação à inclusão social, ao desenvolvimento econômico e social, à defesa do meio ambiente, à memória cultural, da produção artística e do patrimônio cultural (Sistema Nacional de Avaliação da Educação Superior (Sinaes)". Nesse sentido, estamos falando de práticas acadêmicas que não podem ser confundidas com atividades de ONGs, entidades de assistência filantrópica, tampouco com ações ligadas ao Terceiro Setor. Considerando que as IES são espaços de formação institucionalizada e de capacitação de recursos humanos reclamados pelo desenvolvimento do país, as atividades de **extensão** se vinculam ao conjunto de programas e projetos de ensino. Por isso, devem estar sempre impregnados de princípios e valores éticos no bojo das programações voltadas para o desenvolvimento de competências e habilidades técnico-profissionais indispensáveis ao adequado desempenho dos futuros profissionais no mercado de trabalho.

As ações de RSU não se confundem com ações de extensão, embora haja convergências entre elas. Sendo uma das funções básicas da universidade, a extensão reflete a dimensão de **politicidade** (FREIRE, 1997) do conhecimento, posta esta em rota de formação universitária. Nesta perspectiva, as atividades de extensão **não** são extracurriculares, mas integram o próprio itinerário reconstrutivo do conhecimento. Por isso, a extensão não se faz de procedimentos eventuais, circunstanciais nem voluntários. Ao contrário, encorpa-se em atividades acadêmicas permanentes, instrumentalizadas por formas científicas de intervir e inovar nas soluções. O horizonte aqui é o da reconstrução do conhecimento. No caso da RSU, as IES incluem, em seu planejamento estratégico, rotas de solidariedade e de participação efetiva na construção de uma sociedade mais equânime e com oportunidades iguais para todos. Nesta perspectiva, o projeto político-pedagógico institucional inclui deveres a partir de um **Ethos Institucional** segundo o qual o ensino, a pesquisa, a extensão e a gestão institucional devem ter relevância social sob o ponto de vista da responsabilidade social.

Este nível de consciência tem crescido significativamente no Brasil. As IES privadas do país criaram inclusive, desde 2005, o **Dia da Responsabilidade Social** para mostrar, de um lado, **um setor unido em torno de um objetivo único** e, de outro, **o verdadeiro compromisso social das instituições, que trabalham o ano todo de portas abertas para as comunidades** (RODRIGUES, 2006: 9).

§ 1º – O processo seletivo para ingresso nos cursos da educação superior é público. A lei impõe esta obrigatoriedade e determina mais que todas as condições que acompanham o processo, começando pela inscrição e culminando com o cronograma de matrículas, seja igualmente público para evitar tratamento desigual com o consequente benefício de alguém. Com esta medida, fica assegurada a aplicação do princípio de isonomia e da publicidade dos atos que caracterizam este mesmo processo seletivo. Todas as condições garantidoras da legalidade e lisura do processo devem constar do respectivo edital com duplo objetivo: de um lado, garantir o critério de publicidade de todo o processo e, de outro, assegurar os elementos para a fundamentação jurídica em caso da ocorrência de ilícitos no conjunto dos procedimentos que tipificam o processo seletivo de caráter universal, impessoal, público e sustentado por condições igualitárias.

§ 2º – As instituições públicas de ensino são aquelas mantidas pelo Estado. A este cabe, nos termos da Constituição Federal (art. 3º) buscar, entre outros objetivos, reduzir as desigualdades sociais (inc. III), construir uma sociedade justa (inc. I), promover o bem de todos (inc. IV) e assegurar a igualdade geral de direitos (art. 5º). O dispositivo em análise caminha precisamente na direção dos princípios e fundamentos da República Federativa do Brasil, assegurando tratamento isonômico no campo dos direitos fundamentais, o que implica a igualdade de todos perante a lei, com tratamento igual aos iguais e desigual aos desiguais. Sob este fundamento, a lei, em caso de empate em processo seletivo para os cursos de graduação em IES públicas, dá prioridade aos candidatos de condições socioeconômicas inferiores. Este benefício da lei enquadra-se no conceito de discriminação positiva.

§ 3º – A Base Nacional Comum Curricular (BNCC) é referência obrigatória para os diferentes tipos de processo seletivo para acesso à educação superior. Na verdade, não se trata só do domínio de conteúdos básicos por parte dos candidatos, mas também do fato de a BNCC vir acompanhada dos direitos e obrigações de aprendizagem. A BNCC, fonte dos currículos escolares obrigatórios, sinaliza as competências e habilidades que serão exigidas nos processos de avaliação do Ensino Médio. A Portaria 468/2017 define como objetivo primordial do Enem precisamente esta perspectiva. Este § 3º tem conexão com o art. 35-A, § 6º, que indica, como responsabilidade da União, estabelecer os padrões de desempenho esperados para o Ensino Médio, que serão referência nos processos nacionais de avaliação a partir da BNCC. Esta salvaguarda está em sintonia com o conteúdo do art. 51, como veremos mais adiante. Esta é uma forma de o legislador sinalizar com a necessidade de articulação entre a Educação Básica e Educação Superior.

Art. 45 – A educação superior será ministrada em instituições de Ensino Superior, públicas ou privadas, com variados graus de abrangência ou especialização.

Art. 45 – Enquanto o artigo anterior trata das formas de **organização** da educação superior, este trata da natureza das **instituições** que ministram Ensino Superior. Estes dois conceitos não são apenas diferentes, mas sua compreensão precisa é necessária para o adequado entendimento do que, de fato, o legislador essencializa como funções da educação superior.

Convém anotar, de partida, que, em um e outro caso, a legislação categoriza instituições sociais. Como entendê-las?

A **instituição social** possui uma estrutura valorativa totalmente focada na sociedade. Nesse sentido, o seu horizonte é o da universalidade buscada e construída no bojo das contradições sociais. Universalidade que se projeta no campo das **utopias concretas** (Marcel Mauss) e de suas definições volitivas. Seu tempo é indefinido à medida que articula ideias e, não, apenas, ideais. Constrói legitimidade, e não, apenas, legalidades funcionais. Contrariamente, **a organização social** se define pela sua particularidade e pela sua instrumentalidade. Nela, associam-se meios e mecanismos administrativos particulares para operar estratégias de sucesso. Por ser um ente administrativo, a organização se movimenta pelo fluxo dos nexos de gestão, planejamento, estratégias, previsão, controle e resultados bem-sucedidos. Ou seja, a linguagem da organização é a da eficácia e do sucesso. Em outras palavras, "[...] a instituição se percebe inserida na divisão social e política [...] e busca definir uma universalidade (ou imaginária ou desejável) que lhe permite responder às contradições impostas pela divisão. Ao contrário, a organização pretende gerir seu espaço e tempo particulares, aceitando como dado bruto sua inserção num dos polos da divisão social e seu alvo não é responder às contradições e, sim, vencer a competição com seus supostos iguais (CHAUÍ, 2001: 187).

Com a exacerbação fragmentária das esferas da divisão social – decorrência do capitalismo selvagem – a universidade foi transmudando sua natureza, sendo cada vez menos instituição social e, cada vez mais, organização prestadora de serviços e, portanto, adaptada ao mercado de trabalho. Chauí (2001: 187) alinha as etapas deste processo, assim:

a) Anos de 1970: universidade funcional. Produziu as várias reformas em sua estrutura interna para aproximar, o quanto possível, universidade e mercado de trabalho.

b) Anos de 1980: universidade de resultados. Estribada em uma crescente parceria com as empresas privadas, criou mecanismos sedutores como pesquisas consorciadas e contratadas, estágios remunerados e houve forte expansão da rede privada.

c) Anos de 1990: universidade operacional. Voltada para dentro de si, ela perde em substância ideativa à medida que "[...] regida por contratos de gestão, avaliada por índices de produtividade, calculada para ser flexível".

A universidade contemporânea vive este estágio transitivo de transmudação de natureza e a educação superior se dilui nas entranhas de entes que ora são mais instituições, ora são mais organizações.

Retomemos, agora, a análise direta e compreensiva do art. 45.

Este artigo tem vinculação direta com os art. 206, III, e 209 da Constituição Federal. Por esta razão, preservando dispositivos constitucionais, assegura a ministração da educação superior em instituições públicas e privadas. Neste último caso, é evidente a necessidade de as instituições privadas cumprirem as normas gerais da educação nacional (art. 209, I, da Constituição Federal). Tais instituições funcionarão com programas de ensino de nível e de natureza variados. Estes programas poderão estar em universidades e em "instituições não universitárias" (LDB, art. 48, § 1º)[98].

Para regulamentar o que a lei denomina de *variados graus de abrangência*, o governo federal editou o Decreto 2.306, de 19/08/1997. Através dele, as instituições de Ensino Superior do Sistema Federal (cf. art. 16 da LDB) classificam-se em: i) Universidades; ii) Centros universitários; iii) Faculdades integradas; iv) Faculdades isoladas; v) Institutos superiores ou escolas superiores.

---

98. De acordo com o Decreto 5.773/2003, há três tipos de IES: faculdades, centros universitários e universidades.

A ideia de variados graus de abrangência, por outro lado, tem explicitação adicional no Parecer CES/CNE 1.366/2001, que, a partir dos objetivos de cada IES, reconhece serem extremamente elásticos, podendo incluir:

1) oferta de ensino de graduação em uma ou em múltiplas áreas;

2) oferta de ensino de pós-graduação *lato sensu* e/ou *stricto sensu*;

3) realização de pesquisas vinculadas:

I – ao ensino;

II – ao desenvolvimento técnico-científico em geral e ao desenvolvimento regional;

III – prestação de serviços à comunidade em quatro patamares:

a) sob a forma de atividades de extensão;

b) sob a forma de venda de serviços;

c) sob a forma do registro de patentes para comercialização de produtos em parceria com o setor privado;

d) sob a forma de programação e agendas de responsabilidade social.

No art. 52 da LDB, o legislador define as universidades como instituições pluridisciplinares de formação dos quadros profissionais de nível superior, de pesquisa, extensão e de domínio e cultivo do saber humano. Por outro lado, o Decreto 5.786, de 24/05/2006, define os centros universitários como instituições de Ensino Superior pluricurriculares, que se caracterizam pela excelência do ensino, pela qualificação do seu corpo docente e pelas condições de trabalho acadêmico oferecidas à comunidade escolar.

Em 2004, segue o Decreto 5.224, que disciplina a organização dos Centros Federais de Educação Tecnológica. A redação dada pelo art. 77 do Decreto 5.773/2006 conceitua os Centros Federais de Educação Tecnológica (Cefets) como "instituições de Ensino Superior pluricurriculares, especializados na oferta de educação tecnológica nos diferentes níveis e modalidades de ensino, caracterizando-se pela atuação prioritária na área tecnológica". O Decreto 5.224/2004, já referido anteriormente, diz "que os Cefets gozam de autonomia para a criação, em sua sede, de cursos de graduação e de pós-graduação *lato sensu* e *stricto sensu*, visando à formação de profissionais e especialistas na área tecnológica", de cursos de licenciatura e de programas especiais de formação pedagógica, nas áreas científica e tecnológica, assim como para a "preparação e remanejamento de vagas nos referidos cursos, observada legislação em vigor". Antes, o Decreto 3.276/1999, que dispõe sobre a formação, em nível superior, de professores para a educação básica, referia-se a institutos superiores de educação como mais um tipo de IES.

As faculdades integradas, por seu turno, constituem uma congregação de cursos superiores diferentes com gestão administrativa e acadêmica sob a égide de normas comuns e com base em um regimento único. Podem reunir cursos e até faculdades com diversos cursos cada uma.

À sombra deste esquema organizacional e formal e, na emergência das flutuações mercadológicas, da necessidade de flexibilização dos produtos e da rápida mudança de tipologia dos serviços disponibilizados pelas empresas, surgiram, por indução da demanda, dois tipos de esquemas universitários diferenciados, a saber: as universidades corporativas e as universidades temáticas. Estas subcategorização daquelas. Ambas guardam semelhança entre si, embora não sejam idênticas. Em uma primeira visão, uma vez que, logo adiante, faremos um retrospecto histórico do surgimento destas instituições, as universidades corporativas organizam seus programas de forma presencial e a distância e focam os conteúdos em quatro eixos: a) Os produtos da empresa, a capacitação continuada dos seus recursos humanos e os parâmetros de qualidade; b) A reengenharia da empresa para tornar seus produtos cada vez mais competitivos; c) Os estudos de mercado e de perfil da clientela para desenvolver canais de crescente aproximação comercial empresa/mercado; e d) A atualização permanente da linguagem de *marketing*. Estas instituições, além de um quadro mínimo de gestores de conhecimento, utilizam bastante a figura do docente não profissional para a ministração de cursos. Normalmente, são profissionais de "notório saber" em suas respectivas áreas de atuação. As universidades temáticas, por sua vez, trabalham em ambientes empresariais e de serviço com características marcantes de especialização de atuação e sobretudo de foco. Na verdade, o que ocorreu foi a criação de *uma sala de aula na empresa* (Revista *Veja*, jul./2014, p. 100). São estruturas empresariais próprias para desenvolvimento e capacitação dos empregados. Seus cursos têm duração variável e envolvem níveis diferenciados, indo de cursos de curta duração até a MBAs, montados, nesse caso, em parceria com instituições de Ensino Superior. "As universidades corporativas funcionam para as empresas em duas pontas: na atração de bons candidatos para as vagas de trabalho e na retenção de talentos", diz especialista no assunto. A expansão destas instituições tem ocorrido amplamente na estrutura das empresas. Em 1999, eram apenas dez. Em 2017, são mais de 2.300, segundo estimativas da Associação Brasileira de Educação Corporativa (AEC Brasil). Este é um universo em ritmo de grande expansão. Atualmente, centenas e centenas de grandes empresas trabalham com a formatação de educação corporativa, muitas delas articuladas com escolas globais de negócios. Funcionam, basicamente, com grupos de consultores por produto e têm uma agenda de ocupações acadêmicas que se encorpam em grupos de estudos multidisciplinares e pluridisciplinares. Laboratórios práticos de aprendizagem, as universidades corporativas, diferentemente das convencionais, são voltadas para que os colaboradores desenvolvam e aprendam a operar conhecimentos e habilidades para com a respectiva empresa. O processo de aprendizagem organizacional ocorre *em ambiente de negócios marcado pela constante necessidade de inovação, agilidade, flexibilidade, competitividade e diferenciação frente a concorrentes, em que o conhecimento necessário aos profissionais muda cada vez mais rápido, em que a prática de uma gestão competitiva é fundamental. Faz-se necessário desenvolver ferramentas de geração, disseminação, aplicação e comprovação do conhecimento cada vez mais focadas no "negócio e estratégia" de cada organização.* Por outro lado, as universidades temáticas são desdobramentos da "substância" das universidades corporativas, porém, carregam uma visão de convergência temática, na circunscrição de uma espécie de monopólio de enfoques. Um bom exemplo de universidade temática é o Instituto Legislativo Brasileiro do Senado Federal, especializado em capacitação e treinamento na área do legislativo e que foi transformado em Unilegis, inclusive, com campus próprio no DF. A Unisus, do Ministério da Saúde, a Unipostal e a Uniapae são outros exemplos recentes.

As universidades corporativas trabalham com a abordagem interdisciplinar. Nesse sentido, o individual e o coletivo alinham-se no eixo intenção, totalidade e dialogicidade. A prática refletida é impulso para a transformação. Tudo começa a partir da análise das condições reais em que o conhecimento interdisciplinar não se encorpa em uma racionalidade única, mais em racionalidades plurais, uma vez que no "projeto interdisciplinar não se **ensina**, nem se **aprende**: vive-se, exerce-se" (FAZENDA, 2004: 17).

À guisa de um rápido retrospecto histórico, vale lembrar que as universidades corporativas surgiram nos anos de 1960 e, a partir da década de 1970, ganharam grande fôlego nos Estados Unidos. Pequenas e grandes empresas montaram grupos para capacitar seus trabalhadores. A ideia era melhorar o seu desempenho, capacitando-os continuamente. Sobretudo as empresas que faziam grande investimento em tecnologia passaram a trabalhar com esta metodologia para ganhar e assegurar vantagem competitiva. Na verdade, a visão pesada de universidade, com campus, edifícios majestosos, grupos sofisticados de professores, incomodava o mundo empresarial. Eles se preocupavam mais com o processo vivo e articulado de conhecimentos através do qual os funcionários aprendessem mais com os outros, compartilhassem experiências, se apropriassem de inovações em conjunto e aperfeiçoassem suas práticas. Os professores eram e continuam sendo um misto de consultores especializados, professores universitários e gerentes seniores internos. A aprendizagem é centrada no ambiente empresarial, na cultura corporativa e, não, no conhecimento individual, isolado e congelado, sem tempo exato de resposta.

O eixo de sustentação da ideia de universidade corporativa é a educação corporativa. Substituindo o conceito de treinamento e desenvolvimento (T&D), ela foca o aperfeiçoamento permanente das aptidões pessoais e profissionais dos colaboradores, "a fim de que possam desempenhar eficientemente a tarefa que lhes corresponde em seu ambiente social, cultural e histórico" (LUDOIOSKI, 1972: 21).

No Brasil, a ideia de universidade corporativa passou a ser implementada no início da década de 1990, quando o país começou a marcar presença, de forma mais competitiva, na economia globalizada. Na verdade, pode-se afirmar que a ideia de universidade corporativa veio por impulso do setor empresarial que trabalha com um tempo diferente do tempo acadêmico das universidades. Este é rítmico, histórico, cultural e reflexivo. O tempo do mundo dos negócios é imediato, utilitarista, responsivo e competitivo.

Por um processo de mimetismo cultural, este conceito foi-se estendendo a entidades do setor de serviços, onde a ideia de educação corporativa e, portanto, de universidade corporativa, demorou a chegar. Fato compreensível se considerarmos que há uma inversão de situacionalidades e de condicionalidades entre este setor (de serviços) e o setor empresarial mercantilista. Enquanto neste a ênfase é no produto, naquele, a ênfase é no processo, mesmo que, entre um e outro, haja elementos entranhados inseparáveis. Ou seja, o produto será sempre um espelho do processo e este será sempre uma projeção para aquele. Ademais, no setor de serviços, a ideia de educação corporativa é bem mais rica e diversificada sob o ponto de vista antropossociológico e organofuncional.

Foi precisamente a multiplicação das universidades corporativas que abriu uma nova alternativa de estudos para profissionais centrados no mercado de trabalho. Trata-se do Master in Business Administration (MBA), em ampla expansão no Brasil e objeto de comentários no inc. III, do artigo anterior.

Por fim, cabe registrar duas categorias de universidade que, embora inteiramente enquadradas no conceito do art. 45 da LDB, possuem uma marca institucional especial, sem que elas sejam instituições especializadas. São as universidades com focos socioculturais relevantes e as universidades com focos sociocomunitários relevantes. Um exemplo típico deste segundo caso são as *universidades comunitárias e os centros universitários comunitários*. Suas características faciais e funcionais são:

• Não possuem fins lucrativos.

• Aplicam todos os recursos gerados em suas atividades.

• Não são patrimônio individual, mas pertencem a comunidades, igrejas, associações beneficentes etc.

• Algumas são confessionais, outras, não.

• Focam sua atuação nas áreas de ciências humanas e saúde. Nesse sentido, além de uma robusta programação de cursos e de projetos assestados para o desenvolvimento regional, muitas mantêm estruturas hospitalares modernas, com extraordinária capacidade assistencial.

Propriedade da comunidade e geridas por representantes da comunidade (Vannucchi, 2017), as universidades comunitárias são atualmente (2018) 68, operam ações educacionais de caráter social na moldura do desenvolvimento regional e se reúnem na Associação Brasileira das Universidades Comunitárias/Abruc (Ver art. 7º).

As universidades com focos socioculturais relevantes são aquelas que selecionam campos de estudos histórico-culturais para resgatar direitos históricos negados, como é o que tem ocorrido com a comunidade afro-descendente. Exemplo típico desta marca de instituição é a *Universidade da Cidadania Zumbi dos Palmares*, cuja missão é "a inclusão dos afro-descendentes no Ensino Superior, viabilizando a integração de negros e não negros em ambiente favorável à discussão da diversidade social, no contexto da realidade nacional e internacional". Um outro exemplo é a Universidade Federal Luso-Afro-Brasileira (Unilab) em Redenção, Ceará.

A sustentação deste conceito estruturante está nos princípios constitucionais da isonomia e da equidade. Convém destacar que esta denominação é mais elemento de diferenciação da **marca registrada** dos programas que oferecem e da objetivação dos seus cursos e roteiros sob a forma de planos de ensino, uma vez que, à luz da legislação vigente, estas universidades são entes jurídicos com configuração legal, natureza formal e organização funcional de universidade como qualquer outra definida em lei. Portanto, trata-se muito mais de concepção especial de organização, de projeto político-pedagógico e de seleção e programação de enfoques, tendo em vista a execução de políticas e de estratégias no campo da isonomia e da equidade social.

A Universidade Federal da Integração Latino-Americana/UNILA é uma espécie de híbrido conceitual destas diferentes tipologias de universidade aqui enfocadas. Trata-se de uma instituição com ampla plataforma de enfoques sócio-históricos. Por isso, define sua missão como o compromisso de contribuir para o avanço da integração da região, com uma oferta ampla de cursos de graduação e pós-graduação em todos os campos do conhecimento abertos a professores, pesquisadores e estudantes de todos os países da América Latina.

Como instituição federal pública brasileira pretende, dentro de sua vocação transnacional, contribuir para o aprofundamento do processo de integração regional, por meio do conhecimento compartilhado, promovendo pesquisas avançadas em rede e a formação de recursos humanos de alto nível, a partir de seu Instituto Mercosul de Estudos Avançados (IMEA), com cátedras regionais nas diversas áreas do saber artístico, humanístico, científico e tecnológico. Cabe registrar que a instituição enfrenta, no momento, extrema dificuldade de manutenção em face da contenção de recursos por parte do Governo Federal, destinados à educação em geral e à educação superior em particular.

Por fim, cabe registrar que a educação superior, ministrada em instituições de Ensino Superior, públicas e privadas, tem funcionamento balizado por lei, até porque se trata de atividade de responsabilidade do Estado. O exercício das funções de regulação, supervisão e avaliação deste tipo de instituição e de cursos superiores de graduação e sequenciais no sistema federal de ensino está disciplinado no Decreto 5.773/2006. Por que isto acontece? É o que passaremos a ver.

A educação é, por essência, tarefa pública. Mesmo quando oferecida por instituição privada, esta é permissionária de um serviço público. Daí, a obrigação de o Estado acompanhar a qualidade deste serviço e avaliar os resultados. No caso do Ensino Superior, a própria LDB estabelece, no art. 9º, VI, a responsabilidade de a União, sob regime de cooperação com estados, DF e municípios, assegurar o processo nacional de avaliação do rendimento escolar.

Na mesma linha de responsabilidade pública, o art. 46 da LDB estabelece que os processos de autorização e reconhecimento de cursos e de credenciamento de instituições de Ensino Superior ocorrerão, invariavelmente, mediante procedimentos regulares de avaliação. Nesse sentido, pode-se dizer que as instituições de Ensino Superior terão funcionamento renovável, sempre mediante avaliação.

Para cumprimento do disposto no inc. IX do art. 9º da Lei de Diretrizes e Bases da Educação Nacional (LDB) (Lei 9.394/1996), o Ministério da Educação vem realizando um trabalho de institucionalização e consolidação do sistema de avaliação e aperfeiçoamento de instrumentos para avaliação das instituições e cursos superiores. Nessa direção, a Diretoria de Estatísticas e Avaliação da Educação Superior (Daes), do Inep, realiza estudos e promove jornadas de trabalho com professores e representantes de **instituições superiores públicas e privadas**, com a finalidade de harmonizar os procedimentos e os instrumentos de avaliação, que culminam com a apresentação de uma proposta básica para a avaliação dos cursos de graduação.

O MEC-Inep conta com três instrumentos para acompanhar e aferir a qualidade da educação superior. O Sistema Nacional da Educação Superior (Sinaes), criado em 2004, com três componentes. A Avaliação dos cursos de graduação, englobando: qualificação do corpo docente, organização didático-pedagógica e infraestrutura física. A Avaliação Institucional, englobando: autoavaliação e avaliação externa. Por fim, o Exame Nacional de Desempenho dos Estudantes (Enade). A exemplo do Provão (1996-2003), o Enade atribui conceitos em escala de cinco níveis. Anualmente, o MEC define as áreas a serem avaliadas. Os alunos convocados são obrigados a fazer o Enade, como condição para receber o diploma. Os dois outros instrumentos são: a avaliação da Capes para pós-graduação (mestrado e doutorado) e o Índice Geral de Cursos (IGC) que cobre a graduação e a pós-graduação. A aferição da graduação tem como base o Conceito Preliminar de Cursos (CPC), resultante de três indicadores: o Enade, o Indicador de Diferenças entre o Desempenho (IDD) e as variáveis de insumo.

Em 2002 o MEC criou o Cadastro das Instituições de Educação Superior, sistema informatizado que permite à população acessar as informações relativas às IES vinculadas ao Sistema Federal de Ensino e ao Sistema Estadual de Ensino.

No caso dos programas de Mestrado e Doutorado, a Coordenação de Aperfeiçoamento de Pessoal do Ensino Superior (Capes) continua com a responsabilidade da avaliação, sob critérios e metodologias próprios.

Anualmente, o MEC abre prazos para as IES informarem a situação geral do seu funcionamento, buscando, assim, uma comprovação de compatibilidade entre meios e fins. É a atualização do Cadastro Docente. Devem ser informados o número e a qualificação dos docentes, a infraestrutura de bibliotecas, laboratórios, quantidades de computadores disponíveis para cada curso, taxas de matrículas, encargos financeiros, taxas de eficiência (evasão, repetência e promoção e número de formandos no ano anterior). As informações devem constar de Catálogo a ser enviado à Secretaria de Ensino Superior do MEC.

Todas as exigências legais apresentadas indicam que a liberdade de ensinar não pretende estimular a libertinagem no ensinar. Estatal ou privada, a instituição deverá trabalhar com a mesma responsabilidade pública e, por isso, deve submeter-se a processos de avaliação interna, externa e permanente.

As instituições de Ensino Superior privadas têm-se expandido de forma significativa no país, nos últimos anos. No conjunto dos países identificados como Brics, o Brasil é o que mais amplia a rede de IES privadas e o que mais multiplica vagas. Em 2017, 75% das instituições de educação superior eram privadas. Temos, mesmo assim, uma taxa líquida de matrícula bastante baixa. Em 2011, não ia além de 14,9%. Segundo dados da publicação *Education at a Glance 2010*, da Ocde, no Brasil, somente 11% dos adultos entre 35 e 44 anos haviam completado o Ensino Superior. Com 7,8 milhões de matrículas, sendo 5,8 milhões em instituições privadas e 1,9 milhão em instituições públicas, o Brasil detém o 5º maior contingente mundial de matrículas no Ensino Superior.

Dados de 2015 indicam a extensão e a importância do Ensino Superior privado para a sociedade brasileira e para o desenvolvimento do país.

Esta presença extensa e intensa do Ensino Superior privado em todo o território nacional tem despertado o interesse de grupos nacionais e internacionais deste "setor da economia", com particular atenção sob a forma de investimentos seletivos. Inclusive Fundos Internacionais têm adquirido ações de muitas instituições de Ensino Superior do país. Pode-se afirmar que há uma tendência marcante nesse setor privado: **processos de fusão**. Porém, bem antes, já eclodia esta tendência, e assim entre 2007 e 2008, ocorreram cerca de 170 fusões. De então até agora, foi exacerbado o ritmo de fusões. Há duas razões para isto: a deficiência na oferta de ensino universitário pelo setor público e, também, o fato de muitas IES serem de pequeno porte e, portanto, com limitações em termos de expansão e de ampliação do padrão de qualidade. Por outro lado, não há como esquecer que a chegada de novas famílias aos patamares da classe média tem dado um impulso nesse sentido. Pode-se afirmar que a movimentação das fusões e aquisições no setor privado de Ensino Superior brasileiro, a partir de 2010, representa um direcionamento definitivo no "mercado educacional". Esta tendência possui um traço original e inovador que vai se consolidando na trajetória recente do ensino privado no Brasil. Trata-se da diversidade de oferta de educação escolar (art. 1º, § 1º), passando da Educação Infantil à Pós-graduação, modelo de extensão de oferta de ensino inicialmente adotado pelas instituições confessionais. Com o "mercado educacional em movimentação", percebe-se claramente que o processo de fusões, aquisições e participação de capital, inclusive estrangeiro, repercute na multiplicação de instituições de ensino privado de nível superior que incorporam, à sua carteira de serviços, a oferta de ensino nos diversos níveis educacionais[99].

---

99. Os processos de fusão oferecem o risco de uma alta concentração de instituições sob o domínio de alguns poucos grupos empresariais. A educação não é uma mercadoria nem um produto, mas uma área de prestação de serviços de alta responsabilidade social e de natureza pública. Por isso, além do MEC, o Conselho Administrativo de Defesa Econômica (Cade) acompanha e avalia os processos de fusão, sobretudo para evitar movimentos de cartelização, o que seria um desastre para a educação.

Por fim, cabe lembrar que as instituições públicas de Ensino Superior são estatais e as privadas subordinam-se ao sistema federal de ensino. Por isso, seu funcionamento e formas de operar ocorrem sob o acompanhamento e a supervisão do MEC a quem, nos termos do art. 9º, inc. VIII, da LDB, cabe "[...] assegurar o processo nacional de avaliação das instituições de educação superior [...]".

Art. 46 – A autorização e o reconhecimento de cursos, bem como o credenciamento de instituições de educação superior, terão prazos limitados, sendo renovados, periodicamente, após processo regular de avaliação.

§ 1º – Após um prazo para saneamento de deficiências eventualmente identificadas pela avaliação a que se refere este artigo, haverá reavaliação, que poderá resultar, conforme o caso, em desativação de cursos e habilitações, em intervenção na instituição, em suspensão temporária de prerrogativas da autonomia, ou em descredenciamento.

§ 2º – No caso de instituição pública, o Poder Executivo responsável por sua manutenção acompanhará o processo de saneamento e fornecerá recursos adicionais, se necessários, para a superação das deficiências.

§ 3º – No caso de instituição privada, além das sanções previstas no § 1º, o processo de reavaliação poderá resultar também em redução de vagas autorizadas, suspensão temporária de novos ingressos e de oferta de cursos. (Incluído pela Medida Provisória 785, de 2017)

§ 4º – É facultado ao Ministério da Educação, mediante procedimento específico e com a aquiescência da instituição de ensino, com vistas a resguardar o interesse dos estudantes, comutar as penalidades previstas nos § 1º e § 3º em outras medidas, desde que adequadas para a superação das deficiências e irregularidades constatadas. (Incluído pela Medida Provisória 785, de 2017).

§ 5º Para fins de regulação, os Estados e o Distrito Federal deverão adotar os critérios definidos pela União para autorização de funcionamento de curso de graduação em Medicina. (Incluído pela Lei nº 13.530, de 2017)

Art. 46 – o processo de funcionamento regular de um curso superior cobre três etapas: a autorização, o reconhecimento e, periodicamente, a renovação do reconhecimento.

No caso da instituição mantenedora, há igualmente procedimentos de avaliação de sua capacidade. Nesse caso, não se fala em autorização e reconhecimento, mas em credenciamento e recredenciamento.

Estes processos são, hoje, objeto de extrema atenção por parte do MEC. As diferentes etapas, condições e procedimentos estão definidos no Decreto 5.777/2006, que dispõe sobre o exercício das funções de regulação, supervisão e avaliação de instituições de educação superior e cursos superiores de graduação e sequenciais no sistema federal de ensino.

Em 2000, o Inep desenvolveu uma base de dados corporativa – Sistema Integrado de Informações Educacionais (SIEd). Um dos seus subsistemas, o SIEd-Sup, reúne as informações do Censo da Educação Superior. A partir de então, a coleta do censo passa a ser realizada por meio de questionário eletrônico, acessado pela IES.

Em 2001 surge o Decreto 3.860, que dispõe sobre a organização do Ensino Superior e a avaliação de cursos e instituições.

Todas as etapas de regulação dos cursos e instituições da educação superior estão conceituadas operacionalmente no conjunto de procedimentos que constitui o Sistema Nacional de Avaliação da Educação Superior (Sinaes). Para ganhar as condições de funcionamento regular, as instituições e cursos montam seus projetos e dão entrada eletronicamente, no MEC, através do Sinaes/E-Mec. Como definido em documento do MEC, "[...] o sistema de avaliação deve articular, de forma coerente, concepções, objetivos, metodologias, práticas, agentes da comunidade acadêmica e de instâncias do governo".

Para se habilitarem a receber visitas de comissões de avaliadores, com o objetivo de autorização ou reconhecimento, as IES deverão recolher, em conta do MEC, a chamada taxa de avaliação *in loco*. Embora o Inep/MEC tenha tido dificuldades de enviar comissões sob a alegação de sobrecarga de trabalho dos avaliadores, não tem tido dificuldade em receber esta taxa que constitui, hoje, uma fonte significativa de recursos. Para as IES é um peso financeiro adicional. Sendo a taxa individual por curso, constitui uma excrescência que se pague a taxa e a comissão não tenha data para visitar a instituição. Isto representa, de fato e simplesmente, o descumprimento pelo MEC/Inep da Lei 10.870/2007. Tanto mais grave quando se sabe que a lei determina prazo de credenciamento das IES e de reconhecimento ou de renovação de reconhecimento de cursos de graduação.

Os processos autorizativos, sob a forma de atos administrativos de credenciamento e recredenciamento de IES e, ainda, de autorização, reconhecimento e renovação de reconhecimento de cursos superiores estão regulamentados no Decreto 5.773/2006.

O Decreto 2.306/1997 determina que "a criação e o reconhecimento de cursos jurídicos em instituições de Ensino Superior, inclusive universidades, dependerá de prévia manifestação do Conselho Federal da Ordem dos Advogados do Brasil". Idêntico procedimento ocorre no caso de criação de cursos de Medicina, Odontologia e Psicologia, sendo que, neste caso, o processo de criação deve ser submetido à avaliação do Conselho Nacional de Saúde.

A questão da avaliação externa poderá gerar turbulências junto às universidades, sempre muito ciosas de sua autonomia. Esta não é a postura adotada por grandes instituições universitárias do mundo. Normalmente, além de suas próprias avaliações, elas se deixam submeter ao controle externo. Nos Estados Unidos, por exemplo, as universidades se deixam acompanhar por diferentes tipos de avaliação, conduzidos por agências não governamentais. No Canadá e na Inglaterra, também. Aqui, o temor da avaliação externa é que seja usada para fixar parâmetros para a redistribuição diferenciada de recursos. Universidades como a USP, a Unicamp e a UnB têm avançado significativamente, sob o ponto de vista inclusive de suas responsabilidades sociais, na direção de processos mais amplos de avaliação. Idêntico caminho tem seguido as chamadas universidades comunitárias. As universidades mostram-se resistentes à ideia de estímulo a procedimentos de avaliação EXTERNA!

§ 1º – O processo de saneamento de deficiências pela comissão de avaliadores e constantes de relatórios de vista *in loco* está regulamentado no Decreto 5.773/2006, no caso de IES vinculada ao sistema federal de ensino. Por seu turno, a Lei 10.861/2004, que institui o Sistema Nacional de Avaliação da Educação Superior (Sinaes), diz que "[...] os resultados considerados insatisfatórios ensejarão a celebração de protocolo de compromisso, a ser firmado entre a instituição de educação superior e o Ministério da Educação".

§ 2º – O conteúdo deste parágrafo ratifica a tendência brasileira de ser complacente com os erros do Estado. O tratamento privilegiado às IES públicas é notório: o saneamento de instituições públicas ocorre com a distribuição de "recursos adicionais, se necessário, para a superação das deficiências".

§ 3º – Opostamente ao disposto no parágrafo anterior, as instituições privadas que apresentarem deficiências captadas no processo de autorização e/ou reconhecimento de curso, bem como no de seu credenciamento e caso não sejam sanadas tais deficiências no prazo fixado, poderão sofrer vários tipos de punição como: desativação de cursos, intervenção, suspensão temporária de prerrogativas decorrentes do princípio da autonomia e, ainda, redução de vagas, suspensão temporária de novos ingressos de alunos e de oferta de cursos. Estamos diante de uma gama de penalidades que refletem a indisposição do Estado e o mau humor das instâncias de acompanhamento, fiscalização e controle de qualidade em relação à oferta de atividades educacionais pela iniciativa privada.

§ 4º – Este parágrafo atenua o rigor exagerado do parágrafo anterior, visando a resguardar "o interesse dos alunos". Evidentemente, sob a condição de superação das deficiências e irregularidades verificadas.

§ 5º – A introdução deste parágrafo no texto da LDB, de conteúdo focado na regulação, representa uma espécie de desvio-padrão no alinhamento dos requisitos essenciais do sistema nacional de avaliação da Educação Superior. **Primeiro**, retira do INEP uma atribuição que lhe é inerente e cujo desempenho lhe tem merecido o reconhecimento internacional. **Segundo**, atribui uma condição de tratamento privilegiado ao curso de graduação de Medicina, por razões subalternas, possivelmente de cunho político-comercial. Não é por acaso que entre 2017 e 2023 a multiplicação dos Cursos de Medicina tem ocorrido de forma inquietante, sob o olhar complacente de instâncias do MEC, diretamente responsáveis pela "garantia de padrão de qualidade" (LDB, art. 3º, inc. IX). **Terceiro**, tem servido de estímulo à aceleração do ritmo de mercantilização do ensino, via estabelecimento de padrões de valores de mensalidade identificados em patamares altíssimos, que, certamente, postam-se como pouco convidativos ao acesso de alunos de família de limitado poder aquisitivo. **Quarto**, carrega uma mudança suspeita ao ser introduzido na LDB através da Lei nº 13.530/2017, cujo **conteúdo focal** é a regulamentação do Fundo de Financiamento Estudantil/FIES. Na prática, significa canalizar MAIS recursos para estudantes oriundos de famílias já economicamente privilegiadas. E, em **quinto lugar**, institui uma modalidade e, não, um sistema de "avaliação específica para o curso de graduação em medicina, com instrumentos e métodos" submetidos a conformidades de conveniência diluídas em "ato do Ministro de Estado da Educação" (art. 12, da Lei nº 13.530/2017).

Uma concessão legal que só contribui para criar ambiguidades nas "regras do Sistema Nacional de Avaliação da Educação Superior/SINAES"[100]. Consequência: Dilaceramento do MARCO LEGAL, dos Procedimentos de

---

100. O SINAES constitui a base legal do Sistema ...

Verificação e Avaliação da Educação Superior e, não menos grave, distanciamento da Comissão Nacional de Avaliação da Educação Superior/CONAES, cuja competência central é "coordenar e supervisionar o SINAES, assegurando o adequado funcionamento da avaliação, o respeito aos princípios e orientações gerais, o cumprimento das exigências técnicas e políticas e as metas de consolidação do sistema de avaliação e de sua vinculação à política pública de educação superior" (MEC-INEP, 2009, p. 107).

Art. 47 – Na educação superior, o ano letivo regular, independente do ano civil, tem, no mínimo, duzentos dias de trabalho acadêmico efetivo, excluído o tempo reservado aos exames finais, quando houver.

§ 1º – As instituições informarão aos interessados, antes de cada período letivo, os programas dos cursos e demais componentes curriculares, sua duração, requisitos, qualificação dos professores, recursos disponíveis e critérios de avaliação, obrigando-se a cumprir as respectivas condições, e a publicação deve ser feita, sendo as 3 (três) primeiras formas concomitantemente: (Redação dada pela Lei 13.168, de 2015)

I – em página específica na internet no sítio eletrônico oficial da instituição de Ensino Superior, obedecido o seguinte: (Incluído pela Lei 13.168, de 2015)

a) toda publicação a que se refere esta Lei deve ter como título "Grade e corpo docente"; (Incluído pela Lei 13.168, de 2015)

b) a página principal da instituição de Ensino Superior, bem como a página da oferta de seus cursos aos ingressantes sob a forma de vestibulares, processo seletivo e outras com a mesma finalidade, deve conter a ligação desta com a página específica prevista neste inciso; (Incluída pela Lei 13.168, de 2015)

c) caso a instituição de Ensino Superior não possua sítio eletrônico, deve criar página específica para divulgação das informações de que trata esta Lei; (Incluída pela Lei 13.168, de 2015)

d) a página específica deve conter a data completa de sua última atualização; (Incluída pela Lei 13.168, de 2015)

II – em toda propaganda eletrônica da instituição de Ensino Superior, por meio de ligação para a página referida no inc. I; (Incluído pela Lei 13.168, de 2015)

III – em local visível da instituição de Ensino Superior e de fácil acesso ao público; (Incluído pela Lei 13.168, de 2015)

IV – deve ser atualizada semestralmente ou anualmente, de acordo com a duração das disciplinas de cada curso oferecido, observando o seguinte: (Incluído pela Lei 13.168, de 2015)

a) caso o curso mantenha disciplinas com duração diferenciada, a publicação deve ser semestral; (Incluída pela Lei 13.168, de 2015)

b) a publicação deve ser feita até 1 (um) mês antes do início das aulas; (Incluída pela Lei 13.168, de 2015)

c) caso haja mudança na grade do curso ou no corpo docente até o início das aulas, os alunos devem ser comunicados sobre as alterações; (Incluída pela Lei 13.168, de 2015)

V – deve conter as seguintes informações: (Incluído pela Lei 13.168, de 2015)

a) a lista de todos os cursos oferecidos pela instituição de Ensino Superior; (Incluída pela Lei 13.168, de 2015)

b) a lista das disciplinas que compõem a grade curricular de cada curso e as respectivas cargas horárias; (Incluída pela Lei 13.168, de 2015)

c) a identificação dos docentes que ministrarão as aulas em cada curso, as disciplinas que efetivamente ministrará naquele curso ou cursos, sua titulação, abrangendo a qualificação profissional do docente e o tempo de casa do docente, de forma total, contínua ou intermitente. (Incluída pela Lei 13.168, de 2015)

§ 2º – Os alunos que tenham extraordinário aproveitamento nos estudos, demonstrado por meio de provas e outros instrumentos de avaliação específicos, aplicados por banca examinadora especial, poderão ter abreviada a duração dos seus cursos, de acordo com as normas dos sistemas de ensino.

§ 3º – É obrigatória a frequência de alunos e professores, salvo nos programas de educação a distância.

§ 4º – As instituições de educação superior oferecerão, no período noturno, cursos de graduação nos mesmos padrões de qualidade mantidos no período diurno, sendo obrigatória a oferta noturna nas instituições públicas, garantida a necessária previsão orçamentária.

Art. 47 – A educação superior no formato de ensino regular enquadra-se na moldura de ano letivo regular para um funcionamento legalmente adequado, o que supõe submeter-se ao calendário de no mínimo duzentos dias letivos, excluídos os exames finais. A lei fala em **trabalho acadêmico efetivo**, o que significa aulas, atividades de pesquisa e programações de extensão, os três territórios constituintes do princípio funcional da universidade, nos termos do art. 207, da Constituição Federal. À luz deste enfoque, o calendário acadêmico tem configuração própria que o descola do calendário civil em razão de um código específico para sua organização para cujo funcionamento há controles diferenciados de marcação de tempo.

Na educação superior, o pedagógico há de ser científico e este, por sua vez, há de ser **inter** e **trans**disciplinar. Significa que, na sala de aula, existe uma preocupação permanente de ultrapassagem dos limites de cada disciplina com o consequente transbordamento no campo da "religação dos saberes" (Morin). Dias Sobrinho (1994: 96) captura esta dimensão agregadora da educação superior: *O pedagógico imanente nos cursos deve emergir à tona da consciência universitária como trabalho intencional e organizado. Trata-se de ensinar com todo o rigor possível os conhecimentos de uma dada disciplina. Mas também se trata necessariamente de conhecer e implantar as redes de significação e prática social desses conhecimentos, de engendrar novas formas de produzi-los e, ao mesmo tempo, de formar pessoas com a percepção do sentido ético e político de seu trabalho científico, do valor de sua formação pedagógica e de sua prática docente.*

Para este processo hospedar a dimensão pedagógica e científica, ou seja, **de trabalho acadêmico efetivo**, a extensão do ano letivo regular tem função estratégica, pois a aprendizagem é modulada por esquemas de letividade.

§ 1º – Aqui, o enfoque legal contém um ponto fundamental, a saber: ao matricular-se em qualquer instituição, estabelece-se um contrato pedagógico e, no caso das IES privadas, também, um contrato financeiro. Em decorrência, o aluno deverá ser informado, antes de cada período letivo, das condições efetivas de tudo o que lhe vai ser oferecido, ou seja, agenda acadêmica com toda a programação institucional, incluindo: planos de ensino, professores, horários, procedimentos de avaliação e recursos de apoio.

§ 1º, I, alíneas a, b, c e d – Estas e outras informações deverão ser hospedadas no **sítio eletrônico** da instituição, com o conteúdo incluindo:

a) Título obrigatório do sítio eletrônico: **Grade e Corpo Docente**.

b) Lista dos cursos ofertados e indicação do respectivo processo seletivo para acessá-los.

c) Caso a instituição não disponha de sítio eletrônico com página veiculando este conteúdo informativo, deverá criar e a página, ainda, deve informar a última data de sua atualização.

§ 1º, II – A publicidade institucional, independentemente do veículo utilizado, deve indicar o sítio eletrônico da instituição, referido no inc. I, a fim de assegurar informações atualizadas pertinentes e congruentes. As IES estão submetidas a um rigoroso dever de publicidade de seus programas e programações. Esta obrigação faz parte da "garantia do padrão de qualidade" (art. 3º, inc. IX).

§ 1º, III – A propaganda da instituição – qualquer que seja o veículo utilizado – deve ser exposta ou referenciada em lugar visível da instituição de tal sorte que esteja assegurado democraticamente o direito à informação à luz da responsabilidade de informar "a execução da proposta pedagógica" (art. 12, inc. VII).

§ 1º, IV, alíneas a, b, e c – A propaganda eletrônica deve ser atualizada semestral ou anualmente, com esta variação de tempo correspondendo à duração das disciplinas de cada curso oferecido, sob os seguintes critérios:

a) Publicação semestral para disciplinas com duração diferenciada.

b) Publicação antes do início das aulas, com ATÉ um mês de antecipação.

c) Em caso de mudanças na grade do curso ou na composição do corpo docente, os alunos devem ser informados até o início das aulas das alterações procedidas.

Trata-se de acessar um serviço educacional com prévio conhecimento de seus contornos, conteúdos e duração para orientação do aluno.

§ 1º, V, alíneas a, b e c – As informações, por via eletrônica, de caráter permanente, devem conter:

a) Lista de todos os cursos oferecidos.

b) Lista das disciplinas de cada curso, com respectiva carga horária.

c) Identificação nominal dos professores por cursos e disciplina, adicionando: i) Qualificação acadêmica; ii) Tempo de vínculo empregatício com a instituição, de forma contínua ou intermitente, de tal sorte que o aluno perceba o nível de estabilidade organizacional da instituição e saiba que há um quadro de docentes, permanentes e preparados, para a incumbência de (art. 13, incisos):

III – zelar pela aprendizagem dos alunos;

IV – estabelecer estratégias de recuperação para os alunos de menor rendimento;

V – ministrar os dias letivos e horas-aula estabelecidos, além de participar integralmente dos períodos dedicados ao planejamento, à avaliação e ao desenvolvimento profissional;

VI – colaborar com as atividades de articulação da escola com [...] a comunidade.

§ 2º – Abre-se a possibilidade de alunos, com nível de aproveitamento e conhecimento comprovadamente elevados, anteciparem a conclusão de seus cursos, desde que acobertados por legislação específica do respectivo sistema. Trata-se de dispositivo que leva em conta as chamadas diferenças individuais. Assim, o aluno que apresentar extraordinário aproveitamento em decorrência de capacidades incomuns poderá reduzir a duração do seu curso, desde que cumpridas as formalidades legais. Este dispositivo, de muito incluído na legislação, tem tido reduzido grau de aplicação por exigir das instituições equipe especializada de docentes para a necessária verificação acadêmica. Esta limitação institucional é extensão das limitações encontradas corriqueiramente pelos estabelecimentos de ensino para aferirem condições de alunos considerados superdotados. Denota, por outro lado, que a educação escolar no Brasil estacionou no aluno de perfil único. A este aluno, oferece-se um ensino homogêneo através de uma escola de organização linear.

Este corpo detalhado de exigências tem um conteúdo legal geral e um conteúdo educacional específico. No primeiro caso, ressaltam os aspectos:

1) Direito à informação.

2) Respeito às condições do contrato.

3) Submissão a dispositivos do Código de Defesa do Consumidor.

4) Responsabilidade na publicidade veiculada (observância do Código do Conar).

No segundo caso, as razões são mais amplas e detalhadas, como:

1) Regularidade de funcionamento dos cursos.

2) Controle de qualidade acadêmica e social.

3) Posição da instituição nas avaliações do MEC.

4) Nível de qualificação docente.

5) Padrões de estabilidade do corpo docente.

6) Acompanhamento pelos alunos do cumprimento do plano de trabalho diário, segundo o planejamento acadêmico, os programas de ensino e a proposta pedagógica de cada curso.

7) Acompanhamento pelos alunos da execução do planejamento acadêmico geral da instituição e específico de cada curso.

8) Cumprimento do calendário letivo e da carga horária das disciplinas.

9) Cumprimento pelas instituições das condições de oferta e funcionamento dos cursos conforme anunciado na publicidade institucional.

§ 3º – Estamos diante de uma exigência legal importantíssima: a obrigatoriedade de frequência de alunos e professores às aulas como um mecanismo de controle institucional. Em síntese, no caso dos alunos, a presença resguarda o aprender cumulativo sequencial; no caso dos professores, garante a execução plena e adequada do contrato de trabalho e do contrato pedagógico, meios indispensáveis ao desenvolvimento do processo de ensino e aprendizagem. Em um e outro caso, trata-se de um meio de assegurar o adequado cumprimento do planejamento acadêmico e do calendário letivo. Por isso mesmo, a legislação fixa o percentual de faltas a partir do qual se supõe que o aluno tenha comprometidas as possibilidades do exercício efetivo da aprendizagem sistematizada.

§ 4º – Socialmente relevante sob o ponto de vista de igualdade de direitos, é a determinação da obrigatoriedade de instituições públicas oferecerem cursos regulares de graduação no período noturno, como forma de ampliação da oferta e de atendimento àquelas pessoas que trabalham durante o dia. Desde que os cursos noturnos contem com a mesma estrutura de apoio dos cursos diurnos, o que não acontece nas universidades públicas, embora reitores e gestores em geral insistam em dizer o contrário. Se o funcionamento durante o dia é, às vezes, precário pela existência limitada de recursos de apoio ao ensino, o funcionamento à noite é muito mais precário, até porque a estrutura administrativa é só parcialmente operante nesse turno. As pró-reitorias não funcionam. Os departamentos são fechados. As coordenações de curso atendem em dias alternados. Portanto, assegurar um mesmo padrão de qualidade para os cursos diurnos e noturnos é **aspiração** por enquanto. Mas vale trabalhar para que não continuem existindo dois tipos de curso superior: os diurnos, bons e os noturnos, nem tanto!

A multiplicação dos cursos superiores noturnos começa com três providências, sobretudo por parte das universidades públicas, dado o alto poder de contaminação positiva que exercem sobre todo o sistema de educação superior do país. São elas:

a) Ampliar o rol de cursos no que tange às áreas de conhecimento. No momento, os cursos oferecidos além de terem uma oferta limitada em número, são sempre os mesmos. Ou seja, os chamados cursos de alto prestígio social, como medicina, odontologia, engenharia elétrica, engenharia da computação, engenharia química, arquitetura e direito, para citar apenas alguns, têm baixíssima oferta por universidade públicas no turno da noite.

b) Ampliar as oportunidades de acesso às 214 principais carreiras, distribuídas em oito áreas de conhecimento, de tal maneira que os jovens de todas as regiões do país tenham aumentadas as chances de qualificação para o mercado de trabalho cada vez mais seletivo em face da globalização da economia.

c) Melhorar a distribuição dos professores com alta qualificação nas universidades públicas federais: os professores doutores e pós-doutores que ministram aula à noite não ultrapassam os dez por cento do total dos contratados. Nas universidades privadas, a situação é semelhante. Daí a importância das exigências recentes do MEC para a composição do Núcleo Docente Estruturante (NDE).

A lei é clara: as instituições de educação superior oferecerão, no período noturno, cursos de graduação nos mesmos padrões de qualidade mantidos no período diurno, **sendo obrigatória a oferta noturna nas instituições públicas**. Portanto, não se trata de oferecer apenas alguns cursos, tampouco de oferecer cursos de prestígio social limitado. Esta é uma questão importante, que as universidades públicas fingem não existir! Por outro lado, a oferta de cursos noturnos com os mesmos padrões de qualidade significa que eles devem estar estruturados levando em conta o que estabelecem os art. 2º, 3º e 43 desta LDB. Ou seja, os cursos superiores noturnos devem também, alcançar os mesmos fins, nortear-se pelos mesmos princípios e buscar as finalidades previstas para a educação nacional e assim, igualmente, para a educação superior. Não se trata, portanto, de uma oferta secundária de ensino, mas de uma oferta de ensino essencial com "garantia de padrão de qualidade" (LDB, art. 3º, inc. IX). No fundo, significa dizer que os ensinos diurno e noturno estão submetidos ao **mesmo** sistema orgânico de normas – embora tenha, cada um, uma diversidade de características – que incidem sob a sua estruturação. É precisamente este sistema que confere uma identidade e uma unidade ontológica à educação nacional.

A educação superior como processo de formação/transformação se plenifica na estrutura da universidade, organizada e regida pelo princípio da autonomia. Esta é exercida sob parâmetros organofuncionais rigorosos, como forma de atender ordenamentos legais precisos e demandas e interesses sociais do país. O feixe de exigências contidas neste art. 47 para ordenar o funcionamento da educação superior tem um caráter norteador das relações das IES com a sociedade. Como destaca Cortella (2014: 91), *uma das questões mais sérias hoje dentro do trabalho escolar é a lógica do afrouxamento da disciplina. E não apenas no sentido de comportamento, de conduta social. É disciplina como dedicação metódica à capacidade de estudo, de realização de tarefa. Há uma ausência de consolidação do esforço [...]. Houve um afrouxamento da disciplina no duplo sentido da palavra. A disciplina como conduta e como esforço.* A responsabilidade disciplinar de natureza acadêmica e científica é multifocal. Exige-se de professores e alunos, de gestores e da instituição inteira. Este é um traço inerente à sua natureza organofuncional.

Art. 48 – Os diplomas de cursos superiores reconhecidos, quando registrados, terão validade nacional como prova da formação recebida por seu titular.

§ 1º – Os diplomas expedidos pelas universidades serão por elas próprias registrados, e aqueles conferidos por instituições não universitárias serão registrados em universidades indicadas pelo Conselho Nacional de Educação.

§ 2º – Os diplomas de graduação expedidos por universidades estrangeiras serão revalidados por universidades públicas que tenham curso do mesmo nível e área ou equivalente, respeitando-se os acordos internacionais de reciprocidade ou equiparação.

§ 3º – Os diplomas de mestrado e de doutorado expedidos por universidades estrangeiras só poderão ser reconhecidos por universidades que possuam cursos de pós-graduação reconhecidos e avaliados, na mesma área de conhecimento e em nível equivalente ou superior.

Art. 48 – Para ser registrado, o diploma deve ser referido a cursos superiores devidamente reconhecidos. Cumpridas estas duas exigências (reconhecimento do curso e registro do diploma), o diploma conferido terá validade nacional.

O registro de diploma tornou-se um assunto de largo interesse e sensibilidade social em face da grande expansão das redes de Educação Superior.

Em conexão com este tema, cresce em relevância a questão da revalidação de diplomas de cursos feitos no exterior. O CNE mantém-se muito atento a este último aspecto. Assim, não por acaso, recentemente, publicou a **Resolução nº 1 de 25/07/2022**, que *"dispõe sobre normas referentes à revalidação de diplomas de cursos de graduação e ao reconhecimento de diplomas de pós-graduação stricto sensu (mestrado e doutorado), expedidos por estabelecimentos estrangeiros de ensino superior"*. Neste último aspecto, é necessário que tais estabelecimentos estejam legalmente constituídos para tal fim em seus países de origem. Este é um pré-requisito básico para que os diplomas revalidados sejam considerados hábeis para os fins previstos em lei, ou seja, para o correspondente exercício profissional. No curso dessa prerrogativa legal, os Institutos Federais de Educação, Ciência e Tecnologia se equiparam as Universidades Federais. Vejamos os dois níveis de cursos e de diplomas, nos termos da Resolução referida:

DOS DIPLOMAS DE GRADUAÇÃO

Art. 3º Os diplomas de graduação obtidos no exterior poderão ser revalidados por universidades públicas brasileiras, regularmente credenciadas, criadas e mantidas pelo poder público, que tenham curso reconhecido do mesmo nível e área ou equivalente.

(...)

DOS DIPLOMAS DE PÓS-GRADUAÇÃO *STRICTO SENSU*

Art. 17. Os diplomas de cursos de pós-graduação stricto sensu (mestrado e doutorado), expedidos por universidades estrangeiras, só poderão ser reconhecidos por universidades brasileiras regularmente credenciadas que possuam cursos de pós-graduação avaliados, autorizados e reconhecidos, no âmbito do Sistema Nacional de Pós-Graduação (SNPG), na mesma área de conhecimento, em nível equivalente ou superior.

§ 1º Entendem-se como áreas de conhecimento as áreas de avaliação classificadas pela Coordenação de Aperfeiçoamento de Pessoal de Nível Superior (Capes).

Art. 2º, § 2º

Para os fins da presente resolução, os Institutos Federais de Educação, Ciência e Tecnologia (IFs) são equiparados às Universidades Federais, sendo-lhes permitida a revalidação de diplomas de graduação e o reconhecimento de títulos de pós-graduação stricto sensu obtidos no exterior, nos termos do caput, conforme § 1º, art. 2º da Lei nº 11.892, de 29 de dezembro de 2008.

Art. 6º, § 4º

No caso de processos de revalidação de cursos superiores de tecnologia, a universidade pública revalidadora poderá solicitar a participação de docentes e especialistas dos Institutos Federais de Educação, Ciência e Tecnologia (IFs).

Art. 7º, § 4º

Quando do protocolo do requerimento de revalidação, os(as) candidatos(as) deverão apresentar os seguintes documentos, tendo como pressuposto a divulgação das respectivas normas pela instituição revalidadora/reconhecedora do diploma obtido no exterior:

I – cópia do diploma, devidamente registrado pela instituição estrangeira responsável pela diplomação;

II – cópia do histórico escolar, emitido pela instituição estrangeira responsável pela diplomação, contendo as disciplinas ou atividades cursadas e aproveitadas em relação aos resultados das avaliações e frequência, bem como a tipificação e o aproveitamento de estágio e outras atividades de pesquisa e extensão, classificadas como obrigatórias e não obrigatórias;

III – projeto pedagógico ou organização curricular do curso, indicando os conteúdos ou as ementas das disciplinas e as atividades relativas à pesquisa e extensão, bem como o processo de integralização do curso, emitidos pela instituição estrangeira responsável pela diplomação;

IV – nominata e titulação do corpo docente vinculado às disciplinas cursadas pelo(a) requerente, autenticadas pela instituição estrangeira responsável pela diplomação;

V – informações institucionais, quando disponíveis, relativas ao acervo da biblioteca e laboratórios, planos de desenvolvimento institucional e planejamento, relatórios de avaliação e desempenho internos ou externos, políticas e estratégias educacionais de ensino, extensão e pesquisa, autenticados pela instituição estrangeira responsável pela diplomação; e

VI – reportagens, artigos ou documentos indicativos da reputação, da qualidade e dos serviços prestados pelo curso e pela instituição, quando disponíveis e a critério do(a) requerente.

§ 1º – Este dispositivo inova ao permitir que diplomas expedidos por universidades sejam por elas próprias registrados. Neste caso, as universidades devem estar autorizadas a funcionar e devem estar reconhecidas legalmente.

Legislação recente permite que qualquer universidade – pública ou privada – possa registrar diplomas de IES não universitárias. Por outro lado, permite igualmente que os centros universitários registrem seus próprios diplomas.

§ 2º – Com a crescente internacionalização da educação superior, esta é uma questão crucial hoje, quando há uma grande quantidade de alunos brasileiros fazendo graduação no exterior. Trata-se de matéria regulamentada na Portaria Normativa 22, de 13/12/2016. Vale acrescentar o que estabelece o Parecer CES/CNE 165/2004, *in verbis* "[...] não obstante os referenciais estabelecidos por acordos internacionais, as universidades públicas federais [...] gozam de prerrogativas constitucionais que lhes garantem o exercício pleno da autonomia didático-científica (cf. art. 207), podendo, assim, desde que respeitada a legislação superior, criar normas específicas em nível interno à instituição, independentemente de posturas divergentes adotadas por outras IES congêneres, fato este que não permite questionamento de direito".

Por fim, cabe acrescentar que a universidade pode revalidar diploma expedido por IES estrangeira, mesmo no caso de cursos que não oferece, contanto que **mantenha outros, reconhecidos, dentro da mesma área de conhecimento**. São as seguintes as prescrições normativas essenciais sobre este tema, com base na Portaria anteriormente referida, tendo como pressuposto a divulgação das respectivas normas pela instituição revalidadora/reconhecedora do diploma obtido no exterior:

No caso de denegação do pedido de revalidação pela universidade pública revalidadora, o requerente poderá fazer nova solicitação a outra universidade pública. Ainda, esgotadas as duas solicitações, diz o texto da resolução, no § 2º: *caberá recurso, exclusivamente justificado em erro de fato ou de direito, à Câmara de Educação Superior do Conselho Nacional de Educação.*

Duas observações de direta vinculação ao foco do artigo em análise:

> *Art. 26. É de responsabilidade do requerente identificar curso similar ou equivalente em universidades devidamente credenciadas e habilitadas nos termos desta Resolução.*
>
> *Art. 27. Portadores de diplomas de cursos estrangeiros de pósgraduação* stricto sensu *poderão identificar a informação referente à universidade apta ao reconhecimento no Sistema Nacional de Pós-Graduação (SNPG) da Coordenação de Aperfeiçoamento de Pessoal de Nível Superior (Capes).*

§ 3º – Tema conexo ao do parágrafo anterior, a revalidação de diploma de mestrado e de doutorado expedido por universidades estrangeiras requer cuidados especiais pelo grau da titulação, com limitação explicitada na Portaria Normativa 22/2016, § 2º, como vimos. Diz a lei que eles somente poderão ser reconhecidos por instituições universitárias nacionais que ofereçam programas de pós-graduação reconhecidos e avaliados e, ainda, na mesma área de conhecimento. Também estarão sujeitas a reconhecer só cursos feitos no exterior equivalentes no nível de oferta que possuam. Isto quer dizer que, para uma dada universidade reconhecer um diploma de Curso de Doutorado obtido no exterior, é necessário que ela própria ofereça curso equivalente, não apenas na área, mas também no nível. Aliás, seria contrassenso uma instituição que só possui programas de mestrado reconhecer diploma de doutorado.

Considerando que as universidades são instituições pluridisciplinares de formação dos quadros profissionais de nível superior (art. 52), e, ainda considerando que esta dimensão ontológica do SER UNIVERSIDADE lhe atribui um alto grau de complexidade socioinstitucional, ela vive em contínuo processo de ajustes, atualizações e reafirmações funcionais. Atento a esta dimensão acadêmico-científica pela universidade, o CNE aprovou a Resolução CNE/CES nº 4, de 16 de novembro de 2022, estabelecendo normas para funcionamento de curso de pós-graduação *stricto sensu,* nos termos que seguem:

> *Art. 1º Alterar o artigo 11 da Resolução CNE/CES nº 7, de 11 de dezembro de 2017, que passa a ter a seguinte redação:*
>
> *Art. 11 As instituições poderão solicitar à Capes a alteração da nomenclatura de cursos de mestrado e doutorado, a área básica ou a área de avaliação, a modalidade de ensino e a modalidade de programa a qualquer tempo.*
>
> *Parágrafo único. Fica a Capes autorizada, por delegação da CES/CNE, a proceder diretamente com as alterações mencionadas no caput, em conformidade com os procedimentos avaliativos e regulatórios vigentes.*
>
> *Art. 2º Esta Resolução entrará em vigor na data de 1º de dezembro de 2022.*
>
> *ALYSSON MASSOTE CARVALHO*

Uma questão de ordem prática diz respeito a refugiados estrangeiros no Brasil ou a imigrantes indocumentados que necessitem regularizar sua certificação acadêmico-documental, referente ao reconhecimento do diploma. A Resolução CNE nº 1/2022 trata igualmente do assunto e, assim, prescreve:

Art. 8º , § 3º e 4º:

§ 3º Refugiados estrangeiros no Brasil que não estejam de posse da documentação requerida para a revalidação, nos termos desta Resolução, migrantes indocumentados e outros casos justificados e instruídos por legislação ou norma específica, poderão ser submetidos à prova de conhecimentos, conteúdos e habilidades relativas ao curso completo, como forma exclusiva de avaliação destinada ao processo de revalidação.

§ 4º Quando os resultados da análise documental, bem como os de exames e provas, demonstrarem o preenchimento parcial das condições exigidas para revalidação, poderá o(a) requerente, por indicação da universidade pública revalidadora, realizar estudos complementares sob a forma de matrícula regular em disciplinas do curso a ser revalidado, a serem cursados na própria universidade revalidadora ou em outra universidade pública.

Art. 49 – As instituições de educação superior aceitarão a transferência de alunos regulares, para cursos afins, na hipótese de existência de vagas, e mediante processo seletivo.

Parágrafo único. As transferências ex *officio* dar-se-ão na forma da lei.

Art. 49 – A questão de transferência no Ensino Superior constitui problema que exige enorme cuidado. O processo de ingresso na universidade é meramente classificatório, ou seja, desconsidera a afinidade entre as aptidões do candidato, seus interesses pessoais e o curso de destinação. Resultado: o que mais se vê na universidade é aluno fazendo curso em que não gostaria de estar. Este desencontro cria todas as precondições para que o instituto da transferência se transforme em negócio. Isto agravado, ainda, pela chamada migração interna de alunos. Consiste este mecanismo em o aluno submeter-se a um vestibular para acesso a um curso de baixa demanda, ficar nele dois ou três semestres e, à vista de "boas" notas, ganhar condições para transferir-se para cursos de Direito, Administração (na área de Humanas) ou de Medicina, Odontologia (na área de Biomédica) ou outros cursos considerados de maior prestígio socioeconômico no mercado de trabalho. Tradicionalmente, os cursos de Licenciatura são muito usados para nutrir este mecanismo perverso.

Como muitas universidades usam disciplinas indiferenciadas por curso, no Ciclo Básico, está armada a estratégia.

No artigo aqui analisado, a lei condiciona a transferência de alunos de cursos regulares, na hipótese de existência de vagas, para cursos afins. No entanto, para que esta transferência seja efetivada, a instituição deverá fazer seleção dos candidatos. A Universidade de Brasília, por exemplo, publica, no *Diário Oficial*, a relação de cursos para os quais está disponibilizando vagas. Publica, igualmente, o número de vagas existentes. E os postulantes se submetem a um processo seletivo preso a requisitos acadêmicos. Fica claro que só é possível transferência de alunos oriundos de cursos regulares. Entendam-se, como tal, os cursos de graduação e de pós-graduação. Os cursos sequenciais (art. 44, inc. I), por exemplo, estão fora do instituto da transferência, "por se tratar de cursos com objetivos formativos definidos, individuais ou coletivos".

Parágrafo único – As transferências *ex officio* estão regulamentadas pela Lei 9.536/1997, com a seguinte redação:

Art. 1º – A transferência ex officio *a que se refere o par. único do art. 49 da Lei 9.394, de 20/12/1996, será efetivada, entre instituições vinculadas a qualquer sistema de ensino, em qualquer época do ano e independente da existência de vaga, quando se tratar de servidor público federal civil ou militar estudante, ou seu dependente estudante, se requerida em razão de comprovada remoção ou transferência de ofício, que acarrete mudança de domicílio para o município onde se situe a instituição recebedora, ou para localidade mais próxima desta.* (Cf. Adin, 3.324-3.327.)

Parágrafo único. A regra do caput *não se aplica quando o interessado na transferência se deslocar para assumir cargo efetivo em razão de concurso público, cargo comissionado ou função de confiança.*

Por oportuno, cabe esclarecer que este artigo de regulamentação da transferência *ex officio* foi objeto da Ação Direta de Inconstitucionalidade (Adin), 3.324, e cuja decisão final do STF foi a seguinte:

O Tribunal, por unanimidade, julgou procedente, em parte, a ação para, sem redução do texto do art. 1º da Lei 9.536, de 11/12/1997, assentar a inconstitucionalidade no que se lhe empreste o alcance de permitir a mudança, nele disciplinada, de instituição particular para pública, encerrando a cláusula "entre instituições vinculadas a qualquer sistema de ensino" a observância da natureza privada ou pública daquela de origem, viabilizada a matrícula na congênere. Em síntese, dar-se-á a matrícula, segundo o art. 1º da Lei 9.536/1997, em instituição privada se assim o for a de origem e em pública se o servidor ou o dependente for egresso de instituição pública, tudo nos termos do voto do Relator. Votou o Presidente, Ministro Nelson Jobim. Falaram, pelo Ministério Público Federal, o Dr. Cláudio Lemos Fonteles, Procurador-Geral da República e, pela Advocacia-Geral da União, o Dr. Álvaro Augusto Ribeiro Costa, Advogado-Geral da União.

– Plenário, 16/12/2004.

– Acórdão, DJ 05/08/2005.

Art. 50 – As instituições de educação superior, quando da ocorrência de vagas, abrirão matrícula nas disciplinas de seus cursos a alunos não regulares que demonstrarem capacidade de cursá-las com proveito, mediante processo seletivo prévio.

Art. 50 – Uma das questões mais discutidas, hoje, no âmbito do Ensino Superior é, precisamente, como tornar este ensino mais flexível na organização, mediante sua democratização. Trata-se, portanto, de mudar o modelo operativo. Mais do que isto: buscam-se ampliar as responsabilidades sociais da universidade. Ora, o regime seriado, a matrícula em blocos de disciplinas sob a forma de regime semestral fechado, tudo isto se faz elemento impeditivo para que um número crescente de pessoas possa acessar a instituição universitária.

Aqui, a legislação caminha no sentido oposto ao modelo travado de matrícula. Mediante processo seletivo (não necessariamente vestibular no sentido tradicional), qualquer pessoa, desde que revele capacidade para cursar, poderá matricular-se em disciplina isolada. Numa época de crescente importância das relações da escola com a comunidade e da universidade com o sistema produtivo (empresas representadas por patrões e trabalhadores), esta alternativa ganha extrema relevância. Positivo para o aluno que queira realizar estudos independentes, para alunos de cursos sequenciais (art. 44, inc. I) etc., pois poderá se apropriar de conhecimentos novos em benefício do seu trabalho, sem ter que parar de trabalhar. Positivo para a universidade que, incorporando este aluno eventual, possuidor, certamente, de um conhecimento prático, terá a oportunidade de testar o saber formal, sistemático. Abre-se, portanto, uma nova ambiência para a "reflexão sobre as condições de veracidade do conhecimento e suas relações com os diferentes contextos sociais em que é produzido" (VELHO, 1996: 7). Alunos não regulares são todos aqueles alunos que, sob autorização especial, frequentam cursos e programas em caráter eventual para a realização de estudos de duração rápida e limitada. São os chamados alunos em trânsito acadêmico episódico. Nesse caso, a matrícula é em disciplina(as) e, não, em um determinado curso.

Art. 51 – As instituições de educação superior credenciadas como universidades, ao deliberar sobre critérios e normas de seleção e admissão de estudantes, levarão em conta os efeitos desses critérios sobre a orientação do Ensino Médio, articulando-se com os órgãos normativos dos sistemas de ensino.

Art. 51 – Como destacado na análise do art. 53, as universidades gozam de autonomia, prerrogativa assegurada pelo art. 207 da CF e estendida ao amplo campo das atividades e decisões de caráter didático-científico, administrativo e de gestão financeira e patrimonial. Resguardado o princípio da indissociabilidade entre ensino, pesquisa e extensão, decorrência desta "marca registrada" das IES credenciadas a funcionar como universidades, é a prerrogativa apontada de poder "deliberar sobre critérios de seleção e admissão de alunos" para acesso aos seus cursos e programas.

Retorna-se, neste artigo, à questão da relevante necessidade de articulação entre os vários níveis de ensino. No caso em tela, entre o Ensino Médio, última etapa da educação básica, e a educação superior. Assim, para definir procedimentos de acesso do aluno aos seus cursos regulares, a universidade deverá informar-se sobre o conjunto de diretrizes adotadas pelo respectivo sistema para o Ensino Médio e, a partir desta constatação, apoiar os critérios de seleção e de admissão de alunos.

A providência legal é grandemente saudável. Há muito o Ensino Superior vem divorciado do Ensino Médio. As provas dos vestibulares são radiografias de "fórmulas" apropriadas pelos alunos nos "cursinhos". É nesse sentido que se há de reconhecer que o Ensino Médio se tornou refém do vestibular. Entre estes dois níveis de ensino, não há qualquer relação de construção articulada e solidária de conhecimentos. Leva-se em conta, tão somente, a dependência legal-organizativa entre eles. Não fora assim, inexistiria a necessidade de se ter um Ensino Médio de três anos, fazendo o último funcionar *interligado* ao cursinho. Interligado? Para quê? Não será este estranho figurante (o cursinho) um despiste de um Ensino Médio desfigurado, sem identidade?!

O remédio legal parece, dessa forma, muito adequado. Mas ainda é insuficiente. O problema continuará enquanto os professores das universidades não desenvolverem um diálogo permanente com os professores do Ensino Médio.

Diálogo que deverá passar por uma discussão permanente sobre os conteúdos e sua formalização (disciplina), sobre as metodologias, sobre os mecanismos de uma relação fecunda entre teoria/prática, sobre os sistemas de avaliação, sobre o livro didático e outros materiais de apoio ao ensino e, por fim, sobre o problema da compreensão e da operacionalização dos valores da sociedade adotados na prática educativa. Estas questões há muito andam esquecidas da universidade. Há alguma discussão sobre elas, aqui e ali, porém, não existe uma preocupação sistematizada voltada para o fortalecimento do diálogo entre professores universitários e professores da escola de Ensino Médio. Aliás, nunca se ouviu falar de encontros, reuniões, simpósios e assemelhados, de nível nacional, para o debate sobre estas questões. Reuniões de professores universitários com professores do Ensino Médio só nos meses que antecedem o vestibular. E para tratar de Sua Excelência, o Vestibular!!

O conteúdo deste artigo é de tamanha relevância, que a Lei 13.415/2017, focada na reforma do Ensino Médio, retoma o assunto, reforçando a obrigação de uma interlocução entre as IES e as escolas de Ensino Médio, ao definir que *"A União estabelecerá os padrões de desempenho esperados para o Ensino Médio, que serão referência nos processos nacionais de avaliação, a partir da Base Nacional Comum Curricular"* (art. 36, § 6º, incorporado à LDB).

Aqui, convém reiterar que o conceito de BNCC está vinculado sempre ao de direitos e objetivos de aprendizagem. O que importa é mais um parâmetro a ser levado em conta pelas universidades na fixação de critérios das provas de seleção de alunos para seus quadros.

Para atender a determinação legal de integrar a universidade com os professores do Ensino Médio, a Universidade de Brasília (UnB) desenvolveu a proposta do Programa de Avaliação Seriada (PAS) em 1985. O MEC, à época, rejeitou a ideia apresentada pelo então reitor, Cristóvão Buarque. Dez anos depois, em 1995, foi constituída comissão mista para discutir formas alternativas de ingresso na universidade. Seguiu-se uma agenda extensa de reuniões com professores do Ensino Médio e da UnB, objetivando a seleção de conteúdos relevantes para avaliação dos estudantes. Em 1996, o programa foi implementado e a primeira prova foi realizada. Três anos mais tarde, os primeiros alunos ingressaram na UnB pelo novo sistema seletivo. O PAS avalia os conhecimentos do aluno ao término de cada série. A média das três notas compõe a classificação. Este sistema de ingresso na universidade passou a ser adotado por várias universidades do país.

A lei é clara: as IES, credenciadas como universidades, ao deliberar sobre os critérios e normas de seleção e admissão de estudantes, levarão em conta os efeitos desses critérios sobre a orientação do Ensino Médio, **articulando-se com os órgãos normativos dos sistemas de ensino** [grifo nosso].

É, ainda, conveniente lembrar que as provas de acesso à educação superior foram sempre enquadradas em critério de seleção quantitativa, classificando alunos no patamar correspondente ao número de vagas disponíveis em cada curso de instituição promotora do certame seletivo. A partir destas novas regulações legais, é possível aguardar-se uma mudança qualitativa, seja em decorrência das alterações produzidas pela Lei 13.415/2017 (reforma do Ensino Médio), no caso de seleção de alunos para a universidade via exame vestibular e/ou Enem com a nova regulamentação de realização, como se pode ver:

PORTARIA 468/2017, MEC/GM

Art. 1º – O Exame Nacional do Ensino Médio (Enem), instituído pela Portaria 438, de 28/05/1998, e novamente instituído pela Portaria 807, de 18/06/2010, observará, em sua realização, a partir deste exercício, as disposições constantes nesta Portaria.

Art. 2º – Constitui objetivo primordial do Enem aferir se aqueles que dele participam demonstram, ao final do Ensino Médio, individualmente, domínio dos princípios científicos e tecnológicos que presidem a produção moderna e se detêm conhecimento das formas contemporâneas de linguagem.

Art. 3º – Os resultados do Enem deverão possibilitar:

I – a constituição de parâmetros para a autoavaliação do participante, com vistas à continuidade de sua formação e a sua inserção no mercado de trabalho;

II – a criação de referência nacional para o aperfeiçoamento dos currículos do Ensino Médio;

III – a utilização do Exame como mecanismo único, alternativo ou complementar para acesso à educação superior, especialmente a ofertada pelas instituições federais de educação superior.

Embora o Enem tenha se consolidado como porta principal de acesso à educação superior, convém registrar que há prevalência ainda do **vestibular próprio** por parte das IES para o acesso dos estudantes aos cursos oferecidos, ora combinado, ora não, com o exame, que testa cinco capacidades básicas enquadradas em "eixos cognitivos", a saber: 1) Domínio de linguagens; 2) Compreensão e interpretação de fenômenos; 3) Solução de problemas; 4) Construção de argumentação; e 5) Elaboração de propostas. Estes "eixos cognitivos" vão passar a ser trabalhados na sala de aula do Ensino Médio através da BNCC, parametrados legalmente pelos direitos e objetivos de aprendizagem dos alunos (do Ensino Médio). A nota do Enem pode ser utilizada através de uma das quatro seguintes vias:

- Via única: substituir o vestibular.

- Primeira etapa: no caso de o processo seletivo incluir mais de uma etapa, é adotado como etapa classificatória inicial.

- Componente de nota: contribui com outra forma de avaliação.

- Bonificação: à nota do vestibular, agregam-se pontos da nota do Enem.

Art. 52 – As universidades são instituições pluridisciplinares de formação dos quadros profissionais de nível superior, de pesquisa, de extensão e de domínio e cultivo do saber humano, que se caracterizam por:

I – produção intelectual institucionalizada mediante o estudo sistemático dos temas e problemas mais relevantes, tanto do ponto de vista científico e cultural quanto regional e nacional;

II – um terço do corpo docente, pelo menos, com titulação acadêmica de mestrado ou doutorado;

III – um terço do corpo docente em regime de tempo integral.

Parágrafo único. É facultada a criação de universidades especializadas por campo do saber.

Art. 52 – A missão essencial da universidade é produzir e disseminar conhecimento, via formação profissional avançada, em diferentes áreas do saber. Por isso, são definidas como instituições pluridisciplinares seja enquanto centros produtores de pesquisa e conhecimento, seja enquanto centros de grande amplitude para a formação profissional avançada em diferentes áreas. Ao reunir professores especializados e pesquisadores, a universidade trabalha com o conhecimento articulado para assegurar, o quanto possível, o domínio e o cultivo do saber humano. Ela é, por excelência, **o lugar da produção intelectual, não como propriedade privada, mas como patrimônio público, humano e social**.

Com este artigo, some o modelo de universidade contido na Lei 5.540/1968, cujo elemento essencial era a obrigatoriedade de "universalidade de campos de conhecimento", como requisito fundante de estruturação, organização e funcionamento. Conceber a universidade como instituição pluridisciplinar, por outro lado, implica reconceituar disciplina. Deixa de ser apenas um conteúdo só internamente articulado, ou seja, com sequência semântica, pedagógica e acadêmica interna, e passa a significar componente holístico de conhecimentos, com interfaces inseparáveis e autonomia relativa. Este entendimento decorre da complexidade dos saberes que já não podem ficar circunscritos a uma disciplina como organização estanque e congelada. Pluridisciplinar é atributo que visa a quebrar o artificialismo da fragmentação do conhecimento curricular. Com esta visão, o legislador busca evitar o simplismo (aprendizado sob a forma de treinamento), o reducionismo (aprendizado como estímulos condicionadores circunscritos a interesses de mercado), o mecanicismo (aprendizado que obstrui o sujeito e destrói a diferença), o idealismo (aprendizado que deslegitima a pluralidade dos processos pedagógicos) e a onisciência (aprendizado que foca a possibilidade de a educação escolar "moldar" as pessoas). A universidade é um espaço formal de cruzamentos de conhecimentos tecidos rizomaticamente. Nela, o conhecimento científico e o conhecimento das narrativas enredadas nas esferas cotidianas da sociedade concreta, convivencial, negocial, híbrida e complexa se cruzam na rearticulação de novas lógicas e de novas formas de desenhar projetos de vida. A universidade pluridisciplinar é um laboratório de formação/transformação, e não de conformação.

Até agora, a lei tratou da *educação superior e das instituições universitárias*. A partir de então, passa a focar a universidade propriamente enquanto conceito unitário-pluriforme. Ao conceituá-la, ratifica, na perspectiva do modus operandi, as finalidades da educação superior contidas no art. 43. Nesse nível de educação, a disciplina não é um conhecimento circunscrito ou um mero componente curricular. Portanto, uma simples parte do todo curricular. Como aponta Saviani (1994: 58), "o que define a fisionomia da disciplina é o seu programa, com maior ou menor intensidade de temas, associado ou não a exercícios/atividades [...]". Nesta mesma linha, pontua Chervel (1990: 203): "Cada disciplina apresenta-se como um *corpus* de conhecimentos, providos de uma lógica interna, articulados em torno de alguns termos específicos, organizados em planos sucessivos claramente distintos e desembocando em algumas ideias simples e claras, ou em todo caso encarregados de esclarecer a solução de problemas complexos". O Relatório Faure (UNESCO, 1972: 225), há quatro décadas e meia, realçava a dimensão do transbordamento das disciplinas em decorrência do desfronteiramento da educação: "*A partir de agora, a educação não se define mais em relação a um conteúdo determinado que se trata de assimilar, mas concebe-se, na verdade, como um processo de ser que, através da diversidade de suas experiências, aprende a exprimir-se, a comunicar, a interrogar o mundo e a tornar-se sempre mais ele próprio. A ideia de que o homem é um ser inacabado e não pode realizar-se senão ao preço de uma aprendizagem constante, tem sólidos fundamentos não só na economia e na sociologia, mas também na evidência trazida pela investigação psicológica. Sendo assim, a educação tem lugar em todas as idades da vida e na multiplicidade das situações e das circunstâncias da existência. Retoma a verdadeira natureza que é ser global e permanente, e ultrapasse os limites das instituições, dos programas e dos métodos que lhe impuseram ao longo dos séculos".*

Em sendo instituições *pluridisciplinares,* as universidades têm o dever de organizar o conhecimento sob eixos estruturantes que envolvem: i) A estrutura das diversas áreas do conhecimento; ii) O vínculo entre o domínio do conhecimento e o respectivo processo de aquisição; iii) A identificação do conteúdo globalizante de cada subárea do conhecimento (cursos), incluindo o saber específico e as metodologias que vão determinar a trajetória a ser palmilhada para a assimilação deste saber; iv) A captação da estrutura das disciplinas, lembrando que cada disciplina "constitui uma singular projeção do conhecimento científico no plano da assimilação e tem suas regularidades determináveis pelos fins do ensino, as peculiaridades assimilativas, o caráter e as possibilidades da atividade psíquica dos alunos e outros fatores" (DAVYDOV, 1981: 6). Portanto, a *pluridisciplinaridade* deve ser entendida como um universo diversificado de disciplinas sem que isto signifique uma fragmentação, uma dispersão de saberes. Na verdade, a espinha dorsal da organização do ensino na universidade é a construção da unidade do conhecimento por via da multiplicidade dos saberes. Daí poder-se dizer que o essencial no conhecimento que se transmite não é o que resulta dele, mas sobretudo, o processo como se chega a ele. Assim, a universidade é uma instituição *pluridisciplinar* porque trabalha com processos *interdisciplinares.* Processos que envolvem aspectos lógico-psicológicos da sistematização interna de cada disciplina, a correlação entre as disciplinas do curso específico e as ciências de referência, a própria organização das disciplinas que compõem o currículo dado e a estruturação do pensamento científico-teórico, o desenvolvimento e a crescente elevação dos patamares do pensamento dos alunos e, por fim, a plena formação do cidadão contemporâneo.

A caracterização do funcionamento (modo de organizar e operar) das universidades começa pela *produção intelectual institucionalizada.* Ou seja, não se trata de algo episódico, eventual, tipo resposta aos desafios da imediatidade. Pelo contrário, a ideia é de uma produção científica referida a um esquema de tempo com ritmo próprio e contínuo. Não significa que venha trabalhar dentro de um tempo sem limite, indeterminado, senão que o processo não pode ser comprometido pelo calendário. Há uma organização do calendário, mas não uma subalternidade a ele. O calendário disciplina os processos e referencia etapas, porém não fratura o sentido de *continuum* do tempo-calendário.

> I – O estudo sistemático de temas e problemas relevantes atende à dimensão, comentada anteriormente (art. 43), da função investigativa e social da universidade. A relevância refere-se seja à dimensão científica do que se produz, seja à importância social que o produto tem para a coletividade. Por outro lado, esta relevância pode ter um foco geral (o conhecimento não tem fronteira), nacional (a universidade prepara cidadãos que vivem em um território autônomo) e regional (a universidade está referida a um contexto e sua geografia cultural não pode ignorar a geografia humana, na busca da construção de uma *geopedagogia*).

> II – A missão da universidade, de grande transcendência social, supõe, para ser colimada, a existência de quadros docentes de avançada qualificação. Na verdade, não se produz ciência sem competência. Não se desenvolvem competências sem inteligência. Não se constrói saber sem metodologia. Não pode formar para profissões quem não tem formação. Daí a necessidade de titulação acadêmica formal avançada em, ao menos, uma parte (1/3) do corpo docente. Ensinar não é transmitir, senão recriar conhecimento. E como fazê-lo sem o instrumental científico da competência possuída?!

Para acompanhar o cumprimento desta exigência, a Portaria do MEC 327, de 01/02/2005, instituiu o Cadastro Nacional de Docentes e respectiva operacionalização. Anualmente, as IES devem atualizar o seu cadastro docente e comunicar ao Inep/MEC.

> III – Desdobramento da exigência anterior, é a profissionalização do corpo docente, mediante um regime de trabalho estável na instituição. Tempo integral significa quarenta horas semanais de trabalho acadêmico (ensino, pesquisa e extensão) centrado no projeto institucional específico. A sociedade concorda com uma universidade competente e dedicada integralmente à produção do saber e ao desenvolvimento do ensino. Mas exige, também, resultados concretos e, por isso, reclama, cada vez mais, o direito de participar da avaliação externa das universidades.

Diz o par. único do art. 69 do Decreto 5.773/2006 que "[...]o regime de trabalho docente em tempo integral compreende a prestação de quarenta horas semanais de trabalho na mesma instituição, nele reservado o tempo de pelo menos vinte horas semanais para estudos, pesquisa, trabalhos de extensão, planejamento e avaliação".

Parágrafo único – Aqui se aponta um novo horizonte para a criação de universidades. Até agora, somente poderiam ser criadas universidades com pluralidade de áreas. A ideia de *universitas* deveria estar representada na própria configuração dos campos de saber. Assim, a oferta de cursos nas áreas das Ciências Humanas, das Ciências Biomédicas, das Ciências Exatas e da Tecnologia era precondição para a criação de universidades. A partir de agora, poderão ser criadas universidades *especializadas,* ou seja, universidades centradas em um campo de saber verticalizado. Poderemos, a partir de então, ter universidades de Ciências do Meio Ambiente, por exemplo. O país poderá ganhar não apenas pelo processo de flexibilização da rede de universidades, uma vez que ficará menos complexa a instalação de uma universidade, mas também porque é de se esperar a evolução positiva de quadros de altos especialistas. Esta estrutura especializada poderá concorrer para que os professores-pesquisadores se transformem de acadêmicos em cientistas e de cientistas em intelectuais de escol.

Antes de prosseguir na hermenêutica deste parágrafo único, vale uma ressalva. As **universidades especializadas** são criadas a partir de focos de conhecimentos finalisticamente verticalizados em sua gênese, por razões institucionalmente predefinidas em sua concepção. A ênfase institucional, vinculada à particularidades do contexto, não impede a irradiação dos programas de ensino a áreas conexas, ou de transfusão dos saberes científicos e tecnológicos. Como instituição social relevantíssima, a universidade não pode esgotar-se e isolar-se em uma única missão. Ela precisa estar continuamente aberta às demandas da sociedade. Como anotado no documento final da Declaração Mundial sobre a Educação Superior no Século XXI/Conferência de Paris (1998: 40): *Essa futura sociedade global do conhecimento a que alude o Marco Referencial da Declaração de Paris, ninguém ainda sabe ao certo como será e qual será seus desenhos, como também ninguém será capaz de provar quais serão seus efeitos sociais. Na incerteza deste novo cenário que começa a surgir, a universidade e as instituições de Ensino Superior e de pesquisa têm uma função primordial a cumprir, qual seja, a de exercer papel crítico e construtivo no processo de delineamento de uma nova sociedade. Nesse processo, ela deverá* *sempre levar em conta que uma das funções básicas da universidade consiste, como queria James Perkins, antigo reitor da Universidade de Cornell, em atender os grandes interesses públicos da sociedade.*

A primeira universidade especializada do Brasil foi a Universidade Tecnológica Federal do Paraná (UTFPR). É importante compreender que a ideia do legislador é possibilitar a criação de universidades com um alto grau de domínio em áreas específicas, o que não significa necessariamente estimular a existência de pequenas instituições. A UTFPR, por exemplo, possui uma envergadura acadêmica formidável com treze campi, 4 cursos técnicos, 46 cursos de Engenharia, 22 cursos de Tecnologia, 19 bacharelados, 16 licenciaturas, além de doutorados, mestrados e inúmeras especializações. No total, atende a mais de 22 mil alunos. A universidade especializada, portanto, não é a universidade do conhecimento limitado nem a universidade que sabe menos. É, sim, a universidade do conhecimento aprofundado. Ou seja, a universidade que busca saber mais e laborar (laboratório!) mais extensa e intensamente um determinado campo. Qualquer que seja a envergadura da universidade, possuirá sempre uma única natureza: formar profissionais e cidadãos, elaborar a consciência crítica e produzir e transmitir conhecimentos.

Na sociedade do conhecimento, do mundo globalizado, da revolução tecnológica e dos sistemas planetários em rede, parece impositivo imaginar a universidade do século XXI com funções e objetivos múltiplos, porém, alimentada por elementos que constituem a diversidade e o diferencial da sociedade que lhe dá sustentação. Por isto mesmo falar em universidade **generalista** ou **especializada** é um **equívoco** à medida que "[...] *não se trata de categorizar instituições, mas funções*" (MOURA CASTRO, 2003: 489).

A Resolução 3, de 14/10/2010, do Conselho Nacional de Educação (CNE), com base no Parecer CNE/CES 107/2010, regulamenta este art. 52, impondo normas e procedimentos para credenciamento e recredenciamento de universidades do Sistema Federal de Ensino. Esta iniciativa, de alguma forma, representa uma drástica redução das possibilidades de aplicação plena do par. único do art. 52. Trata-se, portanto, de um alinhamento normativo, de natureza amplamente restritiva, que atinge não só o setor público, mas também as instituições privadas de educação superior. Vejamos alguns passos em destaque da Resolução citada.

As novas delimitações com enfoque parcial são as seguintes:

CONSELHO NACIONAL DE EDUCAÇÃO
CÂMARA DE EDUCAÇÃO SUPERIOR
RESOLUÇÃO 3, DE 14/10/2014

Art. 1º – *Os processos de credenciamento e recredenciamento de universidades observarão as diretrizes fixadas nesta Resolução.*

DO CREDENCIAMENTO DE UNIVERSIDADES

Art. 2º – *A criação de universidades será feita por credenciamento de centros universitários recredenciados, em funcionamento regular nessa categoria institucional há, no mínimo, 9 (nove) anos.*

Parágrafo único. *As faculdades em funcionamento regular há, no mínimo, 12 (doze) anos e que apresentem trajetória diferenciada, com excelente padrão de qualidade, além de preencherem as condições fixadas nesta Resolução, poderão, em caráter excepcional, requerer credenciamento como universidade.*

Art. 3º – *São condições prévias indispensáveis para o requerimento de credenciamento como universidade:*

I – um terço do corpo docente, com titulação de mestrado ou doutorado, conforme o inc. II do art. 52 da Lei 9.394/1996 e respectivas regulamentações;

II – um terço do corpo docente em regime de tempo integral, conforme o inc. III do art. 52 da Lei 9.394/1996 e par. único do art. 69 do Decreto 5.773/2006;

III – Conceito Institucional (CI) igual ou superior a 4 (quatro) na última Avaliação Institucional Externa do Sistema Nacional de Avaliação da Educação Superior (Sinaes);

IV – Índice Geral de Cursos (IGC) igual ou superior a 4 (quatro) na última divulgação oficial do Instituto Nacional de Estudos e Pesquisas Anísio Teixeira (Inep);

V – oferta regular de, no mínimo, 60% (sessenta por cento) dos cursos de graduação reconhecidos ou em processo de reconhecimento devidamente protocolado, no prazo regular (Resolução CNE/CES 3/2010. *Diário Oficial da União,* 15/10/2010, seção 1, p. 10).

VI – oferta regular de, pelo menos, 4 (quatro) cursos de mestrado e 2 (dois) de doutorado, reconhecidos pelo Ministério da Educação (MEC);

***VII** – compatibilidade do Plano de Desenvolvimento Institucional (PDI) e do Estatuto com a categoria de universidade;*

***VIII** – não ter sofrido, nos últimos 5 (cinco) anos, relativamente à própria instituição ou a qualquer de seus cursos, as penalidades de que trata o § 1º do art. 46 da Lei 9.394/1996, regulamentado pelo art. 52 do Decreto 5.773/2006.*

[...]

DO CREDENCIAMENTO DAS UNIVERSIDADES FEDERAIS

***Art. 6º** – O credenciamento das universidades federais, criadas por lei, terá rito próprio, caracterizado pelas seguintes exigências e prazos, observados os termos do art. 46, § 1º, da Lei 9.394/1996:*

***I** – até 60 (sessenta) dias após a sanção de sua lei de criação, as Instituições Federais de Educação Superior (Ifes) deverão inscrever-se no cadastro eletrônico do MEC, com suas informações gerais e cursos iniciais, observando, no que couber, a regra do art. 28 do Decreto 5.773/2006;*

***II** – até 180 (cento e oitenta) dias após a posse do primeiro Reitor, as Ifes deverão inserir, em formulário eletrônico próprio, o Estatuto e o PDI da instituição, em conformidade com o art. 15 do Decreto 5.773/2006;*

***III** – após a análise documental dos elementos referidos no inciso anterior, a Secretaria competente emitirá parecer, encaminhando-o à apreciação da CES/CNE.*

***Parágrafo único**. A deliberação favorável da CES/CNE, homologada pelo Ministro da Educação, finalizará o processo de credenciamento.*

DO RECREDENCIAMENTO DE UNIVERSIDADES

***Art. 7º** – O requerimento de recredenciamento de universidades deverá ser protocolado em data anterior ao prazo final estabelecido no ato de credenciamento no decorrer de cada ciclo avaliativo do Sinaes, observada a legislação vigente.*

***Art. 8º** – Aplicam-se ao recredenciamento de universidades as disposições constantes nos inc. I, II, V, VI e VII do art. 3º da presente Resolução, observadas as seguintes condições:*

***I** – conceito satisfatório, igual ou superior a 3 (três), na última Avaliação Institucional Externa como universidade, referente ao ciclo avaliativo do Sistema Nacional de Avaliação da Educação Superior (Sinaes);*

II – conceito satisfatório, igual ou superior a 3 (três), no Índice Geral de Cursos (IGC) de universidade, referente ao último resultado divulgado oficialmente pelo Inep.

Embora se reconheça a necessidade e conveniência de regulamentação da matéria, é oportuno destacar alguns aspectos negativos, equivocados e restritivos que a norma contém. Vejamos, então:

1. O Conselho Nacional de Educação (CNE), estranhamente, tratou do assunto, vinculando-o ao disciplinamento do art. 52 da LDB. Este artigo é conceitual e indicativo: "**as universidades são instituições pluridisciplinares...**" Ora, a matéria é de natureza procedimental (para Torrieri Guimarães, procedimento é um conjunto de atos que constituem o modo pelo qual se ritualiza a dinâmica do processo, 2006: 457). Portanto, trata-se de temática, estrutural e conceitualmente jungida ao art. 46 da LDB. Com esta manobra técnico-conceitual, o CNE criou amplas condições de ampliar, ao seu alvedrio, o circuito de exigências disciplinares para cimentar o processo de credenciamento e recredenciamento de universidades. No caso, há uma nítida circunstância de extrapolação de competência e de hierarquia legal. No primeiro caso, o instituinte técnico ultrapassa o legislativo e, no segundo, o instituinte normativo ultrapassa o legal.

2. Cabe destacar que a Resolução em tela lateraliza a plenitude da vigência do *caput* do art. 46 da LDB, ao agregar restrições em escala superdimensionada para criação de universidades, através de processos de credenciamento e recredenciamento, mas que não estão previstas em lei. Curiosamente, valoriza o § 1º do artigo que tem caráter reparador, e o § 2º, que beneficia generosamente as IES federais. A questão essencial é: órgãos de regulação como o CNE e de avaliação, como o Inep, não possuem competência legal para legislar. Esta é uma prerrogativa constitucional exclusiva do poder legislativo.

3. Cria-se uma escala de suposta relevância acadêmica pelo critério cronológico de funcionamento regular da instituição, como se as instituições mais antigas, de estrutura cêntrica, fossem necessariamente boas, e as mais novas, com 9 (nove) anos ou menos de funcionamento, fossem necessariamente inadequadas. Sabe-se que, dentre as primeiras, muitas foram criadas e favorecidas por injunções políticas.

4. Estabelece-se uma graduação academicamente equivocada e ilegal entre centro universitário credenciado, recredenciado e universidade. As condições legais essenciais e formais para a existência regular de universidades já estão fixadas nos art. 43 a 48 da LDB. Nenhum disciplinamento que não esteja acobertado por texto legal revogatório pode anular ou alterar os artigos referidos. Qualquer norma (resolução, portaria, despacho etc.) que mude determinada concepção legal, seja ultrapassando, seja apequenando, tem consistência questionável e eficácia legal nula.

Disciplinamento de lei visa a aclarar e a demarcar a aplicação da lei, porém, não a modificá-la. Esta tendência tem sido corrente em tempos recentes na área de avaliação da educação do país. O alinhamento gradativo aqui apontado revela, mais uma vez, a precedência do critério cronológico sobre o técnico-científico e epistemológico, como se o que distinguisse a universidade não fosse a sua natureza ontológica e as demarcações axiológicas da educação superior.

Ainda, não há como deixar de questionar o prazo de nove anos como condição de a instituição poder habilitar-se aos processos ora referidos. Trata-se, efetivamente, de um limite temporal aleatório, sem qualquer consistência acadêmico-legal. Refere-se, talvez, à soma de 3 (três) etapas sequenciadas de avaliação, em tempo percorrido adequadamente de 3 (três) anos cada. Ora, porque não 2 (dois) ou 4 (quatro) anos? Será que não dá para confiar na solidez acadêmica de uma instituição já avaliada positivamente por um período de dois ciclos temporais? Considerando que o MEC de vez em quando, está com seu sistema protocolar fechado (e-mec), para a entrada de processos novos de credenciamento de centros, fica claro que a Resolução CES/CNE 3, impõe um obstáculo intransponível a instituições que queiram migrar para a condição de centro universitário e, desta, para a condição de universidade, em tempo não distante. Ao remover tal possibilidade para um tempo remoto e imprevisível no futuro, a Resolução agride o conteúdo legal do art. 209, da Constituição Federal, e do art. 7º da LDB. No passado, este alongamento temporal era compreensível pela limitação dos vários tipos de insumos indispensáveis à consolidação dos serviços educacionais oferecidos. Na sociedade em rede, na sociedade do conhecimento globalizado, a universidade é cada vez menos estrutura e cada vez mais conhecimento. Em tempos distantes, ela era **criada**, hoje, pode ser **transplantada**, uma vez que o que a constitui é a inteligência e, não, a burocracia.

5. Fixa-se uma equivalência indevida de pesos no conjunto dos critérios configuradores das condições prévias indispensáveis para o requerimento de credenciamento de universidade, ao se nivelarem requisitos ocasionais deslineares (Conceito Institucional (CI), Índice Geral dos Cursos (IGC)) com requisitos permanentes lineares (um terço do corpo docente com titulação de mestrado ou doutorado, um terço do corpo docente em regime de tempo integral etc.). Fere-se, portanto, o estatuto da legalidade ao se desrespeitar o princípio da hierarquia das leis.

6. Criar universidade pelo critério de escalonamento temporal (período de funcionamento de instituição) é tão equivocado quanto o é fazer o mesmo pelo critério da suposta existência da condicionante de envergadura de certa qualidade acadêmica segundo a qual a faculdade ou o curso é de consistência acadêmica menor que o centro universitário e este, por sua vez, de consistência acadêmica inferior à universidade. Entre estes três entes diferentes há, de fato, diferença de estrutura (dimensão físico-organizacional), de funcionamento (dimensão operativa) e de formas e níveis de articulação e refinalização do conhecimento (dimensão epistemológico-processual), porém, não, diferença de essência teleológica. Assim, constitui equívoco estabelecer normas que conduzem a falseada compreensão de que submeter-se à exigência de uma sequência obrigatória de estágios, configurando-se um processo equivocado de pré-requisitos, importa em desfigurar a natureza da educação superior. Esta, independentemente da estrutura em que se hospede (cursos isolados, cursos integrados, centros universitários e universidades), acha-se submetida aos mesmos fins (cf. art. 205 e LDB, art. 43) e, na forma de ser do ensino ministrado, aos mesmos princípios (cf. art. 206 e LDB, art. 3º).

7. Como tem ocorrido em toda a história da legislação da educação superior brasileira, com circunstâncias agravadas nestes últimos anos, as instâncias de regulação são impiedosas com as instituições privadas e generosas com as públicas. No caso em tela, os parâmetros procedimentais para credenciamento de universidades federais são quebrados naquilo que a universidade tem de mais identificador de sua natureza, de sua essência e de seu **regular** funcionamento: a condição de instituição acadêmica, social e política e, não, de aparelho burocrático. Quando se reduzem as exigências e os procedimentos de funcionamento dos serviços estatais, ganha-se automaticamente em quantidade e perde-se, automaticamente, em qualidade. E sem qualidade não há equidade. É da natureza do Estado brasileiro ser generoso com suas falhas e limitações e ser intolerante com a empresa não pública. Esta conduta dúbia gera insegurança jurídica e, no caso da educação, revela preconceito infundado com as instituições privadas.

8. Para um país como o Brasil, de geografia espacial alargada, de densidade populacional extremamente deslinear e de tantas desigualdades sociais, econômicas, culturais, educacionais e tecnológicas, restrições desmedidas para o credenciamento de novas universidades fortalecem as desigualdades educacionais, estreitando as oportunidades de acesso a populações fora das grandes metrópoles e apequenando as chances de estas populações exercerem o direito à educação continuada através de programas de pós-graduação *stricto sensu*, pelo retardamento que a Resolução CNE/CES 3/2014 impõe. Evidentemente que esta perspectiva conflita frontalmente com o princípio de igualdade de condições para o acesso de permanência na escola, insculpido no art. 206, inc. I, da Constituição Federal, e no art. 3º, inc. III, da LDB. Como se não bastasse, levando-se em conta "a história da fluidez do território brasileiro e do meio técnico-científico informacional" (SANTOS & SILVEIRA, 2001: 21) constata-se que temos, ainda, poucas universidades no Brasil e distribuídas pelo critério de "regiões do mando e regiões do fazer" (p. 22).

Ressalta que esta Resolução vem impregnada de uma ecologia desfavorável à aplicação adequada de políticas públicas e de uma engenharia social que alarga novas fontes de riqueza para os que já têm e novas razões de pobreza para os que nunca tiveram. É como se, a um Brasil, fossem concedidas atividades de progresso e de modernidade e, ao Brasil dos circuitos inferiores da economia, só atividades estacionárias.

O quadro que segue oferece uma visão atualizada do número de universidades, no Brasil de hoje:

Universidades por dependência administrativa	Quantidade
Federais	63
Estaduais	38
Municipais	6
Privadas	88
Total Geral	**195**

Fonte: Sinopse Estatística da Educação Superior, 2015.

9. Por fim, na forma como o art. 52 foi regulamentado pelo CNE, é razoável prever a exacerbação do processo de cartelização do "mercado educacional" de educação superior, privilegiando muitas das instituições universitárias que ou já estão ou caminham, com enorme desenvoltura, para colocar suas ações na Bolsa. As instituições pequenas e médias, por outro lado, muitas delas detentoras de excelente padrão acadêmico, estão condenadas a se conter no círculo de sua pequenez mercadológica e, assim, vão se tornando inviáveis sob o ponto de vista da sustentabilidade financeira. Resultado: não poderão escapar à sanha da globalização econômico-educacional. Os incontidos e recentes processos de fusão de IES, se alinham nesta direção. Os anos de 2016/2017 foram fecundos nesse sentido. E, assim, deverá continuar.

Art. 53 – No exercício de sua autonomia, são asseguradas às universidades, sem prejuízo de outras, as seguintes atribuições:

I – criar, organizar e extinguir, em sua sede, cursos e programas de educação superior previstos nesta lei, obedecendo às normas gerais da União e, quando for o caso, do respectivo sistema de ensino; (Regulamento).

II – fixar os currículos dos seus cursos e programas, observadas as diretrizes gerais pertinentes;

III – estabelecer planos, programas e projetos de pesquisa científica, produção artística e atividades de extensão;

IV – fixar o número de vagas de acordo com a capacidade institucional e as exigências do seu meio;

V – elaborar e reformar os seus estatutos e regimentos em consonância com as normas gerais atinentes;

VI – conferir graus, diplomas e outros títulos;

VII – firmar contratos, acordos e convênios;

VIII – aprovar e executar planos, programas e projetos de investimentos referentes a obras, serviços e aquisições em geral, bem como administrar rendimentos conforme dispositivos institucionais;

IX – administrar os rendimentos e deles dispor na forma prevista no ato de constituição, nas leis e nos respectivos estatutos;

X – receber subvenções, doações, heranças, legados e cooperação financeira resultante de convênios com entidades públicas e privadas.

§ 1º – Para garantir a autonomia didático-científica das universidades, caberá aos seus colegiados de ensino e pesquisa decidir, dentro dos recursos orçamentários disponíveis, sobre: (Redação dada pela Lei nº 13.490, de 2017)

I – criação, expansão, modificação e extinção de cursos; (Redação dada pela Lei nº 13.490, de 2017).

II – ampliação e diminuição de vagas; (Redação dada pela Lei nº 13.490, de 2017)

III – elaboração da programação dos cursos; (Redação dada pela Lei nº 13.490, de 2017)

IV – programação das pesquisas e das atividades de extensão; (Redação dada pela Lei nº 13.490, de 2017)

V – contratação e dispensa de professores; (Redação dada pela Lei nº 13.490, de 2017)

VI – planos de carreira docente. (Redação dada pela Lei nº 13.490, de 2017)

§ 2º As doações, inclusive monetárias, podem ser dirigidas a setores ou projetos específicos, conforme acordo entre doadores e universidades. (Incluído pela Lei nº 13.490, de 2017)

§ 3º No caso das universidades públicas, os recursos das doações devem ser dirigidos ao caixa único da instituição, com destinação garantida às unidades a serem beneficiadas. (Incluído pela Lei nº 13.490, de 2017).

Art. 53 – Depois de mapear as finalidades da educação superior no art. 43, a LDB passa a disciplinar a sua organização e oferta através de um alinhamento de parâmetros que se estende até o art. 52. Para reconstruir visualmente este percurso, revisitemos os temas-foco tratados até agora: 1) Finalidades, art. 43; 2) Abrangência da oferta, art. 44; 3) Natureza das instituições ofertantes, art. 45; 4) Etapas a cumprir para a regularidade de funcionamento, art. 46; 5) Calendário e organização do tempo escolar, art. 47; 6) Diplomação e documentos de certificação, art. 48; 7) Transferência e movimentação escolar, art. 49 e 50; 8) Matrícula em disciplinas isoladas, art. 50; 9) Acesso e seleção, art. 51; e, por fim, 10) Características das universidades, art. 52. Nos dois artigos sequenciados (53 e 54), o legislador introduz uma dimensão legal de alta complexidade, talvez porque ligada à natureza jurídico-conceitual da universidade: **a autonomia**. Sob o ponto de vista de abordagem legislativa, há uma derivação de perspectiva: do trato operacional passa-se à dimensão ontológica do ser[101] universidade. Ou seja, agora, vamos palmilhar este ente chamado universidade mais como **instituição** e menos como **organização**. Este é o foco da questão da autonomia, centralidade do artigo que vamos analisar e, se possível, elucidar.

Instituto salvaguardado pela Constituição Federal (art. 207), esta prerrogativa tem encontrado, ao longo do tempo, múltiplas resistências em todos os aspectos, com ênfase, porém, no aspecto financeiro. Por que isso acontece?

---

101. A ontologia é uma divisão da filosofia que trata da *teoria do ser*, busca resposta à questão: O que o ser é? Como propõe Morente (1980: 62), "a palavra ser significa, de uma parte, existir, estar aí [...], de outra, consistir, ser isto, ser aquilo". Daí decorrem seus dois elementos fundantes: existência e consistência.

Como tem funcionado a autonomia universitária desde a origem da universidade até os dias atuais? Como a Lei da Educação brasileira trata este instituto multissecular? É o que passamos a examinar.

A autonomia universitária é mandamento constitucional. Apesar disso, ouve-se falar com frequência, em intensos e demorados debates, sobre o estabelecimento de termos de autonomia. O fato é que se trata de prerrogativa concebida para assegurar estabilidade à instituição e, assim, poder funcionar em ambiente de inteira liberdade acadêmica e científica, sem ingerência externa de qualquer natureza. Na prática, o que ocorre é que as universidades, públicas e privadas, vivem em processo de conquista da autonomia plena, sem jamais chegarem a este estágio de *utopia concreta*.

O conceito de autonomia é igualitário para as instituições públicas e privadas. Afinal, a concepção de universidade é o mesmo para umas e outras. A própria Constituição Federal não estabelece distinção entre elas e, portanto, não autoriza modalidades diferentes de autonomia. No caso das universidades privadas, costuma haver uma confusão entre autonomia da universidade e autonomia da mantenedora. No entanto, sob o ponto de vista conceitual, este equívoco é inaceitável, pois o instituto da autonomia se realiza nas decisões gerais sobre gestão, ensino, pesquisa e extensão. Tais decisões cabem, essencialmente, à comunidade acadêmica; esta, sim, constituída pelo corpo docente através de colegiados dos quais participam, também, representantes dos alunos e dos servidores técnico-administrativos. Entretanto, decisões que implicam ônus financeiro devem, necessariamente, ser submetidas à instância mantenedora, esta detentora de personalidade jurídica plena para, quando necessário, responder legalmente pelos atos praticados pela instituição.

A linha distintiva do exercício da autonomia entre universidades públicas e privadas acode tão somente a modalidade de gestão, vez que se encontram sob regimes jurídicos diferentes. No caso das públicas, possuem regime jurídico-administrativo próprio, consoante legislação federal, que impõe restrições e limitações no campo da independência para atrair, selecionar e dispensar servidores, fixar vencimentos, celebrar contratos. Esta especificidade da gestão das universidades públicas enquadra-se no conceito de "estatuto jurídico especial", referenciado no *caput* do art. 54 da LDB. Ademais, estão sujeitas a "mecanismos formais de controle interno e externo" (RANIERI, 2000: 221). No caso das universidades privadas, a autonomia para contratar garante espaços mais amplos de administração e de gestão autônomas, embora estejam ambas – públicas e privadas – obrigadas a atuar com foco no interesse público, portanto, de forma socialmente adequada, sob o acompanhamento e a avaliação da qualidade pelo poder público (CF, art. 209). Não se pode esquecer que a universidade é pública na origem e continua como tal em seus diferentes estágios de evolução e funcionamento.

O exercício da autonomia das universidades públicas e privadas, assentado em previsão constitucional, é outorga do Estado a quem cabe praticar todos os atos de acionamento existencial destas instituições, distribuídos em etapas interconectadas e interdependentes, a saber (LDB, art. 9º, inc. IX): *autorizar, reconhecer, credenciar, supervisionar e avaliar, respectivamente, os cursos das instituições de educação superior e os estabelecimentos do seu sistema de ensino.* Este conjunto de atribuições estatais encorpa-se no poder de autogestão institucional e é contido em determinados limites, ditados estes pelo ordenamento geral que os circunscreve.

Duas observações decorrentes desta última compreensão se impõem. A primeira é que a autonomia não pode ser usada para a prática de desconformidades institucionais. Os reitores e os colegiados universitários estão obrigados à prestação de contas à sociedade. Nos últimos tempos, o Brasil tem acompanhado desvios de conduta de gestores que investem, sem escrúpulo, em seu próprio benefício, inclusive expandindo a infraestrutura, criando campus etc., com fins eleitoreiros (pensando em uma candidatura futura). De quando em vez, a imprensa noticia desvio de rota na aplicação de recursos por reitores e pró-reitores de universidades públicas, seja através da construção de apartamentos sofisticados e da aquisição de automóveis de luxo, seja através do uso irresponsável dos famosos **cartões corporativos**. Este tipo de descalabro administrativo representa uma forma de uso indevido do princípio da autonomia da universidade. Na verdade, a contrapartida da autonomia é a obrigação da prestação de contas continuada e não apenas ao final de cada ano. A segunda é que a expressão autonomia universitária não pode ser estendida a instituições não universitárias, posto que, rigorosamente, a autonomia é própria das universidades, nos termos do art. 207 da Constituição Federal. Esta é a regra geral. No entanto, a EC 11/1996, que altera o art. 207 da CF, abriu um espaço para que as atribuições de autonomia universitária possam ser estendidas a instituições que comprovem alta qualificação para o ensino e para a pesquisa, com base em avaliação realizada pelo Poder Público, como veremos no art. 54, § 2º da LDB. A lei que cria os Institutos Federais de Educação, Ciência e Tecnologia, também, lhes estendeu a prerrogativa da autonomia.

O art. 53 em foco posiciona esta temática e já anuncia, em seu *caput*, o enquadramento legal da autonomia das universidades, impondo-lhes, *a priori,* dimensões restritivas: ...*são asseguradas às universidades, sem prejuízo de outras, as seguintes atribuições...* De fato, estamos diante de uma das questões mais polêmicas e candentes da universidade como ente jurídico: a autonomia e suas irradiações, questão hospedada na gênese da própria universidade.

Embora nem sempre nos demos conta disso, o fato é que a universidade não surge de forma casual, como instituição. Sua origem está em um contexto demarcado por transformações agudas na sociedade europeia *intelectualizada*, de então. Entendê-la, por esta razão, impregnada deste elemento que lhe é inerente, requer uma breve incursão histórica. É o que passamos a empreender agora.

A história da universidade tem demarcações em três tempos distintos. Cada um cria a sua configuração institucional própria: a **universidade medieval**, a **universidade renascentista** e a **universidade moderna**. Em todas elas, está presente, com gradações diferenciadas, a questão da autonomia.

Na universidade medieval, a base da instituição estava na corporação de professores e estudantes, unidos e reunidos pelos princípios organizativos da autonomia e da liberdade acadêmica. Em torno deles, estabelecia-se uma circulação intensa de alunos ingleses, franceses, alemães, italianos, espanhóis e, mais tarde, portugueses. Bolonha, Paris, Pádua, Salerno, Pisa, Cambridge, Oxford, Salamanca, Orleans, Montpellier e Coimbra constituíam um grande corredor de grupos de estudos em vários domínios do saber, como Teologia, Direito Romano e Canônico, Artes, Medicina etc. Ou seja, a gênese da universidade tem raízes em um contexto demarcado por agudas transformações no âmbito da circunscrição geoeducacional mais relevante da sociedade europeia de então.

A universidade renascentista, herdeira da tradição medieval, vai servir de ponte de transição para a universidade moderna do século XIX. Na Itália está o epicentro da ruptura com a Idade Média, com manifestações marcantes na arquitetura, escultura, pintura e literatura. Este processo é mais lento em outras partes do continente europeu. Mas o forte traço do Renascimento, com uma evolução para o humanismo e, sobretudo, para o humanismo literário, vai influir muito nas universidades. O feudalismo já desaparecera, as universidades passam a vincular-se ao Estado, processo revigorado com a Reforma Protestante. Como destaca Trindade (1999: 15), "a universidade renascentista se abre ao humanismo e às ciências, realizando a transição para diferentes padrões da universidade moderna do século XIX". Com a inserção das ciências experimentais nas universidades, seguida da introdução de estudos de anatomia, a liberdade acadêmica passa a ser crescentemente questionada. Mas é, com a chegada da universidade moderna que o princípio da autonomia – da qual a liberdade acadêmica é parte – passa a ser objeto de múltiplos questionamentos.

Principalmente porque, nesse momento, eclode a concepção de universidade *re*fundada, com prevalência do princípio da pesquisa e do trabalho científico livre, sob a proteção do Estado, assegurada a liberdade aos cientistas. Some a ideia das faculdades isoladas napoleônicas, passando a universidade a organizar-se de forma integrada, com prevalência das faculdades de Medicina, Direito e Filosofia. Na concepção humboldtiana (1809), a educação é parte da Nação e, não, propriamente do Estado. Dessa forma, a universidade se transforma no núcleo social central da hegemonia intelectual. É desta maneira que o movimento indutor de mudanças, inaugurado na Universidade de Berlim, contagia e consolida um novo modelo de universidade, reestruturado a partir do princípio de indivisibilidade do eixo saber, ensinar e pesquisar. Ou seja, uma concepção que se opunha à ideia das escolas profissionais napoleônicas.

Chauí sintetiza, assim, a natureza e a fácies da universidade moderna:

"A legitimidade da universidade moderna fundou-se na conquista da ideia de autonomia do saber diante da religião e do Estado, portanto, na ideia de um conhecimento guiado por sua própria lógica, por necessidades imanentes a ele, tanto do ponto de vista de sua invenção ou descoberta como de sua transmissão. Por isso mesmo, a universidade europeia tornou-se inseparável das ideias de formação, reflexão, criação e crítica. Com as lutas sociais e políticas dos últimos séculos, com a conquista da educação e da cultura como direitos, a universidade tornou-se também uma instituição social inseparável da ideia de democracia e de democratização do saber..." (Folha de S. Paulo, 09/03/1999).

Depois desta moldura, mesmo que de baixa densidade, da história e evolução da universidade, vejamos como esta instituição chega, implanta-se, ganha raízes no Brasil e tem funcionado à luz do princípio constitucional da autonomia. De partida, pode-se dizer que, do seu traço e de sua natureza, a nossa universidade é herdeira e de seus altos e baixos de aplicação, também! A questão que se impõe é: Como a universidade brasileira exerce a autonomia? É o que passamos a ver na análise deste art. 53 com desdobramento para o art. 54.

A universidade brasileira, mesmo que de maneira torta e *através de múltiplas mediações* (PRADO JÚNIOR, 1985: 99), é também depositária desta longa história da educação superior institucionalizada no formato universitário. E não haveria de ser diferente porque fazemos parte da história das sociedades em cuja centralidade está a história do poder. Este art. 53 contém um dos aspectos desta questão na inserção da autonomia como categoria conceitual e operativa inerente à natureza da universidade. Trata-se, na verdade, de irradiação de mandamento constitucional (art. 207) que, na visão de

Boaventura (1995: 443), *elevou a autonomia, cerne da vida acadêmica desde os tempos medievais, à suprema condição da principal disposição acerca da educação superior...* E arremata: *"a autonomia pretendida não objetiva limitar-se à eficiência de gestão administrativa, uma vez que o escopo da legislação visa,* ultima ratio, *à liberdade e ao desenvolvimento acadêmico e científico".* Embora esta seja a concepção primeira e o DNA da estrutura conceptiva da universidade e, portanto, traço congênito e "marca registrada" de sua existência, na prática, reveste-se de uma das questões mais polêmicas, candentes e permanentes da universidade como ente jurídico. Reconheça-se que se trata de um traço genético desta instituição multissecular.

Na legislação brasileira, o instituto da autonomia das universidades está hospedado na Constituição Federal, com foco em quatro angulações: autonomia didático-científica, administrativa, de gestão financeira e de gestão patrimonial (CF, art. 207). A LDB hospeda este mesmo instituto, porém, colocando-o em contexto operativo, como podemos ver:

> Art. 46 – ...suspensão temporária de **prerrogativas** da autonomia...

> Art. 53 – No **exercício** de sua autonomia...

> Art. 54, § 1º – No **exercício** de sua autonomia...

> Art. 90 – ...preservada a autonomia universitária.

Aqui, surge o espaço de flutuação da autonomia. Precisamente quando ela se põe em movimento, encarnada em ações concretas. Ocorre que, em contextos discursivos da lei, o lexema autonomia detém uma circunscrição semântica de conteúdo ontológico. Porém, em contextos dinâmicos de operacionalidade normativa, agrega aspectos reducionistas do tipo... *obedecidas às normas do respectivo sistema de ensino.* De qualquer sorte, uma análise conjunta das duas dimensões ajudará a clarear a moldura legal do conceito no contexto da legislação da educação brasileira e, especificamente, como referência distintiva da natureza da universidade e de seu funcionamento, à luz de parâmetros legais. Dez aspectos tecem a compreensão da autonomia universitária no estágio atual de sua compreensão, sob a iluminação de uma interpretação hermenêutica abrangente do princípio da legalidade que lhe é pertinente. São eles, dentro de uma visão abrangente:

1) A autonomia não é de pessoas nem de grupos dirigentes eleitos pela maioria da comunidade acadêmica, mas, sim, do governo da universidade.

2) Ninguém nem nenhum dirigente "personifica" a autonomia da universidade. A ninguém cabe o monopólio dela, simplesmente porque o sujeito da autonomia é a própria instituição. No conjunto do cenário institucional, está presente a autonomia extensiva, portanto, distribuída a todos os

níveis de gestão. A autonomia passa, então, a ser ressignificada como autonomia relativa para fruição de cada instância na moldura do autogoverno.

3) *A subordinação de cada um à instância superior não o vincula ao arbítrio dos dirigentes desta, mas a uma vontade comum, expressa numa política a que todos se subordinam, inclusive os órgãos mais altos do poder universitário* (MENDES, 2006: 106).

4) O princípio da hierarquia aqui, com a decorrente vinculação subordinada entre os diferentes escalões da organização da instituição, não é expressão do arbítrio dos que estão de cima, senão de uma presença comunicativa de liderança sob a inspiração e a mística da fidelidade consensuadas e formuladas por toda a comunidade universitária.

5) *A universidade não é uma lei, mas uma práxis* (MENDES, 2006: 17), por isso, no seu governo, não há polarização de poderes, mas um sistema de autonomia em cadeia, assim que **a cúpula** não manda, comanda, não ordena, coordena, não opera por si, mas coopera com todos.

6) Na universidade não há focos de nominalismo prevalecentes, mas centros de irradiação de decisões. Faculdades, centros, departamentos, coordenações e pró-reitorias constituem e formatam instâncias com autonomia consentida no sentido do autogoverno.

7) Sem chefes nem mandatários, sem tecnocracia nem dirigismos, a universidade, no exercício pleno de sua autonomia, não pode ficar à mercê de grupos de professores identificados **só** por selo partidário, nem de pesquisadores-expoentes, especializados em atrair financiamentos externos de projetos, nem de lideranças das humanidades, das ciências e das tecnologias, nem de agrupamentos constituídos por opções ideológicas hegemônicas. Todos podem encontrar-se dentro dela. Mas, como aponta Mendes (2006: 106), "ela transcende a tudo isto", mesmo que saibamos não ser possível ficar imunes às ideologias que reinam nos muros extra-academia, como já destacou Chauí (ibid.).

8) A finalidade social da universidade é produzir, desenvolver, articular, integrar e transmitir conhecimentos, tendo como ponto de partida a sociedade em geral e o seu contexto em particular. Esta finalidade social, de envergadura ilimitada, "é fator determinante da autonomia que lhe é concedida pelo art. 207, da Constituição Federal" (RANIERI, 2000: 220).

9) O referencial legal-administrativo das universidades deve ser usado para o estabelecimento de uma linha de calibragem entre legalidade e legitimidade das iniciativas de regulamentação e controle, sem, contudo, a

descaracterização do exercício da autonomia pela prevalência do exercício da centralização.

10) A universidade operativa, produtiva e de resultados é mais organização do que instituição. Neste caso, a autonomia não é um processo sistêmico de funcionamento do conjunto estruturado do ente universidade, mas, sim, "um elenco particularizado de ações autônomas" (RANIERI, 2000: 206). No caso das universidades públicas, sempre na condicionalidade de "atendidas as normas gerais pertinentes e os recursos disponíveis" (art. 54, inc. I); no caso das universidades privadas, respeitada a condicionalidade dos dispositivos institucionais pertinentes (art. 53, inc. VIII).

Em síntese, o conceito jurídico de autonomia, talvez por um processo de mimetismo cultural que tem, na característica centralizadora inafastável do federalismo brasileiro, uma fonte inesgotável de contágio, ganha dobras e flutuações. Ainda, produz incertezas e zonas de conflito, quando entra em pauta, na agenda da universidade, a necessidade de dar exequibilidade e encaminhamentos resolutivos a questões no campo objetivo da autonomia administrativa e financeira. E, neste caso, a LDB é falha, sobretudo, no caso das universidades públicas, "deixando de indicar processos mais voltados para a desvinculação administrativa do órgão mantenedor".

No fundo, assim como ocorre com as instituições da sociedade em geral, o que marca o governo da universidade é o problema do poder nos seus múltiplos desdobramentos, embora seja ela um ente jurídico com identidade específica e diferenciada.

Convém lembrar que autonomia não é independência. Assim, o Poder Público pode e deve exercer o poder de fiscalização, sempre na defesa do interesse público. O caráter negocial no caso das universidades privadas é limitado precisamente por este tipo de interesse, uma vez que se trata do exercício de função pública delegada.

Uma das questões que contribuem para emperrar o pleno exercício da autonomia é relativa à disponibilização de recursos e o seu uso com um certo grau de independência. Em muitos estados, as universidades públicas têm proteção legal que lhes confere a prerrogativa de receber liberações mensais de recursos do Tesouro, respeitado determinado percentual do Imposto de Circulação de Mercadorias e sobre Prestação de Serviços.

> **I** – O conteúdo deste inciso é limitativo da autonomia didático-pedagógica, ao restringir territorialmente a ação da universidade: criar, organizar e extinguir cursos e programas... *em sua sede*, portanto, na circunscrição territorial

do município onde a instituição está instalada como sede. Temos, aqui, uma limitação concreta à ideia de autonomia inserida no art. 207 da Constituição Federal. O Decreto 5.773/2006, que regula a criação de cursos fora da sede, contrariando a Constituição, estabelece, no § 1º, do art. 24, que a universidade "não gozará de prerrogativa de autonomia nos campi fora de sede". Este decreto está, também, em harmonia com o Parecer CNE/CES 282/2002, que normatiza os aspectos e procedimentos de análise de estatutos de universidades, de centros universitários e, ainda, de regimentos das demais tipologias de IES; o texto referido dispõe que "o limite territorial de atuação das instituições de Ensino Superior corresponde aos limites do município indicado nos projetos de credenciamento e autorização". Exceção feita ao DF cuja compreensão de "sede" é ampliada, nos termos do Parecer CNE/CES 475/2005, compreendendo todas as áreas do próprio DF e, não apenas, o território da capital federal, Brasília. Ao restringir o exercício da autonomia aos limites do município, o legislador ignorou o conceito legal de áreas metropolitanas, que envolvem vários municípios.

> II – A fixação de currículos de cursos e programas por parte da universidade deve ser orientada pelo conteúdo do Parecer CES/CNE 776/1997, cujo segmento conclusivo está assim formulado:

As diretrizes curriculares constituem no entender do CNE/CES, orientações para a elaboração dos currículos que devem ser necessariamente respeitadas por todas as instituições de Ensino Superior. Visando assegurar a flexibilidade e a qualidade da formação oferecida aos estudantes, as diretrizes curriculares devem observar os seguintes princípios:

1) Assegurar às instituições de Ensino Superior ampla liberdade na composição da carga horária a ser cumprida para a integralização dos currículos, assim como na especificação das unidades de estudos a serem ministradas;

2) Indicar os tópicos ou campos de estudo e demais experiências de ensino-aprendizagem que comporão os currículos, evitando ao máximo a fixação de conteúdos específicos com cargas horárias predeterminadas, as quais não poderão exceder 50% da carga horária total dos cursos;

3) Evitar o prolongamento desnecessário da duração dos cursos de graduação;

4) Incentivar uma sólida formação geral, necessária para que o futuro graduado possa vir a superar os desafios de renovadas condições de exercício profissional e de produção do conhecimento, permitindo variados tipos de formação e habilitações diferenciadas em um mesmo programa;

5) Estimular práticas de estudo independente, visando uma progressiva auto-nomia profissional e intelectual do aluno;

6) Encorajar o reconhecimento de conhecimentos, habilidades e competências adquiridas fora do ambiente escolar, inclusive as que se referiram à experiência profissional julgada relevante para a área de formação considerada;

7) Fortalecer a articulação da teoria com a prática, valorizando a pesquisa individual e coletiva, assim como os estágios e a participação em atividades de extensão;

8) Incluir orientações para a condução de avaliações periódicas que utilizem instrumentos variados e sirvam para informar a docentes e a discentes acerca do desenvolvimento das atividades didáticas.

> III – Há uma conexão entre os conteúdos do art. 43, inc. III, IV, V e VI e o conteúdo deste inc. III, do artigo ora em análise. No primeiro caso, o foco situa-se no bloco das finalidades da educação superior, enquanto, no segundo caso, situa-se em uma gama de atribuições na moldura da autonomia da universidade. Uma (finalidade) é horizonte, outra, (atribuição) são caminhos voltados para a pesquisa científica, a produção artística e as atividades de extensão. Tudo enquanto missão, compromisso e formas de labor da universidade, entrelaçando ações internas e externas, endógenas e exógenas da instituição.

> IV – A fixação pela instituição do número de vagas por curso e no conjunto da oferta é uma das atribuições que mais cuidados e responsabilidades exigem da universidade. Esta atribuição tem de ser definida levando em conta meios, recursos e espaços, tendo sempre em vista a garantia de padrão de qualidade, um dos princípios de ministração do ensino (art. 3. inc. IX). Por isso, há a limitante... *de acordo com a capacidade institucional.* Por outro lado, ao fixar os limites de vagas, a universidade, instituição social, há de considerar *as exigências do meio*, nos termos do art. 43, inc. II e IV. Portanto, fixar vagas não é apenas quantificar possibilidades para acesso de novos alunos, mas abrir **oportunidades qualificadas** para atender a demandas; do contrário, a universidade se aproximaria da figura de supermercado!

> V – Em Direito Administrativo, **estatuto** é "regulamento de uma entidade pública" (DINIZ, 2010: 247), enquanto, no Direito Civil, é "norma reguladora das relações jurídicas incidentes sobre pessoas (estatuto pessoal) ou sobre coisas (estatuto real) (p. 247). Por outro lado, **regimento**, no Direito

Administrativo, é um "complexo de preceitos que regem o modo de exercício de um grupo público, o funcionamento de um órgão da Administração Pública" (p. 498), enquanto, no Direito Civil, trata-se de "um conjunto de normas regulamentadoras de uma corporação, instituição, estabelecimento de ensino etc." (ibid.).

Como já esclarecido nos comentários ao inc. I, a análise e apreciação de estatutos de universidades e de centros universitários constituem matérias disciplinadas no Parecer CES/CNE 282/2002. O estatuto e regimento das universidades são o GPS e a bússola da instituição. Disponibilizam os parâmetros legais para as decisões e funcionamento geral das instituições. A função essencial destes dois documentos é garantir a governança institucional, com segurança, previsibilidade e respeito aos direitos e deveres pessoais, funcionais e institucionais.

> VI – As universidades funcionam dentro de rigorosos padrões legais. Suas três funções essenciais e indissociáveis – ensino, pesquisa e extensão – que se desenvolvem de acordo com normas legais, voltadas para a oferta de cursos e programas definidos no art. 44 da LDB. Sua "certificação", cumpridas todas as exigências legais, ocorre pela outorga de graus e concessão de diplomas e outros títulos, conforme o caso. O diploma é a chancela institucional de reconhecimento de qualificação para o exercício de atividades profissionais previstas em lei. É a culminância de um processo de formação acadêmica realizada em IES credenciada (cf. art. 46).

> VII – A atividade de firmar contratos, acordos e convênios posta-se no âmbito estritamente administrativo e produz efeitos jurídicos com direta repercussão no âmbito das responsabilidades institucionais e funcionais. O exercício aqui de autonomia é de plenitude relativa. **Contrato** é um acordo de estabelecimento de regulamentação de interesses entre partes, tendo como objetivo legalizar relações jurídicas. **Acordo** é uma convenção entre partes contratantes para a concretização de ato negocial. Produz obrigações de conceder, fazer e não fazer. **Convênio**, enfim, é um acordo de vontades, assestado à conjugação de interesses para se atingirem objetivos comuns.

Fica evidente que as atribuições deste inc. VII devem estar rigorosamente circunscritas às finalidades da universidade (art. 43) e, em decorrência, à viabilidade da oferta de cursos e programas previstos no art. 44 da LDB.

> VIII/IX – Os incisos em análise se completam porque se trata de um conjunto de ordenamentos no âmbito do **direito de fazer**, porém, com a ressalva de agir na conformidade de dispositivos institucionais e, ainda, na forma prevista no ato de constituição, nas leis e nos respectivos estatutos. Evidencia-se, então, que há limites para o exercício das atribuições encerradas nos incisos em apreciação, o que significa, na prática, que as universidades, como entes públicos, estão submetidas à fiscalização do poder público, e que não possuem, em decorrência, mesmo no caso de universidades privadas, natureza de empresa negocial *stricto sensu*. Inclusive no caso da administração de rendimentos com a eventualidade da aplicação de recursos, há a exigência de o gestor proceder de acordo com o estatuto da instituição.

> X – Como instituições com alta responsabilidade social, com tipologias variadas de ação no complexo campo da prestação de serviços educacionais, não é incomum as universidades receberem **subvenções** que são, na verdade, auxílio pecuniário concedido pelo poder público a entidades beneficentes para que cumpram seus objetivos. Trata-se de apoio financeiro para a cobertura de despesas de custeio de entidades públicas ou privadas. Como assinala Ferreira da Rocha, as subvenções "servem para a manutenção e operação de serviços prestados pela entidade subvencionada". **Legados**, por sua vez, são objetos individualizados ou quantia em dinheiro, deixados por alguém à pessoa estranha ou não à sucessão.

O recebimento de subvenções e cooperação financeira por universidades é comum no Brasil, porém, doações, heranças e legados é incomum. Diferentemente do que ocorre na sociedade americana em que as doações de empresas e de cidadãos, pessoa física, constituem uma extraordinária fonte de sustentação das universidades norte-americanas. No caso de cooperação financeira, é necessário que haja a interposição de formalização legal, como instrumento de regularidade do procedimento.

§ 1º – A inserção deste dispositivo, estendido em diferentes dobras (Inc. I, II, III, IV, V e VI), é extremamente relevante à medida que circunscreve FOCOS ACADÊMICOS e ORGANIZACIONAIS para garantia da autonomia didático-científica, convocando a alta responsabilidade dos COLEGIADOS DE ENSINO E PESQUISA, os grandes vetores de direcionamento institucional nas áreas de estruturação do respectivo organograma, entendido como "o esquema de estrutura de qualquer organização ou serviço, que representa simultaneamente as diferentes unidades constitutivas, na hierarquia as atribuições e ligações entre elas" (ABL, 2008:928).

> I, II, III, IV, V e VI – O inventário de decisões apontadas requer uma atenta conexão entre as dimensões didático-científica e orçamentária, portanto, uma cuidadosa análise e avaliação entre MEIOS e FINS. Os focos de referência obrigatória estão claramente definidos: a) Cursos; b) Vagas; c) Programação acadêmica; d) Programação nas áreas de Pesquisa e Extensão; e) Balanceamento do Quadro Docente; e, por fim, f) Planos de Carreira. Este universo de constituintes de cada universidade constituem a plataforma da identidade institucional, assegurando-lhe um funcionamento correlato com suas finalidades e operações nos termos dos artigos 43, 44 e 45.

§ 2º – As doações sob forma diversa, inclusive de natureza monetária, podem ser feitas e podem ser direcionadas a setores e programas e/ou a projetos específicos, sob duas condições: a) Prévio acordo entre doadores e universidades e; b) Para assegurar transparência, registro formal do que foi doado e publicidade.

§ 3º – Quando se tratar de doação destinada a universidade pública, além do atendimento às alíneas **a** e **b** do parágrafo anterior, é necessário, ainda, depositar o valor monetário no caixa único da instituição, com nominação como garantia das unidades a serem beneficiadas. Em qualquer caso e contexto, é necessário que o gestor público tenha sempre presentes os aspectos principiológicos da administração pública direta e indireta, hospedados no **art. 37**, da **Constituição Federal**:

- Legalidade;
- Impessoalidade;
- Moralidade;
- Publicidade e;
- Eficiência.

Art. 54 – As universidades mantidas pelo poder público gozarão, na forma da lei, de estatuto jurídico especial para atender às peculiaridades de sua estrutura, organização e financiamento pelo poder público, assim como dos seus planos de carreira e do regime jurídico do seu pessoal.

§ 1º – No exercício da sua autonomia, além das atribuições asseguradas pelo artigo anterior, as universidades públicas poderão:

I – propor o seu quadro de pessoal docente, técnico e administrativo, assim como um plano de cargos e salários, atendidas as normas gerais pertinentes e os recursos disponíveis;

II – elaborar o regulamento de seu pessoal em conformidade com as normas gerais concernentes;

III – aprovar e executar planos, programas e projetos de investimentos referentes a obras, serviços e aquisições em geral, de acordo com os recursos alocados pelo respectivo poder mantenedor;

IV – elaborar seus orçamentos anuais e plurianuais;

V – adotar regime financeiro e contábil que atenda às suas peculiaridades de organização e funcionamento;

VI – realizar operações de crédito ou de financiamento, com aprovação do poder competente, para aquisição de bens imóveis, instalações e equipamentos;

VII – efetuar transferências, quitações e tomar outras providências de ordem orçamentária, financeira e patrimonial necessárias ao seu bom desempenho.

§ 2º – Atribuições de autonomia universitária poderão ser estendidas a instituições que comprovem alta qualificação para o ensino ou para a pesquisa, com base em avaliação realizada pelo poder público.

Art. 54 – O artigo em apreço trata das questões de operacionalização da autonomia no âmbito exclusivo das universidades públicas. Para que atendam as necessidades de organização e funcionamento, contarão com um estatuto jurídico especial. Este documento básico de conduta institucional servirá de bússola para o adequado uso dos recursos humanos, financeiros, administrativos e patrimoniais. Neste caso, vale registrar que as instituições públicas de educação superior se sustentam de recursos do respectivo tesouro (federal, estadual ou municipal, conforme o caso). Portanto, despesas em geral e investimentos no âmbito do previsto no art. 53, inc. VII, VIII e par. único, e neste art. 54, submetem-se aos limites das disponibilidades orçamentárias.

Como os recursos das universidade públicas advêm do Tesouro do respectivo ente administrativo, o seu quadro de pessoal e o plano de cargos e salários deverão ser viabilizados através de proposição, exceção feita àquelas universidades que gozem de autonomia financeira assegurada em legislação específica como é o caso de várias universidades estaduais e municipais. Desta condicionalidade, decorre todo o conjunto de recursos, com desdobramentos nas áreas orçamentária, financeira, patrimonial e contábil.

A operacionalização da autonomia das universidades públicas encontra fortes limitações no campo do financiamento de suas atividades. Cabe ressaltar, de partida, que as universidades públicas não são homogêneas. Variam não apenas na natureza (umas são autarquias e outras são fundações) e na esfera administrativa (federais, estaduais e municipais), como também se diversificam no interior de cada uma destas esferas.

Além disso, em vários estados, as universidades públicas estaduais vão muito além da simples oferta de programas de graduação e constituem um forte e influente sistema de ciência e tecnologia. A USP, por exemplo, é instituição líder no cadastro do CNPq, detém 60% dos contratos da Fundação de Amparo à Pesquisa do Estado de São Paulo, responde por 50% dos doutores formados no Brasil e por 30% de toda a população científica gerada no país. A partir do exemplo do Estado de São Paulo, cujas universidades estaduais paulistas (USP, Unesp e Unicamp) passaram a ter seus orçamentos alimentados por um percentual fixo do ICMS arrecadado pelo Estado, várias outras universidades estaduais adotaram idêntica solução beneficiadas por lei estadual específica.

Cabe destacar que, quando a universidade pública possui autonomia orçamentária, ela se torna internamente responsável pela contratação de pessoal, pela disponibilização dos meios que assegurem sua organização e funcionamento e, ainda, pelos investimentos de manutenção e programas de expansão. Ou seja, a autonomia financeira é necessária e cada vez mais urgente, embora seja, ao mesmo tempo, desafiadora face a questões como ampliação de vagas, criação de novos cursos, qualidade da formação oferecida e financiada de programas e serviços de alta qualidade acadêmico-científica nas áreas de ensino, pesquisa e extensão. Estes pontos têm impacto direto nos cursos da instituição e, sem respostas adequadas aos desafios que elas representam, não se pode falar em projeto de universidade.

O fato é que o exercício da autonomia financeira das universidades públicas, pressuposto para que possam propor seu quadro de pessoal docente, técnico-administrativo e, ainda, um plano de cargos e salários, elaborar seus orçamentos anuais e expandir a estrutura organofuncional, representa circunstâncias que requerem uma permanente atualização dos seus orçamentos. Sobretudo quando se sabe que há um desbalanceamento entre fluxo e estoque de alunos. Se, por um lado, é verdade que o Ensino Médio gradua a cada ano 1,8 milhão de jovens que poderiam quase todos encontrar vaga na educação superior, dada a oferta atual, por outro lado, tem-se que considerar que a demanda por educação superior não se limita aos que completam o Ensino Médio no ano imediatamente anterior. Dada a historicamente limitada oferta de vaga na educação superior, o país conta hoje com mais de 25,6 milhões de pessoas que, tendo completado o Ensino Médio, não frequentam nem jamais frequentaram a educação superior. Destes, 11,95 têm menos de 30 anos (IPEA, 2007: 54).

O Brasil investe em educação quase 6,0% do PIB, ou seja, percentual próximo ao da média dos países da Ocde que é de 5,2% do PIB e superior aos gastos de países com sistemas educacionais de melhor qualidade como Uruguai, Chile e Argentina (OCDE, 2017). 21% destes recursos vão para a educação superior. Chama a atenção o fato de que, "em média, os países membros da Ocde gastam quase a metade a mais por estudante do ensino universitário, enquanto o Brasil e México gastam três vezes mais". Tais gastos só permitem matricular 5,2% da população em idade universitária. De acordo com dados da Ocde (2016), só 16 países do mundo gastavam mais em educação do que o Brasil. E todos eles são muito ricos. Sob esta medida, estamos à frente do Japão, da China e da Coreia do Sul. Esta constatação tem levado especialistas a um debate sempre acalorado sobre o que se denomina "baixo nível de eficiência dos sistemas de educação brasileira". É oportuno dizer, no entanto, que a gênese dos problemas não está nas universidades, mas nas condições sobre as quais são obrigadas a operar, que envolvem, muitas vezes, custos adicionais para corrigir defasagem de aprendizagem herdada da educação básica.

§ 1º, I – Propor o quadro de pessoal docente, técnico e administrativo e, ainda, o plano de cargos e salários importa dizer que as IES públicas não gozam de autonomia nesses campos, devendo, em qualquer circunstância, submeter suas necessidades ao Poder Público, a quem cabe, de fato, a aprovação final, enquanto mantenedor. Propor é iniciativa volitiva, porém, não, determinante.

§ 1º, II – Idêntica circunstância ocorre em relação ao regulamento do seu pessoal. As normas gerais concernentes são aquelas de iniciativa do mantenedor. Ou seja, a universidade é pública e as decisões na área de pessoal são do Poder Público.

§ 1º, III – A autonomia da universidade pública, apresenta-se, igualmente, limitada no que tange à execução do seu orçamento. A plenitude da execução tem como condicionalidade o volume de recursos alocados pela respectiva instância mantenedora (a União, os estados, o DF ou os municípios).

§ 1º, IV – Como já dito, escapa às universidades públicas a autonomia para aprovarem seus orçamentos. Cabe-lhes elaborar, ficando sujeitas à aprovação do Poder Público. As universidades estaduais são exceção naqueles casos em que tem direito a um percentual do orçamento com base em imposto recolhido. Isto desde que haja previsão legal nesse sentido. Mesmo assim, permanece risco de queda do volume de recursos transferidos, quando a economia está em baixa, como acontece hoje.

§ 1º, V, VI e VII – Estes incisos contêm as mesmas restrições acima apontadas, desde que as decisões e definições no campo administrativo e de gestão financeira e patrimonial ficam nas mãos do Poder Público.

§ 2º – Este parágrafo avança no estabelecido pela Lei 5.540/1968, ao estender atribuições e competências de autonomia a instituições não universitárias. Desdobramento deste novo regime de autonomia consentida localiza-se no art. 17 do Decreto 5.224/2004, que atribui, aos CEFETs autonomia para criação, em sua sede, de cursos de graduação e de pós-graduação e, ainda, no Decreto 5.786/2006, que estabelece vários graus de autonomia para os Centros Universitários, como, por exemplo, criar, organizar e extinguir cursos, remanejar e ampliar vagas, registrar diplomas etc. Por outro lado, às faculdades integradas, faculdades isoladas, instituições ou escolas superiores, foi negada qualquer forma ou grau de autonomia.

Art. 55 – Caberá à União assegurar, anualmente, em seu Orçamento Geral, recursos suficientes para manutenção e desenvolvimento das instituições de educação superior por ela mantidas.

Art. 55 – Este artigo busca garantir a fonte de financiamento para a manutenção e o desenvolvimento das instituições federais de ensino, dentro das responsabilidades definidas para a União, no art. 9º, inc. II desta lei e, ainda, no art. 211, § 1º da Constituição Federal, agora, com a nova redação da Emenda Constitucional 14, que atribui, à União, a obrigação de organizar e financiar seu sistema de ensino.

Uma das questões desafiadoras para o cumprimento deste artigo diz respeito à inteligência das expressões **recursos suficientes** e **manutenção e desenvolvimento** das IES públicas. Sob o ponto de vista denotativo, as expressões são claras. No entanto, sob o ponto de vista da semântica educacional, nem tanto.

O ponto de partida para resolver a questão seria definir o conceito irradiador de Custo Aluno-Qualidade Inicial (CAQi), previsto em diferentes dispositivos legais, inclusive no próprio PNE, porém, jamais posto em prática. O CAQi refere-se a quanto é necessário investir por aluno para garantir um ensino de qualidade. Esta, aliás, constitui, hoje, uma bandeira da Campanha Nacional pelo Direito à Educação. Esta questão do CAQ já fora levantada por Anísio Teixeira (1977: 114).

Com esta providência (instituição do Custo Aluno-Qualidade Inicial (CAQi)), quebrar-se-ia a lógica perversa prevalente no Brasil de submeter os investimentos da área social à disponibilidade decorrente de ajuste fiscal.

Por outro lado, conceituar manutenção e desenvolvimento no âmbito da educação superior – a exemplo do que se fez com a educação básica – constitui providência absolutamente necessária, a fim de se escoimarem, do campo da gestão financeira das universidades, dúvidas a respeito de despesas com proventos de inativos, restaurantes universitários, residências para estudantes, em suma, gastos realizados com programas suplementares de alimentação, assistência médico-odontológica, farmacêutica, psicológica, sociopedagógica e formas outras de assistência social (art. 71, IV).

A falta de clareza respeitante a estes dois conceitos-chave tem gerado uma insuficiência permanente de recursos financeiros no Orçamento Geral, com graves prejuízos para as IES federais. Vivem todas numa situação de recursos escassos, a começar pela permanente improvisação de professores. O sistema federal de ensino disponibiliza, hoje, uma rede de IES com um grande contingente de professores colaboradores e horistas, além de alunos da pós-graduação que, com muita frequência, substituem professores. Ou seja, um arranjo das IES federais para despistarem seu estado de carência financeira crônica.

A limitação do Orçamento Geral no que diz respeito a recursos para a manutenção e desenvolvimento das IES federais tem como causa precípua o baixo investimento do país em educação. O relatório da Organização para a Cooperação e Desenvolvimento Econômico (Ocde), intitulado Educação num Olhar, 2007, fez análise de 34 países desenvolvidos e em desenvolvimento e concluiu que o Brasil é o país que menos investe no conjunto dos níveis de ensino. E esta situação permanece. Segundo a Ocde (2014), a média brasileira é de US$ 3.066 por aluno, 1/3 da média de gastos dos países da Ocde, que alcança US$ 9.487 por aluno/ano. Além disso, há a velha questão dos gastos inadequados e dos desvios dos recursos da educação, sobretudo nas áreas de merenda escolar, material didático e de construção, reforma e ampliação de escolas.

Dados recentes mostram que o Brasil continua com a mesma tendência/insistência de gastar menos do que os outros, como podemos ver nos dois gráficos que seguem:

Gasto anual por estudante, do Ensino Fundamental ao Superior – 2013
Em dólares convertidos pela paridade do poder de compra

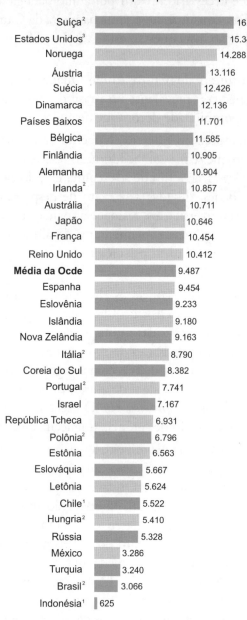

País	Valor
Suíça[2]	16.090
Estados Unidos[3]	15.345
Noruega	14.288
Áustria	13.116
Suécia	12.426
Dinamarca	12.136
Países Baixos	11.701
Bélgica	11.585
Finlândia	10.905
Alemanha	10.904
Irlanda[2]	10.857
Austrália	10.711
Japão	10.646
França	10.454
Reino Unido	10.412
Média da Ocde	9.487
Espanha	9.454
Eslovênia	9.233
Islândia	9.180
Nova Zelândia	9.163
Itália[2]	8.790
Coreia do Sul	8.382
Portugal[2]	7.741
Israel	7.167
República Tcheca	6.931
Polônia[2]	6.796
Estônia	6.563
Eslováquia	5.667
Letônia	5.624
Chile[1]	5.522
Hungria[2]	5.410
Rússia	5.328
México	3.286
Turquia	3.240
Brasil[2]	3.066
Indonésia[1]	625

> O Estado brasileiro investe anualmente por aluno aproximadamente um terço da média dos países da Ocde e cinco vezes menos do que os Estados Unidos.

Fonte: Ocde – Education at a Glance – 2014.
1. Ano de referência: 2012.
2. Somente instituições públicas (para a Itália, exceto na educação terciária).
3. Paridade do poder de compra/PPC: A Paridade de Poder de Compra (PPC) gera estimativas de preços de produtos nos países e compara com os mesmos produtos em dólar, nos Estados Unidos – que é a referência.

Investimento anual por aluno – 2014
Em dólares convertidos pela paridade do poder de compra

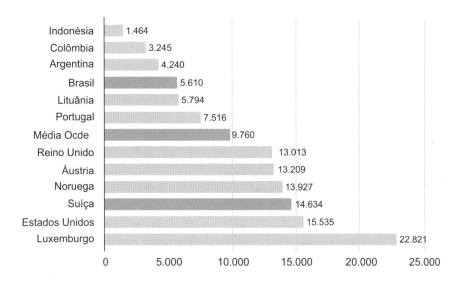

Fonte: Ocde – Education at a Glance – 2017.

Por outro lado, o argumento de que o Brasil gaste demais com educação superior e de menos com educação básica é de valor relativo. Na verdade, vários países mais desenvolvidos do que o Brasil investem menos em educação superior do que nós porque as suas sociedades e instituições possuem estruturas sociais e equipamentos coletivos no âmbito educacional e cultural que facilitam e apoiam os próprios programas e serviços que as suas universidades oferecem. Comparar investimentos em educação feitos em contextos internacionais muito diferenciados é, no mínimo, temerário, uma vez que os custos financeiros devem ser relativizados face a custos e demandas sociais historicamente não atendidos.

Art. 56 – As instituições públicas de educação superior obedecerão ao princípio da gestão democrática, assegurada a existência de órgãos colegiados deliberativos, de que participarão os segmentos da comunidade institucional, local e regional.

Parágrafo único. Em qualquer caso, os docentes ocuparão setenta por cento dos assentos em cada órgão colegiado e comissão, inclusive nos que tratarem da elaboração e modificações estatutárias e regimentais, bem como da escolha de dirigentes.

Art. 56 – A gestão democrática nas instituições públicas é matéria de definição constitucional (art. 206, inc. VI). Evidentemente que a factibilidade deste tipo de gestão deverá estar disciplinada na legislação de cada sistema e, portanto, também, em regulamentos específicos de cada instituição. A existência de órgãos colegiados deliberativos corresponde ao próprio conceito de instituição pública cujo funcionamento deve ser caracterizado por um forte componente de participação social para o enriquecimento das multifocalidades institucionais. Sem esta marca registrada, a tendência será da prevalência de formas diretas ou despistadas de autoritarismo. A democratização das relações organizativas no interior das instituições públicas de educação superior tem vários eixos de incursão compreensiva, como sinaliza da Hora (1994: 49):

A gestão democrática em educação está intimamente articulada ao compromisso sociopolítico com os interesses reais e coletivos, de classe, dos trabalhadores, extrapolando as batalhas internas da educação institucionalizada, e sua solução está condicionada à questão da distribuição e apropriação da riqueza e dos benefícios que transcendem os limites da ação da escola. Esta tem uma contribuição indispensável e insubstituível, embora limitada, a dar para a afirmação histórica das classes populares, na medida em que pode favorecer a ampliação da compreensão do mundo, de si mesmo, dos outros e das relações sociais, essencial para a construção da sua presença histórica, responsável e consciente, no exercício concreto da cidadania.

A possibilidade de uma ação administrativa na perspectiva de construção coletiva exige a participação de toda a comunidade escolar nas decisões do processo educativo, o que resultará na democratização das relações que se desenvolvem na escola, contribuindo para o aperfeiçoamento administrativo pedagógico. Há, então, uma exigência ao administrador-educador de que ele compreenda a dimensão política de sua ação administrativa respaldada na ação participativa, rompendo com a rotina alienada do mando impessoal e racionalizado da burocracia que permeia a dominação das organizações modernas. É a recuperação urgente do papel do gestor na liderança do processo educativo. É preciso explicitar os pressupostos básicos da necessidade de uma nova prática administrativa. A dimensão política do gestor traduz-se no compromisso com uma ação educativa revolucionária que, contínua e processualmente, enseja a inserção institucional no contexto de potencialização dos canais de ação política participativa.

Parágrafo único – O parágrafo único determina a predominância, em 70% de docentes, na composição dos colegiados deliberativos e nas comissões, mesmo quando se tratar de instâncias de escolha de dirigentes. Há quem reivindique algo diferente. Na verdade, a qualidade da educação superior é responsabilidade direta do corpo docente e, portanto, a ele cabe ter posição cooperativa hegemônica na definição dos destinos da instituição. Por quê? Porque aos professores cabe conduzir e resolver as questões do processo de ensino-aprendizagem com qualidade social.

Art. 57 – Nas instituições públicas de educação superior, o professor ficará obrigado ao mínimo de oito horas semanais de aulas.

Art. 57 – Este dispositivo visa a assegurar um mínimo de trabalho do professor em sala de aula. Aliás, para os professores que trabalham em regime de tempo integral (no caso das universidades, deverá ser pelo menos, *um terço*, nos termos do art. 52, III), trata-se de uma carga horária semanal diminuta. Como conceber um professor que não tem aulas para ministrar?! De fato, não há uma teoria do conhecimento sem o ensino do conhecimento. É ele, o ensino, que possibilita a apresentação e uma argumentação sólida para comprová--la, ou seja, faz parte do construir, o saber ensinar. Nesse sentido, a educação pela pesquisa conduz à emancipação, mas é o ensino que assegura o ambiente pró-ativo da comparação/confrontação do que se pesquisa. Por fim, se a pesquisa é função essencial da universidade, o ensino não é menos essencial. A pesquisa calca a atividade do professor, mas é pelo ensino que ela se define e ganha relevância.

Importante, igualmente, que professores com formação acadêmica avançada (mestrado, doutorado e pós-doutorado) ministrem aula na graduação. A resistência de muitos professores de darem aula na graduação, sob a alegação equivocada de que o nível dos alunos é muito baixo, constitui uma dupla agressão à própria universidade. De um lado, porque ela recebeu (aprovou) estes alunos via mecanismo seletivo e, de outro, porque a universidade investiu na capacitação docente exatamente para o professor melhorar o ensino e, não, para afastá-lo da sala de aula da graduação! Os professores doutores não têm compromisso só com os que sabem, mas também com os que precisam saber! Ademais, a carga horária mínima está referida a **instituições públicas**, portanto, as instituições mantidas com impostos do contribuinte e da sociedade em geral. Espera ela ter o melhor ensino, os melhores professores e a melhor aprendizagem possível.

Aqui, parece necessário destacar, ainda uma vez, a compreensão do termo **público**, marcado na expressão instituições públicas. Não se trata apenas de algo referenciado ao Estado, como muitos pensam, mas, sim, à coisa pública, ou seja, pertencente a todos e, em decorrência, necessariamente posto em benefício de todos, "[...] sob a égide de uma mesma lei e o apoio de uma comunidade de interesses" (PEREIRA, 1994: 59). Na verdade, um professor que se nega a dar aula na graduação não é verdadeiramente membro da comunidade acadêmica, embora use, muitas vezes, o nome da universidade para assegurar a aprovação de financiamento de seus projetos de pesquisa.

CAPÍTULO V
DA EDUCAÇÃO ESPECIAL

Art. 58 – Entende-se por educação especial, para os efeitos desta Lei, a modalidade de educação escolar oferecida preferencialmente na rede regular de ensino, para educandos com deficiência, transtornos globais do desenvolvimento e altas habilidades ou superdotação. (*Caput*, com redação dada pela Lei 12.796, de 04/04/2013)

§ 1º – Haverá, quando necessário, serviços de apoio especializado, na escola regular, para atender às peculiaridades da clientela de educação especial.

§ 2º – O atendimento educacional será feito em classes, escolas ou serviços especializados, sempre que, em função das condições específicas dos alunos, não for possível a sua integração nas classes comuns de ensino regular.

§ 3º A oferta de educação especial, nos termos do caput deste artigo, tem início na educação infantil e estende-se ao longo da vida, observados o inciso III do art. 4º e o parágrafo único do art. 60 desta Lei. (Redação dada pela Lei nº 13.632, de 2018).

Art. 58 – A Resolução CNE/CEB 4/2010 distingue seis modalidades educativas, a saber: Educação de Jovens e Adultos, Educação Profissional e Tecnológica, Educação do Campo, Educação Escolar Indígena, Educação a Distância e Educação Especial. Este capítulo V está voltado para esta última modalidade: a Educação Especial. Concebida para atender alunos com necessidades educacionais especiais, ela é, também, dever do Estado, como visto no art. 4º, III, desta LDB. Dever que, na referência legal citada, se traduz concretamente no "atendimento educacional especializado gratuito aos educandos com deficiência, transtornos globais do desenvolvimento e altas habilidades ou superdotação, transversal a todos os níveis, etapas e modalidades, preferencialmente na rede regular de ensino". Este conteúdo legal já foi tratado, com detalhes e estratégias na abordagem elucidativa do art. 4º, Inc. III.

Diferentemente dos textos anteriores de Leis de Diretrizes e Bases da Educação Nacional, o texto em tela dedica um capítulo ao tema, dada a sua relevância na perspectiva de uma sociedade inclusiva. Define, por isso, as formas de organização, estruturadas, preferencialmente, *na rede regular de ensino*. Esta ideia já consta do texto da Carta Magna de 1988. A fonte da ideia está no princípio constitucional da igualdade de direitos para todos, sem qualquer distinção. Este princípio é a própria inscrição do conceito de sociedade inclusiva em cujo bojo estão os sistemas de ensino e a escola, com a responsabilidade intransferível de preparar espaços de aprendizagem sistematizada para todos. Este art. 58 ganha exponencialidade e agrega significação com a aprovação da Lei Brasileira de Inclusão (LBI), Lei 13.146, de 06/07/2015, cuja vigência ocorreu decorridos 180 dias de sua publicação oficial, portanto, a partir de 06/01/2016. No capítulo IV – Do direito à educação, a LBI sinaliza legalmente:

> *Art. 27 – A educação constitui direito da pessoa com deficiência, assegurados sistema educacional inclusivo em todos os níveis e aprendizado ao longo de toda a vida, de forma a alcançar o máximo desenvolvimento possível de seus talentos e habilidades físicas, sensoriais, intelectuais e sociais, segundo suas características, interesses e necessidades de aprendizagem.*
>
> *[...]*
>
> *III – projeto pedagógico que institucionalize o atendimento educacional especializado, assim como os demais serviços e adaptações razoáveis, para atender às características dos estudantes com deficiência e garantir o seu pleno acesso ao currículo em condições de igualdade, promovendo a conquista e o exercício de sua autonomia.*

A importância do tema foi emergindo à medida que a própria sociedade descobriu que os portadores de necessidades especiais são *educandos*, ou seja, etimologicamente, devem e podem ser educados. Mas, da etimologia, passou-se à pedagogia. A sociedade posicionou-se, fortemente, contra a exclusão de pessoas que, embora com alguma limitação biopsíquica (daí a equivocada denominação pessoas *deficientes!*) são potencialmente saudáveis para a aprendizagem, desde que esta seja adequada às especificidades de cada caso.

A partir do início dos anos de 1980, os sistemas de ensino de todo o mundo passaram a desenvolver políticas e diretrizes para implementar sistemas educacionais inclusivos, evitando-se, assim, qualquer forma de separação de crianças na rede escolar. A Constituição de 1988 incorporou esta pressão social sob a forma de dispositivo categórico (art. 208, III), como referido acima. Em decorrência, foram-se multiplicando os centros brasileiros de pós-graduação em educação especial e o próprio Ministério da Educação elevou, em 1992, o órgão de educação especial à categoria de Secretaria, ao lado das secretarias de educação fundamental, média e tecnológica e superior. Esta mudança sinalizou a valorização do tema, enquanto objeto de políticas públicas e diretrizes para a área. No momento, a Seesp/MEC, hoje identificada pela estratégica denominação de Secretaria de Educação Continuada, Alfabetização, Diversidade e Inclusão (Secadi), desenvolve um relevante trabalho voltado para a proposição de políticas e para o fomento técnico e financeiro de ações de responsabilidade das Unidades Federadas. Em decorrência, a educação especial passa a ser tratada como componente relevante (e não mais eventual) da rede regular de ensino.

Destaque-se, por outro lado, que, já em 1989, portanto, um ano depois da promulgação da Constituição, foi sancionada a Lei 7.853, de 24/10, dispondo sobre o apoio às pessoas portadoras de deficiência, sua interação social, e assegurando o pleno exercício dos direitos individuais e sociais destas pessoas. Em 1993, o governo editou o Decreto 914, de 06/09, em que instituiu a Política Nacional para a Integração da Pessoa Portadora de Deficiência. Assim, a partir da Constituição, estavam definidos os marcos normativos para uma ação consistente de criação e diversificação de espaços educativos no âmbito da educação especial. Forte inspiração para estas iniciativas legislativas tinha sido o Decreto 3.956/2001, que promulgou a Convenção Interamericana para a Eliminação de Todas as Formas de Discriminação Contra as Pessoas Portadoras de Deficiência. Por esta Convenção, todas essas pessoas têm os mesmos direitos humanos e as mesmas liberdades fundamentais. Em decorrência, como alunos, devem estar nas escolas comuns. Em sucessivo, o Estado brasileiro avançou na seara dos direitos da pessoa com deficiência, aditando a seguinte legislação:

Decreto 6.949, de 25/08/2009
• *Promulga a Convenção Internacional sobre os Direitos das Pessoas com deficiência e seu Protocolo Facultativo, assinados em Nova York, em 30 de março de 2007.*

• decreto legislativo 186, de 2008
• *Aprova o texto da Convenção sobre os Direitos das Pessoas com Deficiência e de seu Protocolo Facultativo, assinados em Nova York, em 30 de março de 2007.*

Esta visão diacrônica-legal é importante para se perceber a evolução semântico-conceitual de educação especial/educação inclusiva no Brasil. Esta compreensão, sustentada por mandamento legal, ganhou grande visibilidade em 2010 com a Conferência Nacional de Educação (Conae), precedida de ampla mobilização da sociedade brasileira. Quase quatro mil pessoas participaram do magno evento, inclusive centenas de pessoas com deficiência. Daí, originou-se a Meta 4 do Plano Nacional de Educação (PNE), sob inspiração deste art. 58 da LDB, como se pode constatar: "Universalizar, para a população de 4 a 17 anos, o atendimento escolar aos estudantes com deficiência, transtornos globais do desenvolvimento e altas habilidades ou superdotação na rede regular de ensino". No ano seguinte, o Governo Federal criou o *Plano Viver sem Limite*, e destinou R$ 7.6 bilhões, canalizados para a inclusão educacional das pessoas com deficiência. Os recursos tiveram grande amplitude de aplicação, valendo destacar a implantação de Salas de Recursos Multifuncionais, promoção de acessibilidade nas escolas, formação de professores para o Atendimento Educacional Especializado, aquisição de ônibus escolares acessíveis, ampliação do Programa BPC (Benefício de Prestação Continuada) na Escola e Programa Nacional de Acesso ao Ensino Técnico e Emprego. Nas universidades públicas federais estão sendo instalados núcleos de acessibilidade e ofertados cursos de Letras/Libras e de formação em Pedagogia na perspectiva bilíngue (Libras/Língua Portuguesa).

Quem são os "educandos portadores de necessidades especiais"?

Numa visão ampla e atualizada do alunado da educação especial, pode-se ter a seguinte visualização:

- Aluno com deficiência mental;
- Aluno com deficiência auditiva;
- Aluno com deficiência visual;
- Aluno com deficiência múltipla;
- Aluno com deficiência motora;
- Aluno com nanismo[102];

---

102. A escola brasileira tem, historicamente, assumido uma posição de indiferença em relação às pessoas com nanismo, também chamadas de anões. Possuem altura adulta menor que 1,50m. Conhecida como doença de baixa-estatura, o nanismo tem origem na ausência do hormônio GH no organismo, responsável pelo crescimento. Vivendo em uma sociedade em que tudo está conformado à estatura "normal", estas pessoas sofrem todo tipo de discriminação. Segundo depoimento de uma delas, "as pessoas nos olham de rabo de olho; questionam se somos desse planeta e até as crianças nos perguntam porque somos assim". E arremata: "foi duro enfrentar o colégio e a faculdade!" A estimativa é que uma em cada dez mil pessoas seja portadora dessa deficiência. Os anões devem encontrar, na escola, um ambiente de convívio regular, sem qualquer tipo de discriminação. Podem, perfeitamente, se desenvolver intelectualmente. Para tanto, porém, é necessário que a escola proceda a algumas adequações e, sobretudo, esclareça as pessoas e a própria sociedade sobre esta particularidade humana.

- Aluno com condutas típicas;
- Aluno com Síndrome de Down;
- Aluno com autismo;
- Aluno com *déficit* de atenção/hiperatividade;
- Aluno com transtornos do pensamento e da linguagem;
- Aluno com transtornos de personalidade;
- Aluno com dificuldades de aprendizagem;
- Alunos superdotados;
- Alunos em classes hospitalares, em centros de reabilitação ou convalescentes, em domicílio;
- Alunos oriundos de contextos culturais minoritários (indígenas, ciganos);
- Alunos com problema de autoconceito;
- Alunos submetidos a níveis agudos de privação cultural.

Ainda vale registrar um número crescente de alunos especiais que têm suas vidas marcadas por desconformidades sociais ou por contingência de trabalho, tais como:

- Alunos filhos de pais separados;
- Alunos filhos de pais alcoólatras;
- Alunos sem pais;
- Alunos filhos de pais desempregados;
- Alunos filhos de pais encarcerados;
- Alunos dependentes de drogas;
- Alunos com problemas de subnutrição;
- Alunos, meninos de rua;
- Alunos que vivem em situações de risco;
- Alunos de famílias que vivem em acampamentos ou situações habitacionais eventuais;
- Alunos cujos pais vivem em trânsito: filhos de famílias circenses, de caminhoneiros, boias-frias, agricultores sem terra, de famílias ciganas etc.

Em todos estes casos, o atendimento educacional especializado supõe uma escola flexível em sua organização, com equipe multidisciplinar capaz de apoiar os professores comprometidos em favorecer ambientes de aprendizagem na política inclusiva a partir dos seguintes princípios:

- Promoção da cultura da diversidade da escola;

- Desenvolvimento de redes de apoio aos alunos;
- Adoção de abordagens efetivas de ensino concreto;
- Remoção de processos excludentes na sociedade e na escola;
- Conhecimento dos alunos, identificando interesses, motivações e limitações;
- Planejamento flexível do ensino, possibilitando atender as singularidades de cada aluno;
- Avaliação estruturada a partir do percurso individual, valorizando cada passo;
- Gestão escolar compartilhada, ensejando, à equipe escolar, refletir sobre os desafios da diversidade humana.

Em qualquer situação limitativa, convém ficar claro que cada escola deverá dispor dos recursos imprescindíveis para que os alunos com necessidades educacionais especiais, sejam elas específicas, temporárias ou permanentes, se sintam capazes de aprender. A ideia é oferecer serviços educacionais que contribuam para a formação de uma cidadania plena de todos os cidadãos, sem distinção.

Em que pese os reconhecidos avanços, há que se registrar a necessidade de ações mais concretas por parte do Governo Federal, de estados, DF e municípios, a fim de que, articuladamente, desenvolvam estruturas operacionais rotineiras no parque escolar, voltadas para uma efetiva atividade educativa regular de educação especial. Para os efeitos da LDB, importa ressituar a educação especial e os procedimentos pedagógicos a ela inerentes no conceito operacional de ensino regular e nas classes comuns de ensino. Os sujeitos da educação especial são os alunos das escolas, enquanto sujeitos de direito independentemente de suas singularidades.

Há duas áreas, ainda, esmaecidas na modalidade educativa educação especial. A primeira é a voltada para o aluno superdotado. O Brasil cuida mal ou não cuida do aluno com elevada aptidão intelectual, talvez porque não tenha conseguido resolver questões mais gerais da educação básica. Só que a educação do superdotado é, igualmente, uma questão de educação geral! A segunda diz respeito à formação profissional, à orientação profissional, inclusive, ao acesso a cursos regulares voltados para a formação profissional dos portadores de deficiência. Esta área continua opaca em termos de operacionalização das diretrizes políticas. Sobre este assunto, já falamos nos comentários dos art. 39 e 41.

§ 1º – Os serviços de apoio especializado disponíveis na escola regular para a complementação de atendimento ao aluno da educação especial estão previstos nas Diretrizes Nacionais para a Educação Especial na Educação Básica.

Estes serviços podem ser, assim, desenvolvidos:

a) *Nas classes comuns*: através da formação de professor da Educação Especial, de professores intérpretes das linguagens e códigos e de outros profissionais (fonoaudiólogos, psicólogos, terapeutas ocupacionais, médicos, assistentes sociais, professores de educação física, professores de arte etc.);

b) *Nos atendimentos itinerantes:* através de equipes de professores especializados que se dirigem a várias escolas, para, em conjunto com professores das classes regulares, complementar o trabalho;

c) *No atendimento escolar hospitalar*: através do professor especializado ou, eventualmente, preparado para atender o aluno com deficiência que se encontra hospitalizado, em caráter transitório ou permanente;

d) *Nas salas de recursos*: através de professor de educação especial ou compartilhadamente com profissional de apoio, de outra área, que oferece uma programação de complementação e/ou suplementação curricular, utilizando equipamentos e materiais específicos.

Como serviços especializados se caracterizam "aqueles realizados por meio de parceria entre as áreas de educação, saúde, assistência social e trabalho".

Para se viabilizar, plenamente, o conteúdo deste art. 58, uma última questão situa-se na área da formação do corpo docente. Não conta o país com quadros docentes especializados, suficientes e bem preparados. Pode-se falar mesmo em descaso no setor. A formação do professor que atua na educação especial é precária porque os cursos universitários são, normalmente, desfocados. Quase sempre desprovidos de bibliografia, oferecem uma formação prática reduzidíssima e, tanto pior, as disciplinas específicas são poucas e de carga horária insatisfatória. Os professores universitários, em geral, possuem limitada experiência e poucos conhecimentos na área revelados pelo baixo conteúdo inovador e pelas metodologias às vezes ultrapassadas.

Felizmente, a expansão dos cursos de pós-graduação em educação com a inclusão de um eixo em educação especial tem sido significativa nos últimos anos. Multiplicam-se os trabalhos e pesquisas na área, bem como as dissertações de mestrado e as teses de doutorado. Esta expansão, no entanto, não resolve a questão, uma vez que a grande demanda de professores e de profissionais outros especializados situa-se na sala de aula regular do conjunto das escolas de educação básica. Portanto, a grande necessidade de formação docente para a educação especial concentra-se na graduação e, não, na pós-graduação. Muitas universidades oferecem, sob a forma de eventos de âmbito interno, seminários de pesquisa em educação especial, sob a inspiração de instituições como a Associação Brasileira de Pesquisadores em Educação Especial cujo objetivo central é "promover e apoiar o aperfeiçoamento técnico e científico dos profissionais em educação especial e em ciências afins". Os eixos temáticos que têm ocupado a agenda das instituições são:

- Alunos com necessidades especiais: da Educação Infantil ao Ensino Superior;
- Arte-educação e educação especial;
- Deficiência intelectual;
- Deficiência visual;
- Demandas e desafios no trabalho com famílias de pessoas com necessidades especiais;
- EAD na educação especial;
- Educação Física e esportes adaptados;
- Formação de professores em educação especial;
- Habilidades sociais para pessoas com necessidades especiais;
- Leitura e escrita e a aprendizagem de alunos com necessidades especiais;
- Múltiplas deficiências;
- Pesquisa e produção do conhecimento científico em educação especial;
- Políticas educacionais para pessoas em situação de deficiência;
- Práticas de inclusão escolar;
- Prevenção e intervenção: fatores de risco e proteção no desenvolvimento de pessoas com necessidades especiais;
- Procedimentos de ensino: acomodações/adaptações curriculares e avaliação;
- Serviços de apoio à escolarização inclusiva;
- Sexualidade e afetividade de pessoas com necessidades especiais;
- Superdotados/altas habilidades;
- Surdez/deficiência auditiva;
- Surdocegueira;
- Tecnologias assistivas/comunicação alternativa e ampliada;
- Transtornos globais do desenvolvimento.

A Secadi/MEC, através da área de educação especial e acolhendo indicações de várias universidades brasileiras, tem diligenciado para que as faculdades de Educação incluam, nos currículos de formação docente, disciplinas de capacitação básica em educação especial. Com esta providência, os professores adquirirão a necessária competência para lidar com alunos especiais, agora estudando em classes regulares. Nesta mesma perspectiva, têm sido desenvolvidos esforços para que as universidades mantenham programas de especialização através da implantação de Núcleo de Educação Especial. Estes prepararão recursos humanos capacitados em áreas específicas da educação especial, com um enfoque interdisciplinar, multidisciplinar e sociocomunitário.

Um aspecto crucial e desafiador é como as instituições de formação docente poderão contribuir para a preparação de alfabetizadores de pessoas com deficiência mental, considerando que elas constituem hoje mais de 50% da matrícula da educação especial e que, preocupantemente, formam uma população analfabeta de 64%. É inimaginável falar-se em Educação Inclusiva e respeito à diversidade, permitindo-se a ampliação dos espaços e das circunstâncias que fecundam mais exclusão!

§ 2º – O atendimento educacional dos alunos da educação especial, esgotadas as possibilidades de ser realizado em classes comuns de ensino regular, poderá ocorrer em instituições ou serviços especializados. No Brasil, é importante compreender que a política pública de inclusão não pode ignorar o extraordinário trabalho de instituições como as Apaes, as Sociedades Pestalllozi, os Institutos de Cegos, a AACD escolar e tantas outras distribuídas pelo país inteiro e que, ao longo de décadas, têm prestado relevantes serviços à educação das pessoas com deficiência.

O bom-senso e a responsabilidade pública recomendam que os sistemas de ensino se articulem com estas entidades especializadas com três objetivos, a saber:

a) Desenvolver atividades compartilhadas para complementação e/ou suplementação da formação dos alunos;

b) Realizar agendas conjuntas para formação de professores e de pessoal de apoio;

c) Trabalhar, permanentemente, programações e atividades de sensibilização, mobilização e envolvimento das famílias e das comunidades, objetivando aprimorar, cada vez mais, o processo sociopsicopedagógico dos alunos.

Desconhecer o enorme patrimônio de experiências e conhecimentos que tais instituições detêm significa utilizar a política de inclusão para excluir! Em um país de tantas e tamanhas dissimetrias sociais, com o parque escolar eivado de limitações, precariedades e baixa qualificação especializada dos quadros técnicos, é irresponsabilidade social desconhecer e desvalorizar o trabalho e o suporte técnico-pedagógico que tais entidades podem oferecer às escolas até mesmo para agilizar e consolidar processos de inclusão educacional. Na educação escolar, juntar competência, associar experiência e compartilhar aptidões especializadas é a melhor forma de trabalhar a ideia de todos pela educação.

No Brasil, algumas demandas muito específicas do atendimento especializado ainda são pouco consideradas, o que reflete o alcance por enquanto limitado da política de inclusão do Estado brasileiro. É preciso estar atento, porém, uma vez que o significado de **dever do Estado** referente à educação (art. 2º) não comporta meias-medidas. Uma destas demandas de baixíssimo atendimento diz respeito às **classes hospitalares**, previstas, inclusive nas Diretrizes Nacionais de Educação Básica para a Educação Especial. O que são elas e quais seus fundamentos legais, como devem funcionar e de que forma devem ser procedidos os registros escolares é o que já foi adequadamente considerado na exegese do art. 4º-A. De qualquer sorte, cabe, ainda, apor até sob a forma de reforço outras dimensões convergentes, vinculadas ao conceito irradiante de Educação Inclusiva. Neste contexto, a BNCC ganha espaço especial. "Prevista na Constituição de 1988, na Lei de Diretrizes e Bases da Educação Nacional/LDB e no Plano Nacional de Educação/PNE, de 2014, ela expressa o compromisso do Estado brasileiro com a promoção de uma educação integral e desenvolvimento de todos estudantes, voltada ao acolhimento com respeito às diferenças e sem discriminação e preconceitos".

Como princípio constitucional, **todos são iguais perante a lei**, independentemente de circunstâncias quaisquer. Daí, advém o direito da criança à educação escolar, mesmo que se encontre hospitalizada por longos períodos ou submetida a tratamento domiciliar demorado.

Berthed (1983) considera a saúde equilíbrio, vida plena e força potencial de reserva. Para alcançá-la, é necessário dispor de um conjunto de fatores que calçam o contexto individual afetivo e se transformam em condutas das emoções para o funcionamento cognitivo. Por isso, dizem os especialistas que a vida se sustenta na relação afetividade e pensamento, estes como fontes do que chamamos, na linguagem coloquial, de sentimentos. Quando colocamos a criança dentro desta moldura de compreensão, fica fácil alcançar o impacto que o hospital produz em sua vida. Ali, ela fica excluída do seu ambiente natural: a família, os amigos, a escola e, portanto, de tudo aquilo que constitui fontes ativas no seu desenvolvimento psicointelectual.

No caso de doenças graves e prolongadas, a criança vai-se deixando tomar por um quadro de progressivo silêncio com repercussões agudas em sua autoestima. Pode-se dizer, então, que a ausência de escolarização decorrente de estados patológicos é um fator de exclusão da criança da vida natural e espontânea à medida que há um comprometimento de todo o processo de escolarização. Daí a importância da Pedagogia Hospitalar. Trata-se de um atendimento voltado para alunos – crianças e jovens – que não podem ficar excluídos da escola em decorrência de circunstâncias de doença.

Hospitais pediátricos, hospitais-dia e clínicas infantis enfrentam esta demanda e precisam respondê-la adequadamente. Inclusive, a resposta legal é imperativa, como se pode constatar:

I – Lei 8.069/1990. Estatuto da Criança e do Adolescente. A partir de princípios fundantes universais do direito da criança e do adolescente, diz nos art. 3º e 4º.

Art. 3º – A criança e o adolescente gozam de todos os direitos fundamentais inerentes à pessoa humana, sem prejuízo de proteção integral de que trata esta lei, assegurando-lhes todas as oportunidades e facilidades, a fim de lhes facultar desenvolvimento físico, mental, moral, espiritual e social, em condições de liberdade e dignidade.

Parágrafo único: a garantia de prioridade compreende:

[...]

d) Primazia de receber proteção e socorro em quaisquer circunstâncias.

II – Resolução 2 – CNE/MEC/Seesp, 2001. Fixa a obrigatoriedade de implantação da Hospitalização Escolarizada, assistida para o atendimento pedagógico de alunos com necessidades educacionais especiais transitórias, como se pode constatar:

*"Por outro lado, o direito à saúde, segundo a Constituição Federal (art. 196), deve ser garantido mediante políticas econômicas e sociais que visem ao acesso universal e igualitário às ações e serviços, tanto para a sua promoção quanto para sua recuperação. Assim, a qualidade do cuidado em saúde está referida diretamente a uma concepção ampliada em que o atendimento às necessidades de moradia, trabalho e **educação** [grifo nosso], entre outras, assume a relevância para compor a atenção integral [...]".*

III – Proposta das Diretrizes Curriculares Nacionais para o Curso de Pedagogia, com extrapolação para a formação de professores para toda a educação básica, e constante do Parecer CNE/CP 5/2006, destaca a preparação do futuro pedagogo, inclusive em espaços não escolares, para oferecer assistência pedagógica, como se pode ver:

"As Diretrizes Curriculares para o Curso de Pedagogia aplicam-se à formação inicial para o exercício da docência na Educação Infantil e nos anos iniciais do Ensino Fundamental, nos cursos de Ensino Médio [...] na área de serviços e apoio escolar, bem como em outras áreas nas quais sejam previstos conhecimentos pedagógicos.

[...]

Tais práticas compreendem tanto o exercício da docência como o de diferentes funções do trabalho pedagógico em escolas [...] e a avaliação de práticas educativas em espaços não escolares [...].

Por fim, ainda no campo de formação docente, o projeto pedagógico de cada instituição deverá circunscrever áreas ou modalidades de ensino que proporcionem aprofundamento de estudos [...]. Consequentemente, dependendo das necessidades [...], poderão ser especialmente aprofundadas questões que devem estar presentes a todos os educadores, relativas, entre outras, a [...] educação hospitalar [...].

Ou seja, a legislação prevê uma formação do educador para trabalhar em equipes multiprofissionais, com o intuito de viabilizar a ideia de Hospitalização Escolarizada. Ideia que tem envergadura extensiva para efeito de **assistência pedagógica domiciliar**, imposta por enfermidade prolongada. O Parecer 017/2001, do CNE – Diretrizes da Educação Especial na Educação Básica, é taxativo nesta definição direcional:

> *Atendimento domiciliar visa um serviço destinado a viabilizar, mediante atendimento especializado, a educação escolar de alunos que estejam impossibilitados de frequentar as aulas, em razão de tratamento de saúde que implique em permanência prolongada em domicílio.*

Evidentemente que a ação pedagógica integrada na grande moldura da Pedagogia Hospitalar requer uma vivência de sociedade inclusiva, de integração profissional e de participação escola/família/serviços de saúde. Por isso, a Resolução 2/2001, do CNE/CEB, aponta: "Os sistemas de ensino, em ação integrada com os sistemas de saúde, devem, portanto, organizar atendimento a escolares hospitalizados para tratamento de saúde".

Na verdade, o que se pretende é propiciar rotas de humanização para alguém (o aluno) que, de repente, se sente descompensado em seu processo de desenvolvimento. E a descompensação "permitida" está na fronteira do desrespeito à dignidade da pessoa humana, fundamento constitucional irrenunciável.

A possibilidade de abordagem *multi/inter/trans*disciplinar hospedada na relação hospital-escola/internação-escolaridade gera múltiplas esferas de distensão que destravam o aspecto reclusivo do ambiente hospitalar, devolvem o sentido da vida participante ao doente-aluno e ao aluno-doente. "Assim a educação – além de transmitir e construir o saber sistematizado – assume um sentido terapêutico ao despertar no educando uma nova consciência que transcenda do eu individual para o eu transpessoal" (CARDOSO, 1995: 53).

A inclusão social e educativa, como política pública, tem inúmeros desdobramentos sob o ponto de vista de sua operacionalização. A classe hospitalar é uma destas formas, além de ser um direito da criança. Com a classe hospitalar, resgata-se, de um lado, a socialização da criança e, de outro, a aprendizagem em processo, às vezes, interrompida bruscamente. Pode-se dizer que a classe hospitalar é um espaço e todo um contexto pedagógico instalado no hospital ou na clínica com objetivo de ensejar a continuidade da escolaridade formal, com os seguintes focos:

i) Manter a sistematização da aprendizagem.

ii) Assegurar à criança e ao adolescente os laços sociais e inclusivos.

iii) Garantir a não interrupção do processo de desenvolvimento intelectual do aluno paciente.

iv) Possibilitar que, ao deixar o hospital, o aluno se reintegre normalmente às atividades de aprendizagem na escola.

v) Manter o aluno conectado com o seu mundo exterior, uma vez que a escola é um fator externo à patologia e ao ambiente de reclusão próprio aos hospitais.

vi) Estender o nível de consciência da família, do(s) professor(es) e da própria criança quanto à necessidade do prosseguimento de estudos após a internação, sempre que possível.

vii) Atribuir à criança e ao adolescente, em nível que varie de acordo com o seu Estado, responsabilidades educacionais.

viii) Desenvolver um aprendizado adequado de convivência com situações passageiras e mais alongadas com situações de doença.

O conjunto destes focos/objetivos está voltado para a aquisição de conhecimentos formais, continuidade de estudos, desenvolvimento cognitivo do aluno hospitalizado, manutenção da autoestima, qualidade de vida e aprendizagem escolar não interrompida.

Na classe hospitalar há duas formas de acompanhamento psicopedagógico: aquela destinada a crianças com internações eventuais e aquela destinada a crianças com internações incidentes/reincidentes de maior ou menor duração. Em qualquer destes casos, merecem atenção adicional crianças hospitalizadas autistas, com deficiência mental, com Síndrome de Down e outras situações particulares permanentes, crônicas e agudas.

As classes hospitalares precisam contar com recursos essenciais, do tipo:

i) Professores com formação específica para atendimento escolar hospitalar.

ii) Materiais de apoio a aprendizagem como: filmes, DVDs, brinquedos, material para desenho e pintura, enfim, tudo aquilo que possa resgatar a criança em sua singularidade, como aprendente e em sua saúde físico--mental, como pessoa humana detentora de dignidade.

Estas providências são tão importantes que, nos países escandinavos, na França e em vários países europeus, hospitais públicos possuem, em seus quadros, professores. No Brasil, aproximadamente cento e vinte clínicas e hospitais dispõem de ambientes e classes hospitalares com toda adequação pedagógica.

O(s) professor(es) que acompanha(m) a criança em classe hospitalar deve(m) fundamentalmente:

a) Assistir o aluno a partir de um plano de estudo com ele construído.

b) Elaborar objetivos e metas dentro de escalas em que a qualidade das atividades deve predominar sobre a quantidade e os processos pedagógicos e de autossatisfação sobre os resultados programáticos.

c) Produzir relatórios parciais e encaminhá-los à escola e à família.

d) Produzir fichas semanais de evolução para conhecimento do hospital.

e) Encaminhar, ao lado da internação, à escola, relatório técnico-pedagógico com indicações avaliativas e parecer conclusivo sobre o desenvolvimento e a aprendizagem do aluno.

Como afirma o CNDCA (1995), o atendimento educacional a jovens e crianças hospitalizados decorre do direito de a criança "[...] desfrutar de alguma recreação, programas de educação para a saúde e o acompanhamento do currículo escolar durante sua permanência no hospital".

Em síntese, pode-se dizer que, por meio do Estatuto da Criança e do Adolescente Hospitalizado, com desdobramento na Resolução 41/1995, item 9, o Brasil reconhece o direito de a criança ter à sua disposição os meios para o acompanhamento do currículo escolar durante a permanência hospitalar. Em 2002, a Seesp/MEC divulgou documento de estratégias e orientações para o atendimento nas classes hospitalares, assegurando o acesso à educação básica. De acordo com este documento, a educação e seus processos podem ajudar a reconstruir a integralidade e a humanização nas práticas de atenção à saúde, reforçando os mecanismos de autodeterminação das crianças, de participação dialogável nos contextos hospital/vida e, sobretudo, abrindo janelas para a educação do olhar, da escuta e da interação social, base de todo e qualquer processo de desenvolvimento do potencial humano.

Por fim, uma observação essencial. Para a classe hospitalar ter caráter legal é necessário a criança ou o adolescente estar matriculado em uma escola regular. Caso isto não ocorra, os pais ou responsáveis deverão providenciar esta matrícula imediatamente. Somente poderá haver acompanhamento escolar regular com os decorrentes registros também regulares, **uma vez a criança matriculada**.

Todas estas angulações da lei revelam a necessidade do diálogo estreito e permanente entre educação e saúde e entre escola e família.

§ 3º – Com a alteração do Ensino Fundamental, passando de oito para nove anos, e a consequente antecipação do ingresso do aluno no nível de ensino obrigatório, porque dever constitucional do Estado quanto à oferta, a educação especial deve ser ofertada, de fato, na faixa etária de zero a seis anos, período correspondente legalmente à oferta da Educação Infantil e mais o primeiro ano do Ensino Fundamental.

No Brasil, foi-se criando a praxe de retardar o início da escolarização da criança com deficiência. Experiências internacionais mostram e comprovam que quanto mais cedo esta criança chegar à escola, maiores as chances de ela desenvolver suas potencialidades. Além disso, constitui direito seu ir à escola na mesma idade das demais crianças e, ainda, passar por todas as etapas da educação escolar, inclusive, pela universidade. Infelizmente, a presença de pessoas com deficiência em etapas avançadas da escolaridade é bastante reduzida, o que revela que a sociedade brasileira tem muito que evoluir nesse campo. Há quase duas décadas, documento do MEC/Seesp (1995: 10) já registrava que "[...] a educação especial obedece aos princípios da Educação Geral e deve se iniciar no momento em que se identificam atrasos ou alterações no desenvolvimento global da criança, e continuar ao longo da vida, valorizando suas potencialidades e lhe oferecendo todos os meios para desenvolvê-las ao máximo".

A evolução da educação especial como oferta escolar obrigatória tem sido marcante nos últimos anos, embora em ritmo ainda insuficiente para a demanda existente. O gráfico que segue oferece uma visão precisa da linha evolutiva de crescimento da oferta de educação especial na configuração do especificado no art. 4, inc. III, da LDB, e referido nos comentários de abertura da análise deste art. 58:

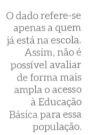

Convém ressaltar que a expansão da matrícula da educação especial tem ocorrido em todas as etapas da educação básica, portanto, na Educação Infantil, no Ensino Fundamental e no Ensino Médio. Por outro lado, tem sido marcante a elevação de matrículas de alunos em situação de deficiência nas classes comuns, como podemos ver:

Educação Especial/Inclusiva
Matrículas na Educação Infantil, Ensino Fundamental e Ensino Médio – Brasil – 2014

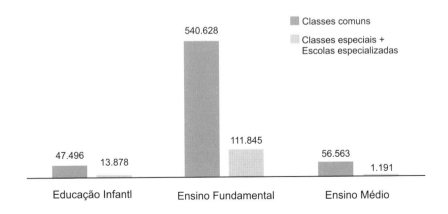

Fonte: MEC/Inep/Deed – Microdados Censo Escolar.
Nota: O mesmo aluno pode ter mais de uma matrícula.

É importante destacar o avanço da educação especial no Brasil, à luz dos parâmetros da educação inclusiva e da necessária e conveniente construção de passarelas de apoio e intercomplementaridade entre rede regular de ensino e instituições especializadas de educação especial de perfil comunitário. As pessoas em situação de deficiência vão avançando cada vez mais em nível de escolaridade. Muitas já são encontradas nos corredores e salas de aula das universidades. Como anota documento conjunto da Câmara de Deputados/Senado Federal, referenciado às comemorações dos 5 anos de vigência da Convenção da ONU sobre os Direitos das Pessoas com Deficiência (CDPD), ratificada pelo Brasil em 2008, passando a ter, portanto, equivalência constitucional.

Nunca houve tanta preocupação e investimento nas pessoas com deficiência e elas estão chegando longe. No caso da Síndrome de Down, há no Brasil, 24 jovens que já cursaram ou estão cursando a universidade, o que parecia inimaginável anos atrás. Todos eles estudaram em escolas regulares, para citar um exemplo expressivo. O número de estudantes com outros tipos de deficiência que estão no Ensino Superior também está aumentando. Esta tendência deverá consolidar-se com a implantação da Lei Brasileira de Inclusão (LBI), Lei 13.146/2015, que harmoniza a legislação brasileira existente na área em foco com a Convenção da ONU sobre os Direitos das Pessoas com Deficiência.

Art. 59 – Os sistemas de ensino assegurarão aos educandos com deficiência, transtornos globais do desenvolvimento e altas habilidades ou superdotação: (*Caput*, com redação dada pela Lei 12.796, de 04/04/2013)

I – currículos, métodos, técnicas, recursos educativos e organização específicos para atender às suas necessidades;

II – terminalidade específica para aqueles que não puderem atingir o nível exigido para a conclusão do Ensino Fundamental, em virtude de suas deficiências, e aceleração para concluir em menor tempo o programa escolar para os superdotados;

III – professores com especialização adequada em nível médio ou superior, para atendimento especializado, bem como professores do ensino regular capacitados para a integração desses educandos nas classes comuns;

IV – educação especial para o trabalho, visando a sua efetiva integração na vida em sociedade, inclusive condições adequadas para os que não revelarem capacidade de inserção no trabalho competitivo, mediante articulação com os órgãos oficiais afins, bem como para aqueles que apresentam uma habilidade superior nas áreas artística, intelectual ou psicomotora;

V – acesso igualitário aos benefícios dos programas sociais suplementares disponíveis para o respectivo nível do ensino regular.

Art. 59 – As mudanças impostas pela Lei 12.796/2013, no *caput* deste art. 59, estão em sintonia com o imperativo do art. 4º, inc. III, do Título III da LDB, que trata do *direito à educação e do dever de educar*. Ou seja, os sistemas de ensino, como estruturas de organização, funcionamento articulado e integrado e, ainda, como instâncias de gestão democrática do ensino público (art. 3º, inc. IX), norteadas por fundamento constitucional (CF, art. 206, I) e da própria LDB (art. 3º, inc. I) da igualdade de condições para o acesso e permanência na escola, devem assegurar, aos alunos com deficiência, todas as condições e meios para eles alcançarem, via educação escolar (art. 1º, § 1º), os fins da educação, conforme definidos no art. 2º desta lei. Isto implica lhes assegurar ambientes favoráveis ao seu desenvolvimento, com a estimulação das áreas promissoras de fecundação das capacidades de aprender. Para tanto, porém, é necessário uma organização funcional e um "aparato" escolar adequado, que incluam equipe escolar multiprofissional, com membros qualificados e integrados. Tudo isto formatando a instrumentalidade do processo de aprender. Nesse ambiente, as capacidades e potencialidades dos alunos passam a ser estimuladas, agora e sempre, para removerem situações-limite "[...] que vem impedindo a maioria de realizar a humanização e de concretizar o ser-mais" (FACIÓN, 2005: 38). Como já acentuado em outros contextos de análise da LDB, os alunos referenciados no art. 4º, inc. III e neste art. 59 são considerados em situação de deficiência e, não, portadores de patologia. Reverter esta percepção é um dos grandes desafios da **educação escolar (art. 1º, § 1º)**. Como frisa Fación (ibid.), "a educação ocupa-se do que pode ser mediado à criança no sentido de que a zona virtual de desenvolvimento torne-se, amanhã, zona real de ação cognitiva [...]. O ato político-educativo deve ser prospectivo e não retrospectivo. Não deve ser baseado na falta, no *déficit*, no atraso, mas nas diferentes formas de adaptação possíveis que a criança faz por meio da mediação dos instrumentos semióticos da cultura". Currículos, métodos, técnicas, recursos e programas escolares pertencem a esta instrumentalidade.

Este artigo define o modo de organizar a educação especial, a partir dos seguintes focos: i) Currículos, metodologias e recursos específicos de apoio;

ii) Possibilidade de antecipação da conclusão do Ensino Fundamental em situações de severo comprometimento, bem como possibilidades de aceleração de estudos para os superdotados; iii) Existência de docentes com formação adequada para um trabalho pedagógico especializado, bem como de docentes do ensino regular com competências pertinentes ao trabalho de "normalização" deste educando nas classes comuns; iv) Disponibilização dos programas sociais suplementares, tal qual existem para alunos do ensino regular, aos alunos com necessidades especiais (merenda escolar, livro didático, assistência médica e psicológica, transporte escolar etc.). Tudo dentro da rede regular de ensino, preferencialmente, como disposto no art. 207, inc. III, da Constituição Federal e desta LDB (art. 4º, inc. III), como já destacado reiteradas vezes.

A LDB vai além da definição política. Faz o balizamento dos marcos operacionais de tal sorte que se restabeleçam linhas de regularidade operativa para a educação especial no ensino regular, na educação profissional e no acesso aos benefícios suplementares do ensino regular.

As orientações básicas para a adequada condução dos sistemas de ensino na área da educação especial constam da Resolução CEB/CNE 2/2001, que institui Diretrizes Nacionais para a Educação Especial na Educação Básica em todas as etapas e modalidades de oferta e se encontram replicadas, reforçadas e atualizadas, sob o ponto de vista de uma visão evolutiva da educação especial e reformuladas, sob o ponto de vista de sua inserção na educação básica, na Resolução CNE/CEB 4/2010, art. 21 e incisos. Os alunos com deficiência têm direito ao atendimento escolar a partir da Educação Infantil e o trabalho deve ser desenvolvido de forma integrada com a família e a comunidade (Decreto 6.571, de 17/09/2008).

É forçoso reconhecer que, em algumas áreas, a educação especial tem avançado mais. Assim, a Portaria 2.678/2002 aprova a Grafia Braille para a Língua Portuguesa[103]. O mesmo ocorreu com o uso da Língua Brasileira de Sinais, através do Decreto 5.626/2005, que regulamenta a Lei 10.436/2002, e o art. 18 da Lei 10.098/2000. Desdobramento deste marco disciplinador é a Portaria Normativa MEC, 11/2006, que institui o Programa Nacional para a Certificação de Proficiência em Libras e para a Certificação de Proficiência

---

103. Esta Portaria tem duplo foco. Primeiro, fixar uma política para todo o país, enfeixando diretrizes e normas para o uso, o ensino, a produção e a difusão do Sistema Braille em todas as suas modalidades e aplicação, compreendendo principalmente a língua portuguesa. Segundo, considerar a permanente evolução técnico-científica que passa a exigir sistemática avaliação e atualização dos códigos e simbologia Braille, adotados nos países de língua portuguesa, com o objetivo de mantê-los verdadeiramente representativos da escrita comum.

em Tradução e Interpretação de Libras/Língua Portuguesa (Polibras) cujo objetivo é:

a) "I – Certificar a proficiência em Libras, de pessoas, surdas ou ouvintes, com escolaridade de nível superior ou médio, para o ensino dessa disciplina, prioritariamente, em cursos de formação de professores e de fonoaudiólogos;

b) II – Certificar a proficiência em tradução e interpretação de Libras – Língua Portuguesa para o exercício dessa junção, prioritariamente, em ambientes educacionais." Por fim, a Portaria 339/2006 institui e regulamenta o Certificado de Proficiência em Libras e o Certificado de Proficiência em Tradução e Interpretação de Libras/Língua Portuguesa.

> **I** – Um dos equívocos marcantes da operacionalização da política de inclusão reside em abandonar o aluno da educação especial no interior da sala de aula comum da escola regular, sem preparar a escola e os professores para trabalharem com a ideia de pedagogia diferenciada. Não há dúvida de que a escola regular é o lugar natural de aprendizagem de todos os alunos, porém nem todos os alunos aprendem de uma única forma. Na verdade, o bom professor possibilita que o aluno conte, a todo momento, com situações ótimas de aprendizagem. No entanto, esta precondição não implica trabalhar com situações-padrão porque os alunos não possuem o mesmo nível de desenvolvimento, o mesmo repertório de conhecimentos, a mesma forma de relação com o saber, os mesmos interesses, motivações e formas de aprender. Por isso, a organização do trabalho, os dispositivos didáticos e os processos de avaliação devem se submeter ao princípio da aprendizagem diferenciada, o que, na prática, significa propor situações adequadas de aprendizagem a cada aluno. Este é o fundamento do atendimento às necessidades básicas de aprendizagem dos que se encontram na sala de aula.

Sob o ponto de vista da inteligência legal deste inc. I, o termo mais agudo é o atributo específico, no corpo da formulação... *currículos, métodos, técnicas, recursos educativos e organização* específicos... O foco de referência legal é trabalhar, nesse caso, sob o influxo da pedagogia diferenciada. Aqui, diferenciar é apresentar, sempre que possível, a cada aluno, uma situação de aprendizagem com iniciativas e tarefas atraentes e indutoras, "motivando-o em sua zona de desenvolvimento proximal". Perrenoud (2005: 47) nos oferece algumas sinalizações importantes nesse sentido:

"Diferenciar é, então, jogar com os grupos de diversos tipos: grupos de aprendizagem, de necessidades, de níveis, de projetos (Meirieu, 1989b; 1990). Alguns

serão "multi-idades", outros "monoidades", uns tão homogêneos quanto possível, outros voluntariamente heterogêneos. Esses grupos não passam de meios para propor situações ótimas para cada um.

Uma situação ótima para um aluno não o é certamente para todos. Se cada aluno seguir sua própria trajetória, indo de uma situação ótima a outra, seu percurso será individualizado de fato. A individualização dos percursos de formação não é, consequentemente, senão uma resultante da diferenciação. A individualização dos percursos de formação não tem nada a ver com o que se chama, às vezes, de "ensino individualizado" para designar uma forma de tutela. A diferenciação não exclui momentos de tutela, mas não é nem possível nem necessário fazer da escolaridade uma sequência de lições particulares.

A individualização dos percursos de formação tira o sentido da comparação permanente entre alunos. Não se pode avaliar cada aluno senão em referência a seu ponto de partida, ao caminho percorrido e à distância que o separa dos objetivos. Por consequência, dar uma nota não tem mais nenhum interesse! Apenas os balanços formativos têm utilidade, auxiliando a reorientar as atividades e as progressões de cada um dos alunos.

No espaço e no tempo de uma classe, podem-se dar passos nesse sentido, ao preço de uma engenhosidade e de uma energia consideráveis".

No caso dos alunos com necessidades educacionais especiais, gerar condições de aprendizagem passa por uma reorganização dos currículos, métodos, técnicas e recursos educativos. Desta forma, cabe aos sistemas de ensino capacitar seus professores para que possam mobilizar todos os recursos existentes e, assim, "organizar as intenções e as atividades de modo que cada aprendiz vivencie, tão frequentemente quanto possível, situações fecundadas de aprendizagem" (PERRENOUD, 1996b: 29).

Portanto, produzir adequações do compacto de ensino (conteúdos, metodologias, técnicas, modalidades de avaliação etc.) não significa que cada professor vá encarregar-se do aluno pessoalmente (situação impossível com turmas tão grandes!), senão que sejam multiplicadas as formas de interação social, de cooperação, de compartilhamento de rotas de aprendizagem, sobretudo em situações de dificuldades cognitivas. Como esclarece ainda Perrenoud (2000: 57), fornecer apoio integrado, administrar a progressão das aprendizagens, abrir a gestão da classe, quebrar a pedagogia frontal dos grupos homogêneos, tudo isso representa formas de competência sistêmica que, por sua vez, mobilizam competências específicas.

Adequar não quer dizer facilitar, mas trabalhar com uma pedagogia diferenciada, ativa e cooperativa, o que supõe substituir a eficácia da ação pela eficácia didática.

> II – Os níveis educacionais estão definidos em função das possibilidades de desenvolvimento psicopedagógico completo dos alunos. Ocorre que, em determinados casos, o aluno poderá alcançar o seu desenvolvimento intelectual pleno, porém, não necessariamente completo sob o ponto de vista da escolaridade formal. Quando isto se anunciar como possível, face a uma rigorosa avaliação de equipe multidisciplinar, os sistemas de ensino deverão prover soluções legais e escolares para a realização de terminalidade específica, o que significa antecipação do término da escolaridade formal em nível de Ensino Fundamental. Neste caso, a solução legal e os trâmites burocráticos para efeito da documentação escolar do aluno deverão estar disciplinados em normas do respectivo Conselho de Ensino. Para tanto, a escola deverá prever tal possibilidade em seu regimento e, ainda, incorporar, ao Projeto Pedagógico, estratégias e formas de operacionalizar o instituto da terminalidade específica para os alunos que, em decorrência de suas deficiências, não puderam atingir o nível de Ensino Fundamental completo.

Idêntica providência de rearranjos organizacionais, incluindo a formação curricular e pedagógica, é necessária, também, para o adequado atendimento aos alunos superdotados. Estes alunos vivem praticamente abandonados nas salas de aula. Na verdade, os sistemas de ensino ignoram tudo aquilo que é marca de diferenciação no processo educacional. Ora, a responsabilidade de reordenar a aprendizagem do aluno na sala de aula é do professor, porém a responsabilidade de definir políticas e ordenar o planejamento para as escolas é do Sistema. O Brasil cuida mal ou não cuida do aluno com elevada aptidão intelectual, talvez porque não tenha conseguido resolver questões mais gerais da educação básica. Só que a educação do superdotado é, igualmente, uma questão de educação básica!

Como já referido nos comentários ao art. 4, inc. III, a superdotação se manifesta na "alta capacidade de domínio de componentes de aprendizagem, expressa no encurtamento do tempo para apropriação de conceitos, procedimentos, e para o desenvolvimento de habilidades e atitudes resolutivas, bem como na captura performática de espaços múltiplos de campos de conhecimento" (CARNEIRO, 2012: 60). Trabalhar nesta perspectiva requer, dos sistemas de ensino, novas proposições políticas e de gestão que ensejem às escolas alternativas de práticas pedagógicas com intensidade (pedagógica) variada e com ritmos e pulsações institucionais sob escalas organizacionais flexíveis e permeáveis.

> III – Este inciso foca uma questão crucial no campo das responsabilidades dos sistemas de ensino: assegurar professores com especialização adequada e, ainda, professores do ensino regular capacitados para a inserção dos alunos com deficiência nas classes comuns. Pesquisas indicam que, no Brasil, de cada quatro escolas, apenas uma possui algum professor especializado e, tanto pior, 90% dos professores da educação geral não receberam qualquer formação específica nesta área.

Como já foi dito anteriormente, os sistemas de ensino alegam que não há recursos para capacitação específica. Fingem eles que não sabem que os recursos para a educação especial são os mesmos da educação básica. A educação é especial, porém os recursos, não!

A experiência internacional na área da implementação da educação inclusiva dá centralidade à capacitação dos professores da educação especial e da educação geral ao mesmo tempo, e, como consequência, torna obrigatório o envolvimento dos sistemas de ensino na área de planejamento e de acompanhamento das práticas de capacitação docente.

A questão da especialização adequada dos professores (da educação especial) e dos professores em geral do ensino regular tem constituído um enorme desafio para a implementação da educação inclusiva por toda parte. Mittler (2003: 186), comentando esta questão, no contexto britânico, observa (2005: 183): "Até recentemente, a capacitação teve baixa prioridade para o governo britânico. [...] É verdade que muito dinheiro foi gasto em treinamentos de um dia, os quais introduzem os professores nos programas de estudo e nos planos de metas de aquisição acadêmica e de avaliação. [...] Porém, um acúmulo de dias de treinamento não faz uma estratégia de treinamento. Na verdade, trabalhar na área da educação especial é multiplicar as frentes de trabalho no exercício de lidar com a complexidade do conhecimento institucionalizado e ensinado. Isto implica professores mais qualificados e continuamente capacitados". Por isso, é ainda Mittler que destaca (2005: 47): "Vimos que a inclusão não é apenas uma meta que pode ser alcançada, mas uma jornada com um propósito. Durante o curso dessa jornada, os professores vão construir e ampliar suas habilidades sobre as experiências que já possuem com o objetivo de alcançar todas as crianças e suas necessidades de aprendizagem. Porém, eles também têm o direito de esperar apoio e oportunidade para seu desenvolvimento profissional nesse caminho, da mesma maneira que os pais e mães têm o direito para esperar que suas crianças sejam ensinadas por professores cuja capacitação preparou-os para ensinar a todos eles".

O atendimento especializado complementar à educação geral e, ainda, o atendimento adequado através de professores do ensino regular devidamente capacitados para integrarem os alunos com deficiência nas classes comuns requerem instrumentos de observação formativa para poderem intervir, de forma pedagogicamente ajustada, nas emergências e peculiaridades das situações de aprendizagem. E, como acentua Perrenoud (2004: 45), "[...] conceber, animar e enquadrar essas situações [...] requer competências didáticas bem desenvolvidas". Outra não é a razão por que este mesmo professor e pensador da Suíça, falando sobre as situações de ensino, diz que *ensinar é agir na urgência e decidir na incerteza*, o que requer sempre agir com competência.

Aos sistemas de ensino cabe, então, a responsabilidade de produzir e executar políticas de inclusão hospedadas em uma oferta de educação especial em que a estandardização de escolas e a padronização de salas de aula não sufoquem as potencialidades humanas dos alunos com deficiência.

> **IV** – A educação especial para o trabalho constitui um desafio histórico dos sistemas de ensino e das escolas brasileiras. Faltam, aos sistemas, políticas públicas articuladas que garantam apoios e suportes pedagógicos, laborais, instrumentais e procedimentais para que a pessoa com deficiência avance no campo de sua educação profissional. Por esta razão, a LBI, com vigência a partir de janeiro de 2016, impõe:

> *Art. 34 – A pessoa com deficiência tem direito ao trabalho de sua livre-escolha e aceitação, em ambiente acessível e inclusivo, em igualdade de oportunidades com as demais pessoas.*

> *[...]*

> *§ 2º – A pessoa com deficiência tem direito, em igualdade de oportunidades com as demais pessoas, a condições justas e favoráveis de trabalho, incluindo igual remuneração por trabalho de igual valor.*

> *[...]*

> *§ 4º – A pessoa com deficiência tem direito à participação e ao acesso a cursos, treinamentos, educação continuada, planos de carreira, promoções, bonificações e incentivos profissionais oferecidos pelo empregador, em igualdade de oportunidades com os demais empregados.*

De fato, há pouco acesso a cursos regulares voltados para a formação profissional dos portadores de deficiência. Esta área continua opaca em termos de operacionalização das diretrizes políticas[104]. Em nosso país há uma enorme

---

104. Curiosamente, no Brasil há vagas com postos fixos de trabalho para pessoas com deficiência. A questão reside exatamente na falta de qualificação profissional destas pessoas, uma vez que os cursos disponíveis são em número limitado.

distância entre *igualdade de oportunidades* e *igualdade social*. Esta a gênese da multidão de excluídos da sociedade brasileira. Portanto, é no bojo da discussão contemporânea em torno de cidadania e inclusão que se deve ressituar a problemática do trabalho da pessoa com deficiência. A questão que se deve pôr é como ampliar serviços e programas na área de Educação Profissional, assim que o portador de deficiência não seja titular de uma *cidadania menor*. A OIT é taxativa: "Os portadores de deficiência, capazes de realizar trabalho produtivo, devem ter o direito ao emprego como qualquer outro trabalhador". No entanto, para a concretização desta norma da OIT, três pressupostos são imperativos.

1) Não buscar atividades laborais especiais, dando a equivocada impressão de que a pessoa portadora de deficiência é um trabalhador de perfil residual, fato que termina por lhe reservar tarefas de natureza elementar, quando não, subempregos.

2) Construir linhas de formação que não estejam centradas na monotecnia. Na verdade, a produção atual exige uma formação não para postos de trabalho, mas, sim, para áreas de atividades. Este novo enfoque assegura a flexibilidade para que o profissional se adapte às constantes mudanças do processo produtivo.

3) Formar para o mundo do trabalho, e não só para o mercado de trabalho. Formar para o mundo do trabalho significa capacitar a pessoa portadora de deficiência a pôr-se de forma cooperativa e útil na comunidade em que vive e convive. Formar para o mercado de trabalho é buscar fornecer mão de obra requerida pelo processo produtivo segmentado. Em outros termos: formar para postos fixos de trabalho ou para núcleos que atendam à diversidade de funções existentes nos setores produtivos. Este é um desafio que temos de enfrentar.

A Federação Nacional das Apaes tomou importante iniciativa, já em 1997, para tentar abrir uma clareira de ações possíveis na área de Educação Profissional e Colocação no Trabalho da Pessoa Portadora de Deficiência. (Os resultados desta iniciativa estão registrados no documento *Educação Profissional e Colocação no Trabalho: uma nova proposta de trabalho junto à pessoa portadora de deficiência*). Por outro lado, a Seesp/MEC publicou, em 2003, importante documento com orientações para o trabalho das pessoas com deficiência e, por extensão, para uma ressignificação das Oficinas Pedagógicas intitulado: **A interface educação especial/educação profissional**. O texto contém dimensões teórico-conceituais para apoiar as instituições, professores e equipes multidisciplinares da Educação Especial em sua prática pedagógica cotidiana.

Em 2005, a Fenapae publicou o trabalho **Metodologias aplicadas na educação profissional de pessoas com deficiência mental e múltipla** para disseminar, em âmbito nacional, as metodologias que produziram experiências bem-sucedidas de qualificação profissional e de geração de trabalho, emprego e renda de pessoas com deficiência mental e múltipla e seus familiares. O trabalho resultou de pesquisa com a participação de 50 Apaes de todo o Brasil. Em 2017, a Apae Brasil/Federação Nacional das Apaes publicou o documento norteador **Trabalho, Emprego e Renda**, voltado para ações profissionalizantes de pessoas com deficiência intelectual e múltipla. Aqui, cabe destacar também, o trabalho realizado nesta área por instituições como a Associação Pestalozzi, a Associação de Assistência à Criança Deficiente (AACD), a Federação Brasileira das Associações de Síndrome de Down (FBASD) e tantas outras em nível estadual, municipal e comunitário, com o objetivo de propiciar a inclusão de pessoas com deficiência no mercado de trabalho.

Pode-se compor uma gama de iniciativas que, trabalhadas de forma articulada entre setor público e setor não governamental, vai ensejar uma rápida ampliação dos espaços de inserção da pessoa com deficiência no mundo do trabalho.

Sugerem-se onze passos, a saber:

1) Consórcio de entidades para um adequado acompanhamento das ações das várias esferas do setor público (União, estados e municípios) na área de geração de emprego e renda para a pessoa portadora de deficiência. Aqui convém lembrar a lição de Hanna Arendt: "As esferas construtivas da vida social são: a esfera pública, a esfera do mercado e a esfera privada. Esta tende a produzir exclusão. A esfera de mercado tende a produzir discriminação. Só à esfera pública compete sustentar os valores de equidade".

2) Inventário de ações em nível local e regional, conducentes à ampliação deste espaço, no âmbito do quadro das organizações comunitárias.

3) Censo da população local de pessoas portadoras de deficiência e respectivo nível de capacitação, perfil da demanda, qualidade e graus de oferta dos programas de capacitação disponíveis e estudos de dimensionamento da capacidade de absorção de mão de obra por níveis de qualificação.

4) Criação de mecanismos de articulação permanente com o Ministério da Educação, através da Secretaria de Educação Tecnológica (Setec) e com o Ministério do Trabalho, através da Secretaria de Formação Profissional (Sefor), seja para financiamento da realização dos estudos acima referidos, seja para financiamento do Processo de Educação Profissional e Colocação no Trabalho (Pect) nas instituições. Como desdobramento, articulação

constante com o Conselho Nacional de Secretários de Educação (Consede) para ampliar a visibilidade do tema na agenda dos diferentes sistemas;

5) Definição de um quadro de metas e de objetivos específicos a serem alcançados, envolvendo: a) Montagem de um plano com a fixação de prioridades no uso dos recursos e no desenvolvimento dos serviços e dos programas ao longo de cada ano; b) Definição de indicadores e procedimentos a serem usados para medir os progressos obtidos na consecução das metas; c) Identificação de grupos prioritários que requerem medidas especiais; d) Tipos de competência requeridos para implementar o plano; e) Identificação de meios para assegurar o intercâmbio de informações entre programas de educação profissional formal e outros.

6) Elaboração e implantação de dispositivos institucionais e administrativos para a multiplicação de formas de apoio da comunidade.

7) Criação de instrumentos de avaliação dos programas implantados e de acompanhamento de egressos.

8) Implementação de diretrizes voltadas para a oferta curricular modularizada, de tal sorte que o critério de letividade ceda lugar ao de aprendizagem em curso e o critério da pedagogia dos currículos ceda lugar ao da pedagogia dos objetivos da aprendizagem.

9) Construção de modelos variados de oferta, dentro da concepção destravada de educação profissional, conforme prescreve a nova Lei de Diretrizes e Bases da Educação.

10) Definição, em cada passo, de pré-requisitos para ingresso no programa de capacitação.

11) Verificação no PNE e na LBI das rotas legais sinalizadoras da inserção de pessoa com deficiência na sociedade concreta e no mundo do trabalho.

Este roteiro é um inventário aberto. Em cada contexto, à vista da disponibilidade de recursos e do grau de demanda, organizar-se-á uma trajetória comunitária para o enfrentamento da questão.

Na verdade, a pluralidade de formas de abordagem da questão e de sua solução põe-se na perspectiva mais ampla da própria diversidade humana. Pode-se dizer que o respeito pela diversidade é o verdadeiro nutriente de uma solidariedade proativa.

A LDB, em seu art. 39, estabelece possibilidades de organização da Educação Profissional. Por outro lado, o Decreto 5.154/2004, ao fixar os diferentes níveis de oferta de Educação Profissional (art. 1º), define, como um dos objetivos, qualificar, reprofissionalizar e atualizar jovens e adultos trabalhadores com qualquer nível de escolaridade. Ou seja, os gestores da área de educação especial têm, sob o ponto de vista legal, os meios para a concepção e a operacionalização de modelos de oferta de preparação profissional de pessoa portadora de deficiência, com liberdade e criatividade.

Para que os sistemas de ensino ajam na conformidade da lei e, assim, cumpram objetiva e plenamente o conteúdo do inc. IV deste artigo, é necessário que procedam a partir de três formas, a saber:

• Desinstalando "guetos institucionais" quando existem e quando as condições das pessoas permitirem uma vida em permanente interação social.

• Distinguindo pessoas que podem e devem qualificar-se profissionalmente para uma inserção no mercado de trabalho daqueles que, em decorrência da severidade de suas condições gerais, precisam de uma programação de terapia ocupacional.

• Reavaliando os serviços disponíveis de habilitação/reabilitação profissional, a fim de que a infraestrutura existente possa ser repotencializada para programas atualizados, flexibilizados e de alta e direta ressonância pessoal (para o aluno) e social (para a comunidade).

À luz deste horizonte propositivo, cresce a responsabilidade dos sistemas de ensino e das instituições especializadas no campo da Educação Profissional das Pessoas com Deficiência e de sua inserção social por intermédio do trabalho produtivo. O quadro de responsabilidades envolve tarefas como:

• Identificar e realçar potencialidades.

• Capacitar permanentemente o quadro técnico.

• Refundar o processo de planejamento, tornando-o sistêmico, colegiado, cooperativo e refinalizador.

• Conscientizar as famílias sobre suas responsabilidades intransferíveis.

• Sensibilizar a sociedade para uma conduta de inclusão de todas as pessoas na vida social e no processo produtivo.

• Institucionalizar os canais de informação para um diálogo permanente com entidades da sociedade civil e órgãos do setor empresarial.

• Organizar e disponibilizar programas flexíveis com entradas e saídas intermediárias.

• Compreender que não se faz Educação Profissional sem informação e que é urgente "educar" a capacidade institucional para usar as informações e para produzir melhor a partir delas. E isto não ocorrerá sem a posse da educação básica. Ou seja, não basta saber aplicar conhecimentos, dominar procedimentos, usar habilidades específicas e instrumentais e descobrir soluções tecnológicas para a produção de objetos e a execução de serviços. É indispensável, para a formação básica do cidadão, desenvolver a capacidade de aprender, tendo como meios básicos o pleno domínio da leitura, da escrita e do cálculo (LDB, art. 32, inc. I).

Em síntese, como aponta Machado (1994), *o trabalhador necessita ser flexível, saber lidar com uma variedade de funções, saber integrar-se a diferentes formas de cooperação e de mobilização de trabalhos.* Esta é a síntese das responsabilidades das instituições de educação especial que se entregam à árdua e complexa tarefa de oferecer programas de educação profissional para pessoas com deficiência e, sobretudo, para pessoas com deficiência mental e/ou múltipla.

A partir de agora, as instituições devem acompanhar mais e melhor os novos perfis profissionais vinculados fortemente à informatização e à automação, o que significa novos métodos de organização da produção. Isso implica uma redução da importância das habilidades manuais em favor das habilidades cognitivas e comportamentais. Para Carvalho (1994: 103), *estas "novas" qualificações poderiam ser compreendidas em três grandes grupos: novos conhecimentos práticos e teóricos, capacidade de abstração, decisão e comunicação, além de qualidade relacionada à responsabilidade, atenção, cooperação e interesse pelo trabalho.*

Para caminhar nesta direção é necessário que instituições e professores trabalhem agendas mediatizadas pelo fator desejo que, aqui, significa:

- **D**esocultar potencialidades.
- **E**xplicitar oportunidades.
- **S**ensibilizar pessoas, grupos e comunidade.
- **E**xercitar, continuamente, a capacitação institucional.
- **J**untar alianças e parcerias.
- **O**timizar, junto ao deficiente, os níveis de informação e, junto aos seus familiares, os níveis de conscientização.

O fundamental é elevar as condições de trabalho qualificado da pessoa em situação de deficiência para que possa ter ampliadas as chances de inserção múltipla no mercado de trabalho. Pois, como ensina Kahlil Gibran, em *O profeta*, trabalho é amor tornado possível. Por estas razões, as instituições que trabalham com pessoas com deficiência – as instituições de educação especial – precisam rever seu planejamento e a execução da programação na área da Educação

Profissional, como precondição de estas pessoas se prepararem para competir no mercado de trabalho, de forma adequada, pertinente e resolutiva sob o ponto de vista de geração de renda e de autorrealização.

Os avanços da ciência e da legislação revelam as ilimitadas possibilidades de trabalhar e o direito ao trabalho destas pessoas. Mesmo assim, elas continuam fortemente atingidas por restrições de natureza organizacional dos programas disponíveis. Por isso, a formação docente em Educação Especial deve incluir capacitação básica para a Educação Profissional. Com esta providência, os professores adquirirão a necessária competência para lidar com alunos especiais, agora estudando em classes regulares. Nesta mesma perspectiva tem sido desenvolvidos esforços para que as universidades mantenham programas de especialização através da implantação de núcleos de Educação Especial. Estes prepararão recursos humanos capacitados em áreas específicas da Educação Especial, com um enfoque interdisciplinar e sociocomunitário.

Uma questão crucial e desafiadora é como as instituições de formação docente poderão contribuir para a preparação de alfabetizadores de pessoas com deficiência mental, considerando que elas constituem hoje mais de 50% da matrícula da Educação Especial e que preocupantemente formam uma população analfabeta de 77%. É inimaginável falar-se em Educação Inclusiva e respeito à diversidade, permitindo-se a ampliação dos espaços e das circunstâncias que fecundam mais exclusão! Pessoas analfabetas estão condenadas a ficar fora dos programas de qualificação profissional.

Estas iniciativas, porém, precisam estar referenciadas a políticas públicas e estratégias dos diversos sistemas de ensino, sob pena de se deixar a questão da Educação Especial **para** o trabalho entregue a ações **eventuais** de um **eventual** voluntariado. A lei não coloca a questão em uma perspectiva volitiva e, sim, determinativa: "os sistemas de ensino **assegurarão** aos educandos com necessidades especiais [...] educação especial para o trabalho [...]".

O fato é que não conta o país com quadros bem-preparados nesta área. Pode-se falar em descaso nesse setor. A formação do professor que atua na educação especial é precária porque os cursos universitários são, normalmente, limitados em oferta de disciplinas específicas sobre o tema. Quase sempre noturnos, oferecem uma formação prática reduzidíssima e, tanto pior, as disciplinas específicas são de carga horária insatisfatória.

A educação especial para o trabalho, visando a integração das pessoas com deficiência nos múltiplos espaços laborais da sociedade, tem um estuário amplo de possibilidades, hoje, com a implantação do Programa Nacional de Acesso ao Ensino Técnico e Emprego (Pronatec), criado pelo Governo Federal em 2011, com o objetivo de alargar a oferta de cursos de educação profissional e tecnológica. No Pronatec são oferecidos cursos gratuitos nas escolas públicas federais, estaduais e municipais, nas unidades de ensino do Senai, do Senac, do Senar e do Senat, em instituições privadas de Ensino Superior e de educação profissional técnica de nível médio[105].

São três modalidades de curso:

• Técnico para quem concluiu o Ensino Médio, com duração mínima de um ano;

• Técnico para quem está matriculado no Ensino Médio, com duração mínima de um ano;

• Formação inicial e continuada ou qualificação profissional, para trabalhadores, estudantes de Ensino Médio e beneficiários de programas federais de transferência de renda, com duração mínima de dois meses.

Dentre os vários objetivos do Pronatec, destaca-se o de expandir o volume de recursos pedagógicos para apoiar a oferta de programas e cursos de educação profissional e tecnológica. Além do fies técnico e Empresa e do Bolsa-Formação, o Governo Federal criou a Rede e-TecBrasil na qual são oferecidos gratuitamente cursos técnicos e de formação inicial e continuada ou de qualificação profissional, na modalidade a distância. Poderão oferecer cursos a distância as instituições da Rede Federal de Educação Profissional, Científica e Tecnológica; as unidades de ensino dos serviços nacionais de aprendizagem (Senai, Senac, Senar e Senat) e instituições de educação profissional vinculadas aos sistemas estaduais de ensino.

A tarefa precípua dos sistemas de ensino na perspectiva da educação especial para o trabalho é assentar diretrizes e definir parâmetros para uma adequada arquitetura de cursos de acordo com cada contexto à luz de três níveis de harmonização das energias pessoais, a saber:

a) Nível da identidade pessoal

b) Nível da identidade profissional

c) Nível da identidade racional

A identidade pessoal se reporta à chamada subjetividade plena do indivíduo e, portanto, tem a ver com sua convivialidade.

A identidade vocacional *expressa as variáveis de tipo afetivo-motivacional.*

---

105. Em setembro de 2014, as matrículas no Pronatec tinham alcançado a cifra de oito milhões de alunos. Um avanço extraordinário na Educação Profissional, área estratégica para o desenvolvimento do país.

A identidade profissional *mostra o produto da ação do contexto sociocultural* sobre a identidade vocacional.

Por todas estas razões, o papel da instituição no acompanhamento, via processo de ajustamento, pode se tornar crucial para o futuro deste trabalhador.

A Declaração de Salamanca (1994) sinaliza diversas rotas para ações concertadas no direcionamento deste inc. IV: *"...os jovens com necessidades educacionais especiais devem receber ajuda para fazer uma eficaz transição da escola para a vida adulta produtiva. As escolas devem ajudá-los a se tornarem economicamente ativos e prover-lhes as habilidades necessárias no dia a dia, oferecendo treinamento em habilidades que respondam às demandas sociais e de comunicação e às expectativas da vida adulta. Isto requer tecnologias apropriadas de treinamento, incluindo experiência direta em situações de vida real fora da escola. Os currículos para os alunos com necessidades educacionais especiais em classes mais adiantadas devem incluir programas transicionais específicos, apoio para ingressarem no Ensino Superior sempre que possível e subsequente treinamento profissional que os prepare para atuarem como membros contribuintes independentes em suas comunidades após terminarem os estudos. Estas atividades devem ser executadas com a participação ativa de conselheiros profissionais, agências de colocação, sindicatos, autoridades locais e diferentes serviços e entidades interessados"* (1994: 54).

> V – Os programas sociais suplementares disponíveis para o mesmo nível de ensino são aqueles que a legislação assegura nos termos previstos pelo art. 4º, inc. VIII desta LDB e já anteriormente comentados.

Art. 59-A – O poder público deverá instituir cadastro nacional de alunos com altas habilidades ou superdotação matriculados na educação básica e na educação superior, a fim de fomentar a execução de políticas públicas destinadas ao desenvolvimento pleno das potencialidades desse alunado. (Incluído pela Lei 13.234, de 2015)

> *Parágrafo único.* A identificação precoce de alunos com altas habilidades ou superdotação, os critérios e procedimentos para inclusão no cadastro referido no *caput* deste artigo, as entidades responsáveis pelo cadastramento, os mecanismos de acesso aos dados do cadastro e as políticas de desenvolvimento das potencialidades do alunado de que trata o *caput* serão definidos em regulamento.

Art. 59-A – Poder público é poder estatal. Fazer o cadastro nacional dos alunos com altas habilidades ou superdotados faz parte da incumbência de "coletar, analisar e disseminar informações sobre educação (art. 9º, inc. V), objetivando a definição de prioridades e a melhoria da qualidade do ensino (art. 9º, inc. VI). O cadastramento de populações específicas, no caso da educação, contribui para definir políticas, aprimorar os focos do planejamento setorial e acelerar os processos de intervenção estatal no campo da educação inclusiva alternando os níveis de exclusão das populações referenciadas.

O Plano Nacional de Educação (PNE), Lei 13.005/2014, inclui cerca de 12 dispositivos (entre Metas e Estratégias) voltados focalmente para a atenção do Estado aos alunos com deficiência, transtornos globais do desenvolvimento e **altas habilidades ou superdotação** [grifo nosso] (cf. Meta 4, Estratégias 4.2, 4.5, 4.9, 4.11, 4.13, 4.14, 4.16, 4.18, Meta 11, Estratégia 11.10 e Meta 12, Estratégia 12.5). Contempla a necessidade de se estabelecerem normas, procedimentos e prazos para definição de mecanismos de consulta pública da demanda por serviços educacionais assestados para segmentos da população enquadrados no perfil referido. Da demanda resultante serão alinhadas as bases para a formação do cadastro nacional de alunos com altas habilidades ou superdotados. Esta população que, em sistemas educacionais mais avançados do mundo inteiro, recebe atenção especial, no caso do Brasil, permanece no limbo das políticas públicas.

Parágrafo único – A identificação de alunos com altas habilidades ou superdotação requer critérios e procedimentos especializados já a partir da definição e das características do superdotado. Esta dificuldade inicial amplia-se nos três níveis de operacionalização da tarefa normativa ora analisada, quais sejam:

- critérios e procedimentos para inclusão no cadastro, para
- tipificação das entidades responsáveis pelo cadastramento
- mecanismos de acesso aos dados do cadastro e
- políticas de desenvolvimento das potencialidades dos alunos nos níveis: a) Talento intelectual; b) Talento criativo; c) Talento psicomotor e d) Talento Social.

A escola no Brasil não tem familiaridade com o quadro de necessidades do aluno superdotado. Esta falta de experiência institucional pedagógica conduz os próprios professores do ensino regular a uma avaliação adequada das "dificuldades adaptativas dos superdotados, seu estado de ansiedade, tensão psíquica permanente, distorção perceptiva, ineficiência cognitiva, sintomatologia psicossomática e desvios de conduta social. Diante disso, a escola e seus professores se qualificarem para analisar as características de seu comportamento adaptativo é importante, sobretudo no que diz respeito às atitudes do indivíduo em relação aos outros, ao manejo de suas expectativas internas e externas, a sua capacidade de autorrealização e de autonomia de ação, a sua percepção da realidade e ao controle de suas potencialidades e de situações de frustração. Como destacado em documento do MEC, *a qualidade de interação social reflete, por sua vez, estilo personalizado e grau de participação como cidadão. Apesar de suas capacidades continuarem, às vezes, desequilibradas e encontrarem dificuldades nas relações com o próprio ambiente social, as atividades criativas podem contribuir para o equilíbrio necessário entre o intelecto e as emoções. O talento pressupõe que o produto criado é parte do desejo consciente da criação; descuidá-lo não somente significaria insatisfação para o superdotado, mas também uma perda para a sociedade. É preciso que os pais descubram, através de sua própria sensibilidade, as exigências dessa criança à medida que surjam. Sua capacidade criadora nasce da disposição infantil aliada ao ambiente em que ela cresce e, em particular, da compreensão que seus pais manifestam diante de suas necessidades. Muitas crianças precisam de estímulo contínuo para usar sua imaginação e construir seu próprio mundo. A criança superdotada possui seu mundo próprio e, quanto mais depressa a ajudarmos a compreendê-lo, sem lhe impormos nossos padrões de adulto, mais rapidamente ela se desenvolverá de modo criativo.*

Os cuidados e as atenções dos pais e da família em geral com os filhos superdotados precisam da correspondente atenção do Estado para com estas crianças, o que começa precisamente com a contagem e cadastramento, pontos iniciais para a definição de políticas de Estado para esta área específica da educação especial/Educação Inclusiva.

Art. 60 – Os órgãos normativos dos sistemas de ensino estabelecerão critérios de caracterização das instituições privadas sem fins lucrativos, especializadas e com atuação exclusiva em educação especial, para fins de apoio técnico e financeiro pelo poder público.

Parágrafo único. O poder público adotará, como alternativa preferencial, a ampliação do atendimento aos educandos com deficiência, transtornos globais do desenvolvimento e altas habilidades ou superdotação na própria rede pública regular de ensino, independentemente do apoio às instituições previstas neste artigo. (Parágrafo com redação dada pela Lei 12.796, de 04/04/2013.)

Art. 60 – A educação especial no Brasil desenvolveu-se, primeiramente, em instituições privadas sem fins lucrativos. Só depois, mercê de grandes pressões sociais, o Estado passou a se ocupar do assunto. Nesse sentido, não se pode esquecer da grande contribuição que instituições como as Apaes, Pestalozzi, Febiex e tantas outras ofereceram e continuam a oferecer para o desenvolvimento da educação especial no Brasil.

Em decorrência desta importante forma de colaboração da sociedade (CF, art. 205), a lei reconhece a necessidade de os órgãos normativos dos sistemas de ensino (Conselhos de Educação e Congêneres) definirem critérios de caracterização institucional e pedagogicamente qualificadora para que tais instituições recebam apoio técnico e financeiro do poder público.

A possibilidade de apoio a instituições privadas, no entanto, não deve ser interpretada como atenuação do critério anterior de se dar preferência à localização das ações da educação especial no interior da rede regular de ensino. O Poder Público poderá assistir, técnica e financeiramente, instituições privadas sem fins lucrativos, porém sem descartar o uso de sua própria rede como diretriz preferencial, para o atendimento do aluno de educação especial.

O apoio técnico e financeiro pelo Poder Público a instituições com atuação exclusiva em educação especial decorre da necessidade de expansão permanente das ações complementares às das escolas comuns, em uma área em que a articulação dos fazeres pertinentes constitui princípio fundante do processo. Há quem questione esta alternativa legal, ignorando o que tem sido feito em países e sociedades que estão muito à nossa frente nesse campo. Como afirma Mittler (2002: 326), "[...] não há nenhuma estrada da realização para a inclusão, porém há um **consenso de que ela é um processo** [grifo nosso] e uma jornada e, não, um destino". E arremata: "Nenhuma escola é uma ilha e nenhuma escola pode ter sucesso sem desenvolver redes de parcerias com sua comunidade local, com pais de alunos passados, presentes e futuros, com outras escolas e outras agências".

Os órgãos normativos dos sistemas precisam, de fato, estabelecer critérios para definição do perfil das instituições de educação especial que poderão receber amparo técnico-financeiro do Poder Público. Estas instituições, por sua vez, devem ser respeitadas em seu trabalho e valorizadas em suas funções e objetivos à medida que funcionam como espaços de complementaridade essencial seja para as famílias, seja para as comunidades. Por outro lado, situações há em que o quadro de comprometimento severo das pessoas não lhes permite a presença na sala de aula regular. Como bem assinala Schwartzman (1997:

66)[106], "[...] acredito, portanto, que todo o empenho deverá ser dirigido no sentido de integrar ao sistema escolar regular normal a maior parte das crianças; mas me parece que uma parcela significativa de indivíduos portadores de deficiência terão melhores oportunidades de aprendizado e de desenvolver de forma otimizada seu potencial em uma situação de aprendizado diversa daquela que nosso sistema educacional regular pode oferecer-lhes nos dias de hoje". Nesse sentido, é extraordinário o trabalho que entidades como as Apaes, as Sociedades Pestalozzi e tantas outras realizam sob o reconhecimento geral da sociedade brasileira.

A previsão de apoio técnico e financeiro às instituições referenciadas neste art. 60 foi objeto de esclarecimento e orientação aos sistemas de ensino, através da Nota Técnica 62/2011/MEC/Secadi/DPEE. Vejamos alguns pontos de relevância maior deste documento:

1) A modalidade de educação especial é parte integrante do ensino regular e não se constitui em sistema paralelo de educação.

2) O Decreto 7.611/2011 não apresenta inovação com relação ao apoio financeiro às instituições privadas filantrópicas que atuam na educação especial, considerando que seus dispositivos transcrevem o art. 60 da Lei 9.394/1996 e o art. 14 do Decreto 6.252/2007, que regulamenta a Lei 11.494/2007, que institui o Fundo de Manutenção e Desenvolvimento da Educação Básica e de Valorização dos Profissionais de Educação (Fundeb). Igualmente, essas instituições continuam tendo o financiamento público por meio do Programa Dinheiro Direto na Escola (PDDE) e Programa Nacional de Alimentação Escolar (PNAE).

3) O apoio financeiro às instituições especializadas mencionadas, referente ao atendimento de pessoas que não estão matriculadas no ensino regular, destina-se, especialmente, àquelas que se encontram fora da faixa etária de escolarização obrigatória, em razão de um processo histórico de exclusão escolar.

Parágrafo único — As matrículas de alunos com necessidades educacionais na rede regular de ensino e nas classes comuns têm crescido significativamente, como vimos nos comentários ao art. 4º, inc. III. E muito mais cresceriam se os sistemas de ensino multiplicassem as formas de parceria e intercâmbio com as instituições **especializadas** de Educação **Especial**. O fato de estas instituições terem uma atuação exclusiva na Educação Especial lhes tem assegurado,

---

106. J.S.E. Schwartzman, médico neuropediatra, editor científico da Revista *Temas sobre Desenvolvimento.*

ao longo do tempo, a construção de um patrimônio de conhecimentos e de experiências bem-sucedidos na área e que não pode ser ignorado. São milhares de profissionais trabalhando de forma integrada e integral para possibilitar o desenvolvimento adequado dos PNEEs. Além disso, estas instituições se transformaram em verdadeiros laboratórios de trabalho voluntário. Desenvolvem, portanto, uma cultura institucional que tem muito a ensinar à própria rede regular de ensino. E o caminho é um só: integração, complementaridade, parceria e convergência. A rede regular de ensino é, como regra geral, o esforço regular para a educação escolar de todas as crianças, dentro do possível.

É muito importante que caiba aos órgãos normativos dos sistemas de ensino a incumbência de *estabelecer critérios de caracterização das instituições, sem fins lucrativos...* para os fins previstos, uma vez que eles estão mais próximos delas, conhecem mais de perto as realidades locais e regionais e são capazes, sobretudo, de uma aferição mais cuidadosa e mais objetiva das realidades institucionais circundantes, levando em conta padrões de qualidade, responsabilidade social e respeitabilidade comunitária. Antes de assistenciais, estas instituições precisam ser socioeducativas e edificantes no processo de construção de resultados sociais de seu trabalho e da implementação de componentes essenciais de cidadania.

CAPÍTULO V- A

(Incluído pela Lei nº 14.191, de 2021)

DA EDUCAÇÃO BILÍNGUE DE SURDOS

Art. 60-A – Entende-se por educação bilíngue de surdos, para os efeitos desta Lei, a modalidade de educação escolar oferecida em Língua Brasileira de Sinais (Líbras), como primeira língua, e em português escrito, como segunda língua, em escolas bilíngues de surdos, classes bilíngues de surdos, escolas comuns ou em polos de educação bilíngue de surdos, para educandos surdos, surdo-cegos, com deficiência auditiva sinalizantes, surdos com altas habilidades ou superdotação ou com outras deficiências associadas, optantes pela modalidade de educação bilíngue de surdos. (Incluído pela Lei nº 14.191, de 2021).

§ 1º Haverá, quando necessário, serviços de apoio educacional especializado, como o atendimento educacional especializado bilíngue, para atender às especificidades linguísticas dos estudantes surdos. (Incluído pela Lei nº 14.191, de 2021).

§ 2° A oferta de educação bilíngue de surdos terá início ao zero ano, na educação infantil, e se estenderá ao longo da vida. (Incluído pela Lei nº 14.191, de 2021).

§ 3° O disposto no caput deste artigo será efetivado sem prejuízo das prerrogativas de matrícula em escolas e classes regulares, de acordo com o que decidir o estudante ou, no que couber, seus pais ou responsáveis, e das garantias previstas na Lei nº 13.146, de 6 de julho de 2015 (Estatuto da Pessoa com Deficiência), que incluem, para os surdos oralizados, o acesso a tecnologias assistivas. (Incluído pela Lei nº 14.191, de 2021).

Art. 60-A – A introdução deste novo capítulo na LDB – Capítulo V-A, incluída pela Lei nº 14.191/2021 – é de altíssima importância social, por cinco razões:

A. Alarga o conceito operativo de inclusão.

B. Amplia a aplicação concreta de igualdade de direitos no campo da educação escolar.

C. Desfronteira o alcance de preparação para a cidadania de identidades historicamente à margem da convivência social, como veremos nas considerações sociolegais, socioantropológicas e socioeducativas do art. 78-A.

D. Ressitua a educação de surdos, pondo-a *"fora da encruzilhada em que se encontra: ou continua sendo mantida dentro dos paradigmas da "educação especial", ou aprofunda-se em um novo campo conceitual – os estudos surdos aproximando-se de outras linhas de pesquisa e estudo em educação"* (SÁ, Nídia Limeira, 2006: 93).

E. Desoculta dobras fundamentais acima das questões das metodologias de ensino, visão prevalecente nos enfoques de uma educação especial enquadrada em abordagens pedagógicas tradicionais.

Para a Organização Mundial da Saúde (OMS), "uma criança é surda quando não percebe os sons nem mesmo com o auxílio de amplificadores". GONZÁLES e DIAZ (2007:120) apontam que "quando se fala em deficiência auditiva, faz-se referência a pessoas que tem uma perda auditiva em maior ou menor grau". E arrematam: "Do ponto de vista educacional, as crianças com déficit auditivo classificam-se em duas categorias amplas:

I. HIPOACÚSICOS: Crianças com audição deficiente. **Característica fundamental:** aquisição da linguagem oral por via auditiva.

II. SURDOS PROFUNDOS: Crianças com perda auditiva total. **Característica fundamental:** impossibilidade de aquisição da linguagem oral por via auditiva.

Estes autores, ainda, apontam a seguinte CLASSIFICAÇÃO **DA DEFI-CIÊNCIA AUDITIVA:**

INTENSIDADE	TIPO DE INÍCIO	ETIOLOGIA	LOCALIZAÇÃO
➤ Média	➤ Pré-lingual	➤ Congênita	➤ Condutiva
➤ Moderada	➤ Pós-lingual	➤ Sobrevinda	➤ Sensório-neural
➤ Severa			
➤ Profunda			

Winzer, 1993.

Assentadas estas noções e indicações preliminares, partamos para as considerações hermenêuticas do art. 60-A.

A educação bilíngue de surdos opera a partir dos seguintes enfoques:

A. É uma modalidade de educação escolar que...

B. Promove a especificidade linguística e sociocultural de:

C. Educandos surdos, surdos-cegos, com deficiência auditiva sinalizantes, surdos com altas habilidades ou superdotação ou...

D. Educandos com outras deficiências associadas optantes pela modalidade de educação bilíngue de SURDOS...

E. Oferecida em Língua Brasileira de Sinais (Libras), **como primeira língua** e em Português escrito, **como segunda língua**.

F. Disponibilizada em contextos geoeducacionais e espaciais diversos como:

a) Escolas bilíngues de surdos;

b) Classes bilíngues de surdos;

c) Escolas comuns ou em;

d) Polos de educação bilíngue de surdos, destinados a alunos com identificação no enfoque C.

§ 1º – A educação inclusiva se formaliza na escola inclusiva e esta, para ter qualidade, requer a existência de **serviços adequados** de apoio educacional especializado, consentâneos, portanto, com as necessidades e singularidades dos alunos. No caso deste parágrafo, tais serviços tem foco e centralidade no atendimento educacional especializado bilíngue, canal pedagógico-institucional para atendimento às especificidades linguísticas dos estudantes surdos e demais alunos especificados no *caput* do artigo. A começar pela disponibilização de LIBRAS e por uma agenda permanente de capacitação de TODA A EQUIPE ESCOLAR, comprometida com as rotas de construção da cidadania do surdo, que envolve dimensões como: as diferenças humanas, multiculturalismo, a construção de identidades, a educação para aprendizagem do "aprender a ser e a viver juntos" (UNESCO), o desenvolvimento de tecnologias e, sobretudo, uma atenção pedagógica direcionada para a eliminação das múltiplas barreira da comunicação. Para tanto, como expressa e posiciona a publicação do MEC, **Ensino de Língua Portuguesa para Surdos: Caminhos para a Prática Pedagógica** (MEC-SEESP, 2008: 60), impõem-se rotas institucionais como: oficinas pedagógicas, coleta de materiais ilustrativos de temas e aspectos examinados, aplicação de fundamentos teóricos e metodológicos, na formulação de atividades didático-pedagógicas e no desenvolvimento de tecnologias educacionais em favor de competências e habilidades necessárias aos(às) alunos(as) para inserção plena na sociedade, incluído os espaços do mundo produtivo, do ambiente competitivo, do mercado formal de trabalho e do empreendedorismo, marcas da sociedade globalizada.

§ 2º – A oferta de educação bilíngue de surdos não pode ser adiada nem ocasional. De fato, se todos são iguais perante a Lei (CF, art. 5º), se a educação é direito de todos (CF, art. 205) e, ainda, sendo ela um direito social (CF, art. 6º), a educação bilíngue de surdos acompanha toda a trajetória da vida do(a) aluno(a), desde zero ano e se estende ao longo da vida, dando efetividade, assim, ao inciso XIII, do art. 3º, da LDB, que assinala como um dos princípios do ensino a **garantia do direito à educação e à aprendizagem ao longo da vida**.

§ 3º – Cabe ao estudante decidir e, no que couber, aos seus pais ou responsáveis a decisão de onde estudar, ficando sempre em aberto a alternativa de matrícula em escolas comuns e em classes regulares. Esta prerrogativa tem previsão no Estatuto da Pessoa com Deficiência:

Art. 27, § único: Fica assegurado à família ou ao responsável legal, o direito de opção pela escola que julgar mais adequada à educação da pessoa com deficiência (Lei nº 13.146/2015). Para os surdos oralizados, garante-se o acesso a tecnologias assistivas.

O assunto ora enfocado será retomado na exegese do art. 78-A em cujo contexto elucidativo incluir-se-ão novos aspectos e dimensões da educação escolar, bilíngue e intercultural. Pela gama de focos apontados e de angulações posicionadas ao longo das considerações deste art. 60-A e parágrafos, infere-se que a educação de surdos exige um novo patamar no campo epistemológico-cultural e pedagógico-cultural, com ressonâncias diretas na concepção e na condução das práticas de ensino para alunos surdo. Com um olhar diligente e objetivo na estruturação do currículo, na organização participada dos conteúdos e nas formas de dizê-los e de fazê-los, "essencializando" o uso de multiforme manifestação da linguagem. Como chama a atenção SÁ (2006: 101), *"apreciar a diversidade é muito diferente de reconhecer a alteridade".*

Art. 60-B – Além do disposto no art. 59 desta Lei, os sistemas de ensino assegurarão aos educandos surdos, surdo-cegos, com deficiência auditiva sinalizantes, surdos com altas habilidades ou superdotação ou com outras deficiências associadas materiais didáticos e professores bilíngues com formação e especialização adequadas, em nível superior. (Incluído pela Lei nº 14.191, de 2021).

> **Parágrafo único** – Nos processos de contratação e de avaliação periódica dos professores a que se refere o *caput* deste artigo serão ouvidas as entidades representativas das pessoas surdas. (Incluído pela Lei nº 14.191, de 2021).

Art. 60-B – O adendo à LDB deste artigo, incluído ao texto legal no ano de 2021, está conectado com o art. 78-A, a ser visto adiante, no momento próprio. O estuário compreensivo do dispositivo nada mais é do que impor aos sistemas de ensino a atenção de assegurar meios, recursos e variados tipos de apoio – variados, também, na gradação, continuidade e qualidade –, objetivando o tratamento igualitário devido a todos os(as) alunos(as), porém, agora, com as conformidades exigidas pelas necessidades básica de aprendizagem de cada um(a). A começar pela disponibilização de materiais didáticos, professores bilíngues com formação docente avançada e, ainda, com especialização, levando em conta que a Educação Especial cobre necessidades educacionais **específicas** e exige intervenções psicoeducacionais diferenciadas, caso a caso. Em síntese, os sistemas de ensino deverão disponibilizar os recursos necessários para que "os(as) alunos(as) com deficiência possam atingir as finalidades da educação (LDB, art. 2º) e os objetivos de cada nível de ensino fixados com caráter geral para todos/todas e para cada um".

Parágrafo único – Na direção das finalidades e objetivos anteriormente referidos, é indispensável que, seja para a contratação, seja para a formação continuada dos professores, os sistemas de ensino ouçam as escolas e, também, as entidades representativas das pessoas surdas que, normalmente, são um repositório de experiências pedagógicas na área, além de detentoras de informações atualizadas no avanço das práticas pedagógicas e pesquisas, via de regra, guardam, de forma contínua, canais de interlocução com as universidades, centro de estudos e pesquisas, fontes de renovação teórica para o envolvidos na área. É sempre conveniente lembrar que em Educação Especial, as inovações estão na dependência de canais articulados de interlocuções **multi** e **trans**disciplinares. Oportuno aqui ressaltar as seguintes perspectivas no campo em estudo, com desdobramentos inafastáveis nas políticas e programações dos sistemas de ensino (em dimensão-macro) e das escolas (em dimensão-micro).

A. [...] *não se trata, então de dizer que os surdos padecem dos mesmos problemas que todos os demais grupos minoritários, obscuros, colonizados, subalternos e dominados. Mas, trata-se de produzir uma política de significações que gera um outro mecanismo de participação dos próprios surdos no processo de transformação pedagógica* (SKLIAR, 1998b:14).

B. [...] *o problema, consequentemente, não é a surdez, não são os surdos, não é a língua de sinais, mas sim as representações dominantes, hegemônicas e "ouvintistas[107]" sobre as identidades surdas, a língua de sinais, a surdez e os surdos* (SÁ, 2006: 95).

TÍTULO VI
DOS PROFISSIONAIS DA EDUCAÇÃO

Art. 61 – Consideram-se profissionais da educação escolar básica os que, nela estando em efetivo exercício e tendo sido formados em cursos reconhecidos, são: (Redação dada pela Lei 12.014, de 2009)

I – professores habilitados em nível médio ou superior para a docência na Educação Infantil e nos ensinos Fundamental e Médio; (Redação dada pela Lei 12.014, de 2009)

---

107. Conceito assim explicitado por SÁ: (2006, p. 95) *O termo "ouvintismo" baseia-se na ideia de "colonialismo" o qual se refere a uma relação de poder desigual entre dois ou mais grupos na qual "um não só controla e domina o outro, mas também tenta impor sua ordem cultural ao(s) grupo(s) dominado(s)".* (MERY, 1991, apud WRIGLEY, 1996, p. 72).

II – trabalhadores em educação portadores de diploma de pedagogia, com habilitação em administração, planejamento, supervisão, inspeção e orientação educacional, bem como com títulos de mestrado ou doutorado nas mesmas áreas; (Redação dada pela Lei 12.014, de 2009)

III – trabalhadores em educação, portadores de diploma de curso técnico ou superior em área pedagógica ou afim; (Incluído pela Lei 12.014, de 2009)

IV – profissionais com notório saber reconhecido pelos respectivos sistemas de ensino, para ministrar conteúdos de áreas afins à sua formação ou experiência profissional, atestados por titulação específica ou prática de ensino em unidades educacionais da rede pública ou privada ou das corporações privadas em que tenham atuado, exclusivamente para atender ao inc. V do *caput* do art. 36; (Incluído pela Lei 13.415, de 2017)

V – profissionais graduados que tenham feito complementação pedagógica, conforme disposto pelo Conselho Nacional de Educação. (Incluído pela Lei 13.415, de 2017)

Parágrafo único. A formação dos profissionais da educação, de modo a atender às especificidades do exercício de suas atividades, bem como aos objetivos das diferentes etapas e modalidades da educação básica, terá como fundamentos: (Incluído pela Lei 12.014, de 2009)

I – a presença de sólida formação básica, que propicie o conhecimento dos fundamentos científicos e sociais de suas competências de trabalho; (Incluído pela Lei 12.014, de 2009)

II – a associação entre teorias e práticas, mediante estágios supervisionados e capacitação em serviço; (Incluído pela Lei 12.014, de 2009)

III – o aproveitamento da formação e experiências anteriores, em instituições de ensino e em outras atividades. (Incluído pela Lei 12.014, de 2009)

Art. 61 – Este título trata de um assunto seminal no âmbito da educação: a formação de todos os que trabalham como operadores imediatos da *educação escolar* (LDB, art. 1º, § 1º). Inova, sem dúvida, em relação a todas as leis de educação anteriores, ao dar amplitude aos protagonistas do palco educacional, abrangendo diferentes situações de formação. Mas, ao mesmo tempo, parte de enfoques dúbios ao usar as expressões **trabalhadores em educação, profissionais da educação e professores** com carga semântica idêntica, ignorando o que distingue mundo do trabalho, mercado de trabalho e estruturas ocupacionais. De qualquer sorte, para efeito da inteligência(!) legal, são expressões equivalentes e se referem àqueles que, com titulação adequada, atuam profissionalmente na educação escolar básica, portanto, na Educação Infantil, no Ensino Fundamental e no Ensino Médio. Condicionalidade: é necessário que os titulares sejam provenientes de cursos reconhecidos. Exigência razoável se considerarmos que o reconhecimento do curso ocorre de acordo com regras rígidas do respectivo sistema de avaliação.

> I – Este inciso aponta duas situações específicas de formação: os professores com qualificação obtida em nível médio, na tradicional modalidade Normal, e os demais com titulação obtida via cursos de licenciatura. A matrícula no Ensino Médio Normal/Magistério continua importante. Em 2014, era de 101.201 alunos, segundo dados do Anuário Brasileiro da Educação Básica 2016. Boa parte dos Cursos Normais está na esfera das Redes Estaduais de ensino. Ainda: em 2014, o número de professores com Ensino Médio Normal/Magistério trabalhando na educação básica era de 268.978, com atuação predominante na Educação Infantil e na primeira etapa do Ensino Fundamental. Normalmente, atuam em pequenos municípios ou em localidades remotas do País.

> II – Este inciso enfoca, particularmente, os profissionais oriundos do Curso de Pedagogia, desdobrado em suas diferentes habilitações. A formação destes especialistas tem sido muito questionada pelos meios acadêmicos ao menos no tocante à tipologia de formação e da ação que tradicionalmente desenvolvem na escola. É tanto que vários especialistas quase já não existem e o supervisor, por exemplo, vai tendo, cada vez mais, presença diminuída, com reconhecidos prejuízos para o padrão de qualidade das escolas, sobretudo em regiões em que a formação do professor é ainda precária. A ação do supervisor é fundamental porque tem como objetivo de trabalho o resultado da relação que ocorre entre o professor que ensina e o aluno que aprende (ou que deveria aprender!). Este inc. II, ainda, cria a alternativa para outros profissionais que, embora não tenham a graduação na área específica, possuem formação acadêmica avançada com títulos de mestrado e doutorado. O coordenador pedagógico, normalmente um professor de formação variada, tem ocupado o lugar de supervisor nas escolas. A própria legislação dos sistemas de ensino adotou esta solução.

> III – Por fim, o legislador abre uma janela importante para alargar o campo dos trabalhadores em educação, ao incluir, neste universo profissional, pessoas que obtenham diploma de curso técnico ou superior em área pedagógica ou afim. Este o caso de alguém que fez um curso técnico em brinquedos pedagógicos ou um curso tecnológico em jogos digitais ou, ainda, uma licenciatura interdisciplinar. Estes cursos vêm-se multiplicando. Este alargamento "generoso" do legislador vai se escancarando cada vez mais e tornando "profissionais da educação" trabalhadores oportunistas como os que acabam de ser chancelados e atraídos pela concessão da Lei da Reforma do Ensino Médio/2017, ao abrir as portas das escolas para **profissionais com notório saber** (art. 61, inc. IV da LDB): aqueles de formação variada e cuja experiência profissional é reconhecida.

O Censo Escolar/2022 contabiliza 2,3 milhões de professores e 162.847 diretores com atuação nas 178.3 mil escolas de educação básica, no Brasil. Quando se analisa **o Indicador de Adequação da Formação Docente** (relação entre formação inicial dos professores de uma escola e as disciplinas que eles lecionam), com base no ordenamento legal vigente, identificam-se cinco situações/grupos. Quais são eles?

> **Grupo 1** – *Percentual de disciplinas que são ministradas por professores com formação superior de licenciatura (ou bacharelado com complementação pedagógica) na mesma área da disciplina que leciona;*
>
> **Grupo 2** – *Percentual de disciplinas que são ministradas por professores com formação superior de bacharelado (sem complementação pedagógica) na mesma área da disciplina que leciona;*
>
> **Grupo 3** – *Percentual de disciplinas que são ministradas por professores com formação superior de licenciatura (ou bacharelado com complementação pedagógica) em área diferente daquela que leciona;*
>
> **Grupo 4** – *Percentual de disciplinas que são ministradas por professores com formação superior não considerada nas categorias;*
>
> **Grupo 5** – *Percentual de disciplinas que são ministradas por professores sem formação superior. Nota: nos anos iniciais, professores com formação em Pedagogia – Licenciatura ou Pedagogia – Bacharelado, com complementação pedagógica, foram classificados no Grupo 1 em todas as disciplinas, exceto Língua Estrangeira.*

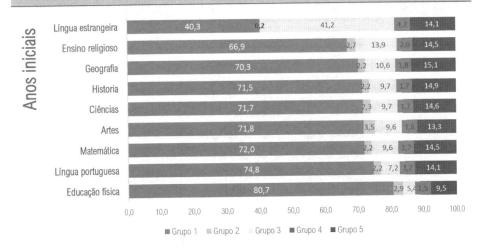

Fonte: Inep/Censo Escolar 2021.

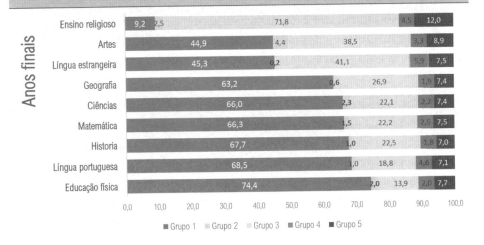

Fonte: Inep/Censo Escolar 2021.

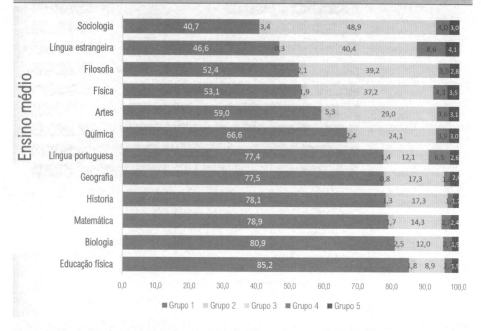

Fonte: Inep/Censo Escolar 2021.

Conclusão lamentável e com inegáveis prejuízos para a aprendizagem e eventuais desconformidades nas práticas pedagógicas: No Brasil, há milhares de professores com atuação limitada em sala de aula!...

> **IV** – Antes de penetrar na compreensão legal deste dispositivo, convém fazer uma rápida digressão e destacar aspectos atuais envolvidos no surgimento conceitual dos **profissionais com notório saber** para atuarem, como docentes, na área específica do ensino técnico e profissional. Vamos apontar de que forma o conceito foi-se enraizando em diferentes contextos fora do Brasil, em documentos da Ocde e da Unesco e, por fim, na legislação da educação básica do nosso país. É capital alcançar o horizonte deste dispositivo.

Nas duas últimas décadas, o conceito unívoco de professor, sob o ponto de vista de formação e de campo específico de atuação profissional – titular do magistério formal – foi esmaecendo na legislação educacional e cedendo lugar ao personagem emergente do **trabalhador em educação**. Um conceito que apequena o professor em sua personificação profissional específica. A expressão, cunhada com forte dose de conteúdo ideológico, tem abrangência ampla e compreende tanto o professor como outros profissionais atuantes em atividades educacionais e escolares. Um equívoco da mesma forma que seria equívoco tratar, como pilotos, os comissários de bordo. Este enquadramento conceitual extensivo encontra, em vários passos da legislação pertinente, abrigo de legalidade, culminando com a Lei 12.004, de 2009, que ofereceu regaço à armadilha para a inclusão de perfis profissionais diversos no largo espectro de **trabalhadores em educação**. Com esta armadilha legal, começa o desfiguramento do ofício docente com especificidade de formação e contornos de perfil profissional próprio, traços definidores da natureza dos componentes do magistério como carreira peculiar envolta em requisitos legais determinados. Não paira dúvida de que este contexto, envolvendo diferentes perfis sociais e laborais, revelou-se germinador no terreno de fecundação dos **profissionais com notório saber** cujas origens são mais extensas e estão, ainda, em tempo mais distante, como passaremos a ver.

Sob o ponto de vista de fixação conceitual diacrônica, a ideia de **profissionais com notório saber** passa a ganhar visibilidade em face da necessidade de aceleração de políticas de desenvolvimento sócio-técnico-educacional capazes de produzir um certo nivelamento entre professores da Europa Oriental e da Europa Ocidental, consumada a queda do Muro de Berlim. Documentos de então, gerados pela Unesco, começam a incluir a recomendação de aproveitamento e contratação, em quantidade ascendente, **de ensinantes não profissionais**, para as escolas. Visava-se ao preenchimento de vagas para o magistério em contextos de demanda cada vez mais volumosa para disciplinas técnicas e profissionais sobretudo. Tratava-se, na verdade, de uma solução engenhosa para preencher a falta crescente de professores para as disciplinas do núcleo duro da educação básica. No Brasil, adicionalmente, o êxito constatado pelos resultados das redes de ensino profissionalizante, especializadas em treinamento de mão de obra para as indústrias e mercado de trabalho em geral, funcionou como influxo de irradiação da ideia em vias de universalização. As tentativas de reforma do ensino técnico a partir do fim da década de 1990 e que culminaram com o documento matriz do MEC, *Construindo a nova Educação Profissional*, serviram de rastro de iluminação para um trânsito rápido da ideia do aproveitamento de **ensinantes não profissionais** na expressão da Unesco, nos corredores do MEC. Não demorou e a produção normativa do Conselho Nacional de

Educação (CNE) passou a abrigar o conceito, nos diversos Pareceres e Resoluções sobre formação docente, incluindo-o desde o ano 2002, até a última Resolução 2, de 01/07/2015, sobre o tema da formação dos professores para a educação básica.

Por sua vez, o Plano Nacional de Educação/PNE (Lei 13.005/2014), com vigência para o período 2014/2024, retoma e revaloriza esta ideia, como podemos constatar na Meta 15 e Estratégias:

*15.10) fomentar a oferta de cursos técnicos de nível médio e tecnológicos de nível superior **destinados à formação, nas respectivas áreas de atuação, dos(as) profissionais da educação de outros segmentos que não os do magistério** [grifo nosso];*

*15.11) implantar, no prazo de 1 (um) ano de vigência desta Lei, **política nacional de formação continuada para os(as) profissionais da educação de outros segmentos que não os do magistério** [grifo nosso], construída em regime de colaboração entre os entes federados;*

[...]

*15.13) **desenvolver modelos de formação docente para a educação profissional que valorizem a experiência prática, por meio da oferta, nas redes federal e estaduais de educação profissional, de cursos voltados à complementação e certificação didático-pedagógica de profissionais experientes** [grifo nosso].*

A expressão **profissionais experientes** do PNE corresponde precisamente à ideia de **profissionais com notório saber** do art. 61, inc. IV, da LDB, incluído pela Lei 13.415/2017, que trata da reforma do Ensino Médio.

Feita esta necessária digressão de natureza diacrônico-conceitual, passemos à análise objetiva do dispositivo.

Abre-se a possibilidade de reforço dos quadros docentes de estabelecimentos de ensino que vão disponibilizar, para seus alunos, a trilha pedagógica de cursos na área de formação técnica e profissional. Trata-se do segundo segmento da estrutura do currículo, sucedendo, portanto, o cumprimento da Base Nacional Comum Curricular (BNCC), de exigência geral de cumprimento, na perspectiva da formação do cidadão brasileiro. Como a possibilidade legal apontada reporta-se à ministração de disciplinas de curso profissionalizante ou de conteúdos de áreas conexas, o profissional com notório saber, candidato a professor de ensino técnico especializado, precisa preencher algumas condições de habilitação à função docente eventual, quais sejam:

1) Ter o reconhecimento do respectivo sistema de ensino para ministrar conteúdos (disciplinas) ou módulos (unidades específicas de saberes) conectados direta ou indiretamente à sua experiência profissional.

2) A formalização deste reconhecimento requer o atesto por titulação pertinente ou por comprovante de prática de ensino em, pelo menos, uma das seguintes situações:

a) Escolas da rede pública ou privada.

b) Unidades de ensino de corporações privadas especializadas em formação técnica e profissional.

A Resolução CNE/CP nº 1, de 06/05/2022 que institui as Diretrizes Curriculares Nacionais para a Formação de Professores da Educação Profissional Técnica de Nível Médio (EPTNM – Formação), com seus itinerários formativos aponta que os cursos e programas destinados à formação para esta área de ensino *devem considerar as competências gerais docentes e as competências específicas, referidas a três dimensões fundamentais, as quais, de modo interdependente e sem hierarquia, se integram e se complementam na ação docente:*

I – conhecimento profissional;

II – prática profissional; e

III – engajamento profissional.

§ 1º Pela especificidade da Educação Profissional Técnica de Nível Médio, os cursos e programas devem ser organizados por Habilitação Profissional ou, de modo mais abrangente, por Eixo ou Área Tecnológica.

§ 2º Esta especificidade exige que o Professor da Educação Profissional Técnica de Nível Médio desenvolva:

I – competências pedagógicas, necessárias para conduzir jovens e adultos nas trilhas da aprendizagem, visando à constituição de competências profissionais em contextos cada vez mais complexos e exigentes;

II – competências específicas da sua atividade profissional, correspondente à Habilitação Profissional, Eixo ou Área Tecnológica em que exercer a docência, para poder fazer escolhas relevantes do que deve ser ensinado e aprendido para que o concluinte do curso possa responder, de forma original e criativa, aos desafios diários de sua vida profissional e pessoal, como cidadão trabalhador;

III – competências relacionadas com as bases científicas e tecnológicas, que fundamentam a atividade profissional correspondente à Habilitação Profissional, Eixo ou Área Tecnológica de sua docência; e

IV – atitudes e valores da cultura do trabalho, em função de vivência e efetiva experiência profissional no mundo do trabalho.

Estas múltiplas dobras de formação, com incidência nos aspectos da FORMAÇÃO INICIAL, tem desdobramentos nos variados contextos da FORMAÇÃO CONTINUADA, objetivamente *"entendida como componente essencial da sua profissionalização, na condição de orientadores dos estudantes nas trilhas da aprendizagem e de agentes do desenvolvimento de competências para o trabalho, visando ao complexo desempenho da prática social e laboral".* Uma e outra exigem rigor sociopedagógico nos alinhamentos da organização formativa, estruturada esta em dois BLOCOS de ORGANIZAÇÃO ACADÊMICA QUE intercomplementares, epistemologicamente, **entressemeiam teoria e prática**, como podemos ver:

BLOCO I> *Da Formação Inicial*

Art. 3º A formação inicial de professores para atuação na Educação Profissional Técnica de Nível Médio deve ser realizada em nível superior:

I – em cursos de graduação de licenciatura;

II– em cursos destinados à Formação Pedagógica para licenciatura de graduados não licenciados;

III – em cursos de Pós-Graduação lato sensu *de Especialização estruturados para tal;*

IV – em programas especiais, de caráter excepcional; ou

V – outras formas, em consonância com a legislação e com normas definidas pelo Conselho Nacional de Educação.

§ 1º Os cursos de graduação de licenciatura para a docência na Educação Profissional Técnica de Nível Médio devem atender à Resolução CNE/CP nº 2, de 2019.

§ 2º Os cursos destinados à formação pedagógica para licenciatura de graduados não licenciados devem atender às disposições específicas do art. 21 (Capítulo VI, Da Formação Pedagógica para Graduados) da Resolução CNE/ CP nº 2, de 2019, combinadas com o art. 53 da Resolução CNE/CP nº 1, de 2021.

§ 3º Os cursos de Pós-Graduação lato sensu *de Especialização, devidamente estruturados para a Formação de Professores para a Educação Profissional Técnica de Nível Médio, devem ser organizados nos termos da legislação e das normas específicas.*

§ 4º Programas especiais, de caráter excepcional, ou outras formas, devem ser devidamente autorizados pelos órgãos competentes do respectivo Sistema de Ensino.

§ 5º A formação em serviço deve ser propiciada pela instituição a profissionais sem licenciatura específica e experiência profissional comprovada na Habilitação Profissional, Eixo ou Área Tecnológica, bem como a profissionais com Notório Saber, para atender ao disposto no inciso V do art. 36 da LDB, e a Instrutores para atuação em cursos de Qualificação Profissional, inclusive Formação Inicial e Continuada de Trabalhadores, com apresentação de plano especial ao órgão supervisor do respectivo Sistema de Ensino, em atenção ao que indica o art. 61 da Lei nº 9.394, de 20 de dezembro de 1996 – LDB.

BLOCO II> *Da Formação Continuada*

Art. 4º Aos graduados não licenciados que realizaram curso de Pós-Graduação lato sensu *de Especialização nos termos da Resolução CNE/CES nº 1, de 2018, é assegurado o direito de requerer a expedição de Diploma de Licenciatura em Docência na Educação Profissional Técnica de Nível Médio, consoante o art. 53 da Resolução CNE/CP nº 1, de 2021 e por equivalência com o curso destinado à Formação Pedagógica, de acordo com as normas definidas no art. 21 da Resolução CNE/CP nº 2, de 2019, desde que atendidos, cumulativamente, os seguintes requisitos:*

I – diplomação em curso de graduação de Bacharelado ou de Tecnologia;

II – certificação no curso de Pós-Graduação lato sensu *específico de Especialização em Docência para a Educação Profissional e Tecnológica com o mínimo de 360 (trezentas e sessenta) horas, e*

III – comprovação de, pelo menos, 400 (quatrocentas) horas de prática pedagógica em docência de componentes curriculares profissionais.

Art. 5º A diplomação em licenciatura, de que trata o art. 4º, permite contemplar, mediante comprovação, a atuação docente em componentes curriculares da Educação Profissional Técnica de Nível Médio, no âmbito do Eixo ou Área Tecnológica de competência associada à formação técnica de nível médio do profissional graduado.

A abertura que a legislação oferece para a ampliação concreta do universo de docentes atuantes na Educação Profissional Técnica de Nível Médio seguiu o princípio do ajustamento das regras acadêmico-científicas no campo da formação de profissionais, "com a valorização efetiva e atualizada do profissional no campo do trabalho". Ou seja, o legislador foi cuidadoso, prudente, e pedagógica e politicamente responsável[108].

> V – Graduados são todos aqueles que cursaram com êxito a educação superior e nela se diplomaram. Os estudos de complementação pedagógica estão previstos e regulamentados na Resolução CNE/CP 2/2015, anteriormente comentados. Pelos termos da Resolução 10, de maio/2017, os cursos de formação de professores, que se encontram em funcionamento, deverão se adaptar à nova Resolução que rege a matéria, no prazo de 3 (três) anos, a contar da data de sua publicação. Enquanto o procedimento aqui obedece a diretrizes do Conselho Nacional de Educação, no caso dos profissionais com notório saber, precisam eles ter sua competência profissional comprovada por via do reconhecimento dos respectivos sistemas de ensino e de outras condições comentadas na análise do inciso anterior.

Parágrafo único – Os profissionais da educação não podem ser profissionais generalistas. Considerando que os níveis de ensino são estruturados a partir da contribuição de uma confluência de ciências e de campos de estudos que tratam do desenvolvimento humano e do organismo psicológico do aluno, é de todo necessário que o educador possua formação adequada ao trabalho pedagógico, correspondente às situações concretas de sala de aula. Não é por acaso que a Lei determina como finalidades da educação **o pleno desenvolvimento do educando, o preparo para o exercício da cidadania e a qualificação para o trabalho** (LDB, art. 2º). Os alicerces que garantirão sucesso nesta "utopia" concreta (DESROCHE, 1982: 29) devem ser construídos por uma

---

108. A Resolução em apreço – CNE/CP nº 1º/2022 – disponibiliza, ainda, as seguintes prescrições:

Parágrafo único. A Formação Continuada destes docentes deve orientar-se pela Resolução CNE/CP nº 1, de 27 de outubro de 2020, que dispõe sobre as Diretrizes Curriculares Nacionais para a Formação Continuada de Professores da Educação Básica e institui a Base Nacional Comum para a Formação Continuada de Professores da Educação Básica (BNC-Formação Continuada).

Art. 7º As instituições educacionais devem promover permanente formação em serviço de seus docentes, bem como propiciar sua participação em atividades, cursos e programas externos, entre outros, os de Atualização, Aperfeiçoamento, Especialização, Mestrado e Doutorado.

Parágrafo único. A Formação Continuada deve ter foco no desenvolvimento de metodologias inovadoras de ensino e aprendizagem, inclusive as que utilizam meios tecnológicos de informação e comunicação.

Art. 8º Cabe aos sistemas e às instituições e redes educacionais a organização e viabilização de ações destinadas à formação continuada, nos termos da Resolução CNE/CP nº 1, de 2020.

sólida junção entre abordagens teóricas e vivências práticas e, ainda, por uma valorização articulada de elementos axiológicos e socioculturais hospedados em experiências institucionalizadas ou diluídas em atividades não necessariamente programadas. Vejamos os incisos deste parágrafo que envolvem três dimensões essenciais da formação docente: formação sólida de base científica e social, conexão teoria/prática, com vivenciamento, em **estágios supervisionados** e enraizamento em programas de capacitação em serviço e comprovação de experiências formativas em instituições de ensino e em outras atividades que possam agregar o desenvolvimento de competências aproveitáveis no ofício docente.

Parágrafo único, I – Todo o Título VI trata dos profissionais da educação, a saber: os professores (art. 61), que *ministram* o ensino, e os demais, que *apoiam* o processo de ensino/aprendizagem e de desenvolvimento do aluno. Em conexão direta, define os vários caminhos da formação (art. 61, 62, 63, 64 e 65). Mais adiante, o art. 66 fixa a diferenciação no tocante à preparação para o magistério superior.

Ao falar em profissionais da educação, o legislador deixa claro que se trata de uma atividade com especificidade própria, com objeto de conhecimento circunscrito a uma tipologia de formação que exclui a improvisação e a atividade profissional passageira. A linha do horizonte deste itinerário formativo é sustentada por uma relação em que teoria e prática se apresentam como elementos indissociáveis da atividade educativa. Os fundamentos teóricos formadores da profissão contribuem para viabilizar a aproximação entre o espaço escolar institucionalizado e a pluralidade de contextos do próprio exercício profissional. Nesse ambiente, ora de clareza, ora de ambiguidades, os profissionais da Educação bem-formados deverão ser capazes de interpretar, adequadamente, as condições sociais e históricas de sua prática, respondendo, assim, às realidades socioeducativas desafiadoras.

A perspectiva de atendimento adequado aos objetivos dos diferentes níveis e modalidades de ensino e às características de cada fase do desenvolvimento do aluno requer uma formação distanciada da visão funcionalista e tecnicista. Realça, de fato, uma visão inteiramente comprometida com a construção de um perfil profissional crítico-reflexivo. Um profissional que deixe de lado as receitas para ensinar e seja capaz de criar, a cada momento, alternativas pedagógicas. Como lembra Perrenoud, o professor é convocado continuamente a *agir na urgência e a decidir na incerteza.*

Com a crescente complexidade da educação escolar, torna-se imperiosa uma visão cada vez mais abrangente do conceito de profissional da educação[109]. De fato, a essencialidade do conceito está no professor. Mas o que dizer de tantos outros profissionais cuja presença é imprescindível, hoje, para a escola poder funcionar como uma organização humana e verdadeiramente educativa? Este é o caso de profissionais como o psicólogo escolar, o psicopedagogo, o assistente social escolar, o gestor educacional e o coordenador pedagógico etc. Esta questão tem sido respondida pelos sistemas através de legislação própria específica da caracterização formativa e funcional destes profissionais.

Os fundamentos da formação dos profissionais da educação, mas, sobretudo, dos professores, precisam ser revisitados e refundados. Em primeiro lugar, porque os currículos das licenciaturas são trabalhados divorciados da realidade concreta do mundo escolar. Via de regra, as disciplinas de formação docente são tratadas pelo veio da racionalidade técnica; portanto, desconectadas de uma preocupação reflexiva seja no campo do itinerário formativo, seja no campo da própria atuação profissional. Assim, não é por acaso que há uma ampla legislação normativa sobre o assunto.

Aqui, como em toda parte e hoje como sempre, a grande questão é ter clareza sobre que conhecimentos são necessários à função da equipe multiprofissional escolar, incluindo professores, especialistas e pessoal de apoio.

Trabalhar os fundamentos científicos e sociais das competências da atividade docente implica compreender a escola como instituição que está além da sala de aula seja pela sua missão, seja pelas múltiplas variáveis envolvidas no processo de ensino/aprendizagem. No bojo deste processo, o professor é mais do que um trabalhador, é um agente cultural com intensa função mediadora. Por isso, relações e interações, no interior do trabalho escolar, constituem o verdadeiro chão do trabalho docente. Esta é a matriz pedagógica básica, como ensina Arroyo (2000: 169).

O Parecer CNE/CP 10/2017, que altera dispositivo da Resolução CNE/CP 2, de 01/07/2015, que, por sua vez, trata das Diretrizes Curriculares Nacionais para a Formação Inicial em Nível Superior (cursos de licenciatura, cursos de formação pedagógica para graduados e cursos de segunda Licenciatura)

---

109. Este conceito está delimitado na Lei 11.301/2001, ao definir o que são consideradas funções de magistério. Cf. comentários ao art. 67, § 2º da LDB. Mesmo assim, é forçoso reconhecer que a delimitação legal não satisfaz ao quadro de exigências dentro da organização concreta do cotidiano das escolas de hoje.

e para formação continuada, resgata estas múltiplas focalidades dos fundamentos da formação docente, como podemos ver:

Art. 13 – Os cursos de formação inicial de professores para a educação básica em nível superior, em cursos de licenciatura, organizados em áreas especializadas, por componente curricular ou por campo de conhecimento e/ou interdisciplinar, considerando-se a complexidade e multirreferencialidade dos estudos que os englobam, bem como a formação para o exercício integrado e indissociável da docência na educação básica, incluindo o ensino e a gestão educacional, e dos processos educativos escolares e não escolares, da produção e difusão do conhecimento científico, tecnológico e educacional, estruturam-se por meio da garantia de base comum nacional das orientações curriculares.

[...]

§ 2º – Os cursos de formação deverão garantir nos currículos conteúdos específicos da respectiva área de conhecimento ou interdisciplinares, seus fundamentos e metodologias, bem como conteúdos relacionados aos fundamentos da educação, formação na área de políticas públicas e gestão da educação, seus fundamentos e metodologias, direitos humanos, diversidades étnico-racial, de gênero, sexual, religiosa, de faixa geracional, Língua Brasileira de Sinais (Libras), educação especial e direitos educacionais de adolescentes e jovens em cumprimento de medidas socioeducativas.

§ 3º – Deverá ser garantida, ao longo do processo, efetiva e concomitante relação entre teoria e prática, ambas fornecendo elementos básicos para o desenvolvimento dos conhecimentos e habilidades necessários à docência.

[...]

Art. 14 – Os cursos de formação pedagógica para graduados não licenciados, de caráter emergencial e provisório, ofertados a portadores de diplomas de curso superior formados em cursos relacionados à habilitação pretendida com sólida base de conhecimentos na área estudada, devem ter carga horária mínima variável de 1.000 (mil) a 1.400 (mil e quatrocentas) horas de efetivo trabalho acadêmico, dependendo da equivalência entre o curso de origem e a formação pedagógica pretendida.

[...]

Art. 15

[...]

§ 3º – Os cursos de formação deverão garantir nos currículos conteúdos específicos da respectiva área de conhecimento e/ou interdisciplinar, seus fundamentos

e metodologias, bem como conteúdos relacionados aos fundamentos da educação, formação na área de políticas públicas e gestão da educação, seus fundamentos e metodologias, direitos humanos, diversidades étnico-racial, de gênero, sexual, religiosa, de faixa geracional, Língua Brasileira de Sinais (Libras), Educação Especial e direitos educacionais de adolescentes e jovens em cumprimento de medidas socioeducativas.

§ 4º – Os cursos descritos no caput *poderão ser ofertados a portadores de diplomas de cursos de graduação em licenciatura, independentemente da área de formação.*

§ 5º – Cabe à instituição de educação superior ofertante do curso verificar a compatibilidade entre a formação do candidato e a habilitação pretendida.

[...]

Art. 16 – A formação continuada compreende dimensões coletivas, organizacionais e profissionais, bem como o repensar do processo pedagógico, dos saberes e valores, e envolve atividades de extensão, grupos de estudos, reuniões pedagógicas, cursos, programas e ações para além da formação mínima exigida ao exercício do magistério na educação básica, tendo como principal finalidade a reflexão sobre a prática educacional e a busca de aperfeiçoamento técnico, pedagógico, ético e político do profissional docente.

É com base nesta referência que os profissionais da educação precisam ter fundamentada a sua formação em múltiplas perspectivas, ou seja, à luz de princípios educativos multifuncionais e compatíveis com um ambiente de democratização da sociedade. Nesse ambiente, é preciso buscar a formação de profissionais da educação para "[...] uma escola pública preocupada em realizar uma verdadeira inclusão social e que deve educar todas as crianças e os jovens com qualidade, proporcionando-lhes uma consciência cidadã que lhes assegure condições para enfrentar os desafios do mundo contemporâneo. Da mesma forma, será preciso, a partir da análise e da valorização das práticas existentes, criar novas práticas no trabalho em sala de aula, na elaboração do currículo, na gestão e no relacionamento entre a equipe escolar, alunos, pais e comunidade. Temos, portanto, além de uma nova clientela, a necessidade de assumir novas características organizacionais e pedagógicas em face das atuais demandas oriundas do processo de desenvolvimento econômico, científico e tecnológico" (LEIE & DI GIORGI, 2004: 136-137).

É a partir desta ampla perspectiva que os profissionais da educação devem receber sua formação inicial e continuada.

Parágrafo único, II – Ao realçar a função teoria/prática/capacitação em serviço, o legislador reconvoca um dos traços marcantes da LDB que é precisamente a possibilidade de se trabalhar com modelos diferenciados de organização de escolas, de esquemas múltiplos de sala de aula e de formações plurais de concepção pedagógica. A formação do professor não pode ocorrer no vazio, em espaços de abstração, mas sempre referenciada a esforços compartilhados, a trabalho coletivo e a contextos socioculturais. O professor tem um ofício que é visceralmente de relações humanas e pedagógicas e, por isso, a formação em serviço faz parte da natureza pública da sua função.

A lei amplia as possibilidades de formação dos profissionais da educação ao reconhecer a validade da alternativa da capacitação em serviço. Trata-se, mais uma vez, de realçar a dimensão do extraescolar, do não formal, embora a capacitação em serviço queira significar *em serviço educacional*. Fica redimensionado, no entanto, o extraescolar à medida que a capacitação se opera fora do espaço de formação acadêmica e dentro do espaço de trabalho.

Os estágios supervisionados como laboratórios para uma integração necessária e concreta teoria/prática representam espaços de alta significação formativa. Nesse ambiente, ao mesmo tempo experimental e consolidador de conhecimentos, o formando tem a especialíssima oportunidade de testar seus conhecimentos sob o olhar cuidadoso, crítico e pedagogicamente adequado do supervisor. Assim, tem a oportunidade de potencializar as competências profissionais adquiridas.

Parágrafo único, III – Desdobramento da ideia da capacitação em serviço, o texto legal inclui, como um dos fundamentos da formação, não só o aproveitamento de experiências anteriores em instituições de ensino, mas, inclusive, em outros tipos de atividades, marcadas por processos de aprendizagem e, portanto, de construção de uma trajetória formativa. A experiência humana em qualquer situação é fonte de enriquecimento e de amadurecimento profissional. No caso da formação docente, ela ganha relevância especial, já porque ensinar não é transmitir racionalidades, mas, sim, trabalhar "humanidades". O conhecimento é complexo, porque é, por natureza, experiencial.

Por fim, vale lembrar que a formação docente supõe duas vertentes: a formação inicial e a formação continuada. Em educação, não existe uma sem outra, embora os sistemas de ensino confundam, propositalmente, a formação continuada com cursos de treinamento. Treinar educador é fazer pouco caso da educação! O binômio formação/experiência constitui o eixo de um mesmo itinerário de autoqualificação. Na verdade, a formação é institucional, porém, aproveita-se da experiência para deitar o lastro sobre o qual o ofício profissional docente multiplica as rotas de um aprender humano e profissional diversificado. Ou seja, a aquisição de novas competências profissionais está sempre em processo... Perrenoud nos ajuda a entender o PORQUÊ: "Essa análise de natureza e do funcionamento das competências está longe de terminar. A especialização, o pensamento e as competências dos professores são objetos de inúmeros trabalhos, inspirados na ergonomia e na antropologia cognitiva, na psicologia e na sociologia do trabalho, bem como na análise das práticas" (10 Novas Competências para Ensinar. Convite à viagem, Artmed Editora, Porto Alegre, 2000: 12).

Art. 62 – A formação de docentes para atuar na educação básica far-se-á em nível superior, em curso de licenciatura plena, admitida, como formação mínima para o exercício do magistério na Educação Infantil e nos cinco primeiros anos do Ensino Fundamental, a oferecida em nível médio, na modalidade normal. (Redação dada pela Lei 13.415, de 2017)

§ 1º – A União, o DF, os estados e os municípios, em regime de colaboração, deverão promover a formação inicial, a continuada e a capacitação dos profissionais de magistério. (Incluído pela Lei 12.056, de 2009)

§ 2º – A formação continuada e a capacitação dos profissionais de magistério poderão utilizar recursos e tecnologias de educação a distância. (Incluído pela Lei 12.056, de 2009)

§ 3º – A formação inicial de profissionais de magistério dará preferência ao ensino presencial, subsidiariamente fazendo uso de recursos e tecnologias de educação a distância. (Incluído pela Lei 12.056, de 2009)

§ 4º – A União, o DF, os estados e os municípios adotarão mecanismos facilitadores de acesso e permanência em cursos de formação de docentes em nível superior para atuar na educação básica pública. (Incluído pela Lei 12.796, de 2013)

§ 5º – A União, o DF, os estados e os municípios incentivarão a formação de profissionais do magistério para atuar na educação básica pública mediante programa institucional de bolsa de iniciação à docência a estudantes matriculados em cursos de licenciatura, de graduação plena, nas instituições de educação superior. (Incluído pela Lei 12.796, de 2013)

§ 6º – O Ministério da Educação poderá estabelecer nota mínima em exame nacional aplicado aos concluintes do Ensino Médio como pré-requisito para o ingresso em cursos de graduação para formação de docentes, ouvido o Conselho Nacional de Educação (CNE). (Incluído pela Lei 12.796, de 2013)

§ 7º – [Vetado] (Incluído pela Lei 12.796, de 2013)

§ 8º – Os currículos dos cursos de formação de docentes terão por referência a Base Nacional Comum Curricular. (Incluído pela Lei 13.415, de 2017)

Art. 62 – A primeira observação a ser feita na formulação deste art. 62 é que o legislador fala em formação de docentes e, não, de trabalhadores em educação. O docente qualificado para ensinar não é um profissional qualquer, mas o sujeito de um saber e de um fazer cuja atividade profissional é circunscrita pelos saberes docentes qualificados a serviço da educação escolar (art. 1º, § 1º), do projeto pedagógico e do aluno. Esta circunscrição, porém, não se esgota aí, dado que se trata de uma riqueza de saberes formais múltiplos e multidisciplinares e, por isso, são plurais na procedência e na destinação. Tardif (2000-2002) chama a atenção para esta dimensão, como se pode verificar: "os saberes que servem de base para o ensino, tais como são vistos pelos professores, não se limitam a conteúdos bem circunscritos que dependeriam de um conhecimento especializado. Eles abrangem uma diversidade de objetos, de questões, de problemas que estão relacionados com seu trabalho [...] os saberes profissionais são plurais, compostos e heterogêneos [...] bastante diversificados, provenientes de fontes variadas, provavelmente de natureza diferente" (TARDIF, 2000). A Resolução CEB-CNE 2/2015 oferece uma visão conceitual-operativa abrangente desta questão, como podemos constatar:

Art. 2º – As Diretrizes Curriculares Nacionais para a Formação Inicial e Continuada em Nível Superior de Profissionais do Magistério para a Educação Básica aplicam-se à formação de professores para o exercício da docência na Educação Infantil, no Ensino Fundamental, no Ensino Médio e nas respectivas modalidades de educação (Educação de Jovens e Adultos, Educação Especial, Educação Profissional e Tecnológica, Educação do Campo, Educação Escolar Indígena, Educação a Distância e Educação Escolar Quilombola), nas diferentes áreas do conhecimento e com integração entre elas, podendo abranger um campo específico e/ou interdisciplinar.

§ 1º – Compreende-se a docência como ação educativa e como processo pedagógico intencional e metódico, envolvendo conhecimentos específicos, interdisciplinares e pedagógicos, conceitos, princípios e objetivos da formação que se desenvolvem na construção e apropriação dos valores éticos, linguísticos,

estéticos e políticos do conhecimento inerentes à sólida formação científica e cultural do ensinar/aprender, à socialização e construção de conhecimentos e sua inovação, em diálogo constante entre diferentes visões de mundo.

[...]

Art. 3º – A formação inicial e a formação continuada destinam-se, respectivamente, à preparação e ao desenvolvimento de profissionais para funções de magistério na educação básica em suas etapas – Educação Infantil, Ensino Fundamental, Ensino Médio – e modalidades – Educação de Jovens e Adultos, Educação Especial, Educação Profissional e Técnica de Nível Médio, Educação Escolar Indígena, Educação do Campo, Educação Escolar Quilombola e Educação a Distância – a partir de compreensão ampla e contextualizada de educação e educação escolar, visando assegurar a produção e difusão de conhecimentos de determinada área e a participação na elaboração e implementação do projeto político-pedagógico da instituição, na perspectiva de garantir, com qualidade, os 4 direitos e objetivos de aprendizagem e o seu desenvolvimento, a gestão democrática e a avaliação institucional.

O docente, portanto, nutre seus saberes de fontes múltiplas que açambarcam os saberes pessoais da vivência enquanto indivíduo e enquanto detentor de competências escolares anteriores a sua profissão, os saberes profissionais (vinculados à sua formação específica para o magistério), os saberes dos programas de ensino e do material didático (usado em seu ofício de professor) e, por fim, os saberes do exercício cotidiano da profissão (aqueles oriundos da sala de aula e da convivência escolar). Estas múltiplas faces não conduzem à formação do professor polivalente, figura prevista em um momento equivocado da legislação brasileira, mas apontam para um cenário formativo avesso a "modelos fragmentados e aligeirados de formação". Tanto é assim que as Diretrizes Curriculares Nacionais do Curso de Pedagogia (DCNP) conformam o pedagogo como um profissional com formação fundada na **docência** e, extensivamente, em outras ambiências e espaços próprios da organização escolar e da estruturação do processo pedagógico. Brzezinski (2010: 210) posiciona os aspectos ora enfocados assim:

Essas outras dimensões que se afiguram como unidade da organização curricular, e não como especialidades ou habilitações, abrangem: a) a produção do conhecimento científico e tecnológico do campo educacional; b) a gestão educacional; c) os ambientes educativos não escolares dispostos no mundo do trabalho em que estão previstos conhecimentos pedagógicos. O delineamento de uma identidade do pedagogo que tem ancoragem na concepção da educação que ultrapassa os muros escolares, conforme princípios da LDB/1996 (art. 2º), fica assim esboçado:

o pedagogo é profissional docente-pesquisador-gestor, cuja atuação se efetiva na escola e em espaços não escolares.

No art. 62, o legislador centra o conteúdo legal na formação acadêmico-profissional do professor, um dos profissionais da educação (art. 61, inc. I). Nos termos da resolução retrocitada, educação deve ser entendida como "os processos formativos que se desenvolvem na vida familiar, na convivência humana, no trabalho, nas instituições de ensino, pesquisa e extensão, nos movimentos sociais e organizações da sociedade civil e nas relações criativas entre natureza e cultura (art. 3º, § 2º).

O artigo em análise fala em **formação de docentes**. O termo **formação** tem significação abrangente. Em primeiro lugar, reporta-se a um processo inerente à condição humana. Tem, ao mesmo tempo, a dimensão de um fazer inicial e continuado. Estende-se ao longo da vida. Norteia-se por princípios e parâmetros procedimentais que, seguidos e sequenciados, vão alinhar trajetórias pessoais e profissionais. Nóvoa (1995: 25) destaca que "a formação não se constrói por acumulação (de cursos, de conhecimentos ou de técnicas), mas, sim, através de um trabalho de reflexividade crítica sobre as práticas e de (re)construção permanente de uma identidade pessoal". Neste caso, estamos diante de uma formação com abrangência ampla e centrada. Focada no campo profissional do magistério da educação básica, a formação assume a natureza de formação específica para atuar na área da educação escolar, do ensino regular e, portanto, da condução da aprendizagem formal, sistematizada, institucionalizada e própria da condição de ser professor. Vale a pena, aqui, recorrer à reflexão de Floden e Buchmann (apud GARCIA, 1999: 24), quando observam que "Ensinar é algo que qualquer um faz em qualquer momento, não é o mesmo que ser um professor [...]. Ser um professor implica lidar com outras pessoas (professores) que trabalham em organizações (escolas) com outras pessoas (alunos), para conseguir que estas pessoas aprendam algo (se eduquem)".

O professor não é um repetidor de conhecimento nem um mero transmissor de informações. Ele não apenas pensa pedagogicamente, como se qualificou para atribuir significado às coisas, ao mundo e à vida por via do ensino escolar institucionalizado, laborado e veiculado no currículo. Somente isto já sinaliza o nível de complexidade do trabalho docente e, por conseguinte, de sua formação e de seu exercício profissional. Aprender a ensinar vai muito além do envolvimento de capacidades cognitivas, técnicas, estéticas, filosóficas, existenciais e profissionais, uma vez que, no ofício, há implicações na subjetividade dos sujeitos aprendentes (os alunos). Ora, só esta condição já requer um alto grau de reflexibilidade e de cuidados profissionais. Por esta razão, Sousa Santos (apud GUEDIN, 2005: 138) ressalta "[...] que se faz necessário superar a visão técnica que cumpre objetivos preestabelecidos". É importante problematizar realmente a função docente e como esta relaciona sua prática às esferas política, social e cultural da escola. Portanto, segundo o autor, "o trabalho docente é uma tarefa intelectual e implica um saber-fazer".

Enfim, o professor percorre uma formação que o prepara para um processo contínuo de reconstrução teórico-prática todo dia, sob o influxo da reflexibilidade e da criatividade. Por isso, há necessidade do reconhecimento social e explícito de que "[...] a docência realizada pelo professor para dar conta do ensino apresenta-se desde logo como uma atividade complexa, pela convergência concomitante de questões teóricas e práticas, com origens no enfrentamento do cotidiano escolar – a dimensão interna da docência – e ainda na reflexão pedagógica sobre o homem e suas finalidades – a dimensão externa –, indagando *sobre a quem, para quem e o que ensinar*" (GRILLO, 2001: 78). Aqui, ganha extrema relevância a formação docente à medida que sendo uma realização reflexiva das práticas "[...] somente se pode formar praticantes reflexivos através de um procedimento clínico global que afete o conjunto do programa de formação" (PERRENOUD, 2004: 103). Por este nível de complexidade, a Resolução CNE/CP 2/2015, que define o tema da formação docente, circunscreve as dimensões de tempo de formação, de conteúdos e de finalidades, como se pode constatar:

Art. 13 – Os cursos de formação inicial de professores para a educação básica em nível superior, em cursos de licenciatura, organizados em áreas especializadas, por componente curricular ou por campo de conhecimento e/ou interdisciplinar, considerando-se a complexidade e multirreferencialidade dos estudos que os englobam, bem como a formação para o exercício integrado e indissociável da docência na educação básica, incluindo o ensino e a gestão educacional, e dos processos educativos escolares e não escolares, da produção e difusão do conhecimento científico, tecnológico e educacional, estruturam-se por meio da garantia de base comum nacional das orientações curriculares.

§ 1º – Os cursos de que trata o caput *terão, no mínimo, 3.200 (três mil e duzentas) horas de efetivo trabalho acadêmico, em cursos com duração de, no mínimo, 8 (oito) semestres ou 4 (quatro) anos, compreendendo:*

I – 400 (quatrocentas) horas de prática como componente curricular, distribuídas ao longo do processo formativo;

II – 400 (quatrocentas) horas dedicadas ao estágio supervisionado, na área de formação e atuação na educação básica, contemplando também outras áreas específicas, se for o caso, conforme o projeto de curso da instituição;

III – pelo menos 2.200 (duas mil e duzentas) horas dedicadas às atividades formativas estruturadas pelos núcleos definidos nos inc. I e II do art. 12 desta resolução, conforme o projeto de curso da instituição;

IV – 200 (duzentas) horas de atividades teórico-práticas de aprofundamento em áreas específicas de interesse dos estudantes, conforme núcleo definido no inc. III do art. 12 desta resolução, por meio da iniciação científica, da iniciação à docência, da extensão e da monitoria, entre outras, consoante o projeto de curso da instituição.

§ 2º – Os cursos de formação deverão garantir nos currículos conteúdos específicos da respectiva área de conhecimento ou interdisciplinares, seus fundamentos e metodologias, bem como conteúdos relacionados aos fundamentos da educação, formação na área de políticas públicas e gestão da educação, seus fundamentos e metodologias, direitos humanos, diversidades étnico-racial, de gênero, sexual, religiosa, de faixa geracional, Língua Brasileira de Sinais (Libras), Educação Especial e direitos educacionais de adolescentes e jovens em cumprimento de medidas socioeducativas.

§ 3º – Deverá ser garantida, ao longo do processo, efetiva e concomitante relação entre teoria e prática, ambas fornecendo elementos básicos para o desenvolvimento dos conhecimentos e habilidades necessários à docência.

§ 4º – Os critérios de organização da matriz curricular, bem como a alocação de tempos e espaços curriculares, se expressam em eixos em torno dos quais se articulam dimensões a serem contempladas, como previsto no art. 12 desta resolução.

Nesse passo, a questão reflexiva da formação para o fazer docente é um ponto essencial, pois, sem ela, não poderá haver formação continuada tampouco aperfeiçoamento profissional. Mais do que isto: sem a reflexão, o professor se perderá na solução instrumental, quase sempre desprovida de sensibilidade humana e pedagógica. Sua sustentação, neste caso, é a visão positivista que desconsidera o imprevisível e o que não é possível de mensurar, quantificar, disciplinar e controlar. Contrariamente, em sendo um profissional reflexivo, o professor passa a ser também um produtor intelectual crítico, com percepção e teorias "[...] que podem contribuir para uma base codificada de conhecimentos do ensino" (ZEICHNER, 1993: 16).

A LDB destaca, entre os princípios norteadores da atividade de ministrar ensino, a *garantia de padrão de qualidade* (art. 3º, inc. IX). Este conceito é multidimensional no campo dos requerimentos profissionais da atividade de docência. Evidentemente que, dentre as exigências, haverá de estar uma formação acadêmica apropriada, com adequações de foco voltadas para a atividade-fim: uma aprendizagem com qualidade social. Esta perspectiva requer o domínio teórico-prático dos conteúdos do nível de ensino de atuação profissional, ao lado de uma apropriação adequada dos componentes da atividade sistematizadora das formas de operar a educação básica *em sala de aula*. Estes componentes se apresentam sob a forma de requisitos, formulados por Saviani assim (2008):

> *"Tomar consciência da estrutura de ensino.*

> *Captar os problemas desta realidade.*

> *Refletir sobre estes problemas, com o aporte de técnicas científicas que possam levar a sua superação.*

> *Formular objetivos realizáveis, cotejando o idealizado e o executado.*

> *Organizar meios para alcançar objetivos, com foco na unidade do sistema.*

> *Instaurar um processo objetivo com práticas variadas e modalidades diversas de intervenção.*

> *Agir com **fluxo** contínuo, sob o **influxo** do movimento dialético ação--reflexão-ação".*

Pelo exposto, conclui-se que a formação docente deve ir muito além de uma inteligência que capta a estrutura e o funcionamento, como dados objetivos da organização escolar, ultrapassando as formas congeladas da ordem estabelecida e, ao invés, abrindo espaços germinadores para a atuação de *utopias concretas* (DESROCHE, 1981: 47) no campo educativo. Utopias que firmem e confirmem *intencionalidades formativas* não só criativas e inovadoras, mas também emancipadoras.

O art. 62 em análise trata focalmente da formação inicial e continuada de professores que vão atuar na educação básica. A formação do professor constitui aspecto angular da educação básica. O ideal é que se tenham docentes com formação avançada para atuar num nível de educação onde são definidos os valores e as condições básicas para o aluno apreender o conhecimento a partir da BNCC e laborar a visão estratégica imprescindível a compreender o mundo, intervir na realidade e agir como sujeito crítico. Daí, a lei definir a formação de nível superior, adquirida em cursos de licenciatura plena. Um avanço legal importante.

O Conselho Nacional de Educação (CNE) emitiu o Parecer CNE/CP 2/2015, publicado no DOU do dia 25/06/2015, definindo as Diretrizes Curriculares Nacionais para a Formação Inicial e Continuada dos Profissionais do Magistério da Educação Básica, em nível superior, curso de licenciatura de graduação plena.

O ponto de partida da resolução do CNE é de tríplice natureza: a) Atender, no tocante à formação docente, o novo ordenamento da educação básica, construindo-se uma linha de articulação conceitual e operativa entre os princípios da LDB, os dispositivos normativos das Diretrizes Curriculares Nacionais para o conjunto da educação básica – referentes a níveis e modalidades de ensino – e as orientações encorpadas nas Diretrizes Curriculares Nacionais para formação em nível superior e continuada; b) Incorporar novas dimensões à formação docente, decorrentes dos avanços das ciências e do novo formato da sociedade do conhecimento, conformando uma outra cosmologia. Assim, mudar o foco de ensino para aprendizagem, realçar o êxito do aluno, trabalhar, positivamente, a diversidade, estimular o desenvolvimento de práticas investigativas, criar espaços curriculares para execução de projetos, inovar em metodologias através de estratégias criativas e não meramente reprodutivas, centrar o enfoque em atividades cooperativas e, por fim, construir, com o aluno, um saber/aprender dinamicamente articulado, tudo isso constitui componentes essenciais da nova matriz definidora do perfil do professor esperado; c) Desenvolver, mediante uma articulação dinâmica, o conceito operativo de educação básica, assim que a educação escolar remova a ideia de "justaposição de etapas fragmentadas" e se reordene num alinhamento de tempo/espaço articulado e contínuo. Isto implica uma visão reconceituada da escola, de professor, de processo pedagógico (construção de currículo) e de avaliação.

Com esta nova formulação, a licenciatura adquire identidade específica e encarna conformidade própria, distinguindo-se, em sua natureza e musculatura orgânica, do bacharelado. Este, convém lembrar, até hoje, verdadeira camisa de força das licenciaturas. Espera-se, a partir de então, que o esquema 3 + 1 (três anos de bacharelado mais um de licenciatura) seja progressiva e definitivamente sepultado.

Para que a nova proposta de formação docente para a educação básica ganhe factibilidade é necessário a adoção de políticas nacionais montadas sobre quatro grandes vertentes: a) Valorização (formação, condição de trabalho, carreira e remuneração) do professor de educação básica; b) Elevação de padrões de qualificação acadêmica e fortalecimento do perfil profissional do corpo docente formador; c) Recuperação da infraestrutura físico-institucional formadora, o que supõe: recondicionamento de espaços físicos, renovações de práticas de gestão e de formas de trabalho, recursos tecnológicos inovadores e construção, em linha contínua, de alianças estratégicas, sobretudo entre agências formadoras e sistemas de ensino; d) Estabelecimento de programas nacionais permanentes de formação continuada, ancorados em um sistema de avaliação periódica e de "certificação de cursos, diplomas e competências de professores".

São os seguintes os *princípios norteadores*, definidos pelo CNE, para a nova formação inicial e continuada de docentes:

I – Formação docente para toda a educação básica como compromisso público do Estado.

II – Formação dos profissionais do magistério como obrigação com o projeto social, político e ético com foco em uma nação democrática, justa e inclusiva.

III – Colaboração interfederativa permanente.

IV – Garantia do padrão de qualidade.

V – Articulação entre teoria e prática assentadas na indissociabilidade entre ensino, pesquisa e extensão.

VI – Reconhecimento das escolas de educação básica como espaços-laboratório para a formação docente.

VII – Base teórica e interdisciplinar, viabilizando a especificidade do projeto formativo nas instituições que o oferecem.

VIII – Respeito ao princípio da equidade no acesso à formação inicial e continuada, objetivando a redução das dissimetrias sociais, regionais e locais.

IX – Articulação entre formação inicial e continuada.

X – Formação continuada como diretriz do projeto pedagógico da instituição e como componente essencial da profissionalização docente.

XI – Compreensão dos profissionais do magistério como agentes formativos da cultura, do que decorre a necessidade do acesso contínuo e atualizado à tecnocultura.

A par de todo este corpo principiológico, há de se aditar como aspectos relevantes no percurso formativo aqui considerado: a) A noção de competência deve pervadir todo o substrato da formação docente; b) A harmonização entre formação disponibilizada e prática esperada do professor é imprescindível; c) A aprendizagem se dá em cima de um conhecimento construído coletivamente; d) Os conteúdos são veículos de desenvolvimento de competências. Portanto, é nuclear a preocupação de trabalhar com conhecimentos mobilizados, articulados e contextualizados; e) A interpretação da realidade supõe um conhecimento não repetido, mas reconstruído, o que implica a transformação da sala de aula em ambiente de investigação permanente; f) O professor e o aluno são detentores de repertórios prévios e pessoais de conhecimentos. Assim, a seleção de conteúdos não pode ser um processo estanque, mecânico, mas participado e coletivo, buscando-se, em qualquer circunstância, a sua ampliação e o seu aprofundamento; g) A avaliação, focada no desenvolvimento de competências para a atividade profissional, deve voltar-se, substantivamente, para a capacidade de o aluno-formando acionar saberes e buscar novos conhecimentos.

Enfim, ganhando *terminalidade e integralidade*, a licenciatura, enquanto curso de formação docente, passa a realçar a necessária, porém, tradicionalmente esquecida, interconexão dos conhecimentos tratados e trabalhados no currículo de formação do professor, com os conhecimentos tratados e trabalhados no currículo de formação do aluno da educação básica, considerada sempre a BNCC e os direitos e objetivos da aprendizagem e desenvolvimento.

Sob a forma de desdobramento da LDB e de complementaridade dos art. 62 e 64, o Conselho Nacional de Educação formulou as Diretrizes Curriculares Nacionais do Curso de Pedagogia (DCNP), instituindo-as por meio da Resolução CNE/CP 1/2006.

Trata-se de uma formação superior para o magistério, baseada no eixo ensino e pesquisa, como focos de formação indissociáveis. Em decorrência, tem a atribuição legal de formar professores com capacidade crítica para o contínuo desfronteiramento do conhecimento (interdisciplinaridade, multidisciplinaridade e transdisciplinaridade). Para tanto, trabalha e "adota" a docência e as atividades docentes de forma articulada e dinâmica, conforme as seguintes definições conceituais e operativas:

Compreende-se a docência como ação educativa e processo pedagógico metódico e intencional, construído em relações sociais, étnico-raciais e produtivas, as quais influenciam conceitos, princípios e objetivos da Pedagogia, desenvolvendo-se na articulação entre conhecimentos científicos e culturais, valores éticos e estéticos inerentes a processos de aprendizagem, de socialização e de construção do conhecimento, no âmbito do diálogo entre diferentes visões de mundo (Brasil, CNE/CP, Resolução 1/2006, art. 2º, § 1º).

As atividades docentes também compreendem participação na organização e gestão de sistemas e instituições de ensino, englobando:

I – planejamento, execução, coordenação, acompanhamento e avaliação de tarefas próprias do setor da Educação;

II – planejamento, execução, coordenação, acompanhamento e avaliação de projetos e experiências educativas não escolares;

III – produção e difusão do conhecimento científico-tecnológico do campo educacional, em contextos escolares e não escolares (Brasil, CNE/CP, Resolução 1/2006, art. 3º, par. único).

A indissociabilidade do ensino e da pesquisa na formação do professor no Curso de Pedagogia é induzida no currículo do curso via inteireza do projeto pedagógico respectivo, nos termos do Parecer CNE/CP 5/2005, como exposto a seguir:

O projeto pedagógico de cada instituição deverá circunscrever áreas ou modalidades de ensino que proporcionem aprofundamento de estudos, sempre a partir da formação comum da docência na educação básica e com objetivos próprios do Curso de Pedagogia. Consequentemente, dependendo das necessidades e interesses locais e regionais, neste curso, poderão ser, especialmente, aprofundadas questões que devem estar presentes na formação de todos os educadores [...]. O aprofundamento em uma dessas áreas ou modalidade de ensino específico será comprovado, para os devidos fins, pelo histórico escolar do egresso, não configurando de forma alguma uma habilitação (BRASIL, CNE/CES, Parecer 5/2005).

Entidades da área de educação, inquietas à época da elaboração das DCNP, requereram que a formação dada pelo Curso de Pedagogia tivesse uma estrutura de concepção fundante que hospedasse uma envergadura de visão da escola como um espaço sistêmico organizadamente articulado e integrado contextualmente, assim que a educação escolar (art. 1º, § 1º), como dever do Estado, da família e da sociedade (CF, art. 205 da LDB, art. 2º) cumpra, sob o ponto de vista legal, o que lhe atribui o art. 2º da LDB e, não menos importante, realize de forma adequada e socialmente relevante o conjunto de incumbências da escola (art. 12 e 13), como podemos ver (apud BRZEZINSKI, 2010: 213):

[...] assegure a preparação do professor para o desempenho das atribuições definidas nos art. 13 e 14 da Lei de Diretrizes e Bases da Educação Nacional, as quais envolvem o desenvolvimento de aptidões que possibilitem aos docentes desempenhar, de maneira sólida e consistente, as funções concernentes à aprendizagem e recuperação dos alunos, às tarefas relativas à elaboração da proposta pedagógica da escola, à participação no planejamento, à avaliação e ao desenvolvimento profissional, à articulação da escola com as famílias e a comunidade e à participação nos conselhos escolares (Entidades da Área de Educação, 2006: 2).

Há muito, busca-se um consenso no Brasil em torno da construção de um sistema nacional de formação docente. Tema complexo, amplo e polêmico porque sombreado de forte tempero ideológico. Em 2008, abriu-se uma possibilidade para a inclusão das IES privadas na área de formação. De fato, a questão se prende a estas instituições receberem ou não recursos públicos com tal objetivo. Entidades como o Conselho Nacional de Educação (CNE) e a Associação Brasileira das Universidades Privadas consideram a exclusão como discriminatória, uma vez que as IES privadas são responsáveis pela formação da grande maioria dos docentes brasileiros. Há opiniões opostas também, como é o caso do que pensam a Associação Nacional pela Formação de Profissionais da Educação (Anfope) e o Centro de Estudos, Educação e Sociedade (Cedes, da Unicamp). A questão é que as universidades públicas terminam se distanciando dos problemas do dia a dia dos professores da educação básica, envolvidas que se acham com a pesquisa e a pós-graduação. As Secretarias de Educação se queixam continuamente desse distanciamento. Atualmente, as universidades federais são responsáveis pela formação de 12% dos docentes. Dados da Capes indicam que, dos 250 mil professores em falta nas escolas brasileiras de educação básica, a maior necessidade se dá nas áreas de Matemática, Física, Química, Biologia e Língua Portuguesa e que, sem a ampliação dos centros formadores, não há como resolver esta necessidade. O MEC estimava aumentar a oferta de vagas sobretudo nas IES federais em 48% e, nos recém-criados Institutos Federais de Educação, em 30%, até 2012. Os avanços aqui continuam em ritmo insatisfatório.

Passados quase três anos, não apenas não atingimos a meta, mas a questão assumiu ainda maior gravidade, uma vez que, nesse mesmo período, as matrículas da educação básica cresceram sem o correspondente crescimento no número de professores. Não é por outra razão que o Plano Nacional de Educação, aprovado pela Lei 13.005/2014, reserva as metas 15, 16, 17, 18 e 19 para a implementação de um feixe de políticas no campo da valorização e formação dos profissionais da educação. Portanto, trata-se de políticas de motivação urgencial e de caráter corretivo e compensatório. No Brasil, as políticas de educação básica permanecem distantes das concepções de políticas públicas de natureza projetiva com consequências antecipatórias.

Em dezembro de 2008, dos 25 estados que apresentavam *déficit* de professores para os ensinos Fundamental e Médio, 10 haviam formatado seus planos de formação. Vale lembrar que as projeções desses planos ocorrem dentro do Plano de Ações Articuladas (PAR), exigência *sine qua non* para todos os estados e municípios que fizeram sua adesão ao Plano de Desenvolvimento da Educação (PDE). Para entender o PAR, convém remontar o retrospecto histórico das ações do MEC na área de formação docente.

Em 2007, o Ministério da Educação apresentou o PDE com o objetivo de resgatar o pacto federativo no campo educacional, por meio da construção de uma política nacional de formação de profissionais da educação básica. O pacto federativo, diz documento do MEC, propõe a oferta de formação inicial e continuada de professores para o ensino básico. Essa ação poderá operar grandes avanços na medida em que for realizada, por meio do planejamento estratégico em regime de colaboração, envolvendo as Instituições Federais de Ensino Superior (Ifes), Institutos Federais de Educação, Ciência e Tecnologia (Ifets), as universidades estaduais, o Conselho Nacional de Secretários de Educação (Consede), a União Nacional de Dirigentes Municipais de Educação (Undime), as Secretarias Estaduais e Municipais de Educação e as Secretarias Estaduais de Ciência e Tecnologia (nos estados nos quais o Ensino Superior é de responsabilidade dessas secretarias). O bom-senso recomenda que, nesse caso especificamente, as IES privadas sejam incluídas como parceiras, uma vez que a educação não pode prescindir da "colaboração da sociedade" (CF, art. 205).

Embora haja, atualmente, no campo da formação docente e de profissionais da educação básica, um conjunto significativo de ações no âmbito do MEC, através das universidades públicas, essas ainda não constituem um sistema integrado. Daí, a importância da construção de uma política nacional de formação de professores sob a responsabilidade do Conselho Técnico Científico (CTC) da educação básica da Capes. Este horizonte, aliás, está desenhado na Meta 15, estratégia 16.1 e 16.2 e na Meta 16, estratégia 16.2, do Plano Nacional de Educação/Lei 13.005/2014, assim formuladas:

Meta 15: *Garantir, em regime de colaboração entre a União, os estados, o DF e os municípios, que todos os professores da educação básica possuam formação específica de nível superior, obtida em curso de licenciatura na área de conhecimento em que atuam.*

Estratégias:

15.1 – Realizar, em regime de colaboração, o planejamento estratégico para dimensionamento da demanda por formação continuada e fomentar a respectiva oferta por parte das instituições públicas de educação superior, de forma orgânica e articulada às políticas de formação dos estados, do DF e dos municípios.

15.2 – Consolidar sistema nacional de formação de professores, definindo diretrizes nacionais, áreas prioritárias, instituições formadoras e processos de certificação dos cursos.

Meta 16: *Formar cinquenta por cento dos professores da educação básica em nível de pós-graduação lato e stricto sensu e garantir a todos formação continuada em sua área de atuação.*

Estratégia:

16.2 – Consolidar sistema nacional de formação de professores, definindo diretrizes nacionais, áreas prioritárias, instituições formadoras e processos de certificação dos cursos.

Pode-se afirmar que o Decreto 6.755, de 29/01/2009, que institui a Política Nacional de Formação de Profissionais do Magistério da Educação Básica e disciplina a atuação da Capes no fomento a programas de formação inicial e continuada, é uma ação inovadora na educação básica brasileira. Este trabalho de coordenação da Capes, em favor do fortalecimento e da cooperação entre estados e municípios para oferecimento de formação inicial e continuada, está sendo colocado em prática nas discussões que envolvem a dimensão de capacitação dos profissionais da educação no Plano de Ações Articuladas (PAR).

Entre julho de 2008 e janeiro de 2009 foram realizados encontros em 20 estados, culminando com a elaboração de resumos executivos dos projetos, via Secretaria de Educação a Distância (Seed). Em fevereiro de 2009 os resumos dos projetos foram repassados à Capes, o que significa que todas as ações do PAR, ainda sob a forma de diagnóstico e de propostas, passaram pelo Capes para análise e decisões. À época, o documento do MEC informava: "cada Estado vai definir, junto com suas universidades e a secretaria estadual de educação, quantos cursos serão oferecidos, se serão presencial ou a distância e como serão distribuídos os polos da Universidade Aberta do Brasil (UAB), que também está prevista como ferramenta utilizada para os cursos a distância. As universidades, juntamente com os governos estaduais, deverão definir como oferecerão as vagas, se vão utilizar reserva de vagas em cursos já existentes, se vão utilizar a UAB ou se vão criar cursos especiais. A reserva de vagas não terá financiamento, pois já estão previstas pelas universidades. Os cursos a distância entrarão como cursos da UAB e os cursos e as turmas especiais terão financiamento que ainda está em fase de negociação. No entanto, já estão previstas bolsas para os professores que se deslocarem de seu município e rubricas para custear passagens, hospedagem e alimentação, tudo em alinhamento com os governos estaduais. A previsão é que grande parte dos cursos comecem a operar em julho de 2009". Vale registrar que o programa segue na realização de seus objetivos e apresenta resultados concretos. Ou seja, a programação tem percorrido os caminhos traçados e há ganhos e avanços. O grande contingente de beneficiários tem sido professores das Redes Públicas Municipais, com expressiva concentração de docentes de pequenos municípios. Aqui tem ocorrido uma associação de benefícios. De um lado, o Piso Nacional de Salário, com o reforço do Fundeb e, de outro, a ampliação do acesso a cursos e programas de capacitação. Destaque-se que estados e municípios passaram a ser mais vigilantes na área de formação de seus professores a partir da implantação do Ensino Fundamental de nove anos (Resolução CNE/CEB 7/2010), da definição das Diretrizes Curriculares Nacionais Gerais para a Educação Básica (Resolução CNE/CEB 4/2010) e das Diretrizes Curriculares Nacionais para o Ensino Médio (Resolução CNE/CEB 2/2012). Na verdade, este corpo de textos normativos sistematiza princípios e diretrizes gerais, assegurando coerência, consistência e articulação nos caminhos do fazer pedagógico, o que termina por exigir dos docentes uma formação com a mesma linhagem de atributos.

No caso das Diretrizes Curriculares Nacionais Gerais para a Educação Básica, a necessidade de uma estruturação organizacional das etapas e modalidades de ensino envolvendo as dimensões orgânica, sequencial e articulada posiciona níveis mais exigentes de qualificação dos professores como precondição para ações coordenadas e integradas do processo de ensinar. Por outro lado, especificamente no que tange à Educação Infantil e ao Ensino Fundamental – este sobretudo na fase dos cinco anos iniciais – a legislação deu realce à percepção de inseparabilidade dos conceitos referenciais cuidar e educar e, em decorrência, passou a exigir do professor maior e melhor formação. Tudo isso culminou com o relevo dado pela legislação à transição entre as etapas de educação básica e suas fases, cujo processo operativo (da transição) "requer formas de *articulação* das dimensões orgânica e sequencial que assegurem aos educandos, sem tensões e rupturas, a continuidade de seus processos peculiares de aprendizagem e desenvolvimento" (art. 18, § 2º, Resolução CNE/CEB 4/2010).

§ 1º – O regime de colaboração aqui preconizado é de importância fundamental por três razões convergentes, a saber: i) evita multiplicar meios e recursos para fins idênticos; ii) articula instâncias administrativas diferentes com o objetivo de acelerar o processo de solução aos grandes problemas da educação escolar. Sobretudo aqueles adstritos à educação básica; e iii) torna mais consistentes as políticas de formação, sobretudo no campo da formação continuada, estuário importante de desperdício de recursos públicos face a programações vazias, esquartejadas em cursos soltos e desconectados de formas de avaliação de resultados. Esta rota de ações articuladas representa, também, uma forma objetiva exemplar de cumprimento de preceito constitucional nos termos do art. 211 da CF, a saber: a União, os estados, o DF e os municípios organizarão **em regime de colaboração seus sistemas de ensino...**

O regime de colaboração aludido no inciso é trifocal, compreendendo: formação inicial, formação continuada e capacitação. A primeira é a base para o campo ou área de atuação. A segunda é voltada para o aprimoramento profissional. A terceira volta-se para a atualização e extensão dos campos de conhecimento necessários ao exercício docente. Trata-se, por conseguinte, de um processo complexo de formação e qualificação ao longo da vida. É precisamente no horizonte desta complexidade que o legislador preconiza o regime de colaboração, sobretudo em uma área de atividade profissional que requer um fazer multidisciplinar, em contextos de contínua mobilização do conjunto dos protagonistas da escola, dentre os quais o professor detém centralidade epistemológica. Por extensão aos ditames da LDB, e como já dito, soma-se o Plano Nacional de Educação, encorpado na Lei 13.005/2014, que reserva as Metas 15, 16, 17,18 e 19, na verdade, um feixe de metas, para as políticas e estratégias de valorização e formação dos profissionais da educação.

Especificamente no campo das parcerias da União, DF, estados e municípios, cabe destacar, como síntese do enfoque ora abordado, o que segue:

__Meta 15:__ Garantir, em regime de colaboração entre a União, os estados, o DF e os municípios, que todos os professores da educação básica possuam formação específica de nível superior, obtida em curso de licenciatura na área de conhecimento em que atuam.

Estratégias:

15.1 – Atuar conjuntamente, com base em plano estratégico que apresente diagnóstico das necessidades de formação de profissionais do magistério e da capacidade de atendimento por parte de instituições públicas e comunitárias de educação superior existentes nos estados, municípios e DF, e defina obrigações recíprocas entre os partícipes.

§ 2º – O uso da Educação a Distância para a formação continuada e para programas de capacitação em geral é comum no mundo inteiro. Isto independentemente do nível de desenvolvimento do país. Trata-se, na verdade, de um mecanismo altamente favorável ao professor que não precisa investir em deslocamentos frequentes e para os próprios sistemas de ensino que, de forma mais efetiva e econômica, podem atingir um número cada vez maior de profissionais da educação. Mas não pode ser rota exclusiva. Convém registrar que nenhum país colocado na vanguarda da educação tem adotado a formação docente, via programas de EAD, como solução preferencial para a formação inicial de seus professores. A EAD é usada, nesse caso, como mecanismo de complementaridade formativa, ficando os investimentos em EAD e seu uso em políticas de formação continuada, e em programas de atualização permanente, sobretudo em temáticas de contextos emergenciais e necessidades sociais pontuais. Exemplo esclarecedor são os temas transversais.

Feita esta ressalva, parece óbvio que a preocupação do legislador ganha extraordinária relevância à medida que tenta assegurar, em quantidade e qualidade, uma *nova geração de professores para a educação básica*. O intuito é precisamente evitar ou, pelo menos, estancar a evolução da situação crítica atual do descompasso entre demanda e oferta de professores devidamente habilitados para atuarem nos quadros escolares da educação básica obrigatória e gratuita, dos 4 aos 17 anos de idade e organizada nos termos das necessidades de atendimento do previsto no art. 4º, inc. I da LDB.

A utilização de recursos e tecnologias de EAD para a formação continuada e a capacitação dos profissionais de magistério é necessária e adequada ao contexto tecnológico da sociedade em rede. Vivemos em um mundo de "totalização técnica" que requer, do professor, prontidão mental e preparação profissional para as emergências do conhecimento e das novas formas de acesso a ele. No entanto, nada deste **novo** mundo **novo** substitui a sensibilidade e a parceria. Como anota Sodré (2012: 185), "a dimensão *humana* dos modos de transmissão do saber e do relacionamento social não depende da natureza técnica dos dispositivos, e, sim, da conquista de uma forma educacional suscetível de oferecer abrigo contra o esvaziamento do simbólico e do sentido". Ou seja, as rotas de formação e capacitação docente não prescindem das "estratégias sensíveis". **Formar** mais professores (quantidade), somente tem sentido se significar **transformar** mais professores (qualidade).

§ 3º – No caso da formação inicial, a preferência por esquemas presenciais de formação é justificada face a necessidade de o candidato ao magistério precisar construir um amplo acervo de conhecimentos e metodologias para calçar seu itinerário profissional de forma segura e criativa. Nesse caso, a Educação a Distância poderá ter função de formação complementar e até de fonte de fomento cultural.

Na carreira docente, formação inicial e formação continuada constituem um mesmo e único bloco do desenvolvimento das capacidades do professor para ensinar. No caso da formação inicial, há uma atenção e uma concentração de fatores voltados para o horizonte do *aprender para ensinar*. No caso da formação continuada, há uma atenção e uma concentração de fatores voltadas para o horizonte do *continuar a aprender para ensinar* melhor.

A perspectiva legal dos § 2º e 3º é de um articulado encorpado em processos contínuos, dinâmicos e indutores de autoformação permanente e, portanto, de ininterrupta transformação profissional. Por isto é tão importante cada professor compreender que ele é o responsável pela gestão e pela gestação de sua carreira e de sua qualificação.

§ 4º – A educação é primordialmente uma tarefa do Estado e a educação escolar pública um dever que se opera através da oferta de educação básica obrigatória e gratuita destinada a alunos dos quatro aos dezessete anos (art. 4º, inc. I). Esta oferta supõe professores habilitados adequadamente, na conformidade dos inc. I, II e III do art. 61, da LDB. É precisamente nesta perspectiva que a União, o DF, os estados e municípios se obrigam a adotar mecanismos que facilitem o acesso e a permanência dos seus docentes em cursos de formação. Esta medida enquadra-se no rol das políticas de Estado em prol da elevação da qualidade do ensino público disponibilizado à população. A formação docente se impõe, assim, como um dos focos de todo o planejamento dos sistemas de ensino. Na verdade, formação e valorização profissional constituem direitos dos professores. Ao agrupar os entes federados no processo facilitador referenciado, o legislador está recobrando a consistência do princípio que embasa o regime de colaboração entre os entes federados, sobretudo em uma área onde deve prevalecer uma política nacional consistente, permanente e articulada. Convém destacar, outrossim, que é exatamente esta política que vai criar e multiplicar ações, programas e cursos envolvendo o MEC, as Secretarias de Educação de estados, do DF e municípios e instituições formadoras em duas direções que se completam. De um lado, assegurando aos já docentes ou a candidatos ao magistério condições qualificadoras elevadas, o que supõe "o desenvolvimento da capacidade de reflexão, oferecendo perspectivas de análise da prática, para que os profissionais nela se compreendam e compreendam, também, os contextos históricos, sociais, culturais e organizacionais em que atuam". De outro, "fortalecendo os mecanismos de financiamento da política de formação e valorização, como forma de se assegurar investimentos para a formação inicial e continuada em nível médio, graduação e pós-graduação, *lato sensu e stricto sensu*" (Doc. Final da Coneb/2010).

O acesso e a permanência nos programas de formação docente requerem medidas várias de efeito convergencial, tais como: 1) Tornar claro o papel e as responsabilidades das universidades públicas no setor; 2) Ampliar as vagas nas IES públicas para cursos de licenciatura. 3) Fortalecer os cursos de licenciatura presenciais; e 4) Reduzir, sem prejuízo salarial, a carga horário de 40 para 20 horas para o professor cursar um programa (licenciatura) de formação inicial. Estas e outras medidas poderão produzir efeitos altamente positivos em favor de professores mais bem-preparados para atuarem na educação básica pública.

A força indutora deste § 4º dirige-se para uma formação docente em nível acadêmico cada vez mais elevado e conducente à desativação progressiva de curso de nível médio para formação docente até a sua extinção. Conquanto esta modalidade de preparação para a docência tenha dado uma contribuição marcante à educação do país e à própria sociedade brasileira, é imperioso substituí-la por programas de formação mais compatíveis com a sociedade do conhecimento e capazes, por isso, de qualificar o professor para ultrapassar a sala de aula.

§ 5º – O legislador repete a **sequência** dos entes públicos para poder assegurar **consequência** articulada e duradoura no campo da formação profissional. Os § 4º, 5º e 6º se orientam por um mesmo princípio condutor, qual seja, facilitar, apoiar e viabilizar os cursos de formação dentro de um alinhamento de responsabilidades, levando em conta a necessidade de manter um padrão elevado de formação docente em nível nacional.

O incentivo de bolsas de iniciação à docência apresenta-se como um mecanismo capaz de alargar os níveis de demanda para os cursos de formação para o magistério, independentemente de ser a instituição pública ou privada ou de funcionar em estrutura de universidade ou de faculdades isoladas. No fundo, esta é uma preocupação de ordem legal para o enfrentamento da questão crucial, hoje, da escassez de professores qualificados para a docência de todo o corpo de disciplinas da educação básica. Escassez que constitui um problema geral em várias partes do mundo. Estudo da Organização para Cooperação e Desenvolvimento Econômico (Ocde), realizado já em 2005, trouxe um dado assombroso a este respeito: entre 25 países pesquisados, metade enfrentava o problema da falta de professores qualificados para suas escolas. E mais: todos os países estavam preocupados com a gravidade da situação a longo prazo. No cenário internacional, a etiologia da constatação tinha uma mesma face, a saber: salários declinantes, condições desconfortáveis de trabalho, sobrecarga de tarefas e desvalorização social da profissão docente. Todas estas questões são incidentes no contexto do Brasil.

Retornando à questão fulcral deste § 5º, não há dúvida de que a implementação de programas institucionais de bolsas de iniciação à docência para alunos matriculados em cursos de licenciatura, **com o aporte de recursos públicos**, constitui política pública de caráter promissor e de longa envergadura social, como vamos passar a ver.

No centro da problemática em foco há oito aspectos a considerar, entrelaçados em uma teia de fatores socioeconômicos e culturais que produzem condicionalidades e ambiguidades da parte de eventuais candidatos a cursos de licenciatura, de graduação plena. Passemos a posicionar tais fatores um a um.

• **Fator 01** – Com a crescente globalização, a reestruturação do mercado de trabalho tem produzido uma reconfiguração no campo das profissões, com a incidência de motivações contextuais derivadas.

• **Fator 02** – Nos últimos anos, é acentuada a mudança do perfil de candidatos ao magistério que buscam formação especializada, tanto via cursos de licenciatura como via cursos de pedagogia.

• **Fator 03** – Inúmeros estudos e pesquisas apontam, em anos recentes, um **novo aluno** marcando presença nos cursos de formação para a docência. São alunos oriundos de extratos socioeconômicos e culturais menos favorecidos. Trabalhadores e membros de família com iniciação recente no Ensino Superior, estes estudantes são majoritariamente egressos de escolas públicas e apresentam, em seu histórico escolar, desempenho acadêmico apenas sofrível.

• **Fator 04** – Com individualidades e identidades em construção, estes "candidatos" conduzem o estigma de dificuldades pessoais e familiares acumuladas e refletidas em seu itinerário escolar.

• **Fator 05** – A expansão em ritmo acelerado da educação superior nos últimos vinte anos, mercê de uma política do governo de democratização do acesso (ao Ensino Superior), produziu uma multiplicação de vagas, tanto na rede pública como na rede privada, embora nesta última o crescimento tenha sido bem mais expressivo. Em decorrência, as IES privadas têm recebido um grande contingente de alunos provenientes das classes C, D e E, com matrícula preferencial nas licenciaturas.

• **Fator 06** – As licenciaturas e os cursos de pedagogia estão "povoados" por alunos de um novo perfil, com ambições de vida fortemente modificadas.

• **Fator 07** – O quadro de expectativas face ao novo *status* acadêmico cria uma situação de ambiguidade, nos cursos de Licenciatura e Pedagogia, uma vez que os alunos estão lá, mas nem sempre são de lá. O Prof. Cláudio Nogueira, da Faculdade de Educação da Universidade Federal de Minas Gerais (UFMG), realizou pesquisa com uma amostra de 512 alunos de 7 cursos da UFMG assestados para a formação de professores e constatou com precisão esta ambiguidade. Ou seja, os números confirmam o caráter dúbio da opção dos alunos, como podemos ver:

◊ Percepção dos alunos que se destinavam à formação docente, à época do vestibular:

A – 50,8% tinham dúvidas se queriam ser professores.

B – 34,6% tinham certeza de que queriam ser professores.

C – 15% tinham certeza de que não queriam ser professores.

◊ Percepção dos alunos que cursam Licenciatura ou Pedagogia:

A – 62% não têm certeza de quanto tempo poderão permanecer na carreira docente.

B – 20% sustentam que serão professores por toda a vida profissional.

C – 7% afirmam que as condições de trabalho são "boas" ou "muito boas".

D – 1,3% afirma que o salário é "bom" ou "muito bom".

Fonte: Pesquisa realizada pelo Professor Cláudio Nogueira, da Faculdade de Educação, da UFMG. Apud *Revista Educação*, ano 18, n. 205, mai./2014, p. 68-69.

• **Fator 08** – A par de todos estes aspectos, há de se considerar, ainda, que as transformações do mundo de trabalho geraram um redesenho no campo das qualificações formais. De fato, as profissões passaram a se agrupar em famílias, com base em competências e habilidades que se entrecruzam, se interpenetram e, em consequência, criam uma esteira de flexibilidades ocupacionais, o que não ocorre com a profissão docente. Esta é a verdadeira razão por que os jovens optam cada vez mais por ocupações centradas nas tecnologias, nas engenharias, gestão, saúde, meio ambiente e áreas ocupacionais contíguas. Nesse sentido, a formação docente tem limitadas possibilidades, por tratar-se de um campo profissional com limitadas versatilidades.

Atualmente, existem várias linhas de programas institucionais de bolsa de iniciação à docência à disposição de estudantes matriculados em cursos de licenciatura, de graduação plena.

O § 5º encontra vinculação com o § 3º, uma vez que o programa institucional de bolsa de iniciação à docência privilegia a formação docente sob a forma de ensino presencial. Aqui convém lembrar que a Diretoria de Educação Básica *Presencial* [grifo nosso] da Capes, responsável pelo Plano Nacional de Formação dos Professores da Educação Básica, possui todo um ordenamento normativo, nesse sentido, com destaque para:

• Lei 11.273, de 06/02/2006, que autoriza a concessão de bolsas de estudo e pesquisa a participantes de programas de formação inicial e continuada de professores da educação básica;

• Resolução 48, de 04/09/2009, que estabelece as orientações e diretrizes para a concessão de pagamento de bolsas de estudo e pesquisa do Parfor no SGB;

• Portaria conjunta da Capes/CNPq 01, de 28/10/2009, que autoriza a participação e estabelece a forma do pagamento dos bolsistas de produtividade do CNPq no Parfor.

§ 6º – Há várias indicações de insuficiências acadêmicas de alunos do Ensino Médio oriundos sobretudo da rede pública, identificadas mais pontualmente quando estes alunos chegam ao Ensino Superior. Como há, igualmente, constatações das dificuldades de instituições de Ensino Superior em resolverem ou, pelo menos, atenuarem o problema. Em 2008, a Fundação Lemann financiou estudo que terminou por revelar que "os cursos superiores não conseguem reverter o quadro de deficiências acadêmicas que os alunos que buscam ingressar na carreira docente trazem do Ensino Médio" (Apud *Revista Educação*, ano 18, n. 205, mai./2014).

O conteúdo deste parágrafo revela a preocupação do legislador com esta situação; no entanto, a prerrogativa que o MEC se atribui extrapola a circunscrição das competências da União. Estamos diante de uma intromissão do Governo Central no campo da autonomia das demais esferas de governo e na seara de atribuições legalmente irrenunciáveis das próprias instituições de Ensino Superior. O certificado de Ensino Médio, obtido em estabelecimento de ensino com funcionamento regular, é o documento único e exclusivo para abrir as portas da seleção do candidato à educação superior. Na verdade, o requisito único e indispensável para ingresso em qualquer curso superior de nível de graduação está posto no art. 44, desta LDB, e resulta de uma composição tripartite, a saber:

a) O candidato atende aos requisitos estabelecidos pela instituição (Edital);

b) O candidato tenha concluído o Ensino Médio ou equivalente (EJA, Enceeja...);

c) O candidato tenha sido classificado em processo seletivo.

Em síntese, com o certificado do Ensino Médio, qualquer pessoa está apta a postular inscrição no processo seletivo da instituição para seu ingresso nela.

Foi precisamente para corrigir situação análoga a esta que o Tribunal Federal da Primeira Região do Rio de Janeiro decidiu, em junho de 2014, que o Exame Nacional do Ensino Médio (Enem) não é pré-requisito para a participação de candidatos no Programa Ciências sem Fronteiras.

De volta ao foco do § 6º, a prevalecer seu conteúdo, impõe-se uma restrição ao exercício da autonomia dos sistemas de ensino, das universidades e uma limitação ao próprio Projeto Pedagógico do Curso. A eventual imposição de **nota mínima** em exame nacional aplicado aos concluintes do Ensino Médio como pré-requisito para o ingresso em cursos de graduação para formação de docentes significa – convém dizer mais uma vez – uma ingerência indevida do governo central nos mecanismos de seleção de professores, adotados por estados, DF e municípios. O Plano Nacional de Educação prevê, na Meta 18, estratégia 18.3, "a realização de prova nacional de admissão de docentes, a fim de subsidiar a realização de concursos públicos de admissão pelos estados, DF e municípios". Esta é uma área de competência das unidades federadas e dos municípios, somente justificando-se ingerência do Governo Central caso ele passe a financiar nacionalmente o salário dos professores da educação básica.

Por fim, cabe ressaltar que os conteúdos do conjunto de parágrafos do art. 62 se articulam perfeitamente com a Meta 15 do Plano Nacional de Educação (Lei 13.005/2014), promulgada em julho de 2014, como se pode ver:

Meta 15: *Garantir, em regime de colaboração entre a União, os estados, o DF e os municípios, que todos os professores da educação básica possuam formação específica de nível superior, obtida em curso de licenciatura na área de conhecimento em que atuam.*

Estratégias:

15.1 – Atuar conjuntamente, com base em plano estratégico que apresente diagnóstico das necessidades de formação de profissionais do magistério e da capacidade de atendimento por parte de instituições públicas e comunitárias de educação superior existentes nos estados, nos municípios e no DF, e defina obrigações recíprocas entre os partícipes.

15.2 – Consolidar o financiamento estudantil a estudantes matriculados em cursos de licenciatura com avaliação positiva pelo Sinaes, na forma da Lei no 10.861, de 2004, permitindo inclusive a amortização do saldo devedor pela docência efetiva na rede pública de educação básica.

15.3 – Ampliar programa permanente de iniciação à docência a estudantes matriculados em cursos de licenciatura, a fim de incentivar a formação de profissionais do magistério para atuar na educação básica pública.

15.4 – Consolidar plataforma eletrônica para organizar a oferta e as matrículas em cursos de formação inicial e continuada de professores, bem como para divulgação e atualização dos currículos eletrônicos dos docentes.

15.5 – Institucionalizar, no prazo de um ano de vigência do PNE, 2011/2020, política nacional de formação e valorização dos profissionais da educação, de forma a ampliar as possibilidades de formação em serviço.

15.6 – Implementar programas específicos para formação de professores para as populações do campo, comunidades quilombolas e povos indígenas.

Por se tratar de aspecto extremamente relevante, convém retomar dimensões sublinhadas na abertura dos comentários a este art. 62. Referimo-nos à presença replicada das expressões **formação de docentes** (*caput* do art. 62 e § 4º e 6º) e **profissional do magistério** (§ 1º e 5º). Estas expressões estão certamente centradas na ideia-matriz de **professores habilitados**, com "sólida formação básica", o que supõe "o conhecimento dos fundamentos científicos e sociais de suas competências de trabalho". O foco é, portanto, o professor. Este destaque é necessário porque conduz à urgência de os sistemas de ensino traçarem, de forma definitiva, "um novo direcionamento à profissionalização do magistério", com "a elevação da prática profissional docente, no sentido de regulamentá-la corporativamente", como assinalam Veiga e Araújo (1998: 53). Por que será que tantas profissões estão sob a égide de Conselhos Federais e de Conselhos Regionais e a profissão docente não?! Por que as atividades profissionais dos professores permanecem fora do escopo de ações sociopro-fissionais e desobrigadas da constituição ética e de marcos axiológicos sob a tutela de um Conselho Federal? Nóvoa (1991a: 120) registra que diferente-mente de outros grupos profissionais, "...os docentes não codificaram jamais, de maneira formal, um conjunto de regras deontológicas". Por esta razão, hoje mais do que nunca, porque no contexto da **sociedade do conhecimen-to**, "...convidar os profissionais da educação a discutir um norteamento ético para sua prática profissional é estar intervindo em uma dimensão importante de sua existência como profissionais. Pode-se caracterizar que é um convite a um enfrentamento de problemas que clamam por regulação" (VEIGA & ARAÚJO, 1998: 161).

§ 7º – [Vetado]

§ 8º – A Base Nacional Comum Curricular (BNCC) constitui o estuário de conhecimentos essenciais posto à disposição dos sistemas de ensino para a organização do currículo das escolas e, em consequência, encorpa o feixe de direitos e objetivos de aprendizagem assegurados aos alunos pelo Estado como oferta mínima obrigatória para a formação comum do cidadão brasileiro. É da BNCC que as competências e habilidades derivam via áreas de conhecimento e currículo formal, para potencializar e viabilizar os processos de aprendiza-gem focados nos eixos cognitivos.

A educação é uma imensa rota a caminho da utopia, enquanto as escolas são rotas derivadas em busca da utopia concreta. Por esta razão, os progra-mas educacionais vivem em ritmo contínuo de refundação, de reinvenção e de reorganização a partir dos componentes estruturantes do ensino formal regular: currículo, formação docente, gestão e avaliação continuada e sistêmica. Consequência: a construção do alinhamento teoria/prática da preparação inicial e continuada para o magistério não pode ser solta, improvisada, difusa, fluida, ou seja, tangida por uma dispersão de focos. Ao trabalho do professor precede a qualificação de professor. Trabalho que não quer dizer transformar-se em tarefeiro da sala de aula, mas pelo contrário, transcendentalmente, exprime a busca de ressignificar o "sentido imediato da vida e do mundo". Nesse sentido, opera com as especificidades do conhecimento. Sobretudo, das interações das linguagens, dos códigos, do sentido da cultura e da articulação dos significados culturais e sociais, dos enunciados históricos e temáticos e da função comunicativa no contexto de cada época. Contexto que vai objetivado em "sopros" do tempo presente, pela conjugação da diacronia/sincronia dos tempos, no alinhamento de presente, passado e futuro.

A dinâmica do fazer docente tem uma gradatividade própria imanente à condição de ser professor e enraizada em sua formação. Ao professor cabe mobilizar permanentemente as múltiplas potencialidades do aluno para, juntos, desenvolverem as competências de "conhecer, analisar, refletir e compreender conteúdos e critérios de seleção dos conteúdos, social e culturalmente construídos e embasados em escalas de valores em que se misturam conhecimentos fins e conhecimentos afins, de caráter existencial, econômico, social, histórico, sociológico, antropológico, psicológico, semiótico, científico e tecnológico, entre outros".

A Base Nacional Comum Curricular (BNCC) é território referencial obrigatório da atuação do professor, e como responsável pela(s) disciplina(s), a ele cabe balizar o conhecimento racional, técnico-científico e sensível-cognitivo por meio do ensino regular e da educação escolar. Referência obrigatória desta educação, é a partir da BNCC/Currículo que o professor elabora o seu planejamento na moldura do Projeto Pedagógico Escolar. A BNCC é fonte permanente de drenagem do currículo e, nesta perspectiva, contribui para o professor continuamente pensar os planos de aula e pensar-se dentro deles. Como território de regulação pedagógica dos sistemas de ensino e de balizamento das aprendizagens, ele funciona como um lastro referencial de parâmetros para a formação do professor que deve estar focado sempre nas necessidades de aprendizagem dos alunos e na necessidade de **desencaixar** o currículo, dando-lhe a condição de estatuto de emancipação do aluno.

O professor não é um especialista em conhecimentos gerais, até porque este conceito é paradoxal. A BNCC assume a função de eixo de referência inafastável dos currículos dos cursos de formação docente. Este parágrafo acrescido à LDB pela Lei 13.415/2017 deverá produzir enormes consequências na estrutura e organização dos Cursos de Licenciatura, de Graduação Plena, incluindo as formações em Pedagogia, com repercussão direta na forma de os professores se qualificarem para atuar na Educação Básica. Trata-se de matéria com responsabilidade de regulamentação pelo Conselho Nacional de Educação/CNE. Qualquer que seja o direcionamento que o eixo BNCC/Formação Docente tomar para efeito de regulamentação, questões polêmicas, sob o ponto de vista educacional, epistemológico, político e pragmático, serão inevitáveis, com destaque para: a) O professor como ator no centro das pesquisas sobre o ensino e a escola e na centralidade das decisões pedagógicas. Tardif (2014: 229) denomina este enfoque de "reposicionamento da subjetividade do professor"; b) O reposicionamento das relações entre teoria e prática, como repercussão direta no saber e no saber-fazer específico do ofício do professor; c) O professor como condutor de uma prática, que é também fonte de produção de conhecimentos; d) A ressignificação dos territórios das disciplinas e seus desdobramentos nas metodologias de ensino; e, por fim e) O balizamento dos territórios de competência e de atuação docente, envolvendo condições de trabalho, carreira docente e expectativas profissionais. Em síntese, a BNCC passará a ter um poder de irradiação contagiante em todo o percurso de formação docente, com desdobramentos no processo de rotinização profissional (Giddens, 1987), conceito que encorpa a associação entre os saberes, o tempo e o trabalho, expressão complexa e unitária para se compreender a vida na sala de aula e o labor complexo do professor (Tardif, 2014: 101).

Dada a relevância do tema FORMAÇÃO INICIAL DE PROFESSORES PARA A EDUCAÇÃO BÁSICA E A BNCC, o CNE exarou a Resolução CNE/CP nº 2, de 30/08/2022:

Art. 1º Fica adicionado 2 (dois) anos ao prazo de implantação das Diretrizes Curriculares Nacionais para a Formação Inicial de Professores para a Educação Básica a que se refere a Resolução CNE/CP nº 2, de 20 de dezembro de 2019.

Art. 2º O caput do artigo 27 da Resolução CNE/CP nº 2/2019 passa a ter a seguinte redação:

Art. 27 Fica fixado o prazo limite de até 4 (quatro) anos, a partir da publicação desta Resolução, para a implantação, por parte das Instituições de Ensino Superior (IES), das Diretrizes Curriculares Nacionais para a

Formação Inicial de Professores para a Educação Básica e da BNC-Formação, definidas e instituídas pela presente Resolução.

Art. 3º Esta Resolução entrará em vigor na data de 8 de setembro de 2022. (MARIA HELENA GUIMARÃES DE CASTRO).

Art. 62-A – A formação dos profissionais a que se refere o inc. III do art. 61 far-se-á por meio de cursos de conteúdo técnico-pedagógico, em nível médio ou superior, incluindo habilitações tecnológicas. (Artigo acrescido pela Lei 12.796, de 04/04/2013)

Parágrafo único. Garantir-se-á formação continuada para os profissionais a que se refere o *caput*, no local de trabalho ou em instituições de educação básica e superior, incluindo cursos de educação profissional, cursos superiores de graduação plena ou tecnológicos e de pós-graduação.

Art. 62-A – Este artigo parece invasivo, para não dizer intruso, no corpo da LDB. Possui conteúdo dúbio e desnecessário em uma Lei da Educação Nacional que, por definição, deve ser clara, específica e de fácil compreensão e aplicação. A referência do artigo em análise é o inc. III do art. 61 cujo foco está na expressão *trabalhadores em educação*. Trata-se de expressão de sentido disperso (ou confuso?), elástico no entendimento e, sobretudo, de forte conteúdo ideológico-sindical. Em sua circunscrição de abrangência tanto pode estar o professor como outros ensinantes não profissionais e profissionais não ensinantes, desde que **envolvidos** com a escola e **contingenciados** como trabalhadores em educação. A formação pode ser de nível técnico ou superior, incluindo habilitações tecnológicas, *em área pedagógica ou afim*, ou seja, à formação específica no campo da educação agrega-se a *afinidade* de campo de formação profissional. E os trabalhadores em educação se multiplicam de forma ilimitada, mesmo que a LDB discipline a educação escolar como aquela que se desenvolve, predominantemente, *por meio do ensino*, em instituições próprias (art. 1º, § 1º)!

Na verdade, percebe-se uma similitude, mas não uma igualdade de destinatários entre os inc. II e III do art. 61 referenciado. O inc. II fala em *trabalhadores em educação portadores de diploma de Pedagogia...* enquanto o inc. III refere-se a *trabalhadores em educação, portadores de diploma de curso técnico ou superior **em área pedagógica ou afim*** [grifo nosso]. A diferença entre as duas formulações é agudamente conceitual e executiva. No caso do inc. III, há um elemento de agregação embutido, com o crescimento horizontal pela inclusão desmedida de destinatários. É sob esse pano de fundo que cabe analisar o encaminhamento do art. 62-A. Analisar sob o influxo do princípio da legalidade que se manifesta "[...] em uma relação de compatibilidade expressa na exigência de não contradição à legislação e na exigência de não contrariedade da lei (EISENMANN, 1954: 49, apud RANIERI). Nesta mesma perspectiva, observa, ainda, Ranieri (2000: 167) que "Para o Direito, a imprecisão terminológica não sedimentada da Lei 9.394/1996 – a LDB – (e, de resto, do chamado Direito Educacional), prejudica a interpretação segura e objetiva de suas normas". Como é sabido, o fator normativo de poder tem a ver com o poder de violência simbólica. Para Ferraz Jr. (1954: 258), "um símbolo é ambíguo quando é possível usá-lo para um campo de referência com manifestações de qualidade diversas".

Do exposto, pode-se inferir que a formação dos profissionais, definidos no inc. III do art. 61, *portadores de diploma de curso técnico ou superior em* ***área pedagógica ou afim*** [grifo nosso], hospeda ambiguidade conceitual e operativa, sobretudo pela impossibilidade concreta de precisar quais os limites a considerar para a circunscrição semântica de **área afim** à pedagogia. Esta imprecisão, plantada normativamente no art. 62-A da LDB, já produziu eco no Plano Nacional de Educação, em cuja Meta 18, Estratégia 18.4, encontra--se a seguinte formulação:

18.4 – Fomentar a oferta de cursos técnicos de nível médio destinados à formação de funcionários de escola para as áreas de administração escolar, multimeios e manutenção da infraestrutura escolar, inclusive para alimentação escolar, sem prejuízo de outras.

Área afim e... **sem prejuízo de outras** são expressões gêmeas e convergentemente destinatárias de muita gente, para não dizer de quase todos!

Esta elasticidade semântico-legal da expressão **profissionais da educação**, permitindo uma indiferenciação com o conceito de **trabalhadores em educação** com formação em área indefinida, tem contribuído crescentemente para "uma coabitação com os processos de proletarização, pelas más condições salariais e de trabalho", exigindo que "a categoria repense princípios que transitam, contraditoriamente, no cotidiano do semiprofissional..." Na verdade, a grande luta deve ser para "consolidar o caráter profissional da função educativa" (VEIGA; SOUSA; RESENDE & DAMIS, 1997: 103).

É verdade que a Constituição Federal, no art. 206, par. único, diz que *a lei disporá sobre as categorias de trabalhadores considerados profissionais da educação básica* e que, em decorrência, a LDB, no art. 61 e incisos, faz esta discriminação por via da tipificação do diploma. Cria-se, por toda parte, um enorme paradoxo. Quanto mais aumenta o número de *trabalhadores da educação*, mais diminui o número de *professores*, comparativamente ao tamanho da demanda. Na verdade, ao considerar como trabalhadores em educação professores ou não, o alcance do legislador é precisamente configurar uma "força de trabalho". Estabelece-se um estratégico desfronteiramento semântico entre profissionais da educação, trabalhadores em educação e professores. Esta ambiguidade da legislação contribui para desfigurar, ainda mais, o perfil de formação, qualificação especializada e atuação do professor, com prejuízos evidentes para um profissional que já vê esmaecido seu prestígio na sociedade pelos baixos salários que lhe são atribuídos e pelas estreitas possibilidades de ascensão profissional e social. Monlevade (2000) realça este aspecto, frisando que "[...] apesar do salário, por si só, não ser determinante da valorização do professor, ele expressa, simboliza, manifesta um grau de valorização e o sustenta materialmente". Não é por acaso que as inscrições para o vestibular têm declinado na última década exatamente na área da demanda de cursos para o magistério. Isto não significa um enfraquecimento da escola como instituição social, mas um esmaecimento da imagem do professor como ator social. Monlevade (2000), autor referenciado anteriormente, posiciona o poder escolar assim: "[...] a democratização da sociedade e da escola exigem outro enfoque, o da construção dos processos decisórios que lentamente estão constituindo um novo poder, *o poder escolar*" (2000, grifo do autor). Professores e outros profissionais da educação, produtores de conhecimentos e práticas pedagógicas adequadas, nutrem este poder em seu cotidiano; na verdade, "[...] criar argumentos técnicos e pedagógicos de outros lugares é o desafio da escola e também o seu poder" (EGGERT, 2007: 48).

Por oportuno, vale lembrar que o conhecimento técnico-pedagógico não é o conhecimento instrumental, mecânico, repetitivo e despossuído de inteligência emocional. Pelo contrário, é o conhecimento que ressignifica o cotidiano em sua expressão mais viva: o trabalho, a atividade profissional. No interior deste processo, produz rotas para reinventar a educação e para recriar a sala de aula mediante "o resgate do espírito por formas culturais *autênticas*, necessárias para a resistência à barbárie" (SODRÉ, 2012: 65). Esta trilha supõe processos de formação descolonizantes e, sobretudo, orientados para percursos de formação desfocados e desligados de "[...] uma ambígua e adestradora concepção de educação" (ARROYO, 2000: 51).

Parágrafo único – Os *trabalhadores em educação* alcançados pelo art. 62 A e referidos no inc. III do art. 61 tem assegurado em lei sua formação continuada, o que supõe o acesso a instituições de diferentes níveis (de Ensino Superior ou não), conforme o caso. Admite-se, outrossim, o processo de formação continuada no próprio ambiente de trabalho, sob a forma de capacitação em serviço e como modalidade de valorização da própria experiência laboral. A adoção de metodologias alternativas de formação e requalificação profissional é um mecanismo importante para ressignificar as práticas de trabalho e inovar no campo da sistematização de conhecimentos anteriormente adquiridos. Como disse Serwood Anderson (1876-1941), "o objetivo fundamental da educação é [...] desenvolver a mente, torná-la funcional". O ambiente de trabalho pode ser transformado em laboratório de aperfeiçoamento do exercício profissional e, portanto, de aprendizagem continuada, desde que conte com o acompanhamento e supervisão de professores e de profissionais experientes, com competência e conhecimento comprovados na área objeto de capacitação. O trabalho em si já constitui um eixo de processo cultural e de procedimentos laborais em ritmo de aperfeiçoamento. Talvez, por isto, Galileu Galilei (1564-1642) observava que "não se pode ensinar nada a um homem; você pode apenas ajudá-lo a encontrar aquilo dentro de si mesmo".

A formação continuada, *no local de trabalho*, pode se transformar em experiência extremamente enriquecedora pela oportunidade de se proporcionar uma interpenetração funcional entre teoria e prática, em uma dimensão processual. Na área educacional, sobretudo, há possibilidade de se instalarem mecanismos interessantes de evolução do quadro de competências dos profissionais envolvidos na dinâmica institucional. Neste horizonte, põem-se as duas **responsabilidades** gêmeas do zelo no serviço público: monitorar e avaliar. Lück chama a atenção para o processo de *monitorar*, definindo-o assim (2013: 26):

> *Monitorar significa olhar para detalhes e especificidades do processo educacional, de maneira a compreender o seu funcionamento e sua relação com seus resultados, a fim de garantir a maior efetividade das ações e aprender sobre quais as mais efetivas e quais as que menos contribuições promovem. Representa ter o olhar atento para as ações educacionais, de modo a garantir o ritmo, condições e métodos mais adequados à promoção de melhores e mais elevadas práticas e, em consequência, níveis mais elevados e complexos de aprendizagem dos alunos.*

A formação continuada, nutrida por múltiplas e ricas circunstâncias vivenciais e profissionais, apoia-se no eixo experiência e conhecimento plantados no cotidiano da educação docente. Como bem distingue Nicolo Di (2011: 17), *Experiência e conhecimento não representam a mesma coisa e não têm o mesmo significado. Os lugares ocupados pelos sujeitos e suas experiências, que "se refletem nas emoções, nas interpretações, nas aspirações, nos medos e nas ilusões", são o exemplo dessa diferenciação* (GHEDIN, 2005: 139). *Num momento pode--se buscar o significado de seus sentimentos e noutro tentar negá-los. Nesse sentido, destaca-se a importância do desenvolvimento de uma reflexão crítica do professor em relação ao seu cotidiano e às práticas que o permeiam. Ao conhecermos algo, e na medida em que nos tornamos próximos desse objeto, vamos paralelamente descortinando nosso próprio ser. Assim, conhecer implica também o autoconhecer* (FREIRE, 1999).

É oportuno ressaltar que os sistemas de ensino, via de regra, não dispõem de políticas definidas nem definitivas para o encaminhamento adequado da questão da formação continuada. O próprio conceito em si padece de imprecisão e a forma de operacionalizá-lo é oscilante e pouco construtiva profissionalmente falando. *"Por vezes, a expressão designa cursos formalizados, oferecidos na pós-graduação ou depois da entrada no mercado de trabalho e na modalidade em serviço; em outras, compreende diversas atividades que possam contribuir para o desempenho profissional"*, destaca Carlos (2011: 128).

O horizonte da formação continuada no local de trabalho ou em instituições de educação de diferentes níveis induz o professor a rever suas práticas e posições teóricas adotadas na posição proposta por Nóvoa: *Os professores têm de se assumir como produtores de sua profissão* (1995: 15), uma vez que *a formação não se constrói por acumulação (de cursos, de conhecimentos ou de técnicas), mas sim através de um trabalho de reflexividade crítica sobre as práticas e de (re) construção permanente de uma identidade pessoal* (1995: 25).

Art. 62-B – O acesso de professores das redes públicas de educação básica a cursos superiores de pedagogia e licenciatura será efetivado por meio de processo seletivo diferenciado. (Incluído pela Lei nº 13.478, de 2017)

§ 1º Terão direito de pleitear o acesso previsto no caput deste artigo os professores das redes públicas municipais, estaduais e federal que ingressaram por concurso público, tenham pelo menos três anos de exercício da profissão e não sejam portadores de diploma de graduação. (Incluído pela Lei nº 13.478, de 2017)

§ 2º As instituições de ensino responsáveis pela oferta de cursos de pedagogia e outras licenciaturas definirão critérios adicionais de seleção sempre que acorrerem aos certames interessados em número superior ao de vagas disponíveis para os respectivos cursos. (Incluído pela Lei nº 13.478, de 2017)

§ 3º Sem prejuízo dos concursos seletivos a serem definidos em regulamento pelas universidades, terão prioridade de ingresso os professores que optarem por cursos de licenciatura em matemática, física, química, biologia e língua portuguesa. (Incluído pela Lei nº 13.478, de 2017)

Art. 62-B – Este artigo tem um conteúdo altamente promissor: reconhecer a importância da adoção pelas instituições formadoras de processo seletivo diferenciado para o acesso de professores das redes privadas de educação básica a cursos superiores. Isto não representa um afrouxamento do nível de exigências, mas o reconhecimento da necessidade de um olhar específico e valorativo aos candidatos às atividades inerentes ao **fazer educação** e ao **fazer escola.** Trata-se de profissionais da educação que, embora em pleno exercício profissional, não possuem formação em nível adequado para um desempenho teórico-conceitual correspondente à complexidade dos desafios da sala de aula. Por isso, a solução reside precisamente em **mais formação, maior qualificação e em superior domínio** do campo do conhecimento em que atuam. Os cursos superiores de pedagogia e as licenciaturas por área de conhecimento e por campo disciplinar vão oferecer e, tão importante quanto, vão integrar duas dimensões essenciais da docência de elevado padrão: o conteúdo e o respectivo domínio metodológico do ensino da(s) disciplina(s). Sem esta condição, ficará impossível, ao professor, atender ao foco de formação do aluno centrado no direito e objetivo de aprendizagem e desenvolvimento, como estabelecido na BNCC. Sem formação inicial, não haverá formação continuada adequada: faltarão, a cada professor, conceitos básicos, vocabulário técnico-científico apropriado e restarão dificuldades para traduzir, de forma adequada, as propostas inovadoras encorpadas em práticas de ensino, que ensejem o ideal do "aprender a aprender".

§ 1º – A postulação por parte de professores de enfrentamento de um processo seletivo diferenciado requer a coexistência de três condições:

1) Professores que ingressem, na respectiva rede de ensino, por concurso público;

2) Tenham um tempo de exercício profissional de, pelo menos, três anos;

3) Não sejam, ainda, docentes portadores de diploma de graduação.

Este contexto de condicionalidades vai, certamente, contribuir para "o desenvolvimento de processos formativos reconceituados do professor".

§ 2º – As instituições formadoras, no campo das licenciaturas, devem desenvolver e adotar critérios específicos de seleção, na hipótese de existência de demanda dos interessados em números que ultrapassa o (número) de vagas disponíveis para os cursos procurados. Destaque-se que os Cursos de Pedagogia estão posicionados entre os 10 maiores cursos de graduação, por modalidade e rede de ensino, como podemos ver.

Os 10 maiores cursos de graduação, por modalidade e rede de ensino – Brasil 2021.

Rede Federal

Cursos presenciais

Nome da Área do Curso - Cine Brasil	Número de Matrículas	Frequência %	Frequência acumulada %
Administração	47.174	3,7	3,7
Pedagogia	44.490	3,5	7,1
Direito	42.099	3,3	10,4
Medicina	41.297	3,2	13,6
Agronomia	39.211	3,0	16,6
Engenharia civil	37.215	2,9	19,5
Sistemas de informação	30.702	2,4	21,9
Biologia formação de professor	30.258	2,3	24,2
Engenharia elétrica	28.951	2,2	26,5
Matemática formação de professor	28.597	2,2	28,7

Cursos a Distância

Nome da Área do Curso - Cine Brasil	Número de Matrículas	Frequência %	Frequência acumulada %
Pedagogia	12.852	15,7	15,7
Matemática formação de professor	8.500	10,4	26,1
Letras português formação de professor	7.302	8,9	35,0
Administração	6.700	8,2	43,2
Administração pública	6.681	8,2	51,4
Biologia formação de professor	4.116	5,0	56,4
Computação formação de professor	2.658	3,2	59,6
Engenharia de produção	2.625	3,2	62,9
Física formação de professor	2.536	3,1	66,0
Química formação de professor	2.348	2,9	68,8

Fonte: Inep/Censo Escolar 2021.

Rede Privada

Cursos presenciais

Nome da Área do Curso - Cine Brasil	Número de Matrículas	Frequência %	Frequência acumulada %
Direito	616.980	18,3	18,3
Psicologia	261.818	7,8	26,1
Enfermagem	243.562	7,2	33,4
Administração	195.741	5,8	39,2
Medicina	158.017	4,7	43,9
Fisioterapia	136.483	4,1	47,9
Odontologia	125.363	3,7	51,7
Engenharia civil	117.961	3,5	55,2
Farmácia	105.072	3,1	58,3
Pedagogia	103.393	3,1	61,4

Cursos a Distância

Nome da Área do Curso - Cine Brasil	Número de Matrículas	Frequência %	Frequência acumulada %
Pedagogia	557.273	15,7	15,7
Administração	341.139	9,6	25,3
Contabilidade	193.181	5,5	30,8
Gestão de pessoas	170.469	4,8	35,6
Educação física	146.492	4,1	39,7
Sistemas de informação	128.865	3,6	43,4
Enfermagem	108.249	3,1	46,4
Serviço social	103.907	2,9	49,4
Logística	95.968	2,7	52,1
Marketing	74.207	2,1	54,2

Fonte: Inep/Censo Escolar 2021.

§ 3º – O estabelecimento de prioridade para efeito de ingresso, nos cursos de Licenciatura em Matemática, Química, Biologia e Língua Portuguesa atende a urgência de ampliação de número de docentes qualificados, com formação em nível superior. Por diferentes razões, os alunos não se sentem suficientemente atraídos por estas áreas, ao menos, no sentido de se tornarem professores, uma vez que se trata de conteúdos exigidos por outras ocupações de maior prestígio social, e, assim, se direcionam para elas.

Art. 63 – Os institutos superiores de educação manterão:

I – cursos formadores de profissionais para a educação básica, inclusive o curso normal superior, destinado à formação de docentes para a Educação Infantil e para as primeiras séries do Ensino Fundamental;

II – programas de formação pedagógica para portadores de diplomas de educação superior que queiram se dedicar à educação básica;

III – programas de educação continuada para os profissionais de educação dos diversos níveis.

Art. 63 – Os Institutos Superiores de Educação (ISE) surgem no Brasil sob a inspiração dos Institutos Universitários de Formação de Professores (IUFM) da França. No bojo da ideia transplantada, veio, também, o Curso Normal Superior, extinto em 2006, com atribuições legais de finalidades transferidas para o Curso de Pedagogia.

Os ISE podem exercer um papel relevante na oferta de programas de educação continuada para profissionais de diferentes níveis. Espera-se que esta abertura motive as faculdades de Educação a desenvolverem mecanismos mais ágeis de introdução da educação continuada em seus programas regulares. Em contextos de mudanças conceituais agudas, LDB diversifica a tipologia de instituições responsáveis pela formação docente. Desta forma, além das universidade e outras IES, chegam os ISE. Instituições de concepção nova, o que poderá significar uma via alternativa muito interessante para o desenvolvimento de processos formativos reconceituados do professor. Poderão complementar e ampliar a tarefa das faculdades de Educação. Quem sabe não se criará entre ambas as possibilidades uma emulação germinativa da qual resultarão, enfim, linhas formativas mais claras, mais consentâneas com as necessidades plurais do país.

Para efeito da conformidade de seus quadros e assentamento de objetivos, os Institutos Superiores de Educação, de caráter profissional, devem observar a articulação entre teoria e prática, a articulação entre áreas de conhecimento ou disciplinas, o aproveitamento da formação e experiências anteriores em instituições de ensino e na prática profissional e, por fim, abertura para a diversidade cultural e para as mudanças do mundo contemporâneo.

> **I** – Os ISE, instituições de caráter profissional, objetivam a formação inicial, continuada e complementar para o magistério da educação básica. Os cursos oferecidos podem ser:

a) Cursos de Licenciatura: destinam-se à formação de professores da Educação Infantil, do Ensino Fundamental e do Ensino Médio (educação básica);

b) Programas de formação continuada: destinam-se à atualização profissional de docentes da educação básica.

c) Programas de formação pedagógica: destinam-se a portadores de diploma de curso superior. A lei abre uma importante perspectiva para a formação docente de profissionais de áreas diversas, que desejem se tornar professores da educação básica. Esta alternativa deverá enriquecer, grandemente, o novo perfil do professor.

d) Programas especiais de formação pedagógica: destinam-se a portadores de diploma de nível superior que queiram ensinar nas séries finais do Ensino Fundamental, no Ensino Médio ou na educação profissional de nível técnico. Neste caso, os programas devem ser voltados para determinadas disciplinas ou áreas de conhecimento.

e) Formação pós-graduada: destina-se a portadores de diploma de graduação que desejem atuar na educação básica. Neste caso, a formação aludida tem caráter profissional e sua principal destinação é preparar os profissionais da educação em geral, em nível mais avançados de qualificação.

> II e III – Os programas especiais de formação definidos pelo Parecer 4/1997, do CNE, e posteriormente reposicionadas pelo Parecer CNE/CP 119/1999, e pela Resolução CNE/CP 2/2015, têm as seguintes características: i) Têm caráter emergencial. Por isso são tratados como *programas* e não *cursos*; ii) Destinam-se a portadores de diploma de nível superior; iii) Devem ser oferecidos no âmbito de cursos que tenham direta vinculação com a habilitação pretendida; iv) Cabe à instituição verificar a compatibilidade entre a formação do candidato e a disciplina objeto da pretendida habilitação; v (A organização curricular deve-se articular em três eixos estruturantes: a) **núcleo contextual**: relação escola (concepção interna) com o seu entorno (comunidade e teias de significação), visando a uma ampla compreensão do processo em que se assenta a prática pedagógica; b) **núcleo estrutural**: articulação dos conteúdos, adequação dos métodos e pertinência dos processos de avaliação; c) **núcleo integrador**: montagem de projetos multidisciplinares centrados na realidade questionante da prática de ensino; vi) O programa deve ter duração mínima de 540 horas, com a parte prática compreendendo, pelo menos, 300 horas; vii) A parte prática deve ser desenvolvida em escolas que ministrem educação básica; viii) E, por fim, os concluintes dos programas especiais de formação pedagógica receberão certificado e registro profissional equivalentes à licenciatura plena.

A organização dos institutos superiores pode assumir formatos diversos, como:

a) Instituto Superior de Educação, isolado como ocorre com as faculdades.

b) Escola superior, como unidade de um centro universitário ou de uma universidade.

c) Coordenação centralizada de cursos ministrados em unidades diferentes de uma mesma instituição.

Aqui se impõe um registro especial: diversificar as rotas de formação dos professores da Educação Infantil é fundamental.

A coordenação geral de Educação Infantil da Secretaria de Educação Fundamental do MEC vem desenvolvendo um grande esforço junto a especialistas de renome, profissionais dos sistemas de ensino, agências de formação e representantes dos Conselhos de Educação, no sentido de uma definição clara da formação profissional para a Educação Infantil. Esta formação deve ter dois focos de clientes principais: docentes que se encontram em atividade, mas sem a devida qualificação; no país, são em torno de 19%, sendo que, em algumas regiões, este percentual se eleva para um terço; e, ainda, docentes que vão trabalhar na rede de Educação Infantil. Recentemente, foi assinado Protocolo, envolvendo os Ministérios da Educação, do Trabalho e da Previdência, para implementação de uma ação convergente destas instâncias voltadas para acelerar alternativas de solução para a questão do professor da pré-escola. Nesse sentido, igualmente, vem-se realizando encontros com os Conselhos de Educação que, como órgãos normativos dos sistemas de ensino, têm a responsabilidade de produzir normas legais pertinentes. Esta é uma velha e sempre atual questão. Já, em 1996, realizaram-se, no Brasil, o 2º Simpósio Nacional e o 4º Simpósio Latino-Americano de Educação Infantil, com uma agenda fortemente marcada pelas preocupações da formação do professor para as crianças de 0 a 6 anos.

Documento do Ministério da Educação, contendo a Política Nacional de Educação Infantil, reconhece que a expansão da rede, "sem os investimentos técnicos e financeiros necessários por parte do Estado e da sociedade, acarretou, em termos globais, uma significativa deterioração na qualidade do atendimento, especialmente na creche [...]. Particularmente grave é a desvalorização e a falta de formação específica dos profissionais que atuam na área, especialmente na creche". As agências formadoras devem observar as questões-desafio da Educação Infantil nas Redes Públicas Municipais, como forma de prepararem mais adequadamente os professores e equipes técnicas. Estas questões são:

1) Estudos tematizados de diferentes aspectos de operacionalidade da Educação Infantil, que envolvam enfoques múltiplos;

2) Definição de uma gama de insumos estruturantes desta escola, a começar da funcionalidade de suas instalações físicas;

3) Definição de um projeto sócio-pedagógico-comunitário adequado, incluindo a participação das famílias;

4) Capacitação inicial e continuada dos professores;

5) Articulação das áreas de Educação/Saúde, visando assegurar o desenvolvimento biopsíquico e cognitivo adequado das crianças;

6) Desenvolvimento de mecanismos de avaliação da rede de creches e pré-escolas e dos processos de ensino-aprendizagem capazes de assegurar um alto padrão de qualidade no seu funcionamento.

Neste particular, pode-se dizer que a formação docente para creches e pré-escolas não tem merecido a esperada atenção por parte dos poderes públicos e das próprias comunidades. O resultado é que, com limitadas exceções, a Educação Infantil no Brasil vive entregue ao seu próprio destino, com raros mecanismos de acompanhamento da qualidade dos serviços educacionais oferecidos. Um número significativo dos que trabalham na Educação Infantil sequer completou o ciclo da educação básica. Este tema já foi tratado na análise do art. 4, inc. I e II, art. 29 e 30.

A formação de docentes para a Educação Infantil e para as quatro primeiras séries do Ensino Fundamental, através do Ensino Médio, na modalidade normal, constitui, ainda, necessidade de interesse social relevante. As dimensões do país e suas desigualdades abissais requerem que tal formação perdure ainda por algum tempo, seja porque faltam formadores para níveis mais avançados de oferta de programas para esta área de qualificação, seja porque, nas regiões mais remotas, esta oferta é capaz de gerar respostas mais rápidas e objetivas ao tipo de demanda existente.

Em outras palavras, embora os instrumentos normativos que disciplinam a formação de professores da educação básica estejam submetidos a processos de grandes mudanças, a formação mínima para atuação regular na escola de Educação Infantil e nas quatro primeiras séries do Ensino Fundamental, através da modalidade normal, continua, ainda, com espaço e prestígio nas pequenas cidades do país. É forçoso reconhecer, porém, a insuficiência desta formação, sobretudo para um professor e para um aluno contemporâneo da sociedade do conhecimento. Há vários anos, Tedesco (1998) já chamava atenção para as limitações de uma formação aligeirada do professor que, na sala de aula, não se sentirá capaz de responder aos enormes desafios da sociedade em rede. E indaga: Como poderá ele administrar as incertezas e contradições da prática social de educar hoje?

Infelizmente a legislação brasileira disciplinadora da formação de docentes para a educação básica é extensa, complicada e contraditória, para não dizer confusa. As questões envolvem problemas de interpretação, de discussão de entendimento de conceitos e de procedimentos. Por isso, são multiplicadas as consultas oriundas de instituições formadoras e de sistemas de ensino. As próprias instituições formadoras adotam currículos de formação totalmente diferentes e, muitas vezes, voltados para horizontes completamente distintos. Este problema ganha maior relevância quando comparamos os currículos de formação das instituições públicas com os das instituições privadas. Não se trata de ser melhor ou pior, senão da diferença abissal entre ambas, como se estivessem olhando para sociedades diferentes. Em complementaridade às políticas e iniciativas de formação docente, em 2009, o governo lançou o Plano Nacional de Formação de Professores da Educação Básica (Parfor) com o seguinte objetivo: graduar exclusivamente professores em exercício de docência nas redes públicas estaduais e municipais. Para tanto, os professores podem usar a Plataforma Freire para suas inscrições em instituições públicas de educação superior. O Parfor se destina a três tipos de perfis docentes: a) Professores que buscam a primeira licenciatura; b) Professores com licenciatura, porém que estejam ensinando em área diversa de sua formação (segunda licenciatura); e, por fim, c) Bacharéis que precisam de estudos complementares, via formação pedagógica, a fim de regularizarem sua condição docente. Uma rede de instituições federais e estaduais, a Universidade Aberta do Brasil (UAB), que, com mais de 500 polos, opera sob a coordenação da Capes. O Parfor caminha para sua atualização através de um novo programa já anunciado pela Capes e que funcionará sob a denominação de Programa de Formação Inicial e Continuada para Professores de Educação Básica (Profic). Mudarão os currículos dos cursos e terá como centralidade a formação de professores que estão em sala de aula. Inicialmente, o Profic oferecerá quatro especializações: Educação Infantil, Alfabetização, Português e Matemática. No futuro, outras áreas serão alcançadas. As instituições de educação superior que, atualmente, integram o Parfor, deverão apresentar novas propostas, uma vez que o Parfor continua vigente somente até a conclusão da última turma, e não haverá novas turmas.

Art. 64 – A formação de profissionais de educação para administração, planejamento, inspeção, supervisão e orientação educacional para a educação básica será feita em cursos de graduação em pedagogia ou em nível de pós--graduação, a critério da instituição de ensino, garantida, nesta formação, a base comum nacional.

Art. 64 – Como já apontado nos comentários do art. 63, as antigas habilitações do Curso de Pedagogia foram postas em regime de extinção em decorrência da Resolução, CNE/CP 1/2006. O texto normativo é esclarecido pelo setor competente do MEC, da seguinte forma:

O Diretor do Departamento do Ensino Superior, no uso de suas atribuições legais, esclarece:

1) Tendo em vista o disposto na Resolução CNE/CP 1/2006, as Instituições de Ensino Superior (IES) terão o prazo de (1) um ano, contado a partir da data de publicação da citada Resolução (16/05/2006), para adaptarem os projetos pedagógicos dos cursos de Pedagogia (licenciatura e bacharelado) e Normal Superior às novas Diretrizes Curriculares.

2) Para as Instituições que possuem curso de Pedagogia com uma ou mais habilitações, deverá ser elaborado novo projeto pedagógico a partir das diretrizes curriculares nacionais de formação comum para a docência na educação básica, contemplando áreas ou modalidades de ensino que proporcionem aprofundamento de estudos, inclusive na formação para administração, planejamento, inspeção, supervisão e orientação educacional para a educação básica. Dependendo das necessidades e interesses locais e regionais, poderão ser objeto de maior aprofundamento questões que devem estar presentes na formação geral, tais como: educação de pessoas com necessidades educacionais especiais, educação indígena, educação do campo, educação de pessoas jovens e adultas, entre outras. O aprofundamento em uma dessas áreas ou modalidades de ensino específico será comprovado, para os devidos fins, pelo histórico escolar do egresso, não configurando de forma alguma uma habilitação.

3) Dessa forma, as habilitações do Curso de Pedagogia, atualmente existentes, entrarão em regime de extinção a partir do período letivo subsequente à publicação da Resolução CNE/CP 1/2006. O novo projeto do Curso de Pedagogia, licenciatura, será objeto de avaliação no processo de reconhecimento ou de renovação de reconhecimento.

DEPARTAMENTO DE SUPERVISÃO DO ENSINO SUPERIOR
Despacho do Diretor
Em 6 de julho de 2016

No Brasil, o que houve, de fato, foi um exagero em termos de exacerbação dos componentes ideológicos nos cursos de Pedagogia. É curioso observar que, enquanto no conjunto das relações humanas sequenciadas e dos empreendimentos sociais, as atividades de planejamento, inspeção, supervisão e orientação foram ganhando maior consistência e envergadura, no campo da educação a formação profissional foi-se apequenando com nítido prejuízo para a escola enquanto organização e para o aluno enquanto sujeito em formação. Os segmentos sindicais fortemente partidarizados no interior das escolas se rebelaram contra as habilitações dos cursos de Pedagogia. Em lugar delas, predomina o vazio, remetendo-se para a pós-graduação em uma eventual formação. Só que no Brasil há milhões de alunos nas escolas de educação básica esperando estes profissionais. A gravidade da questão é tanto maior quando se sabe que o aluno de hoje traz para a escola múltiplos problemas, gestados pelo violento e assombroso processo de desagregação e desafetividade sociais e que, no passado, mais tênues e fluidos do que hoje, eram resolvidos na própria família. Ainda, vale lembrar que o núcleo familiar era mais sólido e mais agregador. A ausência destes profissionais tem sido atenuada pela presença da nova figura do psicopedagogo, profissional importante na escola, porém que trabalha só no circuito de problemas adstritos a situações individuais/pessoais, ficando aquelas hospedadas no âmbito das condutas e procedimentos coletivos ao desabrigo. Assim, as áreas de planejamento, inspeção, supervisão e orientação educacional não desaparecem enquanto **espaços de demanda** dentro das escolas. Na verdade, o perfil das necessidades a que correspondem estes cargos ou funções foi ampliado e diversificado. Mudou a formação em Pedagogia, com estas habilitações remetidas a programas de especialização. Nesse sentido, o Parecer CES/CNE 101/2002 esclarece que a qualificação requerida dos profissionais que dão apoio pedagógico à docência não se restringe a profissionais egressos de cursos de Pedagogia ou de pós-graduação na área de Educação, e acrescenta que cabe aos sistemas de ensino fixar requisitos para titulares de seus quadros técnicos em decorrência do princípio legal da autonomia.

Art. 65 – A formação docente, exceto para a educação superior, incluirá prática de ensino de, no mínimo, trezentas horas.

Art. 65 – Aqui está posta uma das questões cruciais da formação do professor para atuar na educação básica. Dada a relevância do tema, faz-se necessário viajar um pouco mais extensivamente sobre a legislação que disciplina a matéria.

O Parecer e Resolução CNE/CP 2/2015 delimitou a duração e a carga horária mínima destinada à formação de professores da educação básica em nível superior, curso de licenciatura, de graduação plena, nos termos do art. 62 desta lei. A distribuição das horas totais do curso é a seguinte:

Carga horária total mínima:	3.200h
Tempo mínimo de duração:	4 anos
Dias letivos mínimos por ano:	200 dias
Horas reservadas para conteúdos curriculares de natureza acadêmico-científico-cultural:	2.200h
Horas reservadas à prática como componente curricular:	400h
Estágio curricular supervisionado:	400h
Horas para utilizar em outras formas de atividades acadêmico-científico-culturais de interesse dos alunos:	200h

De acordo com a Resolução CNE/CP n. 2/2015, a prática de ensino não pode estar desconectada do restante do curso, reduzida, portanto, a um espaço restrito, configurando-se como estágio isolado. Pelo contrário, valorizada desde o início do curso, a prática deverá permear todo o itinerário formativo do professor, ou seja, deverá estar integrada a todas as disciplinas que formam a matriz curricular do curso e não somente às disciplinas pedagógicas como acontece via de regra. O horizonte é o de uma abordagem interdisciplinar da prática de ensino, assegurando-lhe um encaixe abrangente na moldura do ambiente educacional/contexto escolar e contribuindo, assim, para "a formação da identidade do professor como educador".

Tradicionalmente, o estágio nos cursos de formação de professores é tratado como atividade com nível frouxo de exigência. Nela, o aluno não é exigido a reorganizar e ressignificar a teoria, perdendo, portanto, a oportunidade de perceber cientificamente as formas de captar os constituintes da identidade profissional do professor e de capturar os saberes docentes indispensáveis a mobilizar na escola concreta.

A prática de ensino é o elemento essencial do curso de formação docente para estabelecer a fronteira epistemológica entre o bacharelado e a licenciatura. Por meio dela se constrói o eixo articulador do conjunto de disciplinas responsáveis pelo projeto emancipatório de formação profissional. Diz a resolução anteriormente referida que "o estágio curricular supervisionado é componente obrigatório da organização curricular das licenciaturas, sendo uma atividade específica intrinsecamente articulada com a prática e com as demais atividades de trabalho acadêmico" (art. 15, § 6º). Estas incluem ajustes no planejamento, acompanhamento do Projeto Pedagógico Escolar e demais incumbências do art. 13 da LDB.

Art. 66 – A preparação para o exercício do magistério superior far-se-á em nível de pós-graduação, prioritariamente em programas de mestrado e doutorado.

Parágrafo único. O notório saber, reconhecido por universidade com curso de doutorado em área afim, poderá suprir a exigência de título acadêmico.

Art. 66 – As funções da educação superior já foram abordadas nos comentários ao art. 43. Para o desempenho destas funções exigem-se quadros docentes altamente qualificados, pois no ensino universitário lida-se com ciências e consciência social. Aqui, o processo de aprendizagem é essencialmente de recriação do conhecimento complexo. Ora, tal somente se alcançará com adequadas concepções teóricas, com adequada instrumentação metodológica e técnica, com o apoio de estudos e de pesquisas e com recursos pertinentes de avaliação. Tudo isto poderá ser alcançado em programas de pós-graduação, através de um processo cumulativo de adensamento de aprendizagem e de construção de conhecimento avançado.

Com funções múltiplas e convergentes, e sob o influxo da multiplicidade dos campos científicos e da pluralidade de concepções, as universidades funcionam conduzidas pela força do pensamento científico de seus professores e pesquisadores a quem cabe produzir continuamente conhecimento renovado cada vez mais requisitado pela sociedade e pelas forças produtivas. Dias Sobrinho (1994: 96) captou lapidarmente estas trilhas do cotidiano da universidade ao destacar a dinâmica tensionada das rotinas universitárias: *repetição, informação, socialização, conservação, aprofundamento, transmissão, preservação e acumulação de conhecimentos, mas também criação, pesquisa, crítica, inovação, ruptura epistemológica, separação, desenvolvimento, produção de novos saberes e novas técnicas. O cotidiano da universidade se produz na dialética de guardar o passado e construir o novo, de reunir e ampliar, de consolidar e criticar. É trabalho de solidão e de esforço singular, mas é sobretudo socialização e construção plural* (DIAS SOBRINHO, 1994: 96).

Tamanha frente de lutas e de processos requer quadros docentes altamente preparados e adequadamente qualificados para o exercício de processos de inovação continuada nas formas de agir e de construir resultados socialmente relevantes.

Parágrafo único – A questão do **notório saber**, citado no parágrafo único, refere-se à situação de alguém que, embora não tendo uma formação específica sistematizada, um alto conhecimento formalmente adquirido, possui um nível excepcional de conhecimento em área específica. Neste caso, há necessidade da chancela de uma universidade, a quem caberá oferecer a certificação das altas competências.

Art. 67 – Os sistemas de ensino promoverão a valorização dos profissionais da educação, assegurando-lhes, inclusive nos termos dos estatutos e dos planos de carreira do magistério público:

I – ingresso exclusivamente por concurso público de provas e títulos;

II – aperfeiçoamento profissional continuado, inclusive com licenciamento periódico remunerado para esse fim;

III – piso salarial profissional;

IV – progressão funcional baseada na titulação ou habilitação, e na avaliação do desempenho;

V – período reservado a estudos, planejamento e avaliação, incluído na carga de trabalho;

VI – condições adequadas de trabalho.

§ 1º A experiência docente é pré-requisito para o exercício profissional de quaisquer outras funções de magistério, nos termos das normas de cada sistema de ensino. (Renumerado pela Lei nº 11.301, de 2006)

§ 2º Para os efeitos do disposto no § 5º do art. 40 e no § 8º do art. 201 da Constituição Federal, são consideradas funções de magistério as exercidas por professores e especialistas em educação no desempenho de atividades educativas, quando exercidas em estabelecimento de educação básica em seus diversos níveis e modalidades, incluídas, além do exercício da docência, as de direção de unidade escolar e as de coordenação e assessoramento pedagógico. (Incluído pela Lei nº 11.301, de 2006)

§ 3º A União prestará assistência técnica aos Estados, ao Distrito Federal e aos Municípios na elaboração de concursos públicos para provimento de cargos dos profissionais da educação. (Incluído pela Lei nº 12.796, de 2013).

Art. 67 – No Brasil, muito se fala sobre a *valorização dos profissionais da educação*, porém, muito pouco se faz, haja vista o Piso Salarial Nacional atual (2023): R$ 4.420,55, contra R$ 7.349,89, salário médio do trabalhador brasileiro com formação superior (IBGE). Ou seja, um valor remuneratório incompatível com as exigências e responsabilidades da função. Soratto e Olivier-Heckler (1999:94) ratificam este entendimento:

> *A partir de uma comparação com trabalhadores brasileiros em ocupações menos qualificadas, alguém poderia argumentar que estes salários não estão baixos para os padrões nacionais, mas não é uma comparação razoável, apesar da desvalorização que o trabalho do professor sofre, já que as exigências de formação para o professor são claramente definidas inclusive do ponto de vista legal. Portanto, em termos salariais, as condições oferecidas ao professor não são compensadoras e estão em desacordo com o nível de exigência da função.*

Na verdade, em média, o salário de professores da educação básica está muito abaixo do de um profissional com formação superior. Um recém-graduado contratado como "trainee", da área de engenharia e finanças, recebe um salário correspondente a três vezes o Piso Nacional do Professor!

Em 2023, o reajuste do Piso-mínimo pago a professores da educação básica foi de quase 15%, sob protestos gerais dos gestores municipais do País e das entidades que os representam.

É necessário internalizar o entendimento – a classe política e os economistas "especialistas" em educação resistem a ele – de que a dignidade do salário compõe a respeitabilidade e a valorização de qualquer profissão e, também, da profissão docente. Outra não é a compreensão da Unesco, em sua Recomendação 114, como se pode ver:

> *Entre os vários fatores que afetam a condição do professor, deveria ser dada uma atenção muito particular à remuneração, uma vez que, nas condições do mundo atual, outros fatores, como a posição e consideração que a sociedade lhes reconhece e o grau de apreço pela importância das suas funções, estão grandemente dependentes, tal como em outras profissões similares, da situação econômica que se lhes acorda* (UNESCO, 1966 : 4).

É claro que, em sendo o Brasil um país federativo, com instâncias administrativas detentoras de relativa autonomia, nos termos do art. 18 da Constituição Federal, verifica-se uma "[...] dificuldade de se conseguir uma imagem mais precisa sobre as condições de carreira e salário dos trabalhadores em educação..." (GATTI & BARRETO, 2009: 237). De fato, há um mundo heterogêneo de situações diferenciadas de tratamento salarial do professor.

Evidentemente, se, de um lado, a organização federativa do Brasil, com escalas de autonomia asseguradas em lei, explica a variação salarial dos professores, de outro lado, é injustificável que não se consiga cumprir sequer a Lei do Piso Nacional do Magistério, como ocorre em muitos municípios brasileiros.

Sobre este assunto especificamente, retornaremos adiante, na análise do inc. III.

A ideia de valorização dos profissionais da educação está diretamente vinculada à concepção de sociedade que temos e à concepção de cidadão que queremos formar. A partir destes dois parâmetros, outros tantos serão adotados para viabilizar o processo encorpado em condições objetivas de valorização destes profissionais. Em alguns países, Japão e Coreia do Sul são os exemplos mais citados, os profissionais da educação ganham crescente valorização à medida que avançam no tempo, em termos de exercício profissional. Diferentemente do que ocorre entre nós, lá os aposentados recebem os maiores salários. Esta é uma forma concreta de valorizar o professor e de incentivá-lo a avançar no aperfeiçoamento e a permanecer na carreira docente.

Uma outra forma é ter uma resposta adequada para a questão: como o Estado organiza as escolas? São elas espaços luminosos ou edifícios sem manutenção, prédios com ares de abandono? A experiência mostra que se você quiser saber o que os governantes pensam dos cidadãos, examine as condições das escolas dos países que eles governam! De fato, as instalações físicas, os equipamentos existentes e as condições de segurança, higiene e conforto são indicações das condições de trabalho e, portanto, são sinais concretos da forma como os sistemas de ensino estão promovendo a valorização dos profissionais da educação e tratando as crianças e os jovens, base das gerações futuras.

Os planos de carreira disciplinam o acesso, as exigências de progressão profissional, os deveres e direitos, as condições de trabalho e os parâmetros de fixação dos níveis salariais.

> **I** – A Constituição Federal determina a obrigatoriedade de admissão de professores somente por concurso público (além da existência de plano de carreira e de piso salarial!) (art. 206, V). O texto legal em análise ratifica o mandamento constitucional e determina, ainda, o aperfeiçoamento contínuo dos professores, a disponibilidade de tempo para o planejamento do

ensino e a existência de condições adequadas de trabalho. A não observância do disposto neste inciso é, com certeza, uma das provas mais contundentes da fragilidade da escola de educação básica do país. Não há escola verdadeira sem um **quadro permanente** de professores. E na escola brasileira nada é mais permanente do que o professor provisório, temporário. Os sistemas de ensino, em geral, resistem a informar o número de professores temporários. As informações que seguem, fornecidas pelo setor competente do Inep/MEC, oferecem uma radiografia dos professores temporários na educação básica do país, situação que mereceu, recentemente, a seguinte observação do Tribunal de Contas da União (TCU): "O uso ostensivo, intensivo e, em algumas redes, claramente abusivo do regime de contratação temporária é deletério ao sistema educacional" (Apud *Revista Educação*, ano 18, n. 206, jun./2014, p. 33).

Número de docentes da educação básica na rede pública – Ensino regular, especial e/ou Educação de Jovens e Adultos (EJA), por situação funcional, regime de contratação ou tipo de vínculo e dependência administrativa, segundo a Região Geográfica, a Unidade da Federação e o Município – 2016

Região Geográfica	Unidade da Federação	Número de docentes da educação básica na rede pública – Ensino regular, especial e/ou EJA				
		Total	Contrato temporário			
			Total	%	Federal	Estadual	Municipal
Brasil		1.744.638	548.522	31%	6.230	267.081	290.840
Norte		173.632	66.004	38%	488	20.492	46.068
	Rondônia	14.357	1.486	10%	68	679	741
	Acre	10.579	7.842	74%	20	5.282	2.939
	Amazonas	40.247	16.090	40%	115	4.307	12.005
	Roraima	7.087	3.216	45%	38	2.374	855
	Pará	74.432	28.018	38%	132	2.476	25.579
	Amapá	10.402	2.880	28%	61	1.751	1.097
	Tocantins	16.672	6.487	39%	54	3.631	2.855
Nordeste		516.761	181.194	35%	1.439	55.922	128.099
	Maranhão	91.556	39.086	43%	157	6.485	33.120
	Piauí	41.176	16.262	39%	135	9.188	7.563
	Ceará	79.160	31.446	40%	100	9.211	22.698
	Rio Grande do Norte	27.529	5.451	20%	359	608	4.556
	Paraíba	38.884	12.321	32%	126	4.858	7.596
	Pernambuco	65.436	28.329	43%	225	10.971	18.077
	Alagoas	27.336	12.130	44%	85	3.960	8.441
	Sergipe	17.195	2.396	14%	54	258	2.106
	Bahia	131.468	33.936	26%	199	10.445	23.973

Sudeste		652.960	169.102	26%	2.680	103.479	68.886
	Minas Gerais	187.905	97.086	50%	1.746	66.240	30.281
	Espírito Santo	36.329	16.892	46%	131	6.109	11.728
	Rio de Janeiro	108.874	13.022	12%	609	2.373	10.165
	São Paulo	320.744	45.173	14%	194	28.786	16.726
Sul		273.280	78.596	29%	941	52.814	26.452
	Paraná	110.766	24.833	22%	172	21.191	3.568
	Santa Catarina	66.932	30.366	45%	235	14.416	16.845
	Rio Grande do Sul	95.924	23.471	24%	534	17.256	6.045
Centro-Oeste		128.646	53.702	42%	682	34.421	21.348
	Mato Grosso do Sul	26.690	17.498	66%	50	8.401	10.415
	Mato Grosso	34.268	18.310	53%	160	12.766	6.618
	Goiás	47.528	12.515	26%	349	7.975	4.315
	Distrito Federal	20.426	5.405	26%	123	5.291	–

Fonte: Inep – Censo da Educação Básica – 2016.

Nota: Para entender melhor este quadro, cf. http://download.inep.gov.br/informacoes_estatisticas/ sinopses_estatisticas/sinopses_educacao_basica/sinopse_estatistica_educacao_basica_2016.zip

Dados do Censo Escolar 2014, divulgados em março de 2016, apontam que 28,32% de 1.787.644 contratos de trabalho da função docente, vinculados a redes municipais e estaduais da educação básica, são temporários. Isto significa um total de 527.781 (quinhentos e vinte e sete mil e setecentos e oitenta e um) contratos para atividade de professor, porém, sem vínculo empregatício com o serviço público!! Estamos, de fato, diante de uma situação de total falta de planejamento e de gestão no âmbito dos governos estaduais e municipais.

Saltam aos olhos as seguintes constatações:

1) As escolas de áreas urbanas mais ricas têm mais professores efetivos. As escolas de áreas periféricas estão cheias de professores temporários. No DF, esta constatação é alarmante!

2) Há temporários que estão lecionando há mais de vinte anos.

3) Nenhum Estado da Federação sabe **exatamente** o número de professores temporários. Se pagam a estes professores, por que não sabem?!

4) Muitos temporários estranhamente são contratados para trabalhar em projetos especiais, do tipo:

- Redução da defasagem idade/série;
- Reforço escolar;

- Cursos de nivelamento;
- Estudos de recuperação.

5) Em estados como São Paulo há dois tipos de temporários: os Ocupantes de Função Atividade (OFA) que começam o ano letivo com carga horária definida, uma vez que substituem professores com licença programada. Recebem o mesmo salário dos efetivos. E os eventuais. Inscrevem-se diretamente na escola e aguardam atribuição de aula caso surja. Ou seja, criou-se até uma linha de subcategorias de temporários, o que significa que a exceção vai virando regra.

6) Como os temporários têm baixíssima vinculação com os alunos, não são por eles levados a sério. Os alunos sabem que eles fazem parte da alta rotatividade da escola e, em consequência, não há por que estabelecer laços permanentes nem relações de respeitabilidade. Ou seja, no capítulo *Professores temporários* não há, no Brasil, estados ricos nem estados pobres. Todos praticam o mesmo tipo de conduta irregular à luz da legislação. Na verdade, os estados mais desenvolvidos econômica e socialmente possuem números expressivos de docentes temporários, como visto.

7) A situação permanente dos temporários cria um regime de instabilidade na escola e favorece um esquema de alta rotatividade, sob a forma abominável de círculo vicioso da gestão escolar; demissão em massa no fim de cada ano letivo e contratação em massa no início das aulas. Portanto, uma festa para os políticos e governantes, considerando que, segundo o Ministério do Trabalho, Emprego e Renda, o setor do magistério é o 3º maior setor de empregos do país. Por conseguinte, um espaço ideal para a troca de favores políticos! Basta lembrar que os contratos de trabalho de professores temporários alcança o percentual médio de quase 30% da Rede Pública. Trata-se de um número escandaloso, uma vez que representa o Estado praticando ilegalidade em alta escala e rotineiramente nas administrações públicas!...

Esta situação nem democrática nem republicana de acesso ao magistério público assenta duas questões preocupantes para a "saúde" da educação escolar do país: a) A categoria docente fica bipartida entre professores transitórios e permanentes; e b) Os vínculos entre professores e escolas são instáveis, em decorrência da presença transitória dos contratados. Estão sempre de passagem!

A figura marcante do professor temporário é indício induvidoso de que não se investe na valorização da carreira docente. Assim, vai-se internalizando, na sociedade, no inconsciente coletivo e nas entranhas políticas do Estado brasileiro, a ideia de que a docência na educação básica não é uma profissão, mas uma mera ocupação! Assim, na ausência do professor concursado, aceita-se outro qualquer professor, independentemente da formação. Para o poder público fica mais fácil inventar o salário do professor!

Em síntese, o Brasil é o paraíso dos professores temporários. Não paira dúvida de que o mecanismo do Concurso Público é a única forma de substituir compadrio por competência e de assegurar que o fisiologismo político não prevaleça sobre as exigências de qualidade funcional que a educação e a escola requerem. Por outro lado, o concurso vai garantir impessoalidade e transparência no processo seletivo. Um corpo docente estável é precondição para um projeto pedagógico estável e para uma escola com fluxo e inspiração inovadora permanentes.

O acesso ao magistério da educação básica via concurso público é uma forma, além de legal, dignificante para o exercício profissional. Porém, é imperativo ir além desta medida, envolvendo um conjunto articulado de dimensões para a adequada reestruturação da carreira, como aponta Freitas (2007: 1223):

> [...] aprovação das diretrizes da carreira do magistério, prevendo jornada única em uma escola, jornada integral e dedicação exclusiva, instituição do piso salarial, prevendo metas de proporção de 50% de horas com atividades em aulas de 50% às demais atividades, com tempo para estudo, para a investigação, análise e interpretação de seu trabalho, estabelecendo também políticas de formação integral pelo acesso à leitura, à literatura, às artes, ao esporte, à organização sindical e política (FREITAS, 2007: 123).

Na perspectiva deste alinhamento de medidas articuladas, o concurso público assume uma ressignificação profissional.

> **II** – A necessidade de aperfeiçoamento profissional decorre da própria natureza do ofício do educador. As transformações da sociedade e as mudanças de natureza do conhecimento com repercussões diretas sobre a sua organização exigem, do professor, um esforço continuado de atualização, de aperfeiçoamento e de renovação dos métodos de trabalho. A própria evolução social requer novas competências para ensinar. Nesse sentido, é conveniente lembrar que cabe a cada professor administrar sua própria formação continuada. Só ele pode ser agente do seu próprio sistema de autoformação. Não significa que o professor deva dispensar o apoio institucional para avançar em seu aperfeiçoamento profissional. Este está definido em lei e faz parte do Plano de Carreira.

O que se quer dizer é que cada professor deve explicitar e analisar suas práticas e, a partir de então, decidir quais as rotas de formação continuada de que deverá lançar mão para construir o seu projeto de formação. É a isto que Schön (1996: 96) chama de *prática reflexiva e de processo formativo autogerenciado.*

Nos países paradigmáticos em matéria de desenvolvimento educacional, as escolas montam seus projetos comuns de formação continuada e o governo central encaminha os recursos. A prestação de contas ocorre ao término de cada programa, até porque tudo é feito com base no princípio da *accountability* (aplicação rigorosa, eficaz e eficiente dos recursos públicos). No Brasil, os sistemas de ensino não definem políticas para a área de formação continuada de seus professores, sob a alegação de que inexistem recursos suficientes para tanto. Enquanto isso, compram **pacotes prontos** de material didático de grandes redes de ensino, sem que os professores sejam previamente consultados sobre a adequação deste material. O que ocorre, de fato, é que as decisões sobre a educação passam pelos Secretários de Educação, mas, não, necessariamente, pelos professores e pelas escolas. Infelizmente, estes pacotes contam sempre com o apoio de recursos públicos e com a "simpatia" do MEC.

> **III** – O Piso Salarial Profissional Nacional para os Profissionais do Magistério Público da Educação Básica está disposto no art. 60, III, alínea "e", no Ato das Disposições Constitucionais Transitórias-ADCT (esta alínea foi acrescentada pela Emenda Constitucional 53, de 19/12/2006). No caso, a LDB e o próprio Plano Nacional de Educação fazem referência ao **piso** porque já a Constituição de 88, no art. 60 do ADCT, fala em "remuneração condigna dos trabalhadores da educação".

A Lei 11.738/2008, aprovada pelo Senado Federal em julho de 2008, fixou o Piso Salarial Profissional dos Professores brasileiros em R$ 950,00[110]. A implementação deste valor continuou polêmica. Como polêmica prossegue a forma de utilização da carga horária do professor, uma vez que parte do tempo contratual deverá ficar reservada para planejamento e atendimento aos alunos. Alegam os governadores, através de seus secretários de Educação, que esta medida inviabiliza a aplicação da Lei do Piso, uma vez que estados e municípios teriam de contratar mais professores para suas escolas. De fato, o que ocorre é que os sistemas públicos de ensino do país não cumprem o disposto

---

110. À época, o rendimento médio do trabalhador brasileiro era de R$ 1.400,00. Em março de 2015, o Piso Salarial Nacional do Professor era de R$ 1.917,78, enquanto o rendimento médio do trabalhador brasileiro era de R$ 2.122,00. Em 2018 é de R$ 2.154,00 e o piso salarial docente de R$ 2.455,35. Em 2023, passam para R$ 4.420,55.

no art. 4º, IX, da LDB. Por isso, as salas de aula estão sempre superpovoadas. Felizmente, a decisão do STF foi contrária à postulação dos governadores.

O valor fixado para o **piso** revela a limitação do conceito de *valorização do magistério*. De início, o **piso** parecia expressivo quando comparado a salários miseráveis pagos a professores até então em muitos estados do país. No entanto, com o tempo, percebeu-se que pouco vai significar em lugares onde a remuneração de 40 horas de trabalho já ultrapassa o valor fixado. A questão é que se o **piso salarial** põe-se na esteira de um processo de valorização do magistério, o ponto de partida para sua fixação não poderia ser os salários já pagos, mas os que passariam a ser pagos.

Em países da Europa e Ásia, os salários pagos no ponto mais alto da carreira docente são 70% mais elevados do que os salários iniciais (primeiro e segundo ciclos do Ensino Fundamental e do Ensino Médio). O quadro que segue dá uma ideia precisa da evolução do piso salarial docente no Brasil:

Piso salarial dos professores

Veja a evolução do salário dos professores de 2009 a 2023

Fonte: MEC.

A Conferência Nacional de Educação Básica (CONEB, 2008) já apontava parâmetros para implementar políticas sobre este assunto:

"Para a **valorização dos professores** da educação é fundamental implementar políticas que reconheçam e reafirmem a função docente e valorizem a sua contribuição na transformação dos sistemas educacionais, considerando-os como sujeitos de formuladores de propostas e não meros executores. É fundamental, ainda, garantir apoio e incentivo aos professores que enfrentam situações de insalubridade e vulnerabilidade social. Nesse sentido, relacionada à formação inicial e continuada, faz-se necessária a criação de um plano de carreira que abranja: piso salarial nacional; jornada de trabalho em único turno, sem redução de salário e com tempo destinado à formação e planejamento; condições dignas de trabalho; e definição de um número máximo de alunos por turma".

Em sucessivo, a Conferência Nacional de Educação Básica (Coneb), 2010, foi mais além, dizendo: "O bom salário docente é precondição para o bom professor, a boa escola, a boa educação e a boa carreira profissional!" E apresentava, entre outras postulações, as seguintes:

1) Garantia de um número máximo de alunos por turma e por professor.

2) Existência de equipamentos didático-pedagógicos de multimídia e de fácil acesso a eles.

3) Definição e garantia de um padrão mínimo de infraestrutura nas escolas: laboratório de informática, com acesso à internet banda larga, biblioteca, refeitório, quadra poliesportiva, atividades culturais, teatro, laboratórios etc.

4) Ampliação e democratização da distribuição de bolsas de mestrado e doutorado para professores da rede pública, garantindo licença remunerada durante o período dos cursos, sem prejuízo funcional, de acordo com os critérios previstos no plano de cargos, carreiras e salário.

5) Carga horária de 30 horas, assegurando, no mínimo, 1/3 da carga horária para estudo e planejamento.

Por mais que o Estado e os "peritos" econômicos neguem quando falam sobre a baixa qualidade do ensino, o salário é o facho profissional. Como disse Upton Sinclair, *é difícil fazer um homem entender alguma coisa quando seu salário depende de que ele não a entenda.*

Os baixos salários dos professores no Brasil produzem quatro consequências danosas à educação básica: demanda declinante para os cursos de Licenciatura, evasão ascendente nesses mesmos cursos, professores lecionando em mais de uma escola e desprofissionalização crescente.

> **IV** – A Organização para a Cooperação e Desenvolvimento Econômico (Ocde) publicou, no segundo semestre de 2007, um importante documento sobre desenvolvimento da educação na Europa. Nesse estudo, o capítulo dedicado à carreira docente indica que naqueles países em que a progressão

funcional, com base em crescente qualificação docente e avaliação de desempenho, constitui uma política permanente de Estado, os indicadores de desempenho dos sistemas de ensino são superiores aos demais. Este resultado é ilustrativo da relevância do instituto da progressão funcional no âmbito da administração pública dos serviços da educação.

O inciso em apreciação torna obrigatória a inclusão de uma política de progressão funcional dos profissionais da educação como desdobramento da política mais ampla de valorização da categoria. Na maioria dos estados brasileiros, os processos de pedido de progressão funcional se amontoam, praticamente, perdidos sobre mesas e estantes empoeiradas. O desinteresse dos sistemas de ensino, no caso, do poder público, pela progressão funcional baseada na titulação e em habilitação, é um mecanismo de reforço da política de contratação de professores temporários, nem sempre detentores de formação específica na área de ensino para a qual estão sendo contratados e, muitas vezes, nem mesmo com habilitação para o magistério. A rede escolar está povoada de agrônomos e veterinários ensinando Ciências e Geografia, economistas, contadores e alunos de engenharia ensinando Matemática e administradores e advogados ensinando História, Sociologia e Filosofia. E, aqui, abre-se uma enorme janela para não se proceder a *avaliação de desempenho*, como determina a lei. É que, como se trata de uma população flutuante de professores, não há tempo nem condições institucionais estabelecidas para tal avaliação, uma vez que são professores que saem e professores que entram, todos os anos. Em outras palavras, não há avaliação de desempenho porque os sistemas de ensino (são sistemas?) adotam uma estratégia de contratos com uma espécie de trabalhadores em trânsito da educação! Sem uma solução definitiva dessa situação, a educação básica no Brasil continuará à mercê da improvisação e da falta de sustentação dos seus quadros profissionais. Causa preocupação desta situação, como possível agravante a chegada dos professores com "notório saber", prevista na Lei da Reforma do Ensino Médio.

> V – O período reservado a estudos, planejamento e avaliação, incluído na carga de trabalho, foi assegurado através da Lei 11.378/2008, que cria o Piso Salarial Nacional do Professor da Educação Básica. A questão é se esta determinação legal "vai pegar", uma vez que continua a contar com fortes resistências de governadores e prefeitos e, por incrível que pareça, dos próprios órgãos que congregam os secretários de Educação dos estados e dos municípios, Consede e Undime, respectivamente[111].

---

111. Tramitou no Supremo Tribunal Federal ação de inconstitucionalidade da Lei do Piso, patrocinada por vários governadores. O STF considerou improcedente a ação.

A inexistência de condições para o cumprimento deste inc. V, em nossas escolas, sob alegações as mais diversas, termina por criar problemas maiores, tais como:

- Esgotamento e falta de motivação dos professores;

- Distanciamento do aluno por falta de condições ambientais para o atendimento docente;

- Falta de empatia e baixa automotivação entre os atores da escola;

- Endurecimento afetivo: não há condições de aprendizagem sem ternura pedagógica;

- Desânimo e frequentes licenças para tratamento de saúde.

Embora o período reservado a estudos, planejamento e avaliação deva estar necessariamente incluído na carga horária, de acordo com a Lei do Piso Salarial Nacional dos Professores, a maioria dos estados e municípios brasileiros resiste em contemplar esta condição legal. Com tal restrição fica difícil a escola atender ao conjunto de prescrições normativas de organização e execução curricular contido na Resolução CNE/CEB 4/2010 – que define Diretrizes Curriculares Nacionais Gerais para a Educação Básica, cabendo destacar, especificamente, no caso em análise e apreciação, o que segue:

Art. 13

[...]

§ 3º – A organização do percurso formativo, aberto e contextualizado, deve ser construída em função das peculiaridades do meio e das características, interesses e necessidades dos estudantes, incluindo não só os componentes curriculares centrais obrigatórios, previstos na legislação e nas normas educacionais, mas outros, também, de modo flexível e variável, conforme cada projeto escolar, e assegurando:

I – concepção e organização do espaço curricular e físico que se imbriquem e alarguem, incluindo espaços, ambientes e equipamentos que não apenas as salas de aula da escola, mas, igualmente, os espaços de outras escolas e os socioculturais e esportivo-recreativos do entorno, da cidade e mesmo da região;

II – ampliação e diversificação dos tempos e espaços curriculares que pressuponham profissionais da educação dispostos a inventar e construir a escola de qualidade social, com responsabilidade compartilhada com as demais autoridades que respondem pela gestão dos órgãos do poder público, na busca de parcerias possíveis e necessárias, até porque educar é responsabilidade da família, do Estado e da sociedade;

III – escolha da abordagem didático-pedagógica disciplinar, pluridisciplinar, interdisciplinar ou transdisciplinar pela escola, que oriente o projeto político-pedagógico e resulte de pacto estabelecido entre os profissionais da escola, conselhos escolares e comunidade, subsidiando a organização da matriz curricular, a definição de eixos temáticos e a constituição de redes de aprendizagem;

IV – compreensão da matriz curricular entendida como propulsora de movimento, dinamismo curricular e educacional, de tal modo que os diferentes campos do conhecimento possam se coadunar com o conjunto de atividades educativas;

V – organização da matriz curricular entendida como alternativa operacional que embase a gestão do currículo escolar e represente subsídio para a gestão da escola (na organização do tempo e do espaço curricular, distribuição e controle do tempo dos trabalhos docentes), passo para uma gestão centrada na abordagem interdisciplinar, organizada por eixos temáticos, mediante interlocução entre os diferentes campos do conhecimento;

VI – entendimento de que eixos temáticos são uma forma de organizar o trabalho pedagógico, limitando a dispersão do conhecimento, fornecendo o cenário no qual se constroem objetos de estudo, propiciando a concretização da proposta pedagógica centrada na visão interdisciplinar, superando o isolamento das pessoas e a compartimentalização de conteúdos rígidos;

VII – à criação de métodos didático-pedagógicos utilizando-se recursos tecnológicos de informação e comunicação, a serem inseridos no cotidiano escolar, a fim de superar a distância entre estudantes que aprendem a receber informação com rapidez utilizando a linguagem digital e professores que dela ainda não se apropriaram;

VIII – constituição de rede de aprendizagem, entendida como um conjunto de ações didático-pedagógicas, com foco na aprendizagem e no gosto de aprender, subsidiada pela consciência de que o processo de comunicação entre estudantes e professores é efetivado por meio de práticas e recursos diversos;

IX – adoção de rede de aprendizagem, também, como ferramenta didático-pedagógica relevante nos programas de formação inicial e continuada de profissionais da educação, sendo que esta opção requer planejamento sistemático integrado estabelecido entre sistemas educativos ou conjunto de unidades escolares;

§ 4º – A transversalidade é entendida como uma forma de organizar o trabalho didático-pedagógico em que temas e eixos temáticos são integrados às disciplinas e às áreas ditas convencionais, de forma a estarem presentes em todas elas.

Fica evidente que esta gama de atribuições normativas do professor para execução na escola e em sala de aula requer uma qualificada, bem-preparada e estudada programação antes das aulas, o que supõe atividades de planejamento e avaliação permanentes. Esta é a diferença essencial entre **dar aula** e operar conhecimentos, reconstruir saberes e desenvolver competências na sala de aula. Como fazer tudo isto sem tempo para planejar individual e coletivamente? Como trabalhar a sala de aula como "um espaço ecológico de cruzamento de culturas" (GOMEZ, 1993: 80), se, ao professor, não é concedido tempo para o seu próprio desenvolvimento intelectual e pessoal e para sua *performance* profissional todo dia, a fim de evitar transformar o currículo e as aulas em um feixe de conteúdos "rotinizados, normalizados, didatizados?" (FORQUIN, 1993: 167). Sem tempo de planejamento, os professores vivem estressados, ansiosos e profissionalmente desconfortáveis. Em geral, são portadores de várias e frequentes doenças ocupacionais. Todos estes sintomas reunidos são responsáveis pela *Síndrome de Burnout*, já referida em outra parte deste livro. Pesquisa realizada pela Fundação Oswaldo Cruz (Fiocruz), em 2008, revelou que 59% dos professores da rede pública apresentam problemas nas cordas vocais. E o mais grave: 25,6% tiveram perda temporária da voz. Média de idade dos professores ouvidos: 34 anos.

> **VI** – A ideia de condições adequadas de trabalho vincula-se ao que a Constituição Federal define como um dos princípios do ensino: garantia de padrão de qualidade (art. 206, VII). Tais condições encontram um obstáculo quase intransponível: a omissão de órgãos normativos dos sistemas (conselhos nacional, estaduais e municipais) que se têm ausentado, inteiramente, da função assessora a que estão obrigados. Sem dúvida, boa parte das escolas brasileiras, seja privadas, seja públicas, não oferece condições adequadas de trabalho. Não há insumos básicos para que o ensino se desenvolva dentro de uma ambientação criativa, em que o aluno não seja domesticado para dar respostas, mas seja estimulado a reagir, criativamente, a desafios. Claro, esta escola instigadora requer professores valorizados, mas requer, igualmente, salas de aula adequadas.

Na verdade, as nossas Secretarias de Educação se transformaram em secretarias de redes de escolas. Confundem, por isso, expansão da rede de escolas com melhoria dos sistemas de educação. Os Conselhos, por sua vez, quase nunca ultrapassam a dimensão cartorial da análise de processos. Não realizam estudos rastreadores das condições de funcionamento das escolas e, por isso, têm dificuldade de decidir as condições *adequadas de trabalho*. Os Conselhos Estaduais, com algumas exceções, se tornaram reféns das próprias Secretarias de Educação.

As condições dignas de trabalho começam, de fato, pela existência de precondições para o alinhamento das seguintes circunstâncias de favorabilidade no campo do exercício profissional:

a) Piso Salarial Nacional com escalonamento para professores com formação de nível médio, superior e com pós-graduação *stricto sensu*;

b) Jornada de trabalho em turno único;

c) Tempo destinado à formação e ao planejamento;

d) Definição de um número máximo de alunos por turno;

e) Mecanismos de estímulo financeiro a professores que trabalham em escolas noturnas, rurais, de periferia e em programas de alfabetização e de EJA.

f) Escolas com infraestrutura e mobiliário adequados, recursos pedagógicos suficientes e disponíveis, gestão compartilhada e processos contínuos de autoavaliação, como prescreve o PNE. A escola não é uma empresa comercial, mas, como instituição prestadora de serviços específicos, precisa contar com um conjunto de meios e condições que, a exemplo das empresas estruturadas, organizadas e voltadas para uma missão e um feixe de objetivos e finalidades, conduzam as atividades, ações e realizações dentro de um ambiente sistêmico, harmonioso, de convergência de interesses e propiciador de bem-estar. Todo este conjunto depende de *condições adequadas de trabalho*.

§ 1º – Este primeiro parágrafo volta a realçar a importância da prática para o exercício de quaisquer outras funções do magistério. Corrigindo o vazio da Lei 5.692/1971, a atual LDB pretende robustecer a formação dos profissionais da educação que não ministram aula, mas apoiam o ensino (cf. comentários ao art. 64) e ajudam a qualificar a educação e a potencializar a função social da escola.

A exigência de experiência docente para o exercício profissional das diferentes funções no universo do magistério é muito relevante. Sem isto, os especialistas em educação não poderão exercer sua atividade profissional. A inclusão desta experiência imprime identidade aos cursos de formação de professores da educação básica. Sem ela, por outro lado, não há como aferir níveis de satisfação no campo da profissão docente. Não se trata, portanto, de uma exigência burocrática, mas de uma condição gnosiológica sob o ponto de vista do desenvolvimento profissional. A prática docente semelha condição imprescindível para a adequada formação dos chamados especialistas em educação.

A questão da valorização da prática de ensino na formação dos professores é um enorme desafio para os cursos de formação para o magistério. Como anotou a Profa. Eunice Durham, em entrevista (*Revista Veja*, ano 41, n. 47, de 26/11/2008), "[...] os cursos de Pedagogia desprezam a prática da sala de aula e supervalorizam teorias supostamente mais nobres. Os alunos saem de lá sem saber ensinar".

§ 2º – Este parágrafo destaca dois dispositivos constitucionais que beneficiam o professor em termos de redução de idade e de tempo de contribuição naqueles casos em que for comprovado o exercício efetivo **exclusivo** em funções de magistério na Educação Infantil e no Ensino Médio. Esta medida é importante fonte de atração para atividades de docência e funciona como uma espécie de compensação financeira tardia. Ter assegurada a aposentadoria no regime geral de previdência social com cinco anos a menos (de 35 para 30 de contribuição, se homem, e de 30 para 25, se mulher) é um passo adiante na valorização profissional do magistério. Representa o reconhecimento da sociedade ao valor do trabalho docente. Como lembra Arroyo (2000: 192), "[...] o protagonismo dos professores de escolas nestas décadas lutando por seus direitos repôs o direito à educação no campo dos direitos e, como consequência, alargou as possibilidades de afirmar uma cultura profissional de novos contornos. Uma nova identidade".

É importante destacar que o conjunto destas condições para a valorização dos profissionais de educação passa a ser, cada dia mais, exigência da própria sociedade brasileira! Nesse sentido, a Conferência Nacional de Educação Básica (Coneb), realizada em abril de 2008, na capital federal, posicionou a necessidade de o Estado brasileiro dar cumprimento a estas determinações legais em regime de urgência. Para tanto, problematizou todas as temáticas contidas neste art. 67, em análise, e expressou as tensões, os conflitos e os desafios que permeiam a educação básica brasileira. Tomando a educação como bem público. A Coneb foi além, afirmando que "[...] suas deliberações avançaram no sentido de se buscar mais organicidade nas políticas para a educação básica, sinalizando para a necessária articulação entre regulamentação do regime de colaboração entre os entes federados, a efetivação de um sistema nacional de educação, a rediscussão dos marcos das políticas de financiamento [...] além da regulamentação [...] do sistema nacional de formação dos trabalhadores em educação, dentre outros". Nesse particular, é forçoso reconhecer alguns avanços significativos. O governo federal, por exemplo, atribuiu à Capes algumas responsabilidades na área de formação de professores para o Ensino Médio. Já o governo do Estado de São Paulo criou a Escola de Formação de Professores com atividades em classe e práticas escolares, obrigatória para os novos professores da rede pública. Alguns estados adotam procedimento semelhante, em parceria com universidades.

§ 3º – Este parágrafo ratifica e desdobra o conteúdo do art. 211, da Constituição Federal, e do art. 8º desta LDB. No entanto, seu alcance vai mais longe sob o ponto de vista concreto e operacional. O Plano Nacional de Educação, Lei 13.005/2014, está no alinhamento intencional do legislador, expresso nos termos que seguem, como já referenciado em outro lugar desta obra.

Meta 18: Assegurar, no prazo de dois anos, a existência de planos de carreira para os profissionais do magistério em todos os sistemas de ensino.

Estratégia 18.3: Realizar prova nacional de admissão de docentes, a fim de subsidiar a realização de concursos públicos de admissão pelos estados, pelo DF e pelos municípios.

O conteúdo deste parágrafo, igualmente, se harmoniza com o art. 9º, que define as incumbências da União, mormente com os inc. III, IV e VI, focados em viabilizar mecanismos de colaboração no conjunto da União, estados, DF e municípios, para efetivar *a garantia do padrão de qualidade*, nos termos do art. 3º, inc. IX desta LDB.

Todas estas disposições normativas ganham crescente relevância se concretizadas e universalizadas em termos de padrões objetivos de cumprimento sob o regime de colaboração e de compartilhamento da União. No entanto, é necessário cuidar para a colaboração não se transformar em intervenção descabida, contribuindo para cristalizar formas sempre recorrentes de desequilíbrio federativo e, no caso da educação, com tradição historicamente centralizadora do MEC. A ele cabe exercer as atribuições do Poder Público Federal em matéria de educação, porém, dentro de sua área de competência, excluída qualquer forma, expressa ou dissimulada, de agressão ao princípio constitucional da autonomia dos entes federativos.

Por fim, cabe destacar a discrepância conceitual dos textos da LDB (Lei 9.394/1996) e do PNE (Lei 13.005/2014). Enquanto a LDB, no *caput* do art. 67, fala em *profissionais da educação*, expressão de amplitude larga e, algumas vezes, imprecisa, o PNE, na Meta 18, anteriormente referida, fala em *profissionais do magistério*, portanto, em professores.

As imprecisões terminológicas na legislação da educação não podem ser tamanhas a ponto de mudar a língua portuguesa em cujo dicionário o termo magistério *é cargo ou ofício de professor.* Percebe-se, nas formulações normativas dos últimos anos, referentes à educação, uma tentativa de se desconstruir esta circunscrição semântica. O fato é que, como assinala Arroyo (2000: 19), "quanto mais nos aproximarmos do cotidiano escolar, mais nos convenceremos de que ainda a escola gira em torno de professores, de seu ofício, de sua qualificação e profissionalismo. São eles e elas que a fazem e reinventam". Esta variação de lexemas nas Leis da Educação para designar conceitos iguais, mas que são, na verdade, desiguais, ratificam o que diz Silva (1997: 11): "As lutas por significado não se resolvem no terreno epistemológico, mas no terreno político, no terreno das relações de poder".

A questão de valorização dos profissionais da educação tem diretamente a ver com a natureza das funções do Estado e das responsabilidades do poder público. Na sociedade do conhecimento, a educação está no centro destas responsabilidades. A natureza prestacional do Estado decorre da condição de ser a sociedade detentora de direitos fundamentais, dentre os quais está o direito à educação escolar, portanto, àquela educação que se desenvolve, predominantemente, por meio do ensino, em instituições próprias (art. 1º, § 1º). No centro dessas instituições está o aluno como causa indutora e o professor como força propulsora. Quando o legislador fala em *planos de carreira do magistério público* contempla o enorme e precioso território das precondições para qualificar os sistemas de ensino e suas escolas. Trata-se, na verdade, de um campo de atribuições extremamente significativas para os sistemas de ensino, como estrutura de Estado e de funcionamento de governo, e socialmente relevantes, como expressão de formatos republicanos. Por todas essas razões, o campo da educação escolar torna-se tão essencial na sociedade do conhecimento que não seria exagero dizer que os professores deveriam constituir uma verdadeira carreira de Estado. O Conselho Nacional de Educação (CNE) posicionou, sob o ponto de vista normativo, o professor e a formação docente no cenário de centralidade dos elementos constitutivos para a organização das diretrizes curriculares nacionais gerais para a educação básica, como se pode ver na Resolução CNE/CEB 4/2010, art. 42:

Art. 42 – São elementos constitutivos para a operacionalização destas Diretrizes o projeto político-pedagógico e o regimento escolar, o sistema de avaliação; a gestão democrática e a organização da escola; **o professor e o programa de formação docente** *[grifo nosso].*

A par das determinações legais fixando parâmetros para a valorização do professor, é imperioso reconhecer que, no palco globalizado da sociedade do conhecimento, as incumbências do professor tem se ampliado significativamente na circunscrição do "paradigma[112] educacional emergente" (MORAES, 2014), com predomínio do pensamento sistêmico, do conhecimento em rede e da transitoriedade teórica dos saberes, circunstâncias que exigem de cada professor atualização contínua, vigilância profissional no campo da articulação dos saberes, com a dimensão individual dos alunos integrada à dimensão social do conhecimento inovador.

TÍTULO VII
DOS RECURSOS FINANCEIROS

Art. 68 – Serão recursos públicos destinados à educação os originários de:

I – receita de impostos próprios da União, dos estados, do DF e dos municípios;

II – receita de transferências constitucionais e outras transferências;

III – receita do salário-educação e de outras contribuições sociais;

IV – receita de incentivos fiscais;

V – outros recursos previstos em lei.

Art. 68 – A partir daqui, aportamos no TÍTULO VII, da LDB, lastro dos artigos 68 a 77. Este título trata dos recursos financeiros ou, mais focalmente, do financiamento da educação. Esta esteira de artigos direciona-se a um dos temas mais recorrentes e estratégicos da educação brasileira, sobretudo quando se discutem questões ligadas à baixa eficiência dos sistemas de ensino do país. O fato é que se os recursos para a educação não são abundantes, não são, igualmente, escassos, ao menos para justificar o baixo desempenho de nossos alunos nos testes e provas de avaliações nacionais e internacionais. Em princípio, escolas sem infraestrutura tem comprometido, de partida, seu regular funcionamento. Mas, na verdade, o que pesa negativamente são os desvios de recursos da educação, em alguns casos, e, em outros, a má aplicação. Em ambos os casos, a punição é tênue e tardia, a tal ponto de não desestimular a prática desses atos criminosos contra a cidadania brasileira. Foi precisamente pensando no enfrentamento destas gravíssimas distorções que o legislador incluiu, na Lei 13.005/2014, que institui o Plano Nacional

---

112. O termo paradigma é utilizado no conceito organizacional do filósofo e historiador da ciência, KUHN, significando: "Constelação de crenças, valores e técnicas pelos membros de uma comunidade científica" (1994:225).

de Educação (PNE), Meta 20, Estratégia 20.11, a aprovação, no prazo de 1 (um) ano, da Lei de Responsabilidade Educacional, assegurando padrão de qualidade na educação básica, em cada sistema e rede de ensino, aferido pelo processo de metas de qualidade, sob a responsabilidade de institutos oficiais de avaliação educacional. Com esta lei, esperava-se inibir os procedimentos crônicos de apropriação indébita e de manipulação dos recursos financeiros da educação, que resultam em destinação imprópria por meio de aplicação desviante. Infelizmente, já estamos no ocaso do atual PNE. Em 2024, entrará em vigência o Novo PNE! – e a Lei de Responsabilidade Educacional permanece na penumbra... "Que país é este?!".

> I – Inicialmente, dois blocos de observações, sendo o primeiro constituído de três observações fundamentais de natureza conceitual. **A primeira** diz respeito à ideia técnico-legal da expressão *recursos públicos.* Refere-se ela aos recursos financeiros que, oriundo de diferentes fontes de arrecadação, vão para o tesouro do Estado em suas diversas configurações (União, Estados, DF e Municípios). **A segunda** refere-se ao conceito técnico-legal de imposto. Na verdade, como preceitua a CF/1988, os impostos, as taxas e as contribuições de melhoria são *espécies* do *gênero* tributo. Na prática, significa dizer que as taxas e as contribuições de melhoria não estão vinculadas aos recursos públicos destinados à educação. **A terceira** refere-se à ideia de *recursos públicos destinados à educação* e recursos públicos destinados *à educação básica.* No primeiro caso, os recursos se destinam à educação em geral (básica e superior). No segundo caso, os recursos, conformados no Fundeb[113], sobre o que falaremos a seguir, se destinam só à educação básica. Envolvem, portanto, sob o ponto de vista de sua aplicação, tanto os níveis de ensino, como as modalidades educativas, constituintes da educação básica. O segundo bloco é constituído de **três pressupostos**, com assentamento em três fixações legais, quais sejam:

1. Em seu CAPÍTULO I, a Constituição Federal FIXOU uma vinculação de recursos para financiar a educação nacional.

2. Tal vinculação estende-se ao conjunto de impostos arrecadados. Por quem arrecadados?

   • Pela União,

   • Pelos Estados,

   • Pelo Distrito Federal (DF) e

   • Pelos Municípios.

---

113. A importância sociopolítica e educativa do FUNDEB é tamanha, que dele trataremos mais minuciosamente no art. 69, que vem a seguir.

3. Os recursos arrecadados são condominiados dentro de limites legais.

Isto, vale destacar, com a seguinte ressalva:

- A arrecadação da União é, **em parte**, transferida...
  - Para quem?
  - Para Estados,
  - Para Distrito Federal (DF) e
  - Para Municípios.

Por outro lado, a arrecadação dos Estados é, **em parte**, transferida aos Municípios.

Vamos representar este processo graficamente.

FLUXO DE TRANSFERÊNCIA DE RECURSOS DESTINADOS À EDUCAÇÃO

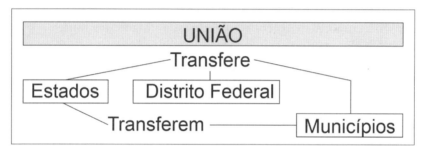

Elaboração própria.

❖ Qual a origem dos recursos públicos destinados à educação?

O artigo 68, da LDB, é claro e direto, como vemos no caput do artigo:

Art. 68 – Serão recursos públicos destinados à educação os originários de:

I – receita de impostos próprios da União, dos estados, do DF e dos municípios;

II – receita de transferências constitucionais e outras transferências;

III – receita do salário-educação e de outras contribuições sociais;

IV – receita de incentivos fiscais;

V – outros recursos previstos em lei.

A repetição é proposital porque se trata de uma questão de fundo e, mais do que isto, de uma questão diretamente ligada ao mandamento constitucional: educação... DIREITO DE TODOS (...) e dever do Estado e da Família... e promovida e incentivada com a colaboração da sociedade (CF, art. 205).

Para alargar nossa compreensão, veremos na análise do próximo artigo (art. 69) a esteira de impostos arrecadados pela União, Estados, DF e Municípios, referenciada seja pela Carta Magna, seja pela Lei do Fundeb. Vale já antecipar que, no âmbito do Distrito Federal, os impostos arrecadados e os recursos vinculados para a educação **são aqueles arrecadados pelos Estados e, ainda, os arrecadados pelos municípios.**

> II – A categorização das fontes de recursos para a educação é tema que requer uma maior atenção por parte dos educadores. Há quatro tipos de fonte: a *constitucional ampla* (receita de impostos), a *constitucional restrita* (recursos vinculados, do tipo salário-educação, cotas federal e estadual), a *constitucional compensatória* (incentivos fiscais) e as *fontes alternativas* (recursos diversos previstos em lei). Esta classificação tem um objetivo meramente didático, evidentemente.

Vejamos, então, o mapa conceitual de cada uma destas fontes:

A *constitucional ampla* que foca a *receita de impostos* é aquela decorrente dos tributos arrecadados por cada uma das esferas da administração pública. A Constituição Federal define, no art. 18, quais são as esferas da organização político-administrativa do país: a União, os estados, o DF e os municípios.

As *transferências constitucionais e outras transferências* são de múltipla base, como se pode aferir: i) 20% do que for arrecadado pela União através da instituição de um novo imposto, desde que concebido à luz do art. 154 da Constituição Federal; ii) Transferência, aos estados e ao DF, de 10% do que for arrecadado através da cobrança de impostos de produtos industrializados pela União, nos termos dos art. 157, 158 e 159 da Constituição Federal.

A *constitucional restrita*, assim denominada em razão da aplicação vinculada do salário-educação. Trata-se, na verdade, de uma contribuição social, criada em 1964, com o objetivo de "suplementar as despesas públicas com a educação elementar".

A *constitucional compensatória* é constituída dos incentivos fiscais que, de fato, nada mais são do que mecanismos de amortização de impostos (imposto de renda) ou de isenções fiscais, previstas em lei. O processo é simples: pessoas físicas ou pessoas jurídicas que financiarem programas escolares ou bolsas de estudo, com recursos próprios, poderão ter estas despesas abatidas do imposto de renda a pagar.

As *fontes alternativas* são aquelas oriundas de legislações emergentes, como é o caso dos impostos especiais que se criam para atender, em caráter provisório, certas situações que reclamam um aporte de recursos adicionais.

> III – O foco inicial do salário-educação foi o combate ao analfabetismo. A bem da verdade, desde a Constituição de 1946, as empresas passaram a ter obrigatoriedade de oferecer Ensino Primário gratuito para todos os empregados analfabetos e para seus filhos em faixa etária de escolaridade compulsória. Poucas empresas, no entanto, cumpriam o dispositivo constitucional. Para tal desobediência, concorria a própria omissão do poder público que não fiscalizava as empresas. Em 1962, pressionado pelos países latino-americanos presentes à Conferência de Punta-del-Este, o Brasil assumiu o compromisso de enfrentar a questão do analfabetismo. Surgiu, então, a Lei 4.440, de 27/10/1964, instituindo o salário-educação. No ano seguinte foi editado o Decreto 55.551, de 12/01/1965, regulamentando a Lei 4.420 e definindo que o salário-educação era instituído para "suplementar os recursos públicos destinados à manutenção e desenvolvimento do Ensino Primário comum".

O salário-educação tem origem no desconto de 2,5% da folha de pagamento dos empregados. Deste montante, 1% fica com o INSS, órgão encarregado de arrecadar os recursos. A Constituição atual manteve o salário-educação como fonte de financiamento da educação (art. 212, § 5º). Convém ressaltar que, desde a criação do Fundo de Manutenção e Desenvolvimento do Ensino Fundamental e de Valorização do Magistério (Fundef), as empresas não puderam mais descontar despesas realizadas com o Ensino Fundamental de seus empregados e dependentes.

O Decreto 6.003/2006 regulamenta a arrecadação, a fiscalização e a cobrança da contribuição social do salário-educação. São contribuintes do salário-educação:

• Empresas em geral.

• Entidades públicas e privadas vinculadas ao Regime Geral da Previdência Social, "entendendo-se, para fins desta incidência, qualquer firma individual ou sociedade que assuma risco de atividade econômica, urbana ou rural, com fins lucrativos ou não, bem assim, a sociedade de economia mista, a empresa pública e demais sociedades instituídas e mantidas pelo poder público, nos termos do art. 173, § 2º, da Constituição".

Por outro lado, ficam fora do alcance do salário-educação para fins de recolhimento desta contribuição social:

• a União, os estados, o DF, os municípios e suas respectivas autarquias e fundações;

• as instituições públicas de ensino em geral;

• as escolas comunitárias, confessionais ou filantrópicas, com regularidade de existência e de funcionamento;

• as organizações culturais, definidas em regulamento e reconhecidas como tal;

• as organizações hospitalares de assistência social. Desde que atendam, cumulativamente, os requisitos estabelecidos em lei.

Todo o recurso é transferido ao Fundo Nacional de Desenvolvimento da Educação (FNDE), na proporção do arrecadado em cada Estado, município e DF, através de transferência aos respectivos Fundos. As *quotas* serão, assim, distribuídas:

1) QUOTA FEDERAL – 1/3 do total de recursos, repassados ao FNDE, é aplicado no financiamento de programas e projeto para universalização da educação básica, objetivando a redução dos desníveis socioeducacionais existentes entre municípios, estados, DF e regiões brasileiras.

2) QUOTAS ESTADUAL E MUNICIPAL – correspondente a 2/3 do montante dos recursos, é creditada mensal e automaticamente em favor das Secretarias de Educação dos estados, do DF e em favor dos municípios para financiamento de programas, projetos e ações voltados para a educação básica. Neste caso, a distribuição é feita integralmente entre o Estado e seus municípios, proporcionalmente ao número de alunos matriculados na educação básica das respectivas redes de ensino, de acordo com apuração do Censo Escolar relativa ao ano anterior.

As quotas federal, estaduais e municipais incidem sobre 90% do total dos recursos arrecadados do salário-educação. Os 10% restantes são aplicados pelo Fundo Nacional de Desenvolvimento da Educação (FNDE) em programas, projetos e ações voltados para a universalização da educação básica, nos termos do § 5º do art. 212 da Constituição.

Fica evidenciada a necessidade de uma permanente vigilância, por parte da sociedade, para o adequado repasse destes recursos e para sua conveniente aplicação. De fato, caberá às Secretarias de Educação dos estados e do DF orientar parte destes recursos aos municípios para viabilizar ações no âmbito do Ensino Fundamental. Haverá, em decorrência, necessidade de encaminhamento, para fins de aprovação, de legislação específica, fixando critérios e parâmetros para a *redistribuição de recursos*.

Como é sabido, pelo art. 151. I, da CF, é vedado à União instituir tributo que não seja universal (em todo o território nacional) ou que implique distinção ou preferência em relação ao Estado, ao DF ou ao município em detrimento de outro, **admitida a concessão de incentivos fiscais destinados a promover o equilíbrio do desenvolvimento socioeconômico entre**

as diferentes regiões do país [grifo nosso]. A isto se chama princípio da uniformidade.

> **IV** – Os incentivos fiscais constituem, sob o ponto de vista das responsabilidades do Estado, medida compensatória para dar cumprimento aos objetivos fundamentais da República, já destacados e aqui repetidos à guisa de reforço:

CF, art. 3º – Constituem objetivos fundamentais da República Federativa do Brasil:

I – construir uma sociedade livre, justa e solidária;

II – garantir o desenvolvimento nacional;

III – erradicar a pobreza e a marginalização e reduzir as desigualdades sociais regionais;

IV – promover o bem de todos, sem preconceitos, de origem, raça, sexo, cor, idade e quaisquer outras formas de discriminação.

Muitas regiões do país são destinatárias de incentivos fiscais, como é o caso da Amazônia, com a Zona Franca de Manaus, e do Nordeste, com a Sudene. A receita pública proveniente desses incentivos fiscais será objeto de geração de recursos para a educação.

> **V** – Outros recursos previstos em lei são recursos cuja origem decorre da emergência de situações identificadas como graves no sentido de que, se não forem atendidas, comprometerão o bem de todos.

Como dito anteriormente, o Título VII da LDB, desdobrado em dez artigos, aborda um dos pontos em que a educação básica brasileira mais evoluiu nos últimos anos: a dos recursos financeiros. Mudou a Constituição, mudou a legislação decorrente e vão mudar os critérios de despesas com educação nos estados, no DF e nos municípios, através das inovações do Fundo de Manutenção e Desenvolvimento de Educação Básica e de Valorização do Magistério (Emenda Constitucional 53/2006 e Lei 11.494/2007).

Os art. 34, 208, 211 e 212 da Constituição Federal e art. 60 do Ato das Disposições Constitucionais Transitórias passam a ser operacionalizados, cada um, de acordo com a especificidade do seu conteúdo, pelo conjunto de artigos da LDB que vão do 68 a 77 e, ainda, pelo vasto campo de metas e estratégias do Plano Nacional de Educação (Lei 13.005/2014). Neste último caso, é fundamental apreender o conjunto de medidas articuladas do PNE, tendo como objetivo a ampliação dos investimentos públicos em educação pública.

Percebe-se, claramente, uma relação entre mais recursos e mais qualidade, como podemos ver:

Meta 20: ampliar o investimento público em educação pública de forma a atingir, no mínimo, o patamar de 7% (sete por cento) do Produto Interno Bruto (PIB) do país no 5º (quinto) ano de vigência desta Lei e, no mínimo, o equivalente a 10% (dez por cento) do PIB ao final do decênio.

Estratégias:

20.1 – garantir fontes de financiamento permanentes e sustentáveis para todos os níveis, etapas e modalidades da educação básica, observando-se as políticas de colaboração entre os entes federados, em especial as decorrentes do <u>art. 60 do Ato das Disposições Constitucionais Transitórias</u> e do § 1º do art. 75 da Lei n. 9.394, de 20/12/1996, que tratam da capacidade de atendimento e do esforço fiscal de cada ente federado, com vistas a atender suas demandas educacionais à luz do padrão de qualidade nacional;

20.2 – aperfeiçoar e ampliar os mecanismos de acompanhamento da arrecadação da contribuição social do salário-educação;

20.3 – destinar à manutenção e desenvolvimento do ensino, em acréscimo aos recursos vinculados nos termos do <u>art. 212 da Constituição Federal</u>, na forma da lei específica, a parcela da participação no resultado ou da compensação financeira pela exploração de petróleo e gás natural e outros recursos, com a finalidade de cumprimento da meta prevista no <u>inc. VI do</u> ;

20.4 – fortalecer os mecanismos e os instrumentos que assegurem, nos termos do <u>par. único do art. 48 da Lei Complementar n. 101, de 04/05/2000</u>, a transparência e o controle social na utilização dos recursos públicos aplicados em educação, especialmente a realização de audiências públicas, a criação de portais eletrônicos de transparência e a capacitação dos membros de conselhos de acompanhamento e controle social do Fundeb, com a colaboração entre o Ministério da Educação, as Secretarias de Educação dos estados e dos municípios e os Tribunais de Contas da União, dos estados e dos municípios;

20.5 – desenvolver, por meio do Instituto Nacional de Estudos e Pesquisas Educacionais Anísio Teixeira (Inep), estudos e acompanhamento regular dos investimentos e custos por aluno da educação básica e superior pública, em todas as suas etapas e modalidades;

20.6 – no prazo de 2 (dois) anos da vigência deste PNE, será implantado o Custo Aluno-Qualidade inicial (CAQi), referenciado no conjunto de padrões mínimos estabelecidos na legislação educacional e cujo financiamento será calculado com base nos respectivos insumos indispensáveis ao processo de ensino-aprendizagem e será progressivamente reajustado até a implementação plena do Custo Aluno Qualidade (CAQ);

20.7 – implementar o Custo Aluno Qualidade (CAQ) como parâmetro para o financiamento da educação de todas as etapas e modalidades da educação básica, a partir do cálculo e do acompanhamento regular dos indicadores de gastos educacionais com investimentos em qualificação e remuneração do pessoal docente e dos demais profissionais da educação pública, em aquisição, manutenção, construção e conservação de instalações e equipamentos necessários ao ensino e em aquisição de material didático-escolar, alimentação e transporte escolar;

20.8 – o CAQ será definido no prazo de 3 (três) anos e será continuamente ajustado, com base em metodologia formulada pelo Ministério da Educação (MEC), e acompanhado pelo Fórum Nacional de Educação (FNE), pelo Conselho Nacional de Educação (CNE) e pelas Comissões de Educação da Câmara dos Deputados e de Educação, Cultura e Esportes do Senado Federal;

20.9 – regulamentar o par. único do <u>art. 23</u> e o <u>art. 211 da Constituição Federal</u>, no prazo de 2 (dois) anos, por lei complementar, de forma a estabelecer as normas de cooperação entre a União, os estados, o DF e os municípios, em matéria educacional, e a articulação do sistema nacional de educação em regime de colaboração, com equilíbrio na repartição das responsabilidades e dos recursos e efetivo cumprimento das funções redistributiva e supletiva da União no combate às desigualdades educacionais regionais, com especial atenção às regiões Norte e Nordeste;

20.10 – caberá à União, na forma da lei, a complementação de recursos financeiros a todos os estados, ao DF e aos municípios que não conseguirem atingir o valor do CAQi e, posteriormente, do CAQ;

20.11 – aprovar, no prazo de 1 (um) ano, Lei de Responsabilidade Educacional, assegurando padrão de qualidade na educação básica, em cada sistema e rede de ensino, aferida pelo processo de metas de qualidade aferidas por institutos oficiais de avaliação educacionais;

20.12 – definir critérios para distribuição dos recursos adicionais dirigidos à educação ao longo do decênio, que considerem a equalização das oportunidades educacionais, a vulnerabilidade socioeconômica e o compromisso técnico e de gestão do sistema de ensino a serem pactuados na instância prevista no § <u>5º do art. 7º desta Lei</u>.

Por fim, cabe destacar que o PNE contempla a questão do financiamento adequado da educação, em uma das suas dez diretrizes, como podemos ver:

PNE, art. 2º, diretriz VIII:

> Estabelecimento de meta de aplicação de recursos públicos em educação como proporção do Produto Interno Bruto (PIB), que assegura atendimento às necessidades de expansão, com padrão de qualidade e equidade.

O financiamento da educação no Brasil tem avançado, historicamente, em descompasso com o crescimento do PIB. Por outro lado, medidas como as de implantação de fundos – Fundef, em 1997, e Fundeb, em 2007 e sua atualização recente, – são relevantes, porém insuficientes. Na própria visão do MEC-Inep há muitas outras questões condicionantes de uma escola básica de qualidade e que continuam pendentes, como se pode verificar na análise dos aspectos essenciais desta escola. Uma escola básica de qualidade deve ter as seguintes condições básicas (BRASIL/INEP, 2006):

- quadro de professores qualificados;
- existência de carga horária disponível para o desenvolvimento de atividades que não sejam de aulas; dedicação dos professores a uma escola só;
- aumento de salários de acordo com a formação continuada e titulação;
- corpo docente pertencente ao quadro efetivo com entrada por meio de concurso público; dedicação de funcionários a uma só escola;
- instalações bem conservadas;
- existência de biblioteca e laboratórios;
- motivação para o trabalho;
- diretor eleito e com experiência docente e de gestão;
- participação da comunidade escolar;
- integração da escola com a comunidade local e existência de Conselho Escolar ou equivalente, atuante;
- cuidados com a segurança da comunidade escolar;
- desenvolvimento de projetos especiais com governos e comunidade local (p. 85-105).

Por outro lado, quando se faz uma comparação entre o Brasil e países da Ocde, por exemplo, no campo dos gastos com educação, tomando como referência quanto o gasto por aluno representa do PIB por habitante de cada país, a conclusão se impõe em desfavor do Brasil, como apontado pela Campanha Nacional pelo Direito à Educação (2010: 39): *"Ao fazer essa comparação entre os países da Ocde (Organização para a Cooperação e o Desenvolvimento Econômico) e o Brasil, verificamos que, no mesmo ano, eles gastaram em média 21% do PIB/habitante com cada estudante das séries iniciais do Ensino Fundamental, enquanto o Brasil gastou somente 15%. No Ensino Médio, eles gastaram 27% do PIB/habitante, enquanto o Brasil gastou 10% do PIB/habitante. Esse fato indica que os países ricos gastam mais, não só em termos absolutos, mas que seu esforço é proporcionalmente maior".*

Por fim, é oportuno observar que havia uma expectativa superdimensionada em torno dos recursos do Pré-sal para melhorar a educação, sobretudo a educação básica. O que há de verdadeiro e de imaginativo nisto? De fato, em 2013, foi sancionada a lei que instituiu que 75% dos *royalties* do petróleo sejam destinados à educação e 25% à saúde entre estados e municípios do país. Ainda, a lei prevê que 50% do Fundo Social do Pré-sal sejam canalizados para educação e saúde. A questão é que há um descompasso, uma dissintonia entre as urgências da educação e o ritmo temporal do aparecimento das receitas mais alentadas do Pré-sal. Calcula-se que os rendimentos financeiros do Pré--sal somente alcançariam plenitude em dez anos, e isto se fossem feitos todos os investimentos necessários para viabilizar plenamente a produção. A grande verdade é que ou o Brasil resolve, de uma vez por todas, os problemas crônicos da educação básica ou se abrirão fendas cada vez mais crescentes entre nosso país e os demais países do mundo desenvolvido e paradigmáticos no domínio tecnológico. O Fundo Social tem a finalidade de constituir fonte de recursos para o desenvolvimento social e regional, na forma de programas e projetos nas áreas de combate à pobreza e de desenvolvimento. A educação escolar no País ganhou um novo direcionamento com a política de Fundos Contábeis para a sua evolução, como veremos:

Para finalizar esta inserção no emaranhado dos recursos financeiros de financiamento da educação, cabe ressaltar dois aspectos, na visão político-pragmática de MARTINS (2011: 280): a) "A autonomia não pode ser dissociada da solidariedade federativa", b) "...os fundos podem constituir instrumento de concretização do dever de todos os entes federados para com a educação e a redução das desigualdades regionais", e; c) "Ao estender o efeito redistributivo para toda a educação básica, o FUNDEB tornou-se um instrumento mais eficaz para promover a equidade"[114].

O largo alcance do Fundeb em uma visão interfederativa, sociopolítica e desenvolvimentista do país, com base nos padrões de qualidade da cidadania nacional, será destrinchada na exegese do art. 69, que passamos a analisar. Na verdade, trata-se de uma leitura casada com o artigo 68, uma vez que seus

---

114. Para saber mais, ver: MARTINS, Paulo de Sena, *Fundeb*, Federalismo e regime de colaboração, Campinas-SP, Autores Associados, 2011.

conteúdos posicionam-se no campo estratégico-político de **recursos públicos destinados à educação.**

Os recursos financeiros para a educação não são propriamente uma questão de orçamento público, senão, primordialmente, uma questão de dever do Estado no sentido de que tais recursos devem descolar-se do âmbito das **prioridades** e localizar-se no âmbito das **precedências.** Assim, quando falamos em financiamento da educação escolar, estamos falando, necessariamente, em qualidade social do ensino e em visão de cidadania e de sociedade.

Art. 69 – A União aplicará, anualmente, nunca menos de dezoito, e os estados, o DF e os municípios, vinte e cinco por cento, ou o que consta nas respectivas Constituições ou Leis Orgânicas, da receita resultante de impostos, compreendidas as transferências constitucionais, na manutenção e desenvolvimento do ensino público.

§ 1º – A parcela da arrecadação de impostos transferida pela União aos estados, ao DF e aos municípios, ou pelos estados aos respectivos municípios, não será considerada, para efeito do cálculo previsto neste artigo, receita do governo que a transferir.

§ 2º – Serão consideradas excluídas das receitas de impostos mencionadas neste artigo as operações de crédito por antecipação de receita orçamentária de impostos.

§ 3º – Para fixação inicial dos valores correspondentes aos mínimos estatuídos neste artigo, será considerada a receita estimada na lei do orçamento anual, ajustada, quando for o caso, por lei que autorizar a abertura de créditos adicionais, com base no eventual excesso de arrecadação.

§ 4º – As diferenças entre a receita e a despesa previstas e as efetivamente realizadas, que resultem no não atendimento dos percentuais mínimos obrigatórios, serão apuradas e corrigidas a cada trimestre do exercício financeiro.

§ 5º – O repasse dos valores referidos neste artigo do caixa da União, dos estados, do DF e dos municípios ocorrerá imediatamente ao órgão responsável pela educação, observados os seguintes prazos:

I – recursos arrecadados do primeiro ao décimo dia de cada mês, até o vigésimo dia;

II – recursos arrecadados do décimo primeiro ao vigésimo dia de cada mês, até o trigésimo dia;

III – recursos arrecadados do vigésimo primeiro dia ao final de cada mês, até o décimo dia do mês subsequente.

§ 6º – O atraso da liberação sujeitará os recursos a correção monetária e à responsabilização civil e criminal das autoridades competentes.

Art. 69 – Este artigo define os percentuais que as diferentes instâncias da administração pública (União, estados, DF e municípios) estão obrigadas a aplicar em manutenção e desenvolvimento do ensino. Tal conceito está explicitado no art. 70. Trata-se de percentuais mínimos. Portanto, as constituições dos estados e as leis orgânicas municipais poderão determinar um percentual maior. Em alguns estados, isto já acontece, como é o caso da Constituição do Estado de São Paulo que, em seu art. 255, fixa um mínimo de 30% para gastos em educação e da Constituição do Estado do Rio Grande do Sul que prevê um mínimo de 35%.

O fulcro do *caput* do art. 69 está na questão:

❖ Quais são os percentuais que as diferentes instâncias da administração pública estão obrigadas a aplicar, anualmente, em manutenção e desenvolvimento do ensino?

A resposta a esta questão está na própria Constituição Federal, como podemos ver:

Art. 212. A União aplicará, anualmente, nunca menos de dezoito, e os Estados, o Distrito Federal e os Municípios vinte e cinco por cento, no mínimo, da receita resultante de impostos, compreendida a proveniente de transferências, na manutenção e desenvolvimento do ensino.

A aplicação dos recursos, com os percentuais ora referenciados, deve considerar:

a) Os sistemas de ensino federal, estadual e municipal.

b) A prioridade ao atendimento das necessidades do ensino obrigatório, no que se refere à universalização, garantia de padrão de qualidade e equidade, nos termos do Plano Nacional de Educação/PNE: Equidade que, ao lado de igualdade, constitui princípio orientador de garantia de direitos e objetivos de aprendizagens essenciais a serem alcançados por todos os alunos da educação básica.

c) A possibilidade de direcionamento dos recursos a escolas comunitárias, confessionais ou filantrópicas, dede que enquadradas na Lei.

§ 1º, 2º, 3º, e 4º – Para efeito de elucidação deste conjunto de parágrafos sobre percentuais, critérios de aplicação e procedimentos operacionais da destinação dos recursos para a educação, vamos fazer uma abordagem integrada.

Os valores mínimos são fixados na lei orçamentária anual. Como se sabe, o orçamento é o cálculo da receita e da despesa, organizado pelo Poder Executivo e, necessariamente, submetido ao Poder Legislativo. O orçamento é, de fato, uma lei. Denominado de *orçamento-programa* porque, nesta lei, estão discriminados os investimentos totais, seja de custeio (manutenção), seja de capital (infraestrutura), seja dos programas e projetos, bem como das metas físicas anuais (o que se vai fazer, em que tempo e com quanto).

Com o avanço dos níveis de participação da sociedade, vai tomando corpo a ideia de *orçamento participativo*, no qual a comunidade decide, com o governante, as prioridades da ação governamental. Desta forma, assume maior controle sobre os gastos realizados.

Quando há excesso de arrecadação e, portanto, a estimativa feita é ultrapassada, calculam-se, os acréscimos para que a manutenção e desenvolvimento do ensino não sofram prejuízos.

Há critérios e prazos para a distribuição dos recursos arrecadados, constantes do § 5º, do artigo ora analisado, e disciplinados pela Emenda Constitucional 53/2006, que criou o Fundo de Manutenção e Desenvolvimento da Educação Básica e de Valorização dos Profissionais da Educação (Fundeb). Aqui, vale lembrar que, em 25 de dezembro de 2020, foi publicada a Lei nº 14.113 que "regulamenta o Fundo de Manutenção e Desenvolvimento da Educação Básica e de Valorização dos Profissionais da Educação (Fundeb), de que trata o art. 212-A da Constituição Federal; revoga dispositivos da Lei nº 11.494, de 20 de junho de 2007; e dá outras providências".

À guisa de esclarecer o conteúdo do artigo citado, convém fazer a sua transcrição:

> **Art. 212-A.** *Os Estados, o Distrito Federal e os Municípios destinarão parte dos recursos a que se refere o caput do art. 212 desta Constituição à manutenção e ao desenvolvimento do ensino na educação básica e à remuneração condigna de seus profissionais, respeitadas as seguintes disposições: (Incluído pela Emenda Constitucional nº 108, de 2020)*
>
> *I – a distribuição dos recursos e de responsabilidades entre o Distrito Federal, os Estados e seus Municípios é assegurada mediante a instituição, no âmbito de cada Estado e do Distrito Federal, de um Fundo de Manutenção e Desenvolvimento da Educação Básica e de*

Valorização dos Profissionais da Educação (Fundeb), de natureza contábil; (Incluído pela Emenda Constitucional nº 108, de 2020)

Em nível de amplitude compreensiva, é importante ressaltar a dimensão federativa do financiamento da educação com o compartilhamento de responsabilidades. Neste horizonte, a própria Constituição Federal prescreve:

Art. 212. *A União aplicará, anualmente, nunca menos de dezoito, e os Estados, o Distrito Federal e os Municípios vinte e cinco por cento, no mínimo, da receita resultante de impostos, compreendida a proveniente de transferências, na manutenção e desenvolvimento do ensino.*

§ 1º A parcela da arrecadação de impostos transferida pela União aos Estados, ao Distrito Federal e aos Municípios, ou pelos Estados aos respectivos Municípios, não é considerada, para efeito do cálculo previsto neste artigo, receita do governo que a transferir.

§ 2º Para efeito do cumprimento do disposto no "caput" deste artigo, serão considerados os sistemas de ensino federal, estadual e municipal e os recursos aplicados na forma do art. 213.

§ 3º A distribuição dos recursos públicos assegurará prioridade ao atendimento das necessidades do ensino obrigatório, no que se refere a universalização, garantia de padrão de qualidade e equidade, nos termos do plano nacional de educação. (Redação dada pela Emenda Constitucional nº 59, de 2009)

§ 4º Os programas suplementares de alimentação e assistência à saúde previstos no art. 208, VII, serão financiados com recursos provenientes de contribuições sociais e outros recursos orçamentários.

§ 5º A educação básica pública terá como fonte adicional de financiamento a contribuição social do salário-educação, recolhida pelas empresas na forma da lei. (Redação dada pela Emenda Constitucional nº 53, de 2006) (Vide Decreto nº 6.003, de 2006)

§ 6º As cotas estaduais e municipais da arrecadação da contribuição social do salário-educação serão distribuídas proporcionalmente ao número de alunos matriculados na educação básica nas respectivas redes públicas de ensino. (Incluído pela Emenda Constitucional nº 53, de 2006)

§ 7º É vedado o uso dos recursos referidos no caput e nos §§ 5º e 6º deste artigo para pagamento de aposentadorias e de pensões. (Incluído pela Emenda Constitucional nº 108, de 2020)

❖ Pontos a considerar complementarmente sobre o Fundeb, sua construção e distribuição de recursos.

Ponto 01>

Toda a regulamentação do Fundeb está disposta na Lei nº 14.113, de dezembro de 2020, como já destacado.

Ponto 02>

A instituição dos Fundos e a aplicação de seus recursos não isentam os Estados, o Distrito Federal e os Municípios da obrigatoriedade da aplicação na manutenção e no desenvolvimento do ensino, na forma prevista no art. 212 da Constituição Federal e no inciso VI do caput e parágrafo único do art. 10 e no inciso V do caput do art. 11 da Lei 9.394, de 20 de dezembro de 1996.

Ponto 03>

Os Fundos destinam-se à manutenção e ao desenvolvimento da educação básica pública e à valorização dos profissionais da educação, incluída sua condigna remuneração, observado o disposto nesta lei.

Ponto 04>

A distribuição de recursos que compõem os Fundos no âmbito de cada Estado e do Distrito Federal e da complementação da União, dar-se-á em função do número de alunos matriculados nas respectivas redes de educação básica pública presencial, observadas as diferenças e as ponderações quanto ao valor anual por aluno (VAAF, VAAT ou VAAR) entre etapas, modalidades, duração da jornada e tipos de estabelecimentos de ensino e consideradas as respectivas especificidades e os insumos necessários para a garantia de sua qualidade, bem como o disposto no art. 10 desta Lei.[115]

---

115. Disposições deste artigo: (número de alunos matriculados nas respectivas redes de educação básica pública presencial, observadas as diferenças e as ponderações quanto ao valor anual por aluno (VAAP e VAAT) relativas:

I. Ao nível socioeconômico dos educandos;

II. Aos indicadores de disponibilidade de recursos vinculados à educação de cada ente federado;

III. Aos indicadores de utilização do potencial de arrecadação tributária de cada ente federado.

Ponto 05>

Para fins de distribuição dos recursos de que trata esta Lei, serão considerados exclusivamente as matrículas presenciais efetivas, conforme os dados apurados no Censo Escolar mais atualizado, realizado anualmente pelo Instituto Nacional de Estudos e Pesquisas Educacionais Anísio Teixeira (Inep), observadas as diferenças e as ponderações mencionadas nos arts. 7º e 10º desta Lei.

Ponto 06>

O cálculo do valor anual total por aluno (VAAT) das redes de ensino tem vinculação com:

1. Melhoria dos indicadores de qualidade;

2. Adoção dos critérios técnicos de mérito e desempenho dos gestores escolares;

3. Participação de pelo menos 80% dos estudantes de cada ano escolar periodicamente avaliado em cada rede de ensino por meio dos exames nacionais do sistema nacional de avaliação da educação básica;

4. Redução das desigualdades educacionais socioeconômicas e raciais medidas nos exames nacionais do sistema nacional de avaliação da educação básica, respeitadas as especificidades da educação escolar indígena e suas realidades;

5. Regime de colaboração entre Estados e Municípios formalizado na legislação estadual e em execução, nos termos do inciso II, do parágrafo único, do art. 158 da Constituição Federal e do art. 3º da Emenda Constitucional nº 108, de 26 de agosto de 2020.

6. Referenciais curriculares alinhados à Base Nacional Comum Curricular, aprovados nos termos do respectivo sistema de ensino.

> Na prática, estamos dizendo que o financiamento da educação é um campo amplo, de rotas complexas. Porém, se queremos educação de qualidade, é necessário contar com recursos em quantidade correspondente a esta EXIGÊNCIA.

A composição financeira das FONTES DE RECEITA DOS FUNDOS, destinados à Manutenção e Desenvolvimento da Educação Básica (CF, art. 212, 212-A) assenta-se em dois patamares: o da composição básica (Estados e Municípios) e o da Complementação da União. Neste duplo horizonte, a lei de regulamentação do Fundeb assim dispõe:

- PATAMAR A: **Das Fontes de Receita dos Fundos**

Art. 3º Os Fundos, no âmbito de cada Estado e do Distrito Federal, são compostos por 20% (vinte por cento) das seguintes fontes de receita:

I – Imposto sobre Transmissão Causa Mortis e Doação de Quaisquer Bens ou Direitos (ITCD) previsto no Inciso I do caput do art. 155 da Constituição Federal.

II – Imposto sobre Operações Relativas à Circulação de Mercadorias e sobre Prestações de Serviços de Transportes Interestadual e Intermunicipal e de Comunicação (ICMS) previsto no Inciso II do caput do art. 155 combinado com o Inciso IV do caput do art. 158 da Constituição Federal.

III – Imposto sobre a Propriedade de Veículos Automotores (IPVA) previsto no Inciso III do caput do art. 155 combinado com o Inciso III do caput do art. 158 da Constituição Federal.

IV – parcela do produto da arrecadação do imposto que a União eventualmente instituir no exercício da competência que lhe é atribuída pelo Inciso I do caput do art. 154 da Constituição Federal, prevista no Inciso II do caput do art. 157 da Constituição Federal.

V – parcela do produto da arrecadação do Imposto sobre a Propriedade Territorial Rural (ITR), relativamente a imóveis situados nos Municípios, prevista no Inciso II do caput do art. 158 da Constituição Federal.

VI – parcela do produto da arrecadação do Imposto sobre a Renda e Proventos de Qualquer Natureza e do Imposto sobre Produtos Industrializados (IPI) devida ao Fundo de Participação dos Estados e do Distrito Federal (FPE), prevista na Alínea a do inciso I do caput do art. 159 da Constituição Federal e na Lei nº 5.172, de 25 de outubro de 1966 (Código Tributário Nacional);

VII – parcela do produto da arrecadação do Imposto sobre a Renda e Proventos de Qualquer Natureza e do IPI devida ao Fundo de Participação dos Municípios (FPM), prevista na alínea b do inciso I do caput do art. 159 da Constituição Federal e na Lei nº 5.172, de 25 de outubro de 1966 (Código Tributário Nacional);

VIII – parcela do produto da arrecadação do IPI devida aos Estados e ao Distrito Federal, prevista no Inciso II do caput do art. 159 da Constituição Federal e na Lei Complementar nº 61, de 26 de dezembro de 1989.

IX – receitas da dívida ativa tributária relativa aos impostos previstos neste artigo, bem como juros e multas eventualmente incidentes.

§ 1º Inclui-se ainda na base de cálculo dos recursos referidos nos incisos I a IX do caput deste artigo o adicional na alíquota do ICMS de que trata o § 1º do art. 82 do Ato das Disposições Constitucionais Transitórias.

§ 2º Além dos recursos mencionados nos incisos I a IX do caput e no § 1º deste artigo, os Fundos contarão com a complementação da União, nos termos da Seção II deste Capítulo.

• PATAMAR B: **Da Complementação da União**

Art. 4º A União complementará os recursos dos Fundos a que se refere o art. 3º desta Lei, conforme disposto nesta Lei.

§ 1º A complementação da União destina-se exclusivamente a assegurar recursos financeiros aos Fundos, aplicando-se o disposto no caput do art. 160 da Constituição Federal.

§ 2º É vedada a utilização dos recursos oriundos da arrecadação da contribuição social do salário-educação a que se refere o § 5º do art. 212 da Constituição Federal na complementação da União aos Fundos.

§ 3º A União poderá utilizar, no máximo, 30% (trinta por cento) do valor de complementação ao Fundeb previsto nocaputdeste artigo para cumprimento da aplicação mínima na manutenção e no desenvolvimento do ensino estabelecida no art. 212 da Constituição Federal.

§ 4º O não cumprimento do disposto neste artigo importará em crime de responsabilidade da autoridade competente.

Art. 5º A complementação da União será equivalente a, no mínimo, 23% (vinte e três por cento) do total de recursos a que se refere o art. 3º desta Lei, nas seguintes modalidades:

I – complementação-VAAF: 10 (dez) pontos percentuais no âmbito de cada Estado e do Distrito Federal, sempre que o valor anual por aluno (VAAF), nos termos da alínea a do inciso I docaputdo art. 6º desta Lei não alcançar o mínimo definido nacionalmente;

II – complementação-VAAT: no mínimo, 10,5 (dez inteiros e cinco décimos) pontos percentuais, em cada rede pública de ensino municipal, estadual ou distrital, sempre que o valor anual total por aluno (VAAT), nos termos da alínea a do inciso II docaputdo art. 6º desta Lei não alcançar o mínimo definido nacionalmente;

III – complementação-VAAR: 2,5 (dois inteiros e cinco décimos) pontos percentuais nas redes públicas que, cumpridas condicionalidades de melhoria de gestão, alcançarem evolução de indicadores a serem definidos, de atendimento e de melhoria da aprendizagem com redução das desigualdades, nos termos do sistema nacional de avaliação da educação básica, conforme disposto no art. 14 desta Lei.

Parágrafo único. A complementação da União, nas modalidades especificadas, a ser distribuída em determinado exercício financeiro, será calculada considerando-se as receitas totais dos Fundos do mesmo exercício.

Estas diferentes rotas de fluxo de financiamento e de aplicação dos recursos da educação exigem um rigoroso acompanhamento da sociedade, o que é realizado através de **conselhos** com tal destinação. Por esta razão, o controle social sobre a distribuição, a transferência e a aplicação dos recursos dos fundos são feitos por **conselhos específicos**, de acordo com o seguinte alinhamento:

- Em âmbito federal;
- Em âmbito estadual;
- Em âmbito do Distrito Federal, e;
- Em âmbito municipal.

A utilização dos recursos do Fundeb submete-se a determinações legais com direcionamentos e destaque para a remuneração docente e de outros trabalhadores de educação, vejamos:

I – remuneração: o total de pagamentos devidos aos profissionais da educação básica em decorrência do efetivo exercício em cargo, emprego ou função, integrantes da estrutura, quadro ou tabela de servidores do Estado, do Distrito Federal ou do Município, conforme o caso, inclusive os encargos sociais incidentes;

II – profissionais da educação básica: docentes, profissionais no exercício de funções de suporte pedagógico direto à docência, de direção ou administração escolar, planejamento, inspeção, supervisão, orientação educacional, coordenação e assessoramento pedagógico, e profissionais de funções de apoio técnico, administrativo ou operacional, em efetivo exercício nas redes de ensino de educação básica; (Redação dada pela Lei nº 14.276, de 2021)

III – efetivo exercício: a atuação efetiva no desempenho das atividades dos profissionais referidos no inciso II deste parágrafo associada à regular vinculação contratual, temporária ou estatutária com o ente governamental que o remunera, não descaracterizada por eventuais afastamentos temporários previstos em lei com ônus para o empregador que não impliquem rompimento da relação jurídica existente.

§ 2º Os recursos oriundos do Fundeb, para atingir o mínimo de 70% (setenta por cento) dos recursos anuais totais dos Fundos destinados ao pagamento, em cada rede de ensino, da remuneração dos profissionais da educação básica em efetivo exercício, poderão ser aplicados para reajuste salarial sob a forma de bonificação, abono, aumento de salário, atualização ou correção salarial. (Incluído pela Lei nº 14.276, de 2021)

Art. 26-A. Os Estados, o Distrito Federal e os Municípios poderão remunerar, com a parcela dos 30% (trinta por cento) não subvinculada aos profissionais da educação referidos no inciso II do § 1º do art. 26 desta Lei, os portadores de diploma de curso superior na área de psicologia ou de serviço social, desde que integrantes de equipes multiprofissionais que atendam aos educandos, nos termos da Lei nº 13.935 de 11 de dezembro de 2019, observado o disposto no caput do art. 27 desta Lei. (Incluído pela Lei nº 14.276, de 2021).

As atribuições dos conselhos estão, assim, definidas: **a)** Acompanhar, fazer o controle social, comprovar a destinação dos recursos e fiscalizar sua aplicação; **b)** Supervisionar o Censo Escolar anual; **c)** Elaborar a proposta orçamentária anual, no âmbito de suas respectivas esferas governamentais de atuação, objetivando concorrer para o regular e tempestivo tratamento e encaminhamento dos dados estatísticos e financeiros que alicerçam a operacionalização dos Fundos; **d)** Acompanhar a aplicação dos recursos federais transferidos à conta do Programa Nacional de Apoio do Transporte do Escolar (Pnade), do Programa de Apoio aos Sistemas de Ensino para Atendimento à Educação de Jovens e Adultos e, ainda, receber e analisar as prestações de contas referentes a esses programas, formulando pareceres conclusivos acerca da aplicação desses recursos, encaminhando-os ao Fundo Nacional de Desenvolvimento da Educação (FNDE).

No caso dos Conselhos dos Fundos com atuação em âmbito dos estados, do DF e dos municípios, poderão, também, no exercício da função fiscalizadora: **a)** Apresentar, ao Poder Legislativo local e aos órgãos do controle interno e externo, manifestação formal sobre os registros contábeis e os demonstrativos gerenciais do Fundo; **b)** Por maioria dos seus membros, convocar o secretário de Educação ou servidor equivalente para prestar esclarecimento acerca do fluxo de recursos e da execução das despesas do Fundo. O prazo para atendimento à convocação não pode ultrapassar 30 dias; **c)** Requisitar ao Poder Executivo cópia de documentos referentes a: **i)** Licitação, empenho, liquidação e pagamento de obras e serviços custeados com recursos do Fundo;

ii) Folhas de pagamento dos profissionais da educação, com discriminação completa da situação de cada um; **iii)** Documentos referentes a convênios com instituições comunitárias, confessionais ou filantrópicas sem fins lucrativos e conveniadas com o poder público e cujas matrículas tenham sido incluídas no Censo Escolar, com oferta na Educação Infantil e na educação especial.

Por fim, o valor mínimo nacional por aluno/ano será fixado a cada ano, com diferenciações por segmentos de ensino, incluindo níveis e modalidades de educação escolar.

O custo mínimo, por seu turno, é calculado pela União, ao término de cada ano, com validade para o ano subsequente, considerando, de um lado, variações regionais no custo dos insumos e, de outro, as diversas modalidades de ensino.

O cálculo do custo mínimo por aluno, capaz de assegurar o ensino de qualidade, servirá de base para que a União, em colaboração com os estados, o DF e os municípios, fixe o padrão mínimo de oportunidades educacionais para o Ensino Fundamental.

Dois aspectos relevantes precisam, ainda, ser levantados:

a) A ação supletiva e redistributiva da União e dos estados, voltada para a correção progressiva das disparidades de acesso e garantia do padrão mínimo de qualidade do ensino, terá como fundamento a fórmula de domínio público que inclua a capacidade de atendimento e, ainda, a medida do esforço fiscal da respectiva instância administrativa (Estado, DF ou município) em favor da manutenção e do desenvolvimento do ensino.

b) A diferença básica entre o Fundef e o Fundeb está na composição de impostos, no universo de alunos atendidos e na forma de organizar o processo de acompanhamento e controle dos recursos, como passaremos a ver.

O Fundeb esconde certas fragilidades que, embora não seja este o melhor lugar para apontá-las, convém nomear algumas para um eventual aprimoramento legislativo. Eis alguns pontos críticos:

1) Os recursos novos são muito limitados, considerando-se o contingente de novos alunos incluídos. Estes recursos poderão assegurar um pouco de quantidade, mas muito pouco de qualidade.

2) Muitos municípios menores poderão vir a ser prejudicados em favor de ganhos para governos estaduais. Certamente, as matrículas nas redes públicas dos estados crescerão mais do que nas redes públicas municipais.

3) O Fundeb, de fato, redistribui apenas 20% de grande parte do volume de recursos já constitucionalmente vinculados à educação, no âmbito do

governo de cada Estado e as respectivas prefeituras, considerando, obviamente, o número de matrículas no campo das prioridades de atendimento constitucional prioritário destas instâncias de governo. Como esclareceu Davies (2008: 38): "[...] quando não houver complementação federal, uns governos ganharão, mas outros perderão na mesma proporção [...]".

4) Esta possibilidade de perdas entre estados e municípios, com vantagem evidentemente para os primeiros, é irrefreável, considerando-se que, de um lado, as matrículas no Ensino Médio são majoritariamente estaduais e, de outro, que elas têm um peso maior (1,2) do que as dos demais segmentos. Não parece razoável pensar que os governos estaduais serão mais generosos com os municípios pelo fato de reterem a maior parcela do ICMS (75%), o imposto componente mais relevante do Fundeb. Em muitos contextos, a luta política menor não deixará que os governantes pensem maior!

5) O salário-educação, pela EC 53, deixa de ter destinação exclusiva para o Ensino Fundamental, nível escolar predominantemente municipal, e passará a uma destinação mais ampla, a educação básica. Com esta medida, os governos estaduais deverão ter ampliação dos benefícios de receita como salário-educação.

6) A definição do valor básico aluno/ano afasta-se do critério de qualidade educativa e se orienta por critério contábil.

7) Não é seguro que os profissionais do magistério são significativamente valorizados com, 60% do Fundeb. Na verdade, a legislação é imprecisa, quando não dúbia, quanto a este conceito que aparece em contextos **diversos** com **diversas** formulações, do tipo: trabalhadores da educação, profissionais da educação, profissionais do magistério. Na verdade, estas duas últimas expressões albergam níveis de compreensão absolutamente diferentes. Basta lembrar que fica fora o salário-educação e, dependendo da lei orgânica, parte dos impostos municipais etc.

§ 5º – O repasse de recursos ao órgão responsável pela educação deve obedecer a prazos fixados nos incisos I, II e III, de tal sorte que não haja retenção indevida por parte das instâncias repassadoras. O eventual atraso dos repasses conduz a duas consequências onerosas: a) correção monetária dos recursos retidos; e b) responsabilização civil e criminal das autoridades praticantes da retenção. Trata-se de previsão legal para assegurar que recursos da educação não sejam usados de forma inadequada.

§ 6º – Trabalhar com recursos públicos implica prestação rigorosa de contas dos recursos recebidos não apenas sob o ponto de vista documental, mas também de efetiva aplicação dos valores recebidos, de publicização do recebimento e de execução do objeto do convênio ou de outro instrumento normativo, conforme o caso. Vencido o prazo da prestação de contas à instância competente, incidirá punição a quem recebeu os recursos sob a forma de correção de valores e de responsabilização criminal.

Art. 70 – Considerar-se-ão como de manutenção e desenvolvimento do ensino as despesas realizadas com vistas à consecução dos objetivos básicos das instituições educacionais de todos os níveis, compreendendo as que se destinam a:

I – remuneração e aperfeiçoamento do pessoal docente e demais profissionais da educação;

II – aquisição, manutenção, construção e conservação de instalações e equipamentos necessários ao ensino;

III – uso e manutenção de bens e serviços vinculados ao ensino;

IV – levantamentos estatísticos, estudos e pesquisas visando precipuamente ao aprimoramento da qualidade e à expansão do ensino;

V – realização de atividades-meio necessárias ao funcionamento dos sistemas de ensino;

VI – concessão de bolsas de estudo a alunos de escolas públicas e privadas;

VII – amortização e custeio de operações de crédito destinadas a atender ao disposto nos incisos deste artigo;

VIII – aquisição de material didático-escolar e manutenção de programas de transporte escolar.

Art. 70 – Ao examinar este estuário de despesas, percebe-se claramente o seu desenvolvimento com vinculação a seis blocos diferenciados, porém, articulados de garantia de padrão de qualidade da escola e do ensino ministrado. Quais são eles?

Bloco I > Base docente qualificada no domínio dos conteúdos das metodologias e das modalidades de avaliação.

Bloco II > Base material escolar apropriada, consistente e funcional no processo de "colimação" das finalidades da educação.

Bloco III > Base estatística e investigativa no horizonte dos reenquadramentos culturais, institucionais e dos reajustes do planejamento sociopedagógico da atualização do Projeto Pedagógico Escolar.

Bloco IV > Base instrumental na mobilização de apoio às diferentes formas de desenvolvimento da aprendizagem, no contexto individual e coletiva.

Bloco V > Base de suporte a(o) à aluno(a) no conjunto de procedimentos voltados ao seu trânsito socioeconômico e escolar comunitário.

Bloco VI > Base lúdica no fomento de um ambiente de ensino-aprendizagem descontraído, desejável, desempenhável nas tarefas e direcionado a experiências vivenciais e a projetos de vida.

Este amplo painel do circuito dos sistemas de ensino, das redes de escolas e de cada escola, enquanto unidade básica específica para os processos do ensino sistematizado, da aprendizagem articulada e do desenvolvimento integral dos alunos, em contexto dos investimentos financeiros, "com vistas à consecução dos objetivos básicos das instituições educacionais de todos os níveis, contribui para potencializar a ideia de ESCOLA EFICAZ, conceito surgido com vigor e grande poder de irradiação no início da década de 90 e hospedado nas agendas educacionais de diferentes fóruns internacionais na referenciada formulação (EFFECTIVENESS, "SCHOOL IMPROVEMENT-ESI (Reynolds et al., 1996). Este conceito volta-se para o conhecimento dos fatores interdependentes que tornam a ESCOLA EFICAZ no desenvolvimento aprimorador e sociocognitivo do(a) aluno(a). Tudo isto resulta no que Murilo, F, Javice (2007: 31), denomina de A QUALIFICAÇÃO DA ESCOLA.

Retomando o aspecto mais direto com foco em "despesas realizadas com manutenção e desenvolvimento do ensino", ressalta que este artigo traz à tona uma das questões mais intrincadas da educação básica brasileira: definir o que é manutenção e desenvolvimento do ensino. A ausência de um conceito preciso para tal contribuiu para o desperdício e a aplicação irresponsável de recursos importantes ao longo da história educacional de nosso país. Administradores públicos, sobretudo governadores e prefeitos – é no município que o Ensino Fundamental, de fato, acontece –, usaram os recursos da educação para as ações mais estapafúrdias possíveis. Construção de pontes, de linhas de eletrificação rural, de muros para campos de futebol, de pagamentos de bandas e de conjuntos para festas, de transporte para a primeira dama etc., tudo isto custeando a manutenção e desenvolvimento do ensino! À míngua de precisões legais, Tribunais de Contas faziam, também, vista grossa a tais despesas. Hoje, os tribunais são intolerantes com este tipo de desvio legal.

A Emenda Calmon – que elevou os patamares percentuais para investimentos em educação e que foi incorporada à Constituição de 1988 – tentou resolver esta questão. Mas não houve instrumentos legais que operacionalizassem o objetivo. A Lei 5.692/1971 era de uma inocuidade a toda prova, quando definia, em seu art. 42, que "os recursos públicos destinados à educação serão aplicados preferencialmente na manutenção e desenvolvimento do ensino oficial [...]", ou seja, deixava um campo aberto para a criatividade, muitas vezes, criminosa de administradores inescrupulosos.

> **I, II, III, IV, V, VI, VII e VIII** – A partir da vigência da Lei 9.394/1996, este problema foi sendo, definitivamente, resolvido. O legislador foi radical: definiu o que é e o que não é manutenção e desenvolvimento do ensino (art. 70 e 71), buscando evitar, assim, interpretações desviantes. Mesmo no caso do inc. V, que alguns consideram permissivo, aberto a interpretações subjetivas, vale lembrar que sua leitura deve ser feita vinculada no *caput* do art. 70. Portanto, quando se fala em realização de atividades-meio necessárias ao funcionamento dos sistemas de ensino, quer-se referir a atividades no âmbito da escola, voltadas, por conseguinte, para o ato pedagógico concreto que se realiza no ambiente da sala de aula. Tanto é assim que o inc. V, do art. 71 diz que não constituirão despesas de manutenção e desenvolvimento do ensino... obras de "infraestrutura, ainda que realizadas para beneficiar direta ou indiretamente a rede escolar". Em síntese, os art. 70 e 71 devem ser lidos articuladamente, dado que não se trata de substância legal disjuntiva, mas conjuntiva.

Por fim, cabe considerar que a LDB incluiu, como despesas de manutenção e desenvolvimento do ensino, aquelas realizadas com a aquisição de material escolar e com a manutenção de transporte escolar. Ficaram fora deste conceito as despesas feitas com programas suplementares de alimentação e de assistência à saúde. O poder público, porém, não pode usar tal alegação para deixar de oferecer atendimento nestas áreas, uma vez que a Constituição Federal, em seu art. 212, diz que tais programas "serão financiados com recursos provenientes de contribuições sociais e outros recursos orçamentários".

Art. 71 – Não constituirão despesas de manutenção e desenvolvimento do ensino aquelas realizadas com:

I – pesquisa, quando não vinculada às instituições de ensino, ou, quando efetivada fora dos sistemas de ensino, que não vise, precipuamente, ao aprimoramento de sua qualidade ou à sua expansão;

II – subvenção a instituições públicas ou privadas de caráter assistencial, desportivo ou cultural;

III – formação de quadros especiais para a administração pública, sejam militares ou civis, inclusive diplomáticos;

IV – programas suplementares de alimentação, assistência médico-odontológica, farmacêutica e psicológica, e outras formas de assistência social;

V – obras de infraestrutura, ainda que realizadas para beneficiar direta ou indiretamente a rede escolar;

VI – pessoal docente e demais trabalhadores da educação, quando em desvio de função ou em atividade alheia à manutenção e desenvolvimento do ensino.

Art. 71 – Para dirimir quaisquer dúvidas a respeito do conceito de manutenção e desenvolvimento do ensino, o legislador resolveu esclarecer o que não pode ser considerado como despesas em educação, através dos recursos constitucionais definidos para a educação básica. Fica evidenciado, de forma indubitável, que os recursos financeiros previstos na Constituição Federal e objetivo de disciplinamento pelo Fundo de Manutenção e Desenvolvimento da Educação Básica e de Valorização dos Profissionais da Educação (Fundeb) são de destinação exclusiva dos insumos para o ensino enquanto processo localizado no espaço escolar. Nesse sentido, podem ser entendidos, também, o material didático e o transporte escolar. O primeiro, embora integrado exteriormente ao ato pedagógico formal, é condutor essencial de aprendizagem; o segundo é essencial para que o aluno chegue à escola, nela permaneça sem preocupação e, no momento próprio, possa retornar para sua casa com segurança.

Cabe a cada sociedade, em amplitude nacional e local, definir, objetivamente, que tipo de cidadão quer educar e que tipo de cidadania quer preparar. Esta perspectiva bifronte acha-se perfilada no art. 2º, da LDB, que trata dos PRINCÍPIOS E FINS DA EDUCAÇÃO NACIONAL. Em decorrência, aí estão as demarcações conceituais e operativas, fixando os contornos do que é e do que não é foco de despesas de manutenção e desenvolvimento de ensino. **Manter** é assegurar estabilidade e **desenvolver** é aprimorar e inovar.

Antes de considerações finais sobre os incisos de I a VI, cabe frisar que o inc. VI, desestimula a fuga do professor e dos especialistas em educação (administradores, planejadores, orientadores, supervisores etc.) da sala de aula, ao considerá-los fora do alcance das despesas com manutenção e desenvolvimento do ensino, sempre que dedicados a outras tarefas. Com esta medida, os poderes públicos ficam, também, desestimulados a contratar, irresponsavelmente, pessoas sem qualquer identificação com o múnus docente, apenas para atender a interesses políticos subalternos.

> I, II, III, IV, V e VI – Ficam fora da compreensão de "despesas de manutenção e desenvolvimento do ensino" todas aquelas que não incidam diretamente na expansão de vagas no âmbito do ensino regular e, ainda, aquelas que não incidam na melhoria da qualidade do ensino, aferida de acordo com os indicadores da educação básica fixados pelo Sistema Nacional de Avaliação, compreendendo as avaliações nacionais e as fixadas pelo próprio sistema de ensino. Os parâmetros de melhoria do desempenho dos alunos estão definidos nas metas e estratégias do Plano Nacional de Educação (Lei 13.005/2014), com desdobramentos nos respectivos Planos Estaduais e Municipais de Educação. Esta a razão por que o art. 11 do PNE preceitua:

> *Art. 11 – O Sistema Nacional de Avaliação da Educação Básica, coordenado pela União, em colaboração com os estados, o DF e os municípios, constituirá fonte de informação para a avaliação da qualidade da educação básica e para a orientação das políticas públicas desse nível de ensino.*

A Lei nº 14.113, que disciplina os recursos do Fundeb, indica detalhadamente os campos de aplicação (níveis e modalidades de ensino) que são objeto de destinação dos recursos financeiros direcionados às diferentes áreas da educação básica. Por esta razão, é tão fundamental a apuração dos recortes e despesas com manutenção e desenvolvimento do ensino público, assim como o acompanhamento da atualização dos órgãos fiscalizadores pela sociedade, aspectos do foco dos próximos dois artigos, objeto de análise a seguir.

Art. 72 – As receitas e despesas com manutenção e desenvolvimento do ensino serão apuradas e publicadas nos balanços do poder público, assim como nos relatórios a que se refere o § 3º do art. 165 da Constituição Federal.

Art. 72 – As questões de fiscalização da correta aplicação de recursos públicos no Brasil são pouco consideradas pela sociedade. Na verdade, sabemos lutar pela criação de leis, mas não sabemos lutar, adequadamente, para sua aplicação. Fiscalizamos pouco e pouco exigimos dos órgãos de fiscalização. No caso específico dos recursos da educação, nem participamos, convenientemente, das discussões orçamentárias nem exigimos, das instâncias fiscalizadoras (Assembleias Legislativas, Câmaras Municipais e Tribunais de Contas), uma postura de rigor na aplicação correta dos recursos. Na verdade, a sociedade pouco sabe do que se passa no Tribunal de Contas da União e nos Tribunais de Contas dos estados e dos municípios.

O art. 72 busca avançar na área obscura do acompanhamento e da fiscalização das despesas com educação. Os art. 68, 69, 70 e 71, do Título VII desta lei, que tratam dos Recursos Financeiros, oferecem o inteiro balizamento para esta ação fiscalizadora. O poder público exibirá balanços contendo receita e despesas com manutenção e desenvolvimento do ensino, cabendo aos respectivos órgãos fiscalizadores apurar se a União está investindo 18%, e estados, DF e municípios 25%, ao ano, na manutenção e desenvolvimento do ensino (art. 212 da Constituição Federal). Além disso, o texto constitucional é taxativo quanto ao imperativo da publicação destes balanços, ao determinar que "o Poder Executivo publicará, até trinta dias após o encerramento de cada bimestre, o relatório resumido da execução orçamentária" (art. 165, § 3º da Constituição Federal).

Cabe destacar aqui a relevância das atribuições dos Tribunais de Contas e do Ministério Público, quase sempre mais atentos do que a própria sociedade em geral no acompanhamento rotineiro da aplicação adequada dos recursos da educação.

Este artigo, com o reforço do art. 73, deixa clara a imperatividade de publicização e fiscalização da aplicação dos recursos públicos em educação. Trata-se de exigência de ordenamento constitucional no campo do cumprimento da vinculação de recursos públicos da educação (CF, art. 212). Vários estudos nacionais e internacionais e relatórios técnicos de agências multilaterais apontam a necessidade da adoção do procedimento de *accountability* (responsabilidade na aplicação dos recursos financeiros) na gestão pública dos recursos com vinculação específica, como é o caso, no Brasil, dos recursos para a educação e saúde.

A grande questão no campo da apuração das despesas com a educação não reside na simples identificação de uma adequação burocrático-legal dos gastos, mas, adicionalmente, de uma verificação objetiva para aferir se os recursos foram aplicados de forma socialmente relevante. Isto importa em, além do respeito rigoroso aos princípios da legalidade, uma verificação das relações adequadas, envolvendo a educação e a sociedade civil, o cidadão e a coletividade em que vive, com desdobramentos sobre o direito à educação, posicionado como condição para o desenvolvimento do País. O financiamento da educação, em uma sociedade agudamente desigual como a brasileira, requer que "os recursos orçamentários para o ensino regular sejam definidos e referidos aos direitos fundamentais de cada um. Esta deve ser a grande seara da fiscalização!!".

Art. 73 – Os órgãos fiscalizadores examinarão, prioritariamente, na prestação de contas de recursos públicos, o cumprimento do disposto no <u>art. 212 da Constituição Federal</u>, no art. 60 do Ato das Disposições Constitucionais Transitórias e na legislação concernente.

Art. 73 – Quando a lei fala em *órgãos fiscalizadores*, está se referindo, precipuamente, mas não exclusivamente, ao Poder Legislativo e aos Tribunais de Contas. A eles caberá o exame da prestação de contas na ótica prioritária da observância dos seguintes aspectos, nos termos do art. 212 da Constituição Federal e do art. 60 do Ato das Disposições Constitucionais Transitórias: i) Aplicação anual de, no mínimo, 18% da receita resultante de impostos, em manutenção e desenvolvimento do ensino, no caso da União; ii) Aplicação anual de, no mínimo, 25% da receita resultante de impostos em manutenção e desenvolvimento do ensino, no caso de estados, DF e municípios; iii) Atendimento prioritário às necessidades do ensino obrigatório; iv) Aplicação de, pelo menos, 60% dos recursos para manutenção e desenvolvimento do ensino, para a eliminação do analfabetismo e universalização da educação básica, remuneração condigna do magistério e melhoria da qualidade do ensino (CF. art. 214).

Com a criação do Fundeb, o território da fiscalização se ampliou consideravelmente, exigindo maior atenção por parte das instâncias responsáveis, máxime se levarmos em conta que se já era difícil a permanente vigilância fiscalizadora no que tange aos recursos destinados ao Ensino Fundamental, tanto mais será com o aumento e diversificação da destinação destes recursos, agora direcionados, também, para a Educação Infantil e o Ensino Médio, além das correspondentes modalidades de ensino. Nesse particular, crescem as responsabilidades da constituição de conselhos federal, estaduais e municipais de acompanhamento e controle social do Fundeb. Isto, sem olvidar as enormes responsabilidades do Ministério Público. Sabe-se que "o potencial democrático destes conselhos é bastante limitado, por uma série de razões [...], em primeiro lugar, apesar do nome (Conselhos de Acompanhamento e Controle Social), são mais estatais do que sociais, uma vez que são compostos mais por representantes do Estado do que da sociedade" (DAVIES, 2008: 57).

Para assegurar o cumprimento fiel de uso dos recursos do Fundeb, o MEC firmou convênio com as Procuradorias-Gerais de Justiça dos estados. Ou seja, busca-se estreitar relações com o Ministério Público dos estados para o cumprimento dos critérios legais estabelecidos para o uso dos recursos do Fundeb. Os principais problemas detectados pelo MEC no âmbito do Fundeb têm sido: i) Atraso no pagamento de salários aos profissionais da educação; ii) Não aplicação do mínimo de 60% dos recursos do Fundeb na remuneração do magistério; iii) Não criação dos Conselhos de Acompanhamento e Controle Social do Fundeb; iv) Não funcionamento adequado destes conselhos; v) Não criação/implantação de plano de carreira e remuneração do magistério; vi) Aplicação indevida dos recursos do Fundeb em outros níveis de ensino; vii) Aplicação dos recursos do Fundeb em ações não caracterizadas como de manutenção e desenvolvimento do ensino; viii) Aquisição e manutenção de transporte escolar inadequado; ix) Elevação do número de alunos no Censo Escolar; x) Apropriação de recursos do Fundeb para pagamento de folha de pessoal não da educação, com a devolução tardia destes recursos. Qualquer destes casos conta com respaldo legal para abertura de procedimento administrativo.

No âmbito federal, é forçoso reconhecer o baixo poder de autonomia do **conselho**, considerando que sua constituição é feita a partir de mecanismos de atração do governo em relação a entidades com participação nele. Quanto aos representantes não estatais – no caso, pais de alunos e estudantes – falta-lhes um sentido de organização. Por fim, as entidades estudantis estão inteiramente comprometidas em sua independência, transformadas que foram, com alguma frequência, por força do suporte financeiro que recebem, em extensões e porta-vozes de projetos do governo.

Talvez, no campo da fiscalização e controle social dos recursos do Fundeb, se possa esperar alguma independência da parte dos Conselhos Municipais cuja formação é menos estatal. Dos nove membros previstos pela Lei 11.494, apenas dois membros representam o poder executivo local. Ainda, se no município houver Conselho Municipal de Educação e, também, Conselho Tutelar, estes terão participação no conselho, o que lhes assegurará, certamente, maior independência por sua natureza menos estatal e mais social.

Infelizmente, a tradição brasileira é de contaminação de todos os órgãos de fiscalização de aplicação de recursos públicos pelo apadrinhamento, clientelismo eleitoral e pelo fisiologismo cínico que mascaram relações higiênicas entre Estado e entes presumivelmente representativos da sociedade. Na verdade, em sociedades em que o Poder Executivo exerce funções quase imperiais, os procedimentos de fiscalização de uso de recursos públicos dependem dos níveis de organização da sociedade civil organizada. Portanto, a lei do Fundeb tem um poder limitado seja porque os recursos novos têm pouco alcance, seja porque a fiscalização do uso destes recursos é precária, quando não temerária, dada a forma de constituição dos Conselhos de Acompanhamento e Controle Social.

Art. 74 – A União, em colaboração com os estados, o DF e os municípios, estabelecerá padrão mínimo de oportunidades educacionais para o Ensino Fundamental, baseado no cálculo do custo mínimo por aluno, capaz de assegurar ensino de qualidade.

Parágrafo único. O custo mínimo de que trata este artigo será calculado pela União ao final de cada ano, com validade para o ano subsequente, considerando variações regionais no custo dos insumos e das diversas modalidades de ensino.

Art. 74 – A questão do ensino de qualidade é tema recorrente em vários dispositivos constitucionais, como se pode ver: art. 206, VII; art. 209, II; art. 214, II. Por seu turno, a LDB é, igualmente, insistente nesse aspecto, como se pode ver a partir da incidência do tema: art. 3º, IX; art. 4º, IX; art. 7º, II e art. 75. Além disso, a LDB fala, em diferentes artigos, na obrigatoriedade de *avaliar* o ensino (art. 9º, VI e VIII, art. 10, IV etc.). O PNE reforça com várias Estratégias este enfoque.

A qualidade em educação tem, evidentemente, um custo. O legislador busca definir um balizamento para a fixação do custo mínimo por aluno no *processo de ensino de qualidade.* Por sua vez, a lei atribui à União, em colaboração com estados, DF e municípios, as condições básicas para a oferta de vagas no Ensino Fundamental. Todos estes aspectos estão interligados. Dando desdobramento ao conjunto deles, o Fundeb criou as condicionalidades para a distribuição dos recursos financeiros no horizonte do chamado *ensino de qualidade*, de que falam a Constituição Federal e este artigo ora analisado.

A questão das oportunidades do Ensino Fundamental ganha nova envergadura com a ampliação dos recursos para um ensino de qualidade, agora, destinados a toda a educação básica. Ou seja, a União vai exercer sua capacidade colaborativa com os demais entes da administração pública com o foco no padrão mínimo de oportunidades educacionais, porém no horizonte além do Ensino Fundamental. Este é de oferta compulsória; no entanto, os recursos do Fundeb não só a ele se destinam. Em assim sendo, esta determinação legal ganha força irradiadora sobre os níveis e modalidades de ensino compreendidos no circuito do alcance da lei do Fundeb.

Não por acaso que, tanto na Constituição Federal quanto nesta lei, a garantia do dever do Estado com a educação escolar pública ocorre, entre outros, com a articulação dos princípios da progressiva extensão da obrigatoriedade e gratuidade ao Ensino Médio (LDB, art. 4º, II) e padrões mínimos de qualidade, definidos como a variedade e quantidade mínimas, por aluno, de insumos indispensáveis ao desenvolvimento do processo de ensino-aprendizagem (LDB, art. 4º, IX).

Parágrafo único – Dois vetores orientam a compreensão deste artigo: o padrão mínimo de oportunidades educacionais para a oferta do ensino obrigatório e o cálculo do custo mínimo por aluno. Ou seja, o legislador associa quantidade e qualidade. É compulsório disponibilizar serviços educacionais **para todos**, na idade própria ou fora dela, para aqueles que não tiveram esta chance e, ainda, oferecer uma escola que, estruturada nos termos dos art. 4º, IX, e 25 desta LDB, tenha um funcionamento enquadrado nos art. 2º, 3º e 23 desta mesma lei. O substrato, porém, destes dois vetores é o art. 5º da Constituição Federal. São eles tão importantes em uma sociedade verdadeiramente democrática que, no artigo seguinte (art. 75), retornam, agora, sob a moldura da ação supletiva e redistributiva da União e dos estados, como passaremos a ver. O conteúdo mandatório deste art. 74 alinha-se com as seguintes Estratégias do PNE, assim formuladas:

Meta 20, Estratégias

20.6) no prazo de 2 (dois) anos da vigência deste PNE, será implantado o Custo Aluno-Qualidade inicial (CAQi), referenciado no conjunto de padrões mínimos estabelecidos na legislação educacional e cujo financiamento será calculado com base nos respectivos insumos indispensáveis ao processo de ensino-aprendizagem e será progressivamente reajustado até a implementação plena do Custo Aluno Qualidade (CAQ);

20.7) implementar o Custo Aluno Qualidade (CAQ) como parâmetro para o financiamento da educação de todas as etapas e modalidades da educação básica, a partir do cálculo e do acompanhamento regular dos indicadores de gastos educacionais com investimentos em qualificação e remuneração do pessoal docente e dos demais profissionais da educação pública, em aquisição, manutenção, construção e conservação de instalações e equipamentos necessários ao ensino e em aquisição de material didático-escolar, alimentação e transporte escolar;

20.8) o CAQ será definido no prazo de 3 (três) anos e será continuamente ajustado, com base em metodologia formulada pelo Ministério da Educação (MEC) e acompanhado pelo Fórum Nacional de Educação (FNE), pelo Conselho Nacional de Educação (CNE) e pelas Comissões de Educação da Câmara dos Deputados e de Educação, Cultura e Esportes do Senado Federal.

O custo/aluno-qualidade dirige-se focalmente ao enfrentamento das desigualdades sociais que, via de regra, são aprofundadas com as desigualdades educacionais. A ideia é que, respeitadas as particularidades de cada contexto, uma escola do Norte/Nordeste/Centro-Oeste ofereça as mesmas condições de ensino das escolas das regiões e localidades mais ricas e desenvolvidas do país. A relevância social da ideia contribui para incorporar o CAQi ao PNE, cuja estratégia 20.5 estabelece a necessidade de "definir o custo aluno-qualidade da educação básica em consonância com a ampliação do investimento público em educação". Neste horizonte refunda-se o papel da União no financiamento da educação básica, embora o MEC venha postergando, sob diferentes alegações, a definição do CAQi com previsão de implantação a partir de dois anos de vigência do PNE, ou seja, junho de 2016. Em 34 países da Ocde com *performance* acadêmica elevada de seus alunos na educação básica, o valor do custo/aluno é ponto de partida para definição dos parâmetros do orçamento da educação. Anísio Teixeira, há mais de quatro décadas, já posicionava esta necessidade. O Brasil, por enquanto, continua com estudos intermináveis, apesar de haver indicações, nesse sentido, de vários órgãos e instituições, como é o caso do Ipea e do Movimento Todos pela Educação, sem esquecer a contribuição de universidades e institutos de pesquisa. Sob as mais fantasiosas justificativas, o Governo Federal insiste em não absorver, o que não interessa politicamente resolver, porque há outras prioridades orçamentárias(!). Trata-se de um agressivo desrespeito à Constituição Federal, à LDB, ao PNE e à própria Declaração Universal dos Direitos Humanos.

Art. 75 – A ação supletiva e redistributiva da União e dos estados será exercida de modo a corrigir, progressivamente, as disparidades de acesso e garantir o padrão mínimo de qualidade de ensino.

§ 1º – A ação a que se refere este artigo obedecerá a fórmula de domínio público que inclua a capacidade de atendimento e a medida do esforço fiscal do respectivo Estado, do DF ou do município em favor da manutenção e do desenvolvimento do ensino.

§ 2º – A capacidade de atendimento de cada governo será definida pela razão entre os recursos de uso constitucionalmente obrigatório na manutenção e desenvolvimento do ensino e o custo anual do aluno, relativo ao padrão mínimo de qualidade.

§ 3º – Com base nos critérios estabelecidos nos § 1º e 2º, a União poderá fazer a transferência direta de recursos a cada estabelecimento de ensino, considerado o número de alunos que efetivamente frequentam a escola.

§ 4º – A ação supletiva e redistributiva não poderá ser exercida em favor do DF, dos estados e dos municípios se estes oferecerem vagas, na área de ensino de sua responsabilidade, conforme o inc. VI do art. 10 e o inc. V do art. 11 desta lei, em número inferior à sua capacidade de atendimento.

Art. 75 – A ação redistributiva é de cunho quantitativo. Refere-se à dimensão de insuficiência de recursos. Ação supletiva é de cunho qualitativo. Refere-se à dimensão das dissimetrias sociais. O Estado, em qualquer dos seus níveis (União, estados, DF e municípios), tem despesas e tem receita. Este dispositivo estabelece uma relação baseada no volume de recursos existentes para a manutenção e desenvolvimento do ensino e, também, no esforço fiscal que cada instância faz para o adequado investimento com os recursos constitucionais de uso obrigatório em educação básica. Os parâmetros para a calibragem destes dois vetores são a matrícula e o padrão mínimo de qualidade do ensino.

A União somente fará a transferência de recursos se os critérios de matrícula e de qualidade estiverem sendo observados e, portanto, se houver necessidade de, para consolidar a capacidade de atendimento, um aporte adicional de recursos. É inquestionável o esforço que o MEC vem empreendendo, nestes últimos anos, para respeitar estes critérios, agora transformados em lei. Além disto, para evitar desvios e desperdícios, o governo federal tem implementado o mecanismo de repasse direto de recursos às escolas. Há algumas dificuldades na área de prestação de contas, porque as escolas, além de não possuírem uma cultura de administração financeira descentralizada, ainda não estão adequadamente organizadas, sobretudo no que diz respeito à existência de sólidas Associações de Pais e Mestres e de Caixa Escolar. Mas a experiência é estimuladora. E a Emenda Constitucional 14 albergou esta filosofia de gestão ao cunhar a expressão *ação redistributiva da União*, experiência que vem sendo praticada desde 1995 pelo MEC. Por seu turno, a Emenda Constitucional 53/2006 reforçou, com o objetivo de consolidar a ideia de ação supletiva e redistributiva da União.

Cabe, ainda, destacar que a União passa a exercer sua função indutora sobre os sistemas estaduais e municipais de forma mais robusta. O objetivo é, sem dúvida, corrigir distorções crônicas nos sistemas de ensino. Desafio tanto maior quando se constata que a melhoria de desempenho dos alunos no Ideb não consegue frear a ampliação dos índices de analfabetismo funcional da população brasileira.

O não exercício da ação supletiva e redistributiva em favor do DF, dos estados e municípios, no caso em que eles exerçam suas responsabilidades educacionais abaixo da capacidade de atendimento, é problemático. Na verdade, não há notícia na história republicana que isto haja ocorrido em alguma oportunidade. A União, pelo contrário, sabe de muitos estados e municípios com altos índices de analfabetismo e de escolas insuficientes de Ensino Fundamental e de Ensino Médio, mantendo cursos universitários, nem por isso deixam de ser beneficiados da ação supletiva e redistributiva do governo federal. Basta lembrar que, em 2009, o DF deixou de matricular, em sua rede pública, cerca de cinco mil crianças na faixa etária de quatro e cinco anos, sob a alegação de falta de espaço e professores e, ainda, no contexto atual (2023), milhares de crianças continuam sem creche. Ao mesmo tempo, mantém curso gratuito de medicina!... Ou seja, o § 4º está longe de ser cumprido! Em todos os estados da Federação, há milhares de professores horistas, contratados sem concurso, trabalhando em escolas caracterizadas por uma total desconformidade de suas instalações. No entanto, em nenhum momento, este § 4º é acionado para induzir os faltosos ao cumprimento da lei. O que ocorre, de fato, é que as injunções políticas prevalecem sobre a força da lei e, assim, deixam-se de corrigir, progressivamente, as distorções e disparidades existentes tanto no acesso como na permanência e na garantia de padrão mínimo de qualidade, disfunções que são marcas históricas da educação brasileira.

§ 1º – A ideia de estabelecer a capacidade de atendimento de cada ente federado com a sua respectiva disposição e concretização de esforço fiscal em favor das ações de manutenção e do desenvolvimento do ensino é uma espécie de busca de ponto de equilíbrio que o legislador imaginou para garantir à população o acesso e a permanência na escola. Tudo isso dentro da grande moldura constitucional do dever do Estado (CF, art. 208).

Convém frisar que a lei fala em manutenção e **desenvolvimento** do ensino. Estão, portanto, conjugados dois níveis de preocupação: a expansão da matrícula e a qualidade do ensino. Ou seja, trata-se de um processo político-administrativo dinâmico e submetido a contínuo aperfeiçoamento. Desenvolvimento implica deixar de ser para vir a ser.

§ 2º – Para dar viabilidade ao conceito anterior, a lei delimita, objetivamente, os elementos de fixação acionados para parametrar a capacidade de atendimento adequado. São eles: a) recursos constitucionais vinculados à MDE, b) o custo anual do aluno e c) o padrão mínimo de qualidade. O conjunto destes elementos assegura o funcionamento da escola dentro das condições básicas dos insumos físicos e pedagógicos essenciais.

§ 3º -- A partir da existência dos **insumos físicos e pedagógicos essenciais**, o governo federal define o montante de recursos para envio a cada escola, tendo necessariamente como referência a matrícula efetiva da escola. Portanto, fica mais uma vez comprovada a imperatividade do ensino presencial no âmbito do ensino regular obrigatório, ao menos como princípio geral.

A transferência direta de recursos à escola é um mecanismo importante de valorização da escola como núcleo estruturante do ensino, porém é insuficiente, se não se levar em conta que, em muitos casos, as escolas acumulam necessidades crônicas que os recursos, porque limitados à matrícula, não atendem.

§ 4º – A oferta de vagas em nível inferior à capacidade de atendimento como condicionante à ação supletiva e redistributiva da União em favor do DF, dos estados e dos municípios – já objeto de comentários anteriores – é uma limitação importante para induzir os diversos sistemas de ensino a uma postura de permanente vigilância neste particular.

Quando se fala em **oferta de vagas**, fala-se em oferta de vagas na **escola regular obrigatória**. Isto supõe uma escola com todos os insumos físicos e pedagógicos necessários, incluídos aí professores adequadamente qualificados para o ensino de todas as disciplinas do currículo. O Brasil é o único país do G-20 – ou seja, das vinte maiores economias do mundo – em que os sistemas de ensino funcionam com, pelo menos, 20% dos quadros docentes desfalcados e, portanto, com professores improvisados, numa espécie de afronta à Constituição Federal e à LDB. Os sistemas de ensino, por falta de planejamento, de previsão gerencial, de orientação regulamentadora das ausências docentes e, muitas vezes, por conveniência política, insistem em contratar professores provisórios.

Infelizmente, em vez de resolverem a questão de forma politicamente correta, insistem em soluções também improvisadas, como é o caso da **certificação do professor**, como mecanismo de atestado de qualidade. Esta ideia está na esteira de outras soluções sombrias como o incentivo pó de giz e, mais recentemente, a concessão de bônus salariais. A questão não é criar provas para **certificar professores temporários**, mas fazer concurso público para a seleção de professores definitivos. Certificar professores não é atribuição das Secretarias de Educação. A elas cabe identificar as necessidades e abrir concurso. Formar professores e confirmar que eles estão aptos ao exercício das atividades de magistério são atribuições das faculdades de Educação, dos centros de formação docente e da universidade.

Como se pode depreender da leitura deste § 4º, a ação supletiva e redistributiva tem, também, esta função fiscalizadora que se faz casada com a obrigatoriedade de a União assegurar o processo de avaliação do rendimento escolar, nos ensinos Fundamental, Médio e Superior, em colaboração com os sistemas de ensino, objetivando a definição de prioridades e a melhoria da qualidade do ensino (art. 9º, inc. VI).

Art. 76 – A ação supletiva e redistributiva prevista no artigo anterior ficará condicionada ao efetivo cumprimento pelos estados, DF e municípios do disposto nesta Lei, sem prejuízo de outras prescrições legais.

Art. 76 – Este artigo ratifica a tendência de uma ação indutora por parte da União sobre estados e municípios. Busca-se um reordenamento de critérios para uso dos recursos da educação. Nesse sentido, a ação supletiva e redistributiva da União acenará, cada vez, como uma senha de ações concertadas para a multiplicação de resultados, dentro de uma política de "garantia de padrão mínimo de qualidade do ensino". Além disso, é imprescindível que o ente estatal cumpra plenamente as responsabilidades de oferta de serviços educacionais correspondentes aos níveis escolares sob sua responsabilidade. A conduta de estados e municípios, neste particular, é escorregadia, para não dizer, com bastante frequência, ilegal. Como já destacado anteriormente, há municípios com faculdades, mas sem um sistema funcionalmente adequado de unidades de Educação Infantil nem Ensino Fundamental. Neste particular, fica clara a omissão da própria comunidade que, por via da Câmara Municipal, permite que tal ocorra. Por outro lado, tal ocorrência apenas ratifica a tendência brasileira culturalmente arraigada de favorecer ainda mais, nos serviços públicos, quem já possui condições econômicas favoráveis. Este é um traço das sociedades desiguais. No caso brasileiro, a inobservância deste artigo é palmar diante de dados como:

> 1) Em 2021, só 77,5% dos alunos(as) negros brasileiros com idade própria para o Ensino Fundamental tinham concluído este nível de ensino (IBGE/Pnad, 2021).

2) 72% dos brasileiros desconhecem as políticas da prefeitura do seu município no âmbito educacional (Ed. PLUGGAR, 2023).

3) O Brasil possui 7,6% de sua população com 15 anos ou mais analfabeta. Em posição bem melhor, estão Argentina (2,4%) e Chile (3,5%).

4) 25% dos brasileiros de 15 a 64 anos são analfabetos funcionais.

5) Ultrapassa os 40% o número de alunos analfabetos ao final do primeiro ciclo do Ensino Fundamental.

Estes dados revelam uma cumplicidade entre Estado e Sociedade face ao descumprimento das leis educacionais.

O cumprimento das obrigações legais no conjunto dos art. 75 e 76 é referenciado aos gestores públicos. O PNE é focal e objetivo nesse sentido:

Art. 7º – A União, os estados, o DF e os municípios atuarão em regime de colaboração, visando ao alcance das metas e à implementação das estratégias objeto deste plano.

§ 1º – Caberá aos gestores federais, estaduais, municipais e do DF a adoção das medidas governamentais necessárias ao alcance das metas previstas neste PNE.

Art. 77 – Os recursos públicos serão destinados às escolas públicas, podendo ser dirigidos a escolas comunitárias, confessionais ou filantrópicas que:

I – comprovem finalidade não lucrativa e não distribuam resultados, dividendos, bonificações, participações ou parcela de seu patrimônio sob nenhuma forma ou pretexto;

II – apliquem seus excedentes financeiros em educação;

III – assegurem a destinação de seu patrimônio a outra escola comunitária, filantrópica ou confessional, ou ao Poder Público, no caso de encerramento de suas atividades;

IV – prestem contas ao Poder Público dos recursos recebidos.

§ 1º – Os recursos de que trata este artigo poderão ser destinados a bolsas de estudo para a educação básica, na forma da lei, para os que demonstrarem insuficiência de recursos, quando houver falta de vagas e cursos regulares da rede pública de domicílio do educando, ficando o Poder Público obrigado a investir prioritariamente na expansão da sua rede local.

§ 2º – As atividades universitárias de pesquisa e extensão poderão receber apoio financeiro do Poder Público, inclusive mediante bolsas de estudo.

Art. 77 – A leitura deste artigo deve ser feita em interconexão com o art. 20, inc. IV, que apresenta as instituições filantrópicas como uma das categorias das instituições privadas de ensino, na forma da lei.

Este artigo desdobra dispositivo constitucional que determina a destinação de recursos públicos a escolas públicas, como princípio básico. As instituições privadas estão, portanto, fora do alcance destes recursos, a menos que preencham os requisitos legais de não lucratividade e estejam sob o rigoroso acompanhamento do Poder Público. São as chamadas escolas comunitárias, confessionais ou filantrópicas. Com base no Decreto 2.536, de 06/04/1998, e face às disposições da Lei 9.784, de 29/01/1999 (que regula o processo administrativo no âmbito da Administração Pública Federal), o Plenário do Conselho Nacional de Assistência Social/Cnas[116] emitiu a Resolução 32, de 24/02/1999, disciplinando a certificação de entidades de fins filantrópicos. Como tal, deverão ser entendidas as entidades que atuem no sentido de:

I – proteger a família, a maternidade, a infância, a adolescência e a velhice;

II – amparar crianças e adolescentes carentes;

III – promover ações de prevenção, habilitação e reabilitação de pessoas portadoras de deficiência;

IV – promover, gratuitamente, assistência educacional ou de saúde;

V – promover a integração ao mercado de trabalho;

VI – promover o atendimento e o assessoramento aos beneficiários da Lei Orgânica da Assistência Social e a defesa e garantia dos seus direitos.

> I, II, III e IV – O Certificado de Entidade de Fins Filantrópicos somente poderá ser concedido ou renovado para entidade beneficente de assistência social que demonstre, nos três anos imediatamente anteriores ao requerimento, cumulativamente:

I – estar legalmente constituída no país e em efetivo funcionamento;

II – estar previamente inscrita no Conselho Municipal de Assistência Social do município de sua sede, se houver, ou no Conselho Estadual de Assistência Social, ou Conselho de Assistência do DF;

III – estar previamente registrada no Cnas;

---

116. De acordo com o novo Regimento Interno/Anexo da Resolução Cnas 53/2008, são objetivos do Cnas, entre outros: 1) Aprovar a Política Nacional de Assistência Social; 2) Conceber registro e certificado de entidades beneficentes de assistência social; e 3) Normatizar as ações e regular a prestação de serviços de natureza pública e privada no campo da assistência social.

IV – constar em seus estatutos dispositivos determinando que a entidade:

a) aplique suas rendas, seus recursos e eventual resultado operacional integralmente no território nacional e na manutenção e no desenvolvimento de seus objetivos institucionais;

b) aplique as subvenções e doações recebidas nas finalidades a que estejam vinculadas;

c) não distribua resultados, dividendos, bonificações, participações ou parcela do seu patrimônio, sob nenhuma forma.

d) não percebam seus diretores, conselheiros, sócios, instituidores, benfeitores ou equivalentes remuneração, vantagens ou benefícios, direta ou indiretamente, por qualquer forma ou título, em razão das competências, funções ou atividades que lhes sejam atribuídas pelos respectivos atos constitutivos;

e) destine, em seus atos constitutivos, em caso de dissolução ou extinção, o eventual patrimônio remanescente a entidade congênere registrada no Cnas ou a entidade pública;

f) não constitua patrimônio de indivíduo ou de sociedade sem caráter beneficente de assistência social;

g) preste serviços gratuitos, permanentes e sem qualquer discriminação de clientela, de acordo com o Plano de Trabalho aprovado pelos Cnas.

V – estar aplicando anualmente, em gratuidade, pelo menos vinte por cento da receita bruta proveniente da venda de serviços, acrescida da receita decorrente de aplicações financeiras, de locação de bens, de venda de bens não integrantes do ativo imobilizado e de doações particulares, cujo montante nunca será inferior à isenção de contribuições sociais usufruídas:

a) a entidade que desenvolve atividades nas áreas da assistência social e/ou educacional deverá comprovar gratuidade, a que se refere o inc. V do art. 3º desta Resolução, em cada área de atuação;

b) a entidade da área de saúde deverá comprovar, anualmente, percentual de atendimentos, decorrentes de convênio firmado com o Sistema Único de Saúde (SUS), igual ou superior a sessenta por cento do total de sua capacidade instalada;

c) não poderão ser incluídos como estabelecimentos mantidos pela requerente entidades com personalidade jurídica própria, com inscrição independente no CNPJ (antigo CGC).

VI – as fundações particulares, que desenvolvam atividades previstas nos inc. I a VI do art. 2º, constituídas como pessoas jurídicas de direito privado, deverão apresentar seus contratos, atos constitutivos, estatutos ou compromisso inscritos junto ao Registro Civil de Pessoas Jurídicas, conforme o disposto no art. 16 do Código Civil e devidamente aprovados pelo Ministério Público;

VII – as fundações que desenvolvam atividades previstas nos inc. I a VI do art. 2º, constituídas como pessoas jurídicas de direito privado, instituídas pelos poderes públicos através de autorização legislativa, deverão comprovar que:

a) o regime jurídico do seu pessoal, não incluída diretoria, conselheiros, sócios, benfeitores e instituidores, seja o da Consolidação das Leis do Trabalho (CLT);

b) não participam da diretoria, dos conselhos, dos sócios e dos benfeitores pessoas físicas ou jurídicas dos poderes públicos federal, estadual, municipal ou do DF;

c) as subvenções sociais, dotações orçamentárias ou quaisquer recursos recebidos dos poderes públicos federal, estadual, municipal ou do DF não poderão ser destinados ao pagamento de pessoal;

d) no caso de dissolução, o eventual patrimônio da Fundação seja destinado, de acordo com o art. 30 do Código Civil, ao patrimônio de outras fundações que se proponham a fins iguais ou semelhantes;

e) atendam os demais requisitos previstos nesta Resolução.

Registre-se, aqui, a necessidade de uma maior fiscalização por parte do Ministério Público quanto à real natureza destas instituições. Sabe-se que muitas delas ocultam, sob o véu da comunitariedade e da filantropia, sua volúpia de lucro. O patrimônio físico e os sinais de riqueza que seus proprietários, às vezes, exibem, revelam bem o falso espírito de despojamento que os seus Regimentos e estatutos contêm.

O Cnas tem passado por mudanças profundas em sua organização, exatamente porque muitas entidades fantasmas tiveram seu registro aprovado como beneficiárias da condição de filantrópicas. Aqui é necessário separar o joio do trigo, uma vez que há muitas entidades educacionais sérias, prestando um extraordinário serviço ao país, como é o caso de escolas e colégios religiosos, de estabelecimentos comunitários de ensino e, no contexto da educação superior, das IES comunitárias e das santas casas de misericórdia, muitas delas oferecendo programas de internato e de residência médica.

Este art. 77 remete à possibilidade da coexistência legal de instituições públicas e privadas de ensino, como previsto na própria Constituição Federal. Só que, nesse caso, o legislador está singularizando a situação particularíssima daquelas instituições sem fins lucrativos nem direta nem indiretamente. Sua dimensão comunitária e assistencial esvazia qualquer possibilidade de lucro mercantil e, por isso, elas poderão receber recursos públicos.

A relevância social das escolas comunitárias, confessionais ou filantrópicas, pode ser aferida ao se constatar que, para efeito de distribuição de recursos do Fundeb, serão admitidas, no cômputo das matrículas efetivadas, as matrículas de instituições comunitárias, confessionais ou filantrópicas, sob duas condições: a) que sejam sem fins lucrativos; b) que sejam conveniadas com o poder público (Lei 12.695/2072). Igualmente ocorre com estas mesmas instituições, atuando na pré-escola até a universalização desta prevista na Lei 13.005/2014 (Redação dada pela Lei 13.348/2016). Em qualquer caso, as instituições precisam ter certificado do Conselho Nacional de Assistência Social ou de órgão equivalente, na forma do regulamento. A lei anterior do Fundeb teve vigência até 31 de dezembro de 2020 e, atualmente, entrou em vigor nova legislação.

Em qualquer circunstância, as entidades comunitárias, confessionais e filantrópicas que receberem recursos públicos obrigam-se a prestar contas ao Poder Público, a quem cabe fiscalizar a regularidade de funcionamento.

§ 1º – Os recursos públicos poderão ser canalizados para a cobertura de programas de bolsas de estudos para a educação básica de oferta obrigatória. Nesse caso, os alunos devem comprovar insuficiência de recursos, como também deve ser constatada a inexistência de vaga e de cursos de ensino regular na rede pública do local onde o aluno reside. Esta circunstância obriga o Poder Público a investir com prioridade na expansão de sua rede de escolas como condição de universalizar o atendimento à população na faixa etária de escolaridade obrigatória.

§ 2º – Dentro de suas funções sociais essenciais, além da atividade de ensino, as universidades obrigam-se a desenvolver programas de pesquisa e extensão. Nesse sentido, poderão receber recursos públicos para tais atividades, inclusive com destinação para programa de bolsas de estudo.

TÍTULO VIII
DAS DISPOSIÇÕES GERAIS

Art. 78 – O sistema de ensino da União, com a colaboração das agências federais de fomento à cultura e de assistência aos índios, desenvolverá programas integrados de ensino e pesquisa, para oferta de educação escolar bilíngue e intercultural aos povos indígenas, com os seguintes objetivos:

I – proporcionar aos índios, suas comunidades e povos, a recuperação de suas memórias históricas; a reafirmação de suas identidades étnicas; a valorização de suas línguas e ciências;

II – garantir aos índios, suas comunidades e povos, o acesso às informações, conhecimentos técnicos e científicos da sociedade nacional e demais sociedades indígenas e não índias.

Art. 78 – De início, é importante compreender que as **Disposições Gerais**, integradas ao Título VIII, se deixam conduzir pelos mesmos princípios e valores de todo o corpo legal da LDB. Por isso, igualdade de oportunidades, acesso e permanência na escola e respeito à diversidade marcam presença, também, no segmento das Disposições Gerais. Portanto, não se trata de generalidades no sentido coloquial do termo, senão de aspectos materialmente relevantes envolvidos de forma singular no compacto de estruturação e organização da LDB, com desdobramento no regime de funcionamento dos sistemas de ensino e das escolas. Passemos, então, à exegese do texto.

O art. 78 inaugura o conjunto de dez artigos que encorpam o Título VIII, dedicado às *disposições gerais da LDB*. O texto anterior continha, apenas, seis artigos, que tratavam da autorização de experiências pedagógicas com regimes diversos dos prescritos em lei, do registro profissional, do ajuste de nomenclatura, do ensino ministrado em estabelecimentos militares, do Colégio Pedro II, e, enfim, da possibilidade de as administrações dos sistemas de ensino aprovarem um regimento para um conjunto de escolas pertencentes a uma mesma rede.

Nesta LDB, as *disposições gerais* tratam de questões bem mais substantivas como a educação indígena, a educação a distância e as escolas experimentais. Neste último caso, trata-se de "experiências pedagógicas com regimes diversos dos prescritos na presente lei", conforme rezava o art. 64 da Lei 5.692/1971. Entre uma e outra expressão, há a distância que separa modelo burocrático de modelo técnico-pedagógico.

O sistema de ensino da União é aquele referenciado no art. 16, inc. I desta lei. Portanto, aponta o conjunto de estabelecimentos de ensino de diferentes níveis, mantidos pela União. Este sistema faz parte de um sistema mais amplo, que é o Sistema Federal de Ensino. Este, por sua vez, difere do Sistema Nacional de Educação de contorno ainda indefinido e que, nos termos do art. 13, da Lei 13.005/2014, que estabelece o PNE, deverá ser instituído no prazo de dois anos, a contar da data de publicação da Lei do PNE (25/06/2014). O SNE será responsável pela articulação entre os sistemas de ensino, em regime de colaboração, para a efetivação das diretrizes, metas e estratégias do Plano Nacional de Educação.

Agências federais de fomento à cultura são todas aquelas instâncias do Governo Federal que canalizam recursos e esforços para produção de programações, atividades e bens culturais.

Em março de 1997, portanto há mais de uma década e meia, o MEC apresentou, ao Conselho de Secretários de Educação (Consede), um importante documento sobre a questão da Educação Indígena no país, destacando a necessidade de uma ação envolvendo as três esferas administrativas (federal, estadual e municipal), como condição para uma "educação de qualidade", direito constitucional e fundamental dos povos indígenas brasileiros. Segundo o documento, o MEC trabalharia focando três objetivos fundamentais: i) Investir na formação de recursos humanos; ii) Estimular a produção e publicação de material didático; iii) Divulgar, de forma séria e criteriosa, a existência da diversidade étnica, linguística e cultural, como base para a formação de uma política educativa consciente. Estes objetivos persistem. Vale relembrar que a criação do Ministério dos Povos Indígenas representa um passo importante na direção adequada, como veremos adiante.

Na verdade, a partir da década de 1970, a educação indígena passou a visitar a agenda do MEC. Apesar disso, há, ainda, contradições e conflitos de orientação política e de concepção pedagógica a serem removidos. De qualquer sorte, a Constituição de 1988, com transbordamento inafastável na LDB e no PNE, garante, aos povos indígenas, o direito de estabelecerem formas particulares de organização escolar. Com desdobramento direto em quatro áreas: a) Gestão escolar; b) Definição dos conteúdos; c) Formas de avaliar; e d) Flexibilidade na organização do calendário letivo. Todos estes delineamentos estão previstos no documento Referencial Curricular Nacional para as Escolas Indígenas (Rcnei-Indígena). Tudo isto, evidentemente, tem repercussão na formação de professores e de outros atores institucionais.

O artigo em tela atribui, ao governo federal, a responsabilidade de desenvolver programas integrados de ensino e pesquisa, a partir do concurso de agências de fomento à cultura e de assistência aos índios (Funai), para substanciar a oferta de educação *bilíngue* e intercultural aos povos indígenas. Desta forma, o legislador reforça o § 3º, do art. 32, já destacado.

A educação bilíngue e intercultural dos povos indígenas deve ser entendida como a necessidade de se ter em conta, em qualquer processo pedagógico, a diversidade cultural. A imposição da hegemonia de um modelo educativo cede lugar à concepção diversificada de mundo. O reconhecimento da pluralidade cultural é um estágio avançado do conceito operacional de igualdade. Todos têm direito de construir e exteriorizar sua identidade, sem imposição de valores. É a partir desta concepção político-educativa que deve ser ressituado o resgate da memória, da história, da cultura e da educação indígena. Por isto, a reafirmação das identidades étnicas dos indígenas brasileiros começa por uma escola que respeite as especificidades destes grupos.

Por fim, cabe chamar atenção para os verbos que inauguram os inc. I e II: *proporcionar aos índios... garantir aos índios...* O primeiro tem cunho indicativo e o segundo tem cunho determinativo. Proporcionar é direção, enquanto garantir é obrigação vazada em direito. Portanto, o legislador não atribui, aos sistemas de ensino, posições alternativas, mas políticas e programas imperativos.

Cabe, outrossim, chamar a atenção para a diferença conceitual entre educação indígena e educação escolar indígena. Nos termos do Parecer 14/1999, do CNE, a educação indígena "designa o processo pelo qual cada sociedade internaliza em seus membros um modo próprio e particular de ser, garantindo sua sobrevivência e sua reprodução. Diz respeito ao aprendizado de processos e valores de cada grupo, bem como aos padrões de relacionamento social introjetado na vivência cotidiana dos índios com suas comunidades [...]. Ao longo de sua história, as sociedades indígenas vêm elaborando complexos sistemas de pensamento e modos próprios de produzir, armazenar, expressar, transmitir, avaliar e reelaborar seus conhecimentos e suas concepções sobre o mundo, o homem e o sobrenatural. Os resultados são valores, concepções, práticas e conhecimentos científicos e filosóficos próprios elaborados em condições únicas e transmitidos a cada geração". Por outro lado, a educação escolar indígena, de acordo com o estatuto conceitual atual, é o conjunto de processos educativos, organizados institucionalmente, para "garantir acesso a conhecimentos gerais, sem precisar negar as especificidades culturais e a identidade dos grupos indígenas das diversas regiões do país".

Este art. 78 impõe, ao sistema de ensino da União, uma postura mais ativa e mais responsável em relação aos membros das sociedades indígenas no Brasil, a começar pelo respeito ao direito que as crianças possuem de estudar no contexto da cultura dentro da qual são socializadas. Além de ser constitucional a imposição de uma escola indígena **diferenciada**, esta é, também, uma tendência internacional. Na verdade, "os sistemas de ensino destinados aos povos indígenas minoritários evoluíram consideravelmente no curso das últimas décadas. Em todos os continentes, as lógicas de ensino coloniais se modificaram e integraram a cultura e a língua desses povos em seus programas escolares" (DREYFUS-GAMELON et al., 1997. *Avant-Propos*: 9). Tal mudança é fundamental, pois, como destaca Barnouw (1967: 19), "a cultura de uma sociedade proporciona certo número de soluções já estabelecidas para os problemas da vida. A criança as aprende ao crescer e chega a ver o mundo com as lentes particulares de sua cultura". Portanto, sistemas de ensino e escolas que desconsideram ou ignoram estas dimensões antropológicas estarão praticando uma forma abominável de violência, pela usurpação dos direitos fundamentais das sociedades indígenas.

> **I** – A questão indígena no campo cultural e educacional não pode ser colocada de lado e considerada uma questão menor. Primeiros habitantes do Brasil, os índios nos antecederam no domínio do território e na construção da cultura nacional. Por isso a educação indígena deve ser uma política de Estado já objetivada a partir da infância, uma vez que esta fase da idade "[...] aparece como um componente específico estrutural e cultural das várias sociedades". James e Prout (1990) e Silva e Nunes (2002) corroboram esta compreensão de forma contundente ao dizerem que "se o direito a uma escola a favor os índios e não contra eles foi e é reivindicação de movimentos sociais indígenas, como assegurar que as políticas públicas, de massa, uniformizadoras por definição, não imponham, localmente, um novo modelo padrão de "escola indígena diferenciada, simplificadora e ineficaz"? Ou seja, a sociedade brasileira e o Estado brasileiro precisam compreender que as populações indígenas possuem especificidades que as diferenciam em todos os sentidos. Este o alcance em sua totalidade do artigo ora analisado.

Aqui não se trata de isolar educacionalmente as comunidades indígenas, senão de lhes garantir o direito de se educarem de acordo com seus padrões culturais e, ao mesmo tempo, de lhes possibilitar inteiro acesso às informações, conhecimentos técnicos e científicos da sociedade nacional, das demais sociedades indígenas e não indígenas e, ainda, da realidade planetária.

Este inc. I está em posição legal de sintonia com a Declaração Universal Sobre a Diversidade Cultural da Unesco, que está assim formulada:

Reconhecemos que os povos de origem indígena têm sido, durante séculos, vítimas de discriminação e afirmamos que eles são livres e iguais em dignidade e direitos e não devem sofrer qualquer tipo de discriminação baseada particularmente em sua origem e identidade indígena; enfatizamos a necessidade de tomar medidas constantemente para superar a persistência do racismo, da discriminação racial, da xenofobia, e da intolerância correlata que os afetam.

> **II** – Como comunidades específicas de cidadãos brasileiros, os povos indígenas têm direito à participação no Estado Nacional. Os índios são sujeitos históricos e políticos que têm ajudado a formar a nação brasileira. Não podem, por isso, viver excluídos da sociedade legal e da sociedade real que usufruem os benefícios do desenvolvimento social, educacional, cultural, econômico e geral da nação. Este caminho passa por acessibilidade plena às informações, aos conhecimentos técnicos e científicos da sociedade nacional. As populações indígenas têm os mesmos direitos educacionais dos demais cidadãos brasileiros e cabe ao Estado brasileiro assegurar tais direitos. Os indígenas não podem ser impedidos de ser cidadãos integrados à sociedade do conhecimento e à sociedade tecnológica, sem que isto represente abandonar sua história, sua cultura, suas tradições e suas formas de ser, viver, conviver e relacionar-se com a natureza e o mundo. Os benefícios da cultura tecnológica, da economia do conhecimento, do acesso ao mercado de trabalho e ao consumo devem estar ao seu alcance, bem como o conjunto de condições obrigacionais por parte do Estado indispensáveis para cumprimento do mandamento constitucional do respeito à dignidade humana e de igualdade de direitos, sem preconceitos de origem, raça, cor, idade, sexo, religião, condição social e quaisquer outras formas de preconceito (CF, art. 3º, inc. IV).

O respeito ao conteúdo deste art. 78 e inc. I e II passa necessariamente por uma visão refundada da formação de professores indígenas em cursos de nível superior e médio. Daí, a origem das Diretrizes da Resolução CNE/CP 1, de 07/01/2015. Este texto normativo está assim estruturado:

• Dos princípios e objetivos da formação de professores indígenas.

• Da construção e do desenvolvimento de programas e cursos específicos para a formação de professores indígenas.

• Do perfil do professor indígena.

• Dos projetos pedagógicos de cursos e das propostas curriculares.

• Da formação dos formadores para atuarem nos programas e cursos de formação de professores indígenas.

• Da avaliação dos programas e cursos destinados à formação inicial e continuada de professores indígenas.

• Da promoção e oferta da formação de professores indígenas: colaboração e responsabilidades.

Trata-se, portanto, de um largo estuário de aspectos envolvidos na temática da formação docente indígena que tem como princípios:

Art. 2º – Constituem-se princípios da formação de professores indígenas:

I – respeito à organização sociopolítica e territorial dos povos e comunidades indígenas;

II – valorização das línguas indígenas entendidas como expressão, comunicação e análise da experiência sociocomunitária;

III – reconhecimento do valor e da efetividade pedagógica dos processos próprios e diferenciados de ensino e aprendizagem dos povos e comunidades indígenas;

IV – promoção de diálogos interculturais entre diferentes conhecimentos, valores, saberes e experiências;

V – articulação dos diversos espaços formativos, tais como a comunidade, o movimento indígena, a família e a escola; e

VI – articulação entre docentes, gestores e demais profissionais da educação escolar e destes com os educadores tradicionais da comunidade indígena.

Hoje, as comunidades indígenas têm total clareza e compreensão dos direitos que a Constituição Federal e a legislação infraconstitucional lhes asseguram. Por isso, rejeitam modelos de escola e parâmetros de educação estranhos à sua cultura. E a legislação brasileira e universal os protege neste sentido, como veremos na análise do artigo 79.

Art. 78-A – Os sistemas de ensino, em regime de colaboração, desenvolverão programas integrados de ensino e pesquisa, para oferta de educação escolar bilíngue e intercultural aos estudantes surdos, surdo-cegos, com deficiência auditiva sinalizantes, surdos com altas habilidades ou superdotação ou com outras deficiências associadas, com os seguintes objetivos: (Incluído pela Lei nº 14.191, de 2021)

I – proporcionar aos surdos a recuperação de suas memórias históricas, a reafirmação de suas identidades e especificidades e a valorização de sua língua e cultura; (Incluído pela Lei nº 14.191, de 2021)

II – garantir aos surdos o acesso às informações e conhecimentos técnicos e científicos da sociedade nacional e demais sociedades surdas e não surdas. (Incluído pela Lei nº 14.191, de 2021)

Art. 78-A – Este dispositivo deverá ser visto e entendido em inteira articulação com os artigos 58, 59, 59-A e 60, hospedados no CAPÍTULO V, da LDB, que trata da Educação Especial em três patamares:

1. Patamar conceitual;

2. Patamar procedimental-operativo;

3. Patamar criteriológico para apoio às instituições privadas pelo Poder Público.

São três níveis que servem de suporte referencial e de complementaridade às normativas contidas neste artigo 78-A, que passamos a ver. Vamos lembrar, inicialmente, que o artigo ora analisado guarda conexão com o décimo quarto princípio de ministração do ensino.

O conteúdo do artigo em tela está voltado para as obrigações dos sistemas de ensino, no sentido de atuarem em parceria, objetivando o desenvolvimento de programas integrados de ensino (conteúdos e metodologias) e de pesquisa (inovação e atualização permanente) dos professores e equipes multiprofissionais, evitando-se uma visão estanque no campo da oferta da educação bilíngue e intercultural para surdos, surdo-cegos, com deficiência auditiva sinalizantes, surdos com altas habilidades ou superdotação ou com outras deficiências associadas. Esta pluralidade de situações subjetivas tem a ver com as múltiplas angulações da diversidade humana, tema do campo de desenvolvimento de situacionalidades de pessoas e já objeto de considerações na exegese do art. 3º, inciso XIV. Vamos relembrar que alunos surdos com deficiência auditiva sinalizantes são aqueles que usam só a língua de sinais oficial do país. No caso do Brasil, usam só a Língua Brasileira de Sinais (LIBRAS).

Como assinalado nos comentários ao art. 3º, inc. XIV, o art. 78-A destaca e realça quatro objetivos:

1. A recuperação das memórias históricas dos alunos surdos;

2. A reafirmação de suas identidades;

3. A valorização de suas formas de comunicações e, por fim;

4. "o acesso a diferentes tipos de informação e de conhecimentos técnico-científico da sociedade do seu país e das demais sociedades surdas e não surdas" (Lei nº 14.191/2021).

Neste largo horizonte, os sistemas de ensino são instados a contar com o apoio de especialistas na área para atividades de assessoria pedagógica à instância técnica central e a cada escola, sempre que necessário, como condição de uma educação escolar justa e inclusiva.

Art. 79 – A União apoiará técnica e financeiramente os sistemas de ensino no provimento da educação intercultural às comunidades indígenas, desenvolvendo programas integrados de ensino e pesquisa.

§ 1º – Os programas serão planejados com audiência das comunidades indígenas.

§ 2º – Os programas a que se refere este artigo, incluídos nos planos nacionais de educação, terão os seguintes objetivos:

I – fortalecer as práticas socioculturais e a língua materna de cada comunidade indígena;

II – manter programas de formação de pessoal especializado, destinado à educação escolar nas comunidades indígenas;

III – desenvolver currículos e programas específicos, neles incluindo os conteúdos culturais correspondentes às respectivas comunidades;

IV – elaborar e publicar sistematicamente material didática específico e diferenciado.

§ 3º – No que se refere à educação superior, sem prejuízo de outras ações, o atendimento aos povos indígenas efetivar-se-á, nas universidades públicas e privadas, mediante a oferta de ensino e de assistência estudantil, assim como de estímulo à pesquisa e desenvolvimento de programas especiais. (Parágrafo acrescido pela Lei 12.416, de 09/06/2011)

Art. 79 – Aqui, parte-se para o detalhamento da organização de oferta escolar específica para os povos indígenas. Trata-se de um avanço significativo. Afinal, a Lei de Diretrizes e Bases da Educação Nacional reconhece não apenas a importância da sociodiversidade nativa contemporânea no Brasil, mas define toda uma política com os respectivos desdobramentos, para sistematizar, *com a audiência das comunidades indígenas*, os processos educativos que lhes respeitem a identidade. Tanto mais importante: o governo federal deve oferecer apoio técnico e financeiro a estados e municípios e, também, a organizações não governamentais para a realização de pesquisas e de estudo voltados para a educação intercultural das comunidades indígenas.

Antes de avançar nos comentários deste artigo, convém revisitar a sequência de instrumentos internacionais que fundamentam tanto a nossa Constituição como a própria LDB. Nesse campo, são eles:

a) A **Convenção sobre a Proteção e Integração das Populações Aborígenes e outras Populações Tribais e Semitribais nos Países Independentes**, adotada em 1957 pela Organização Internacional do Trabalho (OIT). Esta Convenção, chamada de Convenção 107, estabelece a proteção das instituições, das pessoas, dos bens e do trabalho dos povos indígenas e reconhece o direito à alfabetização em línguas indígenas (Rcnei).

b) A **Convenção sobre Povos Indígenas e Tribais em Países Independentes**, adotada em 1989 e denominada de Convenção 169. No que tange à educação, ela prevê a participação dos povos indígenas na formulação e na execução de programas de educação, o direito de criarem suas próprias instituições e meio de educação, de alfabetizarem suas crianças em suas próprias línguas e na língua oficial do país em que vivem (Rcnei).

c) A **Declaração dos Direitos dos Povos Indígenas**. Aprovada pela ONU em 2007, esta Declaração afirma que os povos indígenas têm o direito de estabelecer e controlar suas instituições e sistemas educacionais.

d) **Declaração Americana sobre os Direitos dos Povos Indígenas/OEA.** Diz que os povos indígenas têm o direito de definir e desenvolver seus próprios planos e programas educacionais, assim como currículos e materiais didáticos e de formar e capacitar seus professores e administradores (Rcnei).

A legislação brasileira, portanto, segue esta tendência internacional de respeito aos direitos das comunidades indígenas. O *caput* do art. 79 inclui dois aspectos legais de grande relevância. O primeiro diz respeito ao desenvolvimento de programas *integrados* de ensino e pesquisa. A perspectiva integradora confere às ações e atividades um sentido de totalidade e de abordagem holística da cultura indígena e das dobras do seu processo educativo. O segundo aspecto vem impresso na expressão... *desenvolvendo programas integrados...* Na verdade, a concepção de desenvolvimento de **programas** integrados no campo das políticas públicas envolve sete dimensões, a saber: a) focos; b) recursos; c) articulação; d) pertinência significativa; e) acompanhamento; f) avaliação de resultados; e g) ajustamentos e reprogramação. Este conjunto de aspectos garante consistência e continuidade às ações integradas dos programas de ensino e pesquisa.

Se é fundamental que a LDB determine o apoio técnico e financeiro da União aos diversos sistemas de ensino e, ainda, que todo o planejamento escolar contemple e respeite os fundamentos gnosiológicos da cultura indígena, temos que reconhecer que há, ainda, uma grande distância entre o proclamado na lei e o executado na prática. Eis o que existe de fato: i) Políticas públicas homogeneizantes no campo da educação indígena; ii) Escolas que se estruturam para trabalhar com o aluno de perfil único; iii) Núcleos de Educação Indígena nas Secretarias, sem recursos e sem capacidade técnica; iv) Escolas indígenas categorizadas, ainda, simplesmente como "escolas rurais"; v) Salas-extensão para escolas indígenas; vi) Ausência de políticas de capacitação para formação inicial e continuada de professores e para a habilitação técnico-profissional no campo da educação profissional. Rigorosamente, o que existe no Brasil na área de currículos e programas específicos de educação indígena está mais ligado a iniciativas de universidades, de organizações indígenas e da sociedade civil do que propriamente a políticas públicas fortes, continuadas e consequentes. Há algumas exceções em um ou outro Estado. Várias universidades estaduais têm sido pioneiras nesse campo.

De qualquer sorte, o art. 79, ora comentado, segue a trilha dos preceitos constitucionais contidos nos art. 210, 215 e 242 da Carta Magna de 1988. Portanto, os art. 78 e 79 se posicionam a partir de ordem constitucional-administrativa expressa sobre Educação Escolar Indígena, que comete, à União, a responsabilidade de organização da escola indígena, circunstância legal compatível com um dos princípios norteadores de ensino escolar nacional, qual seja, o do pluralismo de ideias e de concepções pedagógicas. Precisamente este princípio calça a possibilidade, agora sob a forma de imperatividade legal, de cada sistema de ensino, com o apoio técnico e financeiro da União, desenvolver programas integrados de ensino e pesquisa, [...] planejados com a audiência da comunidade indígena [...], com foco nos objetivos de fortalecer as práticas socioculturais e a língua materna [...], de desenvolver currículos e programas específicos, neles, incluindo conteúdos culturais correspondentes às respectivas comunidades [...] e, por fim, de elaborar e publicar sistematicamente material didático específico e diferenciado. Para os sistemas de ensino se conduzirem sob a forma político-administrativa, com base nesses ordenamentos legais, é necessário que contem com os grupos especializados de professores e equipes multiprofissionais possuidores desta visão. Por isso, a Resolução CNE/CP 1/2015, anteriormente referida, diz que:

Art. 12 – Os currículos da formação de professores indígenas podem ser organizados em núcleos, eixos, temas contextuais ou geradores, módulos temáticos, áreas de conhecimento, dentre outras alternativas, sempre que o processo de ensino e aprendizagem assim o recomendar. Parágrafo único. Na construção e organização dos currículos que objetivam a formação inicial e continuada dos professores indígenas, deve-se considerar:

I – a territorialidade como categoria central a ser tratada em todas as dimensões dos componentes curriculares;

II – o conhecimento indígena e seus modos de produção e expressão;

III – a presença constante e ativa de sábios indígenas;

IV – a consonância do currículo da escola indígena com o currículo da formação do professor indígena, numa perspectiva reflexiva e transformadora;

V – a interculturalidade, o bilinguismo ou multilinguismo, bem como as especificidades dos contextos socioculturais expressas nas demandas educacionais e na participação comunitária;

VI – a pesquisa como fundamento articulador permanente entre teoria e prática ligado ao saber historicamente produzido e, intrinsecamente, aos interesses e às necessidades educativas, sociolinguísticas, políticas e culturais dos povos indígenas;

VII – os conteúdos relativos às políticas socioeducacionais e aos direitos indígenas, tendo em vista a complexidade e a especificidade do funcionamento, da gestão pedagógica e financeira, bem como do controle social da Educação Escolar Indígena;

VIII – a perspectiva do exercício integrado da docência e da gestão de processos educativos escolares e não escolares; e

IX – a participação indígena na gestão e na avaliação dos programas e cursos de formação de professores indígenas.

Deve-se reconhecer que a situação geral da Educação Escolar Indígena no Brasil é deslinear. Marcada por experiências fragmentadas e descontínuas, esta modalidade educativa está longe de satisfazer "as necessidades básicas de aprendizagem" dos que a procuram. Tanto no âmbito da gestão e dos seus vínculos administrativos como no tocante às dimensões pedagógicas (currículo, formação docente, materiais de ensino e formas de avaliação), verifica-se uma diversidade fragmentária de situações, inviabilizando a implementação "de uma política nacional que assegure a especificidade do modo de educação intercultural e bilíngue às comunidades indígenas" (Rcnei). A regularização jurídica das escolas indígenas impõe-se como providência urgentíssima. Face as singularidades desta escola, voltada, muitas vezes, para um povo localizado em mais de um município, com professores de formação diferenciada, ensino bilíngue, processos próprios de aprendizagem e material didático-pedagógico específico, o ideal é que ela se integre ao Sistema Estadual de Ensino, a quem cabe a sua criação, autorização, reconhecimento, credenciamento, supervisão e avaliação, nos termos da legislação federal. Por isso, no caso das escolas mantidas pelo poder público municipal, o desejável é que passem a fazer parte do sistema estadual, sob regime de colaboração nos termos previstos no art. 10, inc. II, da LDB.

Os dados de oferta geral de educação indígena no Brasil, referente à educação básica, revelam evolução positiva, porém, ainda não solução definitiva para a demanda. Vejamos:

Número de povos indígenas	271	
População indígena	676.262	
Número de territórios	732	
Número de línguas e dialetos	154	
Estados com territórios indígenas	AP – BA – CE – DF ES – GO – MG – MS MT – PA – PB – TO PR – RJ – RN – RO RR – SC – SE – SP	
Total de matrículas em terras indígenas	250.884	
Municípios com matrículas em terras indígenas	420	
Municípios com projetos e programações assentados para essa população	279	
Escolas em terras indígenas	3.363	
Escolas que utilizam materiais pedagógicos para a Educação Indígena por REGIÃO	Norte	673
	Nordeste	265
	Sudeste	-38
	Sul	-77
	Centro-Oeste	161

Fonte: Terras Indígenas: https://terrasindigenas.org.br/ - MEC/Inep/Deeb – Microdados do Censo Escolar 2020/IBGE-Munic-2018.

§ 1º – O desenvolvimento de programas integrados de ensino e pesquisa referidos no *caput* do artigo pressupõe a audiência das comunidades indígenas por três razões especiais e impositivas sob o ponto de vista sociológico, antropológico, econômico e cultural:

1) As comunidades indígenas são detentoras de seu patrimônio material e cultural. Desenvolveram e detêm os instrumentos de cultura que asseguram os meios de vivência, sobrevivência, preservação, autossustentabilidade e bem-estar.

2) As formas de ser, conviver, fazer e relacionar-se com o mundo lhes são próprias e não podem ser adequadamente avaliadas por parâmetros de culturas que lhes são alheias.

3) À luz do fundamento constitucional do respeito à dignidade humana, as comunidades indígenas têm o direito de construir com autonomia, embora que, *com apoio técnico e financeiro da União*, seus caminhos, fazer suas opções e participar do planejamento das ações do Estado que lhes digam respeito.

§ 2º – Os programas integrados de ensino e pesquisa a serem desenvolvidos pelo Estado brasileiro em favor das comunidades indígenas não podem ser baseados em eventos e programações casuais. Pelo contrário, o sentido de consistência e pertinência destes programas, já destacado anteriormente, somente será assegurado com o cumprimento da previsão executiva no Plano Nacional de Educação, através do qual se impõem metas e estratégias de monitoramento e de execução efetiva. Sob o ponto de vista de política educacional, de organização dos sistemas de ensino e de funcionamento das escolas, os programas referidos no art. 79 estão em sintonia com o princípio XII, do art. 3º, da LDB e com a diretriz X, do art. 2º, do PNE. Por isso, o inciso em análise faz a discriminação dos objetivos que passamos a percorrer, sob a forma de uma articulação dinâmica, operativa e convergente entre a LDB e o PNE. Vejamos os objetivos dos programas enfocados neste art. 79.

§ 2º, I – Fortalecer as práticas socioculturais e a língua materna de cada comunidade indígena.

Vamos conferir de que forma este objetivo se faz presente no PNE:

Meta 7: Seguem Estratégias: [...]

*7.26) Consolidar a educação escolar no campo, de populações tradicionais, de populações itinerantes e de **comunidades indígenas** [grifo nosso] e quilombolas, respeitando a articulação entre os ambientes escolares e comunitários e garantindo: o desenvolvimento sustentável e preservação da identidade cultural; a participação da comunidade na definição do modelo de organização pedagógica e de gestão das instituições, consideradas as práticas socioculturais e as formas particulares de organização do tempo; a oferta bilíngue da Educação Infantil e anos iniciais do Ensino Fundamental, em língua materna das comunidades indígenas e em língua portuguesa; a reestruturação e a aquisição de equipamentos; a oferta de programa para a formação inicial e continuada de profissionais da educação; e o atendimento em educação especial;*

7.27) Desenvolver currículos e propostas pedagógicas específicas para educação escolar para as escolas do campo e para as **comunidades indígenas** *[grifo nosso] e quilombolas, incluindo os conteúdos culturais correspondentes às respectivas comunidades e considerando o* **fortalecimento das práticas socioculturais e da língua materna de cada comunidade indígena** *[grifo nosso], produzindo e disponibilizando materiais didáticos específicos, inclusive para os(as) alunos(as) com deficiência.*

Complementarmente, convém agregar aspectos essenciais das Diretrizes Curriculares Nacionais para o Ensino Fundamental de 9 (nove) anos (Resolução CNE/CEB 7/2010), que estabelecem a oferta de educação escolar com qualidade social, comprometida em garantir esse acesso aos grupos da população em desvantagem na sociedade e, assim, diminuir as desigualdades historicamente produzidas (art. 5º, § 4º). Por fim, registrar também que tanto na Resolução retrocitada como na Resolução CNE/CEB, 2/2012 (que trata das Diretrizes Curriculares Nacionais para o Ensino Médio), a Língua Materna, para as populações indígenas, integra a área de *Linguagens* e constitui componente curricular obrigatório, inclusive foi reforçado pela Lei 13.415/2017, da Reforma do Ensino Médio.

O estudo da língua materna, como primeira língua, impõe-se como necessidade de natureza socioantropológica e existencial e do direito de permanência no mundo. Não por acaso, a Unesco publicou, no início de 2009, o Mapa Mundial das Línguas em Extinção. Este importante documento registra a ameaça de extinção de centenas de línguas indígenas no Brasil. A implantação de escolas indígenas com respeito absoluto à cultura dos nossos índios poderá ser um caminho importante para inibir este processo. A nação não pode ficar indiferente a problema de tamanha gravidade!

§ 2º, II – Manter programas de formação de pessoal especializado, destinado à educação escolar nas comunidades indígenas.

Desdobramento deste objetivo no PNE:

Meta 12: Seguem *Estratégias: [...]*

12.11) Fomentar estudos e pesquisas que analisem a necessidade de articulação entre formação, currículo, pesquisa e mundo do trabalho, considerando as necessidades econômicas, sociais e culturais do País;

12.13) Expandir atendimento específico a populações do campo e **comunidades indígenas** *[grifo nosso] e quilombolas, em relação a acesso, permanência, conclusão e formação de profissionais para atuação nessas populações.*

Meta 13: Seguem *Estratégias: [...]*

*13.4) Promover a melhoria da qualidade dos cursos de pedagogia e licencia-turas por meio da aplicação de instrumento próprio de avaliação aprovado pela Comissão Nacional de Avaliação da Educação Superior (Conaes), inte-grando-os às demandas e necessidades das redes de educação básica, de modo a permitir aos graduandos a aquisição das qualificações necessárias a conduzir o processo pedagógico de seus futuros alunos(as), combinando formação geral e específica com a prática didática, **além da educação para as relações étnico-raciais** [grifo nosso], a diversidade e as necessidades das pessoas com deficiência.*

Meta 14: Seguem *Estratégias:*

[...]

*14.5) Implementar ações para **reduzir as desigualdades étnico-raciais** [grifo nosso] e regionais e para **favorecer o acesso das populações do cam-po e das comunidades indígenas** [grifo nosso] e quilombolas a programas de mestrado e doutorado.*

A educação escolar indígena constitui, sob a ótica pedagógica, um campo de intervenção educacional e de práticas de ensino com procedimentos, pro-cessos e abordagens próprios, o que requer itinerários formativos assestados para a qualificação de pessoal especializado, capaz de atuar na escola indígena e nas suas salas de aula, com adequação cultural e pertinência vivencial. Na verdade, trata-se de programas enraizados em especificidades epistemológicas. Nesse sentido, é fundamental a formação diferenciada de professores indíge-nas para as escolas indígenas.

§ 2º, III – Desenvolver currículos e programas específicos, neles incluindo os conteúdos culturais correspondentes às respectivas comunidades.

Desdobramento deste objetivo no PNE:

Meta 7: Seguem *Estratégias: [...]*

*7.25) Garantir nos currículos escolares conteúdos sobre a história e **as cul-turas** afro-brasileira e **indígenas** [grifo nosso] e implementar ações edu-cacionais, nos termos da Lei 10.639, de 09/01/2003, e da Lei 11.645, de 10/03/2008, assegurando-se a implementação das respectivas diretrizes curri-culares nacionais por meio de **ações colaborativas com fóruns de educação para a diversidade étnico-racial** [grifo nosso], conselhos escolares, equipes pedagógicas e a sociedade civil.*

Este inc. III constitui prolongamento do art. 26 A da LDB, sobre o qual já falamos. Porém, vai além para se conectar aos art. 215 e 216, da Constituição Federal e ao Decreto 7.037/2009. Este texto legal é peremptório no que tange às formas de execução do conteúdo do inciso ora analisado, como podemos ver:

• Diretriz 9: Combate às desigualdades estruturais.

• Objetivo estratégico II: Garantia aos povos indígenas da manutenção e resgate das condições de reprodução, assegurando seus modos de vida.

• Ações programáticas: [...]

a) Promover ações culturais para o fortalecimento da educação escolar dos povos indígenas, estimulando a valorização de suas formas próprias de produção do conhecimento.

b) Garantir o acesso à educação formal pelos povos indígenas, bilíngue e com adequação curricular formulada com a participação de representantes das etnias, indigenistas e especialistas em educação.

§ 2º, IV – Elaborar e publicar sistematicamente material didático específico e diferenciado.

Desdobramento deste objetivo no PNE:

Meta 5: Segue *Estratégia:* [...]

5.5) Apoiar a alfabetização de crianças do campo, **indígenas** *[grifo nosso], quilombolas e de populações itinerantes, com a produção de materiais didáticos específicos, e* **desenvolver instrumentos de acompanhamento que considerem o uso da língua materna pelas comunidades indígenas** *[grifo nosso] e a identidade cultural das comunidades quilombolas.*

Meta 7: Seguem *Estratégias:* [...]

7.17) Ampliar programas e aprofundar ações de atendimento ao(à) aluno(a) em todas as etapas da educação básica por meio de programas suplementares de material didático-escolar, transporte, alimentação e assistência à saúde;

7.27) Desenvolver currículos e propostas pedagógicas específicas para educação escolar para as escolas do campo e para **as comunidades indígenas** *[grifo nosso] e quilombolas, incluindo os conteúdos culturais correspondentes às respectivas comunidades e considerando o fortalecimento das práticas socioculturais e da língua materna de cada comunidade indígena, produzindo e disponibilizando materiais didáticos específicos, inclusive para os(as) alunos(as) com deficiência.*

§ 3º – Os povos indígenas possuem uma história própria, uma cultura própria, padrões próprios de convivência e formas próprias de perceber, construir, preservar seu ambiente e seus valores e de viver a vida. Seus modos de aprender, trabalhar, cultivar e cultuar constituem padrões de referência identitária e, portanto, fontes inafastáveis da educação escolar diferenciada em todos os níveis. É nesta direção que a Constituição Federal estabelece, no art. 231, que "são reconhecidos aos índios sua organização social, costumes, línguas, crenças e tradições, e os direitos originários sobre as terras que tradicionalmente ocupam, competindo à União demarcá-las, proteger e fazer respeitar todos os seus bens". É no horizonte desta prescrição constitucional que o legislador atribui, às universidades públicas e privadas, o dever de atendimento educacional e técnico-científico em quatro direções, a saber:

• Oferta de ensino (graduação, pós-graduação e de programas de extensão).

• Programas de assistência estudantil (bolsas de manutenção e de apoio acadêmico).

• Criação de mecanismos institucionais específicos de apoio à pesquisa *de interesse dos povos indígenas.*

• Desenvolvimento e execução de programas especiais, ou seja, programas focados na realidade socioantropológica e cultural dos povos indígenas.

Este alinhamento de obrigações das universidades corresponde ao que estatuem os art. 207 e 213, § 2º, da Constituição Federal, com focos na indissociabilidade entre ensino, pesquisa e extensão e, ainda, na destinação de apoio financeiro do poder público às atividades universitárias de pesquisa e extensão, respectivamente. O art. 77, § 2º, da LDB, replica este conteúdo constitucional. Convém relembrar que a LDB, no Capítulo IV, que trata da educação superior, define um quadro de finalidades deste nível de ensino no art. 43, cujos inc. III, VI e VII fixam elementos de convergência com o que prescreve este § 3º, ora em análise.

Há necessidade de se destacar, ainda, na apreciação em curso, as expressões *sem prejuízo de outras ações e desenvolvimento de programas especiais.* A convergência destas duas expressões deságua no conjunto de princípios e fins da educação nacional, art. 2º e 3º da LDB. No caso do art. 3º, cabe destacar os inc. I, II, X, XI e XII. Evidentemente, o legislador está sinalizando a necessidade de valorização de iniciativas que flexibilizem os ritos escolares, que promovam práticas educativas formais e não formais e que operem redes de aprendizagem com a iluminação da transversalidade. Os *programas especiais* devem ser estruturados e organizados a partir do reconhecimento de que os povos indígenas são possuidores de normas e ordenamentos jurídicos próprios e, por isso, cabe respeitar, valorizando suas formas de produção de conhecimento e seus processos próprios e métodos de ensino-aprendizagem. Esta é a razão dos *programas especiais*, no contexto dos povos indígenas, em articulação com a educação superior.

Em uma revisita à memória histórica voltada para o atendimento das universidades aos povos indígenas, constata-se que esta tem sido uma reivindicação do movimento indígena desde a década de 1980, bastando lembrar, no caso da Região Norte, o Movimento dos Estudantes Indígenas do Amazonas (Meiam) e a agenda ativa do Conselho dos Professores Indígenas da Amazônia (Copriam). Significativa igualmente e pioneira foi a iniciativa da Universidade Estadual de Mato Grosso (Unemat) com a criação, já em 2001, do Projeto de Cursos de Licenciatura Específica para a Formação de Professores Indígenas, com a formatura da primeira turma em 2006[117]. Outras universidades da Região Norte têm seguido esta mesma trilha, como é o caso da Universidade Federal do Amazonas (Ufam), da Universidade Federal do Acre (Ufac), da Universidade Federal de Roraima (UFRR) e da Universidade Estadual do Amazonas (UEA)[118]. É forçoso reconhecer, porém, que estas iniciativas precisam ser ampliadas e assumidas institucionalmente pelas universidades brasileiras como instituições pluridisciplinares (art. 52) e como instituições com responsabilidades sociais inderrogáveis. Há muito que avançar nesta direção. Silva e Baia Horta (2011: 142) problematizam esta visão de insuficiência prestacional de serviços educacionais por parte do Estado e das universidades assim:

> A busca pelo Ensino Superior é visualizada, pelos povos indígenas, como mais uma forma de resistência e construção de novas relações com a sociedade envolvente, na perspectiva do diálogo intercultural. A formação de quadros – sejam eles lideranças ou professores indígenas, entre outros – figura hoje no cenário da luta indígena como uma das questões de destaque diante da concretização da autonomia e do respeito à diferença.

> Assim, amparada por ampla base legal, cresce, a cada dia, a demanda dos povos indígenas por cursos superiores que lhes proporcionem um ensino diferenciado, voltado para o fortalecimento de seus projetos, como povos culturalmente diversos, e,

---

117. Como evolução desta iniciativa, a universidade implantou um Curso de Pedagogia Intercultural, no interior do Estado.

118. Esta concentração de oferta explica por que 60% dos 817 mil indígenas do país habitam a Região Norte.

consequentemente, com modos de vida e de organização social diferenciados. Longe estamos, entretanto, do estabelecimento de políticas públicas que garantam, efetivamente, não apenas o acesso, mas a permanência bem-sucedida dos indígenas nesse nível de ensino.

Em idêntica direção sinalizou, há mais de uma década, o Relatório Final do seminário "Desafios para uma educação superior para os povos indígenas no Brasil: políticas públicas de ação afirmativa e de direitos culturais diferenciados", como podemos ver (apud SILVA & BAIA HORTA, 2011: 142):

> As ações afirmativas de inclusão social nesta área devem conjugar uma perspectiva pluricultural, que respeite a diversidade e as perspectivas indígenas diferenciadas, sob pena de tornarem-se expedientes de controle e regulação burocrática das demandas de cidadania indígena. Acentuou-se, assim, a discrepância entre um Estado que se define como multicultural, mas que na prática opera baseado em princípios e ações coerentes com a monoculturalidade.

A universidade é o *locus* próprio da interlocução dos conhecimentos. Por isso, a valorização do conhecimento intercultural é uma de suas senhas e sendas.

A ideia da educação intercultural é imperativo de respeito ao princípio XII, art. 3º, da LDB, centrado na consideração com a diversidade étnico-cultural e nos processos e procedimentos de ministração da educação escolar em todos os níveis, da Educação Infantil ao Ensino Superior. Neste último caso, é fundamental operar as ações de ensino, o desenvolvimento de programas especiais e todas as formas de atendimento aos povos indígenas na espacialidade ampla dos conceitos de interculturalidade (diálogo entre diferentes memórias, diferentes histórias, diferentes saberes e diferentes leituras do mundo) e de interdisciplinaridade (diálogo **inter** e **intra** áreas de conhecimento), possibilitando um amálgama de interlocuções metodológicas em um processo de simbiose acadêmica com a interpenetração de conhecimentos científicos e saberes vivenciados, em vias instrumentalizadas pela pesquisa. Nesse horizonte, as universidades públicas e privadas são detentoras de responsabilidades excepcionais delegadas pelo Estado brasileiro, através de um eixo normativo indutor de direitos não só das populações indígenas, mas dos *povos e comunidades tradicionais*. Eixo irradiador que tem assento na Constituição Federal, na legislação infraconstitucional, com ponto fulcral na LDB e no Decreto 6.040/2007, que *institui a Política Nacional de Desenvolvimento Sustentável dos Povos e Comunidades Tradicionais*, entendidos como "grupos culturalmente diferenciados e que se reconhecem como tais, que possuem formas próprias de organização social, que ocupam e usam territórios e recursos naturais como condição para sua reprodução cultural, social, religiosa, ancestral e econômica, utilizando conhecimentos, inovações e práticas gerados e transmitidos pela tradição".

Na inteireza deste art. 79 e nas imbricações dos parágrafos e incisos, percebe-se uma aguda preocupação do legislador de resgate de direitos dos povos indígenas, secularmente negados pelo Estado, de reconhecimento do seu extraordinário patrimônio cultural e do seu protagonismo na construção da história e do desenvolvimento do país. Este horizonte de tão belas expectativas alarga-se promissoramente no atual governo (2023) com a criação, implantação e implementação de iniciativas do Ministério dos Povos Indígenas[119], operando de forma integrada com os Ministérios da Educação, Ministério dos Direitos Humanos e o Ministério da Igualdade Racial.

Art. 79-A – [Vetado][120]. (Incluído pela Lei 10.639, de 9/1/2003)

Art. 79-B – O calendário escolar incluirá o dia 20 de novembro como "Dia Nacional da Consciência Negra". (Incluído pela Lei 10.639, de 9/1/2003)

Art. 79-B – Embora a calendarização de temas, por mais relevante que seja, não constitua matéria própria para uma Lei de Diretrizes e Bases da Educação, deve-se, aqui, penetrar, sobretudo, na motivação do art. 79-B, dentro do que a própria LDB define como educação em seu art. 1º e como princípios básicos para a escola ministrar o ensino, no art. 3º, II, III, X e XI.

Inicialmente, vejamos, de forma panorâmica, a participação percentual da população negra no conjunto da população brasileira e, também, os níveis da escolarização e de oferta de escolas, no cenário atual do país para esta mesma população:

---

119. Órgão da administração pública federal direta, o Ministério dos Povos Indígenas tem assim definida na área de competência: I – Política Indigenista; II – Reconhecimento, garantia e promoção dos direitos dos povos indígenas; III – Reconhecimento, demarcações, defesas, insumos exclusivo e gestão das terras e dos territórios indígenas; IV – Bem viver dos Povos Indígenas; V – Proteção dos Povos Indígenas isolados e de recente contato; VI – Acordos e tratados internacionais, em especial a Convenção nº 169, da Organização Internacional do Trabalho (OIT), quando relacionados aos Povos Indígenas.

120. O texto do art. 79-A [vetado] dispunha o seguinte: "Os cursos de capacitação para professores deverão contar com a participação de entidades do movimento afro-brasileiro, das universidades e de outras instituições de pesquisa pertinentes à matéria".

A distribuição da população brasileira por cor ou raça (5) de acordo com o IBGE, 2021, é a seguinte:

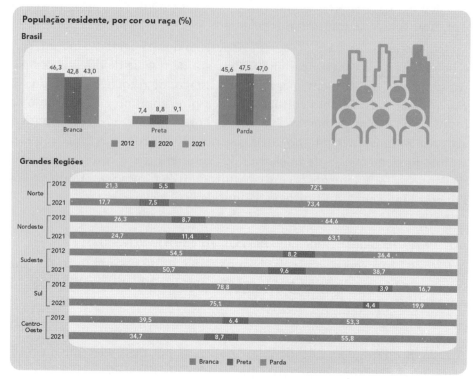

Fonte: IBGE, Diretoria de Pesquisas, Coordenação de Pesquisas por Amostra de Domicílios, Pesquisa Nacional por Amostra de Domicílios Contínua 2012/2021.
Nota: Para 2012, acumulado da primeiras visitas. Para 2021, acumulado de quintas visitas.
Publicação junho de 2023: https://educa.ibge.gov.br/jovens/conheca-o-brasil/populacao/18319-cor-ou-raca.html

É importante destacar avanços na melhoria da qualidade de vida da população negra com os diversos programas de inclusão social e de discriminação positiva, através dos quais este importantíssimo segmento da sociedade brasileira vai recuperando seus direitos sociais em campos como o educacional.

Vejamos alguns números:

	Brancos	Pretos	Pardos
Taxa de alfabetização de 15 anos ou mais	96.1%	91.0%	90.9%
Escolaridade média da população de 18 a 29 anos	12.1%	10.8%	10.8%
Ensino Superior – taxa líquida	30.7%	15.1%	16.3%
Porcentagem da população de 15 anos ou mais considerada alfabetizada	96.7%	92.3%	92.2%
Taxa líquida de matrículas no Ensino Médio	70.7%	55.5%	55.3%

Fonte: IBGE/Pnad Contínua – 2021.

Estabelecimentos em áreas remanescentes de quilombos e CRQs por região (em %)
Total de estabelecimentos no Brasil: 2.422

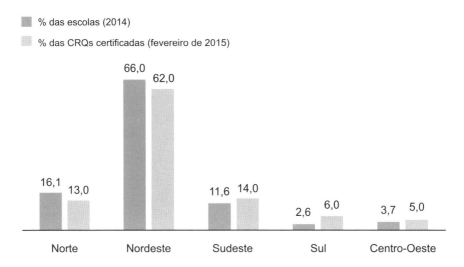

Fonte: MEC/Inep/Deed.

Estes números revelam a necessidade de, em cada escola, o Projeto Político-Pedagógico posicionar o princípio da IGUALDADE em toda sua programação, rotinas, aulas e planos de ensino e, adicionalmente, reposicionar a proteção dos direitos das populações negras, historicamente afetadas pela discriminação e por outras formas de intolerância.

Apesar da evolução positiva das estatísticas mostradas, confirmando processos de fortalecimento da identidade da população negra, vários estudos atuais do Ipea, da FGV e de diferentes grupos de liderança e de protagonismo social dos movimentos negros apontam que muitas diferenças entre negros e brancos persistem nos níveis mais avançados da educação, no mercado de trabalho e nos índices de qualidade de vida, no nível de empregos, nas condições de moradia, na posição hierárquica nas empresas, na construção de patrimônio etc. Nesse sentido, a inclusão, no calendário escolar, do Dia da Consciência Negra é um avanço em nossa legislação educacional. Trata-se de forma concreta de a sociedade brasileira refletir sobre o preconceito racial e sobre a necessidade de uma educação das relações étnico-raciais. Preconceito que se manifesta diariamente e de forma agressiva em diferentes contextos sociais, frequentemente mostrados pela TV, nos campos de futebol, nos estádios etc. A história do Povo Negro no Brasil e sua marcante contribuição para o desenvolvimento do país devem ser tematizadas, conhecidas e reconhecidas através do sistema escolar formal (escola pública e escola privada) e, sobretudo, que se definam rotas institucionais de enfrentamento das questões raciais e de todos os tipos de preconceito e discriminação, como estabelecido na Constituição Federal, art. 3º. Nesta direção, prescreve o Plano Nacional de Educação (PNE), 2014-2024, Meta 7, Estratégia 7.25: *garantir nos currículos escolares conteúdos sobre a história e as culturas afro-brasileira e indígenas, e implementar ações educacionais, nos termos das Leis n. 10.639, de 09/01/2003, e 11.645, de 10/03/2008, assegurando-se a implementação das respectivas diretrizes curriculares nacionais por meio de ações colaborativas com fóruns de educação para a diversidade étnico-racial, conselhos escolares, equipes pedagógicas e a sociedade civil.*

A ideia de "calendarizar" o Dia Nacional da Consciência Negra é mais do que comemorar uma data, é, na verdade, trazer para a vitrine da sociedade o dever de resgatar historicamente o processo de deslembrança da contribuição do cidadão negro para o desenvolvimento do país. Ainda, é a necessidade de agir com urgência para o cumprimento do princípio legal da igualdade.

O ponto de partida é a Constituição Federal, fonte e alicerce do Estado Democrático de Direito e de organização da cidadania responsável. É nela e por ela que se enraízam os direitos e os deveres de todos, *sem preconceitos de origem, raça, sexo, cor, idade e quaisquer outras formas de discriminação* (art. 3º, inc. IV).

No foco da perspectiva constitucional, a escola, como instituição social, tem a responsabilidade especialíssima de contribuir para a construção de uma sociedade livre, justa e solidária e para a erradicação da pobreza, da marginalização e das desigualdades sociais. Isto supõe investir na **educação inclusiva** em que todos tenham direito de acesso e de permanência, com êxito, ao longo de todo o processo de escolarização básica. Nesta perspectiva, o 20 de novembro deixa de ser apenas uma data para celebrar o "Dia Nacional da Consciência Negra" e ganha uma "outra" significação, pelo aspecto social que abre, alarga e projeta de reconhecimento da imensa contribuição que a população negra tem dado para a edificação sociocultural, econômica, científica e em diversas áreas de conhecimento da sociedade brasileira e para a composição racial do Brasil real, do Brasil Plural!!

Art. 79-C – A União apoiará técnica e financeiramente os sistemas de ensino no provimento da educação bilíngue e intercultural às comunidades surdas, com desenvolvimento de programas integrados de ensino e pesquisa. (Incluído pela Lei nº 14.191, de 2021)

§ 1º Os programas serão planejados com participação das comunidades surdas, de instituições de ensino superior e de entidades representativas das pessoas surdas. (Incluído pela Lei nº 14.191, de 2021)

§ 2º Os programas a que se refere este artigo, incluídos no Plano Nacional de Educação, terão os seguintes objetivos: (Incluído pela Lei nº 14.191, de 2021)

I – fortalecer as práticas socioculturais dos surdos e a Língua Brasileira de Sinais; (Incluído pela Lei nº 14.191, de 2021)

II – manter programas de formação de pessoal especializado, destinados à educação bilíngue escolar dos surdos, surdo-cegos, com deficiência auditiva sinalizantes, surdos com altas habilidades ou superdotação ou com outras deficiências associadas; (Incluído pela Lei nº 14.191, de 2021)

III – desenvolver currículos, métodos, formação e programas específicos, neles incluídos os conteúdos culturais correspondentes aos surdos; (Incluído pela Lei nº 14.191, de 2021)

IV – elaborar e publicar sistematicamente material didático bilíngue, específico e diferenciado. (Incluído pela Lei nº 14.191, de 2021)

§ 3º Na educação superior, sem prejuízo de outras ações, o atendimento aos estudantes surdos, surdo-cegos, com deficiência auditiva sinalizantes, surdos com altas habilidades ou superdotação ou com outras deficiências associadas efetivar-se-á mediante a oferta de ensino bilíngue e de assistência estudantil, assim como de estímulo à pesquisa e desenvolvimento de programas especiais. (Incluído pela Lei nº 14.191, de 2021)

Art. 79-C – A Educação Especial é um campo de grande complexidade e de extrema delicadeza pedagógica. Por esta razão, a formação especializada de professores, corpo técnico e equipe multidisciplinar escolar ganha extrema relevância institucional e social. A escola inclusiva há de se repensar como escola, mas, igualmente, as políticas de educação, implementadas pelos sistemas de ensino, hão de se reorientar no campo da formação inicial e continuada de professores, o que requer apoio técnico e financeiro, no caso em foco destinado ao provimento da educação bilíngue e intercultural às comunidades surdas. O apoio projeta-se em tripla direção. **Primeiro,** "...preparando-se os professores para ensinar a todos os alunos" (Peter MITTLER). **Segundo,** produzindo-se uma contínua integração entre pais e professores, entre escolas e famílias. **Terceiro,** estabelecendo-se canais de interlocução entre instituições formadoras, centros de estudos e pesquisas e entidades de representação das comunidades surdas, assim que se distinga colaboração de parceria. Esta educação especial se potencializa através de processos de **aprendizagem**

colaborativa, em que **todos aprendem JUNTOS.** Pressupõe o **desenvolvimento de programas integrados de ensino e pesquisa**: o que não ocorrerá por acaso. Daí, a necessidade do apoio da União, sob o ponto de vista técnico e financeiro, como política complementar e de acompanhamento de resultados qualitativos em parceria com os sistemas de ensino. Aqui, cabe relembrar ainda uma vez: TODA CRIANÇA TEM DIREITO À ESCOLA!...

§ 1º – Os programas referidos no *caput* do artigo não são improvisados, porém, planejados com a participação ativa, contínua e avaliada de três grupos de atores:

I. As comunidades surdas;

II. As instituições de ensino superior;

III. As entidades representantes das pessoas surdas.

Pergunta-se, aqui, qual é a ideia do legislador? Precisamente, envolver todos quantos podem contribuir direta e indiretamente para oferecer à criança surda, "condições adequadas ao seu desenvolvimento físico, motor, emocional, cognitivo e social e, ainda, promover a ampliação de suas experiências e conhecimentos, estimulando seu interesse pelo processo de transformação da natureza e pela convivência em sociedade" (MEC, 1997, vol. II, p. 21).

§ 2º – Este enfoque de múltiplas dimensões integra o Plano Nacional de Educação nas diferentes esferas administrativas de gestão do ensino. Relembre-se que esta integração está em inteira sintonia com o que prescreve o art. 214 da Constituição Federal, voltado para a articulação do Sistema Nacional de Educação em regime de colaboração e definição de diretrizes, objetivos, metas e estratégias de implementação para assegurar a manutenção e desenvolvimento do ensino em seus diversos níveis, etapas e modalidades por meio de ações integradas dos poderes públicos das diferentes esferas federativas que conduzem a: (...),(...) I – Universalização do atendimento escolar.

§ 2º, I – As práticas socioculturais dos surdos têm ligação com a percepção de que há vários tipos de pessoas com deficiência auditiva e, mais, de que varia o grau e o tipo de perda da audição, assim como a idade em que isto ocorre. Estes aspectos vão determinar importantes diferenças no tocante ao tipo de atendimento que o(a) aluno(a) deverá receber. Nesse contexto, "a aquisição da linguagem e sua utilização pelas pessoas surdas tem implicações cruciais para seu desenvolvimento cognitivo, sua afirmação social e realização pessoal"

(SALLES, 2002). Para o surdo, a língua materna é a LIBRAS, enquanto o português é a segunda língua. Nesse contexto, assomam em importância as seguintes sinalizações que, adequadamente, ampliam os "caminhos para a Prática Pedagógica do ensino de Língua Portuguesa para Surdos" (Salles, Faulstich, Carvalho e Ramos, MEC, 2002). A escola e toda a sua equipe – inclusive o núcleo gestor – precisam ter clareza sobre o ensino para surdos em CONTEXTO BILÍNGUE. É de todo conveniente conhecer, assimilar e colocar em operação as seguintes considerações da publicação do MEC (Livro com material institucional dentro do Programa Nacional de Apoio à Educação dos Surdos), propondo o que segue:

Relação entre leitura em português L2 e LIBRAS

A leitura deve ser uma das principais preocupações no ensino de português como segunda língua para surdos, tendo em vista que constitui uma etapa fundamental para a aprendizagem da escrita. Nesse processo, o professor deve considerar, sempre que possível, a importância da língua de sinais como um instrumento no ensino do português. Recomenda-se que, ao conduzir o aprendiz à língua de ouvintes, deve-se situá-lo dentro do contexto valendo-se da sua língua materna (L1), que, no caso em discussão, é a LIBRAS. É nessa língua que deve ser dada uma visão apriorística do assunto, mesmo que geral. É por meio dela que se faz a leitura do mundo para depois se passar à leitura da palavra em língua portuguesa. A língua de sinais deverá ser sempre contemplada como língua por excelência de instrução em qualquer disciplina, especialmente na de língua portuguesa, o que coloca o processo ensino/aprendizagem numa perspectiva bilíngue. (MEC-SEF, Ensino de Língua Portuguesa para Surdos, Caminhos para a Prática Pedagógica, vol. 2, Brasília, 2002: 20)

§ 2º, II – A manutenção de programas de formação de pessoal especializado, voltados para a educação bilíngue escolar dos surdos e de alunos de comunidades surdas em suas diferentes especificidades torna-se imperiosa por várias razões como:

A. Aprofundar o conhecimento sobre as diferentes dimensões da deficiência auditiva (causas, prevenção, diagnóstico, dobras psicopedagógicas e inovações metodológicas e níveis procedimentais de acompanhamento e modalidades "aprimorativas" de avaliação);

B. Avançar na aprendizagem de ser professor(a) em trajetórias formativas ressignificadas.

C. Revalorizar a prática docente na formação em serviço.

D. Redimensionar o trabalho coletivo através "da partilha de percepções, sentimentos, dificuldades, experiências de gestão pedagógica e proposições de aperfeiçoamento profissional".

Programas de formação especializada não podem ficar aprisionados no contexto da recomendação da sólida formação dos educadores, "da ideia flutuante de integração de teoria e prática", da interdisciplinaridade e de uma vaga noção de contextualização, mas certamente vai muito além destes conceitos expressionais, usados nas rotinas do dia-a-dia para aplainar no **conceito operativo** de melhoria da qualificação das relações professor-aluno, reposicionando ESTE no campo do processo de aprendizagem. A **Especialização Formativa** e continuada é um mecanismo de multiplicação de resultados intencionais e não intencionais no palco do que o(a) educador(a) deve ensinar e do que **como** ensinar, como necessária aproximação dos percursos indispensáveis ao desenvolvimento do(a) aluno(a).

§ 2º, III – Os programas referenciados no artigo ora analisado enquadram-se em cinco vertentes da educação escolar, como se pode ver:

I. Desenvolvimento de currículos;

II. Desenvolvimento de métodos de ensino de caráter genérico;

III. Desenvolvimento de variedades metodológicas, criativas e inovadoras;

IV. Desenvolvimento de direcionamentos de formação e desenvolvimento de conteúdos programáticos específicos, "incluídos neles os conteúdos culturais correspondentes aos surdos (Incluído pela Lei nº 14.191/2021);

V. Desenvolvimento de *estudos culturais que incluam "a experiência" da surdez e, também, a consideração dos contextos psicossociais e culturais nos quais a pessoa surda se desenvolve* (SÁ, 2006:67).

§ 2º, IV – Produção e divulgação SISTEMÁTICA de material didático BILÍNGUE, ESPECÍFICO e DIFERENCIADO que atenda "os avanços do conhecimento e das lutas da sociedade por inclusão, concretizando, assim, políticas públicas promotoras de uma educação de qualidade para todos os alunos" (MEC/SEE, Marcos Políticos-legais da Educação Especial na Perspectiva da Educação Inclusiva, Brasília, MEC-SEE, 2010: 9).

Todas estas angulações são necessárias e importantes porque o professor, diretamente responsável pelo programa de ensino, além de ser alguém que, à medida que ensina, aprende, também, é, como destaca Barreto, *"alguém que repete, transmite, e também alguém que pensa, que atribui significado às coisas. O professor não entra em sala de aula despido de sua história. Ao contrário, carrega suas marcas da vida enquanto aluno que foi um dia, da professora que mais gostava, dos valores que aprova enquanto pessoa nas suas mais diversas relações. Nesse sentido, os valores que assumimos enquanto professores são marcados pelas vivências ao longo das nossas trajetórias (2001, p. 64).*

"Essa perspectiva aponta para a complexidade de compreensão do sujeito em relação aos papeis que exerce e, entre estes, sua profissão. Importa compreendê-la, pois assim será possível um melhor processo de formação e de profissionalização" (NICOLODI, 2011: 12)[121].

§ 3º – Em sendo a educação direito de todos e dever do Estado, da sociedade e da família, os alunos surdos, com diferentes singularidades, tem direito ao acesso à Educação Superior, cabendo às respectivas instituições ofertantes, a disponibilização de ensino bilíngue e de assistência estudantil, como transbordamento, também, para o estímulo e a motivação voltados às áreas de pesquisa, inovação e desenvolvimento de programas especiais (Incluído pela Lei nº 14.191/2021). O parágrafo em tela se reveste de especial significação, levando-se em conta que as instituições de Educação Superior são responsáveis pela formação inicial e continuada dos alunos de Pedagogia e das várias vertentes de Licenciaturas.

Art. 80 – O poder público incentivará o desenvolvimento e a veiculação de programas de ensino a distância, em todos os níveis e modalidades de ensino, e de educação continuada.

§ 1º – A educação a distância, organizada com abertura e regime especiais, será oferecida por instituições especificamente credenciadas pela União.

§ 2º – A União regulamentará os requisitos para a realização de exames e registro de diploma relativos a cursos de educação a distância.

§ 3º – As normas para produção, controle e avaliação de programas de educação a distância e a autorização para sua implementação caberão

---

121. NICOLODI, Suzana Cini Freitas, *in* A Constituição da docência na educação profissional do ensino médio, Beatriz Maria Boéssio Atrib. ZANCHES... et al, Processos e Práticas na formação de professores: caminhos possíveis, Brasília: Líder Livro Editora, 2011.

aos respectivos sistemas de ensino, podendo haver cooperação e integração entre os diferentes sistemas.

§ 4º – A educação a distância gozará de tratamento diferenciado, que incluirá:

I – custos de transmissão reduzidos em canais comerciais de radiodifusão sonora e de sons e imagens e em outros meios de comunicação que sejam explorados mediante autorização, concessão ou permissão do poder público; (Inciso com redação dada pela Lei 12.603, de 03/04/2012)

II – concessão de canais com finalidades exclusivamente educativas;

III – reserva de tempo mínimo, sem ônus para o poder público, pelos concessionários de canais comerciais.

Art. 80 – Inicialmente, é importante destacar que a LDB, ao longo deste art. 80, fala em Educação a Distância e em Ensino a Distância, portanto, o foco é o aluno-cidadão e sua aprendizagem. O legislador busca evitar a tendência de um ensino como mero processo de transmissão de conhecimentos, caracterizador de uma atitude passiva. Para trabalhar com foco na perspectiva pedagógica da EaD, o MEC criou, em um certo momento, a Secretaria de Educação a Distância (Seed) cuja missão e objetivos foram formulados em documento próprio:

Missão: Atuar como agente de inovação dos processos de ensino-aprendizagem, fomentando a incorporação das Tecnologias de Informação e Comunicação (TICs) e da Educação a Distância aos métodos didático-pedagógicos das escolas públicas (SEED, 2006: 1).

Objetivos:

• formular, fomentar e implementar políticas e programas de EAD, visando à universalização e democratização do acesso à informação, ao conhecimento e à educação;

• fomentar a pesquisa e a inovação em tecnologias educacionais, por meio de aplicações de TICs aos processos didático-pedagógicos;

• desenvolver, produzir e disseminar conteúdos, programas e ferramentas para a formação inicial e continuada a distância;

• difundir o uso das TICs no ensino público, estimulando o domínio das novas linguagens de informação e comunicação junto aos educadores e alunos das escolas públicas;

* *melhorar a qualidade da educação;*

* *propiciar uma educação voltada para o progresso científico e tecnológico;*

* *preparar os alunos para o exercício da cidadania, mediante ações de inclusão digital;*

* *valorizar os profissionais da educação (SEED, 2006: 2).*

Embora, na reconstrução dos órgãos específicos singulares do MEC, atualizada em 23/03/2023, as funções desta secretaria hajam sido redistribuídas, os objetivos da EaD, hospedados no art. 80, ora em análise, permanecem atribuídos a todos os níveis e modalidade de ensino, e de educação continuada, sob a forma de vinculação de programas a distância. O portal do MEC oferece os seguintes esclarecimentos:

> *A Educação a Distância é a modalidade educacional na qual a mediação didático pedagógica nos processos de ensino e aprendizagem ocorre com a utilização de meios e tecnologias de informação e comunicação, com estudantes e professores desenvolvendo atividades educativas em lugares ou tempos diversos. Esta definição está presente no Decreto 5.622, de 19/12/205 (que revoga o Decreto 2.494/98), que regulamenta o art. 80 da Lei 9.394/96 (LDB).*

Objetivando dar maior elasticidade ao conceito de EaD, saindo do **descritivo** para o **conceptivo**, e, ainda, considerando que a EaD foi assumindo, ao longo do tempo, uma compreensão multidimensional, vamos convocar a definição de MOORE e KEARSLEY, consagrados pensadores da área[122]:

> *Educação a Distância é o aprendizado planejado que ocorre* **normalmente** *em um lugar diferente do local de ensino, exigindo técnicas especiais de criação do curso e de instrução, comunicação por meio de vastas tecnologias e dispositivos organizacionais e administrativos especiais.*

Nesta definição, o advérbio **normalmente** tem relevância fundamental, indicando que o **local normal** do aprendizado não inclui a presença do(a) professor(a). Na obra referida, os autores destacam a necessidade de comunicação e de interlocução continuada entre dois segmentos do processo:

A. A organização do ensino e;

B. O envolvimento permanente do(a) aluno(a).

---

122. Para saber mais, ver: MOORE, M. & KEARSLEY, G. *Educação a Distância*: uma visão integrada. São Paulo: Thomson, 2007.

Como esta interlocução se opera? No contexto atual, através de diferentes modalidades de TECNOLOGIA, sendo mais comum a dos computadores, com seu navegador conectado à internet, e, eventualmente, à do telefone celular (*smartphone*).

A oferta de EaD cobre todos os níveis e modalidades da educação escolar: Educação Básica e Educação Superior. Neste último caso, sua expansão, nos últimos anos, tem sido exponencial, com uma rede de Cursos em todo o país, seja para a formação profissional inicial, seja para uma nova graduação, seja para busca de um certificado ou diploma de pós-graduação. Este crescimento extraordinário da EaD decorre de uma plataforma de causas decorrentes de mudanças profundas na sociedade, ensejando a desconstituição das formas tradicionais de trabalho, de estudo e de desenvolvimento pessoal, com destaque para:

1) Multiplicação rápida de "cursos regulares" e de cursos livres.

2) Flutuações no mercado de trabalho e qualificação rápida.

3) Conforto de o aluno estudar onde estiver em cursos de formação inicial e comodidade de prosseguir, atualizando-se em cursos de formação continuada.

4) Ascensão social de significativa parcela da população, passando a integrar a classe média.

5) Reposicionamento do Projeto de Vida com a necessidade de acessar a educação superior.

6) Mudanças no mercado de trabalho em duas direções: a) As empresas recrutam profissionais com nível de formação cada vez mais alto; e b) O mercado requer trabalhadores com competências laborais específicas, mas também "valorativas", como: disciplina, responsabilidade, objetividade, autonomia e domínio de ferramentas de tecnologia da informação. Estes focos são menos enfatizados nas graduações presenciais.

7) Custos financeiros menores. Uma graduação a distância sai entre 15% e 40% mais barato do que uma na modalidade presencial, na mesma instituição.

8) Possibilidade de uma formação com qualidade e consistência, uma vez que os conteúdos e procedimentos de aprendizagem são focados em contextos laborais concretos.

9) Facilidade de associação entre necessidades laborais pessoais e exigências laborais corporativas. Aqui, vale lembrar que "quem primeiro aderiu à EaD no país foram as grandes empresas, que logo aproveitaram a

tecnologia da informática para oferecer cursos corporativos", afirma Carlos Longo, diretor da Associação Brasileira de Educação a Distância (Abed).

10) Equivalência legal de diplomas entre cursos presenciais e cursos a distância e idêntica aceitação no mercado de trabalho.

11) Prestígio social crescente dos cursos de EaD, com as mais renomadas universidades do mundo, disponibilizando ofertas variadas de cursos e de níveis de cursos.

O Censo da Educação Superior/MEC-Inep-2022 informa que, desde 2016, "a matrícula em cursos presenciais na rede privada de Ensino Superior tem diminuído e esse comportamento é acompanhado pelo aumento do ritmo de crescimento dos Cursos de EaD. Em 2021, o número de matrículas em cursos à distância da rede privada ultrapassou o número de matrículas em cursos presenciais. Os números são:

| Matrículas em Cursos Presenciais | 3.363.744 | 49% |
| Matrículas em Cursos à Distância | 3.5443149 | 51% |

O percurso histórico da EaD:

A Educação a Distância no Brasil tem uma longa história. Os marcos históricos mais importantes são: a) Na década de 1960, com a popularização do rádio de pilha, a Igreja Católica desenvolveu, através do Movimento de Educação de Base (MEB), o Programa de Educação de Adultos com foco em alfabetização e teleaulas. b) A partir da década de 1970, com a TV popularizada, surgiram os telecursos com uma sucessão temporal de produtos tecnológicos de apoio: videocassete, fax, computador, e, por fim, a web. c) Na década de 1990, a tecnologia digital avançou com a inovação fantástica da interatividade e trouxe **e-mail, fórum, chat, videoconferência**, ensejando um aprendizado ativo, cooperativo e reativo **online**. Não há esquecer, porém, que tudo começou com textos impressos, via Modelo por Correspondência[123], e que se plenificou com a onipresença do computador e da internet. É importante igualmente registrar que é através da LDB (Lei 9.394/1996) que a EAD ingressa legal e oficialmente na agenda dos sistemas de ensino, como modalidade de oferta de aprendizagem educacional reconhecida como tal. Ou seja, como aprendizagem escolar **específica**, com a incorporação, apenas, "[...] de

---

123. Até a década de 1970, a EAD funcionava via correspondência e rádio. No primeiro caso, ficaram famosos os cursos do Instituto Universal Brasileiro (IUB), em áreas profissionais como: eletrônica, mecânica, rádio e TV, fotografia, contabilidade, corte e costura etc. No segundo caso, vale lembrar o Projeto Minerva e os cursos a distância para a formação no nível básico de ensino, depois da Voz do Brasil, ou seja, sempre à noite.

novas formas de comportamento comunicativo" (MARCUSCHI, 2005: 13), em decorrência do poder irradiador da *virtualidade*, com destaque para o papel da WEB. Como afirma Silveira (2001: 29),

> [...] a aprendizagem é um processo permanente e personalizado; a aprendizagem em rede é cooperativa; ao interagir, obtendo e gerando hipertextos, se está praticando e desenvolvendo uma inteligência coletiva; é fundamental reconhecer, enaltecer e disseminar pela rede os saberes desenvolvidos pela comunidade; cada cidadã e cidadão deve buscar desenvolver na rede múltiplas competências [...].

Como desdobramento da LDB, o Conselho Nacional de Educação, através da Câmara de Educação Básica, incluiu, na Resolução 4/2010, e pela primeira vez, na legislação brasileira, a educação a distância como modalidade educativa, com o seguinte foco e circunscrição para efeito de credenciamento institucional, no âmbito da educação básica:

Seção VI
Educação a Distância

Art. 39 – A modalidade Educação a Distância caracteriza-se pela mediação didático-pedagógica nos processos de ensino e aprendizagem que ocorre com a utilização de meios e tecnologias de informação e comunicação, com estudantes e professores desenvolvendo atividades educativas em lugares ou tempos diversos.

Art. 40 – O credenciamento para a oferta de cursos e programas de Educação de Jovens e Adultos, de Educação Especial e de Educação Profissional Técnica de nível médio e Tecnológica, na modalidade a distância, compete aos sistemas estaduais de ensino, atendidas a regulamentação federal e as normas complementares desses sistemas.

A legislação que disciplina a oferta de cursos e programas a distância prevê, para alguns casos, atendimento incomum quando se trata de Ensino Fundamental e de Ensino Médio, como se pode constatar da leitura do art. 30 e 31 e § único da Lei 5.622/2005:

Art. 30 – As instituições credenciadas para a oferta de educação a distância poderão solicitar autorização, junto aos órgãos normativos dos respectivos sistemas de ensino para oferecer os ensinos Fundamental e Médio a distância, conforme o § 4º do art. 32 da Lei 9.394, de 1996, exclusivamente para:

I – a complementação da aprendizagem; ou

II – em situações emergenciais.

Parágrafo único – A oferta de educação nos termos do caput contemplará a situação de cidadãos que:

I – estejam impedidos, por motivo de saúde, de acompanhar ensino presencial;

II – sejam portadores de necessidades especiais e requeiram serviços especializados de atendimento;

III – se encontrem no exterior, por qualquer motivo;

IV – compulsoriamente sejam transferidos para regiões de difícil acesso, incluindo missões localizadas em regiões de fronteira, ou

V – estejam em situação de cárcere.

Art. 31 – Os cursos a distância para a educação básica de jovens e adultos que foram autorizados excepcionalmente com duração inferior a dois anos no Ensino Fundamental e um ano e meio no Ensino Médio deverão inscrever seus alunos em exames de certificação, para fins de conclusão do respectivo nível de ensino.

Convém esclarecer que os programas de Educação a Distância preveem a obrigatoriedade de momentos presenciais nas seguintes circunstâncias:

I – Avaliações de estudantes;

II – Estágios obrigatórios, quando previstos na legislação pertinente;

III – Defesa de trabalhos de conclusão de curso, quando previstos na legislação;

IV – Atividades relacionadas a laboratórios de ensino, quando for o caso.

§ 1º – Os programas a distância terão organização em regime especial, com flexibilidade de requisitos para admissão, horários e duração. Podem ser oferecidos tanto na Educação Básica como na Educação Superior. Neste último caso, a oferta é objeto de regulamentação específica. É importante observar que "a matrícula nos cursos a distância do Ensino Fundamental para jovens e adultos, Médio e Educação Profissional será feita independentemente de escolarização anterior, mediante avaliação que define o grau de desenvolvimento e experiência do candidato e permita sua inscrição na etapa adequada, conforme regulamentação do respectivo sistema de ensino". Por outro lado, a matrícula nos cursos de graduação e pós-graduação será efetivada mediante comprovação do estabelecido na oferta por instituições credenciadas nos termos da legislação correspondente. O credenciamento destas instituições terá prazo de validade condicionado ao ciclo avaliativo e é vedada a transferência de cursos para outra instituição. Os projetos pedagógicos de cursos e programas na modalidade a distância deverão:

I – obedecer às diretrizes curriculares nacionais, estabelecidas pelo Ministério da Educação para os respectivos níveis e modalidades de ensino;

II – prever atendimento apropriado a estudantes portadores de necessidades especiais;

III – explicitar a concepção pedagógica dos cursos e programas a distância, informando:

a) os respectivos currículos;

b) o número de vagas proposto;

c) o sistema de avaliação do estudante, prevendo avaliações presenciais e avaliações a distância;

d) a descrição das atividades presenciais obrigatórias, tais como estágios curriculares, defesa presencial de trabalho de conclusão de curso e das atividades em laboratórios científicos, bem como o sistema de controle de frequência dos estudantes nessas atividades, quando for o caso.

A legislação que disciplina a oferta de Educação a Distância é específica seja para implantação de cursos, seja para balizar seu funcionamento. Isto não significa que as exigências quanto à qualidade dos cursos e programas oferecidos sejam menos exigentes. Convém lembrar que os mesmos princípios legais para a ministração do ensino, dentre os quais está a *garantia do padrão de qualidade*, aplicam-se à EAD. Mudam, evidentemente, as formas de aprender. Aqui, o aluno tem três características, a saber: a) É autodiretivo, portanto, responsável pela agenda de estudos independentes; b) É possuidor de experiência e, por isso, seletivo no conteúdo da aprendizagem; e, por fim, c) É operativo, o que o ajuda no curso dos conhecimentos práticos, ou seja, daqueles conhecimentos que respondem e correspondem a suas necessidades imediatas. Por todas estas razões, o aluno de EAD precisa estar vinculado a instituições devidamente credenciadas pelas instâncias competentes da área de educação do governo federal. Esta é a razão por que a Portaria 4.361/2004 e o Decreto 5.773/2006 prescrevem exigências para as várias etapas do processo de credenciamento institucional voltado para a oferta de cursos de EAD, além de definir outros procedimentos como transferência de mantenedor, aumento e remanejamento de vagas, desativação de cursos e descredenciamento de instituições, Plano de Desenvolvimento Institucional (PDI). Todos estes procedimentos e etapas processuais devem seguir o protocolo eletrônico do

Sistema de Acompanhamento de Processos das Instituições de Ensino Superior (SAPIEnS)/MEC.

Como resposta concreta aos grandes desafios brasileiros na área de formação de professores para a educação básica e em sintonia com a tendência mundial de expansão e interiorização da educação pública de nível superior, o governo brasileiro criou e implantou o **Sistema Universidade Aberta do Brasil (UAB)**. A iniciativa e a concepção funcional coadunam-se com as orientações e diretrizes da Unesco que, em documento sobre *Política de Mudança e Desenvolvimento no Ensino Superior*, recomenda aos países membros e aos seus sistemas educacionais (2000: 25):

1) Diversificar as estruturas institucionais, programas e formas de estudo.

2) Implantar programas de informação e comunicação por via do estabelecimento de redes e outros mecanismos de cooperação interuniversitária.

3) Promover a integração regional nos campos da educação, da cultura e da economia.

4) Estabelecer parceiros com base em interesses comuns. A parceria pode ser uma matriz estratégica para a renovação da educação superior.

O Decreto 5.800/2006, de criação da UAB, centraliza seu foco na formação inicial e continuada de professores para a educação básica. Para tanto, estabelece rotas de articulação com governos estaduais, municipais e IES públicas para oferta de cursos e programas. Estados e municípios garantem o funcionamento dos seus **polos**[124], nos quais se realizam as programações presenciais. A formação dos **polos** é flexível, ensejando que cada **polo** possa se relacionar institucionalmente com um ou mais de uma instituição pública. A instituição de ensino credenciada assume a responsabilidade pela realização de toda a agenda acadêmica no **polo**, no caso, assume toda a programação das atividades acadêmicas dos cursos superiores em execução. Ainda, é responsável pela expedição dos diplomas dos alunos concluintes.

O Sistema UAB prevê a criação de consórcios públicos, organizados nos termos da Lei 11.107/2005, contando com a participação de instituição federal de educação superior. Na verdade, o MEC não cria uma nova instituição de ensino, mas articula, congrega e mobiliza instituições já existentes. Significa dizer que o Sistema UAB é, de fato, uma denominação genérica da rede nacional de Instituições Públicas de Ensino Superior, que funciona articulada com

---

124. Dias e Leite (2012: 21) definem *polo de apoio presencial* como "[...] a unidade operacional para o desenvolvimento descentralizado de atividades pedagógicas e administrativas relativas aos cursos e programas ofertados a distância".

polos nos estados, DF e municípios, engajada na formação inicial e continuada de professores e na oferta de cursos de formação e qualificação profissional diversos. No fundo, a UAB viabiliza cursos e programas de EAD em decorrência do *déficit* de oferta de vagas no Sistema Público de Ensino Superior.

A UAB reúne instituições federais e estaduais, distribuídas em todo o território nacional, com mais de mil cursos em 650 **polos**. Oferece, ainda, cursos de pós-graduação *lato sensu* em nível de especialização. A prioridade é para professores e gestores da educação que já atuam na educação básica. Eles concorrem a vaga através do Plano Nacional de Formação de Professores de Educação Básica (Parfor), programa do Governo Federal para incentivar a formação de professores. As inscrições, neste caso, são feitas na Plataforma Freire (http://freire.mec.gov.br) e devem ser autorizadas pela Secretaria Estadual ou Municipal de Educação para a qual o professor trabalha. Quem não preenche esta condição deve procurar uma instituição de ensino vinculada ao Consórcio e se inteirar sobre instituições e datas do processo seletivo. Informações outras podem ser adquiridas através de consulta ao site www.uab.capes.gov.br

§ 2º – O Decreto 5.622/2005 estabelece que a avaliação de desempenho dos alunos de EAD exige o cumprimento de atividades programadas e a realização de exames presenciais, com o objetivo de promoção, conclusão de estudos e obtenção de diploma ou certificado, conforme o caso. Em se tratando de Ensino Superior, é atribuição do MEC credenciar instituições para a oferta de cursos. No caso de cursos de nível básico, a atribuição de credenciamento é a do respectivo sistema de ensino do Estado e do DF, incluídos cursos e programas nas modalidades de Educação de Jovens e Adultos, Educação Especial e Educação Profissional.

No que diz respeito aos diplomas de cursos de graduação obtidos em instituições estrangeiras, inclusive aqueles decorrentes de convênios com instituições em funcionamento no Brasil, deverão passar pelo processo de revalidação em universidade pública brasileira, nos termos da legislação vigente.

Pela Portaria 4.059/2004, as instituições de educação superior poderão oferecer disciplinas componentes do currículo – em cursos superiores reconhecidos – sob a forma semipresencial, dentro dos limites de até 20% da carga horária do curso. A avaliação, porém, deverá ser feita sob forma presencial. Por outro lado, os cursos de pós-graduação *stricto sensu*, no caso Mestrado e Doutorado, estão submetidos à legislação própria de autorização, reconhecimento e renovação de reconhecimento. A autorização de funcionamento destes cursos cabe ao CNE, à luz de relatório produzido pela Capes. No caso de curso de pós-graduação *lato sensu*, os procedimentos de autorização, reconhecimento e renovação de conhecimento independem de apuração externa, desde que oferecidos por instituições credenciadas para atuação nesse nível de ensino. À Secretaria de Educação a Distância do MEC cabe instruir e exarar Parecer nos casos de pedido de credenciamento e recredenciamento de instituições para oferta de educação superior a distância.

A Portaria Normativa 2/2007 disciplina a criação de **polos** com a respectiva regulamentação de abrangência para atuação e funcionamento regular de IES na modalidade de EAD, tendo como objetivo, entre outros, a realização das agendas presenciais obrigatórias.

§ 3º – Dentro do desenho legal de autonomia confirmado em lei e de sua atuação circunscrita territorialmente, os sistemas de ensino têm responsabilidade normativa para a produção, controle e avaliação de programas de Educação a Distância, bem como para sua implementação e continuidade.

Para potencializar a oferta e assegurar os padrões mínimos de qualidade, a legislação prevê que as instituições credenciadas desenvolvam e estabeleçam mecanismos de colaboração e de intercomplementaridade, por via da formação de parcerias, consórcios, convênios, acordos e contratos para compartilhamento e divisão de responsabilidades na oferta de programas de EAD. Em Educação a Distância, não se trabalha com ideia de domínio de ações, mas, sempre, de condomínio de atividades. É que a sala de aula como espaço físico tradicional dá lugar a uma outra concepção, com práticas pedagógicas induzidas por múltiplas e criativas possibilidades em torno de como trabalhar, em parceria, o conhecimento hospedado na educação. É precisamente nesta perspectiva multifacetada que Pierre Lévy afirma que (1999: 75) "[...] o mundo virtual é um universo de possíveis. [...] Quando as interações podem enriquecer ou modificar o modelo, o mundo virtual torna-se um vetor de inteligência e criação coletivos".

O processo de ingresso e saída de alunos é idêntico ao dos registros escolares comuns, ou seja, os cursos a distância poderão aceitar transferências e aproveitar créditos obtidos pelos alunos em cursos presenciais, da mesma forma que as certificações totais ou parciais obtidas em cursos a distância poderão ser aceitas em cursos presenciais.

Os certificados e diplomas de cursos a distância autorizados pelos sistemas de ensino, expedidos por instituições credenciadas e registradas na forma da lei, terão validade nacional.

O legislador foi taxativo ao definir os parâmetros para a avaliação, devendo ser realizada por meio de exames presenciais, de responsabilidade da instituição credenciada para ministrar o curso e de acordo com procedimentos e critérios definidos no projeto de autorização. Em qualquer caso, os exames deverão avaliar competências descritas nas diretrizes curriculares nacionais, quando for o caso, bem como conteúdos e habilidades que cada curso se propõe a desenvolver. No caso de cursos de Educação Profissional, os alunos devem trabalhar com conhecimentos práticos. As instituições credenciadas poderão estabelecer parcerias, convênios ou consórcios com instituições especializadas no preparo profissional, escolas técnicas, empresas e outras adequadamente aparelhadas.

§ 4º – Em função de sua especificidade como modalidade educativa, a Educação a Distância recebe tratamento diferenciado na forma de postar seu funcionamento. A lei prevê condições especiais para tanto. Na verdade, são benefícios legais cuja concessão sinaliza a valorização e o reconhecimento, pelo Estado, das finalidades da EAD e da relevância das repercussões culturais que produz para a sociedade. De fato, as novas tecnologias, viabilizadoras dos diversos tipos de mídia, alargam os espaços sociais, recriando a aprendizagem sistematizada, e incorporam novos sujeitos no processo de aprender. Ou seja, no processo de construção e difusão do saber e do desenvolvimento humano. Esta é, sem dúvida, uma forma de atualizar e de ressituar o conceito operativo de educação escolar e de aprender a aprender.

§ 4º, I – Preliminarmente, dois esclarecimentos se impõem. Em primeiro lugar é necessário compreender que as diversas leis e regulamentos que regem os serviços de radiodifusão classificam estes serviços, quanto ao tipo de transmissão, em: a) Serviços de sons (radiodifusão sonora) e b) Serviços de sons e imagens (televisão). Em segundo lugar, convém anotar que estes serviços são considerados de interesse nacional, têm finalidade educativa e cultural, mesmo em seus aspectos informativo e recreativo, permitindo-se a exploração comercial dos mesmos, desde que não prejudique esse interesse e aquela finalidade.

O inc. I, em análise, trata especificamente da redução de custos de transmissão de programas e cursos de EAD, via canais comerciais de radiodifusão, na concepção das alíneas **a** e **b** acima, mas inclui "outros meios de comunicação", com funcionamento de acordo com parâmetros legais. Este é o caso dos múltiplos ambientes de aprendizagem institucionalizada via *e-learning*. As principais tecnologias e mídias usadas na EAD são o meio impresso, utilizado por 84,7% das escolas, o *e-learning* (61,2%) e o CD-rom (42,9%). No caso do inc. I em apreciação, o foco é o conjunto dos meios e recursos eletrônicos de comunicação e virtuais, envolvendo rádio, TV, teleconferência, conferência *web* e, ainda, o computador com a interface www (World Wide Web) (grande teia de informação). Na verdade, a EAD "[...] via *web* se sobressai: a rede integra e condensa nela todos os recursos de todos as formas de comunicação. A linguagem da *web* – a hipermídia – permite a incorporação de hipertextos, gráficos, sons, imagens e animações. Tudo torna a comunicação extremamente dinâmica" (DIAS & LEITE, 2012: 34).

§ 4º, II – A concessão de canais com finalidades exclusivamente educativas é um outro tipo de tratamento diferenciado reservado à EAD. Em uma sociedade tão desigual como a sociedade brasileira, a TV Educativa tem uma importância estratégica muito ampla à medida que trata de questões fundamentais no campo da educação e da cidadania e socializa conhecimentos, informações e procedimentos de conduta social e de ética ligados aos direitos fundamentais da população. No campo cultural, a programação das TVs Educativas tem um alcance incomensurável, possibilitando e multiplicando as formas de o Estado garantir a todos o pleno exercício dos direitos culturais e acesso às fontes da cultura nacional, o apoio e incentivo à valorização e à difusão das manifestações culturais. Este mesmo horizonte de direcionamento das TVs Educativas estende-se às questões da saúde, às artes, ao meio ambiente, à ciência e tecnologia e ao aprofundamento da consciência cidadã em torno dos direitos sociais, configurados no art. 6º da nossa Carta Magna.

A primeira emissora educativa a funcionar foi a TV Universitária de Pernambuco, em 1967. Entre esta data e 1974, surgiram nove outras emissoras de TV exclusivamente educativas, a saber:

EMISSORA, RAZÃO SOCIAL e VINCULAÇÃO

• TVE do Amazonas – Fundação pública estadual (Secretaria de Comunicação)

• TVE do Ceará – Fundação pública estadual (Secretaria de Educação)

• TVE do Espírito Santo – Fundação pública estadual (Secretaria de Educação)

• TVE do Maranhão – Fundação pública estadual (Secretaria de Educação)

• TVU de Pernambuco – Universidade federal (Ministério da Educação)

- TVE do Rio de Janeiro – Fundação pública federal (Ministério da Educação)
- TVU do Rio Grande do Norte – Universidade federal (Ministério da Educação)
- TVE do Rio Grande do Sul – Admin. Direta Estadual (Secretaria de Educação)
- TV Cultura de São Paulo – Fundação privada estadual (Secretaria de Cultura)
- Atualmente (2023), existem muitas TVs universitárias.

Em 1972, o MEC criou o Programa Nacional de Teleducação (Prontel) para coordenar os programas de teleducação no país. Em sucessivo, vieram a Fundação Centro Brasileiro de Televisão Educativa e o Funtevê[125]. Em 1988 (Decreto 96.291) e em 1989 (Portaria MC 93) foram estabelecidos "[...] os parâmetros para que as retransmissoras de televisões educativas pudessem inserir, em nível local, programas de interesse comunitário, desde que estas inserções não ultrapassassem a 15% do total da programação da geradora à qual a retransmissora estivesse vinculada. Com isso, as emissoras geradoras não precisaram mais implantar, elas mesmas, suas retransmissoras simultâneas, pois a possibilidade de inserção de programação local passou a atrair diversas entidades privadas, universidades e prefeituras que cuidaram, com recursos próprios, da implantação de retransmissoras. Com efeito, esta abertura provocou um crescimento enorme do número de retransmissoras existentes e, em consequência, de todo o sistema".

§ 4º, III – Os concessionários de canais comerciais devem reservar, na grade de programação de suas empresas de radiodifusão, espaços e tempo diários para a veiculação de assuntos, temas e abordagens informativas de conteúdo educativo e cultural sem ônus para o poder público. Esta condição impositiva da Lei decorre de quatro circunstâncias, a saber: a) Trata-se de uma concessão pública; b) Os serviços de radiodifusão têm finalidade educativa e cultural; c) A educação, nos termos da Constituição Federal, é direito de todos e dever

---

125. Em 1990, de acordo com o disposto na Lei 8.029, a Funtevê passou a denominar-se Fundação Roquette Pinto (FRP). A partir de 1993 a FRP e suas emissoras, TVE do Rio de Janeiro e a Rádio MEC. Como afirma Alexandre Franklin (TVE Educativa do Rio de Janeiro), "A televisão educativa foi implantada, no Brasil, sem obedecer a um planejamento que decorresse de uma política setorial de governo. Algumas emissoras tiveram como raiz de sua criação razões de ordem política, outras deveram sua existência à tenacidade individual de idealistas, e poucas foram as que surgiram com objetivos explicitamente definidos".

do Estado e da família e *será promovida e incentivada com a colaboração da sociedade...* (CF, art. 205); e, por fim, d) As empresas de radiodifusão estão obrigadas a cumprir o que estabelece o art. 221, da Constituição Federal, que determina:

Art. 221 – A produção e a programação das emissoras de rádio e televisão atenderão aos seguintes princípios:

I – preferência a finalidades educativas, artísticas, culturais e informativas;

II – promoção da cultura nacional e regional e estímulo à produção independente que objetive sua divulgação;

III – regionalização da produção cultural, artística e jornalística, conforme percentuais estabelecidos em lei;

IV – respeito aos valores éticos e sociais da pessoa e da família.

Fica claro que a educação escolar, de natureza formal e presencial, não pode continuar sendo a forma exclusiva de acesso a níveis elevados de escolarização. Há muitos países, como Estados Unidos, Canadá, Itália, França, Rússia, Inglaterra, Espanha, Alemanha, Austrália, Nova Zelândia, e tantos outros que descobriram a importância da teleducação. Há uma consciência planetária crescente segundo a qual, na sociedade do conhecimento, aprender significa, sobretudo, "aprender a aprender". E, em circunstâncias de instabilidade crescente e de mutabilidade das formas de trabalho, o grau de educação do trabalhador é fundamental como base para adequação aos novos requerimentos do perfil profissional do mercado de trabalho. Nos últimos cinco anos, a EaD, em nível de oferta de cursos superiores, tem avançado de forma mais acelerada. Basta lembrar o surgimento dos *Massive Open Online Courses (MOOCs)*, simplesmente **cursos online** abertos ao acesso em larga escala e participação disponível via *web*, na Educação a Distância e na educação como um todo. Enquanto nos vídeos do YouTube há pouca interferência do professor, MOOCs "oferecem suporte por via dos professores e a agregação de materiais diversos". A grande atuação dos Cursos de EaD está na flexibilidade do seu acompanhamento. Poucos horários disponíveis e as rotinas de trabalho terminam a funcionar como motivação para a procura por cursos de EaD.

A LDB caminha, portanto, na direção de reforçar a relevância social dos sistemas de Educação a Distância. Não se trata de substituir o sistema "presencial". Pelo contrário, trata-se de oferecer alternativas de reforço aos processos de aprendizagem presencial. Na Educação a Distância, o ensino parte do princípio de que a autoaprendizagem é possível, desde que o aluno conte com materiais de instrução de adequada qualidade educativa. Quanto à organização, o sistema de ensino a distância supõe que existam redes de distribuição devidamente organizadas para a produção e distribuição destes materiais. Por fim, a metodologia da Educação a Distância é, certamente, mais econômica. Requer menos pessoal docente, menos burocracia do que no sistema de ensino convencional. Segundo dados do *Consórcio Interuniversitário de Educação Continuada e a Distância (Brasilead)* (FE/UnB), estes custos são extremamente desiguais: no sistema de ensino convencional, as despesas com pessoal variam entre 80 e 85% dos gastos globais, enquanto que, no caso do ensino a distância, os gastos com funcionamento variam entre 15 a 20%.

O art. 80 determina que o poder público vai não apenas incentivar o desenvolvimento de programas de Educação a Distância, mas também de programas de educação continuada, dentro do entendimento de que a educação não é um produto, é um processo e, portanto, nunca se termina de aprender. Nesse horizonte, sinaliza o CNE/CEB, na Resolução 04/2010, ao definir as Diretrizes Curriculares Nacionais Gerais para a Educação Básica, que "[...] a organização curricular deve levar em conta as experiências escolares que se desdobram em torno do conhecimento, permeadas pelas relações sociais, articulando vivências e saberes dos estudantes", e arremata, no art. 13, § 3º, inc. VII e VIII, com a necessidade de a educação escolar (art. 1º, § 1º) assegurar:

> *VII – estímulo à criação de métodos didático-pedagógicos utilizando-se recursos tecnológicos de informação e comunicação a serem inseridos no cotidiano escolar, a fim de superar a distância entre estudantes que aprendem a receber informação com rapidez utilizando a linguagem digital e professores que dela ainda não se apropriaram;*
>
> *VIII – constituição de rede de aprendizagem, entendida como um conjunto de ações didático-pedagógicas, com foco na aprendizagem e no gosto de aprender, subsidiada pela consciência de que o processo de comunicação entre estudantes e professores é efetivado por meio de práticas e recursos diversos.*

A Educação a Distância (EaD) utiliza as alternativas e espaços virtuais para multiplicar as possibilidades de aprendizagem por via do alargamento das vias de comunicação. Estas vias se apresentam hoje (2015) diferentes em sua feição e destinação da mídia clássica, como ressalta Pierre Levy (1999: 75):

> Um mundo virtual, no sentido amplo, é um universo de possíveis, calculáveis a partir de um modelo digital. Ao interagir com o mundo virtual, os usuários o exploram e o atualizam simultaneamente. Quando as interações podem enriquecer ou modificar o modelo, o mundo virtual torna-se um vetor de inteligência e criações coletivas.

Nesse ambiente de interatividade aberta, o papel do professor agrega responsabilidades adicionais à medida que o aluno tende a substituir a passividade tradicional por interações e interlocuções permanentes em torno de sua autoformação, tendo como consequência a construção continuada do processo de autonomia e de postura crítica. Como destacam Nora e Alves (2003: 77),

> Ao permitir a fusão, a mesclagem e a interconexão (não apenas como soma) de diversos tipos de mídias, as novas tecnologias acabam abrindo possibilidades para a criação de novas linguagens e novos signos comunicacionais. [...] Esse processo poderia [...] estruturar reflexões e posicionamentos críticos e levar a transformações ainda mais significativas no processo de construção e difusão do saber[126].

A Educação a Distância (EaD) é cada vez mais exigência da sociedade do conhecimento em cujas entranhas as transformações ocorrem em *um universo insubstancial, o que abrange o armazenamento de conhecimentos, o compartilhamento de informações e a evolução da inteligência artificial* (Cris Anderson, Revista *Veja*/Entrevista, edição de 18/06/2014).

Não há dúvida de que a EaD muda o estatuto pedagógico e o próprio "processo de incorporação intelectual e afetiva". O estatuto pedagógico não pode estar dissociado das tecnologias da comunicação e da informação. Como destaca Muniz Sodré (2012: 14): "Sejam quais forem as posições políticas, porém, parece consensual a convicção de que, na contemporaneidade, todo e qualquer projeto educacional se obriga a pensar e agir em sintonia com as exigências postas pela tecnologização do mundo e com as injunções do mercado global[127].

---

126. Na sociedade em rede, é imperativo à escola conhecer e operar as principais tecnologias e mídias. Nesse sentido, a EAD é um mecanismo complementar à educação presencial. Vivemos na sociedade do conhecimento e as tecnologias constituem o seu lastro de viabilidades. Já não há como viver ignorando o computador e a interface web, os Ambientes Virtuais de Aprendizagem (AVA), os Portais Educativos, as Tecnologias Móveis (Mobile Learning), o Correio Eletrônico e o mundo agregador do *Chat, do Blog, do Orkut, do Fórum, do Wiki, do Twitter, do Facebook, do Google, do YouTube, do TED* (Tecnologia Entretenimento e Design: rede de debates pela internet).

127. Na sociedade em rede, é imperativo à escola conhecer e operar as principais tecnologias e mídias. Nesse sentido, a EaD é um mecanismo complementar à educação presencial. Vivemos na sociedade do conhecimento e as tecnologias constituem o seu lastro de viabilidades. Já não há como viver ignorando o computador e a interface web, os Ambientes Virtuais de Aprendizagem (AVA), os Portais Educativos, as Tecnologias Móveis (Mobile Learnig), o Correio Eletrônico e o mundo agregador do Chat, do Blog (...), do Fórum, do Wiki, do Twiiter, do Facebook, do Google, do YouTube, do TED (Tecnologia Entretenimento e Design: rede de debates pela internet).

O Ensino Híbrido – que mescla ensino presencial com virtual – é desdobramento desta visão da sala de aula reconectada, "utilizando-se da tecnologia para personalizar o aprendizado do aluno".[128]

Art. 81 – É permitida a organização de cursos ou instituições de ensino experimentais, desde que obedecidas as disposições desta lei.

Art. 81 – A Lei 4.024/1961 previa a existência de cursos ou escolas experimentais (art. 104). Esta alternativa está praticamente repetida neste art. 81. A Lei 5.692/1971 falava de *experiências pedagógicas com regimes diversos do prescrito na presente lei* (art. 64). Tratava-se, portanto, de um conceito mais fluido, com pouca força de aplicabilidade à medida que não deixava claro se se tratava de experiências isoladas, dentro de uma estrutura de ensino já cristalizada, ou se alguém poderia "abrir" uma escola para a oferta de ensino inteiramente experimental. A versão da lei atual deixa claro que se permite a ruptura de padrões convencionais de ensino, na perspectiva de projetos pedagógicos de alternância, inovadores, capazes de estimular a criatividade da aprendizagem. Foi assim que surgiram todas as filosofias pedagógicas revolucionárias que conhecemos (Pestalozzi, Montessori, Decroly, Summerhill, Piaget, Paulo Freire, Vygotsky e tantos outros).

A educação escolar se organiza a partir de um sistema complexo de regulações. Este sistema assegura os parâmetros de funcionamento, à luz dos princípios contidos no art. 3º e das garantias assentadas no art. 4º e 4º-A desta lei. Ao admitir formas experimentais de cursos e de instituições de ensino, o legislador deseja estimular rotas inovadoras de oferta para os serviços educacionais, considerando a heterogeneidade dos sujeitos aprendentes e a diversidade dos contextos. A realidade mostra que a duplicidade dos sistemas público e privado de ensino "acentua as desigualdades na formação da juventude em prejuízo dos jovens pertencentes aos setores populares" (LARANJEIRAS,

---

128. A EaD é referência recorrente em diversos dispositivos da LDB, tanto no segmento da Educação Básica, como da Educação Superior. Neste sentido, ver os artigos: 32. § 4º / 47, § 3º / 87, § 3º, inc. II e III. A propósito destas duas notas, é imperativo registrar o avanço significativo do Ensino Híbrido nos últimos tempos, no contexto da pandemia. "Outros caminhos foram abertos e a internet, os computadores, os tablets e os celulares passaram a integrar a educação [...]. O hibridismo marcado no nome da prática demostra exatamente a união entre o espaço físico da escola tradicional e as novas ferramentas e métodos que os recursos tecnológicos apresentam" (BACICH, Neto e TREVISAM, Drage, Fundação Lemanm, 2019:127).

2007: 264). Problemas como distorção idade/série, reprovação e abandono escolar, fatores tão comuns entre jovens pobres, jovens negros e jovens rurais, desocultam os elementos de "tensão e descontinuidade" na trajetória escolar, com o agravamento da questão da exclusão social. Nesse sentido, plataformas de organização inovadoras do tempo e do espaço escolares poderão contribuir para alternativas de escolarização diferentes daquelas da educação formal regular. Infelizmente, esta possibilidade é pouco explorada pelos sistemas de ensino, certamente porque a sociedade é restritiva (preconceituosa?) com tudo que representa uma tentativa de se fazer diferente em educação. Flexibilizar a organização escolar e trabalhar com a ideia de currículo múltiplo e da pedagogia de projetos, iniciativas ocorrentes no meio dos movimentos sociais, por exemplo, são processos vistos com reserva porque se está quebrando a hierarquia das formas da educação regular (sistema seriado, pré-requisitos, currículo uniforme etc.).

Na verdade, há de se compreender que a liberdade legal contida neste artigo não é um convite à organização de cursos e instituições de ensino à margem da lei, até porque se fala de uma possibilidade legal, "obedecidas as disposições desta lei". Trata-se, de fato, de construir alternativas dentro de "um campo de possibilidades que dinamizam a ligação dos seres humanos com a própria produção das condições da existência social" (Parecer CNE 36/2001).

Nos termos deste art. 81, a Resolução CNE/CEB 03/2006 aprova as diretrizes e procedimentos técnico-pedagógicos, objetivando a implementação do Projovem, considerado, no caso, como "Projeto Experimental". Por outro lado, a Portaria 4.059/2004, sob a inspiração deste artigo, permite às IES incluírem, na organização pedagógica e curricular de seus cursos superiores reconhecidos, disciplinas com oferta semipresencial, no limite de até 20% da carga horária total do curso. A modalidade semipresencial é caracterizada "[...] como quaisquer atividades didáticas, módulos ou unidades de ensino-aprendizagem centrados na autoaprendizagem e com a mediação de recursos didáticos organizados em diferentes suportes de informação que utilizem tecnologias de comunicação remota".

A ideia da organização de cursos ou instituições de ensino *experimentais* tem um forte apelo à criatividade e ao respeito à diversidade como característica essencial da condição humana. Na verdade, a educação não é um processo de enquadramento, uma forma (forma com som fechado!), mas formas, onde cada um encontra possibilidades reais e estimuladoras de se desenvolver e buscar a sua emancipação. Assim, a desconstrução da escola abstrata e de ensino desencarnado do mundo concreto dos alunos parece ganhar possibilidades mais amplas cada vez que o estabelecido é confrontado com o diferente. A bruma do modelo único de escola e de forma única de aprender é fonte de geração do **pensamento modelador excludente** (WARAT, 2004: 9). Não podemos esquecer que todo modelo é um referencial simbólico do enquadramento e, como tal, pode transformar-se, ao longo do tempo, na produção **maquínica** de abolição e de destruição das diferenças, arremata o mesmo autor. Esta compreensão não busca a necessidade da existência de sistemas de ensino com suas respectivas redes de escola, senão que o *experimental* em educação é necessário, uma vez que não há evolução e aperfeiçoamento humano fora do horizonte das utopias. São elas que encaminham à imprevisibilidade do novo. Nesse sentido, a LDB, no caso específico deste artigo, estimula a radicalidade do pensamento pedagógico e da prática escolar. Talvez... de rupturas!... A Lei 13.415/2017, da reforma do Ensino Médio, caminha nesta direção da experimentação pedagógica ao estabelecer que (art. 36, § 7º) "A oferta de **formações experimentais** relacionadas ao inc. V do *caput*, em áreas que não constem do Catálogo Nacional dos Cursos Técnicos, dependerá, para sua continuidade, do reconhecimento pelo respectivo Conselho Estadual de Educação, no prazo de três anos, e da inserção no Catálogo Nacional dos Cursos Técnicos, no prazo de cinco anos, contados da data de oferta inicial da formação".

A organização da educação brasileira apresenta historicamente baixa disponibilidade para a inovação, com a prevalência geral do modelo linear de gestão. De fato, "[...] o que se deseja são executivos capazes de ter tanto conhecimento técnico-científico como entendimento sistêmico do contexto e suas ambiguidades, assim como das consequências e resultados da ação profissional. Isto demanda diversas novas e complexas competências alicerçadas em uma consciência que vai além dos cânones do conhecimento científico" (BOSCH, 2010: 19).

Art. 82 – Os sistemas de ensino estabelecerão as normas de realização de estágio em sua jurisdição, observada a lei federal sobre a matéria.

Parágrafo único. (Revogado) (Redação dada pela Lei 11.788, de 2008)

Art. 82 – A nova lei do estágio, aprovada em agosto de 2008 pelo Congresso Nacional e sancionada pelo Presidente da República, assim o define:

Art. 1º – Estágio é o ato educativo escolar supervisionado, desenvolvido no ambiente de trabalho, que visa à preparação para o trabalho produtivo de educandos que estejam frequentando o ensino regular, em instituições de educação superior, de educação profissional, de Ensino Médio, da educação especial e dos anos finais do Ensino Fundamental, na modalidade profissional da educação de jovens e adultos.

Trata-se de um entendimento dinâmico e epistemologicamente articulado das atividades do estágio.

Enquanto ato educativo escolar, o estágio se hospeda no conceito de ensino regular ofertado pelos seguintes tipos de instituição:

• De educação básica.

• De educação superior.

Como o estágio faz parte do projeto pedagógico do curso, integrando, portanto, o itinerário formativo do aluno, seu foco é bipolar: desenvolvimento de competências no campo da atividade profissional projetada e contextualização do currículo mediante a integração teoria/prática. Nesse horizonte, o estagiário vai mobilizar os conhecimentos adquiridos para a construção de uma vida integrada a processos de uma cidadania ativa e à inserção adequada no mundo do trabalho e nos sistemas produtivos. Hoje, a compreensão de estágio ganhou maior elasticidade. Há dois tipos de estágio: o obrigatório e o não obrigatório. O primeiro consta do projeto do curso e das respectivas diretrizes curriculares e o cumprimento de suas conformidades legais é condição imprescindível para a obtenção do diploma e, portanto, para o registro profissional. O segundo é uma atividade opcional, acrescida à carga horária regular obrigatória ou, ainda, assume o caráter de uma atividade de formação complementar remunerada.

De acordo com a nova lei do estágio, são as seguintes as características das atividades de estágio:

• o aluno deve ter matrícula e frequência regular;

• o estágio deve estar formalizado e disciplinado em termo de compromisso tripartite, a saber: aluno, parte concedente do estágio e instituição de ensino;

• compatibilidade entre o descrito no termo de compromisso e as atividades desenvolvidas;

• processo compartilhado de acompanhamento, envolvendo professor orientador da escola e agente supervisor da parte concedente;

• registro das atividades de estágio através da produção sistematizada de relatórios a cada seis meses no máximo.

O estágio curricular obrigatório tem natureza variada em decorrência do nível de ensino e de suas finalidades. Portanto, estará sempre iluminado pelo tipo de formação que se busca. Assim, caso o estágio esteja vinculado ao Ensino Médio, suas finalidades estarão inteiramente voltadas para atender o contido no art. 35 da LDB e, ainda, o que prescrevem as Diretrizes Curriculares Nacionais correspondentes. Por semelhança, o mesmo ocorrerá no caso de estágio no âmbito de cursos da educação superior. Em um e outro caso, porém, o estágio obrigatório é um processo educativo e curricular, com alinhamento consubstanciado em procedimentos formativos que oferecem, ao aluno, situações práticas vivenciadas em ambientes empresariais e institucionais, com foco na aplicação de conhecimentos teóricos e na aproximação com o mercado de trabalho. Cada instituição de ensino deverá deixar bem clara, em sua proposta pedagógica, a natureza do estágio e suas formas de realização. Nesse sentido, os sistemas de ensino obrigam-se a incluir, nas normas de realização de estágio, as seguintes condições (Resolução CNE/CEB 6/2012):

Art. 21 – A prática profissional, prevista na organização curricular do curso, deve estar continuamente relacionada aos seus fundamentos científicos e tecnológicos, orientada pela pesquisa como princípio pedagógico que possibilita ao educando enfrentar o desafio do desenvolvimento da aprendizagem permanente, integra as cargas horárias mínimas de cada habilitação profissional de técnico e correspondentes etapas de qualificação e de especialização profissional técnica de nível médio.

§ 1º – A prática na Educação Profissional compreende diferentes situações de vivência, aprendizagem e trabalho, como experimentos e atividades específicas em ambientes especiais, tais como laboratórios, oficinas, empresas pedagógicas, ateliês e outros, bem como investigação sobre atividades profissionais, projetos de pesquisa e/ou intervenção, visitas técnicas, simulações, observações e outras.

§ 2º – A prática profissional supervisionada, caracterizada como prática profissional em situação real de trabalho, configura-se como atividade de estágio profissional supervisionado, assumido como ato educativo da instituição educacional.

§ 3º – O estágio profissional supervisionado, quando necessário em função da natureza do itinerário formativo, ou exigido pela natureza da ocupação, pode ser incluído no plano de curso como obrigatório ou voluntário, sendo realizado em empresas e outras organizações públicas e privadas, à luz da Lei 11.788/2008 e conforme diretrizes específicas editadas pelo Conselho Nacional de Educação.

§ 4º – O plano de realização do estágio profissional supervisionado deve ser explicitado na organização curricular e no plano de curso, uma vez que é ato

educativo de responsabilidade da instituição educacional, conforme previsto no inc. V do art. 20 desta resolução.

§ 5º – A carga horária destinada à realização de atividades de estágio profissional supervisionado deve ser adicionada à carga horária mínima estabelecida pelo Conselho Nacional de Educação ou prevista no Catálogo Nacional de Cursos Técnicos para a duração do respectivo curso técnico de nível médio ou correspondente qualificação ou especialização profissional.

A nova lei do estágio altera substantivamente a legislação anterior, sobretudo, muda o sentido da natureza do tipo de vínculo que se estabelece entre o estagiário e a empresa/órgão/serviço em que a atividade de estágio vai-se desenvolver. As principais mudanças são:

- a carga horária semanal está limitada a trinta horas, ou seja, seis horas diárias;
- após doze meses de estágio na mesma empresa, o estagiário tem direito a férias remuneradas;
- nos casos de estágios obrigatórios, a remuneração e a cessão do vale-transporte são obrigatórias;
- profissionais liberais com registros nos seus respectivos órgãos de classes podem contratar estagiários;
- o estagiário poderá receber bolsa ou outra forma de contraprestação ajustada. No caso de estágio não obrigatório, é compulsória a contraprestação e, ainda, o auxílio transporte;
- quando o estágio tiver duração de um ano ou ultrapassar, o estagiário terá direito de recesso de trinta dias, devendo gozá-lo preferencialmente nas férias escolares. No caso de duração inferior, os dias de recesso serão proporcionais;
- por fim, no caso de o estagiário receber bolsa ou qualquer outro tipo de contraprestação, os dias de recesso serão remunerados;
- há obrigatoriedade de contratação de seguro de acidentes pessoais, cuja apólice constante do Contrato de Estágio deve ser compatível com os valores de mercado.

Um aspecto essencial do estágio curricular obrigatório é que somente poderá ocorrer em unidades que tenham condições de proporcionar experiência concreta na linha de formação do estagiário. Além disso, deverá ser planejado, programado, executado, acompanhado e avaliado em consonância com o currículo do curso, os programas das disciplinas e o calendário escolar. Por esta razão, é necessário o plano de atividades do estagiário ser incorporado no termo de compromisso. Em outros termos, *as instituições educacionais devem comprovar a existências das necessárias instalações e equipamentos na mesma instituição ou em instituição distinta, cedida por terceiros, com viabilidade de uso devidamente comprovada, para a realização do estágio profissional* (Resolução CNE/CEB 6/2012).

As responsabilidades dos estagiários são definidas de comum acordo com a escola e a parte concedente, dentro, porém, dos seguintes parâmetros de tempo e carga horária:

• estudantes da educação básica: seis horas diárias e trinta semanais no máximo;

• estudantes da educação especial quer ligados à educação básica, quer ligados à educação superior: quatro horas diárias e vinte horas semanais no máximo;

• nenhum tipo de atividade de estágio poderá ultrapassar dois anos, exceto quando se tratar de estagiários com deficiência.

O estágio não curricular e, portanto, não obrigatório tem causado enorme preocupação às instituições de ensino e às empresas. Na verdade, o seu disciplinamento contém um conjunto de exigências legais e formais que termina por pouco distingui-lo do estágio curricular.

De fato, o legislador produziu uma enorme confusão quanto à maneira de apreender a natureza e a forma destas duas modalidades de estágio e, portanto, também a sua dimensão socioprofissional e educativa.

O estágio não obrigatório tem dimensão acadêmica auxiliar, enquanto suplementa o conhecimento adquirido. São suas principais características:

1) Desobrigatoriedade no âmbito da formação profissional do curso.

2) Não possui necessariamente correspondência estrita com o curso, podendo existir no âmbito de áreas profissionais conexas.

3) A supervisão é exercida mais para aferir o cumprimento de **tarefas** exigidas pelo contratante e, não, para acompanhar o desenvolvimento de competências requeridas pela formação acadêmica correspondente.

4) Está mais voltado para a prestação de serviço, para a prática profissional do que, prioritariamente, para a formação profissional específica objeto do curso.

Sob o ponto de vista acadêmico, o estágio curricular tem as seguintes características:

1) É obrigatório por tratar-se de etapa para a cristalização das relações entre conteúdos de formação geral e conteúdos de formação específica.

2) É um complemento indispensável à capacidade para o aluno atuar interdisciplinarmente e com proficiência no campo profissional.

3) Deve estar estruturado através de um conjunto de elementos de convergência para poder corresponder ao(s) eixo(s) do curso.

4) É um espaço formal de articulação de saberes sistematizados.

5) Submete-se um processo rígido de supervisão, tendo em vista o desenvolvimento de valores comportamentais e de competências e habilidades profissionais.

6) Tem uma natureza processual, ou seja, desenvolve-se no interior de um trânsito interprofissional, descaracterizando-se, assim, de mera **prática profissional**.

Naturalmente que, aqui e ali, poder-se-ão enxergar pontos de convergência entre as duas tipologias de estágio. Até porque qualquer campo de capacitação profissional é interessante para a internalização de valores do mundo do trabalho e do mercado de trabalho. No entanto, há uma nítida natureza diferenciada entre ambas.

É lamentável que a nova lei do estágio venha acompanhada de uma gama de exigências que poderá reduzir a atual oferta de vagas disponibilizadas pelas empresas e órgãos da sociedade. Com um terço dos jovens de 15 a 24 anos sem escola e sem emprego, ela parece assumir a face de um mecanismo de exclusão social. Chega, assim, contrariando o que aponta pesquisa do Ipea, sobre oferta de trabalho de jovens: "[...] quanto ao segmento de jovens que frequentam escola dos ensinos Médio e Superior, ganharia mais (o governo) com um programa de estágios do que com um programa de emprego" (RIOS NETO & GOLGHER, A. Apud NISKIER, A. & NATHANIEL, P. *Educação, estágio e trabalho.* São Paulo: Integrare, 2006: 131).

Em síntese, no estágio obrigatório, o conhecimento dialoga com o trabalho, enquanto no estágio não obrigatório o trabalhador dialoga com o trabalho. No primeiro caso, há mais **vivência,** no segundo, mais **sobrevivência**.

Art. 83 – O ensino militar é regulado em lei específica, admitida a equivalência de estudos, de acordo com as normas fixadas pelos sistemas de ensino.

Art. 83 – A leitura deste dispositivo e seu entendimento requerem, para plena compreensão legal, conexão com o conteúdo e exegese do art. 7-A, § 4º, inserido na LDB pela Lei nº 13.796/2019. De partida, destaque-se que o Sistema de Ensino do Exército possui características específicas de concepção, organização, funcionamento e performance acadêmico-funcional, do que resulta qualificação com certificação e diplomação **específicas** igualmente. Ressalte-se, outrossim, que o Sistema de Ensino do Exército, submete-se a um corpo de conformidades com competências e atribuições próprias do Ministro do Exército e, assim, definidas legalmente:

Lei nº 9.786/1999

Art. 17 – Ao Ministro de Estado do Exército compete:

I. aprovar e conduzir a política de ensino;

II. aprovar as estratégias de ensino;

III. especificar e implementar a estrutura do Sistema de Ensino do Exército;

IV. regular as linhas de ensino;

V. designar o órgão gestos das linhas de ensino;

VI. regular a matrícula nos cursos e nos estabelecimentos de ensino;

VII. regular as atribuições dos agentes de ensino;

VIII. regular as capacitações, as habilitações e as qualificações necessárias aos agentes de ensino;

IX. firmar convênio com órgãos públicos e privados no interesse das atividades de ensino.

Como visto, o ensino militar é disciplinado por legislação específica. Durante muito tempo, os colégios militares só receberam alunos homens, filhos de militares. Desde alguns anos, existe abertura nesse sentido. As escolas militares são custeadas com recursos do orçamento dos respectivos ministérios militares. De qualquer sorte, são recursos do contribuinte brasileiro. Condicionar, portanto, a matrícula só a filhos de militares seria uma forma de privatizar espaços públicos. Nos anos de 1992 e 1993, o Ministério da Educação utilizou recursos do salário-educação, cota-federal, para recuperar, em alguns casos, e construir, em outros, colégios militares. O uso destes recursos gerou inquietação por parte de secretários estaduais de educação, uma vez que os recursos do salário-educação estavam sendo usados para atender a escolas com acesso discriminado a alunos em geral, o que era, constitucionalmente, inadequado. Esta correção foi feita e os colégios militares prosseguem oferecendo ensino de reconhecida qualidade em inúmeras instituições que ministram o Ensino Fundamental e o Ensino Médio. O primeiro colégio militar do Brasil foi fundado em 09/03/1889.

Além dos colégios militares, há várias instituições de educação superior, atuando no âmbito do ensino militar, como é o caso da Academia Militar das

Agulhas Negras (Aman), do Instituto Militar de Engenharia (Rio de Janeiro) e de outras instituições vinculadas a ministérios diversos, como é o caso do Instituto Tecnológico da Aeronáutica (ITA), em São José dos Campos, da Academia da Força Aérea, em Pirassununga e da Escola Naval, no Rio de Janeiro. Vale lembrar, ainda, a existência das Academias Militares, em alguns Estados.

Portaria do MEC, de número 3.672/2004, determina a equivalência dos cursos superiores do ensino militar aos cursos superiores de graduação do Sistema Federal de Ensino, desde que observadas as diretrizes curriculares estabelecidas pelo Conselho Nacional de Educação para cada curso.

O ensino militar tem as seguintes características:

• qualificação de recursos humanos para a ocupação de cargos e para o desempenho de funções previstas em lei;

• inclusão de atividades de educação, instrução e de pesquisa, realizadas em estabelecimentos de ensino, institutos de pesquisa e outras organizações militares;

• oferta de diferentes graus e modalidades de educação escolar, Educação Geral e Profissional;

• disponibilização de ciclos de ensino voltados para a progressão na carreira militar.

• ensino preparatório, de natureza acadêmica e militar;

• estrutura de ensino através de graus de ensino, de linhas de ensino e de ciclos de ensino.

O ensino militar, no Brasil, atingiu um alto grau de excelência e se posiciona, no conjunto dos serviços educacionais formais disponibilizados, de maneira notável, pelo seu nível de eficácia e pela reconhecida competência intelectual de seus alunos. Estes conseguem posição de destaque nas avaliações nacionais e internacionais, com frequentes aprovações para ingresso nas melhores universidades do mundo.

Os colégios militares possuem uma estrutura acadêmica de admirável envergadura e uma organização de ensino em que se destacam a interdisciplinaridade e a multidisciplinaridade como metodologias irradiantes de abordagem do currículo. Neles, trabalham professores militares e professores civis. Os colégios contam com uma infraestrutura de apoio ao ensino dentro dos melhores padrões das escolas do país, do que resulta um quadro de alunos egressos com destacada *performance* acadêmica. Como dito, posicionam-se com destaque, em todos os tipos de avaliação.

Os Colégios Militares do Brasil possuem a seguinte organização hoje:

1) Constituem um sistema próprio de ensino estruturado em 14 colégios e uma fundação, a saber:

- Colégio Militar de Belém (CMBel)
Avenida Almirante Barroso, 4348 - Souza - Belém/PA

- Colégio Militar de Belo Horizonte (CMBH)
Avenida Marechal Espiridião Rosas, 400 - São Francisco - Belo Horizonte/MG

- Colégio Militar de Brasília (CMB)
Setor de Grandes Áreas Norte, SGAN - 902/904 - Brasília/DF

- Colégio Militar de Campo Grande (CMCG)
Avenida Presidente Vargas, 2800 - Coophatrabalho - Campo Grande/MS

- Colégio Militar de Curitiba (CMC)
Praça Conselheiro Tomás Coelho, 1 - Tarumã - Curitiba/PR

- Colégio Militar de Fortaleza (CMF)
Avenida Santos Dummont 485, Aldeota - Fortaleza/CE

- Colégio Militar de Juiz de Fora (CMJF)
Avenida Juscelino Kubitschek, 5200 - Nova Era - Juiz de Fora/MG

- Colégio Militar de Manaus (CMM)
Rua José Clemente, 157 - Centro - Manaus/AM

- Colégio Militar de Porto Alegre (CMPA)
Avenida José Bonifácio, 363 - Farroupilha - Porto Alegre/RS

- Colégio Militar de Recife (CMR)
Avenida Visconde de São Leopoldo, 198 - Engenho do Meio - Recife/PE

- Colégio Militar do Rio de Janeiro (CMRJ)
Rua São Francisco, 267 - Maracanã - Rio de Janeiro/RJ

- Colégio Militar de Salvador (CMS)
  Rua Território do Amapá, 455 - Pituba - Salvador/BA

- Colégio Militar de Santa Maria (CMSM)
  Rua Radialista O. Nobre, 1132 - Juscelino Kubitschek - Santa Maria/RS

- Colégio Militar de São Paulo (CMSP)
  Rua Alfredo Pujol, 681, Santana - São Paulo/SP

2) Oferecem Ensino Fundamental do 6º ao 9º ano e Ensino Médio.

3) Recebem alunos (meninos e meninas) das três forças armadas, das forças auxiliares e estudantes da sociedade civil mediante seleção pública.

4) Funcionam atualmente com um contingente de, aproximadamente, 15.000 alunos.

O primeiro colégio militar data de 1889: Imperial Colégio Militar (do Ceará). E o último data de 2016: Colégio Militar de Belém. Ao longo deste período, houve fechamento e reabertura de várias destas instituições.

A gestão dos Colégios Militares – vinculados ao Sistema de Ensino do Exército – é de altíssimo padrão de eficiência, eficácia, efetividade e responsabilidade pública. No período da pandemia, foi o único Sistema de Ensino Público do País que funcionou, sem qualquer descontinuidade: reprogramação de todo o planejamento acadêmico, reponderação das **aprendizagens essenciais** (BNCC), redefinição de módulos de agrupamentos de atividades, reorganização horária, realocamento dos objetivos, das regras sanitárias e remobilização de todos os atores envolvidos no projeto político-pedagógico de cada colégio: "gestores, professores, instrutores, monitores, servidores civis e demais profissionais, além dos familiares e dos próprios alunos". Passado o auge da crise, foi feito um balanço sócio-pedagógico-institucional do período e produzido um relatório-documento[129] de avaliação das condições de ensino e dos resultados alcançados: uma peça de lapidar qualidade acadêmico-institucional, revelando o pleno respeito ao art. 3º, inciso IX, da LDB: "o ensino será ministrado com base nos seguintes princípios (...) IX – Garantia do padrão de qualidade".

---

129. Título da publicação de Avaliação dos resultados aqui referenciados: Os Colégios Militares e a Pandemia de 2020/Organização Marco Antônio Souto de Araújo, Rio de Janeiro, Biblioteca do Exército, 2021, p. 152.

Art. 84 – Os discentes da educação superior poderão ser aproveitados em tarefas de ensino e pesquisa pelas respectivas instituições, exercendo funções de monitoria, de acordo com seu rendimento e seu plano de estudos.

Art. 84 – A monitoria é uma atividade desenvolvida na educação superior com quatro objetivos: i) Estimular o aluno a um permanente alto nível de estudo; ii) Gerar um relacionamento pedagógico elevado e produtivo entre alunos e professores; iii) Auxiliar o professor no desenvolvimento de atividades didático-pedagógicas.; iv) Suscitar, no aluno, o interesse pela carreira docente. O monitor não pode ministrar aulas, elaborar e corrigir provas nem substituir o professor em atividades que lhe são intransferíveis no processo pedagógico. Seu trabalho deve ser supervisionado por um professor e as atividades que exerce devem corresponder aos parâmetros de trabalho constantes do edital de seleção.

As atividades de monitoria têm servido grandemente para suscitar grandes "vocações" para o magistério. Isto se deve principalmente porque o monitor, no exercício do seu ofício, termina internalizando um conjunto de elementos essenciais no campo de suas responsabilidades. É fundamental que a seleção ocorra através de um criterioso sistema de exigências acadêmicas e, ainda, que o monitor receba algum tipo de bolsa, como precondição para um adequado perfil do(s) escolhido(s).

As funções exercidas por via da monitoria devem estar disciplinadas em norma de conhecimento público devidamente aprovada pela IES.

Embora o dispositivo legal fale em aproveitamento do monitor em tarefas de ensino e pesquisa, deve ficar claro que jamais poderá substituir o professor em aulas regulares. Dar aula, para usar a expressão corrente, é uma responsabilidade docente. Tarefas de ensino aqui significam tarefas complementares ao ensino e à aprendizagem, como, por exemplo, aplicar exercícios, desenvolver atividades de reforço de conteúdos, coordenar grupos de estudos dirigidos de leitura, de iniciação à pesquisa, de visitas técnicas, fazer o acompanhamento da aplicação de provas etc. Em síntese, o monitor **não** é um professor disfarçado, mas um auxiliar do professor com atribuições claramente definidas. Por isso, o texto legal fala em rendimento e plano de estudos. Ou seja, trata-se de uma atividade bem delimitada para evitar que o monitor seja transformado em professor precocemente e sem a adequada preparação.

O exercício de monitoria requer que seus titulares apresentem relatórios das atividades exercidas para análise e avaliação da instância competente.

Art. 85 – Qualquer cidadão habilitado com a titulação própria poderá exigir a abertura de concurso público de provas e títulos para cargo de docente de instituição pública de ensino que estiver sendo ocupado por professor não concursado, por mais de seis anos, ressalvados os direitos assegurados pelos art. 41 da Constituição Federal e 19 do Ato das Disposições Constitucionais Transitórias.

Art. 85 – A Constituição Federal é clara em seu art. 206, inc. V: "[...] ingresso exclusivamente por concurso público de provas e títulos [...]". O artigo em apreço vai na mesma direção do dispositivo constitucional, visando atalhar situações de compadrio em que alguém permanece indefinidamente como professor, sem que, para tanto, haja feito concurso público. Em um ambiente de robusto corporativismo, em que os interesses da educação são substituídos por interesses sindicais e político-partidários, o dispositivo tem um grande alcance democrático em favor da qualidade da educação, que começa pela seleção dos professores.

A educação brasileira vive um paradoxo. De um lado, há milhares de professores concursados aguardando a contratação. De outro, há milhares de postos docentes preenchidos provisoriamente por professores temporários. Esta situação é corrente em todos os sistemas de ensino e agudo nos maiores e mais desenvolvidos(!) sistemas de ensino do país, tanto os de base estadual como os de base municipal. Tema já longamente comentado no art. 67, inc. I, retorna neste art. 85. Sabe o legislador que esta é uma ferida crônica da educação nacional. Na verdade, contratar professor que não **é** professor, apenas **está** professor, é derivação da cultura do pouco caso (quase desprezo) com que a classe política trata a escola pública sob a indiferença da sociedade nacional. Este dispositivo, por outro lado, confronta-se com a ideia de contratação de *profissionais com notório saber reconhecidos pelos sistemas de ensino* (Lei 13.415/2017). A contratação deve ser de "cidadão habilitado com a titulação própria...", mediante *concurso público de provas e títulos, para o exercício de docente de instituição pública de ensino*, como expresso no artigo em análise. A experiência internacional comprova que o afrouxamento dos procedimentos de contratação de docentes repercute diretamente no comprometimento da qualidade do ensino ofertado e nas condições de aprendizagem dos alunos.

Art. 86 – As instituições de educação superior constituídas como universidades integrar-se-ão, também, na sua condição de instituições de pesquisa, ao Sistema Nacional de Ciência e Tecnologia, nos termos da legislação específica.

Art. 86 – As universidades são, por natureza, instituições de ensino, de pesquisa e de extensão Ou seja, estas funções definem a identidade da universidade. Criadas para a produção do conhecimento em favor da sociedade, as instituições universitárias pesquisam para poder assegurar a competência necessária para a atividade de ensino. Porque pesquisam e ensinam, adquirem as condições de estender (extensão) este saber para a comunidade.

Na condição de instituições pesquisadoras, as universidades se incorporam ao Sistema Nacional de Ciência e Tecnologia. Este sistema é integrado por importantes instituições nacionais, tais como: i) Conselho Nacional de Desenvolvimento Científico e Tecnológico (CNPq); ii) Fundação Centro Tecnológico para Informática (CTI); iii) Financiadora de Estudos e Projetos (Finep); iv) Conselho Científico e Tecnológico (CCT); v) Conselho Nacional de Informática e Automação (Conin); vi) Comissão Técnica Nacional de Biossegurança (CTNBIO); vii) Secretaria de Desenvolvimento Científico (Sedec); viii) Secretaria de Desenvolvimento Tecnológico (Semtec/MCT); ix) Instituto Nacional de Pesquisa da Amazônia; x) Instituto Nacional de Pesquisas Espaciais; xi) Instituto Nacional de Tecnologia (INT); xii) Instituto Nacional de Pesquisa Aplicada (Inpa) etc. Integram, portanto, o Sistema Nacional de Ciência e Tecnologia instituições de diferentes áreas do poder público e do conhecimento, também, como é o caso da Embrapa, da Fiocruz, Capes, Inpi, Inmetro etc.

As universidades, por conseguinte, porque trabalham as diversas áreas de ciência e tecnologia, integram o sistema nacional constituído por tais áreas. Mas é necessário compreender que não se trata de atribuir à universidade um caráter utilitarista, mas de lhe cobrar cumprimento da função social de que se reveste. Ciência, tecnologia e inovação caminham juntos, e a pós-graduação, assentada na pesquisa, é um dos leitos naturais do desenvolvimento desta tríade na sociedade do conhecimento. Daí, uma razão especial para integrar as universidades ao Sistema Nacional de Pós-Graduação. Todos os países, com gradações diferenciadas por área, apresentam *déficits* de teor tecnológico, em face das enormes e contínuas demandas do setor produtivo. Isto sem esquecer as distorções regionais onde estes *déficits* se apresentam de forma mais alarmante e preocupante. Como posto no Programa Nacional de Pós-Graduação da Capes 2011-2020, na *sociedade do conhecimento as sociedade devem ser caracterizadas pelos lugares nela ocupados pelo conhecimento.*

No momento atual (2023), o desenvolvimento científico e tecnológico do país enfrenta desafios perturbadores com os cortes do orçamento federal no segmento de CT&I, do que deriva, em escala crescente, a fragilização do Sistema Nacional de Ciência e Tecnologia. Nas universidades públicas federais, o setor de pesquisas está claudicando e seus programas sob ameaça. Como se sabe, "os benefícios do conhecimento são tanto mais expressivos quanto maior é a autonomia da pesquisa".

TÍTULO IX
DAS DISPOSIÇÕES TRANSITÓRIAS

Art. 87 – É instituída a Década da Educação, a iniciar-se um ano a partir da publicação desta lei.

§ 1º – A União, no prazo de um ano a partir da publicação desta lei, encaminhará, ao Congresso Nacional, o Plano Nacional de Educação, com diretrizes e metas para os dez anos seguintes, em sintonia com a Declaração Mundial sobre Educação para Todos.

§ 2º – (Revogado.) (Parágrafo revogado pela Lei 12.796, de 04/04/2013)

§ 3º – O Distrito Federal, cada Estado e Município e, supletivamente, a União, devem:

I – [revogado]; (Inciso revogado pela Lei 12.796, de 04/04/2013)

a) [Revogada];

b) [Revogada]; e

c) [Revogada];

II – prover cursos presenciais ou a distância aos jovens e adultos insuficientemente escolarizados;

III – realizar programas de capacitação para todos os professores em exercício, utilizando também, para isto, os recursos da Educação a Distância;

IV – integrar todos os estabelecimentos de Ensino Fundamental do seu território ao sistema nacional de avaliação do rendimento escolar.

§ 4º – [Revogado]. (Parágrafo revogado pela Lei 12.796, de 04/04/2013)

§ 5º – Serão conjugados todos os esforços objetivando a progressão das redes escolares públicas urbanas de Ensino Fundamental para o regime de escolas de tempo integral.

§ 6º – A assistência financeira da União aos Estados, ao Distrito Federal e aos Municípios, bem como a dos Estados aos seus Municípios, ficam condicionadas ao cumprimento do art. 212 da Constituição Federal e dispositivos legais pertinentes pelos governos beneficiados.

Art. 87 – Embora com previsão de vigência limitada no tempo, as **Disposições Transitórias**, componentes do Título IX, não têm significação menor no corpo da lei. Pelo contrário, atendem ao imperativo de se assegurar uma transição socioeducacional adequada entre dois regimes legais, garantindo-se, de um lado, a relevância do que está chegando e, do outro, a necessária estabilidade aos sistemas estabelecidos de ensino. A **positivação** das circunstâncias transitivas ocorrentes no interior dos sistemas de ensino visa, precisamente, a garantir a igualdade de direitos, o padrão de qualidade e o rigoroso cumprimento, pelo Estado, de suas responsabilidades, tendo como ponto de referência inafastável o respeito à dignidade da pessoa humana, "**o mínimo invulnerável que todo estatuto jurídico deve assegurar** [...]" (MORAES, 2006: 129). Outrossim, convém notar e anotar que as Disposições Transitórias atingem um conjunto de "normatizações" já distribuídas ao longo da LDB e que são replicadas à guisa de reforço, com o objetivo de abreviar o tempo de permanência das circunstâncias concretas que lhes dão origem. Providências de caráter mediato e imediato são fixadas para a criação de todas as precondições necessárias à execução do novo regime legal. A transitoriedade das **disposições** se deve, portanto, à previsão necessária de um conjunto de encaminhamentos, adaptações e adequações na oferta de ensino, sem o que se poderá perder em substância dentro daquilo que o legislador estabelece. Nesse horizonte, aliás, é que as **Disposições Transitórias** se abrem com a instituição da Década da Educação.

A LDB instituiu a Década da Educação a iniciar-se um ano após a publicação da lei, ou seja, a partir do dia 20/12/1997. A ideia era importante porque recolocava, mais uma vez, a necessidade de se criarem mecanismos favoráveis à atenção dos poderes públicos e da sociedade para a questão da educação. A experiência tem mostrado que somente ações de rotina não são capazes de levar a sociedade brasileira a ultrapassagem de índices educacionais desfavoráveis, mesmo quando comparamos o Brasil com alguns países da América Latina. Ao instituir a Década da Educação, o legislador fixou um período ao término do qual a sociedade brasileira teria construído e plenificado o projeto educacional balizado na nova lei, tendo como horizonte delineado a educação brasileira pautada por padrões de qualidade universal. A ideia não passou de uma utopia jamais realizada, exatamente porque em educação, antes de marcar o curso dos processos, é necessário demarcar os recursos para os procedimentos. A Declaração Mundial sobre Educação para Todos (1990), documento do qual o Brasil é signatário, também não foi cumprido, sequer no que diz respeito à erradicação do analfabetismo.

Em algumas regiões interioranas do país e em áreas metropolitanas de grandes extensões, marcadas pela existência de BAIRROS RURAIS e, ainda, em inúmeros pequenos municípios, presentes nas regiões menos desenvolvidas, continua preocupante o alto índice de analfabetos absolutos, funcionais e digitais, sem esquecer os elevados percentuais de falta de qualificação profissional, e, em situação crítica de descompasso social. Este cenário de grupos e de populações à margem **expressam uma das faces vulneráveis do "outro" Brasil real.**

Pode-se dizer que a Década da Educação não produziu mudanças agudas na educação brasileira, a não ser no campo da quantidade de matrículas. Os aspectos da qualidade do ensino e da melhoria dos padrões de eficiência dos sistemas continuaram intocáveis e o país prossegue exibindo resultados preocupantes nos testes de avaliação internacional. Daí, a importância de se levar a sério a execução dos Planos Nacionais da Educação/PNE.

§ 1º – Como já foi comentado no art. 9, inc. I, o Plano Nacional de Educação representa uma bússola para a orientação dos destinos da educação nacional. O PNE dá, aos governantes e à sociedade, o alinhamento necessário para que os alunos, independentemente de origem, tenham as condições de acesso e permanência na escola. O horizonte do Plano é o da universalização da educação básica e, progressivamente, de toda a educação escolar. A Declaração Mundial sobre a Educação para Todos definiu posições de convergência das Nações Unidas sobre "a satisfação das necessidades básicas de aprendizagem" para a população planetária. Daí, decorreu a elaboração do Plano Decenal de Educação. Foi importante o posicionamento dos países com os mais baixos índices de produtividade de seus sistemas de ensino e com altos índices de analfabetismo.

Os 9 (nove) países mais populosos do mundo com graves problemas de desempenho escolar e de analfabetismo são:

País	População	Analfabetismo (%)
1) Índia	1.428 bilhão	37,2
2) China	1.425 bilhão	5,7
3) Indonésia	275 milhões	7,4
4) Brasil[1]	214 milhões	7,0
5) Paquistão	234 milhões	45,1
6) Nigéria	216 milhões	43,2
7) Bangladesh	170 milhões	38,7
8) México	127 milhões	6,9
9) Egito	109 milhões	28,1

(1) Ano de referência: 2019.

Relatório da Unesco publicado no início do ano de 2008, com grande repercussão mundial, revelou que nenhum desses países conseguiu atingir plenamente as metas dos diferentes Planos Nacionais de Educação, inspirados na Declaração Mundial Sobre a Educação para Todos, sobretudo no que diz respeito a fazer o analfabetismo regredir drasticamente. Relativamente, o Brasil foi o país que mais avançou nesse sentido.

O Plano Decenal de Educação para Todos teve, de fato, uma grande mobilização, porém, não encontrou canais para sua operacionalização. Na verdade, o que sobrou em mobilização, faltou em criatividade para identificar fontes alternativas de recursos financeiros. Ou seja, o governo de então (1992-1995) repetiu a tradição brasileira de mobilizar, identificar problemas, apontar soluções e não identificar fontes de financiamento. De fato, diagnóstico e prognóstico sem orçamento são pura fantasia. Onde há recursos limitados, o orçamento é "o cursor" das políticas públicas.

A constatação melancólica que traduz uma certa irresponsabilidade pública "de quem de direito" é que os dois últimos Planos Nacionais de Educação – versão 2001-2010 e versão 2011-2023, o atual – foram "**politicamente abandonados** em seu acompanhamento e metas pela União, Estados e Municípios e instâncias de fiscalização. Na verdade, há relatórios de monitoramento, porém, sem qualquer efeito prático! É palmar que faltou fiscalização por parte do Congresso (que o aprovou!) e acompanhamento rigoroso por parte do MEC. Por sua vez, com o "esquecimento" do PNE, os Planos Estaduais e Municipais, por um processo de mimetismo cultural, deixaram igualmente de servir de referência ao planejamento dos respectivos sistemas. É curioso observar que não se ouviu uma única voz oficial seja do Conselho Nacional de Educação, seja dos Conselhos Estaduais e Municipais, cobrando o cumprimento das diretrizes dos planos e de suas metas correspondentes. O Conselho Nacional de Secretários da Educação (Consed) e a União Nacional dos Dirigentes Municipais de Educação (Undime) se associaram ao Congresso e investiram no conforto do silêncio! Com o tempo, o PDE foi a senha da vez! Senha que introduziu indevidamente o governo federal nos sistemas públicos estaduais e municipais de educação. Nesse caso, como já destacado nos comentários aos art. 8º e 9º, não se pode falar em fortalecimento do regime de colaboração conforme prevê o art. 8º desta LDB, senão em um exemplo típico de expropriação de competência por parte do Ministério da Educação. Curiosamente, a construção do regime de colaboração entre os sistemas de ensino foi um dos cinco eixos da Conferência Nacional de Educação Básica (Coneb), realizada em Brasília, em 2008, com a participação de 1.463 delegados, 464 observadores e 26 estados e DF. Mais do que isto, o documento final da Coneb afirma categoricamente que "a construção do Sistema Nacional de Educação (SNE), articulado aos sistemas municipais, estaduais, do DF e federal de ensino, deve considerar as metas do Plano Nacional de Educação (Lei 10.172/2001) e os princípios explicitados no art. 206 da Constituição Federal [...]". Portanto, a ideia é confirmar o **regime de colaboração**, e, não, criar um sistema de imposição, através do mecanismo indutor da distribuição de recursos, como é o caso do PDE!

2008 encerrou o ciclo da Década da Educação sem que houvessem sido constatados maiores resultados de caráter definitivo nos três campos cruciais da educação brasileira:

• Regime de colaboração, currículo, organização e gestão da escola;

• Carreira docente, incluindo formação inicial e continuada de professores, salário docente e financiamento da educação;

• Processos articulados de avaliação.

Como se isto fosse pouco, conseguimos, ainda, "driblar" os Parâmetros Curriculares Nacionais referentes aos diferentes níveis e de modalidades de ensino, com o cumprimento apenas parcial.

Este cenário penumbroso de esmaecimento da legislação educacional requer, DE TODOS OS GESTORES PÚBLICOS, dos órgãos de fiscalização e dos Conselhos Nacional, Estaduais e Municipais de Educação, maior atenção ao art. 214, da Constituição Federal e, em consequência, ao art. 7º, § 1º, 2º, 3º, 4º, 5º, 6º e 7º, do atual PNE, em cujo contexto normativo estão definidos "as formas de adoção das medidas governamentais necessárias ao alcance das metas previstas no referido Plano. Estas metas não são definidas aleatoriamente, mas, bem ao contrário, "...deverão ter como referência a Pesquisa Nacional por Amostra de Domicílio – PNAD, o Censo Demográfico e os Censos Nacionais da Educação Básica e Superior mais atualizados..." (disponíveis à época da publicação da Lei de aprovação de cada novo PNE). Os resultados limitados são da responsabilidade dos gestores da educação, posicionados nos diferentes níveis da administração. O art. 7º da Lei 13.005/PNE, de 25 de junho de 2014, é peremptório e induvidoso:

> *Art. 7º A União, os Estados, o Distrito Federal e os Municípios atuarão em regime de colaboração, visando ao alcance das metas e à implementação das estratégias objeto deste Plano.*
>
> *§ 1º Caberá aos gestores federais, estaduais, municipais e do Distrito Federal a adoção das medidas governamentais necessárias ao alcance das metas previstas neste PNE.*
>
> *§ 2º As estratégias definidas no Anexo desta Lei não elidem a adoção de medidas adicionais em âmbito local ou de instrumentos jurídicos que formalizem a cooperação entre os entes federados, podendo ser complementadas por mecanismos nacionais e locais de coordenação e colaboração recíproca.*

Complementarmente, arremata a Meta 20, Estratégia 20.11:

> *(20.11) aprovar, no prazo de 1 (um) ano, Lei de Responsabilidade Educacional, assegurando padrão de qualidade na educação básica, em cada sistema e rede de ensino, aferida pelo processo de metas de qualidade aferidas por institutos oficiais de avaliação educacionais;*

Como estes direcionamentos não foram concretamente assumidos, é fácil compreender o baixo nível de resultados. Lembrando observações de MONLEVADE e FERREIRA (1997:10), *"estas são histórias antigas e recentes"* da resenha da educação brasileira. De fato, nossa tradição é: Lei no Brasil não é para cumprir, é para aplaudir!...

Mas... é importante destacar que nos encontramos já sob o horizonte de um novo Plano Nacional de Educação, sobre o qual já falamos nos comentários do art. 9º, inc. I. Sobre ele pairam esperanças e apreensões. Uma comparação de alguns dos focos principais entre o PNE anterior (2001-2010) e o atual (2014-2023) sinaliza o misto de sentimento ora exposto, como se pode constatar:

Situação atual	PNE/Lei 13.005/2014 (Período: 2014-2023)
Educação básica	
89,1% das crianças de 4 e 5 anos estão matriculadas na pré-escola (2014)	Até 2016, ter **100%** das crianças de 4 e 5 anos matriculadas na pré-escola
29,6% das crianças de até 3 anos estão na creche (2014)	Até 2024, ter pelo menos **50%** das crianças de até 3 anos matriculadas em creches
97,5% das crianças de 6 a 14 anos estão matriculadas no Ensino Fundamental de nove anos (2014)	Até 2024, ter **100%** das crianças de 6 a 14 anos matriculadas no Ensino Fundamental de nove anos
82,6% dos jovens com idade entre 15 e 17 anos estão no Ensino Médio (2014)	Até 2024, ter **85%** dos jovens com idade entre 15 e 17 anos matriculados no Ensino Médio.
Analfabetismo	
8,0% dos brasileiros com 15 anos ou mais são analfabetos e **27%** são analfabetos funcionais* (2015)	Até 2024, **acabar** com o analfabetismo absoluto (100% da população com 15 anos ou mais alfabetizada) e **reduzir à metade** a taxa de analfabetismo funcional
Universidades	
34,2% dos jovens de 18 a 24 anos estão no Ensino Superior (2014)	Até 2024, elevar para **33%** o índice de jovens de 18 a 24 anos no Ensino Superior, tanto público quanto privado
Dinheiro	
O poder público investe **6,1%** do PIB em educação (2014)	Elevar os gastos com educação pública para **7%** do PIB até 2019 e **10%** do PIB até 2024
Cursos técnicos	
O Brasil tem **1.741.528 milhão** de matrículas nas escolas técnicas públicas e privadas (2014)	Até 2024, **triplicar** as matrículas nas escolas técnico-profissionalizantes de nível médio
Professores	
76,2% dos professores têm diploma na área de atuação (2014)	Até 2024, ter **100%** dos professores da educação básica com diploma em curso de licenciatura em sua área de atuação
31,4% dos professores têm pós-graduação (2014)	Até 2024, ter **50%** dos professores da educação básica com curso de pós-graduação
O rendimento médio do professor equivale a **42,9%** do salário dos demais profissionais (2017)	Até 2020, **equiparar** o salário médio dos professores da educação básica ao dos demais profissionais com escolaridade equivalente, como advogados e dentistas
O analfabeto funcional frequentou a escola e aprendeu a ler e escrever, mas não consegue entender aquilo que lê.	

Fonte: Plano Nacional de Educação e Movimento Todos pela Educação.

§ **2º** – [Revogado]

§ **3º** – O legislador, de alguma forma, reitera um conjunto de responsabilidades do Estado, já delimitadas em outros passos da LDB, com o objetivo de reforçar níveis de atribuições a serem respeitados e cumpridos, tendo em conta a rigorosa observância do conjunto de disposições anteriores que asseguram a oferta de ensino obrigatório, o acesso e a permanência na escola, as disposições gerais da educação básica e, em consequência, a viabilização plena dos termos do art. 3º da Constituição Federal.

§ 3º, I [Revogado]

§ 3º, II – O provimento de cursos presenciais ou a distância para pessoas insuficientemente escolarizadas busca responder a dois dispositivos constitucionais, a saber: i) Todos são iguais perante a lei, sem distinção de qualquer natureza (art. 5º); ii) A educação é direito de todos e dever do Estado (art. 205). Em decorrência, têm direito à educação escolar tardia aqueles que não a tiveram em tempo próprio. A LDB dá desdobramento a estes dois dispositivos ao fixar, como um dos princípios de organização do ensino, "a igualdade de condições para acesso e permanência na escola" (art. 3º). No caso em tela, deve-se, ainda, integrar estes dispositivos ao art. 37, § 1º, da LDB, que determina o direito de o aluno jovem e adulto ter, à sua disposição, oportunidades educacionais apropriadas, consideradas as suas características, seus interesses, suas condições de vida e de trabalho, mediante cursos e exames. É oportuno insistir na ideia de que os cursos a distância não decorrem de qualquer tipo de liberalidade do legislador. O que há, de fato, é a busca de ampliação de oportunidades educacionais. Por isto, estes cursos precisam contar com um quadro de tutores qualificados, com uma infraestrutura adequada ao atendimento das necessidades dos alunos e com projeto pedagógico que responda ao inc. IX, do art. 3º desta LDB: garantia de padrão de qualidade.

§ 3º, III – Um outro componente da escola eficaz diz respeito à capacitação dos mestres em exercício. Professor qualificado e bem-remunerado é meio caminho para um ensino de qualidade. E esta qualificação deve ser feita em modalidades que incluam: i) Capacitação formal básica; ii) Capacitação em serviço, e iii) Capacitação continuada, utilizando metodologias diversificadas, inclusive recursos de Educação a Distância. Neste caso, modalidade no inciso anterior referida e extensiva à oferta de cursos no âmbito de EJA. A OCDE afirma que "a capacitação permanente dos professores constitui um dos indicadores mais importantes de uma educação escolar de qualidade e inovadora". Nesta mesma perspectiva, destaca Nilda ALVES (1992: 75), "o professor jamais está pronto e o conhecimento jamais está acabado, ao contrário, está sempre em construção. Logo, ele é sempre provisório".

Por fim, a junção de todas estas várias providências somente resultará positiva se se desenvolverem mecanismos de acompanhamento e de avaliação não só do rendimento escolar, mas também da avaliação institucional global, em que a escola é avaliada interna e externamente. A avaliação de aprendizagem foca em avaliação do aluno enquanto estudante e com quem se trabalham os conteúdos. É preciso ir à frente e verificar-se que, além do estudante, há um cidadão em processo formativo e uma escola em processo de educação contextualizada.

§ 3º, IV – O art. 9º, VI, diz que é de responsabilidade da União assegurar o processo nacional de avaliação do rendimento escolar em todos os níveis, em colaboração com os sistemas de ensino, objetivando a definição de prioridades e a melhoria da qualidade do ensino. Esta ideia, agora, retorna, porém, com foco na necessidade de assegurar, ao sistema nacional de avaliação, um sentido de articulação e de integralidade. Sendo a educação direito social e dever do Estado, a avaliação enquadra-se no conceito de política pública e, desta forma, a integração das escolas de Ensino Fundamental do DF, dos estados e dos municípios ao sistema nacional de avaliação impõe-se como desdobramento das responsabilidades do Estado brasileiro no sentido da oferta de educação com qualidade. Significa educação escolar capaz de responder às necessidades educacionais dos alunos. E, como aponta a BNCC, *rendimento escolar significa como o aluno avança em competência e habilidades, a partir do domínio dos conteúdos veiculados pelo currículo em ação.*

§ 4º [Revogado]

§ 5º – Em consonância com o conteúdo do art. 34, § 2º, este § 5º prevê, ainda, a implantação progressiva de escolas de tempo integral, no âmbito do Ensino Fundamental. Esta é, na verdade, a melhor solução para a elevação dos níveis de aprendizagem do aluno, sobretudo daquele aluno que vive em um ambiente doméstico de pobreza e em contextos sociais de privação cultural. A experiência mundial aponta que a adoção da escola de tempo integral é a melhor solução para se garantir uma aprendizagem plena e dinâmica. De um lado, porque o aluno é motivado continuamente e, de outro, porque escolas de tempo integral significam escolas com insumos integrais. Pode-se dizer que, no Brasil, as tentativas de experimentação da escola de tempo integral têm esbarrado na falta de recursos e na descontinuidade. A ideia vem-se tornando cada vez mais frequente nos discursos políticos. Porém, como regra geral, não tem conseguido hospedar-se nos orçamentos públicos.

A implementação de escolas de tempo integral, como já destacado no art. 34, § 2º, não começa pela simples ampliação do calendário do tempo de permanência do aluno na escola, mas por uma ampla discussão, envolvendo professores, pais e comunidade, sobre o que é uma educação reconceituada, uma escola reorganizada em tempo contínuo e que passará a trabalhar com atividades diferentes, porém, não descontínuas sob o ponto de vista do desenvolvimento. É de todo necessário, igualmente, conhecer experiências já desenvolvidas, como é o caso da experiência do sistema Plantoon, assinalado pela Escola de Anísio Teixeira, em 1930. Valerá a pena, também, conhecer a experiência dos CIEPs. Na verdade, a escola de tempo integral é, de fato, uma ideia transformadora e não, apenas, inovadora. Nenhum sistema público de ensino no Brasil que começou esta experiência conseguiu dar conta plenamente da ideia. Trabalhar com escola de tempo integral não é apenas mudar o relógio da escola, mas é, sobretudo, ter condições de trabalhar com pedagogias diferenciadas, metodologias diferenciadas, processos de avaliação diferenciados e formas diferenciadas de organizar a escola. Tudo isso supõe recursos diferenciados, até porque, como assentado no art. 25 desta LDB, *será objetivo permanente das autoridades responsáveis alcançar relação adequada entre o número de alunos e o professor, a carga horária e as condições materiais do estabelecimento*, ou seja, há parâmetros legais a cumprir para o funcionamento regular das escolas de tempo integral.

Na verdade, a implantação progressiva da escola de tempo integral ganha extrema relevância no contexto da Pós-modernidade. Como registra Martins (2009)[130], "a Pós-modernidade é uma era de multiplicação das formas de analfabetismo". Saber ler e escrever já não define o alfabetizado. A cada momento, o cidadão é instado a usar a informática, internet, a decifrar as informações culturais e a compreender – enquanto trabalhador – as mudanças técnicas no compacto empresa-indústria. Por outro lado, o legado histórico da escravidão e da imigração (os recrutadores aliciavam de preferência analfabetos) contribui até hoje para uma certa conformação com a situação do analfabeto. Aqui, vale lembrar que 75% dos analfabetos brasileiros têm mais de 40 anos. Esta circunstância está diretamente vinculada à questão do trabalho. Face a

---

130. José de Souza Martins é professor titular de Sociologia da Faculdade de Filosofia da USP. Escreveu um interessante artigo sobre a função da alfabetização num quadro de solicitações culturais. Para saber mais, cf. "Analfabetismos pós-modernos". *O Estado de S. Paulo* – Caderno Aliás, 01/03/2009, p. 17.

dificuldade de conseguir um trabalho, o desestímulo da população nesta faixa etária é enorme. O raciocínio é, se não há trabalho compatível com o perfil profissional, para que me alfabetizar? De fato, hoje é necessário ir além da capacidade de ler e escrever. É precisamente aqui que ganha **força** especial a presença e o funcionamento adequado da **escola de tempo integral**, *necessária para cobrir a extensa área cultural que deve ser assimilada antes da idade adulta para que a pessoa se mova num patamar próprio das demandas culturais do mundo moderno* (MARTINS, 2009).

Tais demandas impõem um transbordamento de funções e de funcionalidades da escola de tempo integral, que já não recebe só um aluno de permanência diária alongada no ambiente escolar, mas um aluno de perfil enraizado no contexto das condições singulares da Pós-modernidade. Trata-se de um aprendiz envolvido em paisagens de informações contínuas, definidas e disponibilizadas em outros lugares e contextos que não a escola. Como assinalado por HINKSON (1991: 48, "...há um deslocamento da escola para a mídia eletrônica de massa como o contexto socializador crítico". E arremata: "essa perspectiva vê a mídia, pois, como centralmente implicada à (re)produção de identidades e formas culturais estudantis". Assim, a escola de tempo integral não é uma mera disponibilização de **mais tempo na escola**, mas uma ideia-operação que requer "analisar pedagogias exteriores ao processo de escolarização e de uma desvinculação entre currículo e escolarização" (SILVA, 2012: 205).

Esta questão está presente nos sistemas de ensino do mundo inteiro. A escola tradicional parece minúscula para dar conta, sob o ponto de vista da educação geral, das maiúsculas demandas da sociedade contemporânea. Na Inglaterra, por exemplo, ganha corpo o movimento de transformação de escolas privadas em um modelo híbrido de "academias", criadas para atender alunos com limitações culturais, níveis de aprendizagem insuficiente e moradores de áreas mais pobres do país. Embora, no caso inglês, a iniciativa seja decorrente da crise econômica, o fato é que "as academias" oferecem uma educação mais abrangente à medida que não precisam seguir com rigor absoluto o currículo pleno e regular do Departamento de Escolas.

As dificuldades da implantação da escola de tempo integral só se mostram transponíveis em sociedade e países em que foram superadas questões de atendimento pleno à população em faixa etária de Educação Infantil, foi assegurada a cobertura de matrícula do Ensino Fundamental com patamar próximo de 100%, porém, sem distorção idade/série e, além disto, foi desenvolvido um padrão de escola com a predefinição dos resultados básicos de qualidade, o que somente é possível em sistemas de ensino que funcionam com fluxo escolar regularizado. O Brasil está distante destes parâmetros de referência.

Por fim, cabe destacar que a ideia da oferta de Ensino Fundamental em tempo integral parece contribuir para o enfrentamento da velha questão de uma escola pobre para o aluno pobre. De fato, nesse nível de ensino, a criança tem, pela primeira vez, uma visão mais próxima e objetiva das variações socioculturais. Surge a ideia de espaços seletivos. Afloram as comparações entre espaços familiares, espaços de vizinhança, espaços sociais e espaços econômicos. Ela compreende que estes espaços não são apenas diferentes, mas explicitações de desigualdades agressivas. Para as classes populares, portanto, o Ensino Fundamental em tempo integral é a única oportunidade de **calibrar** o seu desenvolvimento com base em uma aprendizagem integral e integrada. Esta, aliás, era a ideia de Anísio Teixeira e, mais tarde, de Darcy Ribeiro, com os CIEPs.

Aqui é imperioso fazer uma observação sobre um lamentável deslize do legislador ao referir a progressão do regime de escolas de tempo integral para as redes escolares públicas **urbanas**. No Brasil, as escolas mais limitadas em recursos e em qualidade pedagógica estão na zona rural. São as escolas do campo. Nelas, as exigências de adequação contidas no art. 25 da LDB são simplesmente ignoradas. Ademais, ao excluí-las do alcance prioritário deste dispositivo, a própria lei contribui para que as crianças que moram no campo continuem sendo utilizadas como mão de obra precoce e como trabalhadores forçados. Tanto pior: tudo parte dos próprios pais das crianças. Assim, é razoável pensar que a escola de tempo integral poderá ser uma solução definitiva para as crianças campesinas. Também!!!

§ 6º – A condicionalidade da assistência financeira da União aos demais entes federados reforça o que já foi estabelecido no art. 76. O legislador sabe que a estrutura federativa assegura ações administrativas compartilhadas de acordo com o art. 23 da Constituição Federal, sem que isto desobrigue qualquer dos entes federados das responsabilidades cabíveis a cada um, respeitada, evidentemente, a respectiva autonomia. A responsabilidade não se esgota aí, à medida que estados, DF e municípios se obrigam, ainda, a aplicar anualmente vinte e cinco por cento, no mínimo, da receita de impostos em ações de manutenção e desenvolvimento de ensino (EC 14/1996 e EC 53/2006). Tal aplicação deve se destinar a atender, prioritariamente, as necessidades do ensino obrigatório, com três enfoques agregados, a saber: a) a universalização; b) a garantia do padrão de qualidade e c) o princípio da equidade. Estes três objetivos devem ser considerados à luz das definições e prescrições constantes do Plano Nacional de Educação (CF, art. 212, § 3º). Exigência esta postada na Constituição Federal, como se pode ver:

Art. 214 – A lei estabelecerá o plano nacional de educação, de duração decenal, com o objetivo de articular o sistema nacional de educação em regime de colaboração e definir diretrizes, objetivos, metas e estratégias de implementação para assegurar a manutenção e desenvolvimento do ensino em seus diversos níveis, etapas e modalidades por meio de ações integradas dos poderes públicos das diferentes esferas federativas que conduzam a (EC 59/2009):

I – erradicação do analfabetismo;

II – universalização do atendimento escolar;

III – melhoria da qualidade do ensino;

IV – formação para o trabalho;

V – promoção humanística, científica e tecnológica do país.

VI – estabelecimento de meta de aplicação de recursos públicos em educação como proporção do produto interno bruto.

Art. 87-A – [Vetado] (Incluído pela Lei 12.796, de 2013).

Art. 88 – A União, os estados, o DF e os municípios adaptarão sua legislação educacional e de ensino às disposições desta Lei no prazo máximo de um ano, a partir da data de sua publicação.

§ 1º – As instituições educacionais adaptarão seus estatutos e regimentos aos dispositivos desta Lei e às normas dos respectivos sistemas de ensino, nos prazos por estes estabelecidos.

§ 2º – O prazo para que as universidades cumpram o disposto nos inc. II e III do art. 52 é de oito anos.

Art. 88 – Sempre que há mudanças na legislação educacional, é necessário prever um prazo para o início do processo de adequação. São milhões de pessoas envolvidas na realidade escolar, além dos diversos sistemas de ensino normalmente montados em uma teia complexa de leis e regulamentos disciplinares do funcionamento das instituições educacionais. Por tudo isto, a lei prevê o período de um ano para que se façam as necessárias adaptações legais nos diferentes sistemas. Decorridos 27 anos, há muito que se fazer ainda nesse campo. É urgente introduzir a BNCC nas salas de aula e no planejamento pedagógico escolar, bem como rever as novas orientações de implementação do NOVO ENSINO MÉDIO. A LDB é de 1996. De então até agora, os avanços ainda não foram suficientes para a oferta de uma educação em que igualdade, equidade e qualidade sejam as chaves para abrir as portas de uma SÓ ESCOLA PARA TODOS. Adaptar a legislação ainda não significou ressignificar a educação e a escola, ou seja, fixar o prazo de um ano para as referidas adequações era necessário, porém, não suficiente.

§ 1º – Em face disto, as escolas deverão, também, adequar seus regimentos às normas mutantes de cada sistema. Nesse caso, o prazo ficará sob a responsabilidade do respectivo sistema. A medida é sábia porque, desta forma, evitar-se-ão possíveis transtornos aos alunos. O grande avanço aqui seria no campo da fundação e refundação dos Projetos Pedagógicos Escolares. Ao que consta, os regimentos continuam presos ao velho regime! E os Projetos Pedagógicos ignorados!

§ 2º – No tocante ao Ensino Superior, as universidades terão o prazo de oito anos para que, pelo menos, um terço do corpo docente adquira titulação acadêmica em nível de mestrado ou doutorado e para que, na mesma proporção, passem a trabalhar em regime de tempo integral. De fato, só se faz Ensino Superior de alta qualidade com mérito acadêmico, com qualificação e dedicação intensa e extensa. O que se avançou nesse campo parece comprometido com a criação sob critérios intransparentes de universidades novas e sem o fortalecimento adequado dos orçamentos públicos das universidades já em funcionamento.

Cabe, por fim, considerar que a adaptação a que o art. 88 alude não poderá lograr êxito se os diferentes sistemas de ensino não levarem em conta o amplo contexto social, econômico e cultural do mundo contemporâneo. Contexto social marcado pelo encurtamento da distância entre os povos e por uma crescente busca de convergência na definição de padrões de qualidade de vida. Contexto econômico em reestruturação geométrica, tendo como consequência o reordenamento produtivo e uma total redefinição do estatuto do trabalho. Contexto cultural que se vai redefinindo pela crescente afirmação das identidades das minorias, mas também por uma base comum de valores universais e da diluição de focos da "sociedade LÍQUIDA". E os sistemas legais têm de considerar todos estes ângulos, seja no processo de adaptação da legislação, seja na produção de institutos normativos ou complementares.

A educação escolar deve acompanhar as mutações da sociedade e suas tendências de evolução em face de mudanças no perfil das demandas e das emergências sociais. Não por acaso, entre 1996 (ano da entrada em vigor da Lei 9.394/LDB) e 2023, o texto da LDB já sofreu em torno de 200 alterações. Cabe aos sistemas de ensino e às escolas fazerem as adequações necessárias em suas leis, normas e regulamentos, adaptando-os ao novo regime legal e assegurando harmonia, complementaridade e respeito ao princípio da hierarquia das leis. Este cuidado visa a evitar ambiente de insegurança e de conflito no eixo das normas legais do ensino.

Vinte e sete anos depois da promulgação da Lei 9.394/1996, é lastimável constatar que estados e municípios continuam, ainda, sem adotar plenamente o novo regime legal. Basta lembrar que, ao longo deste tempo, a Educação Infantil continua esquartejada, em muitíssimos casos, fora do sistema regular de ensino, funcionando em espaços improvisados e com pessoal técnico sem qualificação. O Ensino Fundamental prossegue sem qualquer articulação pedagógica e sistêmica com o Ensino Médio, exibindo uma desorganização que serve para tornar cada vez mais opaco o conceito de educação básica. A educação profissional, em muitos casos, foi desalojada das Secretarias de Educação. Aqui e ali, aterrissou nas Secretarias de Ciência e Tecnologia, em um processo de compreensão dúbia do que a lei pretende. No próprio MEC, a educação profissional trocou de endereço. Passou da Secretaria de Educação Básica para hospedar-se em uma secretaria de denominação obscura: Secretaria de Educação Profissional e Tecnológica! A educação especial vai se perdendo em espaços confusos de uma ideia vaga de educação inclusiva, sobretudo com baixos parâmetros de definição a respeito de como as escolas e classes comuns devem se organizar para operacionalizá-la. Os Parâmetros Curriculares Nacionais são abandonados sem ter sido inteiramente implementados nem avaliados em seus efeitos. Enfim, os estatutos e regimentos das escolas sofreram um processo de adaptação de limitado alcance e as normas dos sistemas de ensino continuam com limitada repercussão sobre as questões fulcrais do processo de reinvenção da escola. Continuamos na expectativa da construção de uma escola afastada do paradigma reprodutor, tecnicista e academicista, como se a lei por si só fosse capaz de regular mudanças. Estas somente ocorrerão com a adoção de um paradigma indutor de transformações lastreadas por princípios histórico-críticos de aprendizagem. E a BNCC?!...

Na educação superior, houve a ampliação das tipologias de *oferta de cursos* sem que os *percursos formativos* fossem mudados substancialmente. Tanto pior: nesse campo, as relações público/privado foram se deteriorando nos últimos anos, como se a rede privada de ensino fosse, por definição, responsável pelos desacertos e mazelas da educação brasileira.

Em síntese, vinte e sete anos depois do surgimento da Lei 9.394/1996, os sistemas de ensino e a universalidade das escolas brasileiras ainda não se adequaram legal e plenamente para uma inscrição *concertada da LDB*, em mais uma confirmação cabal da precariedade do conceito operativo de nosso sistema nacional de educação.

A LDB, o PNE e a BNCC, textos inspirados na Constituição Federal, são a pauta legal de referência dos sistemas de ensino, e, portanto, constituem compromissos inafastáveis a começar pelo Governo Federal. O problema de países fundados em sociedades desiguais não é fazer a lei, mas cumprir a lei.

Art. 89 – As creches e pré-escolas existentes ou que venham a ser criadas deverão, no prazo de três anos, a contar da publicação desta Lei, integrar-se ao respectivo sistema de ensino.

Art. 89 – As creches e pré-escolas, estruturas organizadas da Educação Infantil, deixam de estar à deriva do sistema de ensino e a eles se integram, como primeira etapa da educação básica (art. 21). A oferta de Educação Infantil passa a ser incumbência especial dos municípios, ao lado do Ensino Fundamental, ambos de oferta prioritária.

Como já tratado na abordagem do art. 4º, inc. I, alínea *a*, a pré-escola integra a oferta obrigatória e gratuita da educação básica no sentido de sua organização e sua função é essencial para dar consistência ao processo de sistematização da educação escolar, assim como a creche o é no sentido do desenvolvimento humano da criança. Esta a relevância da integração de ambas ao respectivo sistema de ensino do município. Estas duas etapas da Educação Infantil põem a criança em estado de prontidão mental para prosseguir com sucesso todo o tempo de escolarização ao longo da vida.

O processo de integração de creches e pré-escolas ao respectivo sistema de ensino exigirá um ingente esforço por parte das respectivas administrações. Sobretudo, no caso dos municípios (no Brasil há em torno de 5.500!) cujos órgãos de coordenação da rede escolar são, ainda, precários. Neles, as creches e pré-escolas funcionam, quase sempre, como instituições estanques. Pode-se mesmo dizer que se dispensa à criança atenção material (alimentação e um mínimo de conforto), mas muito pouco tempo em matéria de ação multidisciplinar voltada para o desenvolvimento biopsíquico infantil.

A determinação de integrar a Educação Infantil ao respectivo sistema de ensino pode representar um passo importante para o desenvolvimento de uma política consistente em torno da Educação Infantil, embora se tenha de reconhecer a enorme repercussão que tal medida causará aos sistemas de ensino, em termos de reordenamento. Mas, sem dúvida, a determinação legal é saudável para a educação do país.

Além de ser, por si só, complexa a tarefa de integrar as creches e as pré--escolas aos respectivos sistemas de ensino, há que se reconhecer que tarefa de não menor complexidade será a implementação de propostas pedagógicas, sobretudo aquelas voltadas para a dimensão educativa da creche, a promoção de ações interdisciplinares e intersetoriais, capazes de garantir o pleno desenvolvimento da criança, a produção de pesquisas e a disseminação de conhecimentos sobre a Educação Infantil, a criação de uma ampla base de dados sobre o tema e sua disponibilização para todas as redes de ensino. Não menos importante é a identificação de fontes de financiamento para a Educação Infantil, o que envolverá, também, recursos para a formação e valorização contínua dos profissionais para esse tipo de educação.

Espera-se que, com a chegada do Novo Fundeb e com a especificação de recursos para a Educação Infantil, a questão do financiamento esteja, se não resolvida, mas ao menos vá sendo equacionada.

Art. 90 – As questões suscitadas na transição entre o regime anterior e o que se institui nesta Lei serão resolvidas pelo Conselho Nacional de Educação ou, mediante delegação deste, pelos órgãos normativos dos sistemas de ensino, preservada a autonomia universitária.

Art. 90 – O período de transição entre duas legislações – a que deixa de existir e a que passa a vigorar – produz, via de regra, dúvidas, dificuldades, conflitos e desconforto institucional. Por tudo isso há necessidade de se prever instância a quem as dúvidas possam ser remetidas, de tal sorte que não se venha causar prejuízo às partes envolvidas.

Este artigo prevê duas instâncias, ambas atuando articuladamente. A primeira é o Conselho Nacional de Educação. A segunda são os Conselhos Estaduais e Municipais de Educação (quando houver). Eventualmente, atuando ambos por delegação. Para as diversas atuações, a lei prevê uma ressalva: o ensino organizado sob a forma de universalidade. Nesse caso, fica preservada a autonomia em termos. O instituto da autonomia universitária, quando referido ao ensino privado e, como já destacado anteriormente, tem sofrido restrições por parte do MEC, o que representa uma agressão à Constituição Federal. Este é o caso da adoção de indicadores de avaliação estabelecidos à margem do sistema legal (Sinaes). Tal conduta oficial expõe as IES privadas a situações de execração pública, dando a falsa ideia de que descumprem a legislação.

Dentre as atribuições do Conselho Nacional de Educação (CNE), sobressai a de emitir parecer sobre questões relativas à aplicação da legislação educacional. Outras tantas foram destacadas nos comentários ao art. 9º, § 1º. É precisamente em decorrência deste conjunto de atribuições que a LDB, através do art. 90, remete, ao CNE, a responsabilidade de dirimir dúvidas e questões porventura existentes na fase de transição entre o regime anterior e o que se institui com a nova LDB.

Este artigo reforça a importância do Conselho Nacional de Educação. Suas atribuições, como já foi dito em outras oportunidades, são de relevância capital para orientação e norteamento de todos os sistemas de ensino. Sobretudo, como instância de recorrência, o CNE tem a função de harmonizar entendimentos, dirimir dúvidas e desbastar discrepâncias legais e normativas para, de um lado, assegurar a igualdade de oportunidades e, de outro, garantir o padrão de qualidade do ensino.

Infelizmente e como já destacado na análise do art. 9º, § 1º, a fragilização do Conselho Nacional de Educação ao longo do tempo, porém, com nítida exacerbação nos últimos cinco anos, tem contaminado, também, os órgãos normativos dos demais sistemas de ensino, com repercussão direta sobre o conjunto de processos e de procedimentos de implementação da LDB, vinte e sete anos depois de sua implantação. Evidentemente que outras instâncias, como o Congresso Nacional, o Ministério Público, os Tribunais de Contas e o próprio MEC, têm, igualmente, grande responsabilidade no cumprimento apenas parcial da LDB. Tudo isto agravado pela indiferença da própria sociedade em relação ao Plano Nacional de Educação, posto no limbo do descaso do poder público e pela introdução da Desvinculação de Recursos da União (DRU)[131] que engoliu 20% dos recursos vinculados à educação.

---

131. Sob a alegação de que houve um excesso de vinculações no Orçamento Geral da União, "o Poder Executivo propôs ao Congresso Nacional, em 1994, projeto de emenda à Constituição que autorizava a desvinculação de 20% de todos os impostos e contribuições federais, que formavam uma fonte de recursos livre de carimbos. Estava criado, assim, o Fundo Social de Emergência, a seguir denominado de Fundo de Estabilização Fiscal, que vigorou até

A norma procedimental aqui adotada é decorrência do entendimento de que há uma Organização Nacional da Educação (Título IV), há um Plano Nacional de Educação (CF, art. 214 e LDB, art. 9º, inc. I) e há, por outro lado, sistemas de ensino ligados às várias esferas administrativas (art. 8º). A vigência de uma nova legislação enseja a criação de zonas de turbulência na aplicação da lei. Surge, daí, a imperatividade de um órgão que seja capaz de, respeitando a autonomia dos diferentes sistemas, apontar os caminhos legais para responder às questões suscitadas na fase transitiva dos dois regimes legais. Nesse sentido, o Conselho Nacional de Educação desempenha inicialmente papel relevantíssimo, agindo com equilíbrio e sem pusilanimidade. Emite textos interpretativos e esclarecedores, como foi o caso do Parecer 1/1997, contendo "orientações preliminares da Câmara de Educação Básica", do Parecer 2/1997, contendo "diretrizes para a carreira e remuneração do magistério", do Parecer 3/1997, contendo indicações sobre "propostas de regulamentação da Lei 9.394/1996", da Resolução 2/1998, contendo as Diretrizes Curriculares Nacionais, do Parecer 3.98, contendo as Diretrizes Curriculares para o Ensino Médio e do Parecer 18/1998, discorrendo sobre os Parâmetros Curriculares da 5ª à 8ª séries.

Quando o legislador fala em **questões suscitadas** admite como natural a diversidade de entendimento face a complexidade dos dispositivos legais, sobretudo porque aplicáveis a uma realidade diversificada e deslinear como a brasileira. A ideia de muitos Brasis no Brasil não é figura de retórica, mas um dado inafastável dos contextos plurais do país. Ademais, a compreensão da norma está sempre sujeita a níveis diversos de percepção, havendo, por isso, necessidade sempre de instâncias de recorrência para aclarar dúvidas e interpretações descabidas. É lamentável que o esvaziamento do Conselho Nacional de Educação, através da transferência de competências feita pelo MEC nos últimos tempos, tenha inibido, quando não freado, a capacidade de o CNE produzir indicações sobre muitos aspectos da LDB que continuam obscuros.

A preservação da autonomia universitária é uma espécie de dogma, ou seja, condição indispensável para que a produção do conhecimento seja realizada dentro de um clima de liberdade e criatividade totais, evidentemente, balizado todo o processo por parâmetros enraizados em princípios éticos fundamentais.

31/12/1997. A partir do ano de 2000 foi reformulado e passou a chamar-se DRU (Desvinculação de Recursos da União), cuja prorrogação se estendeu até 2007" (Adocon). Em 2016, a Câmara Federal aprovou a PEC que prorroga a Desvinculação da DRU até 31/12/2023. Com a aprovação final, "o governo ganha o direito de usar livremente receitas obtidas com impostos e contribuições e que, obrigatoriamente, deveriam ser alocadas em determinadas áreas".

Art. 91 – Esta Lei entra em vigor na data de sua publicação.

Art. 91 – A Lei de Diretrizes e Bases da Educação Nacional, Lei 9.394/1996, foi publicada no dia 20 de dezembro. A partir de então, passou a vigorar, ou seja, passou a ser a espinha-dorsal de toda a legislação educacional brasileira e, portanto, da organização do ensino regular. Dentro do princípio da hierarquia das leis, os dispositivos constitucionais que tratam da educação e do ensino estão acima dela. Por isso, a Constituição é sempre referência maior e instrumento de balizamento para toda a chamada legislação infraconstitucional. É o caso da LDB. A partir de então, passa ela a regulamentar todos os atos constitutivos do processo educativo regular. Como norma escrita de direito, aprovada pelo poder legislativo e sancionada pelo poder executivo, a Lei 9.394/1996 passou a produzir efeitos objetivos a partir do dia em que foi publicada, embora, sob o ponto de vista do reordenamento dos sistemas e da nova formalização dos procedimentos burocrático-administrativos, ela própria tenha fixado o prazo máximo de um ano, a partir da data da publicação, para que a União, os estados, o DF e os municípios adaptassem suas respectivas legislações educacionais e do ensino (art. 88).

O texto da LDB hospeda ganhos importantes e aspectos relevantíssimos como podemos constatar:

A) Aspectos estruturais:

• Flexibilização:

– com distribuição de competências;

– com desregulamentação de controles a partir da extinção do currículo mínimo e da construção da proposta pedagógica;

– com pluralidade de organização escolar;

– com a disponibilização de trilhas pedagógicas diferenciadas;

– com a oferta de itinerários formativos múltiplos.

Obs.: Estes dois últimos aspectos da flexibilização são decorrentes da Lei 13.415/2017 (da reforma do Ensino Médio).

• Refundação: a partir de preceitos constitucionais, do direito à educação e do dever de educar (LDB, art. 4º):

– com obrigatoriedades inafastáveis;

– com prioridades delimitadas;

– com estratégias compartilhadas;

– com parcerias seletivas;

– com a implantação da escola democrática, possibilitando a inclusão dos desiguais.

• Reposicionamento da avaliação:

– com um sistema nacional de avaliação;

– com mecanismos de avaliação sistemática;

– com a avaliação centrada no currículo e concentrada na aprendizagem do aluno.

B) Aspectos funcionais **sob a forma de ações a realizar**

1) Focar a educação escolar a partir do acesso a um conhecimento de base científica.

2) Conferir autonomia aos sistemas de ensino e às escolas.

3) Reconhecer a relevância do trabalho escolar fundado na diversidade das concepções pedagógicas.

4) Trabalhar a ideia de educação básica como um conceito pleno.

5) Focar os sistemas de ensino dentro de uma engenharia de ações compartilhadas e complementares.

6) Definir, de forma clara, o conceito operativo de despesas de manutenção e desenvolvimento do ensino.

7) Realizar as finalidades e os objetivos de cada nível de ensino e de cada modalidade educativa.

8) Operar a qualidade educativa como um conceito dinâmico mantido sobre a função pedagógica da avaliação.

9) Relacionar educação, ensino e desenvolvimento socioeconômico e técnico-científico.

10) Dar centralidade ao papel do professor e às formas democráticas da gestão escolar. Reconhecimento a partir do salário.

11) Condicionar a função supletiva e redistributiva da União ao cumprimento pelos demais entes federados da imperatividade do atendimento à educação básica de qualidade obrigatória e gratuita.

Por outro lado, decorridos 27 anos da promulgação da LDB, a falta de processos vigiados de implementação tem gerado prejuízos e limitações como as que seguem:

1) Ausência total de acompanhamento de todo o processo de implementação da LDB e de suas frequentes atualizações.

2) Enfraquecimento do Conselho Nacional de Educação.

3) Pouca atenção aos Planos de Educação em nível nacional, dos Estados, do DF e dos municípios.

4) Limitada incidência normativa no terreno do aprimoramento do regime de colaboração entre os diferentes sistemas de ensino.

5) Visão produtivista da educação com crescentes processos de fragmentação de ações, a partir do governo federal, com agendas focadas em programas e não em políticas.

6) Visão dúbia sobre as interrelações entre qualidade do ensino, salário docente e financiamento.

7) Ausência de políticas firmes conducentes à constituição de uma carreira docente dignificante e de processos consistentes de formação docente continuada.

8) Interferência indevida da União nos sistemas de ensino dos Estados, do DF, e municípios através de repasses de recursos condicionados, quase sempre a programas federais.

9) Expansão das redes de ensino com a precarização da infraestrutura escolar.

10) Total abandono do ensino noturno, do ensino rural, da EJA e das escolas espalhadas nas imensas áreas metropolitanas.

11) Substituição das atividades de planejamento dos sistemas de ensino e das escolas pela compra de pacotes didáticos e tecnológicos "montados" comercialmente e, portanto, concebidos de forma descontextualizada e sem a indispensável participação dos professores. Não é por acaso que as Diretrizes Curriculares Nacionais e os Parâmetros Curriculares Nacionais caíram no esquecimento geral!

12) Permanência de altos índices de reprovação e de abandono escolar. Problemas, aliás, destacados há 15 anos, em matéria da revista inglesa *The Economist* (maio de 2009), sob o título "Ainda há muito a aprender". A publicação compara o Brasil à Coreia do Sul, mas observa que dificilmente o país desempenhará papel de protagonista, considerando que 45% dos chefes de famílias pobres têm menos de um ano de escolaridade. Destaca, outrossim, a falta de professores que, em algumas localidades, pode chegar a 30% do ano letivo, e, por fim, os baixos níveis de eficiência dos sistemas de ensino.

13) Déficits de vagas na Educação Infantil e na Educação Profissional.

14) Salário docente pouco atrativo quando comparado com a evolução salarial de outros profissionais com idêntico nível de formação.

15) Queda do número de professores formados em áreas como Português, Geografia, Letras, Química, Física, Biologia e Matemática.

16) Uso restrito da tecnologia educacional.

17) Travamento do processo de implantação da escola de tempo integral.

18) Não integração **efetiva** das creches e pré-escolas aos respectivos sistemas de ensino.

19) Políticas inconsistentes para o enfrentamento objetivo da questão do analfabetismo absoluto, do analfabetismo funcional e da articulação intersistemas de ensino.

Por fim, cabe destacar que, como instrumento técnico-legislativo, a LDB possui imprecisões conceituais, frouxidão terminológica, atribuições conflitivas e uma debilidade estruturante ao confundir educação com ensino. Há de se relevar tudo isto, porém, uma vez que nenhum país do mundo consegue produzir uma lei de educação perfeita na forma e no conteúdo. Ela será tanto mais perfeita, quanto mais se assemelhar ao país que a gerou e quanto mais focar mudanças possíveis.

Art. 92 – Revogam-se as disposições das leis 4.024, de 20/12/1961, e 5.540, de 28/11/1968, não alteradas pelas leis 9.131, de 24/11/1995, e 9.192, de 21/12/1995, e, ainda, as leis 5.692, de 11/08/1971, e 7.044, de 18/10/1982, e as demais leis e decretos-lei que modificarem e quaisquer outras disposições em contrário.

Brasília, 20 de dezembro de 1996.
175º da Independência e 108º da República
Fernando Henrique Cardoso
Paulo Renato Souza

Art. 92 – Chegamos ao último dispositivo da Lei 9.394/1996. Através dele, ficam revogadas todas as disposições das leis anteriores em vigor, citadas no art. 92. Importa dizer que, a partir de então, toda a legislação referida perde a sua eficácia, ou seja, cessada a sua vigência, não mais pode ser aplicada. Como sabemos, a vigência de uma lei aparece com a sua publicação e a data em que a lei revogatória se torna obrigatória e desaparece com a sua revogação. Em outros termos, a lei começa a produzir efeitos após entrar em vigência e deixa de produzi-los depois de revogada. A este fato se denomina *eficácia da lei no tempo*. Diversos dispositivos – mais de 200 – foram introduzidos **na Lei de Diretrizes e Bases da Educação Nacional**, no período de 1996 a 2023, produzindo mudanças substanciais no texto original. O último ciclo de mudanças está ocorrendo no atual governo (2023). No geral, ao longo do período de vinte e sete anos, foram feitas mudanças substanciais no texto da LDB, na suposição do seu aprimoramento e de preenchimento de lacunas.

Diversos dispositivos da LDB foram revogados ao longo destes tensos anos de sua vigência. Recentemente, a diversos dispositivos introduziram mudanças conceituais, estruturais e operacionais na LDB. Algumas mudanças ocorreram de forma previsível se considerarmos que as normas estruturadoras do ordenamento jurídico têm sua gênese nas necessidades sociais, nos avanços da cidadania e na implantação de um novo governo. Ou seja, a vida desenha os fatos e estes, por mecanismos de reiteração na prática, desenham o direito positivado. Além disso, vale lembrar aditamentos à legislação educacional em decorrência de acordos e de compromissos internacionais subscritos pelo Brasil, sob a inspiração dos princípios da igualdade, da diversidade e da inclusão social. Princípios que contribuem para soletrar cidadania, decifrar humanidade, redesenhar democracia participativa e refundar razões objetivas para a reconstrução da solidariedade humana e da sustentabilidade planetária.

A boa lei é aquela que serve a **todos**. E a boa lei educacional é aquela que possibilita educação de qualidade para **todos**, até porque, nas sociedades democráticas, a ampliação das oportunidades educacionais curva-se ao princípio constitucional da equidade e, em educação, não há equidade sem qualidade.

Verdadeiramente, precisamos ir além da revogação legal. Precisamos *revogar*/eliminar um conjunto de circunstâncias adversas e de dimensões estruturantes desfavoráveis e responsáveis pela permanência de *anti*condições para avanços consistentes da sociedade brasileira. A realidade nacional persiste com cenários como:

Número de crianças fora da escola – Brasil – 2021 – Crianças e jovens					
0 a 1 ano	2 e 3 anos	0 a 3 anos	4 e 5 anos	6 a 14 anos	15 a 17 anos
4.417.282	2.182.701	6.599.982	316.453	158.888	481.884

Fonte: MEC/INEP/DEEB, Indicadores Educacionais.

Taxa de distorção idade-série (em %)		
	Ensino Fundamental		Ensino Médio
	Anos Iniciais	Anos Finais	
Brasil	9,7	22,7	26,2
- Norte	16,5	31,6	38,7
- Nordeste	13,1	29,0	32,3
- Sudeste	6,2	16,6	20,2
- Sul	7,5	21,6	23,7
- Centro-Oeste	7,9	18,2	22,5
- Distrito Federal	8,1	19,8	22,8

Fonte: MEC/INEP/DEEB, Indicadores Educacionais.

Porcentagem de pessoas de 18 a 24 anos que frequentam o Ensino Superior em relação à população dessa faixa etária - 2021		
Brasil	23.8	
- Norte	21,7	
- Nordeste	18,2	TAXA
- Sudeste	25,8	LÍQUIDA
- Sul	28,9	
- Centro-Oeste	28,2	
- Distrito Federal	34,4	

Fonte: IBGE/Pnad Contínua.

Em algumas regiões mais remotas do país, encontram-se altas taxas de analfabetismo absoluto, funcional e tecnológico, que emperram, de forma continuada, o desenvolvimento.

Estas e tantas outras disfunções sistêmicas da nossa educação exigem que a revogação de leis e normas contrárias à LDB em vigor deverá significar uma abertura de rotas para a implementação de políticas públicas capazes de *revogar/* eliminar fatores de iniquidade e injustiça social no campo da educação. Como disse Mandela (1918-2013), *a educação é a arma mais poderosa que você pode usar para mudar o mundo.* Não uma educação qualquer, mas aquela de que falava Freire (1982: 24): *a educação como processo de emancipação e de cidadania.*

Nenhum país paradigmático em desenvolvimento pode prescindir da educação escolar (art. 1º, § 1º) para a construção de sua história, constituição de sua cidadania e evolução de sua sociedade. Tampouco, consegue abrir mão de uma LEI DA EDUCAÇÃO capaz de garantir direcionamento e segurança no conjunto destes processos para cumprir as responsabilidades no campo educacional, nos termos inscritos na respectiva Constituição. Hoje, mais do que nunca, a LDB requer, para seu fiel cumprimento, articulação político-sistêmica e cultural-pedagógica com toda a legislação educacional extensiva, com precedência integradora e articulada do(a)(s): a) PNE; b) BNCC; c) LBI; d) ECA e DCNs. Não se constrói um sistema sólido e consistente de ensino com o esquartejamento da legislação!! Os sistemas de ensino precisam ficar atentos à questão do "ordenamento jurídico" (Bobbio). É imperioso alargar nosso horizonte para a consideração do modo pelo qual uma determinada norma se torna eficaz a partir de uma complexa organização que determina a natureza e a entidade das sanções, as pessoas que devem exercê-las e a sua execução. O cultivo e a cultura do Direito Educacional exigem integração, articulação e intercomplementaridade. Sobretudo, hoje, quando "a cultura consiste em ofertas, e não em proibições, em proposições, não em normas (BAUMAN)[132]. Em síntese, as leis da educação e seus desdobramentos em diversos "outros" tipos de normas e regulamentos são uma totalidade articulada. Fora desta percepção, a eficácia de leis como a LDB se perde em processos e procedimentos de diluição identitário-sistêmica, no âmbito do ensino regular e das redes escolares. Sobretudo, considerando as frequentes mudanças no texto da LDB, que não raro exigem mudanças no direcionamento dos sistemas de ensino, nos Projetos Político-Pedagógicos Escolares e no manejo adequado dos ambientes da sala de aula. Os educadores ingleses dizem: "*Não peça nada às escolas que as salas de aula não possam atender...*" sábia admoestação! Professores e professoras não são "guardas" das escolas, mas protagonistas do processo de direcionamento do **ciclo de aprendizagem regular e sistematizada**, organizado no espaço do **cotidiano escolar**. Esta constatação nos impõe uma conclusão de ordem prática: a LDB não é direcionada só aos professores e aos educadores, mas à própria sociedade nacional na expectativa de "*levá-lo ao encontro dela mesma*" (PECAULT, 1989:123). O horizonte é o da educação de qualidade cuja plenitude somente se alcança na conformidade da garantia, pelo Estado, da oferta de Educação Escolar Pública (CF, art. 208), assentada em tríplice suporte legal, a saber:

A. Conteúdos mínimos na forma de "aprendizagens essenciais" na escola (CF, *caput*, art. 210 e BNCC);

B. ... em conformidade com os correspondentes Parâmetros Curriculares Nacionais (MEC-CNE-PCNs) e

C. ... em sintonia com os Planos Nacionais de Educação, de caráter decenal[133].

---

132. Para saber mais sobre as ideias destes dois atores, ver Bobbio, Norberto, Teoria do Ordenamento Jurídico, 10ª edição, Brasília, Editora UnB, 1999. BAUMAN, Zygmunt, *A cultura no mundo líquido moderno,* Zahar, Rio de Janeiro, 1ª edição, 2013.

133. Para saber mais, ver: PAE KIM, Richard e RUS PEREZ, José Roberto, "Responsabilidades públicas, controles e exigibilidade do direito a uma educação de qualidade", *in* **Justiça pela qualidade na educação** / ABMP – TODOS PELA EDUCAÇÃO (Org.). São Paulo, Saraiva, 2013, p. 711.

Para aprender

Para aprender,
Preciso de liberdade.
Para ser livre,
Preciso poder sonhar.
Para sonhar,
Preciso crer no impossível.
Para acreditar,
Preciso enxergar portas.
Para passar,
Preciso sair de mim.
Para me transportar,
Preciso ir com firmeza.
Para me afirmar,
Preciso de alguém me ouvindo.
Para me ouvir,
Preciso poder dizer.
Para dizer,
Preciso de autonomia.
Para aprender...

Moaci Alves Carneiro. In: *Meus olhares.*
Instituto Interdisciplinar, Brasília, 5ª ed., 2023.

Índice cronológico da legislação com vinculação direta à LDB e normativas recentes derivadas

Índice cronológico da legislação dos últimos anos introduzida nesta nova edição do *LDB fácil*, sob o critério de sequência temporal inversa. Cabe esclarecer que os 92 ordenamentos legais e normativos referidos na edição anterior sofreram, aqui e ali, revogação, aditamento, desdobramento ou, ainda, alteração textual para efeito de disciplinamento via regulamento.

(A) – REFERÊNCIAS LEGAIS	
Brasil, Constituição Federal, edição atualizada, Senado Federal, 2023.	
_____, Lei 12.796/2013	**> Focos:** 1) Diversidade étnico-racial; 2) Organização da educação básica obrigatória e gratuita; 3) Dever do Estado com a educação escolar pública; 4) Acesso a educação básica obrigatória como direito público subjetivo; 5) Obrigatoriedade de realização do Censo Escolar; 6) Responsáveis pela matrícula das crianças na educação básica; 7) Segmentos do currículo da educação básica: Base Nacional Comum e Parte Diversificada; 8) Regras comuns de organização da educação infantil; 9) Da educação especial; 10) Formação de docentes para a atuação na educação básica; 11) Garantia de formação continuada dos professores da educação básica.
_____, Lei 13.234/2015	**> Foco:** 1) Obrigação de a União estabelecer com os Estados, o Distrito Federal e os Municípios diretrizes e procedimentos para identificação, cadastramento e atendimento, na educação básica e na educação superior e alunos com altas habilidades ou superdotação.
_____, Lei 13.168/2015	**> Foco:** 1) Obrigação das instituições de educação superior com a especificação de informações devidas aos alunos.

_____, Lei 13.415/2017	**> Focos:** 1) Inclusão de língua inglesa a partir do sexto ano do fundamental, como componente curricular; 2) A critério dos sistemas de ensino a inclusão de temas transversais no formato de projetos e pesquisas; 3) Finalidades e diversidade organizacional do ensino médio; 4) Ensino Médio e BNCC; 5) Padrões de desempenho esperados no Ensino Médio e forma de avaliação; 7) Formações experimentais; 8) Reconhecimento de competências pelos sistemas de ensino.
_____, Lei 13.490/2017	**> Focos:** 1) Incumbências dos colegiados de ensino e pesquisa das universidades; 2) Planos de carreira; 3) Criação, expansão e extinção de cursos.
_____, Lei 13.666/2018	**> Foco:** 1) Inclusão de Educação Alimentar e Nutricional como tema transversal, nos currículos da Educação Básica.
_____, Lei 13.632/2018	**> Focos:** 1) Da Educação de Jovens e Adultos; 2) Tempo inicial de oferta da Educação Especial.
_____, Lei 13.716/2018	**> Foco:** 1) Atendimento educacional ao aluno da Educação Básica, em regime hospitalar ou domiciliar.
_____, Lei 13.796/2019	**> Focos:** 1) Garantia do exercício de liberdade de consciência e de crença ao aluno com matrícula em instituição de ensino publica ou privada, de qualquer nível; 2) Direito de ausentar-se de prova, de aula e de atividades marcadas na escola; 3) Direito de prestações alternativas; 4) Direito de prova ou aula de reposição; 5) Direito de apresentação de trabalho escrito ou de outra modalidade de pesquisa.
_____, Lei 13.803/2019	**> Foco:** 1) Incumbências das escolas: a- notificar o conselho tutelar do município a ausência de alunos; b- promoção de medidas de conscientização, de prevenção e de combate a todos os tipos de violência e intimidação; c- promoção da cultura de paz nas escolas: d- garantia de ambiente escolar seguro.
_____, Lei 13.868/2019	**> Foco:** 1) Inclusão das instituições de educação superior no sistema federal; 2) Definição de instituições confessionais.
_____, Lei 14.113/2020	**> Foco:** 1) Regulamentação do Fundo de Manutenção e Desenvolvimento da Educação Básica e de Valorização dos Profissionais da Educação (Fundeb).
_____, Lei 14.164/2021	**> Foco:** 1) Conteúdos relativos aos Direitos Humanos.
_____, Lei 14.191/2021	**> Focos:** 1) Respeito à diversidade das pessoas surdas... 2) Da Educação Bilíngue de Surdos.
_____, Lei 14.333/2022	**> Focos:** 1) Insumos agregados ao conceito de padrões mínimos de qualidade; 2) Equipamentos e materiais pedagógicos apropriados ao adequado funcionamento da escola.
_____, Lei 14.407/2022	**> Focos:** 1) Dentre os direitos e objetivos de aprendizagem, inclusão da alfabetização plena e da capacitação gradual para a leitura ao longo da educação básica; 2) Alfabetização de leitores como **objetivo precípuo** da educação básica.
_____, Lei 14.532/2023	**> Focos:** 1) Tipificação de injúria racial como crime de racismo.
_____, Lei 14.533/2023	**> Focos:** 1) Oferta de Educação Digital; 2) Adequação material e pedagógica dos **MEIOS**; 3) Letramento digital de jovens e adultos; 4) Criação de conteúdos digitais; 5) Relações entre ensino e aprendizagem digital; 6) Docência e aprendizagem do professor e do aluno para criação de espaços coletivos de mútuo desenvolvimento.

_____, Lei 14.640/2023	**> Foco:** Programa Escola em Tempo Integral: instituição e alteração das leis nº 11.273/2006, 13.415/2017 e 14.172/2021.
_____, Lei 14.644/2023	**> Foco:** Gestão democrática do ensino público: Conselhos Escolares.
_____, Lei 14.645/2023	**> Foco:** Educação Profissional e Tecnológica: flexibilidade.
__, Decreto 11.611/2023	**> Foco:** Revogação do Decreto nº 10.004/2019, que institui o Programa Nacional das Escolas Cívico-Militares.
(B) – MEC/CNE - Normativas derivadas	
	RESOLUÇÃO CNE/CP Nº 1, DE 6 DE MAIO DE 2022 *Institui as Diretrizes Curriculares Nacionais para a Formação de Professores da Educação Profissional Técnica de Nível Médio (EPTNM Formação).*
	RESOLUÇÃO CNE/CES Nº 1, DE 25 DE JULHO DE 2022 Dispõe sobre normas referentes à revalidação de diplomas de cursos de graduação e ao reconhecimento de diplomas de pós-graduação stricto sensu (mestrado e doutorado), expedidos por estabelecimentos estrangeiros de ensino superior.
	RESOLUÇÃO CNE/CP Nº 2, DE 30 DE AGOSTO DE 2022 *Altera o art. 27 da Resolução CNE/CP nº 2, de 20 de dezembro de 2019, que define as Diretrizes Curriculares* *Nacionais para a Formação Inicial de Professores para a Educação Básica e institui a Base Nacional Comum para a Formação Inicial de Professores da Educação Básica (BNC-Formação).*
	RESOLUÇÃO Nº 1, DE 4 DE OUTUBRO DE 2022 Normas sobre Computação na Educação Básica - Complemento à BNCC
	RESOLUÇÃO CNE/CES Nº 4, DE 16 DE NOVEMBRO DE 2022 *Altera o artigo 11 da Resolução CNE/CES nº 7, de 11 de dezembro de 2017, que estabelece normas para o funcionamento de cursos de pós-graduação stricto sensu.*
(C) – MEC/Gabinete do Ministro - Normativas de ajuste	
Portaria nº 399, de 08 de março de 2023	**> Foco:** 1) Institui consulta pública para avaliação e reestruturação da política nacional de Ensino Médio.
Portaria nº 627, de 04 de abril de 2023	**> Foco:** 1) Suspende os prazos em curso da Portaria MEC nº 521, de 13 de julho de 2021, que institui o Cronograma Nacional de Implementação do Novo Ensino Médio
(D) – Outras Normativas conexas	
Lei 13.415/2017	Altera 51 dispositivos da LDB, incluída a reforma do Ensino Médio.
Lei 13.278/2016	Altera dispositivo da LDB, referente ao ensino de Artes.
Lei 13.234/2015	Alunos superdotados.
Lei 13.185/2015	Programa de combate à intimidação sistemática (*bullying*)

Lei 13.184/2015	Critérios para publicação de resultados de processo seletivo para a educação superior.
Lei 13.168/2015	Deveres de publicização das IEs no tocante à organização dos cursos.
Lei 13.146/2015	Lei Brasileira de Inclusão/LBI.
Lei 13.010/2014	Temas Transversais Obrigatórios.
Lei 13.005/2014	Plano Nacional de Educação/PNE.
Lei 12.960/2014	Critério para fechamento de escolas do campo, indígenas e quilombolas.
Lei 12.796/2013	Altera 36 dispositivos da LDB.
Lei 12.695/2012	Contagem de matrícula de instituições sem fins lucrativos, conveniadas com o poder público, para fim de distribuição de recursos do Fundeb,
Lei 12.608/2012	Acréscimo de conteúdos obrigatórios ao currículo do Ensino Fundamental e do Ensino Médio.

Resolução	Foco
CNE/CP 10/2017	Alteração da Resolução. CNE/CP 2/2015.
CNE/CEB 1/2017	Funcionamento de cursos sequenciais.
CNE/CP 2/2015	Diretrizes Curriculares Nacionais para formação inicial de professores em nível superior e para formação continuada.
CNE/CP 1/2015	Diretrizes para a formação de professores indígenas.
CNE/CES 3/2014	Credenciamento e recredenciamento de universidades.
CNE/CEB 6/2012	Diretrizes para a Educação Profissional Técnica de Nível Médio.

Portarias e outros	**Foco**
MEC-GM nº 331/218	Institui o Programa de Apoio à implantação da BNCC (ProBNCC).
MEC-GM 468/2017	Novas disposições para realização de provas do Enem.
MEC-GM 22/2016	Tramitação de processos da solicitação de revalidação de diplomas de graduação estrangeiros e de reconhecimento de diplomas de pós-graduação *stricto sensu* expedidas no exterior.
MEC/Setec 1/2015	Funcionamento do Sistec.
MEC/Setec 701/2014	Habilitação de instituições privadas ao Pronatec.
MEC/Setec 6/2014	Inscrições para o Sisutec.
MEC/Setec 1/2014	Mapeamento de cursos técnicos no âmbito do Pronatec.

Relatório do 4º Ciclo de Monitoramento das Metas do Plano Nacional de Educação/2022	Documento de Avaliação do Nível de cumprimento das Metas do Plano Nacional de Educação em execução.

Base Nacional Comum Curricular/2018	Documento Conceitual-Operativo sobre a BNCC/Ensino Médio.
Base Nacional Comum Curricular/2017	Documento Conceitual-Operativo sobre a BNCC/Educação Infantil e Ensino Fundamental.
Censo Escolar/2022	Notas estatísticas para o replanejamento de políticas educacionais.
Parecer CNE/CP 10/2017	Formação de professores.
STF/Plenário/2017	Resultado do julgamento da ADI 4439, sobre ensino religioso.
STF/Plenário/2017	Resultado do julgamento das ADIs 2.028, 2.036, 2.228 e 264/2017, sobre "isenção tributária" de entidades beneficentes de assistência social e educação.
MP/PR 746/2016	Reforma do Ensino Médio e derivações.

(E) – Relatórios de Monitoramento do PNE e Bases Estatísticas	
Ministério da Educação/**MEC** Instituto Nacional de Estudos e Pesquisas Educacionais Anísio Teixeira/ **Inep**	Relatório do 1º Ciclo de Monitoramento de Metas do PNE: Biênio 2014 – 2016
	Relatório do 2º Ciclo de Monitoramento de Metas do PNE: 2018
	Relatório do 3º Ciclo de Monitoramento de Metas do PNE: 2020
	Relatório do 4º Ciclo de Monitoramento de Metas do PNE: 2022
Ministério da Educação/**MEC** Instituto Nacional de Estudos e Pesquisas Educacionais Anísio Teixeira/ **Inep** / DEED	Censo Escolar da Educação Básica – 2021
	Censo Escolar da Educação Básica – 2021
	Censo Escolar da Educação Superior – 2021 - Divulgação dos resultados: novembro de 2022
	Censo Escolar da Educação Básica – 2022
	Censo Escolar da Educação Básica – 2022 - Divulgação dos resultados: janeiro de 2023

Referências

ABMP, Todos Pela Educação (Org.), São Paulo, Saraiva, 2013.

ACIEL, Anderson, *Educação Escolar:* reordenamentos e reorganização: BLOCOS PEDAGÓGICOS, Brasília, Pluggar Editora e Consultoria Empresarial, 2023.

ADORNO, T.W. *Educação e emancipação.* 3. ed. Rio de Janeiro: Paz e Terra, 1995 [Trad. Wolfgang Leo Maar].

ALVES, N. (org.). *Formação de professores* – Pensar e fazer. São Paulo: Cortez, 1992.

ANDRADE MACIEL, K.R.F.L. *Curso de Direito da Criança e do Adolescente* – Aspectos teóricos e práticos. Rio de Janeiro: IBDFAM/Lumen Juris, 2007.

ANTUNES, C. *Educação Infantil* – Prioridade imprescindível. 5. ed. Petrópolis: Vozes, 2012.

_____. *Na sala de aula.* Petrópolis: Vozes, 2012.

ANNESLEY, Mike, *Habilidades Vitais.* Lidando com Situações Difíceis: estresse, ansiedade, mudança, risco e fracasso, problemas de saúde e envelhecimento, problemas de relacionamento e eventos marcantes, Brasil: Pé de Letra, 2022.

ARAÚJO, Luix, O CAQi e o novo papel da União no financiamento da Educação Básica, Jundiaí-SP: Poço P Editorial, 2016.

Anuário Brasileiro da Educação Básica, 2022. São Paulo: Todos Pela Educação/Moderna, 2017.

ARENDT, H. *La crise de l'éducation* – Extrait de la crise de la culture. Paris: Folioplusphilosophie/Gallimard, 2007.

ARROYO, M.G. *Passageiros da noite.* Do trabalho para a EJA – Itinerários pelo direito a uma vida justa. Petrópolis: Vozes: 2017.

_____. *Outros sujeitos, outras pedagogias.* Petrópolis: Vozes, 2012.

_____. *Imagens quebradas* – Trajetórias e tempos de alunos e mestres. Petrópolis: Vozes, 2011.

_____. *Ofício de mestre:* imagens e autoimagens. Petrópolis: Vozes, 2000.

ARROYO, M.G. et al. (org.). *Por uma educação do campo.* Petrópolis: Vozes, 2004.

AZEVEDO, H.H.O. *Educação Infantil e formação de professores* – Para além da separação cuidar-educar. São Paulo: Unesp, 2013.

BACICH, Lilian et al. (orgs), *Ensino Híbrido.* Personalização e Tecnologia na Educação, Porto Alegre: Penso, 2015.

BAKHTIN, M. *Estética da criação verbal.* São Paulo: Martins Fontes, 2003.

BARBOSA, A. *Os salários dos professores brasileiros:* implicações para o trabalho docente. Brasília: Liber Livro, 2011.

BAUMAN, Zygmunt, *A cultura no mundo líquido moderno.* 1ª ed., Rio de Janeiro, Zahar, 2003.

BAYEN, M. *Histoires des Universités*. Paris: Presses Universitaires de France, 1973 [Col. Que sais-je? – Le point des Connaissances Actuelles].

BENJAMIN, W. *Obras escolhidas*: magia e técnica, arte e política. 6. ed. São Paulo: Brasiliense, 1993.

BEYER, H.O. *Inclusão e avaliação na escola de alunos com necessidades educacionais especiais*. Porto Alegre: Mediação, 2006.

BIBLIOTECA DO EXÉRCITO, Os Colégios Militares e a pandemia de 2020/Organização Marco Antônio Souto de Araújo, Rio de Janeiro: Biblioteca do Exército, 2021.

BOBBIO, N. *Teoria do Ordenamento Jurídico*. 10. ed. Brasília: UnB, 1999.

_____. *Estado, governo, sociedade*. 4. ed. Rio de Janeiro: Paz e Terra, 1992.

BOFF, L. *O cuidado necessário*. Petrópolis: Vozes, 2012.

_____. *Ética da vida*. Brasília: Letraviva, 1999.

BOURDIEU, P. & PASSERON, J.C. *A reprodução*: elementos para uma teoria do sistema de ensino. São Paulo: Francisco Alves, 1975.

BRASIL, *Constituição Federal da República Federativa do Brasil*. Brasília: Senado Federal/Coordenação de Edições Técnicas, 2023.

_____. *Plano Nacional de Educação/PNE* (Lei 13.005/2014). Brasília: Casa Civil da PR/Subchefia para Assuntos Jurídicos, 2014.

_____. *Legislação sobre o Índio*. Brasília: Coordenação de Edições da Câmara, 2013.

_____. Direitos das pessoas com deficiência – Cidadania: qualidade ao alcance de todos. Brasília: Senado Federal/Coordenação de Edições Técnicas, 2013.

_____. A articulação entre a Pós-Graduação e a educação básica. *Revista Brasileira de Pós-Graduação/RBPG*, vol. 9, n. 16, 2012.

_____. *Estatuto da Igualdade Racial*. Brasília: Coordenação de Edições da Câmara, 2012.

_____. Direitos dos idosos, deficientes e desamparados. Brasília: Senado Federal/ Subsecretaria de Edições Técnicas, 2012.

_____. *Direitos da mulher, da família e da juventude*. Brasília: Senado Federal/Subsecretaria de Edições Técnicas, 2011.

_____. *Plano Nacional de Pós-Graduação 2011-2020*. Brasília: MEC-Capes, 2010.

_____. *Programa Nacional de Direitos Humanos/PNDH-3*. Brasília: Secretaria Especial de Direitos Humanos da Presidência da República, 2009.

_____. *Conferência Nacional de Educação Básica* – Documento final. Brasília: MEC/ SE, 2008.

_____. *Plano de Desenvolvimento da Educação/PDE*. Brasília: MEC/FNDE, 2007.

_____. *Catálogo Nacional dos Cursos Superiores de Tecnologia*. Brasília: MEC/Setec, 2006.

CANDAU, V.M. (org.). *A didática em questão*. Petrópolis: Vozes, 2014.

_____. *Reinventar a escola*. Petrópolis: Vozes, 2000.

_____. Relatório do 4º Ciclo de Monitoramento das Metas do Plano Nacional de Educação, Brasília-DF, MEC-Inep, 2022.

CANDAU, V.M. & MOREIRA, A.F. *Currículos, disciplinas escolares e culturas*. Petrópolis: Vozes, 2014.

CAPRA, F. *As conexões ocultas* – A ciência para uma vida sustentável. São Paulo: Cultrix/Huma-Key, 2002.

CÂMARA DOS DEPUTADOS, Legislação Brasileira sobre EDUCAÇÃO BÁSICA, Edições Câmara, 2009.

CARNEIRO, M.A. *O nó do Ensino Médio*. 6. ed. Petrópolis: Vozes, 2012.

_____. Direito fundamental à educação. In: *Direitos humanos e fundamentais em perspectiva*. São Paulo: Atlas, 2014.

_____. *A escola sem paredes*. São Paulo: Escrituras, 2012.

_____. *Meus olhares*. Brasília: Interdisciplinar, 2008.

_____. *O acesso de alunos com deficiência às escolas e classes comuns* – Possibilidade e limitações. Petrópolis: Vozes, 2007.

_____. *A reforma do Ensino Médio*. São Paulo: Biruta, 2003.

_____. *Os projetos juvenis na escola de Ensino Médio*. Petrópolis: Vozes, 2002.

_____. *Temas de educação comunitária*. Petrópolis: Vozes, 1988.

_____. *Educação comunitária:* faces e formas. 2. ed. Petrópolis: Vozes, 1987.

_____. *BNCC Fácil,* Decífra-me ou te devoro. BNCC, Novo Normal e Ensino Híbrido, 144 Questões e Respostas para Esclarecer as Rotas de Implementação da BNCC, Petrópolis: Vozes, 2020, 1ª reimpressão, 2021.

_____. *Visão diacrônica da evolução de Educação Superior:* a universidade contemporânea do futuro, INEP/MEC, versão eletrônica, Brasília, 2021.

_____. *A LDB e o PNE nas pedagogias contemporâneas,* Brasília: Pluggar Editora e Consultoria, 2023.

CARNEIRO, M.A. & UCHOA CARNEIRO, M.S.S. *Brasil plural* – O cidadão negro e índio como protagonistas de nossa história. Col. 12 vol. Brasília: ABC Cultural, 2014.

CASTELLS, M. *A sociedade em rede* – Vol. I: A era da informação; economia, sociedade e cultura. São Paulo: Paz e Terra, 2001.

CHARLE, C. & VERGER, J. *História das universidades*. São Paulo: Unesp, 1996 [Trad. Elcio Fernandes].

CHARLOT, B. *Os jovens e o saber*: perspectivas mundiais. Porto Alegre: Artmed, 2001.

CHAUÍ, M. *Escritos sobre a universidade*. [s.l.]: Unesp, 2001.

CITELLI, A. (org.). *Outras linguagens na escola*: publicidade, cinema e TV, rádio, jogos, informática. 2. ed. São Paulo: [s.e.], 2006.

CNI/CONFEDERAÇÃO NACIONAL DA INDÚSTRIA. *Mapa estratégico da indústria, 2013-2022*. Brasília: CNI, 2013.

CORTELLA, M.S. *Pensatas pedagógicas* – Nós e a escola: agonias e alegrias. Petrópolis: Vozes, 2014.

DEMO, P. *Conhecimento moderno* – Sobre ética e intervenção do conhecimento. Petrópolis: Vozes, 1997.

DESROCHE, H. *Le projet coopératif*. Paris: Ouvrières, 2000.

DINIZ, M.H. *Dicionário Jurídico Universitário*. São Paulo: Saraiva, 2010.

FACIÓN, J.R. *Inclusão escolar e suas implicações*. Curitiba: Ibpex, 2005.

FAHEL, M. et al. (orgs.). *Desigualdades educacionais e pobreza*. Belo Horizonte: PucMinas, 2013.

FANTE, C. & PEDRA, J.A. *Bullying escolar*: perguntas e respostas. Porto Alegre: Artmed, 2008.

FARENZENA, N. *A política de financiamento da educação básica*: rumos da legislação brasileira. Porto Alegre: UFRGS, 2006.

FAZENDA, I. (org.). *Práticas interdisciplinares na escola*. São Paulo: Cortez, 1996.

FERNANDES JR., M. *Afinal, o que é o ensino religioso?* 2. ed. São Paulo: Paulus, 2000.

FERREIRA, A.C. *Ensino religioso nas fronteiras da ética* – Subsídios pedagógicos. Petrópolis: Vozes, 2001.

FONSECA, R.T.M. *O trabalho da pessoa com deficiência*. São Paulo: LTr, 2006.

FONSECA, V. *Cognição, neuropsicologia e aprendizagem*. Petrópolis: Vozes, 2007.

FÓRUM PERMANENTE DO ENSINO RELIGIOSO. *Parâmetros Curriculares Nacionais* – Ensino religioso. 8. ed. São Paulo: Ave Maria, 2001.

FRANÇA, M. et al. (org.). *Sistema Nacional de Educação e o PNE (2011-2020)*. Brasília: Liber Livro, 2009.

FREIRE, P. *Pedagogia da autonomia* – Saberes necessários à prática educativa. Rio de Janeiro: Paz e Terra, 2002.

_____. *Conscientização:* teoria e prática. São Paulo: Centauro, 2008.

FREITAS, L.C. et al. *Avaliação educacional* – Caminhando pela contramão. Petrópolis: Vozes, 2014.

FRIGOTTO, G.; CIAVATTA, M. & RAMOS, M. (orgs.). *Ensino Médio integrado* – Concepções e contradições. São Paulo: Cortez, 2005.

GALUPPO, M.C. *Igualdade e diferença* – Estado Democrático de Direito a partir do pensamento de Habermas. Belo Horizonte: Mandamentos, 2002.

GARDNER, H. *O verdadeiro, o belo e o bom*: os princípios básicos para uma nova educação. Rio de Janeiro: Objetiva, 1999.

GAUTHIER, C. & TARDIF, M. (orgs.). *A pedagogia* – Teorias e práticas da Antiguidade aos nossos dias. Petrópolis: Vozes, 2010.

GHEDIN, E.; ALMEIDA, M.I. & LEITE, Y.U.F. *Formação de professores*: caminhos e descaminhos na prática. Brasília: Liber Livro, 2008.

GOLEMAN, D. *Inteligência emocional*. Rio de Janeiro: Objetiva, 2000.

GOMES, Ana Valeska Amaral (org.), *Plano Nacional de Educação:* olhares sobre o andamento das metas, Brasília: Câmara Federal, Edições Câmara, 2017.

GONZÁLEZ, E. et al. *Necessidades educacionais específicas*. Porto Alegre: Artmed, 2007.

GONZÁLEZ, J.A.T. *Educação e diversidade*: bases didáticas e organizativas. Porto Alegre: Artmed, 2002.

GROCHOSKA, M.A. *As contribuições da autoavaliação institucional para a escola de educação básica*. Petrópolis: Vozes, 2013.

HATTIE, John, *Aprendizagem visível para professors*. Como maximizar o impacto da aprendizagem, Porto Alegre, Penso: 2017.

HOFFMAN, J. *Avaliar para promover* – As setas do caminho. Porto Alegre: Mediação, 2008.

KERR, C. *Os usos da universidade*. Vol. 3. Brasília: UnB, 2005.

KRAMER, S.; NUNES, M.F. & CARVALHO, M.C. (orgs.). *Educação Infantil* – Formação e responsabilidade. São Paulo: Papirus, 2013.

LEITE, Flávia Piva Almeida, et al. (orgs.), *Comentários ao Estatuto da Pessoa com Deficiência,* São Paulo-SP: Saraiva Educação, 2019.

LENZA, P. *Direito constitucional esquematizado*. 16. ed. São Paulo: Saraiva, 2012.

LÉVY, P. *A inteligência coletiva*. São Paulo: Loyola, 1998.

LINHARES, C.; GARCIA, R.L. & CORRÊA, C.H.A. *Cotidiano e formação de professores* – Pesquisa em Educação: diferentes enfoques, 7. Brasília: Liber Livros, 2009.

LOPES, E.M.T.; FARIA FILHO, L.M. & VEIGA, C.G. *500 anos de Educação no Brasil*. 4. ed. Belo Horizonte, Autêntica, 2010.

LUCK, H. *Avaliação e monitoramento do trabalho educacional*. Petrópolis: Vozes, 2013.

MACEDO, A.V.L.S.; NUNES, A. & SILVA, A.L. (orgs.). *Crianças indígenas*: ensaios antropológicos. São Paulo: Fadesp/Global.

MACEDO, L. *Ensaios pedagógicos* – Como construir uma escola para todos? Porto Alegre: Artmed, 2004.

MACHADO, N.J. *Educação*: projetos e valores. São Paulo: Escrituras, 2000.

MALI, T. *Um bom professor faz toda diferença*. Rio de Janeiro: Sextante, 2013.

MALUF, M.I. (org.). *Aprendizagem*: tramas do conhecimento, do saber e da subjetividade. Petrópolis: Vozes, 2006.

MATOS, E.L.M. & MUGIATTI, M.M.T.F. *Pedagogia hospitalar* – A humanização integrando educação e saúde. Petrópolis: Vozes, 2007.

MEISTER, J.C. *Educação corporativa* – A gestão do capital intelectual através das universidades corporativas. São Paulo: Pearson/Makron Books, 2005.

MELLO, C.A.B. *Conteúdo jurídico do princípio da igualdade*. 3. ed. São Paulo: Malheiros, 2005.

MENDES, D.T. *Ensaios sobre educação e universidade*. Brasília: Inep/MEC, 2006.

MINOGUE, K. *O conceito de universidade*. Brasília: UnB, 1977.

MIRANDA, J. *Manual do Direito Constitucional*. Tomo IV. 2. ed. Coimbra: Coimbra Ed, 1993.

MONLEVADE, J.A.C. *Para entender o Fundeb*. Ceilândia: [s.e.], 2007.

_____. *Valorização salarial dos professores* – O papel do piso salarial profissional nacional como instrumento de valorização dos professores da educação básica pública. São Paulo: Unicamp, 2000, 315 f. [Tese de doutorado].

MOORE, M. & KEARSLEY, G. *Educação a Distância*: uma visão integrada. São Paulo: Thomson, 2007.

MOREIRA, M.A. *Aprendizagem significativa*. Brasília: UnB, 1999.

MORHY, L. (org.). *Universidade em questão*. Vol. 1. Brasília: UnB, 2003.

MORIN, E. *A religação dos saberes*: o desafio do século XXI. Rio de Janeiro: Bertrand, 2002.

_____. *Os sete saberes necessário à educação do futuro*. São Paulo: Unesco/Cortez, 2000.

MOSTAF, S.P. & CHRISTOFOLETTI, R. (orgs.). *Mídia e conhecimento*: recursos transversais. Itajaí: Univali, 2006.

MURILLO, F.J. & MUÑOZ REPISO, M. *A qualificação da escola*: um novo enfoque. Porto Alegre: Artmed, 2007.

NÓVOA, A. *Os professores e sua formação*. 2. ed. Portugal: Dom Quixote, 1995.

OCDE. *Relatório sobre os gastos do Brasil com educação*, 2017.

_____. *Pisa 2009 Results* – What students know and can do: student performance in Reading, Mathematics and Science. Vol. 1. Paris, 2010.

OLIVEIRA, A.F. & NASCIMENTO, C.G. (orgs.). *Educação na alternância* – Cidadania e inclusão social no meio rural brasileiro. Goiânia: UCG, 2007.

OLIVEIRA, G.C. et al. *Educar crianças, grandes desafios*: Como enfrentar? Petrópolis: Vozes, 2014.

PEDRINI, Alexandre de Gusmão (org.). *Metodologias em Educação Ambiental*. Petrópolis: Vozes, 2007.

PERRENOUD, P. *Os ciclos de aprendizagem*: um caminho para combater o fracasso escolar. Porto Alegre: Artmed, 2004.

_____. *10 novas competências para ensinar*. Porto Alegre: Artmed, 2000.

PIAGET, J. *A psicologia da criança*. Rio de Janeiro: Bertrand Brasil, 1998.

RANIERI, M.B. *Educação superior, Direito e Estado na Lei de Diretrizes e Bases (Lei 9.394/1996)*. São Paulo: USP/Fapesp, 2000.

RESTREPO, Luís Carlos, *O Direito à Ternura*, Petrópolis: Vozes, 1998.

RONCA, Antônio Carlos Caruso e ALVES, Luiz Roberto, (org.), *O Plano Nacional de Educação e o Sistema Nacional de Educação: educar para equidade*, São Paulo: Fundação Santillarra, 2015.

RIVEROLA, J. & MUNOZ-SÊCA, B. *Transformando conhecimento em resultados*. São Paulo: Cilio, 2004.

ROSSINHOLI, M. *Política de financiamento da educação básica no Brasil*: do Fundef ao Fundeb. Brasília: Liber Livro, 2010.

SÁ, Nídia Regina Limeira de, *Cultura, Poder e Educação de Surdos*, São Paulo: Paulinas, 2006.

SANTOS, Ednéa e SILVA, Marco, *Avaliação da aprendizagem em educação online*. Fundamentos, interfaces e dispositivos, relatos de experiências, São Paulo-SP: Loyola, 2006.

SAMPAIO, M.N. & LEITE, L. *Alfabetização tecnológica do professor*. 2. ed. Petrópolis: Vozes, 2013.

SANTOS, G.L. *Ciência, tecnologia e formação de professores para o Ensino Fundamental*. Brasília: UnB, 2005.

SANTOS, R.E. *Diversidade, espaço e relações étnico-raciais* – O negro na geografia do Brasil. Belo Horizonte: Autêntica, 2007.

SAVIANI, D. *PDE/Plano de Desenvolvimento da Educação* – Análise e crítica da política do MEC. Campinas: Autores Associados, 2009.

_____. *Da nova LDB ao Fundeb*. São Paulo: Autores Associados, 2007.

SCHWARTZMAN, J.S. Do que estamos falando? In: MANTOAN, M.T.E. et al. *A integração de pessoas com deficiência*. São Paulo: Memnon/Senac, 1997.

SENAI/DN. *Ações inclusivas*. Brasília: Senai, 2008.

_____. *Retratos de Educação no Brasil*. Brasília: Senai, 2007 [Série Estudos Educacionais n. 3].

SENADO FEDERAL, *A Educação e a sociedade civil*, Brasília: Subsecretaria de Edições Técnicas, 2013.

SIFUENTES, M. *Direito fundamental à educação* – A aplicabilidade dos dispositivos constitucionais. 2. ed. Porto Alegre: Neiria Fabris, 2009.

SILVA, J.A. *Aplicabilidade das normas constitucionais*. 3. ed. São Paulo: Malheiros, 1998.

SILVA, R.H.D. & HORTA, J.S.B. Licenciaturas específicas para a formação de professores indígenas nas instituições de ensino superior públicas da Amazônia brasileira. In: LINHARES, C. et al. (orgs.). *Cotidiano e formação de professores* – Pesquisas em Educação: diferentes enfoques, 7. Brasília: Liber Livro, 2009.

SILVA, S.A. *Valores em educação* – O problema da compreensão e da operacionalização dos valores na prática educativa. Petrópolis: Vozes, 1986.

SILVA, T.T. *Identidades terminais* – As transformações na política da pedagogia e na pedagogia da política. Petrópolis: Vozes, 1996.

SILVA, T.T. (org.). *Alienígenas na sala de aula.* – Uma introdução aos estudos culturais em educação. 10. ed. Petrópolis: Vozes, 2012.

SILVA, V. *Ensino Religioso*: educação centrada na vida. São Paulo: Paulus, 2004.

SOARES, M.A.L. & CARVALHO, M.F. *O professor e o aluno com deficiência.* São Paulo: Cortez, 2012.

SOBRINHO, J.D. *Avaliação da educação superior.* Petrópolis: Vozes, 2000.

SOBRINHO, J.D. & BALZAN, N.C. *Avaliação institucional* – Teoria e experiências. São Paulo: Cortez, 1995.

SODRÉ, M. Pensar Nagô. Petrópolis: Vozes, 2017.

_____. *A ciência do comum.* Petrópolis: Vozes, 2014.

_____. *Reinventando a educação* – Diversidade, descolonização e redes. Petrópolis: Vozes, 2012.

SOUSA SANTOS, B. (org.). *Semear outras soluções* – Os caminhos da biodiversidade e dos conhecimentos rivais. Rio de Janeiro: Civilização Brasileira, 2005.

SUPREMO TRIBUNAL FEDERAL/STF. *ADIs 2.028, 2.036, 2.228 e 2621/2017.*

TARDIF, M. *Saberes docentes e formação profissional.* Petrópolis: Vozes, 2002.

Textos escolhidos – Benjamin, Habermas, Horkheimer, Adorno. São Paulo: Abril, 1975 [Col. Os Pensadores].

THE WORLD BANK. *Como investir na primeira infância* – Um guia para a discussão de políticas e a preparação de projetos de desenvolvimento da primeira infância. São Paulo: The World Bank/Singular, 2011.

UNESCO. *Educação de qualidade para todos*: um assunto de direitos humanos. Brasília: Unesco/Orealc, 2007.

_____. *Ensino Médio no século XXI.* Brasília: Unesco, 2003 [Série Educação, vol. 9].

_____. *Fundamentos da nova educação.* Brasília: Unesco, 2000 [Série Educação, vol. 5].

VANNUCCHI, A. *A universidade comunitária.* São Paulo: Abruc, Edições Loyola Jesuítas, 2017.

VEIGA, E.C. *Psicopedagogia modular* – Uma modalidade de avaliação interventiva. Petrópolis/Curitiba: Vozes/Champagnat, 2012.

VEIGA, I.P.A. (org.). *Projeto Político-pedagógico da Escola* – Uma construção possível. São Paulo: Papirus, 1997.

_____. *Técnicas de ensino*: por que não? São Paulo: Papirus, 1991.

VEIGA, I.P.A. et al. *Licenciatura em Pedagogia*: realidade, incertezas e utopias. São Paulo: Papirus, 1997.

VILLAS BOAS, B. *Avaliação* – Interações com o trabalho pedagógico. Campinas: Papirus, 2017.

VYGOTSKY, S.L. *A formação social da mente.* São Paulo: Martins Fontes, 2004.

WEF/WORLD ECONOMIC FORUM. *Global Competitiveness Report 2012-2013.* Genebra: World Economic Forum, 2012.

WILLIAMS, L. L., *Between Formation and evaluation: schooling in the cultural context,* EEPA, NY, 2023.

ZANTEN, Agnès van (coordenadora), *Dicionário de Educação,* Petrópolis, RJ: Vozes, 2011.

ZOUALÉ, P., *L'éducation demain,* Paris, Cahiers Libres, 2023.

Conecte-se conosco:

facebook.com/editoravozes

@editoravozes

@editora_vozes

youtube.com/editoravozes

+55 24 2233-9033

www.vozes.com.br

Conheça nossas lojas:
www.livrariavozes.com.br

Belo Horizonte – Brasília – Campinas – Cuiabá – Curitiba
Fortaleza – Juiz de Fora – Petrópolis – Recife – São Paulo

EDITORA VOZES LTDA.
Rua Frei Luís, 100 – Centro – Cep 25689-900 – Petrópolis, RJ
Tel.: (24) 2233-9000 – E-mail: vendas@vozes.com.br